Paul Krugman
Robin Wells

Macroeconomics

ポール・クルーグマン｜ロビン・ウェルス＝著

クルーグマン
マクロ経済学

大山道広｜石橋孝次｜塩澤修平｜白井義昌｜大東一郎｜玉田康成｜蓬田守弘＝訳

東洋経済新報社

みんな初心者だった時期がある．
初めて経済学を学ぼうとする人たちに本書をささげる．

Original Title

Economics
by Paul Krugman and Robin Wells

First Published in the United States
by
WORTH PUBLISHERS, New York, New York
Copyright © 2006 by WORTH PUBLISHERS
All Rights Reserved.

はしがき

> 何よりも必要なのは，意味に言葉を選ばせることだ．その逆ではない．
> ジョージ・オーウェル「政治と英語」，1946年

ポールから

ロビンと私は同様の原理を心に抱いてこの本を書いたと思う．これまでとは違う本を書きたかった．それは，経済モデル自体を理解するだけでなく，モデルがいかに現実の世界に応用できるかを学生に理解してもらうことに重点を置いた本だ．つまり，経済学の教科書を書くにあたってオーウェルの原理を採用しようというわけだ．それは，経済学のメカニズムよりもむしろ経済学の目的——世界をもっと深く理解すること——に書き方を選ばせるという原理だ．

そういうスタイルで書くということは，読者に対して1つの約束をすることを意味している．初心者の観点から教材を取り上げ，楽しめてかつ読みやすいものにし，読者に発見は喜びだと感じさせるという約束だ．これは楽しい半面だ．だが，経済学原理を書く者にはもう1つの，同じくらい大変な義務があると信じている．

経済学は非常に強力な道具となるものだ．現在経済学者になっている人の中には，私たちのように他の学問から出発した者が少なくない（私は歴史だったし，ロビンは化学だった）．そして私たちは経済学と恋に落ちたのだ．経済学は，他の学問にはできない，世界をもっと良い場所にするための真の手引きとなる一貫した世界観を提供できるからだ（そう，ほとんどの経済学者は心底では理想主義者なのだ）．

だが，どんな強力な道具でも同じだが，経済学という道具も細心の注意をもって扱わなければならない．この義務は読者に対する私たちのもう1つの約束となった．それは，学生がモデルの適切な使い方を学べるようにする――モデルの仮定を理解し，その有用性だけでなく限界をも知ることができるようにする――という約束だ．なぜそんなことにこだわるかって？　理由は，私たちが暮らしている世界は「1つの経済モデルがすべてにあてはまる」ようなところではないからだ．経済学を通じて現実の世界をより深く理解するために，学生は，経済学者や政策担当者が現実世界の問題に経済学を適用しようとするときに直面せざるをえないトレードオフや曖昧性を認識しておかなくてはいけない．この考え方をとることで，学生諸君が私たちの経済的・社会的・政治的共同生活について，より深い洞察力を備えた有能な一員に成長することを期待している．

私の学術的な仕事に詳しい人には，こうした私の考え方はたぶん意外ではないだろう．学術的な仕事でも，私は解くべき問題に焦点をしぼり不必要な技巧を避けるように努めてきた．私は単純化を追求した．しかも，私は現実世界で重要な意味を持つ問題を選択してきた．専門知識を持たない多数の読者を対象にものを書くようになってからは，こうした志向の焦点を置き直し，もっと拡大した．私の書くことに読者が関心を持つ何の理由もないという，とりあえずの前提にたって書きはじめるしかなかった．彼らが関心を持つべきだということを知らせるのは，ほかでもない，私の責任なのだ．だからこの本の各章の冒頭部分は，「第3センテンスまでに読者をひきつけなければ，逃がしてしまう」という信念に従って書かれている．それから，専門家ではない読者に向かって書くときに前提と見なせる基本的計算能力は足し算と引き算だけで，それ以上は駄目だということもわかってきた．概念は十分に説明する必要がある．起こりそうな混乱は，あらかじめ予想し断ち切っておかねばならない．そして何よりも重要なのは，執筆の内容とペースを賢明に選択し，かりそめにも読者を威圧するようなことがあってはならないということだ．

ロビンから

ポールと同様，私も経済学をきちんと教えるという教員の義務をないがしろにすることなく，学生の関心をひきつける本を書きたいと思っていた．この本をどのように書くべきかについても，ポールとは違う道筋を経て同じ考え方にたどりついた．それは，数年間ビジネススクールで経済学を教えた私の経験からきたものだ．ビジネススクールの典型的な学生たちは抽象的な議論にがまんができず，しばしば経済学を受講するのがいやでたまらないようだった（教員評価では思いきり仕返ししてくることもあった）．そのような学生たちに向かって，私は彼らを講義の主題に「食いつかせること」がいかに大切かを学んだ．

ケース・スタディを使って教えるうちに，学生たちがある概念を本当に学ぶのはそれをうまく応用できたときだけだということがわかった．そこで私が学んだいちばん重要な教訓の1つは，偉そうな顔をしてはいけないということだった．私たち経済学者がよく陥るのは，概念的思考になじまない学生は馬鹿で無能だという思い込みだ．ビジネススクールでの教育経験から，私はそれが事実に反していることを知った．私の学生の大多数は賢明で有能な人たちだった．多くの者は職業生活では多大の責任を担っていた．彼らは実際的な問題を上手に解決できる人たちであり，ただ概念的に思考する訓練を受けていなかっただけだ．私は彼らが持ち合わせていた実際的な技能を評価せざるをえなかった．そして彼らに欠けていた概念的な思考の重要性を教えなければならなかった．結局，私は経済学部に戻ったのだが，ビジネススクールで経済学を教えた経験から学んだ教訓は心に残り，この教科書を書くにあたって決定的な材料となった．

本書の利点

きれいごとを並べてみても，いったいなぜ教員の皆さんが私たちの教科書を使う必要があるのかをわからなければ何にもならない．以下のような理由で，私たちの本はマクロ経済学の入門的なコースの教育を容易にし，成功に導く卓越性を持っていると信じる．

- **現実的な事例を使って直観力を養えるようにした．** 各章で，現実世界の事例や物語，その応用，さらにはケース・スタディを用いて中心的な概念を教え，学生に学ぶ気を起こさせる．学生に概念を教え，銘記させるいちばんよい方法は現実世界の事例を使うことだ．学生はそういう事柄にはすぐ関心を持つものだ．これに加えて，本書全体を通じて，経済モデルが単なる知的なゲームではなく，現実世界を理解し政策担当者たちが直面する難問を理解するための方法だということを強調している．現実世界の事例や物語，その応用，それにケース・スタディは，個人の逸話，経済の歴史，最近の経験などの幅広い分野から，特に国際的な事例に力点を置いて集めた．

- **現実のデータを使って概念を例解した．** 多くの場合，事例を挙げるだけでなく現実のデータも紹介するようにした．現実のマクロ経済の数値がどのようなものか，経済モデルとどのように関わっているかを学生に理解してもらうためだ．

- **教育に配慮した特別企画で学習の助けとなるようにした．** 学生のために本当に役立つ一連の特別企画を苦心して作り上げた．「学習ツール」と名づけたこの特別企画を次節で解説する．

- **わかりやすく，かつ面白くなるように記述を工夫した．** なめらかで親しみやすい文体を使って概念の説明をわかりやすくした．また，できるかぎり学生になじみやすい例を用いた．例えば政策担当者の意思決定が，学生たちも卒業時に参入するジョブ・マーケットにどんな重要な影響を与えるか，といった例だ．

- **わかりやすいだけでなく，いっそうの勉強に役立つようにした．** 教員にとって，教科書の選択肢は2つの魅力のない対象に限られることがあまりにも多い．「教えやすい」が学生の理解に大きな穴を残す教科書か，「教えにくい」が将来の学習に役立つ教科書だ．両者の最良の部分を提供できる，理解しやすい教科書になるよ

うに工夫をこらした.

- **本書の章立てを柔軟に，しかも概念的にしっかり構成して利用できるようにした**．どのトピックスを強調するか，またどの分析ツールを重点的に教えるかについて，教員の好みはそれぞれ異なるはずだ．この本の各章はそのことを念頭に置いて書かれている．教員の方が好みの順序でコースを組み立てられるようにした．章立てとその使い方の詳細については，この「はしがき」のviiページからxiページを参照してほしい．

学習ツール

本書の各章は，共通の特別企画を軸として構成されている．この特別企画は学生の学習意欲を高め，勉強を助けるために用意されたものだ．次のようなものがある．

「この章で学ぶこと」

読者に方向感覚を与えるため，各章のはじめのページにその章の内容を項目方式にしたリストを提示している．これによって，その章の重要な概念をあらかじめ学生に知らせて章の目的を明確にする．

はじまりの物語

他の教科書では，各章のはじめに経済学の一側面がうたわれていることが多い．これと対照的に，本書は各章を魅力的な物語から始める．物語は2つの目的のために選んだ．1つはその章の重要な概念を説き明かすこと，もう1つは学生にもっと学ぶために読み進めようという気を起こさせることだ．

前にも言ったように，私たちの主な目標の1つは，現実的な例を使って直観を育てることだ．各章が現実的な物語から始まるので，学生は教材にすぐに関心を持つことができるだろう．例えば，第7章はマクロ経済学のテキストでは通常最も無味乾燥な題材と目されるマクロ経済データを扱っている．この章のはじまりの物語では，実質GDPの成長を正確に測ることが，動乱期で神経過敏になっていたポルトガルの役人たちを落ち着かせ，この国が独裁制から民主制に移行するのをいかに助けたかを

示している（185ページの「革命の後」を参照）．また失業を扱った第15章は，職を失ったことで2人の労働者の人生がどう変わったかという物語で始めている（427ページの「失業への2つの道」を参照）．はじまりの物語のリストは本書の見返しにある．

「経済学を使ってみよう」：ケース・スタディ

各章を生き生きとした物語で始めることに加えて，ほぼすべての主要節の終わりでさらなる事例を取り上げている．「経済学を使ってみよう」と題する現実世界のケース・スタディだ．この企画は，その節で論じられたばかりの重要な概念を応用した，短いが的確な例題を提供するものだ．学生は今読んだばかりの概念を現実の出来事に応用することによって，すぐさま利益を得られるだろう．例えば，長期の財政問題に関する論議（第12章「財政政策」にある）では，政府の支払い能力をめぐる問題の例としてアルゼンチンの債務不履行を解説している（365ページの「アルゼンチンの債権者はヘアーカットを受け取った」を参照）．第19章「開放経済のマクロ経済学」では為替レート政策の解説に続けて，人民元の切上げを回避するために中国が外国為替市場に膨大な介入を行ったことを指摘している（563ページの「中国人民元をペッグする」を参照）．「経済学を使ってみよう」のリストも，本書の見返しにある．

各節末の独特な要約：「ちょっと復習」と「理解度チェック」問題集

他のたいていの教科書は，各章の末尾に概念の要約を載せている．それと対照的に本書では，主要節の末に要約を載せるようにした．経済学には多くの専門用語や抽象概念があり，初学者はすぐにも圧倒されてしまいがちだ．そこで「ちょっと復習」と題して，主要節の終わりに短い項目方式で概念を要約したものを付けることにした．この工夫は，学生が勉強したばかりの事柄を確実に理解するために役立つはずだ．

「ちょっと復習」と並んで現れる「理解度チェック」という特別企画は，復習用の短い問題集だ．解答は本書の巻末にある．これらの問題と解答によって，学生は今読

んだばかりの節の理解度をすぐに試すことができる．もし問題がわからなければ，先に進む前にその節を読み直してみたほうがいいという明確なシグナルになる．

「ちょっと復習」と「理解度チェック」問題集，それに，その前にある「経済学を使ってみよう」のケース・スタディは，学生がその節で学んだことを（「経済学を使ってみよう」を通じて）応用し，それから（「ちょっと復習」と「理解度チェック」問題集で）振り返ることを奨励する独自の教育セットだ．

これらの注意深く組み立てられた学習補強セットをうまく使って，学生が良い学習成果をあげることを願っている．

「ちょっと寄り道」のコラム

現実世界の事例を通じて直観を養うことを手助けするという私たちの目標をさらに追求するために，各章には1つ以上の「ちょっと寄り道」というコラムを設けた．このコラムでは，経済学の力量と幅の広さを感じられるように，経済学の概念が現実世界の出来事に意外かつ時には驚くべき仕方で応用されている．これらのコラムは，「陰鬱な科学」というレッテルを貼られた経済学であっても，楽しい学問になれることを印象づけてくれるだろう．

例えば第8章のコラムでは，最近のアメリカで達成された生産性上昇のかなりの部分が，多くの人々が日常当たり前のように接しているがあまり日の当たらない産業である小売業で起きていることを学ぶ（224ページの「ウォルマート効果」を参照）．第13章「貨幣，銀行，連邦準備制度」では，アメリカで出回っている流通現金の量が，アメリカに住むすべての男性，女性，こども1人当たりで見て，すなわち国民1人当たりで見て2500ドルもあるという驚きの事実（財布に2500ドルも入っているような人をあなたは何人知っているだろうか？）を指摘してから，国内のレジや外国人の手もとにある現金を考慮に入れればこの謎が解けることを説明する（378ページの「現金通貨はどこへ行った？」を参照）．「ちょっと寄り道」コラムのリストは，本書の見返しにある．

「落とし穴」のコラム

経済学の勉強を始めたばかりの学生が誤解しがちな概念がある．「落とし穴」のコラムでは，そのような誤解に警鐘を鳴らすように努め，共通して見られる間違いを説明し，訂正している．例えば開放マクロ経済学を論じる第19章では，為替レートをどう読むかというよく間違えやすい問題を取り上げた（550ページの「上がったのはどっち？」を参照）．すべての章の「落とし穴」コラムのリストは目次にある．

学生にやさしいグラフ

経済学原理を学ぶ者にとってしばしば最大の難関になるのがグラフの理解だ．この問題を緩和するため，本書では図を大きく明確に描いて学生が理解しやすいように工夫した．理解を助けるために，吹き出しの形式で見やすい注釈を多くの図に加え，本文中の概念と関連づけている．本文にある図の説明を補完し，学生が見ているものを容易につかめるように，図にも説明文をつけてある．

これらのグラフを学生に親しみやすいものにするために大変な努力をした．例えば，学生にとってからみつくいばらの1つとも言える難関——曲線のシフトと曲線に沿った移動の区別——をうまく通り抜けられるように，次のような2種類の矢印を使った．私たちが，「シフトの矢印」（————→）と「曲線に沿った移動の矢印」（→→→→）と呼んでいるものだ．これは，図3-12，図3-13で見ることができる．

そのほか，各章のいくつかのグラフには **web▶** というアイコンが付けられている．これはそのグラフがオンラインでシミュレーション利用（フラッシュ方式で動画化されていて操作可能）できることを示すものだ．オンラインのすべてのグラフには，鍵となる概念に関するクイズをつけてあり，グラフでの勉強をさらに助けるようにした．

学生にグラフの使い方を教える作業は，現実世界のデータを用いることで補強される．これらのデータは，概念的な図と直接比較できるかたちで示される．例えば総供給曲線はきわめて抽象的な概念だと思われるかもしれ

ないが，第10章「総供給と総需要」では，1930年代の実際の物価と総産出量の動きを例示して，概念の抽象度を低めている（287ページの図10-6を参照）．

グラフに関する有益な付録　経済学でグラフがいかに作られ，解釈され，利用されているかを知っておいたほうがよい学生のために，第2章末にグラフに関する詳しい付録をつけた．この付録はたいていの教科書にある解説よりも包括的なものだ．こうした基礎的な知識を必要としている学生がいることを知っているし，やっつけ仕事はしたくなかったからだ．この包括的な付録で，学生が本書だけでなく，現実世界（新聞，雑誌等々）で見られるグラフをもっとよく使い，解釈できるようになることを望んでいる．

キーワードの定義

キーワードはすべて本文で定義されているだけでなく，学生の勉強と復習が容易になるように欄外のスペースでも取り上げられ，繰り返し定義されている．

「次に学ぶこと」

各章の本文は「次に学ぶこと」という小節で終わる．これは以後の諸章の内容をあらかじめ短く展望するものだ．この小節は，異なる章の間のつながりを学生に意識してもらうために設けた．

章末の復習

各主要節の終わりにある「ちょっと復習」という要約に加えて，各章の終わりにもすべてのキーワードと諸概念の短い要約をつけた．各章の終わりにはさらに，キーワードが掲載ページとともに一覧できるように示されている．

最後に，各章ごとに章末の「問題」——直観力と重要な変数の計算能力をテストする問題——を作成した．学生の勉強の真のテストになっていると教員の方に納得していただくために，多大の努力と注意を払ったつもりだ．

マクロ経済データ

本書の各章で，現実世界のデータを使ってマクロ経済の諸概念を示している．それを補うため，本書の巻末にアメリカの重要なマクロ経済変数の大部分を含むマクロ経済データ表をつけた．初期の特定年のデータは大恐慌と第2次世界大戦時の経済動向を示すものだ．1970年から2004年までは，最近の動向を完全にカバーする各年のデータを示している．

本書の構成と使い方

本書は，ひと続きの積み木細工のように構成されている．それぞれの段階で学んだ概念は明確に積み上げられ，次の段階で取り上げられる概念に統合される．これらの積み木は8つの部に分けられた本書の各章に対応している．これから順番に見て行くつもりだが，その前にまず，マクロ経済学のトピックスをどのような順番で取り上げるのがよいかという一般的な問題について述べておこう．

マクロ経済学の教え方：短期と長期のどちらを先に教えるか　マクロ経済理論の歴史は，短期と長期の先陣争いの歴史だ．古典派経済学者は長期に焦点を絞ったが，やがてケインズ経済学が示した短期への関心に席をゆずった．しかし，その後振り子は長期へと振れ，最近ではまた短期へと振れ戻しているようだ．短期と長期の優先順位をどうするかは，マクロ経済学を教える者にとって，常に悩みの種になる．特に悩ましいのは，次の2つの問題だ．第1は，長期の経済成長を景気循環よりも前に教えるべきか，それより後に教えるべきかという問題．第2は，古典派の完全雇用下の物価分析を景気循環分析よりも前に置くべきか，それより後に置くべきかという問題だ．

本書は，長期の経済成長を早い段階（第Ⅳ部の第8～9章）で論じる道を選んだ．実質GDPの長期的な成長について先に教えておけば，景気循環を上昇トレンドの周りの変動として理解しやすくなると思われるからだ．しかし，それに続く短期の分析（第Ⅴ部の第10～14章）は，教員の方がこの順序を逆にして長期の経済成長を後回しにできるようにも構成されている．だが第2の問題に関しては，本書はもっと強い姿勢で臨んでいる．マクロ経済学を現実世界の関心事に結びつけるという基本的な立場

から言って，需要と供給の変化がもたらす短期的な効果の分析は，古典派モデルの検討に先だって行われなければならないという信念があるからだ．

古典派モデルを先に取り上げるマクロ経済学のテキストや，また短期よりも長期の分析に多くのスペースを割くテキストさえあるが，私たちの教育経験からすれば，このやり方は初学者の興味を失わせる定式だと断言できる．何だかんだと言っても，私たちは積極的な金融・財政政策の時代に生きている．学生たちは，FRBが採用した経済安定化のための政策とか，減税の雇用創出効果に関する新聞記事を読んでいる．そんな学生たちが金融政策は総産出量に何の影響も与えないというモデルからマクロ経済学の勉強を始めたとしたら，彼らは教室で学ぶことは現実世界には当てはまらないという印象を持ってしまうだろう．本書では，需要の変化が長期的に総産出量に影響しないのはなぜかについて早い段階で説明はするが，金融・財政政策が短期的にどんな効果を持っているかを説明しないうちから長期的な貨幣の中立性を強調するようなまねは決してしない．

私たちはまた，インフレーションを説明するのに最も都合のよいモデルから本書を説き起こしたとしたら，学生たちは，マクロ経済学は意味のある学問だという印象を持てなくなると思っている．裕福な国々では，それどころか多くの発展途上国でも，持続的な高インフレは遠い過去の記憶になってしまった．私たちはそんな時代に生きているのだ．本書を利用する学生の大多数は，アメリカのコアインフレ率が6％を超えていた時代の最後にもまだ生まれていなかったはずだ．これと対照的に，短期的な需要ショックや供給ショック——2001年の景気後退とそれに続くジョブレス・リカバリー（雇用なき景気回復）や，2003〜05年にかけてのエネルギー価格の高騰など——は私たちの記憶に新しい．経済学が現実世界に当てはまることを示そうとする書物は，マクロ経済学のモデルがこれらの事態を理解する助けとなってくれることを，本の後段ではなく前段のうちに強調しておくべきだと信じている．

短期の分析について本書とは異なるアプローチをとっているテキストがあることの理由の1つに，1970年代と80年代に行われた激しい論争の領域に足を踏み入れたくないという動機があることは間違いがない．だがそうした激しい論争も2桁のインフレと同様に過去の中に影をひそめていった．そう，今でも確かにマクロ経済の理論と政策をめぐる深刻な論争は存在する．だが第17章「現代マクロ経済学の形成」で説明するように，現在では過去に比べてはるかに広範な合意が形成されている．学生たちにとっては，一般市民に最も関わりの深いマクロ経済の諸問題を強調したテキストのほうが，論争含みの領域に踏み込むことを恐れてそれらを控えめに扱ったテキストよりもずっとためになるはずだ．私たちが需要ショックと供給ショックの短期的な効果とそれに対応する金融・財政政策の役割について，早い段階で長めの説明をすることを選択した理由はそこにある．

最後に，短期分析を教える順序にかかわる問題に言及しておこう．一方に総需要の決定要因について伝統的なケインズ分析から始めることを好む教員がいる．他方には，総供給と総需要に関する入門を済ませた後で，その問題を取り上げようという者もいる．第3のグループは，その部分をすべて省略したいという人たちだ．本書では，第10章「総供給と総需要」で乗数について直観的に解説し，第11章「所得と支出」で数式を用いたより詳しい検討を追加して，これら3者のアプローチがすべて使えるような構成上の革新を試みている．目次どおりに第10章から第11章へと進む教員は，有名な45度線図とそれに関連する数学的分析を，学生が第10章ですでに学んでいる乗数過程に関するより詳しい説明として取り扱うことができる．第11章を先に教える教員は，グラフと数式を用いた補強的な説明として第10章を利用することができる．さらに，第11章を飛ばして教える教員は，第10章の乗数に関する直観的な説明だけで金融・財政政策の分析には十分だということに気づくだろう．

この議論はここまでにして，以下では本書の構成を概観しよう．

第Ⅰ部　経済学ってどんな学問？

「日常の生活」と題する**序章**で，アメリカで日常的に見られるありふれた日曜日のショッピングの様子から，学

生は経済学の勉強を始めることになる．そこで学生は，経済学，見えない手，市場構造などの用語の基本的な定義を教えられる．そのほか，この序章はミクロ経済学とマクロ経済学の違いを説明し，経済学の「展望ツアー」の役目もする．

第1章「最初の原理」では，9つの原理が示され説明される．そのうち4つは個人選択の原理で，機会費用，限界分析，インセンティブ（誘因）などの概念を用いている．5つは個人間の相互作用の原理で，取引利益，市場の効率性，市場の失敗などの概念を使う．後続の章で特定の経済モデルを説明するときに，これらの原理を頻繁に引用し直観的理解を深めていく．これら9つの原理があらゆる経済学の一貫した概念的基礎であることを学生は学ぶだろう．

第2章「経済モデル：トレードオフと取引」は，3つのモデル——生産可能性フロンティア，比較優位と貿易，および経済循環フロー図——を使って，学生に経済学者の考え方を教える．学生はこれによって取引利益と国際比較について早めに学習することになる．第2章付録は，勉強したい学生のための包括的な数学とグラフの解説を載せている．

第Ⅱ部　供給と需要

第Ⅱ部では，市場の働きを理解するための基本的な分析ツールを提示する．これはミクロ経済学とマクロ経済学に共通のツールだ．

第3章「供給と需要」は標準的な教材を新鮮で魅力的な仕方で取り上げる．供給と需要，市場均衡，供給過剰，および供給不足などの概念をすべてスポーツイベントのダフ屋のチケット市場の例を使って解説している．スター選手がゲームの直前に行った引退宣言によってダフ屋のチケットの需要曲線・供給曲線がどのようにシフトするかを学ぶ．

第4章「市場の逆襲」はさまざまなタイプの市場介入とその帰結を論じる．価格統制，数量統制，非効率と死荷重，物品税などだ．ニューヨーク市の家賃規制やタクシー免許のような目に見える例を通じて，市場を統制しようとする試みが発生させる費用を実感できるだろう．

第5章「消費者余剰と生産者余剰」では，中古教科書の市場やeベイなどの事例を通じて，市場がいかに厚生を高めるかを学ぶ．市場の効率性や死荷重の概念に力点を置くが，市場がうまくいかない場合についても簡単に説明しておく．この章の内容は，第18章で国際貿易を教える教員にとっては特に役立つはずだ．

第Ⅲ部　マクロ経済学入門

第6章「マクロ経済学：経済の全体像」はマクロ経済学の目的を紹介している．景気循環が大学の新卒者の就職にどんな影響を及ぼすかという学生の琴線に触れる事例から始めて，景気の好不況，雇用と失業，長期成長，インフレとデフレ，さらには開放経済などについて簡単に解説している．

第7章「マクロ経済を追跡する」はマクロ経済学者が使う数字がどのように，またなぜ計算されるのかを説明している．ある国が，実質GDPを推計することで誤った政策をとらずに済んだという現実世界の事例を紹介することから始めて，国民経済計算の基礎，失業統計，さらには物価指標の説明に進む．

長期成長　本書では，マクロ経済モデルの解説を長期経済成長の概念を論じることから始める．長期トレンドの決定要因を理解しておけば，その周りで生じる経済変動の意味を理解しやすくなると考えるからだ．だが教員の判断に応じて，第8章を後回しにしてもらってもかまわない．

第Ⅳ部　長期の経済

第8章「長期の経済成長」は，ある家族が3カ月間にわたって1900年当時の生活を体験する様子を描いた実際のTV番組を紹介することから始まる．経済成長が人間にとってどんな意味を持つかを示すためだ．それから経済データに目を向け，国際比較をする．経済成長はアメリカだけではなく，世界全体のものだからだ．この章では集計的生産関数の概念を使って，経済成長をもたらす諸要因と国ごとの違い（成長の速い国と遅い国との違い）を簡明に説明する．

第9章「貯蓄，投資支出，金融システム」は金融市場

と金融機関について解説する．この章が第8章と同じ部に含まれているのは，金融市場と金融機関が経済成長に果たす役割を強調するためだ．第9章は次の2つの理由から短期の分析にも深く関わっている．第1に，この章で取り上げる貸付資金市場の分析と利子率の決定は，金融政策や国際資本移動など，本書で後に論じるトピックスを分析するのに役立つ道具となる．第2に，金融機関に関する解説は，後に，銀行が貨幣の創造に果たす役割を論じるための準備となる．

短期分析　マクロ経済学は知ってのとおり大恐慌の時期に生まれたものだ．それ以来，短期の経済変動と金融・財政政策の効果を理解することが最も重要な課題とされてきた．本書でも1つの部に多くの章（第10〜14章）をまとめて短期の経済変動の分析に充てている．だがその詳細は，授業を受け持つ教員がそれぞれの好みに応じて選択できる．具体的に言うと，消費関数と乗数を重視したいという教員のために，第10章で基礎的かつ直観的な乗数の解説を提供している．一方，第11章では消費者行動の詳しい分析と45度線図との関連を論じているが，これは選択可能な章としている（教員の判断で第10章の前に教えてもいい）．

伝統的な総供給・総需要関数は総供給量と総需要量を物価水準の関数と見なしている．これに対して，それらをインフレ率の関数として表示すべきだとする論者が存在する．この新しい枠組みでは，「総供給曲線」は実は短期フィリップス曲線にほかならず，「総需要曲線」はインフレ対抗的な金融政策の効果を表すものとなる．どちらをとるべきかの論争は，経済学の教員の間で現在もなお進行中だ．これらをインフレ率の関数として表示すべきだとするアプローチがインフレの説明に容易につながれるという意味で魅力的なことは理解できるが，一方で民間部門の行動と政府部門の政策対応との重要な区別を曖昧にするという問題があることも否めない．しかも，伝統的な総供給・総需要関数アプローチから得られる決定的に重要な洞察である，経済は長期には自己修正力を持っているという洞察が新しいアプローチでは失われてしまう．だから本書の短期マクロ経済学は物価水準に焦点を置く伝統的な分析から始める．持続的なインフレは「中期の」問題として第VI部で取り上げる．

第V部　短期の経済変動

第V部は**第10章「総供給と総需要」**から始まる．この章のはじまりの物語は，不況とインフレが共存しているという点でアメリカ人を驚かせた1979〜82年の経済不振を取り上げている．この物語は，需要ショックと供給ショックの双方がいかに経済に影響を与えるかという分析につながる．本書では，需要ショックを分析するのに，乗数概念による単純で直観的な説明を提供する．つまり当初のショックの後で支出が順次増加していくという設定で総需要がどのようにシフトするかを説明するのだ．また供給ショックの分析では，負のショックだけでなく，1990年代の生産性の急上昇のような正のショックを強調する．この章は，需要ショックは短期の総産出量だけに影響するという重要な洞察を明らかにして終える．

第11章「所得と支出」は，総需要の変化を引き起こす要因について少し立ち入って検討したいと考える教員のために設けられた選択可能な章だ．現実世界のデータを使って消費支出と投資支出の決定要因をより深く探り，有名な45度線図を導入し，乗数の論理について十分に肉付けした説明を展開する．数学的により詳細な説明をしたい教員のために，**第11章付録**では乗数を代数的に導出する方法を示している．

第12章「財政政策」は，巨額の公共事業というかたちをとって行われ，価値があったかどうかについて疑問視されることも多い，日本の裁量的財政政策の話から説き起こしている．そこから，第10章の乗数に関する直観的な説明を使って，総需要曲線をシフトさせるという裁量的財政政策の役割を分析していく．ヨーロッパの「財政安定協定」が直面した困難を取り上げて自動安定化装置の重要性を示し，国家の債務とその返済可能性という長期の問題も考察する．**第12章付録**では乗数の分析に税を導入し，政府の課税によって乗数の大きさがどう変わるかを本文よりも明確に説明している．支出増加のプロセスを明示し，課税によって乗数が小さくなっていく様子を直観的に示している．

第V部は金融に関わる2つの章で終わる．**第13章「貨**

幣，銀行，連邦準備制度」は，貨幣の役割，銀行による貨幣の創造，さらには連邦準備制度やその他の中央銀行の構造と役割を論じる．貨幣と貨幣制度がいかに発展してきたかを示すため，アメリカの歴史からとったエピソードやユーロ誕生の経緯などを紹介する．

第14章「金融政策」はFRBが行う利子率と総需要を動かす政策の役割を取り上げる．現実世界の事例として2000年以降の金融政策の劇的な展開をフルに活用して，FRBの仕事をこれまでよりもずっとわかりやすく説明している．短期と長期の橋渡しをするための特別の工夫もある．例えば，FRBが短期的に自由に決めているように見える利子率が，長期的には貯蓄の需給を反映するものとなることを丁寧に説明している．

中期 マクロ経済学で論議される重要な問題は，失業とインフレに関するものだ．金融・財政政策は失業の軽減に役立つのか？ 失業を軽減しようとする試みはインフレを引き起こすのではないか？ インフレと失業率の間にはトレードオフがあるのではないか？ これらはいわば「中期」の問題群としてくくられるだろう．中期とは，賃金・物価が一定のまま推移すると仮定するには長すぎる期間で，生産性の上昇と人口の増加が主役になると仮定するには短すぎる期間だ．

第VI部　サプライサイドと中期

第15章「労働市場，失業，インフレ」は，現実に生きている人々がいかに失業するはめになり，またいかにそこから抜け出したかという物語から始まる．続いて「欧州硬化症」問題に示されるように，ある程度の摩擦的失業，構造的失業が常に存在するのはなぜかを解明する．それからさらに，失業とGDPギャップとの関係を考える．最後に，フィリップス曲線とインフレ予想の役割，またそれらがどう自然失業率仮説に結びつくのかを論じる．

第16章「インフレ，ディスインフレ，デフレ」はインフレの原因と結果だけでなく，ディスインフレが総産出量と雇用の減少というかたちで大きなコストをもたらす理由を説明する．最後に設けた独自の節では，デフレの効果を分析し，利子率の「ゼロ下限」が金融政策に突きつける課題を論じる．そこで見るように，この問題は大恐慌以降半世紀以上にわたって休眠状態にあったのだが，1990年代の日本で再浮上し，政策立案に大きな衝撃を与えてきた．

もし時間があったなら 第16章までの必須となる章をこなすだけで時間いっぱいになると感じている教員の方が多いだろう．だが時間がある教員の方は，第VII部と第VIII部（長期の経済成長を題材にした第8章を後回しにした方は第8章）を教えることで分析の射程を広げることができる．第VII部はマクロ経済学の歴史を伝え，第VIII部は国際経済学へと分析を拡張してくれる．

第VII部：事件とアイデア

マクロ経済学はいつも流れの絶えない川のような分野だった．新しい政策課題がとぎれなく現れ，伝統的な学説はほぼ常に挑戦を受けてきた．第17章「現代マクロ経済学の形成」は移りゆく政策的関心を背景としたマクロ経済思想の変遷を独自の視点で概観し，その上でマクロ経済論争の現状を描き出している（実はみんなが考えるよりも幅広い合意が存在するのだ）．

第VIII部　開放経済

第18章「国際貿易」では，比較優位について復習し，比較優位の源泉を探り，関税と輸入割当てを考察し，保護貿易の政治学を検討する．現下の問題に答えて，低賃金国からの輸入をめぐる論争を詳細に論評する．

第19章「開放経済のマクロ経済学」は，開放経済の下で提起されるマクロ経済学に固有な諸問題を分析する．ユーロを採用すべきかどうかをめぐるイギリスの論争，アメリカの経常収支，中国のドルの外貨準備の累積など，現実世界の関心事を軸にして整理している．

国際マクロ経済学をもっと深く学びたい教員や学生のために，付録の章をウェブ（www.worthpublishers.com/krugmanwells）で提供している．「通貨と危機」と題するこの付録の章は，過去10年の間に開発途上国で繰り広げられた劇的な出来事を振り返りながら，通貨投機と金融危機の世界に学生を連れて行くものだ．

必須の章，選択可能な章，3つのコース

何が必須で何が選択可能かを概観するにはxiiiページを参照してほしい．特定のコースを目標に本書を利用するにはxivページを参照．

補助教材とメディア

Worth社は本書（原書）に付随する魅力的で有用な補助教材とメディア・パッケージを提供してくれている．このパッケージは，教員の方が経済学原理のコースを教え，学生が経済学の概念を容易に理解する助けとするために用意されたものだ．

パッケージは，全体としての水準と質を一貫したものにするためMartha Olney (University of California, Berkeley)が調整役を引き受けてくれた．スタディガイド，テストバンク，さらにはオンラインの教材にあるすべての問題を調整する仕事にはRosemary Cunningham (Agnes Scott College)があたった．

教材には正確さが決定的に重要だから，補助教材作成チーム，校閲者，さらには追加の校正者チームがすべての補助教材を精査しダブルチェックした．補助教材とメディアの準備にかけられたこれだけの手間から見て，パッケージの仕上がりは切れ目のない見事なものとなっているはずだ．

学生と教員のための手引サイト

econ✕change

(www.worthpublishers.com/krugmanwells)

クルーグマン＝ウェルスのテキストのために用意された手引サイトは教員と学生の双方に貴重な道具を提供している．

教員の方にとって，このサイトは完全にカスタマイズ可能で，テストの機会を増やすのに役立つ．いちばん重要なのは強力な採点ツールが提供されていることだ．学生が宿題便利センター，クイズ練習センター，それにグラフセンターとどのような双方向のやりとりをしたかをオンラインの採点簿にアクセスすることによって追跡できる．教員はまたテストの結果を学生たちに直接eメールで伝えることもできる．

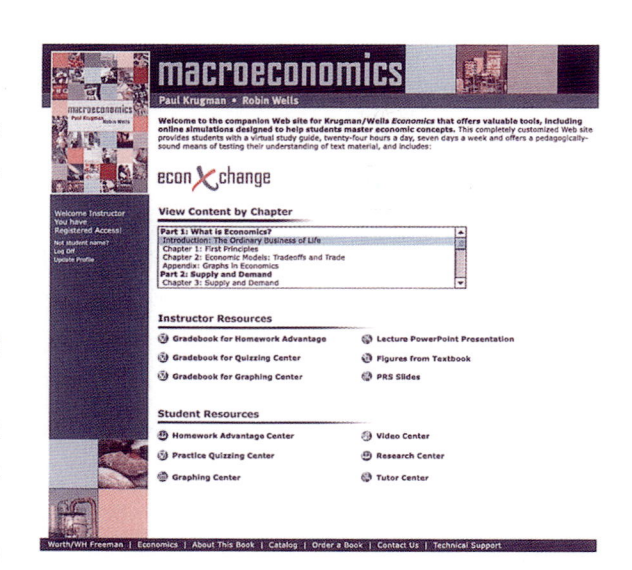

学生たちは，このサイトで練習して，練習して，また練習するための多くの機会を得る．経済概念をマスターする助けになるように設計されたオンラインのシミュレーション，練習問題，ビデオ教材，グラフによる個別指導や他のサイトへのリンクなどに出会うだろう．要するに，このサイトは，毎日24時間，毎週7日間とぎれなく教科書の理解度をテストする健全な教育手段を提供するバーチャルなスタディガイドなのだ．

このサイトには次のようなセンターがある．

宿題便利センター (Homework Advantage Center)

Worth社は，クルーグマン＝ウェルスのウェブサイトからアクセス可能な，双方向のオンライン宿題システムを提供している．教員はこの宿題便利センターを使って，自動的に採点される自前の宿題，クイズ，テストを簡単に作ることができる．このオンラインのクイズ・エンジンは，アルゴリズムを用いて生成される問題が組み込まれていて，学生たちに繰り返し異なる課題を与えることができる．学生たちは宿題を終えるとすぐに，その結果を知ることができる．すべての学生の試験結果は電子採点簿に保存されるので，教員の方はそれを試験の採点や報告書の作成に使うことができる．この採点簿は，学生の能力を自在に評価できるように作られている．その特徴は以下のとおり．

● 採点は25もの関連カテゴリー（テスト，レポート，宿題

何が必須で何が選択可能か：概観

前にも言ったが，本書の一部の章は飛ばしてもよいと考える人がいるだろう．以下に，私たちがどの章が必須でどの章が選択可能と考えているかを示す表を掲げた．選択可能な章をコースに組み入れたいと考える教員もいるだろうから，選択可能な章のリストには各章の内容を示す注釈をつけておいた．

核となるの章	選択可能な章
第1章　最初の原理 第2章　経済モデル：トレードオフと取引	序章　日常の生活 第2章 付録　経済学のグラフ こうした復習が役に立つと考える学生のための包括的な数学とグラフの解説
第3章　供給と需要 第4章　市場の逆襲	第5章　消費者余剰と生産者余剰 厚生経済学への簡便な入門で，市場が通常は効率的だということを理解する手引きになる．国際貿易（第18章）を教えたい教員にとって特に役に立つ．
第6章　マクロ経済学：経済の全体像 第7章　マクロ経済を追跡する 第8章　長期の経済成長 第9章　貯蓄，投資支出，金融システム 第10章　総供給と総需要	第11章　所得と支出 第11章 付録　乗数を代数的に導く 消費関数，投資支出など総需要の決定要因，さらには意図した支出がGDPに等しくなるという要請による均衡の決定について何もかも詳しく教えたい教員向けの章．付録は，グラフによる乗数分析を補完したい教員のためのもので，乗数を代数的に導いている．
第12章　財政政策	第12章 付録　税と乗数 乗数を小さくし，自動安定化装置として働く税の役割をより厳密に導く．
第13章　貨幣，銀行，連邦準備制度 第14章　金融政策 第15章　労働市場，失業，インフレ 第16章　インフレ，ディスインフレ，デフレ	第17章　現代マクロ経済学の形成 経済思想の歴史と政策論争の現状を教えたい教員のための章．変転するマクロ経済思想を展望し，金融政策をめぐる現代の論手まで押さえる． 第18章　国際貿易 比較優位について復習し，比較優位の源泉を探り，関税と輸入割当てを考察し，保護貿易の政治学を検討する．この章の内容に第2章の国際的な議論に関連している．また，第5章で紹介した厚生経済学の考えを用いている． 第19章　開放経済のマクロ経済学 国際的なアプローチを重視する教員のための章．資本移動が国際市場にどんな影響を及ぼすかを考察し，為替レートと為替制度の重要性を説き，固定レート制と変動レート制の下での金融政策の効果を見る． 付録の章　通貨と危機 通貨投機と国際金融の問題について学びたい教員と学生のための章．ウェブ上（www.worthpublishers.com/krugmanwells）で利用できる．

3つの可能な使い方

教員がそれぞれの目的に応じて本書をどのように使えるかを例示するため、3つの可能性を選んでコース案を編成してみた。十全ではないが、これら3つの案は本書のさまざまな使い方の中からおよそ選ばれそうなものばかりだ。

基本的なマクロ経済学	支出を最初に教える	長期を後回しにする
第Ⅰ部 第1章 最初の原理 第2章 経済モデル：トレードオフと取引 付録 経済学のグラフ	**第Ⅰ部** 第1章 最初の原理 第2章 経済モデル：トレードオフと取引 付録 経済学のグラフ	**第Ⅰ部** 第1章 最初の原理 第2章 経済モデル：トレードオフと取引 付録 経済学のグラフ
第Ⅱ部 第3章 供給と需要 第4章 市場の逆襲	**第Ⅱ部** 第3章 供給と需要 第4章 市場の逆襲	**第Ⅱ部** 第3章 供給と需要 第4章 市場の逆襲
第Ⅲ部 第6章 マクロ経済学：経済の全体像 第7章 マクロ経済を追跡する	**第Ⅲ部** 第6章 マクロ経済学：経済の全体像 第7章 マクロ経済を追跡する	**第Ⅲ部** 第6章 マクロ経済学：経済の全体像 第7章 マクロ経済を追跡する
第Ⅳ部 第8章 長期の経済成長 第9章 貯蓄，投資支出，金融システム	**第Ⅳ部** 第8章 長期の経済成長 第9章 貯蓄，投資支出，金融システム	**第Ⅳ部** 第9章 貯蓄，投資支出，金融システム
第Ⅴ部 第10章 総供給と総需要 第12章 財政政策 第13章 貨幣，銀行，連邦準備制度 第14章 金融政策	**第Ⅴ部** 第11章 所得と支出 第10章 総供給と総需要 第12章 財政政策 第13章 貨幣，銀行，連邦準備制度 第14章 金融政策	**第Ⅴ部** 第10章 総供給と総需要 第12章 財政政策 第13章 貨幣，銀行，連邦準備制度 第14章 金融政策
第Ⅵ部 第15章 労働市場，失業，インフレ 第16章 インフレ，ディスインフレ，デフレ （もし時間があったら） **第Ⅷ部** 第18章 国際貿易 第19章 開放経済のマクロ経済学	**第Ⅵ部** 第15章 労働市場，失業，インフレ 第16章 インフレ，ディスインフレ，デフレ （もし時間があったら） **第Ⅷ部** 第18章 国際貿易 第19章 開放経済のマクロ経済学	**第Ⅵ部** 第15章 労働市場，失業，インフレ 第16章 インフレ，ディスインフレ，デフレ 第8章 長期の経済成長 （もし時間があったら） **第Ⅷ部** 第18章 国際貿易 第19章 開放経済のマクロ経済学

等々)に分類できる.
- 宿題にはウエイトがつけられる.
- レターグレイド(文字による成績評価)による採点の区切り調整ができ,レターグレイド自体も適当に変えられる(可,良,優など).
- 宿題ごとの得点やカテゴリー別の平均をパーセント,点数,レターグレイド,あるいはその他の気に入った評価方式で記入・表示できる.
- すべてのカテゴリーで獲得した最終的な平均点を報告するように設定できる.
- 学生の属性をID番号,パスワード(オンラインのテストの場合),eメールアドレス,参加状態(活動,撤退,未完)などで表示できる.
- 採点結果を手入力または自動で知らせることができる.
- 宿題の得点,カテゴリーごとの得点,さらには最終得点をグラフにすることができる.
- 無数の報告書を好みに従って作成し,双方向の印刷プレビューで確認し印刷できる.
- 採点結果はテストセンター(TheTestingCenter.Com)のものと合一できる.
- 学生の履修名簿を取り込んだり書き出したりできる.

クイズ練習センター(Practice Quizzing Center)

Debbie Mullin(University of Colorado, Colorado Springs)が作ったクイズ・エンジンだ.各章ごとに20の択一問題が提供されている.

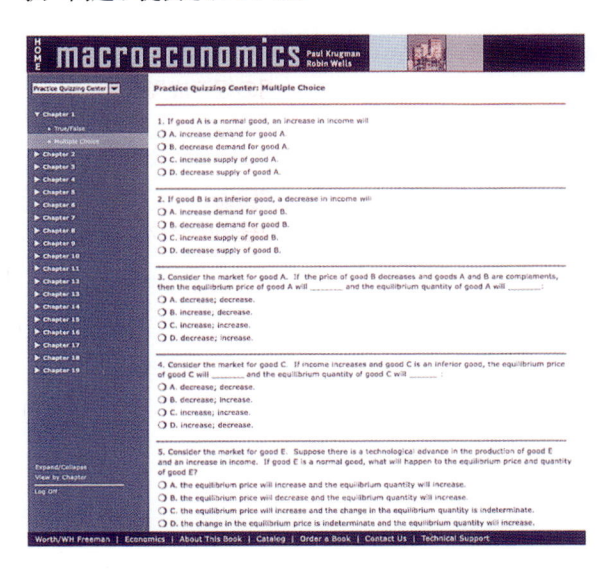

適切なフィードバックつきで,教科書の該当ページも示されている.答えだけでなく問題もランダム化されるので,学生はスクリーンを変えるたびに違うクイズをやることになる.学生の答えはすべて,教員の方がアクセスできるオンラインのデータベースに蓄積される.

グラフセンター(Graphing Center)

Debbie Mullin(University of Colorado, Colorado Springs)と連携してLLCグループが開発した.このセンターは教科書から特定の図を選び,フラッシュ方式で動画化している.学生は必要に応じて曲線を操作し,データ・ポイントを入力できる.各章からおよそ5つの図が選ばれている.該当する図にはウェブアイコン web▶ が記入されている.グラフを操作しその結果を観察することにより,学生は曲線のシフトと曲線上の移動の効果をよく理解することができるようになる.どのグラフにも教科書に出てくる重要な概念に関するクイズがついていて,学生の理解度がわかるようになっている.学生の反応と相互作用が記録され,教員の方がアクセスできるオンラインのデータベースに蓄積される.

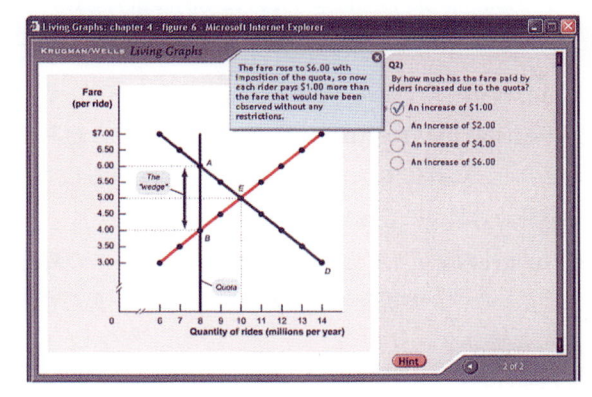

調査センター(Research Center)

Jules Kaplan(University of Colorado, Boulder)が開発し,随時更新している.この調査センターで,学生は教科書で取り上げられているトピックスに関する外部の情報源や文献を容易に,かつ効率的に見つけることができる.関連するウェブサイトにつながるアドレスがリストアップされているからだ.どのURLにも,そのサイトの詳しい説明と各章との関係が記されていて,学生が個々のトピックスについて調べたり,関連文献を容易に探せるようになっ

ている．ポール・クルーグマンや他の指導的な経済学者が書いた関連論文にもつながっている．

ビデオセンター（Video Center） ビデオインタビューで，著者のポール・クルーグマンとロビン・ウェルスが各章の特定の話題，学生生活とのかかわりについてコメントしている．どのビデオもフラッシュ方式で録画され教育的な工夫が凝らされ，発言の字幕もついている．これらのビデオを教室で見せて，一般的な討論を促し宿題として課すこともできる．教科書の重要なトピックスについて学生が理解を深める一助となるだろう．

学生用パワーポイント（Student Powerpoint） Can Erbil（Brandeis University）が制作したパワーポイント資料で，各章の諸概念を理解するのに特別の支援が必要な学生に最適だ．各章ごとにアニメーション，注釈，要約，グラフなどを取りそろえている．学生はこのサイトで復習をすることにより，また練習問題を解いてみることにより，経済概念をもっと容易につかむことができる．

Aplia Paul Romer（Stanford University）が設立したAplia社は，教科書の教育的内容と双方向性のあるメディアを結びつけた，ウェブ・ベースの最初の会社だ．クルーグマン＝ウェルスの教科書と一緒に使えるように設計されていて，図表，章末問題，コラム，本文，その他の教育的な資料がAplia の双方向のメディアと組み合わされる．これにより，教員の時間を節約できるし，学生は肝心の勉強にもっと力を入れられる．

Aplia社のメディアとクルーグマン＝ウェルスの教科書はオンラインで統合され，次のような内容を含んでいる．

- 宿題に適していて，各章の特定のトピックスに合わせた追加的な問題群．
- 定期的に更新される新聞記事の分析．
- 市場の相互作用に関する，オンラインでリアルタイムのシミュレーション．
- 数学の勉強を助ける双方向の個人指導．
- グラフと統計．
- 学生にとって難しい箇所がどこかを効率よく見つけることができる，オンラインの迅速な報告．

教員はAplia を使うことにより，授業コースを完全かつ柔軟にコントロールすることができる．学生に勉強してもらいたいトピックスを決め，それをいかにまとめるかを決められる．オンラインの活動を練習問題（採点の対象になるにせよ，ならないにせよ）とするかどうかを決められる．Apliaの内容を編集する――授業コースに合うように削除し追加する――ことさえできる．

Apliaの教材を見てもっと知りたい人は，http://www.aplia.comを訪問するとよい．

学生用のさらなる付録

学生用CD-ROM このCD-ROMには，練習問題，双方向グラフ，クルーグマン＝ウェルスのビデオ，さらには学生用のパワーポイントプレゼンテーションを含むクルーグマン＝ウェルスの手引サイトにあるすべてのマルチメディア・コンテンツが収録されている．実習の時間にウェブサイトにつなげない学生には最適の教材だろう．請求していただければ，学生の場合，無料で教科書に同梱される．

スタディガイド Rosemary Cunningham（Agnes Scott College）とElizabeth Sawyer-Kelly（University of Wisconsin, Maison）が制作した．教科書で論じられた問題と概念の説明を強化するものだ．次のような内容からなっている．

- 各章への序文
- 穴埋め方式による復習
- グラフ分析を用いた学習情報
- 4つから5つの総括問題と演習問題
- 20の択一問題
- 穴埋め方式によるすべての復習と問題に対する解答

教員用のさらなる付録

教員用マニュアル David Findlay（Colby College）とDiane Keenan（Cerritos Community College）が執筆した，経済学原理を教える教員にとって理想的なマニュアルだ．次のような内容を含む．

- 各章の勉強目標．
- 各章の概要．
- 教え方の秘訣とアイデア．

- 学生の興味をかきたてるヒント．
- 学生がよく陥る共通の誤解．
- 教室内外でできる活動．
- 教科書の各章末問題への詳しい解答．

印刷テストバンク Rosemary Cunningham（Agnes Scott College）が調整役を引き受け，Doris Bennett（Jacksonville State University），Diego Mendez-Carbajo（Illinois Wesleyan University），Richard Gosselin（Houston Community College），Gus W. Herring（Brookhaven College），James Swofford（University of South Alabama），James Wetzel（Virginia Commonwealth University）が作成に当たった．このテストバンクは異なる難易度ごとに，多面的かつ独創的な問題を提供してくれる．一部の問題には，学生の理解を深める独自のグラフや，教科書からとったグラフがつけられている．各章ごとに理解度，解釈力，分析力，さらには総合力を評価する150の択一問題，20の正誤問題など，全部で2800を超える問題がある．各問題には関連するトピックが論じられている教科書のページ数がつけられ，便利に参照できるようになっている．これらの問題は補助教材作成チーム全員によりチェックされ，広く見直され，正確を期するための再チェックも施された．

Diploma 6 コンピュータ・テストバンク クルーグマン＝ウェルスの印刷テストバンクは，Brownstoneで強化され，ウィンドウズ，マッキントッシュの双方でCD-ROMのフォーマットでも利用できる．Diplomaを使えば，テストを作り，問題を書き，編集し，学生の自習時間を設ける作業が容易にできるようになる．いくらでも問題を追加できるし，問題を再構成し，図や数式を入れ，マルチメディアのリンクを設定することも可能だ．テストはさまざまな形式で印刷できるし，Brownstoneのネットワークないしインターネットのテスト用ソフトを使って学生に受けてもらうことも可能だ．このソフトウエア独自のワープロとデータベース機能は直観的に非常にわかりやすく強力なものだ．Diploma 6 でできることを以下に列挙する．

- 完全なワープロ機能（作表機能も含め）が使える．
- 択一，正誤，短答，関連づけ，穴埋め，記述などの無数の質問形式が使える．
- 問題（あるいは解答）にフィードバック（あるいは理論的説明）をつけられる．
- 無制限にテストバンクを作り，導入し，利用できる．
- さまざまな参照資料（図表，ケース・スタディなど）を問題に入れられる．
- 独自の指示を付けられる．
- 多数のグラフ形式（BMP, DIB, RLE, DXF, EPS, FPX, GIF, IMG, JPG, PCD, DCX, PNG, TGA, TIF, WMF, WPGなど）が使える．
- 複雑な動学的問題や動学方程式については強力なアルゴリズム・エンジンを活用できる．
- ウェブブラウザで利用できるように自己採点型のテストをHTML方式で書き出すことができる．
- どんなワープロプログラムでも利用可能なようにリッチテキスト形式でテストファイルを書き出すことができる．
- テストファイルをEDU, WebCT, Blackboardシステムなどで書き出すことができる．
- テストを印刷する前にプレビューし修正できる．
- グラフや画像を使った自分流のスプラッシュスクリーンを盛り込める．
- テストをオンラインのテストセンターであるTheTestingCenter.Comに送れる．

このコンピュータ・テストバンクには履修コースを通じて学生の成績を記録できる採点簿がついている．それを使えば，学生の記録を追跡し，テスト項目を分析し，テスト結果をグラフ化し，報告書を作り，採点にウエイトをつけることもできる．さらに次のようなことも可能になる．

- 採点を25もの関連カテゴリーに分類する．
- レターグレイド（文字による成績評価）の区切りを調整し独自の評価を出す．
- 宿題ごとの得点やそのカテゴリー別の平均をパーセント，点数，レターグレイド，あるいはその他の気に入った評価方式で記入・表示する．
- すべてのカテゴリーで獲得した最終的な平均点を報告する．

- 学生の属性(ID番号,パスワード,eメールアドレスなどを含む)を気に入った方式で表示する.
- 採点結果を手動または自動で知らせる.
- 学生の履修名簿を取り込んだり書き出したりする.

Brownstoneのソフトウエアの1つで,www.brownstone.netにあるDiploma Online Testingはテストバンクの問題を使ってオンラインのテストを受けさせることができる便利なツールだ.Diplomaを利用すれば,ネットワークあるいはインターネット上でマルチメディアの双方向性のある演習を組み込んだ問題を使った,しっかりした試験を簡単に作り実施することができる.このプログラムは,テストを特定のコンピュータや時間帯に限定することができ,採点簿やその分析結果をうまくまとめて表示してくれる.

講義用パワーポイント・スライド Can Erbil(Brandeis University)が作成した,パワーポイントのプレゼンテーション用に強化されたスライドだ.大教室での講義に適したオリジナルのアニメーション,教科書のグラフ,データ表,キーワードの項目表を使って講義を準備し実施する助けとなるように設計されている.これらのスライドは教科書の目次にあるトピックにしたがって構成されているが,教員は個人的なニーズに合うようにデータ,問題,さらには講義ノートを付け加えて独自の仕様に作りかえることができる.これらのファイルは教員用のウェブサイト,あるいは教員用CD-ROMの中にある.

教員用CD-ROM 教員用CD-ROMを使えば,教員は,教室での講義を簡単にできるし,オンライン講義の強化にも役立てることができる.このCD-ROMには,教科書のすべての図(JPEGとGIFのフォーマットによる),ポール・クルーグマンとロビン・ウェルズとのインタビューのビデオクリップ,動画のグラフ,パワーポイントのスライドなどが収められている.教員はこれらの資料から講義用に好みのものを選び,編集し,保存することができる.

オーバーヘッド用シート 以上に加えて,Worth社は,100を超える教科書の図を高画質で鮮明なOHP用カラーシートにして提供している.

Web-CT E-pack クルーグマン=ウェルスWeb-CT E-packを使えば,双方向の,教育的に申し分のないオンライン講義,あるいは講義のウェブサイトを作成できる.ここでは,コースの概要,クイズ,リンク,活動,関連する討論の題材,双方向グラフ,その他のありとあらゆる教材を含む,批判的な思考と勉強を容易にする最先端のオンラインの教材が利用可能だ.何よりもよいのは,この教材があらかじめプログラム化され,Web-CTの環境で完全に機能することだ.教材が前もって作られていれば,コースのための準備作業に要する時間が省かれるし,オンライン講義の作成に当たって大きな助けになる.教科書のテストバンクをWeb-CTフォーマットで手に入れることもできる.

Blackboard Blackboard社のクルーグマン=ウェルス・コース・カートリッジは,Blackboard社の人気ツール,使いやすいインターフェースとクルーグマン=ウェルスの教科書に特徴的な豊かなウェブコンテンツ,すなわちコース概要,クイズ,リンク,活動,双方向グラフ,その他のありとあらゆる教材を組み合わせて使うことを可能にする.その結果,苦労なしに実行し管理し利用できる,双方向の総合的なオンライン・コースができあがるはずだ.Worth社の電子ファイルはBlackboard社のソフトウエアで動くように事前設計・構成され,Blackboard社のコンテンツ・ショーケースから大学のサーバーに直接ダウンロードできる.Blackboard社のフォーマットで教科書のテストバンクを入手することも可能だ.

Dallas TeleLearning videos クルーグマン=ウェルスの教科書は,Dallas Community College District(DCCCD)で開発された,経済学のテレビ授業のテキストに選定された.教員は,遠隔地教育用教材のトップメーカーであるDCCCDが作るビデオを教室用に取り寄せることができる.このビデオは経済学の概念をドラマ仕立てで解説するもので,教室でも使える.

EduCue Personal Response System (PRS)—"Clickers" EduCueの個人応答システムで,教員は躍動的な,双方向の教室環境を作り出すことができる.この無線遠隔システムを使えば,教員は学生に質問を出して答えを記録し,講義をしながらすぐにも点数を計算で

きる．学生は手持ちのリモコンを使って，講義室の受信機に即座に対応できる．

Wall Street Journal Edition　クルーグマン＝ウェルスの教科書を採用した場合，Worth社と*Wall Street Journal*が学生には大幅な割引価格で10週間の購読プランを提供している．教員も無料で自分の*Wall Street Journal*を手に入れられるほか，*Wall Street Journal*だけが作成する追加的な教員用の付属資料をもらえる．もっと情報が欲しい人は最寄りの販売担当者に連絡するか，www.wsj.comの*Wall Street Journal* onlineに行くとよい．

Financial Times Edition　クルーグマン＝ウェルスの教科書を採用した場合，Worth社と*Financial Times*が学生には大幅な割引価格で15週間の購読プランを提供している．教員も1年間にわたって自分の*Financial Times*を無料で受け取れる．学生も教員もwww.ft.comで調査資料やアーカイブに収めた情報にアクセスできる．

謝辞

教科書の作成はチームとしての努力を必要とする仕事だ．才能があり思慮深いコンサルタント，閲読者，フォーカスグループ参加者，講義で試用してくれた方，その他私たちの仕事に惜しみない洞察を与えてくださったすべての人々がいなかったら，とてもここまでは来られなかっただろう．

以下の閲読者およびコンサルタントの方々が私たちの原稿のさまざまな部分に寄せてくださった提案と助言に感謝したい．

Ashley Abramson, *Barstow College*
Ljubisa Adamovich, *Florida State University*
Lee Adkins, *Oklahoma State University*
Elena Alvarez, *State University of New York, Albany*
David A. Anderson, *Centre College*
Fahima Aziz, *Hamline University*
Sheryl Ball, *Virginia Polytechnic Institute and State University*
Charles L. Ballard, *Michigan State University*
Cynthia Bansak, *San Diego State University*
Richard Barrett, *University of Montana*
Daniel Barszcz, *College of DuPage*
Charles A. Bennett, *Gannon University*
Andreas Bentz, *Dartmouth College*
Ruben Berrios, *Clarion University*
Joydeep Bhattacharya, *Iowa State University*
Harmanna Bloemen, *Houston Community College*
Michael Bordo, *Rutgers University, NBER*
James Bradley, Jr., *University of South Carolina*
William Branch, *University of Oregon*
Michael Brandl, *University of Texas, Austin*
Greg Broch, *Georgia Southern University*
Raymonda L. Burgman, *DePauw University*
Charles Callahan Ⅲ, *State University of New York Brockport*
James Carden, *University of Mississippi*
Bill Carlisle, *University of Utah*
Leonard A. Carlson, *Emory University*
Andrew Cassey, *University of Minnesota*
Shirley Cassing, *University of Pittsburgh*
Yuna Chen, *South Georgia College*
Jim Cobbe, *Florida State University*
Eleanor D. Craig, *University of Delaware*
Rosemary Thomas Cunningham, *Agnes Scott College*
James Cypher, *California State University, Fresno*
Susan Dadres, *Southern Methodist University*
Ardeshir Dalal, *Northern Illinois University*
A. Edward Day, *University of Texas, Dallas*
Dennis Debrecht, *Carroll College*
Stephen J. DeCanio, *University of California, Santa Barbara*
J. Bradford DeLong, *University of California, Berkeley*
Julie Derrich, *Brevard Community College*
Carolyn Dimitri, *Montgomery College, Rockville*
Patrick Dolenc, *Keene State College*
Amitava Dutt, *University of Notre Dame*
Jim Eaton, *Bridgewater College*

Jim Eden, *Portland Community College*
Rex Edwards, *Moorpark College*
Can Erbil, *Brandeis University*
Sharon J. Erenburg, *Eastern Michigan University*
Joe Essuman, *University of Wisconsin, Waukesha*
David N. Figlio, *University of Florida*
David W. Findlay, *Colby College*
Eric Fisher, *Ohio State University / University of California, Santa Barbara*
Oliver Franke, *Athabasca University*
Rhona Free, *Eastern Connecticut State University*
K. C. Fung, *University of California, Santa Cruz*
Susan Gale, *New York University*
Neil Garston, *California State University, Los Angeles*
E. B. Gendel, *Woodbury University*
J. Robert Gillette, *University of Kentucky*
Lynn G. Gillette, *University of Kentucky*
James N. Giordano, *Villanova University*
Robert Godby, *University of Wyoming*
David Goodwin, *University of New Brunswick*
Lisa Grobar, *California State University, Long Beach*
Philip Grossman, *St. Cloud State University*
Wayne Grove, *Syracuse University*
Alan Gummerson, *Florida International University*
Jang-Ting Guo, *University of California, Riverside*
Jonathan Hamilton, *University of Florida*
Mehdi Haririan, *Bloomsburg University of Pennsylvania*
Hadley Hartman, *Santa Fe Community College*
Julie Heath, *University of Memphis*
John Heim, *Rensselaer Polytechnic Institute*
Jill M. Hendrickson, *University of the South*
Rob Holm, *Franklin University*
David Horlacher, *Middlebury College*
Robert Horn, *James Madison University*
Scott Houser, *California State University, Fresno*
Patrik T. Hultberg, *University of Wyoming*
Aaron Jackson, *Bentley College*
Nancy Jianakoplos, *Colorado State University*
Donn Johnson, *Quinnipiac University*
Bruce Johnson, *Centre College*
Philipp Jonas, *Western Michigan University*
Michael Jones, *Bridgewater State College*
James Jozefowicz, *Indiana University of Pennsylvania*
Kamran M. Kadkhah, *Northeastern University*
Matthew Kahn, *Columbia University*
Barry Keating, *University of Notre Dame*
Diane Keenan, *Cerritos College*
Bill Kerby, *California State University, Sacramento*
Kyoo Kim, *Bowling Green University*
Philip King, *San Francisco State University*
Sharmila King, *University of the Pacific*
Kala Krishna, *Penn State University, NBER*
Jean Kujawa, *Lourdes College*
Maria Kula, *Roger Williams University*
Michael Kuryla, *Broome Community College*
Tom Larson, *California State University, Los Angeles*
Susan K. Laury, *Georgia State University*
Jim Lee, *Texas A&M University, Corpus Christi*
Tony Lima, *California State University, Hayward*
Solina Lindahl, *California State Polytechnic University, Pomona*
Malte Loos, *Christian-Albrechts Universität Kiel*
Marty Ludlum, *Oklahoma City Community College*
Mark Maier, *Glendale Community College*
Rachel McCulloch, *Brandeis University*
Doug Meador, *William Jewell College*
Diego Mendez-Carbajo, *Illinois Wesleyan University*
Juan Mendoza, *State University of New York at Buffalo*
Jeffrey Michael, *Towson University*
Jenny Minier, *University of Miami*
Ida A. Mirzaie, *John Carroll University*
Kristen Monaco, *California State University, Long Beach*

Marie Mora, *University of Texas, Pan American*
W. Douglas Morgan, *University of California, Santa Barbara*
Peter B. Morgan, *University of Michigan*
Tony Myatt, *University of New Brunswick, Fredericton*
Kathryn Nantz, *Fairfield University*
John A. Neri, *University of Maryland*
Charles Newton, *Houston Community College*
Joe Nowakowski, *Muskingum College*
Seamus O'Cleireacain, *Columbia University / State University of New York, Purchase*
Martha Olney, *University of California, Berkeley*
Kerry Pannell, *DePauw University*
Chris Papageorgiou, *Louisiana State University*
Brian Peterson, *Central College*
John Pharr, *Dallas County Community College*
Clifford Poirot, *Shawnee State University*
Raymond E. Polchow, *Zane State College*
Adnan Qamar, *University of Texas, Dallas*
Jeffrey Racine, *University of South Florida*
Matthew Rafferty, *Quinnipiac University*
Dixie Watts Reaves, *Virginia Polytechnic Institute and State University*
Siobhán Reilly, *Mills College*
Thomas Rhoads, *Towson University*
Libby Rittenberg, *Colorado College*
Malcom Robinson, *Thomas More College*
Michael Rolleigh, *Williams College*
Christina Romer, *University of California, Berkeley*
Brian P. Rosario, *University of California, Davis*
Bernard Rose, *Rocky Mountain College*
Patricia Rottschaefer, *California State University, Fullerton*
Jeff Rubin, *Rutgers University*
Henry D. Ryder, *Gloucester Community College*
Allen Sanderson, *University of Chicago*
Rolando Santos, *Lakeland Community College*
Christine Sauer, *University of New Mexico*
Elizabeth Sawyer-Kelly, *University of Wisconsin, Madison*
Edward Sayre, *Agnes Scott College*
Robert Schwab, *University of Maryland*
Adina Schwartz, *Lakeland College*
Gerald Scott, *Florida Atlantic University*
Stanley Sedo, *University of Maryland*
William Shambora, *Ohio University*
Gail Shields, *Central Michigan University*
Amy Shrout, *West High School*
Eugene Silberberg, *University of Washington*
Bill Smith, *University of Memphis*
Ray Smith, *College of St. Scholastica*
Judy Smrha, *Baker University*
Marcia S. Snyder, *College of Charleston*
John Solow, *University of Iowa*
David E. Spencer, *Brigham Young University*
Denise Stanley, *California State University, Fullerton*
Martha A. Starr, *American University*
Richard Startz, *University of Washington*
Carol Ogden Stivender, *University of North Carolina, Charlotte*
Jill Stowe, *Texas A&M University, Austin*
William Stronge, *Florida Atlantic University*
Rodney Swanson, *University of California, Los Angeles*
Sarinda Taengnoi, *Western New England College*
Lazina Tarin, *Central Michigan University*
Jason Taylor, *University of Virginia*
Mark Thoma, *University of California, San Diego*
Mehmet Tosun, *West Virginia University*
Karen Travis, *Pacific Lutheran University*
Sandra Trejos, *Clarion University*
Arienne Turner, *Fullerton College*
Neven Valev, *Georgia State University*
Kristin Van Gaasbeck, *California State University*
Abu Wahid, *Tennessee State University*

Stephan Weiler, *Colorado State University*
James N. Wetzel, *Virginia Commonwealth University*
Robert Whaples, *Wake Forest University*
Roger White, *University of Georgia*
Jonathan B. Wight, *University of Richmond*
Mark Wohar, *University of Nebraska, Omaha*
William C. Wood, *James Madison University*
Ken Woodward, *Saddleback College*
Bill Yang, *Georgia Southern University*
Cemile Yavas, *Pennsylvania State University*
Andrea Zanter, *Hillsborough Community College*

以下の大学院生の閲読者の助力にも感謝しなければならない．Kristy Piccinini（University of California, Berkeley），Lanwei Yang（University of California, Berkeley），Casey Rothschild（Massachusetts Institute of Technology），Naomi E. Feldman（University of Michigan, Ann Arbor）．

原稿を執筆する過程で，私たちは経済学原理の教員の方々とフォーカスグループ対面セッションでお会いし，貴重なご意見を聞くことができた．以下の先生方から率直な助言と提案をいただいた．

Michael Bordo, *Rutgers University*
Jim Cobbe, *Florida State University*
Tom Creahan, *Morehead State University*
Stephen DeCanio, *University of California, Santa Barbara*
Jim Eden, *Portland Community College, Sylvania*
David Flath, *North Carolina State University*
Rhona Free, *Eastern Connecticut State University*
Rick Godby, *University of Wyoming*
Wayne Grove, *Syracuse University*
Jonathan Hamilton, *University of Florida*
Robert Horn, *James Madison University*
Patrik Hultberg, *University of Wyoming*
Bruce Johnson, *Centre College*
Jim Jozefowicz, *Indiana University of Pennsylvania*
Jim Lee, *Texas A&M University, Corpus Christi*
Rachel McCulloch, *Brandeis University*
Ida Mirzaie, *John Carroll University*
Henry D. Ryder, *Gloucester Community College*
Marcia Snyder, *College of Charleston*
Brian Trinque, *University of Texas, Austin*
William C. Wood, *James Madison University*

初期の原稿を教室で試用してくださった先生方にもお礼を申し上げたい．有益な提案をいただいた以下の方々は，私たちがその内容を活用していることにお気づきと思う．多数の学生が私たちの使用者調査ファイルに記入してくれた．記して感謝したい．学生の指摘からも大きな刺激を受けた．

Ashley Abramson, *Barstow College*
Terry Alexander, *Iowa State University*
Fahima Aziz, *Hamline University*
Benjamin Balak, *Rollins College*
Leon Battista, *Bronx Community College*
Richard Beil, *Auburn University*
Charles Bennett, *Gannon University*
Scott Benson, *Idaho State University*
Andreas Bentz, *Dartmouth College*
John Bockino, *Suffolk County Community College*
Ellen Bowen, *Fisher College, New Bedford*
Anne Bresnock, *University of California, Los Angeles*
Bruce Brown, *California State Polytechnic University, Pomona*
John Buck, *Jacksonville University*
Raymonda Burgman, *University of Southern Florida*
William Carlisle, *University of Utah*
Kevin Carlson, *University of Massachusetts, Boston*
Fred Carstensen, *University of Connecticut*
Shirley Cassing, *University of Pittsburgh*
Ramon Castillo-Ponce, *California State University, Los Angeles*
Emily Chamlee-Wright, *Beloit College*
Anthony Chan, *Santa Monica College*
Mitch Charkiewiecz, *Central Connecticut State University*
Yuna Chen, *South Georgia College*

Maryanne Clifford, *Eastern Connecticut State University*
Julia Chismar, *St. Joseph's High School*
Gregory Colman, *Pace University*
Sarah Culver, *University of Alabama*
Rosa Lea Danielson, *College of Dupage*
Lew Dars, *University of Massachusetts / Dartmouth*
Stephen Davis, *Southwest Minnesota State University*
Tom DelGiudice, *Hofstra University*
Arna Desser, *United States Naval Academy*
Nikolay Dobrinov, *University of Colorado*
Patrick Dolenc, *Keene State College*
Stratford Douglas, *West Virginia University*
Julie Dvorak, *Warren Township High school*
Dorsey Dyer, *Davidson County Community College*
Mary Edwards, *St. Cloud State University*
Fritz Efaw, *University of Tennessee, Chattanooga*
Herb Elliot, *Alan Hancock College*
Can Erbil, *Brandeis University*
Yee Tien Fu, *Stanford University*
Yoram Gelman, *Lehman College, The City University of New York*
E. B. Gendel, *Woodbury College*
Doug Gentry, *St. Mary's College*
Tommy Georgiades, *DeVry University*
Satyajit Ghosh, *University of Scranton*
Richard Glendening, *Central College*
Patrick Gormely, *Kansas State University*
Richard Gosselin, *Houston Community College, Central*
Patricia Graham, *University of Northern Colorado*
Kathleen Greer Rossman, *Birmingham Southern College*
Wayne Grove, *Syracuse University*
Eleanor Gubins, *Rosemont College*
Alan Haight, *State University of New York, Cortland*
Gautam Hazarika, *University of Texas, Brownsville*
Tom Head, *George Fox University*
Susan Helper, *Case Western Reserve University*
Paul Hettler, *Duquesne University*
Roger Hewett, *Drake University*
Michael Hilmer, *San Diego State University*
Jill Holman, *University of Wisconsin, Milwaukee*
Scott Houser, *California State University, Fresno*
Ray Hubbard, *Central Georgia Technical College*
Murat Iyigun, *University of Colorado*
Habib Jam, *Rowan University*
Louis Johnston, *College of St. Benedict / St. John's University*
Jack Julian, *Indiana University of Pennsylvania*
Soheila Kahkashan, *Towson University*
Charles Kaplan, *St. Joseph's College*
Jay Kaplan, *University of Colorado, Boulder*
Bentzil Kasper, *Broome Community College*
Kurt Keiser, *Adams State College*
Ara Khanjian, *Ventura College*
Sinan Koont, *Dickinson College*
Emil Kreider, *Beloit College*
Kenneth Kriz, *University of Nebraska, Omaha*
Tom Larson, *California State University, Los Angeles*
Delores Linton, *Tarrant County College, Northwest*
Rolf Lokke, *Albuquerque Academy*
Ellen Magenheim, *Swarthmore College*
Diana McCoy, *Truckee Meadows Community College*
Garrett Milam, *Ryerson University*
Robert Miller, *Fisher College, New Bedford Campus*
Michael Milligan, *Front Range Community College*
Cathy Miners, *Fairfield University*
Larry Miners, *Fairfield University*
Kristen Monaco, *California State University, Long Beach*
Marie Mora, *University of Texas, Pan American*
James Mueller, *Alma College*
Ranganath Murthy, *Bucknell University*
Sylvia Nasar, *Columbia University*
Gerardo Nebbia, *Glendale Community College*

Anthony Negbenebor, *Gardner-Webb University*
Joseph Nowakowski, *Muskingum College*
Charles Okeke, *Community College of Southern Nevada*
Kimberley Ott, *Kent State University, Salem Campus*
Philip Packard, *St. Mary's College*
Jamie Pelley, *Mary Baldwin College*
Michael Perelman, *California State University*
Mary K. Perkins, *Howard University*
John Pharr, *Dallas Community College, Cedar Valley*
Jerome Picard, *Mount Saint Mary College*
Ray Polchou, *Muskingum Area Technical College*
Ernest Poole, *Fashion Institute of Technology*
Reza Ramazani, *St. Michael's College*
Charles Reichheld, *Cuyahoga Community College*
Siobhan Reilly, *Mills College*
Michael Righi, *Bellevue Community College*
Carl Riskin, *Queens College, The City University of New York*
Malcolm Robinson, *Thomas More College*
Charles Rock, *Rollins College*
Richard Romano, *Broome Community College*
Jeff Romine, *University of Colorado, Denver*
Bernie Rose, *Rocky Mountain College*
Dan Rubenson, *Southern Oregon University*
Jeff Rubin, *Rutgers University*
Lynda Rush, *California State Polytechnic University, Pomona*
Martin Sabo, *Community College of Denver*
Sara Saderion, *Houston Community College, Southwest*
George Sawdy, *Providence College*
Ted Scheinman, *Mt. Hood Community College*
Russell Settle, *University of Delaware*
Anna Shostya, *Pace University*
Amy Shrout, *West High School*
Millicent Sites, *Carson-Newman College*
Judy Smrha, *Baker University*

John Somers, *Portland Community College*
Jim Spellicy, *Lowell High School*
Tesa Stegner, *Idaho State University*
Kurt Stephenson, *Virginia Tech*
Charles Stull, *Kalamazoo College*
Laddie Sula, *Loras College*
David Switzer, *University of northern Michigan*
Deborah Thorsen, *Palm Beach Community College*
Andrew Toole, *Cook College / Rutgers University*
Arienne Turner, *Fullerton College*
Anthony Uremovic, *Joliet Junior College*
Jane Wallace, *University of Pittsburgh*
Tom Watkins, *Eastern Kentucky University*
James Wetzel, *Virginia Commonwealth University*
Mark Witte, *Northwestern University*
Larry Wolfenbarger, *Macon State College*
James Woods, *Portland State University*
Mickey Wu, *Coe College*
David Yerger, *Indiana University of Pennsylvania*
Eric Young, *Bishop Amat Memorial High School*
Lou Zaera, *Fashion Institute of Technology*
Andrea Zanter, *Hillsborough Community College, Dale Mabry Campus*
Stephen Zill, *De Anza College*

２年制コミュニティ・カレッジの諮問グループにも貢献していただいた．記して感謝したい．

Kathleen Bromley, *Monroe Community College*
Barbara Connolly, *Westchester Community College*
Will Cummings, *Grossmont College*
Richard Gosselin, Houston *Community College, Central*
Gus Herring, *Brookhaven College*
Charles Okeke, *Community College of Southern, Nevada*
Charles Reichheld, *Cuyahoga Community College*
Sara Saderion, *Houston Community College, Southwest*

Ted Scheinman, *Mt. Hood Community College*
J. Ross Thomas, *Albuquerque Technical Vocational Institute*
Deborah Thorsen, *Palm Beach Community College*
Ranita Wyatt, *Dallas Community College*

次の教員の方々の創意と貢献のおかげで,『ミクロ経済学』と『マクロ経済学』の販売資料(カード・デッキ)ができた. お礼を申し上げたい.

Charles Antholt, *Western Washington University*
Richard Ball, *Haverford University*
Edward Blomdahl, *Bridgewater State College*
Michael Brace, *Jamestown Community College*
Gregory Brock, *Georgia Southern University*
Joseph Cavanaugh, *Wright State University*
Tom Cooper, *Georgetown College*
James Craven, *Clark College*
Ardeshir Dalal, *Northern Illinois University*
Asif Dowla, *St. Mary's College of Maryland*
James Dulgeroff, *San Bernardino Valley Community College*
Tom Duston, *Keene State College*
Tomas Dvorak, *Union College*
Debra Dwyer, *State University of New York, Stony Brook*
Michael Ellis, *New Mexico State University*
Can Erbil, *Brandeis University*
John Erkkila, *Lake Superior State University*
Chuck Fischer, *Pittsburg State University*
Eric Fisher, *Ohio State University*
John Fitzgerald, *Bowdoin College*
Rajeev Goel, *Illinois State University*
Pat Graham, *University of Northern Colorado*
Hart Hodges, *Western Washington University*
Naphtali Hoffman, *Elmira College*
Yu Hsing, *Southeastern Louisiana University*
Miren Ivankovic, *Southern Wesleyan University*
Allan Jenkins, *University of Nebraska, Kearney*
Elia Kacapyr, *Ithaca College*
Farida Khan, *University of Wisconsin, Parkside*
Maureen Kilkenny, *Iowa State University*
Kent Klitgaard, *Wells College*
Janet Koscianski, *Shippensburg University*
Charles Kroncke, *College of Mount Saint Joseph*
Margaret Landman, *Bridgewater State College*
Bill Lee, *St. Mary's College*
Diego Mendez-Carbajo, *Illinois Wesleyan University*
Nelson Nagai, *San Joaquin Delta College*
William O'Dea, *State University of New York, Oneonta*
Douglas Orr, *Eastern Washington University*
Phil Packard, *Saint Mary's College of California*
Brian Peterson, *Central College*
Joe Pomykala, *Towson University*
Kevin Quinn, *Bowling Green State University*
Lynda Rush, *California State Polytechnic University, Pomona*
Richard Schatz, *Whitworth College*
Peter Schwartz, *University of North Carolina, Charlotte*
Kathleen Segerson, *University of Connecticut*
Esther-Mirjam Sent, *University of Nijmegen*
Millicent Sites, *Carson-Newman College*
Herrick Smith, *Nease High School*
M. N. Srinivas, *Center for Computer-Assisted legal Instruction (CALI)*
Jean-Philippe Stijns, *Northeastern University*
Chuck Still, *Kalamazoo College*
Michael Szenberg, *Pace University*
Ross Thomas, *Albuquerque Technical Vocational Institute*
Maurice Weinrobe, *Clark University*
James N. Wetzel, *Virginia Commonwealth University*
Gary Wolfram, *Hillsdale College*
William C. Wood, *James Madison University*

Paul Zak, *Claremont Graduate University*
Alina Zapalska, *U. S. Coast Guard Academy*

　私たちのプロジェクトに関するオンラインの市場調査のために時間を割いて有益な回答を寄せていただいた何百人もの教員の方々にも感謝しなければならない．ほぼ800人の方々にご協力いただいたと思う．そのすべての方々のアイデアと貢献にお名前を挙げてお礼を申し上げたいところだが，スペースが限られているので願いが叶わない．あなた方が私たちのプロジェクトのために果たしてくださった役割に深い感謝をささげるのみだ．

　次に挙げるのは本書の鍵を握る重要人物だ．私たちが書きためた多くの原稿からほとんどすべての章のすべてのページを読んで山のような助言をいただいた．Andreas Bentz (Dartmouth College) は原稿の正誤を見てくれることになっていたが，彼の役割は実際にはそれをはるかに超えていた．私たちの仕事をすべてのステップで絶えず明確にする，疲れを知らない助言者として仕えてくれたのだ．このプロジェクトにAndreasが注いでくれたような忠誠心を持った人物はまれにしか見つからない．私たちは彼に多大の恩義を感じている．Martha Olney (University of California, Berkeley) は，全体にわたって洞察に富んだ指摘をしてくれた．彼女の助言のおかげで深刻な教育上の過ちから救われたと感じた瞬間が少なからずあった．Marthaには最大級の感謝をささげたい．デベロップメント・エディターのMarilyn Freedmanにも同様の謝意を表したい．彼女は決定的な場面で不足していたコモンセンスを注入し，教員の先生方にとって本当に使える本を作り上げる手助けをしてくれた．私たち2人の間にある教授法の差異を見極める仕事さえ彼女に委ねざるをえなかった．以下の方々は本書を精読して貴重な役割を果たしてくれた．Elizabeth Sawyer-Kelly (University of Wisconsin, Madison), David Findlay (Colby College), Sharon J. Ehrenburg (Eastern Michigan University), Malte Loos (Christian-Albrechts Universität Kiel)，そしてKristy PiccinniとLanwei Yang (ともにthe University of California, Berkeleyの大学院生)だ．このすべての方々からの詳細で賢明な書込みはものすごく有益だった！（Kristyには改めて，索引に関する作業のお礼を言いたい）．Dave Figlio (University of Florida) は閲読者として，特に労働とインフレーションに関する章に貴重な貢献をしてくれた．格別のお礼を言いたい．

　Rhona Freeには，グラフの付録の開発に本質的な役割を果たしてくれたことのお礼を申し述べたい．章末問題の作成に関するRosemary Cunningham (Agnes Scott College) の手助けにも，特別の感謝を示さなくてはならない．

　この仕事を可能にしたWorth社の現在および以前の担当者にも謝意を表したい．Paul ShensaとBob Worthはこの本の執筆を提案してくれた．発行人のCraig Bleyerは，忍耐とムチを絶妙に配合してこの道程を最後まで向かうよう督励してくれた．私たちがこの本を完成できたのはCraigのリーダーシップと忍耐の賜物だ．

　Freeman and Worth社のElizabeth Widdicombe社長とWorth社のCatherine Woodsは私たちを絶えず励まして，時には非常に腹立たしく思われたに違いないこの事業の進行に信頼を寄せてくれた．

　この本は，信じがたいほどすばらしい制作・装幀のチームに恵まれた．アソシエイト・マネージング・エディターのTracey Kuehnは，非常にタイトなスケジュールにもかかわらず，疲れを知らない働きと優れた技能によって私たちのラフな原稿をこんなに美しい書物に仕立て上げてくれた．それからプロジェクト・エディターのAnthony Calcare，どうもありがとう．コピー・エディターのKaren Osborneは，私たちの文章を整え，推敲してくれた．Babs Reingoldはこの本の見事な表紙を考案してくれた．新しい章の校正にかかるたびにそのデザインを見て，私たちは驚きに包まれたものだ．私たちが言えたのは，「すばらしい」の一語で，感謝の言葉しかなかった．

　でもLee Mahlerがほどこしたページ・レイアウトの魔法がなかったら，私たちもそこまで驚きはしなかっただろう．制作の最終部分を担当したBarbara Seixasにもありがとうと言いたい．Barbara，あなたが作り出してくれた奇跡のいくつかについて私たちは耳にしている．あなたのすべての仕事に感謝したい．

この本(原書)にある素敵な写真は，写真探しに当たったElyse RiederとJulie Tesserの好意によるものだ．写真助手のPatricia MarxとTed Szczepanskiの労もねぎらいたい．編集助手のLiz Saxonの手助けもありがたかった．

『ミクロ経済学』の資料収集に当たったCharlie Van Wagnerには，この本に付随する印象的なメディア・パッケージや補助教材を考案し調整していただいた．『マクロ経済学』でCharlieと同様の役割を果たしてくれたMarie McHaleに感謝したい．CharlieとMarieと一緒に，こんなに強力な補助教材とメディアのパッケージを用意してくれた補助教材執筆者，調整者の驚嘆すべきチームに感謝したい．

市場開発部長のSteve Rigolosi，マーケティング・マネジャーのScott Guileはこの本の販売に精力をかたむけ，創造力ある仕事をしてくれた．お礼を申し上げたい．経済学コンサルタントのTom Klingは，そもそもこのテキストがビジネスとして成り立つために必要な種まきを手伝ってくれた．Bruce Kaplanが舞台裏で行ってくれたセールスとマーケティングの努力にも感謝したい．Monteiro社のBarbara Monteiro, St. Martin's Press社のJohn MurphyとDori Weintraubにもこの本の広報活動でお世話になった．

そして何よりもこのプロジェクトのデベロップメント・エディターをつとめたSharon Balbosに特段のお礼を申し述べたい．何年にもわたる強行軍の中で，彼女は私たちと同様に疲れ果てたに違いないが，決して冷静さを失わなかった．彼女が制作につぎ込んだ献身とプロ根性にこの本が応えられることを願いたい．

Paul Krugman　　　　　Robin Wells

おもな目次　Brief Contents

はしがき

第Ⅰ部　経済学ってどんな学問？
- 序章　日常の生活　1
- 第1章　最初の原理　7
- 第2章　経済モデル：トレードオフと取引　27
- 付録　経済学のグラフ　53

第Ⅱ部　供給と需要
- 第3章　供給と需要　69
- 第4章　市場の逆襲　99
- 第5章　消費者余剰と生産者余剰　131

第Ⅲ部　マクロ経済学入門
- 第6章　マクロ経済学：経済の全体像　161
- 第7章　マクロ経済を追跡する　185

第Ⅳ部　長期の経済
- 第8章　長期の経済成長　217
- 第9章　貯蓄，投資支出，金融システム　245

第Ⅴ部　短期の経済変動
- 第10章　総供給と総需要　277
- 第11章　所得と支出　313
- 付録　乗数を代数的に導く　339

- 第12章　財政政策　341
- 付録　税と乗数　371
- 第13章　貨幣，銀行，連邦準備制度　373
- 第14章　金融政策　399

第Ⅵ部　サプライサイドと中期
- 第15章　労働市場，失業，インフレ　427
- 第16章　インフレ，ディスインフレ，デフレ　457

第Ⅶ部　事件とアイデア
- 第17章　現代マクロ経済学の形成　485

第Ⅷ部　開放経済
- 第18章　国際貿易　511
- 第19章　開放経済のマクロ経済学　539

通貨危機に関する第20章をウェブ上で提供している．www.worthpublishers.com/krugmanwellsのMacroeconomics, first editionのページを参照．

訳者あとがき
理解度チェックの解答
1929〜2004年のマクロ経済データ
用語解説
索引

目次

はしがき

第 I 部 経済学ってどんな学問？

序章 日常の生活 …… 1
よくある日曜日 …… 1
1 見えない手 …… 2
2 私の利益，あなたの費用 …… 3
3 いいとき，悪いとき …… 4
4 前進，そして上昇 …… 4
5 発見のエンジン …… 5

第1章 最初の原理 …… 7
共通の基盤 …… 7
1 個人の選択：経済学の核 …… 8
1.1 資源は希少だ …… 8
1.2 機会費用：何かの本当の費用はそれを得るためにあなたがあきらめなければならないもののことだ …… 9
- ちょっと寄り道 ペニー硬貨は何のためにあるのか …… 10
1.3 「どれだけか」は限界での意思決定 …… 11
1.4 人々は自分の暮らしを良くする機会を見逃さない …… 12
- ちょっと寄り道 成績にお金を？ …… 13
1.5 個人の選択：要約してみよう …… 14
- 経済学を使ってみよう：女性労働 …… 14
2 相互作用：経済が働く仕組み …… 15
2.1 取引は利益をもたらす …… 16
2.2 市場は均衡に向かう …… 17
- ちょっと寄り道 右側通行か左側通行か …… 18
2.3 社会的目標を達成するため，資源はできるだけ効率的に用いられなければならない …… 19
2.4 市場は通常は効率を達成する …… 20
2.5 市場が効率性を達成しない場合には，政府の介入が社会的厚生を高める可能性がある …… 21
- 経済学を使ってみよう：高速道路での均衡の回復 …… 21
次に学ぶこと …… 23

第2章 経済モデル：トレードオフと取引 …… 27
風洞のビジョン …… 27
1 経済学のモデル：重要な例 …… 27
- ちょっと寄り道 カネになるモデル …… 28
1.1 トレードオフ：生産可能性フロンティア …… 29
1.2 比較優位と取引利益 …… 33
- 落とし穴 比較優位の誤解 …… 37
1.3 比較優位と国際貿易 …… 37
1.4 取引：経済循環フロー図 …… 38
- 経済学を使ってみよう：富んだ国，貧しい国 …… 41
2 モデルを使う …… 43
2.1 解明経済学と規範経済学 …… 43
2.2 経済学者の意見はどんなときに，なぜ食い違うか …… 45
- ちょっと寄り道 経済学者の意見が一致するとき …… 45
- 経済学を使ってみよう：政府の経済学者 …… 46
次に学ぶこと …… 47

第2章 付録 経済学のグラフ …… 53
1 イメージをつかむ …… 53
2 グラフ，変数および経済モデル …… 53
3 グラフの働き …… 54
3.1 2変数のグラフ …… 54
3.2 グラフ上の曲線 …… 55
4 鍵となる概念：曲線の傾き …… 56
4.1 線形曲線の傾き …… 57
4.2 水平な曲線と垂直な曲線，その傾き …… 57
4.3 非線形曲線の傾き …… 58
4.4 非線形曲線の傾きを計算する …… 60
4.5 最大点と最小点 …… 61
5 数値情報を示すグラフ …… 61
5.1 異なるタイプの数値グラフ …… 62
5.2 数値グラフを解釈するときの問題点 …… 64

第 II 部 供給と需要

第3章 供給と需要 …… 69
グレツキー選手最後のゲーム …… 69
1 供給と需要：競争市場のモデル …… 70
2 需要曲線 …… 70
2.1 需要表と需要曲線 …… 71
2.2 需要曲線のシフト …… 72
2.3 需要曲線のシフトを理解する …… 73
- 経済学を使ってみよう：交通渋滞を抑える …… 76
3 供給曲線 …… 77
3.1 供給表と供給曲線 …… 77
3.2 供給曲線のシフト …… 78
3.3 供給曲線のシフトを理解する …… 79
- 経済学を使ってみよう：農産物の価格支持（および抑制） …… 81

第3章（続き）

4　供給，需要，均衡　82
- ●落とし穴● 売買価格？　83
- 4.1　均衡価格と均衡数量を見つける　83
- 4.2　市場で販売と購入が同一価格で行われるのはなぜか　84
- 4.3　市場価格が均衡価格よりも高いとき，市場価格が下がるのはなぜか　84
- 4.4　市場価格が均衡価格よりも低いとき，市場価格が上がるのはなぜか　85
- 4.5　均衡を使って市場を描写する　86
- 経済学を使ってみよう：魚の話　86

5　需要と供給の変化　87
- 5.1　需要曲線がシフトするとき何が起こるか　87
- 5.2　供給曲線がシフトするとき何が起こるか　88
- 5.3　供給と需要の同時シフト　90
- ●落とし穴● 結局どっちの曲線なのか？　90
- ちょっと寄り道　供給，需要と規制物質　91
- 経済学を使ってみよう：プレーン・バニラが出世した　92

6　競争市場：そしてその他の市場　93
- 次に学ぶこと　94

第4章　市場の逆襲　99

大都市，あまり賢明ではない考え　99

1　なぜ政府は価格を統制するのか　100

2　上限価格規制　100
- 2.1　上限価格規制のモデル化　101
- 2.2　なぜ上限価格規制は非効率の原因となるのか　102
- ちょっと寄り道　家賃統制貴族　105
- 2.3　それでもなぜ上限価格規制があるのか　106
- 経済学を使ってみよう：1970年代の石油不足　106

3　下限価格規制　108
- ちょっと寄り道　下限価格規制とバタークッキー　110
- 3.1　なぜ下限価格規制は非効率の原因となるのか　110
- 3.2　それでもなぜ下限価格規制があるのか　112
- 経済学を使ってみよう：南ヨーロッパの「やみ労働」　112

4　数量を統制する　114
- 4.1　数量統制の構造　115
- 4.2　数量統制の費用　118
- 経済学を使ってみよう：ニュージャージーのクラム　119

5　驚くべき類似：税　120
- 5.1　なぜ税は割当てに似ているのか　121
- 5.2　誰が物品税を支払うのか　122
- 5.3　物品税からの収入　123
- 5.4　税の費用　123
- ちょっと寄り道　タバコを売るのが犯罪なら，タバコを売るのは犯罪者だけだろう　125
- 経済学を使ってみよう：FICA（連邦保険寄与法）を支払うのは誰？　125
- 次に学ぶこと　126

第5章　消費者余剰と生産者余剰　131

本で利益を上げる　131

1　消費者余剰と需要曲線　132
- 1.1　支払い意欲額と需要曲線　132
- 1.2　支払い意欲額と消費者余剰　132
- 1.3　価格変化は消費者余剰にどのような影響を与えるか　135
- ちょっと寄り道　新しい薬がほしい　137
- 経済学を使ってみよう：お金では十分じゃないとき　138

2　生産者余剰と供給曲線　139
- 2.1　費用と生産者余剰　139
- 2.2　生産者余剰の変化　142
- 経済学を使ってみよう：災害からの利益　142

3　消費者余剰，生産者余剰，取引利益　144
- 3.1　取引利益　144
- 3.2　市場の効率性：予備的な視点　144
- 3.3　いくつかの注意　148
- 経済学を使ってみよう：eベイと効率性　149

4　消費者余剰と生産者余剰を応用する：税の効率費用　150
- 4.1　死荷重と弾力性　153
- 経済学を使ってみよう：ヨットが消えた　154
- 次に学ぶこと　156

第Ⅲ部　マクロ経済学入門　161

第6章　マクロ経済学：経済の全体像　161

落胆した新卒者たち　161

1　ミクロ経済学 対 マクロ経済学　162
- 1.1　マクロ経済学：全体は部分の合計よりも大きい　163
- 1.2　マクロ経済政策　164
- 1.3　長期成長　165
- 1.4　経済集計量　165
- 経済学を使ってみよう：大恐慌　166

2　景気循環　168
- ちょっと寄り道　景気後退と景気拡大を定義する　169
- 2.1　雇用と失業　169
- 2.2　総産出量　170
- 2.3　景気循環を平準化する　172
- 経済学を使ってみよう：景気循環は平準化されてきたのか　172

3　長期の経済成長　173
- ちょっと寄り道　長期成長はいつ始まったのか　175
- 経済学を使ってみよう：1ポイントが生み出す違い　175

4　インフレーションとデフレーション　176
- 経済学を使ってみよう：ファストフードによるインフレの測定　178

5　開放経済　179
- 経済学を使ってみよう：国境の北　181
- 次に学ぶこと　182

第7章 マクロ経済を追跡する　185

革命の後　185

1 国民経済計算　186
- 1.1 経済循環フロー図の再考と拡張　186
- 1.2 国内総生産　189
- 1.3 GDPの計算　190
- **ちょっと寄り道** 私たちの帰属生活　191
- ●落とし穴● GDP：何が含まれ、何が含まれないか　192
- 1.4 GDPからわかること　194
- **ちょっと寄り道** 国民総生産か国内総生産か？　195
- **経済学を使ってみよう**：国民経済計算の誕生　195

2 実質GDPと総産出量　196
- 2.1 実質GDPを計算する　197
- 2.2 技術的な詳細：「連鎖」ドル　198
- 2.3 実質GDPでは測れないもの　199
- **経済学を使ってみよう**：良い10年、悪い10年　200

3 失業率　201
- 3.1 失業率を理解する　201
- 3.2 成長と失業　203
- **経済学を使ってみよう**：ジョブレス・リカバリー　204

4 物価指数と物価水準　205
- 4.1 マーケット・バスケットと物価指数　205
- 4.2 消費者物価指数　207
- 4.3 その他の物価指標　208
- **ちょっと寄り道** CPIにはバイアスがある？　209
- **経済学を使ってみよう**：CPIに連動（スライド）させる　209
- **次に学ぶこと**　211

第Ⅳ部 長期の経済　217

第8章 長期の経済成長　217

古く悪しき時代　217

1 時空を超えて経済を比べる　218
- 1.1 1人当たり実質GDP　218
- ●落とし穴● 水準の変化 対 変化率　219
- 1.2 成長率　220
- **経済学を使ってみよう**：アイルランド人の幸運　222

2 長期の成長の原因　222
- 2.1 生産性の決定的な重要性　222
- 2.2 生産性の成長を説明する　223
- **ちょっと寄り道** ウォルマート効果　224
- 2.3 成長会計：集計的生産関数　225
- ●落とし穴● 逓減するかもしれない……だがそれでもプラス　227
- 2.4 天然資源はどうなのか　229
- **経済学を使ってみよう**：情報技術のパラドックス　229

3 成長率はなぜ違うのか　231
- 3.1 貯蓄と投資支出　232
- 3.2 外国投資　232
- 3.3 教育　233
- 3.4 インフラストラクチャー　233
- 3.5 研究開発　234
- **ちょっと寄り道** R&Dを発明する　234
- 3.6 政治の安定、財産権、過剰な政府介入　235
- **経済学を使ってみよう**：ブラジルの穀倉地帯　235

4 成功、失望そして失敗　236
- 4.1 東アジアの奇跡　237
- 4.2 ラテンアメリカの失望　238
- 4.3 アフリカの困難　239
- **経済学を使ってみよう**：経済は収束している？　240
- **次に学ぶこと**　241

第9章 貯蓄、投資支出、金融システム　245

大地に開けた穴　245

1 貯蓄を投資支出に回す　246
- ●落とし穴● 投資と投資支出の違い　246
- 1.1 貯蓄・投資支出恒等式　246
- ●落とし穴● さまざまな資本　249
- 1.2 貸付資金市場　251
- **ちょっと寄り道** 貯蓄と投資を等しくさせるのは誰？　251
- 1.3 貯蓄、投資支出、政府の政策　254
- **経済学を使ってみよう**：1990年代の財政と投資支出　256

2 金融システム　257
- 2.1 金融システムが果たす3つの役割　258
- 2.2 資産のタイプ　262
- 2.3 金融仲介機関　263
- **経済学を使ってみよう**：韓国の奇跡と銀行　266

3 金融市場の変動　267
- 3.1 株式の需要　267
- **ちょっと寄り道** ダウ・ジョーンズは今どうなってる？　268
- 3.2 株式市場についての予想　269
- 3.3 株価とマクロ経済学　270
- **経済学を使ってみよう**：「根拠なき熱狂」　271
- **次に学ぶこと**　272

第Ⅴ部 短期の経済変動　277

第10章 総供給と総需要　277

システムへの衝撃　277

1 総供給　278
- 1.1 短期総供給曲線　278
- 1.2 短期総供給曲線のシフト　280
- **ちょっと寄り道** 本当に伸縮的なもの、本当に固定的なもの　280
- 1.3 長期総供給曲線　283
- 1.4 短期から長期へ　285
- ●落とし穴● まだわからない？ 長期の本当の意味って何？　286
- **経済学を使ってみよう**：大恐慌時の物価と産出量　286

2 総需要　287
- 2.1 どうして総需要曲線は右下がりなのか　288
- 2.2 総需要曲線のシフト　289
- ●落とし穴● 富の変化：総需要曲線に沿った移動と総需要曲線のシフト　291
- 2.3 政府の政策と総需要　291
- **経済学を使ってみよう**：1979～80年の総需要曲線に沿った移動　292

3 乗数　293

4 AS-ADモデル　297
4.1 短期マクロ経済均衡　297
4.2 SRAS曲線のシフト　298
4.3 総需要曲線のシフト：短期的効果　299
4.4 長期マクロ経済均衡　300
◆経済学を使ってみよう：現実の供給ショックと需要ショック　303

5 マクロ経済政策　304
ちょっと寄り道　ケインズと長期　305
5.1 需要ショックに直面したときの政策　305
5.2 供給ショックへの対応　306
◆経済学を使ってみよう：大恐慌の終焉　307
次に学ぶこと　307

第11章　所得と支出　313
愛国者たれば支出せよ　313
1 消費支出　313
1.1 現在の可処分所得と消費支出　314
1.2 総消費関数のシフト　317
◆経済学を使ってみよう：最初の有名な予測の失敗　318
2 投資支出　320
2.1 利子率と投資支出　321
2.2 将来の予想実質GDP，生産設備，投資支出　322
2.3 在庫と，意図しない投資支出　323
◆経済学を使ってみよう：2つの投資停滞期の話　324
3 総需要曲線のシフトの背後にあるもの：所得・支出モデル　325
3.1 意図した総支出と実質GDP　326
3.2 所得・支出均衡　328
3.3 乗数プロセスと在庫調整　330
●落とし穴● 所得・支出均衡 対 短期マクロ経済均衡　331
◆経済学を使ってみよう：ブエノスアイレスの苦境　334
次に学ぶこと　335

第11章　付録　乗数を代数的に導く　339

第12章　財政政策　341
繁栄への架け橋か？　341
1 財政政策：基本的な議論　342
1.1 税，財・サービスの政府購入，政府移転支出，そして政府借入金　342
1.2 政府予算と政府総支出　343
ちょっと寄り道　投資税額控除　344
1.3 拡張的財政政策と緊縮的財政政策　345
1.4 注意点：財政政策のラグ　346
◆経済学を使ってみよう：日本の拡張的財政政策　347
2 財政政策と乗数　348
2.1 財・サービスの政府購入の増加による乗数効果　348
2.2 政府移転支出と税の変化による乗数効果　349
2.3 税は乗数にどんな影響を与えるか　351
◆経済学を使ってみよう：出費にどれだけ見合っているのか？　352

3 財政収支　354
3.1 財政政策の目安としての財政収支　354
3.2 景気循環と景気循環調整済み財政収支　355
3.3 財政収支は均衡すべきなのか？　356
◆経済学を使ってみよう：安定協定──もしくは愚かな協定？　357
4 財政政策の長期的意味合い　359
4.1 赤字，黒字，そして債務　359
●落とし穴● 赤字 対 債務　360
4.2 政府債務の増加によって生じる問題　360
4.3 赤字と債務の実際　361
ちょっと寄り道　第2次世界大戦の債務はどうなったか？　363
4.4 隠れた債務　363
◆経済学を使ってみよう：アルゼンチンの債権者はヘアーカットを受け取った　365
次に学ぶこと　367

第12章　付録　税と乗数　371

第13章　貨幣，銀行，連邦準備制度　373
空中馬車道　373
1 貨幣の意味　373
1.1 貨幣とは何か？　374
●落とし穴● カードと貨幣供給量　374
1.2 貨幣の役割　375
1.3 貨幣の種類　376
1.4 貨幣供給量を測る　377
ちょっと寄り道　現金通貨はどこへ行った？　378
◆経済学を使ってみよう：ドルの歴史　378
2 銀行の貨幣的役割　379
2.1 銀行がやっていること　379
2.2 銀行取り付けの問題　380
2.3 銀行規制　381
ちょっと寄り道　銀行業は詐欺か？　382
◆経済学を使ってみよう：素晴らしき哉，銀行制度　383
3 貨幣供給量の決定　384
3.1 銀行はどう貨幣を創出するか　384
3.2 準備金，銀行預金，貨幣乗数　386
3.3 貨幣乗数の実際　387
◆経済学を使ってみよう：貨幣供給量の乗数的下落　388
4 連邦準備制度　389
4.1 連邦準備制度：アメリカの中央銀行　389
4.2 連邦準備制度の役割：支払準備制度と公定歩合　391
4.3 公開市場操作　392
◆経済学を使ってみよう：欧州の連邦準備制度を設立する　393
次に学ぶこと　394

第14章　金融政策　399
年8回　399
1 貨幣需要　400
1.1 貨幣保有の機会費用　400
1.2 貨幣需要曲線　402

1.3	物価と貨幣需要	403
1.4	実質貨幣需要曲線のシフト	404
1.5	貨幣需要に対する流通速度アプローチ	405
経済学を使ってみよう：支払いのための円		406

2　貨幣と利子率 407
- 2.1　均衡利子率　408
- **落とし穴**　目標 対 市場　409
- 2.2　利子率の2つのモデル？　409
- 2.3　金融政策と利子率　409
- **ちょっと寄り道**　長期利子率　410
- **経済学を使ってみよう**：FRBは行動する　411

3　金融政策と総需要 412
- 3.1　拡張的金融政策と緊縮的金融政策　413
- 3.2　金融政策と乗数　414
- 3.3　利子率の2つのモデル再考　415
- **経済学を使ってみよう**：FRBと1985〜2004年の産出量ギャップ　417

4　長期における貨幣・産出量・物価 419
- 4.1　貨幣供給量増加の短期の効果と長期の効果　419
- 4.2　貨幣の中立性　420
- 4.3　長期における利子率　421
- **経済学を使ってみよう**：貨幣の中立性の国際的な証拠　422
- **次に学ぶこと**　423

第VI部　サプライサイドと中期　427

第15章　労働市場，失業，インフレ　427

失業への2つの道 427

1　失業の性質 428
- **ちょっと寄り道**　完全雇用：それは法律だ！　428
- 1.1　雇用の創出と破壊　429
- 1.2　摩擦的失業　429
- 1.3　構造的失業　430
- 1.4　自然失業率　433
- 1.5　自然失業率の変化　434
- **経済学を使ってみよう**：欧州硬化症　436

2　失業と景気循環 438
- 2.1　産出量ギャップと失業率　438
- 2.2　オークンの法則　440
- **落とし穴**　「法則」が法則でなくなるとき　440
- **経済学を使ってみよう**：ジョブレス・リカバリー　441

3　なぜ労働市場はすぐに均衡しないのか 442
- **経済学を使ってみよう**：世界恐慌期の固定的賃金　444

4　失業とインフレーション：フィリップス曲線 444
- 4.1　短期フィリップス曲線　445
- **ちょっと寄り道**　総供給曲線と短期フィリップス曲線　446
- 4.2　インフレ予想と短期フィリップス曲線　448
- 4.3　長期フィリップス曲線　449
- 4.4　自然失業率再考　451
- **経済学を使ってみよう**：恐怖の70年代から素敵な90年代へ　451
- **次に学ぶこと**　453

第16章　インフレ，ディスインフレ，デフレ　457

時給はいくら？ 457

1　貨幣とインフレーション 458
- 1.1　貨幣と価格：再考　459
- **ちょっと寄り道**　インフレ補正　461
- 1.2　インフレ税　462
- 1.3　ハイパーインフレーションの論理　463
- **経済学を使ってみよう**：1985〜95年のブラジルの貨幣と物価　464

2　インフレーションの影響 465
- 2.1　予想されないインフレーションの勝者と敗者　466
- 2.2　予想されたインフレーションと利子率　468
- 2.3　インフレーションの費用　469
- **落とし穴**　貨幣需要の利子率ってどっち？　470
- 2.4　最適なインフレ率　472
- **ちょっと寄り道**　デフレ擁護論？　472
- **経済学を使ってみよう**：アメリカのインフレ率と利子率　473

3　緩やかなインフレーションとディスインフレーション 474
- 3.1　緩やかなインフレーションの原因　474
- 3.2　ディスインフレーションの問題　475
- 3.3　供給ショック　476
- **経済学を使ってみよう**：1980年代の大きなディスインフレーション　476

4　デフレーション 478
- 4.1　予想されないデフレーションの効果　478
- 4.2　予想されたデフレーションの効果　478
- **経済学を使ってみよう**：日本の罠　479
- **次に学ぶこと**　480

第VII部　事件とアイデア　485

第17章　現代マクロ経済学の形成　485

うみを出す？ 485

1　古典派のマクロ経済学 486
- 1.1　貨幣と物価　486
- 1.2　景気循環　486
- **経済学を使ってみよう**：景気循環はいつ始まったか　487

2　大恐慌とケインズ革命 488
- 2.1　ケインズの理論　489
- **ちょっと寄り道**　ケインズの政治学　490
- 2.2　不況を克服する政策　491
- **経済学を使ってみよう**：大恐慌の終わり　492

3　ケインズ経済学への挑戦 493
- 3.1　金融政策の復活　493
- 3.2　マネタリズム　494
- 3.3　インフレーションと自然失業率　496
- 3.4　政治的景気循環　497
- **経済学を使ってみよう**：FRBがマネタリズムに求愛した　498

4　合理的期待，リアル・ビジネス・サイクル理論，新古典派マクロ経済学 498

4.1	合理的期待	499
4.2	リアル・ビジネス・サイクル	500
ちょっと寄り道 サプライサイドの経済学		500
経済学を使ってみよう：全要素生産性と景気循環		501
5	現代マクロ経済学の合意	502
5.1	拡張的金融政策は不況の克服に有効か	502
5.2	財政政策は不況の克服に有効か	503
5.3	金融ないし財政政策は長期の失業削減に有効か	503
5.4	財政政策は裁量的に運用すべきものか	504
5.5	金融政策は裁量的に運用すべきものか	504
5.6	マクロ経済学のまがうかたない小さな秘密	506
経済学を使ってみよう：バブルの後		506
次に学ぶこと		507

第VIII部 開放経済 511

第18章 国際貿易 511

外国産のバラ 511

1	比較優位と国際貿易	512
1.1	生産可能性と比較優位，再考	512
1.2	国際貿易の利益	515
●落とし穴● 貧困労働者に関する誤解		516
1.3	比較優位の要因	516
ちょっと寄り道 貧しい国は貿易で損をするのか		518
経済学を使ってみよう：アメリカの比較優位		519
ちょっと寄り道 収穫逓増と国際貿易		519
2	供給，需要，国際貿易	520
2.1	輸入の効果	520
2.2	輸出の効果	523
2.3	国際貿易と生産要素市場	524
経済学を使ってみよう：19世紀の貿易，賃金，地代		526
3	貿易保護政策の効果	527
3.1	関税の効果	527
3.2	輸入割当ての効果	529
経済学を使ってみよう：アメリカの貿易保護政策		529
4	貿易保護政策の政治経済学	530
4.1	貿易保護政策への支持	531
ちょっと寄り道 甘くて苦い話		531
4.2	貿易保護政策の政治学	532
4.3	国際貿易協定と世界貿易機関(WTO)	532
経済学を使ってみよう：関税率の低下		533
次に学ぶこと		534

第19章 開放経済のマクロ経済学 539

ユーロのジレンマ 539

1	資本移動と国際収支	539
1.1	国際収支	540
ちょっと寄り道 GDP，GNPと経常収支		543
1.2	民間資本の国際的な移動をモデル化する	544
1.3	国際資本移動の決定要因	546
ちょっと寄り道 双子の赤字？		547
経済学を使ってみよう：資本移動の黄金時代		547
2	為替レートの役割	549
2.1	為替レートの解明	549
●落とし穴● 上がったのはどっち？		550
2.2	均衡為替レート	550
2.3	インフレと実質為替レート	553
2.4	購買力平価	555
ちょっと寄り道 ハンバーガーの経済学		556
経済学を使ってみよう：ドルと赤字		557
3	為替レート政策	558
3.1	為替レート制度	559
3.2	どうすれば為替レートを固定できるのか	559
3.3	為替レート制度のジレンマ	561
ちょっと寄り道 ブレトン・ウッズからユーロまで		562
経済学を使ってみよう：中国人民元をペッグする		563
4	為替レートとマクロ経済政策	564
4.1	固定為替レートの切下げと切上げ	565
4.2	変動レート制下の金融政策	566
4.3	国際的景気循環	567
経済学を使ってみよう：ポンド切下げの喜び		567

付録 通貨と危機

この章はウェブ上にある．下記サイトを参照．
www.worthpublishers.com/krugmanwells

訳者あとがき
理解度チェックの解答
1929～2004年のマクロ経済データ
用語解説
索引

Part-I What Is Economics?
第 I 部 経済学ってどんな学問？

Introduction

序　章

The Ordinary Business of Life
日常の生活

よくある日曜日

　2003年の夏の日曜日の午後，ニュージャージー中央部の1号線は賑わっている．何千もの人々がトレントンからニューブランズウイックまで20マイルにわたって並ぶショッピングモールにつめかけている．買い物客はほとんどみんな上機嫌だ．それもそのはず，モールの商店はおそろしく広範囲の商品を提供しているのだ．精巧な電子機器から流行の衣服，有機栽培の人参まで，何でも買える．この道路沿いにはたぶん10万もの異なる品物が売られている．その大部分は，金持ちにしか買えないぜいたく品ではない．何百万というアメリカ人が買えるもの，そしてまた実際に毎日買っているものだ．

　この夏の日の1号線沿いの光景はもちろん全くありきたりのものであり，同じ午後にアメリカ中の何百という他の道路脇にも見られる光景と大差のないものだ．ところで，経済学という学問は，主としてこのようなありきたりの事柄にかかわっている．19世紀の偉大な経済学者アルフレッド・マーシャルが言ったように，経済学は「ありきたりの生活を送る人間の研究」なのだ．

　経済学者はこの「ありきたりの生活」について何が言えるだろうか．実はたくさんのことが言えるのだ．本書では，ありきたりの生活の中にも重要な問題——経済学者がその解決に貢献できる問題——が潜んでいるのを見ていく．その一部を挙げると，

■私たちの経済システムはどのように働いているのか．言い換えれば，それにどのようにして財の供給を実現しているのか．

■私たちの経済システムはどんなときに，またどのような理由でうまくいかなくなり，人々を非生産的な行動に駆り立てるのだろうか．

■なぜ経済には浮き沈みがあるのか．言い換えれば，経済がときどき「悪い年」に見舞われるのはどうしてか．

■最後に，長期的には下降よりも上昇が経済の主要な筋書きとなっているのはなぜか．つまり，アメリカが，他の先進国と並んで時とともにこんなに豊かになったのはどうしてなのか．

　これらの問題にちょっと目を向けて，本書で学んでいくことをほんの少しだけ先取りしてみよう．

1 見えない手

　ニュージャージー中央部のありきたりの光景は，植民地時代のアメリカ人，例えばジョージ・ワシントンを助けて1776年のトレントンの戦いを勝利に導いた愛国者の目から見れば，ありきたりの話どころではないだろう（当時トレントンは小さな村で，ショッピングモールの姿はなく，後に1号線となった未舗装の道路沿いに農場が並んでいた）．

　植民地時代のアメリカ人を私たちが生活する現在にタイムトラベルさせることができるとしてみよう（そういう筋書きの映画がいくつかあったね）．この時間旅行者は何に驚くだろうか．

　もちろん，現代アメリカの繁栄そのもの，つまり普通の家族が買える財・サービスの豊富さに驚くだろう．その豊かさを見て，植民地からの来訪者は「どうすれば私はこの富のほんの一部でも手に入れられるだろうか」，いやたぶん「どうすれば私の社会はこの富のほんの一部でも手に入れられるだろうか」と自問するに違いない．

　その答えはこうだ．このような繁栄を達成するためには，生産活動——人々が望む財・サービスを作り出し，欲しがる者にそれを届ける活動——を全体として調整する高機能のシステムが必要だ．私たちが**経済**について語るとき，念頭に置いているのはそういうシステムのことだ．**経済学**は，個人だけでなく社会全体のレベルでこの意味での経済を研究する学問なのだ．

　ある経済が成功しているかどうかは，文字どおりそれがどれだけの財を提供できるかにかかっている．18世紀からの，いや1950年からの時間旅行者でさえ，現代のアメリカ経済がいかにおびただしい数の財を提供しているか，そしていかに多くの人々がそれらを買うことができるかに目を見張るだろう．過去のどんな経済に比べても，現代の大多数の国々に比べても，アメリカは信じられないほど高い生活水準を実現しているのだ．

　だから，アメリカの経済は正しく運営されているに違いない．時間旅行者はその責任者を褒め称えたいと思うかもしれない．でも，わかるかな，そんな責任者はどこにもいない．アメリカは，多くの企業や個人の分権化された意思決定の結果として生産や消費が実現する，**市場経済**の国なのだ．そこには，人々に対して何を生産しどこに配達しろという指示を出す中央当局は存在しない．個々の生産者はいちばんもうかると思うものを作り，個々の消費者は自分が選択したものを買うだけだ．

　市場経済に代わるシステムは，中央当局が生産と消費を決定する計画経済だ．計画経済の実験もなされてきた．最も注目すべき例は，旧ソ連で1917年から1991年までの間行われたものだ．しかし，うまくいかなかった．旧ソ連の生産者たちはいつも必要な原材料が不足して，ものを生産することができなかったし，たまたま生産できても誰にも需要されないことが多かった．消費者は必要とするものをなかなか手に入れられなかった．買い物客の長蛇の行列は，計画経済の有名な語り草になっている．

　他方，市場経済はきわめて複雑な活動さえもうまく調整し，消費者が必要とする財・

経済とは，社会の生産活動を調整するシステムのことだ．
経済学とは，個人のレベルと，社会全体のレベルの両方の視点で経済を考える学問だ．

市場経済とは，個々の生産者や消費者が生産や消費の決定を行う経済のことだ．

サービスを確保することができる．実際，人々はこともなげに自分の生活を市場システムに委ねている．何千ものビジネス活動が無計画に，しかしなぜか整然と行われている．万一それらが食料の安定供給に失敗するようなことがあれば，大都市の居住者は日ならずして餓死してしまうだろう．驚くべきことに，無計画な市場経済の「カオス」(混沌状態)のほうが計画経済の「計画」よりもずっと整然と行われることがわかったのだ．

1776年に，スコットランドの先駆的な経済学者アダム・スミスは，『国富論』(最新の邦訳は山岡洋一訳，2007年，日本経済新聞出版社)の有名なくだりで，個々人が自分自身の利益を追求することが結果的にいかに社会全体の利益に役立つことが多いかを論じている．スミスは，ビジネスマンの利潤追求が国富を増やしていることについて，「彼は自分自身の利益しか考えていないが，他の多くの事例と同様にこの事例でも，見えない手(見えざる手)に導かれて自分が全く意図しなかった目的に貢献しているのだ」と書いている．そのとき以来，経済学者は，個人の利益の力を結集し社会の利益に結び付けていく市場経済の働きを表すのに**見えない手(見えざる手)**という言葉を使うようになった．

個人がどのように意思決定をするか，そしてそれらの決定がどのように相互作用するかを研究する学問は**ミクロ経済学**と呼ばれる．ミクロ経済学の中心的なテーマの1つは，アダム・スミスの洞察，すなわち自分自身の利益を追求する個人がしばしば社会全体の利益を増進するという洞察の妥当性を探ることだ．

だから，くだんの時間旅行者の疑問——あなた方が当然のように享受している繁栄を私の社会で実現するにはどうすれば良いかという疑問——に対する答えの一部として，彼の社会は市場経済の美徳と見えない手の力を学ぶべきだと言いたい．

だが見えない手はいつも私たちの友人ではない．個人の自己利益追求がどんなときに，またどうして非生産的な行動に堕してしまうかについて理解しておくことも重要だ．

2 私の利益，あなたの費用

くだんの時間旅行者が現代の1号線について感心しそうにないのは交通だろう．実際，アメリカではたいていのことは良くなってきたが，交通渋滞は大変悪化した．

交通渋滞が起きているとき，1人ひとりの運転者は同じ道路にいる他のすべての運転者に費用を強いている．文字どおり，互いに邪魔をし合っているのだ．この費用は相当なものだ．大都市圏では，誰かが自動車で通勤すると，公共の輸送機関を利用するか自宅で仕事をする場合に比べて，他の運転者にゆうに15ドル以上の隠れた費用をかけることになる．にもかかわらず，運転するかどうかを決めるとき，誰一人として他人に及ぼす費用を勘定に入れる者はいない．

交通渋滞はもっと広範にわたる問題の身近な事例にすぎない．個人の自己利益追求は社会全体の利益を増進するどころか，実際には社会に害を及ぼすことがある．そんなことが起こるとき，それは**市場の失敗**と言われる．市場の失敗の他の重要な事例と

見えない手(見えざる手)は，個人の自己利益追求が社会全体のために良い結果をもたらす可能性があることを表すのに用いられる．

ミクロ経済学は，人々がどのように意思決定をし，そのような意思決定が相互にどう作用するかを学ぶ経済学の一分野だ．

個人の自己利益追求が社会全体に悪い結果をもたらすとき，**市場の失敗**が生じる．

しては，魚介や森林などの天然資源の乱獲・乱伐や大気と水の汚染が挙げられる．

嬉しいニュースがある．それは，本書を読んでミクロ経済学を学べば，経済分析を使って市場の失敗を診断できるようになるということだ．しかも，経済分析は問題の解決策を考えるのにもしばしば役に立つのだ．

3 いいとき，悪いとき

2003年のあの夏の日，1号線は賑わっていた．しかし，それは商店主が期待していたほどの賑わいではなかった．2003年の半ば，アメリカの経済状態はそれほどかんばしいものではなかったからだ．2001年の初めごろから大量の失業が出はじめ，2003年の6月時点では，雇用に改善の兆しは見られなかった．

このような難しい時期があるのは，現代の経済に普通に見られる特徴だ．実際，経済はいつも順調に進むものではない．そこには変動，つまり一連の浮き沈みがある．平均的なアメリカ人は，中年に達するまでに3，4回の**不況**という名の下降期を経験しているはずだ（アメリカ経済は，1973年，1981年，1990年，2001年に深刻な不況に見舞われた）．厳しい不況の時期には，何百万人もの労働者が職を失う．

市場の失敗と同様に，不況は人間生活につきものの現実だ．しかし，市場の失敗と同様に，これもまた経済分析で解くことのできる問題なのだ．不況は，経済学の中で**マクロ経済学**と呼ばれる部門の主要な課題の1つだ．マクロ経済学は経済全体の浮き沈みを研究対象にしている．マクロ経済学を勉強すれば，経済学者がどのように不況を説明するか，さらには政府の政策によって経済変動から生じる被害をいかに最小限に抑えられるかがわかるだろう．

ときどき不況に見舞われるとはいえ，長期的に見れば，アメリカ経済には下降の時期よりもはるかに多くの上昇の時期があった．この長期的な上昇こそ最終的な重要課題となる．

4 前進，そして上昇

20世紀の初め，ほとんどのアメリカ人は，今なら極貧と思われるような状態にあった．全家庭のうち，水洗トイレがあるのはわずか10%，セントラル・ヒーティングがあるのはわずか8%，電気が引かれているのはわずか2%だった．洗濯機やエアコンは言うに及ばず，誰も自動車を持っていなかった．

このように比較してみれば，私たちの生活が**経済成長**，すなわち経済が財・サービスを生産する能力の増加によってどれほど変化したかがはっきりする．

なぜ経済は，時とともに成長するのだろうか．そしてなぜ，経済成長はある時期あるいはある地域で，他の時期あるいは他の地域より急速に進むのだろうか．これらは経済学の重要な問題となる．なぜなら，あの1号線の買い物客たちを見ればわかるように，経済成長は良いものであり，ほとんどの人がもっとそれを望むものだからだ．

不況とは，経済の下降期のことだ．

マクロ経済学とは，経済全体の浮き沈みを研究対象とする経済学の一分野だ．

経済成長とは，経済が財・サービスを生産する能力の増加である．

5 発見のエンジン

「ありきたりの生活」がちょっと考えてみれば実は全く大変なことであり，その中には非常に興味深く，重要な問題が潜んでいることをわかってもらえただろうか．

本書では，経済学者がこれらの問題にどのような答えを出してきたかを紹介する．しかし，経済学自体と同様に，本書は単なる解答集ではない．本書は一個の学問，すなわち上記のような問題を提起する方法論へのイントロダクションである．経済学とは「ありきたりの生活」を研究する学問だとしたアルフレッド・マーシャルが言ったように，「経済学は……個々の真理の集合体ではなく，個々の真理を発見するエンジンなのだ」．

それでは，エンジンに点火するキーを見つけに行こう．

キーワード

経済…p.2
経済学…p.2
市場経済…p.2
見えない手（見えざる手）…p.3
ミクロ経済学…p.3
市場の失敗…p.3
不況…p.4
マクロ経済学…p.4
経済成長…p.4

Chapter 1

第 1 章
First Principles
最初の原理

この章で学ぶこと
▶個人がどのように選択するかを理解するための原理．
▶個人の選択がどのように相互作用するかを理解するための原理．

共通の基盤

　アメリカ経済学会の年次大会は，老いも若きも，著名な人も無名の者も，何千という経済学者を引き寄せる．出版社の人間も来るし，教員商談もあるし，就職の面接もたくさん行われる．でも，経済学者がそこに集まるのは，主として自分の意見を述べ，また他人の意見を聴くためだ．いちばん盛況なときには，株式市場の将来から共働きの家族で誰が料理をするかにいたるまで，さまざまな話題について同時に60を超える発表がなされる．

　これらの人々が共通に持っているものは何だろうか．株式市場の専門家はたぶん家事については何も知らないだろうし，家事の研究者は株式市場のことには疎いだろう．それはそれとして，経済学者ならたとえ場違いの会場に迷い込んで不慣れな論題の報告を聴く羽目に陥ったとしても，覚えのあることを少なからず耳にするはずだ．というのは，どんな経済分析も，多くの異なる問題に適用できるいくつかの共通の原理に基礎を置いているからである．

　これらの原理は個人の選択にかかわるものだ．経済学は何よりも個人が行う選択を問題にする．夏の間働くのか，それともバックパックの旅に出るのか．新しいCDを買うのか，それとも映画を見に行くのか．こうした意思決定は，限られた選択肢の中から選択を迫るものだ．限られた選択肢の中から選択しなければならないのは，どんな人でも望むものすべてを手に入れることはできないからだ．経済学のすべての問題は，いちばん基礎的なところでは個人の選択行動にかかわっているのだ．

　しかし，経済社会の動きを理解するためには，個人がどのように意思決定をするかを知るだけでは不十分だ．われわれは離れ小島に1人で暮らすロビンソン・クルーソーではない．私たちは，他人の意思決定で作り出された環境の中で物事を決めなければならないからだ．実際，現代の経済では，あなたのいちばん単純な意思決定，例えば朝食に何を食べるかというものでさえ，この果物を栽培することにしたコスタリカのバナナ園主やコーンフレークのコーンを生産したアイオワの農家など，何千という他人の意思決定によって影響を受けている．市場経済の中にいる私たち1人ひとりが多くの人々に依存し，彼らもまた私たちに依存しているため，私たちの意思決定は相互作用を起こす．あらゆる経済学はその基本では個人の選択にかかわっているが，市場経済がどのように働くかを理解するためには，経済全体の相互作用，すなわち私の選択があなたの選択にどう影響するか，逆にまたあなたの選択が私の選択にどう響くか

についても理解していなければならない．この章では，経済学の9つの基本的な原理，すなわち個人の意思決定にかかわる4つの原理と，個人の決定が相互に作用する仕方にかかわる5つの原理について見ることにしよう．

1 個人の選択：経済学の核

個人の選択とは，個人が何をすべきかを決定することだが，何をすべきでないかの決定も当然含まれる．

どんな経済学の問題も，最も基礎的なところでは**個人の選択**――何をすべきか，また何をしてはいけないかの選択にかかわっている．実際，選択に関係がなければ経済学ではないと言ってもよいほどだ．

ウォルマートやホームデポなどの巨大ストアに一歩足を踏み入れると，何千もの異なった商品が目につくが，あなたであれ他の誰であれ，欲しいと思うものすべてを買えるなんてことはまずありえない．どっちみち，あなたの寮やアパートのスペースは少ししかないからね．となると，選択はもう1つ本棚を買うか，小さい冷蔵庫を買うかぐらいのところだ．限られた予算や生活スペースを前提とすれば，あなたは何を買い，何を買わないかの選択をしなくてはならないのだ．

そもそもこれらの商品が棚に置かれていること自体が選択によるものだ．店長がそこに置くことを選択し，メーカーがその商品を生産することを選択した結果なのだ．すべての経済活動が，個人の選択から生まれている．

欄外の表1-1に示したように，個人の選択の経済学の基礎には4つの原理がある．これらについて，1つひとつもっと詳しく見ていこう．

表1-1　個人の選択の経済学の基礎にある4つの原理
1．資源は希少だ．
2．何かの本当の費用は，それを手に入れるためにあなたがあきらめなければならないもののことだ．
3．「どれだけか」というのは，限界での意思決定だ．
4．人々は通常，自分の暮らしを良くする機会を見逃さない．

1.1 資源は希少だ

いつでも欲しいものが手に入るとは限らない．誰でも，すてきな場所にあるきれいな家（しかも掃除人付きの），2，3台の豪華なクルマ，高級ホテルでの頻繁な休暇が欲しいだろう．でも，アメリカのような豊かな国でさえ，それらのもの全部を手に入れられる家族はほとんどない．だから，みんな選択をしなければならないのだ．今年ディズニーワールドに行くかもっといい車を買うか，小さな裏庭で我慢するか安い土地に住んで遠距離通勤に耐えるかといった選択だ．欲しいもの全部を買えないのは，所得が少ないからだけではない．時間も限られている．1日には24時間しかない．時間が限られているから，ある活動に時間を使うという選択は別の活動には時間を使わないという選択を意味している．例えば試験勉強のために時間を使えば，一晩映画を見に行く時間がなくなる．実際，多くの人が日中の時間が足りずに，お金で時間を買っているではないか．例えば，コンビニエンスストアは普通のスーパーより高い値段を付けているが，遠くのスーパーまで出かけるくらいなら高い値段を払ったほうがましだと考える，時間に窮した顧客のために貴重な役割を果たしているのだ．

人はなぜ選択をしなければならないのだろうか．究極の理由は資源が希少だからだ．**資源**とは，何か別のものを生産するのに使えるもののことだ．資源のリストは，通常土地，労働（利用可能な労働時間），資本（機械，建物，その他の人工の生産設備），人的

資本（労働者の教育実績やスキル）などから始まる．資源は，その利用可能量がすべての生産的用途を満たすほど多量にはないときに**希少**であると言われる．たくさんの希少な資源が存在する．その中には，自然環境から生み出される鉱物，木材，石油のような天然資源がある．また，労働，スキル（技能），知恵などの人的資源も量的に限られている．人口の急速な増加を伴いながら成長し続ける世界経済では，きれいな空気や水でさえ希少な資源となってしまった．

資源が希少だということは，個人が選択をしなければならないのと同じように，社会全体も何らかの選択をしなければならないことを意味している．社会が選択をする仕方はさまざまだ．その1つは，多くの個人の選択によって自然に発生する結果をそのまま受け入れることだ．これは，市場経済で通常起こっていることにほかならない．例えば，アメリカ人が全体として1週間に使える時間は限られている．その中で，コンビニエンスストアで買い物をして時間を節約するよりも，スーパーマーケットまで出かけて値段の安いものを探すのに時間を費やすことを選ぶだろうか．その答えは，個人が決めたことの総和になる．何百万という個人の1人ひとりがどこで買い物をするかを決める．全体としてどうなるかは，そうした個人の選択の集計にすぎない．

だがいろいろな理由で，社会が何を決定するかを個人の選択に委ねておかないほうが良いこともある．例えば，本書を書いている私たちが住んでいるのは，最近まで農地だったが急速に造成されつつある地域だ．この地域の大多数の住民は，土地の一部でも自然のままにしておいたほうが住みやすくなると感じている．それなのに，自分の土地を宅地造成業者に売らずに空き地にしておこうとする個人はいない．アメリカの至る所で，地方政府が未開発の土地を買い上げ，そこを空き地として保存する動きが出てきたのはそのためだ．後の章で，なぜ希少な資源の利用に関する決定が多くの場合に個人に任されたほうがいいのか，しかし時には，より高いレベルの共同体で決定されなければならないのかについて学ぶことになるだろう．

1.2 機会費用：何かの本当の費用はそれを得るためにあなたがあきらめなければならないもののことだ

これが卒業前の最後の学期だとしよう．あなたの授業計画では，とれる選択科目は1つしかない．だが，あなたは「ジャズの歴史」と「テニス入門」の2つの科目を何とかとりたいと思っている．

結局，あなたはジャズの歴史をとることに決めたとしよう．この決定の費用は何だろうか．テニス入門をとれないことだ．経済学者は，その種の費用，すなわち欲しいものを手に入れるためにあきらめなければならないもののことを**機会費用**と呼んでいる．ジャズの歴史を学ぶことの機会費用は，テニス入門のクラスをとることで得られたはずの楽しみにほかならない．

機会費用の概念は，個人の選択を理解するのに不可欠だ．なぜなら，結局のところ，すべての費用は機会費用だからだ．経済学者はドルやセントで測れる費用や便益だけにかかずらっている，と主張する批判者たちがいる．だが，それは間違いだ．多くの

資源とは，何か別のものを生産するために使えるもののことだ．

資源は**希少**だ．つまり，すべての生産的用途を満たすのに十分なほど存在しない．

ある品目の本当の費用はその**機会費用**，すなわちそれを得るためにあなたがあきらめなければならないもののことだ．

経済分析は，われわれの選択科目の例が示すような問題を対象にしている．もう1つの選択科目をとるのに追加的な授業料はかからない．つまり直接金銭的な費用が生じるわけではない．でも，あなたが選択する科目の機会費用は存在する．それは，時間の制約のせいで1つの科目しか選択できないためにあきらめなければならない，もう1つの科目のことだ．

あなたは，機会費用とは追加的なもの，つまりある品目の金銭的費用に追加される何かだと思うかもしれない．選択科目をとるには750ドルの授業料が余計にかかるとしよう．今やジャズの歴史の金銭的費用は750ドルだ．機会費用とは，この金銭的費用とは別のものなのだろうか．

2つのケースを考えてみよう．まず，テニス入門をとるのにも750ドルかかるとしてみよう．この場合，あなたはどちらのコースをとるとしても，750ドルを払わなければならない．だから，ジャズの歴史をとるためにあきらめなければならないものは依然としてテニス入門だと言える．いずれにしても，あなたは750ドルを払わなければならないだろう．だが，テニス入門には授業料がかからないとしてみよう．この場合，あなたがジャズの歴史をとるためにあきらめなければならないのは，テニス入門だけではない．それに加えてその750ドルであなたが買ったはずのものということになる．

ちょっと寄り道　ペニー硬貨は何のためにあるのか

例えば大学のカフェテリアなど，多くの場所でレジのところにペニー硬貨がいっぱい入ったバスケットがおいてある．買い物客はこのバスケットを使って支払額を多めにあるいは少なめに丸めることを奨励されている．例えば，5.02ドルを支払うとき，あなたはレジ係に5ドル支払い，レジ係はバスケットから2ペニーを取る．4.99ドルを支払うなら，レジ係に5ドルを渡し，レジ係はバスケットに1ペニーを入れる．これで，みんなの生活がちょっとは楽になるという仕組みだ．もちろん，ある経済学者たちが提案したように，ペニーなんか廃止してしまえば，もっと楽になるだろう．

だけど，そもそもペニーはなんのためにあるのだろうか．それが悩む値打ちもない小額の通貨だとすれば，価格をそんなに細かく計算するのはどうしてか．

答えは，ペニーが常に無視してもよい小額通貨だったわけではないというものだ．ペニーの購買力はインフレで大きく下がってしまった．40年前，ペニーの購買力はこのニッケル硬貨が現在持っているよりもずっと大きかったのだ．

でもなぜそれが問題になるかって？　うーん，「1ペニーを節約することは1ペニーを稼ぎ出すことだ」という諺を思い出してごらん．でも，ほかにもお金を稼ぐ方法はある．だから，あなたは1ペニーを節約することがあなたの時間の生産的な使い方かどうかを考えなくてはならない．その時間をほかの用途にあてることで，もっと稼げるんじゃないかい？

40年前，平均賃金は時給で2ドルだった．1ペニーは，18秒の労働時間に相当した．だから，もし1ペニーを節約するのに18秒もかからないとすれば，そうする値打ちがあったのだ．だが，賃金は諸物価とともに上昇し，現在では時給17ドルになっている．1ペニーは今や2秒の労働時間にしか相当しない．だから1ペニー安いか高いかに心を迷わすのは，その時間の機会費用に相当する値打ちがないことになる．

要するに，金銭で表した時間の機会費用が増加するにつれて，有用な硬貨であったペニーは無用の長物と化してしまったのだ．

どちらにしても，あなたが好きな科目をとることの機会費用はそのためにあなたがあきらめなければならないもののことだ．究極のところ，あらゆる費用は機会費用なのだ．

あるものを得るためにあなたが支払うお金がその機会費用を良く表していることがあるが，そうだとは言えないことも多い．金銭的費用が機会費用をいかに表していないかという重要な例の1つとして，大学に行く費用がある．たいていの学生にとって，そのための主要な金銭的支出は授業料と住宅費である．しかし，かりにそれらがタダで提供されるとしても，大学に行くのは高くつく．なぜなら，もし大学に行かなければ，たいていの者は仕事に就くはずだからだ．大学に行くことで，学生は大学に行かなければ仕事に就いて稼いだはずの所得をあきらめることになる．これは，大学に行くことの機会費用は，授業料と住宅費に，仕事について稼いだはずの所得を加算したものであることを意味している．

大学に行くことの機会費用は，そんなことをしている間に多額の所得を稼ぐことができる者にとっては特に高くつく．それを理解するのはたやすい．スポーツのスター選手たちがしばしば大学に行かなかったり，タイガー・ウッズのように卒業前に大学を去ったりするのはそのためだ．

1.3 「どれだけか」は限界での意思決定

重要な意思決定のうち，あるものは「あれかこれか」の選択である．例えば，大学に行くか，働きはじめるかの決定がそれだ．経済学をとるか，他の科目をとるかの決定もそうだ．だが，他のものは「どれだけか」の選択にかかわる．例えば，今学期に経済学と化学をとっているとしたら，あなたはそれぞれの科目にどれだけの勉強時間を割くのかを決めなくてはいけない．経済学は，この「どれだけか」という決定を理解するのに重要な洞察を与えてくれる．それは，限界的決定だという洞察だ．

あなたは経済学と化学の両方をとっているが，医学部予備課程の学生なので化学の成績のほうが経済学の成績より重要だとしよう．だからといって，あなたの勉強時間をすべて化学に使い，経済学の試験はぶっつけ本番ですませてもいいと言えるだろうか．たぶん違うだろう．たとえ化学の成績のほうが重要だと思っても，経済学の勉強もある程度はがんばったほうがいいだろう．

経済学の勉強にもっと時間をかけることには，便益（この科目の成績が上がる）と費用（その時間に化学の成績を上げるための勉強など，別のことをする）がある．言い換えれば，あなたの決定は**トレードオフ**——費用と便益の比較——を必要とするということだ．

この種の「どれだけか」の問題をあなたはどのように決めているのだろうか．よくある答えは，次の1時間をどう過ごすか，というように少しずつ決めていくやり方だ．2つの科目の試験が同じ日にあり，その前日の夜，あなたは両方の科目のノートを見直して過ごすとしよう．午後6時，あなたは各科目に少なくとも1時間は使うべきだと決める．午後8時，あなたは各科目にもう1時間ずつかけたほうが良いと判断

何かをすることの便益と費用を比較するとき，あなたは**トレードオフ**をしていると言われる（訳注：トレードオフは経済学で頻繁に使われる概念だが，日本語の定訳がないので，以下では原語のカタカナ表記を用いる．本書の説明を生かして強いて訳せば，「便益—費用の関係」ということになろうか）．

する．午後10時になると，あなたは疲れてきて化学と経済学のどちらかをもう1時間だけ勉強して寝ることにする．あなたが医学部予備課程の学生なら化学だろうし，MBA（経営学修士）予備課程の学生なら経済学だろう．

あなたは時間配分の決定をしているのだ．各時点であなたの問題は，それぞれの科目にもう1時間を使うべきか否かということだ．次の1時間を化学の勉強に使うべきかどうかを決める際に，あなたはその費用（経済学の勉強ができない，あるいは睡眠時間が減る）と便益（たぶん化学の点が上がる）を対比しているのだ．次の1時間を化学の勉強に使うことの便益が費用よりも大きければ，あなたはもう1時間化学の勉強をするべきだ．

この種の決定——次の1時間で何をするか，次の1ドルで何をするか等々の決定は**限界的決定**と呼ばれる．それらが前提としているのは，限界のところでのトレードオフ，すなわち何かをもう少しだけ増やすか，あるいはもう少しだけ減らすかの便益と費用を比較考量することだ．このような決定の研究は**限界分析**という名前で知られている．

何かの活動をもうちょっとだけ増やすか，あるいはもうちょっとだけ減らすかの決定は**限界的決定**である．このような決定の研究は**限界分析**として知られている．

われわれが経済学で直面する問題だけでなく実際の生活で直面する問題は，限界分析を必要とするものが多い．仕事場で何人の働き手を雇うべきか．どれくらいの走行距離でマイカーのオイル交換をすべきか．新薬の副作用の許容限度はどれくらいか等々．経済学で限界分析は中心的な役割を担っている．それがある活動を「どれだけ」なすべきかを決定する鍵となるからだ．

1.4　人々は自分の暮らしを良くする機会を見逃さない

ある日，著者たちが朝の金融関係のニュースを聞いているときに，マンハッタンで安く駐車する方法に関するすごい情報を耳にした．ウォール街周辺の駐車場は1日30ドルもかかるのだが，ニュースキャスターによれば，もっといい方法を見つけた人たちがいるという．その方法とは，駐車場に車を置く代わりにマンハッタンオイル交換所でオイル交換をしてもらう（19.95ドルかかる）というものだ．そこでは，あなたの車を1日中預かってくれるのだ．

これは耳寄りな話だが，残念ながら真実ではなかった．マンハッタンオイル交換所なんて存在しなかったのだ．でももしそんなところがあれば，多くの人々がそこでオイル交換をしたに違いない．なぜかって？ 人々は，自分の利益になる機会があるなら，通常はそれを見逃さないからだ．もし30ドルでなく19.95ドルで車を駐車させることができるなら，誰でもそうするだろう．

個人がある経済状況でどう行動するかを予測しようとするなら，自分の利益になる機会を見逃さず行動すると考えれば間違いない．しかも，そのような機会を使い尽くすまで，つまり完膚なきまでに徹底的に利用し続けるだろう．

もしマンハッタンオイル交換所があり，オイル交換が車を安く駐車する方法であるとすれば，早晩何カ月とまではいかなくても何週間ものオイル交換の待ち行列ができると自信を持って予測できる．

実際，人々は自分の利益になる機会に飛びつくという原理こそ，経済学者によるあらゆる個人行動の予測の基礎にあるものだ．MBA取得者の稼ぎがうなぎのぼりに上昇しているときに法学の学位取得者の稼ぎが下がっているとすれば，ビジネス・スクールに行く者の数が増え，法科大学院の入学者は減るだろう．ガソリンの価格が上がり，いつまでも高止まりしているならば，人々は燃費の良い小型車を買いはじめるだろう．ガソリン価格が高いときには，燃費の良い車を運転することで生活を楽にできるからだ．

利用可能な機会が変化し，それに応じて行動を変えることで利得が得られるような場合，人々は新しい**インセンティブ（誘因）**に直面していると言われる．マンハッタンの駐車料金が上がれば，マンハッタンの仕事場に行く別の手段を見つけた人たちはそのことでお金を節約できる．だから，車で仕事場に行く人は減ると予測できるのだ．

最後にもう一点．経済学者は，人々のインセンティブを変えずに行動を変えさせようとするいかなる試みにも懐疑的だ．例えば，製造業者に自発的に汚染物質の排出を減らすように呼びかけてもうまくいきそうもない．汚染を減らす金銭的インセンティブを与えるほうがうまくいくと考えるのだ．

> 何であれ，行動を変える人たちに報酬を与えるような要因は**インセンティブ（誘因）**と呼ばれる．

ちょっと寄り道　成績にお金を？

学問の本当の報酬とは，もちろん学問そのものから得られる楽しみだ．だが，先生も学校ももうちょっと何かあってもいいと感じている．成績の良い小学生は「金の星」賞に輝く．もっと上の学校では，高得点の生徒はトロフィーや記念の楯，でなければギフト券をもらうことさえある．

だけど，現金はどうだろうか？

数年前，フロリダ州のいくつかの学校は，州の標準テストで高い点を得た生徒に本当に現金の報奨を与えて広く物議を醸した．最高額を出したパロット中学の場合，試験で1番の8年生は50ドルの貯蓄債券を受け取った．

金銭的報奨を批判する人は少なくない．実際，大多数の教員は，学問に賞金を出すなんてとんでもないと感じている．生徒に教育の大切さを実感させるほど高い金額を出すことはできないし，そんなことをすれば勉強と賃金労働が同じように受け取られてしまう．じゃあ，なぜフロリダ州の学校はそんなことをしたのだろうか．

答えは，その前年に州政府が州の試験で高得点を取る学生の多い学校の補助金を増やすという成績報奨制度を導入したことにあった．これにより学校経営者は，どうすれば生徒が州の試験に真剣に取り組んでくれるかという問題に直面したのだ．パロット中学の校長は，優秀な生徒が試験を本気で受けず，しばしば「クリスマスツリー」にしてしまう，つまり問題を無視して解答欄をクリスマスツリーの形に埋めてしまうことを指摘して，成績に報奨を出す制度を弁護している．州からの巨額の学校補助金がかかっているので，彼はそのような心配をしないですむように，お金を払ってでも生徒が試験でがんばってくれるようにしたのだ．

お金を出せば成績は上がるのだろうか．聞き取り調査によれば，少なくとも一部の生徒は州の試験でもっとがんばろうと思ったようだ．州の試験で好成績を取った生徒に報奨を与える制度を導入したフロリダ州のいくつかの学校には，生徒の成績がかなり上がったと報告するところもあった．

1.5 個人の選択：要約してみよう

個人の選択には4つの基本原理があることを見てきた．
- 資源は希少だ．いつでも選択をすることが必要になる．
- 何かの本当の費用は，それを手に入れるためにあきらめなければならないもののことだ．すべての費用は機会費用だ．
- 「どれだけか」は限界での意思決定だ．通常，問題は「あれかこれか」ではなく，「どれだけか」というかたちで出てくる．その答えは，もう少しやってみることの費用と便益で決まる．
- 人々は自分の暮らしを良くする機会を見逃さないものだ．その結果，人々はインセンティブに反応する．

これで経済学にとりかかる準備ができたかな．いや，まだだ．経済で起こる興味深いことの多くは，個人の選択だけの結果ではなく，個人の選択の相互作用の仕方から生じるものだからだ．

経済学を使ってみよう

女性労働

20世紀最大の社会的変化の1つは，女性労働の質の変化だ．1900年には，アメリカの既婚女性のうち家庭の外で賃労働にたずさわっていたものはわずか6％しかいなかった．21世紀の初めには，それが約60％になった．

何がこの変化をもたらしたのだろうか．家庭外での仕事に対する見解の変化もたしかに一役買っている．20世紀の前半には，経済的にやむをえない場合は別として既婚女性が家庭外で働くのは好ましくないと思われていたが，今日ではそれは当たり前のことと考えられている．しかし，重要な原動力となったのは，家庭電気製品，特に洗濯機が発明され，広く用いられるようになったことだ．これらの機器が導入される以前には，家事は常勤の通常の仕事よりもはるかにつらい，非常に骨の折れる仕事だった．1945年に行われた政府の調査によれば，農家の主婦は週に1回衣類を手洗いするのに4時間，アイロンをかけるのに4時間半を費やし，1マイル以上も歩かなければならなかった．洗濯機が使えるようになったら，同量の洗濯が41分，アイロンがけが1時間45分に短縮され，歩行距離は90％も短くなった．

重要なのは，家庭電気製品が導入される前の時代には，家庭外で働くことの機会費用が非常に高かったということだ．以前は，女性が家庭の外で働くのは通常経済的に窮迫した場合だけだったのだ．近代的な電気機器の登場によって，女性に開かれた機会は一変した．その後のことは歴史が示すとおりである．

ちょっと復習

▶ どんな経済学も個人の選択を前提としている．
▶ 人が選択をしなければならないのは資源が希少だからだ．

理解度チェック 1-1

1．下記の状況はそれぞれ個人選択の4つの原理を表している．それぞれどの原理を

示しているか答え，説明しなさい．
  a. あるレストランで，あなたが食べ放題のデザート・ビュッフェに向かうのはこれで3度目，おなかはいっぱいだ．ココナッツ・クリームパイに追加料金がかかるわけではないが，あなたはそれをもう一切れとるのをあきらめてチョコレート・ケーキをもう一切れとることにする．
  b. 世界にもっと資源があったとしても，希少性はなくならないだろう．
  c. 何人かの違う教育助手（ティーチング・アシスタント）が複数の経済学初級コース(101)を教えている．いちばん評判の良い教育助手が教える教室はすぐいっぱいになるが，評判の悪い教育助手が教える教室には空席が残っている．
  d. 週に何時間運動をするかを決めるのに，あなたはもう1時間の運動があなたの健康に及ぼす効果と勉強時間がそれだけ少なくなることによる成績への影響を比較する．
2．あなたはフィズキッズ・コンサルタント社の現在の仕事で年に4万5000ドル稼いでいる．ところが，ブレイニアック社から年に5万ドルで働かないかという誘いがきた．下記のうち，どれが新しい仕事を引き受けることの機会費用になるか．
  a. 新しい職場への長くなる通勤時間．
  b. 従来の仕事から得られる4万5000ドル．
  c. 新しい職場で使えるもっと広い事務所．

解答は本書の巻末にある．

2　相互作用：経済が働く仕組み

　序章で学んだように，経済とは多くの人々の生産活動を調整する仕組みである．私たちが経験しているような市場経済の場合，この調整は特定の調整者なしに行われている．各個人が自分の選択を自分でしているのだ．だが，この選択は決して相互に無関係に行われているわけではない．各個人の機会は，したがってその選択は，他の人々によってなされた選択に大きく依存しているからだ．市場経済の働きを理解するには，私たちは，私の選択があなたの選択に影響し，逆にあなたの選択が私の選択を左右するという**相互作用**を研究する必要がある．

　経済的相互作用を調べれば，個人的選択の帰結は1人ひとりの個人が意図したこととはまるで違うものになる可能性があることにすぐ気づく．

　例えば，過去1世紀にわたってアメリカの農家は熱心に新しい農法や品種を取り入れ，費用を削減し，収穫を増やしてきた．最新の農業技術を用いることは明らかに個々の農家の利益になるように見える．しかし，各人が自分の所得を増やそうとして努力した結果，多くの農家が倒産する羽目に陥ったのだ．アメリカの農家が見事に増産に成功したために，農産物の価格は着実に低下した．価格の低下は多くの農家の所得の減少をもたらし，その結果として農業に携わる人々の数はどんどん少なくなっていった．1人の農家が改良品種のトウモロコシを作付けすればもうかるけれども，多くの農家が改良品種のトウモロコシを生産したなら，グループ全員が貧窮するということ

▶何かの費用はそれを手に入れるためにあきらめなければならないもののことだ．すべての費用は機会費用だ．金銭的費用はしばしばその良い指標になるが，常にそうだとはかぎらない．

▶多くの選択は，あれかこれかではなく，どれだけかを問題にする．「どれだけか」の選択は限界のところでのトレードオフでなされる．限界的決定の研究は限界分析と言われる．

▶人は自分の暮らしを良くする機会を見逃さない．だから，人の行動はインセンティブ（誘因）によって変わる．

私の選択があなたの選択に影響し，逆にあなたの選択が私の選択を左右するという選択の**相互作用**はたいていの経済状況に見られる特徴だ．こうした相互作用によって，個人が意図したこととは全く異なる結果が生じることが少なくない．

になりかねない．

　新しく，生産性の高い品種のトウモロコシを作付けする農家は単にトウモロコシの収穫を増やすだけでなく，そのことによってトウモロコシの市場に影響を及ぼす．その結果は，他の農家や消費者にとどまらず，多方面に波及する．

　選択というテーマの下に4つの原理があることを見たが，同様に相互作用というテーマの下にも5つの原理が存在する．これら5つの原理は表1-2に要約しておいたが，その1つひとつについて，より詳しく検討しよう．

表1-2　個人の選択の相互作用の基礎にある5つの原理
1. 取引は利益をもたらす．
2. 市場は均衡に向かう．
3. 社会的目標を実現するため，資源はできるだけ効率的に用いられなければならない．
4. 市場は通常は効率を達成する．
5. 市場が効率を達成しない場合には，政府の介入が社会的厚生を高める可能性がある．

2.1　取引は利益をもたらす

　私の選択があなたの選択と相互作用を起こすのはなぜだろうか．ある家族が必要なものを全部自前で取りそろえるなんて——自分用の食材を育て，自分用の着物を縫いあげ，自分用の娯楽を提供し，自分用の経済学の教科書を執筆するなんて，やってみることはできるかもしれないが，そんな生活はむちゃくちゃに悲惨なものになるだろう．誰にとってもそれよりはるかに良い生活のキーワードは**取引**，すなわち，仕事を分割し，各人が他人の必要とする財やサービスを自分が望む財やサービスと交換することだ．

　この世に多数の自給自足の人たちがいるのではなく，その代わりに1つの経済があるのは，**取引利益**が存在するからだ．仕事を分割し取引することで，2人の人たちは（あるいは60億の人たち）は自給自足でいるよりも欲しいものをより多く手に入れることができる．取引利益はこのような仕事の分割——経済学者はそれを**特化**と呼ぶ——，すなわち異なる人々が異なる仕事に携わる状況から生まれる．

　特化の利点，それによって生じる取引利益は，1776年にアダム・スミスが書いた『国富論』，すなわち多くの人々が学問としての経済学の始まりと見なす書物の出発点であった．スミスの本は18世紀のピン工場の活写から始まる．そこでは，10人の労働者がそれぞれピン製造の始めから終わりまでやるのではなく，製造工程を多くの段階に分けて，それらのうちの1つに特化するのだ．

　「1人が針金を引き伸ばし，もう1人がそれをまっすぐにし，3番目の者が切断し，4番目の者がとがらせる．5番目はピンの頭を付けるために磨き上げる．この頭を作るためにも，2，3の異なる工程が必要だ．頭を付けるのは特別の仕事だし，ピンを白く仕上げるのもそうだ．ピンを紙包みに入れることだって立派な仕事だ．このように，ピンを製造するという重要なビジネスは18もの異なる作業に分けられる……こうしてこれらの10人の労働者がみんなで1日のうちに4万8000本以上のピンを作ることができる．けれども，もし彼らがバラバラに独立して働き，誰もこの仕事をするための教育も受けていなかったとしたら，1人で1日に20本はおろか，たぶん1本のピンも作れなかったであろう……」

　経済社会で人々がいかに分業し取引するかを考えてみると，同じ原理があてはまる．各人が1つの仕事に特化して他の人々と取引するとき，社会全体としてより多くのものを生産できるようになる．

市場経済では，人々は**取引**に従事する．言い換えれば，他の人々に財・サービスを提供し，他の人々からその見返りに財・サービスを受け取っている．

そこには**取引利益**が存在する．人々は取引を通じて自給自足でいるよりも欲しいものをより多く手に入れることができる．この生産量の増加は**特化**，すなわち各人が得意とするものに専念することによるものだ．

人が通常ただ1つの職業を選択する理由は特化の利益にある．医者になるためには，長年の勉強と経験が必要だ．民間航空会社のパイロットになるのにも，長年の勉強と経験が必要だ．優れたパイロットになる素質を持った医者は山ほどいるだろうし，逆もまた真だろう．だが，両方のキャリアを追求する者がいたとしても，初めからパイロットや医者になると決めていた者ほど優れた職業人になれるとは思えない．だからこそ，個人が自分の選んだ職業に特化することが全員のためになるのだ．

　医者やパイロットが自分の専門分野に特化することを可能にしてくれるのが市場だ．医者が飛行機に乗ることができ，パイロットが医者を見つけられるとそれぞれ安心できるのは，民間の航空サービスや医療サービスの市場が存在するからだ．自分の欲しい財やサービスを市場で手に入れられることを知っていれば，人々は安心して自給自足を捨て特化する気持ちになれる．だが，いったいどうして市場が自分たちの欲しいものを提供してくれると思えるのだろうか．この疑問に答えるには，経済全体の相互作用というもう1つの原理に目を向ける必要がある．

2.2　市場は均衡に向かう

　スーパーマーケットのにぎわう午後．レジのところには長い行列ができている．すると，今まで閉まっていたレジが開いた．何が起こるだろうか．

　まず起こるのは，もちろんそのレジへの買い物客の殺到だ．だが1～2分もすれば，事態は落ち着いているだろう．客の並び直しは終わり，新たに開いたレジの行列も他のレジと同程度の長さになるだろう．

　どうしてわかるかって？　個人の選択の第4の原理，すなわち人は自分の暮らしを良くする機会を見逃さないという原理からわかる．その原理では，人々は行列で待つ時間を節約しようと新しく開いたレジに移ろうとする．しかし，列を変えても自分の状態を改善できなくなれば，つまり自分の暮らしを良くする機会がなくなってしまえば，事態は落ち着くことになる．

　スーパーマーケットのレジの話は経済全体にわたる相互作用とは無関係のように思われるかもしれない．でも，実は重要な原理を明らかにしているのだ．個々人が何か従来と違うことをしてみても自分の生活を良くすることができないような状況——レジの行列が全部同じ長さになっている状況——は，経済学者が**均衡**と呼んでいるものだ．

ある経済状況にあって何か違うことをしてみても誰も自分の暮らしを改善できなくなったとき，その状況は**均衡**の状態にあると言われる．

　オイル交換を頼んで駐車料を払うよりも車を安く預けられるという，幻のオイル交換所の話を思い出そう．そんな機会が実際に存在するのに，人々が依然として30ドルを払い続けているような状況は均衡にあるとは言えない．

　それこそがこの話が真実ではありえないことの証拠であったのだ．実際にそんなことがあったなら，レジの行列で時間を節約しようとしたのと同じように，みんな駐車料金を節約しようとしてその機会を鷲づかみにし，しゃぶりつくしてしまったはずだ．つまり，オイル交換の契約をすることが非常に難しくなるか，その料金がものすごく高くなって，（あなたが本当にそれを必要としていれば別だが）魅力的な話ではなくな

ってしまったはずだ．

　個々人が自分の生活を良くする余地があるかぎり，価格は上がったり下がったりする．後で見るように，市場は，通常こうした価格の変化を通じて均衡に向かう．

　均衡の概念は時に複雑なものとなる経済的な相互作用を解きほぐして進む道を示してくれる．そのため，この相互作用を理解するのに非常に役に立つのだ．スーパーマーケットで新しい行列ができたときに何が起こるかを理解するためには，買物客たちが正確にどう並び直すかとか，誰が誰の先に出るかとか，開いたばかりのレジはどれかなどの些細なことに気を配る必要はない．あなたが知る必要があるのは，変化が起きたときにはいつでも事態は均衡に向かうということなのだ．

　市場が均衡に向かうという事実は，私たちが市場の働きを予測し信頼するための基礎となるものだ．実際，私たちは市場が生活必需品を供給してくれると信じている．例えば，大都市に住む人々はスーパーマーケットの棚がいつも商品でいっぱいになっていると信じてよい．どうしてか？　もしある食品の流通業者が配達を怠ることがあったなら，代わりに配達できる業者に大きな利潤機会が訪れ，ちょうど新たに開いたレジに買物客が殺到するように，食品の供給ラッシュが始まるだろう．このように，市場は大都市に住む人々がいつでも食品を入手できるということを保証する．そして，前に述べた原理に立ち返るならば，このことは大都市居住者が大都市居住者であり続けることを，農場に住んで自分の食料を栽培する代わりに都市の仕事に特化すること

ちょっと寄り道　右側通行か左側通行か

　アメリカの人たちはどうして道路の右側を車で通行するのだろうか．もちろん，それは法律で決まっていることだ．でも法律になるずっと前から，それは均衡だったのだ．

　正規の道路交通法が制定される前には，非公式の「道路のルール」，すなわち誰もがみんなそれに従うと期待していた慣行があった．そのルールの中に，原則として道路の片側通行を守るという合意があった．イングランドでは左側通行がルールだった．フランスでは，右側通行がルールだった．

　なぜあるところでは右側で，他のところでは左側なのか．その理由はよくわかっていないが，何が主要な交通形態だったかによるものかもしれない．馬に乗り，剣を左腰にさした男たちは左側を通行することを好んだはずだ（馬を乗り降りすることを考えてみればわかるだろう）．他方，右利きで馬を牽いて歩く人たちは明らかに右側通行を好んだだろう．

　どちらにせよ，いったん道路のルールができあがると，各個人は道路の「通常の」側を通行する強いインセンティブを持つようになった．それを守らない者は対向車と衝突を繰り返すことになるからだ．だからいったんできあがった「道路のルール」は自動的に守られることになる．それは均衡となるのだ．

　今日では，道路のどちら側を運転するかはもちろん法律で決められている．なかには，運転する側を変更した国さえある（スウェーデンは1967年に左側から右側に変えた）．だが，歩行者についてはどうだろうか．法律はないが，非公式のルールはある．アメリカでは，都市の歩行者たちは通常右側を歩く．だがもし日本に行くようなことがあれば気をつけたほうがいい．日本人は左側を運転するが，戸外では右側を歩き，駅の構内では通常左側を歩くのだ．だから日本では，日本人と同じようにしたほうがよい．駅で右側を歩いても逮捕されるようなことはないが，均衡を受け入れ左側を歩くよりも具合が悪いことになる．

を可能にするものなのだ．

　市場経済は人々が取引利益を実現することも助けてくれる．しかし，私たちは経済がいかに良く機能しているかをどのようにして知ることができるのだろうか．次に述べる原理は，経済の性能を評価するのに用いられる基準を与えるものである．

2.3 社会的目標を達成するため，資源はできるだけ効率的に用いられなければならない

　学生数に比べて狭すぎる教室で授業を受けている様子を思い浮かべてみよう．多くの学生たちが立たされ，あるいは床に座らせられている．近くに大きな，空っぽの教室があるというのに，だ．あなたは，こんな大学のやり方はなっていないと言うだろう．まさに正しい指摘だ．経済学者は，これを非効率的な資源利用と呼ぶ．

　ところで，資源の非効率的な利用が望ましくないとしても，資源の効率的利用とはいったいどういうことだろうか．あなたは，資源の効率的利用とはお金にかかわること，つまりドルやセントで測れることだと思うかもしれない．しかし，実生活と同様に，経済学ではお金は他の目的のための手段にすぎない．経済学者が真に問題にする価値尺度はお金ではなく，人々の幸福とか厚生だ．経済学者に聞けば，経済の資源が効率的に利用されていると言えるのは，資源がうまく用いられ，みんなの暮らしを良くするためにあらゆる機会が活用し尽くされているような状態だという答えが戻ってくるだろう．別な言い方をすれば，他の人々を犠牲にすることなく誰かの暮らしを良くする余地がないような場合に初めて，その経済は**効率的**だと言うことができる．

　先ほどの教室の例では，大学の他の誰にも迷惑をかけずにみんなを幸せにする方法が存在することは明らかだ．その授業を大きいほうの教室に移しさえすればよい．その授業に小さいほうの教室をあてるのは大学の資源の非効率な利用方法であり，大きいほうの教室をあてるのが効率的な利用方法だろう．

　経済が効率的であるときには，与えられた利用可能な資源の下で最大限の取引利益が引き出されていると言える．なぜか．所与の資源の利用の仕方をどのように変えても，みんなをもっと幸せにすることはできないからだ．経済が効率的であるときには，誰か1人でももっと幸せにするように資源の利用の仕方を変更すれば，必ず他の人たちの暮らし向きを悪化させることになる．先ほどの教室の例では，もしもっと大きな教室がすでにいっぱいであれば，大学は効率的に運営されていたと言えるかもしれない．あなたのクラスを大きい教室に移せばあなた方の状態は良くなるが，それは他の人々を小さい教室に移し不幸な状態に陥れることによってのみ可能となるのだ．

　経済政策を立案する人々はいつでも経済的効率を達成するように努力すべきだろうか．うーん，そうとも言いきれないね．効率は経済を評価するための唯一の基準ではなく，公正性とか**公平性**も重要だからだ．しかも，公平性と効率性は通常トレードオフの関係にある．つまり，公平性を推し進めるような政策は経済の効率性を損なうという費用がかかり，逆もまた真である．

　この点を理解するため，公共の駐車場で身体障害者専用に設けられた駐車スペース

他の人々を犠牲にすることなく誰かの暮らしを良くするようなあらゆる機会が活用し尽くされているとき，経済は**効率的**だ．

公平性とは，誰もが自分の公正な分け前を受け取るということだ．しかし，何が「公正」かについては意見が分かれるから，公平の概念は効率の概念ほど明確に定義されているとは言えない．

のことを考えてみよう．高齢や身体に障害があるせいで歩行が著しく困難になっている人たちがたくさんいることを思えば，彼らのために出口に近いところに特別の駐車スペースを設けるのは公正なことだ．でも，あなた方はそこに非効率な点もあることに気づいたかもしれない．身体障害者が必要とするときにはいつでも適当な空きスペースが見つかるように，通常きわめて多くの障害者専用スペースが設けられている．したがって，いつでもそのようなスペースを必要とする障害者の数よりも多くのスペースが存在している．その結果，障害者専用スペースは使われていないのだ（障害のない人たちにとって，そのような空きスペースを使いたいという誘惑はあまりにも強く，それを何とか抑えているのは違反すれば罰金を取られるという恐怖だけというありさまだ）．駐車スペースを配分する係員がいない場合，障害者に「より公正」な処遇をするという公平性と，出口に近い駐車スペースが使われないまま放置されるようなことをなくして人々の暮らしを良くする機会を逃さず活用するという効率性とはこのように矛盾する可能性があるのだ．

　政策立案者たちが効率性よりも公正性を正確にどのくらい優先すべきかは，政治過程の核心に迫る非常に難しい問題である．それ自体は，経済学者に答えの出せる問題ではない．経済学者にとって重要なのは，社会的目標がどんなものであっても，その達成のために社会の資源をできるだけ効率的に利用する方法を探すことなのだ．

2.4　市場は通常は効率を達成する

　市場経済の一般的な効率性を保証するような政府機関は存在しない．脳外科医が畑を耕したり，ミネソタの農家がオレンジの栽培に乗り出したり，浜辺の一等地が中古車ディーラーに取られたり，大学が貴重な教室を無駄にしたり，といったことがないように監視している役人はいない．たいていの場合，それは見えない手の仕事であり，政府が効率の達成を強制する必要はない．

　別の言葉でいえば，市場経済に組み込まれているインセンティブによって，資源は通常善用され，人々の暮らしを良くする機会は通常余さず活用されるようになっているのだ．もしある大学が，大教室が空いているのに学生を小さい教室に詰め込んでいるという評判を立てられれば，日ならずして入学者は減少し，経営者は窮地に立たされるだろう．大学生の「市場」がうまく反応して，経営者が効率的に大学を経営するように誘導するのだ．

　なぜ市場はおおむね資源が良く利用されるようにうまく働いてくれるのだろうか．この問題の詳しい解明は，市場が実際にどのように働いているかを勉強するまでおあずけにしておかなければならない．しかし，最も基本的な理由は，個人が何を消費し，何を生産するかを自由に決められる市場経済では，互いの利益になる機会は通常逃さず使われるということだ．もしある人々の利益になるやり方があれば，通常その機会は利用される．それはまさにみんなの暮らしを良くする機会が残らず利用されるという効率性の定義に含まれていることだ．しかし，序章で学んだように，市場は一般に効率的であるという原理には例外がある．市場の失敗が起こる場合には，市場に見ら

れる自己利益の追求が社会の厚生を損なう，すなわち市場が非効率な結果を生み出すことがある．次の原理を検討する際に見るように，市場が失敗するときには政府の介入が事態の救済に役立つ可能性がある．とはいえ，市場の失敗の事例を別にすれば，一般的原則として，市場は経済を組織するきわめて優れた方法だと言えるだろう．

2.5　市場が効率性を達成しない場合には，政府の介入が社会的厚生を高める可能性がある

　序章で述べた交通渋滞による市場の失敗の性質を思い出そう．それは，仕事場に車で通う人たちが，自分の行動が他の運転者に対して交通混雑の増加という形で与える費用を考慮するインセンティブを全く持っていないということだった．このような状況に対する救済策はいくつかある．例えば，道路使用料の徴収，公共輸送への政府の補助金，運転者に対するガソリン税の賦課などだ．これらはどれも，潜在的な運転者のインセンティブを変えることによって運転を減らし，他の交通手段を利用するように動機づけるものだ．これらに共通するもう1つの特徴は，政府による市場への介入に依存しているということだ．

　こうして，私たちは相互作用をめぐる5番目の，そして最後の原理，すなわち市場が効率を達成しない場合には，政府の介入が社会的厚生を高める可能性があるという原理にたどりつく．この原理は，市場がうまく働かないときには，適切に設計された政府の政策が社会の資源利用を変化させ社会の資源配分をより効率的にすることができる，と言い換えても良い．

　なぜ市場は失敗するのか，また経済厚生を改善するためにどのような政策を採用すべきかを研究するのは，経済学のきわめて重要な課題である．これらの問題と救済策については後続の章で深く学ぶ予定だが，ここではなぜ市場が失敗するかを短くまとめておこう．

- ■個人の行動は市場では適切に考慮されない副作用を及ぼす．
- ■取引の一方の側が自分の資源の分け前を増やそうとして，相互に有益な取引の実現を妨げる．
- ■ある種の財は，もともと市場での効率的な処理には適さない性質を持っている．

　経済学の勉強で重要なことは，市場がどんなときに良く働くかだけでなく，どんなときに機能しないかを見きわめ，それぞれの場合に適切な政府の政策は何かを判断できるようになることだ．

◢ 経済学を使ってみよう

高速道路での均衡の回復

　1994年，強い地震がロサンゼルス地区を襲い，いくつかの高速道路の橋が倒壊し，何十万人ものマイカー族が正常に通勤できなくなった．それに続いて起こった出来事は相互依存的な意思決定——この場合にはいかにして仕事場に行くかという通勤者の意思決定——のおあつらえ向きの好例と言える．

地震の直後には，道路交通への影響が大いに心配された．運転者たちが別のルートに押しかけ，ふさがった高速道路を避けて回り道するため市内道路を使うと予想されたからである．市役所やニュース番組は通勤者に対して大変な遅れが避けられないと警告し，不必要な運転をやめ，ラッシュアワーの前後に通勤できるように就業時間をずらすか，大量輸送機関を利用するように呼びかけた．これらの警告は予想外に効果があった．実際，多くの人々が耳を傾けた結果，地震のあとの数日間は，仕事場への通常の通勤ルートを変えなかった者は実は前よりも速く往復できたほどだ．

　もちろん，こうした事態は長続きしなかった．実際には交通事情は少しも悪くないという噂が広がるにつれて，人々は不便な新しい通勤手段を捨ててマイカー通勤に戻り，交通事情は段々悪くなっていった．地震の数週間後には，深刻な交通渋滞が起こった．しかし，さらに数週間たつと，事態は安定化した．いつもよりひどい混雑の現実を見て，多くのドライバーが行いを改め，全市にわたる交通渋滞の悪夢を未然に防いだ．要するに，ロサンゼルスの交通は新しい均衡に落ち着き，個々の通勤者たちは，他の人々の行動を所与として自分にとっていちばんよい通勤方法を選択するようになった．

　ところで，話はそれで終わりではない．都市の交通が窒息状態になることを恐れた地方政府は，記録的なスピードで道路の補修を行った．地震からわずか18カ月後には，すべての高速道路は正常に戻り，次の地震への備えもできたのだ．■

ちょっと復習

▶たいていの経済状況にある1つの特徴は，個々人によってなされる選択の相互作用である．その最終結果は初めに意図されたのとは全く違ったものとなるかもしれない．市場経済では，この相互作用は個々人の間の取引という形をとる．

▶個々人が相互作用するのは取引利益があるからだ．取引利益は特化によって生じる．

▶いろいろな経済状況は通常は均衡に向かう．

▶社会の目標を達成するため，資源はできるかぎり効率的に使わなければならない．しかし，効率性は経済の唯一の評価基準ではない．公平性もまた望ましい．公平性と効率性は往々にしてトレードオフの関係にある．

▶一定のよく定義された例外を別にすれば，市場は通常は効率的である．

理解度チェック 1-2

1. 下記の状況はそれぞれ相互作用の5つの原理を表している．それぞれどれを指すかを説明しなさい．
   a. 大学のウェブサイトを通じて，中古教科書を最低Xドルで売りたい学生はそれをXドルで買いたい学生に売ることができる．
   b. 大学に個人指導協同組合を作り，学生たちが自分が（経済学のように）得意な科目の個人指導を提供し，見返りに（哲学のように）不得意な科目の個人指導を受ける取決めをすることができるようにする．
   c. 地元の市役所が住宅地域の近くにあるバーやナイトクラブに騒音を一定水準以下に抑えることを命じる条例を制定する．
   d. 低所得の患者により良い医療を提供するため，タンパ市は利用度の低い近所の診療所を閉鎖して，中央病院に資金を移すことにした．
   e. 大学のウェブサイトでは，同じタイトルの本でいたみの度合いがほぼ同じものはほぼ同じ値段で売られている．
2. 以下の記述のうち，どちらが均衡状態を表していて，どちらが表していないか．理由を述べて答えなさい．
   a. 大学の食堂の筋向いにできたレストランは，大学の食堂よりも安い値段でもっと味の良い料理を出している．大多数の学生は引き続き大学の食堂で食べてい

る．
　b. 現在，あなたは地下鉄で職場に通っている．バスのほうが料金は安いのだが，時間がもっとかかる．あなたは時間を節約するために高い地下鉄の料金を払っているのだ．

　　　　　　　　　　　　　　　解答は本書の巻末にある．

▶市場が効率を実現できない場合には，政府の介入が社会的厚生を高める可能性がある

次に学ぶこと

　これまでに示した9つの原理はたいていの経済分析の基礎にあるものだ．これらは多くの状況を理解する助けになるが，通常それだけでは十分でない．現実の経済問題にこれらの原理を適用するには，もう一歩進めることが必要だ．

　もう一歩とは，モデル——経済状況の単純化された模型——を構築することだ．モデルは実際の世界の手引きとなるように現実性のあるものでなければならないが，本章で説明した原理が持つ意味をその中に明確に読み取れるほど単純なものでなければならない．だから，次の課題は，モデルがどのように実際の経済分析に使われているかを示すことである．

要　約

1. あらゆる経済分析は，ほんのわずかな基本的な原理に基礎を置いている．これらの原理は，経済を理解するために2つのレベルで適用される．第1に，個人がどのように選択を行うか，第2にそれらの選択がどのように相互作用するか．この2つを理解しなければならない．

2. 誰でも，何をなすべきか，なすべきでないかの選択をしなければならない．**個人の選択**は経済学の基礎になっている．個人の選択に関係がないようなものは経済学ではない．

3. 選択がなされなければならない理由は，**資源**——何か別のものを作るのに必要とされるもの——が**希少**だからだ．個人の選択はお金と時間によって制約される．経済全体の選択は人的資源や天然資源の供給によって制約される．

4. 限られた選択肢の中から選択しなければならないから，どんなものでもその費用はそれを手に入れるためにあきらめなければならないものに他ならない．その意味で，すべての費用は**機会費用**なのだ．

5. 多くの経済的な決定は「あれかこれか」ではなく，「どれだけか」だ．ある財にどれだけ支出するか，どれだけ生産するか等々．このような決定は，限界での**トレードオフ**，すなわちもう少しするか，もう少ししないかの費用と便益の比較によってなされる．この種の決定は**限界的決定**と呼ばれる．その研究は**限界分析**と呼ばれ，経済学で中心的な役割を果たす．

6. 人々の意思決定がどのようになされるべきかを研究するのは，人々が実際にどう行動するかを理解するのに良い方法だ．通常，人々は自分の暮らしを良くする機会を見逃さず活用する．もし機会が変われば，人々の行動も変わる．みんな**インセンティブ（誘因）**に反応するのだ．

7. 私の選択があなたの選択に依存し，逆にあなたの選択が私の選択に依存するという**相互作用**は経済現象の理解をもう1つ深くするものだ．個人同士が相互作用するとき，その結果は誰も意図しなかったものになる可能性がある．

8. 相互作用がなされる理由は，**取引利益**が存在することにある．経済の構成員は互いに財・サービスを**取引**することでみんな自分の暮らしを良くすることができる．

この取引利益の基礎にあるのは**特化**，すなわち自分が得意とする仕事に専念することから得られる利益だ．

9. 通常，経済は**均衡**，すなわち誰も従来と違った行動をとることによって自分の暮らしをさらに良くすることができなくなるような状態に向かう．

10. 他の誰の暮らしも悪くすることなく，誰かの暮らしを良くする機会が利用し尽くされているとき，経済は**効率的**であると言われる．社会の諸目標を達成するために，資源はできるかぎり効率的に用いなければならない．しかし，効率性だけが経済を評価する唯一の方法ではない．**公平性**，あるいは公正性も望ましい基準だ．しかも，公平性と効率性の間にはトレードオフがあることが多い．

11. 通常市場は効率を実現するが，明確な例外も存在する．

12. 市場が失敗し効率を実現しない場合，政府の介入で社会の厚生を高めることが可能だ．

キーワード

個人の選択…p.8
資源…p.9
希少…p.9
機会費用…p.9
トレードオフ…p.11
限界的決定…p.12
限界分析…p.12

インセンティブ（誘因）…p.13
相互作用…p.15
取引…p.16
取引利益…p.16
特化…p.16
均衡…p.17
効率的…p.19
公平性…p.19

問題

1. 下記の各状況で，9つの原理のどれが働いているかを明らかにしなさい．
   a. あなたは百貨店で高値で買うより，近所の安売り店で同じものをもっと安く買う．
   b. 春休みの旅行では，あなたの予算は1日35ドルに制限されている．
   c. 学生会館は，卒業していく学生たちが使用済みの教科書，家電製品，家具などを売ることのできるウェブサイトを提供している．従来，そのようなものはルームメートにもらってもらうしかなかったのだが．
   d. 試験の前の夜，あなたはもう1杯のコーヒーでどれくらい勉強をがんばれるか，それともどれくらい神経過敏になるかをはかりながら何杯のコーヒーを飲むかを決める．
   e. 化学101の実験に必要な実験室のスペースが限られている．実験指導員は学生がいつ来られるかに応じて，実験時間を割り当てている．
   f. あなたは，1学期間外国留学をすることを断念すれば，その分だけ早く卒業できることに気づいているよね．
   g. 学生会館の掲示板には，自転車などの中古品販売の広告が出ている．品質の違いを考慮すれば，どの自転車の値段もだいたい同じだと言える．
   h. あなたは実験がうまく，あなたのパートナーはレポートを書くのが得意だ．そこで，2人は相談して，あなたが実験を全部やり，パートナーがレポートを全部書くことにした．
   i. 州政府は，運転の試験に合格していない者が運転をするのは違法としている．

2. あなたが下記のことを決めたとして，その機会費用は何かについて述べなさい．
   a. 就職せずに大学に通う．
   b. 試験勉強をする代わりに映画を見る．
   c. 自分の車を運転する代わりにバスに乗る．

3. リザは来期の経済学の授業のために教科書を買わなければならない．大学のブックストアでの価格は65ドルだ．インターネットで探したら，あるサイトでは55ドル，別のサイトでは57ドルで売られていた．全部売上税込みの値段だ．下表には，オンラインで注文した場合の通常の送料と配達にかかる時間が示されている．
   a. オンラインで買う機会費用は何か．
   b. この学生にとって意味のある選択肢は何か．その中で学生がどれを選択するかは何によって決まるだろうか．

配達方法	配達時間	料金(ドル)
普通便	3〜7日間	3.99
翌々日航空便	2営業日	8.98
翌日航空便	1営業日	13.98

4. 機会費用の概念を使って下記の現象を説明しなさい．
   a. 就職事情が良くないとき，大学院での学位取得を選択する人が多くなる．

b. 景気が良くないとき，家の修理を自分でする人が多くなる．
　　c. 公園は都市部よりも郊外に多くある．
　　d. スーパーマーケットより値段の高いコンビニエンスストアは忙しい人たちを対象にしている．
　　e. 午前10時より前に始まる授業を受ける学生は少ない．

5. 下記の事例について，意思決定に限界分析の原理をどのように用いるかを述べなさい．
　　a. 何日後に洗濯をするか．
　　b. レポートを書くのにどれくらい図書館で調べるか．
　　c. ポテトチップスを何袋食べるか．
　　d. ある授業を何時間サボるか．

6. 今朝あなたは次のような決定をした．地元のカフェでベーグルとコーヒーを買い，ラッシュアワーの最中に自分の車を運転して大学へ向かい，あなたのほうがタイプが速いということでルームメイトの期末レポートをタイプしてあげた——その見返りに彼女は1カ月間の洗濯をする．それぞれの行動で，あなた個人の選択が他の個人がした選択とどのように相互作用しているかを説明しなさい．それぞれの状況で，あなたの選択によって他の人の状態が良くなる，もしくは悪くなることはあるだろうか．

7. ハタツーチー川の東岸にハットフィールド家が，西岸にマッコイ家が住んでいる．各家族の食べ物はフライドチキンとトウモロコシだ．どちらも鶏を飼い，トウモロコシを栽培して，自給自足で暮らしている．下記のことが正しいと言える条件は何か，説明しなさい．
　　a. ハットフィールド家が養鶏に特化しマッコイ家がトウモロコシの栽培に特化して互いに取引することにより，両家の暮らし向きは良くなる．
　　b. マッコイ家が養鶏に特化しハットフィールド家がトウモロコシの栽培に特化して互いに取引することにより，両家の暮らし向きは良くなる．

8. 下記の状況のうち，どれが均衡を表し，どれが表していないか．均衡を表していない状況の場合，均衡はどのようなものになるだろうか．
　　a. プレサントビルでは，多くの人たちが毎日郊外から市の中心部に通勤している．高速道路を使うと混雑のため30分かかるが，街路を使えばたった15分ですむ．
　　b. メインとブロードウェイの交差点にガソリンスタンドが2つある．そのうちの1つでは，1ガロンの標準ガソリンが3ドルで，もう1つのところでは2.85ドルだ．1番目のスタンドではすぐサービスが受けられるが，2番目には長い行列ができていて，待たなければならない．
　　c. 経済学101に登録した学生は毎週グループ指導に出席しなければならない．今年は，セクションAとセクションBがある．どちらも同じ時間に隣り合わせの教室で開かれ，同じくらい優秀な教員が教えている．セクションAは混み過ぎていて，床に座る学生や，黒板が見えない者が出る始末だ．セクションBには，たくさんの空席がある．

9. 下記の事例について，その状況が効率的と考えられるかどうかを説明しなさい．もし効率的でないとしたら，なぜそうなのか．どうすれば効率的にすることができるか．
　　a. あなたの寮費には電気代が含まれている．住人の中には，部屋にいないときも電灯，コンピュータ，電気器具などをつけっぱなしにしている者がいる．
　　b. あなたの寮のカフェテリアは，調理にかかる費用は同じぐらいだが，人気のない豆腐鍋のような料理が多すぎ，人気のあるローストターキーのドレッシングがけのような料理が少なすぎる．
　　c. 特定の科目の登録数が教室の座席数を超えている．主専攻を修了するためにその科目をとる必要のある学生が座席をとれず，選択科目としている者が座席をとっている．

10. 下記の各政策についてその効率性と公平性を論じなさい．これらの領域で効率性と公平性のバランスをはかるにはどうしたらよいか．
　　a. 政府はすべての大学生に対して，好きな科目の授業料を全額支払う．
　　b. 政府は職を失った者に対して，新しい仕事が見つかるまで失業保険を支払う．

11. 政府はよく，望ましい市民行動を促進するためにある種の政策を採用する．下記の各事例についてそのインセンティブは何か，政府はどのような行動を促進しようとしているのかを判断しなさい．また，それぞれの場合に，なぜ政府は個人の選択にすべてを任せず，人々の行動を変えたいのかを考えなさい．
　　a. タバコ1箱に5ドルの税金がかけられる．
　　b. はしかの予防接種を子供に受けさせる両親は政府から100ドルの補助を受ける．
　　c. 政府は大学生に金を払って低所得家計の子供たちの家庭教師をさせる．
　　d. 政府は企業が排出する大気汚染物質に課税する．

12. 下記の各状況について，政府の介入がいかに人々のインセンティブを変え，社会の厚生を改善しうるかを説明しなさい．どのような意味で，市場がうまくいかないのか．
　　a. 自動車の排気ガスによる大気汚染が有害な水準に達した．
　　b. ウッドビルの町に街灯が立てられれば，みんな助かるは

ずだ．しかし，自分の家の前に街灯を立てる費用を負担しようという者はいない．その恩恵を受ける他の住民から料金を取り立てて費用を回収することができないからだ．

> **web▶** 引き続き勉強し，本章の概念を復習したい人は，クルーグマン＝ウェルスのウェブサイトを訪ね，小問題集，動画による教習，有益なリンク集などを参照してください．
> www.worthpublishers.com/krugmanwells

Chapter 2

第 2 章
Economic Models : Trade-offs and Trade
経済モデル：トレードオフと取引

風洞のビジョン

1901年，ウィルバー・ライトとオービル・ライトは世界を変える力を持ったあるものを作った．いや，飛行機じゃないよ．キティホークでの飛行の成功は2年後のことだ．ライト兄弟を真の発明家にしたのは，彼らの風洞だった．それによって，彼らはさまざまなデザインの翼や制御面を実験してみることができた．空気より重い物体が飛行するのを可能にしたのは，その実験から得られた知識だった．

風洞の中に置かれている飛行機のミニチュアは本当の飛行機と同じものではない．でも，それは飛行機の非常に役に立つモデル──本当の飛行機を単純化した模型なのだ．それを使って，一定の形をした翼が一定の風速に対しどれだけの浮力を引き起こすかといった大切な問題に答えることができる．

言うまでもないが，風洞の中で模型飛行機の実験をするほうが，飛ぶかどうかわからない実物大の機械を使うよりもずっと安上がりだし安全だ．もっと一般的に言えば，モデルというものはほとんどすべての科学研究で決定的な役割を果たしている．経済学でももちろんそうだ．

実際，経済理論は主として経済的現実の単純化された表現であり，さまざまな経済問題を理解する手がかりとなるモデルの集合にほかならない．本章では，3つの経済モデルを見る．そのどれもが，それ自体決定的に重要なモデルであるばかりか，そもそもなぜモデルがそんなに役に立つものなのかを示す絶好の例にもなる．最後に，経済学者が実際どのように自分たちの仕事にモデルを使うかについても見よう．

この章で学ぶこと

▶ なぜ経済学で**モデル**──すなわち現実を単純化した表現──が重要な役割を果たすのか．

▶ 3つの単純だが重要なモデル，すなわち**生産可能性フロンティア**，**比較優位**，そして**経済循環フロー図**．

▶ 経済を描写し，その動きを予測する**解明経済学**と経済政策を処方する**規範経済学**の違い．

▶ どんな場合に経済学者の意見が一致するのか．またなぜ時に対立するのか．

1 経済学のモデル：重要な例

モデルとは現実を単純化して表現したものであり，現実生活の状況を理解するために用いられる．だが，どうやって経済状況を単純化して表現できるのだろうか．

1つのやり方は経済学の風洞に相当するもので，現実の，しかし単純な経済を見つけるか，そうでなければ作り出すという方法だ．例えば，貨幣の経済的役割に興味を持った経済学者は，第2次世界大戦中の捕虜収容所に見られた交換システムを研究した．そこではタバコが非喫煙者の間でも広く支払手段として受け入れられていたのだ．

モデルとは現実を単純化して表現したものであり，現実の生活状況を理解するために用いられる．

もう1つのやり方は，コンピュータで経済の動きをシミュレートする（モデルでなぞる）方法だ．例えば，税法の改革が提案されているような場合，政府の担当者は**税モデル**——大規模なコンピュータプログラム——を使って，改革案が国民各層に及ぼす影響を推定する．

モデルの重要な点は，それによって経済学者が関心を持つただ1つの変化だけに焦点を当ててその効果を見ることができることだ．つまり，他のすべての要因を不変に保ちながらただ1つの変化が経済全体に及ぼす影響を研究できる．この**他の条件一定の仮定**，すなわち他のすべての要因が変化しないとする仮定は，経済モデルを作成するにあたって重要な考慮事項となる．

しかし，全経済の小規模なモデルがいつでも見つかるとは限らないし，作り出せるわけでもない．コンピュータプログラムだってどんなデータが使えるかで良くも悪くもなる（プログラマーたちは，「ゴミを入れればゴミが出る」と言っている）．多くの目

> **他の条件一定の仮定**は，他のすべての要因が変化しないとする仮定である．

ちょっと寄り道　カネになるモデル

どっちにしても，経済モデルっていくらになるのかな．場合によっては，大変なお金になることがある．

経済モデルは通常，純粋に科学的目的のために開発されるが，なかには政府が経済政策を立てるために作られるものもある．また，会社の意思決定のために経済モデルを開発するビジネスも成長している．

誰が経済モデルで稼いでいるかって？モデルを使って将来の動向を予測したり，モデルに基づいて助言を提供したり，ビジネスや政府のために特注モデルを制作する調査会社が何十とある．特に有名なのは，世界最大の経済調査会社グローバル・インサイトだ．この会社は，ハーバード大学とMIT（マサチューセッツ工科大学）の教授が創立したデータリソース社と，ペンシルベニア大学の教授が創立したウォートン経済予測協会が合併してできたものだ．

経済学のなかでも特にお金になるのは，会社の株のような資産の値打ちを推定するのに使われるファイナンス理論だ．ファイナンスモデルは高度の専門技術を必要とするので，ファイナンス理論の専門家は，「ロケット・サイエンティスト」と同様にウォール街の大会社に高給で雇われている．

ファイナンス理論をビジネスに応用した例として最も名高いのは，1994年に立ち上げられたロングターム・キャピタルマネジメント（LTCM）社だが，不幸なことに惨憺たる失敗に終わった．この会社は，ウォール街の取引業者のグループが2名のノーベル賞受賞学者を含むファイナンス理論家と組んで設立したファンドで，洗練されたファイナンス理論を用いて裕福な顧客の資金を運用しようというものだった．当初のうちは，このファンドは非常に良い成績を上げた．しかし1998年になると世界中の悪いニュース——ロシア，日本，ブラジルといった，あまり共通点のない国々が同時に苦境に陥るという事態——の影響を受けて，LTCMの投資は莫大な損失を出した．苦悩に満ちた数日間，人々は，このファンドがつぶれるだけでなく多数の関連会社が巻き添えになるという不安におののいた．政府が救援活動を組織したこともあり，この心配は杞憂に終わった．だが数週間の後に，LTCMは閉鎖され，一部の投資家はつぎ込んだ資金の大部分を失った．

何が間違ったのか．運が悪かったこともある．だが経験豊富な人々は，LTCMの経済学者たちが過大なリスクを背負い込んでいたと批判した．彼らのモデルでは，当時のように不運な出来事が相次いで起こる確率はきわめて低いはずだった．しかしセンスの良い経済学者なら知っているように，最良のモデルでさえ重要な可能性を見逃すことがあるのだ．

的のために最も効果的なモデル化の形は,「思考実験」,すなわち現実生活の単純化された,仮想的な模型の構想だ.

第1章で,均衡の概念を説明するのに,スーパーマーケットで新しいレジが開いたときに顧客たちがどのように並び替えをするかという例を用いた.そうは言わなかったが,これだって単純なモデルの例だったのだ.そこに示された仮想的なマーケットは,多くの細かいこと(顧客が何を買っていたかなどの,どうでもいいこと)は省かれていたが,「もし……なら」型の問題,ここではもし新しいレジが開いたら何が起こったかという問題に答えるのに使えた.

レジの話からわかるように,有用な経済モデルを普通の言葉で記述し,分析することも時には可能だ.しかし,経済学はいろいろな数量──例えば財の価格,生産量,生産に携わる雇用量など──の変化を取り扱うので,ある種の数学を使えば問題点をより明確にできることが多い.具体的には,数値例や簡単な数式,特にグラフが経済学の概念を理解する鍵となることがある.

どんな形をとるにせよ,良い経済モデルは問題の理解を大いに助けてくれる.この点をはっきりさせるのにいちばん良い方法は,単純だが重要な経済モデルを取り上げ,それで何がわかるかを調べることだ.本章では,はじめに生産可能性フロンティアについて見る.これはあらゆる経済が直面するトレードオフを考える助けになる.次に,比較優位モデルを取り上げる.これは人々や国々の間の貿易利益の原理を明らかにするものだ.最後に,経済循環フロー図のモデルを検討する.これは経済全体で行われている貨幣取引の分析を容易にするものだ.

これら3つのモデルを論じるにあたって,数学的な関係を表現するために大量のグラフを使うことになるだろう.この本では,そのようなグラフがこれからも重要な役割を果たす.読者がグラフの利用に慣れているのなら,これから示すグラフを問題なく理解してもらえるだろう.もしそうでなければ今すぐ,経済学でのグラフ利用を簡単に解説した本章の付録を参照してほしい.

1.1 トレードオフ：生産可能性フロンティア

トム・ハンクス主演のヒット映画『キャスト・アウェイ』は,18世紀にダニエル・デフォーが書いた小説のヒーロー,ロビンソン・クルーソーの物語を現代化したものだ.ハンクスは,飛行機事故でただ1人生き残り,へんぴな島に放り出された人物を演じている.原作のロビンソン・クルーソーと同じように,ハンクスが演じる人物は限られた資源しか持っていない.島の天然資源,飛行機からかろうじて持ち出した2,3の品物,そしてもちろん彼自身の時間と努力だ.これだけの資源で,彼は生計を立てなければならなかった.事実上,彼はたった1人の経済を営むことになったのだ.

第1章で導入した経済学の第1原理は,資源とは希少であり,その結果,1人の経済であろうが何百万人の経済であろうが,要するにどんな経済でもトレードオフに直面するということだった.例えば,遭難者が魚を捕るのに資源を投入すれば,ココ

図2-1　生産可能性フロンティア

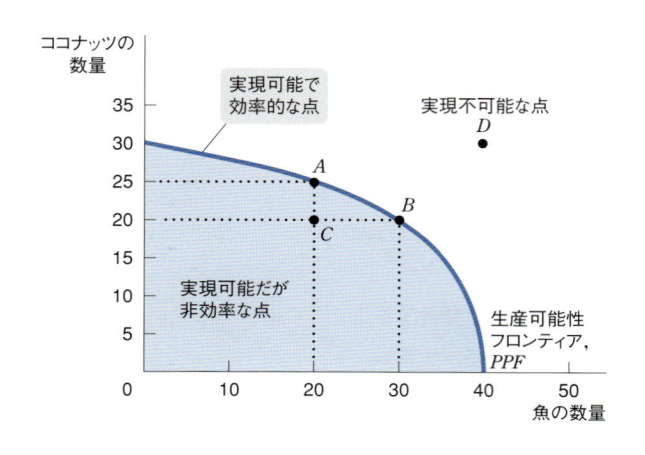

[グラフ：縦軸「ココナッツの数量」（0〜35）、横軸「魚の数量」（0〜50）。曲線は(0, 30)から(40, 0)へ外側にふくらんだ形で描かれている。点A(20, 25)と点B(30, 20)は曲線上にあり「実現可能で効率的な点」、点C(20, 20)は曲線の内側で「実現可能だが非効率な点」、点D(40, 30)は曲線の外側で「実現不可能な点」。曲線は「生産可能性フロンティア, PPF」と示されている。]

生産可能性フロンティア（PPF）は，2財を生産する経済が直面するトレードオフを表している．それは一方の財の所与の生産量に対して，もう一方の財の最大限可能な生産量を示す．トムが集められるココナッツの最大数は彼が捕る魚の数に依存しているし，逆もまた真だ．彼にとって実現可能な生産はこの曲線上の点かその内側にある点だ．点Cでの生産は実現可能だが，効率的ではない．点Aと点Bは実現可能で，しかも効率的だ．だが点Dは実現不可能だ．**web▶**

web▶ このアイコンは本書を通じて，どのグラフがウェブ上で双方向の形で活用できるかを示すものだ．www.worthpublishers.com/krugmanwellsに行けば，双方向のグラフを用いて勉強し，もっと多くの知識を得ることができる．

生産可能性フロンティアは，2財のみを生産する経済が直面するトレードオフを描き出す．それは，一方の財の生産量が任意の水準に与えられているときに，最大限可能なもう一方の財の生産量を示す．

ナッツを集めるのに同じ資源を使うことはできない．

どんな経済にも存在するこの種のトレードオフを考えるため，経済学者はしばしば**生産可能性フロンティア**として知られるモデルを使う．このモデルのアイデアは，2つの財だけを生産する単純化された経済によってトレードオフの理解を深めようというものだ．この単純化により，トレードオフをグラフで示すことが可能になる．

図2-1は，孤島に1人でいる遭難者トムの仮想的な生産可能性フロンティアを示している．トムは魚とココナッツの生産との間のトレードオフを考えなければならない．フロンティア――図の中の曲線――は，トムが1週間に集めるココナッツの量を一定として，最大限捕獲できる魚の量，あるいはその逆の関係を表している．つまり，それは「トムが20（あるいは25，30）個のココナッツを集めるとして，最大限どれだけの魚を捕ることができるか」という質問に答えるものだ（生産可能性フロンティアをどう解釈するかを見てから，図2-1の曲線がなぜ外側にふくらんだ形をしているかについて説明する）．

この曲線の上ないしその内側（青の領域）にある点と，曲線の外側にある点とでは決定的な違いがある．フロンティアの上，あるいはその内側にある生産点――例えばトムが20匹の魚を捕り，20個のココナッツを集める点Cのように――は実現可能である．フロンティアの意味を考えれば，トムが20匹の魚を捕るときには，同時に最大25個のココナッツを集めることができるのだから，当然20個のココナッツを集めることもできるはずなのだ．他方，フロンティアの外側にある点――トムが40匹の魚を捕り，同時に30個のココナッツを集める点Dのように――は実現可能ではない（この場合，トムが40匹の魚を捕りココナッツを集めないか，30個のココナッツを集め，魚を捕らないことは可能だが，同時に40匹の魚を捕り30個のココナッツを集めることはできない）．

図2-1では，生産可能性フロンティアは，横軸と魚40匹の点で交わっている．その意味は，トムが魚捕りにすべての資源を使えば40匹の魚が捕れるが，ココナッツの採取に使える資源は残っていないということだ．生産可能性フロンティアはココナッツ

30個の点で縦軸と交わっている．トムがすべての資源を使えば30個のココナッツを集めることができるが，そのときには魚捕りに使える資源は残っていない．

　この図には，それほど極端でないトレードオフも示されている．例えば，トムが20匹の魚を捕ることにすれば，同時に25個のココナッツを集められる．点Aはこの生産選択を示している．また，点Bが示すように，30匹の魚を捕るときには，同時に20個のココナッツを集められる．

　生産可能性フロンティアで考えるということは，現実の複雑さを切り捨て単純化しているということだ．現実の経済は何百万という異なる財を生産している．孤島の遭難者だって，2つ以上の異なる財を生産するだろう（例えば，彼は食料だけでなく，着る物や住む所を必要とするはずだ）．だがこのモデルでは，2財だけを生産する経済を想定しているのだ．

　しかし現実を単純化することで，モデルを使わない場合よりも現実経済のある側面をいっそう良く理解できるようになる．

　第1に，生産可能性フロンティアを使えば，効率性という一般的な経済概念をうまく説明できる．第1章で見たように，経済が効率的だと言われるのは，あらゆる機会が利用し尽くされたとき，すなわち他の人々の暮らしを悪くすることなく誰かの暮らしを良くする余地がないときだ．効率の鍵となる要因の1つは，生産の効率性，すなわち他の財の生産量を減らすことなくどの財の生産量も増やす余地がないということだ．

　トムが生産可能性フロンティアの上にいるかぎり，彼の生産は効率的だ．点Aでは，20匹の魚を捕ることが決まっているなら，彼が最大限集められるココナッツの数は25個だ．点Bでは，30匹の魚の捕獲を前提とすれば，最大限採取可能なココナッツは20個となる，等々．

　でも何らかの理由で，トムが魚20匹と20個のココナッツを生産して点Cにいるとしよう．このとき，トム1人の経済は間違いなく非効率的だ．両方の生産量をもっと増やせるはずだ．

　生産可能性フロンティアは，どんな財でもその真の費用は購入に使われる金額だけでなく，それを手に入れるためにあきらめなければならない金銭以外のものも含むありとあらゆるもの——機会費用であるという基本的な論点を理解するのにも役に立つ．もしトムが魚20匹ではなく30匹を捕獲することにすれば，ココナッツは25個ではなく20個しか集められない．だから追加された10匹の魚の機会費用は集められなくなったココナッツ5個ということになる．魚1匹ごとの機会費用は$5 \div 10 = 0.5$個のココナッツだ．

　ここで，図2-1で見た生産可能性フロンティアが外側にふくらんだ形をしていることについて説明できる．これは，生産の構成が変わるにつれて機会費用がどのように変化するかに関する仮定を反映するものだ．図2-2は，図2-1と同じ生産可能性フロンティアを示している．図の矢印を見れば，この外側にふくらんだ生産可能性フロンティアが機会費用逓増を表していることがわかる．トムが魚の捕獲量を増やすに

図 2-2 機会費用逓増

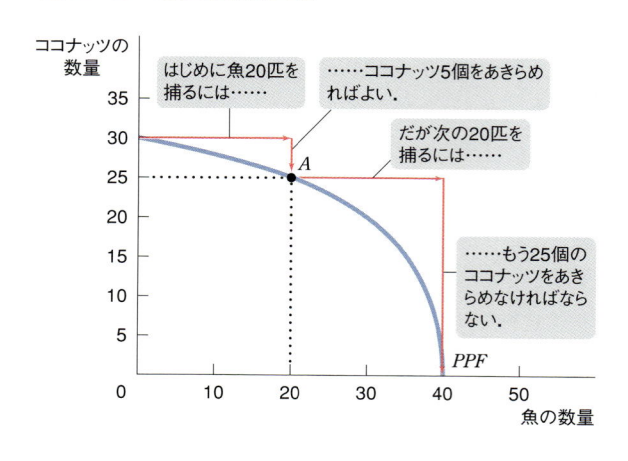

（図：縦軸「ココナッツの数量」0〜35、横軸「魚の数量」0〜50、PPF 曲線。点 A は (20, 25)。注釈：「はじめに魚 20 匹を捕るには……」「……ココナッツ 5 個をあきらめればよい．」「だが次の 20 匹を捕るには……」「……もう 25 個のココナッツをあきらめなければならない．」）

生産可能性フロンティアの外側にふくらんだ形状は機会費用逓増を表している．この例では，トムははじめの 20 匹の魚を捕るのに 5 個のココナッツをあきらめればよい．だが，次の 20 匹の魚を捕るためにはもう 25 個のココナッツをあきらめる必要がある．**web**▶

つれて，魚をもう 1 匹捕るためにますます多くのココナッツをあきらめなければならなくなる．逆もまた真だ．例えば，魚を全く捕らない状態から 20 匹捕るところまで行くには 5 個のココナッツをあきらめればよい．このとき，魚 20 匹の機会費用はココナッツ 5 個ということになる．だが，漁獲量を 40 匹に増やすには，言い換えればもう 20 匹を追加的に捕るためには，25 個のココナッツをあきらめなければならない．つまり，機会費用は格段に増加するのだ．

　経済学者は，機会費用は通常逓増するものと信じている．その理由はこうだ．ある財をほんのわずかな量だけ生産しているときには，その生産に特に適合した資源を使うことができる．例えば，少量のトウモロコシを栽培するとすれば，土壌や気候がトウモロコシにはぴったりだが，何か他のもの，例えば小麦にはさほど向いていないような土地で栽培することができる．だから，それだけのトウモロコシを生産するにはごく少量の小麦生産をあきらめればすむ．しかし，大量のトウモロコシを生産しようとすれば，トウモロコシにはあまり適さないが小麦には適した土地も使わなければならなくなる．だから，追加的なトウモロコシの生産はもっともっと多くの小麦の生産を犠牲にしなければならないというわけだ．

　最後に，生産可能性フロンティアは経済成長の意味を理解する助けになる．経済成長のことは，本書の序章ですでに論じた．そのとき，経済成長とは経済が財・サービスを生産する能力の増加だと定義した．そこで見たように，経済成長は現実の経済の基本的な特徴の 1 つだ．とはいえ，経済が実際に成長したと言い切ることができるのだろうか．アメリカ経済が 1 世紀前に比べれば多くの財をより多く生産していることは事実だが，他の財，例えば馬車のようなものの生産は減らしている．別の言い方をすれば，多くのものの生産が実際に減っているのだ．だとすれば，どうして経済が全体として成長したと確信を持って言えるのだろうか．

　図 2-3 に示したように，その答えはこうだ．経済成長とは，経済の生産可能性が拡大するということ，すなわちすべてのものをより多く生産できるということだ．例え

図2-3　経済成長

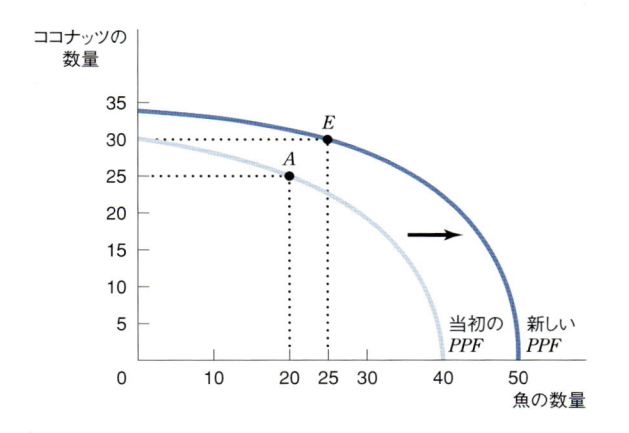

経済成長は生産可能性を拡大するから生産可能性フロンティアの外側への移動を引き起こす．経済はいまやすべてのものをより多く生産できる．例えば，生産が当初点 A（魚20匹，ココナッツ25個）であったとしても，経済成長の結果点 E（魚25匹，ココナッツ30個）に移ることが可能になる．

ば，トムの生産が当初点 A（魚20匹，ココナッツ25個）にあったとして，経済成長は彼が点 E（魚25匹，ココナッツ30個）に移れるということを意味している．点 E は初めのフロンティアの外側に位置している．ということは，生産可能性フロンティアのモデルでは，成長はフロンティアの外側への拡大として表されるのだ．

経済が実際に何をどれだけ生産するかは人々の選択によって決まる．生産可能性が拡大しても，トムは実際には魚とココナッツの両方を増産するとは限らない——どちらか一方の財だけを増産するか，場合によってはもう一方の財の生産を減らすことさえあるかもしれない．しかし，彼が何かの理由で魚かココナッツのどちらかを減産することにしたとしても，経済は成長したと言えるのだ．なぜなら，彼は両方の財の生産を増やそうと思えば増やせるようになったからだ．

生産可能性フロンティアは非常に単純化された経済モデルだ．でも現実の経済について重要なことを教えてくれる．それは経済的効率の要点を初めて明快に示してくれるし，機会費用の概念も明らかにしてくれるし，また経済成長の意味も明らかにしてくれる．

1.2　比較優位と取引利益

第1章で説明した経済学の9つの原理の中に，取引利益，すなわち人々がそれぞれ違う仕事に特化し取引することによって得られる相互利益に関するものがあった．ここで2番目に取り上げる経済モデルは，取引利益——比較優位に基づく取引に関するきわめて有用なモデルだ．

難破して孤島に行き着いたトムの話にこだわろう．だがそこにもう1人の遭難者ハンクが流れ着いたとしよう．彼らは互いに取引をすることで利益を上げられるだろうか．

2人の遭難者がそれぞれ別のことを特にうまくできるような場合，互いに取引すれば利益が得られることは自明だろう．例えば，トムが熟練した漁師でハンクが木登り

図2-4 2人の遭難者の生産可能性フロンティア

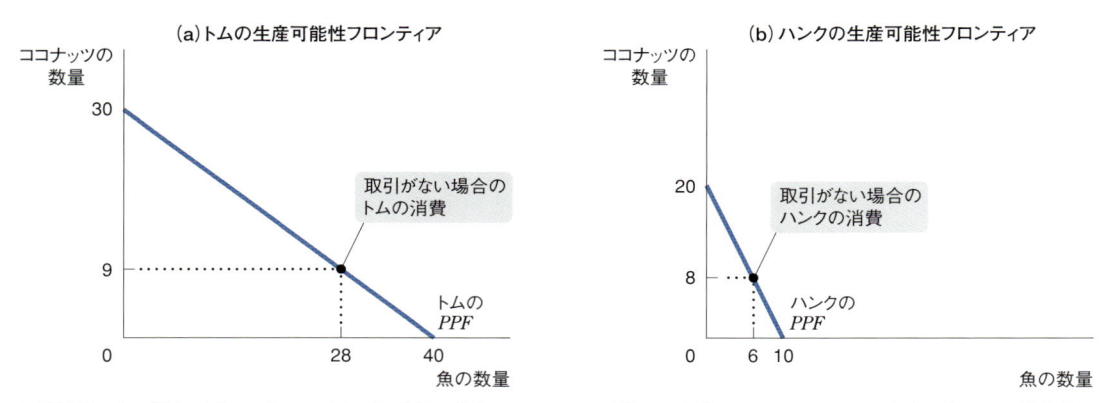

(a) トムの生産可能性フロンティア

ココナッツの数量: 30, 9
魚の数量: 28, 40
取引がない場合のトムの消費
トムのPPF

(b) ハンクの生産可能性フロンティア

ココナッツの数量: 20, 8
魚の数量: 6, 10
取引がない場合のハンクの消費
ハンクのPPF

各遭難者の魚の機会費用は一定で，それぞれ直線の生産フロンティアを持つと仮定されている．トムの場合，魚1匹の機会費用はココナッツ3/4個だ．ハンクの場合，魚1匹の機会費用はココナッツ2個だ． web▶

に長けているならば，トムが魚を捕りハンクがココナッツを集めて，それぞれの獲得物を交換するのは明らかに良い考えだ．

しかし，全経済学の中でも最も重要と目されている洞察の1つは，取引に携わる人々の一方に得意なものが何もなくても，取引利益が得られるということだ．例えばハンクはトムに比べると原始的な生活に慣れていなくて，トムほど良い漁師ではないしココナッツ集めでもトムには及ばないとしよう．そうであっても，トムもハンクも互いに取引をすることによって，何もかも1人でやるよりもましな生活ができるのだ．この点を説明しよう．

この例を明示するために，トムの生産可能性フロンティアを図2-4のように少し描き変えてみよう．前と同様に，この図でもトムはココナッツを全く集めないときには魚40匹を捕獲できるし，魚を全く捕らないことにすればココナッツ30個を集めることができる．

図2-2の生産可能性フロンティアは曲線だったが，図2-4のパネル(a)ではそれを直線に置き換えている．経済学者は，生産可能性フロンティアが通常外側にふくらんだ形をしていると考えている．このことはもう言ったね．それなのに，何でこんなことをするのかって？　答えは簡単，議論を単純化するためだ．もう説明したように，モデル作りで大切なことは単純化なのだ．比較優位の原理は生産可能性フロンティアが直線であるという仮定に依存するものではないが，この仮定を使ったほうが説明が容易になる．

図2-4のパネル(a)に描かれている生産可能性フロンティアは−3/4という一定の傾きを持っている(直線の傾きをどのように計算するかは，本章の付録に説明がある)．ということは，トムは4匹の魚を捕るごとに3個のココナッツをあきらめるということだ．だから，トムにとって魚1匹の機会費用はいつでもココナッツ3/4個なのだ．これは彼が魚をたくさん捕ろうが少なく捕ろうが変わらない．それとは対照的に，生産可能性フロンティアが曲線の場合には，ある財の機会費用はその財がそれまでにどれ

表2-1　トムとハンクの魚とココナッツの機会費用

	トムの機会費用	ハンクの機会費用
魚1匹	ココナッツ3/4個	ココナッツ2個
ココナッツ1個	魚4/3匹	魚1/2匹

だけ生産されているかに応じて変化する．例えば，図2-2から読み取れるように，トムが魚を捕らずココナッツだけを集めるところから始めるとすれば，彼にとって魚20匹の機会費用はココナッツ5個だ．しかし，すでに20匹の魚を捕っているところから始めれば，さらに20匹の魚を追加的に捕る機会費用はココナッツ25個に増加する．

　図2-4のパネル(b)にはハンクの生産可能性フロンティアが描かれている．トムのものと同じように，ハンクの生産可能性フロンティアも直線だから，魚のココナッツで表した機会費用は一定だ．その傾きは-2となっている．ハンクの生産性は全体として低い．彼は最大限でも10匹の魚か20個のココナッツしか生産できない．だが，彼は特に魚を捕るのが下手だ．トムは魚1匹と引き換えにココナッツ3/4個を犠牲にするが，ハンクにとって魚1匹の機会費用はココナッツまるまる2個なのだ．表2-1に2人の遭難者の魚とココナッツの機会費用がまとめてある．

　ところで，トムとハンクがわが道を行き，それぞれ離島の別の側に住んで自分だけのためにココナッツと魚を採取する可能性もある．彼らが初めそのような生活を営み，図2-4に示される消費をしていたと仮定しよう．取引が行われないとして，トムの魚の消費量は毎週28匹，ココナッツは9個，ハンクの魚の消費量は6匹，ココナッツは8個だ．

　でもこれがいちばん良いやり方だろうか．いや違う．2人の遭難者が異なる機会費用を持っている以上，両方の暮らし向きを良くするような取引を行うことができるはずだ．表2-2は，どうすればそのような取引ができるかを示している．トムは魚捕りに特化し，週40匹を捕り，そのうち10匹をハンクに渡す．ハンクはココナッツ集めに特化し，週に20個を採取して10個をトムに提供する．その結果は，図2-5に示されている．トムは今や，魚もココナッツも以前より多く消費している．実際，彼の消費量は以前の魚28匹，ココナッツ9個から魚30匹，ココナッツ10個に増えている．ハンクも魚6匹，ココナッツ8個から魚10匹，ココナッツ10個に消費を増やしている．表2-2に示したように，トムもハンクも取引利益を体験しているのだ．トムの魚の消費量は2匹増え，ココナッツの消費量は1個増えている．また，ハンクの魚の消費量は4

表2-2　遭難者の取引利益

		取引しない場合		取引する場合		取引利益
		生産	消費	生産	消費	
トム	魚	28	28	40	30	+2
	ココナッツ	9	9	0	10	+1
ハンク	魚	6	6	0	10	+4
	ココナッツ	8	8	20	10	+2

図2-5 比較優位と取引利益

(a) トムの生産と消費

（グラフ：縦軸「ココナッツの数量」、横軸「魚の数量」。トムのPPFは(0, 30)から(40, 0)への直線。
- 取引がない場合のトムの消費：(28, 10)付近
- 取引がある場合のトムの消費：(30, 10)付近
- 取引がある場合のトムの生産：(40, 0)付近
縦軸目盛：9, 10, 30。横軸目盛：28, 30, 40）

(b) ハンクの生産と消費

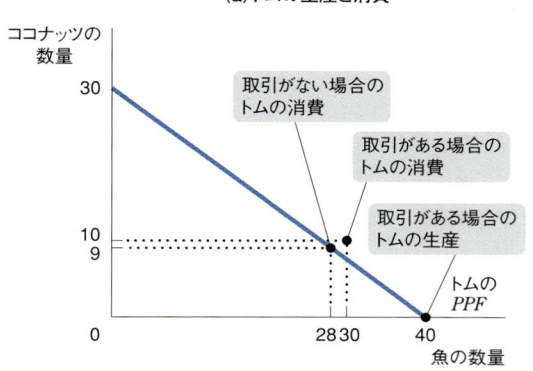

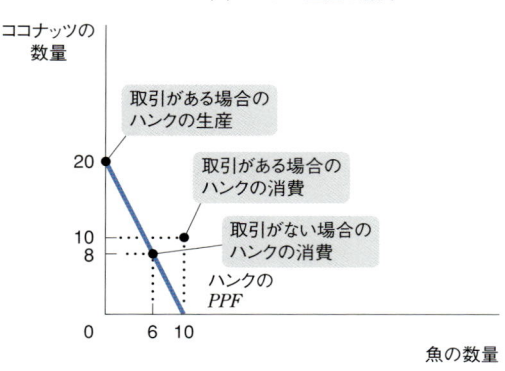

（グラフ：縦軸「ココナッツの数量」、横軸「魚の数量」。ハンクのPPFは(0, 20)から(10, 0)への直線。
- 取引がある場合のハンクの生産：(0, 20)
- 取引がある場合のハンクの消費：(6, 10)付近
- 取引がない場合のハンクの消費：(6, 8)付近
縦軸目盛：8, 10, 20。横軸目盛：6, 10）

特化し取引することによって，2人の遭難者は両方の財を以前よりも多く生産・消費できるようになる．トムは自分が比較優位を持つ魚捕りに特化する．一方両方の財の生産で絶対劣位にあるがココナッツ集めに比較優位を持つハンクはココナッツ集めに特化する．その結果，どちらの遭難者も，両方の財を取引をしない場合よりも多く消費できる．

匹，ココナッツ消費量は2個増えている．

2人の遭難者は，それぞれ自分が得意とするものに特化し取引することでより豊かになっている．トムの魚1匹の機会費用はココナッツ3/4個だけで，ハンクの2個よりも少ない．だから，トムが2人のために魚を捕るのは悪くない．同様に，ハンクが2人のためにココナッツを集めるのも合理的なのだ．

逆の言い方をしたほうが良いかもしれない．トムは魚捕りの名手なので，彼のココナッツ集めの機会費用は1個について魚4/3匹と高くつく．ハンクは魚捕りが駄目なので，そのココナッツ集めの機会費用は魚たった1/2匹とずっと低くなるのだ．

この場合，トムは魚捕りに，ハンクはココナッツ集めに**比較優位**を持つという．ある個人にとってある財の機会費用が他の人々よりも低いとき，彼はその財に比較優位を持つ．別の言い方をすれば，ある特定の財やサービスの機会費用がトムよりもハンクのほうが低ければ，ハンクはトムに対してその財やサービスに比較優位を持つ．

トムとハンクの物語は明らかに現実を単純化している．しかし，それは，現実の経済にも適用できる非常に重要な教訓を伝えてくれる．

第1に，このモデルは取引から得られる利益を明快に例示してくれる．特化しそれぞれの財を相手に提供することによって，トムとハンクは自給自足する場合よりも多く生産・消費でき，したがってより豊かになることができる．

第2に，このモデルは，世間の論議で見落とされがちだが非常に重要な論点を教えてくれる．それは，人々の機会費用が異なっている限り，誰でも何かの財に比較優位を持ち，何かの財に比較劣位を持つということだ．

私たちの例では，どちらの財の生産をとってみても，トムがハンクをしのいでいるという事実に注目しよう．トムは1週間にハンクよりも多くの魚を捕れるし，ハンクよりも多くのココナッツを集められる．つまり，トムは両方の活動で**絶対優位**を持つ

---

*（側注）ある個人にとって，ある財の機会費用が他の人々よりも低いとき，その人はその財に**比較優位**を持つ．*

*（側注）ある個人があることを他の人々よりもうまくやれるとき，その人はその活動に**絶対優位**を持つ．絶対優位を持つことと比較優位を持つことは同じことではない．*

ている．彼は，一定量の投入物(この場合には時間)でハンクよりも多くの生産物を得ることができる．このことから，トムは能力の低いハンクと取引しても何も得るものがないと思いたくなるかもしれない．

だが，すでに見たように，トムはハンクと取引することで実際に利益を得るのだ．これは取引による相互利益の基礎が絶対優位にあるのではなく比較優位にあるからだ．ハンクがココナッツを集めるのにトムより余計に時間を必要とすることは重要ではない．重要なのは，彼にとって魚で表したココナッツの機会費用が低いということだ．だからハンクは，ココナッツ集めでも絶対劣位にありながら，それに比較優位を持っている．他方，魚捕りをしたほうが自分の時間を有益に使えるトムは，ココナッツ集めでは比較劣位に立つ．

比較優位の概念が遭難者にしか適用できないものだとしたら，大して興味深いものではない．だが比較優位のアイデアは経済の多くの活動に実際に適用できる．たぶんいちばん重要な適用例は，貿易——個人間のものではなく，国際間の——だろう．そこで，比較優位のモデルがいかに国際貿易の原因と効果の理解を助けてくれるかを手短に見ておくことにしよう．

1.3　比較優位と国際貿易

アメリカで売られている製品のラベルを見てごらん．どこかの外国の製品——中国，日本，でなければカナダ製かも——である確率が高いだろう．他方，多くのアメリカの産業も海外で大量の生産物をさばいている(特に農業，ハイテク産業，娯楽産業がそうだ)．

これらの財・サービスの国際貿易はすべて望ましいものといえるだろうか．それとも憂慮すべきことなのだろうか．政治家や大衆は国際貿易を疑問視して，国民は外国人からものを買うよりも国産品を買うべきだと主張することが多い．世界中の産業が国際競争からの保護を要求している．日本の農家はアメリカの米を入れたくないし，アメリカの鉄鋼業者はヨーロッパの鉄鋼を締め出したい．しかも，こうした要求はしばしば世論の支持を得ている．

しかし，経済学者は国際貿易を非常に高く評価している．なぜかって？　国際貿易を比較優位の観点から見ているからだ．

図2-6は，簡単な例で国際貿易が比較優位の原理でどのように説明できるかを示している．この例は仮想的なものだが，アメリカがカナダに豚肉を輸出し，カナダが航空機をアメリカに輸出するという現実の貿易パターンに基づいて作られた．パネル(a)，(b)はそれぞれアメリカとカナダの生産可能性フロンティアで，横軸に豚肉が，縦軸に航空機が測られている．アメリカの生産可能性フロンティアはカナダのフロンティアより緩やかな傾きを持つように描かれているが，これはアメリカが豚肉に，カナダが航空機に比較優位を持つことを意味する．

図2-6の消費点は仮想例から導かれたものだが，一般的な原理を明らかにしている．それは，トムとハンクの例と同様，アメリカとカナダも国際貿易から相互に利益を得

落とし穴
比較優位の誤解

学生も，学識者といわれる人も，政治家もみんなよく犯している間違いがある．それは比較優位と絶対優位を混同する間違いだ．例えば，1980年代には，アメリカが日本に後れをとっているように見えたことがあった．そのころ評論家がしばしば口にしたのは，アメリカが生産性を向上させなければ日本に対し比較優位を持てる産業がなくなってしまうという警告だった．

評論家諸氏が言いたかったのは，アメリカが絶対優位を持てる産業がなくなるのではないかということ——日本がすべての分野でアメリカよりもうまくやれるようになる時代が来るかもしれないということ——だった(実際にはそうはならなかったが，それは別の話だ)．しかも，評論家はそうなったら日本と貿易しても利益が得られなくなると考えていたのだ．

しかし，トムがすべてにおいてハンクより優れていたとしても，ハンクがトムとの取引から恩恵を受ける(逆もまた真である)のとちょうど同じように，国々だって，すべての産業で貿易相手国より生産性が低いとしても貿易利益を得ることができるのだ(訳注：国と国との取引はしばしば国際取引，あるいは国際貿易と言われる．国際貿易から得られる取引利益は貿易利益と呼ばれる)．

図2-6 比較優位と国際貿易

(a) アメリカの生産可能性フロンティア

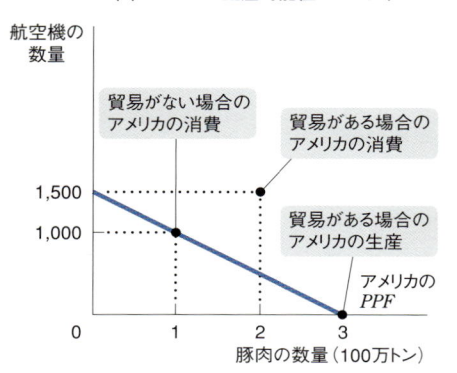

縦軸：航空機の数量
横軸：豚肉の数量（100万トン）

- 1,500
- 1,000

ラベル：
- 貿易がない場合のアメリカの消費
- 貿易がある場合のアメリカの消費
- 貿易がある場合のアメリカの生産
- アメリカのPPF

横軸目盛：0, 1, 2, 3

(b) カナダの生産可能性フロンティア

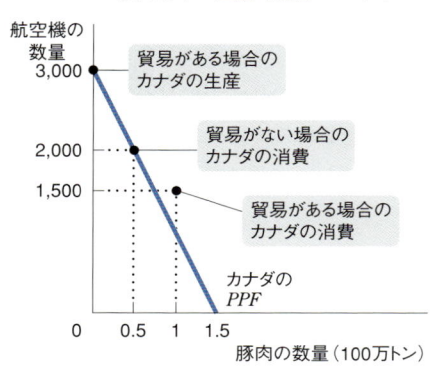

縦軸：航空機の数量
横軸：豚肉の数量（100万トン）

- 3,000
- 2,000
- 1,500

ラベル：
- 貿易がある場合のカナダの生産
- 貿易がない場合のカナダの消費
- 貿易がある場合のカナダの消費
- カナダのPPF

横軸目盛：0, 0.5, 1, 1.5

この仮想例では，カナダとアメリカは豚肉と航空機の2財だけを生産している．航空機は縦軸に，豚肉は横軸に測られている．パネル(a)はアメリカの生産可能性フロンティアを示し，カナダのものより平らに描かれている．これはアメリカが豚肉に比較優位を持っていることを意味するものだ．パネル(b)はカナダの生産可能性フロンティアを示し，アメリカのものより傾きが急に描かれている．これはカナダが航空機に比較優位を持っていることを意味している．2人の個人と全く同じように，両国は特化と貿易から利益を得る．**web**

るという原理だ．アメリカが豚肉だけを，カナダが航空機だけを作って，それぞれ生産物の一部を相手に輸出すれば，両国とも自給自足のときよりも多くの消費を実現することができる．

しかも，こうした相互利益の存在はそれぞれの国が他国より輸出財の生産に優れていることからくるものではない．たとえ一方の国の1人1時間当たりの生産量がどちらの産業でも他国より高いとしても，すなわち一方の国が両産業で絶対優位を持っているとしても，貿易から相互利益を得ることができるのだ．

だが，貿易は市場取引として実際にどのように生じてくるのだろうか．この疑問に答えるため，私たちの最後のモデル，すなわち経済循環フロー図のモデルに目を向けたい．このモデルは，経済学者が市場経済で行われる取引を分析するときに役立つものだ．

1.4　取引：経済循環フロー図

トムとハンクが孤島に作り出した小さな経済は，現代のアメリカ人が暮らしている経済が持つ多くの特徴を欠いている．自営業をしている何百万人ものアメリカ人もいるが，ほとんどの労働者は誰か別の者に，通常は何百人，何千人という雇用者を抱える会社に雇われている，というのがその1つだ．また，トムとハンクがやっているのは**バーター（物々交換）**と呼ばれるいちばん簡単な取引，つまり個人が自分の持つ財・サービスを自分が欲しい財・サービスに交換するという取引だけだ．現代の経済では，単純なバーターにはめったにお目にかかれない．通常，人々は自分が持つ財・サービスを貨幣——固有の価値を持たない色刷りの紙切れ——と交換し，さらにそうして得た色刷りの紙切れを自分が欲しい財・サービスと交換する．つまり，彼らは財・サービスを売って別の財・サービスを買っているのだ．

自分が持っている財・サービスを自分が欲しい財・サービスと直接交換する取引は**バーター（物々交換）**と呼ばれる．

そして現代のアメリカ人はたくさんの種類のものを売買している．アメリカの経済はものすごく複雑な生き物で，1億人以上の労働者が何十万社という会社に雇われ，何百万もの異なる財・サービスを生み出している．でも，図2-7に示された簡単なモデル，**経済循環フロー図**を考えてみることで，読者はこの経済について非常に重要なことを学ぶことができる．この図は，経済で行われる取引を円の周りの2種類のフロー（流れ）によって示している．1つは財，サービス，労働，原料などモノの一方向へのフローで，もう1つはこれらのモノに対して支払われるカネ（貨幣）の逆方向へのフローだ．ここでは，モノのフローは赤，カネのフローは青に色分けされている．

いちばん簡単な経済循環フロー図は，**家計**と**企業**という，たった2種類の「住民」しかいない経済をモデル化したものだ．家計は，個人か，あるいは所得を分け合う個人のグループ（通常は家族だが，必ずしも家族でなくてもいい）からなっている．企業は，販売を目的として財・サービスを生産し，家計の構成員を雇用する組織（通常は会社だが，そうでなくてもいい）だ．

図2-7から見てとれるように，このモデル化された経済には2種類の市場がある．一方の側（ここでは左側）には，家計が企業から欲しいものを買う**財・サービスの市場**がある．これは家計への財・サービスのフローと企業への逆方向のカネのフローを生み出している．

他方の側には，**要素市場**がある．**生産要素**とは，財・サービスを生産するのに用いられる資源のことだ．通常，経済学者は生産に用いられるが，使い尽くされないような資源を生産要素と呼んでいる．例えば，労働者がミシンで布をシャツに仕立てるような場合，労働者とミシンは生産要素だが，布はそうではない．大ざっぱに言えば，主要な生産要素は，労働，土地，資本，そして人的資本だ．労働は人間の仕事だ．土地は自然が提供してくれる資源だ．資本は，機械や建物のように「人工の」資源を指すものだ．そして，人的資本は労働力の生産性を高める教育や熟練のことを指す．も

経済循環フロー図は，経済で行われる取引を円の周りのフローとして表すモデルだ．

家計は個人か，所得を分け合う個人のグループだ．
企業は販売を目的として財・サービスを生産する組織だ．

企業は生産した財・サービスを**財・サービスの市場**で家計に売る．
企業は**要素市場**で生産に必要な資源——**生産要素**——を買う．

図2-7　経済循環フロー図

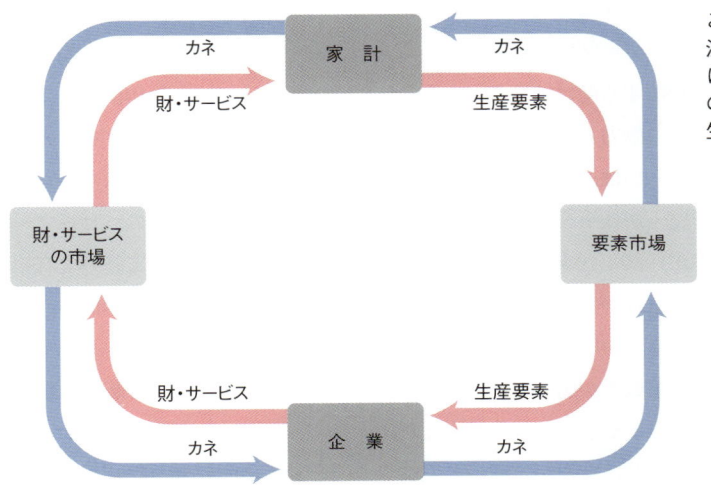

このモデルは，経済で貨幣と財・サービスがどのように流れ，循環するかを表している．財・サービスの市場では，家計は企業から財・サービスを買い，企業への貨幣のフロー（流れ）を生み出す．企業が要素市場で家計から生産要素を買い付けるとき，貨幣は家計に戻っていく．

ちろん，これらの生産要素は単一のものではなく，むしろ分類上のカテゴリーと言える．例えば同じ「土地」と言っても，ノースダコタの土地はフロリダの土地とはまったく別のものだ．

　私たちがいちばん良く知っている要素市場は，労働者が時間を売って賃金を受け取る労働市場だ．労働のほかにも，家計は他の生産要素を所有し，企業に売っていると考えられる．例えば，会社が家計の構成員である株主に配当を支払うのは，つきつめて考えれば株主（投資家）が所有しているといえる機械や建物の賃貸料を払っているということなのだ．

　図2-7はどうしてモデルと言えるのだろうか．それは現実を単純化して表現したものと言えるのか．答えは，この図は現実の多くの複雑な特徴を無視しているということだ．少しばかり例を挙げると，

- 現実の世界では，企業と家計の区別はそれほどはっきりしたものではない．零細な家族経営のビジネス――農家，工場，小さなホテル――を思い浮かべてもらいたい．これって，企業？　それとも家計？　もっと完全な図にしたければ，家族経営のために別のボックスを設ける必要がある．
- 企業の売上げの多くは家計に対するものではなく企業に対するものだ．例えば，鉄鋼会社は家計ではなく，主として自動車メーカーのような企業に製品を販売している．つまりもっと完全な図は，当然企業間の財や貨幣のフローを描き入れているはずだ．
- この図には政府が示されていない．現実の世界では，政府は税金として多額の貨幣を経済循環フローの中から抜き取っているし，政府支出の形で多額の貨幣を経済循環フローに還流している．

　図2-7は，決して現実の経済に存在するあらゆる種類の「居住者」の完全な図ではないし，それらの居住者の間で流れるすべてのカネやモノのフローを描き出すものでもない．

　このような単純化してはいるが，経済循環フロー図は，他の良い経済モデルと同様，経済について考えるのにすごく役に立つ道具となる．

　例えば，経済循環フロー図は，増加していく人口に対して経済がどのように働き口を提供できるかを理解する助けになる．一例として，1960年代初めから1980年代末にかけて，アメリカの労働力人口――働きたい人たちの数――が激増したことを考えてみよう．この増加の一因は，第2次世界大戦後の15年にわたるベビーブームだった．最初のベビーブーマーが仕事を探し始めたのは1960年代の初めで，最後のベビーブーマーが就職したのが1980年代末だった．それに加えて，社会が変化して家庭外で有給の職を求める女性の割合が大幅に増加した．その結果，1962年から1988年の間に，アメリカ人の被雇用者あるいは求職者の数は71%も増加した．

　大変な数の新しい求職者が出てきたわけだ．でも運が良いことに，同じ時期に新しい職の数もほとんどちょうど同じ割合で増えた．

　本当に運が良かっただけなのか．経済循環フロー図を参考にすれば，なぜ空いてい

図2-8　1962〜1968年のアメリカ経済の成長

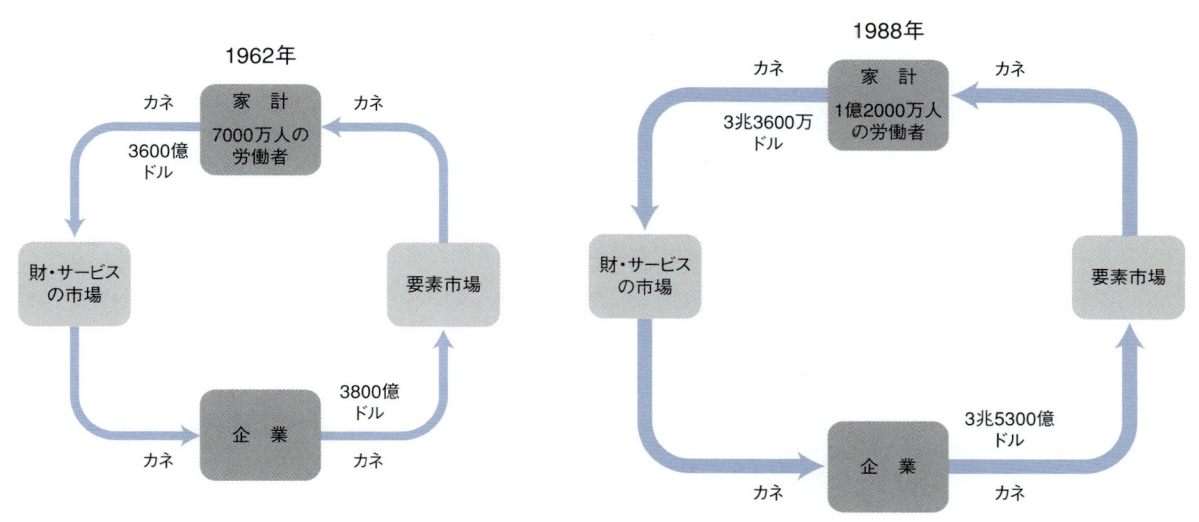

1962年

カネ　3600億ドル　→　家計　7000万人の労働者　←　カネ
↓　　　　　　　　　　　　　　　　　　　　　　　　　　　　　↑
財・サービスの市場　　　　　　　　　　　　　　　　要素市場
　　　　　　　　　　　企業　←　カネ　3800億ドル
　　　　　　　カネ　　　　　　　　

1988年

カネ　3兆3600億ドル　→　家計　1億2000万人の労働者　←　カネ
↓　　　　　　　　　　　　　　　　　　　　　　　　　　　　　↑
財・サービスの市場　　　　　　　　　　　　　　　　要素市場
　　　　　カネ　→　企業　←　カネ　3兆5300億ドル

これら2つの経済循環フロー図——1つは1962年，もう1つは1988年のもの——を見れば，アメリカ経済がどのようにして急速に増加する人口に見合うだけの職を作り出しえたかが理解しやすい．1962年から1988年にかけて働き手はほぼ2倍に増えたが，その間に家計と企業の間の貨幣フローは9倍に増えた．労働力人口が増えるにつれて，家計に回る貨幣が増え，家計の財・サービスへの支出が増えた．その結果，企業は増加した財・サービスの欲求に応えるためもっと多くの働き手を雇い，家計の仕事を増やした．

る職の数が労働力人口の増加と歩調を合わせて増加したのかがある程度理解できる．図2-8は，1962年と1988年のアメリカ経済について，貨幣フローを比較したものだ．この期間に，家計に支払われる貨幣と家計が使う貨幣はともにものすごく増加した．しかも，これは偶然ではなかった．要素市場でもっと多くの労働が売られ，もっと多くの人たちが仕事をするようになれば，家計が使える所得も増えた．彼らは増加した所得を使って財・サービスの市場でもっと多くの財・サービスを買った．その財・サービスを生産するために，企業はもっと多くの労働者を雇い入れる必要が出てきたのだ！

このように，非常に簡単な経済モデルではあるが，経済循環フロー図は現実のアメリカ経済に関する重要な事実を理解する助けになる．このモデルによれば，働き口の数は家計がどれだけお金を使うかによって変化し，一定したものではない．そして家計がどれだけお金を使うかはどれだけの人たちが働いているかに依存していることがわかる．言い換えれば，労働力人口が急速に増加しているときでさえ，何とか十分な仕事が生み出されたのは偶然ではなかったのだ．

▶ 経済学を使ってみよう

富んだ国，貧しい国

着ているものを脱いで——時と場所はわきまえてね——，それがどこで作られたものかを内側のラベルで確かめよう．あなたの衣類は，大部分とはいわないが，かなりの割合のものがアメリカよりずっと貧しい海外の国——例えばエルサルバドル，スリ

ランカ，あるいはバングラデシュ——で作られたものだと言って間違いないだろう．

なぜこれらの国はアメリカよりそんなに貧しいのだろうか．すぐに浮かぶ答えは，経済の生産性がずっと低いということだ——それらの国々の企業はアメリカやそのほかのもっと豊かな国の同様の企業に比べると，一定の資源から少しの生産物しか作れないということだ．だが，国々の生産性はなぜそんなに違うのだろうか．これはもっと深い疑問だ——実際，これは多くの経済学者の頭を悩ませている主要な問題の1つだ．いずれにせよ，生産性の違いは事実としてある．

しかし，これらの国々の経済が私たちの経済よりそんなに貧しいとしたら，どうして私たちの衣類をそんなにたくさん作っているのだろうか．なぜ私たちは自分で作ろうとしないのだろうか．

答えは，「比較優位」だ．バングラデシュのほとんどすべての産業はアメリカの同様の産業より生産性が低い．しかし，富んだ国と貧しい国の生産性の違いは財の種類によって異なる．それは航空機のような高度な財の生産ではきわめて大きいが，衣類のようなより単純な財の生産ではそれほど大きくない．だから，衣類に関してバングラデシュが置かれた立場は，ココナッツ集めに関してハンクが置かれた立場に似ている．彼は仲間の遭難者（トム）ほどうまくはできないが，ココナッツ集めはどちらかといえばハンクが比較的うまくできる仕事なのだ．

要するに，バングラデシュはアメリカに比べてほとんどの産業で絶対劣位にあるが，衣料産業に比較優位を持っているのだ．このことから，バングラデシュがアメリカに衣類を供給し，アメリカがバングラデシュにもっと高度な財を供給することで，アメリカもバングラデシュもより豊かな消費生活を送れることがわかる．■

ちょっと復習

▶ほとんどの経済モデルは，「思考実験」，あるいは現実の単純化された表現であり，他の条件一定の仮定を置いている．

▶重要な経済モデルの1つは生産可能性フロンティアと呼ばれるもので，効率，機会費用，さらには経済成長などの概念を示すのに用いられる．

▶比較優位は貿易利益の原因を説明するモデルだが，よく絶対優位と間違えられる．どんな個人でも，どんな国でも何かに比較優位を持っていて，それが貿易利益を生み出す．

▶いちばん簡単な経済では，人々は現代経済に見られる貨幣取引ではなく，バーター（物々交換）取引を行う．経済循環フロー図は経済内の取引を企

理解度チェック 2-1

1．正しいか誤りか？ 答えて，説明しなさい．
   a．トムがココナッツと魚を捕るのに使える資源が増えても，彼の生産可能性フロンティアは変化しない．
   b．ココナッツの生産量を一定として漁獲量を増やすような技術の変化が起きれば，トムの生産可能性フロンティアは変化する．
   c．生産可能性フロンティアが役に立つのは，資源が効率的に使われていてもいなくても，一方の財をもっと得るためにあきらめなければならない他方の財の量を表示するからだ．

2．イタリアでは，8人の労働者が1日に1台の自動車を生産でき，3人の労働者が1日に1台の洗濯機を生産できる．アメリカでは，6人の労働者が1日に1台の自動車を生産でき，2人の労働者が1日に1台の洗濯機を生産できる．
   a．自動車の生産に絶対優位を持っているのはどちらの国か．洗濯機の生産ではどうか．
   b．自動車の生産に比較優位を持っているのはどちらの国か．洗濯機の生産ではど

うか．
  c. これら2国の間の貿易は，どんな特化パターンのときにいちばん高い利益を生み出すか．
3. 経済循環フロー図を使って，家計が使う貨幣量の増加がどのようにして経済の働き口を増やすかを説明しなさい．さらに，経済循環フロー図で何が予測できるかを述べなさい．

解答は本書の巻末にある．

> 業と家計との間の財・サービス，生産要素，および貨幣のフロー（流れ）として表したモデルだ．これらの取引は，財・サービスの市場と生産要素の市場で生じる．

2 モデルを使う

もうわかったと思うけれど，経済学は主として一連の基本的な原理に基づきながら，特定の場面にそれらの原理を適用できるようにさらに特定の仮定を付け加えてモデルを作るという学問なのだ．では，経済学者は実際のところ，そのモデルを使って何をしているのだろうか．

2.1 解明経済学と規範経済学

あなたが州知事の経済顧問だとしてみよう．知事はあなたに，どんな諮問をして答えを求めるだろうか．

例えば，3つの可能性がある．

1. 来年，州の高速道路からどれくらいの料金収入があがるだろうか？
2. 料金を1ドルから1.50ドルに引き上げたら，収入はどれほど増えるだろうか？
3. 料金引上げが交通量と道路付近の大気汚染を減らす効果を持つ半面，通勤者に財政負担をかけることを考慮したうえで，料金引上げに踏み切るべきか．

初めの2つの諮問と3つめの諮問との間には大きな違いがある．初めの2つは事実に関する諮問だ．来年の料金収入の予測は，実際にその数字がわかれば当たったか外れたかが判明する．料金変化の効果を推定するのはもう少し難しい——収入は料金以外の要因にも依存し，それらを切り分けるのは厄介かもしれない．そうではあっても，原則として正しい答えは1つしかない．

だが，料金を引き上げるべきかという諮問には「正しい」答えはないかもしれない——料金引上げの効果について意見の一致する2人でも，その当否については意見が分かれるだろう．例えば，高速道路のそばに住み通勤していない人は，騒音と大気汚染を大いに気にかけるが，通勤費用のことはそれほど気にしないだろう．一方高速道路近くに住んでいない通勤者の優先順位はこれとは違ったものとなるだろう．

この例は，経済分析の2つの役割の重要な区別を照らし出している．世の中がどうなっているかという疑問への答えは真偽がはっきりしている．それに答えようとする分析は**解明経済学**と呼ばれる．対照的に，世の中がどうあるべきかについて述べようとする分析は**規範経済学**として知られている．別の言い方をすれば，解明経済学は診断にかかわり，規範経済学は処方にかかわると言ってもよい．

経済学者が大部分の時間と努力を注ぎ込むのは解明経済学だ．そして，解明経済学

> **解明経済学**は，経済が実際にどうなっているかを記述する経済分析の一分野だ．**規範経済学**は経済がどうあるべきかについて処方箋を書く分野だ．

のほとんどすべての領域でモデルが決定的な役割を果たしている．上述したように，アメリカ政府はコンピュータモデルを使って国税政策に関する提案の効果を推計しているし，多くの州政府も同様なモデルによってそれぞれの租税政策の効果を調べている．

　ここで，州知事が諮問すると想定した第1と第2の問題との間にも微妙だが重要な違いがあることを指摘しておきたい．問題1は，翌年の収入がどうなるかという簡単なこと——**予測**——を聞いている．問題2は，「もし……なら」型の問題で，もし租税法が改正されるとすれば，収入がどう変化するかを尋ねている．経済学者はよく両方のタイプの問題に答えることを要請されるが，モデルは特に「もし……なら」型の問題に答えるのに向いている．

　これらの問題に対する答えは政策のガイドとして役に立つが，あくまでも予測であって処方ではない．言い換えれば，政策が変わったとき何が起こるかを言うものではあるが，その結果の良し悪しを言うものではない．あなたの経済モデルから，高速道路の料金を上げるという州知事の提案が共同体の資産価値を高めはするが，高速道路を使って仕事場に通う人たちに痛みを与えるという結論が得られたとしよう．だからといって，料金引上げが良いとか悪いとか言えるだろうか．その答えは誰に尋ねるかで違ってくる．たった今見たように，高速道路近くの共同体に深くかかわっている人たちは料金引上げを支持するだろうが，ドライバーたちの幸福を重く見る人たちの考えは違うだろう．これは価値判断の問題であって，経済分析の問題ではない．

　それでも，経済学者はよく政策上の助言をする羽目になる．つまり，規範経済学に踏み込むことになるのだ．でもちょっと待って．「正しい」答えがないかもしれないのに，何でそんなことができるのだろうか．

　1つの答えは，経済学者も市民であって，みんな自分の意見を持っているということだ．だが，誰がどんな意見を持っていようと，経済分析によってある政策が他の政策よりも明らかに良いことを示せる場合も多々あるのだ．

　政策Aが政策Bよりもすべての人たちの暮らしを良くする——とまではいかなくても他の人たちの暮らしを損なうことなく誰かの暮らしを良くする——としよう．このような場合，政策Aは明らかに政策Bよりも良いと言える．これは価値判断ではない．目標を達成するためにいちばん良い方法は何かを論じているのであって，目標それ自体の当否を問題にしているわけではない．

　例えば，低所得者の住宅取得を助成するために2つの異なる政策が用いられてきた．1つは家賃統制で，家主が課す家賃に上限を設けるものだ．もう1つは家賃補助で，家賃支払いに補助金を給付するものだ．ほとんどすべての経済学者が一致して補助金のほうがより効率的な政策だと判断している（その理由は第4章で見る）．だから，個人的な政治的立場がどうであろうと，大多数の経済学者が，家賃規制よりも家賃補助を良しとしている．

　政策をこのようにうまく順序づけられる場合には，経済学者の意見は一般に一致するものだ．しかし，経済学者の意見がときどき食い違うことも明らかなことだ．なぜ

予測は将来の単純な予報だ．

そんなことが起こるのだろうか.

2.2 経済学者の意見はどんなときに，なぜ食い違うか

　経済学者は喧嘩ばかりしているという評判がある．このような評判はいったいどこから立てられるのだろうか．

　1つ重要な点は，メディアが経済学者の意見の違いを誇張する傾向があるということだ．ある問題について——例えば家賃統制が借家の供給を減らすといった命題について——ほとんどすべての経済学者の意見が一致するような場合，記者も編集者も報道に値するニュースはないと判断するので，専門家の見解は伝えられないで終わる．だが，有名な経済学者の意見が対立するような問題——例えば，現在の減税が経済を活性化するかどうかといった問題——が起こると，格好のニュースになる．その結果皆さんは，経済学者が合意している広範囲の問題についてよりも，意見が食い違っている分野についてさんざん聞かされることになるのだ．

　それから，経済学がよく政治にまきこまれてしまうことも覚えておいたほうがいい．多くの問題について有力な利益団体が存在し，自分たちが聞きたい意見を知っている．彼らはそういう意見を表明している経済学者を探し出し応援して，学者仲間の間でも群を抜く地位と名声を与えて自分たちの立場を有利にしようとするのだ．

　実際には経済学者の意見の食い違いは見かけほど大きいわけではないが，重要な問題について経済学者の見解が分かれることも事実だ．例えば，非常に尊敬されている経済学者たちが，アメリカ政府は所得税をやめて付加価値税（多くの欧州諸国で主要な税源となっている国民売上税）に移行すべきだと熱っぽく論じている．同じくらい尊敬されている他の経済学者たちがこれに反対している．どうしてこんな意見の相違が生じるのだろうか．

ちょっと寄り道　経済学者の意見が一致するとき

　「もし世界中の経済学者が一列に並べられたとしたら，彼らが1つの結論に到達することはできないだろう」．これは経済学者が好きなジョークの1つだが，そこまで彼らの意見は合わないのだろうか．

　『アメリカン・エコノミック・レビュー』誌の1992年5月号に掲載されたアメリカ経済学会会員のよく知られた調査によれば，そんなことはない．アンケート調査の作成者たちは，回答者に対して経済に関するいくつもの主張に賛成するか反対するかを尋ねた．その結果わかったのは，多くの主張についてプロの経済学者たちの間に高い水準で合意があるということだった．90％以上の経済学者が合意した最上位の主張は「関税と輸入割当ては通常一般的な経済厚生を損なう」と「家賃の上限規制は利用可能な借家の量と質を低下させる」というものだった．これら2つの主張が際立つのは，経済学者以外の人たちの多くはどちらにも異論を唱えるからだ．外国産の財を締め出す関税と輸入割当ては多くの有権者から支持される．また，ニューヨークやサンフランシスコのような都市では，家賃の上限規制を撤廃しようという提案は激しい政治的反対にあってきた．

　喧嘩する経済学者という固定観念は神話に過ぎないのだろうか．そうでもない．経済学者の意見が大きく対立する問題もある．特にマクロ経済学ではそうだ．しかし，大きな共通の基盤もあるのだ．

重要な原因の1つは価値観にある．多様な個人からなるどんなグループの中でも，まともそうに見える人たちの意見が合わないことがあるものだ．所得税に比べて，付加価値税は典型的には貧しい階層に重くのしかかる．だから，社会的平等，所得の平等が達成された社会をそのこと自体で高く評価するような学者は付加価値税に反対する傾向がある．これと違う価値観を持った学者はそれほど反対しない．

　第2の重要な原因は，経済モデルの違いにある．経済学者の結論は現実の単純化された表現であるモデルに基づいている．だから，2人の経済学者がどんな単純化が妥当かについて意見を異にし──したがって異なる結論に達するとしてもおかしくはないのだ．

　アメリカ政府が付加価値税の導入を検討しているとしよう．経済学者Aは課税システムの行政費用──つまり，監視，書類の作成，徴税等々の費用──に焦点を合わせたモデルを用いているかもしれない．この場合，その学者は付加価値税の行政費用が高いという周知の事実を指摘し，付加価値税に反対するだろう．だが，経済学者Bはこの問題に接近する正しいやり方は行政費用を無視して，法案が貯蓄行動をどのように変えるかに焦点をしぼることだと考えているかもしれない．この学者は付加価値税が消費者の貯蓄性向を高める望ましい効果を持つとする研究を示すだろう．

　経済学者はさまざまな異なるモデル──つまり異なる単純化の仮定──を使い，異なる結論を導いてきた．この2人の経済学者もこの問題を異なる側面から見ているのだ．

　このような論争の大部分は，結局のところ，経済学者が提案するさまざまなモデルのうちどれが事実に適合するかを示す証拠の蓄積によって解決される．だが，他のどんな科学でも経済学でも，重要な論争の決着がつけられるまでには，長い時間，時には10年単位の時間がかかる．経済はいつも変化し，古いモデルが役に立たなくなり，新しい政策問題が生じてくる．そのため，いつでも経済学者の意見が対立する新しい問題には事欠かない．政策担当者はどの経済学者を信じるかを決めなければならない．

　重要な点は，経済分析は方法であって決まった結論ではないということだ．

経済学を使ってみよう

政府の経済学者

　多くの経済学者は主として教育・研究に携わっている．しかし，現実の出来事により直接的にかかわる者も少なくない．

　この章で最初の「ちょっと寄り道」で述べたように，経済学者はビジネスの世界，特に金融産業で重要な役割を果たしている．だが，経済学者の「現実」世界への関与でいちばん目に付くのは，広い範囲にわたる政府への参加だ．

　このことは驚くにあたらない．政府の最も重要な機能の1つは経済政策を策定することだ．しかも，政府はどんな決定をするときにもその経済効果を考慮に入れなければならない．世界中の政府が経済学者を雇ってさまざまな役割を与えているのはそのためだ．

アメリカ政府の場合，中心的な役割を演じているのは経済諮問委員会だ．これは行政府の一部門（大統領のスタッフ）で，経済問題についてホワイトハウスに助言し，年次の「大統領経済報告」を準備することに専念している．政府機関としては異例のことだが，この委員会にいる経済学者の大部分は長期契約の公務員ではない．彼らは主として大学から1～2年の休暇をもらってきた教授たちなのだ．この国の最も有名な経済学者の多くはキャリアのどこかの時点で経済諮問委員会で働いている．

経済学者はアメリカ政府の他の多くの部門でも重要な役割を果たしている．実際，労働統計局の「職業展望ハンドブック」が述べているように，経済学者は政府のほとんどすべての分野で働いている．言うまでもなく，労働統計局自体が経済学者の大手雇用先だ．

経済学者はワシントンD.C.に本拠を置く2つの国際機関でとりわけ重要な役割を演じている．経済的苦境に陥った国々に助言と貸付を与える国際通貨基金（IMF）と，長期的な経済発展を促進する目的で助言と貸付を与える世界銀行だ．

政府にいるこうした経済学者はいつも対立しているだろうか．彼らの見解は概して自分の政治的な立場に左右されているだろうか．答えはノーだ．政府には経済問題をめぐる重要な論争があり，政治がそれにちょっかいを出すのも避けられないが，経済学者の間には多くの課題について幅広い合意があるし，政府にいる経済学者の多くは課題をできるだけ客観的に分析しようと大いにがんばっているのだ．

理解度チェック 2-2

1. 以下の記述のうち，どれが解明的なもので，どれが規範的なものか．
    a. 社会は人々が危険な個人行動に走らないように施策を講じるべきだ．
    b. 危険な個人行動に走る人々は，医療費の増加を通じて社会の費用負担を高める．
2. 正しいか誤りか？　答えて，説明しなさい．
    a. 政策Aと政策Bは同一の社会的目標を達成しようとするものだ．だが，政策Aは政策Bに比べて，資源の利用効率がずっと悪いことがわかった．だから，経済学者たちは政策Bの選択に合意しそうだ．
    b. ある政策が望ましいかどうかについて2人の経済学者の意見が一致しないことがあるとすれば，その原因は通常どちらかが間違っているためだ．
    c. 政策担当者は，いつでも経済学を使って社会がその達成に努力すべき目標を見つけることができる．

解答は本書の巻末にある．

ちょっと復習

▶経済学者がやっているのは主として解明経済学，すなわち世界がどのように動いているかの分析だ．それは，予測を立てることも含めて，明確に正しいか，あるいは間違った答えを出す．しかし，事態がどうあるべきかを処方する規範経済学には正しい答えが存在せず，価値判断しかないことが多い．

▶世間で言われているほどではないが，経済学者の意見は食い違うことがある．理由は2つある．第1に，モデルでどんな単純化をするかという点で合意できないことがある．第2に，誰でもそうだが，経済学者も価値観が合わないことがある．

次に学ぶこと

この章では，経済学とはどんなものかについて，出発点となる見方を示した．複雑な世界に意味を見出す方法としてのモデルの一般概念を述べてから，3つの簡単な入門モデルを紹介した．

しかし，経済分析がどのような仕事をし，その分析がどんなに役に立つかについて実感を持つためには，もっと強力なモデルに目を移す必要がある．次の2つの章では，真打ちともいうべき経済モデルを学ぶ．それは，多くの政策問題の解明に驚くべき威力を発揮し，多くの力が及ぼす効果を予測し，あなたの世界観を変えるものだ．このモデルは「供給と需要」と呼ばれる．

要約

1. ほとんどすべての経済学は**モデル**に基づいている．モデルは，「思考実験」，すなわち現実を単純化したもので，その多くはグラフのような数学的ツールを使う．経済学で重要な仮定は，**他の条件一定の仮定**だ．他の関係ある要因を固定することで，ある要因の変化の効果を分析できるようになる．

2. 重要な経済モデルの1つは，**生産可能性フロンティア**だ．それによって次の重要な諸概念がわかる．機会費用(ある財の生産を増やすのに他の財の生産をどれだけ減らさなければならないかを示す)，効率(経済は生産可能性フロンティアの上で生産しているなら効率的だ)，そして経済成長(生産可能性フロンティアの拡張)だ．

3. もう1つの重要な経済モデルは，個人間，国家間の取引利益の源泉を説明する**比較優位**のモデルだ．誰でも何かに比較優位を持っている．つまり，その人が他の誰よりも低い機会費用で作り出せる財かサービスがあるものだ．だが，これはよく**絶対優位**，すなわちある財やサービスを他の誰よりも上手に作れる能力と混同される．この混同によって惑わされ，人々や国々の間の取引から何の利益も得られないといった間違った結論を導く人がいる．

4. 最も単純な経済では人々は**バーター(物々交換)**——財・サービスの直接交換——にたずさわるが，現代の経済では財・サービスを貨幣と交換する．**経済循環フロー図**は経済内の取引を**家計**と**企業**の間の財・サービスおよび所得のフロー(流れ)として表すモデルだ．これらの取引は，**財・サービス市場**と，労働のような**生産要素の市場**である**要素市場**で行われる．このモデルは，支出，生産，雇用，所得，さらには成長がいかに関連しているかを理解するのに役立つ．

5. 経済学者は**解明経済学**と**規範経済学**の双方のために経済モデルを使う．解明経済学は経済がどのように動いているかを説明するもので，規範経済学は経済がいかに動くべきかを処方するものだ．解明経済学は**予測**を立てることもよくある．解明経済学の問題については，経済学者は正しい答えを出すことができるが，価値判断を含む規範経済学の問題については，通常正しい答えは存在しない．例外は，ある目的を達成するための諸政策が効率の高いものから低いものに順序づけられる場合だけだ．

6. 経済学者の意見が食い違う主要な原因は2つある．第1に，経済学者はモデルでどんな単純化をするかで争う可能性がある．第2に，皆と同じように，経済学者も価値観が合わないことがある．

キーワード

モデル…p.27
他の条件一定の仮定…p.28
生産可能性フロンティア…p.30
比較優位…p.36
絶対優位…p.36
バーター(物々交換)…p.38
経済循環フロー図…p.39
家計…p.39
企業…p.39
財・サービスの市場…p.39
要素市場…p.39
生産要素…p.39
解明経済学…p.43

規範経済学…p.43   予測…p.44

問題

1. アトランティスは南大西洋の小さな孤島だ．住民はジャガイモを栽培し，新鮮な魚を捕っている．表は，ジャガイモと魚の最大限可能な年間生産量の組合せを示すものだ．資源と利用可能な技術が一定に限られたとすれば，ジャガイモ生産に使う資源を増やせば，当然ながら漁業に使える資源は少なくなる．

最大限可能な生産量	ジャガイモの数量（ポンド）	魚の数量（ポンド）
A	1,000	0
B	800	300
C	600	500
D	400	600
E	200	650
F	0	675

a. ジャガイモを横軸に，魚を縦軸にとって生産可能性フロンティアを描き，点A〜Fを記入しなさい．

b. アトランティスは魚500ポンドとジャガイモ800ポンドを同時に生産できるか．答えて，理由を説明しなさい．また，その点は生産可能性フロンティアに対してどの辺に位置しているか．

c. ジャガイモの年間生産量を600ポンドから800ポンドに増やす機会費用はいくらになるか．

d. ジャガイモの年間生産量を200ポンドから400ポンドに増やす機会費用はいくらになるか．

e. 設問cとdに対する答えは違うが，あなたはそのわけを説明できるか．それが生産可能性フロンティアの傾きについて持つ含意は何か．

2. 古代ローマ国では，スパゲッティとミートボールという2つの財しか生産されていない．ローマにはティボリとフリボリという2つの部族が存在する．ティボリは自分たちだけでは月に30ポンドのスパゲッティを生産しミートボールを生産しないか，月に50ポンドのミートボールを生産しスパゲッティを生産しないか，あるいはその中間の組合せを生産できるものとしよう．フリボリは自分たちだけでは月に40ポンドのスパゲッティを生産しミートボールを生産しないか，月に30ポンドのミートボールを生産しスパゲッティを生産しないか，あるいはその中間の組合せを生産できるものとしよう．

a. 生産可能性フロンティアはすべて直線だとしよう．ティボリの毎月の生産可能性フロンティアを示す図とフリボリの毎月の生産可能性フロンティアを示す図を別々に描きなさい．そのためにどんな計算をしたかを示しなさい．

b. スパゲッティに比較優位を持っているのはどちらの部族か，ミートボールはどうか．

西暦100年にフリボリはミートボールを作る新しい技術を発見し，毎月の生産量を2倍に増やせるようになった．

c. フリボリの新しい生産可能性フロンティアを描きなさい．

d. この技術革新が起こった後で，どちらの部族がミートボールの生産に絶対優位を持つようになったか．スパゲッティについてはどうか．どちらの部族がミートボールの生産に比較優位を持つようになったか．スパゲッティについてはどうか．

3. 経済記者のピーター・パンディットによれば，欧州連合（EU）はすべての産業分野で急速に生産性を上げている．この生産性上昇があまりにも速いので，これらの産業のEUの生産量はまもなくアメリカの生産量を上回るようになる．そうなれば，アメリカはEUとの貿易から得るものはなくなるだろうと彼は言う．

a. ピーター・パンディットは正しいことを言っていると思うか．もしそうでなければ，彼の間違いの元はどこにあると思うか．

b. もしEUとアメリカが貿易を継続するとすれば，EUがアメリカに輸出する財の特徴はどのようなもので，アメリカがEUに輸出する財の特徴はどのようなものになるだろうか．

4. あなたの寮の寮生を野球チームとバスケットボールチームに振り分ける役目を言い渡されたとしよう．最後の4人まできて，2人を野球に，残りの2人をバスケットボールに振り分けなければならない．表には，各人の平均打率とフリースロー成功率が示されている．比較優位の概念を使って，どのように選手の振分けをするかを説明しなさい．まず，各選手の平均打率で測ったフリースローの機会費用を計算してみなさい．

名前	平均打率(%)	フリースロー成功率(%)
ケリー	70	60
ジャッキー	50	50
カート	10	30
ゲリー	80	70

あなたの取決めについて，野球チームに配属されなかった選手は満足しそうだが，バスケットボールチームに配属されなかった選手は不満を持ちそうだね．なぜだろうか．にもかかわらず，経済学者は，これがあなたの寮のスポーツチームに選手を振り分ける効率の良い方法だと言うだろう．なぜだろうか．

5. アトランティスの経済が発展し，住民は今やコヤスガイの

貨幣を使うようになった．家計と企業の経済循環フロー図を描きなさい．企業はジャガイモと魚を生産し，家計はジャガイモと魚を買う．家計はまた，企業に労働と土地を提供する．下記の出来事がそれぞれコヤスガイのフローと財・サービスのフローのどの部分に現れるかを示しなさい．さらに，その影響が経済循環にどのように広がるかを説明しなさい．
  a. 壊滅的なハリケーンがジャガイモ畑を水浸しにする．
  b. 魚の大漁期が来て，漁獲量が非常に増加する．
  c. アトランティスの住民がマカレナを踊りはじめ，毎月数日をダンスに費やすようになる．

6. 経済学者の中には，大学は教員と学生を投入物として使って教育を「生産している」という者がいるかもしれない．この考え方によれば，教育は家計によって「消費される」ということになる．本章で見たような経済循環フロー図を描いて，経済の教育に携わる部門を表してみよう．そこでは，大学は企業で，家計は教育を消費するだけでなく，教員と学生を大学に提供する．このモデルで重要な市場は何だろうか．何がどの方向に買われたり売られたりしているだろうか．もし政府がすべての大学の授業料の50%を補助するという決定をしたら，このモデルではどんなことが起こるだろうか．

7. あなたの寮のルームメートはしょっちゅうやかましい音楽をかけている．しかし，あなたはもっと平穏で静かなほうがいい．そこで，彼女にイヤホンを使ってくれないかと言ってみた．すると彼女は，イヤホンを使うのはいいが，他にやりたいことがいっぱいあって今はそのほうにお金を使いたいと答えた．あなたはこの状況を経済学専攻の友人に相談してみた．次のようなやりとりがあった．
  彼　　イヤホンの値段はいくらかな．
  あなた　15ドルよ．
  彼　　君にとって，この学期が終わるまで平和で静かな環境が得られることの価値はいくらぐらいかな．
  あなた　30ドルはあるわ．
  彼　　それなら，君がイヤホンを買って彼女にあげるのが効率的だ．君が得るものは失うものより大きい．つまり，便益が費用を上回るというわけだ．そうすべきだね．
  あなた　騒音を立てているのは私じゃないのに，イヤホンの代金を払うなんてフェアじゃないわ．
  a. この会話の中で，どの部分が解明的な言明を含み，どの部分が規範的な言明を含んでいるか．
  b. ルームメートが行動を変えるべきだというあなたの考えを支持する議論を立ててみなさい．同様に，ルームメートの立場から，あなたがイヤホンを買うべきだという議論を立ててみなさい．もし寮生が無制限に音楽をかけることを許すのが寮の方針だとしたら，どちらの議論が優勢になるだろうか．逆に，ルームメートから苦情が出たときには音楽をかけてはいけないという規則があるとしたら，どちらの議論に軍配が上がりそうか．

8. アメリカ衣料産業の代表が以下のような発言をした．「アジアの労働者たちはしばしば劣悪な作業環境で働き，時給わずか数セントしか稼いでいない．アメリカの労働者はもっと生産性が高いので，高い賃金を稼いでいる．アメリカの職場環境の尊厳を保つために，政府は低賃金のアジア衣料の輸入を禁止する法律を作るべきだ」．
  a. 引用文の中で，どの部分が解明的言明でどの部分が規範的言明か．
  b. そこで提案されている政策は，アメリカとアジアの労働者の賃金や生産性に関するその前の主張と整合性があるだろうか．
  c. このような政策で，他のアメリカ人の暮らしを損なうことなく誰かの暮らしが良くなるだろうか．別の言い方をすれば，この政策はすべてのアメリカ人の観点から見て効率的なものだろうか．
  d. アジアの低賃金労働者は，このような政策で利益を得るだろうか，それとも痛みをこうむるだろうか．

9. 以下の文章は正しいか誤りか？　答えて，説明しなさい．
  a.「人々が稼ぐ賃金から支払う税金が上がると，彼らの労働意欲は下がる」は解明的言明だ．
  b.「もっと働いてもらうために税金を下げるべきだ」は解明的言明だ．
  c. 社会が何をすべきかを決めるために，いつでも経済学が役に立つわけではない．
  d.「この国の公共教育制度は，その運営に要する費用よりも多くの便益を社会にもたらしている」は規範的言明だ．
  e. 経済学者の間の対立はすべてメディアが作り出したものだ．

10. 以下の文章を検討しなさい．「すでに起こったことを正しく反映する経済モデルを作るほうが将来の出来事を予測するモデルを作るよりもやさしい」．この文章は正しいか，それとも間違っているか．なぜそうなのか．このことから，良い経済モデルを作るのがなぜ難しいかについて何か言えるだろうか．

11. 政府で働く経済学者は，しばしば政策提言を求められる．公衆がこれらの提言の中にある解明的言明と規範的言明を区別できることが重要だ．なぜだろうか．

12. ゴッサムシティの市長は，この冬人命にかかわるインフルエンザが流行するのではないかと心配し，経済顧問に一連の諮問をした．各諮問について，経済顧問は解明的な検討

をしなければならないか，それとも規範的な検討をしなければならないかを考えなさい．

a. 11月末，市のワクチン備蓄量はどれだけあるだろうか．
b. ワクチンを供給している製薬会社に1回につき10％の割増料金を支払うことにしたら，供給は増えるだろうか．
c. 市のワクチン備蓄が足りないとき，まず誰に――高齢者か若者か――に予防接種をすべきか（どのグループに属する人もインフルエンザで死亡する確率は同じだとする）．
d. 1回の注射について市が25ドルをとるとしたら，何人が払うだろうか．
e. 1回の注射で25ドルとれば，市は10ドルの利益を上げられる．そのお金は貧しい人たちの予防接種に使える．市はそのような仕組みを作るべきか．

13. 次の文章を検討しなさい．「経済学者が十分なデータを持っていれば，社会的福祉を最大にするようにすべての政策問題を解決することができる．政府が全国民に無料の医療サービスを提供すべきか否かといった問題について，政治的討論を戦わせる必要はなくなるだろう」．

> **web▶** 引き続き勉強し，本章の概念を復習したい人は，クルーグマン＝ウェルスのウェブサイトを訪ね，小問題集，動画による教習，有益なリンク集などを参照してください．
> www.worthpublishers.com/krugmanwells

Chapter 2 Appendix
第 2 章 付録
Graphs in Economics
経済学のグラフ

1 イメージをつかむ

『ウォールストリート・ジャーナル』であれ経済学のテキストであれ，経済学に関する文章を読むとたくさんのグラフに出会う．視覚的なイメージは，言葉による記述，数字の情報，アイデアなどの理解をぐっと容易にしてくれる．経済学では，グラフは理解を容易にするために使われる視覚的イメージの典型なのだ．そこで論じられているアイデアや情報を完全に理解するためには，これらの視覚教材をいかに解釈するかを良く知っている必要がある．この付録では，グラフがどのように作られ解釈されるか，そして経済学でどのように使われるかを説明する．

2 グラフ，変数および経済モデル

大学に行く理由の1つは，学士号があれば高賃金の仕事に就くことができるからというものだ．それに加えて，MBAや法学関係の学位があれば，稼ぎはもっと増える．もしあなたが教育と所得の関係を論じた論文を読むとしたら，教育水準の異なる労働者が受け取る所得を示すグラフを見ることになるだろう．そしてそのグラフは，高い教育が一般に高い所得をもたらすという見解を表しているだろう．経済学の他のほとんどのグラフと同じように，そのグラフは2つの経済変数の間の関係を描き出している．**変数**とは，個人の教育年数，ソーダ1本の価格，あるいは家計の所得のように，2つ以上の値をとる数量のことだ．

本章で学んだように，経済分析は現実の状況を単純化して記述したモデルに深く依拠している．ほとんどの経済モデルは，2つの変数の関係を記すものだ．そこではこの関係に影響を与える可能性のある他の変数は一定に保たれると単純化されている．例えば，ソーダの価格と消費者の買うソーダの数量との関係を記述するモデルの場合，消費者のソーダ購入量に影響するような他のすべての事柄は一定と仮定されている．このタイプのモデルは数式でも言葉でも表現できるが，グラフで図解すればもっと理

> 2つ以上の値をとる数量は**変数**と呼ばれる．

解しやすくなる．次に，経済モデルを描き表すグラフがどのように作られるかを見よう．

3 グラフの働き

経済学のほとんどのグラフは，2つの変数の値を表示する，直角に交わる2つの直線で作られた格子に立脚している．これは2つの変数の間の関係を見る助けになる．このようなグラフの使い方を理解する第1のステップは，このシステムがどのように働くかを知ることだ．

3.1 2変数のグラフ

図2A-1は典型的な2変数のグラフだ．右側の表にある戸外の気温と，野球場で1試合の間に販売員が通常売ることができるソーダの数量のデータを図示したものだ．この表の第1列には戸外の気温（第1の変数）の値が，第2列にはソーダの販売数量（第2の変数）の値が示されている．第3列には2つの変数の5つの組合せがAからEまで示されている．

この表のデータをグラフにしてみよう．2変数のグラフでは，1つの変数はx変数と呼ばれ，もう1つの変数はy変数と呼ばれる．ここでは，戸外の気温をx変数，ソーダの販売量をy変数としている．グラフ中にある水平な実線は**横軸**，あるいはx**軸**と呼ばれ，x変数——戸外の気温——の値がこの軸に沿って測られる．同様に，グラフ中の垂直な実線は**縦軸**，あるいはy**軸**と呼ばれ，それに沿ってy変数——ソーダの販売数量——が測られる．2つの軸が交わる**原点**では各変数の値はゼロとなる．原点からx

> x変数の値が測られる軸は**横軸**，あるいはx**軸**と呼ばれる．y変数の値が測られる軸は**縦軸**，あるいはy**軸**と呼ばれる．2変数のグラフで2つの軸が交わる点は**原点**だ．

図2A-1　2変数のグラフに点を記入する

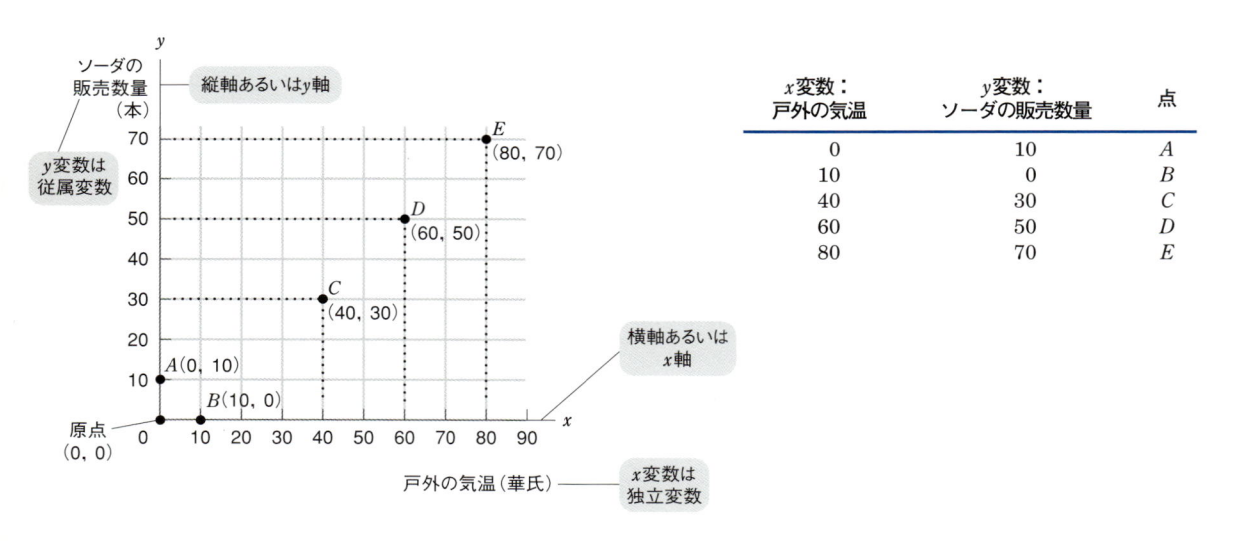

x変数： 戸外の気温	y変数： ソーダの販売数量	点
0	10	A
10	0	B
40	30	C
60	50	D
80	70	E

戸外の気温（独立変数）をx軸に，ソーダの販売数量（従属変数）をy軸に測ることにして，表のデータがグラフに記入されている．気温とソーダ販売数量の5つの組合せが点A，B，C，D，Eで示されている．グラフの各点は2つの値で確定する．例えば点Cは（40，30）という組合せ——華氏40度という戸外の気温（x変数の値）と30本のソーダ販売数量（y変数の値）——に対応している．

軸に沿って右へ進むと，x変数の値は正でだんだん増加する．原点からy軸に沿って上方へ進むと，y変数の値は正でだんだん増加する．

このグラフ上に，2つの対になる数字――x変数とy変数がとる値――を用いてAからEまでの5つの点を示すことができる．図2A-1の点Cでは，x変数は40，y変数は30という値をとる．点Cの位置を決めるには，x軸上の40の点から上向きに直線を引き，y軸上の30の点から横向きに水平線を引けば良い．点Cは(40，30)，原点は(0，0)と書く．

図2A-1の点Aと点Bを見るとわかるように，ある点が表す2つの変数のうちのどちらか1つがゼロの値をとるときには，その点はもう1つの変数が測られる軸の上にある．点Aのようにxの値がゼロのとき点は縦軸の上にあり，点Bのようにyの値がゼロのとき点は横軸の上にある．

2つの経済変数の関係を描いたグラフは，ほとんどすべて**因果関係**，すなわち一方の変数の値が他方の変数の値を直接左右する，あるいは決定するという関係を表している．因果関係では，決定する側の変数は**独立変数**と呼ばれ，決定される側の変数は**従属変数**と呼ばれる．ソーダ販売の例では，戸外の気温が独立変数だ．それはこの場合の従属変数であるソーダの販売数量に直接影響する．

慣習的に，私たちは独立変数を横軸にとり従属変数を縦軸にとる．図2A-1は，この慣習に従って作成されている．すなわち，独立変数(戸外の気温)が横軸にとられ，従属変数(ソーダの販売数量)が縦軸にとられている．この慣習に対する重要な例外は，生産物の価格と生産数量との経済関係を示すグラフだ．価格は一般に数量を決定する独立変数だが，いつでも縦軸にとられる．

3.2 グラフ上の曲線

図2A-2のパネル(a)には，図2A-1と同じ情報が含まれ，点B，C，Dを通る直線が引かれている．このようなグラフ上の線は，それがまっすぐな線であっても曲がった線であっても**曲線**と呼ばれる．2つの変数の関係を示す曲線が直線，つまり線形である場合，それらの変数は**線形関係**を持つと言われる．その曲線が直線ではなく非線形である場合，それらの変数は**非線形関係**を持つと言われる．

曲線上の点は，x変数の特定の値に対するy変数の値を示すものだ．例えば点Dは，華氏60度の気温のときにはソーダ50本の売上げが期待できることを示している．曲線の方向と形状は，2つの変数の間の関係の一般的な性質を表す．図2A-2パネル(a)の曲線の傾きがより急になるということは，戸外の気温が上がるにつれてより多くのソーダが売れるようになるということだ．

2つの変数がこのように関係している場合――すなわち，1つの変数の増加が他の変数の増加と結び付いている場合――，両者は**正の関係**を持つと言われる．この関係は，左から右に上向きの傾斜を持つ曲線で図示される．図2A-2パネル(a)の曲線が示す戸外の気温とソーダの販売数量との関係は，この曲線が線形でもあるから，正の線形関係と言われる．

2つの変数のうちの片方の値がもう1つの変数の値を直接左右するか，あるいは決定するような場合，両者の間には**因果関係**がある．因果関係では，決定する側の変数は**独立変数**と呼ばれ，決定される側の変数は**従属変数**と呼ばれる．

曲線は2つの変数の間の関係をグラフ上に示す線で，まっすぐな線であることも曲がった線であることもある．この曲線が直線である場合，それらの変数は**線形関係**を持つと言われる．その曲線が直線ではない場合，それらは**非線形関係**を持つと言われる．

1つの変数の値の増加が他の変数の値の増加と結び付いているとき，2つの変数は**正の関係**を持つと言われる．それは左から右に上向きの傾斜を持つ曲線で図示される．

図2A-2　曲線を描く

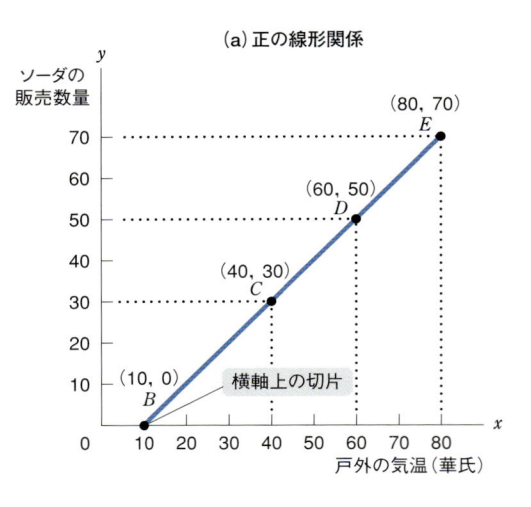

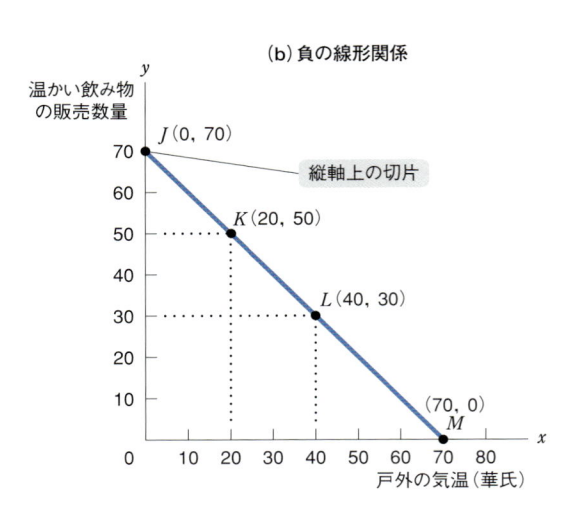

(a) 正の線形関係

y軸：ソーダの販売数量
x軸：戸外の気温（華氏）

点B (10, 0)：横軸上の切片
点C (40, 30)
点D (60, 50)
点E (80, 70)

(b) 負の線形関係

y軸：温かい飲み物の販売数量
x軸：戸外の気温（華氏）

点J (0, 70)：縦軸上の切片
点K (20, 50)
点L (40, 30)
点M (70, 0)

パネル(a)の曲線は，戸外の気温，ソーダの販売数量という2つの変数の関係を図示したものだ．これら2つの変数は正の線形関係を持っている．正というのはこの曲線が上向きの傾きを持っているからだ．また線形というのはそれが直線だからだ．これは，x（戸外の気温）の上昇がy（ソーダの販売数量）の増加をもたらすことを意味している．パネル(b)の曲線も直線だが，下向きの傾きを持っている．ここでは，2つの変数，戸外の気温と温かい飲み物の販売数量は負の線形関係を持っている．すなわち，x（戸外の気温）の上昇はy（温かい飲み物の販売数量）の減少をもたらす．パネル(a)の曲線は点Bで横軸に交わる．この点は横軸上の切片と呼ばれる．パネル(b)の曲線は縦軸と交わる点Jで縦軸上の切片を持ち，横軸と交わる点Mで横軸上の切片を持つ．**web▶**

1つの変数の値の増加が他の変数の値の減少と結び付いているとき，2つの変数は**負の関係**を持つと言われる．それは左から右に下向きの傾斜を持つ曲線で図示される．

曲線の**横軸上の切片**とは，それが横軸にぶつかる点のことだ．それはy変数の値がゼロのときにx変数がとる値を示している．

曲線の**縦軸上の切片**とは，それが縦軸にぶつかる点のことだ．それはx変数の値がゼロのときにy変数がとる値を示している．

直線，あるいは曲線の**傾き**は，その傾斜の程度を測る尺度だ．直線の傾きは「距離当たりの上昇」――直線上の2点間でのy変数の変化を同じ2点間

1つの変数の増加が他の変数の減少と結びついている場合，両者は**負の関係**を持つと言われる．図2A-2パネル(b)の曲線のように，この関係は左から右に下向きの傾斜を持つ曲線で図示される．この曲線は線形でもあるから，それが示す関係は負の線形関係と言われる．戸外の気温と予想される温かい飲み物の販売数量との間にはこのような関係がありそうだ．

ここでちょっと図2A-2パネル(a)の曲線に戻ろう．それは横軸と点Bで交わっている．この点は**横軸上の切片**と呼ばれ，y変数がゼロのときにx変数がとる値を示している．図2A-2パネル(b)の曲線は点Jで縦軸にぶつかっている．この点は**縦軸上の切片**と呼ばれ，x変数がゼロのときのy変数の値を示している．

4　鍵となる概念：曲線の傾き

直線，あるいは曲線の**傾き**は，その傾斜の程度を測るものさしであり，y変数がx変数の変化からどれくらい影響を受けやすいかを示す．戸外の気温と期待されるソーダの販売数量の例では，曲線の傾きは気温が1度上がるごとにソーダの販売数量がどれだけ増えるかを表している．このように解釈すればわかるように，傾きは意味のある情報を与える．xとyの数字を知らない場合でさえ，曲線上のさまざまな点の傾きを調べれば，2つの変数の間の関係について重要な結論を導くことができる．

4.1 線形曲線の傾き

線形曲線の場合，その傾き，あるいは傾斜は，曲線上の2点間の「上昇」を同じ2点間の「距離」で割ることによって求められる．ただし，上昇とはyの変化，距離とはxの変化を指している．その公式はこうだ．

$$\frac{y\text{の変化}}{x\text{の変化}} = \frac{\Delta y}{\Delta x} = \text{傾き}$$

この公式で，Δ（ギリシャ語のデルタの大文字）という記号は「変数の変化」を表す．ある変数が増加するときその変化は正の数で表され，減少するときその変化は負の数で表される．

ある曲線上の上昇（y変数の変化）が距離（x変数の変化）と同じ符号を持つとき，その傾きは正とされる．2つの数字が同じ符号を持つとき，それらの比率は正となるからだ．図2A-2パネル(a)の曲線は正の傾きを持っている．この曲線に沿って右に進むとき，y変数，x変数はともに増加する．ある曲線の上昇と距離が異なる符号を持つとき，その傾きは負となる．2つの数字が異なる符号を持つとき，それらの比率は負となるからだ．図2A-2パネル(b)の曲線は負の傾きを持っている．この曲線に沿って右に進むとき，x変数は増加しy変数は減少する．

図2A-3は線形曲線の傾きの計算方法を示している．点Aから点Bまで，yの値は25から20に変化し，xの値は10から20に変化する．だから，これらの2点間の直線の傾きは

$$\frac{y\text{の変化}}{x\text{の変化}} = \frac{\Delta y}{\Delta x} = \frac{-5}{10} = -\frac{1}{2} = -0.5$$

となる．

直線はすべての点で同じ傾斜を持つから，直線の傾きはすべての点で同じになる．別の言い方をすれば，直線は一定の傾きを持つ．このことは，図2A-3パネル(b)の線形曲線の傾きを点Aと点B，点Cと点Dの間で計算してみればわかる．

AとBの間　$\dfrac{\Delta y}{\Delta x} = \dfrac{10}{2} = 5$

CとDの間　$\dfrac{\Delta y}{\Delta x} = \dfrac{20}{4} = 5$

4.2 水平な曲線と垂直な曲線，その傾き

曲線が水平である場合，その上でyの値は決して変化しない——yは一定だ．曲線に沿ってどこを動いても，yの変化はゼロだ．ところで，ゼロをどんな数で割ってもゼロになる．だから，xの変化がどうであっても水平な曲線の傾きは常にゼロなのだ．

曲線が垂直である場合，その上でxの値は決して変化しない——xは一定だ．曲線に沿ってどこを動いても，xの変化はゼロだ．つまり，垂直な曲線の傾きは分母がゼロの比率となる．分母がゼロの比率は無限大——無限に大きい数——に等しい．だから，

のx変数の変化で割った値——で測られる．

図2A-3　傾きを計算する

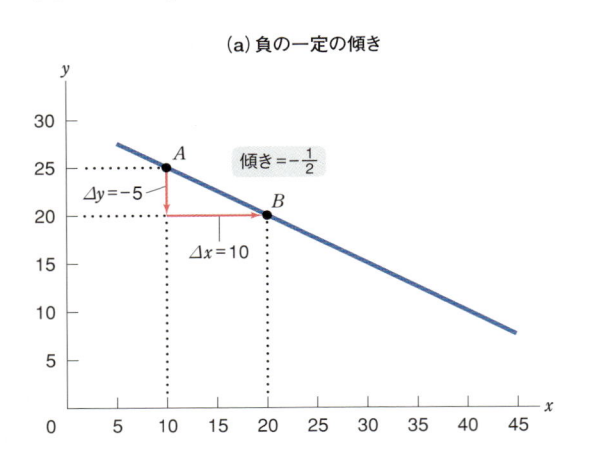

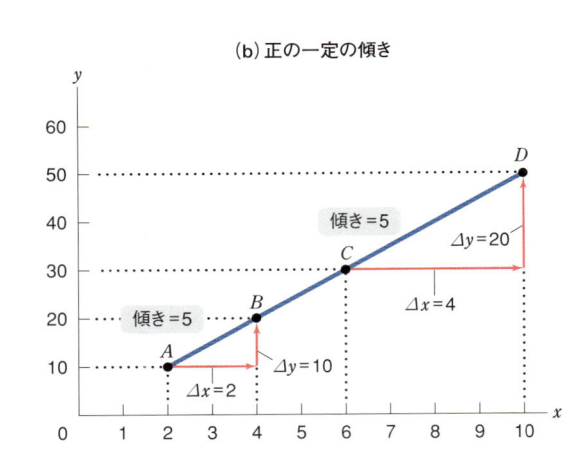

(a) 負の一定の傾き

(b) 正の一定の傾き

パネル(a)とパネル(b)は2つの線形曲線を示している．パネル(a)の曲線上では，点Aと点Bの間でy(上昇)の変化は−5，x(距離)の変化は10だから，AとBの間の傾きは$\Delta y/\Delta x = -5/10 = -1/2 = -0.5$となる．ここで，符号が負となっているのは，この曲線が右下がりであることを示している．パネル(b)では，曲線はAとBの間で$\Delta y/\Delta x = 10/2 = 5$の傾きを持つ．$C$と$D$の間の傾きは$\Delta y/\Delta x = 20/4 = 5$だ．この傾きは正で，曲線が右上がりであることを示している．しかもAとBの間の傾きとCとDの間の傾きは同じだから，この曲線が線形曲線だということがわかる．線形曲線の傾きは一定だ．つまり，曲線上のどこで測っても同じ値になる．web▶

垂直な曲線の傾きは無限大だ．

　垂直，あるいは水平な曲線は特別な意味を持っている．x変数とy変数は無関係ということだ．1つの変数(独立変数)の変化がもう1つの変数(従属変数)に何の効果も及ぼさないとき，2つの変数は無関係だ．ちょっと違う言い方をすれば，独立変数の値がどうであっても従属変数の値が一定のとき，2つの変数は無関係だ．y変数が通常どおり従属変数であれば，曲線は水平となる．もしx変数が従属変数であれば，曲線は垂直となる．

4.3　非線形曲線の傾き

　非線形曲線とは，それに沿って移動するにつれて傾きが変化する曲線のことだ．図2A-4のパネル(a)，(b)，(c)，(d)はさまざまな非線形曲線を図示している．パネル(a)，(b)の曲線の場合，それに沿って動くとき傾きは変化するが，いつも正であることに変わりはない．どちらの曲線も上向きだが，パネル(a)の曲線は，左から右に進むにつれて傾斜が急になっていくのに対し，パネル(b)の曲線の傾斜は対照的に緩やかになっていく．パネル(a)のように，右上がりで傾斜が急になっていく曲線は正の逓増的な傾きを持つと言われる．パネル(b)のように，右上がりで傾斜が緩やかになっていく曲線は正の逓減的な傾きを持つと言われる．

　これらの非線形曲線の傾きを計算すると，異なる点で異なる傾きの値が得られる．曲線に沿って傾きがどう変化するかで曲線の形が決まる．例えば，図2A-4のパネル(a)では，曲線の傾きは正の数で，左から右に進むにつれて絶えず増加していくが，パネル(b)では，傾きは正の数で絶えず減少していく．

図2A-4　非線形曲線

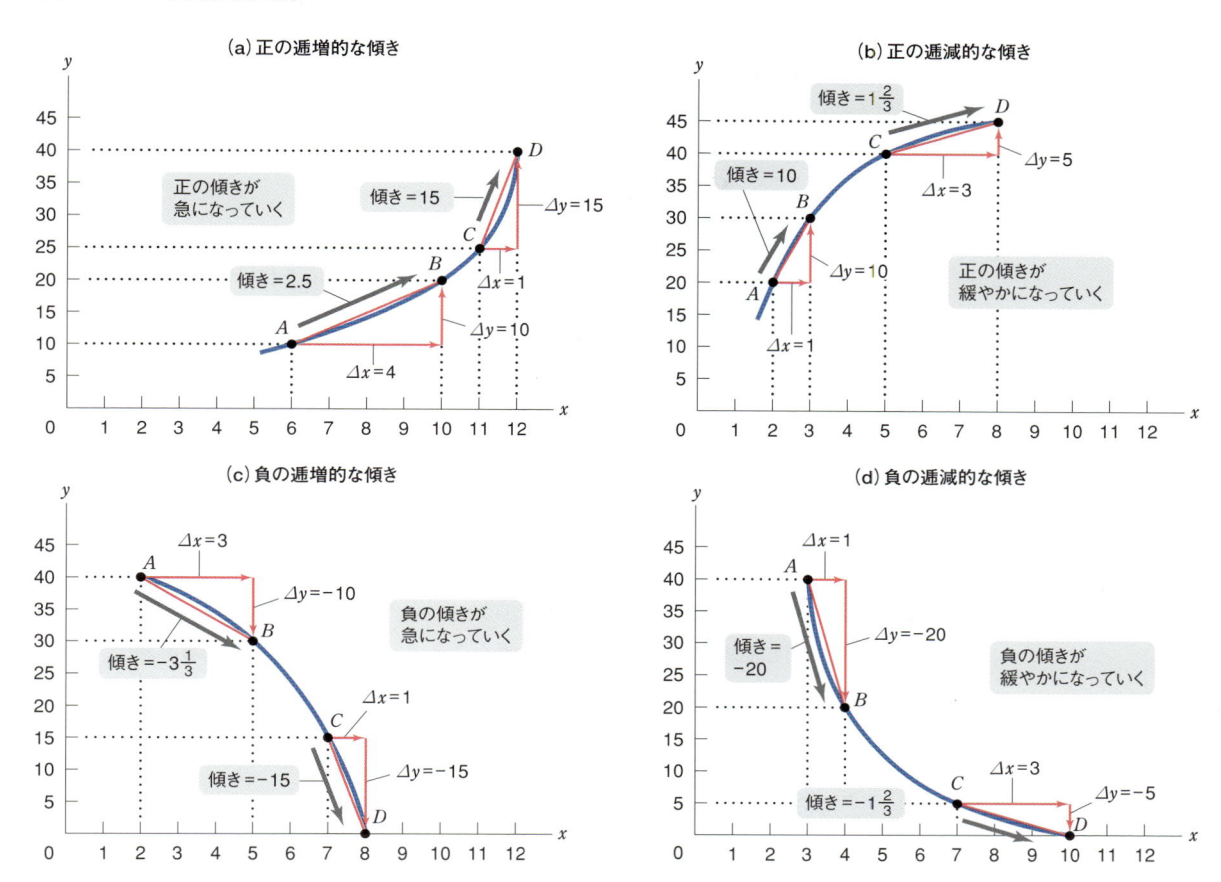

(a) 正の逓増的な傾き

正の傾きが急になっていく
傾き＝2.5
傾き＝15
$\Delta x=4$, $\Delta y=10$
$\Delta x=1$, $\Delta y=15$

(b) 正の逓減的な傾き

傾き＝10
傾き＝$1\frac{2}{3}$
正の傾きが緩やかになっていく
$\Delta x=1$, $\Delta y=10$
$\Delta x=3$, $\Delta y=5$

(c) 負の逓増的な傾き

$\Delta x=3$, $\Delta y=-10$
傾き＝$-3\frac{1}{3}$
傾き＝-15
$\Delta x=1$, $\Delta y=-15$
負の傾きが急になっていく

(d) 負の逓減的な傾き

$\Delta x=1$, $\Delta y=-20$
傾き＝-20
傾き＝$-1\frac{2}{3}$
$\Delta x=3$, $\Delta y=-5$
負の傾きが緩やかになっていく

パネル(a)では，点Aと点Bの間の傾きは$\Delta y/\Delta x=10/4=2.5$で，$C$と$D$の間の傾きは$\Delta y/\Delta x=15/1=15$だ．傾きは正で，逓増している．つまり，右に進むにつれて傾斜が急になっていく．パネル(b)では，AとBの間の傾きは$\Delta y/\Delta x=10/1=10$で，$C$と$D$の間の傾きは$\Delta y/\Delta x=5/3=1\frac{2}{3}$だ．傾きは正で，逓減している．つまり，右に進むにつれて傾斜が緩やかになっていく．パネル(c)では，AとBの間の傾きは$\Delta y/\Delta x=-10/3=-3\frac{1}{3}$で，$C$と$D$の間の傾きは$\Delta y/\Delta x=-15/1=-15$だ．傾きは負で，逓増している．つまり，右に進むにつれて傾斜が急になっていく．最後に，パネル(d)では，AとBの間の傾きは$\Delta y/\Delta x=-20/1=-20$で，$C$と$D$の間の傾きは$\Delta y/\Delta x=-5/3=-1\frac{2}{3}$だ．傾きは負で，逓減している．つまり，右に進むにつれて傾斜が緩やかになっていく．各ケースの傾きは定弧法を用いて，すなわち曲線上の2点を結ぶ直線を引くことによって計算されている．これら2点間の平均的な傾きはこの直線の傾きに等しい．**web▶**

　パネル(c)，(d)の曲線の傾きは負の数だ．経済学者は負の数をしばしば**絶対値**で表す．絶対値とは，負の数をマイナス記号を付けずに表した値だ．一般に，ある数の絶対値はその数字の両側2つの平行な線で表される．例えば，-4の絶対値は$|-4|=4$と書かれる．パネル(c)では，曲線の傾きの絶対値は左から右へ進むにつれて増加する．だから，この曲線は負の逓増的な傾きを持つ．パネル(d)では，曲線の傾きの絶対値は減少する．この曲線は負の逓減的な傾きを持つ．

> 負の数の**絶対値**は，負の符号を付けずにその値を表したものだ．

4.4 非線形曲線の傾きを計算する

　今見たように，非線形曲線の傾きは曲線上のどこで測るかで異なる値になる．では，どうやって非線形曲線の傾きを計算するのか．定弧法と定点法という2つの方法を説明しよう．

定弧法　曲線の弧とは，曲線の断片，あるいは部分のことだ．例えば図2A-4のパネル(a)には，曲線上の点Aと点Bとの間の部分からなる弧が示されている．定弧法で非線形曲線の傾きを計算するには，弧の2つの端点を結ぶ直線を引く．この直線の傾きは，曲線上のこれらの2つの端点の間での平均的な傾きを測るものだ．図2A-4のパネル(a)のAとBの間に引かれた直線は，y軸に沿って10から20に高まる（だから$\varDelta y=10$）ときにx軸に沿って6から10に進んでいる（だから$\varDelta x=4$）．そこでAとBとを結ぶ直線の傾きは，

$$\frac{\varDelta y}{\varDelta x}=\frac{10}{4}=2.5$$

となる．これは曲線上の点Aと点Bの間の平均的な傾きが2.5ということだ．

　次に，同じ曲線上の点C，Dの間の弧を考えよう．これら2点を通る直線は，y軸に沿って25から40に高まる（だから$\varDelta y=15$）ときにx軸に沿って11から12に進んでいる（だから$\varDelta x=1$）．そこで曲線のCとDの間の平均的な傾きは，

$$\frac{\varDelta y}{\varDelta x}=\frac{15}{1}=15$$

となる．CとDの間の平均的な傾きは，AとBの間の平均的な傾きよりも大きい．すでに指摘したことだが，この計算によって，この上向きの曲線の傾斜が左から右へ進むにつれてだんだん急になることが確かめられる．

定点法　定点法は，非線形曲線の傾きを特定の点を決めて計算するものだ．図2A-5は，曲線上の点Bでその傾きを計算する方法を示している．第1に，点Bで曲線に接する直線を引く．このような直線は**接線**と呼ばれる．直線が曲線に点Bで触れ，それ以外の点では触れていないとき，直線は点Bでこの曲線に接すると言われる．この接線の傾きがこの非線形曲線の点Bでの傾きだ．

　図2A-5から，どのようにして接線の傾きを計算するかがわかる．点Aから点Cまでのyの変化は15単位で，xの変化は5単位だ．これから，

$$\frac{\varDelta y}{\varDelta x}=\frac{15}{5}=3$$

と計算できる．定点法によれば，点Bでの曲線の傾きは3に等しい．

　ここで頭に浮かぶのは，非線形曲線の傾きを計算するのに定弧法と定点法のどちらを選ぶかという疑問だ．答えは曲線自体，そしてそれを作成するためのデータに依存している．もし滑らかな曲線が描けるだけの情報がなければ，定弧法を使うしかない．

接線とは，非線形曲線に特定の点で触れる，あるいは接する直線のことだ．この接線の傾きは，非線形曲線のその点での傾きだ．

図2A-5　定点法で傾きを計算する

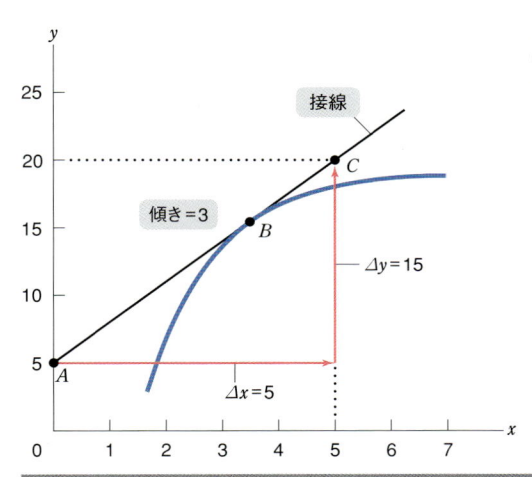

ここには曲線に点Bだけで触れている直線，すなわち接線が描かれている．この直線の傾きは点Bでの曲線の傾きに等しい．点Aと点Cの間でこの接線の傾きを計算すると，$\Delta y/\Delta x = 15/5 = 3$となる．**web▶**

例えば，図2A-4のパネル(a)に点A, C, Dのデータだけがあって，点Bや曲線上の他の点のデータがなければ，定点法で点Bでの曲線の傾きを求めることはできない．定弧法を使って点Aと点Cの間に直線を引き，その間の傾きを近似するしかない．しかし，図2A-4のパネル(a)に示されているような滑らかな曲線を描くために十分なデータがあれば，定点法で点Bでの――あるいは曲線上の他の任意の点での――曲線の傾きを計算できる．

4.5　最大点と最小点

非線形曲線の傾きは，正から負に，あるいは逆に負から正に変わる可能性がある．ある曲線の傾きが正から負に変わるときには，その曲線の最大点が生じる．ある曲線の傾きが負から正に変わるときには，その曲線の最小点が生じる．

図2A-6のパネル(a)には，左から右に進むにつれて傾きが正から負に変わる曲線が例示されている．xが0と50の間にあるときには，この曲線の傾きは正だ．xが50に等しいとき，この曲線は最高点――曲線上でyが最大になる点――に達する．この点は曲線の**最大点**と呼ばれる．xが50を超えると，傾きは負となり曲線は下向きに変わる．企業の利潤が生産量を増やすにつれてどう変わるかを示す曲線など，経済学で重要な多くの曲線がこのように丘の形をしている．

これと対照的に，図2A-6のパネル(b)に示されている曲線はU字形だ．その傾きは負から正に変わる．xが50のとき，この曲線は最低点――曲線上でyが最小になる点――に達する．この点は曲線の**最小点**と呼ばれる．企業の費用が生産量を増やすにつれてどう変わるかを示す曲線など，経済学で重要なさまざまな曲線がこのようにU字形になっている．

非線形曲線は**最大点**，すなわち曲線上の最高点を持つ可能性がある．最大点で曲線の傾きは正から負に変わる．

非線形曲線は**最小点**，すなわち曲線上の最低点を持つ可能性がある．最小点で曲線の傾きは負から正に変わる．

5　数値情報を示すグラフ

グラフは，何かの因果関係を想定せずにデータを要約し図示するための便利な方法

図2A-6　最大点と最小点

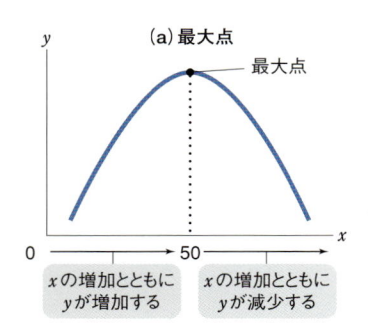

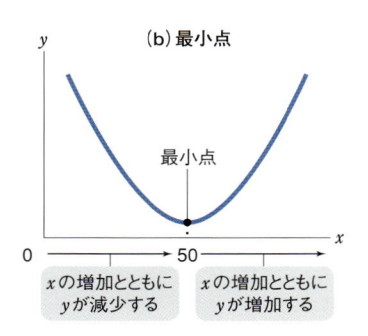

(a) 最大点

- xの増加とともにyが増加する
- xの増加とともにyが減少する

(b) 最小点

- xの増加とともにyが減少する
- xの増加とともにyが増加する

パネル(a)は最大点を持つ曲線を示している．最大点では，曲線の傾きが正から負に変わる．
パネル(b)は最小点を持つ曲線を示している．最小点では，曲線の傾きが負から正に変わる．

としても用いることができる．単純にデータを図示するグラフは**数値グラフ**と呼ばれる．ここでは，4つのタイプのグラフを取り上げる．**時系列グラフ**，**散布図**，**円グラフ**，それに**棒グラフ**だ．これらのグラフは，さまざまな経済変数に関する現実の経験データを図示するために広く用いられている．経済学者や政策担当者が経済に見られるパターンやトレンドを認識する助けになるからだ．だがこれから見るように，数値グラフを誤解しそれが保証しない結論を導くことのないように気をつける必要がある．つまり，数値グラフの有用性だけでなく，限界についても認識しておく必要がある．

5.1　異なるタイプの数値グラフ

あなたは新聞で失業率や株価などの経済変数が時間とともにどう変わったかを示すグラフをたぶん見たことがあるだろう．**時系列グラフ**は，横軸に日付をとり縦軸にそれらの日付に生じた変数の値を示すものだ．例えば図2A-7は，1989年から2004年年央までのアメリカの失業率を示している．個々の失業率に対応する点をつなげて線にすることで，これらの年月にわたる失業率の全体としてのトレンドをはっきりさせることができる．

図2A-8はこれとは違う種類の数値グラフの例だ．158カ国のサンプルから平均余命と1人当たり国民総生産（GNP）——国の生活水準の大ざっぱなものさし——の情報をとって図示したグラフだ．この図の各点は，各国の居住者の平均余命と1人当たり国民総生産の対数値を表している（GNPの単純な水準よりもその対数値の方が平均余命との結び付きが良いことがわかっている）．このグラフの右上方にある諸点は，高い平均余命と高い1人当たりGNPの対数値の組合せを示し，アメリカのような経済的先進国を表している．

この図の左下方にある諸点は，低い平均余命と低い1人当たりGNPの対数値の組合せを示し，アフガニスタンやシエラレオネのような経済的にそれほど進んでいない国を表している．これらの点のパターンは，平均余命と1人当たりGNPの対数値の間に正の関係があること，つまり生活水準が高い国では人々が長生きするという関係があ

時系列グラフは，横軸に日付をとり縦軸にそれらの日付に生じた変数の値を示すものだ．

図2A-7　時系列グラフ

失業率，1989〜2004年（季節調整済み）

失業率（％）

[図: 1989年から2004年年央までのアメリカの季節調整済み失業率の時系列グラフ。縦軸は失業率（％）で4〜8、横軸は1989〜2004年]

> 時系列グラフは，x軸に日付をとりy軸に変数の値を示す．この時系列グラフは，1989年から2004年年央までのアメリカの季節調整済み失業率を示している．
> 出所：Bureau of Labor Statistics（労働統計局）．

ることを示すものだ．このタイプのグラフは**散布図**と呼ばれる．そこに現れる各点はx変数とy変数の実際の観測値に対応している．散布図では，散布された諸点に当てはまる曲線，すなわち変数間の一般的関係をできるだけ密接に近似する曲線が引かれていることが多い．見られるように，図2A-8で当てはめられている曲線は右上がりとなっている．これは2つの変数の間に正の関係があることを示すものだ．散布図はよく一定のデータからいかに一般的な関係が推測できるかを示すために用いられる．

円グラフは，総数量のうちさまざまな構成要素が占める割合を，通常パーセントで示すものだ．例えば図2A-9は，2003年のアメリカ政府予算の総収入1兆7823億ドルのうちさまざまな収入源が占める割合をパーセントで表示した円グラフだ．ここに見られるように，社会保険料収入（社会保障の資金として集められた収入）が政府収入の40％，個人所得税収入が45％となっている．

棒グラフは，ある変数の値をさまざまな高さあるいは長さの棒で示すものだ．図2A-10の棒グラフは，2001年から2002年までにアメリカで生じた失業者数の変化率を，白人，黒人ないしアフリカ系アメリカ人，アジア人に分けて表示している．この図でもそうだが，観察された変数の正確な数字を棒の先に記入することがある．例えば，ア

> **散布図**は，x変数とy変数の実際の観測値に対応する諸点を示す．通常，散布点に当てはまる曲線が加えられる．

> **円グラフ**は，何かの総計がさまざまな構成要素にどのように分けられるかを示し，通常パーセントで表される．

> **棒グラフ**は，各変数の観測値の相対的な大きさをさまざまな高さまたは長さの棒を使って示すものだ．

図2A-8　散布図

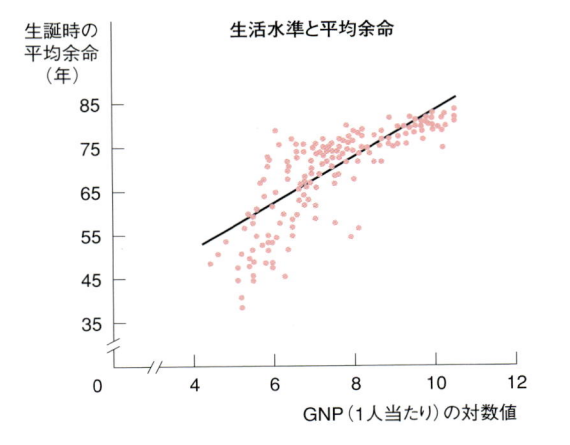

生活水準と平均余命

生誕時の平均余命（年）

[図: 横軸「GNP（1人当たり）の対数値」0〜12、縦軸「生誕時の平均余命（年）」35〜85の散布図。右上がりの直線が当てはめられている]

> 散布図の各点は，一定の観測で得られたx変数とy変数の対応する値を示す．この図の各点は，158カ国のサンプル中，所定の国の平均余命と1人当たりGNPの対数値を示している．あてはめられた右上がりの曲線は，これら2つの変数の一般的な関係を最も良く近似するものだ．
> 出所：Eduard Boss *et al., Health, Nutrition, and Population Indicators: A Statistical Handbook*（Washington, D.C.: World Bank, 1999）．

図2A-9　円グラフ

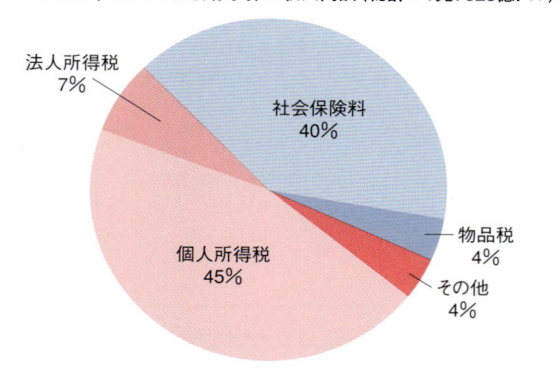

2003年のアメリカ政府予算の収入内訳（総計：1兆7823億ドル）

- 法人所得税　7%
- 社会保険料　40%
- 物品税　4%
- その他　4%
- 個人所得税　45%

円グラフはある変数の総量がさまざまな構成要素にどのように分けられるかを示す．この円グラフはアメリカ連邦政府の総収入の種々の源泉をパーセントで示したものだ．

出所：Executive Office of the President（大統領府）; Office of Management and Budget（行政管理予算局）．

図2A-10　棒グラフ

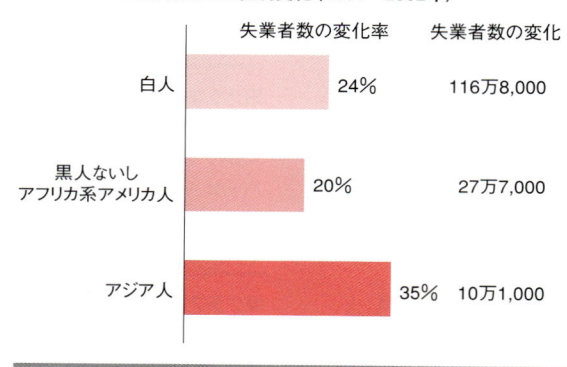

失業者数の人種別変化（2001～2002年）

	失業者数の変化率	失業者数の変化
白人	24%	116万8,000
黒人ないしアフリカ系アメリカ人	20%	27万7,000
アジア人	35%	10万1,000

棒グラフは，さまざまな高さあるいは長さの棒を用いてある変数を表示するものだ．この棒グラフは，2001年から2002年にかけての失業者数の変化率を白人，黒人ないしアフリカ系アメリカ人，アジア人に分けて示している．

出所：Bureau of Labor Statistics．

メリカで働くアジア人失業者の数は2001年と2002年の間に35%増加した．だがこのような正確な数字がなくても，棒の高さや長さを比べれば異なる変数の相対値について有用な洞察を得ることができる．

5.2　数値グラフを解釈するときの問題点

　この付録の冒頭で，グラフはアイデアや情報を理解する助けになる視覚的なイメージであることを強調した．だが，グラフは（意図するかしないかにかかわらず）まぎらわしく作成され，不正確な結論に導く可能性もある．この項では，グラフを解釈するときに注意しなければならない問題点を挙げる．

　作図の特性　数値表の意味について何か結論を出す前に，軸の目盛あるいは増分の大きさに注意を払う必要がある．小さな増分は変数の変化を視覚的に拡大し，大きな増分はそれを視覚的に矮小化する傾向がある．だからグラフの作成に用いられる目盛は，変化の意味の解釈に——たぶん不当な——影響を及ぼすおそれがある．

図2A-11　グラフの解釈：目盛の効果

2002年の失業率（季節調整済み）：0.1％増分目盛

失業率
（％）

縦軸: 5.6, 5.7, 5.8, 5.9, 6.0
横軸: 02/1, 02/2, 02/3, 02/4, 02/5, 02/6, 02/7, 02/8, 02/9, 02/10, 02/11, 02/12 月

図2A-7で使われたデータと同じものがここでも使われているが，1％の増分の代わりに0.1％の増分を用いて表示されている．目盛の変更によって，この図では2002年中の失業率の上昇が図2A-7にくらべてずっと大きく見える．
出所：Bureau of Labor Statistics.

　例えば，図2A-11を見てみよう．この図は，2002年のアメリカの失業率を0.1％刻みの目盛を使って示したものだ．失業率は2002年初めの5.6％から，年末までに6.0％に上昇している．ここでは，失業率の0.4％の上昇が巨大なものに見え，政策担当者にこれが比較的重要な出来事だったと思わせるかもしれない．だが前に戻って1989年から2004年までのアメリカの失業率を示した図2A-7を見ると，これが誤って導かれた結論であることがわかるだろう．図2A-7は図2A-11と同じデータを含んでいるが，0.1％刻みの目盛ではなく，1％刻みの目盛を用いている．この図からは，少なくとも1990年中あるいは2001年中の失業率の上昇に比べれば，2002年中の0.4％の上昇は実際には大して重要でない出来事だったことが見てとれる．この比較から，グラフを解釈するときに目盛の選択に注意しないでいると，非常に異なった，たぶん誤った結論に達する可能性があることがわかる．

　目盛の選択に関連するが，グラフの作成に**トランケーション**（切り詰め）が使われることがある．グラフの軸の一部が省略されることを**トランケート**されると言い，原点付近の軸上の2つのスラッシュ（//）で示される．図2A-11の縦軸はトランケートされている——0から5.6の範囲の値が省略され，//が軸上に現れている．トランケーションはグラフのスペースを節約し，作図の際に目盛幅をより大きくできる．その結果，トランケートされたグラフに示される変数の変化は，トランケートされず小さな目盛幅を使ったグラフの変数の変化に比べて大きく見えることになる．

　グラフが正確に何を示しているかにも周到に注意する必要がある．例えば，図2A-10で示されているのは失業者数のパーセント変化であって変化それ自体の数値ではないことを認識すべきだ．この例では，アジア人失業者の増加率は35％でいちばん大きくなっている．パーセントの変化を数値の変化と混同すると，新たに生み出された失業者でいちばん多かったのはアジア人だと間違った結論を下してしまうかもしれない．だが実際には，図2A-10を正しく解釈すれば，新たに生み出された失業者でいちばん多かったのは白人だったことがわかる．白人の総失業者数は116万8000人増加した．こ

> グラフの軸の一部が省略されることを**トランケート**されると言う．これは通常スペースを節約するために行われる．

れは10万1000人だったアジア人失業者の増加数よりも多い．アジア人失業者のパーセントで見た増加は確かに高かったが，2001年のアメリカではアジア人の失業者数は白人の失業者数よりもずっと少なかったので，新たに生じたアジア人の失業者数は白人よりも少ない数になったのだ．

除外された変数　2つの変数が互いに正あるいは負の方向に動く散布図から，両者の間に因果関係があると結論づけるのはたやすいことだ．だがその関係はかならずしも直接的な原因と結果によるものではない．2つの変数の間に観察された関係が，2つの変数とは別の第3の要因が2つの変数に与える観察されない効果に起因することも大いにありうるのだ．観察された諸変数に影響を与え，それらの間に直接的な因果関係があるかのごとく強い見かけ上の効果を作り出す観察されない変数が存在する場合，それは**除外された変数**と呼ばれる．例えばニューイングランドでは，1週間の降雪量がいつもより多いと，人々はその週にいつもより多くの雪かきシャベルを買う．また，いつもよりたくさんの解凍液も買う．だがもし降雪量の影響を除外し雪かきシャベルの販売数量と解凍液の販売ビン数を単純に対置すると，両者の間に正の関係があるとする上向きの点パターンを示した散布図ができるだろう．だが，これら2つの変数の間に因果関係があるというのは誤って導かれた結論だ．雪かきシャベルの販売数量の増加は解凍液の販売数量の増加の原因ではないし逆もありえない．これらの変数が一緒に動いたのは，この場合の除外された変数である第3の決定的な変数——1週間の降雪量——の影響によるものだ．だから，散布図のパターンから因果関係があると決めつける前に，そのパターンが除外された変数の結果ではないかと考えてみることが重要だ．

因果関係の逆転　除外された変数がなく数値グラフに示された2つの変数の間に因果関係があると確信できる場合でも，**因果関係の逆転**——2つの変数の間の因果関係の真の方向を逆転して，どちらが独立変数でどちらが従属変数かについて間違った結論に達すること——という誤りをおかさないように気をつけなければならない．例えば，一方の軸にあなたのクラスメート20名の成績平均点(GPA)を，他の軸にそれぞれが勉強に使った時間をとった散布図を想像してみよう．それらの点に当てはめた直線はおそらく正の傾きを持ち，GPAと勉強時間の間の正の関係を示すものとなるだろう．そして勉強に使った時間が独立変数でGPAが従属変数であるという妥当な結論を導くことができるだろう．だが，因果関係の逆転という間違いをおかす可能性もある．つまり，高いGPAが学生に勉強する気を起こさせ，低いGPAが勉強する気をなくさせると推論することもできるのだ．

　グラフから誤った結論が導かれたり，グラフが間違って解釈されたりすることを理解しておくのは，純粋に学問的に重要だというだけではない．政策やビジネスの意思決定，さらには政治的な論争は，ここで考察したタイプの数値グラフの解釈に基づいていることが少なくない．誤解されやすい作図の特性，除外された変数，因果関係の

除外された変数とは，他の諸変数への影響を通じてそれらの間に直接的な因果関係があるかのような強い見かけ上の効果を作り出す観察されない変数のことだ．

2つの変数の間の因果関係の真の方向を逆転して解釈するとき，**因果関係の逆転**という誤りをおかすことになる．

逆転といった問題は，非常に重要で憂慮すべき結果を導くおそれがある．

問題

1. ここにある4つの図について，下記の文章を読んでそれぞれがどの図に適合した記述かを示しなさい．横軸に現れる変数は何で，縦軸の変数は何か．それぞれの文章について，傾きは正か，負か，ゼロか，それとも無限大だろうか．

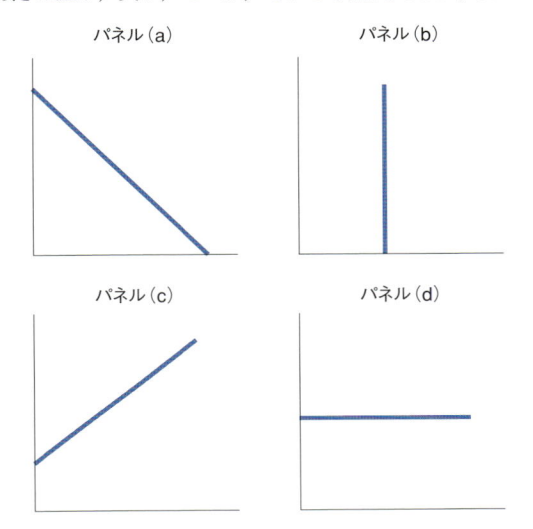

パネル(a)　　　パネル(b)

パネル(c)　　　パネル(d)

a. 映画の料金が上がったら，見に行く人は減る．
b. 経験豊富な労働者は経験が少ない労働者よりも高い所得を得ている．
c. 戸外の気温がどうであろうと，アメリカ人は毎日同数のホットドッグを消費する．
d. アイスクリームの価格が上がったら，消費者はフローズンヨーグルトの購入量を増やす．
e. 調査してみたら，ダイエット本の購入量とダイエットをする人が達成する減量の間には何の関係もないことがわかった．
f. 価格がどうであろうと，アメリカ人は同量の塩を買う．

2. レーガン政権の時代，経済学者アーサー・ラッファーは税収を増やすための策として減税を提唱した．ほとんどの経済学者と同様に，彼は税率が一定水準以上になると，税収は減ると信じていた．高い税率は一部の人々の働く気をなくさせ，税引き後の所得がゼロになるほど高い税率では働く者はいなくなるからだ．税率と税収との間のこの関係は，ラッファー曲線として広く知られているグラフに要約できる．非線形曲線の傾きを持つと仮定して，ラッファー曲線を書いてみなさい．下記の問題はこのグラフを描くヒントになるだろう．
   a. 何が独立変数か．何が従属変数か．つまりどちらの軸に所得税率を測り，どちらの軸に所得税収を測るか．
   b. ゼロの所得税率では税収はどうなるか．
   c. 最大限可能な所得税率は100％だ．100％の税率では，税収はどうなるか．
   d. 現在の推計では，ラッファー曲線の最大点は（おおよそ）80％の税率のところにあることがわかっている．80％より低い税率の下では税率と所得税収の関係はどのように表されるか．またこの関係は曲線の傾きにどのように反映されるか．80％より高い税率の下では税率と所得税収の関係はどのように表されるか，またこの関係は曲線の傾きにどのように反映されるか．

3. 以下の図の両軸上の数値がわからなくなった．わかっているのは，縦軸の単位と横軸の単位が同一であるということだけだ．

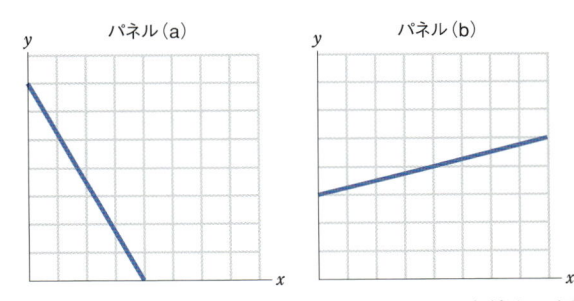

パネル(a)　　　パネル(b)

   a. パネル(a)の直線の傾きはいくらか．この直線上で傾きが一定であることを示しなさい．
   b. パネル(b)の直線の傾きはいくらか．この直線上で傾きが一定であることを示しなさい．

4. 下記の問題に答えなさい．
   a. 横軸に沿って右に向かう曲線上の3点でその傾きを定点法で測ると，それは右に進むにつれて-0.3，-0.8，-2.5と変化している．この曲線の概要図を描きなさい．
   b. 横軸に沿って右に向かう曲線上の5点でその傾きを定点法で測ると，それは右に進むにつれて1.5，0.5，0，-0.5，-1.5と変化している．この曲線の概要図を描きなさい．

5. 表は労働者の1週間の労働時間と時給を示している．5人の時給や労働時間は違うが，その他の点では彼らは同じだとする．

名前	労働時間 (週当たり)	時給 (ドル)
アセナ	30	15
ボリス	35	30
カート	37	45
ディエゴ	36	60
エミリー	32	75

a. どちらの変数が従属変数か．どちらが独立変数か．

b. この関係を示す散布図を描きなさい．これらの点を結ぶ(非線形)曲線を描きなさい．ただし，縦軸に時給をとりなさい．

c. ここに描かれた関係によれば，時給が15ドルから30ドルに上がるとき，労働時間はそれにどのように反応するか．アセナとボリスのデータ点の間の曲線の平均的な傾きはいくらか．

d. ここに描かれた関係によれば，時給が60ドルから75ドルに上がるとき，労働時間はそれにどのように反応するか．ディエゴとエミリーのデータ点の間の曲線の平均的な傾きはいくらか．

6. いろいろな研究によって，一国の1年ごとの経済成長率と1年ごとの大気中の汚染物質の増加率の間に関係があることがわかった．経済成長率が高くなれば，一国の居住者はもっと多くの自動車を買い旅行にももっと出かけるようになり，大気中の汚染物質をより多く放出するようになると信じられている．

a. どの変数が独立変数か．どれが従属変数か．

b. スドランドの国で，経済成長率が年率で3.0%から1.5%に下がったときに大気中の汚染物質の増加率は年率で6%から5%に低下したとしよう．定弧法を用いて，これらの点の間の非線形曲線の平均的な傾きを求めなさい．

c. 今度は，経済成長率が年率で3.5%から4.5%に上がったときに大気中の汚染物質の増加率は年率で5.5%から7.5%に上昇したとしよう．定弧法を用いてこれらの点の間の非線形曲線の平均的な傾きを求めなさい．

d. これら2つの変数の関係をどのように記述するか．

7. ある保険会社は，火事による家財損失の程度と現場に来る消防士の数との間に正の相関関係があることを知った．

a. 横軸に消防士の数を，縦軸に家財の損失量をとって，この発見を示す図を描きなさい．この図でなされる主張はどのようなものか．次に，2つの軸に測られる変数を逆にしてみよう．このときには，どのような主張がなされるか．

b. 保険加入者への支払いを減らすためには，保険会社は市に対して火事場に派遣する消防士の数を減らすよう要請すべきだろうか．

8. 表は，5人の個人の年収と所得税を例示したものだ．異なる給与を受け取り，異なる所得税を支払う義務があることを除けば，他の点では彼らの間に違いはないものとしよう．

名前	年収(ドル)	所得税(ドル)
スーザン	22,000	3,304
ビル	63,000	14,317
ジョン	3,000	454
メアリー	94,000	23,927
ピーター	37,000	7,020

a. これらの点をグラフに記入するとして，定弧法を用いビルの給与と税金の点とメアリーの給与と税金の点との間の曲線の平均的な傾きを求めなさい．この傾きの値をどう解釈するか．

b. 定弧法を用い，ジョンの給与と税金の点とスーザンの給与と税金の点との間の曲線の平均的な傾きを求めなさい．この傾きの値をどう解釈するか．

c. 給与が増加するにつれて，曲線の傾きはどのようになっていくか．この関係から，所得税の水準が個人のより高い給与を得たいという意欲にどう影響するかについてどんなことが言えるか．

---

web ▶ 引き続き勉強し，本章の概念を復習したい人は，クルーグマン＝ウェルスのウェブサイトを訪ね，小問題集，動画による教習，有益なリンク集などを参照してください．

www.worthpublishers.com/krugmanwells

Part-II Supply and Demand
第 II 部　供給と需要

Chapter 3
第 3 章
Supply and Demand
供給と需要

グレツキー選手最後のゲーム

スポーツイベントのチケットを買う方法はいくつかある．すべてのホームゲームで席を確保できるシーズンパスを入手するという手もあるし，ある1試合だけのチケットなら売り場で買うこともできる．それに，ダフ屋から買うという手もある．ダフ屋は，あらかじめチケットを買っておいて——チケット売り場からでも，シーズンチケットを持っていてそのゲームには行かないことにした人からでもいい——，イベントの直前に高値で転売する．

ダフ行為は適法とはかぎらないが，もうかることが少なくない．ダフ屋はチケット売り場でチケットを買い，売り切れになってから，開始間際に行きたくなった人に高値で売る．もちろん，必ずもうかるわけではない．時たま，そのイベントが予想外に「熱く」なりチケットが高く売れることがあるが，逆に予想外に「醒めて」しまって損切りを余儀なくされることもある．だが，運の悪い夜はあっても，長い目で見れば熱心なファンを相手にもうけることができるのだ．

1999年4月，カナダのオタワ市でダフ屋たちは至福の数日間を味わった．なぜかって？　カナダのアイスホッケースター，ウェイン・グレツキー選手が突然引退を宣言し，彼が所属するニューヨーク・レンジャーズと，オタワ・セネターズが対戦する4月15日の試合がカナダで行われる最後のゲームになると公表したからだ．偉大なグレツキーのプレーをこの最後のチャンスに見ておきたい——チケット売り場ではとっくに売り切れていたがあきらめずに——というカナダ人ファンがたくさんいた．

当然，それまでにチケットを買いためていた，あるいは新たに買い増すことのできたダフ屋は大もうけをした．この引退宣言のあと，ダフ屋のチケットは額面価格の4倍から5倍で売れはじめた．これは供給と需要の問題にすぎないのだ．

でも，それって何なのかな．供給と需要を「市場で働く法則」という意味で一種のキャッチフレーズとして使う人は多い．経済学者にとっては，供給と需要の概念は厳密な意味を持っている．それは，市場がどのように振る舞うかを示すモデルで，——すべてではないとしても——多くの市場を理解するのに非常に役に立つものだ．

本章では，供給と需要のモデルの部品を整備して組み立て，このモデルを使っていかに多くの——すべてではないとしても——市場の働きを理解できるかを示す．

この章で学ぶこと

▶ **競争市場**とは何か．それは**供給と需要のモデル**でどのように表されるか．

▶ **需要曲線**とは何か．**供給曲線**とは何か．

▶ 曲線に沿った移動と曲線のシフトとの違い．

▶ 需要曲線と供給曲線がどのように市場の**均衡価格**と**均衡数量**を決めるか．

▶ **供給不足**，あるいは**供給過剰**のとき，価格はどのように市場均衡を回復するか．

1 供給と需要：競争市場のモデル

ダフ屋とその顧客たちは市場——売り手と買い手のグループ——を形成している．もっと言えば，彼らは**競争市場**として知られる特定のタイプの市場を形成している．大ざっぱには，競争市場とは，多数の売り手と買い手がいる市場のことだ．もっと厳密にいうと，競争市場の鍵となる特徴とは，1人ひとりの行動が財・サービスの販売価格に目立った影響を及ぼさないということだ．

> **競争市場**は，同じ財，あるいはサービスについて多数の買い手と多数の売り手がいる市場のことだ．

競争市場の働きを理解する前に，それが他の市場とどう違うのかを説明するのはちょっと難しい．だからとりあえず予告だけしておいて，その問題は本章の最後に取り上げることにしよう．ここでは，競争市場のモデルは他の市場のモデルよりやさしいとだけ言っておこう．試験を受けるとき，やさしい問題から取り組むことが常に良い戦略だ．本書でも，同じことをしてみよう．競争市場から始めるのはそういうわけだ．

市場が競争的であれば，そのふるまいは**供給と需要のモデル**でうまく説明できる．多くの市場が実際に競争的だから，供給と需要のモデルは本当に非常に役に立つモデルなのだ．

> **供給と需要のモデル**は競争市場がどう働くかを示すモデルだ．

このモデルには，5つの重要な要素がある．

- 需要曲線
- 供給曲線
- 需要曲線をシフトさせる要因と供給曲線をシフトさせる要因
- 均衡価格
- 供給曲線ないし需要曲線がシフトしたときの均衡価格の変化の仕方

供給と需要のモデルを理解するために，これらの要素を1つひとつ説明していこう．

2 需要曲線

あの4月の夜，ニューヨーク・レンジャーズとオタワ・セネターズの試合を見るために，いったい何人の人たちがダフ屋のチケットを買いたいと思っただろうか．あなたの最初の答えは，チケットを持っていなかったオンタリオのアイスホッケーファン全員というものかもしれない．でも，アイスホッケーファンなら誰でもグレツキー選手の最後の一夜限りのプレーを見たいとは思っても，ほとんどのファンはチケットの通常価格の4倍から5倍もの金額を支払う気はなかった．一般に，アイスホッケーのチケット，あるいは他のどんな財でも，何かを買いたいという人の数はその価格に依存している．価格が高ければ高いほど，その財を買いたいという人の数は少なくなる．価格が低ければ低いほど，その財を買いたいという人の数は多くなる．

だから，「何人の人たちがグレツキー選手の最後のゲームのチケットを買いたいと思うだろうか」という質問に対する答えは，チケットの価格に依存しているのだ．価格がいくらになるかがまだわからなければ，とりあえずさまざまな価格に対して人々が何枚のチケットを買いたいと思うかを一覧できる表を作ってみよう．そのような表は**需要表**と呼ばれる．この表ができたら，それを元にして**需要曲線**を描くことができる．

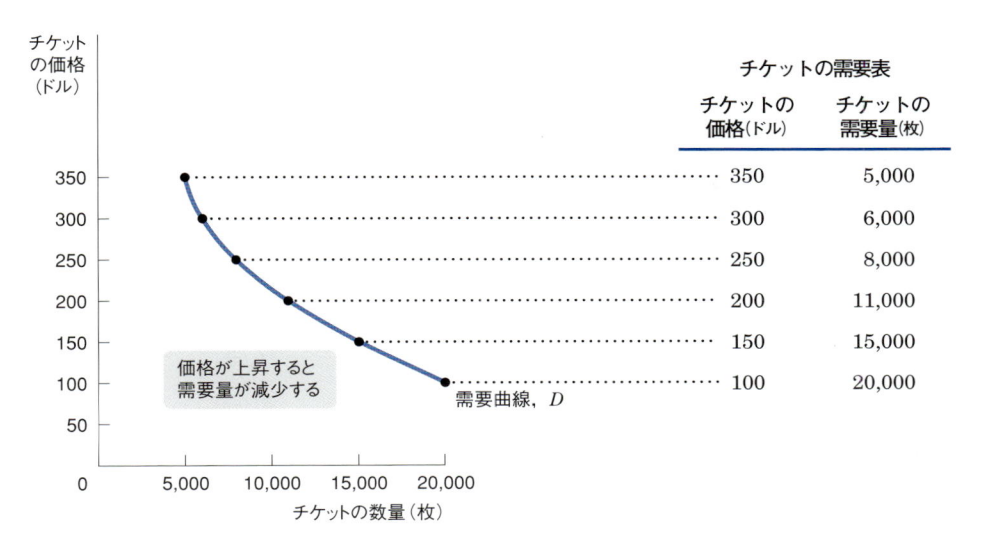

図3-1　需要表と需要曲線

チケットの需要表	
チケットの価格(ドル)	チケットの需要量(枚)
350	5,000
300	6,000
250	8,000
200	11,000
150	15,000
100	20,000

グラフ：縦軸「チケットの価格（ドル）」、横軸「チケットの数量（枚）」。価格が上昇すると需要量が減少する。需要曲線 D。

チケットに対する需要表を作成し，それに対応する需要曲線を導いた．これらは，消費者がある財をそれぞれの価格水準でどれだけ買いたいと思うかを示すものだ．需要表と需要曲線は需要法則を反映している．需要法則とは，価格が上昇すれば需要量が減るというものだ．あるいは，価格の低下は需要量を増やすと言っても良い．その結果，需要曲線は右下がりになる．

それは供給と需要のモデルの重要な要素の1つとなるものだ．

2.1　需要表と需要曲線

　需要表は，消費者がある財を異なる価格でどれだけ買いたいと思うかを示した表だ．図3-1の右側に，アイスホッケーのチケットに対する仮想の需要表が示されている．

　この表によれば，ダフ屋のチケットが1枚100ドル（ほぼ額面価格）で入手可能なら，2万人が買いたいと思う．150ドルなら，高すぎると考えるファンが出てきて，買いたい人が1万5000人しかいなくなる．200ドルになると，チケットを買いたい人はもっと少なくなる．このように，価格が高ければ高いほど，チケットを買いたい人の数は減る．言い換えれば，価格が上がるにつれてチケットの需要量は減少する．

　図3-1のグラフは，表にある情報を目で見えるように表したものだ（第2章の付録にある経済学のグラフに関する解説を参照すると良い）．縦軸にはチケットの価格がとられ，横軸にはチケットの数量がとられている．グラフ上の各点は，表の数字のどれか1つに対応している．これらの点を結んだ曲線が**需要曲線**だ．需要曲線は，需要表をグラフで表現したもので，消費者がある財あるいはサービスをさまざまな価格でどれだけ買いたいかを示す，もう1つの方法だ．

　ダフ屋がチケット1枚につき250ドルを要求しているとしよう．図3-1から，この価格では8000人のファンが買いたいと思っていることがわかる．つまり，価格が250ドルのとき，**需要量**は8000だ．

　図3-1に示した需要曲線が右下がりになっていることに注意しよう．これは，ある

需要表は，消費者がある財・サービスをそれぞれの価格水準でどれだけ買っても良いと思うかを示した表だ．

需要曲線は需要表をグラフで表現したものだ．それは，消費者がある財・サービスをそれぞれの価格水準でどれだけ買っても良いと思うかを示す．**需要量**は，特定の価格で消費者が実際に買っても良いと思う数量のことだ．

図3-2 需要の増加

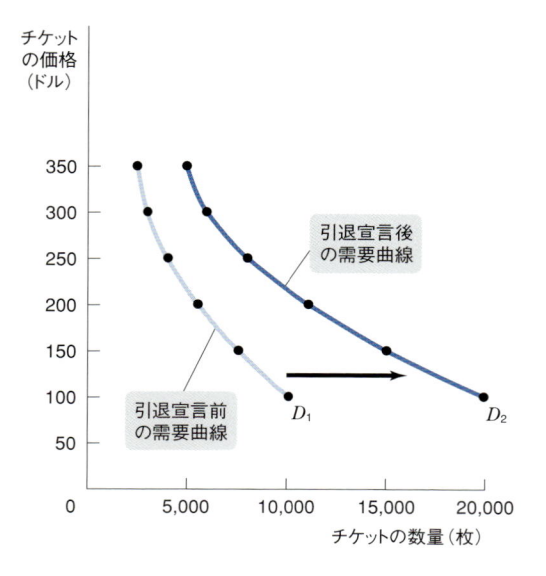

チケットの価格(ドル)	チケットの需要量(枚) 引退宣言前	チケットの需要量(枚) 引退宣言後
350	2,500	5,000
300	3,000	6,000
250	4,000	8,000
200	5,500	11,000
150	7,500	15,000
100	10,000	20,000

グレツキー選手の引退宣言は，需要の増加――どの価格水準でも需要量の増加をもたらす．この事件は2つの需要表――1つは宣言前の需要，もう1つは宣言後の需要を示す――とそれぞれに対応する需要曲線で表される．需要の増加は需要曲線の右へのシフトをもたらす．

財の価格の上昇はそれを買いたいと思う人たちの数を減らすという一般命題を反映したものだ．この場合，偉大なグレツキーを見るために喜んで100ドル出そうという人たちの多くが，300ドルまで出したいとは思っていない．現実の世界では，需要曲線は，非常に特殊な例外を別にすれば，ほとんどいつも右下がりだ．例外は「ギッフェン財」と呼ばれる財だが，経済学者はそんなものはめったにあるものでなく，実際問題としては無視してかまわないと考えている．一般に，ある財の価格の上昇は，他の条件を一定とすれば，その財の需要量の減少をもたらすという命題は十分信頼できるので，経済学者はそれを「法則」――**需要法則**と呼んでいる．

需要法則は，ある財の価格が上昇すると，他の条件が一定なら人々はその財の需要量を減らすというものだ．

2.2　需要曲線のシフト

グレツキー選手の引退が宣言されたとき，即座に生じた効果は，4月15日のゲームをどんな価格でも見たいと思う人の数が増えたことだ．つまり，この宣言の結果，すべての価格に対応する需要量が増えたのだ．図3-2は，この現象をダフ屋のチケットに対する需要表と需要曲線を使って表している．

図3-2には，2つの需要表が示されている．左側にある第1の需要表(第2列目)は，グレツキー選手が引退を宣言する前のダフ屋のチケットに対する需要を表している．これに対して，右側の第2の需要表(第3列目)は図3-1と同じく，引退宣言が行われた後のものだ．見て取れるように，引退宣言の後には1枚に350ドル払おうという人の数も，300ドル払おうという人の数も増えた．つまり，すべての価格帯で，第2の需要表――引退宣言後の需要表――は需要量の増加を示している．例えば，200ドルでチケ

図 3-3 需要曲線に沿った移動と需要曲線のシフト

需要曲線のシフトは……

……需要曲線に沿った移動と同じではない

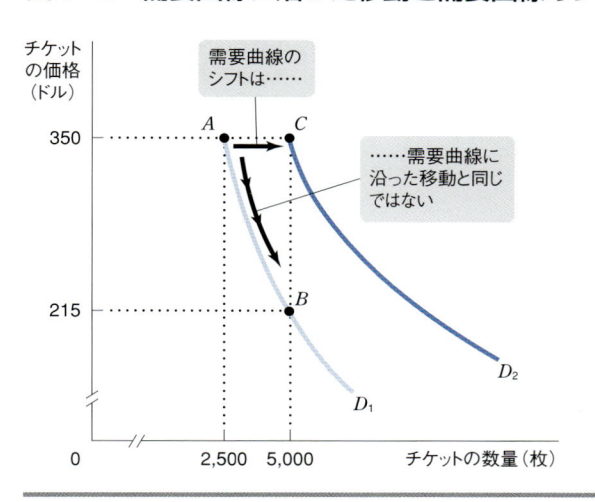

点 A から点 B への需要量の増加は需要曲線に沿った移動で，その財の価格低下の結果起こったことだ．点 A 点から点 C への需要量の増加は需要曲線のシフトによるもので，その財に対する需要がどの価格水準でも増加した結果だ．

ットを買いたいと思うファンは，5500人から1万1000人に増えている．

　グレツキー選手の引退宣言は，新しい需要曲線を作り出した．元の需要曲線に比べて，どの価格のところでも需要量が増えている．図3-2は，これと同じ情報をグラフで伝えるものだ．ご覧のとおり，宣言後の新しい需要曲線 D_2 は宣言前の需要曲線 D_1 の右側にある．この**需要曲線のシフト**はすべての価格水準で需要量が変化したことを意味する．当初の需要曲線 D_1 の位置が新しい位置 D_2 に移動したのはそのことを表している．

　このような需要曲線のシフトと**需要曲線に沿った移動**，すなわち価格の変化によって生じる需要量の変化を区別することが大切だ．図3-3はそのことを示している．

　点 A から点 B への移動は需要曲線に沿った移動だ．D_1 に沿って下方に動いていくにつれて価格が下がるので，需要量は増加する．ここでは，価格が350ドルから215ドルに下がったことで需要量が2500枚から5000枚に増加している．しかし，価格が変化しなくても，需要が増加する（需要曲線が右にシフトする）ときには需要量はやはり増える．図3-3で，このことは需要曲線の D_1 から D_2 へのシフトとして示されている．価格を350ドルに固定していても，需要量は D_1 上の点 A での2500枚から D_2 上の点 C での5000枚に増加している．

　経済学者が「X に対する需要が増加した」とか，「Y に対する需要が減少した」と言うとき，その意味は X，あるいは Y の需要曲線がシフトしたということであって，価格が変化したために需要が増加，あるいは減少したということではない．

2.3　需要曲線のシフトを理解する

　図3-4は，需要曲線の2とおりの基本的なシフトの仕方を示している．経済学者が「需要の増加」というとき，その意味は需要曲線の右へのシフト，つまりどの価格水準でも人々が以前よりも多くの数量を需要するということだ．このことは図3-4で，当初の需要曲線 D_1 が D_2 へ右にシフトすることで示されている．これに対して，経済学者

需要曲線のシフトはすべての価格水準での需要量の変化だ．それは，当初の需要曲線が新しい位置へ移動することで表される．
需要曲線に沿った移動は，価格変化の結果として生じる需要量の変化だ．

図3-4 需要曲線のシフト

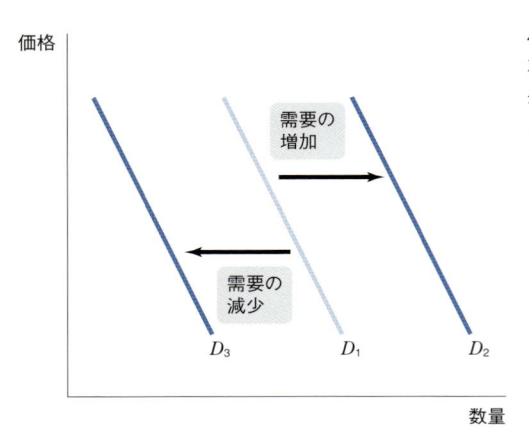

何であれ需要を増やすような出来事があれば，需要曲線はどの価格水準でも需要量が増えることを反映して右にシフトする．何であれ需要を減らすような出来事があれば，需要曲線はどの価格水準でも需要量が減ることを反映して左にシフトする．

が「需要の減少」というときには，需要曲線の左へのシフトを意味している．つまり，消費者がどの価格水準でも以前より少なく需要するようになったということだ．このことは図3-4で，当初の需要曲線D_1がD_3へ左にシフトすることで示されている．

需要曲線のシフトをもたらす要因は何だろうか．われわれの例では，チケットに対する需要曲線をシフトさせた出来事は，グレツキー選手の突然の引退表明だった．でもちょっと考えてみれば，それ以外にもチケットの需要曲線をシフトさせそうな要因に思い当たるだろう．例えば，アイスホッケーのゲームと同じ夜にコンサートがあり，演奏するバンドがチケットを半値で売ると公表したらどうだろう．これはアイスホッケーのチケットに対する需要を減らしそうだ．音楽も好きなアイスホッケーファンはアイスホッケーのチケットよりも半値になったコンサートのチケットを買いたいと思うかもしれない．

経済学者は，需要曲線をシフトさせる要因として4つの重要なものがあると考えている．

- 関連する財の価格変化
- 所得の変化
- 嗜好の変化
- 予想(期待)の変化

このリストは完全ではないが，需要曲線をシフトさせる4つの最も重要な要因を含んでいる．前に，他の条件を一定とすればある財の需要量は価格が上昇するにつれて減少すると言った．そこで他の条件が一定というのは，需要曲線をシフトさせるこれら4つの要因が変化しないということだ．

関連する財の価格変化 あなたが夜にちょっと出かけたいが何をするかにはあまりこだわらないようなとき，コンサートはアイスホッケーゲームの代案になる——経済学者はこれを代替財と呼んでいる．一方の財(コンサート)の価格が下がることで，消費者が他方の財(アイスホッケーゲーム)を買いたくなくなる場合，この2つの財は代

替財だ．代替財は通常，ある意味で同様な機能を果たす財のことだ．コンサートとアイスホッケーゲーム，マフィンとドーナツ，電車とバスのように．代案となる財の価格が下がると，もともと買おうと思っていた財の代わりにその財を買う消費者が出てきて，需要曲線を左にシフトさせる．

　だが，一方の財の価格の低下が，もう一方の財を買いたいという消費者の気持ちをより強くすることもある．このような 2 財は**補完財**と呼ばれる．補完財は通常，ある意味で一緒に消費される財のことだ．スポーツ観戦のチケットとスタジアムの駐車券，ハンバーガーの肉とバンズ，クルマとガソリンのように．もしアイスホッケー場が無料駐車券を提供すれば，チケットの価格がどうであっても「パック」——ゲームプラス駐車——の料金が下がるのだから，チケットを買ってゲームを見ようとする人の数が増えるだろう．ある財の需要量は，その補完財の価格が下がれば，どの価格水準でも増加する．その需要曲線は右にシフトするのだ．

所得の増加　人は所得が増えると，通常は財の購入量を増やす傾向がある．例えば，ある家族の所得が上がると，夏休みにディズニーワールドへの旅行をするようになり，——だから航空券も買うだろう．このように，消費者の所得の増加はほとんどの財に対する需要曲線を右にシフトさせる．

　なぜほとんどの財で，すべての財ではないのか．ほとんどの財は**正常財**——消費者の所得が増えると需要が増加するような財——だ．しかし，所得が増えると需要が減るような財——高所得者が低所得者に比べて買いそうにない財——もある．所得が上がると需要が減る財は**下級財**と呼ばれる．ある財が下級財であれば，所得の増加は需要曲線を左にシフトさせる．

嗜好の変化　人が欲しいものを欲しがるのはなぜだろうか．幸い，この疑問に答える必要はない——ここでは，人が自分の消費するものを決める一定の選好，あるいは嗜好を持っていること，そして嗜好は変化することさえ確認できれば良い．経済学者は通常，気まぐれ，信念，文化の遷移等による需要の変化をひとまとめにして，**嗜好**，あるいは**選好**の変化という見出しでくくる．

　例えば，昔むかし男性は帽子をかぶっていた．第 2 次世界大戦のころまで，尊敬すべき男性はそろいのスーツに威厳のある帽子を着用するまでは正装しているとは見なされなかったものだ．だが戦争から帰還した GI たちは，たぶん過酷だった戦争の反動からか，もっと気楽なスタイルを採用した．しかも，連合軍最高司令官だったアイゼンハワー大統領は帽子をかぶらないことが多かった．帽子に対する需要の減少を反映して，帽子の需要曲線は左にシフトした．

　嗜好の変化にかかわる主な注意点は，経済学者はそれについて何もいうべきことはなくて，ただそれを与えられたものとして受け入れるということだ．ある財を好むように嗜好が変化するときには，どの価格水準でもそれを買いたい人が増え，需要曲線は右にシフトする．ある財を好まないように嗜好が変化するときには，どの価格水準

---

1 つの財の価格が下がると，もう 1 つの財を買いたいという消費者の気持ちが弱くなる場合，2 つの財は**代替財**だ．

1 つの財の価格が下がると，もう 1 つの財を買いたいという消費者の気持ちが強くなる場合，2 つの財は**補完財**だ．

所得の増加が，ある財の需要を増やす場合——正常なケース——，その財は**正常財**であるという．

所得の増加が，ある財の需要を減らす場合，その財は**下級財**だ．

でもそれを買いたい人が減り，需要曲線は左にシフトする．

予想の変化　4月15日のアイスホッケーゲームのチケットに対する需要が増加したのは予想（期待）の変化によるものと言えるだろう．ファンは，将来グレツキー選手の活躍を見る機会があると期待できなくなったので，見られるうちに見ておきたいと思ったのだ．

事情によっては，予想の変化はある財の需要を増やすだけでなく，減らす場合もある．例えば，賢い買い物客は季節のバーゲンを待つことが多い——祝日の贈り物を祝日後の値下げを狙って買ったりする．この場合，将来の値下がり予想が現在の需要減少をもたらす．逆に，将来の値上がり予想は現在の需要増加をもたらしそうだ．

将来の所得が変化するという予想も現在の需要の変化につながるだろう．もし所得が将来増えると予想するなら，あなたは通常，いまお金を借りてある種の財に対する需要を増やすだろう．もし所得が将来減ると予想するなら，あなたは通常，いま貯蓄をして何かの財に対する需要を減らすだろう．

◢ 経済学を使ってみよう

交通渋滞を抑える

大都市はどこも交通問題に悩んでいる．多くの市当局は混雑する市の中心部での運転を抑制しようとしている．中心部への自動車乗り入れを1つの財と考えれば，需要の経済学を使って交通規制政策を分析できる．

市当局の共通の戦略は，代替財の価格を下げて自動車乗り入れの需要を減らすことだ．多くの都市では通勤者に運転を思いとどまらせようと，バスと鉄道のサービスに補助金を出している．

もう1つの戦略は，補完財の価格を上げることだ．アメリカの大都市の中には，収入目的のためだけでなく市内への乗り入れをやめさせるために，商業駐車場に高い税金をかけているところがいくつかある（駐車メーターの時間制限と厳しい駐車規制を組み合わせて使う方法もある）．

しかし，運転のコストを引き上げて混雑を減らすという，政治的に問題の多い直接的な手法に訴える都市はほとんどなかった．だから，2003年にロンドンがビジネスアワーに市心に乗り入れるすべての自動車に5ポンド（約9ドル）の「混雑課徴金」をかけたときはちょっとしたショックが走った．

支払い義務の遵守は，乗り入れ車のナンバープレートを自動カメラで撮るという方法で監視された．ドライバーはあらかじめ課徴金を払い込んでおくか，運転当日の真夜中までに支払うものとされた．もし支払わずに捕まったら，1回の違反に100ポンド（約180ドル）の罰金が科せられた（この規則の詳細は，www.cclondon.comにある）．

当然のことだが，この新しい政策の結果は需要法則を確認するものとなった．2003年8月の報告によれば，混雑課徴金の結果，ロンドン中心部への交通量は32%も減少し，クルマは約3割も速く移動している．

第 3 章 供給と需要　77

| 理解度チェック | 3-1 |

1. 以下の出来事がそれぞれ①需要曲線のシフトを表すものか，あるいは②需要曲線に沿った移動を表すものかを示し，説明しなさい．
   a. 店主の観察によれば，雨の日には晴れの日より高値で傘が売れる．
   b. 長距離電話サービスのプロバイダー，XYZテレコムが週末の料金を下げたら，週末の電話利用が激増した．
   c. バレンタインデーの週には，1年の他の時期より値段が高いのに茎の長いバラがよく売れる．
   d. ガソリン価格の急騰によって，ガソリンの購入量を減らすため自動車の相乗りをする通勤者の数が増えた．

解答は本書の巻末にある．

3　供給曲線

ダフ屋は転売するチケットをまず手に入れる必要がある．彼らはチケットを持っている人たちから買うことが多い．その人たちの自分のチケットをダフ屋に売るかどうかの決定は，一部ダフ屋の買値に依存している．チケットを持っている人たちは，ダフ屋の買値が高ければ高いほど，売りたいと思うはずだ．

買いたいと思うチケットの数量が支払わなければならない価格に依存しているのとちょうど同じように，人々が売りたいと思うチケットの数量——**供給量**——は支払ってもらえる価格に依存している（これはダフ屋の市場へのチケットの供給であることに注意しよう．スタジアムにある席の数は，価格がどうであれ変わらない．しかし，それはここでの関心事ではない）．

3.1　供給表と供給曲線

図 3-5 にある表は，提供されるチケットの数量が価格に依存してどのように変化するかを——すなわちグレツキー選手最後のゲームのチケットに対する仮想の**供給表**を示している．

供給表は，図 3-1 に示した需要表と同じように読める．この場合，表は，シーズンチケットの保有者がそれぞれの価格で売っても良いと思うチケットの数量を描き出している．価格が 100 ドルのときには，自分のチケットを手放しても良いと思う人はわずか 2000 人しかいない．150 ドルのときには，ゲームをあきらめて別のものにお金を使ったほうが良いと思う人が多くなるので，提供されるチケットの数量は 5000 に増える．200 ドルでは，チケットの供給量は 7000 に増える，等々．

需要表がグラフとして需要曲線で表されるように，供給表は**供給曲線**で表される．図 3-5 に示したとおりだ．曲線上の各点は，表の数字に対応している．

ダフ屋が提示する価格が 200 ドルから 250 ドルに上がったとしよう．図 3-5 から，彼

▶ **ちょっと復習**

▶ 需要表は価格の変化とともに需要量がどのように変化するかを示す．この関係は需要曲線で図示される．

▶ 需要法則は，需要曲線が通常右下がり——つまり価格の低下が需要量を増やす——というものだ．

▶ 経済学者が需要の増加，あるいは減少というとき，需要曲線のシフトを意味している．需要の増加は需要曲線の右へのシフトで，どの価格水準でも需要量が増加することを意味する．需要の減少は需要曲線の左へのシフトで，どの価格水準でも需要量が減少することを意味する．価格の変化は，需要曲線に沿った移動と需要量の変化を引き起こす．

▶ 需要曲線をシフトさせる4つの主要な要因は，①代替財や補完財のように関連する財の価格，②所得，③嗜好，そして④期待の変化だ．

ある財・サービスの**供給量**は，それぞれの価格水準で人々が実際にそれを売りたいと思う数量のことだ．

ある財・サービスの**供給表**は，それぞれの価格水準でそれらが供給される数量を示す．

供給曲線は，人々が財・サービスをそれぞれの価格水準でどれだけ売っても良いと思うかをグラフで示すものだ．

図 3-5 供給表と供給曲線

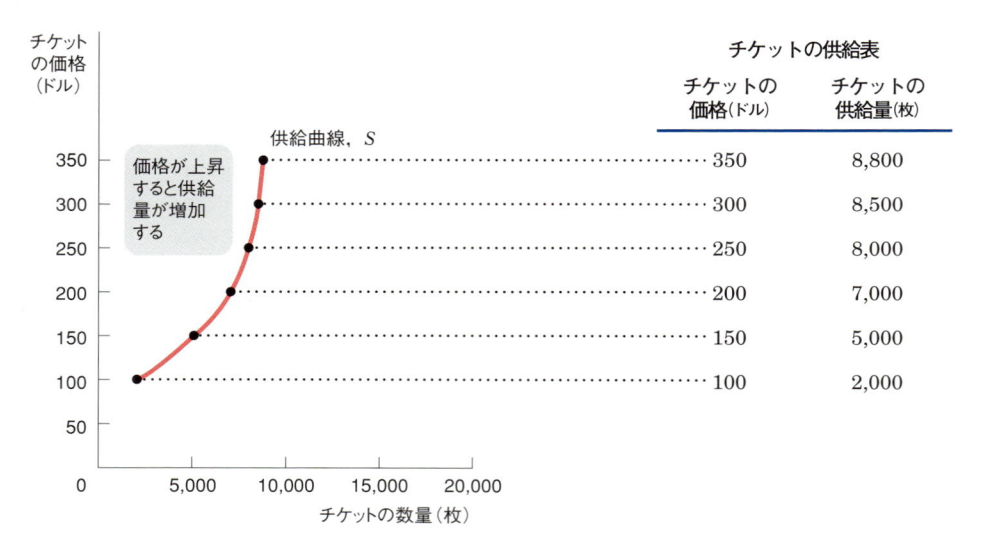

チケットの供給表

チケットの価格(ドル)	チケットの供給量(枚)
350	8,800
300	8,500
250	8,000
200	7,000
150	5,000
100	2,000

価格が上昇すると供給量が増加する

供給曲線, S

チケットに対する供給表を作成し，それに対応する供給曲線を導いた．これらは，人々がある財をそれぞれの価格水準でどれだけ売りたいと思うかを示すものだ．供給曲線と供給表は供給曲線が通常右上がり，すなわち価格が上昇すれば供給量が増えるという事実を反映するように描かれている．

らに売られるチケットの数量は7000枚から8000枚に増えることがわかる．これは，価格の上昇は供給量の増加をもたらすという一般的な命題を反映するもので，供給曲線の正常な姿だ．このように，需要曲線が通常右下がりであるのと同じように，供給曲線は通常右上がりとなる．提示される価格が高ければ高いほど，人々が手放しても良いと思うアイスホッケーのチケットは増加する．どんな財についても同じことが言える．

3.2 供給曲線のシフト

グレツキー選手が引退を宣言したとき，即座に生じた効果は，4月15日のゲームのチケットをダフ屋に売りたいと思う人の数がどの価格水準でも減ったことだ．つまり，すべての価格に対応する供給量が減ったのだ——350ドルで売りたいと思うチケットの数は減少し，また300ドルで売りたいと思うチケットの数も減少し，といった具合だ——．図3-6は，この出来事をチケットの供給表と供給曲線を使ってどのように説明するかを示している．

図3-6には，2つの供給表がある．宣言後の供給表は図3-5にあるものと同じだ．左側にある第1の供給表(第2列目)は，グレツキー選手が引退を宣言する前のダフ屋へのチケットの供給量を示している．そして，需要表の変化が需要曲線のシフトをもたらしたように，供給表の変化は**供給曲線のシフト**——すべての価格水準での供給量の変化——をもたらす．このことは，図3-6に宣言前の供給曲線S_1から宣言後の新しい曲線S_2へのシフトとして示されている．グレツキー選手の引退宣言の結果，同じ価

供給曲線のシフトは，すべての価格水準での財あるいはサービスの供給量の変化だ．それは，当初の供給曲線の，新しい供給曲線で示される新しい位置への移動で表される．

図 3-6　供給の減少

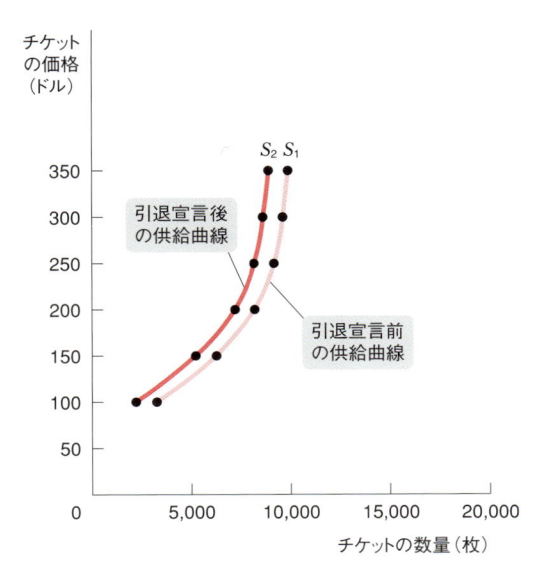

チケットの供給表

チケットの価格(ドル)	チケットの供給量(枚) 引退宣言前	引退宣言後
350	9,800	8,800
300	9,500	8,500
250	9,000	8,000
200	8,000	7,000
150	6,000	5,000
100	3,000	2,000

グレツキー選手の引退宣言は供給の減少，すなわちどの価格水準でも供給量の減少を引き起こした．この出来事は，2つの供給表——1つは宣言前の供給表，もう1つは宣言後の供給表——とそれぞれに対応する供給曲線で示されている．供給量の減少は供給曲線を左にシフトさせる． web▶

格の下で供給量が減少したことを反映して，S_2 が S_1 の左側にあることに注意しよう．

需要の分析と同じく，このような供給曲線のシフトと**供給曲線に沿った移動**——すなわち価格の変化によって生じる供給量の変化を区別することが大切だ．その違いは図 3-7 で見ることができる．点 A から点 B への移動は供給曲線に沿った移動だ．価格が低下したことにより供給量は S_1 に沿って減少している．この場合，価格が 250 ドルから 200 ドルへ下がったことで供給量が 9000 から 8000 に減少している．しかし，供給が減少する（供給曲線が左にシフトする）ときには，価格が変化しなくても供給量はやはり減少する．図 3-7 で，このことは供給曲線の S_1 から S_2 へのシフトで示されている．価格を 250 ドルに固定するとき，供給量は S_1 上の点 A の 9000 から S_2 上の点 C の 8000 に減少する．

供給曲線に沿った移動は，価格変化の結果として生じる供給量の変化だ．

3.3　供給曲線のシフトを理解する

図 3-8 は，供給曲線の 2 とおりの基本的なシフトの仕方を示している．経済学者が「供給の増加」というとき，その意味は供給曲線の右へのシフト，つまりどの価格水準でも人々が以前よりも多くの数量を供給することを意味する．このことは図 3-8 で，当初の供給曲線 S_1 が S_2 へ右シフトすることで示されている．これに対して，経済学者が「供給の減少」というとき，供給曲線の左へのシフトを意味している．つまり人々がどんな価格の下でも以前よりも少なく供給するようになったということだ．このことは図 3-8 で，当初の供給曲線 S_1 が S_3 へ左シフトすることで示されている．

図3-7　供給曲線に沿った移動と供給曲線のシフト

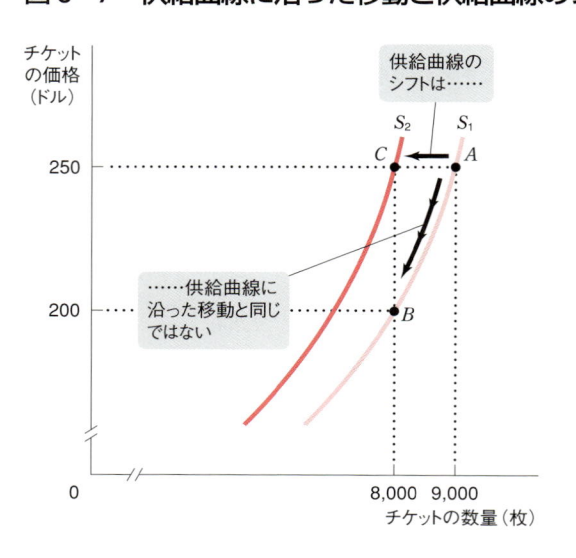

点Aから点Bへの供給量の減少は供給曲線に沿った移動を表している．これはこの財の価格低下の結果だ．点Aから点Cへの供給量の減少は供給曲線のシフトを表している．これはどの価格水準でも供給量が減少した結果だ．

経済学者は，供給曲線のシフトは主として3つの要因の結果だと考えている（需要の場合と同様，それ以外の要因もあるが）．

- 投入物価格の変化
- 技術の変化
- 予想（期待）の変化

投入物価格の変化　生産物を作り出すには，投入物が必要だ．例えば，バニラアイスクリームを作るには，バニラビーンズ，クリーム，砂糖等々がなくてはならない（良いバニラアイスクリームの製造に本当に必要なのはバニラビーンズだけだ．次ページの「経済学を使ってみよう」を参照）．**投入物**とは他の財の生産に用いられる財のことだ．生産物と同様，投入物にも価格がある．投入物の価格が上がれば，最終財を生産し販売する者にとってコスト高になる．だから，売り手はどんな価格でも売る意欲が弱まり，供給曲線は左にシフトする．例えば，新聞社は大量の新聞用紙（ニュースを印刷する紙）を買う．1994～95年に新聞用紙の価格が急騰したとき，新聞の供給は減少した．いくつかの新聞社は倒産し，多くの出版事業が取りやめになった．同様に，投入物の価格の低下は最終財の生産コストを下げる．最終財の売り手はどんな価格でも売る意欲が強まり，供給曲線は右にシフトする．

技術の変化　経済学者が「技術」という言葉で意味するのは，必ずしも高度な技術のことではない．人々が投入物を役に立つ財に変換するあらゆる方法のことだ．アイオワの農場で作られたトウモロコシを朝食のテーブル上にあるコーンフレークに変える一連の複雑な活動は，この意味で技術なのだ．生産コストを下げる――言い換えれば，以前と同じ生産量を以前より少ない投入量で生産できるようにする――改良技術

> **投入物**とは，他の財の生産に用いられる財のことだ．

図3-8 供給曲線のシフト

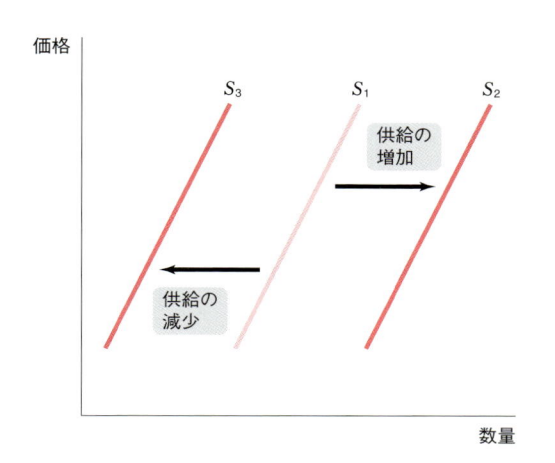

何であれ供給を増やすような出来事があれば，供給曲線はどの価格水準でも供給量が増えることを反映して右にシフトする．何であれ供給を減らすような出来事があれば，供給曲線はどの価格水準でも供給量が減ることを反映して左にシフトする．

が利用できるようになれば，供給は増加し，供給曲線は右にシフトする．例えば，病気への抵抗力が強い改良品種ができれば，農家はどの価格水準でもより多くのトウモロコシを供給するだろう．

予想の変化 あなたは4月15日のアイスホッケーゲームのチケットを持っているが，それに行けないとしよう．あなたはそのチケットをダフ屋に売りたいと思うだろう．だが，もしグレツキー選手が近々引退するという信頼できるうわさが耳に入れば，チケットの価値が間もなく高騰することに気づく．だからあなたは彼が引退の決意を公表するまでチケットを販売しないだろう．これは，予想がどのように供給を変えるかを示す良い例になる．ある財の価格が将来上がるという予想は現在の供給を減らす．逆にある財の価格が将来下がるという予想は現在の供給を増やす．

経済学を使ってみよう

農産物の価格支持（および抑制）

多くの国で農業政策は，生産者は生産物価格の変化に大きくは反応しないという信念——あるいは希望——に基づいて立案されてきた．だが，予想に反して，価格が重大な影響力を持つことがわかった．

先進諸国（アメリカを含む）は歴史的に農産物価格を引き上げる法制をとってきた（第4章で，そのような価格支持政策が実際にどう働くかを説明する）．狙いは農家の所得を引き上げることで，生産量を増やすことではなかった．それなのに生産量は増えてしまった．欧州連合の諸国では1960年代に農家に高価格を保証する制度が導入されたが，それまでは農産物の生産量は限られており，大量の食料を輸入していた．価格支持制度が施行されてからは，生産量が急速に拡大し，ヨーロッパの農家は消費者が買いたいと思うよりも多くの穀物を栽培し，酪農製品を生産するようになった．

もっと貧しい国々（特にアフリカ）では，政府は農産物価格を抑制する政策をとるこ

とが多かった．典型的な戦略は，「マーケティングボード」を通じて農家の生産物を強制的に買い上げ都市の消費者に転売するというものだった．有名な例は，チョコレートの主原料カカオ豆の，世界でも主要な大生産国だったガーナだ．1965年から1980年代までの間，ガーナの農家はカカオ豆を他国のチョコレート生産者から支払われる値段よりも安く政府に売らなければならなかった．ガーナ政府はこの政策でカカオ生産が影響を受けるとは思わず，安く買って高く売りもうけを出そうとしたのだ．実際には，生産量は激減した．1980年までに，世界市場に占めるガーナのシェアは12％に下がった．他方，そのような政策をとらなかった他のカカオ豆輸出国――近隣のアフリカ諸国を含む――は着実に売上げを伸ばした．

今日では，ヨーロッパは農業政策を改革しようとしているし，ほとんどの発展途上国は農産物の価格を抑制する政策を放棄している．政府はやっと供給曲線が右上がりであることを学んだようだ．

ちょっと復習

▶供給表は，価格の変化に応じて供給量がどのように変化するかを示す．この関係は供給曲線で図解される．

▶供給曲線は通常右上がりだ．価格が上がれば，人々はその財をもっと売りたいと思う．

▶価格の変化は供給曲線に沿った移動と供給量の変化を引き起こす．

▶需要の場合と同様に，経済学者が供給の増加とか減少というとき，その意味は供給曲線のシフトであって，供給量の変化ではない．供給の増加は供給曲線の右へのシフトだ．どの価格水準でも供給量が増加するということだ．供給の減少は供給曲線の左へのシフトだ．どの価格の水準でも供給量が減少するということだ．

▶供給曲線をシフトさせる3つの主要な要因は，①投入物の価格，②技術，そして③期待の変化だ．

理解度チェック 3-2

1．以下の出来事がそれぞれ①供給曲線のシフトを表すものか，あるいは②供給曲線に沿った移動を表すものかを示し，説明しなさい．
   a．住宅価格の上昇を引き起こした不動産ブームの間に，多くの住宅所有者が持家を売りに出した．
   b．収穫期には価格が通常下がるのに，多くのイチゴ農家が道路沿いに仮設スタンドを設ける．
   c．新学年が始まった直後には，ファストフードのチェーン店は人手を確保するため賃金を上げなくてはならない．
   d．労働の価格である賃金の上昇にひかれて，多くの建設労働者がハリケーンの被害を受けた地域に一時的に移動する．
   e．新技術によってもっと大きな観光船（乗客1人当たりで見れば安くつく）を建造することが可能になったので，カリブ海の船旅会社各社はこれまでより低価格で，より多くの客室を提供している．

解答は本書の巻末にある．

4 供給，需要，均衡

ここまで，供給と需要のモデルの3つの重要な要素を見てきた．供給曲線，需要曲線，それに各曲線をシフトさせる諸要因だ．次のステップは，これらの要素をつなぎ合わせて，ある財が売買される実際の価格をいかに予測するかを示すことだ．

ある財が売買される価格はどのように決定されるのだろうか．第1章では，市場は均衡に向かうという一般原理を学んだ．均衡とは，今とっているのとは違う行動をとっても誰も自分の満足を高めることができない状態と定義された．競争市場の場合，もっと限定した定義を与えることができる．競争市場の均衡とは，ある財の価格が需

要量と供給量が等しくなる水準に落ち着いた状態だ．その価格の下で，個々の売り手は誰も現在の販売量よりも多く，あるいは少なく売ることで満足を高めることはできないし，個々の買い手は誰も現在の購入量よりも多く，あるいは少なく買うことで満足を高めることはできない．

供給量と需要量を等しくする価格は**均衡価格**と呼ばれる．その価格で売買される数量は**均衡数量**だ．均衡価格は**市場清算価格**と呼ばれることもある．それは，この価格で買いたいすべての買い手がこの価格で売りたい売り手を見つけ，逆もそうなることを保証し「市場を清算する」価格という意味だ．

ここから先では，ダフ屋のような中間業者を問題にするのはやめて，市場の価格と数量に焦点を絞ることにする．なぜって？ 中間業者の機能は買い手と売り手を引き合わせることだからだ．だが，買い手と売り手が取引をする気になるのは中間業者がいるからではなく，双方合意できる価格——均衡価格——が成立するからだ．市場で価格が果たす機能をもっと深く考えれば，中間業者が舞台裏で無事にその役割を果たしていると仮定して，表舞台から退場してもらっても差し支えないのだ．

さて，均衡価格と均衡数量はどうすれば見つかるだろうか？

4.1　均衡価格と均衡数量を見つける

市場の均衡価格と均衡数量を見つけるいちばん簡単な方法は，同じ図の上に供給曲線と需要曲線を描くことだ．供給曲線は任意の与えられた価格の下での供給量を表し，需要曲線は任意の与えられた価格の下での需要量を表すのだから，2つの曲線が交わる価格が均衡価格，すなわち供給量と需要量が等しくなる価格だ．

図3-9は，図3-1の需要曲線と図3-5の供給曲線を結合したものだ．両者が交わる点Eが市場の均衡だ．つまり，250ドルが均衡価格で，8000枚が均衡数量だ．

点Eが均衡の定義に適合することを確かめよう．250ドルの価格で，チケットを持っている8000人が売りたいと思い，同じくチケットを持っていない8000人が買いたいと思っている．だから，価格が250ドルのとき，チケットの供給量はチケットの需要量に等しい．

他の価格では，市場が清算されない，すなわち買いたいと思うすべての買い手が売りたいと思う相手を見つけられないか，逆に売りたいと思うすべての売り手が買いたいと思う相手を見つけられないことに注意しよう．価格が250ドルよりも高ければ，供給量は需要量を上回る．価格が250ドルよりも低ければ，需要量は供給量を上回る．

だから供給と需要のモデルによれば，図3-9の需給曲線が与えられているとして，250ドルで8000枚のチケットが交換されると予測できる．

しかし，どうして市場が均衡に到達すると言えるのだろうか．もっと簡単な3つの問題に答えることから始めよう．

1．市場で販売と購入が同一価格で行われるのはなぜか．
2．市場価格が均衡価格よりも高いとき，市場価格が下がるのはなぜか．
3．市場価格が均衡価格よりも低いとき，市場価格が上がるのはなぜか．

競争市場の均衡は，ある財の価格が需要量と供給量が等しくなる水準に落ち着いた状態だ．この状態になる価格は**均衡価格**，または**市場清算価格**と呼ばれる．この価格で売買される数量は**均衡数量**と呼ばれる．

落とし穴

売買価格？

これまで，ある財が売買される価格があたかも同じであるかのように述べてきた．だが，売り手が受け取る価格と買い手が支払う価格を区別しなくてよいのだろうか．原則としては，区別しなければならない．しかしこの段階では，売り手が受け取る価格と買い手が支払う価格の区別を無視し，少しばかり現実性を犠牲にしても単純化するのが得策だ．現実には，アイスホッケーゲームのチケットをダフ屋に売る人たちは，一般に高値ではあっても，最終的にチケットを買う人たちが支払う金額より低い金額しか受け取れない．それは当たり前だ．差額は，ダフ屋か「他の中間業者」——買い手と売り手を引き合わせる業者——の生計の足しになるのだ．しかし，多くの市場で売買価格の差額はごくわずかのものだ．だから，買い手が支払う価格と売り手が受け取る価格が同じだと考えるのは悪い単純化ではない．これからも，本章ではそのように仮定する．

図 3-9　市場均衡

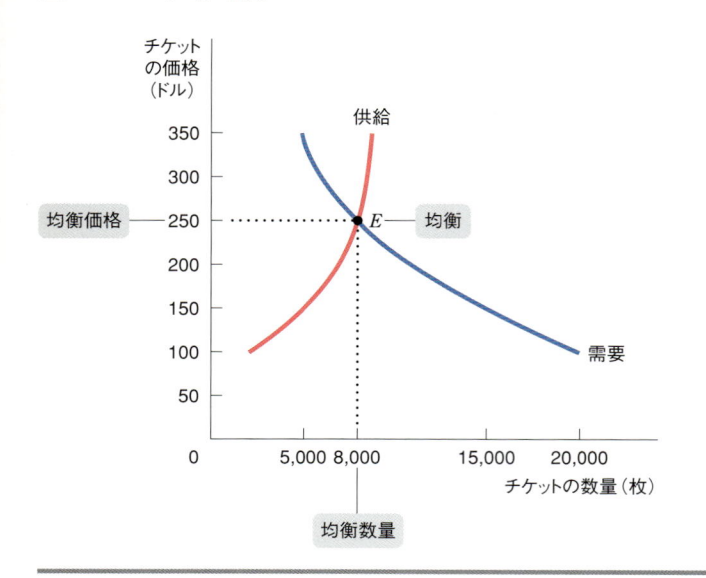

市場均衡は需要曲線と供給曲線が交わる点 E で起こる．均衡では，需要量と供給量が等しくなる．この市場では，均衡価格は250ドル，均衡数量は8000枚だ．**web▶**

4.2　市場で販売と購入が同一価格で行われるのはなぜか

　売り手が誰か，あるいは買い手が誰かに応じて，同じ財なのに異なる価格で売られている市場が存在する．例えば，あなたは「ツーリスト・トラップ」（観光客のわな）と呼ばれる店でみやげ物を買ってから，同じものが別の店で（もしかしたら隣の店で）もっと安い値段で売られているのを見つけたことがあるだろう．観光客はどの店がいちばん安いかを知らず，比較する時間もないから，観光地域の売り手は同じ財でも異なる価格をつけることができるのだ．

　だが，買い手も売り手もそこである程度の時間を過ごした市場では，販売と購入は一般に同じ価格で行われる傾向があり，唯一の市場価格についてためらわずに語ることができる．理由は簡単だ．ある売り手が特定の買い手に対して，他の買い手が支払っているよりも明らかに高い価格の支払いを要求するとしよう．もしその買い手がそれを知っていれば，売り手がもっと安い価格にしないかぎり，よそで買ったほうがよいということになるだろう．逆に売り手は，特定の買い手に対して，ほとんどの買い手が支払っている価格よりも安く売ろうとはしないだろう．もっとましな客が現れるのを待ったほうがいいからだ．だから，良くできた，継続性のある市場では，すべての売り手がほぼ同じ値段を受け取り，すべての買い手がほぼ同じ値段を支払うことになる．それが市場価格と呼ばれるものだ．

4.3　市場価格が均衡価格よりも高いとき，市場価格が下がるのはなぜか

　需要曲線と供給曲線が図3-9に描かれているとおりのものだとして，市場価格が均衡水準の250ドルよりも高いところ——例えば350ドルの水準にあるとしよう．この状

図 3-10　均衡水準より高い価格は供給過剰を作り出す

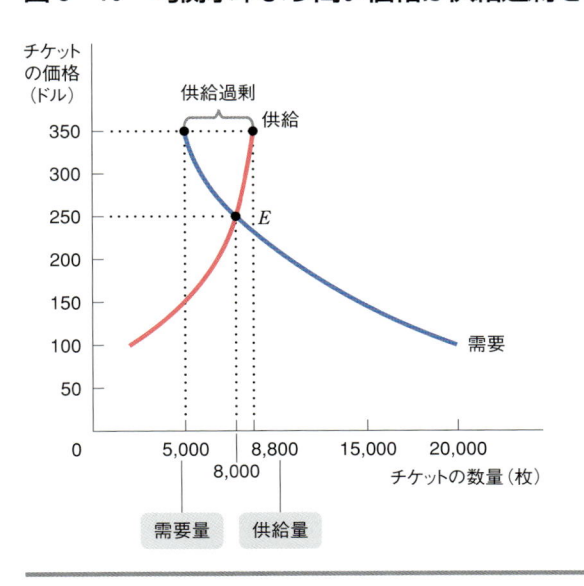

350ドルの市場価格は250ドルの均衡価格よりも高い。これは供給過剰を作り出す。350ドルの価格では，供給者は8800枚のチケットを売りたいのにアイスホッケーファンは5000枚しか購入したいと思わない。だから3800枚の供給過剰がある。この供給過剰は250ドルの均衡価格まで価格を押し下げていく。 web▶

況は図3-10に示されている。なぜ価格はその水準にあり続けることができないのだろうか。

　図からわかるように，350ドルの価格では，アイスホッケーファンが買いたいと思うよりも多くのチケットが提供される。5000枚に対して8800枚だ。価格が350ドルのときの3800枚の差は**供給過剰**——あるいは超過供給——と呼ばれる。

　供給過剰の存在は，売り手のなかに，思いどおりにならない人がいることを意味している。彼らは自分が売りたいものを買おうという人を見つけることができない。だから供給過剰があるときは，3800人の売りたい人たちは値下げをして，他の売り手から顧客を奪おうという気になるだろう。また，買い手のほうには値下げを要求する気を起こさせるだろう。値下げを拒否する売り手は買い手を見つけることができなくなるだけだ。この値下げの結果，現行価格は下がって均衡価格に近づいていく。このように，ある財に供給過剰があるときには——つまり，価格が均衡水準より高いときには——，その財の価格はかならず下がるのだ。

> ある財の供給量が需要量を上回るとき，**供給過剰**があると言われる。供給過剰が生じるのは，価格が均衡水準よりも高いときだ。
>
> ある財の需要量が供給量を上回るとき，**供給不足**があると言われる。供給不足が生じるのは，価格が均衡水準よりも低いときだ。

4.4　市場価格が均衡価格よりも低いとき，市場価格が上がるのはなぜか

　今度は，図3-11のように価格が均衡水準よりも低いところ——例えば150ドルの水準——にあるとしてみよう。この場合，需要量（1万5000枚）は供給量（5000枚）を上回り，1万人の買い手がチケットを買えないという事態になる。1万枚の**供給不足**——あるいは超過需要——が生じる。

　供給不足のときには，買い手のなかに，思いどおりにならない人たち——現行価格でチケットを買いたいのにそれを売ろうという相手を見つけられない人々——が存在する。この状況では，買い手が現行価格より高い価格をつけるか，売り手がもっと高

図3-11　均衡水準より低い価格は供給不足を作り出す

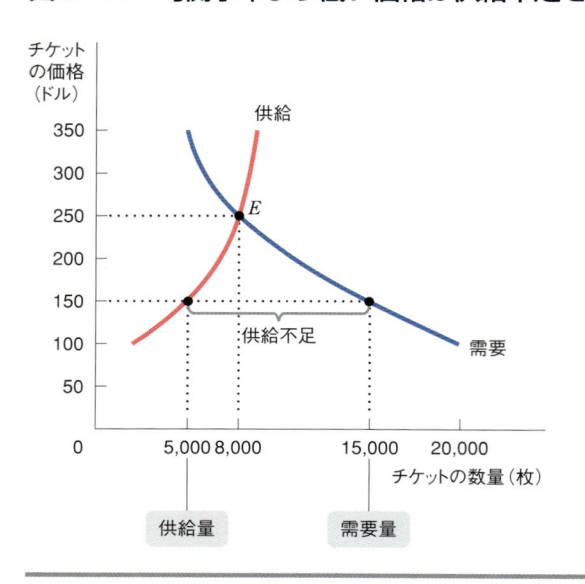

150ドルの市場価格は250ドルの均衡価格よりも低い．これは供給不足を作り出す．150ドルの価格では，アイスホッケーファンは1万5000枚のチケットを買いたいのに，5000枚しか売りに出されていない．だから1万枚の供給不足がある．この供給不足は250ドルの均衡価格まで価格を押し上げていく． web▶

い価格を要求できると考えるだろう．どちらにしても，結果は現行価格の引き上げだ．この価格の引き上げは供給不足がある限り続く——そして供給不足は価格が均衡水準より低い限り続く．だから，価格は，均衡水準より低ければ必ず上がるのだ．

4.5　均衡を使って市場を描写する

　市場にはただ1つの価格が成立する傾向があることを知った．また，市場価格が均衡より高いときには下がり，均衡より低いときには上がることを知った．したがって，市場価格はいつも均衡価格，すなわち供給過剰も供給不足もない価格に向かって動いていく．

経済学を使ってみよう

魚の話

　市場均衡では目を見張るようなことが起こると考えられている．ある財を売りたい人は全員それを買いたい人を探し出すことができる．そして，ある財を買いたい人は全員それを売りたい人を探し出すことができる．美しい理論だ．だが本当だろうか．
　ニューヨーク市で(元の場所からは移転したが)1835年から開かれてきた有名なフルトン魚市場に行けば，毎日夜明け前にその答えを見ることができる．そこでは，漁師たちは毎朝水揚げを持ち寄り，レストランの店主，小売商，いろいろな中間業者や仲介業者と値段のかけあいをしている．
　ここには大変な利害が絡んでいる．レストランの店主が顧客に新鮮な魚を提供できなければ大きな商いを失うことになる．だから買い手が売り手を探し出せることは重要なのだ．漁師にとっては，水揚げを売り尽くすことはもっと重要だ．売れなかった魚の価値は，すべてではなくてもほとんどなくなってしまう．しかし，市場は均衡に

到達する．ほとんどすべての買い手が売り手を見つけることができるし，逆もまた真だ．理由は，各種の魚の価格が供給量と需要量を等しくする水準に急速に近づくからだ．

だから，市場が均衡に向かう傾向があるというのは単なる理論的推測ではない．あなたはそれを毎日早朝に見ることが（そして嗅ぐことさえ）できるのだ．■

理解度チェック 3-3

1. 以下の3つの状況で市場は当初均衡にある．次に記述する出来事が起こった後に，当初の均衡価格の下で供給過剰，あるいは供給不足のどちらが生じるか．その結果，均衡価格はどうなるか．
   a. 1997年は，カリフォルニアのワイン用ブドウの栽培者にとって非常に良い年で，大豊作だった．
   b. ハリケーンの後でフロリダのホテル業者がよく経験するのは，多数の人たちが次の休暇をキャンセルしてホテルに空室が増えることだ．
   c. 大雪の後には，多数の人たちが近所の道具屋で中古の噴射式除雪機を買おうとする．

解答は本書の巻末にある．

> **ちょっと復習**
> ▶競争市場の価格は，供給量と需要量が等しくなる均衡価格，あるいは市場清算価格に向かって動く．この需給量は均衡数量だ．
> ▶市場の販売や購入はすべて同じ価格で行われる．その価格が均衡水準よりも高ければ，供給過剰が生じ価格を押し下げる．それが均衡水準よりも低ければ，供給不足が生じ価格を押し上げる．

5 需要と供給の変化

ウェイン・グレツキー選手の引退宣言は驚きを持って迎えられたが，その後に生じた4月のゲームのダフ券の値上がりは驚きでも何でもなかった．突然，どんな価格水準でもチケットを買いたい人の数が増えた．つまり，需要量が増加したのだ．同時に，すでにチケットを手に入れていた人々はグレツキー選手最後のゲームを見たくなり，チケットを売りたくなくなったのだろう．つまり，供給量が減少したのだ．

この場合，需要曲線と供給曲線の両方をシフトさせる出来事が起こったことになる．しかし，どちらか一方の曲線だけをシフトさせる出来事が起こることのほうが多い．例えば，フロリダの寒波はオレンジの供給を減らすが，需要を変えるものではない．卵が健康に良くないという医療報告は卵の需要を減らすが，供給量には影響しない．このように，供給曲線と需要曲線のどちらか一方だけをシフトさせる出来事がよくある．それぞれの場合に何が起こるかを見ておくのは有用だろう．

これまで，曲線がシフトするときには均衡価格と均衡数量が変化することを見てきた．以下では，曲線のシフトが均衡価格と均衡数量を具体的にどう変化させるかを見ていこう．

5.1 需要曲線がシフトするとき何が起こるか

コーヒーと紅茶は代替財だ．紅茶の価格が上がればコーヒーの需要は増加するだろう．また，紅茶の価格が下がればコーヒーの需要は減少するだろう．だが，紅茶の価

図3-12 均衡と需要曲線のシフト

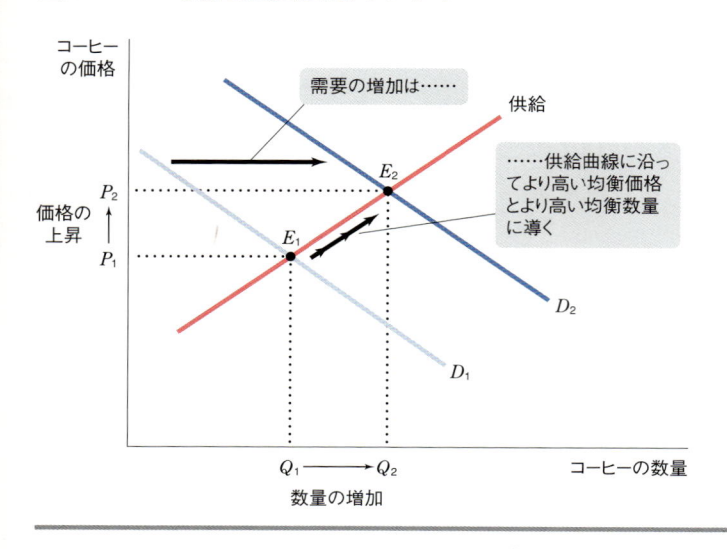

コーヒー市場の当初の均衡は供給曲線と当初の需要曲線 D_1 との交点 E_1 にある．代替財である紅茶の価格が上がると，需要曲線は D_2 まで右にシフトする．当初の価格 P_1 の下では供給不足になるので，価格と供給量がともに上昇する．これは供給曲線に沿った動きだ．新しい均衡は点 E_2 で達成され，均衡価格は P_2 に上昇し，均衡数量は Q_2 に増加する．ある財の需要が増加するとき，その均衡価格と均衡数量はともに上昇する．web▶

格はコーヒーの市場にどんな影響を及ぼすだろうか．

図3-12は，紅茶価格の上昇がコーヒーの市場に及ぼす効果を示したものだ．紅茶価格の上昇はコーヒーの需要を増加させる．点 E_1 は当初の需要曲線に対応する当初の均衡を示す．P_1 が均衡価格で，Q_1 が均衡数量だ．

需要の増加は需要曲線の D_1 から D_2 への右へのシフトで表される．当初の価格 P_1 では，この市場はもはや均衡しない．需要量が供給量を上回るから供給不足になっている．コーヒーの価格は上がり，供給量の増加，すなわち供給曲線に沿った上方への移動をもたらす．新しい均衡は点 E_2 で確立され，均衡価格は以前よりも高い P_2，均衡数量は以前より多い Q_2 となる．この一連の変化は，ある財の需要が増加したときには均衡価格と均衡数量がともに上昇するという一般原理を反映するものだ．

逆に紅茶価格が下落した場合はどうだろうか．コーヒーの需要は減少し，需要曲線は左へシフトする．当初の価格では，供給量が需要量を上回り，供給過剰が生じる．価格は下がり供給量は減少し，以前よりも低い均衡価格と以前よりも少ない均衡数量が成立する．これは，ある財の需要が減少したときには均衡価格と均衡数量がともに低下するという一般原理を示している．

市場が需要の変化にどう反応するかを要約するとこうなる．需要の増加は，均衡価格と均衡数量の両方の上昇をもたらす．需要の減少は均衡価格と均衡数量の両方の減少をもたらす．

5.2 供給曲線がシフトするとき何が起こるか

現実の世界では，需要の変化より供給の変化のほうがいくらか予測しやすい．投入物の利用可能量のような供給に影響する物理的要因は，需要に影響する気まぐれな嗜好よりもつかまえやすいからだ．そうではあるが，需要と同じく供給についても本当に良くわかっているのは供給曲線のシフトの効果のほうだ．

図3-13　均衡と供給曲線のシフト

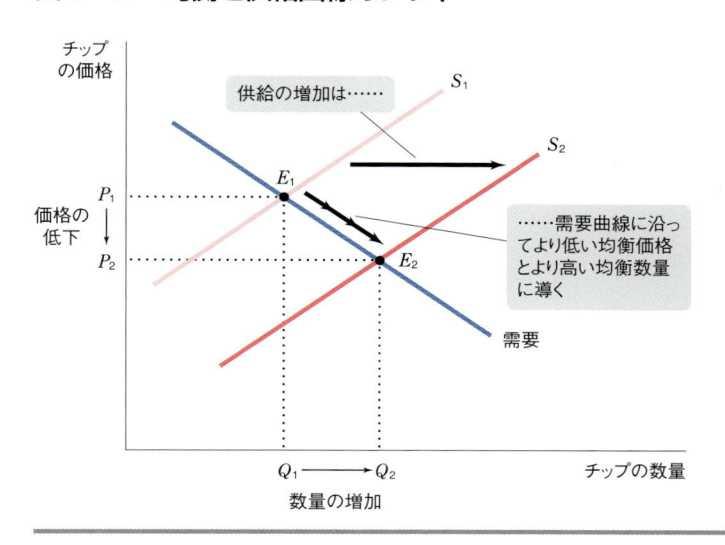

シリコンチップ市場の当初の均衡は需要曲線と当初の供給曲線との交点E_1にある．技術変化がシリコンチップの供給を増やすと，供給曲線はS_2まで右にシフトする．当初の価格P_1の下では供給過剰が生じ，価格は下がり需要量は増える．これは需要曲線に沿った移動だ．新しい均衡は点E_2で達成され，以前よりも低い均衡価格P_2と以前よりも多い均衡数量Q_2が実現する．ある財の供給が増加するとき，その均衡価格は低下し，均衡数量は増加する．
web▶

　供給の増加をもたらす技術変化の例で目を見張るようなものが，半導体——コンピュータ，ビデオゲーム機，その他の多くの機器の核心となるシリコンチップ——の製造で生じた．1970年代の初め，技術者たちはマイクロ電子素子をチップに埋め込む写真平板と呼ばれるプロセスの使い方を知った．この技術のそれからの発展はチップに埋め込むことのできる電子素子の限りない増加を可能にした．図3-13は，このような技術革新がシリコンチップの市場に及ぼした効果を示している．需要曲線は変化しない．当初の均衡は点E_1，すなわち当初の供給曲線と需要曲線の交点にあり，均衡価格はP_1，均衡数量はQ_1だ．技術変化の結果，供給は増加し，S_1からS_2まで右にシフトする．当初の価格P_1の下では，チップの供給過剰が生じ市場はもはや均衡ではなくなる．供給過剰は価格の低下と需要量の増加という需要曲線に沿った下への移動を引き起こす．新しい均衡はE_2となり，均衡価格はP_2，均衡数量はQ_2となる．新しい均衡E_2では，価格は以前よりも低くなり，均衡数量は以前よりも多くなる．これは一般原理として次のように述べることができる．供給の増加は均衡価格の低下と均衡数量の増加をもたらす．

　では，供給が減少するときには市場はどうなるだろうか．供給の減少は供給曲線の左へのシフトを誘発する．当初の価格では供給不足となる．その結果，均衡価格は上昇し，需要量は減少する．これは，前に論じた1994～95年の新聞用紙市場で起きた一連の出来事に合致する．当時，新聞用紙の供給が減少したために価格が高騰し多くの新聞社が閉鎖に追い込まれたのだったね．一般原理はこうだ．供給の減少は均衡価格の上昇と均衡数量の減少をもたらす．

　市場が供給の変化にどう反応するかを要約するとこうなる．供給の増加は，均衡価格の低下と均衡数量の増加をもたらす．供給の減少は均衡価格の上昇と均衡数量の減少をもたらす．

図 3-14　需要曲線と供給曲線の同時シフト

(a) 1つの可能性：価格が上昇し数量が増加する

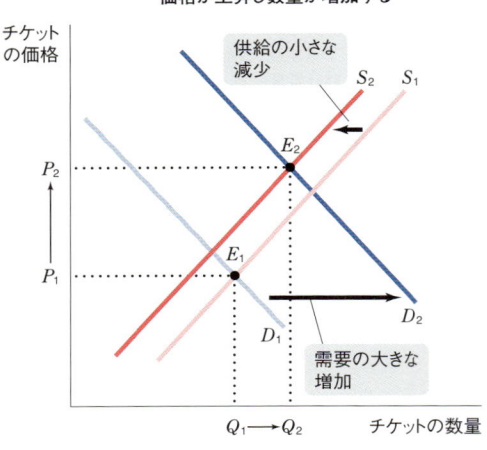

(b) もう1つの可能性：価格が上昇し数量が減少する

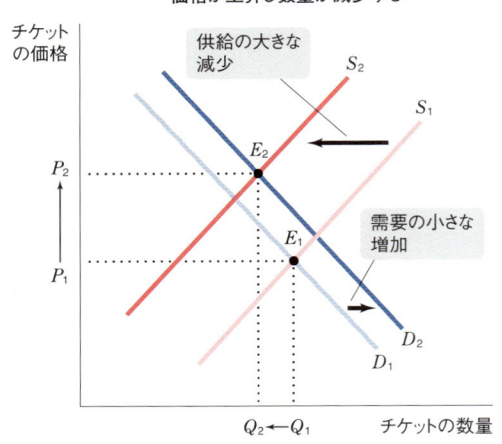

パネル(a)では，需要曲線が右にシフトし，同時に供給曲線が左にシフトしている．ここでは，需要の増加が供給の減少より大きいので，均衡価格と均衡数量はともに上昇している．

パネル(b)でも，需要曲線が右にシフトし，同時に供給曲線が左にシフトしている．ここでは，供給の減少が需要の増加より大きいので，均衡価格は上昇し均衡数量は減少している．

5.3　供給と需要の同時シフト

最後に，需要曲線と供給曲線の両方をシフトさせる出来事もある．実際，この章では，そのような同時的シフトの例から始めたのだったね．ウェイン・グレツキー選手の引退声明は，ダフ屋のチケットに対する需要を増やした．彼の最後のプレーを見たいという人たちが出てきたからだ．だがそれは供給も減らした．すでにチケットを手に入れていた人たちがそれを手ばなす気をなくしたからだ．

図 3-14 は，何が起こったかを示している．2 つのパネルがあるが，両方に需要の増加，すなわち需要曲線の D_1 から D_2 への右へのシフトが描き込まれている．ただし，パネル(a)の右シフトはパネル(b)の右へのシフトよりも大きい．また，両方に供給の減少，すなわち供給曲線の S_1 から S_2 への左へのシフトが示されている．ただし，パネル(b)の左シフトはパネル(a)の左シフトよりも大きい．

両方のケースで，均衡が E_1 から E_2 に移るにつれて均衡価格は P_1 から P_2 に上昇する．だが，ダフ屋のチケットの均衡数量はどうなるだろうか．パネル(a)では，需要の増加が供給の減少よりも大きく，均衡数量は結果的に増加する．パネル(b)では，供給の減少が需要の増加よりも大きく，均衡数量は結果的に減少する．つまり，需要が増加し供給が減少するときには，需要曲線と供給曲線がどれだけシフトしたかによって，実際の売買量は増加することも減少することもあるのだ．

一般に，需要曲線と供給曲線が反対方向にシフトするとき，売買量に対する最終的な効果を予測することはできない．言えることは，一方の曲線よりも大幅にシフトす

落とし穴

結局どっちの曲線なのか？

ある財の価格が変化したとき，それは一般に供給曲線，あるいは需要曲線の変化を反映するものだと言ってよい．だが，どっちの曲線かがわからなくなることがある．そんなときにヒントになるのは数量の変化の方向だ．もし販売量が価格と同じ方向に変化していれば——例えば，価格も数量もともに上昇していれば——，需要曲線がシフトしていると考えて良い．価格と数量が反対の方向に変化していれば，その原因はたぶん供給曲線のシフトだ．

ちょっと寄り道　供給，需要と規制物質

　2000年の映画界の大きな「話題」作は，麻薬取引をパノラマ的に描き出した『トラフィック』だった．この映画は大筋で1989年のイギリスの短期連続TV番組『トラフィック』に基づいている．11年が経過し，法律で禁止されているにもかかわらず麻薬取引が盛んな状況は基本的に変わっていない．法的規制によるいわゆる麻薬撃滅戦争は違法麻薬の追放に成功しなかっただけでなく，ほとんどの推計によれば麻薬の消費量を減らすための役にも立たなかった．

　麻薬に対する戦争の失敗には，歴史的な先例がある．1920年から1933年までの禁酒法時代，アメリカでのアルコールの販売と消費は法律で禁じられていた．しかし，「密売人」が製造・流通する酒類が広く入手可能な状態にあった．事実，1929年には，アルコールの1人当たり消費量が10年前よりも多いというありさまだった．今日の麻薬取引と同様に，禁止物質の生産・販売は，法的禁止にもかかわらず繁栄し続ける巨大なビジネスになったのだ．

　いったいなぜ，アルコールや麻薬の市場を撲滅することがそんなに難しいのか．麻薬に対する戦争のことを，供給曲線をシフトさせるが需要曲線にはさしたる影響を及ぼさない政策，と見なして考えてみよう．

　かつて飲酒が違法とされたように，コカインのような麻薬の使用は違法とされているが，実際問題として麻薬に対する戦争は主として供給者に的を絞っている．その結果，麻薬供給のコストは，逮捕・投獄され場合によっては死刑になることさえあるリスクを含むものとなった．疑いもなくこれは，一定の価格で供給される麻薬の供給量を減らし，麻薬の供給曲線を左にシフトさせる効果を持つ．図3-15で，このことはS_1からS_2への供給曲線のシフトとして示されている．もし麻薬に対する戦争が麻薬の価格に何の影響もなく価格がP_1の水準にとどまるとすれば，この左へのシフトによって供給曲線のシフト幅に等しい麻薬供給量の減少が生じるはずだ．

　だが本章で学んだように，ある財の供給曲線が左にシフトするとき，それは市場価格を引き上げる効果を持つ．図3-15では，麻薬に対する戦争の効果は，均衡をE_1からE_2へ移動させ，麻薬の価格を需要曲線に沿ってP_1からP_2に引き上げることだ．市場価格が上がるので，実際の麻薬供給量の減少は当初の価格のもとで生じたはずの減少よりも少なくなるだろう．

　禁酒法があのように効果がなかった決定的な理由は，消費者がほんの少ししか消費を減らさなかったことだ．それでも

図3-15　麻薬に対する戦争の効果

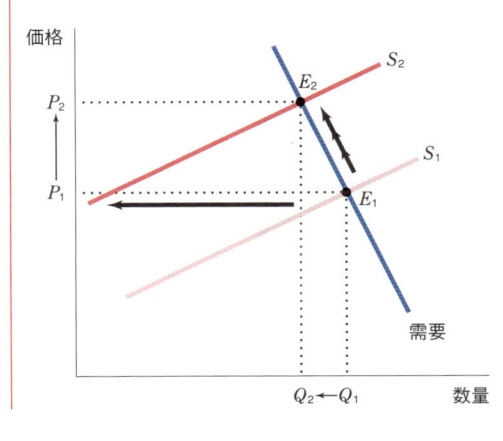

麻薬に対する戦争は供給曲線を左にシフトさせる．しかし，当初の均衡E_1と新しい均衡E_2を比較してみればわかるように，実際の麻薬供給量の減少は供給曲線のシフト幅よりもずっと小さい．均衡価格はP_1からP_2に需要曲線に沿って上昇する．このため，供給者は危険を冒しても麻薬の提供を続けるのだ．

価格が上昇したために，あえて投獄される危険をおかす供給者が多かった．だから，禁酒法はアルコールの価格を引き上げる効果を持ったけれども消費を大きく減らすことはできなかった．不幸なことに，同じことが現在の麻薬政策についても言えそうだ．この政策は麻薬使用者が支払う価格を引き上げる一方，消費の抑制にはあまり役立っていない．その間，価格が上昇したので，供給者たちは罰則にもめげず麻薬の提供を続けているのだ．

解決策は何なのか．需要側に政策の焦点を置き直すべきだと主張する者がいる．反麻薬教育の徹底，カウンセリング普及，等々だ．もしこうした政策が有効なら，それは需要曲線を左にシフトさせるだろう．麻薬もアルコールのように合法化し，その代わりに重税をかけるべきだとする者もいる．論戦は続き，麻薬に対する戦争も続く．

る曲線が売買量により大きな影響を及ぼすということだ．結局，需要曲線と供給曲線が反対方向にシフトする場合については次のような予測しか立てられない．

- 需要が増加し供給が減少するとき，価格は上昇するが数量がどう変化するかは明確でない．
- 需要が減少し供給が増加するとき，価格は低下するが数量がどう変化するかは明確でない．

需要と供給が同じ方向にシフトするときはどうだろうか．価格と数量の変化について何か言えることがあるだろうか．この状況では，売買量の変化は予測できるが，価格の変化が明確ではなくなる．需給曲線が同じ方向にシフトする場合，次の2つの結果のどちらかになる（自分で確かめてみるといい）．

- 需要と供給がともに増加するとき，数量は増加するが，価格がどう変化するかは明確でない．
- 需要と供給がともに減少するとき，数量は減少するが，価格がどう変化するかは明確でない．

経済学を使ってみよう

プレーン・バニラが出世した

バニラは尊敬の対象にならない．どこにでもあるありふれた香味料なので，「プレーン・バニラ」は普通の，ぱっとしない製品の一般的な代名詞になっている．だが2002年と2003年の間に，少なくとも価格を見る限りバニラはすっかり高級品になった．スーパーマーケットで，バニラの小さなビンの価格は約5ドルから約15ドルに上がった．バニラビーンズの卸売価格は400％も上昇した．

価格高騰の原因は悪天候だった．アメリカの，ではなく，インド洋の悪天候だ．世界のバニラの大部分はアフリカ南東の海岸線沖にある島嶼国，マダガスカルからやって来る．2000年にマダガスカルは大暴風雨に襲われ，例年よりも寒冷な気候と過剰な降水量がその後の回復を妨げた．

バニラの価格上昇は需要量の低下をもたらした．2000年から2003年にかけて，世界のバニラ消費量は約35％も減少した．消費者がバニラ風味の食品を食べなくなったわけではない．彼らは，（しばしばそれと知らずに）木材パルプと石油製品の副産物であ

る合成バニリンで風味づけられたアイスクリームやその他の食品に転向したのだ．

バニラの供給不足が生じたのではないことに注意しよう．値段を支払いさえすれば，いつでも店の食品棚から手に入れることができる．つまり，バニラ市場は均衡しているということだ．

理解度チェック 3-4

1. 以下に述べる事例のそれぞれについて，次の問いに答えなさい．①何の市場か．②需要曲線と供給曲線のどちらがシフトしたのか，シフトの方向はどうだったのか，何がシフトを起こさせたのか，そして③シフトは均衡価格と均衡数量にどのような効果を及ぼしたか．
    a. 1990年代にはガソリン価格が低下したので，大型車を買う人の数が増えた．
    b. 技術革新によって中古紙をリサイクルするコストが下がったので，リサイクルされた素材から作られる新生紙の使用量が増えた．
    c. 地域のケーブルテレビ会社が有料映画の料金を下げたので，映画館の空席が増えた．
2. インテルのような半導体メーカーは定期的に従来品よりも速いチップを導入する．その結果，消費者が新しいチップを取り入れた機械の製造を見越して購入を見合わせるので，従来品を用いたコンピュータに対する需要は減少する．同時に，コンピュータメーカーは古いチップの在庫を一掃しようと，それを用いたコンピュータの製造を増やす．

    従来のチップを用いたコンピュータの市場について2とおりの図を描きなさい．(a)これらの出来事の結果，均衡数量が減少する市場，(b)均衡数量が増加する市場．それぞれの図で，均衡価格はどうなるか．

解答は本書の巻末にある．

> **ちょっと復習**
>
> ▶市場の均衡価格と均衡数量の変化は，供給曲線，需要曲線，あるいはその両方のシフトによって生じる．
>
> ▶需要の増加――需要曲線の右へのシフト――は，均衡価格と均衡数量の両方を上昇させる．需要の減少――需要曲線の左へのシフト――は，均衡価格と均衡数量の両方を低下させる．
>
> ▶供給の増加は均衡価格を低下させるが，均衡数量を増加させる．供給の減少は均衡価格を上昇させるが，均衡数量を減少させる．
>
> ▶市場の変動は供給曲線と需要曲線の同時シフトによって生じることが少なくない．両者が同じ方向にシフトする場合，数量の変化は予測できるが価格の変化は予測できない．両者が反対方向にシフトする場合，価格の変化は予測できるが数量の変化は予測できない．需要曲線と供給曲線が同時にシフトするときには，シフトの幅がより大きい曲線のほうが価格と数量の変化により大きい効果を及ぼす．

6 競争市場：そしてその他の市場

本章の冒頭で競争市場を定義し，供給と需要のモデルは競争市場のモデルであることを説明した．だが，なぜ市場が競争的かどうかが問題になるのか，という点をとりあえず保留にして先送りしておいた．これまでに供給と需要のモデルがどのように働くかを学んだので，ここでこの問題に多少とも答えることができる．

競争市場がなぜ他の市場と異なるかを理解するために，次の2人の人物が直面する問題を比較してみよう．(a)小麦の作付けを増やすかどうかを決めなければならない小麦農家，(b)アルミニウムの生産を増やすかどうかを決めなければならない巨大アルミ企業(例えばアルコア)の社長．

小麦農家にとっては，この問題は単純に追加的に生産する小麦が生産コストをまかなうだけの高値で売れるかどうかだ．農家は小麦の増産が現在すでに生産している小麦の価格に影響を及ぼすかどうかについて考える必要はない．なぜって？ 小麦市場

は競争的だからだ．小麦農家は何千とあり，その中の1人の小麦農家の決定が市場価格に影響することはないだろう．

だがアルコアの社長にとっては，問題はそんなに単純ではない．アルミ市場は競争的ではないからだ．そこには，アルコアを含めてわずかのプレーヤーしか存在せず，各社は自分の行動が市場価格に無視できない影響を及ぼすことをよく自覚している．このことは生産者がしなければならない決定に全く新しい複雑さを付け加える．アルコアは追加生産が追加コスト以上の値段で売れるかどうかだけで増産を決めることはできない．アルミの増産が市場価格を押し下げ，利潤を減らさないかどうかを考慮しなくてはならないのだ．

市場が競争的なときには，個々人は非競争的な市場に比べ複雑でない分析に基づいて決定を下すことができる．経済学者にとっても，非競争的な市場のモデルよりも競争的な市場のモデルのほうが作りやすいということになる．

だからといって，経済分析は非競争市場については何も言えないなどと考えてはいけない．それどころか，経済学者は非競争的な種類の市場の働きについても重要な洞察を提供することができる．だが，そのためには，他のモデルが必要になる．次章では，本章で見てきた非常に有用なモデル，すなわち供給と需要のモデルから競争市場について何が学べるかを集中して考えてみたい．

次に学ぶこと

本章では，市場でどのように価格が成立するか，また市場がうまく「働いて」買い手がほとんどいつも売り手を見つけることができ，売り手もほとんどいつも買い手を見つけることができるのはなぜかを説明するモデルを展開した．しかし，このモデルをもう少し明確にして使うことができる．

ある原理の意味は，何よりも人々がそれに反抗しようとするときに明らかになる．ところで，政府はしばしば供給と需要の原理に反抗して行動しようとするものだ．次章では，政府がそのように行動するとき何が起こるか——市場の逆襲について考える．

要約

1. **供給と需要のモデル**は多くの買い手と売り手がいる**競争市場**がどのように働くかを解明するものだ．

2. **需要表**はそれぞれの価格水準での**需要量**を示し，グラフとして**需要曲線**で表される．**需要法則**は需要曲線が右下がりというものだ．

3. **需要曲線に沿った移動**は，価格が変化して需要量の変化を誘発するときに起こるものだ．経済学者が需要の増加とか減少というのは，**需要曲線のシフト**——すべての価格水準での需要量の変化という意味だ．需要の増加は需要曲線の右へのシフトを，需要の減少は需要曲線の**左**へのシフトを引き起こす．

4. 需要曲線のシフトは4つの主要な要因によって生じる．
   - **代替財**，あるいは**補完財**のように，関連する財の価格変化．
   - 所得の変化：所得が増加するとき，**正常財**の需要は増加し**下級財**の需要は減少する．
   - 嗜好の変化
   - 期待の変化

5. **供給表**はそれぞれの価格水準での**供給量**を示し，グラフとして**供給曲線**で表される．供給曲線は通常右上がりだ．

6. **供給曲線に沿った移動**は，価格が変化して供給量の変化を誘発するときに起こるものだ．経済学者が供給の増加とか減少というのは，**供給曲線のシフト**——一定のすべての価格水準での供給量の変化という意味だ．供給の増加は供給曲線の右へのシフトを，供給の減少は供給曲線の左へのシフトを引き起こす．

7. 供給曲線のシフトは3つの主要な要因によって生じる．
   - 投入物価格の変化
   - 技術の変化
   - 期待の変化

8. 供給と需要のモデルは，市場の価格が**均衡価格**，あるいは**市場清算価格**，すなわち需要量が供給量に等しくなる価格に向かって動くという原理に基づいている．このときの需給量は**均衡数量**と呼ばれる．価格が市場清算水準よりも上にあるとき，**供給過剰**が生じ，価格を押し下げる．価格が市場清算水準よりも下にあるとき，**供給不足**が生じ，価格を押し上げる．

9. 需要の増加は均衡価格と均衡数量をともに上昇させる．需要の減少の効果はこれと逆になる．供給の増加は均衡価格を引き下げ，均衡数量を増やす．供給の減少の効果はこれと逆になる．

10. 需要曲線と供給曲線のシフトが同時に起こることがある．両曲線が反対方向にシフトするときには，価格の変化は予測できるが数量の変化は予測できない．同方向にシフトするときには，数量の変化は予測できるが価格の変化は予測でない．一般に，シフト幅がより大きい曲線が価格にも数量にもより大きい効果を及ぼす．

キーワード

競争市場…p.70
供給と需要のモデル…p.70
需要表…p.71
需要曲線…p.71
需要量…p.71
需要法則…p.72
需要曲線のシフト…p.73
需要曲線に沿った移動…p.73
代替財…p.74
補完財…p.75
正常財…p.75
下級財…p.75
供給量…p.77
供給表…p.77
供給曲線…p.77
供給曲線のシフト…p.78
供給曲線に沿った移動…p.79
投入物…p.80
均衡価格…p.83
均衡数量…p.83
市場清算価格…p.83
供給過剰…p.85
供給不足…p.85

問題

1. ある調査によれば，チョコレートアイスクリームはアメリカ人の好きなアイスクリームだ．下記のそれぞれについて，チョコレートアイスクリームの需要ないし供給，均衡価格および均衡数量に対する効果を示しなさい．
   a. 中西部の厳しい旱魃のため，酪農家は乳牛数を3分の1ほど減らした．これらの酪農家はチョコレートアイスクリームの製造に使われるクリームを供給している．
   b. アメリカ医療協会の新しい報告書により，チョコレートが非常に良い健康効果があることがわかった．
   c. 安い合成バニラ香料が発見されたことでバニラアイスクリームの価格が下がっている．
   d. アイスクリームの混合・凍結の新技術によって，チョコレートアイスクリームの製造コストが下がっている．

2. 供給と需要の図を用いて，あなたの町のハンバーガーの需要曲線が下記の出来事によってどのようにシフトするかを示しなさい．それぞれの場合について，均衡価格と均衡数量への効果を明らかにしなさい．
   a. タコスの価格が上がる．
   b. すべてのハンバーガー店がフライドポテトの価格を上げる．
   c. 町の人々の所得が下がる．ただし，ほとんどの人にとってハンバーガーは正常財だとする．
   d. 町の人々の所得が下がる．ただし，ほとんどの人にとってハンバーガーは下級財だとする．
   e. ホットドッグスタンドがホットドッグの値下げをする．

3. 多くの財の市場は，祝日，休暇，生産の季節変動などの出来事に応じて予測どおりに変化する．供給と需要のモデルを使って，下記のそれぞれの場合について価格の変化を説明しなさい．
   a. ロブスターの価格は通常夏の最高の収穫期に下がる．1年の他のどんな時期より夏季にロブスターを食べたがる人が多いにもかかわらずだ．
   b. クリスマスツリーの価格はクリスマス前よりもクリスマス後のほうが安いが，売れる本数は少ない．
   c. エールフランスのパリ行き往復チケットは，学校の休暇が終わる9月に200ドル以上も下がる．この時期，一般に天候が悪化するため，パリ便の運航コストが上がり，エールフランスはあらゆる価格帯でパリ行きフライト数を減らすにもかかわらずだ．

4. 下記の出来事が需要曲線，供給曲線，均衡価格，均衡数量に及ぼす効果を図示しなさい．
   a. あなたの町の新聞の市場．
      ケース1：記者の給料が上がる．
      ケース2：あなたの町で大きな事件があり，新聞で報道される．
   b. セントルイス・ラムズの木綿製のTシャツの市場．
      ケース1：ラムズが全米チャンピオンになる．
      ケース2：木綿の価格が上がる．
   c. ベーグルの市場．
      ケース1：ベーグルが肥満の原因になることが知られる．
      ケース2：人々が自分で朝食を調理する時間が少なくなる．
   d. クルーグマン＝ウェルスの経済学テキストの市場．
      ケース1：あなたの先生が自分の学生の必読図書に指定する．
      ケース2：合成紙の使用で教科書の印刷コストが下がる．

5. メイン・ロブスターの供給表が次のとおりだとしよう．

ロブスターの価格 （1ポンド当たり，ドル）	ロブスターの供給量 （ポンド）
25	800
20	700
15	600
10	500
5	400

メイン・ロブスターはアメリカだけでしか売れないとしよう．アメリカのメイン・ロブスターの需要表は次のとおりだ．

ロブスターの価格 （1ポンド当たり，ドル）	ロブスターの需要量 （ポンド）
25	200
20	400
15	600
10	800
5	1,000

a. メイン・ロブスターの需要曲線と供給曲線を描き，均衡価格と均衡数量を求めなさい．

今度は，メイン・ロブスターがフランスでも売れるとしよう．フランスの需要表は次のとおりだ．

ロブスターの価格 （1ポンド当たり，ドル）	ロブスターの需要量 （ポンド）
25	100
20	300
15	500
10	700
5	900

b. フランスの消費者も買えるようになった現在，メイン・ロブスターの需要曲線はどうなるか．新しい均衡価格と均衡数量を示す需給図を描きなさい．漁師がロブスターを売ることができる価格はどう変わるか．アメリカの消費者が支払う価格はどう変わるか．アメリカで消費される数量はどうなるか．

6. 需給曲線のシフトと需給曲線に沿った移動の区別に特に注意して，下記の文章で間違っている点を指摘しなさい．それぞれの状況で実際に何が起こっているかを示す図を描きなさい．
   a. 「ある財の生産コストを下げる技術革新は，はじめはその財の消費者価格を低下させるように見える．だが，価格の低下は需要を増加させ，需要の増加はまた価格を押し上げる．だから，技術革新が最終的に価格低下をもたらすかどうかははっきりしない」．
   b. 「ニンニクを食べると心臓病の予防になるという研究が発表され，多くの消費者がニンニクの需要を増やしたとしよう．この需要の増加は価格の上昇を引き起こす．消費者はニンニク価格の上昇を見てその需要を減らす．ニンニク需要の減少は価格の低下をもたらす．だから，この研究発表がニンニクの価格に及ぼす究極の効果は不確定だ」．

7. ある正常財の需要曲線上のいくつかの点が以下に示されている．

価格（ドル）	需要量
23	70
21	90
19	110
17	130

価格が（21から19に）低下するとき需要量が（90から110に）

増加するのは消費者の所得が増えたからだろうか．なぜそうか，あるいはそうでないかを明確に，かつ簡潔に説明しなさい．

8. アーロン・ハンクはベイシティ野球チームのスター選手だ．あるシーズン，彼はメジャーリーグのホームラン記録に近づき，次のゲームでそれを破るのではないかと大評判になる．その結果，チームの次のゲームのチケットは人気商品になる．しかし今日になって，膝のけがのため，次のゲームに彼は実は出場しないことが公表される．シーズンチケットを持っている人はそれを転売できるとしよう．供給と需要の図を使って次の問いに答え，説明しなさい．
   a. この公表の結果，均衡価格と均衡数量が低下するケースを示しなさい．
   b. この公表の結果，均衡価格が低下し，均衡数量が増加するケースを示しなさい．
   c. ケースaとケースbのどちらが起こるかを決めるのは何か．
   d. アーロン・ハンクが次のゲームに出場しないことをひそかに嗅ぎつけたダフ屋がいるとしよう．彼はどんな行動をとるだろうか．

9. 『ローリングストーン』誌で，パール・ジャムを含む何人かのロックスターとファンが対談でコンサートチケットの高騰を嘆いていた．スーパースターの1人は，「僕の演奏なんて75ドルの値打ちはないよ．誰だって，コンサートに行くのにそんなに払ってはいけないよ」と言っていた．このスーパースターが全国の会場で平均75ドルのチケットを完売しているとしよう．
   a. チケットの価格が高すぎるという議論をどう評価するか．
   b. このスターの抗議でチケットの価格が50ドルに下げられたとしよう．この価格はどんな理由で低すぎると言えるだろうか．供給と需要の図を使ってあなたの考えを裏づけなさい．
   c. パール・ジャムが本当にチケットの値段を下げたいと思ったとしよう．バンドは演奏サービスの供給を管理しているのだから，彼らは何をするべきだろうか．需要と供給の図を使ってあなたのアドバイスを説明しなさい．
   d. バンドの次のCDは完全に不人気だったとしよう．それでも彼らはチケットが高すぎると悩まなければならないと思うか．なぜそうなのか，なぜそうでないのか．需要と供給の図を描いてあなたの考えを説明しなさい．
   e. このグループが次の公演が彼らの最後の公演になると発表したとしよう．それはチケットの需要と価格にどんな影響を及ぼすだろうか．供給と需要の図で解明しなさい．

10. 次の表は，アメリカのピックアップトラックについて，年間の需要表と供給表を示したものだ．

トラックの価格 (ドル)	トラックの需要量 (100万台)	トラックの供給量 (100万台)
20,000	20	14
25,000	18	15
30,000	16	16
35,000	14	17
40,000	12	18

   a. これらの表から需要曲線と供給曲線を描き，図の上に均衡価格と均衡数量を示しなさい．
   b. ピックアップトラックに装着されているタイヤに欠陥があることがわかったとしよう．ピックアップトラックの市場に何が起こると思うか．図の上にそれを示しなさい．
   c. アメリカの運輸省が製造業者にカネのかかる規制をかけるため，すべての価格帯で供給量が3分の1ほど減らされたとしよう．新しい供給表を算出して描き出し，新しい均衡価格と均衡数量を図の上に示しなさい．

11. 数年間の落ち込みの後，手製のアコースティック・ギターの市場は回復しつつある．このギターは通常少数の熟練した職人を使う小さな仕事場で作られている．以下の出来事のそれぞれについて，手製のアコースティック・ギター市場の均衡価格と均衡数量にどのような影響が及ぶかを推測しなさい．答えの中で，どちらの曲線がどの方向にシフトするかを示しなさい．
   a. 環境主義者たちの運動によりブラジル産シタン材のアメリカでの使用が禁止され，職人は代わりのもっと高い木材を探さなければならなくなる．
   b. 外国の生産者がギターの製造プロセスを革新して，市場に同じギターをあふれさせる．
   c. 聴衆がヘビーメタルやグランジに飽きるにつれて，手製のアコースティック・ギターを売り物にする音楽が人気を回復する．
   d. 深刻な不況に突入し，平均的アメリカ人の所得が急激に下がる．

12. 需要のねじれ現象．下記の文章中にある需要行動について説明しなさい．
   a. ブリトニー・スピアーズのCDなんて絶対買わないよ．ただでも貰わないよ．
   b. 通常，私は価格が下がればコーヒーを少し買い増すだけだが，1ポンド2ドルまで下がったらスーパーマーケットの全ストックを買い切る．
   c. 価格が上がっても，私はオレンジジュースにもっとお金を使う（私は需要法則を破っていることになる？）．
   d. 授業料の値上げで，大学の大多数の学生の可処分所得は低下する．カフェテリアの価格も上がったのに，ほとんどすべての者が学校のカフェテリアで食べる回数を増やし，レストランで食べる回数を減らしている（この問題

に答えるには，カフェテリア料理の需要曲線と供給曲線を両方とも描くことが必要だ）．

13. 劇作家ウィル・シェイクスピアは，16世紀ロンドンで苦闘していた．1作当たりの報酬が上がるにつれて，彼はもっと多くの劇を書きたいと思う．シェイクスピアの戯曲の市場で，下記の状況のそれぞれの出来事が均衡価格と均衡数量にどんな影響を及ぼすかを図示しなさい．
    a. シェイクスピアの主なライバルだった劇作家クリストファー・マーローが酒場の喧嘩で殺された．
    b. ロンドンで致命的な疫病の腺ペストが発生した．
    c. スペイン艦隊の敗北を祝って，エリザベス女王は数週間にわたる祝祭を宣言する．催し事の中には新しい演劇の注文もある．

14. 小さな町ミドリングで，出生率が突然倍増したが3年後に通常に戻った．これらの出来事が下記の市場に与える効果を図示しなさい．
    a. 今日のミドリングでの1時間ベビーシッター・サービスの市場．
    b. 出生率が正常に戻ってから14年後の1時間ベビーシッター・サービスの市場．それまでには，今日生まれた子どもたちが成長してベビーシッターとして働けるようになっている．
    c. 30年後の1時間ベビーシッター・サービスの市場．それまでには今日生まれた子どもたちが自分の子どもを持つようになっているだろう．

15. 下記の出来事がそれぞれピザの均衡価格と均衡数量に及ぼす影響を図示しなさい．
    a. モッツァレラチーズの価格が上がる．
    b. ハンバーガーによる健康被害の危険が広く公表される．
    c. トマトソースの価格が下がる．
    d. 消費者の所得が上がる．ただし，ピザは下級財だとする．
    e. 消費者がピザの価格が来週上がると予測する．

16. パブロ・ピカソは多作な芸術家だったが，「青の時代」には1000点の絵しか描いていない．ピカソは亡くなり，青の時代の作品は現在すべてヨーロッパ，アメリカ中の美術館や個人画廊に展示されている．
    a. ピカソの青の時代の作品の供給曲線を描きなさい．この曲線がこれまでに見慣れた供給曲線と違うのはなぜか．
    b. aで描いた供給曲線が与えられたものとすると，ピカソの青の時代の作品の均衡価格はいかなる要因に全面的に依存していると言えるか．こうした作品の均衡価格がどう決まるかを示す図を描きなさい．
    c. 金持ちの収集家たちが是非ともピカソの青の時代の作品を所蔵品に加えたいと決意したとする．彼らの決意はこうした作品の市場にどのような影響を及ぼすかを示しなさい．

17. 下記のそれぞれの事例について適切な曲線を描きなさい．それらはこれまでに見慣れた曲線に似ているだろうか，似ていないだろうか．そのわけを説明しなさい．
    a. 心臓のバイパス手術に対する需要．ただし，政府がすべての患者に対して手術費用を全額支給するとする．
    b. プラスチック美容整形手術に対する需要．ただし，依頼者が手術費用を全額負担するとする．
    c. レンブラントの絵の供給．
    d. レンブラントの絵の複製画の供給．

> **web** ▶ 引き続き勉強し，本章の概念を復習したい人は，クルーグマン＝ウェルスのウェブサイトを訪ね，小問題集，動画による教習，有益なリンク集などを参照してください．
> www.worthpublishers.com/krugmanwells

第 4 章
The Market Strikes Back
市場の逆襲

この章で学ぶこと
▶ **価格統制**と**数量統制**という，政府が市場へ介入するときの2つの方法の意味．
▶ 価格統制と数量統制がどのように問題を引き起こし，市場を**非効率**にするか．
▶ 経済学者が市場介入の試みに深い疑念を抱くことが多いのはなぜか．
▶ 市場介入で便益を受けるのは誰で，損失を被るのは誰か．そしていろいろ問題があることがよく知られているのに，なぜ市場介入が行われるのか．
▶ **物品税**とは何か．そしてなぜその効果は数量統制と似ているのか．
▶ 税の**死荷重**は，税の本当の費用が税収額を上回るものだということを表すが，それはなぜか．

大都市，あまり賢明ではない考え

ニューヨーク市は，ほとんどすべてのものを見つけることができる場所だ．拾いたいときのタクシーや，あなたが支払えるくらいの家賃で借りられるそれなりのアパートを除けばね．この悪名高いタクシーやアパートの不足は，大都市生活では避けることのできない対価だと思うかもしれない．でもその多くは，政府の政策――特に，いろいろな方法で供給と需要という市場の力を抑えようとする政策の産物なのだ．

これまでの章で，市場が均衡へと動く原理を学んだ．すなわちある財について，人々が供給したいと思う数量と，他の人々が需要したいと思う数量が等しくなるように，市場価格が上がったり下がったりすることを学んだ．だが政府はしばしばこの原理を無視しようとする．そのとき，市場は予測できる仕方で逆襲してくる．政府が供給と需要を否定するときに何が起きるかを予測できること自体，供給と需要の分析が持っている力と有用性を示すものだ．

ニューヨークでのアパートとタクシーの不足は，市場の論理が無視されたときに何が起きるかを明確に示す例だ．ニューヨークの住宅不足は家賃統制の結果だ．これは特別な許可がないかぎり家主が家賃を引き上げるのを禁止する法律で，第2次世界大戦中に入居者の利益を守るために導入され，いまだに効力を持っている．アメリカの他の多くの都市も，時に応じて家賃統制を行ってきた．しかしニューヨークとサンフランシスコという顕著な例外を除けば，こうした統制の多くは廃止されている．

アパートと同様に，ニューヨークでタクシーの供給に限りがあるのは，1930年代に導入された許可制度の結果だ．ニューヨークのタクシー許可証は「大メダル（メダリオン）」として知られていて，大メダルを持つタクシーだけがお客を拾うことを許されている．この制度には当初，運転手と顧客の双方の利益を守る意図があったにもかかわらず，市内のタクシー不足を招いてしまった．大メダルの数は1937年から1995年まで固定されていて，それ以降に発行された許可証の数はほんの一握りにすぎない．

この章は，政府が競争市場で価格を統制しようとしたときに何が起きるかを検討することから始める．統制には，家賃統制のように市場価格を均衡水準よりも低く維持する**上限価格規制**，あるいは市場価格を均衡水準よりも高く維持する**下限価格規制**がある．次にタクシー許可証のように，売買される財の数量を統制しようとする計画を検討する．最後に，売上げないし購入に対する課税の効果を見よう．

1 なぜ政府は価格を統制するのか

　第3章では，市場は均衡へと動くことを学んだ．すなわち，市場価格は供給量と需要量が等しくなる水準まで動くというものだ．しかしこの均衡価格は買い手や売り手を必ずしも喜ばすものではない．

　結局のところ，買い手は常にできることならより少なく支払うことを望んでいる．そして彼らはしばしば，より低い価格を支払うべきだという強い教訓や政治的事例を作ることができる．例えば主要都市のアパートの供給と需要が均衡したとき，それが平均的な労働者の支払えないような価格だったらどうなるだろうか．その場合政府は，家主が設定できる家賃に制限を課すように，という圧力を受けるだろう．

　一方で，売り手は自らの販売する商品の対価としてより多くのお金を得たいと望んでいる．そして彼らはしばしば，より高い価格を受け取るべきだという強い教訓や政治的事例を作ることができる．例えば労働市場を考えてみよう．労働者の1時間当たりの価格が賃金率だ．もし非熟練労働者の供給と需要が均衡したとき，それが法定貧困レベルよりも低い賃金率だったらどうなるだろうか．その場合政府は，一定の最低賃金未満の額が支払われることがないようにせよ，という圧力を感じるだろう．

　言い換えると，政府が市場に介入することへの強い政治的欲求が多く存在するのだ．政府が価格を規制しようとすることを**価格統制**を課すという．これらの統制は典型的には，価格の上限を定める**上限価格規制**かあるいは価格の下限を定める**下限価格規制**の形をとる．

　残念なことに，市場に対して何をすべきかを示すのはそれほど簡単ではない．今から見ていくように，政府が価格を統制しようともくろむと——上限価格規制を課して価格を下げようとする場合でも，下限価格規制を課して価格を上げようとする場合でも——予測可能でかつ不愉快な副作用が生じることになる．

　ここで，注意しなくてはいけない重要なことがある．この章の分析は，競争市場だけを対象に，価格統制が課されると何が起こるのかを考察するものだ．第3章で見たように，競争市場とは，多くの売り手と買い手がいて，どんな売り手も買い手も価格に対して何の影響力も持たないような市場のことだ．市場が競争的ではないとき，例えば売り手がたった1人しかいない独占市場のような場合には，価格統制は必ずしも競争市場と同じ問題を生じさせるわけではない．しかし実際には，ニューヨークのアパート市場のように，競争市場に価格統制が課されることがよくある．だからこの章の分析は現実世界にある多くの重要な状況に適用されるのだ．

2 上限価格規制

　家賃統制は別として，今日のアメリカに存在する上限価格規制はそれほど多くない．しかしかつては広く存在していた．上限価格規制は典型的には危機——戦争，凶作，自然災害——のときに課せられる．そうした事態がしばしば急激な価格騰貴をもたらし，多くの人々を苦しめる一方で，運のいい少数の人々に莫大な利益をもたらすから

価格統制は市場価格がどこまで高くなってもよいか，あるいは低くなってもよいかを定める法的な制限だ．それには2つの形態がありうる．売り手がある財に付けられる最高の価格を定める**上限価格規制**か，買い手がある財に支払うべき最低の価格を定める**下限価格規制**だ．

だ．アメリカ政府は第2次世界大戦中，多くの価格に上限を課した．戦争はアルミや鉄といった原材料の需要を急増させたが，価格統制はこれらの原材料を入手できる人々が巨大な利潤を上げることを阻んだ．アラブの石油輸出国の輸出停止でアメリカの石油会社が巨大な利潤を手にしかねなかった1973年には，石油に対する価格統制が課せられた(106ページの「経済学を使ってみよう」を参照)．2001年には，カリフォルニアの大口電力市場に価格統制が課せられた．電力不足が少数の発電会社に大きな利益をもたらした一方で，消費者に高額の使用料を負担させるに至ったからだ．

ニューヨークの家賃統制は，信じるか否かは別として，第2次世界大戦の遺物だ．戦争が好況を引き起こしアパートに対する需要を増加させたものの，労働と原材料はアパート建設のためではなく戦争に勝つために使われていたからだ．ほとんどの価格統制は戦後すぐに取り除かれたが，ニューヨークの家賃統制は維持され，次第に以前は対象とならなかった建物にまで拡大されて，きわめて奇妙な状況になっていった．

もしあなたがひと月に1700ドルを支払うことができ，あまり望ましくない地域に住んでも良いというのなら，マンハッタンで1ベッドルームのアパートをすぐにでも借りられる．でもより少ない家賃で同じ程度のアパートに住んでいる人もいるし，ほとんど同じ家賃でより良い立地のより大きなアパートに住んでいる人もいるという状況なのだ．

一部の借家人に有利な条件を与えることはさておき，ニューヨークの家賃統制がもたらすより広範な結果とは何だろうか．この問題に答えるために，第3章で展開したモデルを用いてみよう．そう，供給と需要のモデルだ．

2.1　上限価格規制のモデル化

政府が競争市場に上限価格規制を課すと何がまずいのかを見るために，図4-1を考えてみよう．そこにはニューヨークのアパート市場の単純化されたモデルが示されている．単純化のために，すべてのアパートの質は全く同一で，統制のない市場ではどれも同額の家賃で貸し出されると考えよう．図のなかの表は需要表と供給表だ．そこから導かれる需要曲線と供給曲線が図の左側に示されている．アパートの数量を横軸に，1カ月の家賃を縦軸に示している．統制のない市場では均衡は点Eとなり，200万戸のアパートが月1000ドルで賃貸されることが見て取れるだろう．

ここで政府が家賃を均衡価格の1000ドルよりも下の，例えば800ドルを超えてはならないとする上限価格規制を課したとしよう．

図4-2の800ドルのところに引かれた直線は，この上限価格規制の効果を示している．800ドルという強制された家賃では，アパートを貸そうという家主のインセンティブは小さくなり，均衡家賃1000ドルのときと同じ数量のアパートは供給されない．それで彼らは供給曲線上の点Aを選び，自由な市場に比べて20万戸少ない180万戸のみを貸し出す．同時に，800ドルであれば均衡家賃1000ドルのときよりも多くの人々がアパートを借りたいと思う．需要曲線上の点Bで示されているように，1カ月の家賃800ドルで需要されるアパートの数量は，自由な市場に比べて20万戸多い220万

図 4-1　政府規制がない場合のアパート市場

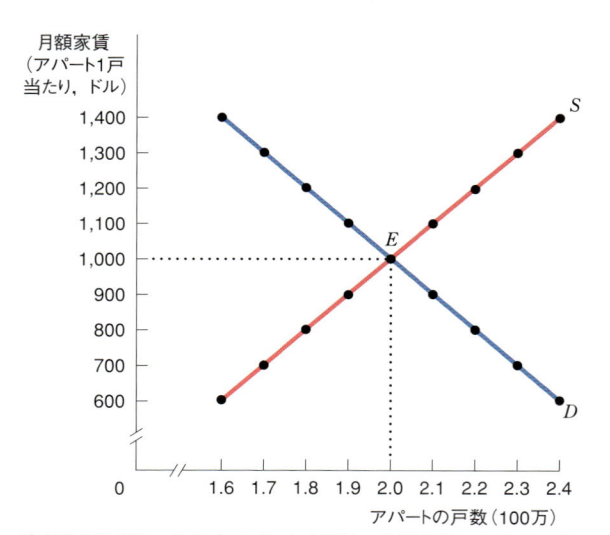

月額家賃	アパートの戸数 (100万)	
(アパート1戸当たり，ドル)	需要量	供給量
1,400	1.6	2.4
1,300	1.7	2.3
1,200	1.8	2.2
1,100	1.9	2.1
1,000	2.0	2.0
900	2.1	1.9
800	2.2	1.8
700	2.3	1.7
600	2.4	1.6

政府の介入がないときのアパート市場は，市場家賃1カ月1000ドルで200万戸が賃貸される点 E で均衡に到達する．

戸となり，800ドルで実際に利用可能な数量よりも40万戸多くなる．したがって持続的な賃貸アパートの不足が生じる．その価格では，アパートを見つけられる人よりも40万人多い人々が，アパートを借りたいと思っているのだ．

上限価格規制は常に供給不足の原因となるだろうか．いやそうではない．上限価格規制が均衡価格よりも高く設定されていれば，それは何ら拘束的なものにはならない．アパートの均衡家賃が1カ月1000ドルのときに市政府が1200ドルの上限価格規制を設定したら，誰がそれを気にするだろうか？　この場合，上限価格規制は拘束とはならず，つまり実際に市場行動を制約することなく，何の効果も持たない．

2.2　なぜ上限価格規制は非効率の原因となるのか

図4-2に示されているアパートの供給不足は単に悩ましいだけではない．価格統制が引き起こす他のすべての供給不足と同様，非効率性をもたらし深刻な害悪となりえるのだ．私たちは第1章で効率性の概念を導入し，経済が効率的であるとは，他の人々の状態を悪化させることなく誰かの状態を良くすることができない状況だということを学んだ．また，市場経済は，ほうっておけば通常は効率的に働くという基本原理も学んだ．

市場，あるいは経済は失われた機会があるとき——つまり他の人々の状態を悪化させることなく誰かの状態を良くするように生産や消費を再構成する方法があるとき，**非効率的**になる．

あらゆる上限価格規制のように，家賃統制は少なくとも3つの異なる非効率性をもたらす．それは，借家人への非効率的なアパートの配分，アパート探しに要する時間の浪費，そして家主がアパートを非効率的に低い質や状態にしておくというものだ．

> 失われた機会があるとき，つまり他の人々の状態を悪化させることなくある人の状態を良くできるとき，市場あるいは経済は**非効率的**だ．

図4-2 上限価格規制の効果

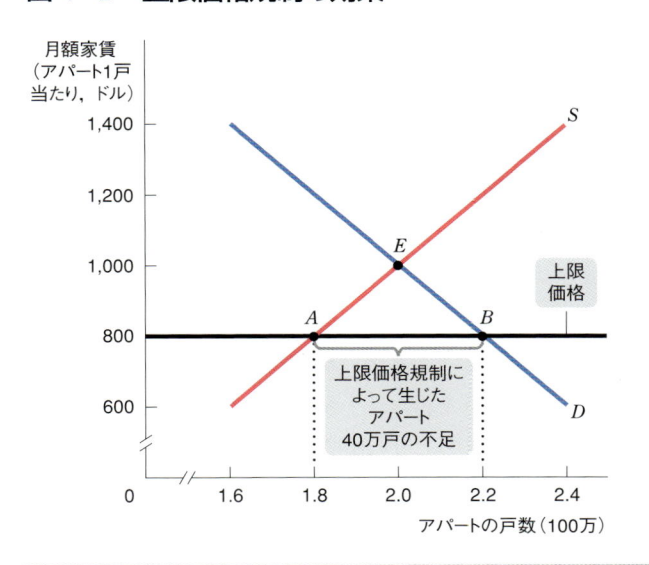

黒の水平線は政府が家賃に課した1カ月800ドルの上限価格規制を表している。この上限価格規制は、アパートの供給量を180万戸、点Aに減少させ、アパートの需要量を220万戸、点Bに増加させる。これは40万戸の持続的な供給不足を作り出す。法定家賃800ドルでは、アパートを借りたいと思っている40万人がそれを得ることができない。

非効率性に加えて、上限価格規制は、他人を出し抜こうとする非合法的な行動を引き起こす。

消費者への非効率的な配分 図4-2の場合には、220万人が月800ドルの家賃でアパートを借りたいと思っているが、利用可能なアパートは180万戸しかない。アパートを探している220万人のなかには、アパートを喫緊に欲している人も何人かいて、そのためにより高い価格を支払っても良いと思っている。他の人々は、代わりの住居を持っているといったような理由で、それほどの緊急性はなく、単に支払う家賃をより低く抑えたいと思っているにすぎない。アパートの効率的な配分は、こうした違いを反映する。つまり本当にアパートを欲している人がアパートを得て、そうでない人は見つけることができない。でもアパートの非効率的な配分では逆のことが起こりうる。つまりそれほどアパートを欲しいと思っていない人がアパートを見つけ、アパートを切望している他の人々が見つけられないという事態が生じる。そして家賃統制の下では、人々は通常偶然や個人的なコネのおかげでアパートを得るので、家賃統制は一般的に、数少ない利用可能なアパートの**消費者への非効率的な配分**という結果をもたらす。

ここに含まれている非効率性を見るために、小さな子どもがいて、他に代わりの住居を持っているわけでもなく、アパートの家賃として1500ドルまで支払ってもいいと思いながらアパートを見つけることができない、リー一家のかわいそうな状態を考えよう。また、退職して1年のほとんどをフロリダに住んでいながら、40年前に引き払ってきたニューヨークのアパートの借家契約をいまだに維持しているジョージのことも考えよう。ジョージはこのアパートに月800ドルの家賃を支払っているが、もし家賃が少しでも、例えば850ドルに上がったら、彼はこのアパートをあきらめて、ニ

上限価格規制はしばしば**消費者への非効率的な配分**という非効率性をもたらす。これは、その財を非常に欲していて高い価格を支払う意欲のある人がそれを得られず、その財に比較的低い関心しかなく、低い価格を支払う意欲しかない人がそれを得る、というものだ。

ューヨークに滞在するときには彼の子どものところで過ごすようになるだろう．

このアパートの配分——ジョージは一戸を得ており，リー一家はそれを得ていない——は失われた機会だ．リー一家とジョージの双方の状態を，追加的な費用なしでより良くする方法がある．リー一家はジョージに例えば月1200ドルを支払って，彼のアパートを転貸（又貸し）してもらう．ジョージにとってこのアパートは月850ドル以上の価値はないので，この提案をたぶん喜んで受け入れる．ジョージはアパートを確保するよりもリー一家からのお金のほうを好むだろう．そしてリー一家はそのお金よりもアパートを得るほうを好むだろう．こうしてこの取引で双方の状態は良くなり，他の誰も傷つくことはないのだ．

一般に，もし本当にアパートを欲している人々が，そこに住むことにそれほど熱心ではない人々から転借できれば，アパートを得たほうも，お金で賃貸契約を売ったほうも，ともにより良い状態になる．そのやりとりの価格が上限価格規制を超えるかもしれないので，転貸は家賃統制の下では違法だが，転貸が単に違法であるというだけでは，それが起こらないということを意味しない．実際，ニューヨークでは家賃統制の効果を損なうほどの規模ではないにせよ，転貸が起こっている．この違法な転貸は，ある種のブラック・マーケット活動であり，すぐ後にそのことを議論する．

> 一般的に，上限価格規制は**資源の浪費**という非効率性をもたらす．これは，上限価格規制で生じる供給不足に対処するため，お金と労力が費やされるというものだ．

資源の浪費 上限価格規制が非効率性をもたらす第2の要因は，それが**資源の浪費**につながるということだ．次の「経済学を使ってみよう」で1979年のガソリン不足を描いているが，そのときは何百万ものアメリカ人がガソリンスタンドの行列待ちに毎週何時間も費やした．ガソリンの行列待ちに費やされた時間の機会費用——その時間を利用して得られたはずの賃金，楽しめたはずの余暇——は，消費者および経済全体の観点から見ると資源の浪費だ．

家賃統制のせいで，リー一家は何カ月もの間，空いている時間——そうでなければ働いたり家族の活動のために使われたであろう時間——をすべてアパート探しのために使うだろう．実際リー一家の長いアパート探しには機会費用が生じている．それは，彼らがあきらめなくてはならなかった余暇や所得だ．もしアパートの市場が自由に機能していたなら，リー一家は均衡家賃1000ドルですぐにアパートを見つけることができ，より多く稼ぐか，あるいは自分たちで楽しむ時間を持てた——つまり，他の誰の状態も悪化させることなく，彼らの状態をより良くできたはずだ．繰り返していうと，家賃統制は失われた機会を作り出すのだ．

> 上限価格規制が**非効率的に低い品質**という非効率性をもたらすことがよくある．これは，たとえ買い手が高価格で高品質の財を好んだとしても，売り手は低価格で低品質の財を提供するというものだ．

非効率的に低い品質 上限価格規制が非効率をもたらす第3の要因は，それが提供される財を**非効率的に低い品質**にするというものだ．

再び家賃統制を考えよう．家主は修繕費をまかなうために家賃を上げることはできない．だがそれでも簡単に借家人を見つけられるから，部屋をより良い状態にしようというインセンティブを持たない．多くの場合借家人は，アパートをより良い状態にする——例えばエアコンやコンピュータの使用に不安のある古い電気系統の改善のた

> **ちょっと寄り道** 家賃統制貴族
>
> ニューヨークの家賃統制システムの皮肉の1つは，このシステムから最も利益を得ている人々のうちの何人かは，このシステムが助けようと意図していた労働者階級の家族ではなく，今だったらきわめて高い家賃をとってもいいようなえり抜きのアパートに何十年も住んでいる裕福な入居者たちだということだ．
>
> よく知られた事例がある．1986年の映画『ハンナとその姉妹』の撮影の多くは，女優ミア・ファローが実生活を送っていた住居で行われた．それはセントラル・パークを見下ろす壮観な，11部屋もあるアパートだった．ファローはこのアパートを母親の女優モリーン・オサリバンから「相続した」．
>
> 映画ができてから数年後の調査で，ファローの家賃支払いは毎月2300ドル以下だったことが明らかになった——その額は統制のない市場での，はるかに立地の悪い場所にある2部屋のアパートの家賃とほぼ同じだった．

めに，家主が要する費用よりもはるかに多くの額を支払おうとするだろう．しかしこうした改善のためのいかなる追加的な支払いも，法律的には家賃の値上げと見なされ禁止されている．実際に家賃統制下にあるアパートの管理の悪さは悪名高いもので，ほとんど塗装されず，配電や配管の問題が頻繁に起こり，時には住むのが危ないほどだ．マンハッタンにあるビルの管理人をしていた人物は，自分の仕事を次のように表現している．「規制されていないアパートでは，私たちは入居者が要求するほとんどすべてのことをする．しかし家賃統制された物件では，絶対的な法律が求めることのみをする．……私たちはこれらの入居者を不幸にしてしまうインセンティブを持っていた．規制されたアパートの究極的な目的は，人々を建物から追い出すことだったのだ」．

この状況は全体として，失われた機会だ．入居者にとってより良い状態のために支払いをするのは幸せだし，家主にとっても，そうした支払いと引き換えにより良い状態を整えるのは幸せだ．しかしこうした交換は，市場が自由に機能することが許されているときしか起こらない．

ブラック・マーケット　そしてそれは，上限価格規制の最後の局面へとつながる．すなわち非合法活動へのインセンティブ，特に**ブラック・マーケット**の出現だ．ある種のブラック・マーケット活動のことはすでに述べた——入居者による違法な転貸だ．しかしそれだけにとどまらない．家主は明らかに，入居希望者に次のように言う誘惑にかられている．「毎月何百ドルか余分に現金でくれたら，すぐに入れてあげるよ」——そして，もし入居希望者が法定家賃以上に支払う気のあるような人だったら，その提案に同意するのだ．

ブラック・マーケットの何が悪いのだろうか．一般に，いかなる法律でも法律破りは悪いことだ．なぜならそれは法律一般に対する軽視を助長するからだ．さらに悪いことに，この場合には違法な行為が，正直たらんとしている人の立場をより悪くしてしまう．もしリー一家が非常にきちょうめんで家賃統制法を破らないとして，他の人——リー一家ほどアパートを必要としていない人——が家主に賄賂を贈ることになれば，リー一家は決してアパートを見つけられないだろう．

> **ブラック・マーケット**は財やサービスが非合法に売買される市場だ——その財を売ること自体が非合法な場合もあるし，付けられた価格が上限価格規制で法的に禁じられている場合もある．

2.3 それでもなぜ上限価格規制があるのか

ここまで，上限価格規制に共通する3つの結果を見てきた．

- 持続的な供給不足
- この持続的な供給不足のせいで生じる，消費者への財の非効率的な配分，財を見つけるための資源の浪費，そして売りに出される財の非効率的に低い品質，という3つの非効率性
- 非合法なブラック・マーケットの出現

こうした不愉快な帰結があるのに，なぜ政府はいまだにいくつかの上限価格規制を課しているのだろう．そして家賃統制が特にニューヨークで続いているのはなぜだろうか．

1つの答えは，たとえ上限価格規制が逆効果を持つとしても，一部の人々には便益をもたらすから，というものだ．実際，ニューヨークの家賃統制——私たちの単純なモデルよりも複雑だけれど——で大多数の住民が害を受ける一方で，ごく少数の借家人は統制のない市場で同じ住居を得るときの価格に比べるとはるかに安く住居の提供を受けている．そして統制から便益を受ける人々は，通常それによって害を受ける人々よりも組織化されていて，より声が大きい．

また上限価格規制が長い間効果を発揮していると，買い手たちはそれがない場合に何が起きるのかについての現実的な考えを持たないのかもしれない．前の例では，統制のない市場(図4-1)での賃貸料は統制された市場(図4-2)よりも25%高いだけだった——800ドルでなく1000ドルだ．しかし借家人はどのようにしてそれを知れば良いのだろう．なるほど，彼らははるかに高い価格——リー一家や他の家族がジョージに支払おうとする1200ドルかそれ以上のように——のブラック・マーケットの取引について耳にするかもしれないが，このブラック・マーケットの価格を完全に自由な市場で成立するはずの価格と比べ，それがはるかに高いのを実感することはできないのだ．

最後の答えは，政府の役人が供給と需要の分析を理解しないことが多い！　というものだ．現実世界の経済政策が常に賢明で，十分な見識を踏まえたものだと想定することは大きな誤りなのだ．

経済学を使ってみよう

1970年代の石油不足

1979年，世界の主要な石油産出国であるイランの政府が革命で転覆した．政治的な混沌のなかでイランの石油生産は中断され，供給が突然減少したことで原油価格は300%も急騰した．この価格上昇は，世界のほとんどの地域でガソリンをより高価なものにしたが，供給不足を引き起こすことはなかった．ところがアメリカでは，その6年前の1973年の第4次中東戦争が原因で石油危機が生じたとき，ガソリンに上限価格規制が課せられていた．この価格統制の主要な目的は，供給の一時的な中断でアメリカの石油生産者が巨額の利益を得るのを阻むことだった．

第3章で学んだように，供給の減少は一般に価格を上昇させる．しかし統制下では，ガソリンスタンドのガソリン価格を上げることができないので，供給の減少は供給の不足となって現れた．じきに明らかになったように，その不足はパニックによってさらに深刻化した．次にいつガソリンを手に入れられるかわからない運転者たちが，まだかなりの量が残っているのもお構いなしに，タンクを満タンにするためにガソリンスタンドに殺到したからだ．こうして一時的な需要の高まりと，ガソリンスタンドでの長い待ち行列が生じた．

　2〜3カ月の間，ガソリン不足は国民的な光景となった．ガソリンを求める行列で何時間もの時間が浪費され，家族は車が動かなくなるのを恐れて休暇をキャンセルした．だがついには石油精製所の増産が軌道に乗りはじめて供給が増加し，夏のドライブシーズンの終わりが需要を減少させた．この両方が価格の低下をもたらした．

　1981年に，現在では政策としての信頼を失っているガソリンの価格統制は廃止された．しかし2000年の春，統制のないガソリン市場は大きな試練に直面した．産油国が石油価格を上げるために産出を制限し，2〜3カ月の間に国際価格を倍以上にするという予期せぬ大成功を収めたのだ．ガソリンスタンドでの価格は急激に上昇した——多数の人々がドライブの計画を変え，ある人々は高い価格のために貧しくなったとはっきりと感じた．しかしアメリカではガソリン不足は起こらず，1970年代に価格統制が引き起こしたような混乱もなく生活は続いている．

　だが興味深いことに，2000年の石油価格ショックはヨーロッパ諸国のいくつかの国で深刻な混乱をやはり引き起こした．トラックの運転手と農民らが，高い燃料価格に抗議して，石油の配達を妨害したのである．この抗議は，価格統制が良く知られた問題点を持つにもかかわらず，なぜ政府はしばしばそれを課そうとするのかを端的に示すものだった．

理解度チェック 4−1

1．ミドルタウン大学スタジアムの近くの住宅所有者は，彼らの敷地内にある駐車スペースを11ドルでファンに貸していた．新しい町の条例は，駐車料金の最高額を7ドルに設定した．次の供給と需要の図を用いて，以下の記述が上限価格規制の概念にどのように対応しているのかを説明しなさい．

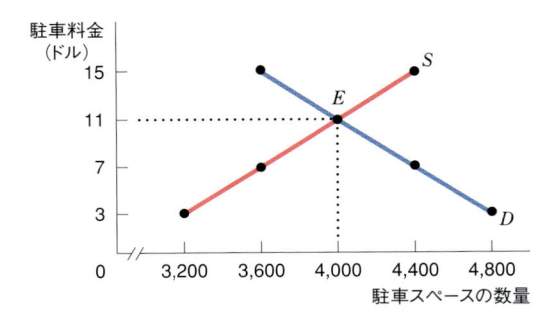

a．何人かの住宅所有者はもう駐車スペースを貸すには値しないと考える．

b．これまで相乗りでゲームに来ていた何人かのファンは，1人で運転してくるようになった．

ちょっと復習

▶価格統制は，法定の最高価格——上限価格規制——か，あるいは法定の最低価格——下限価格規制のどちらかの形態をとる．

▶均衡価格よりも低く設定された上限価格規制は，取引に成功した買い手に利益を与えるが，持続的な供給不足といった予測可能な逆効果を引き起こし，3つの非効率性をもたらす．消費者への非効率的な配分，資源の浪費，非効率的に低い品質だ．

▶上限価格規制は，買い手と売り手が価格制限を避けようとしたとき，ブラック・マーケットを創出する．

c. 何人かのファンは駐車場を見つけられずにゲームを見ないで帰っていった.

以下の記述のそれぞれが上限価格規制から生じることを説明しなさい.

d. 何人かのファンは駐車場を見つけるために何時間か早く来るようになった.

e. スタジアム近くの住宅所有者の友だちは,それほどのファンではないにもかかわらず,定期的にゲームに来るようになった.しかし,何人かの熱烈なファンは駐車場を確保できないためにあきらめた.

f. 住宅所有者のなかには,7ドル以上で駐車スペースを貸しているのに,その利用者が料金を支払うことのない自分たちの友だちか家族であるようなふりをしている者がいる.

2. 正しいか誤りか,あなたの考えを説明しなさい.自由市場での均衡価格以下の上限価格規制は次のことをもたらす.

a. 供給量の増加.

b. その財を消費しようとしている人々の状態を悪化させる.

c. すべての生産者の状態を悪化させる.

解答は本書の巻末にある.

3 下限価格規制

時として政府は,市場価格を引き下げるのではなく,引き上げるために市場に介入する.下限価格規制は農民の所得を支える手段として,小麦やミルクなどの農産物に対して広く制定されてきた.歴史的に,下限価格規制はトラック輸送や航空旅客サービスなどにも課せられていたが,それらはアメリカでは1970年代に撤廃されている.もしあなたがファストフード店で働いていたことがあるなら,おそらく下限価格規制に出くわしているはずだ.アメリカや他の多くの国が労働者の時給,すなわち労働価格に下限を設けていて,それは**最低賃金**と呼ばれている.

上限価格規制とちょうど同じように,下限価格規制は一部の人々を助けるために意図されたものだが,予想可能で望ましくない副作用も生じさせる.図4-3はバターの供給曲線と需要曲線の例を示している.市場のなすがままにしておけば,1000万ポンドの数量のバターが,1ポンド=1ドルの価格で売買される点Eが均衡となるだろう.

しかし今,政府が酪農業者を助けるために,バター1ポンドにつき1.2ドルの下限価格規制を課したとしよう.その効果は図4-4に示されている.1.2ドルのところに引かれた直線が下限価格だ.1ポンドの価格が1.2ドルのとき,生産者は1200万ポンド(供給曲線上の点B)のバターを供給しようとするが,消費者が買いたいバターの数量は900万ポンド(需要曲線上の点A)しかない.だから持続的に300万ポンドのバターの供給過剰が生じることになる.

下限価格規制は常に望ましくない供給過剰をもたらすだろうか.いや,上限価格規制の場合とちょうど同じように,拘束とならない,つまり無関係な場合もある.もしバターの均衡価格が1ポンド=1ドルのときに下限が0.8ドルに設定されても,その

最低賃金は,労働の市場価格である賃金率について法が定める下限だ.

図4-3 政府統制がないときのバターの市場

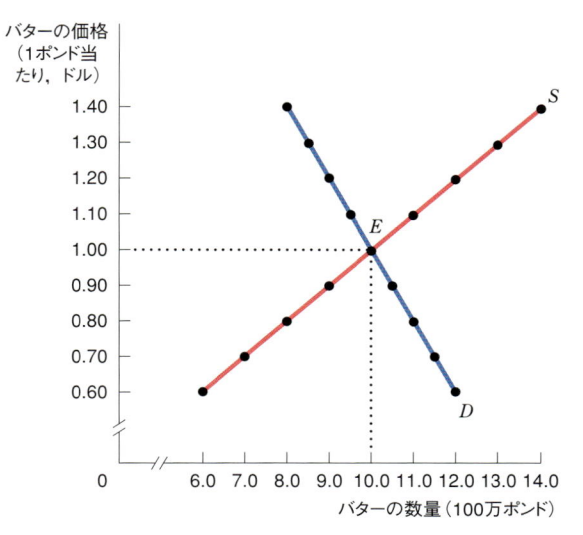

バターの価格 （1ポンド当たり，ドル）	バターの数量（100万ポンド）	
	需要量	供給量
1.40	8.0	14.0
1.30	8.5	13.0
1.20	9.0	12.0
1.10	9.5	11.0
1.00	10.0	10.0
0.90	10.5	9.0
0.80	11.0	8.0
0.70	11.5	7.0
0.60	12.0	6.0

政府統制がないときのバターの市場は，1000万ポンドの数量のバターが，1ポンド＝1ドルの価格で売買されるところで均衡に達する．**web▶**

図4-4 下限価格規制の効果

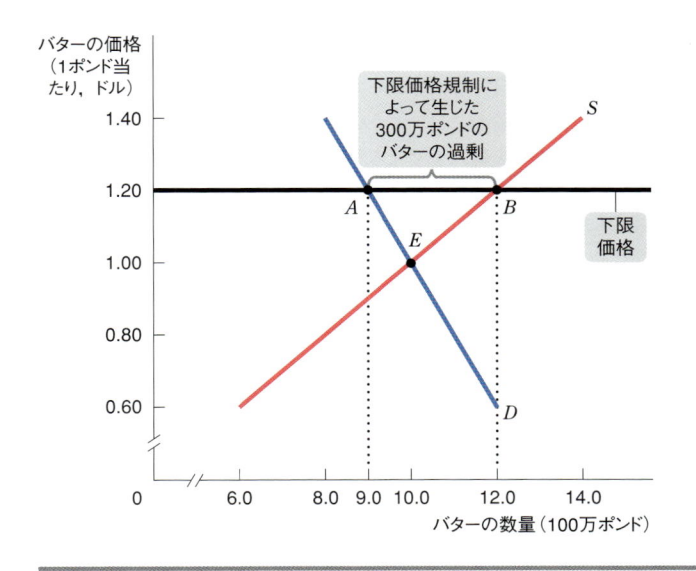

黒の水平線は政府がバターに課した1ポンドにつき1.2ドルの下限価格規制を表している．供給量が1200万ポンドに増加する一方で需要量が900万ポンドに減少するので，300万ポンドのバターの持続的な供給過剰が生じる．**web▶**

下限は何の効果も持たない．

　しかし下限価格規制が拘束的なとき，その望ましくない供給過剰はどうなるのだろうか．答えは政府の政策に応じて異なる．農産物に対する下限価格規制の場合，望ましくない供給過剰は政府が買い上げている．だからアメリカ政府は時に，何千トンものバター，チーズその他の農産物の在庫を抱えている（多くのヨーロッパ諸国の下限価格規制を管理している欧州委員会はあるとき，自分たちがオーストリアの全人口と同じ重さの，いわばバターの山の所有者になっていることに気がついた）．この場合

政府は，望ましくない供給過剰の処分方法を見出さなくてはならない．

ある国では，困っている外国にそれを販売した輸出業者に代金を支払っている．これは欧州連合(EU)が用いる標準的な方法だ．（以下の「ちょっと寄り道」を参照）．アメリカでは過剰分のチーズを貧しい人々に与えようとしたこともある．また，政府が過剰生産物を実際に廃棄してしまったこともある．こうした望ましくない供給過剰に伴う問題に対処しなくてもいいように，アメリカ政府は通常，生産物を全く生産しないようにと農民に支払いを行っている．

望まれない供給過剰を購入する用意が政府にないときは，下限価格規制は売り手が買い手を見つけられないことを意味している．労働時間に対して支払われる賃金率に下限価格規制，すなわち最低賃金が課せられたときにそれが起こる．最低賃金が均衡賃金率の上にあるときには，働きたいと思う人々，すなわち売り手である労働者のなかに，買い手すなわち彼らに仕事を与えたいと思う雇用者を見つけることができない人が出る．

ちょっと寄り道　下限価格規制とバタークッキー

スーパーマーケットのクッキー売り場を歩くと，たぶんたくさんの輸入クッキー，特にデンマークやその他の国々からの「バタークッキー」——バターのたっぷり入ったクッキー——が目に入るだろう．自分たちでクッキーを焼く根強い伝統があるのに，なぜアメリカは海外からクッキーを輸入するのだろうか．その答えの一部が，ヨーロッパの下限価格規制にある．

現在ヨーロッパの27の国が欧州連合に加盟している．欧州連合はそれらの国々の対外貿易，規制，その他の事項に関する政策を調整する組織だ．欧州連合はまた，いわゆる共同農業政策(CAP)の下に農産物に対して下限価格規制を行っている．この規制は大量の供給過剰を，特にバターで生じさせる．その供給過剰への対処として，CAPはバターのような財を輸出する会社に補助金を出している——つまり，それらをヨーロッパ外に売るのだ．

どういうことかわかるかな？　アメリカで売られているクッキーに含まれるバターも輸出バターに数えられるから，補助金が出る．その結果，ヨーロッパのクッキーは，アメリカでは人為的に安くなっているのだ．これで，スーパーマーケットがなぜそれを売っているかわかったよね．どうぞ召し上がれ！

3.1　なぜ下限価格規制は非効率の原因となるのか

下限価格規制が引き起こす持続的な供給過剰は，失われた機会——非効率性——をもたらす．それは上限価格規制で生じる供給不足がもたらす非効率性と良く似たものだ．その内容は，売り手間での販売機会の非効率的な配分，資源の浪費，非効率的に高い品質，そして法定価格よりも安く売るという法律破りへの誘惑からなる．

売り手間での販売機会の非効率的な配分　上限価格規制と同様に，下限価格規制も非効率的な配分をもたらす——この場合には，消費者への非効率的な配分ではなく，**売り手間での販売機会の非効率的な配分**である．

ベルギー映画『ロゼッタ』は，現実味のあるフィクションだが，そのなかの出来事

> 下限価格規制は**売り手間での販売機会の非効率的な配分**をもたらす．つまり最も低い価格で財を売ろうとしている人が，実際にそれを売る人になるとは限らない．

が販売機会の非効率的な配分の問題をとてもうまく描写している．他の多くのヨーロッパ諸国と同様にベルギーは最低賃金を高く設定しているので，若者たちの職は希少となっていた．あるとき，働くことに対しとても意欲的なロゼッタという若い女性がファストフード店での職を失った．その店のオーナーが，あまり働く気のない自分の息子を彼女の代わりにしたからだ．ロゼッタはもっと安い賃金でも働きたいと思っただろうし，オーナーはそうして浮いた金で息子に小遣いをあげて，何か別のことをさせることもできただろう．しかしロゼッタを最低賃金以下で雇うことは違法なのだ．

資源の浪費　これも上限価格規制と同じように，下限価格規制も資源の浪費という非効率性をもたらす．最も図式的な例は，政府が下限価格規制を課された農産物の望ましくない余剰を買い上げるというものだ．余剰生産物は時として廃棄されるが，これは純粋な浪費である．そうでない場合でも，備蓄された生産物は役人が婉曲にいうように保存状態が悪くなって，結局捨てなくてはならなくなる．

また下限価格規制は，時間と労力の浪費にもつながる．最低賃金について考えよう．下限価格規制（最低賃金）の下で長期間にわたり職を探したり，職を得るための行列に並んだりする人々は，上限価格規制の下でアパートを探す不運な家族と同じような役割を演じている．

非効率的に高い品質　さらにまた上限価格規制と同じように，下限価格規制も生産される財の品質に非効率性をもたらす．

上限価格規制があると，供給者が非効率的に低い品質の財を生産することを見た．つまり買い手はより高い品質の生産物を好み，喜んでそのために支払おうとするのに，売り手は生産物の品質を改善することを拒否する．上限価格規制がそうした改善の補償を拒むからだ．同じ論理が下限価格規制にも適用されるが，方向が逆になる．供給者は**非効率的に高い品質**の財を提供する．

どうしてそれが問題かって？　高い品質は良いことではないのかって？　もちろんそうだけど，それは費用をかけるに値する場合だけだ．供給者が財の品質をとても良くしようと多額の費用をかけたが，消費者にとってその品質はそれほどの値打ちはなく，むしろその品質に費やされたカネを低い価格というかたちで享受したいと思っているとしよう．これは，失われた機会を表している．つまり，買い手が若干低い品質の財をはるかに低い価格で得るという，買い手と供給者の双方が便益を得られる取引ができるのだ．

過剰な品質という非効率性を表す良い例を，大西洋路線の航空運賃が国際協定により人為的に高く設定されていた時期に求めることができる．航空会社は乗客に低い価格を提供して競争することを禁止されたので，代わりにほとんど食べ残される無駄な機内食といった豪華なサービスを提供した．これに対し規制当局は，例えば機内の軽食サービスでサンドイッチ以上のものを出してはならないというように，サービス基準の限度を設けようとした．そのときある航空会社は，「スカンジナビア・サンドイ

下限価格規制が，**非効率的に高い品質**という非効率性をもたらすことがよくある．これは，たとえ買い手が低価格で低品質の財を好んだとしても，売り手は高価格で高品質の財を提供するというものだ．

ッチ」と呼ばれる，サンドイッチとは何かを新たに定義するための会議が必要になるような高くそびえる代物を出してきた．このようなことはすべて無駄だ．乗客が本当に欲しているのがより少ない食べ物とより安い航空運賃であると考えるなら，特にそうだといえる．

1970年代のアメリカ航空会社の規制緩和以来，アメリカの乗客は小さな座席，質の低い食事といった機内サービスの質の低下を伴う航空券価格の大幅な下落を経験した．誰もがそのサービスに不満を持ったが，より安い運賃のおかげで，アメリカの航空会社の利用者数は規制緩和以来，数百パーセントも増加したのだ．

非合法活動　最後に，上限価格規制と同様に下限価格規制も非合法活動へのインセンティブをもたらしうる．例えば，均衡賃金率よりもはるかに高い最低賃金が設定されている国々では，就業に絶望的な労働者は，雇用していることを政府から隠したい雇用主との間で帳簿外の労働に同意するか，あるいは政府の検査官に賄賂を贈る．これはヨーロッパではやみ労働として知られている．こうした慣習はイタリアやスペインのような南ヨーロッパの国々で特に一般的だ（以下の「経済学を使ってみよう」を参照）．

3.2　それでもなぜ下限価格規制があるのか

要するに，下限価格規制はさまざまな負の副作用をもたらす．
- 持続的な供給過剰
- この持続的な供給過剰のせいで生じる，売り手間での販売機会の非効率的な配分，資源の浪費，そして供給者が提供する非効率的に高い品質，という非効率性
- 非合法活動にかかわる誘惑，特に政府役人の収賄行為と腐敗

これだけ多くの負の副作用があるのに，なぜ政府は下限価格規制を課すのだろうか．その理由は，上限価格規制を課すときのそれと似ている．

政府の役人はしばしば下限価格規制の帰結に関する警告を無視するが，その理由は供給と需要のモデルが彼らの関係する市場を満足に記述していないと信じているからか，あるいはもっとありうるのは，彼らがそのモデルを理解していないからだ．そして何より，上限価格規制が影響力を持つ一部の買い手に便益をもたらすという理由で課されるように，下限価格規制はしばしば影響力を持つ一部の売り手に便益をもたらすという理由で課されるのだ．

▶ **経済学を使ってみよう**

南ヨーロッパの「やみ労働」

最も良く知られた下限価格規制の例は最低賃金だ．だが多くの経済学者が，それはアメリカの労働市場には比較的小さな影響しか与えないと信じている．その主な理由は，最低賃金がきわめて低く設定されているというものだ（それはアメリカの最低賃金を拘束力のない下限価格規制にしている——実体のある政策というよりも政治的な

シンボルだ）．1968年にブルーカラー労働者の平均賃金の53%だったアメリカの最低賃金は，2003年までに約34%に落ち込んだ．

　しかし，最低賃金がアメリカよりもはるかに高く設定されている多くのヨーロッパ諸国では状況は異なっている．ヨーロッパの高い最低賃金は，ヨーロッパの労働者の生産性が，対応する職種のアメリカの労働者よりもいくらか低いという事実にもかかわらず生じている．この事実は，労働市場で需給を一致させる（市場を清算する）賃金である均衡賃金が，ヨーロッパではおそらくアメリカよりも低いことを意味している．ヨーロッパ諸国ではさらに，雇用主に医療費と退職金を支払うよう頻繁に求めているが，それはアメリカのものよりも高額であり，したがってより費用が高くなっている．これらの義務的な支払いは，ヨーロッパの労働者を雇用するときの実質的な費用を労働者の給料よりもはるかに高いものにしている．

　結果としてヨーロッパでは，賃金の下限価格規制は明白に制約となっている．最低賃金は，労働者の労働供給量と雇用主の労働需要量を一致させる賃金よりもかなり高い．

　この下限価格規制がもたらす持続的な供給過剰は，高い失業率という形で現れる．何百万人もの労働者，特に若年労働者が職を求めているが得られない．しかし労働法の強制力が緩やかな国々では，第2の，そして完全に予測される結果が生じている．イタリアとスペインの両国では役人たちは，何十万，何百万人もの労働者が，法定最低賃金以下しか支払わないか，医療費と退職金を用意していないか，あるいは，その両方であるような企業に雇用されていることを確信している．多くの場合，これらの職は，単に報告されていないだけである．スペインの経済学者は国が報告する失業者の約3分の1はやみ労働市場にいる，すなわち報告されていない仕事で働いている，と推計している．実際，失業対策の役所から小切手をもらうために順番待ちをしているスペイン人たちが，長い行列のせいでなかなか仕事に戻れないと不満を言うのは，知れ渡っている！

　こうした国々の雇用主は，賃金の下限を逃れる合法的な手段も見つけた．例えばイタリアの労働規制は，15人以上の労働者を抱える企業のみに適用される．これは小企業に費用上大きな優位を与えるため，イタリアの小企業の多くは，高い賃金と各種の給付の支払い義務を避けるために小企業のままにとどまっている．はたせるかな，イタリアのいくつかの産業では，零細企業が驚くほど急激に増加している．例えばイタリアで最も成功している産業の1つである毛織物の加工業はプラト地区に集中しているが，その地区の平均的な織物企業はわずか4人しか労働者を雇っていない！

理解度チェック 4-2

1. 州の立法府が，1ガロン＝4ドルというガソリンの下限価格規制を行った．以下の記述を評価し，以下の図を用いてあなたの答えを説明しなさい．
   a. この法律の賛成者は，この規制でガソリンスタンド所有者の所得が増加すると

ちょっと復習

▶最もおなじみの下限価格規制は最低賃金だ．下限価格規制は農産物にもよく課される．

▶均衡価格よりも高く設定された下限価格規制は，取引に成功した売り手に利益をもた

主張する．反対者は，この規制で顧客が失われるのでガソリンスタンドの所有者に損失を与えると主張する．

b. この法律の賛成者は，ガソリンスタンドがより良いサービスを提供するので消費者の状態は良くなると主張する．反対者は，消費者はガソリンを低い価格で買うほうを好むので，一般に消費者の状態は悪くなると主張する．

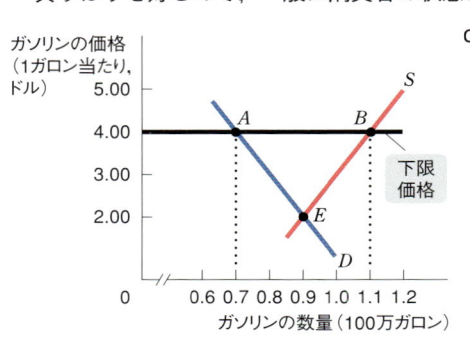

c. この法律の賛成者は，下限価格規制が他の誰も害することなく，ガソリンスタンドの所有者を助けると主張する．反対者は，消費者は害され，ガソリンを近隣の州かブラック・マーケットで買うようになると主張する．

解答は本書の巻末にある．

> らすが，持続的な供給過剰といった予測可能な逆効果を引き起こし，3つの非効率性をもたらす．売り手間での非効率な販売機会の配分，資源の浪費，そして非効率的に高い品質だ．
>
> ▶ 下限価格規制は帳簿外で働く労働者のような非合法活動を促し，しばしば役人の腐敗をもたらす．

4 数量を統制する

1930年代にニューヨーク市は，タクシーの許認可システムを構築した．そして「大メダル(メダリオン)」を持つタクシーだけが乗客を拾うことを許された．このシステムは質の保証を意図したもので，「大メダル」の保有者は安全性と清潔さを含む一定の基準を満たすと想定された．合計で1万1787枚の大メダルが発行され，タクシーの所有者は大メダル1枚を得るのに10ドルを支払った．

1995年にいたっても，ニューヨークには認可されたタクシーが1万1787台しかなかった．この間にニューヨークは世界の金融の中心都市となり，毎日何十万もの人が急いでタクシーをつかまえようとする場所になっているのに，だ(1995年には400枚の大メダルが追加発行され，2003年には3年間で900枚以上を発行するという計画が発表された)．

このタクシー数への規制の結果，大メダルは大変価値あるものになった．もしあなたがニューヨークでタクシー業を営みたいなら，大メダルを借りるか，あるいは現行価格の25万ドルでそれを買わなくてはいけないのだ．

1930年代に同様の大メダルシステムを導入した他の都市でも，ニューヨークと同じように，それ以降わずかしか新しい許可証を発行していないので，ニューヨークでの話がまれなものではないことがわかる．サンフランシスコとボストンでも，ニューヨークと同じようにタクシーの大メダルは6桁の価格で取引されている．

タクシーの大メダルシステムは**数量統制**，あるいは**割当て**の形態の1つだ．これを用いて，政府は取引価格ではなく売買数量を規制する．数量統制の下で取引される財の数量の総計は**割当て制限**と呼ばれる．政府は典型的には**許可証**を発行することで数量の制限を行い，その許可証を持つ人だけが合法的にその財を供給できる．タクシーの大メダルはちょうどそのような許可証だ．ニューヨーク市政府は営業できるタクシーの数を大メダルの保有者のみに限定することで，タクシーの乗車数を制限している．

> **数量統制**あるいは**割当て**は，ある財の購入可能量や販売可能量の上限だ．合法的に取引されうる財の数量の総計は**割当て制限**だ．
>
> **許可証**は，その所有者に財を供給する権利を与える．

人々の外国為替(例えばイギリス・ポンドやメキシコ・ペソ)の購入限度額からニュージャージーの漁船のハマグリ(クラム)の漁獲限度量に至るまで，数量規制の事例は他にも数多く存在する．ところで，現実の世界では価格統制は均衡価格のどちら側にも課せられる——すなわち上限価格規制と下限価格規制がある——が，数量統制は数量の下限ではなく，常に上限を設定することに注意してほしい．結局，人々が買いたい，あるいは売りたいと思っている数量を超えて売買を行うよう強制することは誰にもできないのだ．

　数量を統制しようという試みには，良い経済的理由のために実施されるものもあれば，悪い理由のために実施されるものもある．これから見ていくように，多くの場合，一時的な問題への対処として導入された数量統制を後から取り除くのは政治的に困難になる．たとえ存在理由がとっくになくなっていても，その統制から便益を受ける人々が統制の撤廃を望まないからだ．しかし統制の理由がどうあれ，それらは確実に予測可能な——かつ通常は望ましくない——経済的帰結をもたらすのだ．

4.1　数量統制の構造

　ニューヨークのタクシーの大メダルがなぜそれほど高価になるかを理解するために，図4-5で示されている単純化されたタクシー乗車の市場を考えよう．家賃統制の分析をしたときにすべてのアパートが同一だと仮定したように，ここでもすべてのタクシー乗車は同一だと想定しよう——あるタクシー乗車の区間は別の乗車区間よりも長く，そのためより高額になるというような現実世界の複雑さを無視するということだ．図の表は供給表と需要表を示している．均衡——図の点Eと表のピンクの数値で示されている——は1回の乗車の運賃5ドルと年間1000万回の乗車回数である(均衡をこのように表現する理由はすぐにわかるだろう)．

　ニューヨークの大メダルシステムはタクシーの台数は制限するが，個々のタクシーの運転手は彼や彼女に可能な限りの乗車回数を提供する(ニューヨークのタクシー運転手がなぜあんなに攻撃的なのかが，これでわかっただろう！)．ただし，分析を単純化するために，大メダルシステムは合法的に提供されるタクシー乗車回数を年間800万回に制限すると仮定しよう．

　これまでは，次のような問いに答えることで需要曲線を導いてきた．「1回の乗車運賃が5ドルのとき，人々は何回タクシーに乗りたいと思うか？」．その代わりに，問いを逆にして次のように聞くこともできる．「人々が年間1000万回タクシーに乗りたいと思うのは，1回の乗車運賃がいくらのときか？」．ある数量を定められたときに，消費者がその数量を買いたいと思う価格——この場合は1000万回のときの5ドル——は，その数量の**需要価格**だ．図4-5の需要表から，600万回の需要価格は7ドル，700万回の需要価格は6.5ドル，と読み取っていくことができる．

　同様にして供給曲線は次のような問いに対する答えを表している．「1回の乗車運賃が5ドルのとき，タクシー運転手は何回の乗車を供給したいと思うか？」．しかしこの問いも逆にして次のように聞くことができる．「供給者が年間1000万回の乗車を

ある所与の数量の**需要価格**とは，消費者がその数量を需要する価格のことだ．

図 4-5　政府統制がないときのタクシー乗車の市場

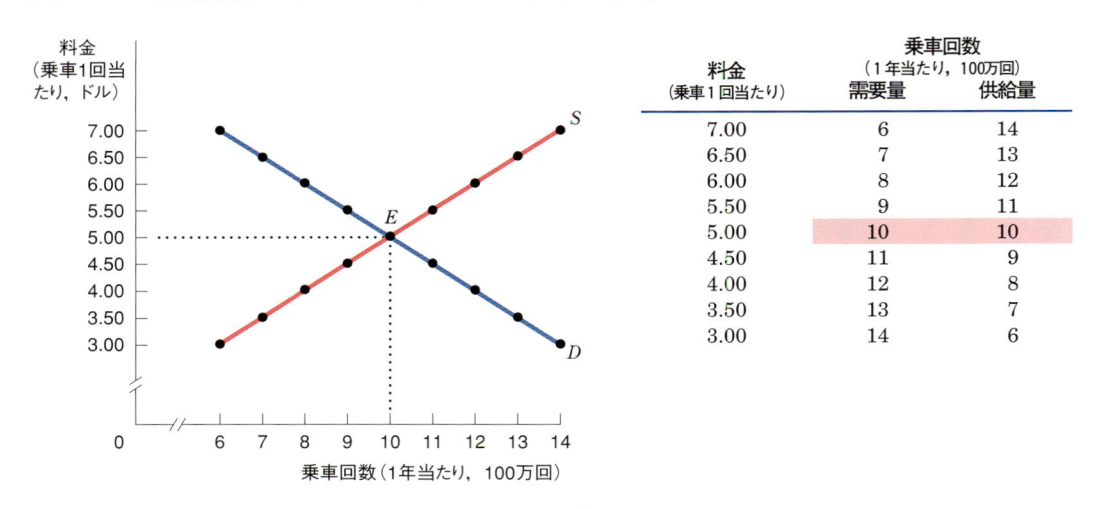

料金 (乗車1回当たり)	乗車回数 (1年当たり, 100万回)	
	需要量	供給量
7.00	6	14
6.50	7	13
6.00	8	12
5.50	9	11
5.00	10	10
4.50	11	9
4.00	12	8
3.50	13	7
3.00	14	6

政府介入がないとき，タクシー乗車の市場は，年間1000万回の乗車回数，1回の乗車運賃5ドルで均衡に到達する．

ある所与の数量の**供給価格**とは，生産者がその数量を供給する価格のことだ．

供給したいと思うのは，1回の乗車運賃がいくらのときか？」．ある数量を定められたとき，供給者がその数量を供給したいと思う価格――この場合には1000万回のときの1回5ドル――は，その数量の**供給価格**だ．図4-5の供給表から，600万回の供給価格は3ドル，700万回の供給価格は3.5ドル，と読み取っていくことができる．

　これで，割当てを分析する準備ができた．市政府がタクシーの乗車回数を1年につき800万回に制限すると仮定しよう．1年間に一定数の乗車回数を提供する権利を保障している大メダルは，その保有者たちが年間に合計で800万回の乗車回数を提供するように作られている．大メダルの保有者は自分でタクシーを運転してもよいし，料金をとってそれを他人に貸してもよい．

　図4-6は，年間の割当て制限800万回を表す直線を引いた後のタクシー乗車の市場の変化を示している．年間の乗車回数が800万回に制限されているので，消費者は需要曲線上の点Aにいなくてはならない．これは需要表のピンクの数値に対応している．800万回の乗車の需要価格は1回の乗車につき6ドルだ．他方，タクシー運転手は供給曲線上の点Bにいなくてはならない．これは供給表のピンクの数値に対応している．800万回の乗車の供給価格は1回4ドルだ．

　しかし，タクシー乗車の対価として支払われる価格が6ドルなのに，タクシー運転手が受け取る価格が4ドルになるというのは，どうしてだろうか．その答えは，タクシー乗車の市場に加えて，大メダルにも市場がある，というものだ．大メダルの保有者が，常に自分のタクシーを運転したいと思うとは限らない．病気をしたり休暇を取ることもあるかもしれない．そうした理由のため自分でタクシーを運転したくない人は，大メダルを使う権利を他の誰かに売るだろう．そのためここでは①タクシーの乗車の取引と価格，②大メダルの取引と価格という，2組の取引と価格を考慮する必要があるのだ．2つの市場を見ているので，4ドルと6ドルがともに正しいということ

図4-6 タクシー乗車の市場に対する割当ての効果

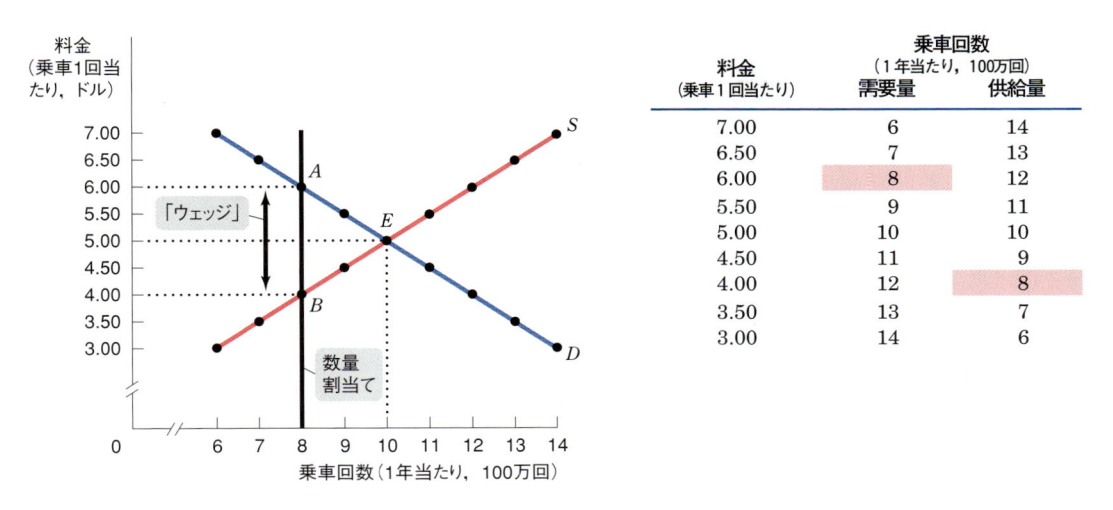

料金 (乗車1回当たり)	乗車回数 (1年当たり, 100万回)	
	需要量	供給量
7.00	6	14
6.50	7	13
6.00	8	12
5.50	9	11
5.00	10	10
4.50	11	9
4.00	12	8
3.50	13	7
3.00	14	6

表は各需要量と各供給量に対応する需要価格と供給価格とを示している．すなわち，それぞれの数量が需要あるいは供給されるときの価格だ．市政府は，800万回分のみの許可証を発行することで割当てを課す．黒の垂直線がそれを表している．消費者は1回の乗車につき6ドルの運賃を支払うが，これは800万回の乗車に対応する需要価格だ．それは点Aで示される．一方800万回の乗車の供給価格はわずか4ドルで，点Bで示される．この2つの価格の差は乗車1回当たりの割当てレントで，許可証の保有者の収入となる．割当てレントは需要価格と供給価格との間にウェッジ(くさび)を打ち込むのだ．web▶

が明らかになる．

　2組の取引と価格が全体としてどのように働くかを見るために，架空の2人の人物，ニューヨークのタクシー運転手サニルとハリエットを考えよう．サニルは大メダルを持っているが，深刻な手首の捻挫のためそれを使うことができないでいる．そこで彼は，他の誰かに自分の大メダルを貸そうとしている．一方のハリエットは大メダルを持っていないが，借りられたらいいと思っている．さらにいつの時点でも，大メダルを借りたいと思っているハリエットのような人が多数いて，サニルのように大メダルを貸したいと思っている人も多数いる．ここでサニルが彼の大メダルをハリエットに貸すことに合意したとしよう．単純化のために，どの運転手も1日1回の乗車しか提供できず，サニルは彼の大メダルをハリエットに1日貸していると仮定する．彼らが合意するレンタル価格はいくらだろうか？

　この問いに答えるには，この取引を双方の運転手の観点から見る必要がある．ハリエットは，大メダルを持てば1日6ドルを得られることを知っている——それは数量割当ての下での需要価格だ．そして彼女は少なくとも1日4ドルを得られるときのみ大メダルを借りたいと思う——それは数量割当ての下での供給価格だ．だからサニルは，6ドルと4ドルの差である2ドル以上のレントを要求することはできない．そしてもしハリエットがサニルに2ドル以下の，例えば1.5ドルを提示したなら，1.5ドルより上でかつ2ドル以下の金額を示して(大メダルを借りようとする)熱心な運転手が出てくるだろう．そのためハリエットは，大メダルを得るために少なくとも2ドルをサニルに提示しなくてはいけない．このように，レントは2ドルを上回ることも下回ることもできないので，ちょうど2ドルになるはずだ．

数量統制や割当では，財の需要価格と供給価格の間に**ウェッジ（くさび）**を打ち込む．つまり買い手が支払う価格は売り手が受け取る価格よりも高くなる．割当で制限を課された数量の需要価格と供給価格の差が**割当てレント**だ．それは許可証の保有者が財を売る権利を所有することから得られる収入で，割当てレントは，許可証が取引されるときの許可証の市場価格に等しい．

　この2ドルが，乗車800万回の需要価格6ドルと供給価格4ドルの差額にちょうど等しいのは偶然ではない．財の供給が法的に制限されているときはどんな場合でも，取引数量の需要価格と供給価格との間には**ウェッジ（くさび）**がある．図4-6で両方向の矢印で示されているウェッジには，**割当てレント**という特別な名称がつけられている．これは許可証の保有者が，許可証という価値ある商品を所有することで得られる収入である．サニルとハリエットの例では，サニルが許可証を所有しているので，2ドルの割当レントは彼のところへ行き，合計運賃6ドルからそれを引いた残りの4ドルはハリエットのところへ行く．

　このように，図4-6はニューヨークのタクシー乗車の市場にある割当てレントも描いているのだ．割当て制限は，乗車回数を年間800万回に制限している．この回数の需要価格6ドルは，この回数の供給価格4ドルを上回っている．この2つの価格のウェッジの2ドルは，タクシーの乗車回数に課された制限から生じた割当てレントだ．

　しかしちょっと待ってほしい．もしサニルが彼の大メダルを貸さずに，自分自身で使ったらどうだ？　その場合彼は6ドルを得るのではないのか？　いや，そうではない．たとえサニルが彼の大メダルを貸し出さなかったとしても，彼にはそれを貸し出すことが可能だった．それは大メダルが2ドルの機会費用を持っていることを意味している．もしサニルが大メダルをハリエットに貸すことよりも自分でタクシーを運転するほうを選んだとすれば，その2ドルは彼が大メダルを貸し出さないことの機会費用を表している．つまり2ドルの割当てレントは今や，彼が自分でタクシーを運転するためにあきらめた賃貸料なのである．実際，サニルはタクシー運転と大メダル貸出という2つの業務をしている．彼は自分でタクシーを運転することで1回の乗車につき4ドルを得ており，さらに大メダルを自分に貸し出すことで1回につき2ドルを得ている．彼が自分の大メダルを自分自身に貸し出しているこの特殊な事例でも，なんら違いは生じない．そう，大メダルの保有者がそれを自分自身で使おうが他人に貸し出そうが，いずれにしろそれは価値ある資産なのだ．そのことは，ニューヨークの大メダルの現行価格に表れている．それは2004年にはおよそ25万ドルだった．

　ところで，上限価格規制や下限価格規制と同じように，割当ても常に実質的な効果を持つとは限らないことに注意してほしい．もし割当てが1200万回に──すなわち規制のない市場での均衡数量よりも多く──設定されていたら，それは拘束的なものとはならず，実質的な効果はない．

4.2　数量統制の費用

　価格統制と同じように，数量統制にも望ましくない副作用がいくつかありうる．第1は，今ではおなじみの，失われた機会による非効率性の問題だ．数量統制は売り手と買い手の双方に利益をもたらす，互恵的な取引が生じるのを妨げる．図4-6に戻ると，乗車回数が800万回という割当て制限からもう100万回増えるとすれば，ニューヨーカーたちは少なくとも1回につき5.5ドルを進んで支払おうとするだろうし，タクシー運転手たちは1回につき少なくとも4.5ドルを得られる限りそれだけの乗車数

を進んで提供するだろう，ということが読み取れる．

　これは，割当て制限がなければ実現していた乗車回数だ．同じことが，さらにもう100万回乗車が増えたときにもいえる．ニューヨーカーたちは乗車回数が900万回から1000万回に増えたときに，少なくとも1回につき5ドルを進んで支払うだろう．そしてタクシー運転手たちは1回につき少なくとも5ドルを得られる限り，1000万回の乗車数を進んで提供するだろう．繰り返すが，この乗車数は割当て制限がなければ実現したものだ．こうして市場が自由市場の均衡数量である1000万回に達したときにのみ「失われた乗車機会」がなくなる．800万回の割当て制限は，200万回の「失われた乗車機会」の原因となるのだ．一般に，所与の数量での需要価格が供給価格を上回る限り，失われた機会が存在する．買い手は売り手が受け止めても良いと思う価格を支払って財を買おうとするが，割当てで禁止されているので，そのような取引は起こらないのだ．

　そして人々が行いたくとも許されていない取引があるので，数量統制は法律をくぐり抜けたり，あるいは法律を破ろうとしさえするインセンティブを作り出す．ニューヨークのタクシー業界はその明白な事例ともなっている．タクシー規制は路上で乗客を拾う運転手だけに適用される．予約で迎えにいく自動車サービスには大メダルは必要ない．その結果，規制がなければ他の都市と同じようにタクシーが提供したと思われるサービスの多くを，ハイヤーが提供している．さらに，相当数の無許可のタクシーが法律を無視して大メダルなしで乗客を拾っている．こうしたタクシーは違法で，その運転手たちは全く規制されていない．そのため彼らはニューヨークで過度に多くの交通事故を起こしている．

　実際，ニューヨークのタクシー台数が制限されているせいで窮状が生じているので，市の指導者は2004年に，1万2187台ある認可タクシーを2007年までに1万3000台余りまで増やすことを決めた——この動きはニューヨークの乗客たちを確かに喜ばせた．だがすでに大メダルを所有している人にしてみれば，この増加はうれしいものではない．彼らは900台近く増える新しいタクシーによってタクシー不足が緩和されるか，不足が解消されることを理解している．その結果，運転手たちはタクシーを求める乗客をいつでも見つけられるというわけにはいかなくなって，収入が減るかもしれない．すると大メダルの価値は下がるだろう．そこで大メダルの保有者たちをなだめるために，市の役人は運賃を25％引き上げることにも同意した．これはニューヨークの乗客が新たに得た喜びを少し減らす動きだった．

　要するに，数量統制は典型的に次のような望ましくない副作用を持っている．
- 相互に利益のある取引が行われないという非効率性，あるいは失われた機会
- 非合法活動へのインセンティブ

経済学を使ってみよう

ニュージャージーのクラム

　ジャージー高速道路沿いの精製所を除けば，ニュージャージーが本当に他を圧倒し

ている産業の1つは，クラム（ハマグリ）漁だ．ガーデン・ステート社は世界のバカガイ（サーフクラム）の80％を供給しており，その貝の舌はフライド・クラムのディナーに使われている．また同社はホンビノスガイ（ハマグリの一種）の40％を供給しており，クラムチャウダーを作るのに使われている．

しかし1980年代に，乱獲のためにニュージャージーのハマグリ養殖場が全滅するおそれが出てきた．この資源を救うためにアメリカ政府は，採取しても良いハマグリの総量を設定した割当てを導入して，各漁船の所有者にそれまでの漁獲量に応じて許可証を配分した．

ところで，これはおそらくより広範な経済的・環境的配慮からいって正当化される割当ての例だということに注意してほしい——経済的合理性を失って久しいニューヨークのタクシーの割当てとは違うのだ．理論的根拠はどうであれ，ニュージャージーのハマグリの割当ては他の割当てと同じように機能した．

いったん割当て制度が確立されると，漁船所有者の多くはハマグリ漁をやめてしまった．彼らは一定の限られた時間だけ漁船を操業させるよりも，十分な数の許可証を集めて終日漁船を操業させられる人々に許可証を売るか，あるいは貸すほうが利益が上がることを知ったのである．ハマグリ漁をしている漁船は今日およそ50隻あるが，その操業許可証は漁船そのものよりも価値が高い．

ちょっと復習

▶数量統制や割当てとは，ある財の売買数量に政府が制限を設けることだ．許可された販売数量のことを割当て制限という．政府はそのとき許可証——割当ての下で一定の数量の財を売る権利を発行する．

▶割当て制限が，規制のない市場で取引される財の数量よりも小さいときには，需要価格は供給価格よりも高くなる——割当て制限ではそれらの間にウェッジが存在する．

▶このウェッジは割当てレント，つまり許可証の保有者が，財を販売する権利を所有することから得られる収入だ．それは実際に財を供給するか，あるいは許可証を他人に貸し出すかを問わない．

▶価格統制と同じように，数量統制も非効率性を作り出し，非合法活動を促す．

理解度チェック 4-3

1. タクシー乗車の供給と需要が図4-5で与えられている．ここで800万回ではなく，600万回の乗車にとどまるよう割当てが課せられたとしよう．次のものを，図4-5の中で見つけて示しなさい．
   a. 乗車1回の価格
   b. 割当てレント
   c. タクシー乗車の割当て制限が900万回に引き上げられたとしよう．このとき割当てレントはどうなるか？
2. 割当て制限が800万回だと仮定し，観光の低迷でタクシーへの需要が減少したとしよう．この割当てが市場に何の効果も持たないようにするには，需要曲線を左に最小限どれくらいシフトさせればよいか．図4-5を使って説明しなさい．

解答は本書の巻末にある．

5 驚くべき類似：税

国防から公園まで，私たちが望むサービスを提供するために政府は税金を集めなければならない．しかし，税は経済に費用を強いる．経済学の最も重要な役割の1つは，税の分析だ．課税の経済的費用を算定し，その費用を誰が負担するかを確かめ，そして課税で生じる費用を軽減するような税体系に変える方法を提案する．割当てを理解するためにここまで用いてきた分析は，ほとんど修正することなく，税の予備的な分

図4-7 タクシー乗車の売上げに課された物品税の効果

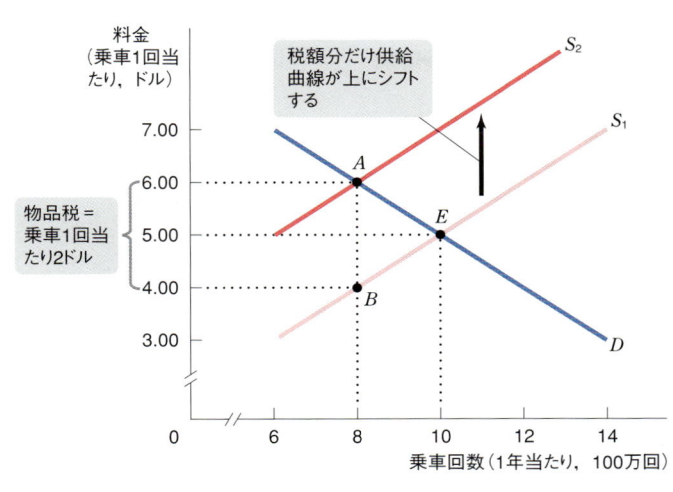

料金（乗車1回当たり，ドル）の縦軸と乗車回数（1年当たり，100万回）の横軸のグラフ。S_1は課税前の供給曲線，S_2は課税後の供給曲線で税額分だけ上にシフトしている。需要曲線Dとの交点Eは価格5.00ドル，乗車回数1000万回。点Aは価格6.00ドル，乗車回数800万回。点Bは価格4.00ドル，乗車回数800万回。物品税=乗車1回当たり2ドル。

S_1は課税前の供給曲線だ．お客を1回乗せるたびに2ドルの税を支払うよう市が運転手に求めると，供給曲線は2ドル分だけ上に，新しい供給曲線S_2へとシフトする．運転手は税引き後の価格4ドルを受け取る．これは元の供給曲線S_1上の点Bで表される．一方乗客が支払う価格は6ドルで，これは新しい供給曲線S_2上の点Aで表されている．つまり税は，需要価格6ドルと元の供給価格4ドルとの間にウェッジを打ち込む．

析をするのにも用いることができる．

5.1 なぜ税は割当てに似ているのか

　ニューヨークのタクシー乗車の供給曲線と需要曲線がちょうど図4-5に示されているとおりだとしよう．これは，政府の行動がなければタクシー乗車の均衡価格が5ドルで，1000万回の乗車が提供・利用されることを意味している．

　ここで乗車回数に割当てを課すかわりに，市が**物品税**——売上げに課される税を課したとしよう．具体的にいうと，タクシー運転手が1回乗客を乗せるたびに2ドルの税を課したとしよう．さて，この税の効果はどんなものだろうか？

　タクシー運転手の観点で言えば，この税が意味するのは，自分が受け取る運賃を全額自分のものにはできないということだ．もし乗客の支払いが5ドルだとすると，うち2ドルは税として徴収されるので，運転手が得られる額は3ドルしかない．どのような供給量でも，課税後の供給価格は課税前の供給価格よりも高くなる．例えば，税がない場合に4ドルの運賃で喜んで提供していた乗車回数と同じ回数を課税後に提供するとき，運転手は6ドルの運賃を要求するだろう．

　このように売上げに対する税は，税額の分だけ供給曲線を上にシフトさせる．図4-7にそれが示されている．S_1は課税前の供給曲線，S_2は課税後の供給曲線だ．市場均衡は1回の乗車の価格が5ドルで1000万回が提供・利用される点Eから，1回の乗車の価格が6ドルで800万回が提供・利用される点Aへと移動する．点Aはもちろん，需要曲線Dと新しい供給曲線S_2の上にある．

　しかし，6ドルの価格で800万回の乗車が供給されることを，私たちはどのように知ればよいのだろうか．というのも税引後の価格は4ドルであり，図4-7の点Bで示されているように，800万回の乗車の課税前の供給価格も4ドルだからだ．

　ここまでの説明になじみがあるだろう？　そのはずだ．乗車への2ドルの課税があ

物品税は財やサービスの売上げに課される税だ．

るときの均衡は提供・利用される乗車数を800万回に減少させるが，それは2ドルの割当てレントを生じさせる，800万回の割当てを課したときの均衡と同じように見える．割当てと同じように，税も需要価格と課税前の供給価格の間にウェッジを打ち込むのだ．

唯一の違いは，運転手が2ドルのレントを許可証の所有者に支払うのではなく，2ドルの税を市に支払うことだ．実際，物品税と割当てを完全に同じものにする方法がある．市が限られた数の許可証を発行する代わりに，許可証を1回につき2ドルで販売するとしてみよう．このとき2ドルの許可証代金は，事実上2ドルの物品税となる．

最後に，市が特定の価格で許可証を販売する代わりに800万枚の許可証を発行してオークション（競売）にかけると想像してみよう——つまり，状況の許す限りどんな価格でも売るのである．さて，許可証の価格はどうなるか．それは確実に2ドル——割当てレントと同じ——になるだろう．そしてこの場合，割当てレントは物品税とまったく同じ役割を果たすだろう．

5.2　誰が物品税を支払うのか

ここまで，税のことを財の売り手が支払うべきものとして考えてきた．だがその代わりに買い手が税を支払うとしたら——例えばあなたがタクシーに乗るときに2ドルの税金を支払わなければならないとしたら，何が起こるだろうか．

答えは図4-8に示されている．タクシーに乗るたびに乗客が2ドルの税を支払わなくてはならないとき，課税前と課税後でタクシー乗車の需要量を同じにするには，乗客が支払う運賃は課税後のほうが2ドル低くなくてはならない．だから需要曲線はD_1からD_2へと税額の分だけ下にシフトする．これに伴い均衡は点Eから点Bへと移動する．点Bでは市場価格は乗車1回当たり4ドルであり，800万回の乗車が提供・利用される．この場合，4ドルは800万回の供給価格で6ドルはその需要価格だ——しかし実際のところ，乗客は税金を含めて6ドルを支払っている．乗客はあたかも元の需要曲線上の点Aにいるようだ．

図4-7と図4-8を比べると，それらが価格に対する同じ効果を表していることに気づくだろう．どちらの場合も，買い手は実効価格6ドルを支払い，売り手は実効価格4ドルを受け取り，そして800万回の乗車が提供され，利用される．誰が形式的に税を支払うかは何の違いももたらさないように見える．

この洞察は，税を分析する際には一般的なものだ．つまり，税の**帰着**——本当に税を負担するのは誰か——は，政府に対して実際にお金を支払うのは誰かと問うことで答えられるような問題ではない．ここでの具体例では，タクシー乗車に課される2ドルの税は，買い手(乗客)の支払い価格の1ドルの増加と，売り手(運転手)の受け取る価格の1ドルの減少に反映されている．つまり税の帰着は買い手と売り手の間で実際ちょうど半々に分けられている．この帰着は，市政府にお金を支払うのが買い手と売り手のどちらであろうと変わらないのだ．

物品税の帰着が常にこの例のように買い手と売り手の間で半々にされるわけではな

> 税の**帰着**は，誰が実際にそれを支払っているかを測るものだ．

図4-8 タクシー乗車の購入に課された物品税の効果

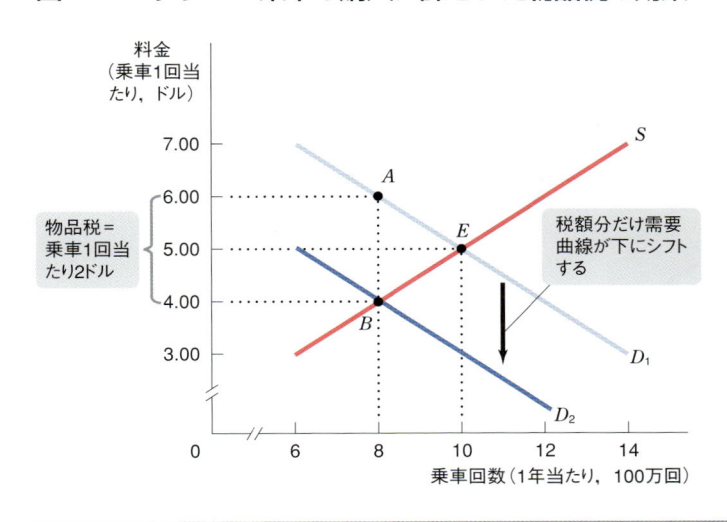

料金（乗車1回当たり，ドル）

物品税＝乗車1回当たり2ドル

税額分だけ需要曲線が下にシフトする

乗車回数（1年当たり，100万回）

D_1は課税前の需要曲線だ．市が乗客に1回のタクシー乗車につき2ドルの税の支払いを求めると，需要曲線は2ドル分だけ下に，新しい需要曲線D_2へとシフトする．繰り返しになるが，運転手は点Bで表される税引き後の価格4ドルを受け取り，乗客は点Aで表される税込み価格6ドルを支払う．税の帰着は図4-7と正確に同じだ．このことは，この税を誰が負担するかという問いに答えるときに，形式的に誰がこの税を支払っているかは重要でないことを示している．

い．供給曲線と需要曲線の形状に応じて，物品税の帰着は異なる分けられ方をする．

5.3 物品税からの収入

買い手と売り手の双方が物品税で損失をこうむるが，政府は収入を得る——これが税のすべてだ．では政府はどれくらいの収入を集めるのか．それは図4-9のグレーの四角形の面積に等しくなる．

なぜそれがタクシー乗車に課された2ドルの税で集められた収入かを見るために，四角形の高さが2ドルであることに注意しよう．これは乗車1回当たりの税額だ．また，今まで見てきたように，税は供給価格と需要価格の間に打ち込んだウェッジの大きさでもある．一方，四角形の幅は800万回で，2ドルの税が課されたときの均衡乗車回数となっている．

税によって集められる収入は

収入＝1回の乗車につき2ドル×800万回の乗車＝1600万ドル

一方，四角形の面積は

面積＝高さ×幅＝1回の乗車につき2ドル×800万回の乗車
　　＝1600万ドル

これは一般的な原理だ．物品税で集められた収入は，高さが供給曲線と需要曲線の間に税が打ち込んだウェッジで，幅は税が課されたときの売買量である四角形の面積に等しい．

5.4 税の費用

税の費用とは何だろうか．あなたはそれは納税者が政府に支払ったお金だと答える

図4-9 物品税からの収入

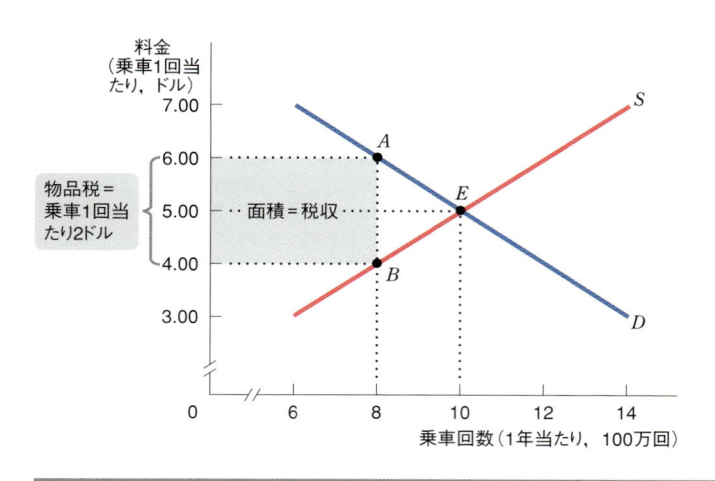

物品税で集められた政府収入は，グレーの四角形の面積に等しい．この場合1回の乗車につき2ドル×800万回の乗車＝1600万ドルだ．

（図：縦軸「料金（乗車1回当たり，ドル）」，横軸「乗車回数（1年当たり，100万回）」．需要曲線Dと供給曲線S，均衡点E（10,5.00），税込み点A（8,6.00），税抜き点B（8,4.00）．面積＝税収．物品税＝乗車1回当たり2ドル．）

かもしれない．しかし，政府がそのお金を誰もが欲するサービスを提供するために使うか，あるいは単に納税者に返すとしたらどうだろう．そのとき，税の費用は何もないといえるのか．

いや，そうではない——なぜなら税は割当てと同じく，相互に利益のある取引が生じるのを妨げるからだ．もう一度図4-9を考えよう．タクシー乗車に2ドルの税がかけられたとき，乗客は1回の乗車につき6ドルを支払うが，運転手は4ドルしか受け取らない．だから，例えば1回の乗車につき5.5ドルしか支払いたくないと思う潜在的な乗客がいる．そして例えば4.5ドルなら喜んで受け取ろうとする運転手もいる．もしこのような運転手と乗客が出会ったら，相互に利益を得る取引が行われるだろう．だが2ドルの税が支払われないので，このような取引は違法だ．

もっと一般的にいうと，税がなければ実現していた200万回の潜在的なタクシー乗車があって，それは実現すれば乗客と運転手の双方に便益をもたらすが，税のために実現されないことを私たちは知っている．

こうして物品税は，実際に税として支払われるお金のほかに，相互に利益のある取引を阻害するという形の非効率性となり，追加的な費用を強いる．これが税による**過剰負担**あるいは**死荷重**だ．現実の世界のあらゆる税が，何らかの死荷重を課すが，悪く設計された税は良く考えられた税よりも大きな死荷重を課す．

経済学者は，税の実質的な費用は人々が支払った税ではなく，支払わなかった税だという．彼らの言わんとするところは，人々は税を逃れるために行動を変えるということだ．例えば，タクシーに乗る代わりに歩くことで，相互に利益を得る機会が失われるのだ．

最後に一点．この章で分析したすべての政策と同様に，税も非合法活動へのインセンティブを作り出す．次の「ちょっと寄り道」は，タバコに対する物品税がどのようにしてかなりの密売買を生じさせるかを説明している．そしてもちろん，まともな人々でさえ，所得税のためにいろいろと工夫を凝らそうとすることが知られている．

> 税は，**過剰負担**あるいは**死荷重**という追加的な費用をもたらす．それは相互に利益のある取引を阻害するという非効率性だ．

> **ちょっと寄り道** タバコを売るのが犯罪なら，タバコを売るのは犯罪者だけだろう
>
> 長きにわたって，タバコには州の物品税が課されていた．禁煙運動が政治的な力を持つようになるにつれ，多くの州と地方政府はこれらの税を引き上げた．役人はタバコへの高い税を，良いことをしてうまく税をとる方法——悪い習慣を抑制しながらより多くの収入を得る方法，と見なした．2002年には，ニューヨーク市で販売されるタバコの税は州レベルと地方レベルの両方で引き上げられ，1箱1.19ドルから3ドルになった．
>
> だがタバコを栽培する州はこの傾向に追従しなかった．例えばバージニア州では，タバコ税は1箱たったの2.5セントだ．そしてこの格差は，法律を破ることを気にしない人々のための機会を作り出した．つまり税の低いタバコ栽培州からニューヨークのような税の高い地域へと，大規模なタバコの違法取引が行われている．
>
> 州間のタバコの違法取引を行っているのは，禁酒法時代のアルコールの違法取引のように，犯罪組織だと当局は考えている．だがそれより小さなプレーヤーにも活動の余地が残されている．2000年7月に，FBIはノース・カロライナ州シャーロットに本拠地を置く集団を壊滅させたが，その集団はアメリカ政府がテロ組織に分類した外国の集団に利益を送っていたのだ．

経済学を使ってみよう

FICA（連邦保険寄与法）を支払うのは誰？

雇用されている人なら誰でも，受け取る金額だけでなく，各種の税額が記載された給与明細を受け取る．たいていの人にとって大きな項目の1つはFICA（連邦保険寄与法）だ．これは，社会保障と医療システムのために給与から引かれる金額で，退職したり障害のあるアメリカ人のために所得と医療を提供するものだ．

この本を書いている時点では，アメリカのほとんどの労働者は，給与を受け取るときにその7.65％をFICAに支払っている．しかしこれは文字どおり半分だ．雇用者（雇い主）もそれと同じ額だけ支払うことを求められているからだ．

それではFICAについてはどのように考えれば良いのか．そう，それは物品税——労働の売買に課された税のようだ．その半分は売り手——労働者に課され，もう半分は買い手——雇用者に課されている．

しかし私たちは税の帰着が，実際に誰が支払っているのかとは全く関係ないことをすでに知っている．雇用者が名目的にFICAの半分を支払っているという事実は，実質的な税の負担者が誰かについては何も語っていない．

実際ほとんどの経済学者は，FICAの実質的な効果は，賃金から被雇用者（労働者）と雇用者の支払額の合計を差し引くのにほぼ等しいと信じている．つまり，あなたは自分の分担する額だけを支払うのではない．あなたの雇用者が分担する額はすでにあなたの低い賃金に反映されているので，あなたは実質的に雇用者の分まで支払っていることになるのだ．あなたの雇用者は税金を支払ってはいるが，それは賃金の減少によって全額補償されている．だから，雇用者ではなく，労働者が税の全額を負担しているのだ．

経済学者が，雇用者ではなく労働者が実質的にFICAを支払っていると考える理由は，労働の供給（その仕事を進んでしようとする労働者の数）が労働の需要（雇用者が進んで提供しようとする仕事の数）よりも賃金率に対してはるかに感応的でない，というものだ．この理由によると，労働者は賃金率の低下に対して相対的に非感応的なので，雇用者は税の負担を低い賃金を通じて簡単に労働者へ転嫁できるのだ．■

ちょっと復習

▶割当てと同じように，物品税も需要価格と供給価格の間にウェッジ（くさび）を打ち込む．

▶物品税の帰着は，売り手と買い手のどちらが形式的にそれを支払うかとは関係がない．

▶割当てと同じように，物品税も，買い手と売り手の双方に利益がある取引を阻むことで非効率性を作り出す．この過剰負担あるいは死荷重は，税の真の費用が支払われた税額よりも常に大きいことを意味する．

▶割当てと同じように，税も非合法活動へのインセンティブを作り出す．

理解度チェック 4-4

1. 図4-3を用いて以下の問いに答えなさい．
   a. バター900万ポンドの割当てと同じ水準の非効率性をもたらす物品税の額はいくらか．
   b. バター1ポンド当たり0.6ドルの物品税と同じ非効率性をもたらす割当ての水準はどれくらいか．
   c. 設問aで物品税の負担が買い手と売り手の間でどのように分割されているかを求めなさい．すなわち，買い手の支払う税と売り手の支払う税がそれぞれどのくらいなのかを説明しなさい．

解答は本書の巻末にある．

次に学ぶこと

前章と本章で，経済モデルが現実の世界を理解するのをどのように助けるかについて，最初の感触を得た．これまで見てきたように，供給と需要――競争市場の機能の仕方に関する単純なモデル――は，悪天候から政府の誤った政策までのすべての効果を理解し，予測することに用いられる．この先の章では，経済モデル――供給と需要だけでなく，それを超えるものまで含む――が多岐にわたる経済現象と論点をどのように解明するかを見ていく．

要 約

1. 政府が供給と需要を「無視」しようとして市場に介入することがよくある．介入は**価格統制**か**数量統制**という形態をとりうる．しかしそれらは，さまざまな種類の非効率性と非合法活動という，予測可能でかつ望ましくない副作用をもたらす．

2. 均衡価格を下回る最高の市場価格である**上限価格規制**は，取引に成功した買い手には便益をもたらすが，持続的な供給不足を生じさせる．価格が均衡価格よりも低く維持されるので，均衡数量と比べると需要量は増加し，供給量は減少している．これにより，予測可能な問題がもたらされる．**消費者への非効率的な配分，資源の浪費**，そして**非効率的に低い品質**という形で非効率的な状況が生じるのだ．また，財を得るために人々が**ブラック・マーケット**へと向かうように仕向け，非合法活動を促す．こうした問題のせいで，上限価格規制は，一般に経済政策手段としての支持を失っている．しかしいくつかの政府は，その効果を理解していない，あるいは影響力のある集団に便益を与えるからという理由で上限価格規制を課し続けている．

3. 均衡価格を上回る最低の市場価格である**下限価格規制**

は，取引に成功した売り手には便益をもたらすが，持続的な供給過剰を生じさせる．価格が均衡価格よりも高く維持されるので，均衡数量と比べると需要量は減少し，供給量は増加している．これにより，予測可能な問題がもたらされる．**売り手間での販売機会の非効率的な配分**，**資源の浪費**，そして**非効率的に高い品質**という形で生じる非効率性だ．また，非合法活動とブラック・マーケットの成立を促す．最も良く知られた下限価格規制は**最低賃金**だが，農産物にもよく適用されている．

4. **数量統制**，あるいは**割当て**は財の売買数量を制限する．許容される販売数量を**割当て制限**という．政府は，財の一定の数量を売る権利である**許可証**を各主体に発行する．許可証の所有者は，**割当てレント**を得ることができる．それは，財を売る権利を所有することで生じる収入である．割当てレントは，割当て制限での**需要価格**，つまり割当て制限の数量に対して消費者が進んで支払う額と**供給価格**，つまり割当て制限の数量に対して供給者が進んで受け入れる額の差額となっている．経済学者はこれを，割当てが需要価格と供給価格との間に**ウェッジ（くさび）**を打ち込んだ，という．このウェッジが割当てレントだ．数量統制は，非合法活動を促すことに加えて，相互に利益のある取引を阻害するという形での非効率性を生じさせる．

5. **物品税**——財の購入あるいは売上げに課される税——は割当てと同じような効果を持つ．それらは買い手の支払う価格を引き上げ，売り手の受け取る価格を引き下げて，両者の間にウェッジを打ち込む．税の**帰着**——買い手に対する高い価格と売り手に対する低い価格の分割——は誰が形式的に税を支払うかとは関係がない．物品税は相互に利益のある取引を阻害するために，**過剰負担**あるいは**死荷重**と呼ばれる非効率性の原因となる．そしてまた，税金を逃れるための非合法活動を促す．

キーワード

価格統制…p.100
上限価格規制…p.100
下限価格規制…p.100
非効率的…p.102
消費者への非効率的な配分…p.103
資源の浪費…p.104
非効率的に低い品質…p.104
ブラック・マーケット…p.105
最低賃金…p.108
売り手間での販売機会の非効率的な配分…p.110
非効率的に高い品質…p.111

数量統制…p.114
割当て…p.114
割当て制限…p.114
許可証…p.114
需要価格…p.115
供給価格…p.116
ウェッジ（くさび）…p.118
割当てレント…p.118
物品税…p.121
帰着…p.122
過剰負担…p.124
死荷重…p.124

問題

1. ニューヨーク市で家賃統制の廃止が決定され，これから市場価格が成立するとしよう．すべての賃貸住宅は同一で，それゆえ同じ家賃を求められると仮定する．市場家賃を支払えない住民の窮状に対処するため，すべての低所得家計にこれまでの統制された家賃と新しい市場家賃との差額分に等しい所得補塡が行われる．
   a. 家賃統制廃止が住宅の賃貸市場に与える効果を，図を用いて示しなさい．供給される賃貸住宅の品質と供給量に何が起こるだろうか．
   b. 所得補塡政策が住宅の賃貸市場に与える追加的な効果を別の図を用いて示しなさい．設問aに対するあなたの答えと比べると，賃貸住宅の市場家賃と供給量に対しどのような効果があるか．
   c. これらの政策により，入居者の状態は良くなったか，それとも悪くなったか．家主の状態は良くなったか，それとも悪くなったか．
   d. 政治的観点から見て，市が低所得者の家賃支払いを援助する所得補塡政策よりも家賃統制に頼ることが多いのはなぜだと思うか．

2. 有権者の人気を集めるためにゴッサムシティの市長は，タクシー料金を引き下げることを決めた．単純化のために，すべてのタクシー乗車は同じ距離で，それゆえ同じ費用でなされると仮定する．次の表は，タクシー乗車の需要表と供給表だ．

料金 (乗車1回当たり，ドル)	乗車回数 (1年当たり，100万回)	
	需要量	供給量
7.00	10	12
6.50	11	11
6.00	12	10
5.50	13	9
5.00	14	8
4.50	15	7

a. 市内で供給されるタクシー乗車数の規制はない(すなわち大メダルシステムはない)としよう．このとき，均衡価格と均衡数量を計算しなさい．

b. 市長が5.5ドルの上限価格規制を課すとする．タクシー乗車の供給不足はどれくらいになるか？ 図で示しなさい．この政策で損失を被るのは誰で，利益を得るのは誰か．

c. 株式市場が暴落し，その結果ゴッサムシティの人々が貧しくなったとする．そのせいで，どの価格でもタクシー乗車の需要量が年間600万回減少した．このとき，市長の新しい政策はどんな効果を持つか．図で示しなさい．

d. 株式市場が騰貴し，タクシー乗車の需要が正常に(すなわち，需要表どおりに)戻ったとする．市長は，今度はタクシー運転手の人気を集めようと決めた．彼は，既存のタクシー運転手に営業許可証を与えるという政策を発表した．許可証の数は，年間1000万回の乗車のみが提供されるように制限される．この政策がタクシーの乗車市場に与える効果を描き，結果として生じる価格と数量を示しなさい．乗車1回当たりの割当てレントはいくらか．

3. 18世紀の終わりごろ，ニューヨーク市ではパンの価格は統制されており，市場価格よりも高い事前に決められた価格に設定されていた．

a. この政策の効果を示す図を描きなさい．

b. パンの統制価格が市場価格よりも高いとき，どのような種類の非効率性が生じると思われるか．詳しく説明しなさい．

この時代のある年に，小麦の不作でパンの供給曲線が左にシフトし，市場価格の上昇をもたらした．ニューヨークの製パン業者は，パンの統制価格が市場価格よりも低くなったことを見出した．

c. この1年間について，パン市場への価格統制の効果を示す図を描きなさい．この政策は，上限価格規制あるいは下限価格規制と同じように機能するだろうか．

d. この時代に，どのような種類の非効率性が生じたとあなたは考えるか．詳しく説明しなさい．

4. 次の表は，ミルクの年間の供給表と需要表を示している．アメリカ政府は，伝統的な家族経営の酪農家が生き残れる水準に酪農家の所得は維持されるべきだと決意した．それはつまり，1パイント＝1ドルの市場価格が成立するまで余剰ミルクを買い上げて，1パイント＝1ドルの下限価格規制を課すということだ．

牛乳の価格 (1パイント当たり，ドル)	牛乳の数量 (1年当たり，100万パイント)	
	需要量	供給量
1.20	550	850
1.10	600	800
1.00	650	750
0.90	700	700
0.80	750	650

a. この政策の結果，どれだけの余剰ミルクが生産されるか．

b. この政策のための政府の費用は何か．

c. ミルクはたんぱく質とカルシウムの重要な摂取源なので，政府は購入した余剰ミルクをわずか1パイント＝0.6ドルの価格で小学校に提供することを決定した．小学校はこの低い価格でミルクをいくらでも購入できると仮定しよう．しかし親たちは，子供たちが学校でミルクを飲むのを知っているので，価格とは無関係にミルクの購入量を年間5000万パイント減らした．この酪農プログラムは，政府にどれだけの費用を強いるだろうか．

d. この政策の結果生じると推測される，資源の浪費という非効率性の例を2つ挙げなさい．

5. 本文に記述されているように，ヨーロッパ各国の政府はアメリカ政府よりも価格統制を多用する傾向がある．例えばフランス政府は，高校卒業に相当する大学入学資格のバカロレアを修了した後新たに雇用される人々のために，初年度1年間の最低賃金を設定した．バカロレア修了者に対する新規雇用の需要表と，新たに職を求める求職者の供給表が次の表に示されている．ここでの価格は——フランスで使用されているユーロという通貨で表されている——年間の賃金である．

賃金 (1年当たり，ユーロ)	需要量 (1年当たり求人数)	供給量 (1年当たり求職者数)
45,000	200,000	325,000
40,000	220,000	320,000
35,000	250,000	310,000
30,000	290,000	290,000
25,000	370,000	200,000

a. 政府の介入がないとき，修了者の均衡賃金と年間就業

者数はどうなるか．図を描いて示しなさい．均衡賃金では，職を求めていながら見つけられない人，すなわち非自発的失業者は存在するだろうか．
b. フランス政府が年間の最低賃金を3万5000ユーロに設定したとする．この賃金では，非自発的失業者は存在するか．もしそうなら，どれくらいいるか．図で描きなさい．最低賃金が4万ユーロに設定されたらどうだろうか．それも図で描きなさい．
c. 設問bに対するあなたの答えと図表の情報を前提として，非自発的失業と最低賃金の水準の関係についてどう思うか．この政策から利益を得るのは誰か．

6. 最近まで，フランスの常勤の仕事の1週間の標準労働時間は，ちょうどアメリカと同じ39時間だった．だが非自発的失業の水準の高さに関する社会的不安への対応として，フランス政府は週間35時間労働を制度化した．すなわち，たとえ労働者と雇用者がそうしたいと欲しても，1週間に35時間以上働くことはできなくなった．この政策の背後にある動機は，もし現在の被雇用者の働く時間が少なくなれば，雇用者は新しい労働者を追加で雇わざるをえなくなるというものだ．フランスの雇用者はこの政策に大いに反対し，このような雇用規制のない近隣諸国に事業を移動させると脅した．あなたは彼らの姿勢を説明できるか．この政策から生じると思われる非効率性と非合法活動の双方の例を挙げなさい．

7. 過去70年間，アメリカ政府はアメリカの農民の所得を補助するために価格支持を用いてきた．あるときには政府は下限価格規制を用い，それは農家の余剰生産物を買うことで維持された．またあるときには，各販売量の市場価格と目標価格の差額を政府が農民に与える目標価格という政策を用いることもあった．次の図に描かれているトウモロコシの市場を考えよう．

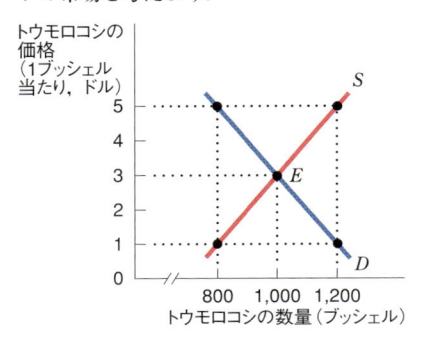

a. 政府が1ブッシェルにつき5ドルの下限価格規制を課すと，何ブッシェルのトウモロコシが生産されるか．また消費者の購入量はどれくらいか．このプログラムは政府にどれだけの費用を強いるか．またトウモロコシ農家はどれだけの収入を受け取るか．

b. 1000ブッシェルまでの任意の数量に対し，政府が1ブッシェルにつき5ドルの目標価格を設定したとしよう．消費者と政府はそれぞれ，いくらの価格で，何ブッシェルのトウモロコシを購入するか．このプログラムは政府にどれだけの費用を強いるか．またトウモロコシ農家はどれだけの収入を受け取るか．
c. トウモロコシの消費者により大きな費用を強いるのは，設問aとbのどちらのプログラムか．
d. 設問aとbのそれぞれのプログラムから生じる非効率性は何か．

8. 北大西洋沖の海域にはかつて多くの魚がいたが，漁業者の乱獲のため，いまや漁業資源はほとんど枯渇している．1991年にアメリカ政府の国家海洋漁業サービス（National Marine Fishery Service）は漁業資源を回復させるために割当てを実施した．この割当てでは，認可されたアメリカの漁船が漁獲できるメカジキの数量を全体で年間700万ポンドに制限した．アメリカの漁船団が割当て限度に達するとすぐに，その年の残りの期間のメカジキ漁は停止された．次の表は，アメリカのメカジキの年間漁獲量の仮想の需要表と供給表である．

メカジキの価格 （1ポンド当たり，ドル）	メカジキの数量 （1年当たり，100万ポンド）	
	需要量	供給量
20	6	15
18	7	13
16	8	11
14	9	9
12	10	7

a. 1991年の割当てがメカジキの市場に与える効果を，図を用いて示しなさい．
b. 漁業者はこの政策を受けて漁の仕方をどのように変えるとあなたは考えますか．
c. 設問aで描いた図を用いて，メカジキの漁獲量を割当てと同じだけ減少させる物品税を示しなさい．1ポンド当たりの物品税はいくらですか．
d. この物品税を受けて人々はどのような行動をとるとあなたは考えますか．
e. この物品税は漁業者から徴収されるが，彼らは自分たちだけがこの政策の負担を負っていると抗議している．この抗議は誤っているかもしれないが，それはなぜか．

9. アメリカ政府は，アメリカでトラックを販売する外国の自動車メーカーと競争している自国の自動車産業を助けたいと思っている．それは，輸入される外国製のトラックに割当てを課すか，アメリカで販売される各外国製トラックに物品税を課すことで実現される．輸入トラックの仮想の需要表と供給表が次の表で与えられている．

輸入トラックの価格	輸入トラックの数量 (1,000台)	
（ドル）	需要量	供給量
32,000	100	400
31,000	200	350
30,000	300	300
29,000	400	250
28,000	500	200
27,000	600	150

a. 政府の介入がないとき，輸入トラックの価格はいくらで，何台がアメリカで売られるか．図を描きなさい．

b. 政府が20万台以上の外国製トラックは輸入できないという割当てを採用したとしよう．そのトラックの市場に与える効果は何か．設問aであなたが描いた図を用いて説明しなさい．

c. 今度は割当ての代わりに政府がトラック1台につき3000ドルの物品税を課したとしよう．設問aであなたが描いた図のなかに，この物品税の効果を描きなさい．何台のトラックがいくらの価格で購入されるか．外国の自動車メーカーはトラック1台当たりいくらを受け取るだろうか．

d. 設問cの物品税から生じる政府収入を計算しなさい．そして，それを図の中に描きなさい．収入という観点で見て，政府は物品税と割当てのどちらを好むとあなたは考えるか．

e. 割当てにしても物品税にしても，この政府の政策がどのようにアメリカの自動車メーカーに利益を与えるのかを説明しなさい．それは誰を害するか．ここでの失われた機会とはどのようなものか．それはどのような非効率性を反映しているか．

10. メイン州ではロブスターを商売として獲るには許可証が必要だ．この許可証は毎年発行される．メイン州は，沿岸で見られるロブスターが減少しているのを憂慮している．州の漁業局は，すべてのメイン州水域で漁獲されるロブスターの数量を年間8万ポンドとする割当ての設定を決めた．また，今年の許可証は前年に許可証を持っていた漁業者にのみ与えることも決めた．次の図は，メイン・ロブスターの需要曲線と供給曲線を示している．

a. 政府の介入がないとき，均衡価格と均衡数量はいくらか．

b. 消費者が8万ポンドのロブスターを購入しようとするときの需要価格はいくらか．

c. 供給者が8万ポンドのロブスターを供給しようとするときの供給価格はいくらか．

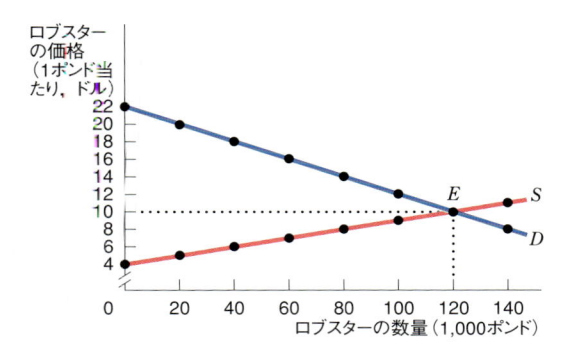

d. 8万ポンドのロブスターが販売されたときの，1ポンド当たりの割当てレントはいくらか．

e. ロブスターの漁獲量を割当てと同じだけ減少させる物品税を計算し，それを図で示しなさい．この税による政府収入はいくらか．

f. 買い手と売り手の双方に利益を与えるが，この割当て制限によって実現を阻まれるような取引について説明しなさい．買い手と売り手の双方に利益を与えるが，この物品税によって実現を阻まれるような取引について説明しなさい．

11. 税に関する以下の3つのケースのそれぞれについて，次の事項を説明しなさい．①税の帰着が，消費者と生産者のどちらにより重くなっているか，②税によって生じる政府収入がなぜ税の真の費用の適切な指標ではないのか，③どのような失われた機会，あるいは非効率性が生じるか．

a. 政府はすべての大学の教科書販売に物品税を課した．課税前には100万冊の教科書が毎年1冊50ドルで売られていた．課税後は，年間60万冊が売られている．学生は1冊につき55ドルを支払い，そのうちの30ドルを出版社が受け取る．

b. 政府はすべての航空券の販売に物品税を課した．課税前には300万枚の航空券が毎年1枚500ドルの価格で売られていた．課税後は，年間150万枚が売られている．旅行者は航空券1枚に550ドルを支払い，そのうちの450ドルを航空会社が受け取る．

c. 政府はすべての歯ブラシの販売に物品税を課した．課税前には200万本の歯ブラシが毎年1本1.5ドルの価格で売られていた．課税後は，80万本の歯ブラシが毎年売られている．消費者は歯ブラシ1本に2ドルを支払い，そのうちの1.25ドルを生産者が受け取る．

web▶ 引き続き勉強し，本章の概念を復習したい人は，クルーグマン＝ウェルスのウェブサイトを訪ね，小問題集，動画による教習，有益なリンク集などを参照してください．

www.worthpublishers.com/krugmanwells

第 5 章
Consumer and Producer Surplus
消費者余剰と生産者余剰

この章で学ぶこと
▶ **消費者余剰**の意味と，消費者余剰と需要曲線の関係．
▶ **生産者余剰**の意味と，生産者余剰と供給曲線との関係．
▶ **総余剰**の意味とその重要性．総余剰を使って取引利益を測り，市場の効率性を評価する方法．
▶ 総余剰の変化を使って，税の死荷重を測る方法．

本で利益を上げる

大学の教科書には，活発な中古市場がある．授業をとった学生の中には，学期の終わりに，授業で使った教科書を売って得られる額のほうがその教科書を持ち続ける価値より高いと判断する人がいる．一方，次の学期にその授業を選択するつもりでいる学生の中には，定価で新しい教科書を買うより，ちょっと傷んでいても安い中古の教科書を買うほうを好む人がいる．

教科書の著者と出版社にしてみれば，こうした取引はうれしいものではない．新しい教科書の販売が減少するからね．でも中古教科書を売る学生と買う学生はどちらも，この市場が存在することで明らかに利益を得ている．だから大学の書店の多くは中古教科書を買い取り，それを新しい教科書と一緒に販売して，学生たちの取引の便宜をはかっているのだ．

では，中古教科書の買い手と売り手がこの取引から得られる利益を数値化できるだろうか．「中古教科書の買い手と売り手は中古市場があることで<u>どれだけ</u>利益を得ているか」という質問に答えられるものだろうか．

そう，私たちは答えを出すことができる．この章では，中古教科書を買う学生が得る利益のように，買い手が財を購入できることから得る利益をどう測るかを見よう．それは消費者余剰として知られている．またそれと対になる，売り手が財を販売できることから得る利益を測る生産者余剰という指標も見ていこう．

消費者余剰と生産者余剰は，幅広く多様な経済問題を分析するのにとても有益な概念だ．それを使えば，市場が存在することで生産者と消費者がどれだけ利益を得られるかを計算できる．また，市場価格の変化が消費者の厚生と生産者の厚生にどんな影響を与えるかを計算できる．これらの計算は，たくさんの経済政策を評価する際に決定的な役割を果たしている．

消費者余剰と生産者余剰を計算するのにどんな情報が必要だろうか．驚くべきことにその答えは，需要曲線と供給曲線だけでいい，というものだ．供給と需要のモデルは市場競争がどう機能するかを表すだけのモデルではなく，消費者と生産者がその市場に参加することでどれだけ利益を得られるかを示すモデルでもあるのだ．本章では第一歩として，需要曲線と供給曲線から消費者余剰と生産者余剰をどう求めるかをまず学ぼう．次に，こうした概念が現実の経済問題にどう適用されるかを見ていくことにしよう．

1 消費者余剰と需要曲線

　中古教科書の市場は，金銭的には大きなビジネスではない．しかし，消費者余剰と生産者余剰の概念を展開していく出発点としては便利なものだ．それで，まず買い手の側から中古教科書の市場を見てみよう．これからすぐにわかることだが，鍵となるのは，需要曲線は嗜好や選好から導かれること――そしてその選好が，中古教科書の購入機会からの便益の大きさを確定するということだ．

1.1　支払い意欲額と需要曲線

　中古教科書は新品ほど状態が良くない．傷んでいたり，コーヒーのしみがついていたり，書き込みがあったり，内容的にも古くなっているかもしれない．それをどれだけ気にするかはあなたの選好しだいだ．潜在的な買い手の中には，新品の教科書よりわずかでも安ければ中古教科書を買うという人もいるだろうし，大幅に安くなければ中古教科書を買わないという人もいるだろう．潜在的な消費者の**支払い意欲額**を，財（この場合は教科書）を買ってもいいと思う最高価格と定義しよう．各個人は中古教科書の価格がこの額よりも高いと買おうとしないが，安ければ買う．価格と支払い意欲額がちょうど等しいなら，買い手にとって，買うか買わないかは無差別（どちらでも差はない）だ．

> 消費者の財への**支払い意欲額**とは，消費者がこの財を買ってもいいと思う最高価格のことだ．

　図5-1は，新品だと100ドルする中古教科書の潜在的な買い手5人を，支払い意欲額の高い順に並べたものだ．いちばん高いのはアレーシャで，中古教科書の価格が59ドルでも買うだろう．ブラッドの支払い意欲額はそれより低く，45ドルより安くなければ中古教科書を買おうとしない．クラウディアの支払い意欲額は35ドル，ダレンはわずかに25ドルだ．そしてエドウィナは実は中古教科書が好きではないので，10ドルより安くなければ買おうとしない．

　5人の学生のうち，実際に中古教科書を買うのは何人だろうか．それは価格次第だ．中古教科書の価格が55ドルなら，買うのはアレーシャだけだろう．40ドルならアレーシャとブラッドの2人が中古教科書を買うだろう，といった具合だ．だから，支払い意欲額を示した表は，中古教科書の需要表とも定義される．

　第3章で見たように，この需要表を使って，図5-1に示されているような市場需要曲線を導くことができる．想定している消費者の数が少ないので，ここでの需要曲線は，何百人，何千人の消費者がいる市場を扱ったこれまでの章の需要曲線とは違い，滑らかには見えない．ここでの需要曲線は階段状で，水平な部分と垂直な部分が交互に現れている．水平な部分――各段――はそれぞれ，1人の潜在的な買い手の支払い意欲額に対応している．すぐにわかることだが，消費者余剰の分析には，需要曲線がこの図のような階段状なのか，または多数の消費者がいて滑らかなのかは関係がない．

1.2　支払い意欲額と消費者余剰

　大学キャンパスの書店が中古教科書を30ドルで売り出したとしよう．この場合，ア

図5-1 中古教科書の需要曲線

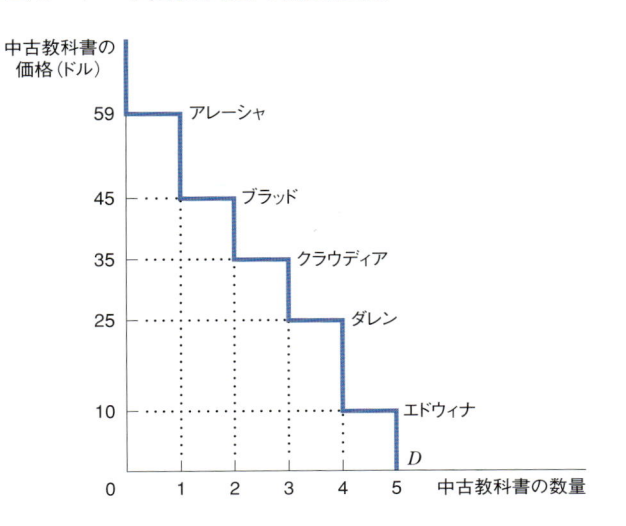

潜在的な買い手	支払い意欲額(ドル)
アレーシャ	59
ブラッド	45
クラウディア	35
ダレン	25
エドウィナ	10

この市場の潜在的な消費者は5人しかいないので，需要曲線は階段状になる．各段は1人の消費者を表し，その高さは各消費者が中古教科書を買おうとする最高価格，つまり支払い意欲額を示している．アレーシャは59ドルという最も高い支払い意欲額を持っていて，ブラッドの支払い意欲額はその次に高い45ドルだ．こうして支払い意欲額は下がっていき，エドウィナは最低の10ドルだ．価格が59ドルのとき需要量は1（アレーシャ），価格が45ドルのとき需要量は2（アレーシャとブラッド）だ．このようにして，5人の学生全員が購入しても良いと思う10ドルという価格に行きつく．

レーシャ，ブラッド，クラウディアはそれを買うだろう．だが彼らは購入することで便益を得られるのだろうか．もしそうなら，どれくらいだろうか．

答えは，表5-1にあるように，中古教科書を購入した学生はおのおの純便益を得ているが，その額は人によって違うということだ．

アレーシャは59ドルを支払っても良いと思っていたので，彼女の純便益は59ドル－30ドル＝29ドルだ．ブラッドは45ドルを支払っても良いと思っていたので，彼の純便益は45ドル－30ドル＝15ドルだ．クラウディアは35ドルを支払っても良いと思っていたので，彼女の純便益は35ドル－30ドル＝5ドルだ．しかしダレンとエドウィナは，30ドルでは中古教科書を買おうとしない．だから彼らは便益を得ることもなければ損をすることもない．買い手が財の購入から得る純便益は，その買い手の**個別消費者余剰**と呼ばれる．この例では，財の買い手はそれぞれ何がしかの個別消費者余剰を得ることを学んだ．財の買い手が得た個別消費者余剰を全員分合計したものは，**総消費者余**

> **個別消費者余剰**は財の購入から個々の買い手が得る純便益で，その買い手の支払い意欲額と支払った価格の差に等しい．
>
> **総消費者余剰**は財の買い手の個別消費者余剰を全員分合計したものだ．

表5-1 中古教科書の価格が30ドルのときの消費者余剰

潜在的な買い手	支払い意欲額(ドル)	支払った価格(ドル)	個別消費者余剰(ドル)＝支払い意欲額－支払った価格
アレーシャ	59	30	29
ブラッド	45	30	15
クラウディア	35	30	5
ダレン	25	—	—
エドウィナ	10	—	—

総消費者余剰：49ドル

図5-2　中古教科書の消費者余剰

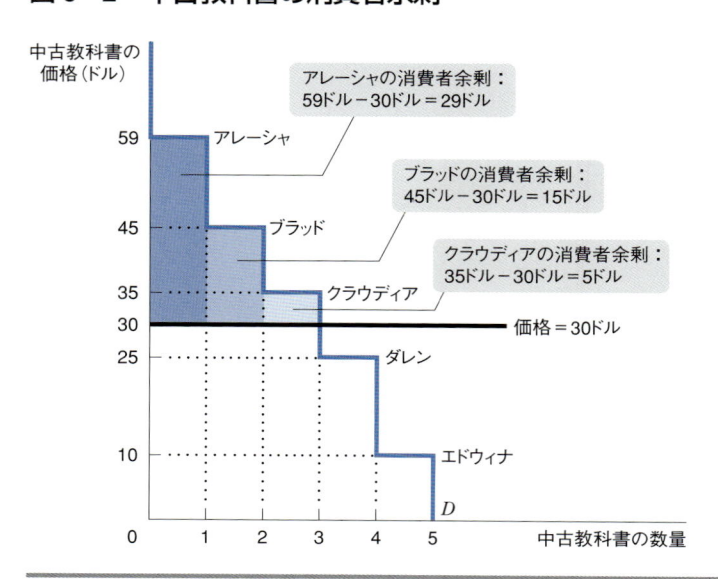

[グラフ：縦軸「中古教科書の価格（ドル）」、横軸「中古教科書の数量」。階段状の需要曲線 D が、アレーシャ59ドル、ブラッド45ドル、クラウディア35ドル、ダレン25ドル、エドウィナ10ドルの各段を示す。価格＝30ドルの水平線が引かれている。
- アレーシャの消費者余剰：59ドル－30ドル＝29ドル
- ブラッドの消費者余剰：45ドル－30ドル＝15ドル
- クラウディアの消費者余剰：35ドル－30ドル＝5ドル]

価格が30ドルのとき，アレーシャ，ブラッド，クラウディアは中古教科書を買うがダレンとエドウィナは買わない．アレーシャ，ブラッド，クラウディアはそれぞれ，支払い意欲額と価格の差に等しい個別消費者余剰を得る．それは青い長方形の面積で示される．ダレンとエドウィナの支払い意欲額は30ドルよりも小さいので，2人はこの市場では中古教科書を買おうとしないだろう．つまり彼らの消費者余剰はゼロだ．総消費者余剰は青い部分全体の面積になる．それはアレーシャ，ブラッド，クラウディアの個別消費者余剰の合計で，29ドル＋15ドル＋5ドル＝49ドルに等しい．

消費者余剰という用語はたいていの場合，個別消費者余剰と総消費者余剰の両方の意味で使われる．

剰として知られている．表5-1でいうと，総消費者余剰はアレーシャ，ブラッド，クラウディアが得た個別消費者余剰の和，つまり29ドル＋15ドル＋5ドル＝49ドルだ．

　経済学者はたいていの場合，**消費者余剰**という用語を個別消費者余剰と総消費者余剰の両方の意味で使う．私たちもこの慣習に従おうと思う．個人が得る消費者余剰とすべての買い手が得る消費者余剰のどちらの意味で用いているかは，常に文脈の中で明らかになるだろう．

　総消費者余剰は図で表現できる．図5-2は図5-1の需要曲線を再現したものだ．需要曲線の各段の幅は本1冊分で，1人の消費者を表している．例えばアレーシャの段の高さは，彼女の支払い意欲額である59ドルになっている．この段は，彼女が実際に支払う30ドルという価格より上の長方形と，それより下の部分からできている．アレーシャの長方形の面積(59ドル－30ドル)×1＝29ドルは，30ドルで中古教科書を購入することで彼女が得る消費者余剰だ．つまりアレーシャが得る個別消費者余剰は，図5-2の濃い青の長方形の面積になる．価格が30ドルなら，アレーシャだけでなくブラッドとクラウディアも中古教科書を買うだろう．2人もアレーシャのように中古教科書を購入することで便益を得るが，2人の支払い意欲額はアレーシャよりも低いので，アレーシャほどの純便益にはならない．図5-2には，ブラッドとクラウディアが得る消費者余剰も示してある．それも，対応する長方形の面積で測ることができる．ダレンとエドウィナは30ドルでは中古教科書を買わないので，消費者余剰を得られない．

　この市場で実現する総消費者余剰は，アレーシャ，ブラッド，クラウディアが得る個別消費者余剰の合計だ．だから総消費者余剰は，3つの長方形の面積の和に等しい．つまり図5-2の青い部分全体の面積になる．言い換えると，総消費者余剰は需要曲線の下側で価格より上の領域の面積に等しい，ということだ．

図5-3 消費者余剰

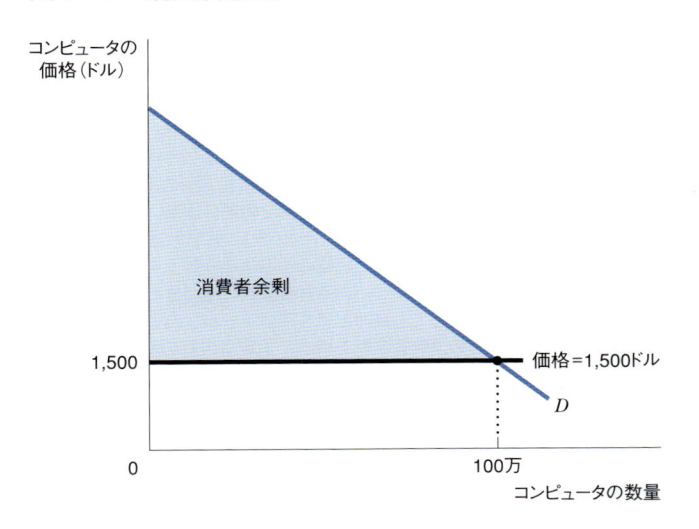

コンピュータの需要曲線は，潜在的な買い手が数多くいるので滑らかだ．価格が1500ドルのときコンピュータの需要量は100万台だ．この価格での消費者余剰は青い部分の面積，つまり需要曲線の下側で価格より上側の領域の面積に等しい．これが，価格が1500ドルのときに消費者がコンピュータを購入することで得る総便益だ．

web▶

（グラフ：縦軸「コンピュータの価格（ドル）」，横軸「コンピュータの数量」．価格=1,500ドル，数量100万，需要曲線D，青い三角形の領域が「消費者余剰」）

このことは次の原理を明らかにしている．ある価格水準で財を購入したときに得られる総消費者余剰は，需要曲線の下側で価格より上側の領域の面積に等しい．この原理は，消費者の人数に関係なく適用できる．

グラフによる表現は，大きな市場を考えるときにとても役に立つ．例えば数百万人の潜在的な買い手にパソコンを販売することを考えよう．潜在的な買い手はおのおの，支払っても良いと思う最高価格を持っている．たくさんの潜在的な買い手がいるので，需要曲線は図5-3で示されているように，滑らかになるだろう．

価格が1500ドルのとき，合計100万台のコンピュータが購入されるとしよう．このように100万台のコンピュータを購入することから，消費者はどれだけの便益を得るのだろうか．この問いには，各買い手の個別消費者余剰をそれぞれ計算して足し合わせることで答えられる．だが図5-3を見て，総消費者余剰は青い領域の面積に等しいという事実を使うほうがはるかにやさしい．最初の例で見たように，消費者余剰は需要曲線の下側で価格より上側の領域の面積に等しいのだ．

1.3 価格変化は消費者余剰にどのような影響を与えるか

価格が変化したとき消費者余剰がどれだけ変化するかを知るのが重要なことがよくある．例えばフロリダの霜害でオレンジ価格が上昇すると，消費者はどれだけ害を受けるだろうか．あるいは養殖が導入されてサケが安くなったとき消費者がどれだけ便益を得るかを知りたいこともあるだろう．消費者余剰を測るのに使ったのと同じ方法を用いて，価格変化が消費者にどんな影響を与えるかという問いに答えることができる．

中古教科書の市場の例に戻るとしよう．書店が中古教科書を30ドルではなく，20ドルで売ると決めたとする．これで消費者余剰はどれだけ増加するだろうか．

図5-4 消費者余剰と中古教科書価格の下落

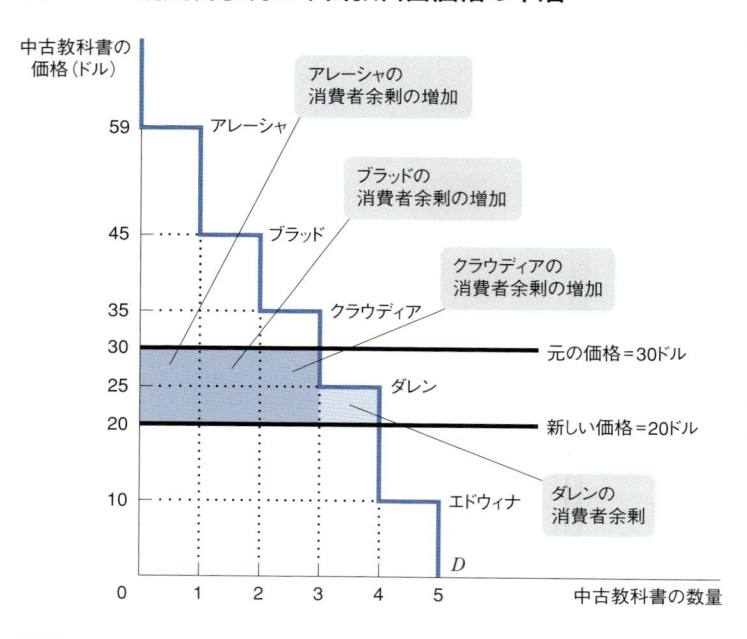

中古教科書の価格（ドル）軸に、アレーシャ59、ブラッド45、クラウディア35、ダレン25、エドウィナ10の階段状の需要曲線D。元の価格=30ドル、新しい価格=20ドル。

- アレーシャの消費者余剰の増加
- ブラッドの消費者余剰の増加
- クラウディアの消費者余剰の増加
- ダレンの消費者余剰

価格が30ドルから20ドルに下落したときの消費者余剰の増加には，2つの部分がある．第1の部分は濃い青の長方形だ．元の価格30ドルでも中古教科書を買っていたアレーシャ，ブラッド，クラウディアの消費者余剰はそれぞれ，下落した10ドルに等しい分増える．だから濃い青の長方形の面積は3×10ドル＝30ドルになる．第2の部分は薄い青の長方形だ．これは元の価格30ドルでは中古教科書を買おうとしないが新しい価格の20ドルなら買う人——この場合はダレン——の消費者余剰の増加分だ．ダレンが支払っても良いと思う額は25ドルなので，彼は5ドルの消費者余剰を得る．消費者余剰の総増加額は3×10ドル＋5ドル＝35ドルとなり，青い部分の面積の合計で示される．同様にして，20ドルから30ドルに価格が上昇した場合は，青い部分の面積の合計に等しい額だけ消費者余剰は減少するだろう．

　答えは図5-4に示されている．図に示されているように，消費者余剰の増加には2つの部分がある．第1の濃い青の部分は，もっと高い価格でも中古教科書を買うつもりがある人々の便益だ．30ドルでも中古教科書を買うつもりのあったアレーシャ，ブラッド，クラウディアの支払額はそれぞれ10ドル少なくなるので，価格が20ドルに下がったことで消費者余剰はそれぞれ10ドル分増加する．だから濃い青の面積は，3人の買い手の消費者余剰が30ドル分増加したことを表している．第2の薄い青の部分は，中古教科書に20ドル以上支払っても良いと思っているが30ドルでは買おうとしない人の便益だ．この例では，30ドルでは中古教科書を買わないが20ドルなら買おうとするダレンのことを指している．彼は支払っても良いと思っていた25ドルと新しい価格20ドルの差額5ドルの便益を得る．だから薄い青の面積は，消費者余剰が5ドル分増加したことを表している．逆に，20ドルから30ドルに価格が上昇した場合には，青い部分の面積の合計に等しい分だけ消費者余剰が減少するだろう．

　図5-4は財の価格が下落したとき，需要曲線の下側で価格より上側の領域の面積——これが消費者余剰に等しいことを見てきたね——が増加することを明らかにしている．図5-5は同様の結果を，パソコン需要のような滑らかな需要曲線の場合について示したものだ．ここでは，コンピュータの価格が5000ドルから1500ドルに下落して，需要量が20万台から100万台に増加したと仮定している．中古教科書の例と同じように，消費者余剰の増加を2つの部分に分けよう．図5-5の濃い青の長方形は図5-4の濃い青の領域に相当するものだ．つまり5000ドルでもコンピュータを買うつもりだった20万人が得た便益を表している．価格が下落した結果，この20万人はおのおの3500ドルの追加的な余剰を受け取ることになる．図5-5の薄い青の三角形は，

図5-5　価格の下落は消費者余剰を増加させる

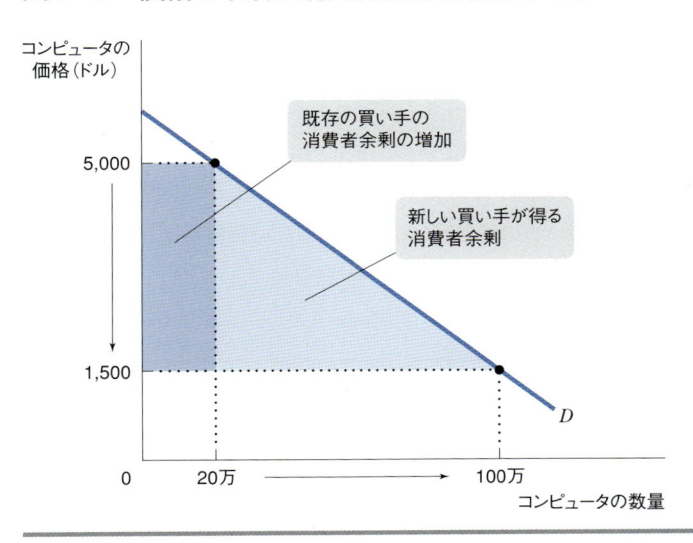

コンピュータ価格が5000ドルから1500ドルへ下落すると，需要量と消費者余剰が増加する．総消費者余剰の変化は，青い領域の面積の合計，つまり需要曲線の下側で古い価格と新しい価格の間の総面積で与えられる．濃い青の面積は，元の価格5000ドルでもコンピュータを買った20万人の消費者余剰の増加分を表している．彼らの消費者余剰はおのおの3500ドル分だけ増加する．薄い青の面積は，1500ドル以上5000ドル未満の価格なら買っても良いと思う消費者の消費者余剰の増加分を表している．同様にして，コンピュータ価格が1500ドルから5000ドルへ上昇すると，この2つの青い領域の面積の合計に等しい消費者余剰の減少が生じる．web▶

図5-4の薄い青の領域に相当するものだ．つまり，1500ドルなら買っても良いという人たちの便益だ．たとえばコンピュータに2000ドルなら支払っても良いと思っているので，1500ドルでそれを買えるなら500ドルの消費者余剰を得るような人の便益を含

ちょっと寄り道　新しい薬がほしい

　製薬産業は常に新しい処方薬を市場に出している．これらの新しい薬の中には，働きは既存の薬と同じだがわずかに良くなっている，というものがある．例えばとても良いアレルギー薬は何年も前からあったのだが，新しいバージョンの薬はより効果的で副作用が少なかったりする．それ以外に，以前は不可能とされてきた働きをするものがある．有名な例は1990年代終わりに出た，抜け毛を防いで育毛効果もあるとされたプロペシアという錠剤だ．

　このような技術革新は，経済成長を計測しようとする人たちにやっかいな問題をもたらす．それは新しい生産物の経済への寄与をどう計算すればよいか，というものだ．あなたは最初，それは単なる金銭上の問題だろうと言うかもしれない．でもそれはいろんな意味で間違いかもしれない．アスピリンよりほんの少し優れているだけの新しい鎮痛剤は，鎮痛剤市場を席捲して巨大な売上げをもたらすだろう——でもそれが消費者の厚生を増やすことはほとんどあるまい．他方，これまで不可能とされた治療をする薬の便益は，実際に人々が支払った金額よりもはるかに大きいはずだ．つまるところ，人々の支払い意欲額ははるかに大きいのだ．

　たとえば，抗生物質の便益を考えてみよう．1941年にペニシリンが出たとき，伝染病の治療方法が変わった．それまで何百万もの人々に障害を与えたり命を奪ったりしていた病気が，突然簡単に治療できるようになったのだ．おそらく大多数の人が，ペニシリンが出る以前の日々に戻らないためなら多額の支払いも辞さないと思っているだろう．しかし平均的なアメリカ人が実際に抗生物質に支払う額は，年間わずか数ドルでしかない．

　だから新しい薬——どんな新しい生産物でもそうだが——からの便益を測る正しい方法は，人々がその財に支払っても良いと思う額を明らかにして，そこから実際に支払った額を引くことだ．別の言葉で言えば，新しい薬の便益は消費者余剰を計算することで測定されるべきなのだ．

んでいる．これまでと同じように消費者余剰全体の増加分は，青い領域の面積の合計，つまり需要曲線の下側で価格より上側の領域の増加分だ．

では価格が下がるのでなく上がったら何が起こるだろうか．同じ分析を逆にしてみよう．たとえば何らかの理由でコンピュータの価格が1500ドルから5000ドルに上昇したとしよう．これは図5-5の青い領域全体の面積に等しい分の消費者余剰の減少をもたらす．濃い青の長方形は5000ドルの価格でもなおコンピュータを買う消費者が受ける損失を表している．薄い青の三角形は，上昇後の高い価格ではもはやコンピュータを買わない消費者の損失を表している．

経済学を使ってみよう

お金では十分じゃないとき

消費者余剰の概念から得られる重要な洞察は，購入することから消費者は純便益を得るということだ．つまり消費者は，その財に対して自分が支払っても良いと思う額よりも低い額しか支払っていない．別の言い方をすれば，現行価格で財を買う権利は，それ自体価値のあるものなのだ．

私たちは，財を買う権利に付随している価値について思いをはせることはほとんどない．市場経済では，代金を支払う気さえあれば欲しいものは何でも買えるのだと当然のように思っている．でもいつでもそれが真実だったわけではない．たとえば第2次世界大戦中，戦争の遂行に資源を利用するため，多くの財の消費が制限された．砂糖，肉，コーヒー，ガソリンやそれ以外の多くの財を買うのに，現金を支払うだけでなく，政府が各家庭に発行した特別の冊子からスタンプやクーポンを差し出さなくてはならなかった．これらの紙切れは市場価格で財を買う権利を表しただけのものだったが，すぐにそれ自体が価値ある商品となった．その結果，肉のスタンプとガソリンのクーポンのブラック・マーケットが立ち上がった．さらに犯罪者たちは，クーポンを盗んだり，スタンプを偽造したりしはじめた．

ブラック・マーケットでガソリンのクーポンを買ったうえに，ガソリンタンクを満たすためにさらに通常のガソリン価格を支払わなくてはいけないなんて，おかしなことだ．そう，あなたがブラック・マーケットで買ったのは財ではなく，財を買う権利だ．つまりブラック・マーケットでクーポンを買った人は，消費者余剰を得る権利に対して支払いをしているのだ．

ちょっと復習

▶ある財の需要曲線を決めるのは潜在的な各消費者の支払い意欲額だ．
▶個別消費者余剰は，各消費者が財を買うことから得る純便益だ．
▶ある市場の総消費者余剰は，需要曲線の下側で価格より上側の領域の面積に等しい．

理解度チェック 5-1

1．チーズ・ハラペーニョの市場を考えよう．ケーシーとジョシーの2人の消費者がいて，2人のハラペーニョへの支払い意欲額は次の表で与えられている．この表を使って，①価格が0.00ドル，0.10ドル，……，0.90ドルとなったときのハラペーニョの需要表を作成しなさい．②ハラペーニョの価格が0.40ドルのときの総消費者余剰を計算しなさい．

ハラペーニョの数量	ケーシーの支払い意欲額 （ドル）	ジョシーの支払い意欲額 （ドル）
1つめのハラペーニョ	0.90	0.80
2つめのハラペーニョ	0.70	0.60
3つめのハラペーニョ	0.50	0.40
4つめのハラペーニョ	0.30	0.30

解答は本書の巻末にある．

> ▶財の価格の下落は，2つの経路で消費者余剰を増加させる．元の価格でも財を買っていた消費者の得る便益の増加と，価格が下がったから財を買うことにした消費者の得る便益の増加だ．財の価格の上昇は，同様の経路で消費者余剰を減少させる．

2 生産者余剰と供給曲線

　買い手が財を購入する際，実際に支払う価格よりも高い価格を支払っても良いと思っているように，売り手は彼らが実際に受け取る価格よりも低い価格で売っても良いと思っている．だから消費者余剰と需要曲線の分析とほぼ同じようにして，生産者余剰と供給曲線を分析できる．

2.1　費用と生産者余剰

　中古教科書の潜在的な売り手となる学生たちのことを考えよう．彼らの選好は異なっているので，潜在的な売り手として彼らが売っても良いと思う価格もまたそれぞれ異なっている．図5-6の表は，何人かの学生の売っても良いと思う価格を示している．アンドリューは5ドル以上得られるなら中古教科書を売っても良いと思っている．ベティは少なくとも15ドル得られなければ中古教科書を売ろうとしない．カルロスは25ドル，ドナは35ドル，エンゲルバートは45ドル得られなければ売ろうとしない．

　潜在的な売り手が売っても良いと思う最低の価格は，経済学では特別な名称を持っている．それは売り手の**費用**と呼ばれる．だからアンドリューの費用は5ドル，ベティのそれは15ドルといった具合になる．

　費用という用語は通常は財を生産する際の金銭的費用を指すので，それを中古教科書の売り手に適用するのは少し変な感じがするかもしれない．学生は中古教科書を生産する必要がないから，彼らが自分の中古教科書を売るために費用を負担することなどないのではないだろうか．

　いや，費用はかかるのだ．中古教科書を売った学生はそれ以降，個人蔵書の一部としてその本を所有することはできない．だからたとえ所有者がその教科書を必要とする授業を終えていたとしても，それを売ることの機会費用が存在するのだ．思い出してほしいのは，経済学の基本原理の1つは，何かをすることの費用を測る真の尺度は常に機会費用だということだ――何かの本当の費用はそれを得るためにあなたがあきらめなくてはならないものだ．

　だから売り手にとって財を売るために必要な金銭的な支出がないとしても，それを売ってもいい最低の価格を販売の「費用」ということは経済学として妥当なものだ．もちろん現実の世界ではほとんどの市場で財の売り手は財の生産，つまり財を売るための金銭的支出もしている．その場合には，財を売る費用の中に金銭的費用が含まれるが，それ以外の機会費用もまた含まれることになる．

　ここで中古教科書の例に戻って，アンドリューが彼の中古教科書を30ドルで売った

> 潜在的な売り手の**費用**は，売り手がその財を売っても良いと思う最低の価格だ．

図5-6 中古教科書の供給曲線

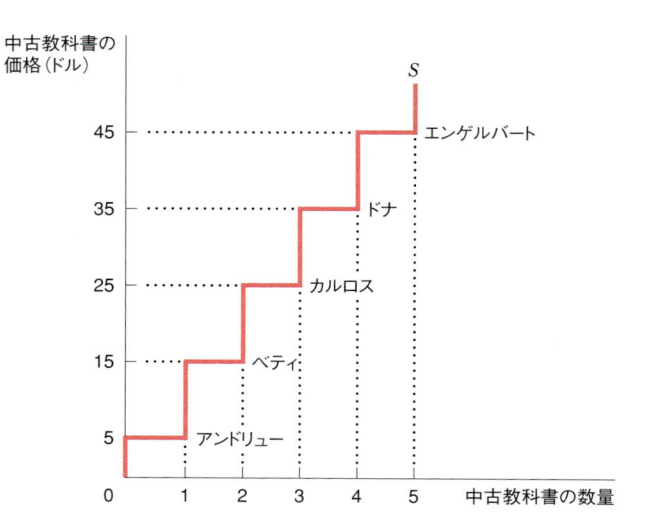

潜在的な売り手	費用(ドル)
アンドリュー	5
ベティ	15
カルロス	25
ドナ	35
エンゲルバート	45

供給曲線は売り手の費用、つまり潜在的な売り手がその財を売っても良いと思う最低の価格と、その価格での供給量を表したものだ。表にあるように、5人の学生はおのおの売りに出す中古教科書1冊を持っていて、費用もそれぞれ異なっている。価格が5ドルでは供給量は1（アンドリュー）、価格が15ドルでは2（アンドリューとベティ）といった具合に、5人全員が売っても良いと思う45ドルという価格に行きつく。

個別生産者余剰は、財を売ることから個々の売り手が得る純便益だ。それは受け取った価格と売り手の費用の差に等しい。

市場での**総生産者余剰**は、財の売り手の個別生産者余剰を全員分合計したものだ。経済学者は**生産者余剰**という用語を個別生産者余剰と総生産者余剰の両方の意味で使う。

としよう。明らかに彼はこの取引から便益を得ている。彼は5ドルで売っても良いと思っていたので、彼が得た便益は25ドルだ。この便益は彼が実際に受け取った価格と彼の費用——彼が売っても良いと思う最低の価格——との差で、彼の**個別生産者余剰**として知られるものだ。

各消費者の異なる支払い意欲額から需要曲線を導いたように、各生産者の異なる費用から供給曲線を導くことができる。図5-6の階段状の曲線は表にある費用を意味している。価格が5ドル未満では、どの学生も売ろうとしない。5ドルと15ドルの間では、売ろうとするのはアンドリューだけ、といった具合に。消費者余剰と同じように個別生産者余剰を合計すると**総生産者余剰**を計算できる。これは市場での売り手の総便益だ。経済学者は**生産者余剰**という用語を総生産者余剰と個別生産者余剰の両方の意味で使う。表5-2は、中古教科書を価格30ドルで売ったときの各学生の純便益を示している。アンドリューは25ドル、ベティは15ドル、カルロスは5ドルだ。総生

表5-2 中古教科書の価格が30ドルのときの生産者余剰

潜在的な売り手	費用(ドル)	受け取った価格(ドル)	個別生産者余剰 = 受け取った価格 − 費用(ドル)
アンドリュー	5	30	25
ベティ	15	30	15
カルロス	25	30	5
ドナ	35	—	—
エンゲルバート	45	—	—

総生産者余剰：45ドル

図5-7 中古教科書市場の生産者余剰

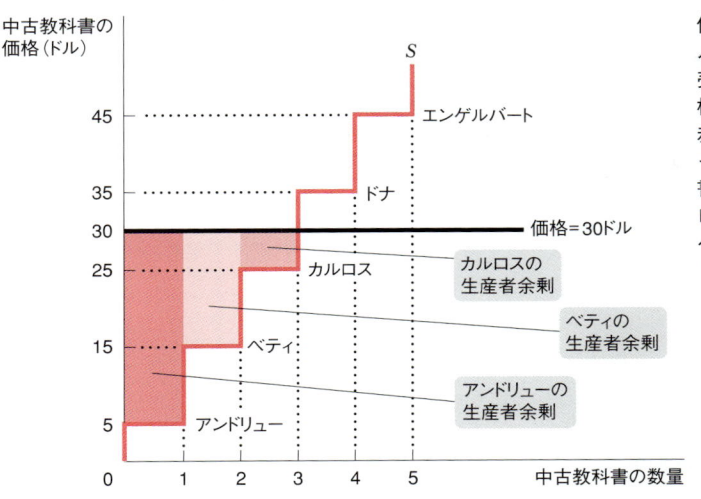

価格が30ドルのとき，アンドリュー，ベティ，そしてカルロスは中古教科書を売るが，ドナとエンゲルバートは売らない．アンドリュー，ベティ，そしてカルロスは価格と費用の差に等しい個別生産者余剰を得る．それぞれ赤の長方形で表される．ドナとエンゲルバートの費用はそれぞれ価格の30ドルよりも高いので，2人は中古教科書を売っても良いとは思わず，得られる生産者余剰はゼロだ．総生産者余剰は赤の面積全体で，アンドリュー，ベティ，そしてカルロスの個別生産者余剰を合計した25ドル＋15ドル＋5ドル＝45ドルに等しい．

産者余剰は25ドル＋15ドル＋5ドル＝45ドルになる．

　消費者余剰と同じように，中古教科書を売った人々が得た生産者余剰も図で表現できる．図5-7は図5-6の供給曲線を再現したものだ．供給曲線の各段の幅は本1冊分で，1人の売り手を表している．アンドリューの段の高さは彼の費用の5ドルだ．これは長方形の底辺となり，彼が実際に受け取る価格の30ドルは長方形の上の辺となる．長方形の面積（30ドル－5ドル）×1＝25ドルは，彼の生産者余剰だ．つまりアンドリューが中古教科書を売って得る生産者余剰は図の濃い赤の長方形の面積だ．

　大学キャンパスの書店が，学生が30ドルで売っても良いと思っている中古教科書をすべて買おうとしているとしよう．するとアンドリューだけでなくベティとカルロスも教科書を売るだろう．彼らの費用はより高いので，アンドリューほどではないが，中古教科書を売ることで便益を得る．さっき見たように，アンドリューは25ドルを得る．ベティの費用は15ドルなので，彼女が得るのはそれより少ない15ドルだ．カルロスはさらに少なく，わずか5ドルだ．

　ここでもやはり消費者余剰と同様に，財の販売から総生産者余剰を決定する一般的な規則がある．ある価格水準で財を販売したときの総生産者余剰は，供給曲線より上側で価格より下側の領域の面積に等しい．

　この規則は，図5-7のように売り手が少数で階段状の供給曲線の例にも，多くの生産者がいて多少なりとも滑らかな供給曲線の例にも，どちらの場合にも適用できる．

　たとえば小麦の供給曲線を考えよう．図5-8は，生産者余剰が小麦1ブッシェルの価格にどう依存しているかを示したものだ．価格が1ブッシェル＝5ドルのとき農家は100万ブッシェルを供給するとしよう．5ドルの価格で小麦を売ることから農家が得る便益はどれだろうか．彼らの生産者余剰は図の赤の領域――供給曲線より上側で1ブッシェル＝5ドルの価格よりも下側の領域の面積に等しい．

図5-8　生産者余剰

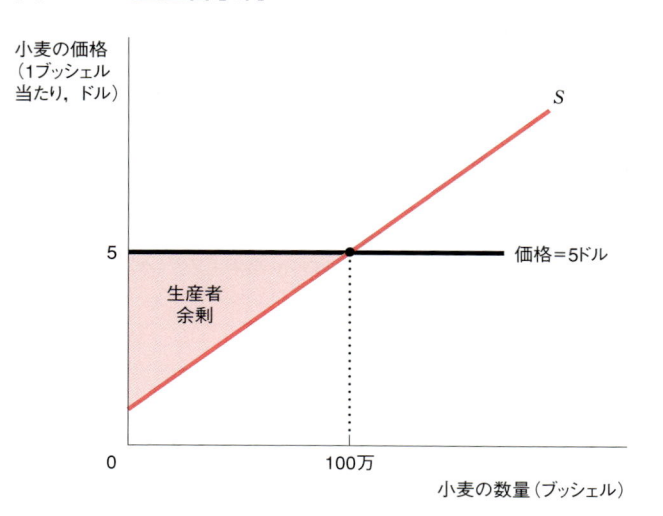

小麦の価格（1ブッシェル当たり，ドル）を縦軸、小麦の数量（ブッシェル）を横軸にとる。供給曲線 S が右上がりに描かれ、価格＝5ドルの水平線と100万ブッシェルで交わる。供給曲線より上側・価格より下側の領域が「生産者余剰」（赤の領域）。

小麦の供給曲線がある．価格が1ブッシェル＝5ドルのとき，農家が供給する小麦は100万ブッシェルだ．この価格での生産者余剰は，赤の領域の面積，つまり供給曲線より上側で価格より下側の面積に等しい．これは生産者――この場合は農家――が価格5ドルで生産物を供給することで得る総便益だ．**web▶**

2.2　生産者余剰の変化

　財の価格が上昇すると，その財の生産者の生産者余剰は増加する．だが生産者全員が同じ金額を得るわけではない．元の価格でも財を生産した生産者は，1単位生産するごとに価格上昇分をまるまる余剰として得る．価格が上昇したことでこの市場に参入してきた生産者は，新しい価格と彼らの費用の差額分の余剰のみを得る．

　図5-9は図5-5の供給版で，小麦価格が1ブッシェル＝5ドルから7ドルに上昇したときに生産者余剰に生じる変化を示している．生産者余剰の増加は色の付いた領域全体で，2つの部分からなる．1つは元の価格5ドルでも小麦を供給するつもりだった農家が得る便益に相当する赤い長方形だ．もう1つは元の価格では小麦を供給するつもりはなかったが価格が上昇したので市場に参入した農家が得る便益に相当するピンクの三角形だ．

　もし価格が1ブッシェル＝7ドルから5ドルに下がる場合は，話が逆に進む．色の付いた領域全体の面積は，生産者余剰の減少分となる．つまり供給曲線より上側で価格より下側の領域が縮小するということだ．この損失は2つの部分からなる．5ドルの価格でもまだ小麦を売るつもりのある農家が被る損失（赤い長方形）と，価格低下で小麦の販売をやめた農家が被る損失（ピンクの三角形）だ．

◀ 経済学を使ってみよう

災害からの利益

　1992年にハリケーン・アンドリューがフロリダに上陸し，何千もの家屋やビルを倒壊させた．州当局は一時的にフロリダ半島に移ってきた多数の建設労働者の力を借りて，ただちに再建を始めた．この労働者たちを動機づけたのはフロリダの住民に対

図5-9　価格の上昇は生産者余剰を増加させる

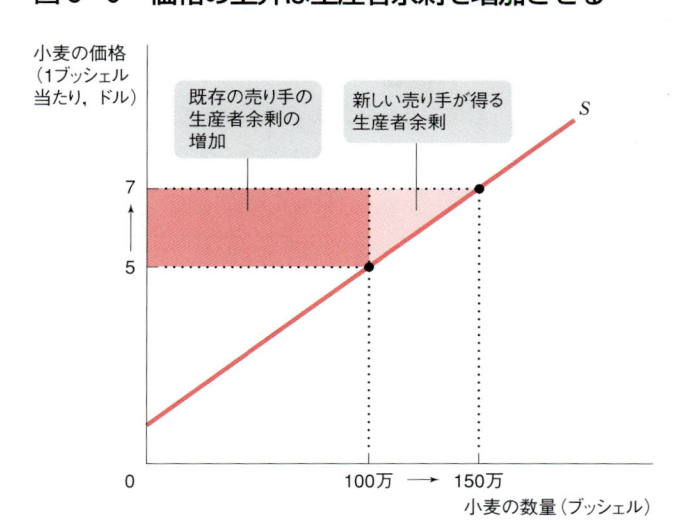

小麦価格が5ドルから7ドルに上昇すると、供給量と生産者余剰が増加する。総生産者余剰の変化は、色の付いた面積の合計、つまり供給曲線の上側で元の価格と新しい価格の間の総面積で与えられる。赤の面積は、元の価格5ドルでも100万ブッシェルの小麦を供給した農家が得る便益を表している。彼らの生産者余剰は1ブッシェルの生産につき2ドル増加する。ピンクの三角形の面積は、価格が上昇したので50万ブッシェルを追加的に供給することにした農家が得る生産者余剰の増加分を表している。同様にして、小麦価格が下落すると、色の付いた面積に等しい生産者余剰の減少が生じる。web▶

する同情ではなかった。彼らは高い賃金に惹かれたのであり、何十億ドルかを故郷へ持って帰った。

しかしこの臨時雇いの労働者は実際にどれだけの便益を得たのか。彼らがフロリダで得たすべての金額を純便益として数えるべきでないのは確かだ。1つにはほとんどの労働者が――これほど多くはないかもしれないが――、故郷にいたとしても何らかの額を稼いだはずだからだ。この機会費用に加えて、フロリダへの移動で別の費用も生じた。宿泊費や交通費、それに家族や友人たちと離れることの悲しみなどだ。

明らかに、労働者は便益を費用よりも高く見ている――そうでなければそもそもフロリダへは来なかっただろう。この臨時雇いの労働者が得た生産者余剰は彼らが得た金額よりもはるかに小さいものだった。

理解度チェック　5-2

1. チーズ・ハラペーニョの市場を考えよう。カーラとジェイミーの2人の生産者がいて、2人のハラペーニョの生産費用は次の表で与えられている。この表を使って、①価格が0.00ドル、0.10ドル、……、0.90ドルとなったときのハラペーニョの供給表を作成しなさい。②ハラペーニョの価格が0.70ドルのときの総生産者余剰を計算しなさい。

ハラペーニョの数量	カーラの費用（ドル）	ジェイミーの費用（ドル）
1つめのハラペーニョ	0.10	0.30
2つめのハラペーニョ	0.10	0.50
3つめのハラペーニョ	0.40	0.70
4つめのハラペーニョ	0.60	0.90

解答は本書の巻末にある。

▶ちょっと復習

▶ある財の供給曲線を決めるのは、潜在的な各売り手の費用だ。
▶価格と費用の差が売り手の個別生産者余剰だ。
▶総生産者余剰は供給曲線の上側で価格より下側の領域の面積に等しい。
▶財の価格の上昇は、2つの経路で生産者余剰を増加させる。元の低い価格でも財を供給していた生産者の便益の増加と、価格が上昇したために新たに財を供給するようになった生産者の便益の増加だ。財の価格の下落は、逆の経路で生産者余剰を減少させる。

3 消費者余剰，生産者余剰，取引利益

第1章で紹介した経済学の鍵となる9つの原理のうちの1つは，市場は通常は効率を達成するというものだった．つまり一般的に市場は，ある利用可能な資源の下で社会の状態を可能な限り良くする．消費者余剰と生産者余剰の概念を使うと，なぜそうなるのかについて理解を深めることができる．

3.1 取引利益

中古教科書の市場の例に戻ろう．だが今度は大きな州立大学のように，潜在的な買い手と売り手が多くいる大きな市場を考えてみよう．中古教科書の潜在的な買い手でもある新入生を，彼らの支払い意欲額の順に並べてみよう．支払い意欲額が最も高い学生は1番，支払い意欲額が次に高い学生は2番という具合だ．そうすると，彼らの支払い意欲額を使って図5-10にあるような需要曲線を導くことができる．同様にして，図5-10にある供給曲線を導くために，中古教科書の潜在的な売り手である受講し終えた学生を費用の低い順に並べることができる．

その2本の曲線で描いたように，市場は価格が30ドルのときに均衡に至り，その価格水準で1000冊の中古教科書が売買される．色の付いた2つの三角形が，この市場で生じた消費者余剰（青）と生産者余剰（赤）を表している．消費者余剰と生産者余剰の合計は，市場で生じた**総余剰**として知られる．

市場で生じる**総余剰**は，消費者と生産者が市場で取引することから得る純便益の総計で，消費者余剰と生産者余剰を合計したものだ．

この図で決定的なのは，消費者と生産者の両方が便益を受けていることだ．つまりこの財の市場が存在することで，消費者と生産者の両方の状態が良くなっている．だが驚くことではないだろう——それは取引は利益をもたらすという，もう1つの経済学の鍵となる原理を明らかにしているのだ．この取引利益があるから，自給自足でいようとするより市場経済に参加したほうが各人の状態は良くなるのだ．

だが，可能な限り良い状態にあるといえるのだろうか．この問いかけは市場の効率性の問題につながる．

3.2 市場の効率性：予備的な視点

市場は取引利益を生み出す．しかし第1章では市場は通常は効率的だという，より大きな主張をした．つまりひとたび市場が取引利益を生み出すと，他の人々の状態を悪くすることなくある人々の状態を良くする方法は通常ない（きちんと定義された例外はある），と主張した．

市場の効率性を完全なかたちで議論していくにはまだ準備ができていない——生産者と消費者の行動についてより詳しく見るまで待つ必要がある．とはいえ図5-10にある市場均衡の鍵となる特徴に注目してみると，市場の効率性について直観的な認識を得ることはできる．図では，最大限可能な総余剰が市場均衡で実現している．つまり市場均衡は最大限可能な便益を社会にもたらすように潜在的な消費者の間で消費を割り振り，また潜在的な売り手の間で販売機会を割り振るのだ．

図5-10 総余剰

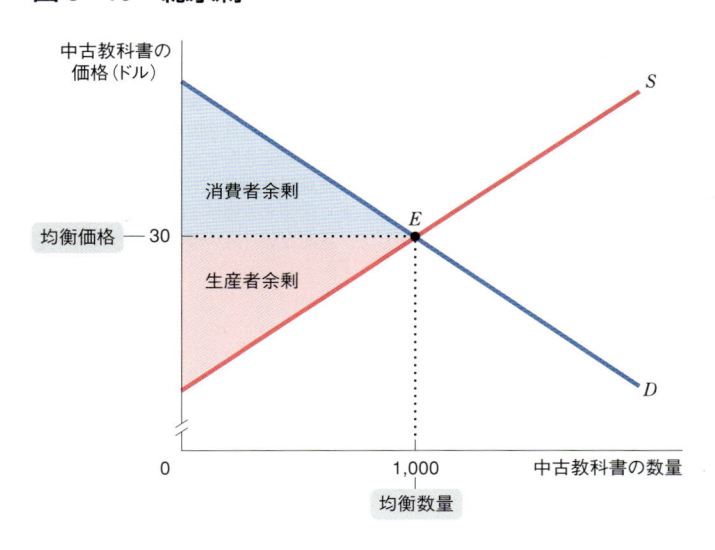

中古教科書の市場では，均衡価格は30ドルで均衡数量は1000冊だ．消費者余剰は需要曲線の下側で価格より上側の青い部分の面積で，生産者余剰は供給曲線の上側で価格より下側の赤い部分の面積だ．青と赤の面積の合計は総余剰，つまり財の生産と消費から社会が得る総便益だ． **web**▶

　ではどうすればそれがわかるだろうか．市場均衡での消費と生産の選択が生み出す総余剰と，それとは異なる消費と生産の選択が生み出す総余剰と比較してみれば良い．市場均衡からどう変化したとしても，総余剰が減ることを示すことができる．

　総余剰を増やすことに使えそうな次の3つの方法を考えてみよう．

1．消費者の間で消費を再配分する——市場均衡で財を買おうとする消費者から財を取り上げ，かわりにそれを市場均衡では買おうとしない潜在的な消費者に与える．

2．売り手の間で販売機会を再配分する——市場均衡で財を売ろうとする売り手から販売機会を取り上げ，かわりに市場均衡では財を売ろうとしない潜在的な売り手に財を売るよう強制する．

3．取引量を変える——消費者と生産者に均衡量よりも取引量を多く，あるいは少なくするよう強制する．

こうした各行動は総余剰を増やすことに失敗するだけでなく，実際は総余剰を減らすことを明らかにしていこう．

　図5-11は，消費者の間で消費を再配分するとなぜ総余剰が減るかを示している．点Aと点Bは，中古教科書の潜在的な買い手であるアナとボブの需要曲線上の位置を示している．図からわかるように，アナは中古教科書に35ドルを支払っても良いと思うが，ボブが支払っても良いと思うのは25ドルだけだ．均衡価格が30ドルなので，アナは中古教科書を買うが，ボブはそれを買わない．

　さてここで，消費の再配分を試みるとしよう．それは，アナのように30ドルの均衡価格で中古教科書を買おうとする人からそれを取り上げ，ボブのようにその価格では買おうとしない人に中古教科書を与えるということだ．アナにとって35ドルの価値があるこの中古教科書は，ボブには25ドルの価値しかないので，この再配分は35ドル−

図5-11 消費の再配分は消費者余剰を減らす

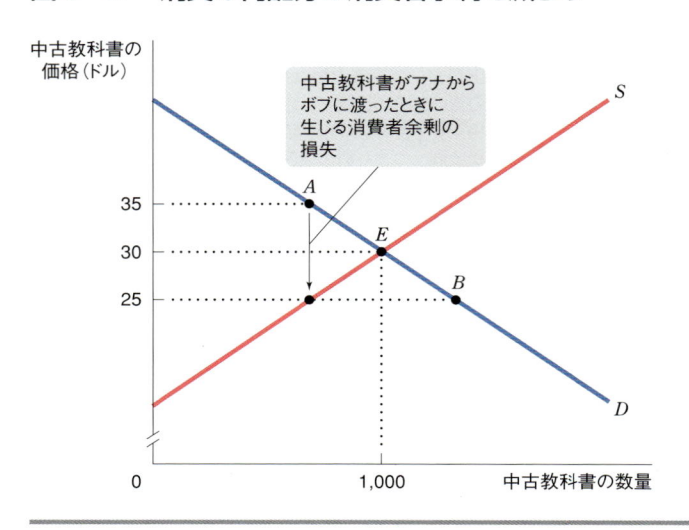

中古教科書の価格（ドル）

アナ（点A）が支払っても良いと思う額は35ドルで，ボブ（点B）が支払っても良いと思う額は25ドルだ．30ドルの市場均衡価格では，アナは中古教科書を買うがボブは買わない．もしアナから中古教科書を取り上げ，それをボブに与えるという消費の再配分をすると，消費者余剰は10ドル減少し，その結果総余剰も10ドル減少する．市場均衡は，財を最も高く評価する者がその財の消費者になることを保証して，可能な限り最大限の消費者余剰を生み出すのだ．web▶

25ドル＝10ドルだけ総消費者余剰を減らすだろう．

この結果は，ここで取り上げた2人の学生に限ったものではない．均衡で中古教科書を買おうとする学生は皆30ドル以上の支払い意欲額を持っており，中古教科書を買おうとしない学生は皆30ドル未満の支払い意欲額しか持っていない．そうすると消費者間での財の再配分は，中古教科書をより高く評価する学生から取り上げて，それをより低くしか評価しない学生に与えることを意味している．それは必然的に消費者余剰を減らすのだ．

同様の議論が，図5-12にあるように，生産者余剰でも成り立つ．ここで点Xと点Yは，費用が25ドルのザビエルと費用が35ドルのイボンヌの供給曲線上の位置を示している．30ドルの均衡価格では，ザビエルは中古教科書を売るがイボンヌは売らないだろう．ザビエルが中古教科書を売らないようにし，イボンヌにそれを手離すよう強制して販売機会の再配分を行うと，生産者余剰は35ドル－25ドル＝10ドルだけ減るだろう．ここでもどの2人の学生を選んだかは関係がない．均衡で中古教科書を売ろうとするどの学生も，売ろうとしない学生に比べて費用が低いので，売り手の間の販売機会の再配分は必然的に費用を増大させ，生産者余剰を減らす．このようにして，市場均衡は実現可能な最大の生産者余剰を作り出す．つまり市場均衡は中古教科書を売る権利を最も高く評価する者がその売り手になることを保証するのだ．

最後に，売買数量を変化させると，消費者余剰と生産者余剰の合計が減ることを言おう．図5-13には4人の学生全員が示してある．潜在的な買い手のアナとボブ，そして潜在的な売り手のザビエルとイボンヌだ．販売量を減らすには，均衡で中古教科書を売ろうとするザビエルのような人がそれを販売するのを妨げる必要がある．そしてその中古教科書は，均衡で中古教科書を買おうとするアナのような人に渡してはいけない．とはいえこれまで見たように，アナは35ドルを支払っても良いと思っており，ザビエルの費用はわずか25ドルだ．だからこの売買をやめることは総余剰を35ドル－

図5-12 販売の再配分は生産者余剰を減らす

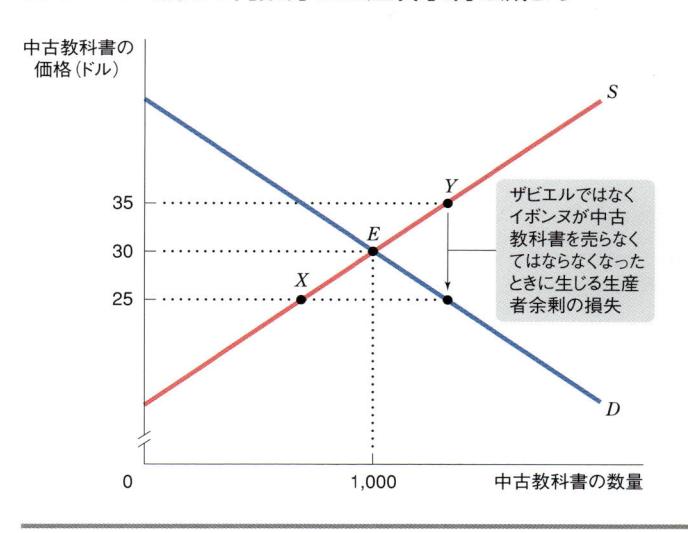

イボンヌ(点Y)の費用は35ドルで，25ドルのザビエル(点X)よりも10ドル高い．30ドルの市場均衡価格では，ザビエルは中古教科書を売るがイボンヌは売らない．もしザビエルが中古教科書を販売するのを妨げ，イボンヌに中古教科書を売るよう強制して販売の再配分をすると，生産者余剰は10ドル減少し，その結果総余剰も10ドル減少する．市場均衡は，財を売る権利を最も高く評価する者がその財の売り手になることを保証して，可能な限り最大限の生産者余剰を生み出すのだ．web▶

25ドル＝10ドル減らすことになる．繰り返すが，この結果はどの学生を選んだかとは関係がない．均衡で中古教科書を売ろうとするどの学生も30ドルより低い費用を持っており，均衡で中古教科書を買おうとするどの学生も30ドルより多く支払っても良いと思っている．だから均衡で生じたはずの売買を妨げることは総余剰を減らすのだ．

結局，販売を増やすということは，イボンヌのように均衡では中古教科書を売ろうとしない誰かにそれを売るよう強制し，ボブのように均衡では中古教科書を買おうとしない誰かにそれを与えることを意味する．イボンヌの費用は35ドルだが，ボブの支払い意欲額は25ドルに過ぎないので，それは総余剰を10ドル減らすことになる．そして繰り返すが，この結果はどの学生を選んだかとは関係がない．均衡で中古教科書を買おうとしない学生が支払っても良いと思う額は30ドルより少ないし，均衡で中古教科書を売ろうとしない学生の費用は30ドルよりも高い．

ここでは，市場均衡が消費者余剰と生産者余剰の合計である総余剰を最大化することを示した．そうなるのは，市場が4つの重要な機能を果たしているからだ．

1．市場は財を，最も高くそれを評価する潜在的な消費者に配分する．それは，その消費者が最高の支払い意欲額を持っているという事実からわかる．
2．市場は販売機会を，財を販売する権利を最も高く評価する潜在的な売り手に配分する．それは，その売り手の費用が最低だという事実からわかる．
3．市場は，財を購入する消費者は誰でも，財を販売する売り手よりも財を高く評価することを保証するので，すべての取引は両方に便益をもたらす．
4．市場は，財を購入しない潜在的な買い手は誰でも，財を販売しない潜在的な売り手よりも財を低く評価することを保証するので，両方に便益をもたらす取引は行われない．

警告：市場均衡が総余剰を最大化するといっても，それが各消費者個人や各生産者個人にとって最適な結果を意味しないことを認識しておくのは大切なことだ．他の条

図 5-13　数量を変化させると総余剰は減る

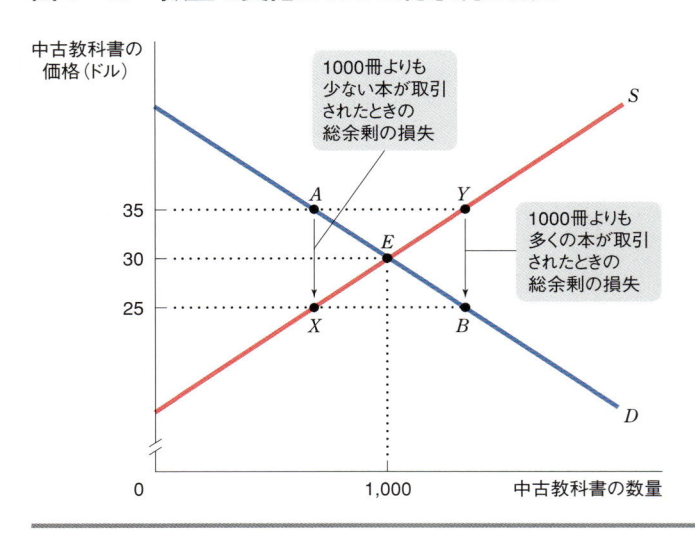

中古教科書の価格 (ドル)

1000冊よりも少ない本が取引されたときの総余剰の損失

1000冊よりも多くの本が取引されたときの総余剰の損失

中古教科書の数量

もしザビエル(点X)が中古教科書をアナ(点A)のような人に売るのを妨げられれば，アナの支払い意欲額(35ドル)と，ザビエルの費用(25ドル)の差額の10ドル分だけ総余剰は減少するだろう．これは，均衡数量の1000冊よりも取引数量が少ない場合，総余剰が減少することを意味する．同様にして，もしイボンヌ(点Y)がボブ(点B)のような人に対して中古教科書を売ることを強制されると，イボンヌの費用(35ドル)とボブの支払い意欲額(25ドル)の差額の10ドル分だけ総余剰は減るだろう．これは，取引数量が1000冊よりも多い場合総余剰が減少することを意味する．この2つの例は，市場均衡では便益をもたらすすべての取引が——そして便益をもたらす取引のみが——生じていることを示している．

件を一定とすれば，おのおのの買い手は支払いをより少なくしようとし，おのおのの売り手はより多くを受け取ろうとする．そのため，第4章で議論したように，人々の中には価格統制で利益を得る者もいる．市場価格を押し下げる上限価格規制は，その下で財を購入できた消費者に均衡よりも良い状態をもたらすだろうし，価格を高く保つ下限価格規制は，その下で財を販売できた売り手に便益をもたらすだろう．

しかし市場均衡では，他の人々の状態を悪くさせることなくある人々の状態を良くする方法はない——そしてこれが効率性の定義なのだ．

3.3　いくつかの注意

市場は経済活動を組織化するのに驚くほど効率的な方法だ．ここまで示してきたように，ある条件の下では，市場は実際に効率的だ——文字どおり，他の人々の状態を悪くさせることなくある人々の状態を良くする方法はない．

だがこの結果はどれほど信頼できるものなのか．市場は本当にそんなに良いものなのだろうか．

答えは，「常にそうではない」というものだ．第1章の，経済学の9番目で最後の原理(市場が効率を達成しない場合には，政府の介入が社会的厚生を高める可能性がある)のところで簡単に論じたように，市場は多くの理由で効率的であることに失敗することがある．それは，**市場の失敗**として知られる事例だ．市場が時として実際に効率的でなくなるのには，次の3つの主要な理由がある．

第1に，取引において一方の側がより多くの資源を獲得しようとして相互に利益のある取引が生じるのを阻むとき，市場は失敗することがある．例えば市場に独占者という単独の売り手しかいないと，こうしたことが生じる．この場合，これまでの供給と需要の分析で頼りにしてきた，どんな個別の買い手も売り手も市場価格に対して明白な影響を持たない，という仮定はもはや有効でなくなる．独占者は市場価格を決定

市場の失敗は，市場が効率的であることに失敗したときに起こる．

することができる．独占者は利潤を増加させるために市場価格を操作し，相互に利益のある取引が生じるのを阻むことで非効率性を生じさせる．

第2に，時として個人の行動が他人の厚生に対して市場では想定されない副作用をもたらすことがある．このような副作用は外部性として知られている．負の外部性の最も有名な例は汚染だ．汚染者がどれくらいの汚染を出すかを判断するとき，その汚染者は自分たちの汚染のせいで他の人々がどれほどの費用を負担させられるかは考慮に入れない．他者に対する副作用という費用を考慮に入れることに失敗すると非効率性が生じる．ここでの例でいうと，汚染者は社会全体という観点で見れば多すぎる汚染を出そうとし，汚染を出すことで得られる利益以上の損害を社会に押しつけてしまうのだ．

第3に，市場による効率的な管理にふさわしくない性質を持つ財を扱う市場は，失敗することがある．こうした財に分類されるものに，私的情報の問題を抱える財がある．私的情報とは，ある人は持っているが他の人は持っていないという情報のことだ．例えばあなたが，自分の車を中古車市場で売ろうとしているとしよう．あなた自身は，自分の車が「レモン」（ちょっと見ただけではわからない欠陥を抱えている商品）ではないと知っているけれども，潜在的な買い手にはそのことはわからない．だから潜在的な買い手は，あなたの車がレモンであることを恐れて，あなたの考える車の価値よりも低い額しか支払おうとしないだろう．結果として，相互に利益をもたらす取引が行われないことになる．

他にも，市場での取引にそぐわない性質を持つ財がある．なかでも最も有名なのは，公共財だ．これは，いったん生産されてしまうと，誰もが自由に使える財．その例は国防だ．いったんそれが提供されると，そこから排除される個人はいない．問題は，そうした公共財の費用を負担するインセンティブを誰も持たない，ということだ．誰もが，他人の負担によって供給される公共財に「ただ乗り」しようとする．でも負担者が極端に少ないと，公共財の供給が過少になって非効率性が発生するのだ．

しかしこうした注意点があるにせよ，取引利益を最大化するのに市場がどれだけうまく機能しているかという点には，目を見張るべきものがある．

経済学を使ってみよう

eベイと効率性

ガレージセールはアメリカの古い習慣の1つだ．それは家庭で不要になったものを，それを欲しがる別の家庭に売る1つのやり方であり，相互に利益をもたらす．しかし潜在的に利益のある多くの取引がなされずにいる．スミスさんは，彼の地下室にある1930年代の蓄音機を本当に愛好している誰かが1000マイル離れたところにいる，ということだけは知っている．ジョーンズさんは，彼女が常に欲しがっている1930年代の蓄音機を持っている誰かが1000マイル離れたところにいる，ということだけは知っている．だがスミスさんとジョーンズさんがお互いを見つける方法はない．

オンラインでオークション・サービスを行っているeベイのサイトに入ってみよう．

eベイは1995年にプログラマーのピエール・オミディヤーが設立した企業だ．彼の婚約者はペッツ・キャンディーのディスペンサー（キャンディーを入れる容器）収集家で，その潜在的な売り手を探す方法を知りたがっていた．その会社は，自らの使命は「地球上のほぼすべての人が実質上あらゆるものを取引するのを手助けする」ことだとし，珍しい品や中古品の買い手や売り手になりうる人々がたとえ近所や同じ都市に住んでいなくても，お互いを見つける方法を提供した．

潜在的な取引利益は明らかに大きかった．2004年には1億3500万の人々がeベイに登録し，同年におよそ340億ドルの財がこのサービスを利用して売買された．オミディヤー家はいまやペッツのディスペンサーの一大コレクションを所有している．彼らは億万長者でもある．■

ちょっと復習

▶総余剰は市場での取引利益を測るものだ．

▶市場は通常効率的だ．均衡から出発して，消費を再配分したり，販売を再配分したり，あるいは取引量を再配分したときに総余剰がどうなるかを検討することで，それを示すことができる．市場均衡以外の結果はどれも総余剰を減少させるが，それは市場均衡が効率的なことを意味している．

▶ある条件の下で市場の失敗が起こり，市場が非効率な結果をもたらすことがある．その3つの主要な原因とは，資源をより多く獲得しようという試み，ある取引の副作用，そして財そのものの性質の問題だ．

理解度チェック 5-3

1. 理解度チェック5-1と5-2の表を使って，チーズ・ハラペーニョ市場の均衡価格と均衡数量を求めなさい．この市場均衡での総余剰はどれだけで，それを受け取るのは誰か．
2. 以下の3つの行動がそれぞれどのように総余剰を減らすかを示しなさい．
   a. ジョシーのハラペーニョの消費を均衡から1単位減らし，ケーシーの消費を1単位増やす．
   b. カーラのハラペーニョの生産を均衡から1単位減らし，ジェイミーの生産を1単位増やす．
   c. ジョシーのハラペーニョの消費を均衡から1単位減らし，カーラの生産を1単位減らす．

解答は本書の巻末にある．

4 消費者余剰と生産者余剰を応用する：税の効率費用

消費者余剰と生産者余剰の概念は経済学を応用する際にとても有用なものだ．なかでも最も重要なのは，税が効率性に与える費用を算定することだ．

第4章では，財の購入や売上げに課される物品税の概念を紹介した．このような税によって，消費者が支払う価格と生産者が受け取る価格の間にウェッジが打ち込まれるのを見たね．つまり消費者が支払う価格は上昇し，生産者が受け取る価格は下がり，その差が1単位当たりの税額に等しくなるのだ．消費者と生産者がそれぞれどれだけを負担するかという税の帰着は，誰が実際に政府に税を支払うかとは関係がないのだった．税の帰着は，価格変化に対して需要量と供給量がそれぞれどれくらい変化するかによって決まるのだ．

ある財の価格変化に応じてその財の需要量が敏感に変化するとき，経済学者は，その財の需要は弾力的だという言い方をする．またある財の価格変化に応じたその財の需要量の変化がそれほど敏感でないとき，経済学者は，その財の需要は非弾力的だと

いう言い方をする．もっと正確に述べよう．価格がある一定率上昇したとき，その上昇率以上に需要量が減少する財について，私たちはその財の需要は弾力的だと言うのだ．例えばポテトチップスの価格が10％上がったときに需要量が25％下がったとすれば，私たちはポテトチップスの需要は弾力的だと言う．25％は10％より大きいからだ．つまり財の需要が弾力的なとき，価格よりも需要量が敏感に変化することになる．需要が弾力的だと，需要曲線は相対的に緩やかになる．というのも，小さな価格変化が相対的に大きな需要量の変化をもたらすからだ．一方，価格の上昇率に比べて，需要量の変化率が小さいとき，その財の需要は非弾力的だという言い方をする．例えばガソリン価格が15％上がったときにガソリンの需要量が5％しか下がらなかったとすれば，私たちはガソリンの需要は非弾力的だと言う．5％は15％より小さいからだ．つまり財の需要が非弾力的なとき，価格に比べて需要量の変化はそれほど敏感ではない．需要が非弾力的だと，需要曲線は相対的に急になる．というのも，価格が大きく変化したとしても，需要量はそれほど大きく変化しないからだ．

　価格の変化に応じた供給量の変化の敏感さを示す場合にも同様の概念を用いる．価格が上がったとき，それ以上の上昇率で供給量が増えるとすれば，その財の供給は弾力的だという言い方をする．供給が弾力的だと，供給曲線は相対的に緩やかになる．価格の変化よりも大きく供給量が変化するからだ．一方で価格が上がっても供給量の増加率がそれほどではないとすれば，その財の供給は非弾力的だという言い方をする．供給が非弾力的だと，供給曲線は相対的に急になる．価格が大きく変化したとしても，供給量はそれほど大きく変化しないからだ．つまりある財の供給が非弾力的なとき，供給量はその財の価格の変化に対してそれほど感応的でないということになる．

　こうした，財の価格変化に対する需要量や供給量の感応度は，その財の税負担が消費者と生産者の間でどう割り振られるのかという問題と，どんな関係があるのだろうか？　言い換えると，税の帰着——生産者と消費者がそれぞれ実際にどれくらいの税を負担するか——は，需要が弾力的なときと非弾力的なときで異なるのだろうか？　また供給が弾力的なときと非弾力的なときで異なるのだろうか？　税負担が生産者と消費者の間でどう割り振られるかについて洞察を得るために，生産者に物品税が課されたとしよう．すると生産者は税の一部を，価格の上昇というかたちで消費者に「転嫁」しようとするだろう．そうした価格の上昇がわずかなものだったとしても，需要の弾力性が高いときには，需要は劇的に減少するだろう．もし生産者が税の大部分を消費者に「転嫁」しようとして価格が大幅に上昇すると，需要はとんでもないほど減少することになる．結果として，生産者は税の大部分を消費者に「転嫁」するようなことはせず，税の大部分は生産者が負担することになる．供給が弾力的なときは，その逆が正しくなる．つまり，消費者が税の大部分を負担することになるのだ．この問題に関する一般的なルールは次のようなものだ．需要が弾力的になるほど，生産者の税負担が大きくなり，供給が弾力的になるほど，消費者の税負担が大きくなる．

　私たちは第4章でさらに，税には実際に政府に支払う金額に加えて追加的な費用があることを学んだ．税が課されると，それがないときに比べて財の生産と消費が少な

図 5-14　税は消費者余剰と生産者余剰を減らす

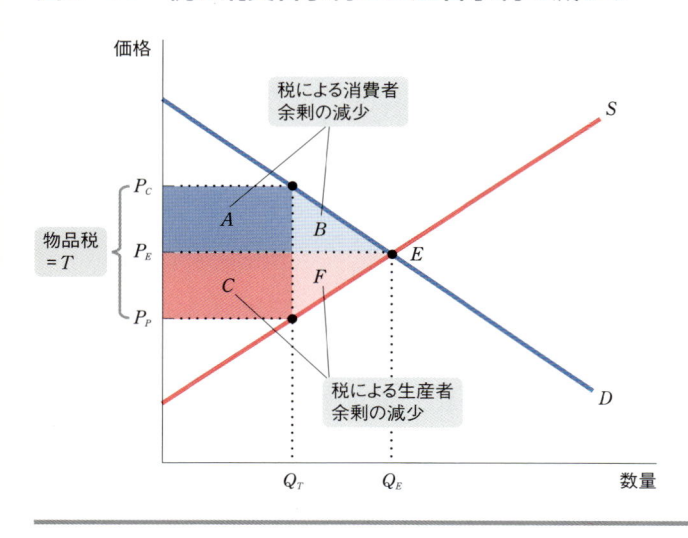

課税前，均衡価格と均衡数量はそれぞれ P_E と Q_E だ．1 単位につき T ドルの物品税が課されると，消費者の支払う価格は P_C に上昇し，消費者余剰は濃い青の長方形 A と薄い青の三角形 B の面積の合計分だけ減少する．税はまた，生産者の受け取る価格を P_P まで押し下げ，生産者余剰は赤い長方形 C とピンクの三角形 F の面積の合計分だけ減少する．政府は $Q_T \times T$ の税収を得るが，それは A と C の面積の合計となる．B と F の面積は政府が収入として集められなかった消費者余剰と生産者余剰の損失で，社会にとっての税の死荷重だ．

くなるので，社会に死荷重が生じる原因となる．その結果，生産者と消費者の両方に利益をもたらす取引のいくつかが実現しない．

ここで，話の全体図を完成できる．消費者余剰と生産者余剰の概念は，物品税がもたらす死荷重を正確に描くために必要なものだったのだ．

図 5-14 は，物品税が消費者余剰と生産者余剰に与える効果を示している．税がなければ均衡は点 E であり，均衡価格と均衡数量はそれぞれ P_E と Q_E となる．物品税は生産者が受け取る価格と消費者が支払う価格の間に税額に等しいウェッジを打ち込み，売買数量を減らす．この場合には，税は 1 単位当たり T ドルで，売買数量は Q_T に減少する．消費者が支払う価格は減少した数量 Q_T の需要価格 P_C に上昇し，生産者が受け取る価格は，その数量の供給価格 P_P に下落する．その価格の差 $P_C - P_P$ は物品税 T に等しい．

私たちは今や，消費者余剰と生産者余剰の概念を使って，課税の結果生産者と消費者がどれだけ余剰を失うかを正確に示すことができる．

図 5-5 で私たちは，価格の下落は長方形と三角形の面積の和に等しい消費者余剰の増加をもたらすことを理解した．価格の上昇はちょうど同じ分だけ消費者に損失をもたらす．物品税が課されると消費者が支払う価格が上昇して，図 5-14 の濃い青の長方形 A の面積と薄い青の三角形 B の面積の合計分の損失を消費者にもたらす．

他方，生産者が受け取る価格の下落は生産者余剰を減少させる．これも長方形と三角形の面積の合計だ．生産者余剰の減少は，図 5-14 の赤い長方形 C とピンクの三角形 F の面積の合計になる．

消費者余剰と生産者余剰は税のせいで損なわれるが，政府はもちろん収入を得る．政府が集める収入は販売 1 単位当たりの税額 T に販売量 Q_T をかけたものに等しい．その収入は底辺が Q_T，高さが T の長方形の面積に等しい．そしてその長方形はすでに図で示されている，長方形 A と長方形 C の合計だ．つまり政府は物品税として消費

図5-15 税の死荷重

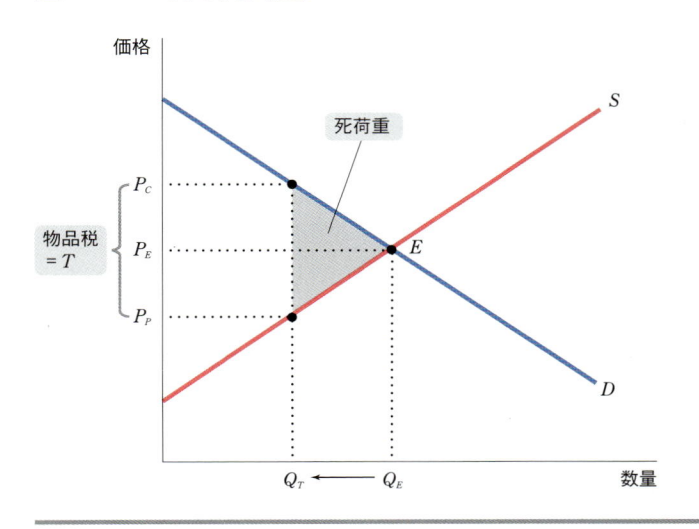

税は非効率性を生み出し死荷重をもたらす．相互に利益のある取引のうち，税のために行われないものがいくつかある．それはQ_E-Q_T分の取引だ．グレーの面積は死荷重の価値で，Q_E-Q_Tの取引から得られたはずの総余剰に等しい．もし税がこれらの取引を阻害しなければ，取引の数量はQ_Eにとどまり，死荷重は生じない． web▶

者と生産者が失う余剰の一部を得ているのだ．

しかし，消費者と生産者が税で被る損失のうち，政府の利益では相殺できない部分がある．それが2つの三角形BとFだ．これは税のせいで実行されなかった取引が生み出したはずの総余剰を表している．

図5-15は同じ図だが，消費者と生産者から政府へ移転された金額を表す色をつけた長方形を消して，死荷重のみを示している——この図ではグレーで示される．その三角形の底辺は税のウェッジであるTで，高さは税による販売量の減少分Q_E-Q_Tだ．もし物品税がこの市場の売買数量を減らさなければ，つまりQ_TがQ_Eよりも小さくなければ，グレーの三角形の死荷重はなくなる．この観察は，なぜ物品税が社会に死荷重をもたらすかに関する第4章の説明と結びついている．つまり税は買い手と売り手の両方に利益のある取引を阻害して，非効率の原因となるのだ．

死荷重を三角形の面積で測るというやり方は，経済学を応用する多くの場面で繰り返される．死荷重の三角形は物品税だけでなく，他の税からも生じる．また，独占のような別の種類の市場の歪みからも生じる．そして三角形は，課税以外の公共政策を評価する際にも用いられる——例えば新しい高速道路を作るかどうかの意思決定などだ．

経済政策の一般的なルールは，他の条件を一定とすれば，死荷重が最も小さい政策を選ぶというものだ．この原理は，税体系の設計から環境政策までのあらゆることについて，有益な指針となる．だがある政策による死荷重の大きさをどう予測できるだろうか．この問いへの解答は，税を課される財の需要と供給がどれくらい弾力的かに依存する，というものだ．

4.1 死荷重と弾力性

物品税で死荷重が生じるのは，それが相互に利益のある取引を阻害するからだ．具

体的には，この失われた取引による消費者余剰と生産者余剰の減少分は死荷重そのものの大きさになる．つまり税が阻害する取引の数量が大きくなるにつれて，死荷重もまた大きくなることを意味する．

　これは，弾力性と税の死荷重の大きさとの関係を理解する重要な鍵となる．需要や供給が弾力的だと，需要量や供給量が価格に対して相対的に感応的だということを思い出そう．需要か供給のどちらか，あるいはその両方が弾力的な財に課される税は，売買数量を相対的に大きく減少させ死荷重を大きくする原因となる．そして需要や供給が非弾力的であれば，それは需要量や供給量が価格に対して相対的に感応的でないことを意味する．その結果，需要か供給のどちらか，あるいはその両方が非弾力的な財に課される税は，売買数量を相対的に小さくしか減少させず，死荷重は小さくなる．

　図5-16の4つのパネルは，需要または供給の価格弾力性と税の死荷重との正の関係を示している．各パネルで，死荷重の大きさはグレーの三角形の面積で与えられる．パネル(a)では，需要が相対的に弾力的なので，死荷重の三角形は大きい．つまり税のためになされなかった取引が多数あるのだ．パネル(b)では，パネル(a)と同じ供給曲線が描かれているが，需要は相対的に非弾力的だ．その結果，阻害される取引はわずかしかないので，三角形は小さい．同様にして，パネル(c)では弾力的な供給曲線が大きな死荷重の三角形を作り出しており，パネル(d)では非弾力的な供給曲線が小さな死荷重の三角形を作り出している．

　以下の話が示すように，この結果からの含意は明確だ．つまり，課税の費用を小さくしたいなら，需要か供給のどちらかまたはその両方が相対的に非弾力的な財に税を課すべきだ．そしてこの教えには裏がある．未成年の飲酒のような害のある活動を減らす目的で税を使うときは，その活動の需要や供給が弾力的になっているときがいちばんインパクトがある，というのがそれだ．需要が完全に非弾力的（垂直な需要曲線）な極端な場合は，課税では需要量は変わらない．結果，税は何の死荷重ももたらさない．同様にして，もし供給が完全に非弾力的（垂直な供給曲線）なら，税で供給量は変化せず，死荷重も生じない．

◆経済学を使ってみよう

ヨットが消えた

　消費者と生産者が被る税の費用が，死荷重があるせいで実際の支払い税額よりもはるかに大きくなることがある．事実，需要か供給のどちらかまたはその両方が十分に弾力的な場合に，税は，税収がほとんどないのにかなりの損失を生み出すという事態を引き起こしうる．

　その例はあまり有名ではないが1990年の「ヨット税」だ．これはアメリカ政府が価格10万ドル以上のヨットに課した特別な売上税で，その目的は裕福でそうしたボートを買えるような人々の税額だけを上げることにあった．ところがその税収は期待していたよりもはるかに少ないわずか700万ドルだった．税収が少なかった理由は，アメリカの10万ドル以上のヨットの売上げが71%も減少したからだった．ヨット産業

図 5-16 死荷重と弾力性

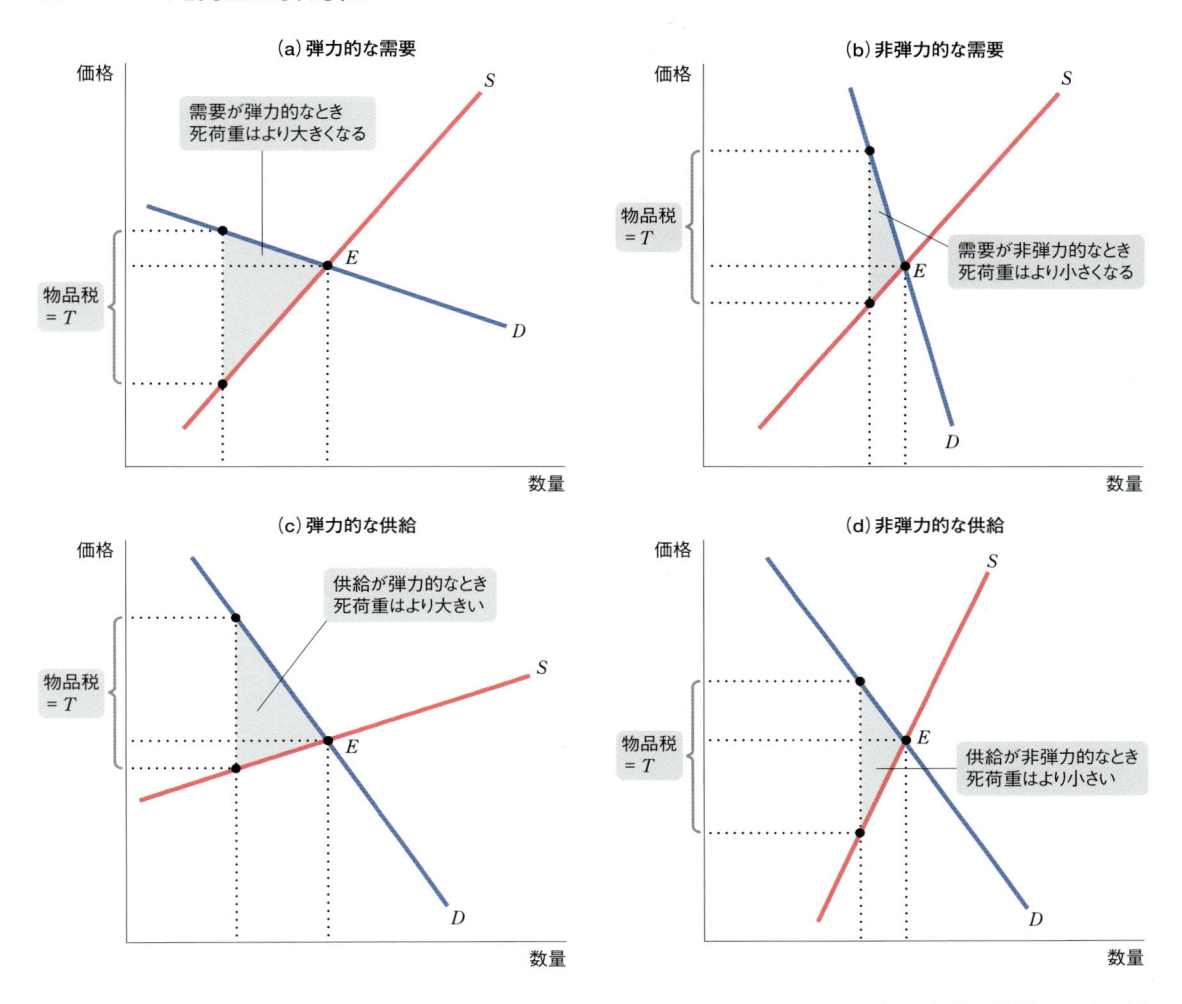

(a) 弾力的な需要 — 需要が弾力的なとき死荷重はより大きくなる。物品税 = T

(b) 非弾力的な需要 — 需要が非弾力的なとき死荷重はより小さくなる。物品税 = T

(c) 弾力的な供給 — 供給が弾力的なとき死荷重はより大きい。物品税 = T

(d) 非弾力的な供給 — 供給が非弾力的なとき死荷重はより小さい。物品税 = T

パネル(a)では需要は弾力的でパネル(b)では需要は非弾力的だが、供給曲線は同じものだ。パネル(c)では供給は弾力的でパネル(d)では供給は非弾力的だが、需要曲線は同じものだ。死荷重はパネル(a)とパネル(c)のほうがパネル(b)とパネル(d)よりも大きい。その理由は、需要や供給の弾力性が大きいほど税のせいで生じる売買数量の減少も大きくなるからだ。それと対照的に、需要や供給が非弾力的なときは、税のせいで生じる売買数量の減少が小さく、死荷重も小さくなる。

の雇用も製造と販売の両方で25%も減少した。

　何が起きたのだろうか？　要するに、ヨットの潜在的な買い手は税を避けるため行動を変化させたのだ。ヨットを決して買わないと決めた人もいた。他の人々は、バハマのように売上税が適用されないところでヨットを買った。そして10万ドルより安いヨットを買うことで税を逃れた人もいた。言い換えれば、ヨットの需要はきわめて弾力的だったのだ。そしてこの産業で失われた雇用の大きさを見れば、供給も同じように比較的弾力的だったことがわかる。

　最終的に税を支払った潜在的な買い手は少数だったという事実はあるが、だからといってこの税が消費者にも生産者にも費用を課していないとは言えないだろう。消費

者にしてみれば，税を避けることにも費用がかかる．海外でヨットを買う際の支出や不便さ，または本当はもっといいヨットが欲しかったのに9万9000ドルのヨットを買ったせいで生じた満足度の減少といったものだ．さらに，ヨットのセールスマンや製造業者は生産者余剰の減少という苦痛を受ける．政策決定者は次第に，苦痛の割に得られる税収はわずかしかないとの結論に至り，この税は1993年に撤廃されたのだった．

ちょっと復習

▶物品税が課されたときに消費者と生産者が被る損失は，消費者余剰と生産者余剰の減少で測ることができる．

▶政府は物品税から収入を得るが，政府の収入は総余剰の損失より小さい．

▶物品税からの政府収入と総余剰の減少分の差は税の死荷重だ．

▶需要か供給のどちらか，あるいはその両方の弾力性が大きくなるほど，税が阻害する取引の数は大きくなり，死荷重も大きくなる．

理解度チェック 5-4

1. チーズ・ハラペーニョに0.40ドルの物品税が課され，消費者が支払う価格を0.70ドルに引き上げ，生産者が受け取る価格を0.30ドルまで引き下げた．以下を計算して，理解度チェック5-3の税のない均衡と比べてみなさい．
   a. 消費者余剰の減少額と，誰が消費者余剰を失ったか．
   b. 生産者余剰の減少額と，誰が生産者余剰を失ったか．
   c. この税からの政府収入．
   d. この税の死荷重．

2. 以下の各ケースについて，需要の弾力性に焦点を当て，図を使って税の死荷重の規模が大きいか小さいかを，理由を述べて示しなさい．
   a. ガソリン
   b. ミルクチョコバー

解答は本書の巻末にある．

次に学ぶこと

この章から次の章に移るに当たり，ミクロ経済学の基本原理からマクロ経済学の基本原理へとギアを入れ替える必要がある．第6章は，ミクロ経済学とマクロ経済学の違いは何かという話から始める．ミクロ経済学は個人の行動と，個別の財の市場のふるまいに注目しているが，一方のマクロ経済学は何百万という個人，何千という市場が全体としてどうふるまうかという経済全体の動きに注目する．マクロ経済学の広い視野を得るためには，これまでとは大きく異なるツールや概念が必要となる．だが，これまで学習したミクロ経済学の基本ツールと概念――9つの原理と供給と需要のモデル――は，マクロ経済学の重要な基礎として役立つものだということを覚えておいてほしい．特に，第9章で貸付資金市場を学ぶときに，また第18章で国際貿易を学ぶときに，私たちは再び供給と需要のモデルを活用することになる．

要 約

1. 潜在的な各消費者の**支払い意欲額**が需要曲線を決定する．価格が支払い意欲額よりも低いか支払い意欲額と等しいとき，潜在的な消費者はその財を購入する．価格と支払い意欲額との差は，その消費者の純便益，す

なわち**個別消費者余剰**だ．
2. 市場の**総消費者余剰**は個別消費者余剰をすべて合計したもので，需要曲線の下側で価格よりも上側の領域の面積に等しい．財の価格の上昇は消費者余剰を減少させ，価格の下落は消費者余剰を増加させる．**消費者余剰**という言葉は，個別消費者余剰と総消費者余剰の両方を指すことがよくある．
3. 潜在的な各生産者の**費用**は，売り手がその財1単位を供給しても良いと思う最低の価格であり，供給曲線を決定する．もし財の価格が生産者の費用よりも高ければ，財の販売は生産者に**個別生産者余剰**という純便益をもたらす．
4. **総生産者余剰**は個別生産者余剰の合計であり，供給曲線の上側で価格よりも下側の領域の面積に等しい．財の価格の上昇は生産者余剰を増加させ，価格の下落は生産者余剰を減少させる．**生産者余剰**という言葉は，個別生産者余剰と総生産者余剰の両方を指すことがよくある．
5. **総余剰**は財の生産と消費から社会が得る総便益であり，消費者余剰と生産者余剰の合計だ．
6. 通常，市場は効率的で，最大の総余剰を実現する．消費や販売機会をどう再配分しても，または販売量をどう変化させても，総余剰は減少する．
7. ある条件の下で**市場の失敗**が起こり，市場は効率的であることに失敗する．それが生じる3つの主要な原因がある．資源をより多く獲得しようとする試み，ある取引の副作用，そして財そのものの性質の問題だ．
8. 経済政策は，それが総余剰に与える効果で評価される．例えば，物品税は政府には収入をもたらすが総余剰を減少させる．総余剰の損失は税収を上回り，社会に死荷重をもたらす．この死荷重は，税により阻害された取引の価値を表す三角形で示される．需要か供給のどちらか，あるいはその両方の弾力性が大きいほど，税の死荷重は大きくなる．

キーワード

支払い意欲額…p.132
個別消費者余剰…p.133
総消費者余剰…p.133
消費者余剰…p.134
費用…p.139

個別生産者余剰…p.140
総生産者余剰…p.140
生産者余剰…p.140
総余剰…p.144
市場の失敗…p.148

問題

1. 以下のそれぞれの状況で生じる消費者余剰を求めなさい．
   a. ポールは新しいTシャツを買いに衣料品店へ行った．彼は10ドルまでは支払っても良いと思っている．彼は気に入ったTシャツのなかから，ちょうど10ドルの値札がついているものを取り上げた．レジで，そのTシャツはセール品なので半額だといわれた．
   b. ロビンは10ドルで中古の『イーグルス・グレイテスト・ヒッツ』を買えないかとCDショップへ行ってみた．その店ではそれが10ドルで売られていた．
   c. サッカーの練習の後で，フィルは，ミネラルウォーター1本に2ドルなら支払っても良いと思っている．セブン-イレブンでは，ミネラルウォーター1本を2.25ドルで売っている．

2. 以下のそれぞれの状況で生じる生産者余剰を求めなさい．
   a. ボブは古いライオネル社の鉄道模型をeベイのリストに載せた．彼は留保価格として知られる最低受入価格を75ドルに設定した．5日間の入札の結果，最終最高入札価格はちょうど75ドルだった．
   b. ジェニーは彼女の車を2000ドルで売ると学生新聞の中古車欄に広告を出した．だが彼女は1500ドル以上ならどんな価格で売っても良いと思っていた．いちばん高いオファーは1200ドルだった．
   c. サンジェイは仕事が大好きで，無給で働いてもいいと思っている．だが彼の年俸は8万ドルだ．

3. ハリウッドの作家が映画のプロデューサーと，彼らが作った映画のレンタルビデオ収入から10％を得るという新協定について交渉している．有料テレビで放映される映画には，そのような協定はない．
   a. 作家との新協定が効力を持つと，レンタルビデオ市場で何が起きるか．つまり供給や需要はシフトするだろうか．

またシフトするならどのようにシフトするか．その結果，レンタルビデオ市場の消費者余剰はどう変化するか．図を用いて示しなさい．ビデオを借りる消費者たちのこの新協定への評判は良いものだろうか．
  b. 消費者はビデオを借りることと，有料テレビで映画を見ることを，ある程度代替財だと見なしている．作家との新協定が効力を持つと，有料テレビの映画市場で何が起きるか．つまり供給や需要はシフトするだろうか．またシフトするならどのようにシフトするか．その結果，有料テレビの映画市場の生産者余剰は，どう変化するか．図を用いて示しなさい．有料テレビで映画を放映するケーブルテレビ会社のこの新協定への評判は良いものだろうか．

4. あるコンピュータゲームには6人の潜在的な消費者がいて，各自1つだけゲームを買おうとしている．消費者1は40ドルを，消費者2は35ドルを，消費者3は30ドルを，消費者4は25ドルを，消費者5は20ドルを，消費者6は15ドルをコンピュータゲームを買うのに支払っても良いと思っている．
  a. 市場価格が29ドルだとすると，総消費者余剰はいくらになるか．
  b. 市場価格が19ドルに下がったとすると，総消費者余剰はいくらになるか．
  c. 市場価格が29ドルから19ドルに下がったとき，各消費者の個別消費者余剰はどのように変化するか．

5. 低所得家庭がより利用しやすい賃貸住宅を供給する取組みの一環として，カレッジタウンの市議会は現在の市場均衡家賃を下回る上限価格規制を課すことを決定した．
  a. この政策の効果を図で示しなさい．この上限価格規制が導入される前と後の消費者余剰と生産者余剰を示しなさい．
  b. 住宅を賃貸する人からのこの政策への評判は良いものだろうか．地主からの評判はどうだろうか．
  c. ある経済学者は市議会にこの政策は死荷重をもたらすと説明した．図の中に死荷重を示しなさい．

6. 木曜日の夜に，ある地元のレストランではパスタスペシャルをやっている．アリはこのレストランのパスタが好きで，彼の支払い意欲額は表のとおりだ．

パスタの数量 （皿数）	パスタへの支払い意欲額 （1皿当たり，ドル）
1	10
2	8
3	6
4	4
5	2
6	0

  a. パスタ1皿の価格が4ドルのとき，アリは何皿食べるか．また彼はどれだけの消費者余剰を得るか．
  b. 次の週，アリは再びそのレストランに行った．するとパスタ1皿の価格が6ドルだった．前の週と比べて彼の消費者余剰はどれだけ減るか．
  c. 1週間後に彼はまたそのレストランに行った．彼はレストランが25ドルで「食べ放題スペシャル」をやっているのに気づいた．このときアリは何皿のパスタを食べ，どれだけの消費者余剰を得るか．
  d. あなたがこのレストランのオーナーで，アリは「典型的な」顧客だとしよう．この「食べ放題スペシャル」が顧客を逃がさない最高価格は，いくらだろうか．

7. 次の図にタバコの市場を示している．現在の均衡価格は1箱4ドルで毎日4000万箱のタバコが売られている．喫煙による健康被害の費用の一部を回収するために，政府は1箱当たり2ドルの税を課す．これは均衡価格を1箱5ドルに引き上げ，均衡数量を3000万箱に引き下げる．
タバコ団体のために働く経済学者は，この税で4000万箱のタバコが1箱当たり1ドル高くなるので，この税は喫煙者の消費者余剰を1日4000万ドル引き下げると主張する．タバコの煙（受動喫煙）の被害者団体のために働く経済学者は，それは著しい過大評価であり，課税後に購入されるタバコは3000万箱なので，1箱が1ドル高くなっても消費者余剰の減少は3000万ドルに過ぎないと主張する．両者はともに誤っている．なぜか．

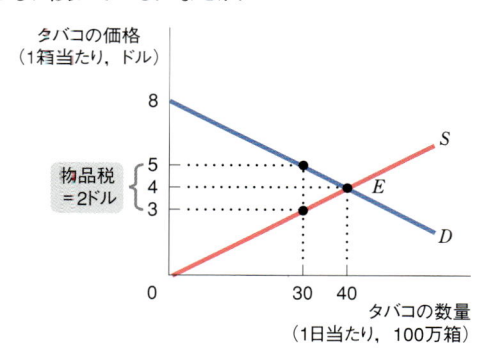

8. 次の表に示された，カレッジタウンにおけるピザ市場を考えよう．カレッジタウンの役人は，ピザ1枚につき4ドルの物品税を課すことを決めた．
  a. 課税後のピザの売買数量はどれくらいか．消費者が支払う価格と生産者が受け取る価格はいくらか．
  b. 課税後の消費者余剰と生産者余剰を計算しなさい．課税は消費者余剰と生産者余剰をそれぞれどれだけ減らすか．
  c. カレッジタウンはこの税からどれだけの税収を得たか．
  d. この課税の死荷重を計算しなさい．

ピザの価格 (ドル)	ピザの需要量	ピザの供給量
10	0	6
9	1	5
8	2	4
7	3	3
6	4	2
5	5	1
4	6	0
3	7	0
2	8	0
1	9	0

9. 設問8の表に示されているカレッジタウンにおけるピザ市場をもう一度考えよう．今度はカレッジタウンの役人はピザに8ドルの下限価格規制を課したとする．
 a. この下限価格規制が課された後のピザの売買数量はどれくらいか．
 b. この下限価格規制が課された後の消費者余剰と生産者余剰を計算しなさい．

10. あなたが「ファンワールド」という小さな遊園地の経営者だとしよう．次の図はファンワールドの典型的な顧客の需要曲線を示している．

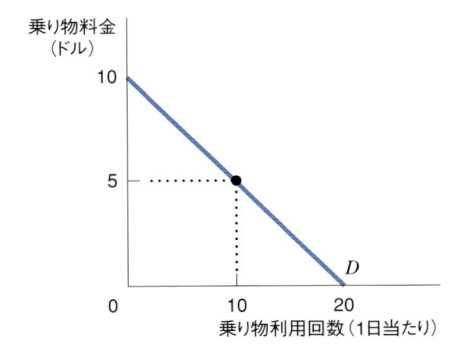

 a. 乗り物に1回乗る料金を5ドルとしよう．この価格で消費者はどれだけの消費者余剰を得るか（三角形の面積は $\frac{1}{2} \times$ 底辺 $\times$ 高さであることを思い出そう）．
 b. ファンワールドが乗り物1回の価格を5ドルにしたまま入園料を取ることを考えたとしよう．入園料として要求できる最高額はいくらか（潜在的な顧客は皆入園料を支払うための十分なお金を持っていると仮定する）．
 c. ファンワールドが乗り物1回の価格をゼロにしたとしよう．消費者はどれだけの消費者余剰を得るか．その結果，ファンワールドが入園料として要求できる最高額はいくらか．

11. 次の図はあるタクシー運転手の個別供給曲線（それぞれのタクシー乗車の距離は同一だと仮定する）を示している．

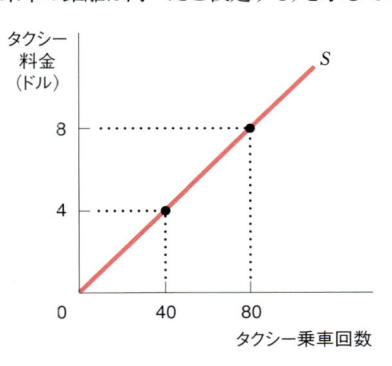

 a. 市がタクシー乗車の料金を4ドルに設定したとしよう．このタクシー運転手の生産者余剰はどれだけか（三角形の面積は $\frac{1}{2} \times$ 底辺 $\times$ 高さであることを思い出そう）．
 b. 市がタクシー乗車の料金を4ドルに設定したまま，タクシー運転手から「免許料」を取ることを決めたとしよう．市がこのタクシー運転手から取ることのできる免許料の最高額はいくらか．
 c. 市がタクシー乗車の料金を8ドルに上げることを認めたとしよう．このとき，タクシー運転手はどれだけの生産者余剰を得るか．市がこのタクシー運転手から取ることのできる免許料の最高額はいくらか．

12. ある州では資金を集める必要があり，知事はこれまで非課税だった2つの財のどちらかに，同じ額の物品税を課すという選択肢を持っている．つまり州はレストランでの食事とガソリンのどちらかに課税することができる．レストランでの食事の供給と需要は，どちらもガソリンの供給と需要よりも弾力的だ．もし知事が税の死荷重を最小化したいなら，どちらに課税するべきか．それぞれの財について，税の死荷重を示す図を描きなさい．

Part-III　Introduction to Macroeconomics
第 III 部　マクロ経済学入門

第 6 章
Macroeconomics : The Big Picture
マクロ経済学：経済の全体像

落胆した新卒者たち

　アメリカの大学・短大の新卒者にとって，2000年は非常に素晴らしい年だった．新聞報道によると，企業は「高額の給料や特典を餌に，卒業を控えた大学生を釣り上げようと先を争っていた」．MBA（経営学修士）の学位を取得した卒業生にとっても，この年は特別に良い年だった．だがそのわずか2年後には，状況はよろしくなくなっていた．2002年にビジネススクールを卒業した学生にとって，恵まれた報酬と成功への黄金のチケットを手にするはずだった卒業式は，期待とは裏腹に，愉快な場ではなくなっていた．ハーバード大学，ペンシルベニア大学，スタンフォード大学といったトップクラスのビジネススクールでさえ，何百もの新卒MBAたちの内定が取り消されていくのを，学生と教員は信じがたい気持ちで見守るしかなかった．卒業式の数カ月後になっても，多くの卒業生がまだ仕事に就けずにいた．表6-1に示されているように，仕事を得た卒業生も，わずか2年前の卒業生に比べて低い初任給しかもらえなかった（初任給の年収を高い順に並べたとき，ちょうど真ん中にくるのが中央値だ）．
　2002年のMBA卒業生にどこか悪いところがあったわけではない．あらゆる観点で見て，彼らは2年前の卒業生と同等の能力と意欲を持っていた．その現象を味わったのは，ビジネススクールの卒業生だけではなかった．2000年と2002年の違いは何かというと，2000年の春には経済が好況で，雇用主はより多くの人を雇い入れようと躍起になっていたということだ．一方，2002年の春には経済は弱くなっていた．多くの企業は従業員を一時解雇し，急いで雇用を増やそうとはしなかった．表6-1に見られるように，就職の見込みは2004年までにはいくぶん良くなっていた．とは言うものの，2004年の初任給は，2000年春にMBA卒業生がもらっていた額にはまだ追いついていなかった．
　好況と不況，つまり職があまっている時期と職が見つからない時期の移り変わりは，**景気循環**として知られている．だが，景気循環はどうして起こるのだろう？　また，その変動幅をならすために何ができるのか？　これはマクロ経済学が扱う問題だ．マクロ経済学は，経済全体の動きに焦点を当てる分野だ．
　対照的に**ミクロ経済学**は，消費者による消費の意思決定，生産者による生産の意思決定，また産業間での希少資源の配分に関心がある．ビジネススクールの例に戻ると，ミクロ経済学の典型的な問題の1つは，異なる産業，例えば投資銀行業とマーケティング業ではなぜ新卒者の給料が異なるのか，というものだ．一方マクロ経済学は，総産出量，物価，雇用といった国民経済の現象

この章で学ぶこと

▶経済全体を研究するマクロ経済学の概観と，マクロ経済学とミクロ経済学の違い．

▶**景気循環**の重要性と，政策担当者が景気循環を軽減しようとする理由．

▶**長期成長**とは何か．また長期成長は国の生活水準をどう決定するのか．

▶**インフレーション**と**デフレーション**の意味．また，なぜ**物価の安定**が望まれるのか．

▶外国との財・サービスや資産の取引がある**開放経済**のマクロ経済学には，どんな特別な側面があるか．

表6-1 2000年, 2002年, 2004年に有名大学を卒業したMBAの初任給(年収)の中央値

大学	2000年の初任給 (ドル)	2002年の初任給 (ドル)	2004年の初任給 (ドル)
スタンフォード	165,500	138,100	150,000
ハーバード	160,000	134,600	147,500
ペンシルベニア	156,000	124,500	144,000
コロンビア	142,500	123,600	142,500
ダートマス	149,500	122,100	135,000

出所:*Business Week* Graduate Survey, 2004年10月18日.

に関心がある. これに加えて, ある経済の動きがグローバル経済の動向にどう依存していて, どんな影響を受けるのかを分析するのもマクロ経済学の課題だ.

表6-1にはもう1つ驚くべき事実がある. それは新卒MBAの給料がものすごく高いということだ. 一流ビジネススクール出身のMBAほど稼いでいるアメリカ人はほとんどいない. とはいえ, アメリカ人の所得は, ほぼすべての職業で一世代前に比べてずっと高くなっている. 1968年にスタンフォード大学を卒業したMBAの平均初任給は, わずか1万2000ドルだった. 現在の1ドルの価値は当時ほど高くはないが, インフレーション, すなわち物価の上昇を考慮したとしても, 2002年のMBA取得者の給料は1968年に比べて2倍以上高くなっている. この比較は, マクロ経済学のもう1つの主要な研究分野である長期成長に関わるものだ. 長期成長とは, 経済全体の産出量の持続的な上昇トレンドのことで, 一国がより高い所得と生活水準を達成するために決定的に重要な要因となるものだ. 2002年のMBA取得者が1968年のMBA取得者よりもそんなに高い給料をもらえたのは, アメリカの1人当たり産出量がこの期間に2倍になっていたからだ. この比較が示しているように, 経済学者は, 数十年という十分に長い期間にわたって経済パフォーマンスを観察して長期成長を測定し, 産出量の上昇は経済の一時的な好況によるものでなく, 永続的なトレンドだったことを示した. 歴史的な証拠を見れば, 一国の生活水準を長期的に決定する要因として, 経済の短期変動である景気循環よりも, 長期成長のほうがはるかに重要なことがわかる. 2002年の平均的な卒業生たちは, 就職状況の悪さに落胆し, 安い給料に甘んじなければならなかった. とはいえ, 1968年の平均的な卒業生から見れば, ものすごく高い生活水準を享受しているのだ.

これまでの各章は, ミクロ経済学の基礎的な概念や原理を把握することに充ててきた. ここでは, マクロ経済学の目的と範囲を理解するために, ミクロ経済学とマクロ経済学の違いを詳細に見ることから始めよう. その後, マクロ経済学の4つの主要な研究分野を概観しよう.

1 ミクロ経済学 対 マクロ経済学

表6-2には, 経済学でよく問われるいくつかの問題が示されている. 左側にあるミクロ経済学の問題は, 右側にあるマクロ経済学の問題と対になっている. これらを比較することで, ミクロ経済学とマクロ経済学の違いを感じることができる.

ミクロ経済学は, 個人や企業がどのように意思決定をするのかという問題に焦点を当てていることがわかるだろう. 例えば, 大学で新しい科目を設置すべきかどうかを決めるために, ミクロ経済学が利用される. 教員の給料や教材費などを含めて費用がいくらかかるのか, それに対してどれほどの便益があるかを比較することで, 新しい

表6-2　ミクロ経済学の問題 対 マクロ経済学の問題

ミクロ経済学の問題	マクロ経済学の問題
ビジネススクールに進学すべきか，それとも今すぐに就職すべきか．	経済全体で，今年はどれだけの人が雇用されているか．
コロンビア大学の新卒MBAシェリー・カマヨがシティバンクから提示される給料を決める要因は何か．	ある年に労働者に支払われる給与総額の水準を決める要因は何か．
大学が新たな科目を設置するための費用を決める要因は何か．	経済全体の物価水準を決める要因は何か．
低所得家庭の子どもが大学に進学しやすくなるように，政府はどんな政策を実施すべきか．	経済全体の雇用と成長を高めるために，政府はどんな政策を実施すべきか．
シティバンクが上海に支店を開設すべきか否かを決める要因は何か．	アメリカと外国の間で行われる，財・サービスや金融資産の総取引水準を決める要因は何か．

科目を設置するかどうかを決めることができる．それとは対照的に，マクロ経済学では，経済のあらゆる個人・企業の行動が互いに影響しあった結果，経済全体に関わる特定の経済効果がどのように生じるかという観点から，経済の総体的動向を考察する．例えば，ある特定の財・サービスの価格ではなく，経済全体の価格水準(物価水準)に関心を持ち，物価水準が前年に比べてどの程度上昇もしくは下降したかを気にかけるのがマクロ経済学だ．

マクロ経済学の問題は，ミクロ経済学的な答えを集計すれば解決できるのではないかと思うかもしれないね．例えば，第3章で導入した需要と供給のモデルは，個々の財・サービスの均衡価格が競争市場でどのように決まるのかを教えてくれる．だから，経済全体の物価水準を解明する方法は，経済のあらゆる財・サービスに需要と供給の分析を適用してその結果を足し合わせればよいのでは，とあなたは考えるかもしれない．

けれども，そうはならない．ミクロ経済学と同様に，マクロ経済学でも，需要と供給のような基本的な概念が重要なことに変わりはないが，マクロ経済学の問題に答えを出すには，いくつかの別なツールと，分析枠組みの拡張が必要となる．必要なツールの説明は先の章にまわすことにして，ここではマクロ経済学を特徴づける，もっと広いものの見方を解説することから始めよう．その後，マクロ経済学とミクロ経済学を区別する4つの主要な点について考えることにしよう．

1.1　マクロ経済学：全体は部分の合計よりも大きい

高速道路を運転したことのある人なら，「やじ馬渋滞」がなぜ迷惑なのかを知っているだろう．誰かが，パンク修理などのささいな理由で車を路肩に止めると，他のドライバーたちがそれを見物しようと車を徐行させ，ほどなく長い渋滞が起こることがある．それがとんでもない迷惑に感じられるのは，そもそもそれを引き起こしたささいな出来事とはまったくつりあわないほど，長い渋滞が生じるからだ．やじ馬見物の

ために誰かが車のブレーキを踏むと，その後ろの車のドライバーもブレーキを踏み，そのまた後ろのドライバーも同じことをする．各ドライバーが前の車よりも少しだけ大きく減速するので，すべてのドライバーによるわずかなブレーキの積み重ねが長くて無駄な交通渋滞を引き起こすのだ．

やじ馬渋滞を理解することは，マクロ経済学とミクロ経済学のとても重要な違いの1つについて，洞察を与えてくれる．つまり，何千，あるいは何百万という個人の行動は，それら個人の行動を単に合計したものよりも大きな帰結を生み出すということだ．例えば，マクロ経済学者が「倹約のパラドックス」と呼ぶ現象を考えてみよう．不況になる心配が生じると，家計や企業は支出を抑えてそれに備えようとする．消費は切りつめられ，従業員は一時解雇される．こうした支出の低下は，経済を停滞させることになる．家計や企業はよかれと思って支出を切りつめたのに，結果として，何もしなかった場合よりも悪い状態に陥ってしまうのだ．これがパラドックスと呼ばれる理由は，不況に備えて用心深く貯蓄を増やすという一見美徳と思われる行動が，あらゆる人々に経済的な悪影響を及ぼすという帰結を生むところにある．この話にはもう1つの側面がある．それは，家計や企業が将来について楽観的な見通しを持つと，彼らは今日以上に支出する，というものだ．それで経済は刺激され，企業はより多く労働者を雇うようになり，それが経済をさらに拡大させる．こうして，一見浪費的に見える行動が，実はすべての人々に好景気をもたらすのだ．

マクロ経済学を理解する鍵は，通常10年よりは短いが数年に及ぶ短期と呼ばれる期間に，各個人の行動が積み重なって生じる効果は，個々人が意図したものとはまったく異なったり，時には正反対になる場合さえあるということだ．マクロ経済の動きは，現実に，個人の行動やそれが市場にもたらす帰結を単に合計したものよりも大きくなるのだ．

1.2　マクロ経済政策

個々の意思決定を足し合わせた結果がマクロ経済に悪い結果をもたらしうるという事実から，ミクロ経済学とマクロ経済学のもう1つの重要な違いを知ることができる．それは政府による政策の役割だ．ミクロ経済学者は，市場がどのように機能するかを注意深く研究することで，通常は政府は市場に介入すべきでないという結論に至っている．政府が市場に介入することは，明確に定められたいくつかのケースを除いて，通常は社会全体に悪影響を及ぼす．もちろん，ミクロ経済政策には重要な役割がある．市場がうまく機能するよう手を尽くすこと，また市場がうまく機能しないと明確に定められた状況では，適切な介入を行うことだ．しかしミクロ経済学の領域では，一般に，政府の介入には限定的な役割しか与えられていない．

それとは対照的に，マクロ経済学においては，政府はより広範な役割を果たすと経済学者は一般に信じている．とりわけ重要なのは，経済の短期的変動や経済における有害事象をうまく管理することだ．ハイウェイポリスがやじ馬渋滞の影響を抑えるために活動するのと同様，政策担当者はマクロ経済上の有害事象の影響を抑えようと努

力する．

　現在広く支持されている，政府はマクロ経済管理に積極的な役割を果たすべきだという見解の起源は，世界経済史上でとても重要な出来事とされる1930年代の大恐慌にまでさかのぼる．産出量の急減，銀行の破綻，企業の倒産，労働者の失業が同時にかつ世界的に起こったこの出来事は，まるで世界経済のエンジンが激しく逆回転したかのようだった．1929年から30年代の終わりまで10年以上にわたって続いた大恐慌は，マクロ経済学の原理や目的について全面的な再考を迫るものだった．経済学者は，大恐慌の最中からその後にかけて，現在もマクロ経済のパフォーマンスを管理するために使われているマクロ経済政策のツールを開発した．それは，政府支出や課税を操作する財政政策と，利子率や貨幣供給量を操作する金融政策だ．

1.3　長期成長

　アメリカで，立派に舗装され（通常は）よく整備された高速道路を利用して，遠い目的地まで高速でドライブできるのはなぜだろう？　そもそも，どうして馬や自分の2本の足に頼ることなく，自動車で行けるのだろう？　その理由は，長期成長にある．ミクロ経済学とマクロ経済学のもう1つの基本的な違いは，マクロ経済学は長期成長を研究対象とするということだ．マクロ経済学では，長期成長率を高める要因は何か，また政府の政策は長期成長率を高めることができるのか，といった問題を考える．

　対照的にミクロ経済学では，経済で生産できる産出量を一定として，その前提の下で解くべき問題に焦点を当てる．例えば，国内のブロードバンド・インターネット接続の利用規模を一定として，それをできるだけ効率的に利用するには接続料金をいくらに設定すべきか，という問題だ．つまり，ミクロ経済学が取り上げる問題とは，一定量の資源をできるだけ効率的に利用するにはどうすれば良いかという問題なのだ．これに対してマクロ経済学は，ある社会がより高い成長率とより高い生活水準を達成するために必要な生産的資源の総量をどうしたら増やせるのか，という長期の問題を考察する．さらに，長期成長を促進するために政府はどのような政策を実行すべきか，またはすべきでないかという問題も，マクロ経済学の重要な研究分野だ．

　長期成長がミクロ経済学ではなくマクロ経済学の一分野であることに，あなたは疑問を感じるかもしれないね．その理由は，長期成長という課題は基本的に経済集計量の利用に依存するというものだ．これからすぐに見ていくように，マクロ経済学がミクロ経済学と異なる4つの点のうち，最後の点がこの集計量の研究，ということになる．

1.4　経済集計量

　現代マクロ経済学の特徴は，理論的にも政策的にも，ともに経済集計量に焦点を当てていることにある．**経済集計量**とは，財，サービス，労働，資産などの多様な市場のデータを要約した経済尺度のことだ（資産とは，現金や不動産など，価値を保蔵する役割を果たすものだ）．マクロ経済学は，例えば，ある一定期間における経済の産

経済集計量とは，財，サービス，労働，資産などの多様な市場のデータを要約した経済尺度のことだ．

出量である総産出量や，経済におけるさまざまな価格の全体的な水準を示す物価水準の研究を通じて，経済の動向を分析する．こうした集計量を用いて，景気循環や，財政・金融政策による景気循環への対応の仕方を学んでいく．ビジネススクール卒業者の幸運な，あるいは不幸な経験が示すように，景気変動は就職できない労働者の総数，すなわち失業に影響を及ぼす．また，生産のための機械，建物，在庫などの物的資本の供給を増やす投資支出や，家計や政府がある年に蓄えた貯蓄から，景気循環や長期成長がどんな影響を受けるかを見る．そして，財・サービスの純輸出の総額である経常収支や，外国人への資産の純売却額である金融収支を用いて，外国との経済的な相互関連がどのように分析できるかを見ていく．

この章の以下の部分と第7章では，どれだけ多くの経済集計量が計算・測定されているかに注目する．それ以降の章では，これらの集計量のより正確な定義をも見ることになるだろう．

さて，マクロ経済学とミクロ経済学の違いを把握したので，現代マクロ経済学の主要な特徴を学ぶ準備が整った．早速，景気循環から始めることにしよう．でもその前に，マクロ経済学が生まれるきっかけとなり，もう少しで文明社会をも破壊しかねなかったエピソードについて見ることにしよう．

▶ 経済学を使ってみよう

大恐慌

1929年から1930年代にかけて生じた大恐慌は，アメリカ史上最も重大で決定的な出来事の1つだったという点で，歴史家たちの意見は一致している．そして，大恐慌の影響はアメリカだけにとどまらなかった．ヨーロッパ，南米，日本，カナダ，オーストラリアなど，事実上，世界のすべての市場経済で大きな異変が生じた．なかでもドイツは，最も強い衝撃を受けた経済の1つだった．第2次世界大戦を引き起こしたナチズム勃興の主要な原因が大恐慌にあったことも，歴史家の間では定説になっている．

大恐慌は現代マクロ経済学にとっても決定的な出来事だった．現代マクロ経済学の中心的使命を手短に述べるとすれば，それは大恐慌のような事態が二度と起こらないように予防することだと言えるだろう．

大恐慌は，1929年8月に，総産出量がわずかに減少したことから始まった．これが1つのきっかけとなって，大恐慌を象徴する1929年10月の株価大暴落が起こった．その経済効果が株価大暴落の影響のみに限られていたなら，経済は短期的な下降だけで済んだだろう．だが株価大暴落の後，失業率が異常なほど上昇し，産出量が急激に減少したために，恐慌は長期にわたる大惨事となった．失業率，大ざっぱに言えば労働力人口のうち職を見つけられない人々の割合は，図6-1のパネル(a)で示されているように，1929年当時はわずか3.2%だった．それが1933年までに24.9%になった．つまりアメリカ人労働者の4人に1人が職を失い，多くの人が，食べるために無料の給食施設やその他の慈善施設に頼ることを強いられたのだ．家族は借家からの立ち退

きを迫られ，国のあちこちに，廃材で作られた住居が立ち並ぶスラム街が出現した．労働者たちは市場経済に見放されたと感じ，労働争議が絶えなかった（有名な例に，「ボーナス・マーチャーズ」と呼ばれる第1次世界大戦の退役軍人たちがワシントンD.C.のモール公園に築いたスラム街がある．彼らは高額の政府報奨金を声高に要求したために，アメリカ陸軍によって排除されてしまった）．雇用の崩壊と同時に，総産出量の尺度である実質国内総生産（GDP）も極端に減少した．図6-1のパネル(b)に示されているように，実質GDPは1929年から1933年にかけて27%も下落したのだ．これは，誰もが信じられないほどに悲惨な事態だった．これが衝撃的だったのは，直前の「狂騒の20年代」の10年間が，先例のない成長と繁栄の時代だったことだ．1930年代までには，多くの人々がアメリカの民主主義さえもが危険な状態にあると感じていた．

経済は最終的には回復したものの，それまでにはとても長い時間がかかった．停滞した経済を回復させるための政策が10年にわたり試みられた後の1939年でさえ，失業率は17%だった．これは，それ以降に観察されたどの値よりも高いものだった．実質GDPは1936年になって初めて1929年の水準を超え，失業率が1桁台に戻ったのは1941年だった．第2次世界大戦が勃発してようやく経済的な繁栄が戻ってきたのだ．

大恐慌を経験した経済学者たちは，何が起きたのか，また何がなされるべきだったのかを解明することに大変な努力を費やした．その結果，経済変数の測定に関して突破口が開かれた．経済パフォーマンスを記録するのに今日使われている統計の多くは，1930年代に収集されはじめたものだ．そして1936年に出版された，イギリス人経済学者ジョン・メイナード・ケインズによる『雇用・利子および貨幣の一般理論』によって，経済理論は劇的な変貌を遂げた．この本は，その影響力からいってアダ

図6-1　大恐慌時の失業率と総産出量

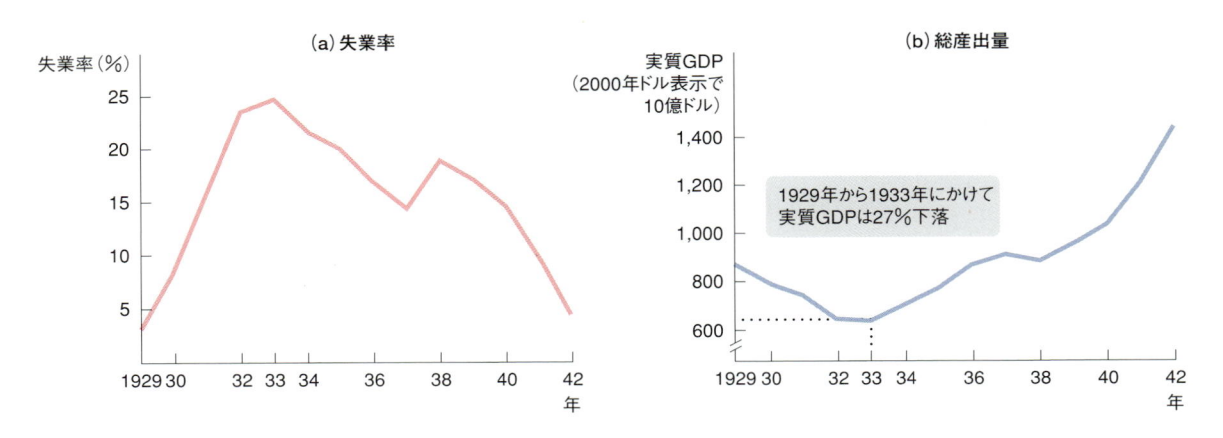

1929年に始まった大恐慌はパネル(a)で示されるような失業率の急激な上昇と，パネル(b)で示される総産出量の急激な減少を引き起こした．2000年ドル表示（「2000年ドル」とは何かは第7章で説明しよう）の実質GDPで測った総産出量は，1936年になって初めて1929年の水準を超えた．失業率は1941年まで1桁台に戻らなかった．
出所：U.S. Census Bureau（米国勢調査局）．

ム・スミスの『国富論』に並ぶものだ．ケインズの業績と，その業績に対する他の経済学者の解釈や批判は，マクロ経済学とマクロ経済政策という，経済学の2つの分野を生み出した．

ちょっと復習

▶短期には，各個人の行動が積み重なって意図せざる結果が生じ，マクロ経済的に皆にとって良い，あるいは皆にとって悪い結果がもたらされる可能性がある．

▶マクロ経済学では，政府の介入の範囲は概してミクロ経済学よりも広い．

▶長期成長とそれを高める方法は，マクロ経済学の重要な一分野だ．対照的にミクロ経済学では，経済の生産能力は一定と見なされる．

▶ミクロ経済学と違い，マクロ経済学は経済集計量の研究に依拠している．

▶大恐慌は経済パフォーマンスの測定と経済理論について再考を促し，それが現代マクロ経済学の誕生へとつながった．

景気循環は，景気後退として知られる経済の下降期と，景気拡大として知られる経済の上昇期の短期間の繰り返しだ．
恐慌はとても深刻で長い経済の下降のことだ．
景気後退（不況）は産出量と雇用が減少する経済の下降期だ．
景気拡大あるいは景気回復は産出量と雇用が増加する経済の上昇期だ．

理解度チェック 6-1

1. 以下の問題のうち，ミクロ経済学またはマクロ経済学の研究として適切なものはどれか．説明しなさい．
   a. オーティス家具工場に新しい器具を設置することで，新たにどれくらいの利潤が得られるだろうか．
   b. 経済状況が変わるにつれて，製品の売上げ水準は全体としてどう変化するだろうか．
   c. どのような種類の投資支出が，経済の長期的な高成長率につながるのだろうか．
   d. メラニーは新車を買うべきか否か．
2. マクロ経済学に比べて，ミクロ経済学では政府の介入の範囲は概して狭い．それはなぜか，説明しなさい．

解答は本書の巻末にある．

2　景気循環

「はじまりの物語」で述べたように，2002年の貧弱な雇用状況のせいで，すべての求職者が，その技能の優劣にかかわらず困難に直面した．とりわけ彼らを落胆させたのは，そのわずか2年前のアメリカでは雇用状況が非常に良かったということだ．

短期間のうちに生じる経済の下降と上昇の繰り返しは，**景気循環**と呼ばれている．**恐慌**はとても深刻で長い経済の下降のことだ．アメリカは幸いにも1930年代以降それを経験していない．だが，それよりも短い経済の下降期である**景気後退（不況）**を経験してきた．この期間には産出量や雇用が減少する．対照的に，産出量や雇用が増加して経済が上向いている期間は**景気拡大**（時に景気回復ともいわれる）として知られている．全米経済研究所（NBER）によれば，アメリカは第2次世界大戦後に10度の景気後退を経験してきた．この間の平均的な景気後退は10カ月間続き，一方平均的な景気拡大は57カ月間継続した．景気後退の開始から次の景気後退が始まるまでの期間である景気循環の平均的な長さは，5年と7カ月だ．最短の景気循環は18カ月で，最長は10年8カ月となっている．2002年の求職者が味わった景気後退は2001年3月に始まった．図6-2は，1948年以降のアメリカの失業率と第2次世界大戦後の景気循環の様子を示している．この間の平均失業率は5.6％だった．景気後退期は，灰色の領域で示してある．

景気循環の間にどんなことが生じ，それにどう対処できるのか？　次の3つの課題について見ていくとしよう．景気後退と景気拡大が失業に及ぼす効果，またそれが総産出量に及ぼす効果，そして政府の政策が果たしうる役割だ．

ちょっと寄り道　景気後退と景気拡大を定義する

読者の中には，景気後退と景気拡大は正確にはどう定義するのかという疑問を抱いた人もいるだろう．正確な定義はない，というのがその答えだ．

多数の国で採用されているルールでは，少なくとも2連続四半期（四半期とは3カ月のこと）で産出量が低下することを景気後退としている．2連続四半期という要件は，長続きしない，短いしゃっくりのような経済変動を景気後退に分類しないためのものだ．けれども時には，この定義が厳しすぎると思われることがある．例えば3カ月間にわたって産出量が急激に減少し，若干のプラス成長が3カ月続いた後，再び3カ月間急速に減少するような場合には，景気後退が9カ月間続いたと見なされるべきだ．

アメリカでは，このような誤った分類がなされないよう，景気後退の始まりと終わりの時期を確定する仕事を，全米経済研究所（NBER）の中にある独立した専門委員会に委ねている．この委員会は主に生産と雇用に注目しながら，さまざまな経済指標を眺めて最終的な判断を公表する．

その判断は時に論争の的となることがある．実際，2001年の景気後退をめぐって長い論争が続いた．NBERによれば，それは2001年の3月に始まり，産出量が上昇を始めた2001年11月には終わったという．しかし，工業生産が減少しはじめたその数カ月前に景気後退が始まったと批判する者がいた．また，雇用の減少が続いていて雇用状況がその後1年半も軟調だったので，景気後退は2001年には実は終了していなかったと主張する人々もいる．

図6-2　1948年以降の失業率と景気後退

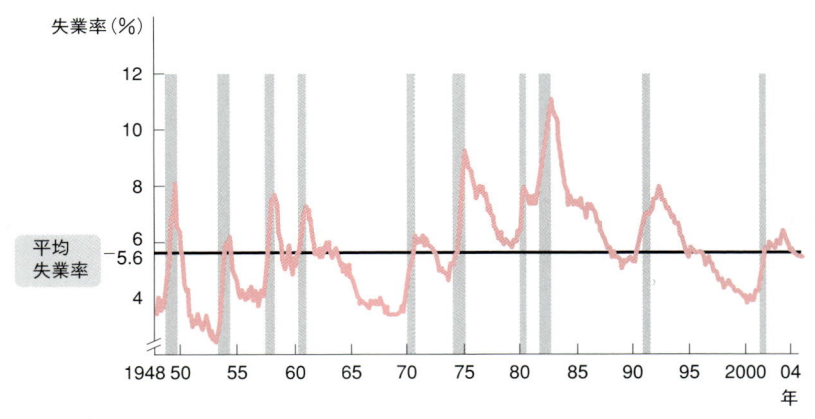

失業率は通常，景気後退期には上昇し景気拡大期には低下する．ここで示されているように，第2次世界大戦後，アメリカの失業率は大きく変動してきた．灰色の部分は景気後退期で，白い部分は景気拡大期だ．1948年から2004年の全期間の失業率の平均は5.6%となっている．

出所：Bureau of Labor Statistics（労働統計局）；National Bureau of Economic Research（全米経済研究所）．

2.1　雇用と失業

景気後退は，恐慌ほど深刻ではないものの，明らかに望ましくない現象だ．それは恐慌と同様に，高い失業率，産出量の縮小，所得の減少，生活水準の低下を招く．

失業とは何か，また，失業が景気後退の悪影響とどう関わっているかを理解するには，労働力人口の構成がどうなっているかを理解する必要がある．**雇用**とは現在雇われている人たちの総数であり，**失業**とは職を探しているが現在のところ雇われていない人たちの総数だ．一国の**労働力人口**とは雇用と失業を合計したものだ．労働力人口

雇用とは，経済で現在雇われている人たちの数だ．
失業とは，職を探しているが現在のところ雇われていない人たちの数だ．
労働力人口とは，雇用と失業の合計だ．

の公式統計には，働く能力があるのに職探しを断念してしまった人たち，つまり**就職意欲のない労働者**は含まれていない．また労働統計には，**不完全就業者(数)**に関する情報も含まれていない．不完全就業者(数)とは，景気後退期でも働いてはいるが，労働時間の短縮や低賃金の仕事のせいで，またはその両方の理由で，景気拡大期に比べると低い賃金しか受け取っていない労働者(数)のことだ．

失業率は労働力人口に占める総失業者数の割合であり，次のように計算される．

$$失業率 = \frac{失業している労働者数}{失業している労働者数 + 雇用されている労働者数} \times 100 \quad (6-1)$$

失業率は通常，雇用状況を示す良い指標となる．失業率が高いのは，仕事を見つけにくい貧弱な雇用状況にあることを示し，失業率が低いのは，簡単に仕事を見つけられる良好な雇用状況にあることを示している(アメリカでは失業率の「高さ」と「低さ」の判断基準は時とともに変化してきた．第15章でこのことをもっと詳しく取り上げよう)．一般に，景気後退期には失業率は上昇し，景気拡大期には低下する．

再び図6-2を見ると，1948年から2004年までの毎月の失業率が示されている．全期間の平均は5.6％だが，平均の周辺で大きく変動している．実際，最も好況の時期でさえ，ある程度の失業は存在していた．第15章では，なぜ失業率0％が現実には不可能なのか，また，政策担当者はなぜそれを目標とすべきでないのかを見る．1960年代後半や1990年代後半のような好況期には，失業率は4％かあるいはさらに低下しうるが，1981～82年のような深刻な景気後退期には，失業率は2桁台にまで上昇しうる(実際，1982年11月には10.8％というピークまで上昇した)．

こうした抽象的な数値は，大きな経験の差として個人に還元される．例えば1982年終盤の10.8％という失業率は，アメリカで1200万の人たちが職探しをしたにもかかわらず就職できなかった，ということを意味する．より最近の，1990年代初めに失業率が上昇したときは，何十万もの労働者が解雇され，職を得られた人々の多くもまた不完全就業者という厳しい状態にあった．その結果，アメリカは不安と懸念にとらわれた(当時影響力のあったある書籍のタイトルは『アメリカ：何が悪いのか』だった)．だが1990年代の終わりには，失業率は30年ぶりの低水準となり，企業は競って労働者を雇い，平凡な成績で最低限の経験しかない学生でも，とても良い仕事を見つけることができた．だが景気循環のならいは悲しいものだ．この幸福な時代は，2001年に経済が厳しい時期を迎えたときに終わり，失業率は再び上昇した．

2.2 総産出量

失業率の上昇は景気後退の最も痛ましい帰結であり，失業率の低下は景気拡大の最も望ましい特徴だ．景気循環は，雇用だけではなく産出量にも関係する．景気循環において，経済の産出水準と失業率は逆方向に変化する．

正式に言うと，**総産出量(総生産)**とはある一定期間，通常は1年間に経済で生み出される最終財・サービスの生産総額のことだ．総産出量には，他の財の生産に投入さ

就職意欲のない労働者とは，能力があるにもかかわらず職探しを断念して働いていない人たちだ．

不完全就業者(数)とは，景気後退期でも働いてはいるが，労働時間の短縮や低賃金の仕事のせいで，またはその両方の理由で，景気拡大期に比べると低い賃金しか受け取っていない労働者(の数)だ．

失業率とは，労働力人口に占める失業者数の割合だ．

総産出量(総生産)とは，ある一定期間に経済で生み出される最終財・サービスの生産総額だ．

れる目的で生産された財・サービス(こうした投入物はしばしば中間財と呼ばれる)は含まれない．つまり，自動車生産のために製造された鋼鉄は総産出量には含まれないが，自動車は含まれる．経済学者がよく利用する実質GDPは総産出量を表す実際の数値尺度だ．実質GDPの計算方法は第7章で見よう．今のところ重要なのは，総産出量は景気後退期には通常低下し，景気拡大期には通常上昇するということだ．

図6-3のパネル(a)は，1948年から2004年までのアメリカの実質GDPの年間成長率を示している．つまり，1947年から1948年，1948年から1949年というように，各年の総産出量の変化率をプロットしたものだ．平均すると，総産出量は毎年3.5％上昇している．けれども見てわかるように，実際の成長率は平均の周りを大きく変動している．1950年には8.7％あったが，1982年にはマイナス1.9％まで低下している．図6-3のパネル(a)と図6-2を比較すると，第2次世界大戦後で総産出量が最も急激に低下した1982年には，失業率は第2次世界大戦後の最も高い水準に到達している．

図6-3のパネル(b)は同じ期間(1948年から2004年)のアメリカの実質GDPの成長を示している．この線が持続的な上昇トレンドにあることからわかるように，景気後

図6-3　1948〜2004年の総産出量の成長

(a) 実質GDPの年間成長率

(b) 実質GDP

実質GDPは経済全体の産出量である総産出量の計測値だ．パネル(a)は1948年から2004年までのアメリカの実質GDPの年成長率を示している．その期間の平均成長率は3.5％だ．実質GDPはほとんどの年で上昇しているが，実際の成長率は景気循環とともに変動しているため，低下している年もある．パネル(b)は同じデータを，つまり1948年から2004年までの実質GDPを異なる形式で示したものだ．この図を見ると，景気循環の影響から独立となるくらい十分長い期間をとって見た場合には，実質GDPは持続的に成長していることがわかる．
出所：Bureau of Economic Analysis(経済分析局)．

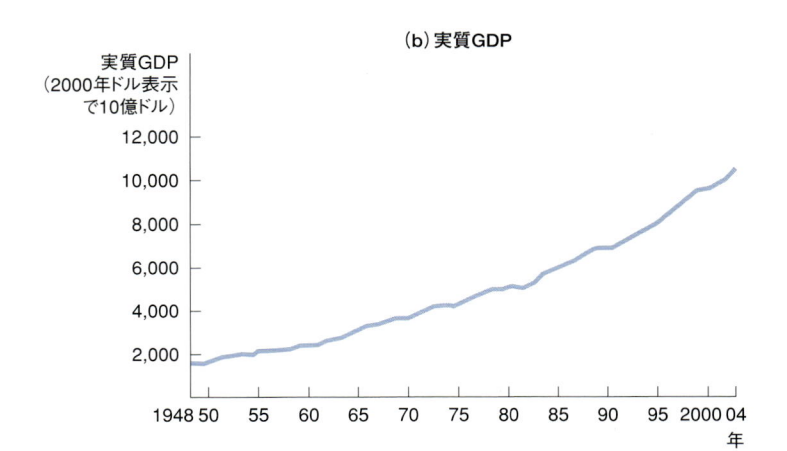

退期に生じた実質GDPの低下は一時的な現象だった．第2次世界大戦後の期間を通して見ると，アメリカの実質GDPは500%以上も成長している．この後，総産出量の長期的な上昇傾向と景気循環とは関係がないことを学ぶつもりだが，とりあえず景気循環について，もう少し見てみよう．

2.3 景気循環を平準化する

すでに説明したように，マクロ経済学の重要な使命の1つは，なぜ景気後退が起きるのか，そして，景気後退への対策として何ができるかを理解することだ．第10章では，マクロ経済学のもう1つの主要な関心事がインフレーションであることを学ぶ．インフレーションとは，多くの場合景気の過熱によって引き起こされる，全体的な価格水準の上昇のことだ．

景気後退時の厳しい経済状況を改善するために，あるいは過熱する景気を引き締めるために行われる政策を景気の**安定化政策**と呼ぶ．安定化政策は，金融政策と財政政策という2つの主要なツールによって行われる．**金融政策**は，貨幣供給量や利子率の操作を通じて，また場合によってはその両方を操作して経済を安定化させようとするものだ．**財政政策**は，課税や政府支出の操作を通じて，また時にはその両方を操作して経済を安定化させようとするものだ．第12章と第14章ではこれらのツールを検討し，過度な景気拡大の抑制や景気後退の短縮・緩和がどのようになされるかを学ぶ．また同時に，これらの政策がなぜ完全には機能しないのか，つまり財政・金融政策で経済の変動を完全に取り除くことができないのはなぜかも学ぶ．景気変動がいまだに生じているのは，そのためなのだ．

景気循環はマクロ経済学の主要な関心事の1つであり，歴史的にもマクロ経済学の発展に重要な役割を果たしてきたことは間違いない．だが，マクロ経済学者の関心はそれに尽きるようなものではない．次に，長期成長の問題を取り上げよう．

経済学を使ってみよう

景気循環は平準化されてきたのか

私たちの知っているマクロ経済学は，大恐慌の最中に誕生した．それは，同様の事態が再発するのを防ごうと決意した経済学者たちが生み出したものだった．それ以来アメリカは，恐慌と見なされるほどの深刻な経済の下降を経験していない．この事実からは，アメリカの政策担当者と経済学者は良い仕事をしてきたように思われる．だが，それに関連するもう1つの仕事，すなわち景気循環を平準化するという仕事にも成功してきたと言えるだろうか．

図6-4のグラフは，アメリカの年平均失業率が1900年の水準まで逆戻りしたことを示している．グラフでは1930年代の大幅な失業率の上昇が目立っているものの，第2次世界大戦後，アメリカはそれに匹敵するほどの深刻な状況をうまく回避してきた．その理由の1つは，第2次世界大戦以降マクロ経済政策が改善されてきたことだと，マクロ経済学者は信じている．なぜなら，より良いマクロ経済理論に基づく政策

景気後退の深刻さを軽減し，景気拡大の行き過ぎを制御するために行われる政策は，景気の**安定化政策**と呼ばれる．**金融政策**とは，貨幣供給量や利子率の操作を通じて，またはその両方の手段を用いて行われる景気安定化政策だ．**財政政策**とは，課税や政府支出の操作を通じて，またはその両方の手段を用いて行われる景気安定化政策だ．

が行われるようになったからだ．

けれども経済学者は，景気循環は自分たちの手の内にあり，景気後退は過去の遺物となったと宣言することには慎重だ．1960年代の長期にわたる景気拡大期にはそのような宣言がよくなされたものだが，その後2度にわたり，第2次世界大戦後の最高水準にまで失業を押し上げるという深刻な景気後退が発生した．1990年代の景気拡大期に聞かれた，景気循環は2度と起こらないという主張も，2001年の景気後退によって誤りであることが証明された．

最近ではアメリカ以外の国が，大恐慌に匹敵するほど深刻な経済の下降に見舞われている．例えば1998年から2002年にかけて，アルゼンチンは総産出量の18％の下落を経験した．失業率は24％まで上昇し，多くの中流階級の家庭が貧困に陥った．このような経済の下降に直面したことで，マクロ経済学者は謙虚になった．彼らは，2度と大恐慌が起こらないようにするための十分な知識を備えていると信じているが，経済安定化という仕事は，完成というにはまだ程遠い状態にある．

図6-4　1900年以降の失業率

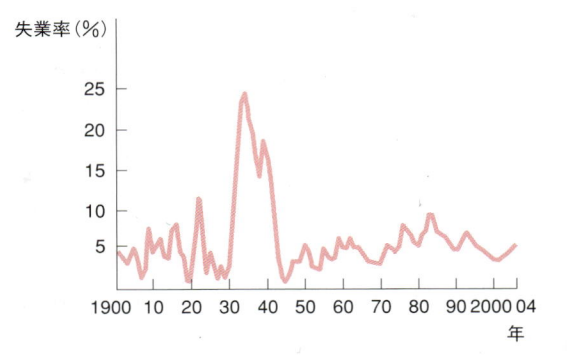

マクロ経済学の発展は経済安定化の役に立っているだろうか？　図は1900年以降のアメリカの年平均失業率を示している．図に見られる，超急激な失業率の上昇は大恐慌を示しているが，明らかにそれ以降は，同じような事態は起こっていない．だが，1960年代に景気循環は平準化されたと主張した経済学者たちは，1970年代と1980年代の初めに深刻な景気後退が起こったことで，自分たちの誤りに気づかされた．

出所：U.S. Census Bureau ; Bureau of Labor Statistics.

理解度チェック　6-2

1. 景気循環の際に，失業率と総産出量はなぜ反対方向に動くのか．
2. 高い失業率が社会にもたらす費用について，説明しなさい．
3. 一定期間を通じて景気の安定化政策が成功したことを示す証拠となりそうなものは何か．

解答は本書の巻末にある．

3　長期の経済成長

2002年は就職活動をしたどの新卒者にとっても厳しい年だったが，就職することができた者には，歴史的に見て非常に高額の給与が支払われた．アメリカの平均的労働者の2002年の給与額は，財・サービスの価格上昇分を調整した後でさえ，1948年の平均的労働者の給与に比べると約3倍の価値があった．

実際，アメリカの平均的労働者が得る賃金の購買力は，平均的家計の所得や，あるいは普通の人々が得られるものを測る他のどんな指標で見ても，少なくとも19世紀半ばから一貫して上昇してきた．その理由は，総産出量が，一時的に低下することはあったにせよ，長期にわたって力強い上昇トレンドを維持したことと，またそれが人口の増加よりもはるかに急速に成長してきた，というものだ．

図6-3のパネル(a)では，1948年から2004年にかけて総産出量の平均成長率が3.5％だったことを思い出してほしい．同じ期間に，アメリカの人口の成長率は平均でわず

ちょっと復習

▶景気後退と景気拡大が交互に繰り返す景気循環は現代マクロ経済学の主要な関心事だ．現代マクロ経済学は，主として恐慌の再発を防ぐという問題意識から生まれた．

▶雇用と失業を合計した労働力人口には，就職意欲のない労働者は含まれていない．また，労働統計には不完全就業者（数）のデータは含まれていない．一般的に，失業率は景気後退期に上昇し景気拡大期に低下する．これは，総産出量の動きとは正反対だ．

▶景気の安定化政策には，金融政策と財政政策という2つの主要な手段がある．これらの政策は，景気後退の深刻さを軽減し，景気拡大の行き過ぎを制御するために使われる．

か1.3％だった．したがって経済的なパイの1人当たりの大きさは，総産出量の年成長率3.5％から人口の年成長率1.3％を引いた，年率2.2％で成長したことになる．これはすべてのアメリカ人の生活水準を35年ごとに2倍にするほどの数字だ．大ざっぱな言い方ではあるが，これは実際に起こったことなのだ．

総産出量の持続的な上昇トレンドは，**超長期成長**，または単に**長期成長**として知られている．ここで超という言葉は，長期成長と，平均して5年以下の長さしかない景気循環の拡大局面とを区別するために使われている．超長期成長とは，数十年にわたる経済の成長のことだ．1900年から2004年のアメリカの1人当たり実質GDPを示した図6-5を見れば，長期成長がいかに力強い現象なのかを感じられるだろう．この長期成長の結果，アメリカ経済の2004年の1人当たり総産出量は，1900年に比べて約7倍になっていた（1人当たり実質GDPが7倍になったこの期間に，実質GDPは20倍に増加していることに注意してほしい．2つの数字の違いは，2004年のアメリカの人口は1990年当時よりもずっと多いことによる）．

長期成長は，今日最も差し迫った多くの経済問題を解決するのに必要不可欠なものだ．特に，1人当たり長期成長，すなわち1人当たりの総産出量の持続的な上昇トレンドは，賃金を高め生活水準を上昇させるための鍵となる．長期成長率を理解することはマクロ経済学の主要な関心事であり，また本書第8章のテーマでもある．1948年から2004年までのアメリカの総産出量の平均成長率が3.5％を記録したのはなぜだろう？　成長率をこれよりも高めるために，何か打つ手はなかったのだろうか？

これらの問題は，貧しい開発途上国にとってはより切実なものだ．生活水準の引き上げを図りたい途上国では，どうすれば成長率を高められるかという問題は経済政策の中心的な関心事となっている．

これから見ていくように，マクロ経済学者は，長期成長を考察するときと景気循環を考察するときとでは，異なるモデルを使う．だが両方のモデルをいつも頭に入れておくことが重要だ．なぜなら，長期的には良いことが短期的には悪いことになるかもしれないし，その逆が起こることもありうるからだ．例えば倹約のパラドックスは，貯蓄を増やすという家計の試みは短期的には経済にとって望ましくないことを示して

超長期成長，あるいは**長期成長**とは，数十年にわたる総産出量の持続的な上昇トレンドだ．

図6-5　アメリカの長期成長

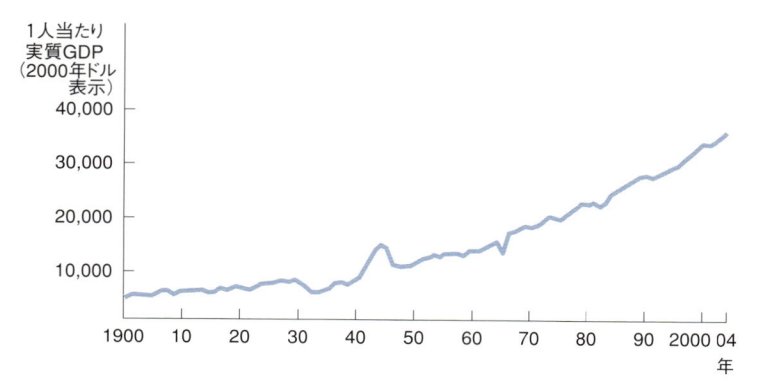

景気循環による浮き沈みにもかかわらず，アメリカの1人当たり総産出量はこれまでに大きく成長してきた．2004年のアメリカの1人当たり実質GDPは，1900年に比べ約7倍も大きくなった

出所：Angus Maddison, "World Population, GDP and per Capita GDP, 1-2001 AD," http://www.eco.rug.nl/〜Maddison/；Bureau of Economic Analysis.

いる．だが，第9章で見るように，経済の貯蓄水準は，長期経済成長の促進に決定的な役割を果たすのだ．

> **ちょっと寄り道　長期成長はいつ始まったのか**
>
> 総産出量が長期にわたって持続的に上昇したのを見てきた．アメリカでは，過去100年の間に20倍以上に成長した．では，その前の100年間にもそんなに成長したのか？　このプロセスはどこまで遡れるのか？
>
> その答えは，長期成長は比較的最近の現象だというものだ．アメリカ経済は，19世紀の半ばまでにはすでに持続的に成長していた——鉄道を思い出してごらん．だが，1800年よりも前の時期の世界経済の成長率は，現代の基準からすると驚くほど低いものだった．入手可能な最も信頼できる推定値によると，1000年から1800年までの世界経済の年間成長率は，0.2%以下にすぎなかったのだ．しかも人口もそれとほぼ同じスピードで成長していたので，1人当たり総産出量はほとんど増えていなかった．この経済的な停滞は，この間に生活水準の変化が見られなかったという事実と合致している．例えば，18世紀ヨーロッパの農民がファラオの時代のエジプトの農民よりも良い生活をしていたかどうかは定かでない．出生率・死亡率に関する歴史的な記録から，人口学者は，どちらの時代も人類が生存可能な最低限の水準で生活していたことを見出している．

経済学を使ってみよう

1ポイントが生み出す違い

2.5%成長と3.5%成長の違いって何だろう？　大した違いではないように聞こえるかもしれないし，実際，たった1年経過したくらいでは大きな違いにはならない．ところが長期成長率の違いは複利で広がっていくので，3.5%で成長する経済は，25年後には，2.5%で成長する経済に比べて30%も大きくなっているのだ．だから成長率に1%かそこらの数字が加わったりなくなったりするだけで，時間の経過とともに，経済的に大きな違いが生じるのだ．

それを示す適切な事例がある．1970年代にアメリカが経験した経済の減速だ．1948年から1973年まで，大ざっぱに言えば第2次世界大戦後の第1期に，アメリカ経済は年平均3.9%という，長期平均よりも0.5%ほど速いスピードで成長した．多くの人々にとって，それは先例のないほどの生活水準の上昇であり，奇跡的繁栄を感じさせるものだった．

けれども1973年から1995年までの間，成長率は平均で2.7%にまで低下してしまった．その原因は今も論争の種となっているが，その結果は明らかだった．つまり，経済的なパイは拡大を続けていたものの，その成長スピードは，もう誰をも満足させるほどのものではなかったのだ．つまりインフレーションに見合うかたちで賃金が上昇せず，ブルーカラー労働者たちは購買力が低下したと感じていた．そして投資家たちは，企業の利潤を見てがっかりしていた．

1995年以降になると，経済成長は加速しはじめた．またしても，その原因は論争中だ．多くの経済学者がアメリカ経済は年平均3.5%で成長する状態，すなわち第2次世界大戦直後の奇跡の時代に匹敵する状態に戻ったと信じている．彼らが正しいこ

とに期待しよう！

> **ちょっと復習**
> ▶1948年から2004年まで，アメリカは年平均3.5％の実質GDPの超長期成長（あるいは単に長期成長）を経験し，1人当たり実質GDPも年平均2.2％成長した．これは，アメリカ人の生活水準を35年ごとに2倍にするほどの数字だ．
> ▶国民の生活水準の持続的な向上は，長期成長を達成することによってのみ実現できる．したがってマクロ経済学の中心的な関心事項は，長期成長を決定する要因は何かというものだ．

理解度チェック 6-3

1. アメリカでは，1950年代と1960年代は大いなる楽観主義と達成感が国全体に満ちあふれた時代とされていた．対照的に1970年代と1980年代は，生活が切りつめられ，悲観主義と失望感が広がった時期と見なされている．このように異なった見通しを生み出した経済的な原因は何か，説明しなさい．
2. 多くの貧しい国では人口成長率が高い．こうした国で1人当たりの生活水準を高めるには，総産出量の長期成長率をどの程度高めなければならないか．

解答は本書の巻末にある．

4 インフレーションとデフレーション

　すでに述べたように，平均的な労働者の2002年の所得は，財・サービスの価格上昇分を考慮しても，1948年の水準よりも約3倍に増加している．価格上昇を考慮するというのは，なされるべき調整だ．価格上昇を考慮に入れないと，1948年から2002年までに，賃金は3倍よりもはるかに高い20倍に上昇したように見えるからだ．

　この例は，マクロ経済学におけるある重要な区別を示している．それは，**名目**と**実質**の区別だ．ある指標の**名目**値とは，名目賃金のように，時間を通じた価格の変化を調整していない数値だ．だから私たちは，名目賃金は1948年から2004年までに20倍上昇したという言い方をする．それに対して，ある指標の**実質**値とは，時間を通じた価格の変化を調整した数値だ．だから私たちは，実質賃金は1948年から2004年までに3倍上昇したという言い方をする．経済学者は通常，賃金を実質値で表す．労働者の購買力が時間の経過とともにどう変化したのかを示す指標として，実質賃金のほうが優れているからだ．実質賃金は，労働者が購入する財・サービスの価格変化を賃金の変化がどれだけ上回っているかを捉えているのだ．つまり名目賃金は55年間に20倍になったのだが，労働者は20倍どころか，わずか3倍の数量の財・サービスしか購入できないということになる．別な言い方をすれば，2002年ドルで表示された平均的な労働者の2002年の実質賃金――平均的な労働者の2002年の賃金で購入できる2002年の財・サービスの数量――は，2002年ドルで表示された平均的な労働者の1948年の実質賃金――平均的な労働者の1948年の賃金で購入できる2002年の財・サービスの数量――よりも3倍高いということだ．

> **名目値**とは，時間を通じた価格の変化を調整していない数値だ．
> **実質値**とは，時間を通じた価格の変化を調整した数値だ．

　経済のあらゆる最終財や最終サービスの価格の全体的な水準，つまり総産出量の価格水準を**物価水準**と言う．物価水準が上昇しているとき，経済は**インフレーション**（インフレ）の状態にあり，物価水準が下落しているときには，**デフレーション**（デフレ）の状態にある．

> **物価水準**とは，経済のあらゆる最終財や最終サービスの価格の全体的な水準のことだ．
> 物価水準の上昇を**インフレーション**と言う．
> 物価水準の下落を**デフレーション**と言う．

　第7章で説明するように，物価水準には，GDPデフレーターと消費者物価指数（CPI）という，広く利用されている2つの尺度がある．図6-6には，1913年から2004

年までの消費者物価指数が示されている．

　図からわかるように，総産出量（図6-3参照）と同様に，物価水準も時間の経過とともに大幅に上昇している．2004年の物価は，1913年に比べて約20倍高くなっている．だが，総産出量の上昇トレンドとは異なり，物価水準の上昇トレンドは経済の優れたパフォーマンスを示す特徴とは限らないし，また，必ずしも良いことでもない．

　インフレとデフレはともに経済に対して厄介な問題をもたらす．だがその問題は，景気後退に関する問題と比べると，捉えるのが難しい．2つ例を挙げよう．まず，インフレが起こると人々は現金を持ちたがらなくなる．物価水準が上昇していくと，時とともに，現金の価値が低くなっていくからだ．現金を必要とする売買の費用が大きくなり，極端な場合には，人々は現金を持つことをやめて物々交換を始める．次に，デフレはこれと反対の問題を引き起こす．物価水準が下落していくと，時とともに現金の価値が高くなるので，新しい工場やその他の生産的資産に投資するよりも，現金を保有するほうが魅力的となる．それは，景気後退をさらに悪化させうる．インフレとデフレのこれ以外の費用については，第16章で説明しよう．ここでは，経済学者は一般に物価水準の緩やかな変化，つまり**物価の安定**を望ましい目標だと考えていることを覚えておこう（「変化しない」ではなく「緩やかな変化」と言ったのは，マクロ経済学者の多くが，年率2〜3％のインフレが経済に悪影響を及ぼすことはほとんどなく，むしろ良い影響さえあると信じているからだ．その理由は第16章で説明しよう）．物価の安定という目標は，第2次世界大戦後のほとんどの時期で達成困難だと思われていたが，最近では，たいていのマクロ経済学者が満足する程度にまで達成されるようになった．

　物価水準の年変化率は**インフレ率**として知られている（デフレのときには，インフレ率はマイナスになる）．図6-7には，CPIの変化率で測った1929年から2004年までのアメリカのインフレ率が示されている．インフレ率は，第2次世界大戦中に2度にわたって急上昇した．1度目は，開戦時に政府の価格統制に先立って生じ，2度目は，

物価水準が穏やかに変化していることを，**物価の安定**という．

インフレ率とは，物価水準の年変化率だ．

図6-6　1913年以降の消費者物価指数

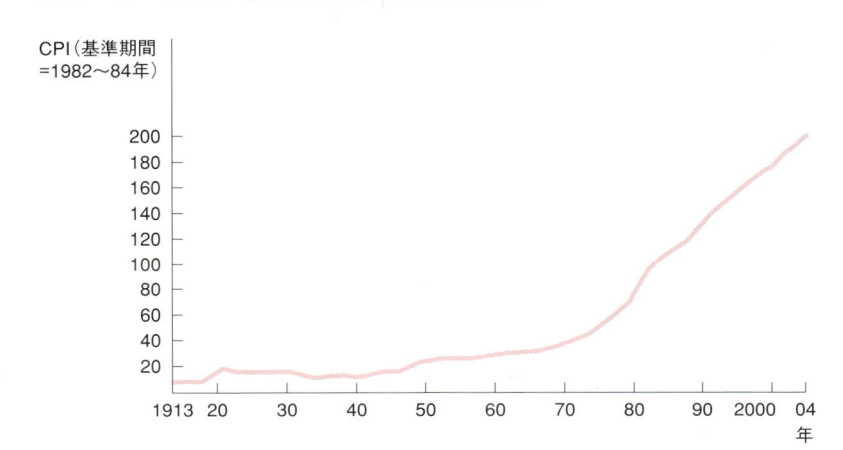

この図は，アメリカの全体的な価格水準を示す尺度の1つである消費者物価指数（CPI）の，1913年から2004年の値を示したものだ．1930年代の初めには物価は低下しているが，全体として物価水準は強い上昇傾向にある．2004年には，物価水準は1913年の水準のほぼ20倍になっていた．

出所：Bureau of Labor Statistics．

終戦時に政府の価格統制解除後に起こった．これ以外に，3つの大きな物価動向が見られる．まず1930年代の初めに，大恐慌の到来とともに急激なデフレが起こった．次に1970年代と1980年代の初めに，長期にわたる高インフレの時期があった．最後に1990年代になると，物価水準はほぼ安定を取り戻した．

マクロ経済学者は多大な努力を払ってインフレとデフレの原因を突き止め，政府に対し，極端なインフレやデフレに陥らないように経済を導く方法をアドバイスしてきた．

経済学を使ってみよう

ファストフードによるインフレの測定

最初のマクドナルドがオープンしたのは1954年だった．速くて安いサービスを提供したマクドナルドは，実際，ファストフード・レストランの元祖だった．ハンバーガーはたった0.15ドル，フライドポテトは0.25ドルだった．マクドナルドの代表的商品の価格は，今では当時の5倍の0.7ドルから0.8ドルの間となっている．マクドナルドは，ファストフードの原点を忘れてしまったのだろうか？ ハンバーガーは贅沢な食事と化したのか？

いや，そうじゃない．実際，他の消費財と比べてみると，ハンバーガーは1954年当時よりも現在のほうが安いのだ．過去半世紀の間に，ハンバーガーの価格は0.15ドルから0.75ドルまで400%上昇した．この間に，物価の指標であるCPIは600%以上上昇した．もしマクドナルドが物価水準の上昇に見合ように価格を決めていたなら，現在のハンバーガーの価格は0.9ドルから1ドルくらいになっているだろう．

1990年代にインフレーションは沈静化した．つまり物価水準の上昇率は減速した．ハンバーガーの価格にも同じことが起こった．実際マクドナルドは，1997年に，ビッグマックの愛称で知られるハンバーガーを含む多くの商品の価格を引き下げたのだ．

図6-7　1929年以降のインフレとデフレ

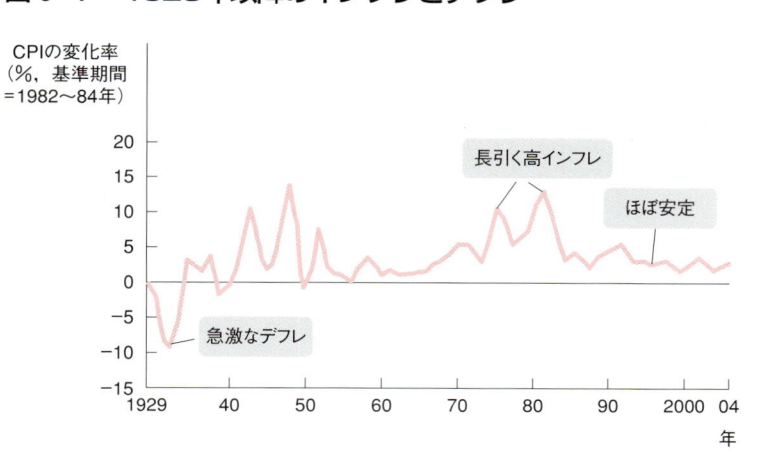

この図はCPIの年変化率を示している．1930年代初めのデフレの後，アメリカ経済は一貫してインフレを経験してきた．1970年代と1980年代初めの高インフレは沈静化し，現在の経済は物価安定の状態に近い．

出所：Bureau of Labor Statistics.

| 理解度チェック 6-4 |

1. 昨年，あなたの賃金が10％上昇したとしよう．以下のそれぞれのケースで，一昨年と比べてあなたの生活が良くなったか悪くなったかを答えて，理由を説明しなさい．
   a. 昨年のインフレ率が5％だった．
   b. 昨年のインフレ率が15％だった．
   c. 経済はデフレとなり，物価は年率2％で低下した．

解答は本書の巻末にある．

5 開放経済

最初のマクドナルドがハンバーガーを0.15ドルで売り出した1954年当時，アメリカは財・サービスや資産を外国と貿易しない，いわゆる**閉鎖経済**に近い状態だった．もちろん，文字どおりに閉ざされていたわけではない．コーヒーやバナナを輸入していたし，海外投資に手を出すアメリカ企業もあった．だが財・サービスや資産の貿易額はアメリカ経済の規模に比べてとても小さかったので，マクロ経済分析やマクロ経済政策を行う際にそうした国際取引の効果を無視しても，あまり支障はなかった．

現在はもはやそのような状況にはない．今やアメリカは，財・サービスや資産を大規模に外国と貿易する**開放経済**だ．アメリカ以外の多くの国は，アメリカよりもさらに開放的ですらある．例えば，アメリカは国内生産のうち12％を外国へ売っているが，カナダは50％近くを外国へ売っている（すべてではないにせよ，そのほとんどはアメリカ向けだ）．

第2章で論じたように，国際貿易は相互に利益をもたらすので，経済は時とともに開放的になっていく．各国が比較優位を持つ活動に特化すると，資源をより効率的に利用できるようになるからだ．

貿易利益の追求は，各国のマクロ経済環境を変化させる．開放経済下のマクロ経済学を分析する**開放マクロ経済学**は，閉鎖経済のマクロ経済学では扱えない，いくつかの問題を取り上げる．

開放マクロ経済学の重要な関心事の1つは，さまざまな国の通貨の交換比率である**為替レート**の動きだ．図6-8は世界で最も重要な2つの通貨，すなわちアメリカドル（U.S.ドル）とユーロ（ヨーロッパの多くの国で使われている共通通貨）の為替レートの動きを1999年から2005年の初めまでの期間について示したものだ．見てわかるように，そのレートは1ユーロ＝0.85ドルという最小値と1ユーロ＝1.30ドルという最大値の間を揺れ動いている．1ユーロが0.85ドルのときにはヨーロッパの財はアメリカ人にとって非常に安く見えるが，1ユーロが1.30ドルに上昇するとその逆になる．

為替レート変動の主要な効果の1つに，物価水準への影響がある．例えば，4万ユーロのドイツ車は為替レートが0.85ドルのときは3万4000ドルになるが，為替レート

> **ちょっと復習**
>
> ▶実質賃金は，労働者の購買力の変化を測る指標として名目賃金よりも適切だ．
>
> ▶マクロ経済学の研究分野の1つに物価水準の変化がある．インフレーションやデフレーションは経済に問題をもたらすので，経済学者は通常，物価の安定を維持することを支持する．
>
> ▶インフレ率とは物価水準の年変化率だ．物価水準が上昇しているとき（インフレのとき）にはインフレ率は正となり，下落しているとき（デフレのとき）にはインフレ率は負となる．

閉鎖経済とは，外国と財・サービスや資産を貿易しない経済だ．

開放経済とは，外国と財・サービスや資産を貿易する経済だ．

開放マクロ経済学は，国境を越えて行われる財・サービスや資産の取引から影響を受けるマクロ経済の研究だ．
2つの国の通貨の**為替レート**とは，一方の国の通貨の価値を他方の国の通貨で表示した数値（交換比率）だ．

図6-8　1999年以降の1ユーロ当たりのU.S.ドル

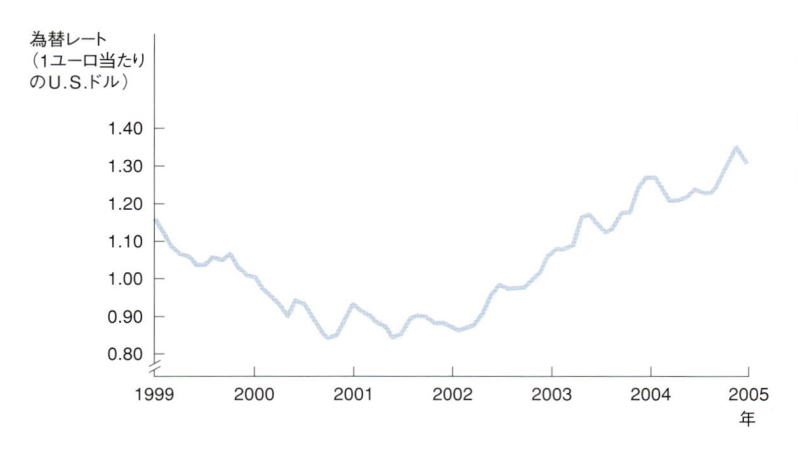

アメリカのU.S.ドルとヨーロッパのユーロは世界で最も重要な2つの通貨だ．両者の為替レートは，わずか2〜3年の間に，1ユーロ＝0.85ドルから1.30ドルという幅広い範囲で変動した．
出所：Federal Reserve Bank of St. Louis（セントルイス連銀）．

が1.30ドルだと5万2000ドルになる．物価水準を示す指標には，外国車のような輸入財の価格が含まれているので，他の通貨に対するドルの為替レートの変動は，物価指標に影響を与える．

為替レート変動のもう1つの重要な効果に，**貿易収支**への影響がある．貿易収支とは，ある国が外国に売った財・サービスの価値と外国から買った財・サービスの価値の差額のことだ．為替レートが変動してアメリカ製の財が外国人にとってより安くなったときには，アメリカの貿易黒字が大きくなるか，貿易赤字が小さくなる．第19章で見るように，これはアメリカの総産出量を増加させる．為替レートが変動してアメリカ製の財が外国人にとってより高くなると，アメリカの貿易赤字が大きくなるか，貿易黒字が小さくなる．

> ある国の**貿易収支**は，外国に売った財・サービスの価値と外国から買った財・サービスの価値の差額だ．

開放経済では，財・サービスだけでなく資産の取引もある．金融資産の国際移動は**資本移動**として知られている．第9章では，資本移動があると，それがない場合に比べて，その国の生産能力を高めるためにより多く支出できることを見る．それは長期的には，より高い生活水準の実現につながる．また資本移動があると，国際的な投資家は，それがない場合に比べてより高い収益をあげられることを見る．これもまた，投資家にとって高い生活水準の実現につながるものだ．

> **資本移動**とは金融資産の国際移動のことだ．

開放マクロ経済学における最も難しい問題はおそらく，まさに各国通貨の存在それ自体に関するものだろう．カナダ経済は，それよりずっと規模の大きい南の隣国（アメリカ）経済と密接な関係を持ちながら，独自の通貨を維持すべきだろうか？　それとも，アメリカとカナダは共通の通貨を持つべきなのか？　これは単なる学問的な問題ではない．カナダドルは，当面のところ独立した存続を保証されているように見える．けれども1999年には，ヨーロッパの多くの国がユーロという汎欧州通貨を受け入れて独自通貨を放棄した．これから見ていくように，他の国々がヨーロッパの例に追従すべきか否かについて熱い論争が繰り広げられており，それぞれの立場を支持する有力な主張が存在するのだ．

経済学を使ってみよう

国境の北

「ウィンザー・クロッシングでは，アメリカからのお客様を歓迎します．皆様のドルなら，より多くお買い物ができます！」．これはあるアウトレットモールの2002年の広告だが，アメリカにある他のアウトレットモールの広告はどれもみなこれと似たようなものだった．けれどもこのモールはアメリカではなく，デトロイトから国境を越えてすぐのカナダのウィンザーにあるのだ（デトロイトとウィンザーは別の国にあるのだが，アメリカの国勢調査は両都市が同じ大都市圏に属すると見なしている）．U.S.ドルならもっと買えるというのは，ウィンザーではカナダドルで買い物ができるからだ．この広告が出された2002年6月当時は，1カナダドルの費用はわずか0.65 U.S.ドル（つまり1カナダドル＝0.65U.S.ドル）だった．

カナダの1ドル硬貨は，ルーンという鳥が彫られていることから「ルーニー」として知られているが，いつもそれほど安いというわけではない．実際，カナダドルとU.S.ドルの為替レートは数年来乱高下を繰り返している．1974年には1カナダドルの価値は1.04U.S.ドルだったが，1986年にはその価値は0.71U.S.ドルまで下がった．そして1991年には0.89U.S.ドルまで上昇し，2002年春には0.66U.S.ドルまで下がり，2004年の終わりまでには0.84U.S.ドルまで戻した．

カナダドルとU.S.ドルの為替レートの変動はカナダ経済に強い影響を及ぼし，より規模の大きいアメリカ経済にも一定の影響を与えた．カナダ人が買う財の多くはアメリカ製なので，価格はU.S.ドルでつけられている．ルーニーが下落すると，つまり1 U.S.ドルを得るためにより多くのカナダドルを支払わなければいけなくなると，カナダでは，アメリカから輸入される財・サービスの小売価格が上昇するという直接的な影響が出る．弱いルーニー――U.S.ドルなど他国通貨に比べて相対的に価値が下落したルーニー――と言うと，カナダにとっては悪いことのようだが，それを埋め合わせる効果もある．カナダの賃金と価格の大部分はカナダドルで定められているので，ルーニーが弱くなると，アメリカの顧客にものを販売しているカナダの生産者は，費用面でアメリカの競争相手よりも優位に立てる．それは，カナダドルで支払われる生産費用に比べて，U.S.ドルで受け取る販売価格が相対的に高くなるからだ．だから，U.S.ドルで支払ってくれるアメリカ人のお客に対しては，値引きをしてもまだ利益をあげられるという価格水準で売ることができる．その価格は，（生産費用をU.S.ドルで支払うので費用を下げられない）アメリカの競争相手にはつけられないものだ．それはウィンザーのアウトレットモールにとっては素晴らしいニュースなのだ．■

ちょっと復習

▶開放経済では，閉鎖経済とは異なり，財・サービスや資産の取引利益を享受できる．
▶開放経済は開放マクロ経済学のツールを使って研究する

理解度チェック 6-5

1. EUを構成するほとんどの国で使われる通貨ユーロは，1999年の約1.15ドルから2001年には0.85ドルとなった．その間に，ヨーロッパの財のユーロ表示の価格も，

アメリカの財のU.S.ドル表示の価格も，ともに変化しなかったと仮定しよう．

a. 1999年と比較して2001年時点では，アメリカ人にとってヨーロッパの財は安かったか，それとも高かったか．1999年と比較して2001年時点では，ヨーロッパの人にとってアメリカの財は安かったか，それとも高かったか．

b. 1999年から2001年に生じたユーロの対ドルレートの変化は，その期間にアメリカ人が購入したヨーロッパの財の総額にどんな影響を与えたか．また，ヨーロッパの人々が購入したアメリカの財の総額についてはどうか．

解答は本書の巻末にある．

> 必要がある．
> ▶為替レートの変化は輸入財の価格を変化させて物価水準に影響を及ぼす．また，貿易収支への効果を通じて総産出量にも影響を及ぼす．
> ▶金融資産の資本移動もまた総産出量に重大な影響を及ぼし，長期的には国の生活水準を上昇させる．

次に学ぶこと

これより先の章では，本章で簡単に説明した問題をより深く検討していこう．第Ⅳ部では長期——長期成長と，貯蓄を生産能力への投資に振り向ける市場や制度——について考察するところから，マクロ経済学のモデルの説明を始めよう．第Ⅴ部は短期，すなわち景気循環の分野に目を転じる．そこでは景気循環が生じるメカニズムや，経済を安定化させるために金融政策や財政政策がどう用いられるかを学ぶ．第Ⅵ部では，景気循環よりも長く長期成長よりも短い，私たちが中期と表現する期間について考察する．そこではインフレとデフレが話題の中心となる．

しかし，マクロ経済モデルの分析を始める前に，分析対象となる数値について学ぶ必要がある．実際にはどのようにして，総産出量，物価水準や，マクロ経済パフォーマンスを測るそれ以外の重要な数値を推定するのだろうか？

要 約

1. マクロ経済学は総産出量，物価水準，雇用といった経済全体の動向を研究する．

2. マクロ経済学は，主に4つの点でミクロ経済学と異なっている．第1に，個人の行動の積み重ねがどのようにして意図せざるマクロ経済的な帰結をもたらすのかに注目する．第2に，政府の介入をより広く容認する．第3に，長期成長を研究する．第4に，財，サービス，労働，資産などさまざまな市場のデータを要約する指標となる**経済集計量**を利用する．

3. マクロ経済学の主要な関心事の1つが**景気循環**だ．これは，雇用や産出量が減少する**景気後退**と，雇用や産出量が増加する**景気拡大**の短期的な繰り返しだ．現代マクロ経済学は，長期にわたる深刻な経済停滞である**恐慌**の再発を防ぐことを主目的として生み出された．**雇用**と**失業**の合計である**労働力人口**は，働く能力がありながら職探しをあきらめている**就職意欲のない労働者**を含んでいない．労働統計には，低賃金の仕事や労働時間短縮のせいで景気拡大期よりも少ない給与で働く労働者(の数)，すなわち**不完全就業者(数)**のデータも含まれていない．通常，労働市場の状況を適切に示す指標となる**失業率**は，時とともに上がったり下がったりする．最終財・サービスの経済全体の産出量を示す**総産出量(総生産)**は，景気循環を通じて失業率とは反対の方向に変化する．

4. 景気循環を平準化する目的で政府が行う景気の**安定化政策**には，2つの主要なツールがある．貨幣の流通量や利子率，またはその両方を操作する**金融政策**と，課税や政府支出，またはその両方を操作する**財政政策**だ．

5. マクロ経済学のもう1つの主要な領域は，総産出量の数十年にわたる持続的な上昇トレンドである**超長期成

長，略して**長期成長**だ．1人当たり総産出量の持続的な上昇は，生活水準を継続的に向上させる鍵となる．
6. 経済学者は，物価の変化を調整していない**名目**値と物価の変化を調整した**実質**値を区別する．実質賃金の変化は，労働者の購買力の変化を測る指標として名目賃金の変化よりも良い指標となる．**物価水準**は最終財・サービスの全体的な価格水準だ．**インフレ率**は物価水準の年変化率で，物価水準が上昇しているとき（**インフレーション**のとき）には正の値を，下落しているとき（**デフレーション**のとき）には負の値をとる．インフレとデフレは弊害があるので，一般には**物価の安定**が望ましい．現在のアメリカ経済は物価の安定に近い状態を実現している．
7. **閉鎖経済**は外国と財・サービスや資産を貿易しない経済だ．これに対して，**開放経済**は外国と財・サービスや資産を貿易する経済だ．アメリカはますます開放経済になりつつあり，**開放マクロ経済学**が重要性を増している．開放マクロ経済学の主要な関心事の1つは，他の通貨に対する各国通貨の価値を示す**為替レート**だ．為替レートは物価水準に影響を与える．また，外国に販売したものと外国から購入したものの差額である**貿易収支**に与える効果を通じて，総産出量にも影響を及ぼす．開放マクロ経済学のもう1つの研究領域は，国境を越えた金融資産の移動である**資本移動**だ．

キーワード

経済集計量 … p.165
景気循環 … p.168
恐慌 … p.168
景気後退（不況）… p.168
景気拡大 … p.168
雇用 … p.169
失業 … p.169
労働力人口 … p.169
就職意欲のない労働者 … p.170
不完全就業者（数）… p.170
失業率 … p.170
総産出量（総生産）… p.170
安定化政策 … p.172
金融政策 … p.172

財政政策 … p.172
超長期成長（長期成長）… p.174
名目 … p.176
実質 … p.176
物価水準 … p.176
インフレーション … p.176
デフレーション … p.176
物価の安定 … p.177
インフレ率 … p.177
閉鎖経済 … p.179
開放経済 … p.179
開放マクロ経済学 … p.179
為替レート … p.179
貿易収支 … p.180
資本移動 … p.180

問題

1. 以下の質問のうち，マクロ経済学の研究課題として適切なものはどれか，またミクロ経済学の研究課題として適切なものはどれか．
   a. マーティン婦人の働くレストランのそばにある製造工場が閉鎖したことで，彼女が受け取るチップの額はどう変化するだろうか．
   b. 経済が景気下降局面に移行すると，消費者の支出はどうなるだろうか．
   c. 遅霜の影響でフロリダのオレンジ畑が損害を受けると，オレンジの価格はどう変化するだろうか．
   d. 労働者が組合を組織すると，製造工場の賃金はどう変化するだろうか．
   e. 他の通貨に対するドルの価値が下がると，アメリカの輸出に何が起こるだろうか．
   f. 一国の失業率とインフレ率にはどんな関係があるか．

2. ある人が貯蓄をすると，その人の富が増加してその人は将来より多く消費できる．だが，すべての人が貯蓄をすると，全員の所得が低下して，すべての人の現在の消費が減少する．これが矛盾のように見えることを説明しなさい．

3. 大恐慌とは何だったのか．それは政府の経済的役割とマクロ経済学のツールにどんな影響を及ぼしたか．

4. 景気循環の拡大局面が長期経済成長とは異なると考えられるのはなぜか．私たちはなぜ人口成長率と実質GDPの長

期成長率の対比に注意を払うのか．

5. マクロネシアには10万人の居住者がいる．そのうち2万5000人は年老いて，1万5000人は幼いので働けない．残りの6万人のうち，1万人が働いておらず職探しもあきらめている．現在，4万5000人が雇われていて，残る5000人が求職しているがまだ仕事に就けずにいる．
   a. マクロネシアの労働力人口は何人か．
   b. マクロネシアの失業率はいくらか．
   c. マクロネシアには就職意欲のない労働者は何人いるか．

6. 1798年に，トマス・マルサスの『人口論』という書籍が出版された．その中で彼は次のように述べている．「人口は抑制されない限り幾何級数的に増加する．生存に必要な最低限のものは，算術級数的にしか増加しない……これは，生存に必要な最低限のものが入手できないことにより，人口は絶えず強力に抑制されることを意味する」．マルサスが述べているのは，人口の成長は食糧によって抑制される，つまり人々の生活は永遠に最低の生存水準にとどまるということだ．なぜマルサスの説明は1800年以後の世界に当てはまらなかったのか．

7. マクロランドでは，2005年の初めに総産出量が100億ドル，人口は100万人だった．2005年中に，総産出量が3.5%増加し，人口が2.5%増加したが，物価水準は一定だった．
   a. 2005年初めのマクロランドの1人当たり総産出量はいくらだったか．
   b. 2005年終わりのマクロランドの総産出量はいくらだったか．
   c. 2005年終わりのマクロランドの人口は何人だったか．
   d. 2005年終わりのマクロランドの1人当たり総産出量はいくらだったか．
   e. 2005年のマクロランドの1人当たり総産出量の成長率はいくらだったか．
   ヒント：2005年の成長率は次の式で求められる．

$$\frac{2005年の間の総産出量の変化}{2005年初めの総産出量} \times 100$$

8. 過去20～30年の間に大学の学費は大きく上昇した．1971～72年度から2001～02年度までで，正規の学部学生が支払う総授業料と寮費は，公立校で1375ドルから8022ドルまで，私立校で2917ドルから2万1423ドルまで上昇した．これは年間の平均的な学費上昇率が，公立校で6.1%，私立校で6.9%であることを意味する．同時期に，課税後の平均的な個人所得は年収で3860ドルから2万6156ドルまで上昇し，個人所得の年間の平均上昇率は6.6%だった．学費の上昇は，平均的な学生が学費をまかなうことを難しくしたと言えるだろうか．

9. 『エコノミスト』誌は毎年5月に，さまざまな国のビッグマックの価格と為替レートのデータを公表している．表は，そのうち2001年と2003年のデータを示したものだ．この情報を使って，以下の問いに答えなさい．

国	2001 ビッグマックの価格（各国通貨表示）	2001 為替レート（1 U.S.ドル当たりの各国通貨）	2003 ビッグマックの価格（各国通貨表示）	2003 為替レート（1 U.S.ドル当たりの各国通貨）
アルゼンチン	2.50ペソ	1.00ペソ＝1 U.S.ドル	4.10ペソ	2.88ペソ＝1 U.S.ドル
カナダ	3.33カナダドル	1.56カナダドル＝1 U.S.ドル	3.20カナダドル	1.45カナダドル＝1 U.S.ドル
ユーロ圏	2.57ユーロ	1.14ユーロ＝1 U.S.ドル	2.71ユーロ	0.91ユーロ＝1 U.S.ドル
日本	294円	124円＝1 U.S.ドル	262円	120円＝1 U.S.ドル
アメリカ	2.54 U.S.ドル		2.71 U.S.ドル	

   a. 2001年にU.S.ドルでビッグマックを最も安く買える国はどこか．
   b. 2003年にU.S.ドルでビッグマックを最も安く買える国はどこか．
   c. 各国通貨でのビッグマックの価格が，2001年から2003年の2年間にその国が経験した平均インフレ率を表しているとすれば，最大のインフレを経験した国はどこか．また，デフレを経験した国はあるだろうか．
   d. 2001年から2003年の間に，各通貨に対してドルの価値はより高くなったか，それともより低くなったか，説明しなさい．

---

web▶ 引き続き勉強し，本章の概念を復習したい人は，クルーグマン＝ウェルスのウェブサイトを訪ね，小問題集，動画による教習，有益なリンク集などを参照してください．

www.worthpublishers.com/krugmanwells

第 7 章
Tracking the Macroeconomy
マクロ経済を追跡する

革命の後

　1975年12月，民主主義体制の確立途上にあったポルトガル暫定政府は，経済が危機的状況にあるのではないかと心配していた．左翼政党の出現によって不安を募らせた企業の所有者たちが，生産の急激な減少をほのめかす不吉な警告を発していたからだ．新聞各社は，長期にわたり国を支配した独裁政権が1974年の革命で倒されてから，経済が10%，いや15%も落ち込んだと憶測していた．

　経済崩壊のうわさを聞いたポルトガル人の中には，民主主義それ自体が失敗だと断言する者も現れた．また，元凶は資本主義にあるのだから，政府が国内工場の支配権を掌握して生産の拡大を強制すべきだと主張する者も出てきた．だが，本当のところ，事態はどれだけ悪化していたのだろうか？

　この疑問に答えるべく，当時のポルトガル金融当局のトップが，マサチューセッツ工科大学（MIT）の経済学者で旧友であるリチャード・エッカウスと，ほか2人のMITの経済学者を招いて，この国の経済活動に関する一連のデータである国民経済計算を精査するよう依頼した．招かれた専門家たちは，その経験を活かして多くのことを推測しなくてはならなかった．というのも，ポルトガルの経済データ収集はどこかしら不完全なところがあったし，政治的な混乱のなかで，めちゃくちゃになっていることさえあったからだ．例えばこの国の統計家たちは，建設業の動向を捉えるために，通常は建設用の鋼鉄の売上げや，コンクリートの売上げデータを追跡していた．だが1975年の混乱期には，多くの建設業者が規制を無視して鋼鉄をわずかしか使っていなかったので，これらのデータは逆方向に動いていた（旅行者への注意：ポルトガルにいるとき地震にあったら，1975年ものの建物には入らないようにすることだ）．

　それでも，招かれた経済学者たちは利用できるデータをもとに作業を続けた．そして1週間も経たないうちに，1974年から1975年にかけての総産出量の減少は3%でしかないという大まかな推定値を出すことができた．経済は確かに深刻な挫折を経験していたが，その落ち込みようは，新聞が劇的に描いた悲惨な事態に比べるとずっと小さかったのだ（その後の修正で減少幅が4.5%にまで上がったが，その数値でさえ当初の懸念と比べればはるかに小さかった）．ポルトガル政府は間違いなく何かをしなければならなかったが，それは民主主義や市場経済を放棄することではなかった．実際，しばらくすると経済は回復しはじめた．過去30年間，ポルトガルは問題を抱え続けてはいたが，全体として見ればその歴史はサクセス・ストーリーだ．かつては後進的な独裁政権の国だったのに，今では

この章で学ぶこと

▶経済学者は，経済パフォーマンスを追跡するために経済集計量をどう利用するか．

▶**国内総生産**（**GDP**）とは何か．また，それを算出する3つの方法とは．

▶**実質GDP**と**名目GDP**の違い．なぜ実質GDPは実際の経済活動の適切な尺度となるのか．

▶**失業率**の重要性．また景気循環を通じて失業率はどのように変動するか．

▶**物価指数**とは何か，**インフレ率**を計算する際にそれがどう利用されるか．

まずまず裕福で，強固な民主主義体制を維持するEUの加盟国なのだ．

この物語の教訓は何だろう？　それは，経済をしっかり測定することの重要性だ．もしポルトガル政府が当時流布していた恐ろしい風評を信用していたなら，政策上大きな失敗を犯すところだった．良いマクロ経済政策のためには，経済全体で何が起きているかを正しく測定することが不可欠なのだ．

この章では，所得や総産出量の水準，雇用や失業の水準，そして物価水準やその変化率といった経済の重要指標を，マクロ経済学者がどう測定しているかを解説しよう．

1 国民経済計算

ほぼすべての国で，国民所得・生産物計算と呼ばれる一連の統計数字が算定されている．実際，ある国の経済計算の精度は，その国の経済発展の度合いを示すきわめて信頼度の高い指標だと言ってよい．つまり一般的に，経済的に発展している国ほど経済計算の信頼度は高くなるのだ．国際機関が途上国への援助を考えるときに第1に取り組むべき仕事は，通常，その国の経済計算を監査・改善するための専門家チームを派遣することだ．

アメリカでは，商務省の一部局である経済分析局がその計算を担当している．単に**国民経済計算**と呼ばれることが多い**国民所得・生産物計算**は，消費支出，生産者売上げ，民間投資支出，政府支出や，各部門間のさまざまな貨幣のフロー(流れ)を追跡するものだ．それがどうなっているのか見ていこう．

1.1 経済循環フロー図の再考と拡張

国民経済計算の原理を理解するには，第2章で紹介した経済循環フロー図を修正・拡張した図7-1が参考になる．図2-7では，経済における貨幣(カネ)，財・サービス，そして生産要素の流れが示されていたことを思い出してほしい．ここでは，貨幣のフロー(流れ)だけに限定されているが，国民経済計算の鍵となる概念を示す追加的な要素が加わっている．それは，元の経済循環フロー図と同様に，各市場や各部門への貨幣の流入は，その市場や部門からの貨幣の流出に等しくなるということだ．

図2-7は，家計と企業というたった2種類の「住民」しかいない単純化した世界を示していて，家計と企業の間の資金のフロー循環が描かれていた．それは，図7-1にも描かれている．財・サービスの市場で家計は，国内や外国の企業から財・サービスを購入する**消費支出**を行っている．家計はまた，土地，物的資本，そして金融資本といった生産要素を所有している．それらを企業に提供し，見返りに賃金，利潤，利子，賃貸料を受け取る．企業は要素市場でそれらの生産要素を購入し，家計に対価を支払う．ほとんどの家計にとって，所得の大部分は，労働を提供する対価として得られる賃金だ．だが，企業が使用する物的資本に対する間接的な所有権を通じて，追加的な所得を得ている家計もある．それは主に，企業の所有権の持ち分である**株式**と，利払いを伴う借用証書である**債券**というかたちをとる．このため，家計が要素市場から受け取る所得には，株式所有者へ分配される企業の利潤と，家計が所有する債券へ

国民所得・生産物計算(国民経済計算)は，経済の各部門間で生じる貨幣のフロー(流れ)を記録するものだ．

消費支出は財・サービスに対する家計の支出だ．

株式は株主が保有する企業の所有権の一部だ．
債券は利払いを伴う借用証書のかたちをとる借入だ．

図 7-1 拡張された経済循環フロー図：経済全体の貨幣のフロー（流れ）

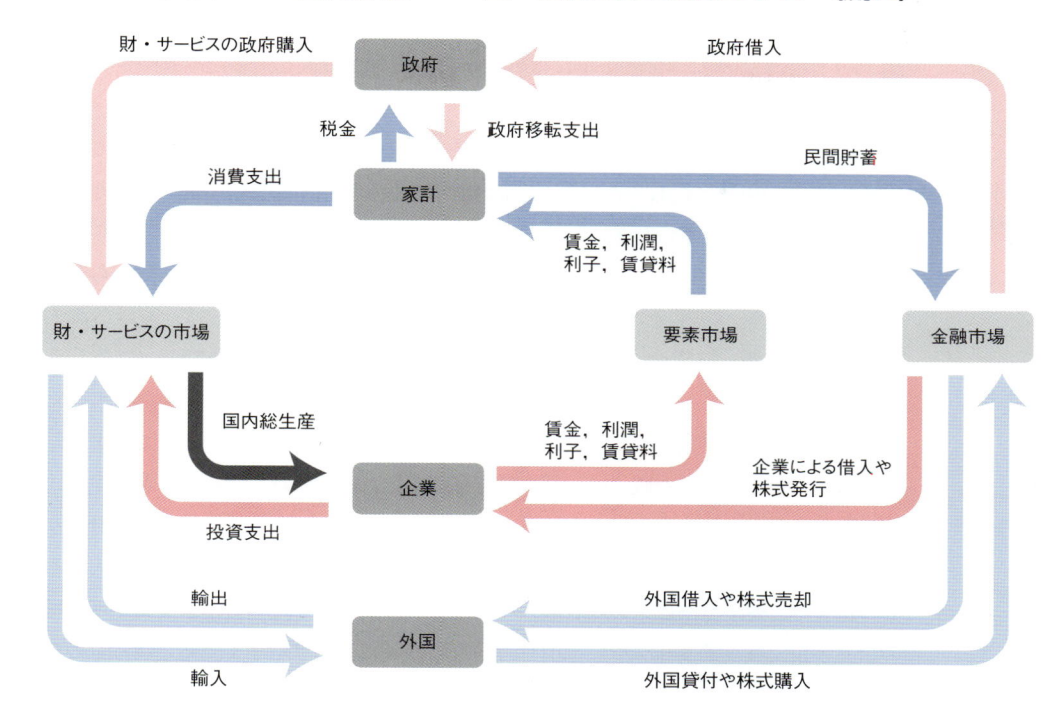

資金の循環フローは、家計、企業、政府、外国という4つの経済部門を、要素市場、財・サービスの市場、金融市場という3種類の市場を通じてつないでいる。企業から家計へは、要素市場を通じて、賃金、利潤、利子、賃貸料などのかたちで資金が流れる。政府に税金を支払い、政府移転支出を受け取った後、家計は残った所得である可処分所得を民間貯蓄と消費支出に振り分ける。民間貯蓄と外国からの資金は、金融市場を通じて、企業の投資支出、政府借入、外国借入や外国貸付、外国との株取引へと向かう。次に、財・サービス購入の対価として政府や家計から企業へ資金が流れる。最後に、外国への輸出は資金流入をもたらし、外国からの輸入は資金流出をもたらす。財・サービスへの消費支出、企業の投資支出、財・サービスの政府購入、それに輸出を合計して輸入額を差し引くと、その資金フローの総額はアメリカで生産された最終財・サービスへの総支出額に等しくなる。同じく、それはアメリカで生産されたすべての最終財・サービスの価値、つまり国内総生産に等しい。

の利子が含まれる。最後に、家計は企業に貸し出している土地や建物の賃貸料を受け取る。よって家計は要素市場を通じて、賃金、利潤、利子、賃貸料というかたちで所得を受け取るのだ。

元の簡単な経済循環フロー図では、家計は要素市場で受け取ったすべての所得を財・サービスの購入に充てていた。けれども図7-1では、より複雑で現実的なモデルが示されている。この図から、家計の所得と財・サービスの購入とが実際には等しくならない2つの理由が見て取れる。第1に、家計が要素市場で得た所得は、家計が使える金額と同じではない。家計は所得の一部を、所得税や売上税などの税金として政府に支払わなければならない。加えて、社会保障や失業保険の給付など、財・サービスを提供しなくても政府が支給してくれるお金、つまり**政府移転支出**を受け取っている家計もある。こうして、税金を支払い政府移転支出を受け取った後に家計に残された総所得のことを、家計の**可処分所得**という。

さらに、家計は通常、すべての可処分所得を財・サービスの購入に充てるわけでは

政府移転支出は、対価として財・サービスの提供をすることなく、政府から個人に与えられる支出だ。
所得に政府移転支出を加えて税金を差し引いた**可処分所得**は、家計が消費や貯蓄に回せる所得の総額だ。

ない．その一部を，**民間貯蓄**として蓄えるのだ．それは，個人や企業，銀行やその他の金融機関が株式や債券を売買したり資金の貸付をしたりする**金融市場**へと流れる．図7-1が示すように，金融市場には外国からも資金が流入し，また政府や企業，それに外国へも資金が提供される．

先に進む前にここで，家計のボックスを使って，経済循環フロー図が一般的に持つ重要な特徴を説明しよう．それは，あるボックスから流出する貨幣の総額は，そのボックスへ流入する貨幣の総額に一致するというものだ．これは，支払いと受取りは等しくなければならないという，単なる会計上の問題だ．つまり，例えば家計から流出する貨幣の総額——税金の支払い，消費支出，民間貯蓄の合計——は，家計へ流入する貨幣の総額——賃金，利潤，利子，賃貸料，政府移転支出の合計——に等しくなければならない．

さて，経済循環フロー図に新たに加えた「住民」である政府と外国を見てみよう．政府は，課税で得られた収入の一部を政府移転支出というかたちで家計に還元する．だが税収の大半と，金融市場から政府が調達する追加資金である**政府借入**は，財・サービスの購入に使われる．連邦政府，州政府，それに地方政府などの政府が購入するものはすべて**財・サービスの政府購入**と呼ばれ，弾薬を買うための軍事支出から地域の公立学校で使うチョークや黒板消し，それに教員に支払う給与まであらゆるものを含んでいる．

外国は3つの経路でアメリカ経済に関与している．第1に，アメリカで生産された財・サービスの中には，外国の居住者に販売されるものがある．例えば，アメリカで毎年収穫される小麦や綿花のうち，半分以上が外国に販売される．外国に販売される財・サービスのことを**輸出**という．輸出は，その対価として外国からアメリカへの資金の流入をもたらす．第2に，アメリカの居住者が購入する財・サービスの中には外国で生産されるものがある．例えば消費財の多くは中国製だ．外国の居住者から購入する財・サービスのことを**輸入**という．輸入は，その対価としてアメリカから外国への資金の流出をもたらす．第3に，外国人はアメリカの金融市場に参加できる．アメリカの居住者に対する外国人からの融資である外国貸付と，外国人によるアメリカ企業の株式購入は，外国からアメリカへの資金の流入をもたらす．逆に，アメリカの居住者からの外国人の借入である外国借入と，アメリカ人による外国企業の株式購入は，アメリカから外国への資金の流出をもたらす．

最後に，財・サービスの市場に戻ることにしよう．第2章では家計による財・サービスの購入だけに焦点を絞ったが，ここではそれ以外にも，政府購入，輸入，輸出というかたちでの財・サービスへの支出があることを見ていこう．このように拡張された経済では，企業もまた財・サービスを購入することに注意してほしい．例えば，新たな工場を建設する自動車会社は，投資財やプレス機械，溶接ロボット等々の機械を，それらの機械生産に特化した企業から購入するだろう．また，自動車ディーラーへの出荷に備えて，完成車の在庫を積み増すかもしれない．国民経済計算では，この**投資支出**——機械の購入や建造物の建設などの生産的な物的資本や，在庫変動に対する

可処分所得から消費支出を除いた**民間貯蓄**は，可処分所得のうち消費に回されない部分だ．

民間貯蓄や外国貸付を投資支出，政府借入，外国借入へと誘導する銀行取引，株式市場，債券市場は**金融市場**と呼ばれる．

政府借入は，金融市場で政府が借り入れる資金だ．

財・サービスの政府購入は財・サービスを買うための政府の支出だ．

外国の居住者に販売される財・サービスは**輸出**，外国の居住者から購入する財・サービスは**輸入**だ．

投資支出は，機械や建造物などの生産的な物的資本や，在庫変動に対する支出だ．

支出——も，財・サービスへの総支出の一部として計上される．

完成車を使ってより多くの自動車を生産することなどできないのに，なぜ在庫の変動が投資支出に含まれるのかと，疑問に思うかもしれないね．最終財の在庫の増加が投資支出として計算される理由は，それが機械と同じように，企業の将来の売上げ増加に貢献するから，というものだ．つまり在庫を増やすための支出は，企業による投資支出の一形態なのだ．逆に，在庫の減少は投資支出の減少として計算される．それが将来の売上げ減少につながるからだ．また，組立工場であれ新しい住宅であれ，あらゆる建造物の建設のための支出が投資支出に含まれるということを理解しておくのも重要だ．なぜ住宅の建設が含まれるのか？　それは，新築の家は工場と同じように，将来にわたるサービスの流れ——家の所有者に対する住宅サービス——を生み出すからだ．

財・サービスの消費支出，投資支出，財・サービスの政府購入，それに輸出額をすべて合計して，そこから輸入額を除いたとしよう．その指標には，国内総生産という名前がある．だが国内総生産，あるいはGDPを正式に定義する前に，財・サービスに関する重要な区別をわきまえておく必要がある．それは最終財・サービスと中間財・サービスの区別だ．

1.2　国内総生産

消費者がディーラーから新車を購入したとしよう．これは**最終財・サービス**が販売された一例だ．最終財・サービスとは，最終需要者（エンド・ユーザー）に販売される財・サービスのことだ．一方，自動車会社が製鋼所から鋼鉄を購入したりガラスメーカーからガラスを調達したりするのは，**中間財・サービス**の購入の一例だ．中間財・サービスとは，最終財・サービスを生産するために投入される財・サービスだ．中間財・サービスの場合，購入者は企業であって最終需要者ではない．

国内総生産（**GDP**）は，通常1年という一定期間に，ある経済で生産されるすべての最終財・サービスの総額だ．2004年のアメリカのGDPは11兆7340億ドルで，1人当たりにして約4万ドルだった．あなたがある国の国民経済計算を構築しようとしている経済学者だとしたら，GDPを計算する1つの方法に，それを直接計算することがある．つまり企業を調査し，彼らが生産した最終財・サービスの価値を確かめればいい．次の節で，中間財やそれ以外のある種の財がなぜGDPに算入されないのかを，詳細に解説しよう．

生産された最終財・サービスの総額を求めるというやり方は，GDPを計算する唯一の方法ではない．GDPはある経済で生産された最終財・サービスの総額に等しいということから，GDPは財・サービスの市場で企業が受け取った資金の流れにも等しいはずだと言える．図7-1の経済循環フロー図を見ると，財・サービスの市場から企業へ向う矢印は「国内総生産」と示されている．あるボックスからの資金の流出はそのボックスへの資金の流入に等しいという会計原則に従えば，財・サービスの市場から企業への資金の流出は，企業以外の部門からの財・サービスの市場への資金の

最終財・サービスは，最終需要者（エンド・ユーザー）に販売される財・サービスだ．
中間財・サービスは，ある企業が別の企業から購入する財・サービスで，最終財・サービスを生産する際の投入物となる．
国内総生産（**GDP**）は，ある年にある経済で生産された最終財・サービスの総額だ．

> 消費支出，投資支出，財・サービスの政府購入の合計に輸出−輸入を加えた**総支出**は，国内で生産された最終財・サービスへの全支出だ．

流入に等しくなる．図7−1からわかるように，財・サービスの市場へ流入する資金の総額は，国内で生産された最終財・サービスへの**総支出**──消費支出，投資支出，財・サービスの政府購入の合計に，輸出−輸入を加えたもの──に等しい．よってGDPを計算する第2の方法は，ある経済で生産された最終財・サービスへの総支出を求めることだ．

さらにもう1つ，GDPを計算する方法がある．企業から要素市場への資金の流入は，賃金，利潤，利子，賃貸料として企業が家計に支払った要素所得だ．再び会計原則に従うと，企業から家計への要素所得の流入額は，財・サービスの市場から企業への資金の流入額に等しいはずだ．この最後の額は経済の総生産額，すなわちGDPにほかならない．企業が支払う要素所得の総額とGDPが等しくなることを直観的に説明すると，経済のあらゆる売上げは，賃金，利潤，利子，または賃貸料として誰かの所得になるということだ．よってGDPを計算する第3の方法は，家計が企業から得た要素所得の総計を求めることだ．

1.3 GDPの計算

GDPには3つの計算方法があることを説明してきた．政府の統計学者はこの3つの方法をすべて利用している．この3つの方法がどんな役割を果たすのかを見るために，図7−2に示されている仮想的な経済を考えよう．この経済には，3つの企業がある．毎年1台の自動車を生産するアメリカン・モーターズ，自動車生産に必要な鋼鉄を生産するアメリカン・スチール，鋼鉄の原料となる鉄鉱石を採掘するアメリカン・オーアだ．この経済では2万1500ドルの自動車が1台生産されている．よってこの経済のGDPは2万1500ドルだ．3つの異なる計算方法がどのようにして同じ値を導くのかを見ていこう．

図7−2　GDPを計算する

国内で生産された最終財・サービスへの総支出＝21,500ドル

	アメリカン・オーア	アメリカン・スチール	アメリカン・モーターズ	総要素所得（ドル）
売上額（ドル）	4,200（鉄鉱石）	9,000（鋼鉄）	21,500（車）	
中間財	0	4,200（鉄鉱石）	9,000（鋼鉄）	
賃金	2,000	3,700	10,000	15,700
利子	1,000	600	1,000	2,600
賃貸料	200	300	500	1,000
利潤	1,000	200	1,000	2,200
企業の総支出	4,200	9,000	21,500	
1企業当たりの付加価値＝売上額−中間財の費用	4,200	4,800	12,500	

生産要素への総支払額＝21,500ドル

付加価値の合計＝21,500ドル

3つの企業があるこの仮想的な経済では，次の3通りの方法でGDPを計算できる．各企業の付加価値を合計して最終財・サービスの生産額としてGDPを計算する方法，国内で生産された最終財・サービスへの総支出としてGDPを計算する方法，企業から稼得した要素所得としてGDPを計算する方法だ．

> **ちょっと寄り道** 私たちの帰属生活
>
> 保守的な人は，ある人がその人の家政婦や料理人と結婚するとGDPが低下すると言う．これは正しい．人が対価を得てサービスを提供している場合，そのサービスはGDPの一部として算入される．けれども，家族がお互いに家事サービスを提供しあうとき，そのサービスはGDPには含まれない．経済学者の中には，家事の価値を「帰属」させるための指標を作った者もいる．つまり，もしその家事に対して報酬が支払われるとすればその市場価値はいくらになるかを推計して，その数字を使おうというのだ．しかし，GDPの標準的な計算にはそうした帰属価値は含まれていない．
>
> だがGDPの推定値には，「持ち家」の帰属価値は含まれている．つまり以前借りていた家を購入したとしても，GDPは低下しないのだ．あなたはもう家主に家賃を支払っていないという事実があり，また家主ももはやあなたに家やアパートというサービスを提供していない．それなのに統計の専門家は，アパートであれ家であれ，あなたが住んでいるところに家賃を支払うとしたらいくらになるかを推計する．統計の目的を保つために，あなたが自分の家を自分から借りていると見なすのだ．
>
> 考えてみれば，これは大いに意味あることだ．アメリカのように持ち家の多い国では，住居から得られる満足は生活水準の重要部分を占めている．だからGDPの推計は，正確性を確保するために，貸家だけでなく持ち家の価値も考慮に入れられるべきなのだ．

最終財・サービスの生産額としてGDPを測定する　GDPを計算する第1の方法は，経済のすべての最終財・サービスの価値を合計することだ．その計算は，中間財・サービスの価値を除いている．なぜ中間財・サービスが除かれるのだろう？　つまるところ，経済全体から見れば，中間財・サービスは規模も小さく価値の少ない部分でしかないということだろうか？

なぜ最終財・サービスだけがGDPに含まれるのかを理解するために，図7-2にある単純化された経済を見てみよう．経済のGDPを測るために，鉄鉱石採掘会社，製鉄会社，自動車会社の売上げをすべて合計すべきだろうか．だが仮にそうしてしまうと，鋼鉄の価値を二重に計算することになるだろう．1度目は製鉄会社から自動車会社へ販売されたとき，2度目は鋼鉄製の自動車が消費者に販売されたときだ．そして鉄鉱石の価値は三重に計算されることになる．1度目は採掘されて製鉄会社に販売されたとき，2度目は鋼鉄になって自動車会社へ販売されたとき，そして3度目は自動車になって消費者へ販売されたときだ．こうして各生産者の売上げを合計すると，同じものを何度も加えるという事態が生じ，GDPが見かけ上膨らむことになる．例えば図7-2では，中間財と最終財の総売上げは，自動車の売上げ2万1500ドル，鋼鉄の売上げ9000ドル，鉄鉱石の売上げ4200ドルのすべてを足した3万4700ドルになる．しかしご存じのとおり，GDPはわずか2万1500ドルでしかない．

GDPを求める際に二重計算を避ける方法は，各生産者の**付加価値**のみを合計することだ．付加価値とは，売上額から投入物の購入額を除いたものだ．この例では，自動車会社の付加価値とは，製造した自動車の価値から購入した鋼鉄の費用をひいた額，すなわち1万2500ドルだ．製鉄会社の付加価値とは，生産した鋼鉄の価値から購入

ある生産者の**付加価値**とは，その売上額から投入物の購入額をひいたものだ．

した鉄鉱石の費用をひいた額の4800ドルだ．鉄鉱石採掘会社だけは中間投入物を購入していないと仮定しているので，その付加価値は販売額の4200ドルとなる．3つの企業の付加価値の総計である2万1500ドルは，GDPに等しくなっている．

国内で生産された最終財・サービスへの支出としてGDPを計測する GDPを計算する第2の方法は，国内で生産された最終財・サービスへの総支出を計算することだ．つまり，GDPは企業への資金の流入を見て測定することもできる．GDPを生産額として推計する方法と同じく，この測定方法も二重計算を避けるように行われるべきだ．鋼鉄と自動車の例で言うと，消費者が自動車を購入する価格（図7-2には自動車の売上価格で示されている）と，自動車会社が鋼鉄を購入する価格（図7-2では自動車に使われている鋼鉄の価格で示されている）の両方を計算に含めてはいけないということだ．両者を計算に含めると，自動車に使われている鋼鉄を2度足すことになるからだ．この問題は，最終購入者に対する売上げのみを計算することで避けることができる．最終購入者とは，消費者や，投資財を購入する企業や，政府や，外国の買い手などだ．言い換えれば，支出における二重計算を避けるには，支出データを使ってGDPを推計する際に，ある企業から別の企業への投入物の販売を除外すればいい．

だが，前に指摘したように，企業の投資支出は国民経済計算では最終支出の一部とされている．つまり，自動車会社が自動車を作るのに必要な鋼鉄を買うのは最終支出とはされないのに，その会社が工場に設置する機械を買うのは最終支出とされるのだ．違いがわかるかな？ その違いは，鋼鉄は生産の際に消費し尽くされるが，機械は，同じように生産に利用されるものの，数年間にわたり継続的に使えるということだ．機械のように，長きにわたって耐久力のある資本財を購入することは，現時点の生産と密接に関連するわけではないので，国民経済計算はそれを最終支出の一部とするのだ．

後の章で私たちは，GDPは国内で生産された財・サービスの最終購入者の総支出に等しいという関係を何度も使うだろう．また，最終購入者がどのようにして支出額を決定するのかを説明するモデルも展開する．だからここで，GDPを構成する総支出の内訳を見ておくことは有益だろう．

図7-1の財・サービスの市場をもう一度見てほしい．消費支出が企業の売上げの構成要素の1つだということがわかるだろう．消費支出をCという記号で示そう．図7-1から，企業の売上げには他に3つの構成要素があることもわかる．他企業の投資支出による売上げIと，財・サービスの政府購入Gと，外国人に対する売上げ，つまり輸出X，の3つだ．

ただし，最終支出がすべて国内で生産された財・サービスへ向かうわけではない．輸入のための支出IMは，国境を越えて「漏れる」．これらをすべてまとめると，GDPを4つの支出項目に分解した次の等式が得られる．

$$GDP = C + I + G + X - IM \tag{7-1}$$

後の章で，式7-1を何度も目にすることになるだろう．

落とし穴

GDP：何が含まれ，何が含まれないか

GDPに何が含まれて，何が含まれないのかの区別はわかりにくい．ここでちょっと立ち止まって，その違いを明確にしておこう．最もわかりにくいのはおそらく，投資支出と投入物への支出の違いだろう．投資支出——投資財や（商業用あるいは住居用の）建造物，それに在庫変動への支出——はGDPに含まれるが，投入物への支出はGDPに含まれない．違いは何だろう？ 第2章で，生産の際に使い尽くされる資源とそうでない資源を区別したことを思い出してほしい．鋼鉄のような投入物は生産の際に使い尽くされるが，プレス機械のような投資財は使い尽くされずに残る．それは何年間も持ちこたえ，多数の自動車を生産するために繰り返し使用されるだろう．投資財や建造物への支出は現在の産出量とは直接的な関係がないので，

企業から得られる要素所得としてGDPを計測する　GDPを計算する最後の方法は，生産要素が企業から得たあらゆる所得，つまり労働者が稼いだ賃金，企業や政府に貯蓄を貸し出した人が得る利子，土地や建物を貸し出した人が得る賃貸料，企業の物的資本を所有する株主が得た利潤，のすべてを合計することだ．これは正しい方法だ．というのも，企業が財・サービスを販売して得た貨幣は，必ずどこかに行かなければならないからだ．賃金，利子，賃貸料として支払われなかった残りは利潤となる．そして利潤の一部は，配当として株主へ支払われる．

図7-2は，単純化した経済ではこの計算がどう行われるかを示している．いちばん右にあるピンクの列には，すべての企業の利潤の合計，またすべての企業が支払った賃金，利子，賃貸料の合計がそれぞれ示してある．それらの要素所得をすべて合計すると，2万1500ドルになる．これもGDPに等しくなっている．

この要素所得を使ったGDPの計算方法を，他の2つの方法ほど強調するつもりはない．だが，国内で生産された財・サービスに支出されたすべての貨幣が家計の要素所得となる，つまり実際に貨幣の循環フローが存在するのを覚えておくのは重要だ．

GDPの構成　GDPが原理上どう計算されるのかを学んだので，次は，実際のGDPがどうなっているかを見てみよう．図7-3は最初の2つの方法で計算したGDPを並べて示している．横軸より上にあるそれぞれの棒グラフの高さは，2004年のアメリカ経済のGDPである，11兆7340億ドルを示している．2本の棒グラフはそれぞれ，どこで付加価値が発生したか，また，貨幣がどう支出されたかに応じて，区分けされている．左の棒グラフでは，GDPを計算する第1の方法に従って，経済の各部門の付加価値に応じたGDPの構成を見ることができる．11兆7340億ドルのうち，2兆3000億ドル（20％弱）は財の生産者による付加価値で，7兆9770億ドル（68％）はサービスの生産者による付加価値だ．残りは，軍事，教育，その他の政府サービスというかたちで政府が生み出した付加価値だ．ニュース解説者がしばしば強調するように，アメリカは現在サービス経済大国となっている．

図7-3の右の棒グラフは，GDPを計算する2番目の方法に対応していて，総支出を4つの項目に分けて示している．右の棒グラフは左のものよりも全体が6070億ドル分だけ長くなっている（見てわかるように，横軸の下にはみ出している）．その理由は，右側の棒グラフの長さは経済の支出全体を，つまり国内だけでなく外国で生産された最終財・サービスへの支出も表しているからだ．棒グラフの項目では，GDPの70.1％を占める消費支出（C）が目を引く．その一部は，外国で生産された財・サービスに対する支出だ．2004年には，輸出額と輸入額の差である**純輸出**（式7-1で言うと，$X-IM$）はマイナスだった．つまりアメリカは外国の財・サービスの純輸入国だった．2004年の純輸出額はGDPの-5.2％を占める-6070億ドルだった．右の棒グラフの横軸より下に突き出している6070億ドルは，純輸入として吸収された部分で，アメリカのGDPを高めることにはならなかった．投資支出（I）はGDPの16.4％を，財・サービスの政府購入（G）はGDPの18.6％を占めている．

経済学者はそうした支出を最終財への支出と見なしている．在庫変動に対する支出もまた投資支出の一部と考えられていて，GDPに含まれる．なぜかって？　在庫の追加は，機械への投資と同じく，将来の売上げのための投資と見なせるからだ．逆に在庫から商品が販売されると，その販売額は在庫の価値から，つまりGDPから差し引かれる．中古品はGDPには含まれない．それを含めると，投入物を含める場合と同様に，新品として販売されたときと中古品として販売されたときの2度にわたって算入されることになるからだ．最後に，株式や債券などの金融資産は，最終財・サービスの売上げでも，生産でもないので，GDPには含まれない．債券は利子とともに資金を返済するという約束を表すものであり，株式は所有権の証となるものだ．

ここで，GDPに含まれるものとそうでないものを要約しておいた．

GDPに含まれるもの
- 国内で生産された最終財・サービス．資本財，新たな建造物の建築，在庫の変動を含む

GDPに含まれないもの
- 中間財・サービス
- 投入物
- 中古品
- 株式や債券のような金融資産
- 外国で生産された財・サービス

純輸出は輸出額と輸入額の差だ．

図7-3　2004年のアメリカのGDP：GDPを計算する2つの方法

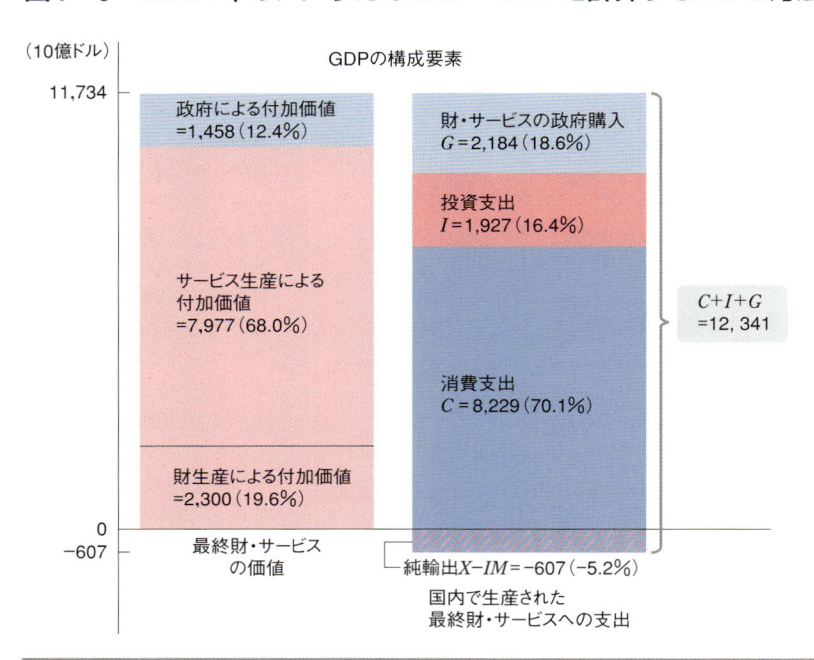

左の棒グラフ（GDPの構成要素）：
- 政府による付加価値 = 1,458 (12.4%)
- サービス生産による付加価値 = 7,977 (68.0%)
- 財生産による付加価値 = 2,300 (19.6%)
- 最終財・サービスの価値（合計 11,734）

右の棒グラフ：
- 財・サービスの政府購入 $G = 2,184$ (18.6%)
- 投資支出 $I = 1,927$ (16.4%)
- 消費支出 $C = 8,229$ (70.1%)
- 純輸出 $X - IM = -607$ (-5.2%)
- $C + I + G = 12,341$
- 国内で生産された最終財・サービスへの支出

2つの棒グラフは，GDPを計算する2つの方法を表している．各棒グラフの横軸より上の高さは，2004年のアメリカのGDPである11兆7340億ドルを示している．左の棒グラフは，経済の各部門の付加価値に応じたGDPの構成を表している．このグラフから，2004年のGDPのうち，財の生産による付加価値はわずかに20％に満たないことがわかる．残りの部分は，サービス生産による付加価値だ．右側の棒グラフは，C, I, G, $X-IM$の4種類の支出に応じたGDPの内訳だ．その棒グラフの全長は11兆7340億ドル＋6070億ドル＝12兆3410億ドルとなっている．横軸の下にはみ出している6070億ドルは，2004年の総支出額のうち純輸入（負の純輸出）として吸収された部分だ．

出所：Bureau of Economic Analysis（経済分析局）．

1.4　GDPからわかること

GDPを計算する色々な方法を見てきたが，GDPを測定することで何がわかるのだろう？

GDPの最も重要な使い道は経済規模の測定で，それによって私たちはある年と別の年の経済パフォーマンスを比較したり，異なる国の経済パフォーマンスの違いを比較したりできる．例えば，あなたが異なる国の経済パフォーマンスを比較しようとしているとしよう．その際の自然な方法は，GDPを比較することだ．2004年には，すでに見たように，アメリカのGDPは11兆7340億ドルだった．日本のGDPは4兆6650億ドルで，EU25カ国のGDP総額は12兆7580億ドルだ．この比較によると，日本は国民経済の大きさでは世界第2位だが，アメリカに比べると世界経済全体に占める割合はかなり小さいことがわかる．EUは全体でアメリカにほぼ等しいといえる．

GDPの数値を扱うときには注意深くなければならない．異時点間の比較をするときには，とりわけ注意が必要だ．時間を通じたGDPの上昇のうち一部は，産出量の増大ではなく，財・サービス価格の上昇によって起こっているからだ．例えば，1990年のアメリカのGDPは5兆8030億ドルで，2004年までにはほぼ2倍の11兆7340億ドルになっていた．けれども，その期間にアメリカの経済規模が実際に2倍になったわけではない．総産出量の実際の変化を測るには，価格の変化を織り込んだ修正版のGDPである実質GDPを使う必要がある．次に，どのように実質GDPを計算するのかを見ていこう．

ちょっと寄り道　国民総生産か国内総生産か？

時に，国内総生産でなく，国民総生産，あるいはGNPという言葉を見かけることがあるだろう．

これは同じものの単なる別名に過ぎないのだろうか？　いや，そうじゃない．

図7-1を注意深く見てみると，この図には何か欠けているものがあることに気づくだろう．この図では，要素所得はすべて国内の家計に向かっている．でも，ゼネラルモーターズやマイクロソフトの株式を所有する外国人へ利潤が支払われたときにはどうなるのだろう？　それに，外国で活動しているアメリカ企業の利潤はどこに含まれるのだろうか？

その答えは，それらの利潤はGDPではなくGNPに含まれる，というものだ．GNPは，その国の居住者が得る総要素所得だと定義される．GNPには，アメリカ株を所有する日本人投資家に支払われた利潤や，アメリカで一時的に働くメキシコ人の農場労働者への支払いなどの，外国人の得た所得は含まれない．一方，アメリカ人が外国で稼いだ要素所得はGNPに含まれる．例えば，IBMがヨーロッパで稼いだ利潤のうち，同社の株を持つアメリカ人の懐に入った分や，アメリカ人コンサルタントがアジアで一時的に働いて得た賃金などだ．

国民経済計算が利用されはじめたころ，経済学者は経済規模の尺度としてGDPではなくGNPを利用することが常だった．とはいえこの2つの尺度の値は，一般的には非常に近いものだった．しかし彼らは，GDPを利用するようになった．GNPに比べて，より適切に生産の短期変動を示すと考えられたことや，要素所得の国際的なフローを示すデータがやや信頼性に欠けていたためだ．

外国への要素所得の純流出が小さいアメリカのような大きな経済では，どちらの尺度を使おうが実際は大した違いはない．2004年には，アメリカのGNPはGDPよりも0.4％ほど大きかった．それは主にアメリカ企業が外国で得た利潤があるからだ．小さな国では，GDPとGNPがかなり乖離する場合がある．例えばアイルランドでは，アメリカ企業が産業のかなりの部分を所有しているので，アメリカ企業が得た利潤はアイルランドのGNPから控除されなければならない．さらに，アイルランドはヨーロッパの貧しい国々から一時的な労働者を多数受け入れているので，彼らが稼ぐ賃金もアイルランドのGNPから控除される必要がある．その結果，2004年のアイルランドのGNPは，GDPのわずか84％だった．

経済学を使ってみよう

国民経済計算の誕生

国民経済計算の誕生は，現代マクロ経済学と同じように，大恐慌がきっかけだった．経済が不況に陥ったとき，政府の役人たちは，対策がとれない原因は適切な経済理論がないだけでなく，適切な情報を持っていないことにあると気づいた．当時手もとにあったのは，鉄道貨物の積荷や株価，工業生産に関する不完全な指標などの，バラバラな統計だけだった．経済全体に何が起きているかについては，憶測するしかなかったのだ．

情報の欠如に気づいた商務省は，ロシア生まれの若き経済学者，サイモン・クズネッツに国民経済計算を整備するよう委嘱した（クズネッツは後にこの業績でノーベル経済学賞を受賞した）．最初の経済計算は1937年に議会に提出され，『国民所得1929〜35』と題する研究報告書に収められた．

当初，そのような計算が有益かどうか疑問視された．1936年に，現代マクロ経済理論の礎となった『雇用・利子および貨幣の一般理論』を出版したイギリスの経済学者であるジョン・メイナード・ケインズは，総産出量や物価水準といった概念を利用する試みにこう反対した．「10年前または昨年よりも，今日の純産出量は大きいが物価水準は低いといった主張は，ビクトリア女王はエリザベス女王よりも優れた女王だが幸福な女性ではなかったということと似た性質のものだ．意味がないとか面白くないというのではないが，微分学の素材には適さないのだ」．けれども，マクロ経済学者たちは，総産出量や物価水準が実際に測定されてみるとすぐに，それが経済発展を理解するのに強力な手段となることに気づいた．

クズネッツの初期の推計は生産ではなく所得に注目していたため，現代のような完全な体系には至っていなかった．国民経済計算の拡充は第2次世界大戦中に進められた．その時期，政策担当者たちは経済パフォーマンスを示す包括的尺度の必要性をより切実に感じていたからだ．連邦政府は1942年に，国内総生産と国民総生産の公表を開始した．

2000年1月に商務省は，自身が出版している『サーベイ・オブ・カレント・ビジネス』に，「GDP：20世紀の偉大な発明の1つ」というタイトルの記事を掲載した．これは少し誇張のようにも思えるが，アメリカで発明されて以来，国民経済計算は経済分析や政策策定の道具として世界中で広く使われている．■

ちょっと復習

▶一国の国民経済計算は経済部門間の貨幣のフロー（流れ）を追跡するものだ．
▶家計は，賃金，株式保有による利潤，債券保有による利子，賃貸料というかたちで要素所得を受け取る．また政府移転支出も受け取る．
▶家計は可処分所得を消費支出と民間貯蓄に振り分ける．貯蓄は金融市場へ流入し，投資支出や政府借入として活用される．
▶輸入は国内からの資金流出をもたらし，輸出は国内への資金流入をもたらす．
▶国内総生産（GDP）には3通りの計算方法がある．すべての企業の付加価値を足し合わせて最終財・サービスの生産額を計算する方法，国内で生産された最終財・サービスへの支出総額である総支出を求める方法，それに企業が支払ったすべての要素所得を合

理解度チェック 7-1

1．GDPを計算する3通りの方法のうちどれを用いても，GDPの推計値が一致するのはなぜか．
2．企業はどんな部門に向けて販売をするのか．家計は経済の他の部門とどのように結びついているか．
3．図7-2を見て，付加価値の合計が自動車1台の売上げと自動車に投入された鋼鉄の価値の合計である3万500ドルだと誤解していたとする．二重計算されているのはどの項目か．

解答は本書の巻末にある．

2 実質GDPと総産出量

通常引用されるGDPの数値は興味深く便利な統計だが，時間を通じた総産出量の変化を追跡する指標としては有用とは言えない．例えばGDPは，生産量がより多くなれば増加するが，一方で，単に生産される財・サービスの価格が上昇しただけでも増加しうる．同様に，生産量がより少なくなればGDPは減少するが，単に価格が低下しただけでも減少しうる．これらの可能性を区別するには，経済が一定期間に実質でどれだけ変化したかを計算する必要がある．つまり，GDPの変化のうちどれだけが，価格の変化から切り離された総産出量の変化によって引き起こされたものかを計

算する必要がある．このために使われる尺度が実質GDPだ．実質GDPがどのように計算され，それが何を意味するのかを見ていこう．

計する方法だ．中間財・サービスはGDPの計算には含まれない．

2.1　実質GDPを計算する

　実質GDPがどう計算されるかを理解するために，リンゴとオレンジの２つの財だけが生産され，最終消費者に対してのみ販売されるという経済を想像してみよう．表7-1に，２つの果物の２年間にわたる産出量と価格が示されている．

　このデータから言えることは，第１に，１年目から２年目にかけて売上額が増えていることだ．１年目の総売上額は（２兆個×0.25ドル）＋（１兆個×0.5ドル）＝１兆ドルだ．２年目の総売上額は，(2.2兆個×0.3ドル)＋(1.2兆個×0.7ドル)＝1.5兆ドルで，50％増えている．けれどもこの表では，ドル表示のGDPの増加が実際の経済成長を過大評価していることも明らかだ．リンゴとオレンジの数量はどちらも増えているが，リンゴとオレンジの価格もまた上昇している．つまり，ドル表示のGDPの50％の増加のうちの一部は，産出量の増加ではなく単に価格上昇を反映したものだということだ．

　総産出量の真の増加分を推定するためには，次のような質問に答える必要がある．価格が変わらなかったなら，GDPはどれだけ増えただろうか？　この問いに答えるには，１年目の価格で表示した２年目の産出額を求めなければならない．１年目には，リンゴ１個の価格は0.25ドルで，オレンジ１個の価格は0.5ドルだった．そこで１年目の価格で表示した２年目の産出量は(2.2兆個×0.25ドル)＋(1.2兆個×0.5ドル)＝1.15兆ドルとなる．１年目の価格で表示した１年目の産出量は１兆ドルだったので，この例では，１年目の価格で表示したGDPは，１兆ドルから1.15兆ドルに15％上昇している．

　これで，**実質GDP**を定義できる．実質GDPとは，１年間に生産された最終財・サービスの総額であり，ある基準年と価格が変わらないという想定のもとに計算される．実質GDPの値は常に，基準年が何年かという情報とともに示される．価格の変化を調整していないGDPの値は，生産物が生産された年の価格を使って計算される．経済学者はこの尺度を**名目GDP**，当年価格のGDPと呼ぶ．リンゴとオレンジの例で，もし私たちが１年目から２年目にかけての産出量の変化を名目GDPで測っていたとしたら，産出量の実際の成長を過大評価することになっていた．つまり実際にはわずか15％だったものを，50％だったと主張していただろう．共通の価格――この例で

実質GDPは，ある年に国内で生産されたすべての最終財・サービスの総価値を，基準年の価格を使って計算したものだ．
名目GDPは，ある年に国内で生産されたすべての最終財・サービスの総価値を，その年の価格を使って計算したものだ．

表7-1　単純化した経済のGDPと実質GDPを計算する

	１年目	２年目
リンゴの数量（10億個）	2,000	2,200
リンゴの価格（ドル）	0.25	0.30
オレンジの数量（10億個）	1,000	1,200
オレンジの価格（ドル）	0.50	0.70
GDP（10億ドル）	1,000	1,500
実質GDP（１年目のドル表示で10億ドル）	1,000	1,150

表7−2　1996年，2000年，2004年の名目GDPと実質GDP

	名目GDP（各年のドル表示で10億ドル）	実質GDP（2000年ドル表示で10億ドル）
1996年	7,817	8,329
2000年	9,817	9,817
2004年	11,734	10,842

出所：Bureau of Economic Analysis.

は1年目の価格——を用いて1年目と2年目の産出量を比較すれば，価格変化の影響を取り除いて，産出量の変化のみに注目することができるのだ．

表7−2は，リンゴとオレンジの例の現実版だ．第2列には，1996年，2000年，2004年の名目GDPが示してある．第3列には，2000年ドルで表示した実質GDPが示してある．2000年では2つの数値は一致しているが，2000年ドルで表示した1996年の実質GDPは，1996年の名目GDPよりも高くなっている．これは，1996年の価格よりも，2000年の価格のほうが概して高かったことを反映している．けれども，2000年ドルで表示した2004年の実質GDPは，2004年の名目GDPより小さかった．これは，2000年の価格が2004年の価格よりも低かったためだ．

2.2　技術的な詳細：「連鎖」ドル

経済分析局が公表する実質GDPの推計値は，1990年代まで，表7−1で実質GDPを求めたのと全く同じやり方で計算されていた．つまり基準年が選択されて，その基準年の価格でそれぞれの年の実質GDPが算出されていた．

だが現在では，アメリカの国民経済計算は，「連鎖方式で求められた2000年ドル（10億ドル）」で実質GDPを報告している．「連鎖」とはどういう意味だろうか？

表7−1のデータを使って，別なやり方で実質GDPを求められることに気づいた人がいるかもしれないね．基準年の価格として，1年目ではなく2年目の価格を使ってみたらどうだろうか？　これは同じようにうまく行きそうだ．実際に計算すると，2年目の価格で表示した1年目の実質GDPは（2兆個×0.3ドル）＋（1兆個×0.7ドル）＝1.3兆ドルで，2年目の価格で表示した2年目の実質GDPは2年目の名目GDPと同じ1.5兆ドルだ．だから，2年目の価格を基準とした実質GDPの成長率は，(1.5兆ドル−1.3兆ドル)/1.3兆ドル＝0.154，つまり15.4％だ．この値は，1年目を基準年として求めた値よりもやや大きい．1年目を基準とした計算では，実質GDPは15％増加していた．15.4％と15％を比較して，どちらか一方が他方よりも「正確」だとは言えない．

15.4％と15％はとても近い数字なので，表7−1ではどちらの年を基準としても大した違いはない．だが，真のGDPの数値を算出する際に，基準年をどう取っても大きな違いが常に生じないとは言えない．実際，1980年代と1990年代にアメリカの実質GDPの成長率を推計した経済学者たちは，どの年を基準にするかで結果が大幅に異なることを発見した．その主な理由は，コンピュータの技術進歩のペースが速かったというものだ．そのため，コンピュータ産出量の急成長と，他の財・サービスと比

較したコンピュータ価格の急低下が同時に起こった．コンピュータ価格がまだ高かった年を基準とした場合のほうが，コンピュータ価格が安くなってからの年を基準としたときよりも，実質GDPの成長率は高く算出される．コンピュータの産出量が大幅に増加したため，それぞれの計算で全く異なる実質GDPの推計値が出てきた．

その結果，アメリカの国民経済計算を取りまとめる政府の経済学者たちは，前のほうの年を基準年とした場合と後のほうの年を基準年とした場合の折衷型である「連鎖方式」という方法を採用した．その手続きの詳細には立ち入らないが，本書の目的からすれば，単一の基準年の価格を使うことで実質GDPが計算されると考えて支障はないだろう．

2.3 実質GDPでは測れないもの

GDPは，一国の総産出量を測る尺度だ．他の条件を一定とすれば，より大きな人口を抱える国では，単に多くの人々が働いているという理由からGDPは大きくなる．そこで人口の違いという影響を取り除いて国ごとのGDPを比較したいときは，GDPを人口で割った**1人当たりGDP**という尺度を使う．これは，平均GDPに等しくなる．つまり，1人当たり実質GDPとは各個人の平均実質GDPだ．

> **1人当たりGDP**はGDPを人口で割ったもので，平均GDPに等しい．

1人当たり実質GDPはある状況では便利な尺度となりうるが，よく知られているように，一国の生活水準の尺度としては限界がある．経済学者は，1人当たり実質GDPの成長だけを重要視しそれ自体が究極の目標だと信じているとして，しばしば批判される．実際には，経済学者がそのような間違いを犯すことはめったにない．経済学者が1人当たり実質GDPだけを重要視するという考え自体が，一種の都市伝説にすぎない．ここで少し時間を割いて，一国の1人当たり実質GDPがその国に住む人々の福祉を測る尺度としてなぜ不十分なのか，また1人当たり実質GDPの成長それ自体がなぜ適切な政策目標ではないのかを明らかにしよう．

この問題を考える際の1つの捉え方は，実質GDPの増加を経済の生産可能性フロンティアの拡張だと見なすことだ．経済が生産能力を拡大させているので，社会が達成できることも増えている．けれども，その拡大した可能性を生活水準の改善に向けて実際に使うかどうかは別問題だ．少し言い方を変えると，昨年よりも今年のほうが所得は増えているかもしれないが，その高くなった所得を生活の質を向上させるために用いるかどうかは各人の選択次第なのだ．

国連（国際連合）は，1人当たり実質GDP以外の指標を使って各国を順位づける試みとして「人間開発報告書」という年次報告書を作成している．その指標には，乳幼児死亡率，平均余命，識字率のデータが含まれている．それらをまとめて作成された人間開発指数（HDI）は，各国がどれだけ生産したかだけでなく，社会がどれほどうまくいっているかを見定める試みと言える．この指数を見れば，1人当たり実質GDPは人間の福祉に影響を与える数多くの重要な要因の1つではあっても，唯一の要因では決してないということがわかる．アメリカ，欧州諸国，日本といった1人当たり実質GDPの高い国は，人間福祉に関する他のあらゆる尺度でも同様に高い評価を得て

いる．だがコスタリカのように，識字率がとても高く，平均余命も長く，乳幼児死亡率も低いのに，比較的貧しい国もある．また比較的豊かな国々，とりわけ貴重な天然資源を持つ国々の中には，これらの視点での評価が格段に低い国もある．

　もう一度繰り返しておこう．1人当たり実質GDPは一国の各個人の平均総産出量を示す，つまり何が可能かを示す尺度だ．それだけでは国の目標として不十分だという理由は，その尺度では，その国がその産出物を生活水準を良くするために使っているかどうかを示せない，ということにある．GDPの高い国は，人々は健康で教育水準も高く，一般的には生活の質も高い．けれどもGDPと生活の質の間には，1対1の対応関係はない．

経済学を使ってみよう

良い10年，悪い10年

　名目GDPと実質GDPの違いはどれほど重要なのだろうか？　もしあなたがアメリカ経済史の解明を試みているのなら，その答えは，非常に重要ということになる．図7-4がそれをよく物語っている．

　図7-4には，国民経済計算が始まって以来のアメリカの名目GDPと実質GDPの10年ごとの累積の変化率が示してある．つまり，1929年から1939年の変化率，1939年から1949年の変化率……といった具合に読み取れるようになっている．左側の棒グラフはアメリカの名目GDPの変化率を，右側の棒グラフはアメリカの実質GDPの変化率を示してある（実質GDPは連鎖方式の2000年ドルを使って算出したものだ）．

　すぐにわかるのは，1930年代のデフレーションの影響だ．大恐慌の最中には，名目GDPと実質GDPは実際に逆方向に動いていた．1939年の名目GDPは1929年より

図7-4　アメリカの名目GDPと実質GDPの差

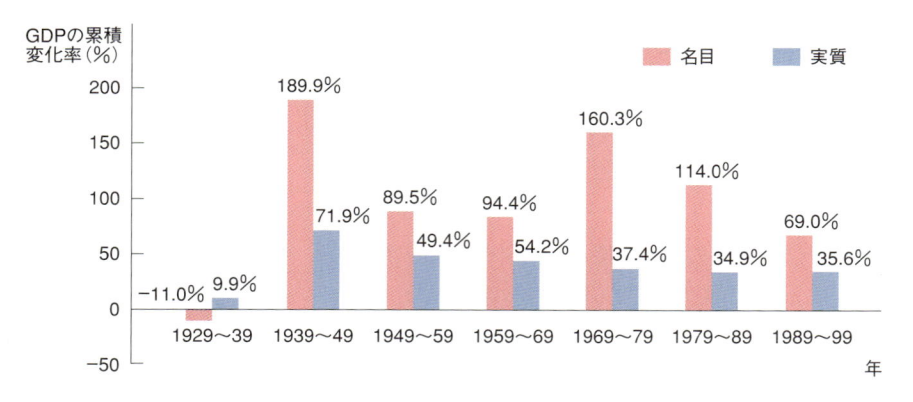

期間	名目	実質
1929〜39	−11.0%	9.9%
1939〜49	189.9%	71.9%
1949〜59	89.5%	49.4%
1959〜69	94.4%	54.2%
1969〜79	160.3%	37.4%
1979〜89	114.0%	34.9%
1989〜99	69.0%	35.6%

名目GDPと実質GDPの差を示すために，この図はアメリカでの連続した10年ごとの変化率を示している（実質GDPは連鎖方式の2000年ドルを使って算出したものだ）．1929〜39年の名目GDPと実質GDPの差には，デフレーションの影響が見られる．1939年の名目GDPは1929年に比べて11％低下したが，実質GDPで測った総産出量は，約10％上昇した．その後の時期には，インフレーションが名目と実質の差に影響を与えたことが見てとれる．1969〜79年と1979〜89年のアメリカでは，名目GDPの上昇は相対的に大きく，実質GDPの上昇は相対的に小さかった．この時期には，高水準のインフレーションと同時に，実質GDPの成長の減速が生じた．

出所：Bureau of Economic Analysis.

も11％低かったが，物価水準が下落したせいで，実質GDPで測った1939年の総産出量は1929年よりもほぼ10％高かった．その後，毎10年ごとに名目GDPと実質GDPはともに上昇してきた．だが物価水準の影響があるせいで，両者の上昇には差が生じている．例えばアメリカでは，1969〜79年と1979〜89年に名目GDPが実質GDPよりも急速に成長した．それは，同年代に高水準のインフレーションが見られた，ということで説明できる．

▶▶▶▶▶▶▶▶▶▶▶▶▶▶▶▶▶▶▶▶▶▶▶▶▶

> **ちょっと復習**
>
> ▶総産出量の実際の成長を確定するには，基準年の価格を使って実質GDPを計算する必要がある．それと対照的に，名目GDPとは，各時点での価格を使って計算された総産出量の価値だ．
>
> ▶1人当たり実質GDPとは，各個人の平均総産出量だ．だがそれは，人間の福祉を測る十分な尺度とは言えないし，それ自体が適切な政策目標だとも言えない．というのも，その指標は，生活水準に関する重要な点を反映していないからだ．

理解度チェック 7−2

1. 経済には2種類の財しかないとしよう．フライドポテトとオニオンリングだ．2004年には，100万個のフライドポテトが1つ0.4ドルで販売され，80万個のオニオンリングが1つ0.6ドルで販売された．2004年から2005年にかけて，フライドポテトの価格が25％上昇し，販売数が10％低下した．オニオンリングの価格は15％低下し，販売数が5％上昇した．
   a. 2004年と2005年の名目GDPを計算しなさい．2004年を基準年として，2005年の実質GDPを計算しなさい．
   b. 名目GDPを使って成長を評価することはなぜ誤りなのか．
2. 1990年から2000年にかけて電子機器の価格が劇的に低下し，住宅価格が大幅に上昇した．2005年の実質GDPを計算するのに1990年と2000年のどちらを基準年とするかを決める材料として，この事実をどう考えるか．

解答は本書の巻末にある．

3 失業率

GDPのほかにも，経済のパフォーマンスを追跡するのに役立つ多くの尺度がある．第6章で学んだように，経済政策にとって特に重要な統計に失業率がある．失業は産出量の減少をもたらし，社会的厚生を低下させるからだ．恐慌のように，失業率が非常に高いときには，政治的混乱が起こりがちだ．では失業率は，経済に関して何を教えてくれるのだろう？

3.1 失業率を理解する

アメリカの国勢調査局は毎月，無作為に抽出された6万のアメリカ家計へのインタビューを伴う「人口動態調査（Current Population Survey）」を実施している．人々は現在雇われているかどうかを尋ねられ，もし雇われていないとなると，過去4週間の間に職を探したかどうかを聞かれる．第6章で学んだように，労働力人口とは，働いている人と職を求めている人の合計だ．そこには，職探しを断念してしまった人は含まれない．職探しをしているが，仕事を見つけられずにいる人たちは失業者と分類される．失業率とは，第6章で計算方法を示したとおり，労働力人口のうち失業している人の割合のことだ．

失業率は私たちに何を教えてくれるのだろう？　それは，今の経済状況で，職を見つけることがどれほど簡単か，あるいは難しいかを示してくれる．失業率が低いときは，仕事を求めるほとんどすべての人が職を見つけられる．失業率が高いときは，仕事は見つけにくい．例として，第6章の「はじまりの物語」を思い出してほしい．アメリカの失業率がわずか4％ほどだった2000年の春には，より多くの人を雇いたい雇用主は血眼で求人活動をしていた．その2年後，失業率が6％にまで上昇したときには，新卒者たちは職探しがやたらに難しくなったことに気がついた．

失業率は就職市場の現状を示す良い指標ではあるが，働きたいが職を見つけられない人々の割合を示す尺度だと文字どおりに受け取るべきではない．失業率は，職を見つけることの苦労を誇張する場合があるし，その逆の場合もある．低い失業率の測定値の裏には，就職意欲のない労働者が感じる深い挫折感が隠されているかもしれないのだ．

失業率の測定値は，働きたいが職がない人の割合を過大に見積もっているという主張から検討しよう．職探しをしている人が自分にあった仕事を見つけるのに少なくとも2～3週間かかるというのは，よくあることだ．仕事を得られることはわかっているが，その仕事を受け入れないという労働者は失業者扱いになる．そのため，仕事を容易に見つけられる好況時でさえ，失業率はゼロにならない．すでに見たように，2000年春は就職には非常に好都合な時期だったが失業率は4％だった．第15章では，仕事が余っているときでさえ，なぜ失業率の測定値はゼロにならないかを議論する．

一方で，深刻な不況に陥った鉄鋼の町で一時解雇された鉄鋼所の労働者のように，しばらくの間職探しをあきらめている人は失業には含まれない．彼(彼女)は過去4週間に職探しをしていない，というのがその理由だ．職探しを断念した就職意欲のない労働者を含まないことから，失業率の測定値は，働きたくても仕事がない人の割合を過小評価している可能性がある．

最後に，失業率は人口を構成する各グループの間で大きく異なることを押さえてお

図7-5　2005年1月の各グループの失業率

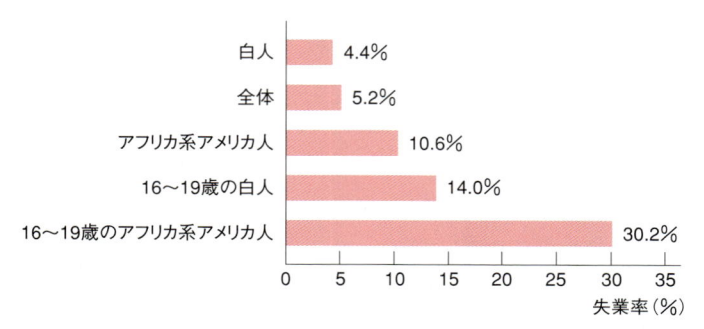

- 白人　4.4%
- 全体　5.2%
- アフリカ系アメリカ人　10.6%
- 16～19歳の白人　14.0%
- 16～19歳のアフリカ系アメリカ人　30.2%

失業率(%)

2005年1月の全体の失業率は5.2％だった．だがこの平均値の背後には，人口を構成するさまざまなグループ間で失業率が大きく異なっているという事実が潜んでいる．アフリカ系アメリカ人は白人よりも失業率がずっと高かったし，若年労働者の失業率は中高年労働者よりもはるかに高かった．

出所：Bureau of Labor Statistics(労働統計局)．

くのは重要だ．図7-5は，各グループの2005年1月の失業率を示したものだ．この年の全体の失業率は歴史的な水準より低めの5.2%だった．2005年1月には，アフリカ系アメリカ人労働者の失業率は全国平均の2倍以上，10代の白人の失業率は全国平均の3倍以上，そして10代のアフリカ系アメリカ人の失業率は30%以上で，全国平均のほぼ7倍だった．つまり，全体の失業率が比較的低いときでさえ，仕事を見つけにくいグループもあったということだ．第15章では，失業がなくならない原因を検討する．

以上から，失業率は労働市場の状態を示す1つの指標だと捉えるべきであり，文字どおりに，仕事を見つけられない人々の割合を示す尺度だと捉えてはいけない．とは言うものの，失業率が上下に動くと人々の生活はかなりの影響を受ける．こうした変動は何が原因で起こるのか？　第6章で，失業率は景気循環とともに上下することを見た．もっと具体的に言えば，失業率と実質GDPの成長率の間には密接な関係がある．

3.2　成長と失業

図7-6は，アメリカの実質GDPの成長率と失業率の時間を通じた変化を示した散布図だ．各点は，1949年から2004年の間のある1年を示している．横軸には，前年の実質GDPと比較して今年の実質GDPがどれだけ変化したかを示す割合，つまり実質GDPの各年の成長率がとられていて，縦軸には，前年からの失業率の変化が%ポイントで測られている．例えば，失業率は1999年の4.2%から2000年には4.0%まで低下しているので，2000年の点は縦軸で見て-0.2の位置にある．同期間に実質GDPは3.7%成長したので，2000年の点は横軸で見て3.7の位置にある．

図7-6　1949～2004年の実質GDP成長率と失業率の関係

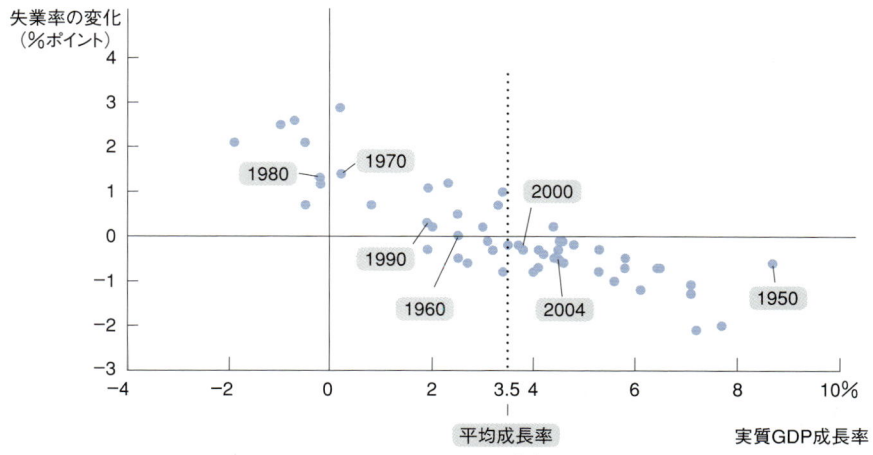

横軸は実質GDPの年間成長率，縦軸は前年からの失業率の変化を示している．各点はそれぞれ，1949～2004年の間のある1年を示している．データは，経済の成長と失業率の変化との間には一般的に負の関係があることを示している．1949～2004年の実質GDPの平均成長率である3.5%のところに，垂直の点線を引いてある．垂直の点線の右側にある点では，成長率は平均以上で，失業率は概して低下している．垂直の点線の左側にある点では，成長率は平均以下で，失業率は概して上昇している．この散布図にある右下がりの傾向は，実質GDP成長率と失業率の変化の間には，一般的に負の関係があることを示している．web▶

出所：Bureau of Economic Analysis；Bureau of Labor Statistics.

図7-6の散布図にある右下がりのトレンドから明らかなように，一般に，経済の成長と失業率の間には負の関係がある．実質GDPの成長率が高い年には失業率が低下し，実質GDPの成長率が低いまたはマイナスの年には失業率が上昇している．1949～2004年までの実質GDPの平均成長率は3.5％だった．参考までに，3.5％のところに垂直の点線を引いてある．点線の右側にある点を見ると，わずかの例外を除いて，経済が平均以上の速さで成長している年には失業率が低下していることを見てとれるだろう．そうした年には，縦軸上の値がマイナスになっている．点線の左側にある点を見ると，経済が平均よりも遅いスピードで成長している年には，失業率が上昇している場合が多い．この関係から，実質GDPが低下する景気後退期には，なぜ生活が苦しくなるのかがわかるだろう．図7-6の点線の左側にある点が示すように，GDPの低下は常に失業率の上昇を伴い，家計に大変な苦境を強いるのだ．

この章における次の，そして最後のテーマとなるのは物価指数，すなわち物価水準の指標だ．

経済学を使ってみよう

ジョブレス・リカバリー

景気後退期には実質GDPが低下し，失業率は常に上昇する．景気拡大期には実質GDPは増加する．だが，失業率は自動的に低下するだろうか．

そうとは限らない．もう一度図7-6を見てほしい．データが示すように，実質GDP成長率が年率3.5％という平均よりも上に(垂直な点線より右側に)あるときには，失業率は低下している．では，経済がプラスの成長をしているが，3.5％よりは低いとき，経済が成長しているにもかかわらず失業率が上昇することはあるのだろうか．言い方を替えると，経済の成長率が平均以下のときに，失業率は上昇しうるのか？

それはありうる．実質GDPが緩やかにプラスの成長をしているのに失業率が上昇する状況は，ジョブレス・リカバリー(雇用なき景気回復)と呼ばれることがある．それはよくあることではない．通常は，いったん景気拡大が始まると，失業を低下させる水準まで成長は高まる．それでもジョブレス・リカバリーは起こりうるものだ．実際それは，最近の景気拡大期に起こった．2001年の景気後退はその年の11月に終息したと宣言されたが，失業率は2003年の夏まで継続して上昇したのだ．

ちょっと復習

▶失業率は労働市場の状態を示す指標だが，文字どおりに，職に就けずストレスを感じている労働者の割合を示す尺度ではない．職が豊富に提供されているとしても，通常は職探しには時間がかけられるので，失業率は真の水準を過大評価することがある．一方，就職意欲のない労働者を含ま

理解度チェック 7-3

1. 就職用ウェブサイトの登場で，求職者が自分にあった職をより早く見つけられるようになったとしよう．それによって，年々の失業率の変化にどんな影響があるだろうか．またこうしたウェブサイトの登場が，就職意欲のない労働者の職探しを促進したとしよう．それは失業率にどんな効果をもたらすだろうか．
2. 実質GDPの成長率と失業率の変化の間に観察される関係と整合的なのは次のうちどれか．またどれが整合的でないか．

a. 失業率の上昇は実質GDPの減少を伴う．
b. 経済の回復は労働力人口のうち雇用される者の割合が大きくなることと関連している．
c. 負の実質GDP成長率は失業率の低下と関連している．

解答は本書の巻末にある．

> ないため，真の水準を過小評価することもある．
> ▶実質GDPの成長率と失業率の変化の間には強い負の関係がある．成長率が平均以上であれば失業率は低下し，成長率が平均以下であれば失業率は上昇する．

4 物価指数と物価水準

第6章で指摘したように，インフレーション（インフレ）とデフレーション（デフレ）はどちらも経済にとって問題となりうる．そのため，経済全体の価格水準の変化を測る方法が必要だ．物価水準は，1つの数字で表されるが，最終財・サービス全体の価格水準を測る尺度でなければならない．とはいえ経済では，たくさんの種類の財やサービスが生産・消費されている．それらすべての財・サービスの価格を，どうすれば1つの数字に集約させられるだろう？ その答えは物価指数の概念のなかにある．それは，数値例を使って紹介するのがいちばん良いだろう．

4.1 マーケット・バスケットと物価指数

フロリダの霜害の影響で，かんきつ類の大半が台なしになったとしよう．その結果，オレンジの価格は1個当たり0.2ドルから0.4ドルへ，グレープフルーツの価格は1個当たり0.6ドルから1ドルへ，そしてレモンの価格は1個当たり0.25ドルから0.45ドルへそれぞれ上昇した．さて，かんきつ類の価格はいくら上昇しただろうか．

この問いに答える方法の1つは，オレンジ，グレープフルーツ，レモンのそれぞれの価格の変化を挙げることだ．だがこれは非常に面倒なやり方だ．かんきつ類の価格がどうなったのかを聞かれるたびに3つの数字を答えるよりも，価格の平均的な変化を示す何らかの全体的な指標を使ったほうがいいだろう．

経済学者は，典型的な消費者がそれまでの消費の組合せに対する支出に比べてどれだけ多く，あるいはどれだけ少なく支払う必要があるかを見ることで，消費財・サービスの平均的な価格変化を測定する．それまでの消費の組合せとは，価格が変化する前に購入していた財・サービスのバスケットのことだ．霜害が発生する前には，典型的な消費者は1年間にオレンジ200個，グレープフルーツ50個，レモン100個を購入していたとしよう．霜害による価格変化の影響で平均的な個人は消費パターンを変えてしまうかもしれないが，それでも，もしその人が同じ組合せの果物を購入するとしたらいくらかかるのかを考えることはできる．価格水準の全体的な変化を測るために使う仮想的な消費の組合せを**マーケット・バスケット**と呼ぶ．

表7-3は，霜害が起こる前と後のマーケット・バスケットの価格を示している．霜害の前は95ドルだが，霜害の後は175ドルだ．175ドル／95ドル＝1.842なので，霜害の後のバスケットの価格は霜害の前の1.842倍になっている．つまり価格は84.2％上昇した．この例に沿って言うと，霜害の影響でかんきつ類の平均的な価格は基準年に比べ84.2％上昇した，ということになる．

マーケット・バスケットとは，消費者が購入する財・サービスの仮想的な組合せだ．

表 7-3　マーケット・バスケットの価格を計算する

	霜害の前	霜害の後
オレンジの価格（ドル）	0.20	0.40
グレープフルーツの価格（ドル）	0.60	1.00
レモンの価格（ドル）	0.25	0.45
マーケット・バスケットの価格 （オレンジ200個，グレープフルーツ50個，レモン100個，ドル）	200×0.20 ＋50×0.60 ＋100×0.25＝95.00	200×0.40 ＋50×1.00 ＋100×0.45＝175.00

　経済学者はこれと同様の方法を用いて，経済全体の価格水準の変化を測定している．つまり，ある特定のマーケット・バスケットの価格の変化を追跡するのだ．経済学者は，これこれの年にはマーケット・バスケットは95ドルだった，という情報を記録しなくても済むようにするため，さらにもう1つの単純化を行っている．それは，物価水準の尺度がある特定の基準年に100になるように，その尺度を**基準化**することだ．基準化された物価水準の尺度は**物価指数**と呼ばれ，常に，測定年と基準年が何年か，という情報とともに示される．物価指数は，次の公式を使って算出できる．

物価指数は，ある年のマーケット・バスケットの価格を測定するもので，基準年の価格の値が100となるよう基準化されたものだ．

$$\text{ある年の物価指数} = \frac{\text{その年のマーケット・バスケットの価格}}{\text{基準年のマーケット・バスケットの価格}} \times 100 \quad (7-2)$$

　例えば，霜害の前のかんきつ類のマーケット・バスケットの価格は95ドルだったので，かんきつ類の物価指数を（マーケット・バスケットの当年の価格/95ドル）×100と定義できる．この式から，霜害の前の物価指数は100となり，霜害の後の物価指数は184.2となる．式7-2を適用して基準年の物価指数を計算すると，その値は常に100となることに注意してほしい．つまり基準年の物価指数は，（基準年のマーケット・バスケットの価格/基準年のマーケット・バスケットの価格）×100＝100となるのだ．

　物価指数を使うことで，かんきつ類の平均的な価格が霜害の影響で84.2％上昇したことが明快になる．この方法は，単純でかつ直観的だという理由から，さまざまな財・サービスの平均的な価格の変化を追跡するための各種の物価指数を計算するのに利用されている．例えば，最終消費財・サービスの経済全体の価格水準を示す**消費者物価指数**は，最もよく利用される物価水準の尺度だ．物価指数はまた，インフレーションを測定する際の基礎ともなる．**インフレ率**は，物価指数の各年の変化率だ．1年目から2年目のインフレ率は，次の公式を使って計算できる．

インフレ率は，価格指数——通常は消費者物価指数を指す——の各年の変化率だ．

$$\text{インフレ率} = \frac{\text{2年目の物価指数} - \text{1年目の物価指数}}{\text{1年目の物価指数}} \times 100 \quad (7-3)$$

　通常，ニュースで引用される「インフレ率」とは，消費者物価指数の各年の変化率のことだ．

4.2 消費者物価指数

アメリカで最も広く使われている物価指数は**消費者物価指数**(単に**CPI**とされることが多い)だ．これは都会の典型的な家庭が購入するすべてのものの価格が時間の経過とともにどれだけ変化したかを示す尺度だ．この指数は，アメリカの代表的な都市に住む典型的な4人家族の消費内容に対応するマーケット・バスケットの市場価格を調査して算出される．指数の基準期間は今のところ1982〜84年とされている．つまり，1982〜84年の平均消費者物価が100となるように計算される．

CPIの計算に用いられるマーケット・バスケットは，今しがた説明した3種類のかんきつ系果物のマーケット・バスケットよりもずっと複雑なものだ．実際，労働統計局はCPIを計算するために，スーパーマーケット，ガソリンスタンド，金物店など，85都市の約2万1000の小売店へ調査員を派遣している．そして毎月，ロメインレタスからレンタルビデオまで，あらゆるものの約9万にも及ぶ価格を集計している．図7-7は，消費者物価指数の基礎となるマーケット・バスケットの構成を大まかな分類で示したものだ．最大の項目である住居費には，住居を所有する費用や賃貸費用，光熱費が含まれている．

図7-8は，過去90年の間にCPIがどう変化してきたかを示している．1940年以降，CPIは一貫して上昇しているが，最近の年間上昇率は1970年代や1980年代初めに比べるとずっと小さくなっている．CPIの変化率が同じであれば同じ変化に見えるように，比例目盛(対数目盛)を使っている．

消費者物価指数を計算している国はアメリカだけではない．実際のところ，ほぼすべての国がそれを計算している．容易に予想でき

> **消費者物価指数(CPI)**は，都市に住む典型的なアメリカ人家庭のマーケット・バスケットの価格を測定したものだ．

図7-7　2004年の消費者物価指数の構成

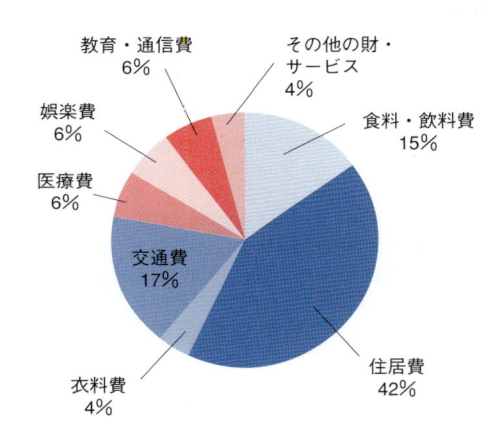

- 教育・通信費 6%
- その他の財・サービス 4%
- 娯楽費 6%
- 医療費 6%
- 食料・飲料費 15%
- 交通費 17%
- 衣料費 4%
- 住居費 42%

住宅を所有したり賃貸することに伴うあらゆる費用を含む住居費は，2004年のCPIの基礎となるマーケット・バスケットの中で最大の構成要素だ．その次に大きいのは交通費と食料・飲料費となっている．
出所：Bureau of Labor Statistics.

図7-8　1913〜2004年のCPI

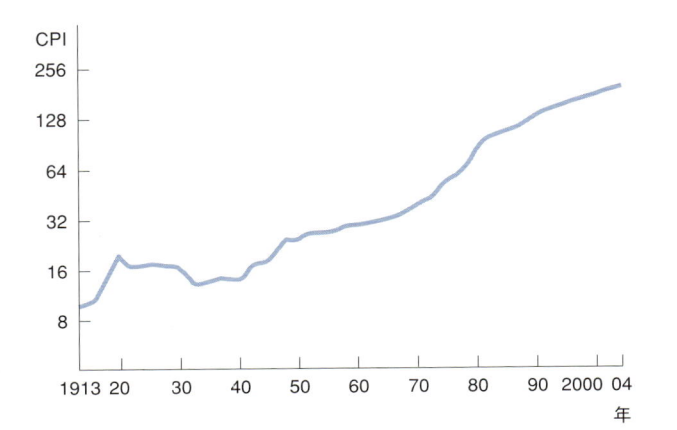

1940年以降CPIは一貫して上昇しているが，ここ数年の年間上昇率は1970年代や1980年代初めに比べるとずっと小さい(CPIの変化率が同一であればその変化が同じように見えるように，縦軸は対数目盛で表示している)．web▶
出所：Bureau of Labor Statistics.

るように，指数の基礎となるマーケット・バスケットの構成は国ごとに大きく異なっている．所得に占める食費の割合が高い貧しい国では，物価指数の中で食料が大きなウエイトを占める．所得の高い国の間では，消費パターンの違いが物価指数の違いをもたらす．日本の物価指数は，アメリカの物価指数に比べて，生魚のウエイトが大きく牛肉のウエイトが小さい．フランスの物価指数ではワインがより大きなウエイトを占めている．

4.3　その他の物価指標

経済全体の価格水準の変化を追跡するために，広く利用されている尺度が他にも2つある．1つは**生産者物価指数**（**PPI**，以前は卸売物価指数として知られていた）だ．生産者物価指数は，その名前が示しているように，生産者が購入する財・サービス——鉄鋼，電気，石炭などの原材料を含む——のバスケットの価格を測る尺度だ．原材料の生産者は，自分たちの生産物に対する需要の変化に気づくと比較的素早く価格を調整するので，PPIはインフレ圧力やデフレ圧力に対してCPIよりも迅速に反応する．そのためPPIは，インフレ率の変化を示す「早期警戒信号」と見なされることが多い．

よく使われるもう1つの尺度は**GDPデフレーター**だ．これは正確には物価指数ではないが，同じ目的に利用される．名目GDP（当年の価格で表示したGDP）と実質GDP（基準年の価格で表示したGDP）をどう区別したかを思い出してほしい．ある年の**GDPデフレーター**とは，その年の実質GDPに対する名目GDPの比率に，100をかけたものだ．現在の実質GDPは2000年ドルで表示されているので，2000年のGDPデフレーターは100に等しい．仮に，名目GDPが2倍になったが実質GDPが変化しなかったとすれば，そのときのGDPデフレーターは物価水準が2倍になったことを示す．

これら3つの物価の尺度から求められたインフレ率について最も重要なことはおそらく，どの尺度も通常はほぼ同じ方向に動くということだ（ただし生産者物価指数は，その他の2つの尺度に比べてより大きく変動する傾向にある）．図7-9には，3つの物価指数の年間変化率が示されている．3つのどの尺度で見ても，アメリカ経済は大恐慌の初期にデフレを経験し，戦時インフレを経験し，1970年代に加速度的インフ

> **生産者物価指数**（**PPI**）は，生産者が購入する財の価格の変化を測定するものだ．

> ある年の**GDPデフレーター**とは，その年の実質GDPに対する名目GDPの比率に100をかけたものだ．

図7-9　CPI，PPIとGDPデフレーター

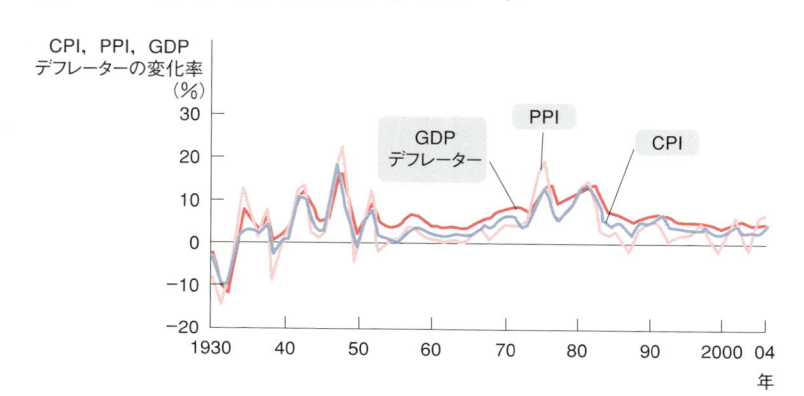

図が示すとおり，これら3つの異なるインフレーションの尺度は通常は密接に連動した動きをする．どの尺度も，1940年代と1970年代に深刻な加速度的上昇を示したが，1990年代には比較的安定した状態に戻っている．

出所：Bureau of Economic Analysis；Bureau of Labor Statistics．

ちょっと寄り道　CPIにはバイアスがある？

アメリカ政府は，消費者物価指数の測定に細心の注意を払っている．にもかかわらず，全員ではないが多くの経済学者は，消費者物価指数はインフレ率を実際よりも系統的に過大評価していると信じている．政府支出の多くがCPIと連動しているので，もしそれが本当なら重大なことだ．

CPIがインフレ率を過大評価するとは，どういう意味だろう？　2つの家計を比較するとしてみよう．一方の家計は1983年の課税後の所得が2万ドルで，もう一方の家計は2004年の課税後の所得が4万ドルだ．CPIによると，2004年の物価は1983年の約2倍なので，2つの家計の生活水準はほぼ同じだったはずだ．ところが多くの経済学者は，2つの理由から，2004年の家計のほうが生活水準は高いと主張する．

1つめの理由は次のようなものだ．CPIは同一のマーケット・バスケットの価格変化を測るものだが，実際には，消費者は相対的に高くなった商品を避けて安くなった商品を購入することで，財・サービスの購入割合を変えてしまう．例えばハンバーガーの価格が突如2倍になったとしよう．アメリカ人は現在ではたくさんのハンバーガーを食べているが，価格が急に高くなると，別の食べ物に切り替える人が多く出るだろう．つまり，ハンバーガーを多く含んだマーケット・バスケットを基に計算された物価指数は，生活費の上昇を実際の値よりも過大に評価すると考えられる．

アメリカ人が消費する財・サービスの価格や組合せが，この例ほど急激に変化することは現実にはない．けれども消費の組合せが変わることで，CPIがインフレ率をある程度過大評価することになるとは言えるだろう．

2つめの理由は技術革新だ．今では当たり前となった多くの財，とりわけ情報通信技術を利用したものは，1983年にはまだ存在していなかった．インターネットもなかったし，iPodもなかった．消費者の選択肢を増やすという点で，技術革新は一定額の貨幣の価値をより高いものにする．つまり技術革新は，消費者物価の低下と同様の効果を持つのだ．

以上2つの理由から，多くの経済学者は，CPIがインフレーションをある程度過大評価していると信じている．一方で私たちは，インフレーションは都市に住む典型的なアメリカ人家庭の生活費の実際の変化を表す尺度だとも考えている．そのバイアスがどれくらい大きいかについてはコンセンサスがないので，当面は，インフレーションのこの上ない推定値として公式のCPIが使われるだろう．

レを経験した後，1990年代には物価が相対的な安定期に戻ったことがわかる．

経済学を使ってみよう

CPIに連動(スライド)させる

　GDPは経済政策の策定には非常に重要な数値だが，GDPの公式統計が人々の生活に直接影響を与えることはない．CPIは，それと対照的に，何百万というアメリカ人に直接かつ即座に影響を及ぼす．なぜかというと，多くの支払いがCPIに「連動(スライド)」しているからだ．つまり，CPIの上下に応じて支払額も上下するのだ．

　支払いを消費者物価にスライドさせる慣行の始まりは，アメリカが国家として誕生した頃にまでさかのぼる．1780年，マサチューセッツ州議会はイギリスと戦った兵士たちへの支払いを増やす必要があると認めた．その理由は，独立戦争中に起こったインフレーションだった．5ブッシェルのトウモロコシ，$68\frac{4}{7}$ポンドの牛肉，10ポンドの羊毛，16ポンドの底革で構成されたマーケット・バスケットの価格変化に応じ

て支払額も決定されるというやり方が採択された.

今日では4800万もの人々が国民退職年金制度という社会保障からの支払いを受け取っている.その大半は高齢者や障害者だ.支払総額は現在の連邦支出の約4分の1を占め,国防費を超えている.各人の受取額は,その人が過去にそのシステムに支払った額やそれ以外の要因を考慮した算式によって決まる.この社会保障給付額は,消費者物価の上昇を相殺するように毎年調整されている.CPIは,毎年の給付額の調整に用いられるインフレ率の公式推定値の計算に用いられている.インフレ率の公式推定値が1％増えるたびに,何千万人もの個人が受け取る金額も1％増えるのだ.

これ以外の政府支出もCPIにスライドしているし,さらに,納税者の所得税率を決定するタックスブラケット(課税階層)もCPIにスライドしている(累進課税制度の場合,より高いタックスブラケットに属する人はより高い所得税率となっている).スライド制は民間部門にも広がっていて,賃金妥結を含む多くの契約で,CPIの変化に応じて支払額が調整される生計費調整(COLAと呼ばれる)が導入されている.

CPIは人々の生活の中でこれほど重要で直接的な役割を果たしているので,政治的にも敏感な数字となっている.CPIの算出に当たっている労働統計局は,細心の注意を払って価格と消費のデータを収集・解析している.労働統計局は,家計が何をどこの店で買っているかを調べ,また注意深く抽出した店舗を調査するという複雑な方法を用いて典型的な価格を捕捉している.

けれども209ページの「ちょっと寄り道」でも触れたように,CPIがインフレーションの正確な尺度かどうかについては今でもかなりの論争がある.■

ちょっと復習

▶物価水準の変化は,ある特定のマーケット・バスケットの価格が年ごとにどう異なるかで測定される.ある年の物価指数とは,基準年の価格を100としたときの,その年のマーケット・バスケットの価格だ.
▶インフレ率は物価指数の変化率として計算される.最も広く使われている物価指数は,消費財・サービスのバスケットの価格を追跡した消費者物価指数(CPI)だ.生産者物価指数は企業の投入物として利用される財・サービスの価格を追跡したものだ.GDPデフレーターは,実質GDPに対する名目GDPの比率に100をかけた値で物価水準を測定する.これら3つの尺度は,通常は非常に似た動きをする.

理解度チェック 7-4

1. 表7-3で,マーケット・バスケットの構成がオレンジ100個,グレープフルーツ50個,レモン200個となったとしよう.この変化によって霜害の前後の物価指数はどう変わるか,説明しなさい.より一般的に,マーケット・バスケットの構成が物価指数にどう影響するかを説明しなさい.
2. 問題1で学んだことを用いて,10年前に決められたマーケット・バスケットに基づくCPIは今日の物価の変化を測定するのにどの程度うまく機能するかを説明しなさい.次の事項は,どんな影響をもたらすだろうか.
   a. 現在の家計は,10年前に比べてより多くの自動車を所有している.その間に,自動車の平均的な価格は他の財の平均的な価格以上に上昇している.
   b. 事実上,10年前にブロードバンド・インターネットを使っていた家計はなかった.だが現在,多くの家計がそれを使っていて,その価格は毎年定期的に低下している.
3. アメリカの消費者物価指数(1982～84年が基準)は,2003年には184.0で,2004年には188.9だった.2003年から2004年のインフレ率を計算しなさい.

解答は本書の巻末にある.

次に学ぶこと

ここまで，総産出量，失業率，物価水準といった主要なマクロ経済変数について，経済学者がどうやって現実の数値を求めているかを見てきた．これで，本当のマクロ経済学の学習に進むことができる．つまり，これら主要なマクロ経済変数が現実の世界でどう決まるのかを分析していける．

これから学ぶように，経済の長期的なふるまいを考察するか，もしくは景気循環という短期の浮き沈みを考察するかに応じて，分析の仕方が変わってくる．続く2つの章では，短期を後回しにして長期に焦点を当てる．次の話題は，長期の総産出量を決める要因だ．すなわち長期成長の背後にあるストーリーを学ぶのだ．

要 約

1. 経済学者は**国民所得・生産物計算（国民経済計算）**を用いて，部門間の資金の流れを追跡する．家計は，賃金，**債券**の利子，**株式**所有に伴う利潤，それに賃貸料というかたちで要素市場から所得を得る．家計はさらに，**政府移転支出**を受け取る．家計の総所得から課税額をひいて政府移転支出を加えた**可処分所得**は，**消費支出**（C）と**民間貯蓄**に振り分けられる．民間貯蓄と外国貸付は，**金融市場**を通じて，**投資支出**（I），政府借入，それに外国借入に回る．**財・サービスの政府購入**（G）は，税収と**政府借入**によって賄われる．**輸出**（X）は外国からの資金流入であり，**輸入**（IM）は外国への資金流出だ．外国人もアメリカの金融市場で株や債券を購入できる．

2. **国民総生産（GDP）**は，経済で生産されたあらゆる**最終財・サービス**の価値を測ったものだ．それには，**中間財・サービス**の価値は含まれない．それを計算する方法は3つある．すべての生産者の**付加価値**を合計すること，国内で生産された最終財・サービスへの**総支出**を合計すること（式で書くと，$GDP = C + I + G + X - IM$），さらに国内の企業が生産要素に支払った要素所得をすべて合計することだ．経済全体として見れば，国内の企業が生産要素へ支払った要素所得は，国内で生産された最終財・サービスへの総支出に等しくなければならないので，これら3つの方法は等しい．（$X - IM$），すなわち輸出−輸入はしばしば**純輸出**と呼ばれる．

3. **実質GDP**はある基準年の価格を使って計算した最終財・サービスの価値だ．各年の価格を使って計算した総産出量である**名目GDP**と実質GDPは，基準年以外の年では異なる値をとる．総産出量の成長率を分析する際には実質GDPを用いる必要がある．そうすることで，価格変化による総産出量の価値の変動を取り除くことができるからだ．**1人当たり実質GDP**は，各個人の平均的な総産出量を測ったものだが，それ自体が適切な政策目標とはならない．

4. 失業率は労働市場の状態を表す指標だが，働きたいが仕事がない人の割合を示すものだと文字どおりに解釈してはいけない．職探しのために失業している人もいるので，その指標は本当の失業水準を過大に評価するかもしれない．また，就労意欲のない労働者が含まれないため，本当の失業水準を過小評価する可能性もある．

5. 実質GDPの成長率と失業率の変化の間には強い負の関係がある．成長率が平均を上回れば失業率は低下し，成長率が平均を下回れば失業率は上昇する．

6. 物価水準を測るために，経済学者は**マーケット・バスケット**の価格を計算する．**物価指数**とは，マーケット・バスケットの当年の価格と基準年の価格の比率に100をかけたものだ．

7. **インフレ率**は物価指数の年間変化率だ．通常，物価水

準の最も一般的な指標である**消費者物価指数(CPI)**に基づいて計算される．企業が購入する財・サービスの価格を測る指数に**生産者物価指数(PPI)**がある．最後に，経済学者は，物価水準を測る指標として，実質GDPに対する名目GDPの比に100をかけて求める**GDPデフレーター**も利用する．

キーワード

国民所得・生産物計算(国民経済計算)…p.186
消費支出…p.186
株式…p.186
債券…p.186
政府移転支出…p.187
可処分所得…p.187
民間貯蓄…p.188
金融市場…p.188
政府借入…p.188
財・サービスの政府購入…p.188
輸出…p.188
輸入…p.188
投資支出…p.188
最終財・サービス…p.189
中間財・サービス…p.189
国内総生産(GDP)…p.189
総支出…p.190
付加価値…p.191
純輸出…p.193
実質GDP…p.197
名目GDP…p.197
1人当たりGDP…p.199
マーケット・バスケット…p.205
物価指数…p.206
インフレ率…p.206
消費者物価指数(CPI)…p.207
生産者物価指数(PPI)…p.208
GDPデフレーター…p.208

問題

1. 右の図はミクロニアの経済を単純化した経済循環フロー図だ．
   a. ミクロニアのGDPの額はいくらか．
   b. 純輸出はいくらか．
   c. 可処分所得はいくらか．
   d. 家計から流出する貨幣の総額である，納税額，消費支出の合計は，家計に流入する貨幣の総額と等しくなるだろうか．
   e. ミクロニア政府は財・サービスの購入資金をどう調達するのか．

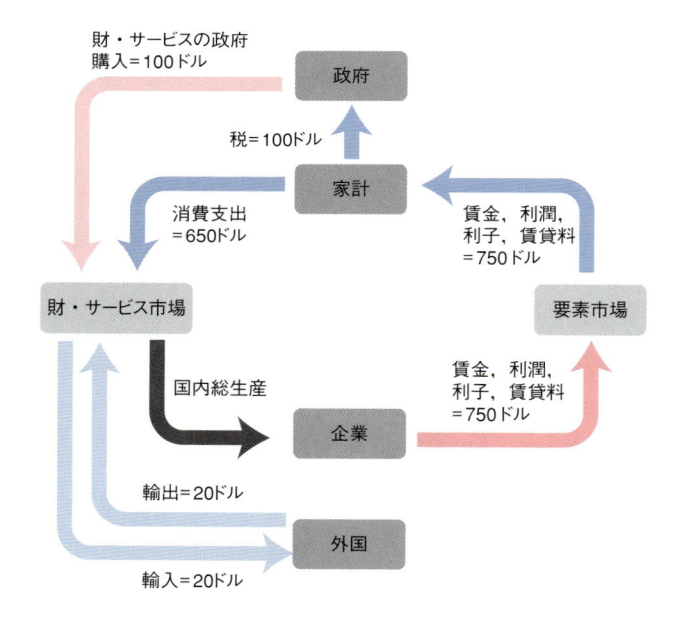

2. マクロニア経済のより複雑な経済循環フロー図が右に示されている．
   a. マクロニアのGDPの額はいくらか．
   b. 純輸出の額はいくらか．
   c. 可処分所得の額はいくらか．
   d. 家計から流出する貨幣の総額である，納税額，消費支出，民間貯蓄の合計は，家計に流入する貨幣の総額と等しくなるだろうか．
   e. マクロニア政府は財・サービスの購入資金をどう調達するのか．

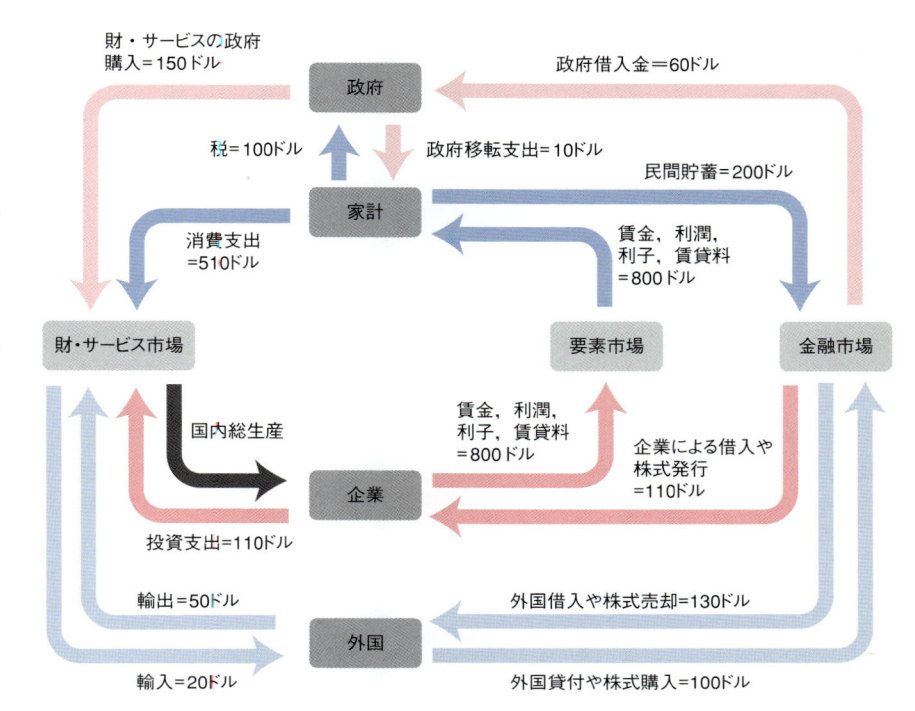

   財・サービスの政府購入=150ドル
   政府借入金=60ドル
   税=100ドル
   政府移転支出=10ドル
   民間貯蓄=200ドル
   消費支出=510ドル
   賃金，利潤，利子，賃貸料=800ドル
   国内総生産
   賃金，利潤，利子，賃貸料=800ドル
   企業による借入や株式発行=110ドル
   投資支出=110ドル
   輸出=50ドル
   外国借入や株式売却=130ドル
   輸入=20ドル
   外国貸付や株式購入=100ドル

3. ピッツァニアの小さな経済では，パン，チーズ，ピザの3つの財をそれぞれ別個の会社が生産している．パンとチーズの会社は，生産に必要なすべての投入物をそれぞれ自分で生産しているが，ピザの会社は，ピザの生産に必要なパンとチーズを他の会社から購入している．どの会社も財を生産するために労働者を雇っていて，売れた財の価値から賃金と投入物の費用を除いた額が会社の利潤となる．次の表は，生産されたパンとチーズがすべてピザ会社に販売されて投入物になったときの3つの会社の活動をまとめたものだ．

	パンの会社	チーズの会社	ピザの会社
投入物の費用(ドル)	0	0	50(パン) 35(チーズ)
賃金(ドル)	15	20	75
産出物の価値(ドル)	50	35	200

   a. 生産の付加価値としてのGDPを計算しなさい．
   b. 最終財・サービスへの支出としてのGDPを計算しなさい．
   c. 要素所得としてのGDPを計算しなさい．

4. (問題3の)ピッツァニア経済では，生産されたパンとチーズがピザ生産の投入物としてピザ会社に販売されるとともに，最終財として消費者へも販売される．次の表は3つの会社の活動をまとめたものだ．

	パンの会社	チーズの会社	ピザの会社
投入物の費用(ドル)	0	0	50(パン) 35(チーズ)
賃金(ドル)	25	30	75
産出量の価値(ドル)	100	60	200

   a. 生産の付加価値としてのGDPを計算しなさい．
   b. 最終財・サービスへの支出としてのGDPを計算しなさい．
   c. 要素所得としてのGDPを計算しなさい．

5. 以下の取引のうち，アメリカのGDPに含まれるのはどれか．
   a. コカ・コーラがアメリカに新しい瓶詰め工場を建設した．
   b. デルタ航空が大韓航空に既存の航空機1機を売却した．
   c. マネーバッグ婦人がディズニーの発行済み株式を1株購入した．
   d. カリフォルニアのワイナリーがシャドネー1瓶を生産し，カナダのモントリオールの顧客に販売した．
   e. アメリカ人がフランスの香水1瓶を購入した．
   f. 今年発売したある新刊書の売行きが悪く，印刷部数も多すぎたので，出版社は売れ残った本を在庫に加えた．

6. ブリタニカ経済はコンピュータ，DVD，ピザの3つの財を生産している．次の表は，3つの財の2002年，2003年，2004年の価格を示したものだ．

年	コンピュータ 価格(ドル)	数量	DVD 価格(ドル)	数量	ピザ 価格(ドル)	数量
2002	900	10	10	100	15	2
2003	1,000	10.5	12	105	16	2
2004	1,050	12	14	110	17	3

a. 2002年から2003年，2003年から2004年の各財の生産量の変化率はそれぞれ何%か．

b. 2002年から2003年，2003年から2004年の各財の価格の変化率はそれぞれ何%か．

c. 各年のブリタニカの名目GDPを計算せよ．2002年から2003年，2003年から2004年の名目GDPの変化率はそれぞれ何%か．

d. 2002年の価格を使って各年のブリタニカの実質GDPを計算しなさい．2002年から2003年，2003年から2004年の実質GDPの変化率はそれぞれ何%か．

7. 次の表は1960，1970，1980，1990，2000，2004年のアメリカの名目GDP(10億ドル)，2000年を基準年とした実質GDP(10億ドル)，人口(1000人)を示している．この期間アメリカの物価水準は一貫して上昇していた．

年	名目GDP (10億ドル)	実質GDP (2000年ドル表示で10億ドル)	人口 (1000人)
1960	526.4	2,501.8	180,671
1970	1,038.5	3,771.9	205,052
1980	2,789.5	5,161.7	227,726
1990	5,803.1	7,112.5	250,132
2000	9,817.0	9,817.0	282,388
2004	11,734.0	10,841.9	293,907

a. 2000年より前の年では，すべての年で実質GDPが名目GDPよりも大きいが，2004年ではそれが逆転しているのはなぜか．2000年の名目GDPと実質GDPが等しいのはなぜか．

b. 1960~70年，1970~80年，1980~90年，1990~2000年の実質GDPの変化率をそれぞれ計算しなさい．最も高い成長率を記録したのはどの期間か．

c. 各年の1人当たり実質GDPを計算しなさい．

d. 1960~70年，1970~80年，1980~90年，1990~2000年の1人当たり実質GDPの変化率をそれぞれ計算しなさい．どの期間が最も高い成長率を記録したか．

e. 実質GDPの変化率と1人当たり実質GDPの変化率を比較しなさい．どちらが大きいか．この関係の成立を予想できるか．

8. 次の表は，6カ国の2002年の人間開発指数(HDI)とU.S.ドル表示の実質GDPを示したものだ．

	HDI	1人当たり実質GDP(ドル)
ブラジル	0.775	7,770
カナダ	0.943	29,480
日本	0.938	26,940
メキシコ	0.802	8,970
サウジアラビア	0.768	12,650
アメリカ	0.939	35,750

HDIと実質GDPのそれぞれを基準に，これらの国を順位づけなさい．なぜ両者が異なるのだろうか．

9. 一般的に，失業率の変化は実質GDPの変化に応じてどう変動するか．深刻な景気後退が何四半期か続いた後，公式の失業率の低下が観察される可能性があるのはなぜか説明しなさい．力強い景気拡大が何四半期か続いた後，公式の失業率の上昇が観察されることはあるか．

10. 労働統計局は毎月，通常は第1金曜日に，前月の「雇用概況」(Employment Situation Summary)を公表している．www.bls.govに行って最新のレポートを見なさい(労働統計局〈Bureau of Labor Statistics〉のホームページ左側にある "UNEMPLOYMENT" をクリックし，その後 "NATIONAL UNEMPLOYMENT RATE"，"EMPLOYMENT SITUATION" と順に選択するといい)．失業率は前年と比較してどうか．失業している労働者のうちどれくらいの割合が長期の失業者か．

11. イーストランド大学は，学生が購入しなければならないテキストの価格が上昇することを心配している．テキストの価格上昇をより適切に把握するために，学部長が経済学部の優等生であるあなたにテキストの物価指数を作るよう依頼した．平均的な学生なら，英語のテキスト3冊，数学のテキスト2冊，経済学のテキスト4冊を購入する．テキストの価格は次の表のとおりだ．

	2002年	2003年	2004年
英語のテキスト(ドル)	50	55	57
数学のテキスト(ドル)	70	72	74
経済学のテキスト(ドル)	80	90	100

a. 2002年を基準年としてすべての年のテキストの物価指数を計算しなさい．

b. 2002年から2004年にかけての英語のテキストの価格変化率を求めなさい．

c. 2002年から2004年にかけての数学のテキストの価格変化率を求めなさい．

d. 2002年から2004年にかけての経済学のテキストの価格変化率を求めなさい．

e. 2002年から2004年にかけてのテキスト全体の物価指数の変化率を求めなさい．

12. 消費者物価指数(CPI)は，平均的な消費者の生活費を測定するものだ．これは，平均的消費者のマーケット・バスケットの内訳となる各支出項目（住居費，食料費等）の重要度を示すウエイトにそれぞれの価格をかけて，それらを足し合わせることで求められる．しかし，消費者物価指数のデータを使うと，生活費の変化は消費者がどんなタイプかによって大きく異なることがわかる．仮想の定年退職者と大学生を比較してみよう．定年退職者のマーケット・バスケットは，10％が住居費，15％が食料費，5％が交通費，60％が医療費，0％が教育費，10％が娯楽費という構成になっている．大学生のマーケット・バスケットは5％が住居費，15％が食料費，20％が交通費，0％が医療費，40％が教育費，20％が娯楽費だ．以下の表は2004年12月の各項目のCPIを示している．

	2004年12月のCPI
住居費	190.7
食料費	188.9
交通費	164.8
医療費	314.9
教育費	112.6
娯楽費	108.5

各項目のCPIに個人ごとに異なる各項目の相対的重要度をかけ，それをすべての項目について合計したものが全体のCPIになる．定年退職者と大学生のCPIを計算しなさい．2004年12月の全体のCPIは190.3だった．このCPIと，今計算で求めた退職者のCPIと大学生のCPIとは，どのように違うか．

13. 労働統計局は毎月，前月の「CPI概況」(Consumer Price Index Summary)を公表している．www.bls.govに行って最新のレポートを見なさい（労働統計局〈Bureau of Labor Statistics〉のホームページ左側にある"INFLATION & PRICES"をクリックし，その後"Consumer Price Index"を選択するといい）．前月のCPIはどうだったか．それは前々月からどう変化しているか．1年前の同じ月のCPIと比べてどうか．

14. 次の表には2002年，2003年，2004年のGDPデフレーターとCPIの2つの物価指数が示してある．各指数について，2002～03年，2003～04年のインフレ率をそれぞれ計算しなさい．

年	GDPデフレーター	CPI
2002	104.1	179.9
2003	106.0	184.0
2004	108.3	189.9

> web▶ 引き続き勉強し，本章の概念を復習したい人は，クルーグマン＝ウェルスのウェブサイトを訪ね，小問題集，動画による教習，有益なリンク集などを参照してください．
> www.worthpublishers.com/krugmanwells

Part-IV　The Economy in the Long Run

第 IV 部　長期の経済

Chapter 8

第 8 章

Long-Run Economic Growth

長期の経済成長

古き悪しき時代

1999年に，イギリスのチャンネル4TVは時間旅行の実験を行った．現代のイギリス人家族であるボウラー一家に，3カ月間，1900年当時の上流中産階級と全く同じ，電気や現代的機器のない家で生活してもらうというドキュメンタリー番組を撮ったのだ．洗濯は2日もかかる重労働だったし，食べ物のほとんどは石炭のカマドで煮たものだった．シャンプーも，歯磨き粉も，加工食品も，冷凍食品もなし．風呂のお湯が足りないこともしょっちゅうで，トイレは庭の屋外便所だった．当然，ボウラー一家の生活は困難を極めた（清潔さを求めてキレてしまったとき，ルールを破って現代のシャンプーを1瓶買ってしまった）．ある評論家の言ったとおり，「(この番組を見れば，昔の時代を)なつかしいと思う感情なんかいっぺんに吹き飛んでしまうに決まっている」．

『1900年の家』と題するこのドキュメンタリー番組は，過去1世紀の間にイギリスの生活水準が大幅に改善されたことを鮮やかに見せてくれた．今日のイギリス人の大部分は，貧しい人々も含めて，1900年の裕福な家族ですら手の届かなかった快適な暮らしをしている．アメリカでもそうだ．例えば1世紀前には，アメリカのほとんどの家庭には屋内の洗面装置すらなかったのだ．

だが，昔のようなつらい生活が過去のものとなったわけではない．今日でもまだ，世界人口の大部分は『1900年の家』のボウラー一家よりはるかに低い生活水準にある．実際，何十億という人々がいまだにきれいな水を利用できず，満足な食事すらできないでいるのだ．

アメリカ，カナダ，日本，イギリスやその他の国々に住む人たちが，1世紀前よりもはるかに良い生活をしているのはなぜだろう？　それに比べて，インドやナイジェリアのような国々で生活水準がずっと低いのはなぜなのか？　その答えは，全部ではなく一部の国々は，長期の経済成長の達成に大成功したから，というものだ．成功した経済では1人当たりの財・サービスの生産量が100年前に比べてとても多くなったので，平均的な生活水準は(当時より)はるかに高くなっている．だが世界の貧しい国々ではまだそうなっていない．

多くの経済学者は，マクロ経済学の最も重要な問題を1つだけあげるとすれば，それは長期の経済成長の問題，つまりなぜ成長が起きて，どのようにそれが実現されるかという問題だと主張してきた．本章では長期の経済成長にかかわる事実をいくつか示し，経済学者が長期の成長のスピードを決めると考えている要因を見ていこう．そして，政府の政策がどのようにして成長の助けとなるか，あるいは場合によっては妨げとなりうるかを検討する．

この章で学ぶこと

▶1人当たり実質GDPの増加からどのように長期の経済成長を測定するか．1人当たり実質GDPは時間の経過とともにどう変化してきたか．また各国間でどう異なるか．

▶**生産性**が長期の経済成長の鍵となるのはなぜか．**物的資本**，**人的資本**，**技術進歩**はどのように生産性を向上させるか．

▶各国間で経済成長率が大きく異なる要因とは．

▶世界の重要地域の経済成長はどう異なっているか．先進諸国で**収束仮説**が成り立っているのはなぜか．

1 時空を超えて経済を比べる

　長期の経済成長を分析する前に，アメリカ経済が時間の経過とともにどのくらい成長してきたのか，またアメリカのような豊かな国々とそれほどの成長を遂げていない国々との間の格差がどのくらいなのかの感じをつかんでおくことは有益だ．そこで，データを見ることにしよう．

1.1　1人当たり実質GDP

　経済成長を記録する鍵となる統計は，実質GDPを人口で割った1人当たり実質GDPだ．GDPに注目するのは，第7章で学んだとおり，GDPはある1年間にその経済が稼いだ所得を測るものであり，またその経済が生産する最終財・サービスの総価値額を測るものでもあるからだ．実質GDPを使うのは，物価水準の影響を取り除いたうえで財・サービスの数量の変化を見るためだ．また，1人当たりGDPを使うのは，人口変化の影響を取り除きたいからだ．例えば，他の条件を一定とすれば，人口が増加すると一定の実質GDPを分け合う人数が多くなるので，平均的な個人の生活水準は低下する．実質GDPと人口増加とが同じ率で成長していれば，平均的な生活水準は変わらない．

　第7章では，1人当たり実質GDPの成長自体を政策目標にすべきでないことを学んだが，一国経済の時間を通じた進歩を要約する尺度という点では，1人当たり実質GDPは実際非常に役立つ．図8-1は，アメリカ，インド，中国の1900年から2003年までの1人当たり実質GDPを，2002年ドルで表示したものだ（当面，インドと中国について話すことにしよう）．縦軸は比例目盛となっている．これは，1人当たり実質GDPの変化率が各国で同一だった場合に，それが同一の変化に見えるようにするた

図8-1　1人当たり実質GDPの成長

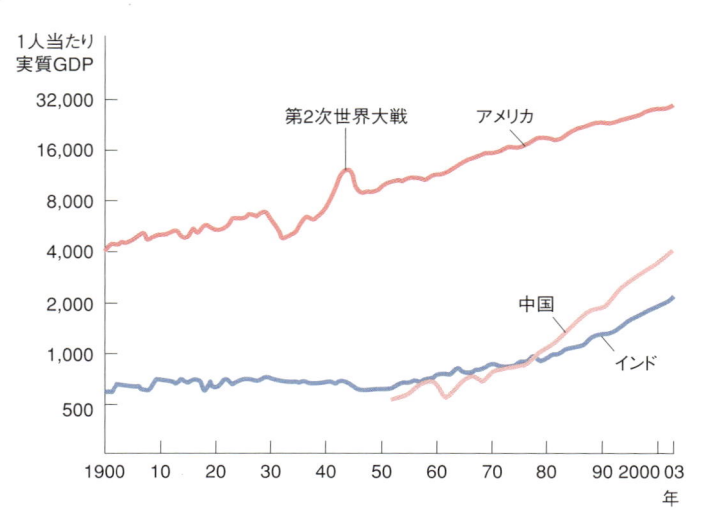

アメリカの1人当たり実質GDPは，20世紀を通じて約600％上昇し，1900年以降の1人当たり実質GDPの年平均成長率は1.9％だった．最近になって成長が加速しているとはいえ，中国とインドはまだ1900年当時のアメリカよりも貧しい．

出所：1900〜2002年のデータ：Angus Maddison, *The World Economy : Historical Statistics* (Paris : OECD, 2003)；2002〜2003年のデータ：World Bank（世界銀行）．

表8-1 アメリカの1人当たり実質GDP

年	1人当たり実質GDP (2002年ドル表示)	1900年の1人当たり 実質GDPに対する 比率(%)	2000年の1人当たり 実質GDPに対する 比率(%)
1900	5,219	100	14.5
1920	7,083	136	19.7
1940	8,943	171	24.9
1960	14,452	277	40.3
1980	23,700	454	66.0
2000	35,887	688	100.0

出所：Angus Maddison, *The World Economy : Historical Statistics* (Paris : OECD, 2003), GDPデフレーターで調整済み.

めだ.

アメリカ経済がどれくらい成長してきたかという感じをつかむために，表8-1では，1人当たり実質GDPを20年おきに，2通りの数値で表示している．1つは1900年を基準としたもの，もう1つは2000年を基準としたものだ．アメリカ経済は1920年までに，1人当たりですでに1900年の136％の生産を行っていた．2000年までには，1900年の688％の生産，つまり1人当たりでおよそ7倍の生産を行っていた．言い方を変えれば，アメリカ経済の1900年の1人当たり総生産は，2000年のわずか14.5％でしかなかったということだ．

標準的な家庭の所得は，通常，1人当たり所得が増えるにつれて増加する．例えば，1人当たり実質GDPが1％増加すると，所得分布の中央にいる中位の(標準的な)家庭の所得は，おおよそ1％増加する．アメリカの中位家庭の所得は，2000年には約4万4000ドルだった．表8-1によれば，1900年の1人当たり実質GDPは2000年水準の14.5％しかなかったので，1900年の標準家庭の購買力はおそらく2000年の標準家庭の購買力の14.5％しかなかっただろう．それは現在のドルでは約6000ドルに当たる．今では深刻な貧困と考えられるような生活水準だ．現在のアメリカの標準的な家族が1900年のアメリカに引き戻されたとすれば，ボウラー一家とほぼ同じように非常に不自由な思いをすることだろう．

世界の多くの人々は，1世紀前のアメリカの生活水準をいまだに達成できていない．図8-1で見た中国とインドの状況はそうなっている．中国は過去20年間に劇的な経済成長を遂げたし，インドもそれほど劇的ではないものの経済成長が加速した．にもかかわらず，2003年時点で世界で最も人口の多い上位2国である両国は，いまだに1900年のアメリカよりも貧しい．しかも世界の多くの国々は，中国やインドよりも貧しいのだ．

世界の多くの国々がいかに貧しいままなのか，その感じをつかむには，図8-2を見ればいい．これは，1人当たり実質GDPにとても近い尺度である1人当たり実質粗国民所得の2003年の大きさに応じて国々を分類した世界地図だ．見てわかるように，世界の大部分では非常に所得が低い．一般的に言えば，ヨーロッパと北アメリカ，それに太平洋地域の数カ国は所得が高い．世界人口のほとんどを擁するそれ以外の地

落とし穴

水準の変化 対 変化率

経済成長を研究するとき，水準の変化と変化率との違いを理解することが決定的に重要になる．実質GDPが「成長した」というのは，実質GDPの水準が上昇したという意味だ．例えば2005年にはアメリカの実質GDPは150億ドル成長した．

アメリカの2004年の実質GDP水準がわかれば，2005年の成長の大きさを変化率で表すことができる．例えば2004年のアメリカの実質GDPが4850億ドルであれば，2005年のアメリカの実質GDPは4850億ドル＋150億ドル＝5000億ドルだったことになる．この場合，2005年のアメリカの実質GDPの変化率，すなわち成長率は((5000億ドル－4850億ドル)/4850億ドル)×100＝(150億ドル/4850億ドル)×100＝0.0309，つまり3.09％だ．一定年数の間の経済成長について述べるときは，たいてい，成長率の変化を引用する．

経済学者が成長や成長率について語るとき，この2つの概念をはっきり区別しないような表現をしてしまうことが多く，混乱を招いてしまう．例えば「1970年代にアメリカの成長は低下した」と言う場合，本当に言いたいのは，1970年代には1960年代に比べてアメリカの実質GDPの成長率が低かったということなのだ．「1990年代前半に成長が加速した」という場合，言わんとしているのは，1990年代前半には成長率が年々例えば3％から3.5％に，さらに4％に上昇したということだ．

図8-2　世界の所得

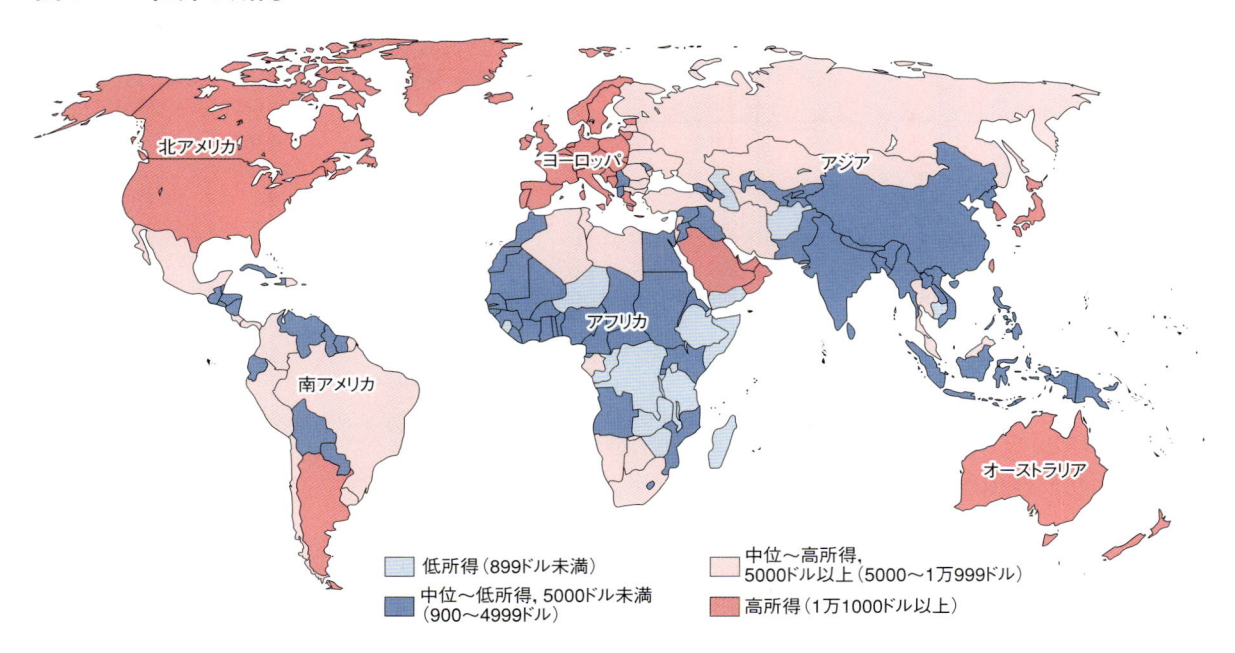

凡例：
- 低所得（899ドル未満）
- 中位〜低所得，5000ドル未満（900〜4999ドル）
- 中位〜高所得，5000ドル以上（5000〜1万999ドル）
- 高所得（1万1000ドル以上）

所得は各国間で大きく異なっている．世界人口の半数を超える人々が1900年のアメリカより貧しい国々で暮らしている．
出所：World Bank．

域では，実質GDPが1人当たりで5000ドルに及ばず，それよりはるかに少ない国々が多い．実際，世界人口の50％を超える人々が，今も1900年時点のアメリカより貧しい国々で生活しているのだ．

1.2　成長率

アメリカはどうやって，2000年の1人当たりの生産を1900年の約7倍にしたのだろうか．つまりどうやって1人当たり実質GDPを約600％も増加させたのだろうか．少しずつ，成長したのだ．長期の経済成長は，通常は漸進的なプロセスで，1人当たり実質GDPの成長はどんなに高くても年率で2〜3％だ．アメリカの1人当たり実質GDPは，20世紀を通じて年平均で1.9％増加した．

1人当たり実質GDPの1年ごとの成長率とその長期の成長率との関係について感じをつかむには，**70の法則**を覚えておくと良い．これは1人当たり実質GDPやその他の変数が2倍になるのにどのくらいの時間がかかるかを教えてくれる数学の公式だ．おおよその答えは，次のようになる．

$$\text{変数が2倍になる年数} = \frac{70}{\text{変数の年間成長率}} \quad (8-1)$$

70の法則によれば，時間の経過とともに成長する変数が2倍になるのにかかる時間は，70をその変数の1年間の成長率で割った値に大体等しい．

（70の法則はプラスの成長率にのみあてはまることに注意してほしい．）もし1人当たり実質GDPが年率1％で成長するなら，2倍になるのに70年かかる．もしそれが年

図8-3　1975～2003年の1人当たり実質GDPの年平均成長率

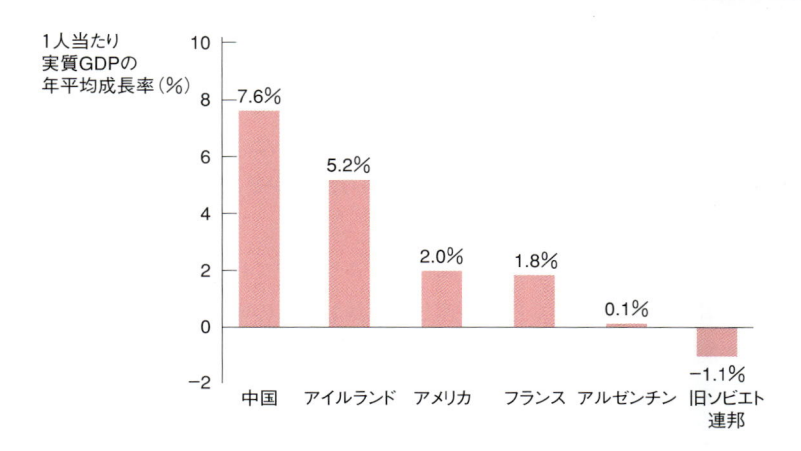

1人当たり実質GDPの年平均成長率（％）

- 中国：7.6%
- アイルランド：5.2%
- アメリカ：2.0%
- フランス：1.8%
- アルゼンチン：0.1%
- 旧ソビエト連邦：−1.1%

中国やアイルランドのように，1人当たり実質GDPが急成長した国々がある．一方，アルゼンチンのように，それほどには成功しなかった国々もある．さらには旧ソビエト連邦諸国のように，衰退した国々もある（旧ソビエト連邦のデータは1975～2001年のもの）．
出所：World Bank.

率2％で成長するなら，2倍になるのに35年しかかからない．現実には，アメリカの1人当たり実質GDPは20世紀に年平均で1.9％上昇した．この値に70の法則を適用すると，1人当たり実質GDPが2倍になるのに37年かかったはずだ．ということは，アメリカの1人当たり実質GDPが2倍になるという事態が3回起こるには，37年が3回だから111年かかるだろう．すなわち70の法則によれば，111年間にアメリカの1人当たり実質GDPは，$2 \times 2 \times 2 = 8$倍に増加したはずだ．1世紀が111年よりちょっとだけ短いことを考えれば，これは現実を非常に良く近似していることがわかる．20世紀を通じてアメリカの1人当たり実質GDPは8倍より少し低い7倍に上昇したのだ．

図8-3は7カ国を選んで1975年から2003年までの1人当たり実質GDPの年平均成長率を示したものだ（旧ソビエト連邦のデータは1975～2001年のもの）．注目すべき成功物語を持つ国々もある．例えば中国は今でも非常に貧しい国だが，すばらしい進歩を遂げた．次の「経済学を使ってみよう」で論じるように，アイルランドも非常にうまくいった国だ．

他方，大きな失望を感じざるをえない成長しかできなかった国々もある．アルゼンチンはかつて豊かな国で，20世紀初頭にはアメリカとカナダと同じ階層に入っていた．だがそれ以後，成長著しい経済に大きく後れをとった．2003年には，アルゼンチンは1975年当時に比べ目に見えて豊かになったとは言えない状況だった．旧ソビエト連邦諸国は，1991年にソ連が崩壊した後深刻な経済的衰退に苦しみ，いまだに回復していない．

成長率のこうした違いを説明するものは何か．この問題に答えるためには，長期成長の原因を調べる必要がある．

経済学を使ってみよう

アイルランド人の幸運

19世紀のアイルランドは絶望的に貧しく，そのあまりの貧しさに，貧困と飢餓から逃れようと何百万人もの住民がアメリカや他の国々へ移住した．1970年代になっても，アイルランドは西ヨーロッパの最貧国のままであり，アルゼンチンやベネズエラのようなラテンアメリカ諸国より貧しかった．

だがそれは昔の話だ．図8-3が示すように，アイルランドではこの20〜30年間の1人当たり実質GDPが中国と同じくらいの速さで成長し，この成長のおかげでヨーロッパの大部分の国々より豊かになった．アイルランドの1人当たり実質GDPは今では，イギリス，フランス，ドイツより高い．当然，アイルランド人がよりよい生活を求めて移住することはもうない．実のところ今日では，ドイツの労働者がより高い賃金の仕事を求めてアイルランドに行くことすらあるのだ．

何世紀もの貧しさの後に，これほどうまく成長したのはなぜだろう．これを問うのはちょっと先を急ぎすぎかもしれない．ここでは，アイルランドの経済パフォーマンスが良くなったのは，インフラストラクチャーと人的資本がよく整っていたことが大きな原因だと経済学者たちは考えている，とだけ言っておこう．例えばアイルランドには非常に良い教育システム，非常に良い空港，完璧な電気通信・輸送設備があり，これらすべてのおかげでアメリカや日本の企業が多くの投資を行ったのだ．

ちょっと復習

▶ 経済成長は1人当たり実質GDPを用いて測定される．

▶ アメリカでは，20世紀を通じて1人当たり実質GDPが7倍に増加し，生活水準が大きく上昇した．

▶ 多くの国々の1人当たり実質GDPはアメリカよりはるかに低い．世界人口の半分を超える人々の生活水準は，1900年のアメリカ人の生活水準よりも低い．

▶ 1人当たり実質GDPの長期的な増加は，(漸進的な)成長の成果だ．70の法則を用いると，年間成長率が与えられたとき1人当たり実質GDPが2倍になるのに何年かかるかがわかる．

▶ 1人当たり実質GDPの成長率は国によって大きく異なっている．

理解度チェック 8-1

1. 経済の進歩を測るために，経済学者が1人当たり名目GDPや実質GDPのような尺度よりも，1人当たり実質GDPを使うのはなぜか．
2. 70の法則を図8-3のデータに当てはめて，そこに掲載されている元ソビエト連邦以外の各国で1人当たり実質GDPが2倍になるのにどのくらいの時間を要するか求めなさい．成長率が変わらないとすると，アイルランドの1人当たり実質GDPは将来アメリカのそれを超えるだろうか．

解答は本書の巻末にある．

2 長期の成長の原因

長期の経済成長は，ほぼ全面的にある1つの要素にかかっている．それは**生産性**の上昇だ．だが生産性の上昇に影響を与える要因は多く存在する．まず，なぜ生産性が最も重要な要素なのかを見て，それから何が生産性に影響を与えるかを調べていこう．

2.1 生産性の決定的な重要性

持続的な経済成長が生じるのは，平均的な労働者の産出量が着実に増大するときだけだ．**労働生産性**，または単に**生産性**という用語は，労働者1人当たりの産出量のこ

とを指している(データが手に入る場合には，生産性は1時間当たりの産出量として定義される．これはしばしば，各国の生産性を比較するのに便利な統計となる．というのも，平均的労働者の労働時間数は国によって異なることがよくあるからだ)．経済全体では，生産性は単に実質GDPを労働者数で割った値となる．

> 単に**生産性**と言われることも多い**労働生産性**とは，労働者1人当たりの産出量のことだ．

ひょっとすると読者は，どうして生産性上昇が長期的成長の唯一の原因だと言っているのだろう，と思っているかもしれないね．人口のうちより多くの人に働いてもらえば，1人当たり実質GDPを増加させることができるのではないかって？　答えは「その通り，だけど」というものだ．短期で見れば，人口のうちより多くの人を生産に投入することで1人当たりの産出量の成長を急激に高めることができる．それはアメリカで第2次世界大戦中に起きたことだ．何百万人もの女性が有給の労働力として雇われたのだ．家庭外で雇用されている成人市民の割合は，1941年の50％から1944年の58％にまで上昇した．その間に起きた1人当たり実質GDPの急上昇は，図8-1で見ることができる．

だが長期で見れば，雇用の成長率が人口成長率と大きく異なることは決してない．例えば20世紀にはアメリカの人口は年平均で1.3％増加し，雇用は年率1.5％で増加した．1人当たり実質GDPは年率1.9％で増加したが，そのうち1.7％，すなわち全体のほぼ90％が生産性上昇の結果だった．一般的には，実質GDP全体は人口成長によって成長しうるが，1人当たり実質GDPの大きな上昇をもたらすのは労働者1人当たりの産出量の増加に他ならない．つまりその要因は，生産性の上昇なのだ．

こうして，生産性上昇こそが長期の経済成長の鍵となる．しかし生産性の上昇をもたらすものは何なのだろう？

2.2　生産性の成長を説明する

今日のアメリカの平均的労働者が，1世紀前の平均的労働者よりもはるかに多くの生産をしているのには，主な理由が3つある．第1に，現代の労働者には，機械やオフィス空間といった物的資本がはるかに多くある．第2に，現代の労働者ははるかに良い教育を受け，はるかに大きな人的資本を身につけている．最後に，1世紀にわたる技術改善の蓄積が，大きな技術進歩となって現代の企業に優位性をもたらしている．

これらの要因を順に見ていくことにしよう．

物的資本　経済学者は**物的資本**を建物や機械のような人工の資源と定義している．物的資本は労働者をより生産的にする．例えば，バックホー(建設機械の一種)を使える労働者は，シャベルしか使えない労働者に比べて1日当たりではるかに長い距離の溝を掘ることができる．

> **物的資本**とは，建物や機械のような人工の資源のことだ．

アメリカの現在の平均的労働者には約11万ドルの物的資本が備わっている．これは100年前のアメリカの労働者や，現在の他のほとんどの国々の平均的労働者よりもはるかに大きな金額だ．

人的資本 労働者にとって，良い設備があるというだけでは十分ではない．労働者たちは，それを使って何をするべきかがわからなければならない．労働者に体化された教育や知識が生み出す労働力の改善を**人的資本**という．

> **人的資本**とは，労働者に体化された教育や知識が生み出す労働力の改善のことだ．

アメリカの人的資本は過去1世紀の間に劇的に増大した．1世紀前，ほとんどのアメリカ人は読み書きはできたが，長期の教育を受ける人はほとんどいなかった．1910年には，25歳以上のアメリカ人のうち高卒者は13.5％，4年制大学卒業者は3％だけだった．2003年までにその値はそれぞれ85％，27％となった．人々の教育水準が1世紀前と変わらず低いままだったなら，現在の経済を運営することは不可能だろう．

いろいろな国の経済成長率を比較した統計的研究によると，教育は，物的資本の増加よりもずっと重要な生産性の成長の要因だ．

技術 生産性の成長にとっていちばん重要な原動力はおそらく，財・サービスの生産方法として広く定義される**技術**の進歩だろう．技術が経済成長に及ぼす効果を経済学者がどのようにして測るのかを，すぐ後で見ることにしよう．

> **技術**とは，財・サービスの生産方法のことだ．

今日の労働者は，物的・人的資本の量が過去の労働者と同じでも，過去の労働者よりも多くの生産ができる．それは，時間の経過とともに技術が進歩してきたからだ．経済的に重要な技術進歩が，人目を引く最先端の科学的成果だとは限らないことを認識するのは大切なことだ．歴史家が注意を促してきたように，過去の経済成長の原動力となったのは，鉄道や半導体チップのような大きな発明ばかりでなく，何千という地味な技術革新だったのだ．例えば1870年に特許が取得された，野菜など多くの品物をずっと入れやすくしてくれた平底の紙バッグや，1981年に登場してオフィスに

ちょっと寄り道　ウォルマート効果

アメリカの生産性の成長は，20年間停滞した後，1990年代後半に急激に加速した．すなわち，1990年代後半以降，生産性は以前よりはるかに高い率で成長した．その加速を引き起こしたのは何だったのか？インターネットの隆盛だったのだろうか？

有名なコンサルティング会社であるマッキンゼー・アンド・カンパニー社のアナリストによれば，そうではなかった．彼らが明らかにしたところでは，1995年以後の生産性改善の主な原因は，小売業での労働者1人当たりの産出量の急増，つまり各店舗で従業員1人当たりの商品販売が急増したことにあった．では，アメリカの小売業の生産性が急上昇した理由は何だったのか？「その理由はたった2つの音節で説明できる．ウォルマート（Wal-Mart）だ」とマッキンゼー社は書いた．

ウォルマートは，生産性改善のために現代技術を駆使することに関してパイオニアだった．例えば，在庫管理にコンピュータを使い，バーコード・スキャナを使い，サプライヤーと直接つながる情報システムを確立するなどした最初の企業の1つだった．同社は1990年代において他社をリードし続け，他社は次々とウォルマートのビジネス慣行を模倣した．

マッキンゼー社の呼び方でいう「ウォルマート効果」には2つの教訓がある．1つは，技術をどう適用するかがすべての違いを生み出すということだ．小売業者はみなコンピュータのことは知っていたが，ウォルマートはそれを使って何をするべきかを理解していた．もう1つは，経済成長の大部分は新しい技術よりもむしろ日常的な改善に起因するということだ．

驚くほど大きな利便性をもたらしてくれた〈ポストイット〉ノートなどがそうだ．以下の「ちょっと寄り道」で指摘するように，20世紀後半にアメリカに起きた生産性の急上昇の原因は，ハイテク企業ではなく，むしろウォルマートのような小売企業が採用した新しい技術にあったと専門家たちは考えている．

2.3 成長会計：集計的生産関数

他の条件が一定なら，労働者が物的資本，人的資本，より良い技術，あるいはそれらの組合せをより多く備えているほど，生産性は高くなる．その効果を数値化できるだろうか？　そのために経済学では，**集計的生産関数**を推定する．集計的生産関数とは，生産性が，労働者1人当たりの物的資本や人的資本の量，また技術水準にどう依存しているかを表す関数だ．集計的生産関数は仮想の関係であり，その一般形は式8-2で表される．

> 集計的生産関数：$Y/L = f(K/L, H/L, T)$ 　　　　　　　（8-2）

集計的生産関数は，生産性（1人当たり実質GDP）が，労働者1人当たりの物的資本や人的資本の量，また技術水準にどう依存しているかを表す仮想の関数だ．

$f(\cdot)$は，カッコ内の変数の関数だということを意味する．ここでYは生産される実質GDP，Lは雇用者数，よってY/Lは労働者1人当たり実質GDP，K/Lは労働者1人当たり物的資本，H/Lは労働者1人当たり人的資本，Tは生産技術の水準を測る尺度だ．

過去の経済成長を分析するなかで，経済学者たちは，推定された集計的生産関数に関する決定的な事実を発見した．それは，集計的生産関数は**物的資本に関する収穫逓減**を示している，ということだ．すなわち，労働者1人当たり人的資本と技術が一定のとき，労働者1人当たり物的資本を増やしていくと，増やすごとに生産性の上昇分は小さくなっていくのだ．表8-2は，労働者1人当たり人的資本と技術を一定としたとき，労働者1人当たり物的資本が労働者1人当たり実質GDPにどんな影響を与えるかを示した仮想例だ．この例では物的資本をドルで測っている．

人的資本と技術を一定として，物的資本を増やすごとに生産性の上昇分が小さくなる場合，集計的生産関数は**物的資本に関する収穫逓減**を示す．

表からわかるように，最初の1万5000ドルの物的資本投入に対しては大きな見返りがある．労働者1人当たり実質GDPが3万ドル上昇するのだ．次の1万5000ドルの物的資本投入も生産性を引き上げはするが，それほどの見返りはない．労働者1人当たり実質GDPは1万5000ドルしか高まらない．3番目の1万5000ドルの物的資本投入になると，労働者1人当たり実質GDPは1万ドルしか高まらない．

労働者1人当たり物的資本と生産性の関係がなぜ収穫逓減になるかを見るために，

表8-2　仮想例：人的資本と技術を一定として，労働者1人当たり物的資本は生産性にどう影響するか

1人当たり物的資本(ドル)	1人当たり実質GDP(ドル)
0	0
15,000	30,000
30,000	45,000
45,000	55,000

農業機械を持つことが農場労働者の生産性にどんな影響を与えるかを考えよう．わずかな機械で大きな違いが生じる．1台のトラクターを使う労働者は，それを使えない労働者よりはるかに多くの仕事ができる．そして他の条件が一定なら，より高価な機械を使う労働者は生産性がより高い．より高価な機械は馬力が大きいか，こなせる仕事が多いか，あるいはその両方なので，3万ドルのトラクターを使う労働者は，1万5000ドルのトラクターを使う労働者よりも一定時間内に耕せる農地が多いのが普通なのだ．

だが人的資本と技術を一定とすれば，3万ドルのトラクターを使う労働者の生産性は，1万5000ドルのトラクターを使う労働者の2倍になるのだろうか？　たぶん答えはノーだ．

最初の1万5000ドルほどには，次の1万5000ドルは生産性を高めてくれないだろう．となると，15万ドルのトラクターを使う労働者の生産性が10倍高いわけではないこともすぐわかる．1台のトラクターではそんなに改善できないのだ．他の種類の機械にも同じことが当てはまるので，集計的生産関数は物的資本に関して収穫逓減となる．

物的資本に関する収穫逓減とは，労働者1人当たりの物的資本と産出量の間にある，図8-4に示されているような関係のことだ．この曲線が示しているように，労働者1人当たり物的資本が増えるにつれて労働者1人当たり産出量は増加する．だが労働者1人当たり物的資本を3万ドルずつ増やすごとに生産性の上昇幅は小さくなっていく．点A，B，Cを比較すると，労働者1人当たり物的資本が上昇するにつれて労働者1人当たり産出量は上昇しているが，その増え方は小さくなっていることがわかる．点Aから出発して，労働者1人当たり物的資本が3万ドル増加すると，労働者1人当

図8-4　物的資本と生産性

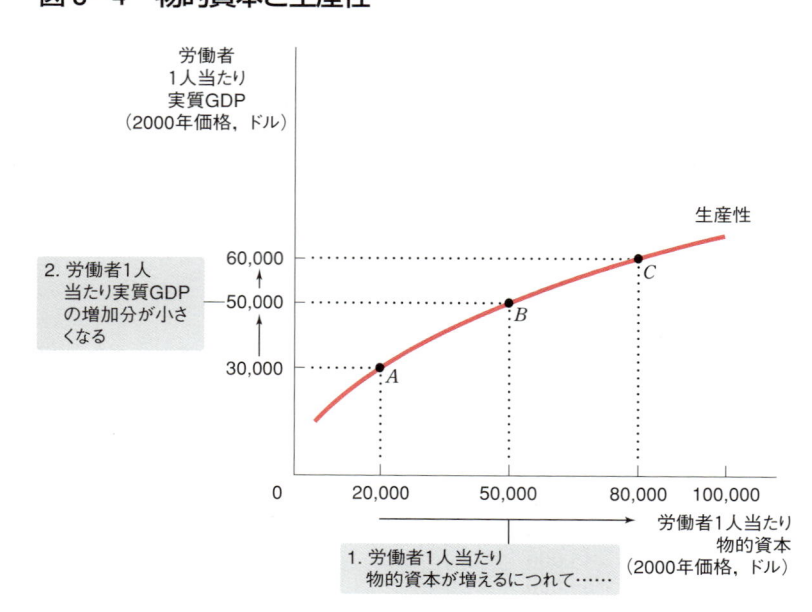

他の条件を一定とすれば，労働者1人当たりの物的資本が多くなるほど，労働者1人当たり実質GDPも増加する．だが，それは収穫逓減の関係にある．つまり労働者1人当たり物的資本が増えるにつれて，生産性の上昇分は小さくなっていく．労働者1人当たり物的資本が2万ドルの点Aから，物的資本を3万ドル増やすと，労働者1人当たり実質GDPは2万ドル増える．労働者1人当たり物的資本が5万ドルの点Bから，物的資本を3万ドル増やしても，労働者1人当たり実質GDPは1万ドルしか増えない．web▶

たり実質GDPは2万ドル増加する．労働者1人当たり物的資本が点Bからもう3万ドル増えても，労働者1人当たり実質GDPは1万ドルしか増えない．

　ここで重要なのは，物的資本に関する収穫逓減は「他の条件が一定」の下での現象だということだ．つまり，人的資本と技術とを一定としたときに，物的資本量の増加が生産的でなくなっていくということなのだ．物的資本が増えるのと同時に人的資本を増やすか，技術を改善するか，またはその両方を行うなら，収穫逓減は消えてしまうかもしれない．例えば，3万ドルのトラクターを使う労働者が，同時に最先端の耕作技術の訓練を受けたとすれば，そうした追加的な訓練を受けずに1万5000ドルのトラクターを使っている労働者の2倍を超える生産性を実際に発揮するかもしれない．とはいえ，物的資本であれ人的資本であれ労働者数であれ，何か1つの投入物に関する収穫逓減は，どんな生産活動にもある特徴といえる．典型的な推計によると，労働者1人当たり物的資本が1％増加したとき，現実には労働者1人当たり産出量を0.33％しか，つまり1％の3分の1しか増加させていない．

　現実には，労働者1人当たり物的資本，労働者1人当たり人的資本，それに技術の進歩といった生産性上昇に貢献するすべての要因が，経済成長の過程で上昇する．これらの要因の効果を整理するために，経済学者は**成長会計**を用いる．それは集計的生産関数に含まれる各要因の経済成長への貢献度を推定するものだ．例えば以下のことを仮定しよう．

- 労働者1人当たりの物的資本は年率3％で成長する．
- 集計的生産関数の推定に従って，人的資本と技術を一定とするとき，労働者1人当たり物的資本の1％の上昇は労働者1人当たり産出量を0.33％，つまり1％の3分の1だけ引き上げる．

　このケースでは，労働者1人当たり物的資本の成長で生産性の年間成長の3％×1/3＝1％を説明できると推定される．人的資本の成長の効果を推定するには，同じような，だがもっと複雑な手続きが必要となる．というのは，人的資本をドル単位で測るような単純な尺度がないからだ．

　成長会計を使えば，物的資本・人的資本の増大が経済成長に及ぼす効果を計算できる．でも，技術進歩の効果はどう推定すればいいのだろう？　それには，物的資本と人的資本の効果を考慮した後に残ったものを推定すればよい．例えば，労働者1人当たり人的資本の増加がなかったと想定しよう．これは，物的資本と技術の変化の影響だけを見るためだ．図8-5で低い位置にある曲線は，図8-4と同じ，労働者1人当たり物的資本と労働者1人当たり産出量との仮想の関係を示している．

　これが，1935年に使うことのできた技術の下での関係だったと仮定しよう．高い位置にある曲線も労働者1人当たり物的資本と生産性との関係を示しているが，今度は2005年に使える技術の下での関係だ（数値例を理解しやすくするために，70年間隔を選んだ）．2005年の曲線が1935年の曲線に比べて上に位置しているのは，過去70年の間に開発された技術のおかげで，労働者1人当たり物的資本が同じでも，1935年の技術の下でよりも多く産出することが可能になったからだ．

落とし穴

逓減するかもしれない……だがそれでもプラス

　物的資本に関する収穫逓減が何を意味していて，また何を意味していないかを理解するのは重要なことだ．すでに説明したように，それは「他の条件が一定」の下での話なのだ．つまり，労働者1人当たり人的資本と技術を固定した状態で，労働者1人当たり物的資本を増すごとに労働者1人当たり実質GDPの増加分が小さくなるという意味だ．だが物的資本を増やすにつれて労働者1人当たり実質GDPが最終的に減少するという意味ではない．あくまでも労働者1人当たり実質GDPの増加分がゼロより大きいままでだんだん小さくなるだけのことだ．だから労働者1人当たり物的資本の増加が生産性を低下させることは決してない．しかし収穫逓減があるために，労働者1人当たり物的資本の増加はある点までくるとそれ以上は経済的利得を生み出さなくなる．すなわち，産出量の増加が小さすぎて，追加的な物的資本というコストに見合うだけの価値をもたなくなる点に到達するのだ．

成長会計とは，集計的生産関数に含まれる各要因の経済成長への貢献度を推定するものだ．

図8-5 技術進歩と生産性の成長

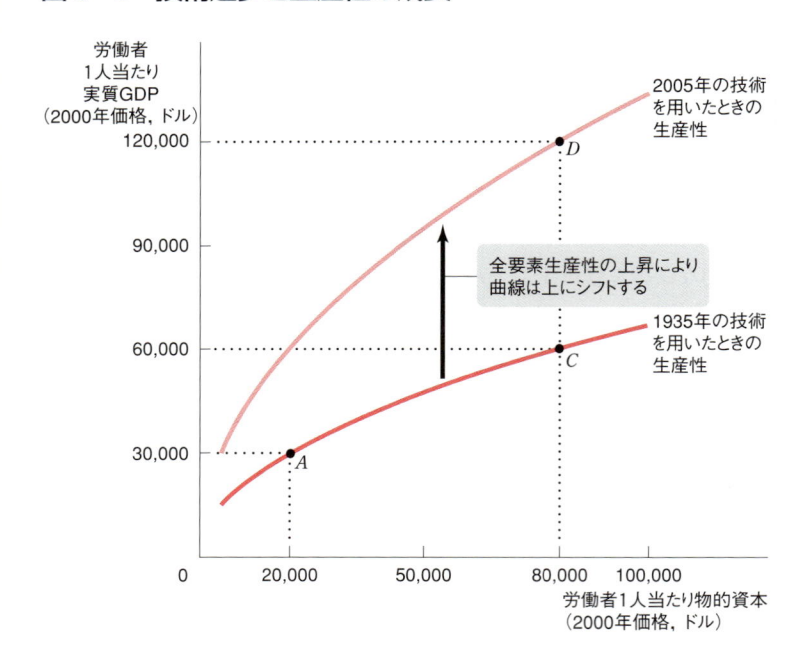

技術進歩は生産性曲線を上方にシフトさせる．労働者1人当たり人的資本を一定としよう．低い位置にある曲線(図8-4と同じもの)は1935年の技術を，高い位置にある曲線は2005年の技術を反映している．技術と人的資本を一定として，労働者1人当たり物的資本が2万ドルから8万ドルに4倍になると，労働者1人当たり実質GDPは3万ドルから6万ドルへと2倍になる．これは点Aから点Cへの動きで表され，労働者1人当たり実質GDPが1年に1％成長することを意味する．だが実際には，技術進歩が生産性曲線を上方にシフトさせ，労働者1人当たり実質GDPは点Aから点Dの水準へと成長した．労働者1人当たり実質GDPは年率2％で成長し，この期間に4倍になった．労働者1人当たり実質GDPのこのもう1％の成長は，全要素生産性の上昇によるものだ．

1935年から2005年の間に，労働者1人当たり物的資本が2万ドルから8万ドルに増加したと仮定しよう．労働者1人当たり物的資本のこの増加が技術進歩なしで起きたとしたら，経済は点Aから点Cに移動したはずだ．労働者1人当たりの産出量は上昇するだろうが，3万ドルから6万ドルへと，年率1％の上昇となったと考えられる(70の法則を思い出してほしい)．だが実際には，経済は点Aから点Dに移った．産出量は3万ドルから12万ドルへと，年率2％で上昇したのだ．つまり，労働者1人当たり物的資本の増加と，集計的生産関数をシフトさせる技術進歩の両方が生じたのだ．

このケースでは，年率2％の生産性成長の50％，つまり2％の生産性成長のうちの1％を，要素投入量を一定として生産できる産出量である**全要素生産性**(TFP)の上昇で説明できる．全要素生産性が上昇するとは，同量の物的資本，同量の人的資本，同量の労働でより多くの産出量を生み出せるということなのだ．

全要素生産性(TFP)とは，要素投入量を一定として生産できる産出量だ．

多くの推計が，全要素生産性の上昇が一国の経済成長にとって中心的役割を果たしていることを見出している．また私たちは，観測された全要素生産性の上昇は，技術進歩の経済効果を現実に測っているのだと信じている．これらすべてのことが意味するのは，技術進歩は経済成長にとって決定的なものだということだ．労働統計局はアメリカの非農業部門の労働生産性と全要素生産性の成長率を推計しているが，それによれば1948年から2004年までにアメリカの労働生産性は年率2.3％で上昇した．その上昇分のうち，労働者1人当たり物的資本と労働者1人当たり人的資本の増加によって説明されるのは，わずか48％だ．残りは全要素生産性の上昇，つまり技術進歩に

よって説明されるのだ．

2.4 天然資源はどうなのか

これまでの議論では天然資源のことを述べていなかったが，それは確かに生産性に影響を与える．他の条件が同じなら，とても肥沃な土地や豊かな鉱床のような価値ある天然資源に恵まれた国は，それほど幸運でない国に比べて1人当たり実質GDPが高い．現代で最も顕著な例は中東だ．巨大な原油埋蔵量が，人口の希薄な少数の国々を非常に豊かな国にしている．例えばクウェートの1人当たり実質GDPは韓国とほぼ同じだ．だがクウェートの豊かさは原油を土台としたものであり，韓国の1人当たり産出量を高めた原因である製造業を土台としたものではない．

だが他の条件が同じではないこともしばしばある．現代の世界では，大多数の国々にとって，物的資本・人的資本に比べると生産性の決定要因としての天然資源の重要性ははるかに低い．きわめて高い1人当たり実質GDPを持つ国々の中には，例えば日本のように，天然資源がとても少ない国がある．一方，（大きな原油埋蔵量を持つ）ナイジェリアのように，天然資源の豊富な国々の中にも非常に貧しい国がある．

歴史的に見れば，天然資源は生産性を決定するうえで顕著な役割を果たしてきた．19世紀において1人当たり実質GDPが最も高い国々は，豊かな農地と鉱床に恵まれた，アメリカ，カナダ，アルゼンチン，オーストラリアだった．その結果，天然資源は経済思想の発展の中で重要なものとして取り上げられた．イギリスの経済学者であるトマス・マルサスは，1798年に出版された有名な著作『人口論』のなかで，世界の土地の量が一定であることを根拠に将来の生産性について悲観的な予測を行った．彼の指摘によれば，人口が増大するにつれて1人当たりの土地の量は減少する．そして，他の条件を一定とすれば，生産性が低下することになる．彼の見通しでは，技術の改善や物的資本の増加は一時的な生産性の上昇を引き起こすにすぎない．人口の増大圧力と土地への労働投入の増加によって，それらの効果がつねに打ち消されてしまうからだ．彼は，大部分の人々は長期的には飢餓線上で生きるよう運命づけられているのだと結論づけた．それほどの高い死亡率と低い出生率の下でのみ，生産性の成長を上回るような急速な人口成長が起きないですむというわけだ．

人類史の大半では，生産性が低下するか停滞するというマルサスの予測は有効だったと多くの歴史家は信じているが，近代以降はそうはならなかった．18世紀までは，人口圧力はおそらく実際に生産性の大きな上昇を妨げていた．だがマルサスが著書を書いた時点以後は，技術進歩，人的資本・物的資本の増加，新世界での広大な可耕地の開拓といった正の効果のほうが，人口成長が生産性に及ぼす負の効果を大幅に上回るようになったのだ．

経済学を使ってみよう

情報技術のパラドックス

1970年代初めから1990年代半ばまで，アメリカの生産性成長は停滞期に入ってい

図8-6 アメリカの生産性成長の鈍化と回復

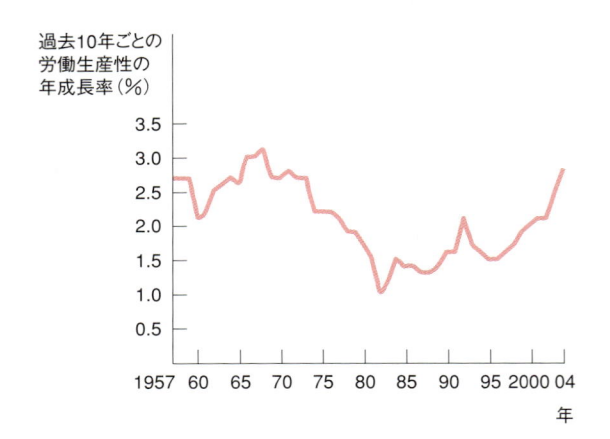

過去10年ごとの労働生産性の年成長率(%)

（縦軸: 0.5〜3.5, 横軸: 1957年〜2004年）

この曲線はアメリカの生産性成長率を10年刻みで示したものだ．例えば1960年の値は1950年から1960年までの年平均生産性成長率だ．1970年代と1980年代には，急速な技術進歩があるように見えたにもかかわらず，生産性成長率は落ち込んだ．だが1990年代になると，生産性成長率は再び上昇した．
出所：Bureau of Labor Statistics（労働統計局）．

た．図8-6は，アメリカの労働生産性の年間成長率を10年刻みで示したものだ．すなわち，1957年の数値は1947年から1957年までの年平均成長率，1958年の数値は1948年から1958年までの年平均成長率という具合だ．見てのとおり，1970年代初めに生産性成長率の大きな低下が始まった．労働者1人当たりの産出量の上昇は長期的成長の鍵となるものなので，経済成長全体も思わしくなく，経済的進歩が止まったという感じが広まった．

アメリカの労働生産性の成長率が下がったことで，多くの経済学者が困惑した．1960年代後半には3％だった年平均成長率が，1980年代半ばには1％をわずかに下回っていた．技術が急速に進歩しているように見えていただけに，これは驚きだった．現代の情報技術が本当に始まったのは，マイクロプロセッサ──チップ上のコンピュータ──が1971年に初めて開発されたときだった．その後の25年間で，ファックス機，デスクトップコンピュータ，携帯電話，電子メールなど，革新的と思われた一連の発明品が産業界の標準的設備となった．経済成長分析のパイオニアで，ノーベル賞受賞者のロバート・ソローMIT教授は，有名な論評の中で，情報技術革命は経済統計以外のあらゆる分野で目に入ってくると述べた．

なぜ情報技術は大きな利益を生まなかったのか．スタンフォード大学の経済史家ポール・デイビッドはある理論と予測を提示した．彼が指摘したのは，電力という奇跡的な技術が100年前に経済全体に普及したときも，当初は，生産性成長に与えたインパクトは驚くほど小さかったというものだ．彼が考えたその理由は，新しい技術は昔ながらの使い方をすると潜在的可能性を十分には発揮しない，というものだった．

例えば1900年頃の伝統的な工場は複数階建てのビルで，機械はぎっしり所狭しと置かれており，地下にある蒸気エンジンが動力源となるよう設計されていた．このレイアウトには問題があった．人や材料を自由に移動させるのが難しかったのだ．工場を電化したオーナーたちは当初，それでも，複数階建てで，詰め込み式のレイアウトを使い続けた．生産性が飛躍的に向上したのは，電力の持つ柔軟性をうまく活かして

広々した平屋建て工場への切換えが行われた後だった．そのいちばん有名な例が，ヘンリー・フォードの自動車組立てラインだ．

デイビッドは情報技術でも同じ現象が起きているという．彼の予測では，手紙や電話を電子的コミュニケーションに切り換えるなど，人々がこの新技術を活用するためにビジネスのやり方を本当に変えるなら，そのときこそ生産性は飛躍的に向上する．確かに，生産性成長は1990年代後半に劇的に加速した．224ページの「ちょっと寄り道」で示唆したように，その大きな原因はウォルマートのような会社が情報技術を効果的に使う方法を発見したことにあったのかもしれない．

ちょっと復習

▶生活水準の長期的な上昇の主要因は労働生産性の成長だ．
▶物的資本の増加は生産性上昇の要因の1つだが，生産性上昇は物的資本に関する収穫逓減に従う．
▶人的資本と新しい技術も生産性上昇の要因となる．
▶集計的生産関数は生産性上昇の要因を推定するために用いられる．成長会計は，技術進歩の効果と見なされる全要素生産性の上昇が長期の経済成長の核になっていることを示している．
▶今日の大多数の経済では，天然資源は，生産性成長の要因として物的資本・人的資本に比べ重要性は低い．

理解度チェック 8−2

1．次のそれぞれの出来事が生産性成長率に与える効果を説明しなさい．
   a. 労働者1人当たりの物的資本・人的資本は変わらないが，実質的な技術進歩が起きた．
   b. 労働者1人当たりの物的資本が増えたが，労働者1人当たりの人的資本水準と技術は変わらない．
2．マルチノミクス社は国内中に多くのオフィスを持つ大会社だ．同社は，社内で使われるすべての機能に影響を及ぼす新しいコンピュータ・システムを採用した．新しいコンピュータ・システムによって従業員の生産性が上昇するまでに一定の時間がかかる可能性があるが，それはなぜか．従業員の生産性が一時的に低下することはありうるか．

解答は本書の巻末にある．

3 成長率はなぜ違うのか

経済史家アンガス・マディソンの推定によれば，1820年には，メキシコの1人当たり実質GDPは日本よりいくらか高かった．今日では，日本の1人当たり実質GDPはほとんどのヨーロッパ諸国よりも高く，メキシコは最貧国では決してないが，貧しい国だ．違いは何かって？ 長期で見て，日本の1人当たり実質GDPは年率1.9％で成長したのに対し，メキシコのそれは年率1.2％でしか成長しなかったことだ．

この例が示すように，成長率のわずかな違いが，長期的には大きな差をもたらす．だが，成長率が国や時期によって違うのはなぜなのか？

最も単純な答えは，急成長する経済では物的資本の蓄積や，人的資本の増加や，急速な技術進歩が，あるいはそれら3つすべてが持続的に起きている傾向があるから，というものだ．もっと深い答えは，経済成長を促す政策や制度，すなわち物的資本・人的資本の増加や技術進歩を促す人間の努力が確実に報われるような政策や制度があるから，というものだ．

3.1 貯蓄と投資支出

　労働者が使える物的資本を増やすには，投資支出を行わなければならない．これを実現するには2つの方法がある．1つの方法は，その経済に住む人々が貯蓄をすること，つまり自分の所得の一部を消費支出に使わないでとっておくことだ．そうした国内貯蓄は，民間家計が可処分所得の一部を貯えたり，また政府が支出を税収より少なくしたりすることから，あるいはその両方から生み出される．投資支出のもう1つの源泉は，他国に住む人々が生み出す外国貯蓄だ．はじめに，自国の居住者が生み出す国内貯蓄に焦点をあてよう．

　どれくらいの貯蓄ができるか，また貯蓄をどれくらい生産的な投資支出に充てることができるかは，いずれもその経済の制度，特に金融システムに依存する．なかでも，銀行システムがきちんと機能することが経済成長のためにはきわめて重要だ．というのも，銀行システムは大多数の国々で，貯蓄を企業の投資支出につなげる主要な経路となっているからだ．自国の銀行が信用できるなら，市民は貯蓄を銀行に預け，銀行がそれを顧客企業に貸し付ける．だが人々が銀行を信用できなければ，彼らは自分の貯蓄を金や外国通貨に換えて安全な金庫の中やベッドの下に退蔵するから，それは生産的な投資支出に回らなくなってしまう．第13章で議論するように，金融システムがうまく機能するには，自分の資金が守られていると預金者が信じられるような適切な政府規制が必要だ．

　政府の政策はこれ以外にも2つの重要な経路で貯蓄と投資支出に影響を及ぼす．第9章で見るように，支出以上の税を集めれば政府も貯蓄ができる．これにより政府は投資支出に使える資金を効果的に増やすのだ．だが徴収した税以上の支出をして政府借入が必要になったら，何が起きるだろうか．経済学者たちの大きな心配は，政府借入があまりに大きくなると，それが民間投資支出を「クラウド・アウト」する（押しのける）のではないかということだ．言い換えると，政府借入が経済成長を促進するのに使えたはずの資源を吸収してしまい，政府借入がなかった場合に比べて投資支出を減らすのではないかということだ．貯蓄と投資支出の経済学，金融システムの働き，政府借入の役割は第9章で考える．

　政府が貯蓄と投資支出に悪影響を与えるもう1つの経路は，金融政策を無責任に行うこと，特に過度のインフレーションを起こすことだ．第16章で見るように，インフレーションが進むと多くの金融資産の価値が減少する．結果として，インフレーションの歴史を持つ国の人たちは貯蓄意欲が低いことが多い．少なくとも，インフレーションのせいで被害を受ける可能性のある資産に自分の貯蓄を投資する意欲は低いのだ．

3.2 外国投資

　一国の投資支出は国内貯蓄より大きくも小さくもなりうるが，それは外国投資があるからだ．すなわちある国の居住者がその貯蓄の一部を他の国々に投資するからだ．アメリカは現在，外国投資の純受入国だ．事実，外国貯蓄はアメリカの投資支出のう

ちの大きな部分を賄っていて，そのおかげでアメリカは国内貯蓄以上の投資支出を行っている．アメリカには，19世紀にまでさかのぼる外国投資の国家的伝統がある．そのときには，アメリカの鉄道建設にイギリスの投資家が資金を提供していた．

投資家は投資からの収益を期待し，通常はそれを受け取る．ある国の居住者が，アメリカ人のように外国人から借入をしたら，その貸付に対して利子を支払わなければならない．また，もし外国企業がある国で新しい工場を建設したり既存の工場を買い取ったりすれば，その工場の外国人所有者はそれらの工場が稼ぎ出す利潤を受け取る権利を得る．経済学者は，外国投資により生み出される実質GDPの増加は，外国人に支払われる利子と利潤よりも通常は大きいと主張している．つまり，その国は全体として外国投資から利益を得るのだ．

外国企業がある国で工場を建設したり買い取ったりするというかたちで投資を行うと，多くの場合，その受入国には追加的な利得がある．外国企業は受入国全体に普及するような新しい技術をしばしば持ち込んできて，多くの部門で生産性を上昇させるのだ．マレーシアのようなアジア諸国では，アメリカ，ヨーロッパ，日本からのそうした投資で現代的な生産方法が導入され，現地のアジア企業が見習うようになった．アメリカの産業だって，1つか2つは学べることがある．1980年代，特に自動車産業で，日本企業はアメリカより優れた生産方法を展開していた．1990年代にアメリカはその格差を埋めたが，それは主に日本がアメリカに所有する工場から学習したからだ．

3.3 教育

物的資本は主として個人や民間企業による投資支出を通じて創出される．それとは対照的に，人的資本の多くは教育への政府支出の成果だ．高等教育のコストの大部分は個人が負担しているが，初等・中等教育のコストの大半は政府が負担している．国が自国民に提供する教育の質は，その国の経済成長に大きな影響を及ぼす．

アイルランドの成功物語と同様，この章の後のほうで出てくる「東アジアの経済的奇跡」は，その格好の例だ．いくつかのアジア諸国が20世紀最後の20～30年間にこれほどの成功をおさめた最大の要因は，これら諸国が貧しかったときでさえその居住者に対して非常に良い基礎教育を提供していたからだと，多くの分析者が信じている．

3.4 インフラストラクチャー

インフラストラクチャー（インフラ）という用語は，道路，電力供給ライン，港湾，情報ネットワーク，あるいはその他の物的資本のような，経済の土台ないし基盤となるものを指す．民間企業が提供するインフラもあるが，多くは政府が提供するか，大規模な政府の規制や支援を必要とするものだ．221ページの「経済学を使ってみよう」で指摘したように，アイルランドの急速な成長には完璧なインフラが重要な役割を果たした．

例えば電力網が壊れやすく家庭や会社がよく停電するといったように，貧弱なイン

道路，電力供給ライン，港湾，情報ネットワーク，その他経済活動の土台となるものは，**インフラストラクチャー**（インフラ）として知られている．

フラが経済成長の主たる障害になっている国々もある．良いインフラを提供するためには，経済にそれを担うだけの余裕が必要となる．同時に，それを維持し将来に引き継ぐための政治的な規律も不可欠だ．

最も決定的なインフラはおそらく，私たちが当たり前のように感じている，清潔な水の供給や疾病管理などの基本的な公衆衛生措置だ．次節で見るように，貧弱な健康インフラは，とりわけアフリカのような貧しい国々では，経済成長の主要な課題となっている．

3.5 研究開発

技術の進歩は経済成長の主要な原動力だ．では，技術を進歩させるものは何だろう？

科学の進歩は新しい技術を生み出す．今日の世界での最も顕著な例を挙げると，現代のすべての情報技術の基礎になっている半導体チップは，物理学での量子力学の理論がなかったら開発されなかっただろう．

だが，科学だけでは十分ではない．科学的知識は，有用な製品や工程に具体化されなくてはならない．そのために，**研究開発**(R&D)という，新技術を創造してそれを実用化するための支出に多くの資源を投入する必要がある．

民間部門は，研究開発のために多くのコストを払っている．アメリカ経済は世界を先導する経済となったが，その大きな理由は，事業活動の一環として系統的な研究開発を初めて取り入れたのがアメリカ企業だったからだ．以下の「ちょっと寄り道」で，トマス・エジソンが初の現代的な産業技術研究所をどのように作ったかを説明しよう．

とはいえ，重要なR&Dの多くは，政府機関によってなされている．以下の「経済学を使ってみよう」では，最近のブラジル農業の好況ぶりを説明する．この好況の原

> **研究開発**(R&D)とは新しい技術を創造し実用化するための支出だ．

ちょっと寄り道　R&Dを発明する

トマス・エジソンは電球と蓄音機の発明で最もよく知られている．だが彼の最大の発明は，読者にとって意外なものかもしれない．彼は，研究開発を発明したのだ．

エジソンの時代以前にも，むろんのこと，たくさんの発明家がいた．チームで発明に取り組む人たちもいた．だが，1875年にエジソンは新しいもの，つまりニュージャージーのメンロパーク研究所を創設した．そして，ビジネスに役立つ新しい製品や製造方法を生み出すため25名の人たちを常勤で雇った．エジソンは特定のアイデアを追究しておカネにすることを始めたのではなく，新しいアイデアを毎年創り出すことを目的とした組織を立ち上げたのだ．

エジソンのメンロパーク研究所は今では博物館になっている．その博物館のウェブサイトによると，「メンロパークで開発された製品をいくつか挙げると，次のようなものがある．電話のカーボンマイク，蓄音機，白熱電球，配電システム，電車，鉱石分離符，エジソン効果真空管，初期の無線実験装置，自動電信機，電信の改良である」．

エジソンの研究所以前には，技術はただ偶然に生じるものだったと言えるだろう．アイデアを持つ人々は現れたものの，企業は，継続的に技術進歩を引き起こそうという計画は持っていなかった．R&D事業の多くは現在，エジソンの当初のチームよりはるかに大きな規模で行われており，産業界全体では当たり前のものとなっている．

因は，政府の研究者たちによって，以前は使えなかった土地にきわめて重要なある栄養素を加えてやると穀物が生育することが発見されたこと，またブラジルの熱帯気候でよく育つ大豆や牛の品種が開発されたことだった．

3.6 政治の安定，財産権，過剰な政府介入

暴動でビジネスが破壊されそうなときにそのビジネスに投資したり，裏で政界とつながりのある者があなたのお金を盗み取れるときに貯蓄を行ったりするのは，意味がないことだ．政治の安定と財産権の保護は，長期の経済成長にとって不可欠なものだ．

アメリカのように成功した経済で長期成長が達成できたのは，良い法律，それらの法律を履行させる制度，それらの制度を維持する安定的な政治システムがあったからだ．法律は，個人の財産は本当にその人のもので誰もそれを奪えないことを定めていなければならない．裁判所と警察は誠実で，賄賂を受け取って法律を無視するようなことがあってはならない．また法律が気まぐれに変わることがないよう，政治システムは安定していなければならない．

アメリカ人はこれらの前提条件を当然のものと思っているが，そうである保証は全くない．戦争や革命による崩壊に加えて，法律を遵守させるべき立場の政府官僚の汚職によって，多くの国で経済成長が損なわれている．例えばインド政府は1991年まで企業に多くの官僚主義的な制限を課していたので，企業は日常業務においてさえ認可を得るために官僚に賄賂を渡さなければならなかった．それは企業への事実上の課税のようなものだった．1947年のインド独立後の最初の40年間に比べて，近年のインドがはるかに急速な成長を遂げた理由の1つは，こうした汚職という負担が減少したことにあると経済学者たちは主張している．

政府の腐敗がないとしても，過剰な政府介入は経済成長のブレーキになる可能性がある．経済の大きな部分が政府の補助金で支えられていたり，輸入圧力から保護されていたり，あるいは競争から隔離されていたりすれば，自助努力が欠如して生産性が損なわれる傾向がある．次の節で見るように，過剰な政府介入はラテンアメリカの低成長を説明するときによく引き合いに出される．

経済学を使ってみよう

ブラジルの穀倉地帯

ブラジルの悪い冗談に，「ブラジルは未来の国だ，そして常にそうあるだろう」というものがある．世界で5番目に人口の多いこの国は，しばしば主要な経済大国になりうる国と見なされてきたが，その見込みが実現したことは決してなかった．

しかし近年のブラジル経済は，特に農業で，良い状態になっているように見える．この成功は，セラードとして知られる熱帯サバンナの土地という天然資源を活用したおかげだ．だが四半世紀前までは，その土地は農業に不向きだと考えられていた．研究開発による技術進歩，経済政策の改善，物的資本の増加という3つの要因が組み合わさって，それが変わったのだ．

ブラジル農牧研究公社という政府機関が決定的な技術を開発した．この公社は，石炭とリンを加えるとセラードの土地が生産力を持つようになることを発見し，気候に適した牛と大豆の新品種を開発したのだ（今は小麦に取り組んでいる）．またブラジルの国際貿易政策は，1980年代まで，ブラジルの財が外国人にとって割高になるように為替レートを過大評価して輸出を抑制していた．経済改革後，ブラジルでの農業投資ははるかに大きな利潤をもたらすようになり，企業は土地利用に必要な農業機械・建物，その他の物的資本を設けはじめた．

ブラジルの成長の阻害要因は何だろう？　それはインフラストラクチャーだ．『ニューヨーク・タイムズ』のあるレポートによれば，ブラジル農民たちは「頼りにできる高速道路，鉄道，水運がないことを懸念している．なぜならそれらなしでは事業費用が嵩むからだ」．だが，ブラジル政府はインフラ投資を行っており，ブラジル農業は拡大を続けている．この国はすでに世界最大の牛肉輸出国としてアメリカを追い越しており，大豆輸出でももはや大きな後れをとってはいないかもしれない．

ちょっと復習

▶1人当たり実質GDPの成長率は国によって大きく異なる．その大きな原因は，貯蓄と投資支出に影響を与える政策や制度が国ごとに異なっていることだ．

▶外国投資は投資支出の重要な資金源となりうるし，またしばしば有用なノウハウももたらしてくれる．

▶主に政府支出により提供される教育とインフラストラクチャーは，成長に貢献する重要な要因だ．

▶技術進歩は研究開発によって起こる．

▶私有財産を保護する法や制度，それに政治の安定も，長期の経済成長にとって必要なものだ．

理解度チェック 8-3

1. アメリカの貯蓄率（GDPのうち，国全体で1年間に貯蓄される割合）は近年非常に低くなっているが，一方で多くの外国投資を引きつけている．これは長期の経済成長にとって危険だという経済学者もいるが，それに賛成しない経済学者もいる．どちらの主張も正しい可能性があるのはなぜか．
2. アメリカの大学のバイオテクノロジー研究所は，ヨーロッパのそれに比べて密接に民間のバイオテクノロジー企業と結びついている．このことはアメリカとヨーロッパの新薬開発の速度にどんな効果を与えるだろうか．
3. 1990年代の旧ソビエト連邦では権力者が多くの財産を没収し，管理した．このことは同国の成長率にどんな影響を及ぼしただろうか．
4. かつて外国所有の工場を忌み嫌っていた多くの国々が今ではそれを歓迎している．この態度の変化について説明しなさい．

解答は本書の巻末にある．

4　成功，失望そして失敗

これまで見てきたとおり，長期の経済成長率は世界中で大きく異なっている．過去数十年間，非常に異なった経済成長を経験してきた3つの地域を見て，この章を終えることにしよう．

図8-7はアルゼンチン，ガーナ，韓国の3国における，1人当たり実質GDPの1960年以降のトレンドを示している（図8-1と同じく，縦軸は比例目盛になっている）．これらの国々を選んだのは，その地域で何が起きたかを特に鮮明に示す例となっているからだ．韓国の驚くべき成長は，東アジアで広く生じた「経済的奇跡」の一部だ．アルゼンチンの1人当たり実質GDPの停滞は，ラテンアメリカを特徴づけている典

図8-7 成功，失望そして失敗

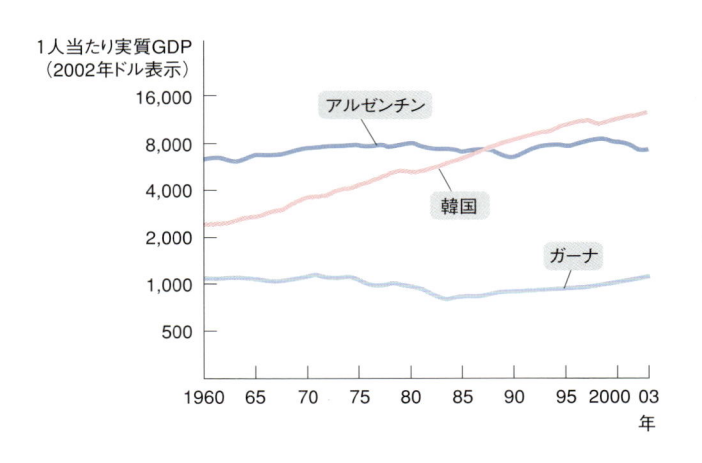

1人当たり実質GDP（2002年ドル表示）のグラフ。アルゼンチン、韓国、ガーナの1960年から2003年までの推移。

韓国やその他の東アジア諸国は，経済成長の達成という点で大きな成功をおさめてきた．アルゼンチンは，他のほとんどのラテンアメリカ諸国と同じく，20世紀の早い時期には1人当たり実質GDPは相対的に高かったが，20世紀後半の1人当たり実質GDPの成長はわずかだった．他のアフリカ諸国と同じく，ガーナの経済はずっと停滞したままだ．

出所：World Bank.

型的な失望の種だ．1980年代半ばにいくぶん回復したものの，1人当たり実質GDPが1960年時点よりいまだに低いというガーナの不幸な話は，残念ながらアフリカの経験の典型例なのだ．

4.1　東アジアの奇跡

　1960年には，韓国は非常に貧しい国だった．実際，このときの1人当たり実質GDPは今日のインドより低かった．だが図8-7からわかるように，韓国経済は1960年代初頭から猛烈なスピードで成長を始めた．1人当たり実質GDPは30年以上にわたり，毎年約7％で成長した．韓国の所得は，今日でもヨーロッパやアメリカよりまだいくらか低いが，ほとんど経済的先進国のようだ．

　韓国の経済成長は歴史上前例のないものだった．他の国では何世紀も要した成長を達成するのに，わずか35年しかかからなかったのだ．とはいえ韓国は，しばしば東アジアの経済的奇跡と言われている広範な現象の一部に過ぎない．高い成長率は当初は韓国，台湾，香港，シンガポールで見られ，その後地域全体に，最も注目すべきことには中国に拡がった．1975年以降，この地域全体で1人当たり実質GDPは年率6％で増大した．これはアメリカのこれまでの平均成長率の3倍の高さだった．

　アジア諸国がそんなに高い成長率を達成できたのはなぜだろう？　その答えは，生産性成長のすべての要因にいっせいに火がついたから，というものだ．GDPのうち1年間に国全体で貯蓄された割合，つまり貯蓄率が非常に高かったことで，1人当たり物的資本は目に見えて増大した．非常に良い基礎教育のおかげで人的資本も急速に改善した．さらにこれら諸国はかなりの技術進歩をも経験してきた．

　過去にこのような成長を達成した国がなかったのはなぜか？　東アジアで急成長が実現したのは相対的な後進性のためだった，と多くの経済アナリストは考えている．近代化した世界に突入しはじめた時点で，東アジア経済は，アメリカのような技術先進国が過去に生み出してきた先進技術を利用できる恩恵に浴することができたの

だ．1900年には，ジェット機からコンピュータまで，現代経済を動かす技術の多くはまだ発明されていなかった．そのため，アメリカは現代的な生産性のレベルにすぐに移ることはできなかった．1970年の韓国では，おそらくまだ1900年のアメリカより労働生産性は低かったが，アメリカ，ヨーロッパ，日本が20世紀に開発した技術を採用することで，生産性を急速に高めることができたのだ．

東アジアの経験は，1人当たり実質GDPの高い国に追いつこうとしている国では，経済成長が特に急速になりうることを示している．これに基づいて，多くの経済学者は**収束仮説**と呼ばれる一般原理を提唱している．それによれば，1人当たり実質GDPの各国間での格差は，時間が経つと小さくなっていく．なぜなら，1人当たり実質GDPの水準が当初低かった国は，その後の成長率が高くなる傾向があるからだ．次の「経済学を使ってみよう」で，収束仮説の実証的な証拠を見よう．

だがその証拠を見る前に言えることは，ラテンアメリカとアフリカの両方の例が示すように，比較的低い1人当たり実質GDP水準から出発したからといって，急速な成長が保証されるわけではないということだ．

| 4.2 | ラテンアメリカの失望 |

1900年には，ラテンアメリカは経済的な後進地域とは見なされていなかった．耕作可能な土地や鉱物といった天然資源も豊富だった．特にアルゼンチンのように，ヨーロッパからより良い生活を求めて何百万人もの移民がやってくる国もあった．アルゼンチン，ウルグアイ，ブラジル南部の1人当たり実質GDPは経済先進国に匹敵していた．

だが1920年ころ以降，ラテンアメリカの成長は失望をもたらすものとなっている．図8-7のアルゼンチンの状況が示しているように，失望は今日に至っても消えないでいる．今では韓国のほうがアルゼンチンよりずっと豊かだという事実は，2～3世代前の人には，考えられないことだったろう．

ラテンアメリカはなぜ停滞しているのだろう？　東アジアの成功物語と比較すると，いくつかの要因が思い浮かぶ．高いインフレーション，銀行の破綻，それ以外の混乱など，貯蓄に害を及ぼすような無責任な政府の政策のせいもあって，ラテンアメリカの貯蓄率と投資支出率は東アジアよりもはるかに低い．教育，特に広範な基礎教育は重視されてこなかった．天然資源の豊富なラテンアメリカ諸国ですら，獲得した富を教育システムにつぎ込んでこなかったのだ．また，不安定な政治が無責任な経済政策をもたらし大損害が生じた．

1980年代には，ラテンアメリカは市場への過剰な政府介入に苦しんでいるのだと多くの経済学者が信じるようになった．経済学者は，経済を開放して輸入ができるようにすること，国有企業を売り払うこと，またより一般的に個人の創意を自由に発揮させることを推奨した．そうすることで，東アジア型の経済成長が生み出されることを期待したのだ．だがこれまでのところ，本当に急速な経済成長を達成したラテンアメリカの国はチリただ1国だけだ．経済的奇跡を引き起こすことは意外に難しいよう

収束仮説によれば，1人当たり実質GDPの国際的な格差は時間が経つと小さくなる傾向がある．

だ．

4.3 アフリカの困難

　サハラ以南のアフリカには，約6億人というアメリカの2倍を超える人口が住んでいる．おしなべて彼らは非常に貧しく，100年前どころか200年前のアメリカの生活水準にすら及ばない．いちばん困るのは，アフリカ経済が衰退しているということだ．2003年の1人当たり実質GDPの平均は，1974年より11％も低下している．

　このように経済成長のパフォーマンスが悪かったために，厳しい貧困はさらに悪化した．1970年には，アフリカの42％の人たちが今日の価格で見て1日1ドル未満の生活をしていた．2001年までに，その数値は46％となった．

　これは非常に暗澹たる状況だ．どうしてこうなるのだろう？　おそらくいくつかの決定的要因がある．第1のものは，政治の不安定だろう．1975年以降，アフリカの多くの地域で，何百万人もが殺戮され生産的な投資支出を不可能にするような激しい内戦（敵対する陣営のそれぞれに外国勢力が加担していることが多かった）があった．戦争と無政府状態の脅威は，教育やインフラ整備などの成長にとって重要な前提条件も失わせてしまう．

　財産権も問題だ．法的保護手段がないということは，政府の腐敗のせいで財産の所有者はしばしば強奪に遭うということを意味する．すると人は，財産を保有したり増やしたりするのを避けるようになる．非常に貧しい国では，これは特に大きな痛手だ．

　政治の不安定と政府の腐敗がアフリカの発展を阻害する主要因だと多くの経済学者は見ているが，その逆を信じている人たちもいる．その中で最も注目すべきなのが，コロンビア大学と国連に所属するジェフリー・サックスだ．彼らの主張では，アフリカは貧しいがゆえに政治的に不安定なのであり，アフリカの貧困の原因は極端に不運な地理的条件にあるという．つまりアフリカ大陸のほとんどが内陸で，暑くて熱帯病がはびこり，やせた土壌に呪われているからなのだ．

　サックスは世界保健機関（WHO）の経済学者とともに，アフリカの健康問題の重要性を強調している．貧困国では，栄養失調と病気によって労働者の生産性が大きく損われていることが多い．特にマラリアのような熱帯病は有効な公衆衛生インフラがなければ予防できないのに，アフリカの多くの地域ではそれがないのだ．この本を執筆している時点でも，アフリカの各地域で経済学者たちは，穀物収穫量を増やしたり，マラリアを減らしたり，就学率を上げるために現地の人に直接与えられる少量の援助が生活水準を持続的に向上させられるかどうかについて研究している．

　アフリカ諸国の例は，長期の経済成長を当たり前のことだと思ってはいけないと警告しているが，希望の兆しもいくらかある．モーリシャスは繊維産業の発展に成功している．コーヒーや石油などの商品に依存するいくつかの国は，最近の商品価格の上昇から利益を得ている．またガーナは今や，数年間にわたって，1人当たり実質GDPをなんとか増加させ続けている．

経済学を使ってみよう

経済は収束している？

1950年代には，アメリカからの訪問者は，ヨーロッパの大半は古風で後れていて，日本は非常に貧しい国だと見ただろう．今日，パリや東京を訪れる人は，ニューヨークに並ぶほど豊かに見える都会を目のあたりにする．1人当たり実質GDPはアメリカのほうがまだいくらか高いが，アメリカ，ヨーロッパ，日本の生活水準にはさほどの違いはない．

このような生活水準の収束は正常なものだと，多くの経済学者が主張している．収束仮説では，比較的貧しい国は比較的豊かな国より1人当たり実質GDPの成長率が高いはずだとされている．そして今日比較的暮らし向きの良い国を見ると，収束仮説は当てはまるように思われる．図8-8のパネル(a)は今日豊かになっている多くの国のデータを示している．横軸は1955年の1人当たり実質GDP，縦軸は1955年から2001年までの1人当たり実質GDPの成長率だ．負の関係があることははっきりしている．アメリカは1955年にはこのグループでいちばん豊かだったが，成長率はいちばん低かった．日本とスペインは1955年にはいちばん貧しかったが，成長率はいちばん高かった．これらのデータは収束仮説が当てはまることを示唆している．

だが類似のデータを見た経済学者は，この結果がどの国を選んだかに依存していることに気づいた．今日の生活水準の高い成功した経済を見れば，1人当たり実質GDPが収束したことがわかる．だが貧しいままの国を含めて世界全体を見渡すと，収束の証拠はほとんどない．図8-8のパネル(b)は，個別の国(アメリカを除く)ではなく地域のデータを使ってこのことを例証している．1955年には，東アジアとアフリカはともに非常に貧しい地域だった．その後の45年間，東アジア経済は収束仮説が予測したように急速に成長したが，アフリカ地域の経済成長は非常に鈍かった．1955年には，西ヨーロッパはラテンアメリカに比べて1人当たり実質GDPが目に見えて高かった．だが収束仮説とは逆に，その後の45年間も西ヨーロッパ地域の経済のほうが急速に成長し，地域間格差は拡大した．

では収束仮説はすべて間違いなのだろうか？　いや，そうじゃない．他の条件を一定とすれば，1人当たり実質GDPが比較的低い国はそれが比較的高い国より成長率が高い傾向があると，経済学者はいまも信じている．だが教育，インフラ，法の支配などの他の条件が一定でないこともよくある．統計的研究によれば，これらの他の条件の違いを調整した場合には，貧しい国が高い成長率を示す傾向が実際にあるのだ．この結果は，条件付収束として知られている．

だが，他の条件が異なるので，世界経済全体でははっきりした収束への傾向は見られない．西ヨーロッパ，北アメリカ，アジアの一部では1人当たり実質GDPは近くなっているが，これらの地域と世界の他の地域の格差は拡大しつつある．

図8-8 経済は収束しているか

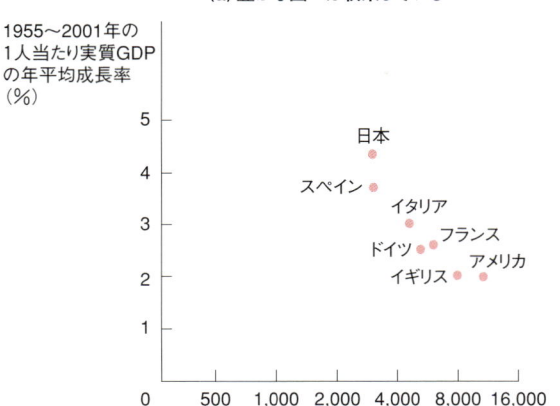

(a) 豊かな国々は収束している……

1955～2001年の1人当たり実質GDPの年平均成長率（％）

日本、スペイン、イタリア、ドイツ、フランス、イギリス、アメリカ

横軸：1955年の1人当たり実質GDP

(b) ……だが世界全体では収束していない

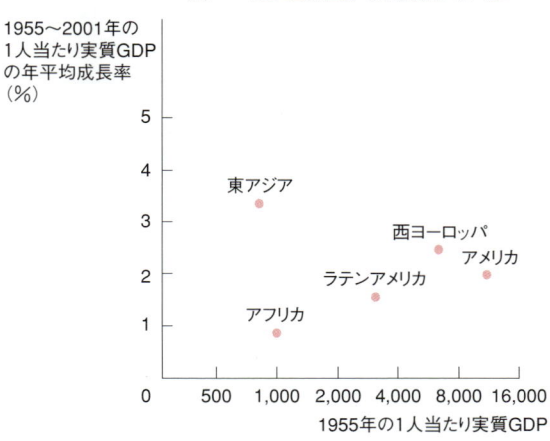

1955～2001年の1人当たり実質GDPの年平均成長率（％）

東アジア、西ヨーロッパ、ラテンアメリカ、アメリカ、アフリカ

横軸：1955年の1人当たり実質GDP

今日豊かになった国のデータでは収束仮説が支持されるようだ．パネル(a)から，現在豊かな国の中で，1955年には1人当たり実質GDPが低かった国はそれ以後高い成長率を達成しており，その逆も言える．だが世界全体では収束の兆しはほとんどなかった．パネル(b)は世界の主要な地域について1955年の1人当たり実質GDPとそれ以後の成長率を示している．貧しい地域は豊かな地域に比べて一貫して高い成長率を達成しているわけではなかった．貧しいアフリカは最悪のパフォーマンスを示した．比較的豊かだった西ヨーロッパは，ラテンアメリカより急速に成長した．

出所：Angus Maddison, *The World Economy: Historical Statistics* (Paris: OECD, 2003).

理解度チェック 8-4

1. 多くのアジア経済で達成された高い生産性成長率は持続できないと考える経済学者もいる．それが正しいかもしれないのはなぜか．それが誤りであるためにはどんなことが起きなければならないか．
2. 長期の成長率が将来高くなると予測できる要因としてより適切なのは，現在の生活水準が高いこと，貯蓄と投資支出の水準が高いことのどちらか．答えを述べ，説明しなさい．
3. アフリカ諸国を助ける最良の方法は，豊かな国々が基礎的インフラ整備のためにより多くの基金を提供することだと考える経済学者もいる．アフリカ諸国がこのインフラを維持するための金融的手段と政治的手段を持たないなら，この政策は長期的な効果をもたないと考える経済学者もいる．あなたならどんな政策を薦めるだろうか．

解答は本書の巻末にある．

ちょっと復習

▶東アジアの目覚しい成長を生み出したのは，高い貯蓄率と投資支出，教育の重視，他の諸国からの技術進歩の導入だった．
▶貧弱な教育，政治の不安定，無責任な政府の政策がラテンアメリカの低成長の主要な要因だ．
▶サハラ以南のアフリカでは，深刻な政治の不安定，戦争，特に公衆衛生に関するインフラの貧弱さの結果，経済成長の破滅的な失敗が生じた．
▶教育，インフラ，財産権等の他の条件が一定に保たれれば，収束仮説は成り立つ傾向がある．

次に学ぶこと

長期の経済成長を成功させる鍵の1つは，高水準の貯蓄を生産的な投資支出へとつなげられる経済の能力だ．だがそれはどのように達成されるのだろう？　政策，制度，

そして金融市場によってだ．

金融システムは長期的にも短期的にも経済のパフォーマンスにとって決定的な役割を果たす．次章では，金融システムがどのように機能するかを検討しよう．

要　約

1. 1人当たり実質GDPの水準は世界中で大きく異なっている．世界人口の半分を超える人々が，いまだに1900年のアメリカよりも貧しい国々で暮らしている．20世紀を通じて，アメリカの1人当たり実質GDPはほぼ600％増加した．

2. 1人当たり実質GDPの成長率も大きく異なっている．**70の法則**によれば，1人当たり実質GDPが2倍になるのにかかる年数は，70を1人当たり実質GDPの年間成長率で割った値に等しい．

3. 長期の経済成長の鍵は，労働者1人当たりの産出量，つまり**労働生産性（生産性）**の上昇だ．生産性の上昇は，**技術**の進歩や労働者1人当たりの**物的資本・人的資本**の増加から生じる．**集計的生産関数**は，労働者1人当たりの実質GDPがこれら3つの要因にどう依存しているかを示すものだ．他の条件が一定なら，**物的資本に関する収穫逓減**が存在する．すなわち，物的資本を増やすごとに生み出される生産性の上昇分は以前より小さくなる．同じことだが，労働者1人当たりの物的資本を増やすと生産性成長率はプラスではあるが低くなる．**成長会計**は一国の経済成長への各要因の貢献度を推定するもので，一定の要素投入から生み出される産出量，つまり**全要素生産性**が上昇することが長期の成長の鍵だということを示している．通常それは技術進歩の効果と解釈されている．昔とは違って今日では，天然資源はほとんどの国で生産性成長の源泉としての重要性が低くなっている．

4. 多くの要因が，国際間での成長率の相違に影響を及ぼす．そうした要因には，政治の安定と財産権の保護に役立つと同時に，貯蓄と投資支出，外国投資，**インフラストラクチャー**，**研究開発**を増やすような政府の政策や制度がある．

5. 世界経済には，長期の経済成長を達成しようとする努力が成功した例と失敗した例がある．東アジア経済は多くのことを適切に行って非常に高い成長率を達成した．ラテンアメリカでは重要な条件がいくつか欠けており，成長は一般的に言って失望を誘うものだった．アフリカでは，現在いくらか進歩の兆しはあるものの，1人当たり実質GDPが数十年間低下してきた．経済的先進諸国の成長率は収束しているが，世界全体の国の成長率はそうではない．そのため，教育，インフラストラクチャー，望ましい政策や制度のような成長に影響する要因が各国間で差がないとされる場合にのみ**収束仮説**はデータと適合する，と経済学者は信じるようになっている．

キーワード

70の法則… p.220
労働生産性（生産性）… p.222
物的資本… p.223
人的資本… p.224
技術… p.224
集計的生産関数… p.225

物的資本に関する収穫逓減… p.225
成長会計… p.227
全要素生産性… p.228
インフラストラクチャー… p.233
研究開発… p.234
収束仮説… p.238

問題

1. 以下の表はアルゼンチン，ガーナ，韓国，アメリカについて，1960年，1970年，1980年，1990年，2000年の1人当たり実質GDPを1996年ドル表示したデータを，ペン・ワールド・テーブル6.1版 (Penn World Table, Version 6.1) を使って示したものだ．

a. 各年の1人当たり実質GDPの1960年水準，2000年水準に対する割合をパーセントで書き表して，表を完成させなさい．

b. 1960年から2000年までの生活水準の成長はこれら4カ国の間でどう違っているか．その違いは何によって説明できるか．

アルゼンチン

年	1人当たり実質GDP (1996年ドル表示)	1人当たり実質GDPの対1960年比	1人当たり実質GDPの対2000年比
1960	7,395	?	?
1970	9,227	?	?
1980	10,556	?	?
1990	7,237	?	?
2000	10,995	?	?

ガーナ

年	1人当たり実質GDP (1996年ドル表示)	1人当たり実質GDPの対1960年比	1人当たり実質GDPの対2000年比
1960	832	?	?
1970	1,275	?	?
1980	1,204	?	?
1990	1,183	?	?
2000	1,349	?	?

韓国

年	1人当たり実質GDP (1996年ドル表示)	1人当たり実質GDPの対1960年比	1人当たり実質GDPの対2000年比
1960	1,571	?	?
1970	2,777	?	?
1980	4,830	?	?
1990	9,959	?	?
2000	15,881	?	?

アメリカ

年	1人当たり実質GDP (1996年ドル表示)	1人当たり実質GDPの対1960年比	1人当たり実質GDPの対2000年比
1960	12,414	?	?
1970	16,488	?	?
1980	21,337	?	?
1990	26,470	?	?
2000	33,308	?	?

2. 次の表はアルゼンチン，ガーナ，韓国について1人当たり実質GDPの過去数十年の年平均成長率を，ペン・ワールド・テーブル6.1版のデータを使って示したものだ．

1人当たり実質GDPの年平均成長率(%)

年	アルゼンチン	ガーナ	韓国
1960～1970	2.24	4.36	5.86
1970～1980	1.35	-0.57	5.69
1980～1990	-3.70	-0.18	7.51
1990～2000	4.27	1.33	4.78

a. 各10年間につき，各国の1人当たり実質GDPが2倍になるまでにどのくらいの時間がかかるか，可能な場合には70の法則を用いて計算しなさい．

b. 各国が1990年から2000年までの期間に達成した年平均成長率が将来ずっと続くと仮定しよう．2000年から出発して1人当たり実質GDPが2倍になる年がいつか，可能な場合には70の法則を使って計算しなさい．

3. あなたは，アルバーニアとブリタニカという国の経済コンサルタントとして雇われている．各国の労働者1人当たりの物的資本 (K/L) と労働者1人当たり産出量 (Y/L) との現在の関係は，以下の図の生産性₁と書かれた曲線で与えられている．アルバーニアは点A，ブリタニカは点Bだ．

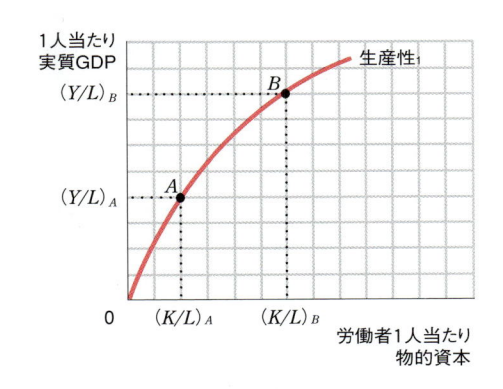

a. 生産性₁の曲線で示される関係では何が一定とされているか．これらの国々は労働者1人当たりの物的資本に関する収穫逓減を経験しているか．

b. 各国で労働者1人当たりの人的資本と技術が一定に保たれていると仮定したとき，各国の労働者1人当たり実質GDPを2倍にする政策を提言できるか．

c. 労働者1人当たりの人的資本と技術が一定に保たれていなかったとしたら，読者の提言する政策は変わるだろうか．図中にアルバーニアに対するこの政策を表現する曲線を描きなさい．

4. 1人当たり実質GDPはカリフォルニアとペンシルバニアの間では収束を示すが，カリフォルニアとアメリカ国境にあるメキシコの州バハ・カリフォルニアの間では収束

を示さないと予想される．それはなぜか．

5. プロファンクティア経済では，労働者1人当たりの人的資本と技術を一定としたとき，集計的生産関数が

$$\frac{Y}{L} = 100 \times \sqrt{K/L}$$

となると推定されている．ただし，Yは実質GDP，Lは労働者数，Kは物的資本だ．プロファンクティアには1000人の労働者がいるとして，以下の表に示される，それぞれの物的資本に対する労働者1人当たり実質GDPと労働者1人当たり物的資本を計算しなさい．

K	L	K/L	Y/L
0	1,000	?	?
10	1,000	?	?
20	1,000	?	?
30	1,000	?	?
40	1,000	?	?
50	1,000	?	?
60	1,000	?	?
70	1,000	?	?
80	1,000	?	?
90	1,000	?	?
100	1,000	?	?

a. プロファンクティアの集計的生産関数を描きなさい．
b. 集計的生産関数は物的資本に関して収穫逓減を示すか．答えて，説明しなさい．

6. 労働統計局は定期的に，前月の「生産性とコスト」(Productivity and Costs)レポートを発表している．www.bls.govに行き，最新のレポートを見なさい（労働統計局〈Bureau of Labor Statistics〉のホームページ左側にある"PRODUCTIVITY"をクリックし，"Productivity and Costs"を選択するといい）．前四半期の企業生産性と非農業企業生産性の変化率はいくらだったか．その四半期の生産性はさらにその前のデータに比べてどのように変化しているか．

7. 物的資本，人的資本，技術，天然資源は1人当たり産出量の長期的成長にどんな影響を及ぼすか．

8. アメリカは政策や制度を用いて自国の長期の経済成長にどんな影響を及ぼしてきただろうか．アメリカの政府借入が巨額なままだとすると，それが将来長期の経済成長の限界となりうるのはなぜだろうか．

9. 今後の100年間に，グローランドの1人当たり実質GDPは年平均2.0%で成長すると期待されている．だがスローランドでは成長はいくらか遅く，年平均成長率は1.5%と見込まれている．両国の今日の1人当たり実質GDPが2万ドルだとすると，100年後の1人当たり実質GDPはどのくらい違っているだろうか（ヒント：現在の実質GDPがxドルで年率y%で成長する国は，z年後に$x\times(1+0.01y)^z$ドルの実質GDPを達成する）．

10. 以下の表は，1950年と2000年のフランス，日本，イギリス，アメリカについて，1人当たり実質GDP（1996年ドル表示）のデータをペン・ワールド・テーブル6.1版を使って示したものだ．表を完成させなさい．これらの国々は経済的に収束しただろうか．

	1950年		2000年	
	1人当たり実質GDP（1996年ドル表示）	アメリカの1人当たり実質GDPに対する比率(%)	1人当たり実質GDP（1996年ドル表示）	アメリカの1人当たり実質GDPに対する比率(%)
フランス	5,561	?	22,254	?
日本	2,445	?	24,495	?
イギリス	7,498	?	22,849	?
アメリカ	10,601	?	33,308	?

11. 以下の表は，1960年と2000年のアルゼンチン，ガーナ，韓国，アメリカについて，1人当たり実質GDPのデータ（1996年ドル表示）のデータをペン・ワールド・テーブル6.1版を使って示したものだ．表を完成させなさい．これらの国々は経済的に収束しただろうか．

	1960年		2000年	
	1人当たり実質GDP（1996年ドル表示）	アメリカの1人当たり実質GDPに対する比率(%)	1人当たり実質GDP（1996年ドル表示）	アメリカの1人当たり実質GDPに対する比率(%)
アルゼンチン	7,395	?	10,995	?
ガーナ	832	?	1,349	?
韓国	1,571	?	15,881	?
アメリカ	12,414	?	33,308	?

> **web ▶** 引き続き勉強し，本章の概念を復習したい人は，クルーグマン＝ウェルスのウェブサイトを訪ね，小問題集，動画による教習，有益なリンク集などを参照してください．
> www.worthpublishers.com/krugmanwells

Chapter 9

第 9 章

Savings, Investment Spending, and the Financial System

貯蓄，投資支出，金融システム

この章で学ぶこと

- ▶ 貯蓄と投資支出の関係．
- ▶ 貯蓄主体と借入主体が出会う**貸付資金市場**の様相．
- ▶ **株式**，**債券**，**貸付**，**銀行預金**という4つの主要な**金融資産**の目的．
- ▶ **金融仲介機関**が投資家の**分散**に果たす役割．
- ▶ 株価の決定要因や株価変動によるマクロ経済の不安定化要因をめぐる諸説．

大地に開けた穴

1987年から1994年にかけて，国際的な巨大民間投資家グループが150億ドルもの資金を大地に開けた穴に投じた．それはただの穴ではなかった．一般にはチャネルとして知られる，チャネル・トンネル（英仏海峡トンネル）だ．嵐に見舞われがちな英仏海峡を渡らなくてもすむように英仏間を直接結びつけることは，技術者たちにとって数世紀来の夢だった．チュンネルの完成によってその夢は叶えられた．31マイルにおよぶ海峡の下を，乗客はマイカーとともに快適な高速列車で通過できるようになったのだ．

チュンネルの完成で海峡交通が従来の交通手段に比べて格段に良くなったことに異論を唱える者はいないだろう．フェリーを使うよりもはるかに速い．ロンドン－パリ間の飛行機での移動は，空港に行く時間や飛行機の遅れなどを含めると1日がかりだ．だがチュンネルを通る特急列車ユーロスターなら，ロンドン中心部からパリ中心部までたった3時間ですむのだ．

これほどの大事業に必要な資金をどうやって調達できたのだろうか．英仏政府はチュンネルを自ら建設することもできたはずだが，民間にゆだねる途を選んだ．とはいえ，必要資金の額はどんな金融機関も単独では負担できない大きさだった．ではその資金は，どのようにして捻出されたのか？

答えはこうだ．ユーロトンネル社というチュンネルを作るために創設された会社が，金融市場から調達したのだ．同社は何千もの人々に株式を売却してチュンネルの一部を所有してもらうことで40億ドルを調達し，残りの120億ドルを銀行借入で調達した．チュンネルの建設は技術的に信じられないほどの離れ業だったが，これだけの資金を集めることも同様に信じられないほどの大仕事だった．

とはいえ，現代の経済ではこんなことは日常茶飯事だ．第8章で学んだ長期の経済成長は，資金を融通する種々の市場と機関の集まりである金融システムに決定的に依存している．金融システムは，貯蓄主体が持っている資金を生産的な投資支出へと仲介する役割を果たしている．企業による物的資本の購入は生産性上昇の大きな原動力だが，それは金融システムなしには実現できない．また，金融システムがなければ，貯蓄主体が保有資金から高い収益をあげることも不可能だ．歴史的には，金融システムは鉄道，工場，電力などの投資プロジェクトに資金を融通してきた．今日では，電気通信，先端技術，人的資本への投資などの成長の源泉に資金を融通している．健全に機能する金融システムがなければ，一国の経済成長は立ちゆかないだろう．

この章は，経済を全体として捉えること

から始める．まず，マクロ経済のレベルで貯蓄と投資支出との間にどんな関係があるかを見る．次にこの関係の背後にある金融システムを考察する．金融システムは，貯蓄を投資支出に変換する機能を持っている．それは金融資産，金融市場，そして金融機関を生み出し，(資金を提供する)貸し手と(資金が必要な投資プロジェクトを抱える)借り手の双方に利益をもたらすように働いているのだ．最後に，金融市場の変動に注目し，経済学者がなぜそれをうまく説明することができないのかを考えてみよう．

1 貯蓄を投資支出に回す

第8章で学んだように，経済が成長するには，その経済の人的資本と物的資本の量が増えることが不可欠だ．人的資本の大部分は，公教育を通じて政府によって提供される(アメリカのように民間教育の割合が大きい国では，民間による高等教育も人的資本形成に大きく貢献している)．一方の物的資本は，インフラストラクチャーを除けば，ほとんどが民間の投資支出によって，つまり政府ではなく民間企業の支出で形成されている．

投資支出の資金源は貯蓄だ．貯蓄の発生源は2つある．第1は，国内の住人が生み出した国内貯蓄．第2は海外の住人が生み出した外国貯蓄だ．まずはいちばん簡単な，閉鎖経済の場合について，つまり他の国々とは経済取引がない経済について考えることにしよう．この場合，輸出も，輸入も，資本の流出入もない．貯蓄の第2の源である外国貯蓄がないので，投資支出はすべて国内貯蓄で賄われなくてはならない．しかし現代の経済は閉鎖経済ではない．だから私たちは次に開放経済について，つまり他の国々と経済取引のある経済を考える．開放経済では，国内貯蓄と外国貯蓄という2つの資金源の両方を使うことができる．

閉鎖経済，開放経済のどちらの場合でも，投資支出が行われるプロセスを理解するには，最初に貯蓄と投資支出の関係を明確にする必要がある．そのうえで，実現可能な投資支出プロジェクトにどのように貯蓄資金が割り振られるかを見ることにしよう．

1.1 貯蓄・投資支出恒等式

貯蓄と投資支出について理解しておくべき最も基本的な点は，閉鎖経済の場合も開放経済の場合も，両者が常に等しくなるということだ．これは理論上ではなく会計上の事実であり，**貯蓄・投資支出恒等式**と呼ばれている．

貯蓄と投資支出が常に等しくなることを理解するために，第7章で分析した国民経済計算について振り返ってみよう．GDPは国内で生産された最終財・サービスへの総支出に等しく，次の式で表現できることを思い出してほしい．

$$GDP = C + I + G + X - IM \tag{9-1}$$

Cは消費支出，Iは投資支出，Gは財・サービスの政府購入，Xは外国への輸出，そしてIMは外国からの輸入だ．

落とし穴

投資と投資支出の違い

マクロ経済学者が投資支出という用語を使う場合，それは常に「新規の物的資本を購入するための支出」を意味する．だが一般には，株式や昔からある建物を購入する際にも「投資(運用)する」という言葉が用いられるので，混乱しやすい．覚えておくべき大切な点は，経済の物的資本ストックを新たに増やすような支出だけを「投資支出」と呼ぶということだ．それに対して，株式，債券，既存の不動産などの資産を購入する行為は，資金を「投資(運用)する」という．

貯蓄・投資支出恒等式によれば，一国の貯蓄と投資支出は常に等しくなる．

閉鎖経済での貯蓄・投資支出恒等式　閉鎖経済では，輸出も輸入もない．つまり $X = 0$，$IM = 0$ となるので，式9-1は次のようにさらに簡単になる．

$$\text{GDP} = C + I + G \tag{9-2}$$

式9-2を整理して，左辺に I，右辺にその他の項をまとめると次のようになる．

$$I = \text{GDP} - C - G \tag{9-3}$$

つまり閉鎖経済では，投資支出はGDPから消費支出と財・サービスの政府購入を引いたものに等しい．

ここで，経済全体の貯蓄を求めてみよう．第7章で学んだように，民間貯蓄は可処分所得（所得に政府移転支出を加えて税金を引いたもの）から消費支出を差し引いたものだ．

$$S_{Private} = \text{GDP} + TR - T - C \tag{9-4}$$

$S_{Private}$ は民間貯蓄，TR は政府移転支出，T は税金だ．

また，一国の経済で貯蓄をしているのは家計だけではない．政府も貯蓄することができる．年間の税収が政府支出より多いとき，その差額は**財政黒字**と呼ばれ，それは政府の貯蓄になる．逆に年間の政府支出が税収を上回れば，**財政赤字**という負の黒字になる．この場合，政府は「負の貯蓄」をしているとも言う．税収以上に支出をする，つまり貯蓄とは逆のことをしているからだ．**財政収支** $S_{Government}$ を，正（財政黒字）・負（財政赤字）のどちらの場合でも表現できるように定義しよう．すると次の式のようになる．

$$S_{Government} = T - TR - G \tag{9-5}$$

> **財政黒字**は税収が政府支出を超えるときの，税収と政府支出の差額だ．
> **財政赤字**は政府支出が税収を超えるときの，政府支出と税収の差額だ．
> **財政収支**とは税収から政府支出を差し引いた差額だ．

第12章で見ることになるが，一般には，責任ある政府は戦争や不況のような困難な時期には赤字を出し，その後黒字を出すことでそれ以前の赤字で生じた借金を返済する．

式9-4と式9-5を足し合わせると，一国の経済全体で生み出された貯蓄である**国民貯蓄** NS が求まる．

$$\begin{aligned} NS &= S_{Private} + S_{Government} \\ &= (\text{GDP} + TR - T - C) + (T - TR - G) \\ &= \text{GDP} - C - G \end{aligned} \tag{9-6}$$

> **国民貯蓄**とは民間貯蓄と財政収支の合計で，一国経済で生み出された貯蓄の総計だ．

ここで，式9-3の右辺と式9-6の右辺が同じであることがわかる．これら2つの式を使うと，閉鎖経済での貯蓄・投資支出恒等式が示される．つまり

$$I = NS \tag{9-7}$$

あるいは

$$\text{投資支出} = \text{閉鎖経済での国民貯蓄}$$

となる．つまり閉鎖経済での貯蓄・投資支出恒等式は，投資支出が常に国民貯蓄に等しいというものだ．

図9-1では閉鎖経済の仮想例を用いて，これがどう成立しているかを示している．この図では，国民貯蓄NSを民間貯蓄$S_{Private}$と財政収支$S_{Government}$（状況により財政黒字にも財政赤字にもなる）の2つに分けている．それぞれのパネルで左の棒グラフの高さは投資支出額を表しており，この例では5000億ドルになっている．閉鎖経済では国民貯蓄が投資支出に等しいので，投資支出額を示す棒グラフの高さと国民貯蓄NSを表す右の棒グラフの高さは等しくなっている．パネル(a)は政府の財政黒字が1000億ドル，民間貯蓄が4000億ドルの経済の例だ．民間貯蓄を表す部分と財政黒字を表す部分が合わさって全体で5000億ドルの貯蓄を生み出している．これが投資支出として利用可能な額だ．パネル(b)は政府が1000億ドルの財政赤字を出している経済の例だ．財政赤字は横軸の下に出ている部分で示されている．民間貯蓄の一部がこの財政赤字のために相殺されている．そのため，この経済の投資支出5000億ドルを賄うのに必要な民間貯蓄は，先の例に比べると2000億ドル多い6000億ドルになる．

ここまで，閉鎖経済では投資支出と国民貯蓄が等しくなることを学んできた．つまり投資支出は民間貯蓄と財政収支の合計に等しいのだ．財政収支は状況によって政府の正の貯蓄にも負の貯蓄にもなる．次に，開放経済での貯蓄・投資支出恒等式を見ることにしよう．

図9-1　閉鎖経済での貯蓄・投資支出恒等式

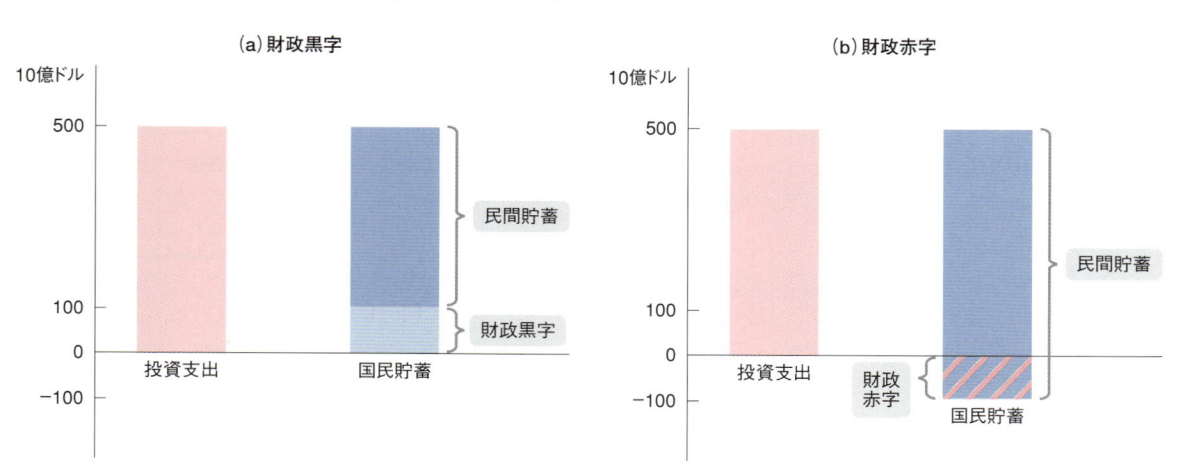

パネル(a)は財政黒字を描いたものだ．投資支出の合計は5000億ドル．そのうち4000億ドル分は民間貯蓄の資金が充てられ，残りの1000億ドル分には財政黒字が充てられる．一方のパネル(b)は1000億ドルの財政赤字を描いたものだ．この赤字は，棒グラフのうち，横軸の下に出ている部分で表されている．財政赤字は民間貯蓄の資金の一部を吸収してしまっている．そのため，5000億ドルの投資支出を賄うための民間貯蓄は，パネル(a)に比べて2000億ドル多い6000億ドルとなる．

開放経済での貯蓄・投資支出恒等式　開放経済とは，財や貨幣が国外へ流出したり，国内へ流入したりする経済だ．この場合の貯蓄・投資支出恒等式は，閉鎖経済とは違ったものになる．その国の貯蓄はその国の物的資本を購入するために使われる，という必要がなくなるからだ．ある国の住人の貯蓄が，他国の投資支出の資金としても使われうるのだ．どの国も，外国からの資金の流入を受け入れられる．この資金は，その国の投資支出を賄う外国の貯蓄だ．

またどの国でも，資金の流出が発生しうる．これにより，国内の貯蓄が外国の投資支出の資金となる．

ある国の投資支出を賄うための総貯蓄に国際的な資金の流入と流出が与える純効果は，その国への**資本流入**と呼ばれる．それはある国への資金の純流入額で，外国資金の流入額から国内資金の流出額を差し引いたものだ．ある国への資本流入を KI という記号で表すことにしよう．財政収支と同様に，資本流入は負の値にもなる．つまり資金が流入する以上に流出することもある．近年アメリカは，外国からの純資金流入が生じている．外国人たちは，アメリカ経済は魅力的なので自分の貯蓄資金の一部を投入しても良いと考えているのだ．2004年のアメリカへの資本流入は6000億ドルを超えている．

国家的な観点から強調しておきたいのは，国民貯蓄から調達される1ドルの資金と資本流入で調達される1ドルの資金は同じではないということだ．もちろんどちらも1ドルの投資支出をする資金として使うことができる．だが，貯蓄主体から借り入れたドルはすべて，利子をつけて返済する必要がある．国民貯蓄から調達された1ドルは，（民間であれ政府であれ）国内の貯蓄主体に利子をつけて返済される．一方資本流入から調達された1ドルは，外国人に利子をつけて返済される．つまり資本流入で賄われた1ドルの投資支出の費用は，その国の国民からすると，外国人に支払われる利子の分だけ，国民貯蓄で調達したときよりも大きくなる．

純資本流入が外国からの借入資金だという事実は，開放経済での貯蓄・投資支出恒等式が持つ重要な性質を示している．所得以上の支出をする人のことを考えてみよう．その人は足りない分を他人から借りる必要がある．それと同じように，ある国が輸出して外国から得る収入以上に輸入に支出をすると，その不足資金を外国から借り入れる必要があるのだ．その不足分，つまり外国から借り入れた資金はその国の資金流入と等しい．第19章で詳しく説明するが，これは一国の資本流入が輸入と輸出の差額に等しいことを意味する．つまり，

$$KI = IM - X \tag{9-8}$$

となる．これで式9-1に戻って，開放経済での貯蓄・投資支出恒等式を求めることができる．式9-1を整理すると次の式を得る．

$$I = (GDP - C - G) + (IM - X) \tag{9-9}$$

式9-6を使って，$(GDP - C - G)$ の項を民間貯蓄と財政収支に分けると，開放経済で

資本流入とは，ある国への資金の純流入だ．

落とし穴

さまざまな資本

物的資本，人的資本，金融資本という3種類の資本の区別をはっきり認識しておくことが大切だ．第8章で説明したように，物的資本は建物や機械のような人工の資源だ．人的資本とは教育や知識がもたらす労働力の改善をいう．金融資本とは投資支出に使われる貯蓄のことをいい，マクロ経済学ではそれを単に「資本」と呼ぶことが多い．「資本流入」が起きている国では，その国の投資支出のための資金が外国から流入していることになる．

は次式が成立する．

$$I = S_{Private} + S_{Government} + (IM - X) = NS + KI \qquad (9-10)$$

つまり

　　　　投資支出＝国民貯蓄＋開放経済での資本流入

となる．

　よって開放経済での貯蓄・投資支出恒等式も，投資支出と貯蓄が等しいことを示すが，ここでの貯蓄とは国民貯蓄と資本流入を合わせたものだ．つまり，正の資本流入がある開放経済では，投資支出の一部は外国の貯蓄によって賄われる．また，負の資本流入（純流出）が発生している開放経済では，国民貯蓄の一部が外国の投資支出に使われている．アメリカの2004年の投資支出は2兆3070億ドルだった．これを賄う民間貯蓄は1兆9270億ドルだったが，3580億ドルの財政赤字によって一部が相殺された．また，6360億ドルの資本流入があった．だが，これらを足し合わせても，投資支出とぴったり一致するわけでない．というのもデータ収集が完璧ではないため，1020億ドルの「誤差脱漏」があるからだ．だがこれはデータ上の誤差であって，考え方が間違っているのではない．貯蓄と投資支出は実際には必ず一致しなくてはいけないのだ．

　図9-2は，世界の2大経済大国であるアメリカと日本の2003年の貯蓄・投資支出恒等式がどうなっているかを示したものだ．簡単に比較できるように，貯蓄と投資支

図9-2　開放経済での貯蓄・投資支出恒等式：2003年のアメリカと日本

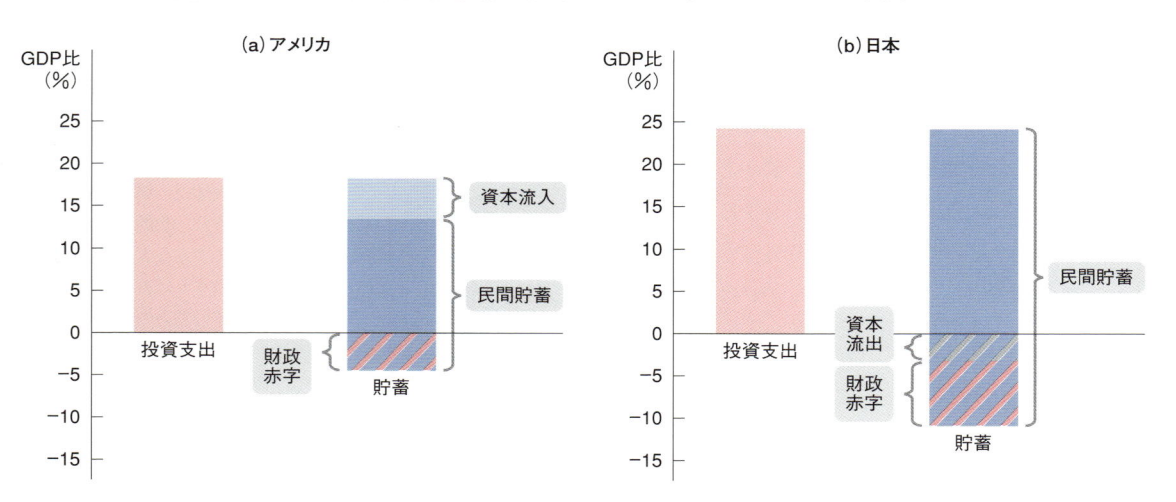

アメリカの2003年の投資支出（GDPの18.4％）は民間貯蓄（GDPの18.2％）と資本流入（GDPの4.8％）で賄われているが，財政赤字（GDPの−4.6％）が一部を相殺している．日本の2003年の投資支出はGDP比で見るとアメリカより少し大きい（24.2％）．その資金はGDP比で高い割合を占める民間貯蓄（35.3％）で賄われているが，その一部は資金流出（GDPの−3.2％）とやはり高い比率の財政赤字（GDPの−7.9％）で相殺される．
出所：Bureau of Economic Analysis（経済分析局）；OECD（経済協力開発機構）．

出を対GDP比で表している．図9-1と同じように，それぞれのパネルの左の棒グラフに投資支出を，右の棒グラフに貯蓄の内訳を示した．アメリカではGDPに占める投資支出の割合は18.4%で，その資金は民間貯蓄(GDPの18.2%)と資本流入(GDPの4.8%)から政府の負の貯蓄(GDPの-4.6%)を差し引いたもので賄われている．GDPに占める投資支出の割合は日本ではもう少し高く，24.2%だ．その資金は高い民間貯蓄(GDPの35.3%)から資本流出(GDPの-3.2%)と比較的高い財政赤字(GDPの-7.9%)を差し引いた残りで賄われている．

経済で発生した貯蓄は，結果として，投資支出を賄う資金となる．だがその資金は，いったいどんな投資プロジェクトに割り当てられるのだろう？ （チュンネルのように）資金調達ができるプロジェクトと，(ボーイング社が最近開発・生産を中止した音速に近い速さで飛ぶジェット旅客機のように)資金調達ができないプロジェクトの違いはどう決まるのか？ すぐ後に見るように，資金はおなじみの方法で配分される．そう，市場で需要と供給を通じて決まるのだ．

1.2 貸付資金市場

経済全体で見れば，貯蓄は投資支出と常に等しくなる．閉鎖経済での貯蓄は国民貯蓄であり，開放経済での貯蓄とは国民貯蓄と資本流入を合わせたものだ．だが通常は，貸出可能な資金を持つ者と，投資支出をするために資金を借りたい者は同じではない．では，貯蓄主体と借入主体はどのように出会うのだろう？

貯蓄主体と借入主体は，生産者と消費者がそうするのと同じ方法で出会う．つまり，需要と供給を通じて市場で引き合わされる．図7-1の拡張された経済循環フロー図

ちょっと寄り道 貯蓄と投資を等しくさせるのは誰？

貯蓄・投資支出恒等式は会計上の真実だ．定義から，貯蓄と投資支出は経済全体では等しくなる．でも，その結果を実現させるのは誰だろう？ 例えば，企業が考えている投資支出の総額が，家計が貯蓄したいと考えている金額よりも少なかった場合にはどうなるのか？

手短に言うと，実際の投資支出と望ましい投資支出は必ずしも一致しないというのが答えだ．家計が突然支出を控えて貯蓄を増やしたとしよう．その直接的な効果は，売れ残りが店頭や倉庫に積み上がってしまうことだ．このような在庫の増加は，意図したものではないとしても，投資支出として計上される．こうして貯蓄と投資支出の恒等関係はやはり成り立つ．結果的に，企業は当初意図したよりも多くの投資支出を行っているからだ．一方で，家計が突然支出を増やして貯蓄を減らすと，企業の在庫は減ってしまうが，これは負の在庫投資として計上される．

現実の世界でも，2001年にこれと同様のことが生じた．2001年の第4四半期から第4四半期にかけて，貯蓄も投資支出もともに年換算で1260億ドル落ち込んだ．だがこの投資支出の減少分のうち，710億ドル分は負の在庫投資だった．

当然企業は，在庫の減少を受けて生産量の調整を図った．2001年後半の在庫の減少は，2002年前半の生産量の急増の原因となったのだ．経済変動において在庫投資が果たす特別な役割について，後の章で説明しよう．

で指摘したように，家計の貯蓄は金融市場を通して資本設備の購入資金を必要とする企業へと回される．それでは，金融市場がどう機能するかを見ることにしよう．

第7章で指摘したとおり，金融システムの中には，債券市場や株式市場などのいろいろな金融市場が存在する．だが経済学者は通常，資金を貸したい人（貯蓄主体）と資金を借りたい人（投資プロジェクトを持つ企業）が取引する市場は1つだけだという単純化したモデルを使って考える．この仮想の市場は**貸付資金市場**と呼ばれる．貸付資金市場で決まる価格は**利子率**だ．利子率はrで表され，貸し手が自分の1ドルを1年間借り手に利用させた対価として借り手から受け取る報酬だ．

ここで，現実にはいろいろな種類の利子率があることを指摘しておくべきだろう．短期の貸付，長期の貸付，企業への貸付，政府への貸付，といった具合に，貸付にもいろいろなものがあるからだ．話を簡単にするために，そのような違いは無視して，貸付には1種類しかないと仮定しよう．ただし一点だけ，重要な区別がある．それは，第16章で詳しく見るが，貸付期間の物価変動を調整した**実質利子率**と，物価変動を調整しない**名目利子率**の区別だ．ここでは話を簡単にするために，物価変動は存在しないために，実質利子率と名目利子率は同じだと仮定しよう．

図9-3では，貸付資金の需要が右下がりの需要曲線で示されている．たくさんの企業があって，各企業はそれぞれ1つの潜在的な投資プロジェクトを持っているとしよう．各企業は，自社のプロジェクトを実現するための資金を借りるか否かをどう判断するのだろう？ その判断は，その企業が直面する利子率とその投資プロジェクトの**収益率**に応じて決まる．収益率は以下の公式で表される．

$$収益率 = \frac{プロジェクトからの収入 - プロジェクトの費用}{プロジェクトの費用} \times 100 \quad (9\text{-}11)$$

貸付資金市場は仮想の市場で，借り手による資金需要と貸し手による資金供給がどう調整されるかを見るものだ．

利子率とは，貸し手の貯蓄を1年間利用する対価として借り手が貸し手に支払う価格だ．それは借入額に対する割合で表される．

投資プロジェクトの**収益率**は，その投資プロジェクトが生む利潤を，費用に対する割合で示したものだ．

図9-3 貸付資金の需要

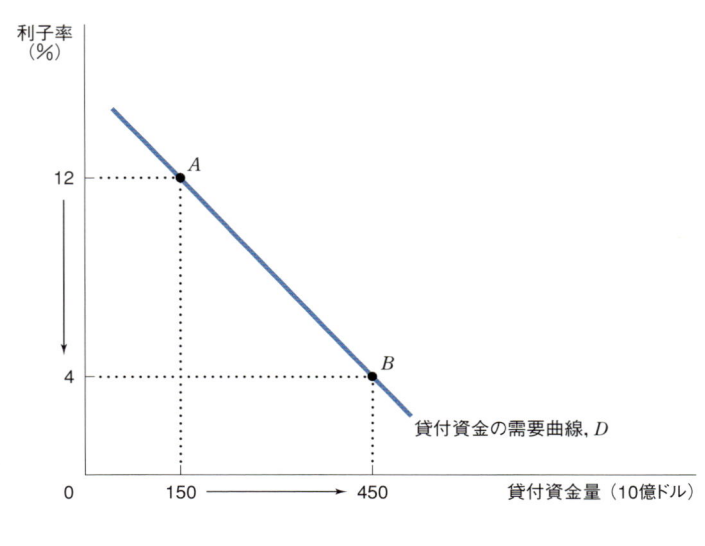

貸付資金の需要曲線は右下がりだ．利子率が低下すると，貸付資金の需要量は増加する．この図では，利子率が12%から4%に低下すると，貸付資金の需要量は1500億ドルから4500億ドルに増加している．

企業は，投資プロジェクトの収益率が少なくとも利子率以上なら，資金を借り入れたいと思うだろう．例えば利子率が12％のときは，12％以上の収益率の投資プロジェクトを持つ企業のみが借入れをしたいと考える．図9-3に描かれている需要曲線では，利子率が12％のとき，企業が借り入れようとする金額の総計は，1500億ドルになるだろう（点A）．利子率がわずか4％のときは，さらに多額の，4500億ドルを借り入れようとする（点B）．そうなるのは，需要曲線は右下がり，つまり利子率が低くなれば貸付資金の総需要額は増えるという仮定があるからだ．なぜそんな仮定を置くのかって？ 現実にも，4％以上の収益率を持つプロジェクトのほうが12％以上の収益率を持つプロジェクトより多いからだ．

図9-4は貸付資金の仮想的な供給を示している．資金を企業に貸し出すと，貯蓄主体は機会費用を負担することになる．その資金を貸付ではなく，例えばバカンスに行くといった消費に使うこともできるからだ．貯蓄主体が資金をその借り手に提供するかしないかは，利子率に応じて決まる．貯蓄主体は，現在ある資金を貯蓄してそれに対する利子収入を得ることで，将来の消費が増えるという見返りを得られる．だから，人々は利子率が高いほど今の消費を控えて貸出をすると仮定しても良い．その結果，貸付資金の仮想的な供給曲線は右上がりになっている．図9-4では，利子率が4％のときには貸し手は総計で1500億ドルの貸付資金を供給している（点X）．利子率が12％なら，資金供給量は4500億ドルに増える（点Y）．

均衡利子率は，貸付資金の供給量と需要量が一致する利子率だ．図9-5からわかるように，均衡利子率r^*と均衡貸付総額Q^*は，供給曲線と需要曲線が交差する点Eで決まる．図では，均衡利子率は8％で，総額3000億ドルが貸し付けられ，同時に借り入れられている．収益率が8％以上の投資プロジェクトには資金が回るが，8％より低いプロジェクトには資金は回らない．また8％以下の利子率で貸し付けても

図9-4 貸付資金の供給

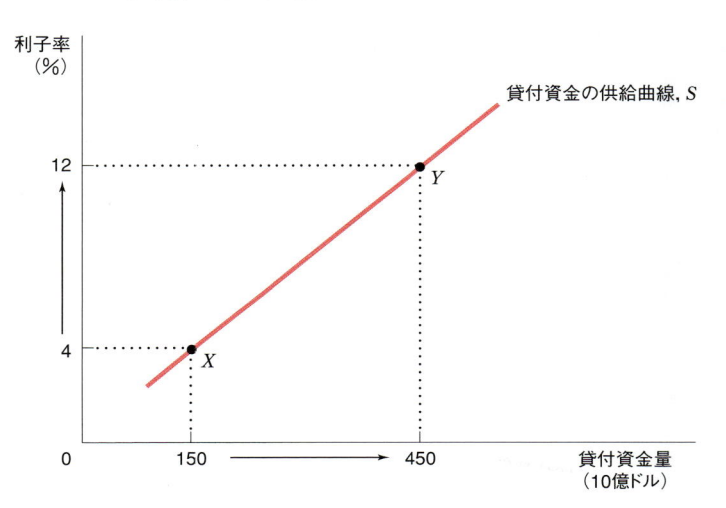

貸付資金の供給曲線は右上がりだ．利子率が上昇すると，貸付資金の供給量は増加する．この図では，利子率が4％から12％に上昇すると，貸付資金の供給量は1500億ドルから4500億ドルに増加する．web▶

良いと考えている貸し手のみが貸付を行っている．8％を上回る利子率を求める潜在的貸し手にとっては，資金貸付の機会費用は8％以上だ．そのような貸し手のオファーは貸付資金市場では受け入れられず，その資金は投資プロジェクトに回らない．

第5章で，中古教科書のような通常の財の市場は，通常は効率的だということを学んだね．仮想の貸付資金市場でもそれは成立する．資金を調達できた投資プロジェクトは，調達できなかった投資プロジェクトよりも収益率が高い．潜在的な貯蓄主体のうち，実際に貸付を行った人は，貸付をしなかった人よりも低い利子率で貸付をしても良いと思っている．言い換えると，貸付資金市場は貸し手と借り手の取引利益を最大にしているのだ．経済全体では，貯蓄は投資プロジェクトへと効率的に配分される．この結論は，きわめて単純化されたモデルから導き出されたものだが，現実の世界にとっても重要な意味合いを持つ．すぐに見るように，これが，金融システムがうまく機能することが長期の経済成長率を高めるということの理由になっているのだ．

1.3　貯蓄，投資支出，政府の政策

これまで説明してきた貸付資金市場のモデルはとても単純なものだ．それでも，政府の政策が経済成長に及ぼす影響を理解するのには十分に役立つ．

まず政府の予算が経済成長に及ぼす影響を考えてみよう．財政赤字が出た場合には，政府は政府支出と税収との差額分を借り入れる必要がある．つまり政府は貸付資金市場の借り手となる．ここで，政府の借入額は利子率に依存しないという，現実の政府行動とも整合的な仮定を置くことにしよう．財政赤字が発生したからといって，民間（非政府部門）の借り手が借り入れたいと思っている金額は変わらない．ここで，利子率にかかわらず，政府が追加的に資金需要を増やすとする．するとどうなるかが図9−6に示されている．貸付資金の需要曲線は，政府の資金需要が増えた分だけ右にシ

図9-5　貸付資金市場の均衡

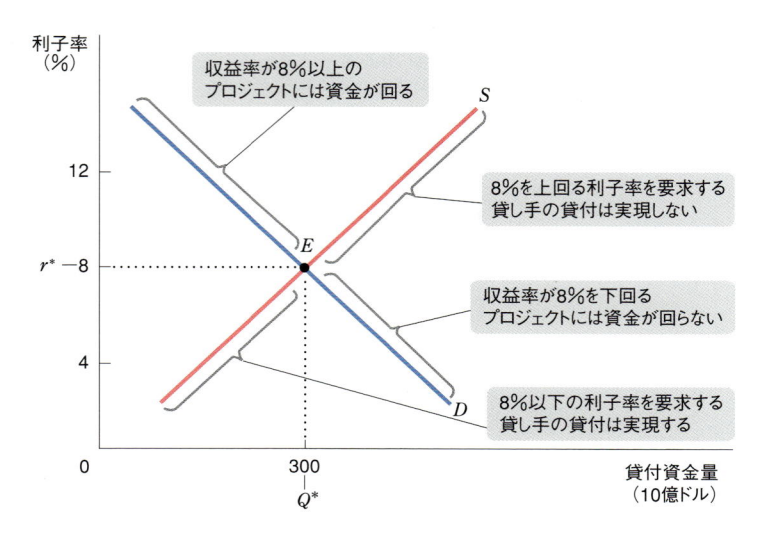

均衡利子率で，貸付資金の供給量と需要量が一致している．この図では，均衡利子率は8％で，貸し付けられる資金総額は3000億ドルだ．8％以上の収益率の投資支出プロジェクトには資金が貸し付けられるが，それより小さい収益率のプロジェクトには資金は貸し付けられない．8％以下の利子率を求める貸し手の貸付は実現し，それより高い利子率を求める貸し手の貸付は実現しない．

フトする．そのため均衡は点E_1から点E_2へと移動する．利子率と貸付総量はともに上昇する．利子率が高くなるので，民間の資金需要量はQ_1からQ_2へと需要曲線D_1に沿って減少する．こうした民間借入の減少は，財政赤字の発生によって民間事業者の投資支出が減るということを意味している．財政赤字が民間の投資支出に及ぼすこのような負の効果は，**クラウディング・アウト**と呼ばれる．財政赤字がクラウディング・アウトを引き起こすと，財政赤字がない場合に比べて，民間の物的資本の年間の増加量は少なくなってしまう．民間の物的資本は生産性を向上させる要因なので，他の条件を一定とするかぎり，財政赤字の増加は長期の経済成長を抑制することになる．

とはいえ，政府支出が必ず経済成長に悪影響を及ぼすなどと考えてはいけない！それは政府が資金を何に使っているかによる．第8章で学んだように，経済成長を達成するためには政府支出が不可欠なのだ．例えば，取引契約がきちんと履行されるように司法制度を運営する必要があるし，病気の蔓延を防ぐための健康保険も維持する必要がある．また政府はたくさんの投資プロジェクトを行っている．例えば，道路，学校，空港といった必要なインフラストラクチャーの整備・維持などだ．クラウディング・アウトに関する私たちの分析は，「他の条件を一定」としたものだ．つまり，政府が経済成長を促進するもの（司法システムや道路など）をすでに作り終えているのに，さらなる政府支出をして財政赤字が拡大すると，民間の投資支出が抑制され，経済成長は阻害される．だから，政府支出拡大による財政赤字が経済成長を促進するかしないかは，一概には言えないのだ．

貸付資金市場に影響を及ぼす政策は政府の借入だけではない．多くの経済学者は，税収を維持したまま，民間貯蓄の拡大と消費の縮小を達成できるような税制の変更があると主張する．例えば，債券の利子収入や株式の配当金などの投資収益に対する課税を減らし，一方で財・サービスの消費への課税を増やすといった税制変更だ．投資

> **クラウディング・アウト**とは，財政赤字が民間投資支出を減らすという負の効果のことだ．

図9-6　クラウディング・アウト

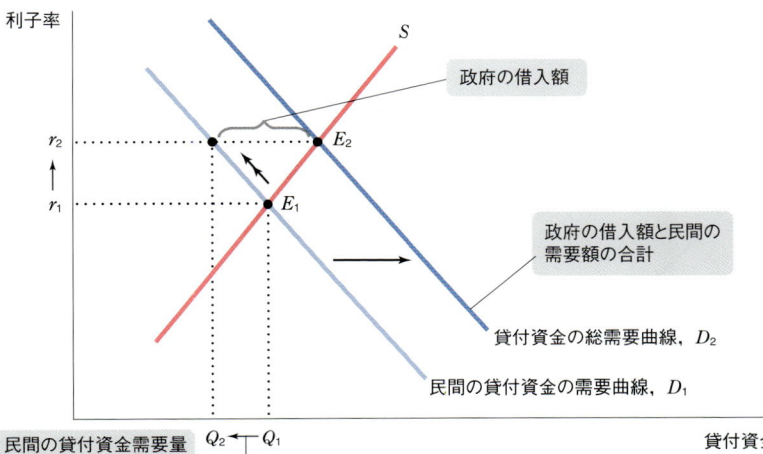

財政赤字が発生すると，政府は資金を借り入れる必要がある．この借入は貸付資金の総需要を増やす．その結果，貸付資金の需要曲線は政府の借入額分だけ右にシフトし，均衡は点E_1から点E_2へと移動する．それに伴って利子率はr_1からr_2へと上昇し，民間の貸付資金需要量が需要曲線D_1に沿ってQ_1からQ_2へと減ってしまう．つまりクラウディング・アウトが発生する．

収益への課税を減らすことは人々の貯蓄を増やす意欲を高めることになる．貯蓄から得られる税引き後の純報酬が上昇するからだ．他方，消費に対する課税は財・サービスの消費にかかる総費用を上昇させるので，人々の消費意欲が減退する．図9-7はこのような税制変更が実行されるとどうなるかを示したものだ．その結果は先に説明したのと同じだ．まず貸付資金市場への資金供給は増大する．つまり供給曲線は右にシフトする．すると均衡は点E_1から点E_2へと移動し，利子率はr_1からr_2へ低下し，民間の借入はQ_1からQ_2へと増える．よって民間貯蓄を増やすような税制の変更は民間の投資支出を拡大し，その結果，長期の経済成長を促進することになる．

貸付資金市場のモデルは，貯蓄と投資支出に関する多くの問題を考えるための良い方法だ．このモデルは単純だが，貯蓄して貸し出すかそれとも消費するかというトレードオフや，資金を借り入れて投資プロジェクトに投入するかそれとも借入をしないかというトレードオフについて説明してくれる．さらに，貸付資金の供給と需要が均等化するように利子率がどう動くかも示してくれる．だが，現実には，貯蓄資金を投資支出に振り向ける市場はもっと複雑だ．次にそれらの市場について見てみよう．

経済学を使ってみよう

1990年代の財政と投資支出

財政赤字が民間の投資支出をクラウド・アウトする（押しのける）というのは本当だろうか？　財政赤字から財政黒字への転換が民間投資支出を拡大するというのはどうだろう？　これは，単なる学問上の興味にとどまらない問題だ．というのも，政府の支出項目にどう優先順位をつけるかという政治問題に直接かかわるからだ．データからは何かわかるだろうか？

アメリカの連邦政府，州政府，地方政府の赤字総計は1990年にはGDPの4.2%を占

図9-7　民間貯蓄を増やす

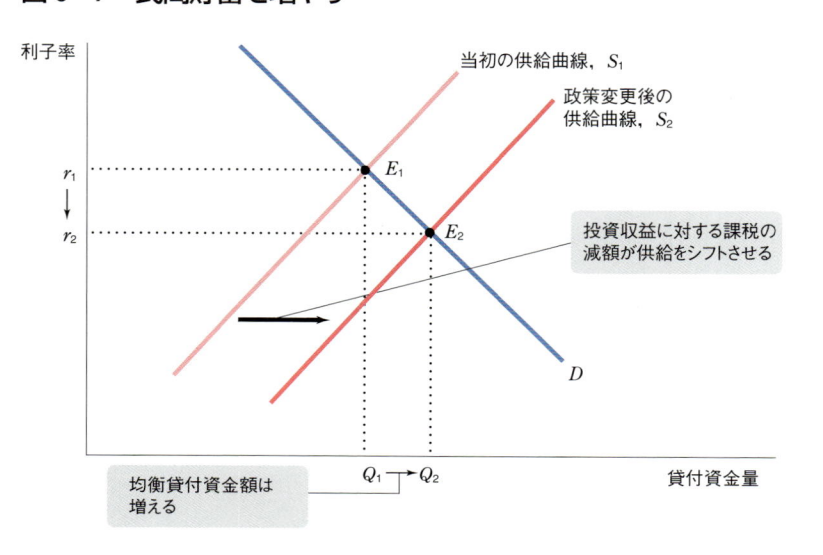

経済学者のなかには，税収を維持しながら民間貯蓄を拡大するような税制改革や他の政策をとることが必要だという者もいる．もし彼らが正しいなら，そうした政策は貸付資金供給曲線を右にシフトさせるので，均衡利子率が低下し貸付資金額は増大する．このとき民間投資も増大するので，究極的には長期の経済成長につながる．

めていたが，2000年にはGDPの1.6％ほどの財政黒字になった．この間に，民間投資支出はGDPの14.8％から17.7％へと上昇した．財政収支が赤字から黒字になると同時に民間投資支出が拡大したのだが，これは財政赤字が民間投資支出をクラウド・アウトしている証拠になるだろうか？

その答えははっきりしない．というのも民間投資支出の拡大には，資本流入の急増という，もう1つの原因があるからだ．資本流入は1990年にGDPの1.2％だったが，2000年にはGDPの4.0％に急上昇した．だが同時に民間貯蓄のGDP比は減少していた．資本流入はGDP比で2.8％拡大したが，これは民間投資支出のGDP比の拡大分である2.9％とほぼ同じだ．ということは，1990年代の投資支出の急増は外国人による資金供給で実現したといえるだろう．

以上の話には2つの教訓がある．第1は，データでははっきり示せないが，私たちのモデルから，1990年代後半の財政赤字の黒字転換は，それがなかった場合に比べれば，民間投資支出の増加をより大きくしたと言えることだ．第2は，政府がとった政策の効果について拙速に結論を出す前に，データをよく見る必要があるということだ．政策変更と同時に，他の多くの条件にも変化が起きていることがあり，それら他の条件に起きている変化が，投資支出拡大の本当の理由かもしれないのだ．■

理解度チェック 9-1

1. 財政赤字が黒字に転換したとしよう．それが民間投資支出と均衡利子率に及ぼす影響を図9-6のような図を使って説明しなさい．
2. 貸付資金市場の図を使って，次の出来事が均衡利子率と投資支出に及ぼす影響を説明しなさい．
   a. 閉鎖経済が開放経済になって資本流入が発生した．
   b. 定年退職した人々は一般に，利子率にかかわらず，働いている人より貯蓄が少ない．そうした定年退職者の人口が増えた．
3. 次の主張がどう間違っているかを説明しなさい．「経済全体では貯蓄と投資支出は等しくないかもしれない．その理由は，利子率が上昇すると，企業が投資支出に要する以上の額を家計が貯蓄するようになるからだ」

解答は本書の巻末にある．

ちょっと復習

▶貯蓄・投資支出恒等式によれば，経済全体では貯蓄と投資支出は等しくなる．

▶正の財政収支すなわち財政黒字が発生しているとき，政府は貯蓄をしていることになる．また財政赤字が発生しているとき，政府は負の貯蓄をしていることになる．

▶閉鎖経済では，貯蓄は国民貯蓄と等しくなる．開放経済では，貯蓄は国民貯蓄に資本流入を加えたものに等しい．

▶仮想的な貸付資金市場は貯蓄主体と借入主体が取引する場だ．均衡では，均衡利子率以上の収益率をもたらす投資プロジェクトだけが資金を得られる．

▶財政赤字は民間投資支出のクラウディング・アウトを引き起こす可能性がある．クラウディング・アウトが経済成長を促進するか抑制するかは不確かだ．

2 金融システム

金融システムがうまく機能することで，イギリス，フランスその他の国際的な投資家たちの資金が集められ，チュンネルが完成した．だからといって，これを現代でのみ可能な現象だと捉えるのは間違いだ．金融市場で調達された資金は，インド植民地市場の開発，ヨーロッパのさまざまな運河建設，そして18世紀のナポレオン戦争の戦費としても使われてきた．アメリカの経済発展の初期には，外国からの資金流入が鉱山開発，鉄道建設，運河建設の資金源になった．18世紀以降のアメリカやヨーロッパ

では実際に，金融市場や金融資産の特質がよく理解されてきた．そしてその特質は今なお有効なものだ．ではまず，金融市場で何が取引されているかということから理解しよう．

金融市場は，家計が現在の貯蓄や貯蓄の蓄積である**富**を投資（運用）して，金融資産を購入する場だ．**金融資産**とは，その売り手が買い手に対して将来の収入を保証する請求証書だ．例えば，ある貯蓄主体がある会社に資金を貸したとしよう．その貸付は，その会社が貯蓄主体に売った金融資産であり，貯蓄主体（買い手）がその会社に対して将来の収入を請求できることを保証している．家計は現在の貯蓄や富を**物的資産**を購入して運用することもできる．物的資産とは，既存の建物や設備などの有形のモノに対する請求権だ．物的資産の保有者は，そのモノを（貸すなり売るなり）望むように利用できる．金融資産または物的資産の購入を通常は投資（運用）と呼ぶと述べた，246ページの「落とし穴」を思い出してほしい．つまり，あなたが中古旅客機のような既存の設備を購入した場合，それは物的資産に投資したことになる．一方で，新たに製造された飛行機を購入するというように，経済の物的資本の量を増やすことに資金を使った場合，それは投資支出をしたことになる．

例えばあなたが，新車を買うために地元の銀行に出向いて借入をしたとしよう．これで，あなたと銀行は貸付という金融資産を創り出したことになる．貸付は現実の世界でも重要な金融資産の一種であり，貸し手——この例では銀行——が保有する資産になる．この貸付の創出に伴って，あなたと銀行は**負債**も生み出すことになる．負債は，将来支払いを行うという義務だ．つまり貸付は，銀行から見れば金融資産になるし，あなたから見れば負債という，利子とともに借入資金を返済する義務になる．貸付のほかに，株式，債券，銀行預金という3つの重要な金融資産がある．金融資産は，誰かから支払われる将来の収入に対する請求権なので，それは同時に，誰かにとっての負債でもある．それぞれのタイプの金融資産で負債を負うのは誰かについて，すぐに詳しく説明しよう．

これら4種類の金融資産が存在する理由は何か．それは，株式市場や債券市場など，各金融資産を専門に取引する市場や，貸し手から借り手へ資金の移転を可能にする銀行のような専門機関が発達したからだ．第7章では経済循環フロー図を用いて，金融システムを形成している金融市場や金融機関を定義した．金融システムが健全に機能することは，長期の経済成長を達成するための決定的な要件になる．なぜなら，うまく機能している金融システムは貯蓄と投資支出を拡大させるし，また貯蓄と投資支出が効率的に行われることを保証するからだ．なぜそうなるかを理解するために，最初に金融システムが果たすべき役割を知る必要がある．それから，その役割がどううまく果たされているかを見よう．

2.1 金融システムが果たす3つの役割

貸出資金市場に関するここまでの分析では，借り手と貸し手が直面する3つの重要な問題を無視してきた．それは**取引費用**，**リスク**，そして**流動性**の提供だ．金融シス

家計の**富**とは，貯蓄の蓄積だ．
金融資産とは，それを購入した買い手に対して売り手が将来の収入を保証する請求証書だ．
物的資産とは，所有者はそれを望みどおりに使うことができるという，有形のモノに対する請求権だ．

負債とは将来の支払い義務だ．

テムの3つの役割とは，これらの問題を少ない費用で軽減することにある．それは，金融市場の効率性を高めることになる．つまり貸し手と借り手にとって相互に利益のある取引を促進し，社会の厚生を高めることにもなる．ここで，この3つの問題を解消するために金融資産がどのようにデザインされているか，また金融機関がどのように発達したかを見ることにしよう．

取引費用の軽減 **取引費用**とは取引を成立させたり，取引を執行するのに実際にかかる経費だ．例えば貸出取引を成立させるには，取引条件について交渉したり，借り手の返済能力を確認したり，必要な法律文書を書いたりといった具合に，時間とお金がかかる．ある大企業が1億ドルの投資支出をしようしているとしよう．だがそれほどの額を個人で貸し出そうという人はいない．かといって負担にならない程度のわずかな額なら貸してもいいと思っている何千という人々と個別に交渉することは，膨大な費用がかかるだろう．個別の取引それぞれに費用がかかるからだ．その費用があまりに高くて，企業の利益をなくしてしまうということも起こりうる．

だが幸い，そんな心配はする必要がない．その大企業は資金が必要なときには，銀行に借りに行くか，債券市場で債券を発行すれば良いのだ．銀行から借り入れるということは，1人の借り手が1人の貸し手から資金を借りるということなので，取引費用を大幅に節約できる．債券市場がどのように機能するかは次節で説明するが，とりあえずここでは，債券市場は大企業が莫大な取引費用をかけずに資金を借り入れることができる場だと理解しておけば十分だ．

リスクの軽減 現実の世界で借り手と貸し手が直面する第2の問題は**金融リスク**，つまり金融取引の損失と利益を左右する将来の不確実性だ．金融リスク（以下では単にリスクという）は将来が不確実だということから起こる問題で，損失が出ることもあれば利益を得られることもある．例えばマイカーに乗ってドライブするのは，交通事故に遭うというリスクを伴うことだ．たいていの人にとって，潜在的な損失と利益の感じ方は非対称的だ．つまりある額の金銭を失ったときの経済厚生の減少分は，同額の金銭を獲得したときの経済厚生の増加分よりも大きく感じられる．潜在的な損失と利益についてこのような感じ方をする人を**リスク回避者**という．リスクに対するこのような感じ方は，図9-8のパネル(a)に示されている．これは1000ドルを失うか，または獲得するかという状況に直面した典型的なリスク回避者の例だ．左の棒グラフは，1000ドルを失ったときにその人の経済厚生がどれだけ減少するかを示している．右の棒グラフは，1000ドルを獲得したときにその人の経済厚生がどれだけ増えるかを示したものだが，その長さは左の棒グラフの長さより短い．この2つの棒グラフの長さの差が，この人がリスク回避的であることを示している．つまり1000ドルを失うと，この人は大きな（経済厚生にして2000ドル分の）苦痛を味わう．逆に1000ドルを獲得してもこの人はそれほど大きな（経済厚生にして1000ドル分しか）利益を感じない．言い換えると，リスク回避的な人が1000ドルを失うのを防ぐために費やす（例え

取引費用とは，取引交渉や取引を実行するのにかかる費用だ．

金融リスクとは将来の結果に関する不確実性で，金銭的な損失や利益をもたらす．

ば自動車保険料を支払うなどの)資源の量は，1000ドルを獲得するために使う(例えば車の大修理をする際に，1000ドル節約するために最も安い整備士を探すのにかける時間などの)資源の量よりも大きいのだ．

ほとんどの人はリスク回避的だが，その程度はさまざまだ．例えば通常，裕福な人はそうでない人に比べてリスク回避的ではない．パネル(b)が示しているように，裕福な人——この人もリスク回避的だ——が1000ドルを失ったときに感じる経済厚生の減少は，さほど裕福ではない人よりずっと小さい．1000ドルを失うことで，裕福な人は経済厚生が1200ドル減少するような苦痛を感じているが，さほど裕福でない普通の人は，経済厚生が2000ドル減少するような苦痛を感じている．

うまく機能している金融システムは人々が直面するリスクを軽減してくれる．それこそ，リスク回避者が望んでいることだ．資本設備を増強するとさらなる利潤増が見込めると考えている事業主がいるとしよう．ただし，絶対に利潤増を実現できるという確信はない．事業主は自分の貯蓄を取り崩すか持ち家を売るなどすれば，その設備を購入できるだろう．だが，実現した利潤が予想よりもはるかに小さかったらどうなるだろう．事業主は貯蓄か，持ち家か，あるいはその両方を失うことになるかもしれない．つまりその事業主は，事業がうまくいくか否かに起因する大きなリスクに身をさらしているのだ(一般に事業主は普通の人よりもリスク耐性がある人だという理由はこれだ．事業主は，自分の事業にその富の大部分をつぎ込んでいるのが普通だ)．だから，この事業主がリスク回避的だとすれば，新しい設備を購入するリスクの一部を誰かに負担してもらえるのなら，もしうまくいったときには，利潤の一部をその人に分け与えても良いと思っている．でも，どうやればそれができるのか．事業主は，自分の富を処分して資金を用意するのではなく，自社の株式を他人に売って得た資金を使ってその設備を購入すればいい．株式を売却するという方法なら，予想より利潤

図9-8 リスク回避者の損失と利益の感じ方

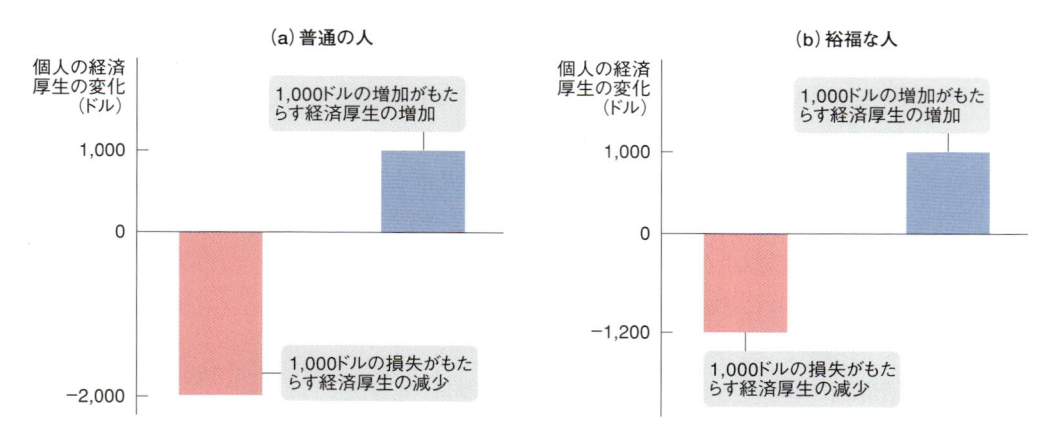

パネル(a)とパネル(b)を比較すると，富の違いがリスクに対する感じ方の違いにつながることがわかる．パネル(a)の普通の人にとっての1000ドルの損失は，パネル(b)の裕福な人よりもはるかに大きく感じられる．これは，裕福な人もリスク回避的ではあるが，それほど裕福でない人よりはリスクを受け入れる傾向があるということを反映している．

が小さかったときの個人的な損失を軽減できる．株式以外の資産を失わずにすむからだ．逆に，事業が順調にいったなら株主は株式投資の報酬として利潤の一部を獲得できる．

　株式を売却することにより，事業主は分散を達成できる．つまり事業主は何種類かの資産に投資して全体としてのリスクを減らせるのだ．事業主は，金融資産である銀行預金，物的資産である持ち家，同じく物的資産である自社株を同時に保有している．これらの資産の運用にはリスクがつきものだ．例えば，預け先の銀行がつぶれるかもしれないし，持ち家も火事に遭うかもしれない（現在のアメリカでは，事業主はこれらのリスクの一部を保険でカバーしているだろう）．たとえ保険がないとしても，さまざまな運用資産を持っていたほうが事業主にとっては得だ．なぜなら，各資産のリスクは互いに関連のない事象，いわば独立事象だからだ．例えば，事業主の持ち家の火事と事業の成否にはまず関係がないし，事業主の持ち家の火事と資産を預けている銀行の倒産はなおさら関係がない．別の言い方をすれば，ある資産の運用がうまくいかないからといって，別の資産の運用がその影響を受けるということはまずないのだ．結果として，事業主が損失をこうむるリスクを減らすことができる．逆に，もし事業主が自分の富をすべて事業につぎ込んでしまうと，事業が失敗したときにはすべてを失うはめになる．互いに関連のない，独立したいくつかの資産を保有して**分散**をすれば，その事業主は直面するリスクを全体として減らすことができる．

> **分散**は，発生しうる損失が独立事象となるように複数の資産に投資することで可能となる．

　分散によってリスクを軽減しようという人々の欲求から，株式や株式市場が生まれた．株式市場が持つ性質が，リスクを管理・軽減する個人の力をどのように高めるかを，次節で詳しく見ることにする．

流動性の提供　金融システムが果たす第3の，そして最後の役割は，資産を運用する人々に流動性を提供することだ．それはリスクと同じように，将来が不確実だということから発生する問題だ．例えば貸し手が，いったん貸付を行った後で，急病などの理由で急に資金が必要になったとしよう．不幸にも貸付先の企業がその資金ですでに新設備を購入していたなら，貸し手が急に返済を要求しても必要な資金を回収することはできない．もし，返済期日前に資金が必要になる状況があらかじめ予想されたなら，貸し手は企業に貸付をして資金を動かせなくなることを渋っただろう．

　資産の価値をさほど下げることなくすぐさま現金化できるとき，その資産は**流動的**だという．それができない場合には，その資産は**非流動的**だという．これから見ていくように，株式や債券はこの流動性の問題を部分的に解消する．また銀行は，人々が流動的な資産を持ったり，また非流動的な資産に投資するためのさらなる方法を提供する．

> 価値をさほど下げずに現金化することができる資産は**流動的**だ．
> 価値をさほど下げずに現金化することができない資産は**非流動的**だ．

　貸し手と借り手が相互に得になる取引を行うために，取引費用を軽減し，分散によってリスクの軽減と管理を図り，かつ流動性を提供するような手段が経済には必要だ．では，どのような手段があるのだろうか．

2.2 資産のタイプ

現代の経済には，貸付，債券，株式，銀行預金という主に4種類の金融資産がある．それぞれ，用いられる目的はある程度異なる．まず，貸付，債券，株式について説明し，銀行預金は次節で説明しよう．

> 貸付（ローン）は特定の借り手と特定の貸し手の間で取り交わされる貸出合意だ．

貸付 貸付（ローン）は特定の借り手と特定の貸し手の間で取り交わされる貸出合意だ．ほとんどの人は，車や家を購入するときに銀行から資金を借り入れる．また中小企業も新しい設備を購入するために通常は銀行から資金を借り入れる．

貸付の長所は，借り手のニーズに合うように設定ができることだ．中小企業が借入をする際には，ビジネスプランや利潤額等々について，貸し手と話し合う必要がある．その結果，借り手のニーズと返済能力に見合った資金の貸付が行われるというわけだ．

貸付の短所は，個人や一企業に資金を貸し付けるには，例えば貸付条件について交渉したり借り手の与信履歴や返済能力を調査するといったような，大きな取引費用がかかることだ．これらの費用を最小化するために，大企業のような大口の借り手や政府はもっと単純化した方法をとる．つまり債券を売り出す（発行する）のだ．

債券 第7章で学んだように，債券は，その売り手が債券保有者に毎年利子を支払い，決められた期日に元本を返済するという借用証書だ．だから債券は，その保有者から見れば金融資産に，発行者から見れば負債ということになる．債券発行者は，一定の利子率と満期を持つ債券を，それを買っても良いという人であれば誰にでも，数多く販売する．そうすることで，たくさんの貸し手と貸付条件を決めるための個別交渉をする費用を負担せずにすむのだ．

債券購入者は，与信履歴などの債券発行者の質に関する情報を，債券格付会社からタダで入手できる．そういうことを購入者自身が費用をかけて調べる必要はない．その結果，債券は多かれ少なかれ標準化された商品として，つまりその条件と質がはっきり定められた商品として，債券市場で販売されるのだ．

債券のもう1つの長所は，転売が容易だということだ．これにより債券購入者は流動性を確保できる．実際，債券の保有者は満期が来るまでの間にどんどん変わっている．それに対して貸付は転売が難しい．債券と違って，貸付は標準化されていないからだ．つまり貸付は額面も質も返済条件もそれぞれまちまちなのだ．そのため貸付は債券に比べるとはるかに非流動的だ．

株式 第7章で学んだように，株式は企業の所有権の一部だ．株式は保有者から見ると金融資産で，発行企業から見ると負債になる．すべての会社が株式を販売（公開）しているわけではない．「非公開」企業の株式は1人か，あるいは少数のパートナーにより保有されていて，企業の利潤はすべて彼らのものになる．だが，ほとんどの大企業は株式を販売（公開）している．例えばマイクロソフトは，110億株近くの発行済

株式がある．それを1株持つと，マイクロソフトの利潤の110億分の1をもらえることになる．またマイクロソフトの意思決定に対する110億票のうちの1票を持つことにもなる．

　マイクロソフトは昔から高い利益を出している企業なのに，なぜ誰でもその所有権の一部を購入できるようにしているのだろう．創業者のビル・ゲイツとポール・アレンの2人が，株式を自分たちで保有して必要な投資資金は債券発行で調達しようとしなかったのはなぜなのか？　それは，ちょうどいま学んだように，リスクがあるからだ．大企業を所有するというリスクを負いきれるほどの耐性のある人はほとんどいないのだ．

　株式の存在によって社会的な厚生が改善されるのは，事業主が直面するリスクを軽減するという点のみにとどまらない．株式の存在によって，株式を購入する投資家の厚生も高まるのだ．長い目で見れば，通常，株式は債券に比べてより高い報酬を与えてくれる．過去1世紀において，株式は物価上昇調整後の数値で約7％の収益率をもたらしたが，債券の収益率は約2％だった．だが，資産運用会社が警告しているように，「過去の成果が将来の成果を保証するわけではない」．やはり，短所もある．ある会社の株式を保有することは，同社の債券を保有するよりもリスクが高いのだ．なぜかって？　おおざっぱに言うと，債券は約束だが株式は望みでしかないからだ．会社は利潤を株主に分配する前に，貸し手への資金返済義務を果たさなければならないと法律によって定められている．会社が倒産したとすれば（つまり利払い義務を果たせずに破産を宣告した場合には），その会社が保有する物的資産と金融資産は債券保有者（貸し手）に分配される．そのとき株主は何も受けとれないのが普通だ．一般に株式は債券よりも高い報酬をもたらすが，リスクも高いのだ．

　だが金融システムは，投資家と事業主がリスクを軽減しながらある程度高い報酬を得られるようにする仕組みも作り出してきた．それを実現しているのが，**金融仲介機関**と呼ばれる機関が提供するサービスだ．

2.3　金融仲介機関

　金融仲介機関とは，多くの個人から集めた資金を金融資産に転換する機関だ．最も重要な金融仲介機関は投資信託会社（ミューチュアル・ファンド），年金基金，生命保険会社，それに銀行だ．アメリカ国民が保有する金融資産のうちの4分の3は，直接保有ではなく，これらの金融仲介機関を介して保有されている．

　投資信託会社　これまで説明してきたように，ある会社の株式を保有して高い報酬を得ようとするにはリスクがつきものだ．一方で，株式投資家が分散によって株式保有のリスクを軽減できることももうわかっただろう．分散された株式ポートフォリオを保有することで，つまり互いのリスクが関連しないか，相殺されるようなさまざまな株式を保有することで，株式投資家はある1社だけに投資をするよりはリスクを軽減できる．またファイナンシャル・アドバイザーたちは，大抵の人がリスク回避的な

> **金融仲介機関**とは多数の個人から集めた資金を金融資産に転換する機関だ．

のを承知しているので，顧客の保有する富全体のリスクを分散するために，分散された株式ポートフォリオだけでなく，債券，不動産，現金といった株式以外の資産を持つことを必ず勧めるのだ（おまけに，事故による損失に備えて十分な保険をかけることまで勧めてくれる！）．

でも，それほど多くの投資資金を持たない，例えば100万ドル以下の資金しかない個人投資家にとっては，分散投資された株式ポートフォリオを持つと取引費用（特に株式仲買人に支払う料金）が高くついてしまう．そのような個人投資家は，多数の会社の株式を少しずつしか購入できないからだ．そうした個人投資家でも，投資信託を買えば，高い取引費用を負担せずにリスクを分散できるようになる．**投資信託会社（ミューチュアル・ファンド）**とは，多数の会社の株式を購入して株式ポートフォリオを構築し，その株式ポートフォリオの一部を個人投資家に転売する金融仲介機関だ．この株式ポートフォリオの一部を購入することで，少額の投資資金しかもたない個人投資家も分散投資された株式ポートフォリオを間接的に保有できるようになり，それを持たなかった場合に比べると，どのリスク水準でも高い報酬を得ることができる．

表9-1は，投資信託商品の例として，ステート・ストリート・グローバル・アドバイザーズのS&P500インデックス・ファンドを取り上げている．この表は，この投資信託のポートフォリオとして組み入れられた各大企業の株式に投資家の資金がそれぞれ何％ずつ使われているかを示している．

投資信託会社の多くは，投資先企業に関する市場調査も行っている．これは重要なことだ．というのも，株式を発行しているアメリカの企業（もちろんアメリカ以外の国の企業も）は何千もあり，それぞれに期待される収益率，配当といったものはさまざまだからだ．個人投資家にとっては，たった数社の企業を調査するのでさえ，膨大な時間と費用がかかるだろう．投資信託会社は顧客のためにこのような調査をすることで，取引費用を節約しているのだ．

投資信託産業はアメリカの金融システムだけでなく，現代のアメリカ経済の大部分を代表している．2004年末時点で最大の投資信託会社はステート・ストリート・グ

投資信託会社（ミューチュアル・ファンド）は，株式ポートフォリオを構築してその一部を個人投資家に転売する金融仲介機関だ．

表9-1　ステート・ストリート・グローバル・アドバイザーズのS&P500インデックス・ファンドの投資先上位（2005年3月31日時点）

社名	投資信託資金に占める運用割合(%)
ゼネラル・エレクトリック	3.53
エクソンモービル	3.52
マイクロソフト	2.26
シティグループ	2.17
ジョンソン・エンド・ジョンソン	1.85
ファイザー	1.81
バンクオブアメリカ	1.65
ウォルマート	1.57
IBM	1.38
インテル	1.34

出所：State Street Global Advisors.

ローバル・アドバイザーズで，1兆4000億ドルもの資金を運用している．

年金基金と生命保険会社　多くのアメリカ人は投資信託に加えて，**年金基金**が発行する金融商品を保有している．年金基金はその参加者の貯蓄資金を集めてさまざまな資産に運用し，参加者が退職したときに年金を支払っている非営利団体だ．年金基金は特別なルールに従う必要があり，また税金の優遇措置を受けているが，その機能は投資信託会社と同じようなものだ．年金基金は幅広い種類の金融資産に投資し，その参加者が個人ではできないような効率的なリスク分散と市場調査を実現している．アメリカの年金基金は，8兆ドルを超える資産を保有している．

アメリカ人は**生命保険会社**が発行する保険証券も大量に保有している．保険証券は，その保有者が死亡すると保有者が指定した受益者（典型的には家族）に保険金を支払うことを約束するものだ．保険証券保有者が死亡したときに受益者が直面する経済的困難を緩和することで，生命保険会社もリスクを軽減して経済厚生を改善する．

銀行　流動性の問題を思い出してほしい．他の条件を一定とすると，人々はすぐさま現金化できる資産のほうを望む．債券や株式は，急な支出を賄うためにそれを売却する取引費用は高くなりうるものの，物的資産や貸付よりもはるかに流動性が高い．また，多くの中小企業にとって，債券や株式を発行する費用は，彼らが調達したいささやかな金額に比べると高すぎる．銀行は，貸し手の流動性へのニーズと，債券や株式に頼りたくない借り手の資金調達ニーズが一致しないという問題を解消するのに役立つ機関だ．

銀行はまず預金者から資金を集める．銀行に資金を預ける人は，銀行に資金を貸すという意味で，本質的な貸し手となっている．預金者は**銀行預金**という信用を受け取るが，それは銀行に対する請求権だ．銀行は預金者が要求したときに現金を返却しなくてはならない．よって，銀行預金は預金者の保有する金融資産であり，銀行にとっては負債になる．

だが，銀行がすぐさま返却できるように保有している現金は，預金者が預けた資金のうちのごく一部でしかない．預けられたお金の大部分は，事業主や新居の購入者，またはその他の借り手に対して貸し出されている．銀行はこの貸出によって，借り手と長期にわたる取引関係を持つようになる．つまり借り手が期日どおりに返済しているかぎり，銀行は貸付金を回収して現金化することはできない．このことから，銀行は，長期にわたって資金を借りたいと考えている人が，資金を貸したいが必要なときにはすぐさま現金化したいと考えている貸し手の資金を利用できるようにしているのだ．もっときちんと言うと，**銀行**とは銀行預金という流動性の高い金融資産を貸し手に提供し，そうして得た資金を流動的でない資産に融通したり，借り手の事業支出のニーズに応じて貸し出したりする金融仲介機関だ．

要するに銀行は，一種のミスマッチを解消している．長期にわたる貸出を行う一方で，同時に預金者が要求すればいつでも資金を返済できるようにしているのだ．それ

年金基金は投資信託会社の一種で，その参加者に退職年金を支払うためにさまざまな資産を保有している．

生命保険会社は保険証券を発行し，その保有者が死亡したときに保有者が指定した受益者に保険金を支払うことを約束している．

銀行預金とは預金者の銀行に対する請求権で，銀行は預金者の要求に応じて現金を返却する義務がある．

銀行とは，銀行預金という流動的な資産を貸し手に提供し，それで獲得した資金を流動的でない資産に融通したり，借り手の事業支出ニーズに応じて貸し出したりする金融仲介機関だ．

はどのようにして実現できるのだろうか．

銀行は，同時に預金引出要求をしてくる預金者は平均すると預金者のごく一部でしかしないということをあてにしている．1日のうちには預金を積み立てる人たちもいれば預金を引き出す人たちもいる．その動きはおおよそ相殺しあう．つまり，預金を引き出す人の要求に応えるためには預金残高のごく一部に相当する現金を用意しておけば足りるのだ．また，銀行が預金引出に応えることができなくなったとしても，個々の預金は10万ドルまで連邦預金保険公社（FDIC）という連邦機関によって保護されている．これは預金者が預金をすることからこうむるリスクを軽減し，銀行の資産状況が悪化したときに預金者が預金を引き出そうとするインセンティブを弱くする．よって通常の状況では，銀行は預金の一部だけを現金で用意しておけばよいのだ．

銀行は，流動性を確保したいという貸し手のニーズと，長期にわたって資金を調達したいという借り手のニーズを調整するという重要な経済的役割を果たしている．次の「経済学を使ってみよう」で説明するように，きちんと機能する銀行システムを整備したことが，韓国が経済的に成功する重要な転換点になった．

経済学を使ってみよう

韓国の奇跡と銀行

第8章で説明したように，韓国は経済成長のすばらしい成功例だ．1960年代初頭，韓国は非常に貧しい国だったが，その後，目を見張るほどの高い経済成長率を実現した．これには，韓国の銀行が大きな役割を果たした．

1960年代初頭の韓国の銀行システムはめちゃくちゃだった．インフレ率が高いのに，銀行の預金利子率はとても低かった．物価上昇によって購買力が目減りするのを恐れて，人々は銀行に預金するのを避けた．代わりに，お金を財・サービスの支出に充てたり，土地や金といった実物資産の購入に充てたりした．人々が銀行への預金を拒んでいたので，企業が投資支出のための資金調達をするのは非常に困難だった．

韓国政府は1965年に銀行の改革を行って，貯蓄主体が預金をしたくなるような水準まで利子率を引き上げた．その後の5年間で，銀行の預金残高は600％増加した．そしてGDPに占める国民貯蓄の割合である国民貯蓄率は，2倍以上に増えた．銀行システムが生き返ったことで，韓国企業による大きな投資ブームが生じた．銀行システムはこの国の経済成長を引き起こす重要な要因だった．

銀行以外にも，多くの要因が韓国の成功に寄与した．でもこの国の経験が，良い金融システムが経済成長にとってどんなに重要かを示していることは確かだ．

ちょっと復習

▶金融資産や物的資産を購入することで，家計は現在の貯蓄や富を投資（運用）することができる．金融資産は，その売り手から見ると負債だ．

▶きちんと機能する金融シス

理解度チェック 9-2

1．以下の資産について，①取引費用の大きさ，②リスクの大きさ，③流動性の高さの観点から順序をつけなさい．

　　a. 利子率の支払いが保証された銀行預金．

  b. 高度に分散され，すぐさま売却できる投資信託．
  c. 家族経営の会社の株式で，買い手が見つかりかつ家族全員が同意したときのみ売却可能な株式．

2．ある国の金融システムの発達の度合いと経済発展の度合いにはどのような関係があると考えられるか．その国の貯蓄と投資支出の観点から説明しなさい．

解答は本書の巻末にある．

3 金融市場の変動

 ここまで，金融システムは経済にとって不可欠なものだということを学んできた．債券市場や株式市場，そして銀行がなければ経済成長が長く続くことは見込めない．でも，いいことずくめということはない．時には金融システムがうまく機能せず，不安定性の原因になることもある．その証拠として，現代のマクロ経済で生じた重要な出来事である世界大恐慌をあげれば十分だろう．アメリカ史上最悪の経済不況は，1929年に起きた株式市場の暴落と密接な関係があった．また2001年のアメリカの不況に先立って，同年の株価下落が起こっていた．第10章では，株価がマクロ経済パフォーマンスに影響を及ぼす経路について，つまり資産市場の変動がどのように家計の富の変化を引き起こし，財・サービスの需要を変えるかについて学ぶだろう．

 資産市場の変動を説明しようとすると本1冊くらい簡単に書けてしまう．実際，多くの人が本を書いている．ここでは株価変動の原因について，ごく簡単に説明しよう．

3.1 株式の需要

 いったん企業が投資家向けに株式を発行すると，それらは株式市場で他の投資家たちに転売できる．近ごろでは，ケーブルテレビやインターネットのおかげで，1日中株式市場の変動を追うことも簡単にできる．株価指数だけではなく，個別の株式銘柄の価格が上がったり下がったりする様子がわかるのだ．このような株価変動は株式に対する投資家たちの需要と供給の変化を反映している．では何が需要と供給を変化させるのだろう？

 株式が金融資産だということ，つまり会社の所有権の一部だということを思い出してほしい．財・サービスの価値はそれを消費できることにあるが，資産の価値は財・サービスの将来の消費を増やすことにある．金融資産が将来の消費を高める道は2つある．まず，利払いまたは配当というかたちで将来の所得を生み出すという道がある．だが，多くの会社は将来の投資支出に備えて利潤を企業内に留保し，配当を支払っていない．でも投資家は，配当がない株式でも，後で高く売却することを狙って購入する．これが，将来の所得を高める第2の方法．投資家たちは，配当のある株式や債券であっても，その価格が将来今よりも低くなってしまうような資産なら買おうとはしない．その資産を将来売却したときに，彼らの富を減少させてしまうからだ．つまり，現在の金融資産の価値は，投資家たちがその資産の将来の価値や価格についてどんな信念を持つかに依存する．投資家たちがその資産の価値は将来高まると考えると，

テムは，取引費用を軽減し，分散によって金融リスクを軽減する．また投資家たちが非流動的な資産よりも好む流動的資産を提供する．

▶4つの主要な金融資産とは，貸付，債券，株式，銀行預金だ．

▶最も重要な金融仲介機関は，投資信託会社（ミューチュアル・ファンド），年金基金，保険会社，銀行だ．

▶銀行は銀行預金を受け入れる．それにより銀行は預金者の預金引出要求に応える義務を負い，その資金を長期にわたって借り手に貸し出す．

現在の価格がどの水準でもその資産への需要は増大する．その結果，その資産の今日の均衡価格は上昇する．逆に，投資家たちがその資産の価値は将来低下すると考えると，現在の価格がどの水準でもその資産への需要は減少する．その結果，その資産の今日の均衡価格は下落する．要するに，今日の株価の変化は将来の株価に対する投資家たちの予想の変化を反映しているのだ．

　ある会社の株式の将来の予想価格を高めるような出来事が起きたとしよう．例えば，iPodの販売急増でアップルが予想収益の上方修正を発表したとしよう．すると同社の株式への需要は増大するだろう．同時に，アップル株の保有者は，現在の価格がどの水準であっても，その持ち株を市場に供給しようとはしないだろう．第3章で見たように，需要の増大や供給の減少（あるいはその両方）は，価格を上昇させる．逆に，ある会社の株式の将来の予想価格を下落させるような出来事が起きたとしよう．例えばローカーボ（低炭水化物）ダイエットの流行でクリスピー・クリームが予想収益の下方修正を発表したとしよう．すると同社の株式への需要は減少するだろう．同時に同社の株式の供給は増えるだろう．クリスピー・クリーム株の保有者が市場に株式を供

ちょっと寄り道　ダウ・ジョーンズは今どうなってる？

　金融関連のニュース記事には，その日の株式市場の動きが出ていることが多い．株式市場の動きはダウ・ジョーンズ平均株価，S&P500，ナスダック指数などの変化で表されている．これらの数値は何なのだろう？　また，これらの数値から何がわかるのか？

　この3つの数値は株式市場の指数だ．消費者物価指数と同じように，株式市場の指数もいろいろな価格の平均としてまとめられる．この場合の価格とは株価のことだ．ダウ・ジョーンズ平均株価は，財務分析を行う企業であるダウ・ジョーンズ（『ウォールストリートジャーナル』紙のオーナーでもある）が創ったもので，マイクロソフト，ウォルマート，ゼネラル・エレクトリックといった優良企業30社の株価指数だ．S&P500は，同じく財務分析を行う企業であるスタンダード・アンド・プアーズが作成している500社の株価指数だ．ナスダック指数は，衛星ラジオ会社のシリウスやXMなどのまだ新しくて小さい企業の株式を取引する全米証券業協会（NASDAQ）が作成している株価指数だ．

　これらの株価指数は異なる株式銘柄を含んでいるので，いくらか違ったものを追跡している．ダウ・ジョーンズ平均株価は上位30社の株価しか含まないので，「オールド・エコノミー」，つまり伝統的な大企業の状況を反映している．ナスダック指数はハイテク株の動きに影響される．S&P500はその中間で，広範な企業の株価を追跡している．

　なぜこれらの指数が重要なのかって？　それは投資家たちが，経済のある特定部門がどういう状況かを手っ取り早く，簡単に把握することができるからだ．以下ですぐに説明するように，ある時点での株価はその会社が将来どうなるかについての投資家の予想を体現している．そこから，経済のある特定部門に属する企業の株価指数は，その特定部門が将来どうなるかについての投資家たちの予想を表しているということがわかる．つまり，ナスダック指数が上昇してダウ・ジョーンズ平均株価が下落した日は，ハイテク部門の見通しが伝統的部門の見通しよりも明るいとされた日なのだ．このような指数の動きは，投資家たちが予想に基づいてダウ・ジョーンズ平均株価に含まれる株を売り，ナスダック指数に含まれる株を買うという行動をとったことを反映している．

給しようとするからだ．この２つの変化はいずれも株価の下落をまねくものだ．つまり株価は株式の需要と供給によって決まり，それらは投資家たちの将来の株価予想に依存しているのだ．

株価は，債券のような代替的な資産がどれだけ魅力的かということからも影響を受ける．第３章で学んだように，例えばある財の代替財の購入が価格が下落したなどの理由によってより魅力的になったとすると，その財の需要は減少する．株式にも同じことがいえる．利子率が上昇して債券を購入することがより魅力的になると，株価は下落するのだ．逆に，利子率が下落して債券を購入することが魅力的でなくなると，株価は上昇する．

これでも，まだ何が株価を決めるかについて完全に答えたことにはならない．投資家たちの将来の株価予想が何によって決まるかを説明していないからだ．

3.2　株式市場についての予想

株価予想の決定要因は何かについて，２つの有力な見方がある．１つは，伝統的な経済分析をもとにして，合理的な理由を重視する見方だ．もう１つは，多くの市場参加者と少数の経済学者に受け入れられているもので，市場参加者は合理的でないという点を重視する見方だ．

効率市場仮説　あなたは，クリスピー・クリームの株式は本当のところどれくらいの価値があるかを評価しようとしているとしよう．そのためには，同社の将来の利潤を左右する要因であるファンダメンタルズを見る必要がある．ファンダメンタルズには，アメリカ国民の嗜好の変化や砂糖の価格といったものも含まれる．それにあなたは，クリスピー・クリーム株がもたらす収益と，債券のようなその他の金融資産が生む収益とを比較してみたいとも思うだろう．

資産価格決定の１つの見方によると，あなたがこの種のことを注意深く調べた後に算出した株価は，実際に市場で売買されているクリスピー・クリーム株の価格と一致する．なぜかって？　クリスピー・クリームのファンダメンタルズに関するすべての公開情報は，すでにその株価に反映されているからだ．ファンダメンタルズを注意深く調べた結果算出される価格と市場価格に差があるとすれば，それを使って儲けるチャンスを賢い投資家は逃さないだろう．彼は市場価格が高すぎると思えばクリスピー・クリーム株を売り，低すぎると思えばそれを買う．**効率市場仮説**はこのような考え方を一般化したもので，資産価格は公開されたすべての情報を常に反映しているというものだ．効率市場仮説によれば，株式の市場価格はその時点で手に入るファンダメンタルズの情報がすべて反映されているので，どんな時点でも公正に評価されているということになる．したがって，株式の市場価格は高すぎることも低すぎることもない．

効率市場仮説が意味するのは，株価やその他の資産の価格は，ファンダメンタルズに関する新しい情報が出たときにのみ変化するということだ．新しい情報は，まさに

> **効率市場仮説**によれば，公開されているすべての情報は資産価格に反映される．

> **ランダムウォーク**とは，予測不能な変数が時間の経過とともに見せる動きだ．

新しいという意味で，予測不能だ．予測可能なら，それは新しい情報ではない．そして資産価格の動きはやはり予測不能だ．その結果，例えば株価の動きは**ランダムウォーク**になる．ランダムウォークとは，予測不能な変数が時間の経過とともにどう動いたかを表す用語だ．

効率市場仮説は，資産市場がどう機能しているかを理解するのに重要な役割を果たす．だが，ほとんどのプロの投資家や経済学者の多くは，この仮説は単純化のしすぎだと考えている．彼らに言わせれば，投資家たちはそれほど合理的ではない．

市場は非合理的か　個人投資家やプロの資産運用マネージャーなど実際に市場に参加している多くの人々は，効率市場仮説には懐疑的だ．市場は非合理的な動きをすることがよくあるので，賢い投資家は，「市場のタイミング」を見て市場価格が割安なときに買い，割高なときに売ることで儲けることができると考えている．

経済学者は一般に，市場のタイミングを完全に読んで常に利益をあげる方法がある，という見方には懐疑的だし，また効率市場仮説に多くの人が反論もしている．しかし重要なのは，市場が間違ったという特定の事例をあげることでは効率市場仮説を棄却することにはならない，という点だ．人々の食習慣が突如変化してクリスピー・クリームの株価が40ドルから10ドルに暴落したからといって，当初40ドルという評価をつけた市場が非効率的だったとは言えない．食習慣がいますぐにも変化しそうだという情報は，誰もが手に入れられる情報ではなかったので，それは当初の株価に反映されていなかったのだ．

効率市場仮説に対する有力な反論は，そういったことではなく，市場価格に規則的な変動が見られることや，個人投資家たちが効率市場仮説に反する行動をとるといった証拠があることに着目する．例えば経済学者のなかには，株価がファンダメンタルズの変化で説明できないくらい大きく変動することを示す証拠を見つけたと信じている者もいる．また個人投資家たちが体系的に非合理的な行動をとっているという強力な証拠を見つけたと信じている経済学者もいる．例えば，人々は過去に上昇してきた銘柄の株価は上昇し続けると期待しているようだという．けれども効率市場仮説によると，それはありえない話なのだ．

3.3　株価とマクロ経済学

株価は大きく変動し，またその変動が重大な経済的影響を及ぼしうるという事実に，マクロ経済学者や政策当局はどう対処しているのだろう？　手短に答えると，大抵の場合，注意深く観察しつつ対応は柔軟に，という態度で臨んでいる．

効率市場仮説によると，政策当局は，株価が高すぎるとか低すぎるというように，株式市場が間違っていると考えるべきでない．皆の手に入る情報はすべて株価に織り込まれていると考えるのが，最良の推測なのだ．

同時に政策当局は，株価は適度に安定的で合理的な投資家の行動と整合的なものだと考えるべきでもない．市場価格は，明白な理由もなしに突然上昇・下落することが

ある．そうした変動はさらに大きなマクロ経済効果を生むこともあるのだ．政策当局はそれに備える必要がある．

金融市場をどれだけ信用するかという問題は学問的なものではない．以下の「経済学を使ってみよう」で示すように，それは1990年代に大きな議論になった．

経済学を使ってみよう

「根拠なき熱狂」

ロバート・シラーはイェール大学の経済学者で，効率市場仮説を批判する者のなかではいちばんの有名人だ．1996年に彼は連邦準備(制度)理事会のアラン・グリーンスパン議長に報告を行ったが，そのときにその後有名になった「根拠なき熱狂」というフレーズが登場した．

図9-9にその話の背景が示されている．これは1982年10月以降のS&P500の値をグラフ化したものだ．S&P500は，268ページの「ちょっと寄り道」で説明したように，最も広範な株価指数だ．この図から，この指数が1982年から2000年にかけて，数回の落込みを見せた以外はずっと上昇を続けていることがわかるだろう．そうした落込みの1つが，1987年の暴落だ．この暴落にはファンダメンタルズに関する明白な理由などなかった．それが起こった後で，なぜ突然の株価下落が起きたのかを説明する理由を考えはじめた経済学者もいた．だが，シラーは市場が暴落している最中に投資家たちについて調査し，彼らが株を売っているのは単に他の投資家たちが売っているからだということを発見した．つまりそれは，群集心理のようなもので，効率的な市場が作用して起こったことではないように見えた．

1996年にシラーがグリーンスパンへの報告を行ったとき，株価はこれまでにないほど上昇していた．シラーはこの株価上昇は続かないだろうと考えた．グリーンスパンも今では有名となったスピーチのなかでその考えに賛同し，市場は「根拠なき熱

図9-9　1982年10月〜2005年4月のS&P500の推移

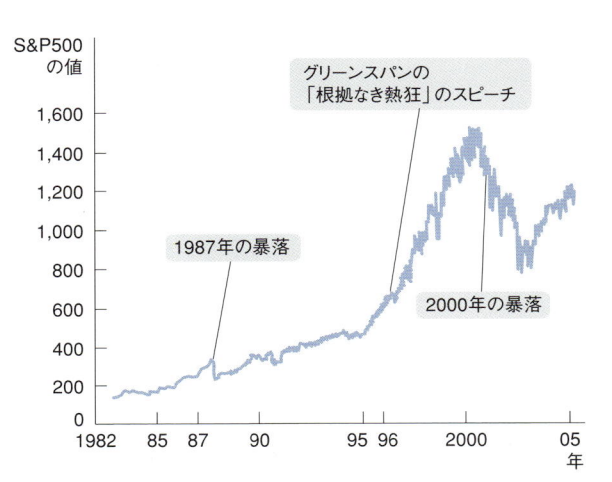

1982年から1995年にかけて，株価は着実に上昇した．その間の大幅な下落は少なく，最大の下落となったのは1987年の暴落だ．その後，株価上昇の速度は急激に高まった．そして1996年には，アラン・グリーンスパンが株式市場は「根拠なき熱狂」にあるかもしれないという見解を発表した．だが株価指数はその後さらに4年間も上昇し続けた．2000年になって株価は暴落した．特に下がったのはハイテク関連銘柄だった．
出所：Bureau of Labor Statistics(労働統計局)．

狂」に陥っているのではないかと述べた．

　だが，大きな問題は，グリーンスパンが人々の株式購入を抑制するために金利を上げるなどの対策をとるかどうかだった．結局彼はそうしなかった．彼は市場についてそこまでとやかく言うことを好まなかった．そしてごらんのとおり，株価はさらに4年間上昇し続けた．

　2000年に入ると，株価は大幅な下落を見せた．特にハイテク株が下落した．グリーンスパンが指摘したときにそうだったと必ずしも言えるわけではないが，現在では多くの人が，1990年代末には実際に根拠なき熱狂の状況があったと考えている．特に株式市場のバブルがあったことは現在では広く受け入れられている．バブルとは，ファンダメンタルズの変化などの合理的な要因なしに資産価格の大きな上昇が生じることだ．だが，グリーンスパンは何か対策をとるべきだったのだろうか？　これはいまだに論争の火種となる問題だ．第17章で再度この問題を取り上げることにしよう．■

ちょっと復習

▶金融市場の変動はマクロ経済の不安定性の原因になりうる．
▶株価は需要と供給の影響を受けると同時に，債券のような代替資産の買いやすさにも影響を受ける．また将来の株価に関する予想も反映している．予想形成の1つの見方は効率市場仮説だ．その見方によると，株価の動きはランダムウォークとなる．
▶市場参加者と一部の経済学者は効率市場仮説を疑問視する．実際には，政策当局は市場を思いどおりにできるとは考えていないし，また市場は常に合理的な動きをするとも考えていない．

理解度チェック 9-3

1. 以下の出来事は会社の株価にどんな影響を及ぼすか．答えて，説明しなさい．
   a. この会社が，今年は利潤が少ないが，新しい事業を見つけたので来年は高い利潤を実現できると発表した．
   b. この会社が，今年の利潤は高かったが，それは前年の予測よりも少なかったと発表した．
   c. この会社が属する産業の他の会社が，今年の販売額は予想外に伸びないと発表した．
   d. この会社が，以前に発表した利潤目標をちょうど達成できるだろうと発表した．
2. 次の主張を評価しなさい．「多くの投資家たちは非合理的かもしれないが，時間が経っても以前と全く同じ，例えばダウ・ジョーンズ平均株価が1％上昇した翌日には必ず株を購入するといった非合理的行動をとりつづけるとは考えにくい」

解答は本書の巻末にある．

次に学ぶこと

　これで，貯蓄と投資支出がなぜ長期の経済成長の決定的な要因なのかを学び終えた．ここまで，貯蓄と投資支出が経済でどのように生み出されて，健全に機能している金融システムがそれをどう配分しているかを見てきた．次は景気循環，つまり長期の経済成長トレンドのまわりでの経済の短期的変動について理解しよう．次のステップは，総供給−総需要のモデルを作り，それを使って生産者，消費者，政府の行動が経済の短期的パフォーマンスにどう影響を及ぼすかを分析しよう．

要約

1. 長期の経済成長を達成するには物的資本への投資が不可欠だ。経済成長のためには貯蓄を投資支出に変換する必要がある。

2. **貯蓄・投資支出恒等式**によると、経済全体では貯蓄と投資支出は常に等しくなる。プラスの**財政収支**は**財政黒字**と呼ばれ、それが発生しているとき政府は貯蓄主体になる。逆にマイナスの財政収支は**財政赤字**と呼ばれ、それが発生しているとき、政府は負の貯蓄主体になる。閉鎖経済では、貯蓄は民間貯蓄と財政収支の合計である**国民貯蓄**に等しい。開放経済では、貯蓄は国民貯蓄と外国貯蓄の**資本流入**の合計に等しい。貯蓄の一部が海外に流れているとき、資本流出(マイナスの資本流入)が生じる。

3. **貸付資金市場**モデルは、投資支出が必要なプロジェクトを持つ借り手に貯蓄主体がどのように貸付をするかを示す。均衡では、均衡**利子率**より高い**収益率**のプロジェクトのみが資金を調達できる。貸付資金市場は、貸し手と借り手の取引利益がどのように最大化されるかを明らかにし、健全に機能する金融システムがなぜ長期の経済成長をもたらすのかを示してくれる。またこのモデルは、政府が財政赤字を借入で賄うと民間投資支出の**クラウディング・アウト**を引き起こし、他の条件が一定なら経済成長率を低下させることも示す。

4. 家計は現在の貯蓄や貯蓄を蓄積して築いた**富**を、資産に投資(運用)する。資産には、金融資産と物的資産がある。**金融資産**は、その買い手が売り手から将来収入をもらえるという請求証書だ。**物的資産**は有形のモノの所有者がそれを好きなように処分することを保証する権利だ。金融資産は売り手の側から見れば**負債**となる。金融資産には主に4つの種類がある。**貸付**(ローン)、債券、株式、**銀行預金**だ。各金融資産は、金融システムの3つの基本的な問題を解決するために用いられる。その問題とは、取引にかかる**取引費用**の節約、将来の結果の不確実性で、金銭的利益や損失が生じる**金融リスク**の軽減。そしてそれほど価値を損なうことなくすぐさま現金化できる**流動的**な資産の提供だ(非流動的な資産は、そういう現金化ができない)。

5. 多くの中小企業は投資支出の資金として銀行借入を行うが、大企業は債券を発行する。事業主は株式を発行して資金調達することでリスクを減らすことができる。株式は債券よりも高い報酬をもたらすことが多いが、投資家たちは通常、収益率の間にあまり相関がなく独立なさまざまな種類の資産を保有する**分散**によってリスクを減らそうとする。ほとんどの人はリスク回避的だ。つまりある金額を失ってしまう苦痛を、同じ金額を得られたときの喜びよりも大きいと感じる。

6. **投資信託会社**(ミューチュアル・ファンド)、**年金基金**、**生命保険会社**、**銀行**などの**金融仲介機関**は金融システムで決定的に重要な存在だ。小口の投資家たちにとって、投資信託会社や年金基金は分散を可能にしてくれるし、生命保険会社はリスクを軽減してくれる。

7. 銀行のおかげで個人は流動性のある銀行預金を保有できる。その資金は、非流動的な貸出として利用される。銀行が貸し手と借り手の要求の不一致を解消できる理由は、平均すれば、預金を引き出す預金者の数が少ないということにある。銀行は長期の経済成長にとって鍵となる存在だ。

8. 金融市場の変動はマクロ経済の不安定性の原因にもなる。株価は株式の需要と供給だけでなく、債券のような代替資産がどれだけ魅力的かにも依存する。通常は、利子率が上昇すると株価は下落する。その逆も成り立つ。人々の予想が株式の需要と供給を変化させる。将来の株価上昇が予想されると、現在の株価は上がる。また将来の株価下落が予想されると、現在の株価は下がる。予想がどう形成されるかに関する考え方の1つに**効率市場仮説**がある。この仮説は、公開された情報はすべて金融資産の価格に反映されているとする。これは、金融資産の価格の変動は予測できず、その動きは**ランダムウォーク**になることを意味している。

9. 実際のデータを見ると、金融資産市場の動きは効率市場仮説が主張するほど合理的なものではないと、多くの市場参加者と経済学者は考えている。データは、株

価の変動はファンダメンタルズだけを要因とするには大きすぎるということを示している．政策当局は資産市場が常に合理的に動いているとも，市場を思いどおりにできるとも考えてはいない．

キーワード

貯蓄・投資支出恒等式…p.246
財政黒字…p.247
財政赤字…p.247
財政収支…p.247
国民貯蓄…p.247
資本流入…p.249
貸付資金市場…p.252
利子率…p.252
収益率…p.252
クラウディング・アウト…p.255
富…p.258
金融資産…p.258
物的資産…p.258
負債…p.258
取引費用…p.259
金融リスク…p.259
分散…p.261
流動的…p.261
非流動的…p.261
貸付（ローン）…p.262
金融仲介機関…p.263
投資信託会社（ミューチュアル・ファンド）…p.264
年金基金…p.265
生命保険会社…p.265
銀行預金…p.265
銀行…p.265
効率市場仮説…p.269
ランダムウォーク…p.270

問題

1. ブリタニカという閉鎖経済に関する以下の情報に基づいて，投資支出，民間貯蓄，財政収支はいくらになるか答えなさい．これら3つの項目の関係を説明しなさい．国民貯蓄は投資支出に等しくなるかどうかを答えなさい．ただし，政府移転支出はないとする．

    GDP＝10億ドル　T＝5000万ドル
    C＝8億5000万ドル　G＝1億ドル

2. レガリアという開放経済に関する以下の情報に基づいて，投資支出，民間貯蓄，財政収支，そして資本流入はいくらになるか答えなさい．これら4つの項目の関係を説明しなさい．ただし，政府移転支出はないとする．

    GDP＝10億ドル　G＝1億ドル
    C＝8億5000万ドル　X＝1億ドル
    T＝5000万ドル　IM＝1億2500万ドル

3. 次の表はカプスランドとマルサリアという国のGDPに占める民間貯蓄，投資支出，資本流入の割合を示している．カプスランドでは資本流入，マルサリアでは資本流出が生じている．両国の財政収支は（GDPの割合にして）いくらになるか．カプスランドとマルサリアの政府はそれぞれ財政赤字になっているか，それとも財政黒字になっているか答えなさい．

	カプスランド	マルサリア
GDPに占める投資支出の割合（％）	20	20
GDPに占める民間貯蓄の割合（％）	10	25
GDPに占める資本流入の割合（％）	5	−2

4. 開放経済について考える．以下の各ケースについて答えなさい．

    a. X＝1億2500万ドル
    IM＝8000万ドル
    $S_{Government}$＝−2億ドル
    I＝3億5000万ドル
    $S_{Private}$を算出しなさい．

    b. X＝8500万ドル
    IM＝1億3500万ドル
    $S_{Government}$＝1億ドル
    $S_{Private}$＝2億5000万ドル
    Iを算出しなさい．

    c. X＝6000万ドル
    IM＝9500万ドル
    $S_{Private}$＝3億2500万ドル
    I＝3億ドル
    $S_{Government}$を算出しなさい．

    d. $S_{Private}$＝3億2500万ドル
    I＝4億ドル
    $S_{Government}$＝1000万ドル
    $IM-X$を算出しなさい．

5. 次の貸付資金市場の図を使って，以下のそれぞれのケースについて，民間貯蓄，民間投資支出，そして利子率がどうなるかを説明しなさい．閉鎖経済だとして答えなさい．
    a. 政府が財政赤字をゼロに減らした．
    b. どの水準の利子率でも，消費者がもっと貯蓄をするよ

c. どの水準の利子率でも，企業が投資支出をして得られる将来の報酬が高くなるだろうと楽観するようになった．財政収支はゼロとする．

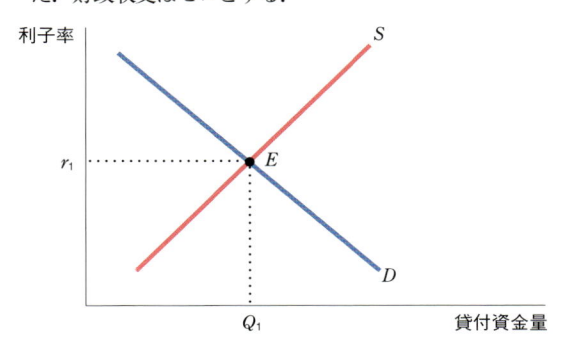

6. 政府が財政収支をゼロに均衡させていたとする．政府は教育支出を2000億ドル増やし，債券（国債）を発行することでその財源を確保した．次の図は政府が国債を発行する前の貸付資金市場の様子を示している．この国は閉鎖経済だとする．国債発行によって均衡利子率と均衡貸付額はどのように変化するか．この市場でクラウディング・アウトは起きるか．答えなさい．

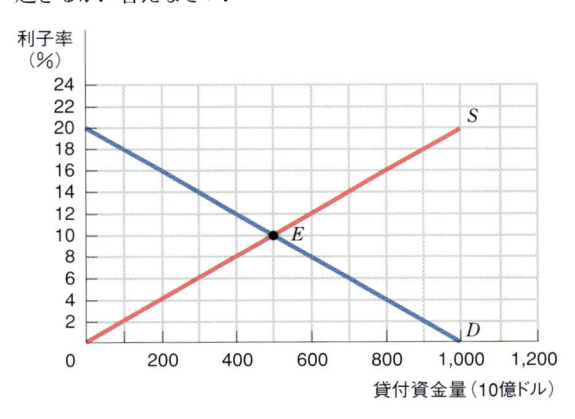

7. 貸付資金市場の均衡で効率性が最大になるのはなぜかを説明しなさい．

8. 政府は借入による購入をすべてやめるべきだ．なぜなら，その政府借入が民間投資支出をクラウド・アウトして（押しのけて）しまうからだ．あなたの友人がこのように言ったら，あなたは何と答えるか？

9. 以下は，投資支出，金融資産への投資，物的資産への投資のどれに当てはまるか．
   a. ルパート・マネーバック氏はコカ・コーラの発行済み株式を100株買った．
   b. ロンダ・ムービースターさんは1970年代に建設された豪邸を1000万ドルで買った．
   c. ロナルド・バスケットボールスター氏は太平洋を一望する新築の豪邸を1000万ドルで建てた．
   d. ローリングス社はキャッチャーミットを製造する新工場を建てた．
   e. ロシアがアメリカ国債を1億ドル購入した．

10. 金融システムが健全に機能することでどのように総貯蓄と投資支出が増えるのかを説明しなさい．ただし財政収支と資本流入は変化しないとする．

11. アメリカ経済で重要な金融仲介機関にはどのような種類があるか．これらの金融仲介機関が扱う主な金融資産はどのようなものか．そしてそれらがあることで，投資支出と貯蓄がどのようにやりやすくなっているか．

12. 以下の出来事が起こると，ある会社の今日の株価はどのように変化するか．ただし以下の出来事以外のことは何も変わらないとする．
   a. 債券の利子率が低下した．
   b. この会社の属する産業の何社かが想定外の売上低下に見舞われたことを発表した．
   c. 昨年の税法変更でこの会社の今年の利潤が減少した．
   d. この会社が突然，会計上のミスのため，昨年の会計報告を修正したところ昨年の利潤が500万ドル少なくなったと発表した．また，このことは将来の利潤になんら関係ないことも発表した．

web▶ 引き続き勉強し，本章の概念を復習したい人は，クルーグマン＝ウェルスのウェブサイトを訪ね，小問題集，動画による教習，有益なリンク集などを参照してください．
www.worthpublishers.com/krugmanwells

Part-V Short-Run Economic Fluctuations
第V部 短期の経済変動

Chapter 10

第10章
Aggregate Supply and Aggregate Demand
総供給と総需要

システムへの衝撃

1979年11月4日，武装したイラン人学生がテヘランのアメリカ大使館を占拠し，66人のアメリカ人を人質にした．その後の444日間は，人質の苦境やアメリカによる軍事介入の脅し，またそれによる政治的混乱についてのニュースばかりだった．ペルシャ湾での人質事件のさらなる余波として，アメリカ国内では原油価格が4倍に跳ね上がり，さらなる動揺が生まれた．原油価格の上昇を受けて，ガソリンの小売価格を制限する価格統制が課されたが，これによってガソリンは不足し，ガソリンを求める人々の長い列ができた．その後，大恐慌以来最も厳しい不況が襲来した．中西部の工業地帯では勤め口の数が壊滅的なほど減少し，ラストベルト（錆びついた工業地帯）と呼ばれるようになった．自動車産業も大きな打撃を受けたが，その中心地であるミシガン州では失業率が16％以上にも達した．

ペルシャ湾危機をきっかけにしたこの不況は多くの点で大恐慌の規模を小さくしたもののように見えるが，1つ重要な点で大きな違いがある．1929年から1933年までの大恐慌では，アメリカ経済は物価水準が下落する激しいデフレーションに直面した．だが1979年から1982年までの不況では物価水準が上昇する激しいインフレーションが生じ，インフレ率は13％にまで到達したのだ．激しいインフレは所得の購買力の低下につながるので，人々は職を失うのと同様のショックを受けた．インフレと失業の増加の組合せであるスタグフレーションの出現によって，経済学者や政策担当者は経済運営に対する自信を喪失した．

1979年から1982年までの不況と，大恐慌が始まったときの不況はなぜ違っていたのだろう？　それは，不況の原因が異なっていたからだ．1970年代の経験から学んだ教訓は，不況にはさまざまな原因があって，適切な政策はその原因次第で変わるということだ．大恐慌は信用危機が引き起こしたもので，それが企業や消費者の支出を低下させ，銀行危機によってさらに問題が悪化した．この信用危機によって不況とデフレの組合せが生まれたが，当時の政策立案者たちはそれにどう対処すべきかわからなかった．しかし今日では，彼らが何をすべきだったかがわかっている．それは，経済に現金を注入して不況と闘い，物価を安定させることだ．

一方で，1979年から1982年までの不況の主な原因は，その前の1973年から1975年までの不況と同様に，中東での出来事に端を発して世界中の原油生産が急速に縮小したために原油や他の燃料価格が急上昇したことにあった．このエネルギー価格の上昇が不況とインフレの組合せを生んだ．さ

この章で学ぶこと

▶ **総供給曲線**は経済の物価水準と総供給量の関係をどう表現しているか．

▶ 総供給曲線はなぜ短期と長期で違うのか．

▶ **総需要曲線**は経済の物価水準と総需要量の関係をどう表現しているか．

▶ 総需要曲線のシフトで生じる総産出量の変化分を決める**乗数**の重要性．

▶ **AS−AD モデル**を使って経済変動をどう分析できるか．

▶ 金融政策と財政政策を用いてどう経済を安定化できるか．

らに，経済政策上のジレンマまで生じさせた．経済に現金を注入して不況と闘うか，それとも現金を引き揚げてインフレと闘うかというジレンマだ．

この章では，大恐慌のときのような需要ショックと1970年代のような供給ショックという具合に，短期の経済変動のタイプを区別する方法を示すモデルを見ていく．このモデルは短期のマクロ経済学とマクロ経済政策を理解するための第一歩となる．

3つのステップでモデルを見ていこう．まず総供給の概念を示し，次にそれと対になる総需要の概念を見て，最後に*AS-AD*モデルで両者を結合する．

1 総供給

1929年から1933年にかけて，アメリカではほとんどすべての財の需要曲線が左にシフトした．つまりどの価格水準でも需要は減少した．この需要の減退の理由は次節で示すことにして，まずはそれが生産者に与えた効果を見ることにしよう．

経済全体で需要が減退した結果，以下の3つのことが起こった．第1に，ほとんどの財・サービスの価格が下落した．第7章で定義した物価指数の1つであるGDPデフレーターは1933年までに1929年の水準から26％低下し，その他の指標も同じくらい低下した．第2に，ほとんどの財・サービスの生産量が減少した．実質GDPは1933年までに1929年の水準から27％低下した．第3に，実質GDPの低下と密接に関係しているが，失業率が3％から25％へ急上昇した．

実質GDPの急減と物価の急落が同時に起こったのは偶然ではない．1929年から1933年にかけて，アメリカ経済は総供給曲線に沿って左下に移動していたのだ．**総供給曲線**とは，物価水準（最終財・サービスの全体的な価格水準）と最終財・サービスの総生産量，あるいは生産者が供給しようとする総産出量との関係を示したものだ（第7章で学んだように，私たちは総産出量を測る指標として実質GDPを使っている．だから総産出量と実質GDPをしばしば同じ意味で用いる）．より正確に言えば，1929年から1933年にかけてアメリカ経済は短期総供給曲線に沿って左下に移動していた．

総供給曲線とは，物価水準と総供給量（総産出量）の関係を表現したものだ．

1.1 短期総供給曲線

1929年から1933年までの経験が教えてくれることは，短期的には物価水準と総供給量（総産出量）の間に正の関係があるということだ．つまり他の条件を一定とすれば，物価水準が上昇すれば総供給量は増加し，物価水準が下落すれば総供給量は減少する．この正の関係を理解するために，生産者が直面する最も基本的な問題を考えてみよう．1単位の生産物を生産することが利益を生むかどうかという問題だ．その答えは，例えば1ブッシェルのトウモロコシ生産のように，1単位の生産物から得る価格が，その1単位を生産するのにかかる費用よりも大きいかどうかによる．つまり，

生産物1単位当たりの利潤
　＝生産物1単位当たりの価格－生産物1単位当たりの生産費用　　（10-1）

ということだ．

ある1時点ではいつでも，生産者が直面する費用の多くは固定的で，ある程度の期間にわたり変化しない．固定的な生産費用のうちの最大のものは，労働者に支払われる賃金だ．ここでの賃金は給料だけでなく，雇用者が支払う医療費や退職給付金などのあらゆるかたちでの労働者への報酬を意味している．賃金はたいてい固定的な生産費用となるが，なぜかというと，**名目賃金**と呼ばれるドル表示の賃金は数年前の契約で定められていることが多いからだ．たとえ正式な契約がなかったとしても，経営者と労働者の間で暗黙の合意がある場合が多い．経済状況に応じて賃金を変えることは会社側にとっては抵抗があるのだ．例えば経済が悪化している時期でも，その停滞が極端に長く厳しいものでない限り，会社は賃金を下げようとはしないだろう．労働者のうらみを買うことを恐れるからだ．逆に経済が良好な時期でも，競合他社に労働者を奪われるリスクがない限り，会社は賃金を上げようとはしないだろう．いつも高い賃金を要求されるということがないようにするためだ．正式の合意や暗黙の合意の結果として，名目賃金は「固定的」になる．つまり名目賃金は，失業者が多くても下がりにくく，労働者が不足しても上がりにくくなる．名目賃金が固定的になる理由については，第15章で詳しく検討する．ただ注意してほしいのは，名目賃金は永遠に固定的というわけではないことだ．どんな正式のもしくは暗黙の合意であっても，経済環境の変化に応じて最終的には再交渉が行われる．286ページの「落とし穴」で説明するように，名目賃金が伸縮的になるまでにかかる時間の長さは，短期と長期を区別するのに不可欠な要素だ．

　短期での物価水準と総供給量の間の正の関係の問題に戻ることにしよう．何らかの理由で物価水準が下落し，最終財・サービスの生産者が受け取る価格が低下したとしよう．生産費用の多くは短期には固定的だから，生産物1単位当たりの生産費用はその価格ほどには低下しない．よって生産物1単位当たりの利潤は減り，生産者は短期の供給量を減少させる．経済全体では，物価水準が下落したときには短期の総産出量は減少する．

　逆に何らかの理由で物価水準が上昇し，最終財・サービスの生産者が受け取る価格が上昇する場合を考えよう．やはり生産費用の多くは短期には固定的だから，生産物1単位当たりの生産費用はその価格ほどには上昇しない．よって生産物1単位当たりの利潤が増え，生産者は短期の供給量を増加させる．

　名目賃金やその他の生産費用は固定的だと見なせる期間の物価水準と総供給量との正の関係を表現しているのが，**短期総供給曲線**だ．短期には物価水準と総供給量に正の関係があるから，短期総供給曲線は右上がりになる．図10-1は，1929年から1933年までのアメリカの実際のデータに合うような短期総供給曲線*SRAS*の例を描いている．横軸は最終財・サービスの総量である総産出量（実質GDP）の2000年ドル表示の値をとっている．縦軸はGDPデフレーターで表した物価水準で，2000年の数値を100としている．1929年の物価水準は11.9で実質GDPは8650億ドルだったが，1933年には物価水準は8.9に下落し実質GDPは6360億ドルまで減少した．この時期のデフレと総産出量の低下は，*SRAS*曲線に沿った左下への移動に対応している．

名目賃金とは，ドル表示の賃金のことだ．

短期総供給曲線は，短期の物価水準と総供給量の関係を表現したものだ．短期とは，生産費用は固定的だと見なせる期間だ．

図10-1　短期総供給曲線

物価水準（GDPデフレーター，2000年＝100）

グラフ内ラベル：
- 短期総供給曲線，SRAS
- 1929（物価水準11.9）
- 1933（物価水準8.9）
- SRAS曲線に沿った左下への移動によってデフレが生じ，総産出量が低下する
- 実質GDP（2000年ドル表示で10億ドル）：636 ← 865

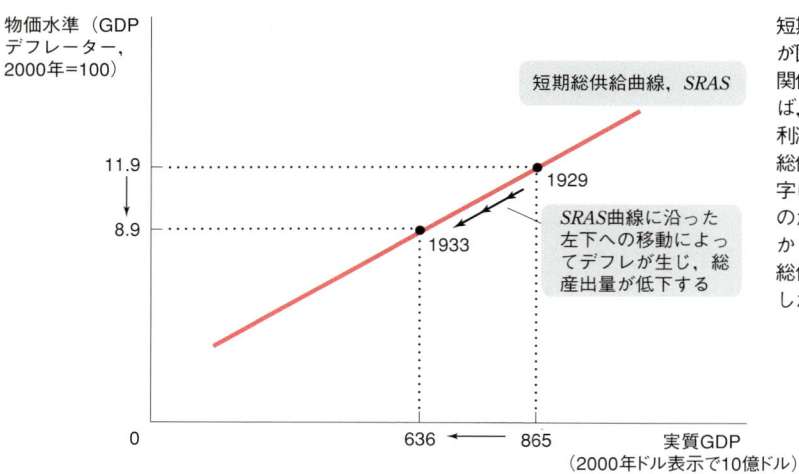

短期総供給曲線とは，名目賃金などの生産費用が固定的となる短期での物価水準と総供給量の関係を表現したものだ．名目賃金を所与とすれば，物価水準が高いほど生産物1単位当たりの利潤は大きくなり総供給量も増えるので，短期総供給曲線は右上がりになる．図の中にある数字は1929年から1933年までの大恐慌の時のものだ．デフレが生じて物価水準は1929年の11.9から1933年の8.9に下落し，2000年ドル表示の総供給量は8650億ドルから6360億ドルに減少した．

1.2　短期総供給曲線のシフト

第3章で個別の財市場での供給と需要を分析したが，そこで供給曲線に沿った移動と供給曲線のシフトを区別することの重要性を強調した．総供給曲線についても同じことが言える．図10-1が示しているのは，1929年から1933年までに物価水準と総産

ちょっと寄り道　本当に伸縮的なもの，本当に固定的なもの

ほとんどのマクロ経済学者は，図10-1で描かれている状況は基本的には正しいと考えている．他の条件を一定とすれば，物価水準と総供給量には短期には正の関係がある．でも多くの学者が，話の詳細はもうちょっと複雑だと主張している．

ここまで，物価水準と名目賃金の動きの違いについて強調してきた．つまり，物価水準は伸縮的だが名目賃金は短期には固定的だと述べてきた．この仮定は短期総供給曲線が右上がりになる理由を説明するのには便利だ．だが，賃金と物価の実証データによれば，最終財・サービスの価格は伸縮的で名目賃金は固定的だとはっきり区別できるわけではない．実際には，労働者の中には，雇用者との契約や暗黙の合意がない者もいるので，名目賃金の一部はたとえ短期であっても伸縮的になる．名目賃金の中には固定的なものも伸縮的なものもあるので，経済全体の労働者の名目賃金の平均である平均名目賃金は，失業者が急増するときには低下する．例えば，大恐慌の初期には名目賃金は大きく低下した．一方で，最終財・サービスの価格の中には，伸縮的ではなく固定的なものもある．例えば一部の企業，特にぜいたく品やブランド品のメーカーは，需要が減退したからといって価格を引き下げようとはしない．1単位当たりの利潤が減っていなくても，生産量を減らすことを選択するのだ．

このように複雑な要素はあるものの，すでに述べた基本的な関係は変わらない．物価水準が下落した場合，一部の生産者は名目賃金が固定的だという理由で生産量を削減する．また物価水準が下落しても価格を下げずに生産量を削減するほうを好む生産者もいる．どちらの場合でも，物価水準と総供給量には正の関係が存在している．結局のところ，短期総供給曲線に右上がりなのだ．

出量が低下したという短期総供給曲線に沿った移動だ．しかし図10-2が示しているように，短期総供給曲線がシフトする場合もある．パネル(a)は短期総供給の減少，つまり短期総供給曲線の左へのシフトを示している．どの物価水準でも生産者が供給したい量が少なくなれば，総供給は減少する．パネル(b)は短期総供給の増加，つまり短期総供給曲線の右へのシフトを示している．どの物価水準でも生産者が供給したい量が多くなれば，総供給は増加する．

なぜ短期総供給曲線がシフトするのかを理解するために，生産者は生産物1単位当たりの利潤を見て意思決定をすることを思い出してほしい．短期総供給曲線は物価水準と総産出量の関係を表している．生産費用の一部は短期には固定的なので，物価水準が変化することで生産物1単位当たりの利潤も変化し，その結果総産出量が変化する．しかし物価水準だけが，生産物1単位当たりの利潤や総産出量を変化させる要因ではない．短期総供給曲線をシフトさせるのは，物価水準以外の要因だ．

直観的に考えるため，例えば原油価格の上昇のように，生産費用を増大させる出来事が起こったとしよう．すると，生産物価格がどの水準であっても，生産物1単位当たりの利潤は小さくなる．その結果生産者は，どの物価水準でも供給量を削減するので，短期総供給曲線は左にシフトする．また逆に，例えば名目賃金の下落のように生産費用を低下させる出来事が起これば，生産物価格がどの水準であっても，生産物1単位当たりの利潤は大きくなる．これによってどの物価水準でも総産出量が増加し，短期総供給曲線は右にシフトする．

次に，生産物1単位当たりの利潤を変化させ，ひいては短期総供給曲線をシフトさせるいくつかの重要な要因について議論しよう．

原料価格の変化　この章の「はじまりの物語」で，1979年の原油価格の急騰がア

図10-2　短期総供給曲線のシフト

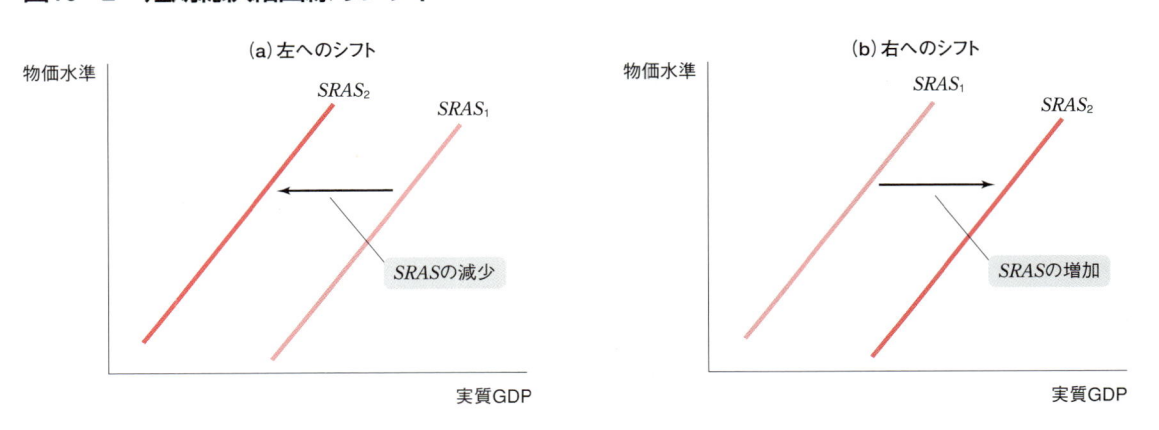

パネル(a)は短期総供給の減少を表している．短期総供給曲線が$SRAS_1$から$SRAS_2$へ左にシフトし，どの物価水準でも総供給量が減少している．パネル(b)は短期総供給の増加を表している．短期総供給曲線が$SRAS_1$から$SRAS_2$へ右にシフトし，どの物価水準でも総供給量が増加している．

メリカ経済にどんな問題を生じさせたかを見た．原油は1次産品で，大量購入・大量販売される標準化された投入物だ．原油という原料の価格上昇が経済全体の生産費用を高めるので，どの物価水準でも総供給量が減少して短期総供給曲線は左にシフトする．逆に原料価格が下落すると生産費用が低下し，どの物価水準でも総供給量が増加して短期総供給曲線が右にシフトする．

　原料価格の影響が短期総供給曲線にあらかじめ組み込まれていないのはなぜかって？　それは，原料は例えばソフトドリンクのような最終財ではないので，物価水準を算出するときに原料価格は考慮されないからだ．またほとんどの生産者にとって，原料価格は名目賃金と同様に生産費用の中で大きな部分を占めている．そのため原料価格の変化は生産費用に大きな影響を与える．さらに原料以外の財と違って，原料価格は中東での戦争のような，この産業に特有の供給ショックによって急激に変化する場合がある．

　名目賃金の変化　多くの労働者の名目賃金は過去に結ばれた契約や暗黙の合意で決まっているので，どの時点でも固定的だ．しかし時間が経過して契約や暗黙の合意に関する再交渉が行われれば，名目賃金は変化する．例えば，被雇用者に対する賃金の一部として雇用者が支払う医療保険料が経済全体で上昇した場合を考えてみよう．これを雇用者の観点から見れば，自分が負担する補償が増加するということなので，保険料の上昇は名目賃金の上昇と同じことになる．この名目賃金の上昇によって生産費用が増大し，短期総供給曲線は左にシフトする．反対に，保険料が経済全体で下落した場合を考えよう．これは雇用者の観点からは名目賃金の低下と同じことで，生産費用は減少して短期総供給曲線は右にシフトする．

　重要な歴史的事実として，1970年代の原油価格の急騰が名目賃金を上昇させるという間接的な効果をもたらした，ということがあった．この「ドミノ」効果が生じたのは，多くの賃金契約の中に，消費者物価が上昇した場合に自動的に名目賃金が上昇するという生計費調整（COLA）が含まれていたからだ．消費者物価全体を上昇させた原油価格の急騰は，このルートを通じて，最終的に名目賃金を上昇させた．結局，短期総供給曲線は左へ2回シフトした．1回目は最初の原油価格の急騰によるもので，2回目は名目賃金の上昇によるものだった．原油価格の上昇が経済に与えた負の効果は，賃金契約に含まれた生活費手当によってかなり大きくなってしまった．今日では生活費手当はほとんどない．

　生産性の変化　生産性の上昇とは，労働者が同じ量の投入物を使ってより多くの生産物を生産できるようになることだ．例えば小売店にバーコード・スキャナを導入することで，1人の労働者が商品を棚に並べ，仕入れ，調べて補充する能力は大きく改善した．その結果，小売店が1ドルの販売を「生産する」ための費用が低下し，利潤は増加した．またそれによって供給量も増加した（ウォルマートが総供給の増加によって店舗数を増やしたことを考えてみれば良い）．だから原因が何であれ，生産性が

上昇すれば生産者の利潤は増加し，短期総供給曲線は右にシフトする．逆に，例えば新しい規制が課されて労働者が書類の作成により多くの時間を使わなければならなくなり，生産性が低下したとしよう．このとき，労働者が同じ量の投入物を使って生産できる生産物の量は低下する．その結果生産物1単位当たりの費用は上昇し，利潤は低下し，供給量は減少する．これによって短期総供給曲線は左にシフトする．

1.3 長期総供給曲線

　これまで見てきたように，名目賃金は短期には固定的なので，短期では物価水準が下落すると総供給量も減る．だがすでに述べたように，契約や暗黙の合意は長期には再交渉がなされる．だから長期的には，物価水準と同じく名目賃金も伸縮的になる．この事実から，長期の物価水準と総供給量の関係は短期とはかなり違ったものになる．実際長期には，物価水準は総供給量に影響を与えないのだ．

　その理由を見るため，次のような思考実験をしてみよう．あなたが魔法の杖（あるいは魔法のバーコード・スキャナ）を振りかざせば経済のすべての価格が半分になるとしよう．ここで「すべての価格」というのは，最終財・サービスの価格だけでなく名目賃金などの投入物の価格も含んでいる．物価水準が半分になり，名目賃金を含めてすべての投入物の価格が半分になるとき，総産出量はどうなるだろうか．

　何も変わらないというのがその答えだ．もう一度式10−1を見てみよう．生産物の価格は低下するが，費用のほうも同じ比率で低下する．その結果，価格が変化する前に1単位の生産物から利潤が得られていたなら，価格が変化した後もそこから利潤が得られることになる．だからすべての価格が半分になっても，総産出量は変化しない．言い換えると，物価水準の変化は総供給量に何の影響も与えないのだ．

　すべての価格を同時に同じ比率で変化させることは，現実にはもちろん不可能だ．しかしすべての価格が完全に伸縮的になる長期では，インフレやデフレはすべての価

図10−3　長期総供給曲線

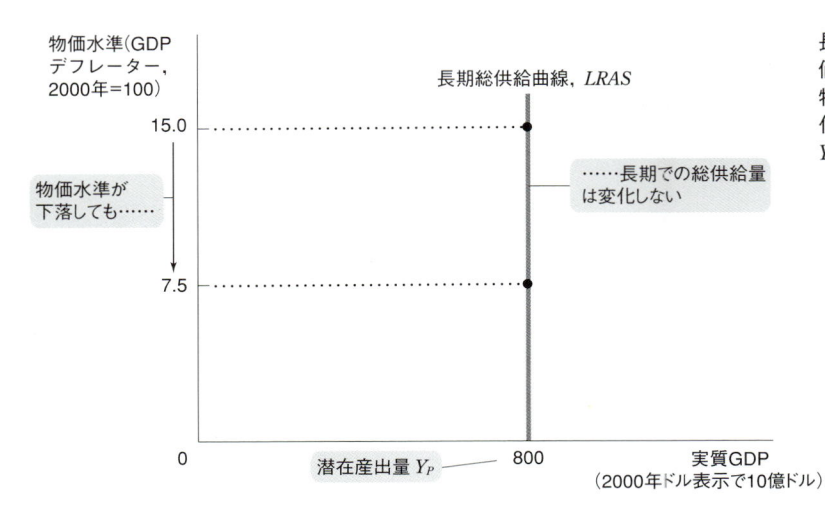

長期総供給曲線は，名目賃金を含むすべての価格が伸縮的な場合の総供給量を示している．物価水準が変化しても長期には総供給量は変化しないので，長期総供給曲線は潜在産出量 Y_P のところで垂直になる．

長期総供給曲線とは，名目賃金を含むすべての価格が完全に伸縮的な場合の物価水準と総供給量の関係を表したものだ．

潜在産出量とは，名目賃金を含めたすべての価格が伸縮的になったときに経済が産出する実質GDPの水準のことだ．

格を同率で変化させることと同じ効果を持つ．だから物価水準が変化しても長期の総供給量は変化しない．なぜなら長期での物価水準の変化は，名目賃金を含むすべての投入物の価格を同じだけ変化させるからだ．

図10-3のLRAS曲線で示されている**長期総供給曲線**は，名目賃金を含むすべての価格が完全に伸縮的な場合での物価水準と総供給量の関係を表している．長期総供給曲線が垂直なのは，物価水準が変化しても長期の総産出量は変化しないからだ．物価水準が15.0のとき総産出量が2000年ドル表示で8000億ドルとすると，物価水準が半分の7.5になっても長期の総供給量は8000億ドルで変わらない．

LRAS曲線が垂直ということだけでなく，それが横軸上のどこにあるかが重要な指標となることに注意しよう．図10-3でLRASが横軸と交わる切片（8000億ドル）は経済の**潜在産出量**Y_Pを示している．これは，名目賃金を含めたすべての価格が伸縮的になったときに経済が産出する実質GDPの水準のことだ．

実際の実質GDPの水準はほとんどの場合，潜在産出量より大きかったり小さかったりしている．その理由はこの章の後のほう，AS-ADモデルを扱うところで明らかになるだろう．それでも潜在産出量が重要なのは，それによって毎年変動する実際の産出量のトレンドがわかるからだ．

アメリカでは，議会予算局（CBO）が連邦予算の分析のために毎年の潜在産出量を推計している．図10-4のパネル(a)は，1989年から2004年までのアメリカの潜在産

図10-4　実際の産出量と潜在産出量

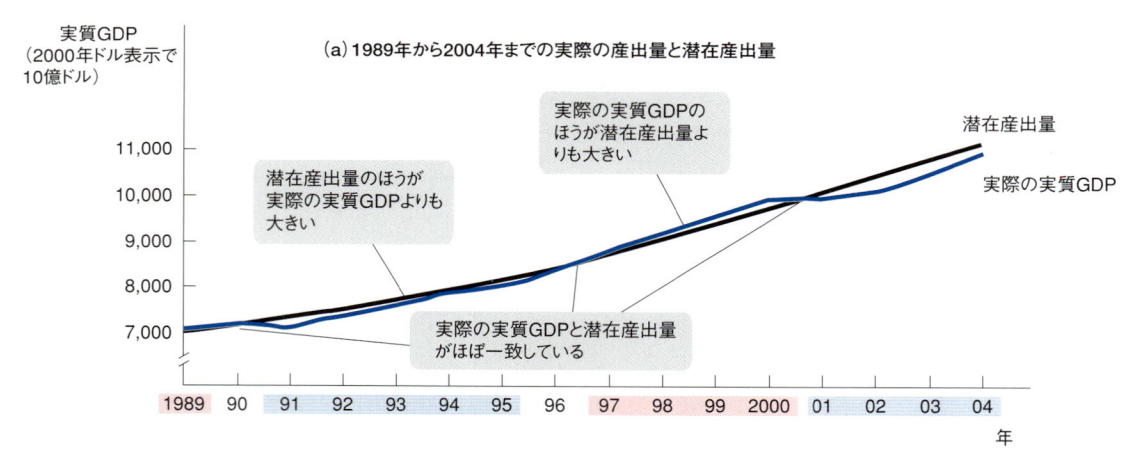

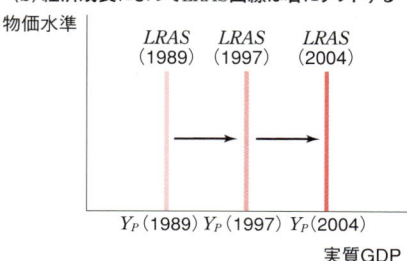

パネル(a)は，1989年から2004年までのアメリカの実際の産出量と潜在産出量の動向を示している．黒い線が議会予算局による潜在産出量の推計値を表し，青い線が実際の総産出量を表している．水色の年には実際の総産出量が潜在産出量を下回り，ピンクの年には実際の総産出量が潜在産出量を上回っている．1990年代の初めと2000年以降の不況期には実際の総産出量が潜在産出量を大きく下回り，逆に1990年代後半の好況期には実際の総産出量が潜在産出量を大きく上回った．パネル(b)は，経済成長によって長期総供給曲線LRASが次第に右にシフトする様子を描いたものだ．

出量の推計値と実際の実質GDPを示している．水色の年は潜在産出量が実際の総産出量を上回っていて，ピンクの年には実際の総産出量が潜在産出量を上回っている．

パネル(a)からわかるように，アメリカの潜在産出量は時間の経過とともに一貫して上昇している．これは$LRAS$曲線が立て続けに右にシフトしていることを意味する．このシフトの原因は何だろうか．その答えは第8章で論じた長期の経済成長の要因，例えば物的資本や人的資本の増加および技術進歩にある．長期には労働力人口と労働生産性がともに上昇し，実質GDPの水準も上昇する．実際には，長期の経済成長とは潜在産出量が成長することだと解釈できる．図10-4のパネル(b)に描かれているように，経済が長期的に成長するにつれて長期総供給曲線が次第に右にシフトすると考えられるのだ．

1.4　短期から長期へ

図10-4のパネル(a)からわかるように，実際の産出量と潜在産出量が等しくなることはほとんどない．1989年から2004年までの間で実際の産出量が潜在産出量とほぼ等しかったのはわずか3回（2つの線が交差している3年間）だった．経済は長期総供給曲線上ではなく，ほぼ常に短期総供給曲線上にあって，潜在産出量よりも多い，あるいは少ない総産出量を生産している．だとすると，長期の曲線に何の意味があるのだろう？　経済は本当に短期から長期に向かうのか．もしそうなら，どのようにして向かうのだろうか？

これらの疑問に答えるための第1のステップとして，次のことを理解する必要がある．それは，短期と長期の総供給曲線に関していうと，経済は常に2つしかない状態のうちのどちらかの状態にあるということだ．1つは，経済が短期と長期の総供給曲線が交差する点にある場合で，図10-4のパネル(a)で言うと実際の産出量が潜在産出

図10-5　短期から長期へ

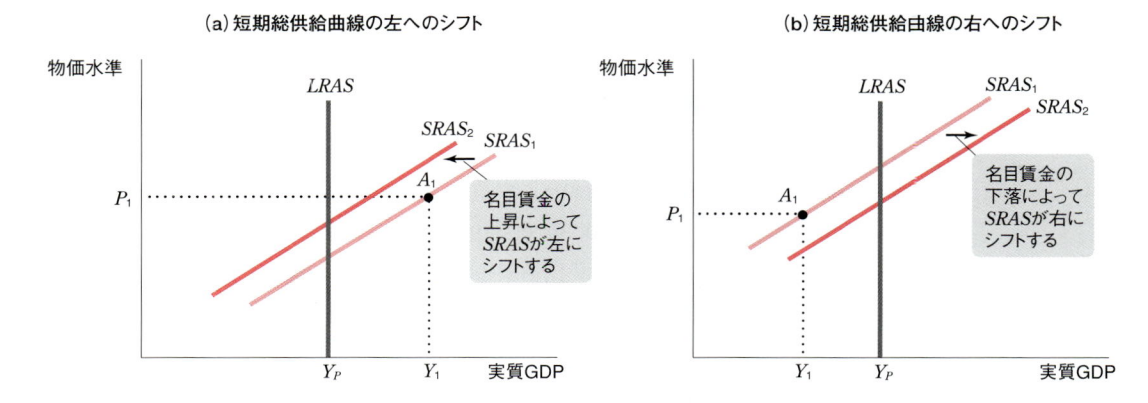

(a) 短期総供給曲線の左へのシフト

(b) 短期総供給曲線の右へのシフト

パネル(a)では，当初の短期総供給曲線が$SRAS_1$で，物価水準がP_1のときの総供給量Y_1は潜在産出量Y_Pよりも大きい．失業者が少ないのでやがて名目賃金が上昇し，短期総供給曲線が$SRAS_1$から$SRAS_2$へと左にシフトする．パネル(b)では逆のことが起こっている．物価水準がP_1のときの総供給量は潜在産出量よりも小さい．失業者が多いのでやがて名目賃金が下落し，短期総供給曲線が右にシフトする．

落とし穴

まだわからない？ 長期の本当の意味って何？

私たちはこれまで，2つの文脈で長期という用語を使ってきた．第8章では長期の経済成長を考察したが，それは数十年間にわたる成長を指していた．この章では，経済の潜在産出量を示す長期総供給曲線の概念を導入した．潜在産出量とは，名目賃金を含むすべての価格が完全に伸縮的になったときの総産出量だ．2つの異なる概念に対して長期という同じ用語を使っているように見えるかもしれないが，そうではない．2つの概念は同じものだ．

経済は長期的には潜在産出量に回帰する傾向がある．そのため，実際の産出量が潜在産出量のまわりを変動するにしても，そこから大きく離れることはまれだ．その結果，数十年間という長い期間にわたる経済成長率は，潜在産出量の成長率にかなり近くなる．さらに潜在産出量の成長は第8章で分析した要因によって定まる．だから長期の成長でいう「長期」と長期総供給曲線でいう「長期」は同じことなのだ．

量とほぼ等しかった3つの年がこれにあたる．もう1つは経済が短期総供給曲線の上にあるが長期総供給曲線の上にはない場合で，図10-4のパネル(a)で言うと実際の産出量と潜在産出量が乖離していた年にあたる．さらに，次のステップがある．短期総供給曲線上にあるが長期総供給曲線上にない場合には，時間の経過とともに短期総供給曲線がシフトし，2つの曲線が交差する点，すなわち実際の産出量と潜在産出量が一致する点が実現するのだ．

そのプロセスがどういうものかが，図10-5に描かれている．どちらのパネルでも長期総供給曲線は$LRAS$で，当初の短期総供給曲線が$SRAS_1$，物価水準はP_1だ．パネル(a)では当初の経済が点A_1にあり，そのときの総供給量Y_1は潜在産出量Y_Pよりも大きい．総産出量が潜在産出量よりも大きくなりうるのは，上昇するはずの名目賃金が完全には調整されていないときだけだ．名目賃金の上方への調整が終わるまで，生産者が得る利潤は大きく生産量は大きい．だが総産出量が潜在産出量よりも大きいということは，失業者が少ないことを意味する．職は豊富にあって労働者が希少なので，いずれ名目賃金が上昇し，短期総供給曲線は徐々に左にシフトする．最終的には$SRAS_2$のような位置に移動する（この章の後ろで，短期総供給曲線がどこで停止するかを見る．いずれわかることだが，それは総需要曲線にも依存する）．

図10-5のパネル(b)では，当初の経済は点A_1で，そのときの総供給量Y_1は潜在産出量Y_Pよりも小さい．総産出量が潜在産出量よりも小さくなりうるのは，下落するはずの名目賃金が完全には調整されていないときだけだ．名目賃金の下方への調整が終わるまでは，生産者が得る利潤は小さいかまたは負で，生産量は小さい．総産出量が潜在産出量よりも小さいということは，失業者が多いことを意味する．労働者は豊富にいるが職が希少なので，いずれ名目賃金は下落し，短期総供給曲線は徐々に右にシフトする．最終的には$SRAS_2$のような位置に移動する．

これからすぐに，短期総供給曲線のシフトによって長期には潜在産出量が実現することを見る．でもその理由を説明するには，まず総需要曲線という概念を導入することが必要だ．

経済学を使ってみよう

大恐慌時の物価と産出量

図10-6は，GDPデフレーターで測った物価水準と実質GDPの1929年から1942年までの軌跡を示したものだ．図からわかるように，1929年から1933年まで総産出量と物価水準はともに下落し，1933年から1937年まではともに上昇している．これは1929年から1933年までは短期総供給曲線に沿って左下に移動し，その後は（1937年から1938年にかけて一時逆行してはいるが）右上に移動したと考えれば不思議なことではない．

でも1942年の物価水準は依然として1929年よりも低いのに，実質GDPはかなり増加しているのはどうしてだろうか．

それは時間の経過とともに短期総供給曲線が右にシフトしたということだ．このシ

図10-6 大恐慌時の物価と産出量

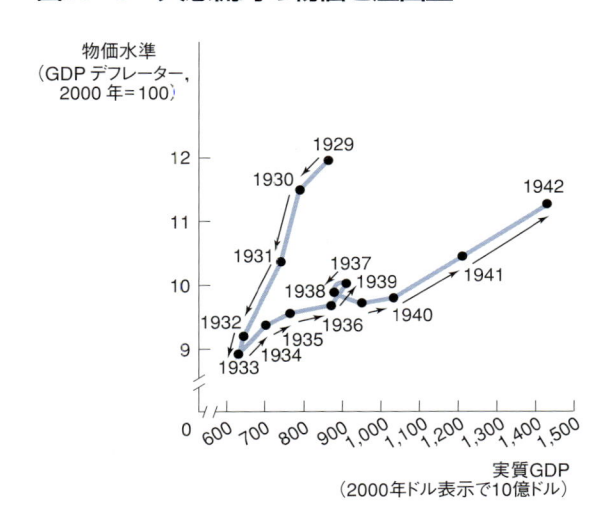

1929年から1933年まで物価水準と総産出量はともに下落し，1933年から1937年まではともに上昇した．つまり1929年から1937年までの経済の動きは，短期総供給曲線に沿った左下への移動と右上への移動によって表される．1930年代末までに総産出量は1929年の水準を超えたが，物価水準は依然として1929年の水準よりも低かった．このことが意味しているのは，経済の短期的な調整過程と長期総供給曲線の右へのシフトという2つの要因によって，この期間に短期総供給曲線が右にシフトしたということだ．

フトは部分的には，背後にある長期総供給曲線が生産性の上昇によって右にシフトしたことによる．またこの期間のアメリカ経済の産出量は潜在産出量を下回っていて失業率が高かったので，図10-5のパネル(b)にある調整過程が生じたことで，短期総供給曲線が右にシフトしたとも考えられる．つまり1929年から1942年までの総産出量の変化は，短期総供給曲線に沿った移動とそのシフトの両方を表しているのだ．■

理解度チェック 10-1

1. 以下の出来事によって短期総供給曲線はどのような影響を受けるか．SRAS曲線に沿った移動とSRAS曲線のシフトのどちらが生じるか説明しなさい．
   a. 消費者物価指数（CPI）の上昇によって生産量が増加した．
   b. 原油価格が下落して生産量が増加した．
   c. 労働者への退職給付金が義務づけられたことによって生産量が減少した．
2. 当初は潜在産出量に等しかった総供給量が増加したとする．これがSRAS曲線に沿った移動によるのか，それともLRAS曲線のシフトによるのかを判定するためには，どのような情報が必要か．

解答は本書の巻末にある．

2 総需要

総供給曲線が生産者の供給する総産出量と物価水準の関係を表すように，**総需要曲線**は家計・企業・政府・外国が需要する総需要量と物価水準の関係を表す．図10-7は総需要曲線ADを示している．曲線上の点は1933年の実際のデータに対応している．物価水準は8.9で，国内での最終財・サービスの総購入量は2000年ドル表示で6360億ドルだった．総需要曲線は右下がりだが，これは物価水準と総需要量の負の関係を表

ちょっと復習

▶短期総供給曲線は右上がりだ．つまり名目賃金が固定的だとすると，物価水準が上昇すれば総産出量は増加する．
▶原料価格の変化，名目賃金の変化，生産性の変化によって短期総供給曲線はシフトする．
▶長期にはすべての価格が伸縮的になり，物価水準が変化しても総産出量は変化しない．長期総供給曲線は潜在産出量のところで垂直になる．
▶実際の産出量が潜在産出量よりも大きい場合，名目賃金が上昇し短期総供給曲線が左にシフトする．実際の産出量が潜在産出量よりも小さい場合，名目賃金が下落し短期総供給曲線が右にシフトする．

総需要曲線とは，物価水準と家計・企業・政府・外国の総需要量との関係を表現したものだ．

図10-7　総需要曲線

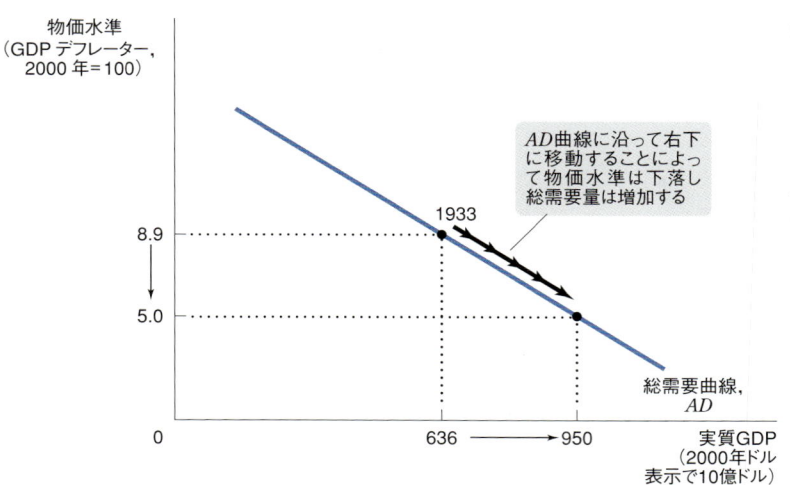

物価水準
（GDPデフレーター，2000年=100）

総需要曲線は物価水準と総需要量の関係を表している．これが右下がりなのは，物価変動の資産効果と利子率効果のためだ．1933年の実際のデータによれば，物価水準が8.9のとき財・サービスの総需要量は2000年のドル表示で6360億ドルだった．この仮想の曲線に従うと，もし物価水準が5.0だったら総需要量は9500億ドルになっていた．

AD曲線に沿って右下に移動することによって物価水準は下落し総需要量は増加する

1933　8.9
5.0

総需要曲線，AD

0　　636 → 950　　実質GDP（2000年ドル表示で10億ドル）

している．他の条件を一定とすれば，物価水準が上昇すれば総需要量は減少し，物価水準が下落すれば総需要量は増加する．図10-7によると，1933年の物価水準が8.9ではなく5.0であれば，国内の最終財・サービスの総需要量は6360億ドルではなく9500億ドルとなっていたはずだ．

2.1　どうして総需要曲線は右下がりなのか

図10-7ではAD曲線は右下がりだ．なぜかって？　まずは国民経済計算の基本的な恒等式を思い出してほしい．

$$\text{GDP} = C + I + G + X - IM \tag{10-2}$$

ここでCは消費支出，Iは投資支出，Gは財・サービスの政府購入，Xは輸出，IMは輸入だ．これらの変数を一定のドル，つまり基準年の価格で測れば，$C+I+G+X-IM$は一定期間に国内で生産された最終財・サービスの量となる．Gは政府により決定されるが，残りの変数は民間部門によって決定される．総需要曲線が右下がりになる理由を理解するには，物価水準が上昇するとC，I，$X-IM$が減少する理由を理解する必要がある．

あなたは，総需要曲線が右下がりになるのは，第3章で定義した需要法則による自然な結果ではないかと思うかもしれないね．つまり，個別の財の需要曲線は右下がりなのだから，総生産物の需要曲線も右下がりになるのが当然ではないかと思うかもしれない．でもこの対比は間違っている．個々の財の需要曲線は，それ以外の財・サービスの価格を一定としたときの，その財の価格と需要量の関係を表したものだ．その財の価格が上昇したときに需要量が減少する主な理由は，消費者がその財から別の財・サービスに消費を切り替えるためだ．

ところが総需要曲線の形状を議論する場合には，すべての最終財・サービスの価格

が同時に変化することを考えなければならない．さらに，財・サービスへの支出構成が変化したとしても，それは総需要曲線には関係がない．消費者が衣服を買うのを控えて自動車をたくさん買うようになったとしても，最終財・サービスの総需要量が変化するとは限らないのだ．

ではどうして，物価水準が上昇すると国内で生産された最終財・サービスの総需要量が減少するのだろうか．主な理由は2つある．それは物価変動の資産効果と利子率効果だ．

資産効果　他の条件を一定とすれば，物価水準が上昇するとたいていの資産の購買力が低下する．例えば5000ドルの銀行預金を持っている人がいたとしよう．物価水準が25％上昇すると，この人は以前は4000ドルで買えていたものしか買うことができなくなる．この購買力の低下のために，銀行預金の保有者は自分の消費計画を縮小し，最終財・サービスへの支出が減少する．**物価変動の資産効果**とは，物価水準の変化によって消費者の資産の購買力が変化するために消費支出が変化する，という効果だ．この効果により，物価水準が上昇したとき消費支出Cが低下し，総需要曲線が右下がりになる．

物価変動の資産効果とは，物価水準の変化によって消費者の資産の購買力が変化するために消費支出が変化する，というものだ．

利子率効果　経済学者が貨幣という用語を使うとき，最も狭い意味ではそれは現金や，小切手が使える銀行預金のことを指している．人々や企業が貨幣を保有するのは，取引を行う際の費用や不便さを減らそうとするためだ．他の条件を一定とすれば，物価水準が上昇すれば保有している貨幣の購買力が低下する．物価水準の上昇以前と同じ財・サービスの組合せを購入するには，より多くの貨幣を持っておく必要がある．よって物価水準が上昇すると，人々は借入を増やすか債券のような資産を売却することで，貨幣の保有量を増やそうとする．すると他の借り手に貸し出すために利用できる資金が減少するので，利子率が上昇する．第9章で学んだように，利子率が上昇すると借入の費用が大きくなり，投資支出は低下する．また家計は可処分所得の中からより多くを貯蓄に回そうとするため，消費支出も低下する．したがって，物価水準の上昇は保有している貨幣の購買力を低下させ，投資支出Iと消費支出Cを低下させる．**物価変動の利子率効果**として知られているこの効果によっても，総需要曲線は右下がりになる．

第14章で貨幣と利子率について詳しく検討する．また第19章で，利子率の上昇によって間接的に輸出Xが減り輸入IMが増えることを見る．さしあたって重要なのは，物価変動の資産効果と利子率効果の両方によって総需要曲線が右下がりになるということだ．

物価変動の利子率効果とは，物価水準の変化によって消費者や企業が保有する貨幣の購買力が変化するために，消費支出や投資支出が変化するというものだ．

2.2　総需要曲線のシフト

私たちは総需要曲線が右へシフトしたことを指して，総需要が増加したと言う．それは，図10-8のパネル(a)のAD_1からAD_2への変化で示される．どの物価水準でも総

図10-8　総需要曲線のシフト

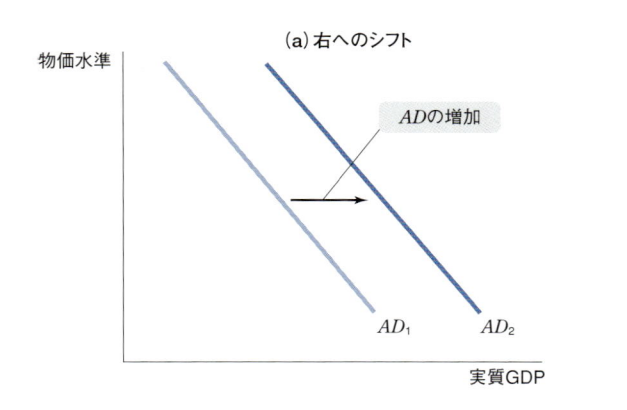

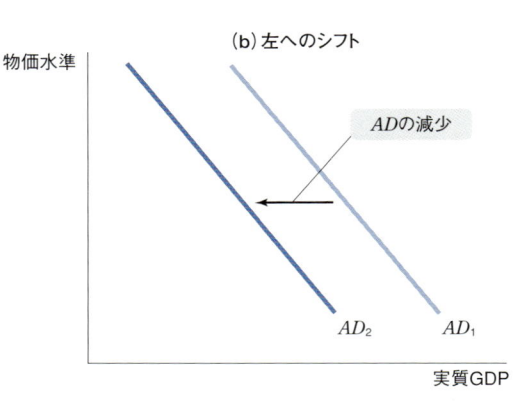

(a) 右へのシフト　ADの増加　AD_1　AD_2

(b) 左へのシフト　ADの減少　AD_2　AD_1

（縦軸：物価水準、横軸：実質GDP）

パネル(a)は，企業や消費者の予想（期待）が改善したり政府支出が増えたりすることで，どの物価水準でも総需要量が増加するときの効果を示している．総需要曲線はAD_1からAD_2へ右にシフトする．パネル(b)は，株価が下落して富が失われたなどの理由で，どの物価水準でも総需要量が減少したときの効果を示している．総需要曲線はAD_1からAD_2へ左にシフトする．

需要量が増加するとき，総需要曲線は右にシフトする．一方でパネル(b)のように総需要曲線が左にシフトしたとき，総需要が減少したと言う．どの物価水準でも総需要量が減少するとき，総需要曲線は左にシフトする．

総需要曲線をシフトさせる複数の要因がある．なかでも最も重要な要因は，予想（期待）の変化，富の変化，そして物的資本のストックの変化だ．さらに財政政策と金融政策によっても総需要曲線はシフトする．

予想の変化　消費支出と投資支出はともに，人々の将来に対する予想にも依存する．消費者は支出をする際，現在の所得だけでなく将来予想される所得も念頭に置いて判断をする．企業も投資をする際，現在の状況だけでなく将来予想される売上も念頭に置いて判断をする．つまり将来の予想が変われば消費支出と投資支出は変化するのだ．消費者や企業がより楽観的になれば支出は増加するし，より悲観的になれば支出は減少する．実際に短期の経済予測を行う人々は，消費者心理や企業心理の調査に注目している．彼らが特に見ているのは，コンファレンス・ボード（全米産業審議会）が毎月提供している消費者態度指数（Consumer Confidence Index）とミシガン大学が提供している消費者心理指数（Consumer Sentiment Index）だ．

富の変化　消費者の支出は資産価値にも依存する．資産の実質的な価値が上昇すれば，資産の購買力も増加し，総需要の増加につながる．例えば，1990年代には株式市場がかなり好調で総需要が増加した．逆に例えば株式市場の暴落によって家計の資産の実質的な価値が下落すれば，資産の購買力は減少し総需要も減少する．大恐慌の要因の1つは，1929年の株式市場の暴落だった．同様に，2000年以降アメリカの株式市場が急速に停滞したことが，2001年の不況の大きな要因だった．

物的資本のストックの変化　企業は物的資本のストックを増加させるために投資を行っている．投資支出に対するインセンティブは，すでにどれだけの物的資本を所持しているかにも依存する．他の条件を一定とすれば，より多く所持しているほど新たに追加する必要性を感じなくなる．2000年から2001年に投資支出が低下した理由の1つは，それ以前の数年間に多額の投資支出を行った結果，コンピュータや光ファイバーのような特定の物的資本が必要以上に多くなってしまったからだ．

2.3　政府の政策と総需要

マクロ経済学の重要な洞察の1つは，政府が総需要に対して大きな影響力を持っていて，この影響力をうまく使えば経済のパフォーマンスを改善できる場合があるということだ．

政府が総需要曲線に影響を与えるには，財政政策と金融政策という2つの方法がある．詳しい議論は第12章と第14章に委ねることにして，ここでは総需要への影響力について簡単に議論することにしよう．

財政政策　第6章で学んだように，財政政策は経済を安定化させるために，最終財・サービスの政府購入や政府移転支出などの政府支出か，課税の操作を通じて行われる．現実には，不況への対応として政府支出の拡大や減税，もしくはその両方が行われ，インフレへの対応として政府支出の抑制か増税が行われることが多い．

最終財・サービスの政府購入 G が総需要に与える効果は，政府購入それ自体が総需要の構成要素なので直接的だ．政府購入の増加によって総需要曲線は右にシフトし，政府購入の減少によって左にシフトする．政府購入の増加が総需要に影響を与えた例として歴史上最も劇的だったのは，第2次世界大戦中の政府支出だ．大戦によって連邦支出は400%も急増した．大恐慌の終焉はこの支出増加の功績だと一般には考えられている．1990年代に経済が停滞した日本では，総需要を増加させるため，政府が融資して道路・橋・ダムなどを建設する大きな国家プロジェクトが行われた．これとは対照的に，政府移転支出は可処分所得への影響を通じて消費支出を変化させるので，その効果は間接的だ．

税率を変化させることも，政府移転支出の変化と同様，可処分所得への影響を通じて経済に作用するという意味で，間接的な効果を持つ．税率が低いと消費者は所得の多くを手元に残せるので，可処分所得は大きくなる．それによって消費支出は増大し，総需要曲線は右にシフトする．税率が高いと消費者の可処分所得は小さくなり，消費支出は減少し，総需要曲線は左にシフトする．

金融政策　第6章で，金融政策とは貨幣供給量や利子率を操作して経済を安定化させることだと定義したね．ついさっきまで，物価水準が上昇すると貨幣の購買力が低下し，ひいては利子率が上昇するということを議論してきた．

では，家計や企業が保有する貨幣量が変化したとき，何が起こるだろうか．現代の

落とし穴

富の変化：総需要曲線に沿った移動と総需要曲線のシフト

2.1項で説明したように，AD曲線が右下がりになる理由の1つに物価変動の資産効果がある．つまり物価水準が上昇すれば消費者が持つ資産の購買力が低下し，消費支出 C が減少する．しかし2.2項で説明したのは，富の変化によってAD曲線がシフトするということだ．この2つの説明は矛盾していないだろうか．富の変化は，AD曲線に沿った移動とAD曲線のシフトのどちらを生じさせるのだろうか．答えは，その両方だ．それは富の変化の原因による．AD曲線に沿った移動が起こるのは，物価水準の変化によって消費者の手持ちの資産の購買力（資産の実質価値）が変化する場合だ．これは物価変動の資産効果で，富が変化する原因は物価水準の変化だ．例えば物価水準が下落すれば消費者が持つ資産の購買力が増加し，AD曲線上を右下へと移動する変化が起こる．これに対して，物価水準の変化とは無関係に富が変化する場合には，AD曲線のシフトが起こる．例えば株価が上昇したり不動産の価値が上昇したりすれば，どの物価水準でも消費者が持つ資産の実質的な価値は増加する．この場合の富の変化の原因は物価水準の変化を伴わない資産価値の変化，つまりすべての最終財・サービスの価格を一定に保ったまま資産価値が変化したことだ．

経済では，貨幣供給量は政府が創設した中央銀行の意思決定を通じてほぼ決められる（ただし第13章で学ぶように，アメリカの中央銀行である連邦準備制度は，政府に属するものでもなく，民間組織でもない特別な組織だ）．中央銀行が貨幣供給量を増やすと人々はより多くの貨幣を所有し，より多く貸し出そうとする．その結果，どの物価水準でも利子率は低下し，投資支出と消費支出が増加する．つまり，貨幣量が増加すれば総需要曲線が右にシフトする．貨幣量が減少すれば逆のことが，つまり人々が保有する貨幣量が少なくなって借入が増え，貸出が減少する．これにより利子率が上昇し，投資支出と消費支出が減少して総需要曲線が左にシフトする．

経済学を使ってみよう

1979～80年の総需要曲線に沿った移動

データを観察すると，支出の変化が総需要曲線に沿った移動なのか，それとも総需要曲線のシフトなのかを区別するのはかなり困難なようだ．しかし明らかな例外が1つある．この章の「はじまりの物語」で説明した，1979年の石油危機の直後の状況だ．1980年3月に消費者物価のインフレ率は14.8％にも達したが，連邦準備制度は貨幣供給量をゆっくりと増加させる政策に固執していた．物価水準が急激に上昇しているのに，経済を流れる貨幣量は徐々にしか増やさなかったのだ．その結果，流通貨幣の購買力が経済全体で低下した．

これによって借入需要が増加し，利子率が急騰した．銀行が最良の顧客に貸し出す際の金利であるプライム・レートは20％以上にも達した．この高金利のために消費支出と投資支出はともに減少し，1980年には，自動車のような耐久消費財への支出は5.3％減少し，実質投資支出は8.9％減少した．

この1979年から1980年までの経済は，総需要曲線に沿った移動を象徴している．物価変動の資産効果と利子率効果によって，物価水準が上昇するにつれて総需要量が低下したのだ．この後の「AS–AD モデル」の節では，1979年から1980年までの出来事に関する以上の解釈は正しいが，事実はより複雑だということを見る．総需要曲線に沿った移動は確かに起こっていた．だがこの総需要曲線に沿った移動が生じた原因は，短期総供給曲線のシフトだったのだ．

ちょっと復習

▶総需要曲線は物価水準と総需要量の関係を表現している．この曲線が右下がりなのは，物価変動の資産効果と，物価変動の利子率効果による．

▶富の変化や将来に対する予想の変化によって消費支出が変化し，総需要曲線のシフトが生じる．予想の変化や物的資本のストックの変化によって投資支出が変化するが，これも総需要曲線をシフトさせ

理解度チェック 10–2

1. 以下の出来事から総需要曲線はどんな影響を受けるか．総需要曲線に沿った左上または右下への移動か，あるいは総需要曲線の左シフトまたは右シフトのどちらが生じるか説明しなさい．
    a. 金融政策の変化による利子率の上昇．
    b. 物価水準の上昇による貨幣の実質価値の低下．
    c. 来年の労働市場の状況が悪化するという予想．
    d. 税率の低下．

e. 物価水準の下落による資産の実質価値の増加.
f. 不動産価値の急騰による資産の実質価値の増加.

解答は本書の巻末にある.

> ▶財政政策は政府購入を通じて直接的に，また税や政府移転支出を通じて間接的に総需要に影響を与える．金融政策は利子率の変化を通じて間接的に総需要に影響を与える．

3 乗数

企業が将来の売上げについてより楽観的になり，投資支出を500億ドル増やしたとしよう．これによって総需要曲線は右にシフトする．つまり，どの物価水準でも総需要量は増加する．そこで総需要曲線がどの程度右へシフトするか知りたいとしよう．この疑問に答えるには，乗数の概念を使う必要がある．この概念は，経済政策の分析で重要な役割を持っている．

投資支出の500億ドルの自律的増加で総需要曲線がどの程度右にシフトするかを知るためには，図10-9に示されたシフトの大きさ，つまり所与の(ある特定の)物価水準P^*の下で総需要量の増加分を知る必要がある．よって物価水準は一定だと見なすことにしよう(これは，名目GDPと実質GDPの違いがなくなることも意味している)．さらに話を単純化するために，利子率は一定とし，後ほど考察の対象にする税や国際貿易の役割はここでは無視するとしよう．

物価水準も利子率も一定だと仮定すれば，500億ドルの投資支出の増加によって総需要曲線は500億ドル分だけ右にシフトするとあなたは思うかもしれないね．でもそれは過小評価だ．投資支出の増加によって，確かに，投資財を生産する企業の生産量は増加する．それで話は終わり，ということであれば，総需要曲線の右へのシフト幅は確かに500億ドル分だけになる．

だが，話はそこで終わらない．産出量の増加は，家計が手にする利潤や賃金などの可処分所得を増加させるのだ．そして家計の可処分所得の増加によって消費支出が増加し，それによってさらに企業が産出量を増やすことになる．するともう1度可処分

図10-9 総需要曲線のシフトの計測

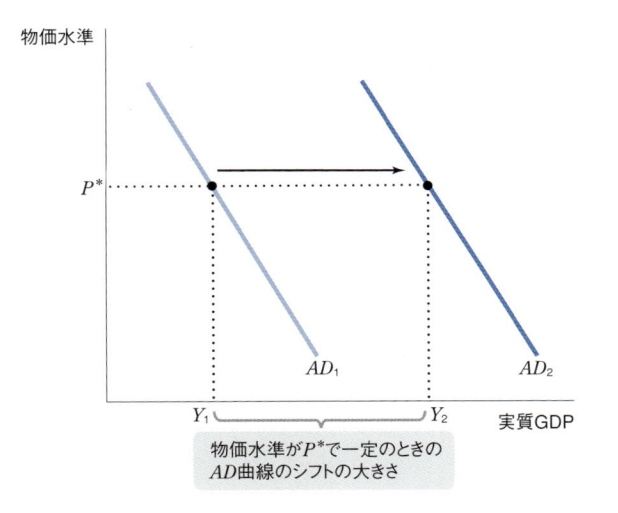

総需要曲線がAD_1からAD_2へ右にシフトするときのシフトの大きさを測るには，物価水準がP^*で一定としたときの実質GDPの増加分を計算すればよい．　web▶

物価水準がP*で一定のときのAD曲線のシフトの大きさ

所得が増加してもう1度消費支出が増加する，といった具合になる．つまり総産出量の増加は複数のラウンドにわたって起こるのだ．

このような支出の増加をすべてのラウンドで集計したとき，それは総産出量に全体としてどれだけの影響を与えるだろうか？ この疑問に答えるには，**限界消費性向**(MPC)の概念を導入する必要がある．これは可処分所得が1ドル増加したときの消費支出の増加分のことだ．MPCは，消費支出の変化分を可処分所得の変化分で割ったものに等しい．

> **限界消費性向**(MPC)とは，可処分所得が1ドル増加したときの消費支出の増加分のことだ．

$$MPC = \frac{消費支出の変化分}{可処分所得の変化分} \tag{10-3}$$

例えば可処分所得が100億ドル増加したときに消費支出が60億ドル増加したとすれば，MPCは60億ドル/100億ドル=0.6となる．

可処分所得がもう1ドル増えたとき，消費者はその追加分をすべて消費に回すわけではないので，MPCは0と1の間の数になる．追加的な可処分所得のうち，消費しない部分は貯蓄される．**限界貯蓄性向**(MPS)とは，追加的な1ドルの可処分所得のうち貯蓄される部分のことで，1−MPCに等しい．

> **限界貯蓄性向**(MPS)とは，可処分所得が1ドル増加したときの家計の貯蓄の増加分のことだ．

ここでは税のことを無視しているので，実質GDPが1ドル増加すれば可処分所得も1ドル増加すると仮定できる．よって最初の500億ドルの投資支出の増加によって，実質GDPは500億ドル増加する．これは第2ラウンドの消費支出の増加をもたらし，実質GDPをMPC×500億ドル分増加させる．さらに第3ラウンドの消費支出の増加分はMPC×MPC×500億ドルになる．それ以降もこうして何回かのラウンドが続く．実質GDPに与える全効果は以下のようになる．

$$
\begin{array}{rl}
投資支出の増加分 &= 500億ドル \\
+第2ラウンドでの消費支出の増加分 &= MPC \times 500億ドル \\
+第3ラウンドでの消費支出の増加分 &= MPC^2 \times 500億ドル \\
+第4ラウンドでの消費支出の増加分 &= MPC^3 \times 500億ドル \\
\vdots & \vdots \\
\hline
実質GDPの増加分の合計 &= (1+MPC+MPC^2+MPC^3+\cdots) \times 500億ドル
\end{array}
$$

より楽観的な予想から投資支出が500億ドル増加したことで，経済には連鎖反応が生じる．投資支出が最初に500億ドル増加したことの連鎖反応の最終的な結果は，この額の倍数だけの実質GDPが増加するということだ．

この倍数とはどのくらいだろうか．xが0と1の間の数のとき，上の表にある$1+x+x^2+x^3+\cdots$は，数学的には$1/(1-x)$に等しくなる．よって連鎖的な消費支出の増加をすべて考慮すると，500億ドルの投資支出の増加による最終的効果は(税や国際貿易がない場合)次のようになる．

I が500億ドル増加したことによる実質GDPの増加分の合計

$$= 500億ドル \times \frac{1}{1-MPC} \qquad (10-4)$$

$MPC=0.6$ としたときの，つまり可処分所得がもう1ドル増えたことで消費支出が0.6ドル増加するという数値例を考えてみよう．第1ラウンドでは，投資支出の500億ドルの増加で実質GDPも500億ドル増加する．第2ラウンドでは，消費支出の増加で実質GDPが 0.6×500 億ドル $= 300$ 億ドルだけ増加する．第3ラウンドでは，さらなる消費支出の増加で実質GDPが 0.6×300 億ドル $= 180$ 億ドルだけ増加する．表10-1には連鎖的増加のプロセスが示されている．ここで「…」は，このプロセスが無限に続くことを意味している．最終的には，500億ドルの投資支出の増加によって実質GDPは1250億ドルだけ増加する．これは式10-4を用いて

$$500億ドル \times \frac{1}{1-0.6} = 500億ドル \times 2.5 = 1250億ドル$$

となることから確認できる．

実質GDPの増加は無限回繰り返されるのだが，増加分の合計は1250億ドルに限られることに注意してほしい．それは各段階で可処分所得の増加分の一部が貯蓄されて「漏れる」からだ．可処分所得の1ドルの増加分のうちどれだけが貯蓄されるかは，限界貯蓄性向 MPS によって決まる．

図10-10は，投資支出の増加が総需要曲線に与える効果を示したものだ．パネル(a)は，表10-1にある各ラウンドでの実質GDPの増加分の合計を表している．パネル(b)は総需要に与える効果を示している．AD曲線が AD_1 から AD_2 へ右にシフトするときのシフトの大きさは，投資支出の最初の増加分500億ドルに後の消費支出の増加分750億ドルを加えた1250億ドルだ．

これまで予想の変化による投資支出の変化の効果を見てきたが，総需要曲線をシフトさせるその他の要因についても同様の分析が可能だ．ここでは国際貿易のない単純な経済を考えているので，国内の総支出は消費支出 C，投資支出 I，財・サービスの政府購入 G の合計だ．総支出のこれら3つの構成要素のどれに自律的な変化が生じても，総需要曲線のシフトが起こる．重要なのは，実質GDPが変化する前の最初の

表10-1　複数のラウンドにわたる実質GDPの増加

	実質GDPの増加分 (10億ドル)	実質GDPの増加分の合計 (10億ドル)
第1ラウンド	50	50
第2ラウンド	30	80
第3ラウンド	18	98
第4ラウンド	10.8	108.8
…	…	…
最終ラウンド	0	125

図10-10　乗数

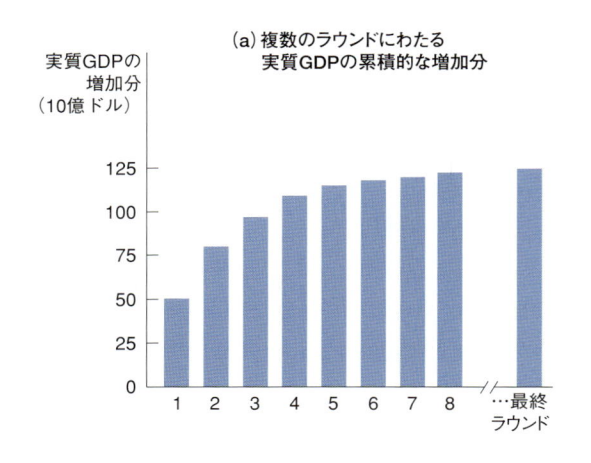

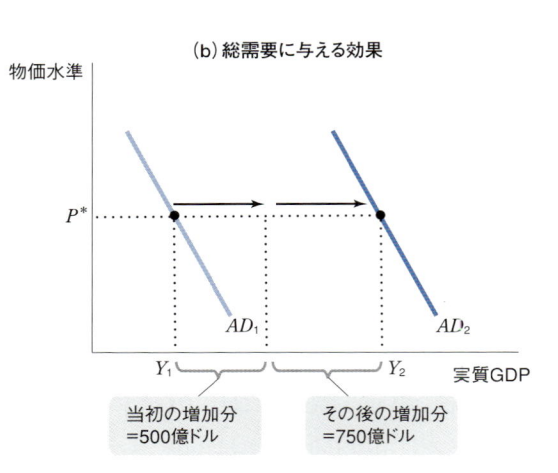

(a) 複数のラウンドにわたる実質GDPの累積的な増加分

(b) 総需要に与える効果

将来に対する予想が変化して投資支出が増加したとき，総需要曲線は2つの理由から右にシフトする．物価水準を一定とするとき，まずIの最初の増加によって実質GDPが増加する．次に，可処分所得が増加することによって消費支出が増加することからさらに実質GDPが増加する．パネル(a)は，一定の物価水準の下で実質GDPの増加がどのようにして生まれるかを示している．パネル(b)は総需要曲線がどのようにシフトするかを示している．

総支出の変化（自律的変化）と，連鎖反応が展開していく過程で生まれる実質GDPの変化による総支出の追加的な変化とを区別することだ．例えば何らかの理由で富が増加したとしよう．これによって実質GDPが増加するが，その前に，消費支出の増加が起こる．そして実質GDPが増加するにつれて，第2ラウンド以降のさらなる消費支出の増加が起こる．

総支出の自律的変化とは，企業・家計・政府の支出の最初の変化を言う．

乗数とは，総支出の自律的変化の大きさに対する実質GDPの変化分の比率のことだ．

総支出の最初の増加や減少は，**総支出の自律的変化**と呼ばれている．ここで「独立」しているという意味合いで自律的と言っているのは，その変化が連鎖的反応の結果ではなく原因だからだ．**乗数**とは，総支出の自律的変化の大きさに対する実質GDPの変化分の比率のことだ．総支出の自律的変化の大きさをΔAASとし，実質GDPの変化分をΔYとすると，乗数は$\Delta Y/\Delta AAS$となる．乗数の値の求め方は式10-4で見たとおりだ．税や国際貿易がなければ

$$乗数 = \frac{1}{1-MPC} = \frac{\Delta Y}{\Delta AAS} \tag{10-5}$$

となる．だから乗数の値がわかれば，総支出の自律的変化による実質GDPの変化分を求めることができる．つまり式10-5を変形して次の式を得られる．

$$\Delta Y = \frac{1}{1-MPC} \times \Delta AAS \tag{10-6}$$

乗数の大きさ，つまり一定の総支出の変化から生まれる総需要曲線のシフトの大きさは，限界消費性向MPCに依存することに注意してほしい．MPCが大きければ乗数も大きくなる．というのも，各ラウンドでの増加分が前のラウンドに比べてどれだ

け大きいかは，MPCによって決まるからだ．言い換えると，MPCが大きいほど，各ラウンドで貯蓄に回されて「漏れる」可処分所得が小さいということになる．

後の章で，乗数の概念を使って財政政策や金融政策の効果を分析する．また，税や国際貿易のような要素を取り入れると，乗数の公式がより複雑になることを見る．

理解度チェック 10-3

1. 企業の予想が変化して投資支出が減少することが，消費支出の減少ももたらす理由を説明しなさい．

解答は本書の巻末にある．

4 AS-ADモデル

1929年から1933年までアメリカ経済は短期総供給曲線に沿って左下に移動し，物価水準は低下した．それに対して1979年から1980年までは総需要曲線に沿って左上に移動し，物価水準は上昇した．どちらの場合も，一方の曲線に沿った移動の原因はもう一方の曲線のシフトだった．1929年から1933年までは消費支出が大きく低下し，総需要曲線が左にシフトした．1979年から1980年までは石油危機によって短期の総供給が大きく低下し，短期総供給曲線が左にシフトした．

つまり，経済の動きを理解するには，総供給曲線と総需要曲線とを組み合わせる必要があるのだ．それが **AS-AD** モデルで，これは経済変動を理解するための基本的なモデルだ．

4.1 短期マクロ経済均衡

まず短期に焦点を当てた分析を行うことにしよう．図10-11は，総需要曲線と短期総供給曲線を同じ図に描いたものだ．AD曲線とSRAS曲線との交点E_{SR}が**短期マクロ経済均衡**で，そこでは総供給量と，国内の家計・企業・政府および外国による総需要量とが一致している．E_{SR}での物価水準P_Eは**短期均衡物価水準**で，E_{SR}での総産出量Y_Eは**短期均衡総産出量**だ．

第3章の供給と需要のモデルで見たように，ある財の供給不足はその財の市場価格を上昇させるし，また供給過剰はその財の市場価格を下落させる．こうした力が，市場が均衡に向かうことを保証するのだったね．同じ論理は短期マクロ経済均衡にも適用できる．物価水準が均衡の水準よりも高いときは，総供給量のほうが総需要量よりも大きくなる．そのため物価水準は下落し，均衡の水準に近づく．逆に物価水準が均衡の水準よりも低いときは，総供給量は総需要量よりも小さくなる．そのため物価水準は上昇し，やはり均衡の水準に近づく．これからの議論では，経済は常に短期マクロ経済均衡の状態にあると仮定することにしよう．

現実の総産出量と物価水準はどちらも，長期的には上向きのトレンドがあることを踏まえて，もう1つ重要な単純化を行うことにしよう．それは，どちらの変数でも，

> **ちょっと復習**
>
> ▶予想の変化による投資支出の変化から連鎖反応が生じる．それはまず実質GDPを変化させ，次に消費支出が変化し，さらにそれによって実質GDPが変化するといった具合に進んでいく．総需要曲線のシフトの大きさは，最初の投資支出の変化分の倍数になる．
>
> ▶総支出の自律的変化は，つまり需要曲線をシフトさせるようなCやIやGの最初の変化はどれも，同じような連鎖反応を生じさせる．実質GDPの最終的な変化分の大きさは乗数の大きさによる．税や国際貿易がなければ，乗数は$1/(1-MPC)$に等しい．ここでMPCは限界消費性向だ．実質GDPの最終的な変化分ΔYは，$1/(1-MPC) \times \Delta AAS$に等しい．

AS-ADモデルでは，経済変動を分析するために総供給曲線と総需要曲線の両方を使う．

総供給量と総需要量が一致するとき，経済は**短期マクロ経済均衡**の状態にある．
短期均衡物価水準とは，短期マクロ経済均衡での物価水準だ．
短期均衡総産出量とは，短期マクロ経済均衡での総産出量だ．

図10-11　AS-ADモデル

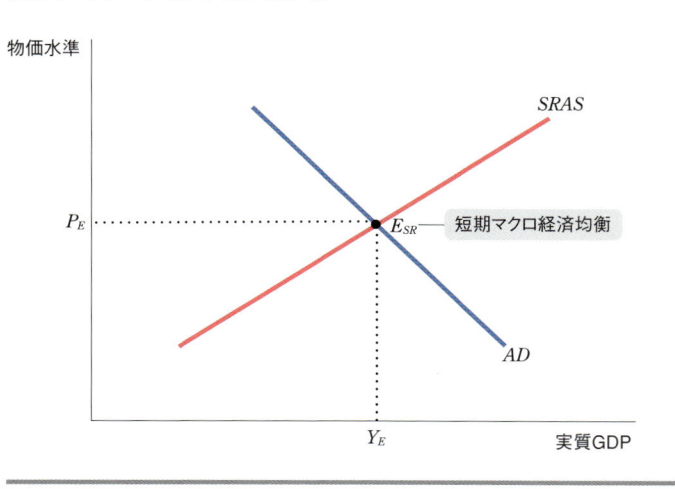

AS-ADモデルは短期総供給曲線と総需要曲線を組み合わせたものだ．両者の交点E_{SR}は短期マクロ経済均衡を表し，総需要量と総供給量が一致している．短期均衡物価水準はP_Eで，短期均衡総産出量はY_Eだ．

低下したというときには，長期のトレンドと比べたときの低下を意味するというものだ．例えば物価水準が例年4％上昇しているときに3％しか上昇しない年があれば，その年には物価水準が1％低下したと見なす，ということだ．大恐慌以降，多くの主要国で物価水準が低下した年はほとんどなく，1995年ごろ以降の日本のデフレはそのわずかな例外の1つだ．その理由は第16章で見ることにする．物価水準それ自体が低下することはまれだが，長期のトレンドに比べて低下することは多い．

SRAS曲線のシフトとAD曲線のシフトのどちらの場合でも，短期均衡総産出量と短期均衡物価水準は変化する．それぞれのケースについて順に見ていこう．

4.2　SRAS曲線のシフト

原料価格，名目賃金，生産性の変化など，短期総供給曲線をシフトさせる出来事を**供給ショック**という．負の供給ショックは生産費用を増加させてどの物価水準でも供給量を減少させるもので，短期総供給曲線は左にシフトする．1973年と1979年に世界的に原油供給が途絶したために，アメリカ経済は厳しい負の供給ショックに直面した．反対に，正の供給ショックは生産費用を減少させてどの物価水準でも供給量を増加させるもので，短期総供給曲線は右にシフトする．アメリカ経済が正の供給ショックに直面したのは，1995年から2000年にかけてインターネットやその他の情報技術の利用が増して生産性が急に上昇したときだ．

図10-12のパネル(a)は負の供給ショックの効果を示している．当初の均衡はE_1で，物価水準はP_1，総産出量はY_1だ．原油供給が途絶することによって短期総供給曲線は$SRAS_1$から$SRAS_2$へ左にシフトする．AD曲線に沿った移動の結果，総産出量は減少し物価水準は上昇する．新たな均衡E_2では，物価水準はP_2に上昇し総産出量はY_2に減少している．

パネル(a)に示されている総産出量の減少とインフレの組合せは，「不況(スタグネーション)とインフレの共存」という意味で**スタグフレーション**と呼ばれている．ス

短期総供給曲線をシフトさせる出来事を**供給ショック**という．

スタグフレーションとは，インフレと総産出量の減少の組合せのことだ．

図10-12　供給ショック

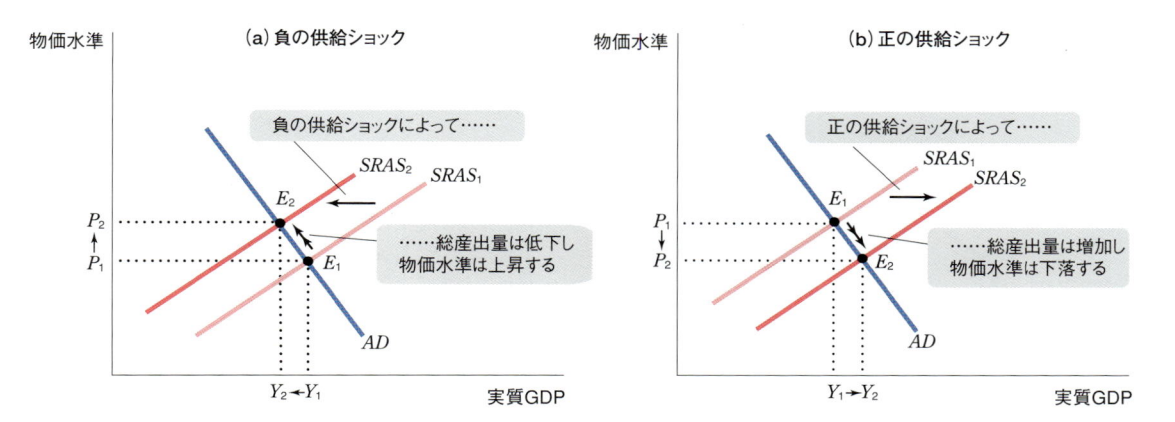

(a) 負の供給ショック

負の供給ショックによって……
……総産出量は低下し物価水準は上昇する

(b) 正の供給ショック

正の供給ショックによって……
……総産出量は増加し物価水準は下落する

供給ショックによって短期総供給曲線はシフトし，物価水準と総産出量は逆の方向に変化する．パネル(a)は負の供給ショックを表し，短期総供給曲線が左にシフトしてスタグフレーションが起こる．つまり，総産出量が減少し物価水準が上昇する．短期総供給曲線は $SRAS_1$ から $SRAS_2$ へシフトし，経済は E_1 から E_2 へ移動する．物価水準は P_1 から P_2 に上昇し，総産出量は Y_1 から Y_2 に減少する．パネル(b)は正の供給ショックを表し，短期総供給曲線が右にシフトして総産出量は増加し物価水準は下落する．短期総供給曲線は $SRAS_1$ から $SRAS_2$ へシフトし，経済は E_1 から E_2 へ移動する．物価水準は P_1 から P_2 に下落し，総産出量は Y_1 から Y_2 に増加する．

タグフレーションは非常に不愉快な現象だ．というのは総産出量が減少して失業が増加し，物価の上昇によって購買力が低下してしまうからだ．1970年代のスタグフレーションによって国民の間に悲観主義の空気が蔓延した．すぐに見るように，スタグフレーションはまた政策立案者にジレンマをもたらすものだった．

パネル(b)に示されている正の供給ショックには，逆の効果がある．$SRAS$ 曲線が $SRAS_1$ から $SRAS_2$ へ右にシフトすることによって，AD 曲線に沿って総産出量は増加して物価水準は下落する．1990年代後半の好ましい供給ショックのおかげで，完全雇用とインフレの減退がともに実現した．インフレの減退とは，長期的なトレンドと比べて物価水準が下落したことを意味する．完全雇用とインフレの減退という組合せによって，当分の間は国民の間に楽観主義の波が巻き起こった．

負のショックであろうと正のショックであろうと，供給ショックに固有の特徴は，物価水準と総産出量が逆の方向に変化するということだ．

4.3　総需要曲線のシフト：短期的効果

予想，富，物的資本のストックの変化や財政政策・金融政策など，総需要曲線をシフトさせる出来事を**需要ショック**という．大恐慌は負の需要ショックによって起こった．1929年の株式市場の暴落と1930～31年にかけての銀行危機によって富が消滅し，企業や家計が自信を喪失したのだ．大恐慌を終わらせたのは，第2次世界大戦中に生じた，政府購入の大幅増加という正の需要ショックだった．アメリカ経済は2001年に別の負の需要ショックに直面したが，それは1990年代の株式市場の高騰が下降に転じたときに弱気になった企業が，投資支出を急激に縮小したことによる．

図10-13は正と負の需要ショックの短期的な効果を示している．パネル(a)で示され

> 総需要曲線をシフトさせる出来事を**需要ショック**という．

図10-13 需要ショック

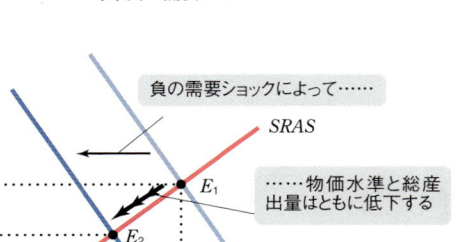

(a) 負の需要ショック

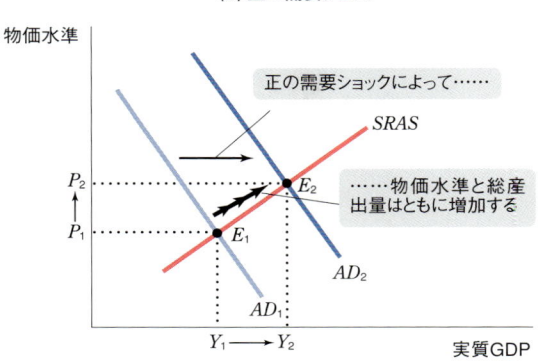

(b) 正の需要ショック

需要ショックによって総需要曲線はシフトし，物価水準と総産出量は同じ方向に変化する．パネル(a)では負の需要ショックによって総需要曲線が AD_1 から AD_2 へ左にシフトし，物価水準は P_1 から P_2 に，総産出量は Y_1 から Y_2 に低下する．パネル(b)では正の需要ショックによって総需要曲線は右にシフトし，物価水準は P_1 から P_2 に，総産出量は Y_1 から Y_2 に増加する．

ているように，負の需要ショックによってAD曲線はAD_1からAD_2へ左にシフトする．経済はE_1からE_2へ$SRAS$曲線に沿って左下に移動し，均衡総産出量と均衡物価水準はともに低下する．一方パネル(b)で示されているように，正の需要ショックによってAD曲線は右にシフトする．経済はE_1からE_2へ$SRAS$曲線に沿って右上に移動し，均衡総産出量と均衡物価水準はともに増加する．供給ショックとは対照的に，需要ショックによって総産出量と物価水準は同じ方向に変化する．

　供給ショックと需要ショックにはもう1つ重要な違いがある．すでに見たように金融政策や財政政策によってAD曲線がシフトするので，政府は図10-13にあるような需要ショックを創り出せることになる．そうすることへの十分な政策的根拠はあるのだろうか．この疑問への答えは後で見ることにして，まずは短期マクロ経済均衡と長期マクロ経済均衡との違いを見ておくことにしよう．

4.4　長期マクロ経済均衡

　図10-14は総需要曲線に短期と長期の総供給曲線を組み合わせたものだ．総需要曲線ADと短期総供給曲線$SRAS$はE_{LR}で交わる．ここでは，十分に時間が経過して経済が長期総供給曲線$LRAS$上にもあるとしよう．その結果E_{LR}は3つの曲線AD，$SRAS$，$LRAS$の交点になる．また，短期均衡総産出量は潜在産出量Y_Pに等しい．このように短期マクロ経済均衡の点が長期総供給曲線上にもある場合，経済は**長期マクロ経済均衡**の状態にあるという．

経済が**長期マクロ経済均衡**の状態にあるとは，短期マクロ経済均衡の点が長期総供給線上にもある場合だ．

　長期マクロ経済均衡の意味を理解するために，需要ショックによって経済が長期マクロ経済均衡から外れたときに何が起こるかを考えてみよう．図10-15で当初の総需要曲線はAD_1で短期総供給曲線は$SRAS_1$だとしよう．当初のマクロ経済均衡はE_1で，それは長期総供給曲線$LRAS$上にもある．よって経済の出発点は短期と長期のマクロ

図10-14　長期マクロ経済均衡

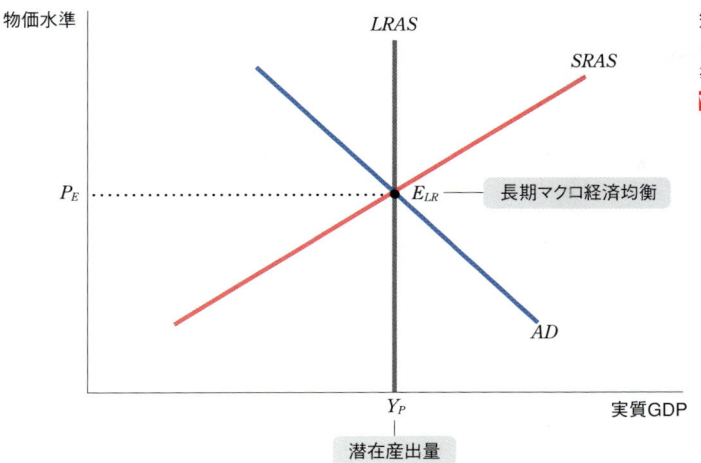

短期マクロ経済均衡の点が長期総供給曲線 $LRAS$ 上にもある．その結果，短期均衡総産出量は潜在産出量 Y_P に等しい．経済は E_{LR} で長期マクロ経済均衡の状態にある．

web▶

図10-15　負の需要ショックの短期的効果と長期的効果

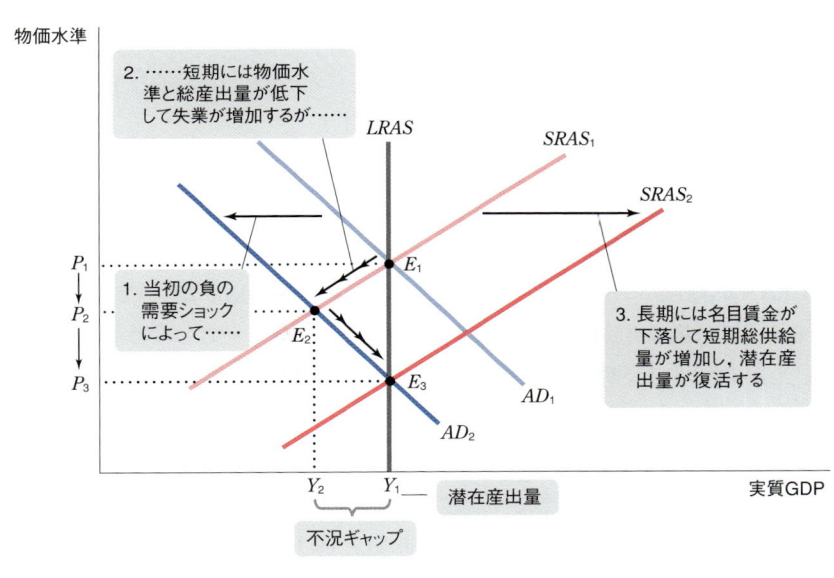

1. 当初の負の需要ショックによって……
2. ……短期には物価水準と総産出量が低下して失業が増加するが……
3. 長期には名目賃金が下落して短期総供給量が増加し，潜在産出量が復活する

不況ギャップ

長期には経済は自己修正的だ．つまり，需要ショックが総産出量に与える効果は短期的なものに限られる．E_1 から始まり，負の需要ショックによって AD_1 が AD_2 へ左にシフトする．短期には E_2 への変化が起こり，不況ギャップが現れる．つまり物価水準は P_1 から P_2 に低下して総産出量は Y_1 から Y_2 に減少し，失業が増加する．しかし Y_2 では失業率が高いため長期には名目賃金が低下し，$SRAS_1$ は $SRAS_2$ へ右にシフトする．総産出量は Y_2 から Y_1 に増加し，物価水準は P_2 から P_3 に再び低下する．最終的に，E_3 で長期マクロ経済均衡が復活する．

経済均衡で，そこでの短期均衡総産出量 Y_1 は潜在産出量に等しい．

そこで，例えば企業や家計の予想の急激な悪化などの理由から総需要が低下し，総需要曲線が AD_2 へ左にシフトしたとしよう．すると短期的には E_2 に落ち着くので，物価水準は P_2 に低下し総産出量は Y_2 に減少する．この総需要の減少による短期的な効果は1929年から1933年にかけてアメリカ経済が経験したもので，物価水準と総産出量はともに低下した．

新しい短期均衡 E_2 での総産出量は潜在産出量よりも小さい．このとき，経済は**不況ギャップ**に直面する．不況ギャップは失業者が多いことを意味するので，現実には非常に大きな苦痛を伴う．1933年までアメリカで続いた大きな不況ギャップは，深

総産出量が潜在産出量よりも小さいとき，**不況ギャップ**が存在している．

図10-16 正の需要ショックの短期的効果と長期的効果

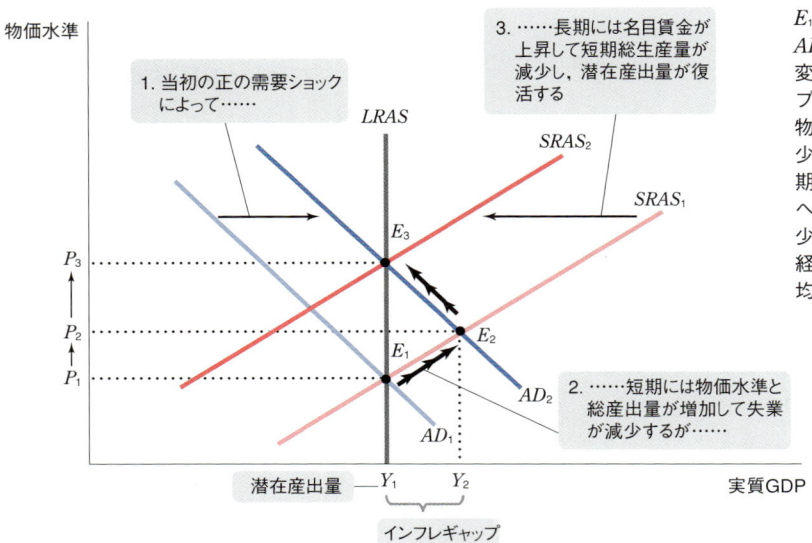

図中のラベル:
- 1. 当初の正の需要ショックによって……
- 2. ……短期には物価水準と総産出量が増加して失業が減少するが……
- 3. ……長期には名目賃金が上昇して短期総生産量が減少し、潜在産出量が復活する
- 縦軸：物価水準、横軸：実質GDP
- LRAS、$SRAS_1$、$SRAS_2$、AD_1、AD_2
- E_1、E_2、E_3
- P_1、P_2、P_3
- Y_1、Y_2
- 潜在産出量、インフレギャップ

E_1から始まり、正の需要ショックによってAD_1がAD_2へ右にシフトし、短期にはE_2への変化が起こる．これによってインフレギャップが生まれ、総産出量はY_1からY_2に増加し物価水準はP_1からP_2に上昇して、失業が減少する．しかしY_2では失業率が低いため長期には名目賃金が上昇し、$SRAS_1$は$SRAS_2$へ左にシフトする．総産出量は再びY_1に減少し、物価水準はさらにP_3まで上昇する．経済は自己修正的で、E_3で長期マクロ経済均衡が復活する．

刻な社会的，政治的混乱を生んだ．また同時期にドイツで現れた破滅的な不況ギャップは，ヒトラーが権力を握るのに重要な役割を果たした．

しかしこれで話は終わらない．名目賃金も，他の固定的な価格と同じように，高い失業率が続けばついには低下するので，生産者は最終的には生産量を増やすことになるのだ．だから不況ギャップがあれば短期総供給曲線は次第に右にシフトしていく．これは$SRAS_1$が$SRAS_2$に到達するまで続き，均衡はAD_2，$SRAS_2$，LRASがすべて交わる点E_3になる．E_3は再び長期マクロ経済均衡の状態にある．そこでは潜在産出量Y_1が復活し，物価水準は長期的な下落を反映してP_3に低下している．結局，長期には経済は自己修正的だ．

逆に，総需要が増加した場合には何が起こるだろうか．その結果は図10-16に示されている．前の説明と同じく，当初の総需要曲線はAD_1で短期総供給曲線は$SRAS_1$であり，当初のマクロ経済均衡E_1は長期総供給曲線LRAS上にもあるとしよう．つまり当初の経済は長期のマクロ経済均衡の状態にある．

そこで総需要が増加し，AD曲線がAD_2へ右にシフトしたとする．これによって短期的にはE_2に落ち着くので，物価水準はP_2に上昇し総産出量はY_2に増加する．新しい短期均衡では総産出量が潜在産出量よりも大きく，高水準の総産出量を維持するため失業率は低い．このとき，経済は**インフレギャップ**に直面する．だが不況ギャップのときと同じく，これで話は終わらない．他の固定的な価格と同様に，名目賃金も低い失業率が続けばついには上昇する．名目賃金が上昇すれば生産者は生産量を減らそうとするので，インフレギャップによって短期総供給曲線は次第に左にシフトしていく．これは$SRAS_1$が$SRAS_2$に到達するまで続き，均衡はAD_2，$SRAS_2$，LRASがすべて交わる点E_3になる．E_3は再び長期マクロ経済均衡の状態にある．そこでは潜在産

総産出量が潜在産出量よりも大きいとき，**インフレギャップ**が存在している．

出量Y_1が復活しているが，物価水準は長期的な上昇を反映してP_3に増加している．前と同様，長期には経済は自己修正的だ．

この分析からマクロ経済について学ぶべき重要な教訓がある．それは，不況ギャップがあればいずれ名目賃金が下落して経済は潜在産出量へと戻り，反対にインフレギャップがあればいずれ名目賃金が上昇して経済は潜在産出量へと戻るということだ．つまり，長期には経済は**自己修正的**だ．需要ショックによって総産出量は短期には変化するが，長期には変化しないのだ．

> 長期には経済は**自己修正的**だ．つまり，需要ショックによって総産出量は短期には変化するが，長期には変化しない．

経済学を使ってみよう

現実の供給ショックと需要ショック

供給ショックと需要ショックは，それぞれどの程度頻繁に不況を引き起こすのだろう？　全員というわけではないが，ほとんどのマクロ経済学者の見解によると，不況は主に需要ショックによって起こる．だが負の供給ショックが起きたときの不況は，かなりやっかいなものになりやすい．

具体的に見てみよう．アメリカでは第2次世界大戦以降，公式には10回の不況が起こった．しかし1979年から1980年までと1981年から1982年までの2回の不況は「2度落ち込んだ」1つの不況として扱われることが多いので，不況の総数は9回ということになる．9回の不況のうち，1973年から1975年までの不況と1979年から1982年までの「2度落ち込んだ」不況の2つだけは，総産出量の低下と物価水準の急騰というスタグフレーションの特徴が際立っている．どちらの場合も供給ショックの原因は中東での政治的な混乱にあった．1973年の第4次中東戦争と1979年のイラン革命で，世界の原油供給が途絶して原油価格が急上昇したのだ．世界の原油カルテルである石油輸出国機構（OPEC）の名称にちなんで，この2つの不況を「OPECⅠ」および「OPECⅡ」と皮肉って表現する経済学者もいる．

つまり大戦後の9回の不況のうちの7回は供給ショックではなく，需要ショックに

図10-17　負の供給ショックはまれだがやっかいだ

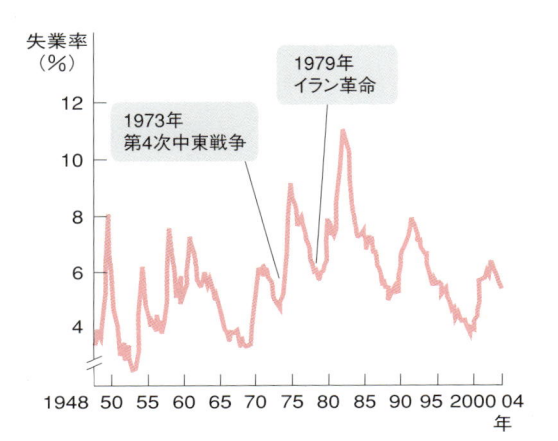

大戦後の9回の不況のうちの2回は，負の供給ショックによって起こる不況の様相を呈している．それは1973年の第4次中東戦争の後の原油価格の上昇によって起こった不況と，イラン革命の後の原油価格の上昇によって起こった不況だ．これら2回の不況こそ，失業率に関して最悪の不況となった．

よるものだった．しかし供給ショックによる2回の不況は，失業率で見ると最悪のものだった．図10-17は1948年以降のアメリカの失業率を示していて，1973年の第4次中東戦争と1979年のイラン革命が起こった時点が記されている．この厳しい負の供給ショックの後に，第2次世界大戦以降で最高の失業率と2番目に高い失業率が記録されている．

供給ショックの余波がかなりやっかいになる理由は，需要ショックに比べると供給ショックのほうがマクロ経済政策による対処が困難だからだ．次に，その理由を見てみよう．

ちょっと復習

▶短期マクロ経済均衡は短期総供給曲線と総需要曲線との交点で成立する．
▶供給ショックによって $SRAS$ 曲線がシフトし，物価水準と総産出量は逆の方向に変化する．需要ショックによって AD 曲線がシフトし，物価水準と総産出量は同じ方向に変化する．スタグフレーションは負の供給ショックによって起こる．
▶長期には経済は自己修正的だ．不況ギャップがあれば名目賃金は下落し，インフレギャップがあれば名目賃金は上昇する．どちらの場合でも，AD 曲線，$SRAS$ 曲線，$LRAS$ 曲線がすべて交わる長期マクロ経済均衡に到達する．

理解度チェック 10-4

1．以下の各ショックが物価水準と総産出量に与える短期的効果を説明しなさい．
　a．政府が最低賃金を急激に引き上げ，多くの労働者の賃金を上昇させた．
　b．太陽エネルギー関連企業が多額の投資支出計画を開始した．
　c．議会が増税し支出削減をした．
　d．世界中で悪天候による作物の被害が起きた．
2．生産性の上昇は潜在産出量を増加させる．だが，その増えた生産物に見合うだけの十分な需要は長期的にも発生しないのではないかと不安に思う人もいるだろう．そのような人に対して，あなたはなんと答えるか．

解答は本書の巻末にある．

5 マクロ経済政策

ここまで，経済は長期には自己修正的でいずれ潜在産出量に回帰する傾向があることを見てきた．しかしほとんどのマクロ経済学者が信じているように，自己修正のプロセスには数年，あるいは10年以上かかることも多い．特に総産出量が潜在産出量よりも低い場合には，正常な状態に戻るまで総産出量が低く失業率が高いという時期が長くなる可能性がある．

これこそ，経済学で最も有名な格言の1つである，ジョン・メイナード・ケインズの「長期的には，われわれはみな死んでしまう」という宣言の背景にある信念だ．このケインズの主張について，次の「ちょっと寄り道」で説明しよう．

政府は経済が自らを修正するまで待つべきではない，というのが経済学者による通常のケインズ解釈だ．全員ではないが多くの経済学者は，総需要曲線がシフトした場合には潜在産出量に戻すために金融政策や財政政策を使うべきだと主張している．これが積極的な安定化政策に対する根拠なのだ．安定化政策とは，第6章で定義したように，厳しい不況を和らげたり過剰な好況を抑制したりするために政策を使うことだ．

安定化政策によって経済は改善するのだろうか．もう1度図10-4を見てみると，その答えはイエスだということがわかる．アメリカ経済は積極的な安定化政策によって1996年に，おおむね6年間にわたる不況の後で潜在産出量に戻った．また2001年

> ### ちょっと寄り道 ケインズと長期
>
> イギリスの経済学者ジョン・メイナード・ケインズ卿（1883～1946年）は，おそらく他の誰よりも多くの現代マクロ経済学の諸分野を創り上げた人物だ．ケインズの役割と彼の思想の解釈をめぐる論争については第17章で検討することにして，ここではケインズが残した最も有名な格言を見ておこう．
>
> ケインズは1923年に，第1次世界大戦後のヨーロッパの経済問題についての小さな書物『貨幣改革論』を出版した．その中でケインズが説いたのは，彼の多くの同僚たちが経済に起きている長期的事態，今さに分析した長期マクロ経済均衡のような事態にばかり注目して，そこに至るまでに生じるかなりひどい，時に破滅的でもある問題を無視する傾向があるということだ．ここでより詳しく引用しておこう．
>
> 「この長期的観点は，現在の事柄については誤謬を生じやすい．長期的にみると，われわれはみな死んでしまう．嵐の最中にあって，経済学者に言えることが，ただ，嵐が遠く過ぎ去れば波はまた静まるであろう，ということだけならば，彼らの仕事は他愛なく無用である」（訳者注：訳文は中内恒夫訳『貨幣改革論（ケインズ全集第4巻）』東洋経済新報社，1978年による．）

には，おおむね4年間のインフレギャップの後に潜在産出量に戻った．積極的な安定化政策がなければ経済が自らを修正するまで10年以上かかると信じられていることを考えれば，かなり短い期間で修正が行われたことになる．しかし以下ですぐに見るように，経済を改善できる能力が常に保証されているわけではない．それは経済が直面するショックの種類によるのだ．

5.1 需要ショックに直面したときの政策

経済が図10-15にあるような負の需要ショックに見舞われたとしよう．この章で議論したように，金融政策と財政政策によって総需要曲線はシフトする．もし政策立案者が総需要の低下にすばやく対応できれば，金融政策か財政政策によって総需要曲線を右にシフトさせて元に戻すことができる．また政策によって確実に総需要曲線がシフトするならば，図10-15にある調整過程を省略することができる．つまり総産出量が低下して物価水準が下落する時期を経験することなく，政府は経済が点E_1で変化しないようにすることができる．

政策によって図10-15にある調整過程を省略し，当初の均衡状態を維持することがどうして望ましいのだろうか．理由は2つある．第1に，政策介入がなければ一時的に総産出量が低下するが，それによって失業者が増加することは特に望ましくないからだ．第2に，第6章で簡単に触れたことだが，また第16章で詳しく説明するが，一般に物価の安定は望ましい目標とされているからだ．だから物価水準が下落するデフレを回避することは望ましいことなのだ．

では政策立案者は，総需要の減少を相殺するために常に行動を起こすべきなのだろうか．必ずしもそうとは限らない．総需要を増加させるための政策手段のうちあるものは，特に財政赤字を増加させるようなものは，民間投資支出のクラウディング・アウトなどを引き起こして長期の成長を低下させるので，長期的には有害となりうるか

らだ．さらに現実には，政策立案者が持つ情報は不完全で政策の効果は完全には予測不可能だということがある．そのため，安定化政策が改善どころか改悪につながる危険性がある．つまり，経済を安定化させる試みによって経済がより不安定になってしまうこともあるということだ．マクロ経済政策について長い間繰り広げられている論争については第17章で検討する．これらの留保条件にもかかわらずほとんどの経済学者が信じているのは，AD 曲線に対する大きな負のショックを相殺するためにマクロ経済政策を使うことには，十分な論拠があるということだ．

　政策立案者は総需要への正のショックをも相殺することを目指すべきだろうか．その答えははっきりしない．インフレは悪いことだとしても，総産出量が多くて失業者が少ないことは良いことではないかと考えるかもしれないが，必ずしもそうではない．第16章で見るように，今やほとんどの経済学者は，インフレギャップによる短期的な利益は後でお返しが来ると信じている．だから今日の政策立案者は，負の需要ショックだけでなく正の需要ショックをも相殺することを目指している．図10-4のパネル(a)にその証拠がある．理由は第17章で説明するが，不況ギャップやインフレギャップをなくすために使われるのは財政政策ではなく金融政策だ．1990年代前半の不況ギャップに対して，連邦準備制度は利子率を引き下げて消費支出や投資支出を刺激しようとした．また1990年代後半のインフレギャップの際には利子率を引き上げた．

　次に，供給ショックに対するマクロ経済政策の対応について見ていこう．

5.2　供給ショックへの対応

　これで話が一巡する．この章の「はじまりの物語」に戻ることにしよう．ようやくここで，1970年代のスタグフレーションでどうして政策のジレンマが生まれたのかを説明できる．

　図10-12のパネル(a)で負の供給ショックの効果を示した．つまりこのショックによって短期には総産出量が低下して物価水準が上昇することを見た．すでに見たように，政策立案者は負の需要ショックが起きたときは金融政策と財政政策によって総需要を元の水準に戻すことができる．だが負の供給ショックが起こったときには，何が可能で，何をすべきなのだろうか．

　総需要曲線とは違って，短期総供給曲線をシフトさせる簡単な政策は存在しない．つまり，生産者の収益性を容易に変化させて短期総供給曲線のシフトを相殺するような政策は存在しないのだ．だから負の供給ショックに対する政策は，単にシフトした曲線を元の位置に戻すようなものではない．

　かりに供給ショックへの対処として，金融政策や財政政策を使って総需要曲線のほうをシフトさせようとしても，正しい政策が何かは明らかではない．総産出量の減少および物価水準の上昇という，2つの悪いことが同時に起こっているのだ．総需要曲線をシフトさせる政策では，このうち1つの問題を改善しようとすればもう1つの問題が悪化してしまう．仮に政府が総需要を増加させようとすれば，総産出量の減少は抑えられるものの，インフレは悪化してしまう．逆に総需要を減少させようとすれば，

インフレは抑制できるが総産出量がさらに減少してしまう．

これはやっかいなトレードオフだ．第17章で見るが，1970年代の供給ショックで苦しんでいたアメリカや他の経済先進国は，結局のところ物価を安定化させることを選択した．1970年代に経済政策の立案者だった人々は，通常よりも厳しい選択を迫られたのだ．

経済学を使ってみよう

大恐慌の終焉

1939年のアメリカ経済は，1929年の株式市場の暴落から10年が経過したものの深刻な不況が続いていて，失業率は17％だった．しかしその後急激に回復し，1944年まで年間12％もの驚くべき成長を遂げた．1943年までに失業率は２％以下になった．

この逆転劇の原因は何だったのだろうか？　その答えは，文句なしに第２次世界大戦による膨大な総需要の増加だった．

第２次世界大戦は1939年９月に始まったが，1941年12月の真珠湾攻撃までアメリカは戦闘には参加していなかった．だがアメリカが戦争に加わる以前にも，戦争によって総需要が押し上げられていた．戦争のリスクが明らかになるとすぐにアメリカは軍事力を強化した．さらに，イギリスが1940年代にアメリカの軍事物資や他の財を大量に輸入したので，アメリカの輸出が増加した．そしてアメリカが直接戦闘に加わってからは，政府の軍事支出はめざましい率で増加した．

この間の物価の動向は AS-AD モデルの予測に適合するだろうか．答えはイエスだ．大戦の最中には，多くの財に対して価格統制や割当てが行われていた．それにもかかわらずGDPデフレーターで測った物価水準は大戦中に30％も上昇し，戦争が終わって統制が取り除かれてからもさらに上昇したのだ．

理解度チェック　10－5

1. 誰かが次のように主張したとしよう．「拡張的な金融政策や財政政策は一時的に経済を過度に刺激するだけで，良い状態は続かず，いずれインフレの苦痛がやってくる」
   a. AS-AD モデルの観点から，この主張の意味を説明しなさい．
   b. これは安定化政策に反対する議論として正しいものだろうか．答えて，その理由を説明しなさい．

解答は本書の巻末にある．

次に学ぶこと

AS-AD モデルは，経済変動を理解し，好ましくないショックに対する経済政策がいかに有効でありうるかを理解するのに，強力な分析用具となる．ただこの章では基本的な考え方を示すことが目的で，詳細な点についてはやや大雑把に扱ってきた．

ちょっと復習

▶安定化政策とは，需要ショックを相殺するために財政政策や金融政策を使うことだ．だがそれには欠点がある．安定化政策によって長期的に財政赤字が増加し，クラウディング・アウトが長期の成長を低下させる可能性があるということだ．さらに不正確な予測に基づき間違った政策を行って，経済が不安定化することもありうる．

▶負の供給ショックは政策のジレンマをもたらす．なぜなら，総産出量の減少を克服しようとすればインフレが悪化し，インフレを抑制しようとすれば不況が悪化するからだ．

▶大恐慌を終わらせるうえで第2次世界大戦は大きな役割を果たしたが，これは財政政策によっていかに総需要を増やし総産出量を増加させるかを示す古典的な例だ．

以下の3つの章では，これらの詳細な点についてより詳しく見ていくことにしよう．まずは総需要を決定する要因についてより詳しく分析し，その後で財政政策や金融政策の機能について考える．

要 約

1. **総供給曲線**は，物価水準と総供給量の関係を表現したものだ．

2. **名目賃金**は短期には固定的なので，**短期総供給曲線**は右上がりになる．物価水準が上昇すると生産物1単位当たりの利潤が増加し，短期の総産出量が増加するからだ．原料価格の変化，名目賃金の変化，生産性の変化によって生産者の利潤が変化して短期総供給曲線はシフトする．

3. 長期には名目賃金を含むすべての価格が伸縮的になり，経済は**潜在産出量**に達する．実際の産出量が潜在産出量よりも大きい場合には，失業率が低いためにやがて名目賃金が上昇し，総産出量は減少する．実際の産出量が潜在産出量よりも小さい場合には，失業率が高いためにやがて名目賃金が下落し，総産出量は増加する．よって**長期総供給曲線**は潜在産出量のところで垂直になる．

4. **総需要曲線**は，物価水準と総需要量の関係を表現したものだ．これは2つの理由から右下がりになる．1つは，物価水準が上昇すると家計が持つ富の購買力が低下し消費支出が低下するという**物価変動の資産効果**．もう1つは，物価水準が上昇すると家計や企業が保有する貨幣の購買力が低下し，利子率が上昇することで投資支出や消費支出が低下するという**物価変動の利子率効果**だ．予想の変化，物価水準とは無関係に生じる富の変化，物的資本のストックの変化によって総需要曲線はシフトする．政策立案者は財政政策や金融政策を使って総需要曲線をシフトさせることができる．

5. **総支出の自律的変化**は連鎖反応を引き起こし，実質GDPの最終的な変化分は最初の総支出の変化分に**乗数**をかけたものになる．乗数の大きさは $1/(1-MPC)$ で，それは**限界消費性向** MPC の大きさに依存する．限界消費性向は，可処分所得がもう1ドル追加的に増えたときの消費支出の増加分だ．総支出の自律的変化の大きさを所与としたとき，MPC が大きいほど乗数も大きく，実質GDPの増加分も大きい．**限界貯蓄性向** MPS は $1-MPC$ に等しい．

6. **AS-AD モデル**では，短期総供給曲線と総需要曲線の交点が**短期マクロ経済均衡**だ．そこで**短期均衡物価水準**と**短期均衡総産出量**が決まる．

7. 短期総供給曲線のシフト（**供給ショック**）か需要曲線のシフト（**需要ショック**）によって経済は変動する．供給ショックによって総需要曲線に沿った移動が起こり，物価水準と総産出量は逆の方向に変化する．特にやっかいなのは，負の供給ショックによってインフレと総産出量の減少が同時に生じる**スタグフレーション**だ．需要ショックによって短期総供給曲線に沿った移動が起こり，物価水準と総産出量は同じ方向に変化する．

8. 長期的には経済は**自己修正的**なので，需要ショックが総産出量に与える効果は短期的なものに限られる．不況ギャップがあればいずれ名目賃金が下落し，総産出量と潜在産出量が一致する**長期マクロ経済均衡**が実現する．インフレギャップがあればいずれ名目賃金が上昇し，長期マクロ経済均衡が実現する．

9. 不況ギャップは失業の痛みが大きく，インフレギャップは将来に悪影響を及ぼすので，多くの経済学者は需要ショックを相殺するために財政政策や金融政策を使うべきだという積極的な安定化政策を支持している．財政政策は，政府購入を通じて直接総需要に影響を与える．また，税や政府移転支出を通じて消費支出を変化させることで間接的に総需要に影響を与える．金融

政策は，利子率の変化を通じて消費支出や投資支出を変化させることで直接総需要に影響を与える．しかし安定化政策には欠点もある．政策によって財政赤字が長期的に増大し，民間投資支出のクラウディング・アウトを引き起こして長期の成長を低下させる可能性がある．また誤った予測によって，経済がより不安定化することもある．

10. 負の供給ショックは政策のジレンマをもたらす．総需要を増加させて総産出量の減少を克服しようとすればインフレが悪化するし，総需要を減少させてインフレを抑制しようとすれば不況が悪化する．

キーワード

総供給曲線…p.278
名目賃金…p.279
短期総供給曲線…p.279
長期総供給曲線…p.284
潜在産出量…p.284
総需要曲線…p.287
物価変動の資産効果…p.289
物価変動の利子率効果…p.289
限界消費性向（MPC）…p.294
限界貯蓄性向（MPS）…p.294
総支出の自律的変化…p.296

乗数…p.296
$AS-AD$ モデル…p.297
短期マクロ経済均衡…p.297
短期均衡物価水準…p.297
短期均衡総産出量…p.297
供給ショック…p.298
スタグフレーション…p.298
需要ショック…p.299
長期マクロ経済均衡…p.300
不況ギャップ…p.301
インフレギャップ…p.302
自己修正的…p.303

問題

1. あなたの勉強仲間が右上がりの短期総供給曲線と垂直の長期総供給曲線とを混同してしまった．2つの曲線はどうしてこのように傾きが違うのか．あなたはどう説明するか．

2. ウェイジランドでは労働者はみな1月1日に年間の賃金契約を結んでいる．1年の間に最終財・サービスの価格がどう変化したとしても，労働者は年間の契約によって規定された賃金を受け取る．今年は予想に反して，契約を結んだ後で最終財・サービスの価格が下落した．当初は潜在産出量が実現していると仮定して，図を用いながら以下の設問に答えなさい．
   a. 価格の下落を受けて，短期的には総供給量はどうなるか．
   b. 企業と労働者が賃金の再交渉を行うとき，どんなことが起こるか．

3. 以下のそれぞれの事例について，短期的には曲線のシフトと曲線に沿った移動のどちらが起こるだろうか．どちらの曲線が関係しているかを述べ，変化の方向を示しなさい．
   a. 他の通貨に対してドルの価値が上昇し，アメリカの生産者にとって主要な原料である鉄を外国から安く輸入できるようになった．
   b. 連邦準備制度が貨幣供給量を増やし，家計や企業が貸し出そうとする貨幣の量が増加して利子率が低下した．
   c. 労働組合の活動が活発になって名目賃金が上昇した．
   d. 物価水準が下落して家計が保有する貨幣の購買力が上昇し，家計の借入が減り貸出が増えた．

4. 他の通貨に対するドルの価値が下落すると，アメリカの物価水準が変わらないとしても，外国人にとってアメリカの最終財・サービスは安くなる．その結果，アメリカの総生産物に対する外国人の需要は増加する．あなたの勉強仲間は，外国人が価格の低下を受けて需要量を増やしているのだから，これは総需要曲線に沿って右下への移動が起こっているのだと言っている．それに対して，あなたは総需要曲線が右にシフトしているのだと主張している．どちらが正しいか，説明しなさい．

5. 地方政府・州政府・連邦政府は，消費支出が減少したときは常に政府購入を減らさなければならないとしよう．そこで株価の下落によって消費支出が減少したとする．図を描いて，株価の下落が総需要曲線と均衡に与える効果全体を説明しなさい．これは1970年代のスタグフレーションと似ているだろうか？

6. ウェストランディアとイーストランディアでは，消費者の富が増加して消費支出が400億ドルだけ自律的に増加した．どちらの国でも物価水準と利子率は一定で，税や国際貿易はないとする．ウェストランディアの限界消費性向は

0.5でイーストランディアは0.75とする．それぞれの国で生じる各ラウンドの支出の増加を示す以下の表を完成させなさい．その結果から，限界消費性向の大きさと乗数にはどのような関係があると言えるだろうか．

ウェストランディア

ラウンド	GDPの変化分	GDPの変化分の合計
1	ΔC = 400億ドル	?
2	$MPC \times \Delta C =$	?
3	$MPC \times MPC \times \Delta C =$	?
4	$MPC \times MPC \times MPC \times \Delta C =$	?
…	…	…
GDPの変化分の合計	$\frac{1}{1-MPC} \times \Delta C =$	?

イーストランディア

ラウンド	GDPの変化分	GDPの変化分の合計
1	ΔC = 400億ドル	?
2	$MPC \times \Delta C =$	?
3	$MPC \times MPC \times \Delta C =$	?
4	$MPC \times MPC \times MPC \times \Delta C =$	?
…	…	…
GDPの変化分の合計	$\frac{1}{1-MPC} \times \Delta C =$	?

7. 物価水準と利子率は一定で税や国際貿易はないとする．以下のそれぞれの出来事が起きたとき，総需要曲線はどちらの方向にどれだけシフトするか．
   a. 消費支出が250億ドル自律的に増加する．限界消費性向は2/3だ．
   b. 企業が400億ドルの投資支出を削減する．限界消費性向は0.8だ．
   c. 政府が軍の設備の購入を600億ドル増加させる．限界消費性向は0.6だ．

8. 図の点Aから出発して物価水準がP_1からP_2に上昇したとする．総供給量は短期と長期でどう調整されるだろうか．

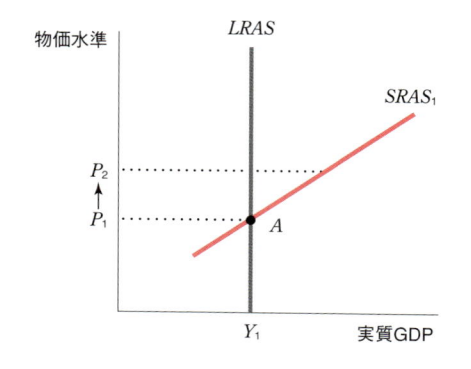

9. すべての家計が，物価水準が上昇すれば価値が上昇するような資産のかたちで富を保有しているとする(そのような資産の例に「インフレ連動債」と呼ばれるものがある．これは，利子率とインフレ率が1対1対応している債券だ)．このとき，物価変動の資産効果はどうなるか．総需要曲線の傾きはどうなるだろうか．それは右下がりのままだろうか．説明しなさい．

10. 現在，経済では潜在産出量が実現しているとしよう．あなたは経済政策の立案者で，経済学を専攻する大学生から，正の需要ショック，負の需要ショック，正の供給ショック，負の供給ショックの4つのショックを好ましい順に並べるように頼まれた．あなたはどういう順位をつけるか．またその理由を説明しなさい．

11. 以下のそれぞれの政策によって総需要曲線と短期総供給曲線のどちらがどのような影響を受けるか説明しなさい．
    a. 政府が最低名目賃金を低下させた．
    b. 政府が，扶養児童のいる貧しい家計への移転支出である貧困家庭向け一時援助金プログラム(TANF)の給付を増やした．
    c. 政府が財政赤字を削減するため，来年から家計に対して増税を行うことを表明した．
    d. 政府が軍事費を削減した．

12. ウェイジランドでは労働者はみな1月1日に年間の賃金契約を結んでいる．1月の後半，新しいコンピュータのOSが導入されて労働生産性が劇的に上昇した．ウェイジランドの短期マクロ経済均衡はどのように変化するか，図を用いて説明しなさい．

13. 総需要曲線，短期総供給曲線，長期総供給曲線の図を用いて，以下のそれぞれの出来事によって長期マクロ経済均衡がどのように変化するか説明しなさい．物価水準と総産出量に対する短期的効果と長期的効果はどのようになるか．
    a. 株式市場の低迷によって家計の富が減少した．
    b. 政府が政府購入を削減することなく税率を低下させ，家計の可処分所得が増加した．

14. 総需要曲線，短期総供給曲線，長期総供給曲線の図を用いて，以下のそれぞれの政策によって長期マクロ経済均衡がどのように変化するか説明しなさい．物価水準と総産出量に対する短期的効果と長期的効果はどのようになるか．
    a. 家計の税負担が増えた．
    b. 貨幣供給量が増加した．
    c. 政府購入が増加した．

15. 点E_1で短期マクロ経済均衡の状態にある経済を考えよう．

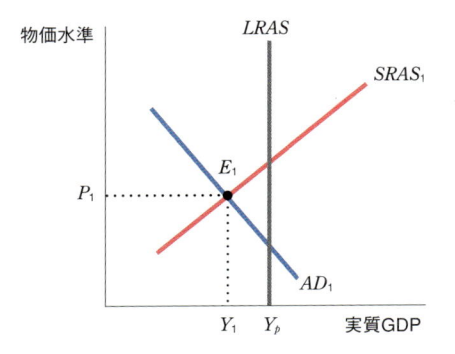

a. インフレギャップと不況ギャップのどちらが存在しているか．
b. 長期マクロ経済均衡を実現するためにはどんな政策を実行すればよいか，図を使って説明しなさい．
c. 政府がこのギャップを放置するとき長期マクロ経済均衡が実現するかどうか，図を使って説明しなさい．
d. ギャップをなくすために政府が実行する政策の長所と短所は何か．

16. 当初は点 E_1 で長期マクロ経済均衡の状態にあるが，石油危機によって短期総供給曲線が $SRAS_2$ にシフトしたとしよう．

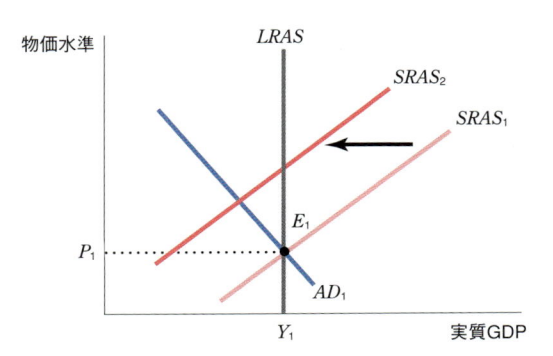

a. 石油危機によって，物価水準と総産出量は短期的にどう変化するか．その現象は何と呼ばれているか．
b. 負の供給ショックの効果に対処するために政府がとりうる財政政策や金融政策はどのようなものだろうか．実質GDPの変化に対処するための政策の効果を図を使って示しなさい．また，物価水準の変化に対処するための政策の効果を別の図を使って示しなさい．
c. 負の供給ショックが起こるとどうして政策立案者のジレンマが生じるのか説明しなさい．

17. 1990年代後半のアメリカ経済の特徴は，高い経済成長と穏やかなインフレだ．つまり実質GDPが増加する一方で物価水準の上昇はごくわずかだった．総需要曲線と総供給曲線の図を使ってこの現象を説明しなさい．

---

web▶ 引き続き勉強し，本章の概念を復習したい人は，クルーグマン＝ウェルスのウェブサイトを訪ね，小問題集，動画による教習，有益なリンク集などを参照してください．
www.worthpublishers.com/krugmanwells

第11章 Income and Expenditure 所得と支出

この章で学ぶこと

▶現在の可処分所得の変化が消費支出にどう影響するかを示す**総消費関数**の意味.

▶将来の所得の予想額や経済全体での富の変化が消費支出にどう影響するか.

▶投資支出を決定する要因は何か. また**意図した投資支出**と**意図しない在庫投資**の区別.

▶需要ショックの後, 経済は在庫の調整過程を通じてどのように新しい均衡に向かうか.

▶投資支出はどうして将来の経済状態を示す先行指標と考えられるか.

愛国者たれば支出せよ

2001年9月11日の同時多発テロ以降, アメリカの多くの指導者たちは, 衝撃を受けた国民に, 不屈の精神を持って消費財を購入しつづけるよう促す演説を行った. ブッシュ大統領は「国中でビジネスをしよう. アメリカのすばらしい観光地を飛行機で訪ねて楽しもう」と力説し, クリントン前大統領は「買い物に行こう」と主張した.

これらの主張は, ナチスの侵攻に直面したイギリスの首相ウィンストン・チャーチルが1940年に行った有名な宣言とはまるで異なるものだ. チャーチルはこのとき, 私には「血と労苦と涙と汗」の他に提供できるものは何もない, と力説した. だがテロ攻撃の後, 共和党と民主党の両党の政治家が犠牲ではなく支出を求めたことには, 十分な理由がある. 実質投資支出が14%低下したことを主な理由に, 経済はすでに不況に突入していたのだ. もし消費支出が急激に低下すれば, 不況はかなり深刻なものになっただろう. だが幸いにも, そうはならなかった. アメリカの消費者は飛行機での旅行のような一部の財・サービスの購入は減らしたが, その他の財・サービスの購入を増やしたのだ.

第10章で説明したように, 第2次世界大戦以降の不況のうち, すべてではないがほとんどの不況は負の需要ショックで総需要曲線が左にシフトしたことから生じた. この章と以降の3つの章では, 引き続き短期の経済の動きに焦点を当て, 総需要曲線をシフトさせる要因について詳しく検討する. この章は, 消費支出と投資支出の決定要因を検討することから始める. 第10章で議論した乗数プロセスについて, つまり総支出の減少や増加が時間の経過とともに拡張されていくプロセスについてより詳しく検討する. また, 経済が最終的に新しい均衡に落ち着くまでの多段階の乗数プロセスにおいて, 投資支出の変化がいかに重要かを見ることにする. この分析を通じて, どうして投資支出や在庫の水準が将来の経済状態を示す重要な指標と見なされるのかを理解できるだろう.

1 消費支出

贅沢してレストランで食事をすべきか, 節約して家で食事をすべきか. 新しい車を購入すべきか, もし購入するならどれくらいの値段のものにすべきか. 浴室を改装すべきか, もう1年がまんすべきか. 現実の家計は, 常にこうした選択に迫られている.

単に消費の組合せだけでなく，合計でどれだけ使うかも決めなくてはならない．そして家計の選択は経済に対して強大な効果を持っている．消費支出は通常，最終財・サービスに対する総支出のうちの3分の2を占めているのだ．だから消費支出が変化すると，総需要曲線が大きくシフトする．第10章で学んだように，総需要曲線の位置と短期総供給曲線の位置に応じて短期の総産出量と物価水準が決まる．

では，消費支出を決定する要因は何だろうか．第10章では，富と利子率によって消費支出が変化することを学んだ．ここではそれ以外の重要な要因である，現在の可処分所得と将来の予想(期待)可処分所得の2つに焦点を当てる．また富の効果についても，より詳しく検討する．

1.1　現在の可処分所得と消費支出

家計の消費支出を左右する最も重要な要因は，税を支払って政府移転支出を受け取った後の所得である現在の可処分所得だ．日常の生活から明らかなとおり，可処分所得が高い人々はそれが低い人々よりも平均して高価な車に乗り，高価な家に住み，食事や衣服にたくさんのお金を使っている．現在の可処分所得と消費支出の関係はデータの上からも明らかだ．

労働統計局(BLS)は家計の所得と支出に関する年次データを収集している．税引き前の所得によって家計が各グループに分類され，各グループの税引き後の所得も発表される．所得の中には政府移転支出も含まれているので，労働統計局が税引き後の所得と呼んでいるものは現在の可処分所得と同じだ．

図11-1は2003年のアメリカ家計の各所得グループの可処分所得と消費支出の関係を表した散布図だ．例えば点Aは，2003年の年間所得が4万ドルから4万9999ドルまでのグループでは，可処分所得の平均が4万2842ドルで，消費支出の平均が3万9757ドルだということを示している．現在の可処分所得が高い家計ほど消費支出が大きいことは明らかだ．

個別の家計の現在の可処分所得とその家計の消費支出の関係を式で表しておくととても便利だ．個別の家計の消費支出が現在の可処分所得に応じてどう変化するかを示す式を**消費関数**という．最も単純な消費関数は次のような線形の式で表される．

$$c = a + MPC \times yd \qquad (11\text{-}1)$$

小文字の変数は，それが個別の家計についての変数であることを意味している．

式11-1でcは個別の家計の消費支出，ydは個別の家計の現在の可処分所得を表している．第10章で学んだように，限界消費性向MPCは現在の可処分所得が1ドル増加したときに消費支出がどれだけ増加するかを表すものだ．最後に，aは個別の家計の独立消費支出，つまり可処分所得がゼロのときの支出額を表す変数だ．可処分所得がゼロの家計でも，借入をしたり貯蓄を使って消費を行えるので，aの値はゼロよりも大きいと仮定する．

現在の可処分所得の変化分と消費支出の変化分の比率としてMPCを表現した，式

消費関数とは，個別の家計の消費支出が現在の可処分所得に応じてどう変化するかを示す式のことだ．

図11-1 アメリカの家計の2003年の可処分所得と消費支出

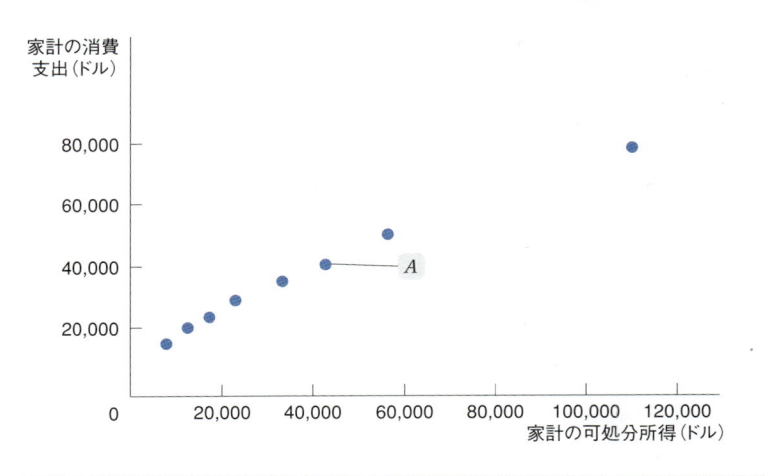

各所得グループの2003年の平均可処分所得と平均消費支出の組合せがプロットされている．例えば点Aが示しているのは，2003年の年間所得が4万ドルから4万9999ドルまでのグループでは可処分所得の平均が4万2842ドルで，消費支出の平均が3万9757ドルということだ．データから，現在の可処分所得と消費支出の正の関係が，つまり現在の可処分所得が高い家計ほど消費支出が大きいということが明らかになっている．
出所：Bureau of Labor Statictics（労働統計局）．

10-3を思い出してほしい．個別の家計についてそれを再現すると次のようになる．

$$MPC = \Delta c / \Delta yd \tag{11-2}$$

式11-2の両辺にΔydをかけると，

$$MPC \times \Delta yd = \Delta c \tag{11-3}$$

が得られる．式11-3が意味しているのは，ydが1ドル増加すればcは$MPC \times 1$ドル分増加するということだ．ところで，所得のことを記号yを使って表していることに注意してほしい．これはマクロ経済学での慣習になっている．所得（income）のスペルはyncomeではないのだが，記号Iは投資支出のために使われるからだ．

図11-2は横軸にyd，縦軸にcをとって式11-1を図で示したものだ．個別の家計の独立消費支出aはydがゼロのときのcの値であり，消費関数cfの縦軸上の切片だ．MPCは直線の傾きで，「距離当たりの上昇」で測られる．現在の可処分所得がΔydだけ増加すれば，個別の家計の消費支出はΔcだけ増加する．MPCは$\Delta c / \Delta yd$と定義されるので，消費関数の傾きは以下のようになる．

消費関数の傾き
＝距離当たりの上昇
＝$\Delta c / \Delta yd$
＝MPC (11-4)

実際のデータが式11-1に完全に適合することはない．とはいえ適合の度合いはかなり高い．図11-3には，図11-1のデータと，そのデータにできるだけうまく適合するような直線が描かれている．2003年の家計の消費支出と可処分所得のデータによると，aの最良の推計値は1万4184ドルで，MPCは0.597だ．だからデータに適合する消費関数は，

図11-2　消費関数

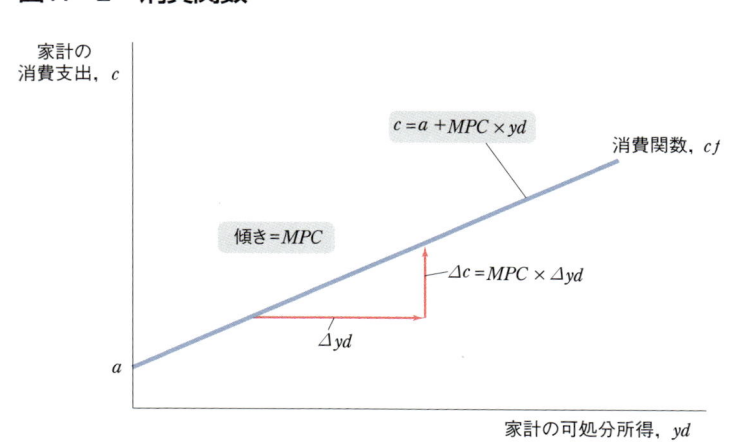

家計の消費支出, c

$c = a + MPC \times yd$

消費関数, cf

傾き $= MPC$

$\Delta c = MPC \times \Delta yd$

Δyd

a

家計の可処分所得, yd

消費関数は家計の現在の可処分所得と消費支出の関係を表す．縦軸上の切片 a は個別の家計の独立消費支出，つまり現在の可処分所得がゼロのときの消費支出の量だ．直線の消費関数 cf の傾きは限界消費性向 MPC で，現在の可処分所得が1ドル増加すれば消費支出は $MPC \times 1$ ドル増加する．

図11-3　データに適合する消費関数

家計の消費支出, c (ドル)

80,000
60,000
40,000
20,000
$a = 14,184$

データに適合する消費関数
$c = 14{,}184 ドル + 0.597 \times yd$

0　20,000　40,000　60,000　80,000　100,000　120,000
家計の可処分所得, yd (ドル)

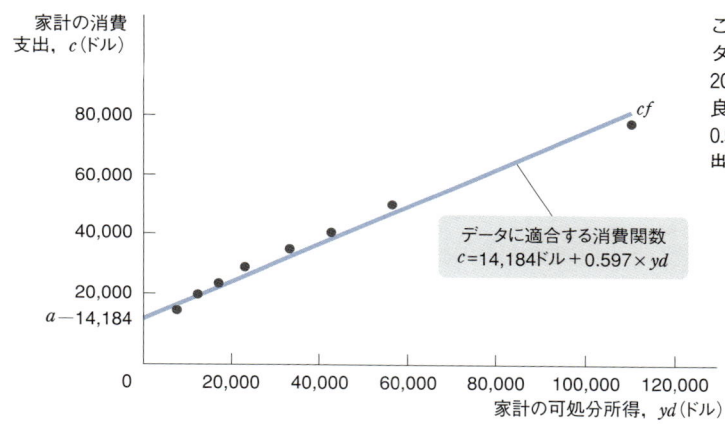

この図では図11-1のデータを再現し，さらにそのデータにできるだけうまく適合する直線を描いている．2003年のアメリカの家計では，平均独立消費支出 a の最良の推計値は1万4184ドルで，MPC の最良の推計値は0.597，ほぼ0.6だった．
出所：Bureau of Labor Statictics.

$$c = 1万4184ドル + 0.597 \times yd$$

となる．つまり，限界消費性向はほぼ0.6だということをデータは示している．これは，可処分所得が1ドル増加したときに貯蓄に回る分を示す限界貯蓄性向 MPS がほぼ0.4だということも意味している．

ここで重要なのは，図11-3は，個別の家計の現在の可処分所得と財・サービスへの支出の間の**ミクロ経済**の関係を示しているということだ．だがマクロ経済学者は，これと同じような関係が経済全体で成立すると仮定する．つまり，現在の総可処分所得と総消費支出の間に**総消費関数**と呼ばれる関係があると仮定するのだ．総消費関数は家計の消費関数と同じ形をしていて，$C = A + MPC \times YD$ と表される．ここで C は総消費支出（単に「消費支出」と呼ばれる），YD は現在の総可処分所得（単に「可処分所得」と呼ばれる），A は総独立消費支出，つまり YD がゼロのときの消費支出だ．この関係は図11-4では，図11-3の cf に相当する CF で表現されている．

総消費関数とは経済全体での，現在の総可処分所得と総消費支出の関係を表すものだ．

1.2 総消費関数のシフト

総消費関数は，他の条件を一定として，経済全体での（現在の）可処分所得と消費支出の関係を示すものだ．可処分所得以外のものが変化すれば，総消費関数はシフトする．総消費関数をシフトさせる要因として，主に2つのものがある．将来の予想（期待）可処分所得の変化と，富の変化だ．

将来の予想可処分所得の変化 あなたが大学卒業後，高い給料を得られる良い職に就くことが決まったとしよう．だが9月にならないと仕事は始まらず，給料も手に入らない．だからあなたの可処分所得はまだ増えてはいない．だとしても所得を得られるのはわかっているのだから，例えば当初考えたものよりも高いスーツを買ったりして，最終財・サービスへの支出を今すぐ始めるというのはありそうなことだ．

逆に，良い職は得たのだがその後会社があなたの所属部門の縮小を考えていることがわかって，職を失い他の低賃金の職に就く可能性が高まったとしよう．あなたの可処分所得はまだ減ってはいないのだが，この先の厳しい日々に備えて貯蓄を増やすため，雇用されてはいても支出を減らすということは十分に考えられる．

どちらの例も，将来の可処分所得に対する予想（期待）によって消費支出が変化することを示している．図11-4の2つのパネルは，可処分所得と消費支出を軸にとり，将来の予想可処分所得の変化によって総消費関数がどう変化するかを示したものだ．どちらのパネルでも当初の総消費関数はCF_1だ．パネル(a)は良いニュースの効果を示している．良いニュースとは，消費者が将来の可処分所得の上昇を予想するような

図11-4 総消費関数のシフト

(a) 総消費関数の上へのシフト　　　　　　　(b) 総消費関数の下へのシフト

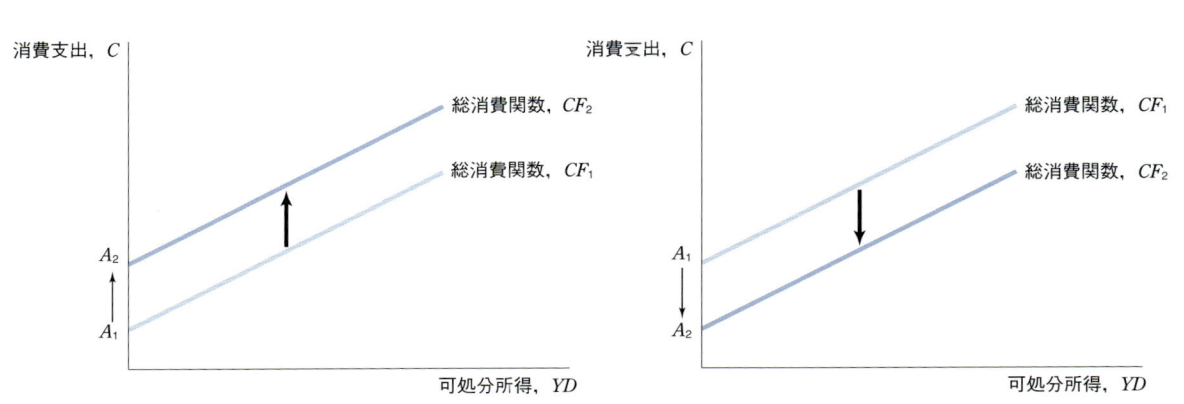

パネル(a)は，将来の予想可処分所得が増加したときの効果を示している．消費者は現在の可処分所得YDがどの水準にあっても支出を増やす．その結果，総独立消費支出はA_1からA_2に増加し，当初の総消費関数CF_1はCF_2へと上にシフトする．富が増加したときも，総消費関数は上にシフトする．反対にパネル(b)は，将来の予想可処分所得が減少したときの効果を示している．消費者は現在の可処分所得YDがどの水準にあっても支出を減らす．総独立消費支出はA_1からA_2に減少し，当初の総消費関数CF_1はCF_2へと下にシフトする．富が減少する場合にも同じ効果がある．

情報のことだ．消費者は現在の可処分所得YDがどの水準であっても支出を増やすので，総独立消費支出AはA_1からA_2に増加する．よって総消費関数はCF_1からCF_2へと上にシフトする．パネル(b)は悪いニュース，つまり消費者が将来の可処分所得の減少を予想するような情報の効果を示している．消費者は現在の可処分所得YDがどの水準であっても支出を減らすので，総独立消費支出AはA_1からA_2に減少する．よって総消費関数はCF_1からCF_2へと下にシフトする．

富の変化　第10章で議論したように，可処分所得のうちどれだけを支出に回すかは家計の富に応じて変化する．この見解は，消費者の支出と貯蓄の選択を考察する経済モデルの1つによるもので，ライフサイクル仮説と呼ばれている．この仮説によると，消費者はただ現在の可処分所得に応じて支出を決めるのではなく，生涯を通じた支出の計画を考えている．その結果，人々は生涯を通じて消費をなめらかに（平準化）しようとする．つまり給料が最も高い時期（一般的には40代から50代）に現在の可処分所得の一部を貯蓄し，そうして働いている時期に蓄えた富で退職後の生活を支えようとするのだ．この仮説について詳しくは立ち入らないが，この仮説が，消費支出の決定の際に富が重要な役割を果たすことを示唆しているという点は指摘しておきたい．例えば住宅ローンを払い終えていて，すでにたくさんの株や債券などの富を持っている裕福な中年の夫婦は，他の条件を一定とすれば，彼らと現在の可処分所得は同じでも退職後のためにさらなる貯蓄を必要とする夫婦に比べれば，財・サービスを購入するのにより多くの支出をするだろう．

　家計の消費支出が富に応じて変化するということから，経済全体での富の変化に応じて総消費関数がシフトするといえる．例えば住宅価値の上昇などの，住宅所有者がより豊かになるような富の増加が起こると，縦軸との切片である総独立消費支出Aが増加する．すると，将来の予想可処分所得が増加した場合と同じように，総消費関数が上にシフトする．株価が暴落したりして富が減少した場合には，Aが減少し，総消費関数は下にシフトする．

経済学を使ってみよう

最初の有名な予測の失敗

　現代マクロ経済学は大恐慌によって誕生した．大恐慌はさらに，統計学を使って経済モデルを実証データに適合させる計量経済学という分野も誕生させた．計量経済学者が最初に研究した対象の1つが総消費関数だ．そして彼らは案の定，経済予測に関する最初の大失敗を経験することになった．その失敗とは，第2次世界大戦後の消費支出が，戦前のデータに基づいた総消費関数による予測値に比べてかなり大きかったことだ．

　図11-5がこれを物語っている．パネル(a)は，1929年から1941年までの可処分所得と消費支出の集計データを示したものだ．単純な線形の消費関数CF_1はデータにかなり適合しているように見える．多くの経済学者はこの関係が将来にわたって続くと

図11-5 総消費関数の時間の経過による変化

(a) 単純な総消費関数が大恐慌以降のデータにかなり適合していた……

(b) ……が，大戦後の消費支出をかなり過小評価してしまった

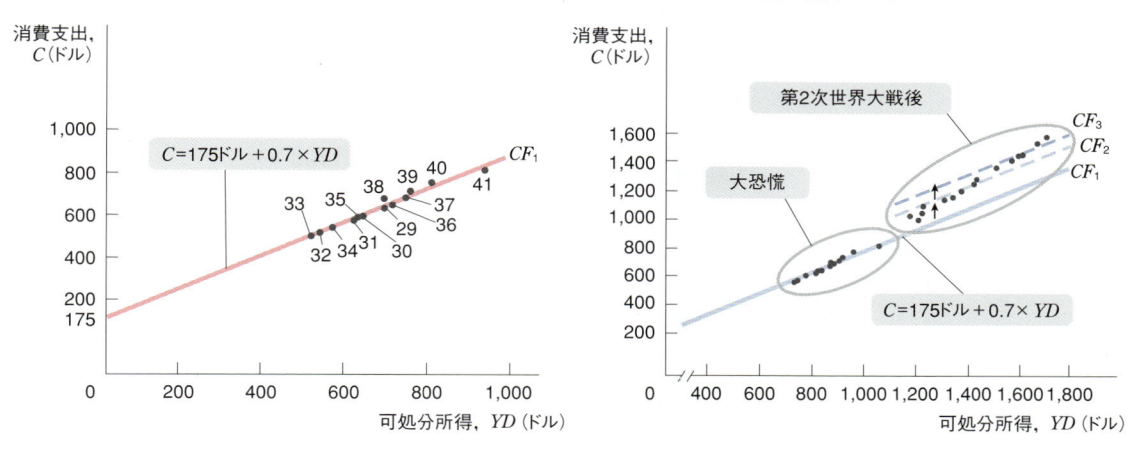

パネル(a)は1929〜41年のアメリカの家計の可処分所得と消費支出の年次データを示した散布図だ．可処分所得，消費支出のどちらも2000年ドルで表示している．$C=175$ドル$+0.7\times YD$ で表される単純な消費関数CF_1はデータにかなり適合していて，大恐慌のときの限界消費性向は0.7であることを示している．パネル(b)ではパネル(a)と同じデータと消費関数に加えて，第2次世界大戦以降のデータが追加されている．CF_1は戦後のデータよりも下にあり，うまく適合していない．実際，点線のCF_2とCF_3で示されているように，時間の経過とともに消費関数は上にシフトした．web▶

出所：Commerce Department（商務省）．

考えた．だがその後実際に起こったことが，パネル(b)に示されている．左側の円の中にある点は，パネル(a)にある大恐慌のときのデータだ．右側の円の中にある点は1946年から1960年までのデータだ（第2次世界大戦中は割当てのせいで消費支出が正常ではなかったので，1942年から1945年までのデータは含まれていない）．図の実線CF_1が1929年から1941年までのデータに適合する消費関数だ．図からわかるように，第2次世界大戦以降の消費支出は大恐慌のときに予測できたものよりもかなり大きい．例えば1960年の消費支出は，CF_1による予測値よりも13.5％も大きいのだ．

以前の関係に基づく推定値はなぜ大きく外れてしまったのだろう？ その答えは，1946年以降，将来の予想可処分所得と富の両方が一貫して上昇しているということだ．消費者はますます自信に満ちあふれ，誰もが大恐慌の再来などはなく第2次世界大戦後の好況が続くと思うようになった．同時に，富も一貫して上昇を続けた．パネル(b)の点線CF_2とCF_3で示されているように，将来の予想可処分所得と富の増加によって総消費関数が何回か上にシフトしている．

マクロ経済学では，経済政策上のものであれ経済予測上のものであれ，失敗によって知的な進歩が生じることが多い．第2次世界大戦後の消費支出に関する，総消費関数に基づく初期の推計が恥ずかしい失敗に終わったことで，消費者行動を理解するうえで重要な進歩が得られたのだ．

ちょっと復習

▶消費関数は個別の家計の現在の可処分所得と消費支出の関係を示している．

▶総消費関数は経済全体での現在の可処分所得と消費支出の関係を示している．将来の予想可処分所得や富が変化すれば総消費関数はシフトする．

理解度チェック 11−1

1. アンジェリーナ，フェリシア，マリナの3人からなる経済を考える．表は，彼女たちの可処分所得が1万ドル増えたときに消費支出がどう変化するかを示したものだ．

可処分所得(ドル)	消費支出(ドル)		
	アンジェリーナ	フェリシア	マリナ
0	8,000	6,500	7,250
10,000	12,000	14,500	14,250

　a. 各人の消費関数を求めなさい．ただし，MPC は1万ドルの可処分所得の変化によって求められるものとする．

　b. 総消費関数を求めなさい．

2. 資本市場に問題があって，消費者が借入や貯蓄を行うことができないとしよう．それによって，将来の予想可処分所得が消費支出に与える効果はどうなると考えられるか．

解答は本書の巻末にある．

2 投資支出

　経済学者たちが9・11同時多発テロ以降の消費支出の減少をかなり気にかけたのは，消費支出の減少を相殺して経済の急激な落ち込みを防ぐような総需要の要素が他になかったからだ．テロ攻撃の時点で投資支出は18カ月にわたる停滞のまっただ中にあり，持ち直しの兆候はほとんどなかった．政府支出を増加させるための法律を定めて実行するには時間がかかりすぎた．アメリカの財・サービスに対する海外からの需要を刺激するような方法もなかった．

　たいていの経済学者の見方によると，テロ攻撃の6カ月前の2001年3月に始まった不況の原因は，投資支出が持続的に停滞したことにある．第10章のAS–ADモデルで学んだように，投資支出の低下は総需要曲線を左にシフトさせ，不況をもたらす．実際に起こった不況の原因のほとんどが投資支出の低下だ．この点は図11-6に示されている．図は過去5回のアメリカの不況について，2000年ドルで表示した投資支出と消費支出の両方の年変化率を表示したものだ．投資支出の変動は，消費支出の変動よりも明らかにかなり大きい．さらに第10章で学んだ乗数プロセスから，経済学者は，消費支出の減少は投資支出の減少で始まるプロセスの結果である場合が多いと考えている．投資支出の停滞が乗数プロセスを通じていかに消費支出の低下につながるかは，すぐ後で見ることにする．だがその前に，投資支出を決定する要因を分析して，それが消費支出の決定要因とはかなり異なることを見ておこう．投資支出を決定する最も重要な要因は，利子率と将来の予想実質GDPだ．さらに第9章の251ページの「ちょっと寄り道」で触れた事実について再考しよう．つまり，企業が実際に行う投

図11-6 投資支出と消費支出の変動

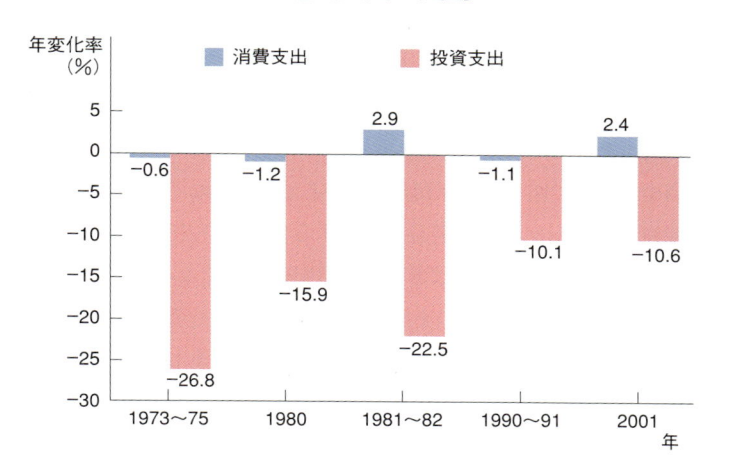

棒グラフが示しているのは，過去5回の不況における，投資支出と消費支出の年変化率だ．棒グラフの長さから明らかなように，変化率で見た投資支出の変動は消費支出の変動よりもかなり大きい．この傾向から，経済学者は，たいていの不況の原因は投資支出の停滞にあると考えるようになった．

年	消費支出	投資支出
1973〜75	−0.6	−26.8
1980	−1.2	−15.9
1981〜82	2.9	−22.5
1990〜91	−1.1	−10.1
2001	2.4	−10.6

資支出の水準は，企業が意図した水準とは違う場合があるということだ．

2.1 利子率と投資支出

意図した投資支出とは，ある一定の期間に企業が行おうとした投資支出のことで，意図していないが実現した投資支出とは違う．意図した投資支出を決定する3つの主な要因は，利子率，将来の予想実質GDP，現在の生産設備の水準だ．利子率の影響から分析しよう．

第9章の貸付資金モデルを思い出してほしい．貸付資金モデルでは，貸し出す資金を持つ人と資金を借りようとする人がどうやって出会うかが示されていた．潜在的な貸し手は，可処分所得の一部を貯蓄して利子を稼ぐために貸し出そうとしている家計だ．利子率が上がると家計はより多くの消費を抑えてその資金を貸し出そうとするので，貸付資金の供給曲線は右上がりだ．他方，潜在的な借り手は投資支出を要するプロジェクトを持つ企業だ．企業がプロジェクトのための資金を借りようとするのは，プロジェクトの収益率が借入利子率以上になる場合だ．さもないと損失が生じてしまうからだ．利子率が上がるにつれて，利子率以上の収益率を見込めるプロジェクトの数は少なくなるので，貸付資金の需要曲線は右下がりになる．貸付資金市場の均衡は貸付資金の需要曲線と供給曲線の交点で決まり，均衡利子率で貸付資金の需要量と供給量は一致する．均衡利子率以上の収益率の投資プロジェクトには資金が供給され，そうでないプロジェクトには資金は供給されない．

プロジェクト用の資金を借入ではなくその企業の過去の利潤から捻出した場合には，企業はそういうトレードオフには直面しないのではないか，とあなたは思うかもしれないね．投資支出に使われる過去の利潤は留保利益と呼ばれている．でも留保利益によって投資支出を行う場合でも，企業は同様のトレードオフに直面するのだ．というのも，その留保利益の機会費用を考慮する必要があるからだ．例えばその資金を，新

> **意図した投資支出**とは，ある一定の期間に企業が行おうとした投資支出のことだ．

しい設備の購入に使うのではなく，貸付をして利子を稼ぐこともできる．投資プロジェクトのために留保利益を用いることの機会費用は，それを貸し付けたときに得られたはずの利子を失うことだ．だから，プロジェクトの収益率と市場利子率を比較するときに企業が直面するトレードオフと，借入ではなく留保利益で投資支出を行う場合のトレードオフは，同じものなのだ．

　企業が投資支出の資金を借入で賄うか留保利益を用いるかに関係なく，市場利子率が上昇すればどんな投資プロジェクトでも利益が低下する（そもそも利益が得られないプロジェクトの場合，利子率が上昇すればさらに採算が合わなくなる）．例えば家計が銀行危機を恐れて貯蓄を銀行に預けるのを拒み，そのため企業への資金提供が行われにくくなったとしよう．すると貸付資金の供給曲線が左にシフトして利子率が上昇する．利子率が上昇すると，以前の低い利子率なら資金を調達できたプロジェクトのうちの一部では，収益率が利子率よりも低くなり，資金を得られなくなってしまう．逆に利子率が低下すると，以前なら利益をあげられなかった投資プロジェクトの一部が利益を得られるようになる．すると，以前なら資金を調達できなかったプロジェクトの一部に，資金が提供されるようになるのだ．

　だから，意図した投資支出——企業が自ら採否を判断する投資プロジェクトへの支出——と利子率の間には，負の関係がある．他の条件を一定とすれば，利子率が上昇すると意図した投資支出は減少する．

2.2　将来の予想実質GDP，生産設備，投資支出

　ある企業が，現在の販売量を引き続き生産するのに十分な設備を保有していて，将来の販売量は増加しないと予想しているとしよう．このときの投資支出は，使い古したか新しい技術によって陳腐化した設備や建物を取り替えるためだけに行われる．反対に将来の販売量がかなり増加すると企業が予想していれば，将来の生産活動にとって既存の生産設備では不十分ということになる．そうしたニーズに対応するために，企業は投資支出を行う．このことから，他の条件を一定とすれば，販売量が増加すると企業が予想しているときにはより多くの投資支出が行われることがわかる．

　ここで企業が，現在の生産活動に必要な水準に比べてかなり大きい設備を保有しているとしよう．この場合企業は，販売量の増加を見込んでいたとしても，その販売量の増加が過剰設備に見合うほどの水準になるまでは，投資支出を行おうとはしないだろう．だから他の条件を一定とすれば，投資支出と現在の生産設備の水準には負の関係がある．つまり現在の生産設備が大きければ，投資支出は減少するのだ．

　将来の予想販売量の増加や現在の生産設備の大きさが投資支出に与える効果を組み合わせて考えると，企業が大きな投資支出を行うだろうと確信できる状況が見えてくる．それは，販売量が急激に増加しているときだ．このときは，過剰な生産設備もすぐに使い尽くされるので，企業は投資支出を再開するだろう．

　では販売量の増加の程度を表す指標は何だろう？　それは実質GDPの成長率だ．実質GDPの成長率が高ければ意図した投資支出は大きくなり，実質GDPの成長率が

低ければ意図した投資支出は小さくなる．この関係は，**加速度原理**と呼ばれる命題に要約されている．次の「経済学を使ってみよう」で説明するように，投資支出が低下する時期である投資停滞期には，加速度原理の効果は重要な役割を果たす．

2.3　在庫と，意図しない投資支出

たいていの企業は**在庫**を持っている．在庫とは，将来の販売のために保管される財のことだ．企業は迅速に買い手を満足させるために在庫を持つ．そのおかげで消費者は，製品が製造されるのを待つことなく財を購入できるのだ．企業はさらに，必要な材料や予備の部品を安定的に得るために，投入物の在庫を持つのが一般的だ．2004年のアメリカの在庫総額の推計値は1兆7000億ドルで，GDPの約13％を占めている．

第7章で説明したように，在庫を増加させている企業は投資支出を行っていることになる．例えばアメリカの自動車産業では月に80万台が生産され，70万台が販売されるとしよう．残った10万台の車は自動車会社の倉庫かディーラーのところで在庫となり，将来の販売に備えることになる．**在庫投資**とは，ある一定の期間における総在庫の変動額のことだ．他の投資支出とは違って，在庫投資は負にもなりうる．例えばひと月の間に自動車産業の在庫が減少したとすれば，負の在庫投資が行われたことになる．

在庫投資の意味を理解するために，スーパーで缶詰食品を管理している経営者を想像してみよう．経営者は買い物客がほぼいつでも欲しいものを見つけられるように，店舗に十分な在庫を持とうとする．だが棚のスペースは限られているし，商品はいずれだめになってしまうので，必要以上に多くの在庫を持とうとはしない．多くの企業がこれと同じような問題に直面し，在庫を注意深く管理しようとする．ところが販売量は変動する．企業は販売量を正確に予測することはできないので，保持する在庫の水準は意図した水準とは異なるのが一般的だ．予測不可能な販売量の変化によって生じる在庫の変動は，**意図しない在庫投資**と呼ばれている．意図しない在庫投資は，意図してはいないが実現した投資支出を表していて，正にも負にもなりうる．

どの時点でも，**実現した投資支出**は意図した投資支出と意図しない在庫投資の合計に等しくなる．実現した投資支出をI，意図しない在庫投資を$I_{Unplanned}$，意図した投資支出を$I_{Planned}$とすると，これら3つの関係は次のようになる．

$$I = I_{Unplanned} + I_{Planned} \tag{11-5}$$

意図しない在庫投資が生じる理由を見るために，引き続き自動車産業について考えて，以下の仮定を行うことにする．第1に，実現する販売量がわかる前に毎月の生産量を決定しなければならないとしよう．第2に，翌月の販売量は80万台と予想していて，さらに現在の在庫の積増しや取崩しは考えていないとしよう．つまり，予想される販売量である80万台分だけの生産が行われるということだ．

さて翌月の実際の販売量は予想よりも少なく，70万台だとしよう．その結果，自動車10万台に相当する価値額が意図しない在庫投資として投資支出に計上される．

加速度原理によれば，実質GDPの成長率が高ければ意図した投資支出は大きくなり，実質GDPの成長率が低ければ意図した投資支出は小さくなる．

在庫とは，将来の販売のために保管される財のことだ．

在庫投資とは，ある一定の期間における総在庫の変動額だ．

意図しない在庫投資が生じるのは，実現した販売量が企業の予想と異なり，在庫に意図しない変化が生じるときだ．**実現した投資支出**とは，意図した投資支出と意図しない在庫投資の合計のことだ．

この販売量の減少とその結果生じる意図しない在庫投資に対して，最終的にはもちろん自動車産業で調整が行われる．つまり在庫を減らすため翌月の生産量が削減される可能性が高い．実際，経済の今後の道筋を見極めるためにマクロ経済の変数を調べている経済学者は，在庫の変動を注視している．在庫の増加は販売量が予測を下回ったことを意味するので，意図しない在庫投資が正の値となって経済が失速する兆候を示している場合が多い．逆に在庫の減少は販売量が予測を上回ったことを意味するので，意図しない在庫投資が負の値となって経済が成長する兆候を示している場合が多い．次の節では，販売量の変化や在庫の変動に応じた生産調整によって，実際に生産される最終財・サービスの価値と最終財・サービスの望ましい購入額が等しくなることを見ることにしよう．

経済学を使ってみよう

2つの投資停滞期の話

　1980年代の初めに長期にわたって投資支出が停滞し，1980年と1981～82年の2つの不況（まとめて1つの不況として扱われる場合が多い）の大きな原因となった．また21世紀の初めにも長期にわたる投資停滞期があって2001年の不況が生じ，その後の2年間は期待はずれの「雇用なき景気回復（ジョブレス・リカバリー）」が続いた．

　だがこれら2つの投資停滞期はかなり違っている．1980年代の停滞期は主に住宅投資支出の落込みによるもので，非住宅投資支出は依然としてかなり大きかった．ところが2001年に始まった停滞期の原因は完全に非住宅投資支出で，2003年までは住宅建設ブームが続いていた．

　このことは図11-7を見ればわかる．パネル(a)は1980年代初めの停滞期の非住宅投資支出と住宅投資支出の動向を2000年ドルで測ったもので，またどちらの投資支出も，1979年第4四半期の実質値を100として指数化している．パネル(a)から，1980

図11-7　2つの投資停滞期と住宅ローン金利

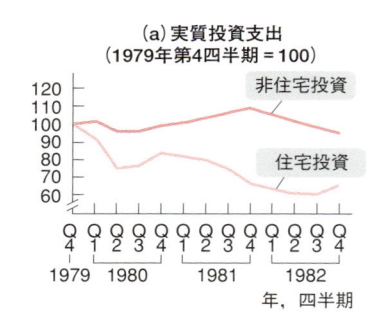

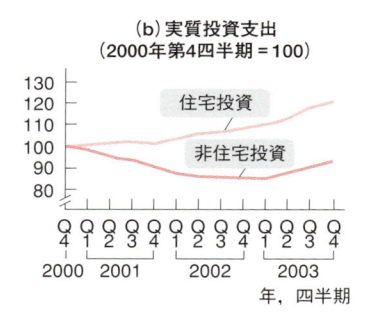

パネル(a)と(b)は，2つの投資停滞期の非住宅投資と住宅投資の水準を示している．どちらのパネルも，停滞期の直前の数値を100として指数化されている．1980年代初めの停滞期の原因は住宅投資支出だったが，2000年以降には住宅投資支出は増加してブームを迎えている．パネル(c)は2つの停滞が異なっている理由を示している．多くの人が家を購入するときに利用する30年物の住宅ローン金利は，1980年代初めに急上昇し，2000年以降は下落している．

出所：Commerce Department.

年代初めの停滞は住宅投資支出に限られていることがわかる．パネル(b)は2000年第4四半期の実質値を100として，それ以降の2種類の投資支出の動向を示したものだ．こちらの場合には停滞は非住宅投資支出に限られていて，住宅投資支出は不況の際にも高い水準を維持してその後さらに増加している．

住宅投資支出がなぜこうした違いを見せたかというと，その原因は利子率にある．1980年代初めには利子率は急上昇し，2000年以降には低下した．パネル(c)は30年物の住宅ローン金利を示している．住宅ローン金利は1980年代初めに急に上昇して頂点に達し，2000年以降はそれまでの数十年間で最も低くなっている．

一方で，2001年から2002年までの間に非住宅投資支出が15％も減少した理由は何だったのか．1990年代の終わりころの非住宅投資支出は高かったが，その大部分が加速度原理によるものだった．つまり企業が急速な経済成長を信じて，投資支出を増加させたのだ．一方2000年から2001年には企業がいくらか悲観的になって，意図した投資支出は低下した．さらに1990年代終わりころの投資支出が大きかったため，一部の企業は必要以上の生産設備を抱えることになった．とくに電気通信産業では設備が過剰になり，会社は「ダーク・ファイバー」の山となってしまった．ダーク・ファイバーとは，少なくとも当面の間は必要とされないことが判明した，(電話やデータ送信に用いる)光ファイバーケーブルのことだ．過剰設備があるために企業は投資支出を大幅に削減し，需要が生産設備に追いつくのを待つことになった．■

理解度チェック 11－2

1. 以下のそれぞれの出来事について，意図した投資支出と意図しない在庫投資のどちらがどの方向に変化するか説明しなさい．
    a. 予期せぬ消費支出の増加．
    b. 企業の借入費用の急増．
    c. 実質GDP成長率の急上昇．
    d. 予期せぬ販売量の減少．
2. 歴史的な事実として，投資支出は消費支出よりも上下の変動が極端だ．その理由は何だろうか(ヒント：限界消費性向と加速度原理を考えなさい)．
3. 2002年に消費需要が低迷し，経済学者たちは過剰在庫(意図しない在庫投資が経済全体で大きくなること)によって経済がすぐには回復しない可能性を危惧した．過剰生産設備と同様に，過剰在庫によってどうして経済活動が不活発になってしまうのか説明しなさい．

解答は本書の巻末にある．

ちょっと復習

▶意図した投資支出は，利子率とは負の関係があり，将来の予想実質GDPとは正の関係がある．加速度原理によれば，意図した投資支出と将来の予想実質GDPの成長率には正の関係がある．

▶企業は将来の販売に備えて在庫を持つ．投資支出の一部でもある在庫投資は，正にも負にもなりうる．

▶実際の販売量が予想した販売量と異なるとき，意図しない在庫投資が生じる．実現した投資支出は意図した投資支出と意図しない在庫投資の合計に等しい．

3 総需要曲線のシフトの背後にあるもの：所得・支出モデル

この章の「はじまりの物語」は，アメリカの政治家たちが9・11同時多発テロ以降

の消費支出の停滞を懸念したという話だったね．その懸念は，第10章で行った短期の経済変動の分析の観点から理解することができる．第10章で学んだのは，すべてではないがほとんどの不況は負の需要ショック，つまり総需要曲線が左にシフトすることから生じるということだった．9・11同時多発テロ以降に人々が懸念したのは，その負の需要ショックだったのだ．

同じく第10章で学んだことだが，需要ショックで総需要曲線がどれだけシフトするかは，乗数を使って説明できる．総需要の変化が実質GDP，可処分所得，消費支出の変化をもたらすという多段階のプロセスを経て，総需要曲線のシフトの大きさは，最初の需要ショックの数倍の大きさになる．この節では，その多段階のプロセスをより詳しく見てみることにしよう．すぐに明らかになるように，複数のラウンドにわたって実質GDPが変化するのは，企業が在庫の変動に応じて産出量を変化させるからだ．また在庫が短期の経済のマクロモデルで中心的な役割を持っている理由と，さらに将来の経済の状態を予測するときに経済学者が在庫の動向に特に注意している理由も以下で明らかになる．

では分析に入る前に，乗数プロセスについての仮定を簡単に要約しておこう．
1　物価水準は一定とする．言い換えると，短期総供給曲線$SRAS$がある物価水準のところで水平になっていると想定して総産出量の決定を分析する．このことはAS–ADモデルで短期総供給曲線が右上がりになっているのと対照的だ．物価水準が一定ということは，名目GDPと実質GDPが同じになることも意味する．だからこの章では，この2つの概念を区別しないで使うことにする．
2　利子率は一定とする．利子率はあらかじめ決まっていて，モデルで分析する要因によって変化しないとする．つまり，物価水準と同様に，利子率の決定要因はモデルの外部にあるとする．これから見ていくように，利子率が変化したときの効果を考察する場合にもこのモデルは有用だ．
3　税・政府移転支出・財・サービスの政府購入はすべてゼロとする．
4　国際貿易は存在しない．

第12章の付録で，税によって乗数プロセスがどう変化するかを考察する．次の章以降では，物価水準が一定という仮定は外すことになる．利子率の決定は第14章で説明し，国際貿易は第18章で取り上げる．

3.1　意図した総支出と実質GDP

政府や国際貿易が存在しない経済では，総支出の項目は消費支出Cと投資支出Iだけになる．また税や政府移転支出がないと仮定しているので，総可処分所得はGDP（物価水準を一定としているので実質GDPと同じ）に等しい．つまり，財・サービスの最終的な販売額は結局のところ家計の所得になる．このようにかなり単純化された経済では，国民経済計算の基本的な等式は以下の2つになる．

$$\text{GDP} = C + I \tag{11-6}$$
$$YD = \text{GDP} \tag{11-7}$$

この章の前のほうで学んだように，総消費関数は可処分所得と消費支出の関係を表している．引き続き総消費関数は

$$C = A + MPC \times YD \tag{11-8}$$

というかたちだとしよう．またここでの単純化された経済では，意図した投資支出 $I_{Planned}$ も一定だと仮定しよう．

もう1つモデルに必要な概念がある．経済での意図した支出の総量を表す**意図した総支出**だ．企業とは違い，家計が意図しない行動をとることはない．よって，意図した総支出は，消費支出と意図した投資支出との合計になる．意図した総支出を $AE_{Planned}$ と表すことにすると，以下の式が成り立つ．

$$AE_{Planned} = C + I_{Planned} \tag{11-9}$$

意図した総支出とは，経済での意図した支出の総量のことだ．

ある年の意図した総支出の水準はその年の実質GDPの水準に依存する．その理由を見るために，表11-1にある数値例を見てみよう．総消費関数は次のようになっているとする．

$$C = 300 + 0.6 \times YD \tag{11-10}$$

実質GDP，YD，C，$I_{Planned}$，$AE_{Planned}$ はすべて10億ドル単位で表示されていて，意図した投資支出 $I_{Planned}$ の水準は年5000億ドルで一定だとする．第1列は実質GDPの水準を示す．第2列は可処分所得 YD で，ここでの単純化されたモデルでは実質GDPに等しい．第3列は消費支出 C で，これは可処分所得 YD を0.6倍して3000億ドルを足したものだ．第4列は意図した投資支出 $I_{Planned}$ で，実質GDPの水準とは無関係に5000億ドルとしている．最後の列は意図した総支出 $AE_{Planned}$ で，総消費支出 C と意図した投資支出 $I_{Planned}$ の合計だ（ここからは，表記の簡略化のために，表11-1にあるすべての数字が10億ドル単位で表示されていることはみなが了解ずみだとしよう）．表からわかるように，実質GDPが増加すれば可処分所得も増加する．つまり実質GDPが500増加すれば YD も500増加し，C は $500 \times 0.6 = 300$ だけ増加して $AE_{Planned}$ も300増加する．

図11-8は表11-1の情報をグラフにしたものだ．横軸には実質GDPがとってある．CF は総消費関数で，消費支出が実質GDPにどのように依存しているかを示している．意図した総支出 $AE_{Planned}$ は，総消費関数を500（$I_{Planned}$ の量）だけ上にシフトさせたものになり，この直線から意図した総支出が実質GDPにどう依存しているかがわかる．どちらの直線も傾きは0.6で，限界消費性向 MPC に等しい．

表11-1

実質GDP	YD	C (10億ドル)	$I_{Planned}$	$AE_{Planned}$
0	0	300	500	800
500	500	600	500	1,100
1,000	1,000	900	500	1,400
1,500	1,500	1,200	500	1,700
2,000	2,000	1,500	500	2,000
2,500	2,500	1,800	500	2,300
3,000	3,000	2,100	500	2,600
3,500	3,500	2,400	500	2,900

図11-8　総消費関数と意図した総支出

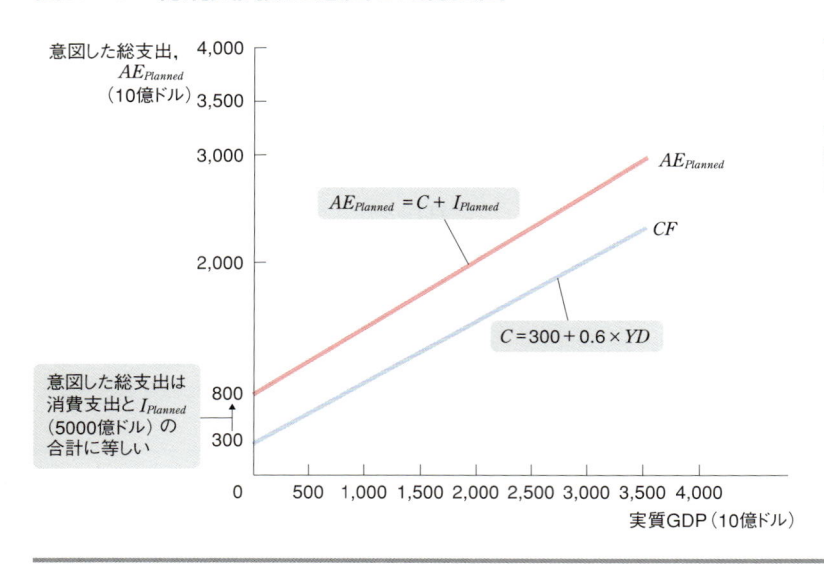

（グラフ）
- 縦軸：意図した総支出, $AE_{Planned}$（10億ドル）
- 横軸：実質GDP（10億ドル）
- 直線 $AE_{Planned} = C + I_{Planned}$
- 直線 CF：$C = 300 + 0.6 \times YD$
- 意図した総支出は消費支出と $I_{Planned}$（5000億ドル）の合計に等しい

下の直線 CF は表11-1のデータから作成された総消費関数だ．上の直線 $AE_{Planned}$ は意図した総支出を表す直線で，やはり表11-1のデータに基づいている．$AE_{Planned}$ は総消費関数を $I_{Planned}$ の量だけ，つまり5000億ドル分だけ上にシフトさせたものになる．web▶

だが，話はここで終わらない．表11-1を見ると，実質GDPが2000のときを除くと，あとはすべて意図した総支出 $AE_{Planned}$ と実質GDPの水準が異なっている．こんなことってありうるのかな？　第7章の経済循環フロー図で学んだとおり，最終財・サービスに対する総支出は最終財・サービスの産出量の総価値額に等しいのに？　その答えは，短い時間に限っては意図した総支出と実質GDPが異なる場合があるということだ．それは意図しない総支出，つまり意図しない在庫投資 $I_{Unplanned}$ があるためだ．しかし次の項で見るように，経済は時間の経過とともに所得・支出均衡と呼ばれる，意図しない在庫投資が存在しない状態に到達する．そして経済が所得・支出均衡の状態にあるとき，意図した総支出は総産出量に一致する．

3.2　所得・支出均衡

表11-1にある実質GDPの値は，1つを除き，消費支出と意図した投資支出を合計した値である意図した総支出 $AE_{Planned}$ とは異なっている．例えば実質GDPが1000のとき，消費支出 C が900で意図した投資支出は500なので，意図した総支出は1400になる．このときの総支出は実質GDPの水準よりも400だけ大きい．次に実質GDPが2500のときを考えよう．消費支出 C は1800で意図した投資支出は500なので，意図した総支出は2300になる．このときの総支出は実質GDPよりも200だけ小さい．

ここまで説明してきたように，意図した総支出と実質GDPが異なるのは，意図しない在庫投資 $I_{Unplanned}$ が存在する場合だけだ．表11-2を見てみよう．そこには表11-1にある実質GDPと意図した総支出 $AE_{Planned}$ の値が書かれていて，さらに両者から計算した意図しない在庫投資 $I_{Unplanned}$ の値も書かれている．例えば実質GDPが2500のときには，意図した総支出 $AE_{Planned}$ は2300だ．実質GDPのほうが $AE_{Planned}$ よりも200だけ大きいということは，意図しない在庫投資の値が正だということを意味する．これは，

企業が販売量を過大に見積もって生産量が過剰になり，予期せぬ在庫の増加がある場合に起こりうる状況だ．より一般的に述べると，実質GDPが2000よりも大きいとき，企業の生産量は消費者や他の企業による購入量よりも大きくなり，予期せぬ在庫の増加が生じる．

逆に実質GDPが2000よりも小さいとき，意図した総支出のほうが実質GDPよりも大きくなる．例えば実質GDPが1000のとき，意図した総支出は1400だ．実質GDPよりも$AE_{Planned}$のほうが400だけ大きいということは，意図しない在庫投資が−400だということを意味する．より一般的に述べると，実質GDPが2000よりも小さいとき，企業は販売量を過少に見積もっていて，意図しない在庫投資が負の値になる．

式11−5，11−6，11−9を組み合わせると，実質GDP，意図した総支出，意図しない在庫投資の間の次のような一般的な関係を得られる．

$$\begin{aligned}
GDP &= C + I \\
&= C + I_{Planned} + I_{Unplanned} \\
&= AE_{Planned} + I_{Unplanned}
\end{aligned} \quad (11-11)$$

表11−2

実質GDP	$AE_{Planned}$ (10億ドル)	$I_{Unplanned}$
0	800	−800
500	1,100	−600
1,000	1,400	−400
1,500	1,700	−200
2,000	2,000	0
2,500	2,300	200
3,000	2,600	400
3,500	2,900	600

この式からわかるとおり，実質GDPが$AE_{Planned}$よりも大きいと$I_{Unplanned}$は正になり，実質GDPが$AE_{Planned}$よりも小さいと$I_{Unplanned}$は負になる．

だが企業は自分の間違いを修正しようとする．つまり予期せぬ在庫の増加があれば生産を縮小しようとするし，予期せぬ在庫の減少があれば生産を拡大しようとする．このような反応によって最終的には予期せぬ在庫の変化がなくなり，実質GDPは意図した総支出に等しくなる．今の例で言えば，実質GDPが1000のときは意図しない在庫投資が負となるので，企業は生産を拡大し，実質GDPが増加する．実質GDPが2000よりも小さいとき，つまり実質GDPが意図した総支出よりも小さいときは常に，これと同じことが起こる．逆に，例えば実質GDPが2500のときは，意図しない在庫投資が正となるので，企業は生産を縮小し，実質GDPが減少する．実質GDPが意図した総支出よりも大きいときは常に，これと同じことが起きる．

企業が次期の生産量を変更するインセンティブを持たないのは，実質GDPで測った総産出量とその期の意図した総支出が等しくなるときだけだ．その状態を**所得・支出均衡**という．表11−2では実質GDPが2000のときに所得・支出均衡が実現していて，このときだけ意図しない在庫投資がゼロになっている．今後は所得・支出均衡が実現する実質GDPの水準をY^*とし，これを**所得・支出均衡GDP**と呼ぶことにしよう．

図11−9は，所得・支出均衡の概念を図で示したものだ．横軸には実質GDPを，縦軸には意図した総支出$AE_{Planned}$をとってある．2種類の直線のうち，実線は意図した総支出$AE_{Planned}$を表す．この直線は，$C+I_{Planned}$に等しく，$AE_{Planned}$が実質GDPの変化とともにどう変化するかを示している．この直線の傾きは0.6で限界消費性向MPCと等しく，縦軸との切片は$A+I_{Planned}(300+500=800)$となっている．点線の直線は原点を通る傾き1の直線(通常45度線と呼ばれている)で，意図した総支出と実質GDPが等しくなる点を示している．この45度線によって，所得・支出均衡点を容易に見つ

実質GDPで測った総産出量と意図した総支出が等しいとき，経済は**所得・支出均衡**の状態にある．
所得・支出均衡GDPとは，実質GDPと意図した総支出が一致するときの実質GDPの水準だ．

図11-9　所得・支出均衡

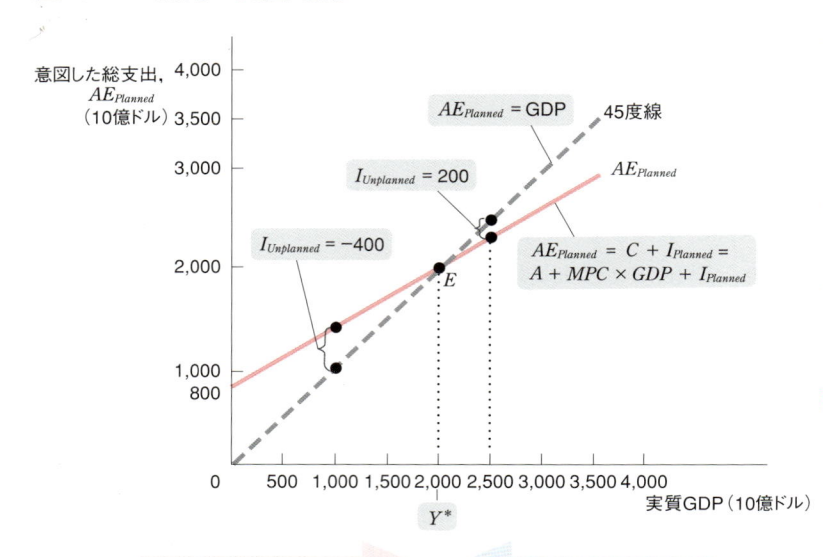

意図した総支出を表す $AE_{Planned}$ 線と45度線との交点 E で所得・支出均衡が成立する．点 E では実質GDPは年2兆ドルで，この点でのみ実質GDPと意図した総支出 $AE_{Planned}$ が一致し，意図しない在庫投資 $I_{Unplanned}$ がゼロになる．これが所得・支出均衡GDPの水準 Y^* だ．実質GDPが Y^* よりも小さいとき，$AE_{Planned}$ は実質GDPよりも大きい．その結果意図しない在庫投資 $I_{Unplanned}$ は負になり，企業は生産を拡大しようとする．実質GDPが Y^* よりも大きいとき，実質GDPは $AE_{Planned}$ よりも大きい．その結果意図しない在庫投資 $I_{Unplanned}$ は正になり，企業は生産を縮小しようとする．

web▶

グラフ内ラベル：
- 意図した総支出 $AE_{Planned}$（10億ドル）
- $AE_{Planned}$ = GDP
- 45度線
- $I_{Unplanned} = 200$
- $AE_{Planned}$
- $I_{Unplanned} = -400$
- $AE_{Planned} = C + I_{Planned} = A + MPC \times GDP + I_{Planned}$
- E
- 実質GDP（10億ドル）
- Y^*
- $I_{Unplanned}$ は負でGDPは増加する
- $I_{Unplanned}$ は正でGDPは減少する

けることができる．というのも，所得・支出均衡点は，意図した総支出を表す $AE_{Planned}$ 線と45度線の交点だからだ．よって所得・支出均衡は点 E で，所得・支出均衡GDPである Y^* は表11-2で導いたものと同じく2000となる．

ここで，経済が所得・支出均衡にないときに何が起こるかを考えてみよう．図11-9からわかるように，実質GDPが Y^* よりも小さいときは，$AE_{Planned}$ 線が45度線よりも上にあって，意図した総支出のほうが実質GDPよりも大きい．このような場合には意図しない在庫投資 $I_{Unplanned}$ が負になる．図にあるように，実質GDPが1000のときの $I_{Unplanned}$ は-400だ．その結果，実質GDPは増加する．逆に実質GDPが Y^* よりも大きいときは，$AE_{Planned}$ 線が45度線よりも下にあって，$I_{Unplanned}$ は正になる．図にあるように，実質GDPが2500のときの $I_{Unplanned}$ は200だ．この予期せぬ在庫の増加によって実質GDPは減少する．

所得・支出均衡を，意図した総支出を表す直線と45度線の交点として表現した図11-9は，経済思想の歴史の中で特別な役割を持っている．この図は**45度線図（ケインジアン・クロス）**と呼ばれており，20世紀の偉大な経済学者の1人でノーベル賞受賞者でもあるポール・サミュエルソンが，マクロ経済学の創始者として知られているジョン・メイナード・ケインズの思想を説明するために考案したものだ．

45度線図（ケインジアン・クロス）とは，意図した総支出を表す直線と45度線との交点として所得・支出均衡を表現したものだ．

3.3　乗数プロセスと在庫調整

ここまで，マクロ経済の非常に重要な側面について学んできた．つまり家計や企業が意図した総支出がその時点での総産出量と異なる場合には，経済の自己調整プロセスによって実質GDPが変化し，実質GDPと意図した総支出が一致する状態が実現す

るということだ．この自己調整メカニズムは在庫によって機能している．だからこそ，以前にも指摘したとおり，在庫の変動が将来の経済活動の先行指標になるのだ．

これで，意図した総支出を所与としたときに，実質GDPが所得・支出均衡に向かってどう変化していくかを理解したので，次に，意図した総支出を表す直線がシフトしたとき何が起こるかを考えてみよう．当初の所得・支出均衡の点から新たな所得・支出均衡の点に向かって，経済はどう変化するのだろう？　また，意図した総支出が変化する要因は何なのか？

ここでの単純なモデルでは，意図した総支出が変化する要因は，意図した投資支出$I_{Planned}$の変化と消費関数Cのシフトの2つだけだ．例えば利子率が変化すると$I_{Planned}$は変化する（利子率はモデルの外部の要因で決まるという仮定を置いたことを思い出してほしい．たとえそうでも，利子率が変化したときの効果を考えることは可能だ）．例えば住宅の価値が上昇して富が変化すれば，消費関数のシフト（つまり縦軸との切片Aの変化）が起こる．意図した総支出を表す直線がシフトするということは，つまり実質GDPがどの水準であっても意図した総支出が変化するということは，意図した総支出の自律的変化が生じたということだ．第10章で学んだ意図した総支出の自律的変化とは，ある一定の実質GDPの下で企業・家計・政府（ここでは政府のことは考えてはいないけれど）が支出額を変化させることだったね．意図した総支出の自律的変化によって，所得・支出均衡での実質GDPはどう変化するだろうか？

表11-3と図11-10のパネル(a)は，表11-2と図11-9で使った数値例を基にしている．ただし意図した総支出が400だけ自律的に増加した，つまり実質GDPがどの水準であっても，意図した総支出が400だけ増加した場合の効果が付け加えられている．まず表11-3を見てみよう．意図した総支出の自律的な増加以前には，意図した総支出と実質GDPが一致するY^*の水準は2000だった．自律的変化の後では，それは3000に上昇している．同じことが図11-10のパネル(a)でも確認できる．当初の所得・支出均衡はE_1で，Y_1^*は2000だった．意図した総支出の自律的な増加によって意図した総支出を表す直線$AE_{Planned}$が上にシフトし，新たな所得・支出均衡はE_2でY_2^*は3000になっている．

所得・支出均衡GDPは2000から3000に上昇しているが，この上昇幅は，総支出の自律的な増加分である400よりもかなり大きい．この事実は，もうおなじみとなった乗数プロセスで説明できる．ここでの例では，意図した総支出が自律的に400増加したことでY^*が2000から3000へと1000増加している．だから乗数は$1000/400=2.5$だ．

引き続き図11-10のパネル(a)を使って，複数ラウンドにわたる乗数プロセスの背景について詳しく検討しよう．まずE_1から出発して，意図した総支出の自律的な増加によって，意図した総支出と実質GDPの間にギャップが生まれる．このギャップは，点Xの2400とE_1の2000との垂直距離によって表現される．この差は，意図しない在庫投資の減少$I_{Unplanned}=-400$を表している．企業は生産を拡大し，実質GDPはY_1^*よりも大きくなる．この実質GDPの増加によって可処分所得YDが増加する．これが連鎖反応の第1ラウンドだ．反応は続き，YDの増加で消費支出Cが上昇し，第2ラ

> **落とし穴**
>
> **所得・支出均衡 対 短期マクロ経済均衡**
>
> 　第10章でAS-ADモデルを使って短期マクロ経済均衡の概念を説明したね．AS-ADモデルでは，短期の総供給量と総需要量が一致するところで実質GDPの均衡水準が決まる．この章では所得・支出均衡という別の概念を導入し，意図した総支出と実質GDPが一致するような実質GDPの水準のことを所得・支出均衡GDPと定義した．これら2つの均衡概念は互いに矛盾しないのだろうか．言い換えると，経済が短期マクロ経済均衡の状態にあるときの実質GDPについて，矛盾する2つの異なる定義を与えてしまうということにならないのだろうか？
>
> 　決してそんなことはない．所得・支出モデルでは物価水準を一定として実質GDPの変化を分析しているということを思い出してほしい．短期マクロ経済均衡を完全に表現する場合には，物価水準が一定という仮定を外さなければならない．所得・支出均衡は総需要曲線のシフトの背後にある在庫調整のプロセスに注目したものだが，これはマクロ経済均衡を求めるための1つのステップであって，均衡概念が違うわけではないのだ．

表11-3

実質GDP	自律的変化前の $AE_{Planned}$（10億ドル）	自律的変化後の $AE_{Planned}$
0	800	1,200
500	1,100	1,500
1,000	1,400	1,800
1,500	1,700	2,100
2,000	2,000	2,400
2,500	2,300	2,700
3,000	2,600	3,000
3,500	2,900	3,300
4,000	3,200	3,600

図11-10 乗数

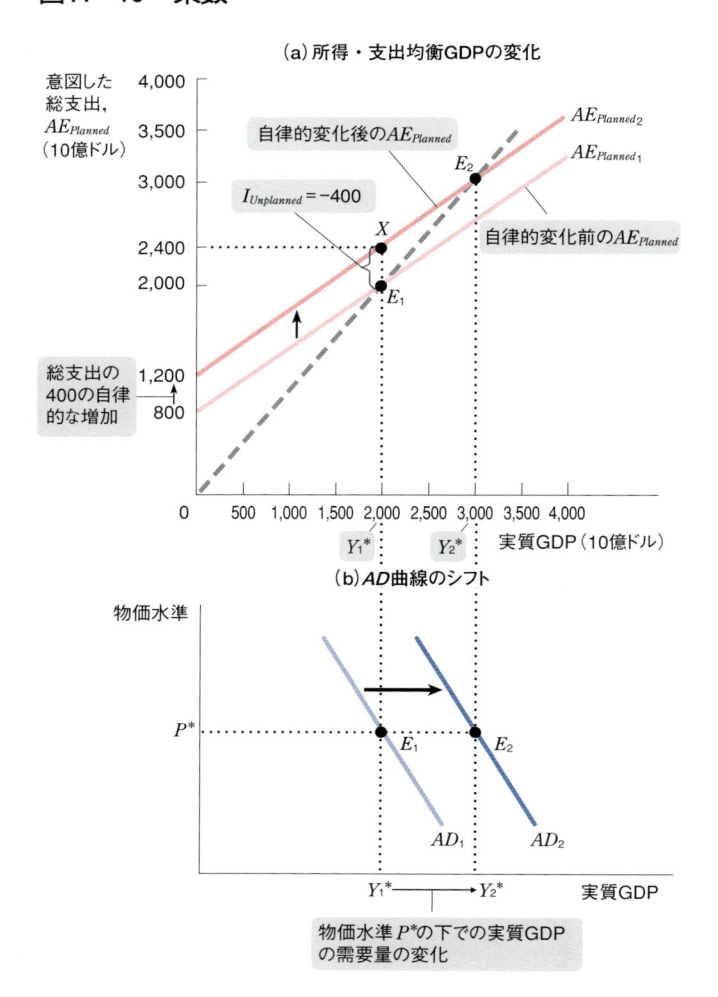

(a) 所得・支出均衡GDPの変化

意図した総支出, $AE_{Planned}$（10億ドル）

- 自律的変化後の$AE_{Planned}$
- $I_{Unplanned} = -400$
- 自律的変化前の$AE_{Planned}$
- 総支出の400の自律的な増加
- $AE_{Planned_2}$, $AE_{Planned_1}$
- E_2, X, E_1
- 実質GDP（10億ドル）, Y_1^*, Y_2^*

(b) AD曲線のシフト

物価水準 P^*, E_1, E_2, AD_1, AD_2, 実質GDP, Y_1^*, Y_2^*

物価水準 P^*の下での実質GDPの需要量の変化

パネル(a)は，意図した総支出の自律的な増加で生じるY^*の変化を示している．当初，経済は均衡点E_1にあり，所得・支出均衡GDPのY_1^*の水準は2000だ．$AE_{Planned}$に400だけの自律的な増加があると，意図した総支出を表す直線$AE_{Planned_1}$は上に400だけシフトする．すると経済はもはや所得・支出均衡ではなくなる．実質GDPは2000だが$AE_{Planned}$は点Xで表されているように2400だ．意図した総支出を表す2つの直線の垂直距離は400で，これが負の在庫投資$I_{Unplanned} = -400$を表している．企業は生産を拡大して，最終的にE_2で新たな所得・支出均衡が実現し，所得・支出均衡GDPはY_2^*で3000になる．パネル(b)では，$AE_{Planned}$の増加によりAD曲線が右にシフトする様子が示されている．乗数プロセスがあるので，$AE_{Planned}$は最初の増加分400に比べて2.5倍の1000上昇する．

ウンドの実質GDPの増加が起こる．これがさらに可処分所得と消費支出の増加を引き起こす，といった具合だ．またこのプロセスは逆方向にも作用する．つまり，総支出の自律的な減少があれば実質GDPと消費支出が減少するという連鎖反応が生じる．

以上の結果は次の式で要約できる．ここで$\Delta AAE_{Planned}$は$AE_{Planned}$の自律的変化を表している．

$$\Delta Y^* = 乗数 \times \Delta AAE_{Planned} = \frac{1}{1-MPC} \times \Delta AAE_{Planned} \tag{11-12}$$

この式は，式10-6と同様に，所得・支出均衡GDPの変化分ΔY^*は，意図した総支出の自律的変化$\Delta AAE_{Planned}$の数倍も大きくなることを意味している．式11-12はさらに，次の重要な点を思い出させてくれる．すなわち限界消費性向は1よりも小さいため，各ラウンドでの可処分所得の増加とそれに対応した消費支出の増加は，その前のラウンドよりも小さくなるということだ．なぜかというと，どのラウンドでも可

処分所得の増加の一部が貯蓄というかたちで漏れるからだ．その結果，どのラウンドでも実質GDPは増加するのだが，その増加分はラウンドが進むごとに小さくなる．あるところまでいくと実質GDPの増加分は無視できるものになり，経済は新たな所得・支出均衡GDPのY_2^*に収束する．

ここで消費支出や投資支出の停滞や拡大の結果として総需要曲線がどれだけシフトするかという疑問について，乗数プロセスの背後にある在庫調整と結び付けて考えることができる．図11-10のパネル(b)は，パネル(a)の出来事から生じる総需要曲線のシフトを示している．P^*という一定の物価水準において，総需要量の変化分は$AE_{Planned}$の自律的変化と乗数効果による所得・支出均衡GDPの変化分の合計に等しい．ここでまた乗数の重要性を確認することができる．つまり乗数が大きいほど，どの物価水準においてもAD曲線のシフトが大きいということだ．

倹約のパラドックス　ここで，第6章で説明した倹約のパラドックスのことを思い出す人もいるかもしれないね．このパラドックスは，マクロ経済では，多数の個人の行動がそれら個人の行動を単に集計したものよりも悪い結果を引き起こすことがあることを描いている．具体的には，家計と企業が将来の厳しい経済状況を予想して支出を削減すると，経済が不活発になる．そして家計と企業は，苦境に備えた美徳とされる行動をとらなかったときよりも悪い状態に陥ってしまうというものだ．これがパラドックスと呼ばれているのは，通常は「良いこと」（後で困らないように貯蓄すること）が「悪いこと」（すべての人の状態が悪化しうること）になってしまうからだ．

乗数を使えば，この話がどのように展開するのかを正確に見ることができる．消費支出か投資支出，あるいはその両方が停滞し，その当初の低下分の数倍も所得・支出均衡GDPが低下したとしよう．そうした実質GDPの低下によって，家計と企業が支出の削減を行わなかったときよりも状態が悪化してしまう．逆に，浪費が得となる場合もある．消費者か生産者が支出を増やせば，乗数プロセスによって，当初の支出の増加分の数倍もの所得・支出均衡GDPの増加が生まれる．だから消費者や生産者は，慎重に出費するより浪費したほうが良い状態になる．

ここで注意してほしいのは，乗数が$1/(1-MPC)$に等しくなるという結果は，税や政府移転支出がなく可処分所得が実質GDPに一致するという単純化の仮定に依存する，という点だ．第12章の付録では，税を導入すると乗数の表現がより複雑になって，その値が小さくなることを見る．しかし今学んだ一般的な原理は依然として成立する．それは意図した総支出の自律的変化によって所得・支出均衡GDPが直接変化し，さらに誘発された消費支出の変化によって間接的にも変化するということだ．

この章の前のほうで触れたように，不況の大きな原因は意図した投資支出の停滞にある場合が多い．つまり歴史的に見て，この意図した投資支出の停滞は，総支出を自律的に減少させる最も主要な要因になっている．318ページの「経済学を使ってみよう」で，時間の経過とともに消費関数が上方にシフトする傾向を指摘したね．これは，景気拡大には意図した投資支出と消費支出の両方の自律的変化が重要な役割を持つこ

とを意味している．だが原因は何であれ，経済には当初の総支出の変化を数倍の大きさに膨らませる乗数効果が存在するのだ．9・11同時多発テロ以降，政治的指導者たちが消費者の財布の紐を緩めてお金を使わせようといかに努力したかを述べた「はじまりの物語」を思い出してほしい．ここまで学んできたなら，指導者たちの懸念をよく理解することができる．指導者たちが懸念したのは，テロ攻撃の衝撃で消費支出が低下し，それが乗数効果を通じて当時の不況を極端に悪化させることだったのだ．幸運なことに，そうはならなかった．アメリカの消費者は衝撃を受けて悲しんだが，支出をやめることはなかった．その結果，数カ月後に経済は回復しはじめたのだ．

経済学を使ってみよう

ブエノスアイレスの苦境

世界が経験した近年の不況の中で大恐慌の再現に最もふさわしいものは，1998年から2002年にかけてアルゼンチンを襲った厳しい不況だ．この期間にアルゼンチンの実質GDPは18％下落し，失業率は20％以上に達した．

アルゼンチンの停滞の原因は金融危機にあった．外国の投資家たちがアルゼンチンの債務返済能力について悲観的になり，連鎖反応が巻き起こって銀行の閉鎖や広い範囲で会社の倒産が起こった．だが，金融危機が不況へとつながった経路は乗数だったのだ．見通しの悪化によって金融活動に障害が生じ，意図した投資支出は急激に落ち込んだ．これによって実質GDPが低下したが，それは投資支出の低下による直接の効果と，投資支出の低下による消費支出の低下の両方によるものだった．図11-11は，1998年から2003年までのアルゼンチンの実質投資支出と実質消費支出の各年の変化率を示している．図からわかるように，1998年から2002年までの投資支出の停滞がそれと比例的な消費支出の減退を引き起こした．その後2003年に投資支出が立ち直ったとき，消費支出のほうも立ち直ったのだ．

図11-11　アルゼンチンでの乗数効果

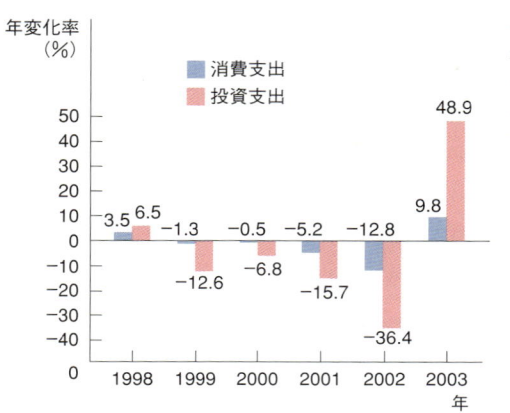

近年の歴史における最も厳しい不況は，乗数を現実に当てはめる事例でもある．棒グラフが示しているのは，1998年から2003年までのアルゼンチンの実質消費支出と実質投資支出の各年の変化率だ．金融危機によって投資支出は1998年から2002年までの間に急激に落ち込み，これが消費支出の減退につながった．その後投資支出が好転し，同様に消費支出の回復につながったのだ．

年	消費支出	投資支出
1998	3.5	6.5
1999	−1.3	−12.6
2000	−0.5	−6.8
2001	−5.2	−15.7
2002	−12.8	−36.4
2003	9.8	48.9

理解度チェック 11−3

1. 経済学者は不況が始まるのは投資支出の停滞による場合が多いと考えているが，さらに不況の間に消費支出が停滞するとも考えている．その理由を説明しなさい．
2. a. 図11-10のような図を使って，意図した総支出の自律的な低下が起こるときに何が起こるかを示しなさい．新たな所得・支出均衡に向かって経済がどのように調整されるか表現しなさい．
   b. 当初のY^*は5000億ドル，意図した総支出の自律的な低下が3億ドル，$MPC=0.5$とする．自律的変化後のY^*を計算しなさい．

解答は本書の巻末にある．

ちょっと復習

▶意図した総支出が実質GDPに等しいとき，経済は所得・支出均衡の状態にある．
▶産出量(実質GDP)が所得・支出均衡GDPよりも大きいときは常に，実質GDPは意図した総支出よりも大きくなり，在庫が増加する．産出量(実質GDP)が所得・支出均衡GDPよりも小さいときは常に，実質GDPは意図した総支出よりも小さく，在庫は減少する．
▶意図した総支出の自律的変化によって，経済は在庫調整プロセスを通じて新たな所得・支出均衡に向かう．この様子は45度線図(ケインジアン・クロス)で示される．乗数効果によって，所得・支出均衡GDPの変化分は総支出の自律的変化の数倍になる．

次に学ぶこと

この章では，乗数の背後にある在庫の調整プロセスについて学んだ．総産出量の決定に関するかなり単純化されたモデルを使ったが，それは他の重要な要因を除いていくつかの鍵となる関係だけに焦点を当てるためだった．ここで複雑な要素のいくつかを組み入れる準備ができた．政府と政策の役割を組み入れることから始めよう．

まず，税，政府移転支出，政府購入をモデルに導入する．これから見るように，政府を導入することですぐに，政府が景気循環に対して時には何かができるというマクロ経済学の重要な洞察が導かれる．第12章では，マクロ経済の諸変数をコントロールするための税，政府移転支出，政府購入を変化させる財政政策の可能性と問題点を考察する．そして第13章と第14章で，より重要な政策手段である金融政策を考察しよう．

要 約

1. **消費関数**は，個別の家計の消費支出が現在の可処分所得に応じてどう決まるかを示している．経済全体での消費関数の関係を表したものが**総消費関数**だ．ライフサイクル仮説によると，家計は生涯を通じて消費をなめらかに(平準化)しようとする．その結果，将来の予想可処分所得の変化や富の変化によって総消費関数はシフトする．
2. **意図した投資支出**は，利子率や既存の生産設備とは負の関係があり，将来の予想実質GDPとは正の関係がある．**加速度原理**によれば，投資支出は予想実質GDPの成長率に大きく左右される．
3. 消費者の需要をすばやく満たせるように，企業は財の**在庫**を持つ．企業が在庫を増やすときには**在庫投資**は正になり，在庫を減らすときには在庫投資は負になる．しかし在庫の変動は，慎重な意思決定によってではなく販売予測の誤りによって生じる場合が多い．その結果**意図しない在庫投資**が生じ，これは正にも負にもなりうる．**実現した投資支出**は，意図した投資支出と意図しない在庫投資の合計だ．
4. 政府や国際貿易がない単純化されたモデルでは，**意図した総支出**は消費支出と意図した投資支出の合計に等しい．**所得・支出均衡**では，意図した総支出と実質GDPが一致する．**所得・支出均衡GDP**の水準Y^*では意図しない在庫投資はゼロだ．意図した総支出がY^*よりも大きければ意図しない在庫投資は負となり，予期せぬ在庫の減少のために企業は生産を拡大する．意

図した総支出がY^*よりも小さければ意図しない在庫投資は正となり，予期せぬ在庫の増加のために企業は生産を縮小する．**45度線図（ケインジアン・クロス）**は，所得・支出均衡に向かって在庫調整を通じて経済がどのように自己修正を行うかを表している．

5. 意図した総支出の自律的変化があると，在庫調整プロセスを通じて経済は新たな所得・支出均衡に向かう．支出の自律的変化による所得・支出均衡GDPの変化分は，乗数×$\Delta AAE_{Planned}$になる．よって投資支出や消費支出の自律的変化によって生じる総需要曲線のシフトの大きさは，どの物価水準でも支出の自律的変化の乗数倍になる．

キーワード

消費関数…p.314
総消費関数…p.316
意図した投資支出…p.321
加速度原理…p.323
在庫…p.323
在庫投資…p.323

意図しない在庫投資…p.323
実現した投資支出…p.323
意図した総支出…p.327
所得・支出均衡…p.329
所得・支出均衡GDP…p.329
45度線図（ケインジアン・クロス）…p.330

問題

1. 経済学者が，たった5人しかいない非常に小さな経済を観察して，現在の可処分所得に対する各消費者の消費支出の推計値を求めた．次の表は，3種類の所得水準についてそれぞれの住民の消費支出を示したものだ．

個人	各個人の現在の可処分所得		
	0ドル	20,000ドル	40,000ドル
アンドレ	1,000	15,000	29,000
バーバラ	2,500	12,500	22,500
キャシー	2,000	20,000	38,000
デクラン	5,000	17,000	29,000
エレナ	4,000	19,000	34,000

a. 各住民の消費関数はどのようになるか．また，各住民の限界消費性向はいくらか．
b. 経済の総消費関数はどのようになるか．また，経済の限界消費性向はいくらか．

2. イーストランディアでは2000年から2005年にかけて，総消費支出と可処分所得は大きく変動したが，富，利子率，将来の予想可処分所得は変化しなかった．次の表は，この期間の総消費支出と可処分所得を100万ドル単位で示したものだ．この情報を使って以下の設問に答えなさい．

年	可処分所得 (100万ドル)	消費支出 (100万ドル)
2000	100	180
2001	350	380
2002	300	340
2003	400	420
2004	375	400
2005	500	500

a. イーストランディアの総消費関数を図示しなさい．
b. 総消費関数を求めなさい．
c. 限界消費性向はいくらか．また，限界貯蓄性向はいくらか．

3. 以下のそれぞれの行動は，総消費関数にどんな影響を与えるだろうか．総消費関数に沿った変化と総消費関数のシフトのどちらが起こるか，またどの方向への変化か説明しなさい．
a. 政府がすべての家計に対して，予期せぬ1回かぎりの減税を行った．
b. 政府が，来年以降の税率を永続的に高くすることを発表した．
c. 社会保障庁（SSA）が，現在65歳以下の労働者に対する社会保障の給付年齢を65歳から75歳に引き上げた．

4. 1995年末から2000年3月まで，代表的な株価指数であるS&P500が615.93から1527.46に約150％上昇した．それから2001年9月10日までに，1092.54に28.5％下落した．この株価指数の動きは，1990年代末の実質GDPの成長と，2001年9月11日の同時多発テロ以降に消費支出を維持できるかという懸念のそれぞれに対して，どんな影響を与えたか．

5. 以下のそれぞれの出来事が起きたとき，利子率と意図した投資支出はどう変化するだろうか．
a. 連邦準備制度が貨幣の量を増加させ，どの利子率でも，人々が貸し出そうとする貨幣量が増加した．
b. アメリカの環境保護庁（EPA）が法令で，二酸化硫黄を削減するための新技術の採用を企業に義務づけた．

c. ベビーブーム世代が大量に退職し貯蓄を減らしはじめた.

6. 以下のそれぞれの出来事で,意図した投資支出と意図しない在庫投資の水準がどう変化するか,説明しなさい.
  a. 連邦準備制度が利子率を引き上げた.
  b. 実質GDPの予想成長率が上昇した.
  c. 外国から巨額の資金が流入して利子率が低下した.

7. 次の表はある経済での国内総生産(GDP)・可処分所得(YD)・消費支出(C)・意図した投資支出($I_{Planned}$)を示したものだ.この経済には政府や海外部門はないとする.意図した総支出($AE_{Planned}$)と意図しない在庫投資($I_{Unplanned}$)を計算して表を完成させなさい.

GDP	YD	C	$I_{Planned}$	$AE_{Planned}$	$I_{Unplanned}$
		(10億ドル)			
0	0	100	300	?	?
400	400	400	300	?	?
800	800	700	300	?	?
1,200	1,200	1,000	300	?	?
1,600	1,600	1,300	300	?	?
2,000	2,000	1,600	300	?	?
2,400	2,400	1,900	300	?	?
2,800	2,800	2,200	300	?	?
3,200	3,200	2,500	300	?	?

  a. 総消費関数を求めなさい.
  b. 所得・支出均衡GDPの水準Y^*はいくらか.
  c. 乗数の値はいくらか.
  d. 意図した投資支出が2000億ドルに低下したとき,新たなY^*はいくらになるか.
  e. 自律的な消費支出が2000億ドルに上昇したとき,新たなY^*はいくらになるか.

8. 政府や海外部門がない経済で,自律的な消費支出は2500億ドル,意図した投資支出は3500億ドル,限界消費性向は2/3だとする.
  a. 総消費関数と意図した総支出を図示しなさい.
  b. 実質GDPが6000億ドルのとき,意図しない在庫投資はいくらか.
  c. 所得・支出均衡GDPの水準Y^*はいくらか.

  d. 乗数の値はいくらか.
  e. 意図した投資支出が4500億ドルに上昇したとき,新たなY^*はいくらになるか.

9. ある経済の限界消費性向は0.5で,所得・支出均衡GDPの水準Y^*は5000億ドルだ.意図した投資支出が自律的に100億ドル増加したとき,それ以降複数のラウンドにわたる支出の増加を書き入れて表を完成させなさい.1行目と2行目はすでに書き入れてある.1行目では,意図した総支出が100億ドル増加して実質GDPと可処分所得がともに100億ドル上昇している.これによって2行目で消費支出が50億ドル(MPC×可処分所得の変化分)だけ増加している.

ラウンド	$I_{Planned}$あるいはCの変化(10億ドル)	実質GDPの変化(10億ドル)	YDの変化(10億ドル)
1	$\Delta I_{Planned} =$ 10.00	10.00	10.00
2	$\Delta C =$ 5.00	5.00	5.00
3	$\Delta C =$?	?	?
4	$\Delta C =$?	?	?
5	$\Delta C =$?	?	?
6	$\Delta C =$?	?	?
7	$\Delta C =$?	?	?
8	$\Delta C =$?	?	?
9	$\Delta C =$?	?	?
10	$\Delta C =$?	?	?

  a. 10ラウンドまでの実質GDPの変化の合計はいくらになるか.乗数の値はいくらか.乗数の公式を使うとY^*の変化分はどれだけになるか.最初の設問の答えと3番目の設問の答えを比較しなさい.
  b. 限界消費性向は0.75だとして,再度表を完成させなさい.10ラウンドまでの実質GDPの変化の合計はいくらになるか.乗数の値はいくらか.限界消費性向が上昇すれば乗数の値はどう変化するか.

10. アメリカは世界中で最も豊かな国の1つだが,世界最大の債務国でもある.この問題はアメリカの貯蓄率の低さが原因だとよく言われる.政策立案者が貯蓄を奨励することによって,この問題を正そうとしたとする.彼らの試みによって実質GDPはどう変化するだろうか.

Chapter 11 Appendix

第11章 付録

Deriving the Multiplier Algebraically
乗数を代数的に導く

この付録では，乗数を代数的に導く方法を示すことにしよう．まず，この章では，意図した総支出 $AE_{Planned}$ は消費関数によって定まる消費支出 C と意図した投資支出 $I_{Planned}$ の合計だったということを思い出してほしい．すべての項目を表現するために式11-9を書き直すと

$$AE_{Planned} = A + MPC \times YD + I_{Planned} \qquad (11A-1)$$

が得られる．このモデルでは税や政府移転支出が存在しないので，可処分所得は実質GDPに一致し，式11A-1は

$$AE_{Planned} = A + MPC \times GDP + I_{Planned} \qquad (11A-2)$$

となる．所得・支出均衡GDPの Y^* は意図した総支出に等しいので，所得・支出均衡では

$$Y^* = AE_{Planned} = A + MPC \times Y^* + I_{Planned} \qquad (11A-3)$$

が成り立つ．残るステップは2つだ．式11A-3の両辺から $MPC \times Y^*$ を引くと

$$Y^* - MPC \times Y^* = Y^* \times (1 - MPC) = A + I_{Planned} \qquad (11A-4)$$

となる．最後に両辺を $(1-MPC)$ で割ると，

$$Y^* = \frac{A + I_{Planned}}{1 - MPC} \qquad (11A-5)$$

となる．式11A-5は，A の変化であれ $I_{Planned}$ の変化であれ，意図した総支出が自律的に1ドル変化すれば，所得・支出均衡GDPである Y^* は $1/(1-MPC)$ ドルだけ変化するということを意味している．したがって，この単純化されたモデルでは

$$乗数 = \frac{1}{1 - MPC} \qquad (11A-6)$$

問題

1. 以下のような経済を考える．政府購入，政府移転支出，税はなく，自律的な総消費支出は5000億ドル，意図した投資支出は2500億ドル，限界消費性向は0.5である．

  a. 意図した総支出を式11A−1のかたちで表現しなさい．
  b. Y^*を代数的に導きなさい．
  c. 乗数の値を求めなさい．
  d. 自律的な消費支出が4500億ドルに低下したとき，Y^*はどれだけ変化するか．

2. 乗数の値を求め，さらに自律的な支出の変化によって生じるY^*の変化分を求めて，以下の表を完成させなさい．限界消費性向によって乗数の値はどう変化するだろうか．

MPC	乗数の値	支出の変化	Y^*の変化
0.5	?	$\Delta C = +5000$万ドル	?
0.6	?	$\Delta I = -1000$万ドル	?
0.75	?	$\Delta C = -2500$万ドル	?
0.8	?	$\Delta I = +2000$万ドル	?
0.9	?	$\Delta C = -250$万ドル	?

第 12 章
Fiscal Policy
財政政策

繁栄への架け橋か？

　1998年，日本政府は世界最長の吊り橋である明石海峡大橋を完成させた．淡路島と神戸市を結ぶその橋の長さは6500フィート（約1990メートル）に達し，建設費は74億ドルにも膨れ上がった（訳者注：1,990メートルという数字は中央支間長で，全長は約3910メートル）．けれども橋の建設に懐疑的だった人たちが予想したとおり，今のところ通行量はとても少なく，1日に車4000台という有り様だ．アメリカ最長の吊り橋で，ニューヨーク市のスタテン島とブルックリン（行政区）を結ぶヴェラザノ橋と比較してみよう．ヴェラザノ橋の1日の通行量は30万台を超える．

　日本ではこの手の話は枚挙にいとまがない．1990年代に日本政府は1兆4000億ドルもの資金をインフラ整備に費やした．しかもその多くは有用性に疑問符がつくような建設プロジェクトだった．だが日本の建設支出の主な目的は有用なインフラを提供することではなく，総需要を支えることにあったのだ．

　1990年代，日本政府はいろいろなものを建設した．橋や道路，ダムに防波堤，駐車場まで作った．それらはすべて，長く続いた総需要不足と戦うための努力だった．経済を刺激するために日本が利用した政府による建設支出は，総需要を管理するために政府支出や課税を意図的に利用する**裁量的財政政策**の一例だ．それより小規模とはいえ，アメリカ政府もまた経済の不調から脱け出すために支出を増やす試みを実行してきた．日本やアメリカに限らず，多くの国々が裁量的財政政策によって総需要の管理を試みている．また政府は課税を調整して総需要を管理することもある．経済を刺激するために減税を実施したり，総需要が大きすぎると信じた場合には増税を実施したりするのだ．

　この章では，第10章で説明した短期の経済変動のモデルに裁量的財政政策がどのように組み込まれるかを学ぼう．ここでは，政府の支出政策と課税政策の裁量的な変化が実質GDPに与える効果を確認することにする．またGDPの短期的な変動によって引き起こされる税収の変化が経済を安定化することも確認する．政策を意図的に調整しなくても，税収の自動的な変化が経済を安定化させるというわけだ．最後に，政府債務と財政赤字が経済にもたらす長期的な影響についても検討しよう．

この章で学ぶこと

▶財政政策とは何か．なぜ財政政策は経済変動を管理する重要なツールなのか．

▶**拡張的財政政策**，**緊縮的財政政策**とはそれぞれどんな政策か．

▶なぜ財政政策には乗数効果があるのか．また，乗数効果は**自動安定化装置**からどんな影響を受けるか．

▶なぜ政府は**景気変動調整済み財政収支**を計算するのか．

▶なぜ巨額の**公的債務**が懸念材料となるのか．

▶なぜ政府の**隠れた債務**も懸念材料となるのか．

図12-1　高所得国の2003年の政府支出と税収

- アメリカ：政府支出 35.7%／政府税収 32.6%
- 日本：政府支出 38.2%／政府税収 30.3%
- カナダ：政府支出 41.7%／政府税収 43.4%
- フランス：政府支出 53.5%／政府税収 50.2%
- スウェーデン：政府支出 58.3%／政府税収 58.1%

（横軸：政府支出，政府税収（対GDP比，%））

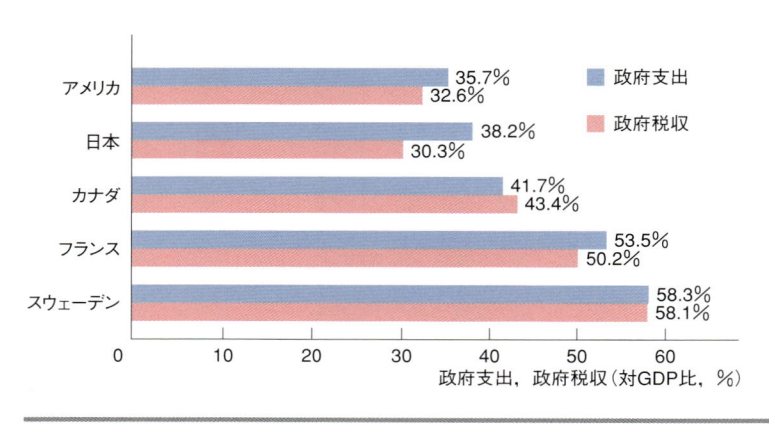

政府の支出と税収を対GDP比で示している．スウェーデンは政府部門が特に大きく，GDPの約60%を占めている．アメリカの政府部門もかなり大きいとは言えるが，カナダや多くのヨーロッパ諸国に比べると小さい．
出所：OECD（経済協力開発機構）．

1 財政政策：基本的な議論

明らかな事実から議論を始めよう．現代の政府は巨額の支出をし，同時に巨額の税金を集めているということだ．図12-1は所得水準の高い5つの国について，2003年の政府支出と税収の対GDP比を示したものだ．すぐにわかるように，スウェーデンは政府部門が比較的大きく，経済の60%近くを占めている．アメリカ政府はカナダや多くのヨーロッパ諸国に比べて小さな経済的役割しか果たしていないが，それでもかなりの大きさだ．実際，アメリカ経済の中で政府は非常に大きな役割を果たしており，連邦予算の変化，つまり政府による支出や課税の変化はアメリカ経済に潜在的にかなりの影響を与えうる．

そうした影響を分析するために，課税と政府支出が経済の所得の流れ（フロー）にどんな影響を与えるかを説明することから始めよう．そうすることで，支出政策と課税政策の変化が総需要に及ぼす効果がわかるようになる．

1.1　税，財・サービスの政府購入，政府移転支出，そして政府借入金

図7-1で経済全体の所得と支出の循環フローを示したね．図に描いた各部門の中に政府も含まれていた．税金や政府借入金の形で政府には資金が流入し，財・サービスの政府購入や家計への政府移転支出の形で資金が流出する．

それでは，アメリカの国民はどんな税金を支払っていて，そのお金はどこに行くのだろうか．図12-2は2004年のアメリカの税収の内訳を表したものだ．アメリカの税金は，国レベルでは連邦政府が徴収し，州レベルでは州政府が徴収する．さらに地域レベルでは，郡や市，町が徴収する．連邦政府レベルの主要な税には，この後すぐに説明する社会保険税，それに個人所得税と法人所得税がある．州や地域のレベルでは事情

図12-2　アメリカの2004年の税収の内訳

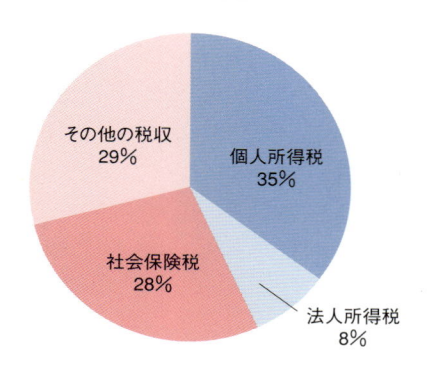

- 個人所得税　35%
- 社会保険税　28%
- 法人所得税　8%
- その他の税収　29%

個人所得税と法人所得税，そして社会保険税が政府の税収のほとんどを占めている．残りは資産税や売上税その他による．
出所：Bureau of Economic Analysis（経済分析局）．

はもっと複雑だ．州政府や地方政府は売上税，資産税，所得税，それに各種の料金収入の組合せに依存している．全体としては，個人所得税と法人所得税が2004年の政府収入の43％を占め，社会保険税が28％，そして主に州政府や地方政府が徴収したその他のさまざまな税が残りを占める．

図12-3は2004年の政府支出の内訳を表したもので，この図から政府支出には2つの形態があることがわかる．1つは財・サービスの購入だ．それには軍の弾薬から公立学校の教師の給料まであらゆるものが含まれる（国民経済計算では，教師は教育というサービスの供給者という扱いになっている）．財・サービスの購入のうちで大きな項目は国防と教育だ．「その他の財・サービス」は，州政府や地方政府が提供する警察や消防から高速道路の建設維持に至るまで，さまざまな財・サービスへの支出で構成されている．

政府支出のもう1つの形態は政府移転支出だ．政府移転支出は政府から家計に支払われるが，家計はその見返りとして政府に財・サービスを提供する必要はない．カナダやヨーロッパ諸国でもそうだが，現代のアメリカでは政府移転支出は予算のかなりの割合を占めている．アメリカ政府の移転支出は主に次の3つの要素から成り立っている．

- 社会保障：老人や障害者，生計の中心者と死別した寡婦（寡夫），それに扶養を必要とする子どもの所得を保証するために支払われるもの．
- メディケア：高齢者向け医療保険制度．アメリカの65歳以上の高齢者の医療費の多くをカバーしている．
- メディケイド：低所得者向け医療扶助制度．アメリカの低所得層の医療費をカバーしている．

経済的に厳しい状況にある家庭の保護を目的とした政府のプログラムを，**社会保険**という．これには社会保障やメディケア，メディケイドだけでなく，失業保険やフードスタンプ（食料配給券）といったより小規模なプログラムも含まれている．アメリカの社会保険制度は，賃金に課されるそれ専用の特別な税（目的税）によって維持されている．前に述べた社会保険税だ．

では，課税政策や政府支出は経済にどれほど影響を与えるのだろうか．答えは，課税や政府支出はその経済の総支出に対して強い影響を与える，というものだ．

1.2　政府予算と政府総支出

国民経済計算の次の基本式を思い出してほしい．

$$GDP = C + I + G + X - IM \tag{12-1}$$

この式の左辺は，経済が生み出した最終財・サービスの価値の合計であるGDPだ．一方の右辺は経済が生み出した最終財・サービスへの全支出である総支出を示してい

図12-3　アメリカの2004年の政府支出の内訳

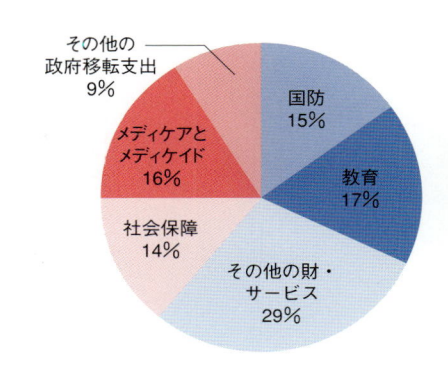

- その他の政府移転支出 9%
- メディケアとメディケイド 16%
- 国防 15%
- 教育 17%
- 社会保障 14%
- その他の財・サービス 29%

政府支出には財・サービスの政府購入と政府移転支出の2種類がある．政府購入の中では国防と教育への支出が大きい．政府移転支出の中では，社会保障と，メディケア（高齢者向け医療保険制度）やメディケイド（低所得者向け医療扶助制度）といった医療費補助プログラムへの支出が大きい．

出所：Office of Management and Budget（行政管理予算局）．

社会保険プログラムは，経済的に厳しい状況にある家庭を保護するための，政府によるプログラムだ．

る．総支出は，消費支出C，投資支出I，財・サービスの政府購入G，そして輸出額Xから輸入額IMを差し引いた値の合計だ．総支出は総需要の源泉をすべて網羅している．

政府は式12-1の右辺にある変数の1つを直接コントロールできる．財・サービスの政府購入Gだ．けれども財政政策が経済の総支出に与える影響はこれだけにとどまらない．財政政策は課税と移転支出の変化を通じて消費支出Cにも影響を与えるし，その影響は時に投資支出Iにも及ぶことがある．

なぜ政府予算が消費支出に影響を及ぼすかを理解するために，家計が支出に使える総所得である可処分所得は，賃金や配当，利子，地代から税を差し引き，政府移転支出を加えたものであることを思い出してほしい．とすると，増税や政府移転支出の削減によって，可処分所得は減少することになる．そして他の条件を一定とすれば，可処分所得の減少は消費支出の減少につながる．それとは逆に，減税や政府移転支出の増加は可処分所得を増加させ，他の条件を一定とすれば消費支出を増加させる．

投資支出に影響を与える政府の能力についてのストーリーはもっと複雑になる．ここでは詳しく議論しないことにしよう（以下の「ちょっと寄り道」を読んでほしい）．重要なのは，政府は企業の利潤に税を課していて，企業の負担額を定めるルールを変更することで投資支出のインセンティブを変化させられるということだ．

政府自身が経済の総需要の源泉の1つであり，税と移転支出は消費者の支出と企業の支出に影響を与えるので，政府は税や政府支出を変更することで総需要曲線をシフトさせることができる．そして第10章で見たように，時に総需要曲線をシフトさせるもっともな理由が存在することがある．例えば日本政府は，総需要を増加させる努力に何兆ドルものお金を費やしてきた．1990年代の日本が経済を支えるために巨額の建設支出を実行したことは，財政政策の古典的事例だ．財政政策とは，総需要曲線をシフトさせて経済の安定化を図るために，税や政府移転支出，財・サービスの政府購入を利用することだ．

ちょっと寄り道 投資税額控除

税の変化に関するこの章の議論は，それが消費支出に与える効果に焦点を当てている．だが，投資支出に影響を与えるためにデザインされた，投資税額控除という財政政策のツールがある．

投資税額控除とは，投資支出をベースにして企業に与えられる税控除だ．例えば，投資財に10ドル支出するごとに税の支払いを1ドル減額できるといったものだ．これは，投資支出のインセンティブを増大させる．

投資税額控除にはもう1つ重要な点があ る．投資税額控除はたいてい一時的なもので，ある特定期間内の投資支出にのみ適用されることが多いということだ．例えば2002年にアメリカの連邦議会が導入した投資税額控除は，それ以降の2年間の投資支出にのみ適用されるものだった．デパートのバーゲンセールがその期間中に買い物客の支出を刺激するように，一時的な投資税額控除もその有効期間内に巨額の投資を生み出す．企業が次年度以降用の新しいサーバーや旋盤が必要だと考えていなかったとしても，時期を待たないで控除の有効期間にそれらを購入するのはもっともなことだ．

図12-4 拡張的財政政策は不況ギャップを解消する

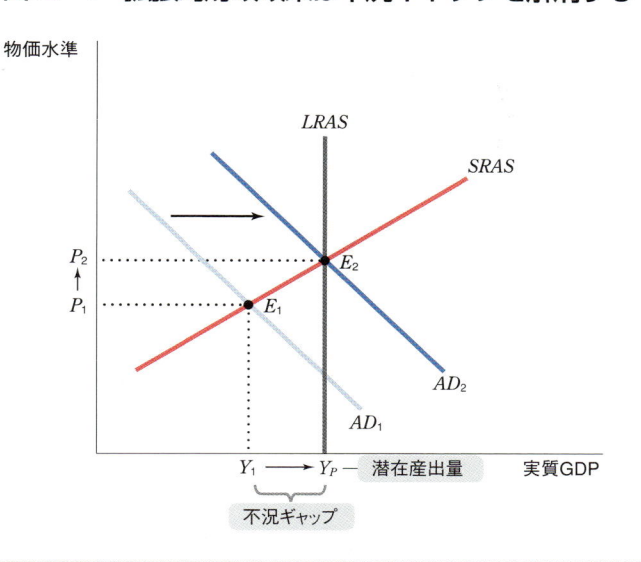

点E_1で総需要曲線AD_1と$SRAS$が交わり、経済は短期マクロ経済均衡にある。E_1では不況ギャップY_P-Y_1が存在する。財・サービスの政府購入の増加や減税、もしくは政府移転支出の増加などの拡張的財政政策は総需要曲線を右にシフトさせる。拡張的財政政策はAD_1をAD_2にシフトさせることで不況ギャップを解消し、経済を新しい短期マクロ経済均衡E_2に移動させる。E_2は長期マクロ経済均衡でもある。 web▶

1.3 拡張的財政政策と緊縮的財政政策

なぜ政府は総需要曲線をシフトさせたいと考えるのだろうか。それは、総産出量が潜在産出量を下回るときに生まれる不況ギャップや、総産出量が潜在産出量を上回るときに生まれるインフレギャップをなくしたいと考えるからだ。

図12-4は経済が不況ギャップに直面している状況を表している。図の$SRAS$は短期総供給曲線、$LRAS$は長期総供給曲線、そしてAD_1は当初の総需要曲線を示している。当初の短期マクロ経済均衡はE_1で、そのときの総産出量はY_1だ。これは潜在産出量Y_Pを下回っている。ここで政府が実行したいのは、総需要を増加させ、総需要曲線をAD_2までシフトさせることだ。すると総産出量は、潜在産出量と等しくなるまで増加する。総需要を増加させるような財政政策は**拡張的財政政策**と呼ばれ、通常、次の3つの形態をとる。

- 日本政府が行った巨額の建設プロジェクトに代表される、財・サービスの政府購入の増加
- 2001年にアメリカが実行したような減税
- 失業手当などの政府移転支出の増加

図12-5は逆のケース、つまり経済がインフレギャップに直面している状況を表している。先の説明と同様に、$SRAS$は短期総需要曲線、$LRAS$は長期総供給曲線、AD_1は当初の総需要曲線を示している。当初の均衡E_1では、総産出量はY_1で潜在産出量のY_Pを上回っている。後の章で説明するように、政策立案者はしばしばインフレギャップを解消することでインフレーションを阻止しようとする。図12-5にあるようなインフレギャップを解消するには、総需要を減少させて総需要曲線をAD_2まで左にシフトさせるような財政政策が必要となる。そうすることで、総産出量は潜在産出量と等しく

拡張的財政政策は総需要を増加させる。

図12-5　緊縮的財政政策はインフレギャップを解消する

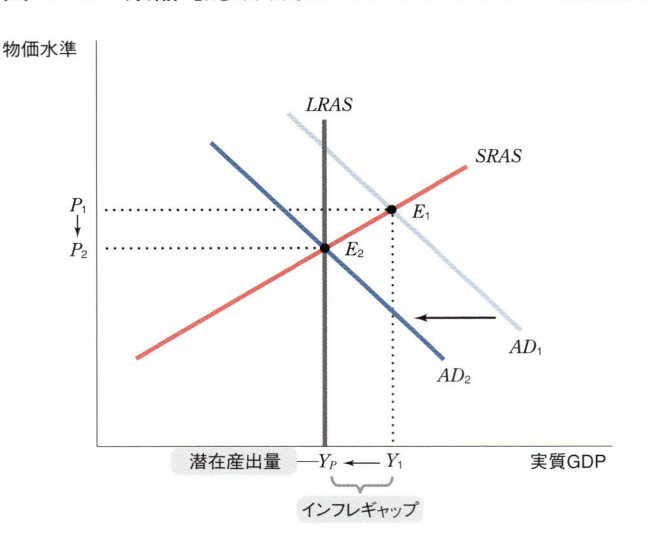

点 E_1 で総需要曲線 AD_1 と $SRAS$ が交わり，経済は短期マクロ経済均衡にある．E_1 ではインフレギャップ $Y_1 - Y_P$ が存在する．財・サービスの政府購入の減少や増税，もしくは政府移転支出の削減などの緊縮的財政政策は総需要曲線を左にシフトさせる．緊縮的財政政策は AD_1 を AD_2 にシフトさせることでインフレギャップを解消し，経済を新しい短期マクロ経済均衡 E_2 に移動させる．E_2 は長期マクロ経済均衡でもある．**web▶**

緊縮的財政政策は総需要を減少させる．

なるまで減少する．総需要を減少させるような財政政策は**緊縮的財政政策**と呼ばれ，拡張的財政政策とは正反対の政策だ．緊縮的財政政策は財・サービスの政府購入の削減や増税，もしくは政府移転支出の削減というかたちで実行される．緊縮的財政政策の古典的な例に，1968年にアメリカが行ったものがある．当時，アメリカの政策立案者はインフレの進行を憂慮していた．リンドン・ジョンソン大統領は所得税の税率を一時的に10％上乗せすることを決めた．つまり，すべての人の所得税が10％増加したのだ．またジョンソン大統領は，ベトナム戦争の費用のために膨れ上がっていた政府購入の削減も試みた．

1.4　注意点：財政政策のラグ

図12-4と図12-5を見ると，政府が財政政策を積極的に利用すべきだというのは自明のことのように思えてくる．つまり経済が不況ギャップに直面しているときは常に拡張的財政政策を適用し，インフレギャップに直面しているときは常に緊縮的財政政策を適用すべきだというわけだ．ところが，多くの経済学者は極端に積極的な安定化政策をとることを戒めている．財政政策であろうと金融政策であろうと，政策を通じて政府が経済を安定化することはあまりにも困難であり，かえって経済を不安定にする結果になりかねないというのだ．

金融政策についての注意点は第17章で議論することにしよう．財政政策で注意が必要な理由は，財政政策を用いるときには無視できない大きさの・タ・イ・ム・ラ・グが存在するということだ．このようなラグの性質を理解するために，不況ギャップと戦うために政府が支出を増加させる前に何が起きていなければならないかを考えてみよう．まず，政府は不況ギャップが存在することを認識する必要がある．ところが経済統計の収集と分析には時間がかかるので，不況が始まって数カ月後になってからそれが認識され

ることがよくある．次に政府は支出計画を練り上げなければならない．ところが，その作業自体に数カ月を要する．特に，政治家たちがカネの使い道について議論を重ね，議会を通過させることに時間をかけた場合はさらに遅れることになる．最後にカネの支出にも時間がかかる．例えば，道路建設プロジェクトは，大きな支出を必要としない測量のような作業から始まる．こうして，巨額の支出が始まる前にかなりの時間を要することがあるのだ．

このようなラグがあるために，不況ギャップと戦うための支出増加の試みは長い時間を必要とする．財政政策が効果を発揮するころには，不況ギャップがインフレギャップに変化しているかもしれない．そうなると，財政政策は百害あって一利なしだ．

だからといって，財政政策を積極的に利用すべきでないと言っているわけではない．1990年代の日本の財政政策はタイムラグの問題を生じさせなかった．何年も続いた不況ギャップと戦うための試みだったからだ．けれどもラグの問題は，今紹介した単純な分析から想像するよりもはるかに，財政政策や金融政策の実行を難しくする．

経済学を使ってみよう

日本の拡張的財政政策

財政政策で経済を支えようとした日本の努力を伝えるある新聞記事は，「ファラオ以来最大の公共事業の宝庫かもしれない．日本は経済の健康を取り戻すための道を作り，その道を舗装する試みに1.4兆ドルとも言われる金額を支出してきた」と始まる．

日本は1990年代初めに拡張的財政政策をとりはじめた．1980年代の日本は好況に沸いていたが，その要因の1つに資産価値や不動産価値の急騰があった．資産効果が消費支出を押し上げ，また投資支出をも刺激していた．日本の経済学者は現在，この時期の経済を「バブル経済」と呼んでいる．というのも，資産や不動産の価値の上昇を合理的な計算では説明できないからだ．1980年代の終わりにバブルは崩壊した．資産や不動産の価値は急落し，消費支出や投資支出が落ち込むにつれて経済は不況へと転がり落ちていった．1990年代初め以降，日本は総需要を支えるために巨額の財・サービスの政府購入（主にインフラ建設のための支出だった）に頼ってきた．近年では，日本の政府支出は縮小している．けれどもそのピークは本当に印象的だった．日本は1996年に，インフラ整備に3000億ドルも費やした．一方，当時のアメリカの支出はたった1800億ドルだった．日本の人口はアメリカの半分に満たず，日本のGDPはアメリカの半分よりもかなり小さいにもかかわらずだ．人のほとんど住んでいない地域に最高級の道路が建設され，小島へのフェリーは橋に置き換えられ，河床の多くは舗装整備された．土木工事という点ではどれも同じだ．

この政策は成功したのだろうか．成功したとも言えるし，していないとも言える．もし政府支出がまったく行われなかったとしたら，資産価値・不動産価値のバブルが崩壊した後の日本経済は1930年代型の恐慌に転がり落ちて行っただろうと，多くの経済学者は信じている．実際，日本経済は減速に苦しんだとはいえ，深刻な落込みというわけではなかった．成長はとても緩慢なものになり失業率も上昇したが，恐慌には

至らなかったのだ.

さらに，すぐに実行できる代替的な政策もなかった．不調に陥った経済を支えるための財政政策の代替的政策に，金融政策がある．中央銀行が貨幣供給量（マネーサプライ）を拡大して利子率を引き下げるのだ．実際，日本は金融政策も実行してきた．1998年以降，短期利子率はほぼゼロのままだ！ 利子率はゼロを下回ることはできないので，そこからさらに利子率を切り下げる余地はない．けれども経済は不振のままだった．よって拡張的財政政策が総需要を増加させるための唯一の方法だということは誰の目にも明らかだった．

だが拡張的財政政策も，日本の完全な復活を演出することはできなかった．そして赤字支出が続いた数年間は政府債務のGDP比率を上昇させ，多くの財政専門家が危惧する事態をもたらしている．■

ちょっと復習

▶財政政策は財・サービスの政府購入を通じて直接的に総需要に影響を与え，消費支出や投資支出に影響する課税や政府移転支出を通じて間接的に総需要に影響を与える．政府移転支出のほとんどは社会保険制度に伴う支出だ．

▶財・サービスの政府購入の増加，減税，そして政府移転支出の拡大は拡張的財政政策の主要な3つの方法だ．財・サービスの政府購入の減少，増税，そして政府移転支出の削減は緊縮的財政政策の主要な3つの方法だ．

▶財政政策の立案と実行には不可避のタイムラグがあるので，積極的な財政政策はかえって経済を不安定にするかもしれない．

理解度チェック 12-1

1. 次のそれぞれのケースについて，拡張的財政政策かそれとも緊縮的財政政策かを判断しなさい．
   a. 全部で1万人を雇用しているいくつかの軍事基地が閉鎖されることになった．
   b. 失業者が失業手当を得られる期間が延長されることになった．
   c. ガソリン税の増税が決定した．
2. 台風や洪水，大規模な飢饉といった自然災害の被害者に対して早急に資金援助をするなどの特別災害支援が，立法措置を必要とする支援よりも効果的に経済を安定化させる理由を説明しなさい．

解答は本書の巻末にある．

2 財政政策と乗数

日本の公共事業計画のような拡張的財政政策は，総需要曲線を右にシフトさせる．またリンドン・ジョンソン大統領による税の追加徴収のような緊縮的財政政策は，総需要曲線を左にシフトさせる．けれども政策立案者にとって，シフトの方向を知るだけでは十分とは言えない．政策立案者は，政策によって総需要曲線がどれだけシフトするのかを評価する必要がある．そのために，政策立案者は第10章でも紹介した乗数の概念を利用する．

2.1 財・サービスの政府購入の増加による乗数効果

政府が橋や道路の建設ために500億ドルの支出を決定したとしよう．すると，最終財・サービスへの総支出は直接的に500億ドル増加することになる．けれども，第10章で学んだように，間接的な効果も存在する．政府購入は経済全体に及ぶ連鎖反応の口火を切るからだ．政府が購入する財・サービスを生産する企業の収入が増え，それが賃金や配当，利子や地代のかたちで家計に流れ込む．そして家計の可処分所得が増加

図12-6 財・サービスの政府購入の増加による乗数効果

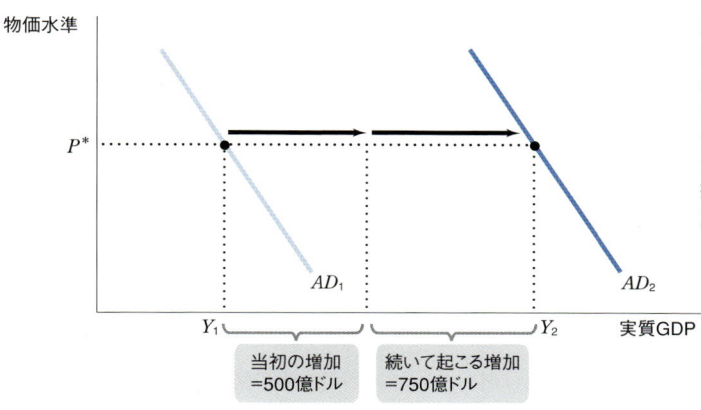

[図：物価水準を縦軸、実質GDPを横軸とし、AD_1 から AD_2 へ右方シフトする総需要曲線。P^* の水準で Y_1 から Y_2 へ実質GDPが増加。当初の増加＝500億ドル、続いて起こる増加＝750億ドル]

財・サービスの政府購入の500億ドルの増加は、総需要曲線を右に500億ドル分シフトさせるという直接的な効果を持つ。けれども、話はそれで終わらない。実質GDPの増加は可処分所得を上昇させ、それは消費支出の増加へとつながる。するとさらに実質GDPが増え、消費支出が増加し、さらに実質GDPが増加するというプロセスが続く。AD_1 から AD_2 への最終的なシフトは政府購入の増加の乗数倍になる。

し、消費支出の上昇へとつながる。すると今度は、消費支出の上昇によって企業の産出量が増加し、それがさらなる可処分所得の増加へとつながる。すると再び消費支出が上昇するといった具合だ。

第10章で、乗数の概念を紹介したね。乗数とは、総支出の自律的な変化の大きさと、その変化が引き起こす実質GDPの変化の大きさの比率のことだ。最も単純なケース（税も国際貿易も存在しないので、実質GDPの変化がすべて家計のものとなり、物価水準も利子率も固定されているようなケースだ）では、乗数は $1/(1-MPC)$ であることを学んだ。MPC は、可処分所得が追加的にもう1ドル増えたときに消費支出がどれだけ増加するかを示す限界消費性向だ。例えば、限界消費性向が0.6なら、乗数は $1/(1-0.6)=1/0.4=2.5$ となる。

財・サービスの政府購入の増加は、総支出の自律的な増加の一例だ。その効果は図12-6に描かれている。乗数が2.5だとすると、財・サービスの政府購入の500億ドルの増加は AD 曲線を AD_1 から AD_2 までシフトさせる。ある所与の物価水準 P^* の下で、実質GDPを1250億ドル増加させるというわけだ。1250億ドルのうち、500億ドルは G の増加がもたらす最初の効果だ。そして、残りの750億ドルは消費支出の増加に続いて起きる効果だ。

それでは、財・サービスの政府購入が削減されたときは何が起きるだろうか。計算方法はまったく同じだが、最初にマイナス符号を付け忘れないようにしよう。政府購入が500億ドル減少し、限界消費性向が0.6なら、AD 曲線は左方向に1250億ドルだけシフトすることになる。

2.2 政府移転支出と税の変化による乗数効果

拡張的財政政策や緊縮的財政政策の方法は、財・サービスの政府購入を変化させることだけではない。政府は政府移転支出や税も変化させることができる。けれども一般に、政府移転支出や税の変化による総需要のシフトは、同額の政府購入の変化の場

合と比較すると小さいものになる.

　その理由を見るために,例えば橋の建設に500億ドル支出する代わりに,政府移転支出のかたちで政府が500億ドルを単に家計に手渡すとしよう.このとき,財・サービスの政府購入のときに生じたような,総需要への直接的な効果は存在しない.実質GDPは上昇するが,その理由は家計が500億ドルの一部を支出するからに過ぎない.では,家計はどれだけ支出するのだろう? 500億ドルの政府移転支出は可処分所得を増やすので,家計はまず消費支出を$MPC \times 500$億ドルだけ増加させる.$MPC = 0.6$なら,消費支出の当初の増加分は300億ドルだ(0.6×500億ドル$= 300$億ドル).政府購入が増加したときと同じように,この消費支出の最初の上昇は,それに続く実質GDPと可処分所得の増加と,消費支出のさらなる上昇という連鎖を引き起こす.この例では,政府が移転支出のために負担する費用は財・サービスへの支出の費用と同じだが,移転支出による総支出の自律的な増加(300億ドル)は,政府支出による総支出の自律的な増加(500億ドル)よりも小さい.そして,実質GDPへの最終的な効果も小さくなる.一般に,1ドルの政府移転支出はGDPを$MPC/(1-MPC)$ドルだけ上昇させるが,それは政府購入の増加の乗数である$1/(1-MPC)$ドルよりも小さい.例えば,限界消費性向が0.6だとすれば,1ドルの政府移転支出による実質GDPの上昇分は$0.6/(1-0.6)$ドルでしかない.一方で,財・サービスの政府購入の1ドルの増加は実質GDPを$1/(1-0.6)$ドルだけ上昇させるのだ.

　減税は政府移転支出とよく似た効果を持っている.減税は可処分所得を増加させ,消費支出の増加の連鎖へと結びつく.けれどもその最終的な効果は,同額の政府購入の増加と比べると小さい.家計は税の減額分の一部を貯蓄に回すので,総支出の自律的な増加がより小さいものになるからだ.

　税にはさらなる複雑さがあることにも注意しよう.それは,税は乗数の大きさを変化させてしまうということだ.なぜそうなるかというと,税額が所得に依存しない「一括税」を政府が現実に利用することはほとんどないからだ.税はほぼすべて,実質GDPが増えるにつれて税収も増えるようなかたちで徴収される(上で与えられた$MPC/(1-MPC)$という乗数は,税が一括税の場合のものだ).これから簡単に議論するように(詳しくは本章の補論で分析しよう),実質GDPの上昇に応じて増加するような税の場合,乗数の大きさは小さくなる.

　現実問題として,全人口のうちで誰が減税や政府移転支出の増加の恩恵を受けるかも重要だと経済学者はしばしば主張する.例えば,失業手当の増加の効果と,株主への配当に課される税の減税の効果とを比較してみよう.消費者調査によると,平均的な失業者は平均的な配当所得受領者に比べて可処分所得のうちのより高い割合を支出に回す.つまり失業者は,多くの資産を保有する者と比べると,限界消費性向が高くなる傾向があるというわけだ.というのも資産の保有者はより裕福なので,可処分所得の増加分のうちのより大きな部分を貯蓄に回してしまいがちだからだ.それが正しいとすれば,失業手当への政府支出は同額の配当税の減税よりも総需要を増加させる効果が大きいということになる.この節の「経済学を使ってみよう」で説明するよう

に，こうした議論は最近の政策論争で重要な役割を果たしている．

2.3 税は乗数にどんな影響を与えるか

　第10章で乗数の分析を紹介したとき，実質GDPの1ドルの増加は可処分所得を1ドル増加させると見なして，問題を単純化したね．けれども実際には，増加した実質GDPの一部を政府が税として徴収してしまう．政府が課す税のほとんどは実質GDPの増加とともに増加するという性質を持つので，乗数プロセスの各ラウンドで実質GDPの増加の一部は税として徴収されることになる．よって税を考慮したモデルを考えると，可処分所得の増加は1ドルよりもかなり小さくなってしまう．

　実質GDPが上昇したときに政府の税収が増加するのは，政府が計画的に決定したり行動したりしたからではなく，税法がそうなっているからだ．実質GDPが増加したとき政府収入が自動的に増加するのは，税法の条文によるところが大きいというわけだ．例えば，所得税による税収は実質GDPが増加すると増える．各個人への課税額は所得の上昇とともに増加するし，しかも実質GDPが増加すれば家計の可処分所得も増加するからだ．売上税による税収も実質GDPが増加すれば増える．所得が増えれば人々の財・サービスへの支出も増えるからだ．そして実質GDPが増加すれば法人税による税収も増加する．景気の拡大期には利潤も増えるからだ．

　こうした税収の自動的な増加には，乗数の大きさを小さくしてしまう効果がある．乗数とは，実質GDPの増加が可処分所得の増加につながり，それがより大きな消費支出につながり，それがさらなる実質GDPの増加をもたらすという連鎖だったことを思い出してほしい．政府が実質GDPの増加の一部を吸い上げてしまうと，税が存在しない場合に比べて，プロセスの各段階での消費支出の増加が小さくなってしまうのだ．その結果は乗数の縮小だ．この章の補論では，実質GDPの増加とともに税収も増加するような税を考慮したときの乗数の導き方を説明している．

　多くのマクロ経済学者は，現実の生活においては，税が乗数の大きさを小さくしてしまうことは良いことだと信じている．第10章で議論したように，不況は，すべてではないにしてもほとんどが負の需要ショックから生じる．景気の拡大が税収の増加をもたらすのと同じメカニズムで，景気の後退は税収の減少をもたらす．実質GDPが低下すると税収も減少するので，負の需要ショックの効果は，税が存在しない場合よりも小さくなる．税収の減少は，総需要の当初の減少が経済に与える悪影響を相殺することになる．実質GDPの低下による政府税収の自動的な減少は，家計の支払う税金を削減するという点で，不況時に自動的に実行される拡張的財政政策のような役割を果たすことになる．同様に，景気拡大期には，政府は自動的に緊縮的財政政策を達成していることになる．税収が増えるからだ．政策立案者による意図的な意思決定がなくても，政府の支出と課税のルールによって，不況期には財政政策は拡張的となり，好況期には財政政策は緊縮的となる．そのような政府の支出と課税のルールは**自動安定化装置**と呼ばれている．

　税の徴収方法を定めるルールは，確かに最も重要ではあるが唯一の自動安定化装置

自動安定化装置は，不況期には拡張的財政政策となり，好況期には緊縮的財政政策となるような政府支出と課税のルールだ．

ではない.ある種の政府移転支出もまた経済を安定化させる役割を果たす.例えば失業保険は,景気が悪くなるとより多くの人が受け取るようになるし,メディケイドやフードスタンプも同様だ.よって移転支出は景気後退局面では増加し,景気拡大局面では減少する傾向がある.税収の変化と同様に,これらの移転支出の変化も乗数を小さくしてしまう.実質GDPの増加や低下に応じた可処分所得の変化が小さくなるからだ.

税収の場合と同じように,政府移転支出が乗数の大きさを小さくすることは良いことだと多くのマクロ経済学者は信じている.より一般的に言えば,自動安定化装置による拡張的財政政策や緊縮的財政政策はマクロ経済の安定化にとって有益だと広く認識されているのだ.それでは,自動安定化装置によらない財政政策はどうだろう? 自動安定化装置によるのではなく,政策立案者の意図的な行動による財政政策を**裁量的財政政策**という.例えば,不況が訪れると,政府は経済を刺激するために,減税や政府支出の意図的な増加を目的とする法案を議会で承認させることがある.不況と戦ったり好況を引き締めたりするために裁量的な財政政策を利用することは,自動安定化装置の役割と比較すると,論争の的になっている.その理由は,財政政策の適切な役割をめぐるマクロ経済学者の論争を概観しながら,第17章で説明しよう.

裁量的財政政策は,ルールによるものではなく,政策立案者の意図的な行動による財政政策だ.

経済学を使ってみよう

出費にどれだけ見合っているのか?

2001年にアメリカ経済は不況を経験し,その後2002年から2003年にかけて実質GDPが成長したが,全般的に雇用は伸びなかった.いわゆる「ジョブレス・リカバリー(雇用なき景気回復)」だ.このときのアメリカが総需要を刺激するための拡張的財政政策を必要としていたことについて,経済学者による大方の合意があった.政府は,実際に拡張的財政政策を実行した.政府支出を増加させると同時に減税が実施され,それらが総需要と産出量を増加させたことは間違いない.

けれども,拡張的財政政策は正しい方法で実行されたのだろうか? 批評家たちは,別の政策の組合せのほうがより大きな「出費に見合った価値」をもたらしただろうと論じている.総需要をより多く増加させながらも財政赤字の増加はより小さくできただろうというのだ.

この種の批判のうち,とくに明快な(そして公正な)ものは,コンサルティング会社エコノミー・ドット・コムのチーフエコノミスト,マーク・ザンディの分析だろう.ザンディは多くの代替的な財政政策の乗数効果を推定した.表12-1にそれを示してある.ザンディは2001年から2003年に実施された減税の多くは,別の種類の減税と比べて総需要への効果が小さかったと主張している.その理由は,可処分所得が増加してもあまり支出を増やしそうにない人々が減税の恩恵を受けているからだという.ザンディは特に,配当所得と相続財産への減税を批判した.これらはほとんど消費支出を増加させないと主張したのだ.ザンディの分析によれば,失業者や低所得納税者がより多くの可処分所得を手にし,また資金繰りに困窮している州政府や地方政府により

表12-1 拡張的財政政策の効果の差

政策	財政政策の1ドルの増加による実質GDPの増加の推定値（ドル）	政策の説明
連邦失業保険給付の緊急拡大	1.73	失業保険の給付期間を延長することで，失業者への移転支出を増加する．
10％の個人所得税率区分	1.34	ある所得層の税率を15％から10％に削減する．主に中間的な所得層の家庭に利益を与える．
州政府への支援	1.24	州が増税や歳出削減を実施する必要がないように，不況期に州政府支援を行う．
税の子ども扶養控除の割増	1.04	子ども1人当たりの所得税控除を増加させる．主に，中間所得層と低所得層に利益を与える．
結婚税	0.74	仕事を持つ者同士の結婚による税支払いの合計額の増加である「結婚税」を削減する．
代替的最小課税制度の調整	0.67	富裕層が多くの税控除を利用して納税額を少なくすることを防ぐための代替的最小課税制度から，それほど富裕ではないと考えられる人を除くための改正．
個人への限界税率の引下げ	0.59	高所得層への税率を引き下げる．
事業投資償却	0.24	課税対象となる企業利潤から，企業が投資支出を控除することを一時的に認める．
配当とキャピタルゲインへの課税の減税	0.09	配当とキャピタルゲインへの課税を削減する．
相続税の減税	0.00	相続された資産への課税を削減する．

多くの収入を与えるような一連の代替策によって，同じ費用でより多くの支出の増加を実現できたと言える．それは財政赤字をより少なくし，実質GDPの増加をより大きくしただろうし，さらには失業を少なくすることにもなっただろう．この見方は，全員というわけではないが多くの経済学者に支持された．

批判もあったが，2001年から2003年の減税が経済拡大を生み出す助けとなったことについては大方の合意がある．投資会社モルガン・スタンレーのエコノミストであるリチャード・バーナーが強調したように，減税はその出費に見合ったものではなかったかもしれないが，それでも多くのものをもたらしたという意味で有効だったのだ．■

理解度チェック 12-2

1．財・サービスの政府購入が5億ドル増加したときの総需要曲線のシフトが，政府移転支出が5億ドル増加した場合と比べて大きくなる理由を説明しなさい．

2．財・サービスの政府購入が5億ドル減少したときの総需要曲線のシフトが，政府移転支出が5億ドル減少した場合と比べて大きくなる理由を説明しなさい．

ちょっと復習

▶政府購入の変化による総需要曲線のシフトの大きさは，乗数で決まる．
▶課税と政府移転支出の変化もまた総需要曲線をシフトさせる．だが同額の政府購入と比較するとシフトの幅は小さ

解答は本書の巻末にある．

い．
▶税収と実質GDPの間にある正の関係，および政府移転支出と実質GDPの間にある負の関係で，乗数の大きさは小さくなる．したがって，政府の課税や政府移転支出を定めるルールは自動安定化装置の役割を果たす．裁量的財政政策の利点を認めることについて広い合意があるが，それは論争の的でもある．

3 財政収支

政府予算に関するニュースの見出しは，政府は黒字か赤字か，そしてその大きさはどれくらいか，というただ1点に集中しがちだ．通常，人々は黒字を良いことだと考えている．2000年に連邦政府が黒字を達成したとき，多くの人々はそれを祝福すべきこととして捉えた．逆に，通常人々は，赤字は悪いことだと考えている．2004年に連邦政府が赤字を記録したとき，それは人々の憂慮の対象となってホワイトハウスは赤字の順次縮小を約束した．

財政黒字や財政赤字は財政政策の分析とどう関係するのだろうか．赤字が良く黒字が悪いということは，ありえないのだろうか．それでは，まず黒字と赤字の原因と結果を見てみよう．

3.1 財政政策の目安としての財政収支

黒字と赤字って何を意味するんだろう？　第9章で定義したように，ある年の財政収支とは，その年の政府の所得である税収と，財・サービスの政府購入や政府移転支出などの政府支出の差額のことだ．つまり財政収支は政府の貯蓄に等しく，次の式12－2で定義される．

$$S_{Government} = T - G - TR \tag{12-2}$$

ここでTは税収，Gは政府購入，TRは政府移転支出だ．第9章で学んだように，財政黒字とは正の財政収支のことで，財政赤字とは負の財政収支のことだ．

他の条件を一定とすれば，財・サービスの政府購入の増加や政府移転支出の増加，また減税などの拡張的財政政策は，その年の財政収支を削減する．つまり拡張的財政政策は財政黒字を小さくしたり，財政赤字を大きくしたりするのだ．逆に，財・サービスの政府購入の削減や政府移転支出の減少，また増税などの緊縮的財政政策は，その年の財政収支を増加させ，財政黒字を大きくしたり，財政赤字を小さくしたりする．

このことから，財政収支の変化は財政政策を測る指標として使えるのではないかと考える読者もいるだろう．実際，経済学者はしばしばそうしている．財政収支の変化を，現在の財政政策が拡張的なものか緊縮的なものかを判断する「間に合わせの」方法として利用しているのだ．けれども，この間に合わせの方法は次の2つの理由で誤解を招きかねないことを心に留めておく必要がある．

- ■財政収支に同一の効果を与える2つの異なる財政政策が，総需要には異なる効果を与えることがある．すでに見てきたように，政府購入の変化は，それと同額の減税や政府移転支出の変化よりも総需要に与える影響が大きい．
- ■財政収支の変化は多くの場合経済変動の結果であり，経済変動の原因ではない．

この2つ目の点を理解するために，景気循環が財政に与える効果を調べてみよう．

3.2 景気循環と景気循環調整済み財政収支

歴史的に，連邦政府の財政収支と景気循環の間には強い関係が存在してきた．経済が不況になると財政収支も赤字になりがちだが，景気の拡大期には赤字は縮小する傾向にあり，黒字が発生することさえあった．図12-7はGDPに対する比率で見た（対GDP比の）1970年以降の連邦財政赤字を示している．グレーの部分は景気後退期で，そうでない部分は景気拡大期だ．すぐにわかるように，連邦財政赤字は各景気後退期付近で増加し，景気拡大期にはたいてい減少している．実際，1991年から2000年にかけての長期景気拡大期の終わりごろには，赤字はマイナスの値となっている．財政赤字が財政黒字に転じたのだ．

景気循環と財政収支の間の関係は，財政赤字の対GDP比と失業率を比較するとより明確になる．図12-8を見てほしい．失業率が上昇するときはほぼ常に財政赤字も増加し，失業率が下落するときは財政赤字も減少している．

この景気循環と財政収支の関係は，政策立案者が景気後退期には拡張的財政政策をとり，景気拡大期には緊縮的財政政策をとるという裁量的財政政策を行ったことの証なのだろうか．いや，そうとは限らない．図12-8に見られる関係のかなりの部分は，自動安定化装置の作用を反映したものだ．自動安定化装置に関する議論からわかるように，景気拡大期には政府の税収は増える傾向にあり，失業手当のような政府移転支出は減少する傾向にある．逆に景気後退期には政府の税収は減少し，一部の政府移転支出は増加しがちだ．政策立案者の意図的な行動がないとしても，景気後退期にはこうして財政は赤字に向かい，景気拡大期には黒字に向かう．

そのため財政政策を評価する際には，財政収支の変化を景気循環による変化と意図的な政策変更による変化に区別することが有用となる場合が多い．景気循環による財政収支の変化は自動安定化装置からの影響を受けていて，意図的な政策変更による変化は政府購入や政府移転支出，税の意図的変更からの影響を受けている．さらに，景

図12-7　アメリカの連邦財政赤字と景気循環

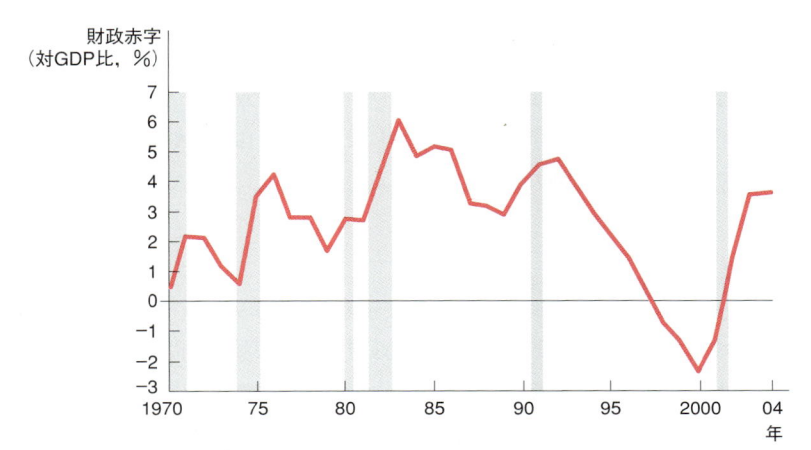

財政赤字の対GDP比は不況期（グレーの部分）に上昇し，好況期には低下する傾向がある．
出所：Congressional Budget Office（連邦議会予算事務局）；National Bureau of Economic Research（全米経済研究所）．

図12-8 アメリカの連邦財政赤字と失業率

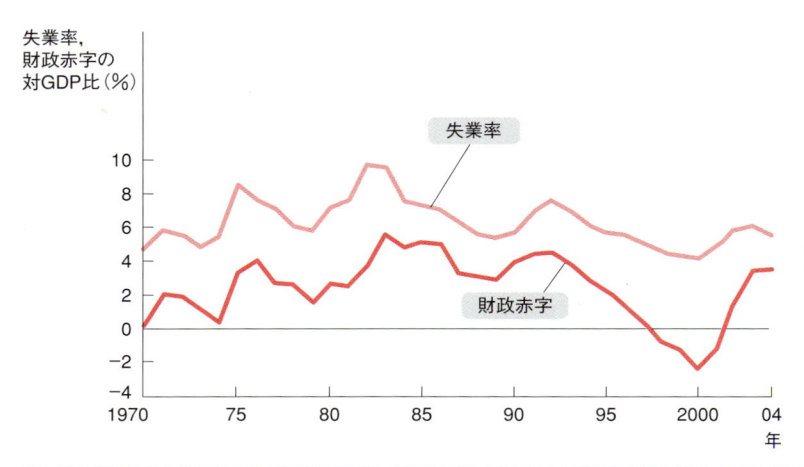

財政収支と景気循環には密接な関係がある．財政収支は不況のときは赤字に向かい，好況のときは黒字に向かうというものだ．ここでは失業率が景気循環を表す指標の役割を果たしている．よって失業率が高いときには大きな財政赤字が発生していると予想できる．図でそれを確認できる．財政赤字の対GDP比は，失業率と緊密に平行して推移している．

web▶

出所：Congressional Budget Office；Bureau of Labor Statistics（労働統計局）．

気循環が財政収支に与える影響は一時的なものだ．(実質GDPが潜在産出量を下回る)不況ギャップも，(実質GDPが潜在産出量を上回る)インフレギャップも，長期的には消滅する傾向にある．だから不況ギャップやインフレギャップが財政収支に与える影響を別に取り出すことで，政府の支出政策や課税政策が長期的に維持可能かどうかを判断することができる．言い換えれば，政府の課税政策は，支出に見合うだけの十分な収入を長期的にもたらしてくれるのかを見極められる．さらに，経済変動の結果である「受動的」な変化と，政策立案者の行動の結果による変化を区別することも有用だ．

景気循環の影響を他の要因からの影響と区別するために，多くの政府は不況ギャップやインフレギャップが存在しないと想定したときの財政収支の推定値を作成している．実質GDPと潜在産出量が完全に等しいと想定したときの財政収支の推定値を，**景気循環調整済み財政収支**という．景気循環調整済み財政収支は，不況ギャップがないときに追加的に徴収できる税収や節約できる政府移転支出，またインフレギャップがないときの政府収入の減少や追加的に必要となる政府移転支出を考慮に入れたものだ．

図12-9は，1970年以降の実際の財政収支と，議会予算局(CBO)が作成した景気循環調整済み財政収支の両方を対GDP比で示したものだ．すぐにわかるように，景気循環調整済み財政赤字は実際の財政赤字ほどには変動しない．特に1975年や1983年に実際に発生した財政赤字のような巨額の財政赤字は，たいてい不況によってもたらされている．

景気循環調整済み財政収支は，実質GDPと潜在産出量が完全に等しいと想定したときの財政収支の推定値だ．

3.3　財政収支は均衡すべきなのか？

次の節で確認するように，継続的な財政赤字は政府と経済の双方に問題を引き起こしかねない．けれども政治家は赤字を発生させるという誘惑に常に駆られている．支出を削ることなく減税を実行したり，増税することなく支出を増やしたりすることで，

図12-9　実際の財政赤字と景気循環調整済み財政赤字

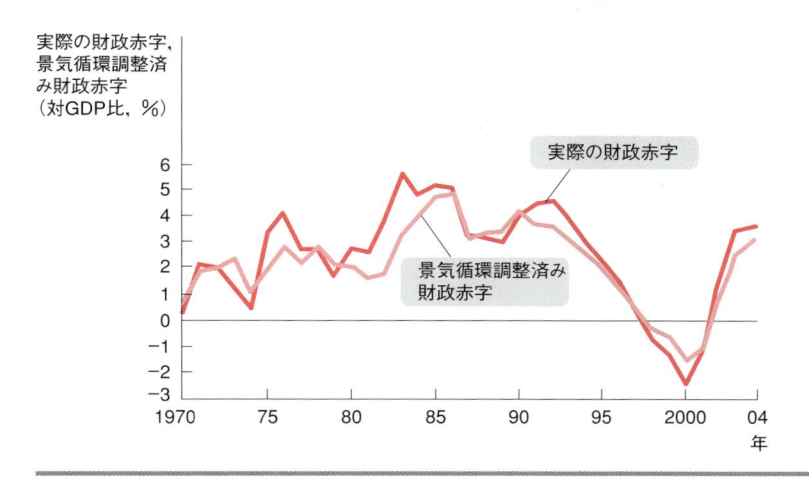

景気循環調整済み財政赤字は，経済が潜在産出量の水準にあると想定したときの財政赤字の推定値だ．それは実際の財政赤字よりも変動幅が小さい．財政赤字が大きい年は不況ギャップが大きい年ということが多いからだ．
出所：Congressional Budget Office.

有権者の心をつかめるからだ．よって政策立案者は，法律を制定したり，時には憲法改正まで行って，財政規律を保ち，政府による財政赤字の蔓延を禁止しようと試みることがある．このことは通常，財政は「均衡」すべきだという要求として提示される．各財政年度で収入は少なくとも支出と等しくなければならないという要求だ．では，財政収支が毎年均衡することは望ましいことなのだろうか．

多くの経済学者はそうは考えていない．彼らは，政府が平均的に財政収支を均衡させれば良いと考えている．つまり経済が悪化したときの赤字はやむをえないもので，経済が良好な年にそれを埋め合わせれば良いと考えているのだ．毎年の財政収支を均衡させることを政府に強制すべきだとは，経済学者は考えていない．それは税や政府移転支出が果たす自動安定化装置としての役割を阻害してしまうからだ．この章の最初に学んだように，景気後退期には税収が落ち込んだり政府移転支出が増加したりする傾向があり，それが不況を軽減する助けとなっている．こうした税収の減少や政府移転支出の増加は財政赤字につながる．もし均衡財政ルールに縛られるとすれば，政府は不況に対して緊縮的財政政策で対応しなければならなくなる．すると不況はさらに深刻になるだろう．

にもかかわらず，過度の財政赤字に対する懸念から，政策立案者は赤字を禁止する厳格なルールや，少なくとも財政赤字の上限が必要だと考えることがある．次の「経済学を使ってみよう」で説明するように，ヨーロッパは短期の財政政策の問題に対して財政責任を強制するようなルールを作り，数多くのトラブルを引き起こした．

経済学を使ってみよう

安定協定──もしくは愚かな協定？

1999年，ヨーロッパの一部の国々は重大な時期を迎えていた．フランスのフランやドイツのマルク，イタリアのリラといった各国通貨の代わりに，共通通貨であるユーロを導入したのだ．ユーロの導入によって欧州中央銀行（ECB）が設立され，地域全体

の金融政策を担うこととなった．

　新しい通貨を創り出すための合意の1つとして，各国の政府は「財政安定協定」にサインした．この協定は財政赤字(景気循環調整済み財政赤字ではなく，実際の財政赤字)がその国のGDPの3％以下でなければならないこと，さもなければ罰則が科されることを各国政府に要求するものだった．この協定は政治圧力により発生する放漫な財政赤字を阻止し，新しい通貨の土台が崩壊するのを食い止めることを目的としていた．けれどもこの協定には深刻な欠点があった．各国の財政政策の活用を制限してしまったのだ．

　実際，この協定はすぐにユーロ圏の2大経済に問題をもたらすことになった．2002年にフランスとドイツの両国で失業率が上昇し，財政赤字もGDPの3％を超えてしまった．しかも，その時点で2003年の両国の赤字はさらに増加すると予想されており，実際そうなった．財政安定協定の下では，フランスとドイツには増税か支出削減によって赤字を減少させることが期待される．だがそうした緊縮的財政政策は，失業率をさらに上昇させてしまうだろう．

　2002年10月，これらの経済問題に対処する際に，ヨーロッパのあるトップ官僚がこの協定は「愚か」だと表現した．すぐにジャーナリストが大活躍し，彼らの手によって安定協定の名称は「愚かな協定」に変わってしまった．現実問題として，いよいよとなれば協定の強制は不可能だということが証明されてしまったのだ．フランスとドイツ両国の影響力はとても大きいので，ペナルティが科されることはなかった．実際，2005年3月には，安定協定の3％ルールの「小さくて一時的な」違反は許されることになった．そこにはドイツの旧東ドイツ地域への援助を一時的な出費として認める条項もあった．

　アメリカの財政ルールの優位を自画自賛する前に，アメリカ人もアメリカ政府が愚かな協定のアメリカ版を持っていることに注意を払うべきだ．連邦政府予算は自動安定化装置として機能している．けれども50州のうち49州では，それぞれの州憲法によって毎年の財政収支の均衡が定められているのだ．2001年に不況に見舞われたとき，ほとんどの州は何かを強制された．何かって？　不況にもかかわらず，支出を切り詰め増税することを強制されたのだ．マクロ経済学の観点からは完全に間違っている．当然のことながら，ヨーロッパのある国のように，ごまかす方法を見つけた州もあった．

ちょっと復習

▶財政赤字は不況期に増加し好況期に減少する傾向がある．これは景気循環が財政収支に影響を与えることを反映したものだ．

▶景気循環調整済み財政赤字は経済が潜在産出量の水準にあると想定したときの財政赤字の推定値だ．景気循環調整

理解度チェック 12-3

1. あなたのワークスタディ(キャンパス内での就労を伴う給付)からの収入が少ないときにはあなたの両親は生活費を援助してくれる．あなたの収入が多いときには，両親はあなたが学費の支払いに貢献してくれることを期待している．このような取決めはあなたの経済活動において自動安定化装置としてどのように作用するだろうか．説明しなさい．

2．州憲法によって財政収支の均衡を要求されている州は，そうではない州よりも経済変動が激しい．なぜか．理由を説明しなさい．

解答は本書の巻末にある．

4 財政政策の長期的意味合い

　総需要を増加させる財政政策の一環として，日本政府は淡路島への橋を建設した．すでに見たように，この政策は一応成功した．1990年代の日本経済は不況だったが，1930年代に多くの国々で起きたような深刻な落込みではなかった．だが，日本が毎年巨額の財政赤字を生み出していることは，見ている者を不安にさせた．2000年には，経済学者の間で，日本の債務が警戒水準に達したかどうかをめぐる論争が起きた．

　財政黒字や財政赤字の長期的意味合いを考察しないかぎり，財政政策についての議論は終わったとはいえない．それでは財政政策の長期的な意味合いに目を向けてみよう．

4.1　赤字，黒字，そして債務

　もしある家庭が1年間に収入よりも大きな出費をしたら，資産を売却するかお金を借りるかして余分に資金を集めなければならない．もし何年も借金を重ねたら，巨額の債務を抱えることになるだろう．

　同じことは政府にも言える．ごく少数の例外を除いて，政府が国立公園などの資産を売却して資金を集めることはない．もし政府が税収よりも多くの支出を行って財政赤字を抱えたなら，ほとんどの場合追加的に資金を借りることになる．もし継続的に財政赤字を抱えた場合には，その債務は巨額なものとなる．

　以下に出てくる数字を理解するために，あなたは連邦政府会計の特徴を少しだけ知っておく必要がある．歴史的な理由もあって，アメリカ政府は暦年での記録は行っていない．代わりに，予算の総額は**財政年度**に従い記録されている．財政年度は10月1日に始まって9月30日に終わるが，その終わりの年が年度の名称になる．例えば，2004財政年度は2003年10月1日に始まり，2004年9月30日に終わる．

　2004財政年度の終わりに，アメリカ政府は合計でおよそ7兆4000億ドルにのぼる債務を抱えていた．けれども債務の一部，特に社会保障などのある種の政府プログラムは，連邦政府の資金供給義務を定めた特別の会計ルールによるものだ．そのルールについては後で少し説明する．今は**公的債務**という，政府以外の個人や機関によって保有される政府債務に焦点を当てよう．2004年財政年度末の時点で連邦政府の公的債務は「たった」4兆3000億ドル，GDPの37%だった．これに州政府や地方政府の債務を加えると，政府の公的債務の合計はGDPのおよそ44%となる．図12-10はアメリカの公的債務の対GDP比を他の富裕国のそれと比較したものだ．2003年度のアメリカの債務の水準は多くも少なくもない．

　2004財政年度末のアメリカ連邦政府の公的債務は，2003財政年度末よりも大きかった．2004財政年度の財政収支が赤字だったからだ．継続的に財政赤字を出している政

済み財政赤字の変動幅は，実際の財政赤字の変動幅よりも小さい．

▶ほとんどのマクロ経済学者は，政府は経済が悪化した年には財政赤字で，良好な年には財政黒字で財政を運営すべきだと信じている．財政収支の均衡を強制するようなルールは自動安定化装置としての役割を阻害することになる．

財政年度は10月1日に始まって9月30日に終わり，その終わりの年が年度の名称になる（訳注：日本の場合，4月1日に始まって3月31日に終わり，その始まりの年が年度の名称になる．

公的債務は政府以外の個人や機関によって保有される政府債務だ．

図12-10　公的債務の対GDP比

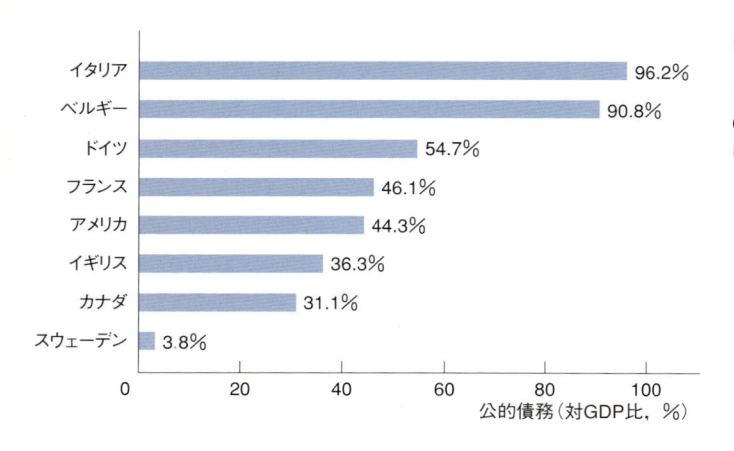

国	公的債務（対GDP比，%）
イタリア	96.2%
ベルギー	90.8%
ドイツ	54.7%
フランス	46.1%
アメリカ	44.3%
イギリス	36.3%
カナダ	31.1%
スウェーデン	3.8%

公的債務の対GDP比は政府債務の深刻さを示す指標として広く利用されている．富裕国の中でアメリカは中間に位置する．イタリアやベルギーなどの公的債務の対GDP比が高い国々は，債務の利子支払いがとても大きい．
出所：OECD．

落とし穴

赤字 対 債務

いつも新聞記事で見かけるよくある間違いに，赤字と債務の混同がある．両者の違いを確認しておこう．

赤字とは，ある一定期間（必ずではないが，たいていは1年間だ）に政府が支出した金額と税収として受け取った金額の差額だ．赤字の額は，「2004財政年度のアメリカの財政赤字は4120億ドルだ」といった具合に，その赤字が出た該当期間とともに述べられる．

債務とは，ある特定の時点で政府が借りているお金の総額だ．債務の額は通常，「2004財政年度末のアメリカの公的債務の総額は4兆3000億ドルだ」といった具合に，特定時点とともに述べられる．

政府が赤字を出すと政府の債務が増えるので，赤字と債務は結びついている．でも同一のものではないし，全く異なる情報を伝えることさえある．2004財政年度末のアメリカの債務の対GDP比は歴史的に見てかなり低かったが，2004財政年度の赤字はかなり大きかったのだ．

府は公的債務の水準の上昇を経験することになる．でも，なぜそれが問題なのだろう？

4.2　政府債務の増加によって生じる問題

政府が財政赤字を出し続けていることを懸念すべき理由は2つある．1つは，第9章で説明したことだ．政府が金融市場で資金を借り入れると，投資支出のために資金を借り入れようとしている企業と競合することになる．すると政府が民間の投資支出を「クラウド・アウト」して（押しのけて），長期の経済成長率が下がってしまう．

さらに第2の理由がある．現在の赤字が政府債務を増加させ，将来の予算に財政上の圧迫を加えてしまうことだ．現在の赤字は将来の財政に直接的に影響を与える．個人と同じように，政府も累積債務に対する利子などを支払わなくてはいけない．債務が膨れ上がっていると利子の支払いも巨額なものとなる．アメリカ連邦政府は2004財政年度に，GDPの1.4％に当たる1600億ドルを債務の利子として支払った．図12-10の2大債務国であるイタリアとベルギーは，2004年にそれぞれGDPの5％以上を利子として支払っている．

他の条件を一定とすれば，政府の利子支払いが大きくなると，政府は税収を増加させるか，またはその利子支払いがなければ可能だったはずの支出を削減しなければならない．あるいは税収と支出のギャップを埋め合わせる以上のお金を借り入れる必要が生じる．でもすでに存在している債務の利子支払いのために借入金を増やすと，さらに債務が膨れることになる．このプロセスが進むと，最後には，貸し手が政府の返済能力に疑いを抱くような状況に到達してしまう．貸し手は，クレジットカードの限度額に到達してしまった消費者に対するのと同じように，政府にもそれ以上の資金を貸し出そうとはしない．その結果，債務不履行が起きることもある．債務不履行はたいてい金融不安や経済の混乱を引き起こす．

政府の債務不履行なんて起こりそうもないことだと思うかもしれないね．だが起こ

らないということは決してない．比較的所得が高い発展途上国のアルゼンチンは，1990年代にはその経済政策が広く賞賛されていた．そして海外の貸し手から巨額の借入を行うことができた．けれども，2002年にはアルゼンチンの利子支払いは急激に制御を失い，政府は満期の支払いを止めてしまった．この節の「経済学を使ってみよう」でこの債務不履行を描写することにしよう．

債務不履行は国の金融市場に大混乱を巻き起こし，政府と経済に対する国民の信頼を大きく揺さぶることになる．アルゼンチンの債務不履行に伴い，同国では銀行システム危機と深刻な不況が生じた．重い債務を抱える政府が仮に債務不履行を免れたとしても，重い債務負担は概して支出の切詰めや増税などの政治的に不人気な措置を強いるので，経済にダメージを与えることになる．

時に，借入困難になった政府は支払いのために貨幣を刷ることはできないのか？という疑問を耳にすることがある．それは確かに可能ではあるが，別の問題が発生する．インフレーションだ．実際，第16章で見るように，財政問題は非常に深刻なインフレの主な原因となっている．ここでのポイントは，債務不履行か，もしくは債務帳消しのためのインフレかという選択を迫られるような局面に政府は自らを追い込みたくはないということだ．

赤字には長期的な懸念があるからといって，不況期の経済に刺激を与えるための財政政策を排除する必要はない．でもこの懸念から，政府は経済が悪化した年の財政赤字を良好な年の財政黒字で埋め合わせることを試みるべきだということが言える．言い換えると，政府は時間を通じて収支がおおよそ均衡するように財政を運営すべきなのだ．でも，政府は実際にそうしてきたのだろうか．

4.3 赤字と債務の実際

図12-11は1939年以降のアメリカ連邦政府の財政赤字と債務を示したものだ．パネル(a)は連邦政府赤字の対GDP比だ．図からわかるように，第2次世界大戦中の財政赤字はとても大きい．戦後，短い黒字の期間があったが，その後のたいていの時期は赤字で，特に1980年以降はその傾向が強い．これは，政府は経済が悪化したときの赤字を良好なときの黒字で埋め合わせるべきだというアドバイスと相反するように見える．

だがパネル(b)から，これらの赤字がコントロール不能なほどの債務となってはいないことがわかる．政府の債務支払い能力を測るために，政府債務の対GDP比である**債務／GDP比率**が用いられることが多い．ここでも，単に債務の大きさを見るのではなく，この指標を用いることにしよう．経済全体の大きさを測るGDPは，政府が徴収できる潜在的な税収額の優れた指標だからだ．政府債務の増加速度がGDPの成長速度よりもゆっくりとしているなら，債務支払いの負荷は政府の潜在的な税収額に比べて実際には減少していることになる．

パネル(b)からわかることは，連邦債務はほとんど毎年増えているものの，債務／GDP比率は第2次世界大戦が終わってから30年間減り続けていることだ．このこと

債務／GDP比率は政府債務の対GDP比だ．

図12-11 アメリカの連邦赤字と債務

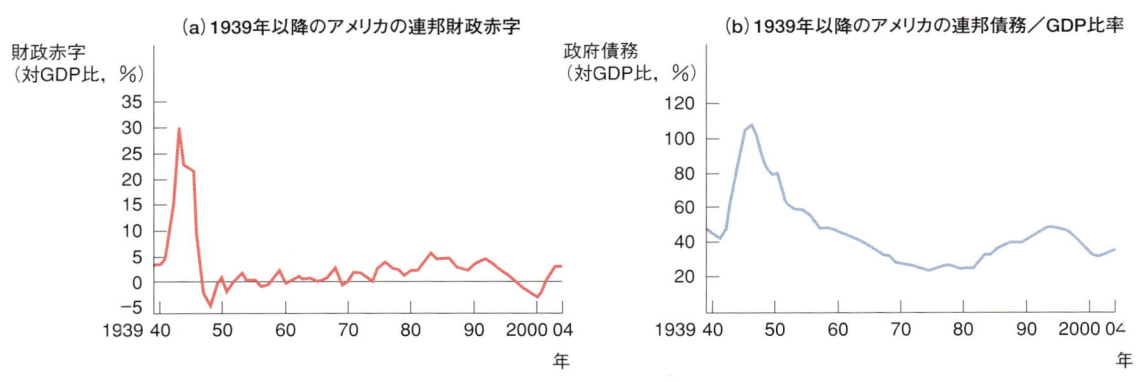

(a) 1939年以降のアメリカの連邦財政赤字

(b) 1939年以降のアメリカの連邦債務／GDP比率

パネル(a)は1939年以降のアメリカの連邦財政赤字の対GDP比だ。第2次世界大戦中のアメリカ政府の財政赤字は巨額だったが、戦後の財政赤字はたいてい小さいものだった。パネル(b)はアメリカの債務／GDP比率を示している。パネル(a)とパネル(b)を比較すると、赤字があるにもかかわらずほとんどの年で債務／GDP比率が低下していることがわかるだろう。これは、逆説的に見えるかもしれないが、GDPが債務よりも速く成長する限り、債務が増加しても債務／GDP比率は低下しうることを反映している。

出所：Economic Report of the President(『大統領経済報告』)2005.

図12-12 日本の赤字と債務

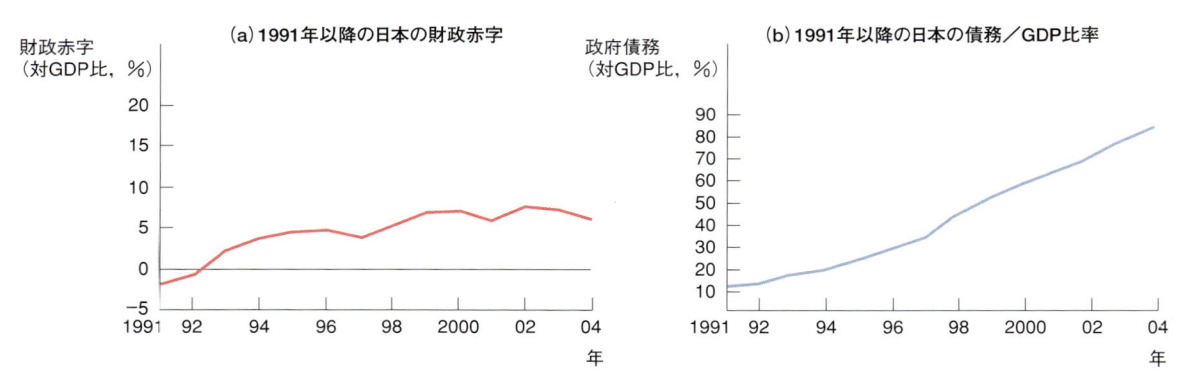

(a) 1991年以降の日本の財政赤字

(b) 1991年以降の日本の債務／GDP比率

パネル(a)は1991年以降の日本の財政赤字の対GDP比を示しており、パネル(b)は日本の債務／GDP比率を示している。1990年代初めに日本政府が出しはじめた巨額の財政赤字は、債務／GDP比率の急速な上昇をもたらした。債務がGDPよりも速く成長したからだ。このことから、一部のアナリストたちは日本政府の長期的な財政の健全性を懸念している。

出所：OECD.

から、たとえ債務が増加しても、GDPが債務よりも速く成長している限り、債務／GDP比率は低下することがわかる。次の「ちょっと寄り道」で、第2次世界大戦中にアメリカ政府が抱えた巨額の債務に焦点を当て、政府が財政赤字を出し続けていても、経済成長とインフレによって債務／GDP比率が低下しうることを説明しよう。

一方で債務がGDPよりも速く成長するような巨額の財政赤字を続けていると、債務／GDP比率は上昇することになる。図12-12のパネル(a)は1991年以降の日本の財政赤字の対GDP比を示しており、パネル(b)は同期間の日本の債務／GDP比率を示している。すでに述べたように、日本は1990年代の初めに巨額の財政赤字を記録しはじめた。政府支出で総需要を支えようという努力の副産物だ。これは債務／GDP比率の急速な

ちょっと寄り道　第2次世界大戦の債務はどうなったか？

図12-11からわかるように，アメリカ政府は巨額の借入によって第2次世界大戦の出費を工面した．終戦までに公的債務はGDPの100%を超え，多くの人々は本当に完済できるのかどうかを懸念した．

決して完済されてはいないというのが真実だ．公的債務の額は1946年には2700億ドルだった．戦後，アメリカの財政は黒字に転じたので，数年間は公的債務が減少した．だが1950年に朝鮮戦争が始まると，政府の財政は赤字へと逆戻りした．そして1956年には公的債務は2700億ドルに戻ってしまった．

けれども，当時，アメリカ政府の財政の健全性を心配する者はいなかった．債務／GDP比率がほとんど半分にまで下がっていたからだ．なぜかって？　力強い経済成長と緩やかなインフレでGDPが急速に成長したからだ．この経験は，現代の政府はあまりに巨額なものでなければ赤字を永遠に出し続けられるという不思議な事実を示す明確な教訓といえる．

上昇につながった．このため一部の経済アナリストたちは，日本政府の長期的な財政の健全性に関する懸念を表明しはじめている．

4.4　隠れた債務

図12-11を見ると，アメリカの連邦予算はかなり健全だと結論づけたくなるかもしれないね．2001年以降の赤字財政への逆戻りは債務／GDP比率を少し悪化させたが，その比率は歴史的にも，また他の富裕国と比較してもまだ低いと言える．けれども長期の財政問題の専門家たちは，アメリカの状況に警鐘を鳴らしている（日本やイタリアといった国々についてもだ）．その理由は隠れた債務だ．**隠れた債務**とは，通常の債務の統計には含まれないが事実上の債務と考えられる，政府の支払い保証だ．

アメリカ政府最大の隠れた債務は，社会保障とメディケアという，高齢者への支援を主目的とした2つの移転支出プログラムから生じている．3番目に大きな隠れた債務は低所得家庭への支援を目的とするメディケイドから生じている．これらの各プログラムでは，政府は現在の支給だけではなく将来の支給も約束している．よってこれらは，たとえ今は債務の統計に表れていなくても，将来必ず支払わなければならない債務を象徴しているのだ．これら3つのプログラムを合計すると，現在の連邦支出の40%を占めている．

財政の専門家たちは，これらの移転支出プログラムから生じる隠れた債務を懸念している．図12-13からその理由がわかる．図12-13は社会保障とメディケア，メディケイドの現在の合計支出額の対GDP比と，議会予算局による2010年，2030年，2050年の予測を示している．この予測によると，社会保障への支出は今後数十年にわたって増え続け，メディケアとメディケイドという2つの医療費補助プログラムへの支出は急速に膨れ上がるようだ．なぜだろう？

社会保障については，人口統計のためだというのが答えだ．社会保障は賦課方式（ペイ・アズ・ユー・ゴー）を採用している．つまり現在の労働者の賃金に課される税が，現在の退職世代への給付を賄う資金源となっているのだ．したがって人口統計が，と

隠れた債務とは，通常の債務の統計には含まれないが事実上の債務と考えられる，政府の支払い保証だ．

図12-13 アメリカ政府の隠れた債務

現在の支出と将来の支出予想（対GDP比，％）

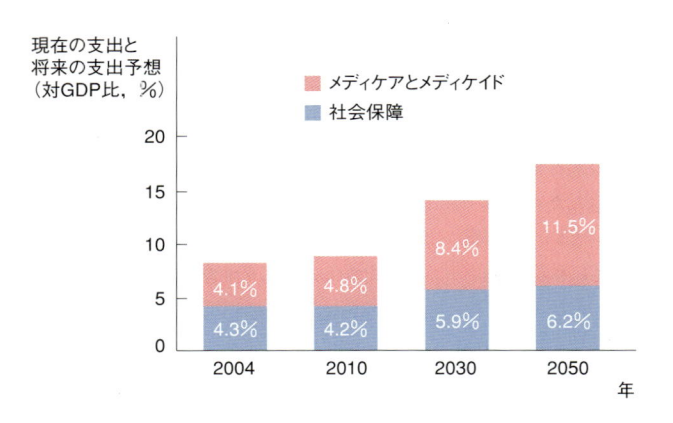

年	社会保障	メディケアとメディケイド
2004	4.3%	4.1%
2010	4.2%	4.8%
2030	5.9%	8.4%
2050	6.2%	11.5%

図は社会保障とメディケア，メディケイドへの現在の支出の対GDP比と，議会予算局による2010年，2030年，2050年の予測を示している．人口の高齢化と医療費補助の増額の2つの効果により，これらのプログラムは連邦政府の巨額の隠れた債務の象徴となっている．
出所：Congressional Budget Office.

りわけ社会保障費を支払う現役世代の数と給付を受ける退職世代の数の比率が，社会保障の資金を運用するうえで重要となる．アメリカの出生率には1946〜64年に大きな波が訪れた．ベビーブームだ．ベビーブーマーは現在，現役世代として活躍している．つまり税を支払っていて給付は受けていないというわけだ．彼らが退職すると，課税対象となる所得を稼ぐことはなくなり，給付を受けるようになる．その結果，給付を受ける退職世代の制度を支える現役世代に対する比率は上昇する．2004年時点では，制度を支える100人の現役世代に対して給付を受け取る退職世代が30人いることになる．社会保障庁（SSA）によると，2030年にはその数は46人に上昇し，2050年には50人に達する．この結果，経済の大きさと比較した給付額は増加することになる．

ベビーブーマーの高齢化それ自体が長期の財政にもたらす問題はそれほど大きいものではない．メディケアとメディケイドへの支出の増加予測はもっと深刻な問題だ．メディケアとメディケイドへの支出が増加するという予測の背後には，支出全体と比較したときの医療費支出の上昇が速いという長期的傾向がある．政府資金による医療費補助についても民間資金による医療費補助についてもそうだ．

アメリカ政府の隠れた債務は，ある程度はすでに債務統計に反映されている．すでに述べたように，2004年末の債務総額は7兆4000億ドルだ．ただし返済義務があるのは，そのうち4兆3000億ドルに過ぎない．なぜこうした不一致が生じるかというと，主な理由は，社会保障とメディケアの一部（入院保険プログラム）が目的税によって支えられているからだ．つまりそれらのための資金は賃金に課される特別な税で確保されているのだ．そして時には，目的税による収入が現在の給付支払いに必要な額を超すこともある．特に1980年代半ば以降は，社会保障制度は当面の必要額よりも多くの収入を確保するようになった．ベビーブーマーの退職に備えるためだ．この社会保障制度の余剰金は社会保障信託基金として蓄積されてきた．2004年末時点で，その額は1兆7000億ドルにのぼる．

1兆7000億ドルの信託基金はアメリカ国債のかたちで保有されていて，7兆4000億ドルの債務総額の中に含まれている．社会保障信託基金の債券を政府債務の一部に数

えるのはちょっと変だって思うかもしれないね．つまるところ，社会保障信託基金は政府のある部分(社会保障制度以外のところ)が政府の別の部分(社会保障制度)から借りた資金だからだ．でもその債務は，暗黙のものではあるものの，現実の負債と対になっている．将来の退職世代への給付という政府の約束に対応したものなのだ．よって多くの経済学者は，7兆4000億ドルという債務総額が，つまり社会保障信託基金やその他の信託基金などの政府債務と公的債務の合計が，公的債務だけの小さな金額よりも政府財政の健全性を示すより正確な指標だと主張している．

経済学を使ってみよう

アルゼンチンの債権者はヘアーカットを受け取った

前にも述べたが，債権者への返済ができなくなるまで政府債務が膨れ上がるのは，ありえないことのように思える．アメリカでは通常，国債は最も安全な資産だと見なされている．

けれども国家がその債務を履行しないことがある．借り入れたお金の返済に失敗するのだ．1998年にロシアは国債の債務不履行を実行し，世界の金融市場をパニックに落としいれた．2001年には近年で最大の債務不履行が起きた．アルゼンチン政府が810億ドルの債務の支払いを停止したのだ．

アルゼンチンの債務不履行はどのように起きたのだろうか．1990年代のほとんどの期間でアルゼンチンは好景気に沸き，政府は海外から簡単にお金を借り入れることができた．赤字支出で政府債務は増加したが，誰も問題だとは考えていなかった．だが1998年に経済は不振に陥り，結果として税収が減少し赤字は拡大した．アルゼンチンの返済能力に対する海外の貸し手の不安は増していき，非常に高金利のもの以外にはお金を貸さなくなっていった．2001年までにアルゼンチンは悪循環に陥ってしまった．財政赤字を補うため，また満期を迎えた古い債務の返済のために，より高い金利での資金借入を余儀なくされ，その新規借入の高金利がさらに赤字を拡大させたのだ．

アルゼンチン当局は増税と支出削減によって貸し手を安心させようとした．だが不況が続いたために，また緊縮的財政政策による負の乗数効果が働いたために，財政を再び均衡させることはできなかった．強力な緊縮的財政政策はアルゼンチンを不況の泥沼に落とし込んだ．2001年の終わりには国民の抗議行動に遭いアルゼンチン政府は崩壊した．そして債務不履行を実行した．

債権者は，債務を支払えない個人を裁判所に訴えることができる．そして裁判所は債務者の資産を差し押さえたり，また債務者の将来の収入の一部を債権者に支払うように強制したりすることができる．けれども国家が債務不履行に陥ったときは，同様のことをするのは困難だ．債権者は国の資産を差し押さえるために警察に訴えることもできない．また部分的な償還を実現するために国と交渉する必要が生じる．その交渉で債権者にとって唯一有利な材料は，債務不履行をした政府が，和解に失敗したら評判に傷がつき将来的に資金を借り入れられなくなると恐れることだった(ロイター

通信によるアルゼンチンの債務交渉の記事の見出しは「アルゼンチンから不幸な債権者たちへ：訴えてみろ」だった）．

　アルゼンチンと債権者が合意に至るまで3年という年月を費やした．アルゼンチンの新政府が強気の取引をすることを決めたからだ．そしてアルゼンチン政府はそれを実行した．ここに2005年3月の和解を伝えるロイター通信の記事がある．「債務不履行に陥った1ドルを32セントの価値がある紙と交換するという取引は，近年のソブリン債の再編の中でも，投資家にとって最大の『ヘアーカット』または元本の喪失だ」．わかりやすく言い換えてみよう．まず「ソブリン債」とは主権国家，つまりアルゼンチンの債券のことだ．アルゼンチンは債権者に対して，ソブリン債を32％の価値しかない新しい債券と交換することを強制したのだ．そのような債務価値の減少は「ヘアーカット」として知られている．

　この「ヘアーカット」について，2つの誤解を避けることが重要だ．まずあなたは，アルゼンチンは債務の一部しか支払わなかったので債務不履行は安くついたと考えるかもしれない．でも実際には，アルゼンチンの債務不履行は大量の失業者と貧困の急拡大，そして蔓延する社会不安という，近年では最大の経済不振を伴った．またあなたは，アルゼンチンの話はアメリカのような国とは無関係だろうと片づけてしまうかもしれない．つまるところ，アメリカがアルゼンチンのように支払い責任を果たせないことはないだろうと考えるかもしれない．でも海外の貸し手がアルゼンチン政府は有望だと見ていなかったら，そもそもアルゼンチンはそれほどの資金を借り入れることができなかっただろう．実際，1998年まではアルゼンチンの経済運営は広く賞賛されていたのだ．アルゼンチンの債務不履行への転落が物語ることは，財政赤字の長期的意味合いについての関心は決して学術的な範囲にとどまらないということだ．大きく，そして高まり続けた債務／GDP比率のせいで，たった1つの不況がアルゼンチンを経済破綻へと追いやってしまったのだ．

ちょっと復習

▶財政赤字の持続は公的債務の増加を生む．

▶公的債務の増加は政府の債務不履行を引き起こすことがある．それほど極端ではなくても，投資支出をクラウド・アウトし長期の成長を引き下げる．このことから，財政が悪化した財政年度の赤字は，財政が良好な財政年度の黒字で埋め合わせるべきだということがわかる．

▶財政の健全性を図る指標として広く利用されているのが債務／GDP比率だ．

▶現代の政府は公式の債務に加えて，隠れた債務も抱えて

理解度チェック 12-4

1. 次のそれぞれの出来事は，他の条件を一定とすると，アメリカ政府の公的債務と隠れた債務にどのように影響するだろうか．公的債務，もしくは隠れた債務に大きくなるだろうか，それとも小さくなるだろうか．
   a. 高いGDP成長率．
   b. 退職世代の寿命の延長．
   c. 税収の減少．
   d. 現在の公的債務の利子支払いを目的とした政府の借入．
2. 経済が停滞して現在の公的債務が非常に巨額なものになったとしよう．赤字支出を実行するかどうかを決定するに当たって，政策立案者が直面する短期的な目標と長期的な目標の間のトレードオフを説明しなさい．

解答は本書の巻末にある．

次に学ぶこと

　財政政策は，経済が停滞しているときに総需要を刺激したり，総需要が大きすぎるときにそれを減らしたりするために政府が利用できる唯一の方法ではない．実際，多くの経済学者が自動安定化装置は有用な役割を果たしていると信じているものの，一方で裁量的財政政策の有効性には懐疑的だ．それは，政策の立案と実行にタイムラグがあるためだ．

　そこで，もう1つ重要な選択肢がある．金融政策だ．次の2つの章では貨幣システムと金融政策の仕組みについて学ぶことになる．

要約

1. 政府は経済の中で大きな役割を果たしている．GDPのかなりの割合を税として集め，かなりの割合を財・サービスの政府購入や**社会保険**に代表される政府移転支出に費やす．財政政策は，総需要をシフトさせるために税や政府移転支出，財・サービスの政府購入を利用するものだ．多くの経済学者は，極端に積極的な財政政策は実際には経済をより不安定化しかねないと警告する．政策の立案と実行の間にタイムラグがあるためだ．

2. 財・サービスの政府購入は総需要に直接的な影響を与える．税や政府移転支出の変更は，家計の可処分所得の変化を通じて間接的に総需要に影響を与える．**拡張的財政政策**は総需要曲線を右にシフトさせ，**緊縮的財政政策**は総需要曲線を左にシフトさせる．

3. 財政政策は経済に乗数効果をもたらす．拡張的財政政策は，当初の総支出の増加よりも大きく実質GDPを増加させる．逆に緊縮的財政政策は，当初の総支出の減少よりも大きく実質GDPを減少させる．総需要曲線のシフトの大きさは政策の種類に依存する．政府購入の変化の乗数である $1/(1-MPC)$ は，(一括)税や移転支出の乗数である $MPC/(1-MPC)$ よりも大きい．税や移転支出の変化の一部が，支出の連鎖反応の1回目で貯蓄に回されてしまうからだ．そのため政府購入の変化は経済に対して，同額の税や移転支出の変化よりも強い影響を与える．

4. 政府の課税や移転支出を定めるルールは**自動安定化装置**として作用する．つまり乗数の大きさを小さくし，景気循環の変動幅を自動的に小さくする．これと対照的に，**裁量的財政政策**は，景気循環ではなく政策立案者の意図的な行動によるものだ．

5. 財政収支は部分的には景気循環の影響を受けて変動する．景気循環による効果と裁量的財政政策による効果を区別するために，政府は実質GDPと潜在産出量が完全に等しいときの財政収支の推定値である**景気循環調整済み財政収支**を推定している．

6. アメリカ政府の予算会計は**財政年度**に基づいて計算されている．持続的な財政赤字がもたらす長期的な結末は**公的債務**の増加だ．これは2つの理由から問題となりうる．公的債務は投資支出をクラウド・アウトして(押しのけて)，長期の経済成長を阻害する．そして極端なケースでは，債務の増加は政府の債務不履行を引き起こす．その結果は経済と金融の混乱だ．

7. 財政の健全性の指標で広く利用されているのは**債務／GDP比率**だ．GDPが上昇しているときには，適度の財政赤字があっても債務／GDP比率は安定するか，または低下することもある．だが債務／GDP比率が安定的なら問題はないというのは誤った考えだ．それは，現代の政府は巨額の**隠れた債務**を抱えているからだ．アメリカ政府最大の隠れた債務は，社会保障とメディケア，そしてメディケイドから生じている．これらのための費用は人口の高齢化と医療費の上昇に伴い増加している．アメリカ政府は社会保障とメディケア，それにメディケイドから生じる巨額の隠れた債務を抱えている．

キーワード

社会保険…p.343
拡張的財政政策…p.345
緊縮的財政政策…p.346
自動安定化装置…p.351
裁量的財政政策…p.352

景気循環調整済み財政収支…p.356
財政年度…p.359
公的債務…p.359
債務／GDP比率…p.361
隠れた債務…p.363

問題

1. 次の図はアルバーニアのマクロ経済の状況を表現したものだ．あなたは，経済が潜在的産出量Y_Pに到達できるように助言する経済コンサルタントとして雇われたとしよう．

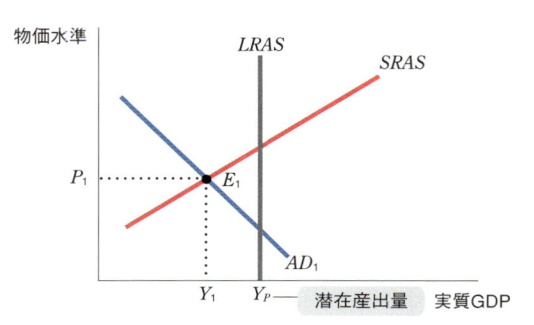

   （図：物価水準 縦軸，実質GDP 横軸．LRAS，SRAS，AD_1 の曲線．均衡点 E_1 は P_1，Y_1．$Y_1 < Y_P$．）

   a. アルバーニアが直面しているのは不況ギャップか．それともインフレギャップか．
   b. 拡張的財政政策と緊縮的財政政策のどちらをとればアルバーニア経済は潜在産出量Y_Pに到達できるだろうか．また，そのような政策の例を述べなさい．
   c. 財政政策が実行されてそれが成功した後のアルバーニアのマクロ経済的状況を図示しなさい．

2. 次の図はブリタニカのマクロ経済の状況を表現したものだ．実質GDPはY_1で物価水準はP_1だ．あなたは，経済が潜在的産出量Y_Pに到達できるように助言する経済コンサルタントとして雇われたとしよう．

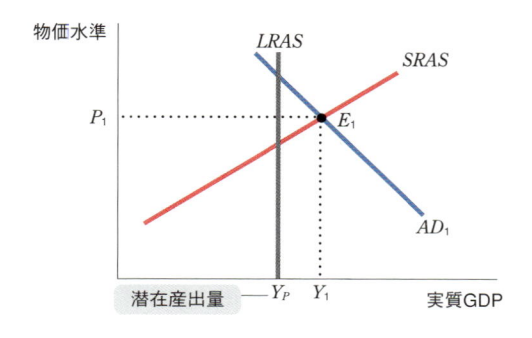

   （図：物価水準 縦軸，実質GDP 横軸．LRAS，SRAS，AD_1 の曲線．均衡点 E_1 は P_1，Y_1．$Y_P < Y_1$．）

   a. ブリタニカが直面しているのは不況ギャップか．それともインフレギャップか．
   b. 拡張的財政政策と緊縮的財政政策のどちらをとればブリタニカ経済は潜在産出量Y_Pに到達できるだろうか．また，そのような政策の例を述べなさい．
   c. 財政政策が実行されてそれが成功した後のブリタニカのマクロ経済的状況を図示しなさい．

3. 経済が長期のマクロ経済均衡にあるとき，総需要に次のようなショックが起きたとしよう．ショックの後に経済が直面するのは，不況ギャップとインフレギャップのどちらだろうか．そして，経済を潜在産出量に戻すために，どんな財政政策が有効だろうか．

   a. 資産市場のブームにより家計が保有する資産の価値が上昇した．
   b. 企業は近い将来不況が来ると信じている．
   c. 戦争が近いと予想されているので政府は軍事関連設備の購入を増加した．
   d. 経済の貨幣量が減少し利子率が上昇した．

4. 次ページ上の表を完成させて，政府購入Gの100億ドルの減少が政府移転支出TRの100億ドルの減少よりもGDPに与える効果が大きい理由を示しなさい．ここで，限界消費性向MPCは0.6だとする．1行目と2行目はすでに埋めてある．1行目では，政府購入の100億ドルの減少が実質GDPと可処分所得YDを100億ドル減少させ，結果として2行目にあるように消費支出が60億ドル減少する（$MPC \times$可処分所得の変化だ）．一方の政府移転支出の100億ドルの減少は，最初のラウンドでは実質GDPに影響を与えず，YDを100億ドル減少させるのみだ．結果として第2ラウンドで消費支出が60億ドル減少する．

	政府購入 G の100億ドルの減少				移転支出 TR の100億ドルの減少		
ラウンド	G の変化	実質GDPの変化 (10億ドル)	YD の変化		TR の変化	実質GDPの変化 (10億ドル)	YD の変化
1	$\Delta G =$ −10.00	−10.00	−10.00		$\Delta TR =$ −10.00	−0.00	−10.00
2	$\Delta C =$ 6.00	−6.00	−6.00		$\Delta C =$ −6.00	−6.00	−6.00
3	$\Delta C =$?	?	?		$\Delta C =$?	?	?
4	$\Delta C =$?	?	?		$\Delta C =$?	?	?
5	$\Delta C =$?	?	?		$\Delta C =$?	?	?
6	$\Delta C =$?	?	?		$\Delta C =$?	?	?
7	$\Delta C =$?	?	?		$\Delta C =$?	?	?
8	$\Delta C =$?	?	?		$\Delta C =$?	?	?
9	$\Delta C =$?	?	?		$\Delta C =$?	?	?
10	$\Delta C =$?	?	?		$\Delta C =$?	?	?

a. 政府購入が100億ドル減少したとき，10ラウンド後の実質GDPの変化の合計はどれだけか．
b. 政府移転支出が100億ドル減少したとき，10ラウンド後の実質GDPの変化の合計はどれだけか．
c. 政府購入の変化と政府移転支出の変化のそれぞれの乗数の式を利用して，政府購入の100億ドルの減少と政府移転支出の100億ドルの減少のそれぞれについて，実質GDPの総変化額を計算しなさい．その違いはどう説明できるか．

5. 次のそれぞれのケースでは不況ギャップとインフレギャップのどちらかが存在している．総供給曲線は水平で，実質GDPの変化は総需要曲線のシフトのみによって生じるとしよう．ギャップを埋め合わせるために必要な財・サービスの政府購入の変化額と，政府移転支出の変化額をそれぞれ計算しなさい．
  a. 実質GDPは1000億ドル，潜在産出量は1600億ドル，限界消費性向は0.75だ．
  b. 実質GDPは2500億ドル，潜在産出量は2000億ドル，限界消費性向は0.5だ．
  c. 実質GDPは1800億ドル，潜在産出量は1000億ドル，限界消費性向は0.8だ．

6. ほとんどのマクロ経済学者は，税が自動安定化装置として機能して，乗数の大きさを小さくすることは望ましいと信じている．けれども乗数の大きさが小さくなるということは，インフレギャップや不況ギャップを埋めるのに必要な財・サービスの政府購入，政府移転支出，もしくは税の変化がより大きくなることを意味している．この明らかな矛盾をあなたならどう説明するか．

7. 次の表はある経済の限界消費性向と所得階層の関係を示している．

所得階層(ドル)	限界消費性向
0～20,000	0.9
20,001～40,000	0.8
40,001～60,000	0.7
60,001～80,000	0.6
80,000超	0.5

a. それぞれの所得階層で，消費者の所得の1ドルの増加に対する「出費に見合った価値」は実質GDPでいうとどれくらいか．
b. 政府が不況ギャップやインフレギャップを埋める必要があるとしよう．ギャップを埋めるための財・サービスの政府購入や税の変化を最小にしたいとき，あなたならどの種類の財政政策を推奨するか．

8. マクロランドでは過去5年間財政黒字が増加しつづけた．2人の政策立案者の間で，その理由について見解の不一致がある．1人は財政黒字の増加は経済成長によるものだとし，もう1人は政府が緊縮的財政政策を利用したからだと主張している．どちらの政策立案者が正しいか，あなたは判断できるだろうか．できないとしたら，その理由は何か．

9. 図12-9は1970年以降のアメリカの実際の財政赤字と景気循環調整済み財政赤字を対GDP比で示したものだ．潜在産出量が一定だとして，1992年以降，拡張的財政政策を用いた年と緊縮的財政政策を用いた年をこの図を用いて示しなさい．

10. あなたは官僚候補者の経済アドバイザーだ．彼女はあなたに連邦政府の均衡財政ルールが経済にもたらす効果についての概要の作成を求め，そしてそれを支持すべきかどうかについての意見を求めた．あなたはどう答えるか．

11. 2005年に，イーストランディア経済の政策立案者は，財政赤字増加に関する複数のシナリオに基づいて今後10年の債務／GDP比率と赤字／GDP比率を予測した．現在の実質

GDPは年間1兆ドルで，3％の成長率で成長している．また，2005年当初の公的債務は3000億ドル，2005年の財政赤字は300億ドルだ．

年	実質GDP (10億ドル)	債務 (10億ドル)	財政赤字 (10億ドル)	債務 対実質 GDP比	財政赤字 対実質 GDP比
2005	1,000	300	30	?	?
2006	1,030	?	?	?	?
2007	1,061	?	?	?	?
2008	1,093	?	?	?	?
2009	1,126	?	?	?	?
2010	1,159	?	?	?	?
2011	1,194	?	?	?	?
2012	1,230	?	?	?	?
2013	1,267	?	?	?	?
2014	1,305	?	?	?	?
2015	1,344	?	?	?	?

a. 政府の財政赤字が今後10年間一定で300億ドルだとしよう．債務／GDP比率と赤字／GDP比率を記入し表を完成させなさい（前年の赤字によって債務が増加することに注意）．
b. 政府の財政赤字が今後10年間，前年度の3％の伸び率で増加するとしよう．設問aと同じように，債務／GDP比率と赤字／GDP比率を記入し表を完成させなさい．
c. 政府の財政赤字が今後10年間，前年度の20％の伸び率で増加するとしよう．設問aと同じように，債務／GDP比率と赤字／GDP比率を記入し表を完成させなさい．
d. これらの3つの異なるシナリオの下で，債務／GDP比率と赤字／GDP比率はどのようになるか．

12. あなたの勉強仲間が政府の赤字と債務の違いは，消費者の貯蓄と富との間の違いと似たようなものだと主張している．また，大きな赤字を抱えているならば債務も必ず大きくなるとも主張している．あなたの勉強仲間が正しい点と誤っている点を明らかにしなさい．

13. 次のそれぞれのケースで，政府債務の大きさと財政赤字の大きさは，経済の潜在的な問題を示すものだろうか．
   a. 政府債務は比較的小さい．だが，主要都市を結ぶ高速鉄道網を建設するために政府は巨額の財政赤字を生み出している．
   b. 最近終わった戦争で多額の赤字を出したため，政府債務は比較的大きい．だが現在の財政赤字は小さい．
   c. 政府債務は比較的小さい．だが，その債務への利子支払いのために政府は財政赤字を生み出している．

14. 次の出来事はアメリカ政府の公的債務と隠れた債務にどんな影響を与えるだろうか．
   a. 2003年，メディケア近代化法が議会を通過し，ブッシュ大統領はそれにサインした．この法律は，高齢者と障害者の処方薬の保険適用を約束するものだった．この法律による給付の一部はすぐに支給され，残りは将来のある時期まで始まらない．
   b. 退職者が社会保障給付を全額受け取ることができる年齢が，70歳以上に引き上げられた．
   c. 将来の退職者のうちで社会保障給付の対象となるのが低所得者のみに制限された．
   d. 医療費補助の費用がインフレ率よりも速く増大している．したがってインフレよりもむしろ医療費補助の増加によって社会保障給付が毎年増加している．

> **web ▶** 引き続き勉強し，本章の概念を復習したい人は，クルーグマン＝ウェルスのウェブサイトを訪ね，小問題集，動画による教習，有益なリンク集などを参照してください．
> www.worthpublishers.com/krugmanwells

第12章 付録
Taxes and the Multiplier
税と乗数

この章では，実質GDPと正の関係がある税が乗数の大きさを小さくし，自動安定化装置として機能することを説明した．これを数学的により詳しく説明してみよう．

具体的に政府は実質GDPの増加のうちtの割合を税として「獲得する」としよう．tは税率で，0から1の間の値をとる．それから，投資支出が500億ドル増加したときの効果を考察した第10章の練習問題をもう一度やってみよう．

投資支出の500億ドルの増加は，最初に実質GDPを500億ドル増加させる（第1ラウンド）．税がなければ可処分所得が500億ドル増加する．だが，実質GDPの増加の一部は税として徴収されるので，可処分所得は$(1-t)\times 500$億ドルだけ増加する．第2ラウンドでは消費支出が増加する．その額は限界消費性向MPCと可処分所得の増加額をかけあわせたものに等しく，$MPC\times(1-t)\times 500$億ドルとなる．同様に第3ラウンドの消費支出の増加額は$(MPC\times(1-t))\times(MPC\times(1-t))\times 500$億ドルとなる．第4ラウンド以降も同様だ．したがって，実質GDPへの最終的な影響は次のようになる．

$$
\begin{aligned}
&投資支出の増加 &&= &&500億ドル\\
&+第2ラウンドの消費支出の増加 &&= (MPC\times(1-t))\times 500億ドル\\
&+第3ラウンドの消費支出の増加 &&= (MPC\times(1-t))^2\times 500億ドル\\
&+第4ラウンドの消費支出の増加 &&= (MPC\times(1-t))^3\times 500億ドル\\
&\qquad\vdots &&\qquad\vdots
\end{aligned}
$$

実質GDPの変化の合計 $= [1+(MPC\times(1-t))+(MPC\times(1-t))^2+(MPC\times(1-t))^3+\cdots]\times 500$億ドル

第10章で学んだように，$0<x<1$であるようなxについて，$1+x+x^2+\cdots$は$1/(1-x)$に等しくなる．この例では，$x=MPC\times(1-t)$だ．よって，財・サービスの政府購入が

500億ドル増加したときの最終的な効果は，それに続いて起こる消費支出の増加も考慮に入れると，実質GDPを次式の分上昇させる．

$$500億ドル \times \frac{1}{1-MPC \times (1-t)}$$

税の効果を考慮しないで乗数を計算すると$1/(1-MPC)$となる．けれども実質GDPの変化のうちtの割合が税として徴収されるなら，乗数は次のようになる．

$$乗数 = \frac{1}{1-MPC \times (1-t)}$$

これは常に$1/(1-MPC)$よりも小さく，その大きさはtが大きくなるにつれて小さくなる．例えば$MPC=0.6$としよう．このとき，税がない場合の乗数は$1/(1-0.6)=1/0.4=2.5$だ．だが$t=1/3$と仮定すると，つまり実質GDPの変化のうち$1/3$が税として徴収されるとすると，乗数は次のようになる．

$$\frac{1}{1-0.6 \times (1-1/3)} = \frac{1}{1-0.6 \times 2/3} = \frac{1}{1-0.4} = \frac{1}{0.6} = 1.667$$

問題

1. ある経済の限界消費性向が0.6で，実質GDPは5000億ドルだとしよう．そして政府はGDPの20％を税として徴収している．ここで政府購入が100億ドル増加したとしよう．そのときに起きる支出の増加を次の表を完成させて示しなさい．1行目と2行目はすでに埋めてある．1行目では100億ドルの政府購入の増加が実質GDPを100億ドル増加させ，税収を20億ドル増加させる．そしてYDは80億ドル増加する．2行目ではYDの80億ドルの増加で消費支出が48億ドル増加する（$MPC \times$可処分所得の変化）．

a. 10ラウンド後の実質GDPの変化の合計はどれだけか．また乗数の大きさはどれだけか．また乗数の計算式に基づくと，実質GDPの変化の合計はどれだけになると予想できるか．2つの答えはどう比較できるか．

b. 限界消費性向は0.75で，政府は実質GDPの増加の10％を税として徴収しているとしよう．設問aと同様の表を作成しなさい．10ラウンド後の実質GDPの変化の合計はどれだけか．また乗数の値はどれだけか．

2. 次のそれぞれのケースについて，不況ギャップやインフレギャップを埋め合わせるために必要な財・サービスの政府購入の変化を計算しなさい．総需要曲線のシフトの大きさと，それによる実質GDPの変化が等しくなるように，総供給曲線は水平だと仮定しよう．

ラウンド	GまたはCの変化	実質GDPの変化（10億ドル）	税の変化	YDの変化
1	$\Delta G =$ 10.00	10.00	2.00	8.00
2	$\Delta C =$ 4.80	4.80	0.96	3.84
3	$\Delta C =$?	?	?	?
4	$\Delta C =$?	?	?	?
5	$\Delta C =$?	?	?	?
6	$\Delta C =$?	?	?	?
7	$\Delta C =$?	?	?	?
8	$\Delta C =$?	?	?	?
9	$\Delta C =$?	?	?	?
10	$\Delta C =$?	?	?	?

a. 実質GDPは1000億ドルで，潜在産出量は1600億ドルだ．政府は実質GDPの変化の20％を税として徴収する．限界消費性向は0.75だ．

b. 実質GDPは2500億ドルで，潜在産出量は2000億ドルだ．政府は実質GDPの変化の10％を税として徴収する．限界消費性向は0.5だ．

c. 実質GDPは1800億ドルで，潜在産出量は1000億ドルだ．政府は実質GDPの変化の25％を税として徴収する．限界消費性向は0.8だ．

第 13 章
Money, Banking, and the Federal Reserve System
貨幣，銀行，連邦準備制度

この章で学ぶこと
▶ **貨幣**が経済で果たすさまざまな役割と，貨幣のさまざまな形態．
▶ 民間銀行と連邦準備制度（中央銀行）はどう**貨幣供給量**（**貨幣供給**，**マネーサプライ**）を決めているか．
▶ 連邦準備制度は**公開市場操作**によってどう**マネタリーベース**を変更するか．

空中馬車道

　経済学が学問分野の1つとして確立したのは，1776年にアダム・スミスが『国富論』を著したときだとされる．この書物は，人々の私的利益の追求を公共の利益に結びつける市場の「見えざる手」をいち早く評価したことで有名だ．しかし，『国富論』はそれだけでなく，もっといろんな内容を持っている．なかでも，当時としては新奇な発明だった銀行と紙幣を熱烈に擁護している．

　今日では私たちは，精巧な印刷が施された紙きれ——アメリカで言うとドル札のことだ——をほぼすべての財・サービスと交換できるのを当たり前に思っている．また買い物の際に小切手やカードで支払えば，そんな紙幣すら必要ないことを当然だと思っている．小切手やカードでの支払いには，銀行がその使用額だけの紙幣を後で支払うという保証があるからだ．

　アダム・スミスの時代には，世界中のほとんどの取引に金貨や銀貨が使われていた．彼の生地スコットランドではすでに紙幣と銀行が受け入れられていたが，世界の大部分ではそれはまだ疑いの目で見られていた．だからスミスは，近代的な貨幣システムが持つ長所を説明する必要があると感じていた．国の金や銀を取引でなく他の用途に使えるよう解放するという長所だ．そして彼は，金貨や銀貨の代わりに紙幣を使うことは，土地を使わずに馬車の通る街道を作るようなもの，つまり空中馬車道を作るようなものだと述べた．

　この章では，現代の貨幣システムの働きとそれを維持し管理する制度について学ぶ．この課題はそれ自身重要だが，金融政策を理解するための予備知識としても重要だ．金融政策は第14章で説明する．

1　貨幣の意味

　日常会話でお金といえば「富」を意味する．あなたが「ビル・ゲイツってどれくらいのお金を持っているのかな？」と聞けば，「うーん，400億ドルくらいかなあ．正確なところは誰にもわからないだろうけど……」というような答えが返ってくるだろう．そこで言う金額には，彼が所有する株式や債券に不動産，またはそれ以外の資産の価値が含まれているはずだ．

　だが，経済学者がお金（貨幣）というとき，そこにはあらゆる富が含まれるというわ

けではない．財布の中のドル紙幣はお金(貨幣)だが，自動車，住宅，株式といった富は貨幣ではない．では，経済学者が考えている貨幣とその他の富の違いはなんだろう？

1.1 貨幣とは何か？

貨幣はその役割によって定義される．財・サービスを購入するのに使える資産をすべて**貨幣**という．第9章で，すぐさま現金化できる資産を流動的な資産と呼ぶことを学んだね．貨幣には，定義からそれ自身が流動的である現金と，現金ではないが非常に流動性の高い資産とが含まれる．

貨幣とそれ以外の資産の区別は，スーパーで食料品を買うときにどんなふうに支払うかを考えればわかりやすい．ミルクと冷凍ピザの代金をレジで支払うとき，レジの人はドル札などの現金なら受け取るだろうが，株券や珍しいベースボールカードは受け取ってくれないだろう．株券を食料品に取り替えたければ，まず株券を売って貨幣を手に入れてから食料品を購入するべきだ．

もちろん，小切手(またはあなたの銀行預金から現金が引き落されるデビットカードでもいい)による支払いで商品を売ってくれる店は多くある．では，まだ引き出して現金化していないあなたの銀行預金残高は貨幣と言えるのかな？　もちろん言える．人々の手元にある現金は**流通現金**と呼ばれ，貨幣に含まれる．また**当座預金**口座を持っていれば小切手を利用することができるが，これも貨幣の一種だ．

貨幣と見なされる資産は流通現金と当座預金だけなのだろうか？　答えは，場合によるというものだ．経済の中で貨幣と見なされる金融資産の総価値を**貨幣供給量**(**貨幣供給，マネーサプライ**)と言うが，後で見るようにそれには何通りかの定義がある．最も狭い意味での貨幣は，流通現金，トラベラーズチェック，そして当座預金しか含まれないので，最も流動性が高い．もう少し広い意味での貨幣には，電話一本で当座預金口座に移すことができる普通預金のように，ほぼ当座預金と呼べる資産も含まれる．貨幣供給量の定義はすべて，財・サービスの購入にすぐさま使えるかそうでないかに応じて区別されている．

貨幣は取引利益を生み出すのに決定的な役割を果たしている．貨幣のおかげで，間接的な取引が可能になるからだ．ある心臓外科医が新しい冷蔵庫を買おうとしているとしよう．その医師は心臓手術という価値あるサービスを提供できる．一方，電気店のオーナーは冷蔵庫やその他家電品といった価値ある財を提供できる．だが，この2人が貨幣を使わずに直接サービスと財を物々交換することは著しく困難だろう．物々交換というシステムでは，この医師が冷蔵庫を手に入れられるのは，電気店のオーナーが心臓手術を必要としていて，かつその医師が冷蔵庫を欲しがっているときだけだからだ．これは「欲求の二重の一致」の問題として知られている．つまり物々交換の世界では，お互いが持っているものを双方が欲しいと思っているときにしか交換できないのだ．貨幣はこの問題を解決してくれる．人々は自分が提供するものを貨幣と交換し，その貨幣を自分が欲しいと思っているものと交換できるのだ．

貨幣とは財・サービスの購入にすぐさま使える資産だ．

流通現金は人々が保有する現金だ．

当座預金(口座)は預金者が小切手を利用できる銀行預金(口座)だ．

貨幣供給量(**貨幣供給，マネーサプライ**)とは経済の中で貨幣と見なされる金融資産の総価値だ．

落とし穴

カードと貨幣供給量

21世紀のアメリカでは，現金や小切手ではなくカードで買い物が行われることが多い．カードは2種類に分かれる．1つはデビットカードだ．これは銀行のATMカードと同じようにスーパーでの買い物に使えて，その代金は使用者の銀行口座から自動的に引き落とされる．つまりあなたはデビットカードで自分の銀行預金口座にアクセスできるというわけだ．これは貨幣供給の一部だ．

貨幣自身は直接には何も生み出さないが，取引利益の発生を促して経済厚生を高めてくれる．アダム・スミスが述べているように，貨幣を「幹線道路になぞらえるのは適切だろう．道路が牧草や穀物を生み出すことは全くないが，その国の牧草や穀物はすべて道路によって市場へと運ばれ流通するのだ」．

それでは一国経済で貨幣がどんな機能を果たしているかを詳しく見ることにしよう．

1.2　貨幣の役割

現代経済における貨幣には3つの役割がある．**交換媒体**としての役割，**価値の貯蔵手段**としての役割，そして**計算単位**としての役割だ．

交換媒体　先ほどの心臓外科医と冷蔵庫の例は，貨幣の**交換媒体**としての役割を示している．つまり貨幣は消費するためでなく，財・サービスと交換するために使われる資産なのだ．ドル紙幣を食べることはできないが，それを食料品などと交換することはできる．

アメリカのドルやメキシコのペソといった各国の公式貨幣は，平時には，その国内のほぼ全取引の交換媒体となっている．しかし経済的に困難な時期には，それ以外の財や資産が交換媒体の役割を果たすことがよくある．経済が混乱している時期には，外国の貨幣が交換媒体として使われることも多い．アメリカのドルは南米諸国でそうした役割を果たしてきたし，ユーロは東欧で同様の役割を果たした．それに，第2次世界大戦の捕虜収容所でタバコが交換媒体として機能したのは有名な話だ．タバコを吸わない者もタバコと財・サービスを交換した．タバコなら他の物品と簡単に交換できたからだ．1923年にドイツで激しいインフレが起きたときには，一時的に卵や石炭などの財が交換手段に使われた．

価値の貯蔵手段　交換媒体として機能するためには，貨幣は**価値の貯蔵手段**である必要もある．つまり時間が経過しても購買力を保持していなくてはいけないということだ．なぜこの役割が必要かを理解するために，例えばソフトクリームが交換媒体になっている経済を想定してみよう．この経済では貨幣がすぐにとけてなくなる危険がある．何かと交換する前に，この交換媒体はべたべたした塊と化してしまうだろう（第16章では高インフレがもたらす問題の1つとして，貨幣の価値がまさに「とけてなくなってしまう」ことを説明する）．もちろん貨幣だけが価値の貯蔵手段となりうるわけではない．購買力を保持し続ける能力がある資産はすべて価値の貯蔵手段となる．つまり貨幣には価値の貯蔵手段という役割は必要だが，それがあるからといって貨幣になるというわけではないのだ．

計算単位　貨幣は通常，**計算単位**として利用される．価格を設定したり，経済計算をする際の尺度となるのだ．新譜のCDの価格はビッグマックの約5倍だが，アマゾン（Amazon.com）のリストにはCDの価格はビッグマック5個ではなく，14ドルと表

ではクレジットカードはどうだろう？　クレジットカードの利用は，実質的には利用者が店頭で買い物代金を借りているということになる．これも貨幣供給量の一部に入れるべきではないかと思うかもしれないが，答えはノーだ．貨幣供給量は金融資産の価値のことだが，クレジットカードは金融資産ではないからだ．あなたはクレジットカードで借入可能な資金にアクセスできるが，それは負債であって資産ではない．クレジットカード利用者の残高は負債残高だ．クレジットカードの利用可能額は，利用者が借り入れられる資金の上限なのだ．クレジットカードの残高と利用可能額はどちらも負債であって資産ではないので，貨幣供給量の一部にはならない．

デビットカードもクレジットカードも人々が買い物しやすくなるように手助けしてくれる．だがどちらも貨幣供給量の尺度には影響を与えない．

交換媒体とは，消費するためでなく交換に用いるために人々が保有する資産だ．

価値の貯蔵手段とは，時間が経過しても購買力を保持しつづける手段のことだ．

計算単位とは価格を設定したり，経済計算をする際の尺度だ．

示されている.

1.3 貨幣の種類

貨幣はさまざまなかたちをとって，何千年もの間使われてきた．そのほとんどの時期において，人々が使っていたのは**商品貨幣**だった．つまり交換媒体となったのは通常は金や銀などで，別の用途にも使えるものだった．商品貨幣は，他の用途に使えるということから，単なる交換媒体とはまた別の価値を持っている．例えばタバコは第2次世界大戦の捕虜収容所で貨幣の役割を果たしたが，多くの捕虜が喫煙者だったのでタバコそれ自体に価値があった．金に価値があるのは，コインとして鋳造されるのとは別に，宝飾品にも使えるからだ．

アダム・スミスが『国富論』を著したころには，スコットランドでは金貨や銀貨ではなく，紙幣が貨幣の大部分を占めていた．この紙幣は現代のドル紙幣とは違い，発行元は民間銀行で，要求に応じて金貨や銀貨と交換することが保証されていた．つまり1776年のスコットランドの紙幣は，それ自体には価値はないが価値ある財と必ず交換できるという約束によって価値が保証された**商品担保貨幣**だったのだ．

商品担保貨幣が金貨や銀貨よりもずっと優れている点は，貴重な資源を貨幣利用という用途に縛りつけずにすむということだ．金貨や銀貨の代わりに紙幣を使う国は，紙幣の保有者が要求してくる金貨・銀貨と紙幣の1日の交換量は，発行済み紙幣総額のほんの一部にすぎないということを当てにしている．つまり紙幣を発行する銀行は発行済み紙幣総額のほんの一部に値する金貨や銀貨だけを金庫に置いておけば良いということだ．するとそれ以外の金や銀を，それを使いたい人に貸し出すことができる．そうすることで社会は金や銀を別の目的のために使うことができ，しかも取引利益を損ねることがないのだ．

これこそまさにアダム・スミスが「空中馬車道」と表現したものだ．彼が貨幣のことを，貴重な土地を使わずにすむ空想上の幹線道路にたとえたことを思い出してほしい．幹線道路は便利だが実際の建設には費用がかかる．費用とは，道路にしなければ穀物を育てるなど別のことに使えたはずの土地だ．もし空中に幹線道路を建設できるなら，貴重な土地を塞がずにすむ．当時のスコットランドの銀行は金貨・銀貨の代わりに紙幣を用い，実物資源を使わずに貨幣の機能を世の中に提供するという，スミスのたとえ話どおりのことを達成したのだ．

ここまで説明すると，読者は，貨幣システムで金貨や銀貨を交換媒体として使う必要はないのではないか，という疑問を抱くかもしれないね．実際のところ，現在の貨幣システムはスミスが称賛したスコットランドの貨幣システムよりもっと進化している．アメリカのドル紙幣は商品貨幣ではないし，商品担保貨幣ですらない．支払い手段としてみなに認識されているということだけが価値になっているのだ．その支払い手段としての役割は究極的にはアメリカ合衆国政府により認められている．交換媒体として公式に認められているという理由だけで価値が発生している貨幣を**法定不換貨幣（フィアット・マネー）**という．それが政府の認可（フィアット）によって存在するも

商品貨幣とは交換媒体として使われるが，他にも用途がある財だ．

商品担保貨幣とは，それ自体には価値はないが，価値ある財と必ず交換できるという約束によって価値が保証された交換媒体だ．

法定不換貨幣（フィアット・マネー）とは，支払い手段として公式に認められているという理由のみによって価値が発生している交換媒体だ．

のだからだ．フィアットとは，統治者の政策宣言を意味する歴史用語だ．

1.4 貨幣供給量を測る

連邦準備制度（この制度のことはすぐ後で説明する）は3種類の**貨幣集計量**を測定している．貨幣集計量は貨幣供給量を測る指標で，貨幣をどれくらい厳密に定義するかに応じて区別される．3種類の貨幣集計量は，典型的にはそれぞれM1，M2，M3と呼ばれている．M1は最も狭い意味での貨幣で，流通現金（すなわち現金），トラベラーズチェック，当座預金だけを含む．M2はそれに**準貨幣**と呼ばれる何種類かの資産が付け加わったものだ．準貨幣は，それ自身は交換媒体としては使えないが，すぐさま現金に換えたり当座預金口座に移せる普通預金のような資産だ．例えば小切手を利用することはできないが，いつでも違約金なしで，あるいはわずかな違約金で引き出せるような預金がそれに当たる．貨幣の分析のほとんどは，M1かM2に注目している．だが第3の貨幣集計量であるM3というものもある．M3には準貨幣よりも「もっと」換金しにくい資産が付け加わる．満期前に引き出すと大きな違約金がかかる預金のように，現金に換えたり当座預金口座に移すのが若干難しい資産だ．以上から，M1が最も流動的な貨幣指標といえる．流通現金や当座預金はそれ自身を交換媒体として利用できるからだ．

図13-1に，2005年6月のM1とM2の内訳を10億ドル単位で示してある．M1は1兆3684億ドルで，流通現金と当座預金がそのうちのおよそ半分ずつを占め，残ったほんのわずかな部分がトラベラーズチェックだ．だが総額6兆5097億ドルのM2の内容を見ると，M1は25％にも満たない．M2の残りの部分は，いずれも小切手を利用できない銀行口座である普通預金と定期預金，それにMMF（マネー・マーケット・ファンド，公社債投資信託）だ．MMFは流動的な資産にのみ投資される，銀行口座にとてもよく似ている投資信託だ．

> **貨幣集計量**とは貨幣供給量を測る指標だ．

> **準貨幣**は，それ自体は交換媒体としては使えないが，すぐさま現金に換えたり当座預金口座に移せる金融資産だ．

図13-1　2005年6月の貨幣集計量

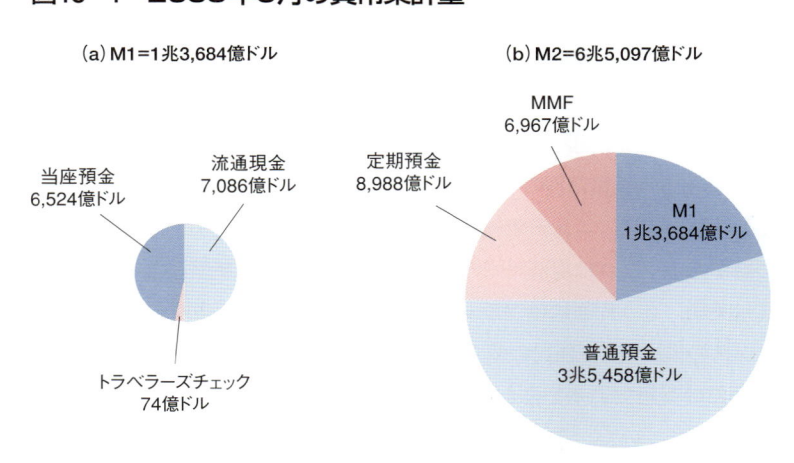

(a) M1=1兆3,684億ドル

- 当座預金 6,524億ドル
- 流通現金 7,086億ドル
- トラベラーズチェック 74億ドル

(b) M2=6兆5,097億ドル

- MMF 6,967億ドル
- 定期預金 8,988億ドル
- M1 1兆3,684億ドル
- 普通預金 3兆5,458億ドル

連邦準備制度は貨幣供給量の3つの定義を使っている．M1，M2，それにM3（図には示されていない）だ．パネル(a)は，M1の内訳が流通現金と当座預金でほぼ半々だということを示している．パネル(b)から，M2はM1より広い定義だということがわかる．M2にはM1に加えて，それ以外の預金類や預金に似た資産が入っている．その結果M2は，M1の約5倍の大きさになっている．
出所：Federal Reserve Bank of St. Louis（セントルイス連銀）．

ちょっと寄り道　現金通貨はどこへ行った？

　目ざとい読者なら貨幣供給量の内訳の1つが気になっただろう．7000億ドルもの流通現金が出回っているという点だ．これはアメリカに住むすべての男性，女性，子どもに1人当たり2500ドルの現金があるということになる．財布にいつも2500ドルも入れているような人ってそんなにいるのかな？　ほとんどいないだろう．とすれば，それだけの現金はいったいどこへ行ったのか？

　その答えの1つは，現金は個人の財布の中だけでなく，お店のレジの中にもあるということだ．個人が現金を必要とするのと同じように，ビジネスでも現金が必要だ．

　経済学者はまた，人々が表に出したくない取引をするときに現金が重要な役割を果たしていると信じている．中小企業や個人事業者は現金での支払いや受取りを好む．自分の所得をアメリカ国税庁（IRS）の目が届かないようにできるからだ．また麻薬密売人など犯罪行為をする者は，当然銀行の取引記録が残らないようにしたがる．実際専門家の中には，現金発行残高をもとに経済での違法行為の大きさを推定しようとする者もいる．

　だが巨額の現金が流通している最大の理由は，外国でドルが使われていることだ．連邦準備制度の推定では，アメリカの現金の60％はアメリカ本土以外で保有されている．

経済学を使ってみよう

ドルの歴史

　ドル紙幣は純粋な法定不換貨幣だ．ドル紙幣それ自体には価値はなく，また何か価値あるものと交換できるということも保証されていない．アメリカの貨幣がずっと昔から不換貨幣だったわけではない．ヨーロッパの植民地だった初期の時代には，後にアメリカ合衆国となる植民地では商品貨幣が使われていて，一部に金貨や銀貨の使用が見られた．大西洋のこちら側ではそれらのコインが希少だったので，植民地ではいろいろな商品貨幣が使われた．例えば，ヴァージニアの入植者たちはタバコを貨幣として使ったし，北東部の入植者たちはワムパムという貝殻を使った．

　後になって商品担保紙幣が広く使われるようになった．しかしこれは，現在の私たちがよく知っている，財務省長官の署名が入った政府発行紙幣ではなかった．南北戦争以前には，アメリカ政府は紙幣を全く発行していなかったのだ．当時のドル紙幣は民間銀行が発行しており，所有者の要求に応じて銀貨と交換することを約束するものだった．銀行は倒産することがあったので，この約束は絶対に守られるものではなかった．だから人々は資金面で問題がありそうな銀行が発行する紙幣を受け取るのを嫌がった．つまり，あるドル紙幣は別のドル紙幣より価値が低いということがあったのだ．

　今に伝わる興味深い話に，ニューオーリンズを拠点とするルイジアナ市民銀行が発行した紙幣の話がある．これは南部諸州の間で最も広く使われた紙幣となった．この紙幣の片面には英語，もう片面にはフランス語が印刷されていた（当時のニューオーリンズはフランスの植民地で，住民の多くがフランス語を話していた）．そのため，10ドル紙幣の片面には英語でTenと書かれていて，もう片面にはフランス語で10を意味するDixと印刷されていた．この10ドル紙幣はディキシーズ（dixies）と呼ばれるよ

うになったが，これがおそらくアメリカ南部諸州のあだ名であるディキシーの由来だろう．

アメリカ政府は南北戦争中に「グリーンバック」と呼ばれる正式の紙幣(裏が緑色の法定紙幣)を発行しはじめた．当初それには，商品と交換できるような価値が定められていなかった．1873年以降にアメリカ政府は1ドルを一定量の金と交換することを保証するようになり，ドルは実質的に商品担保貨幣となった．

1933年には，フランクリン・D・ルーズベルト大統領が金とドルの交換を停止した．このとき大統領直属の予算局長は「西洋文明は終わった」と宣言した．だが，そうはならなかった．数年後に金とドルの交換が再開され，その後1971年8月に再び，そしておそらくほぼ永久に交換が停止された．破滅の警告とはうらはらに，U.S.ドルはいまだに世界で最も流通している通貨となっている．

理解度チェック 13-1

1. 特定の店の特定の商品だけに使える商品券を持っているとしよう．この商品券は貨幣に含まれるだろうか？　答えて理由も述べなさい．
2. だいたいどんな銀行口座にも利子がつくが，譲渡性預金証書(CD)を保有すればより高い利子を得られる．CDと当座預金の違いは，CDの場合，数カ月後あるいは数年後に来る満期前に資金を引き出すと違約金を取られることだ．小口のCDはM2に入るが，M1には入らない．CDはなぜM1に入らないか説明しなさい．

解答は本書の巻末にある．

> **ちょっと復習**
>
> ▶財・サービスを容易に購入できる資産はすべて貨幣だ．流通現金と当座預金はどちらも貨幣供給量(貨幣供給，マネーサプライ)の一部になる．
> ▶貨幣には3つの役割がある．交換媒体としての役割，価値の貯蔵手段としての役割，そして計算単位としての役割だ．
> ▶歴史的には，貨幣は最初商品貨幣の形態をとり，後に商品担保貨幣が現れた．現在では，ドルは純粋な法定不換貨幣(フィアット・マネー)だ．
> ▶貨幣供給量は3種類の貨幣集計量で測定されている．M1，M2，M3だ．M1が最も流動性が高く，M2はM1に各種の準貨幣を加えたものだ．

2 銀行の貨幣的役割

貨幣供給量のいちばん狭い定義であるM1の半分は，1ドル紙幣や5ドル紙幣などの流通現金だ．流通現金をどこが発行しているかは明らかだ．アメリカ財務省が印刷しているのだ．M1の残りの半分は銀行預金で，またもう少し広い定義であるM2やM3の大部分もさまざまな銀行預金で構成されている．つまり銀行預金は，貨幣供給量の大部分を占めているのだ．これが次のトピックスである銀行の貨幣的役割について説明する理由だ．

2.1 銀行がやっていること

第9章で学んだように，銀行は銀行預金という流動的な資産(流動資産)を貸出という非流動的な投資に回す金融仲介機関だ．銀行が流動性を創出できるのは，預かったお金すべてを流動資産のかたちで保有しておく必要がないからだ．すぐ後に説明する銀行取り付けが生じないかぎり，預金者全員が同時に預金を引き出そうとすることはない．だから銀行は預金者に対して流動資産を提供する一方で，受け入れた預金の大部分を住宅ローンや企業への貸出といった非流動資産への投資に使うことができるの

図13-2　ファースト・ストリート銀行の資産と負債

資　　産		負　　債	
貸　　出	90万ドル	銀行預金	100万ドル
銀行準備金	10万ドル		

T字型勘定はある銀行の財務状況をまとめたものだ．この銀行の資産は貸出90万ドルと銀行準備金10万ドルだ．それは左側に記載されている．負債は預かった預金残高100万ドルだ．これは右側に記載される． web▶

だ．

　とはいえ銀行は，預金者たちが預けた資金をすべて貸し出してしまうわけではない．預金者の引出要求にはいつでも応じる必要があるからだ．この引出要求に応えるために，銀行は相当量の流動資産を手元に残している．現代のアメリカの銀行制度では，これらの流動資産は銀行の金庫にある現金か，銀行が連邦準備制度に預ける預金というかたちをとる．後者は，この後すぐに見るように，ほぼ瞬間的に現金化することができる．銀行が保有する現金と連邦準備制度への預金は**銀行準備金**と呼ばれている．銀行準備金は銀行と連邦準備制度が保有していて，一般人が保有しているものではないので，流通現金とは見なされない．

　貨幣供給量の決定に銀行がどんな役割を果たしているかを理解するために，次のような仮想例を考えよう．図13-2は，100万ドルの預金を持つファースト・ストリート銀行の財務状況を示している．銀行の財務状況は，図の表のようなT字型勘定で表される．左側はファースト・ストリート銀行の資産，つまり個人や事業者に対する請求権だ．その内訳は貸出と準備金だ．右側は銀行の負債で，個人や事業者が持つ銀行に対する請求権だ．その内訳は銀行預金だ．

　この例では，ファースト・ストリート銀行は銀行預金の10％ほどの準備金を保有している．銀行預金に占める準備金の割合を**支払準備率**という．現代のアメリカにあるいろいろな制度の中でも，連邦準備制度はとりわけ銀行を規制し，銀行が維持すべき支払準備率の下限を決めている．銀行がなぜ規制を受けるのかを理解するためには，銀行が直面する問題を知っておく必要がある．

銀行準備金とは，銀行の金庫にある現金と連邦準備制度に預けてある預金のことだ．

支払準備率とは銀行預金に対する銀行準備金の割合だ．

2.2　銀行取り付けの問題

　銀行は預金の大部分を貸し出すことができる．というのも，すべての預金者が同時に全預金を引き出すという事態は通常は起きないからだ．でも何らかの理由で預金者たちが全預金または預金の大部分を短期間のうちに，例えば数日の間に引き出そうとすると銀行はどうなってしまうだろう？

　銀行には，短期間の現金引き出し要求に応じるだけの現金と準備金はない，というのが答えだ．たとえ銀行が預金された資金を堅実に運用していたとしても，現金を用意することは困難だろう．銀行の貸出は非流動的な資産だからだ．貸出をすぐさま現金化することは容易ではない．それを理解するために，ファースト・ストリート銀行がドライブ・ア・ピーチという中古車会社に10万ドルを貸し出している状況を想定してみよう．ファースト・ストリート銀行はドライブ・ア・ピーチへの貸出債権を他の

銀行や個人投資家などに売却すれば現金を捻出できる．でも急いで貸出債権を売却しようとすれば，その買い手は疑いを抱くだろう．買い手は，この貸出債権は何か問題を抱えていて返済が滞ってしまうかもしれないから売ろうとしているのではないか，と考えるのだ．だから，例えば50％引き，つまり5万ドルに値引きするといったような大幅な割引をしなくては，ファースト・ストリート銀行は貸出債権をすぐには売却できない．

もしファースト・ストリート銀行の預金者全員が急に預金を引き出そうとすると，その資金を用意するためにファースト・ストリート銀行は自行の資産を大幅に安く処分せざるをえなくなる．すると，預金を全額返却することができなくなってしまう．

このプロセスはいったいどのように始まるのだろう．つまりファースト・ストリート銀行の預金者がいっせいに資金を引き出そうとする原因は何なのか？　もっともらしい説明としては，銀行の資金繰りが悪くなっているといううわさが広まることが考えられるだろう．このうわさが本当かどうかわからなくても，預金者は万が一を考えて自分の預金が引き出せるうちに引き出してしまおうとする．すると事態は悪化する．ある預金者が，他の預金者たちがパニックを起こして預金を引き出すかもしれないと考えただけで「銀行倒産」が生じかねないので，その預金者もパニックに陥るのだ．言い換えると，銀行の資金繰りが悪化しているのではないかという恐怖は自己実現的な予想なのだ．預金者は，他の預金者たちが引出に走ると信じることで自らも預金引出に走ってしまうのだ．

銀行取り付けとは，ある銀行が倒産するのを恐れてその銀行の預金者の多くが資金を引き出そうとする現象だ．銀行取り付けはその銀行にとってだけでなく，その銀行の預金者にとっても悪いことだ．多くの場合，銀行取り付けは伝染することが歴史的に観察されている．ある銀行への取り付けは他の銀行の信用までをも失わせ，さらなる銀行取り付けを引き起こすのだ．こうした伝染のことを次の「経済学を使ってみよう」で説明するが，そこで示されるのは，1930年代のアメリカで起きた銀行取り付けの連鎖だ．そうしたアメリカの経験や，他の国が味わった同様の経験から，アメリカやほとんどの先進国政府は，預金者を保護し銀行取り付けを防止するための銀行規制の制度を整えている．

2.3　銀行規制

アメリカで，銀行取り付けが起こって預金を失うことを心配する必要があるかって？　答えはノーだ．1930年代に銀行危機が起きて以降，アメリカやその他諸国は銀行取り付けの被害から預金者や経済全体を守るための制度を整えた．この制度には3つの要素がある．預金保険制度，自己資本規制，そして支払準備制度だ．

預金保険制度　アメリカのほぼすべての銀行が，「FDIC加入銀行」であることを謳っている．FDICとは連邦預金保険公社のことだ．第9章で学んだように，この機関は**預金保険制度**を運営している．これは，加盟銀行に預金引出に応じる資金がなく

銀行取り付けとは，ある銀行が倒産するのを恐れてその銀行の多くの預金者が資金を引き出そうとする現象だ．

預金保険制度は，銀行に預金引出に応じる資金がなくなっても，一口座につき決められた上限までの預金支払いを連邦政府が保証するものだ．

ちょっと寄り道　銀行業は詐欺か？

銀行のおかげで預金者は，望むときにいつでも預金を引き出すことができる．でも全員が，あるいは大多数の預金者が同時に預金を引き出そうとすると，その銀行の金庫にある現金とその銀行が連邦準備制度に預けている準備金を合計しても，十分な資金とはならない．これは，銀行業が何か根本的に不正直な事業をしているということなのだろうか？

多くの人はそう考えてきた．それで銀行業の有力な批判者たちは，銀行が非流動的な貸出をするのを止めさせる規制の設置をたびたび求めてきた．でも，次のたとえ話から，銀行がしていることの内容と，なぜ銀行が生産的なのかがわかるだろう．

レンタカー会社を思い浮かべてほしい．例えばアトランタからシンシナティまで移動しようとしている人は，これらの会社のおかげでいつでも必要なときに車を借りることができる．でもシンシナティまで行くつもりのある潜在的な旅行者の数は，貸出可能な車の台数よりはるかに多いだろう．つまりレンタカービジネスは，ある1週間にやってくるお客はそうした潜在的旅行者のほんの一部でしかないという事実に依存して成立しているのだ．何かトリックがあるわけではない．車の台数は少ししかないというのに，旅行者たちは望むときはほぼ必ず車を借りられると思っている．でも彼らは正しいのだ．銀行も同じことをしている．実際に銀行にある資金は限られているのに，預金者たちは望むときはほぼ必ず預金を引き出せると思っている．そして彼らは正しいのだ．

なっても，一口座につき決められた上限までの預金支払いを連邦政府が保証するというものだ．FDICは現在，一口座につき10万ドルまでの預金を保証している．

ここで重要なのは，預金保険制度は銀行取り付けが起こったときに預金者を守るだけではないということだ．預金保険制度は銀行取り付けの発生原因を取り除くことにもなる．銀行が倒産しても預金が保証されることがわかっていれば，銀行が経営難に陥っているといううわさが流れたとしても，そもそも預金者は預金引出に走る必要はなくなるからだ．

自己資本規制　預金保険制度は銀行取り付けから銀行システムを守るが，そのかわりによく知られたインセンティブの問題を引き起こす．預金者は損失を被らないように保護されているので，預金者には銀行の財務状況が健全かどうかをしっかりと監視するインセンティブがないのだ．他方，銀行の所有者は，高利子率での貸出のような，リスクが高すぎる投資行動をとるインセンティブを持つ．その投資がうまく行けば銀行所有者は儲かるし，投資がうまく行かなくとも，政府がその損失を穴埋めしてくれるからだ．

こうした過剰なリスクを伴う行動をとるインセンティブを減らすために，規制当局は銀行の所有者たちが銀行預金残高以上の資産を保持することを義務づけている．そうすれば，貸出の一部が不良債権化して回収できなくなっても，その損失は政府でなく，銀行所有者の資産で穴埋めされるからだ．ある銀行の保有資産が預金残高やその他の負債を超過している部分を，その銀行の自己資本という．実際には銀行の自己資本は保有資産の7％以上になっている．

支払準備制度 銀行取り付けが起こるリスクを減らすためのもう1つの方法は，支払準備率の下限を維持するように義務づけることだ．**支払準備制度**とは，連邦準備制度が銀行の維持すべき支払準備率の下限を定めるというルールだ．例えば，アメリカでは当座預金の最低支払準備率は10％となっている．

> **支払準備制度**とは，連邦準備制度が銀行の維持すべき支払準備率の下限を定めるというルールだ．

経済学を使ってみよう

素晴らしき哉，銀行制度

次のクリスマスの時期に，みなさんの地元の少なくとも1つのテレビ局が1946年に製作された映画『素晴らしき哉，人生！』を放映することは確実だろう．この映画では，ジミー・スチュワート扮する主人公ジョージ・ベイリーの命が天使に救われる．映画のクライマックスは，ベイリーが経営する銀行が取り付け騒ぎにあって預金者たちが預金引出に殺到する場面だ．

この映画が製作されたころのアメリカ人の記憶には，そんなシーンが生々しく残っていた．1930年の後半に，銀行取り付けの第一波が押し寄せた．第二波は1931年春に，さらに第三波が1933年の前半に押し寄せた．最終的にアメリカの銀行の3分の1以上が倒産することになった．このパニックを沈静化するために，1933年3月6日，大統領に就任したばかりのフランクリン・D・ルーズベルトは，「バンクホリデー」を宣言して1週間ほどアメリカの全銀行を閉鎖した．

それ以来，アメリカやその他の先進国では銀行取り付けが起こらないように規制を設けた．実際，『素晴らしき哉，人生！』が製作された時点ではそのクライマックスの場面は過去のものになっていた．だがつい10年ほど前に，発展途上国に銀行取り付けの波が幾重にも連なってやってきた．例えば，1997年から98年にかけて東南アジアを襲った経済危機や2001年後半に始まったアルゼンチンの過酷な経済危機では，銀行取り付けが重要な役割を演じたのだ．

理解度チェック 13−2

1. あなたがファースト・ストリート銀行の預金者だとしよう．この銀行が重大な損失に直面した，といううわさがあなたの耳に入った．預金者はみなそのうわさが正しくないことを知っているが，一方で他の大多数の預金者はそのうわさを信じていると考えている．預金保険制度がなければ，そのうわさで銀行取り付けが生じるのはなぜか．預金保険制度があれば取り付けが起きないのはなぜか．
2. ある詐欺師がいいアイデアを思いついた．自己資本を投入せずに銀行を開業し，集めた預金をすべて不動産業者に高い利子率で貸し出すのだ．不動産市場が高騰すれば，貸出への返済が実現して大きな儲けになる．逆に不動産市場が暴落すれば返済はなされずに銀行はつぶれるが，それでも自分の資産は失わずにすむ．現代の銀行規制はこのアイデアのどこをうまくいかないようにしているか．

解答は本書の巻末にある．

> **ちょっと復習**
> ▶銀行は，現金と連邦準備制度に預けてある預金からなる銀行準備金を保有している．支払準備率とは，銀行預金に対する銀行準備金の割合だ．
> ▶銀行取り付けはかつて深刻な問題だったが，現代のアメリカでは，預金者と銀行は預金保険制度，自己資本規制，そして支払準備制度によって守られている．

3 貨幣供給量の決定

　もし銀行が存在しなければ，貨幣供給量は流通現金量に等しくなる．そしてアメリカの流通現金であるコイン，1ドル紙幣，5ドル紙幣などは政府が発行しているので，コインの鋳造と紙幣の造幣を決定する者が直接に貨幣供給量を決めることになる．しかし銀行は実際に存在しており，2つの方法で貨幣供給量に影響を与えている．第1の方法は，市中に出回っている流通現金を吸収するというものだ．人々の財布の中ではなく，銀行の金庫にしまってある現金は貨幣供給量には含まれない．より重要なのは第2の方法で，これは銀行は預金を受け入れることで貨幣を創り出し，市中に出回っている流通現金より多くの貨幣供給量を実現できるというものだ．銀行がどのように貨幣を創出し，また何がその量を決めるのかを次に見ることにしよう．

3.1 銀行はどう貨幣を創出するか

　銀行がどうやって貨幣を創出するかを理解するには，誰かが銀行に預金をしたときに何が起きるかを考えるのがいいだろう．けちん坊のサイラスの例を考えてみよう．彼は靴箱に現金をつめてベッドの下に隠している．彼が，そのお金を銀行に預けて必要なときに引き出すほうが便利なだけではなく，安全だと思ったとしよう．そこで彼は，1000ドルの現金をファースト・ストリート銀行の当座預金口座に預けた．これは貨幣供給量にどんな影響を及ぼすだろうか．

　図13-3のパネル(a)は彼が預金したときに生じる最初の効果を示している．ファースト・ストリート銀行はサイラスの口座に1000ドルの入金を記載するので，銀行の当座預金が1000ドル増えることになる．一方でそのお金は銀行の金庫に入るので，銀行準備金も1000ドル増える．

　この最初の取引は貨幣供給量にはなんの影響も与えない．流通現金が1000ドル減るかわりに，やはり貨幣供給量の一部である当座預金の残高が1000ドル増えるだけだ．

　だが，話はここで終わらない．ファースト・ストリート銀行はサイラスから預かった預金の一部を貸し出すことができる．銀行は預かった預金の10%，つまり100ドル

図13-3　ファースト・ストリート銀行の当座預金口座に現金を預けたときの貨幣供給量への影響

(a) 銀行が新規の貸出をする前に起こる第1の効果

資　　産		負　　債	
貸　　出	変化なし	当 座 預 金	+1,000ドル
銀行準備金	+1,000ドル		

(b) 銀行が新規の貸出をした後に起こる第2の効果

資　　産		負　　債	
貸　　出	+900ドル	変化なし	
銀行準備金	−900ドル		

サイラスが（ベッドの下に隠していた）1000ドルを当座預金口座に預けても，最初は貨幣供給量に変化は生じない．流通現金が1000ドル減った分，当座預金が1000ドル増えるからだ．これに対応するT字型勘定（パネルa）では，当座預金の最初の1000ドルの増加と銀行準備金の最初の1000ドルの増加を示している．第2段階（パネルb）では銀行はサイラスが預けたお金の10%（100ドル）を準備金とし，残りの900ドルをメアリーに貸し出している．その結果準備金は900ドル減少し，貸出が900ドル増えている．サイラスから預かった預金1000ドルを含む銀行の負債は変化していない．当座預金と流通現金を合わせた貨幣供給量はこれで900ドル増えたことになり，その900ドルはメアリーの手の中にある．

を準備金としてとっておき，残りをサイラスの近所に住むメアリーに貸し出したとしよう．この第2の効果はパネル(b)に示してある．ファースト・ストリート銀行の預金にも資産額にも変化はないが，資産の内容は変化している．貸出をしていない場合に比べて，準備金は900ドルも少なくなっている（ただしサイラスが預金をする前と比べれば準備金は100ドル増えている）．その900ドルの準備金の減少に代わって，貸出債権が900ドル増えている．これはメアリーに貸し出した現金だ．

サイラスから預かった現金をメアリーに貸し出して市中に戻すことで，ファースト・ストリート銀行は貨幣供給量を実際に増やしたことになる．つまり流通現金と当座預金の総額が900ドル増えているのだ．

まだまだ話は終わらない．メアリーが借りたお金を使ってアクメ・マーチャンダイズという店からテレビとDVDプレーヤーを購入したとしよう．アクメ・マーチャンダイズの店主アンネ・アクメは受け取ったそのお金をどうするだろう？　現金のまま保有するなら，貨幣供給量はこれ以上増えない．だがその900ドルを，例えば，セカンド・ストリート銀行の当座預金口座に預けたとしよう．するとセカンド・ストリート銀行は受け取った現金の一部を準備金として保有し，残りを貸し出すことで再び貨幣を創出するだろう．

セカンド・ストリート銀行が，ファースト・ストリート銀行と同様に預金の10%を準備金として保有して，残りを貸し出すとしよう．するとアンネが預金した900ドルのうち90ドルが準備金になり，残りの810ドルが貸し出されて，貨幣供給量はさらに増えることになる．

表13-1は，これまで描写してきた貨幣創出プロセスを示したものだ．最初の段階では，貨幣供給量はサイラスがもともと持っていた1000ドルの現金だけだった．彼がそのお金を当座預金口座に預けて銀行がそれを貸し出すと，貨幣供給量は1900ドルに増えた．第2段階で同様にお金が預金され，貸し出されると，貨幣供給は2710

表13-1　銀行はどう貨幣を創出するか

	流通現金 （ドル）	当座預金 （ドル）	貨幣供給量 （ドル）
第1段階 サイラスが現金をベッドの下に隠している状態	1,000	0	1,000
第2段階 サイラスがファースト・ストリート銀行に預金し，そのうち900ドルがメアリーに貸し出された状態	900	1,000	1,900
第3段階 アンネ・アクメが受け取った900ドルをセカンド・ストリート銀行に預金し，そのうち810ドルが貸し出された状態	810	1,900	2,710

ドルに増える．もちろんこのプロセスは続いていく（ここではサイラスが当座預金をするというケースを考えたが，彼がそのお金をどの種類の準貨幣に投入しても結果は変わらない）．

この貨幣創出プロセスには聞き覚えがあるだろう．第10章で説明した，実質GDPの当初の増加が消費支出の増加を引き起こし，それがさらに実質GDPを増加させ，それが消費支出の増加を引き起こすという具合に続いていく，乗数プロセスだ．ここで説明してきたのは，もう１つの乗数プロセスである貨幣乗数だ．ではこの乗数の大きさがどう決まるかを見ることにしよう．

3.2 準備金，銀行預金，貨幣乗数

サイラスが預金したことで生じる影響を表13-1で見ていく際に，私たちは，銀行が貸し出した資金はその銀行か，または別の銀行に必ず預金されると仮定した．つまり資金を貸し出したその銀行に戻っては来ないにしても，銀行部門のどこかには戻ってくると仮定したのだ．現実には，貸し出された資金の一部は通貨として借り手が保有するだろうから，資金の一部は銀行部門から「漏れる」ことになる．このような漏れは貨幣乗数の大きさを小さくする．ちょうど，実質所得が貯蓄に回されたときに発生する漏れが乗数の大きさを小さくするのと同じようなものだ．だがこうした複雑な話はさておき，まずは「当座預金のみの」金融システムでどのように貨幣供給量が決まるのかを見ることにしよう．

そこで，銀行は支払準備率の下限を定めた規制下にあるとしよう．また銀行はその下限以上の準備金である**過剰準備金**はすべて貸し出すとしよう．最後に，個人は借り入れた資金をすべて当座預金口座に預けるとしよう．さて，何らかの理由で，ある銀行に1000ドルの過剰準備金が発生したとする．何が起きるだろう？　銀行はその1000ドルを貸し出し，それは銀行部門のどこかに預金される．そして表13-1で示されるのと同様の貨幣乗数プロセスを生じさせるというのがその答えだ．

支払準備率の下限が10％だと仮定してこのプロセスを詳しく見てみよう．このプロセスの第１段階では，1000ドルの過剰準備金を保有している銀行はそれを貸し出し，それはどこか別の銀行の当座預金口座に預金される．その預金を受け入れた銀行は10％に当たる100ドルを銀行準備金として残し，90％に当たる900ドルを貸し出す．その900ドルはさらにまた別の銀行に預金されることになる．この900ドルを預金として受け入れた銀行はその10％の90ドルを準備金として残し，810ドルを貸し出す．810ドルを預金として受け入れた銀行は81ドルを準備金として残し，729ドルを貸し出す，といった具合にこのプロセスは続いていく．その結果，当座預金の増加分は次のような足し算で表せる．

$$1000\text{ドル}+900\text{ドル}+810\text{ドル}+729\text{ドル}+\cdots$$

支払準備率をrrで表すことにしよう．ある銀行が1000ドルの過剰準備金を貸し出したときの当座預金の増加量は，より一般的に言うと次のようになる．

過剰準備金とは，銀行準備金のうち，定められた下限を超える準備金だ．

$$1000\text{ドル} + 1000\text{ドル} \times (1-rr) + 1000\text{ドル} \times (1-rr)^2 \qquad (13-1)$$
$$+ 1000\text{ドル} \times (1-rr)^3 + \cdots$$

第10章の10-4式と同様に，上の式は以下のようにまとめることができる．

$$\text{ある銀行が1000ドルの過剰準備金を貸し出したときの当座預金の増加量}$$
$$= 1000\text{ドル}/rr \qquad (13-2)$$

支払準備率が10%または0.1だとすると，過剰準備金が1000ドル増えると，当座預金の総額は1000ドル/0.1＝1万ドル増えることになる．実際に，当座預金のみの金融システムの下では，当座預金総額は銀行準備金を支払準備率で割った値に等しくなる．言い換えると，支払準備率が10%のとき，ある銀行が保有する1ドルの準備金で1ドル/rr＝1ドル/0.1＝10ドルの預金を維持できるのだ．

3.3 貨幣乗数の実際

現実には，貨幣供給量の決定は，上記の簡単なモデルよりもはるかに複雑なものだ．貨幣供給量の決定は支払準備率だけでなく，各人が保有している現金にも依存するからだ．このことはすでに，サイラスがベッドの下に隠しておいた現金を預金に回す例で見ている．彼が現金を当座預金口座に預けたことが，貨幣供給量が増加するきっかけになっていた．

貨幣乗数を実際に定義する際によく理解しておくべきことは，金融当局は銀行準備金と流通現金の総量を調整しているが，それらの比率は調整できないということだ．サイラスの預金についてもう一度考えてみよう．ベッドの下から現金を取り出して銀行に預けたことで，彼は流通現金の量を減らし，代わりにその同額分だけ銀行準備金を増やしたことになる．**マネタリーベース**とは金融当局が調整できる貨幣量で，流通現金と銀行準備金の総量だ．

マネタリーベースと貨幣供給量には，2つの違いがある．1つは銀行準備金の扱いで，これはマネタリーベースには含まれるが貨幣供給量には含まれない．ある人の財布に入っている1ドル札は，その人が買い物に使えるので貨幣供給量の一部だ．でも銀行の金庫に入っている1ドル札や，連邦準備制度に預金された1ドル札は，買い物には使えないので，貨幣供給量には入らない．もう1つの違いは当座預金の扱いで，これはマネタリーベースには含まれないが貨幣供給量には含まれる．買い物に使えるからだ．

図13-4はマネタリーベースと貨幣供給量の概念を図で示したものだ．左の円はマネタリーベースを表している．これは，銀行準備金と流通現金を合わせたものだ．右の円は貨幣供給量を表している．これは，当座預金とそれに近い銀行預金，さらに流通現金を合わせたものだ．図が示しているように，流通現金は貨幣供給量の一部であり，またマネタリーベースの一部でもある．だが銀行準備金は貨幣供給量には含まれないし，当座預金またはそれに近い預金はマネタリーベースに含まれない．現実を見

マネタリーベースとは流通現金と銀行準備金の総量だ．

図13-4 マネタリーベースと貨幣供給量

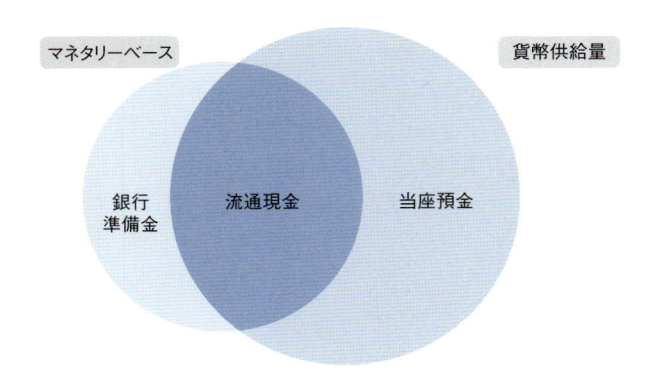

マネタリーベースは銀行準備金と流通現金の総量だ．マネタリーベースは，当座預金とそれに近い銀行預金，さらに流通現金を合わせた貨幣供給量とは違うものだ．1ドルの銀行準備金で数ドルの預金を維持することができる．そのため貨幣供給量はマネタリーベースよりずっと多くなる．

貨幣乗数とは，マネタリーベースに対する貨幣供給量の比率だ．

るとマネタリーベースのほとんどは流通現金で，また流通現金は貨幣供給量の半分くらいを占めている．

これで正式に**貨幣乗数**を定義できる．貨幣乗数とは，マネタリーベースに対する貨幣供給量の比率だ．アメリカの実際の貨幣乗数は，貨幣供給量の指標としてM1を使えば，およそ1.9になる．これは当座預金のみの貨幣システムで支払準備率を10%（アメリカのほとんどの当座預金で支払準備率はこれくらいだ）とした場合の貨幣乗数 $1/0.1=10$ よりもずいぶん小さい．貨幣乗数がこんなに小さくなってしまう理由は，1ドルの銀行準備金とは違い，1ドルの流通現金ではその何倍もの貨幣供給量を維持できないからだ．また図13-4に描かれているように，マネタリーベースのほとんどの部分は流通現金のかたちで保有されているからだ．

▶ 経済学を使ってみよう

貨幣供給量の乗数的下落

銀行が貨幣を創出する様子を示した私たちの仮想例では，けちん坊のサイラスがベッドの下から現金を取り出して当座預金口座に預ける様子を描いた．サイラスが預けた資金を元にして銀行から銀行へと貸出の連鎖が発生し，貨幣供給量の増加が起こった．ここからわかるのは，サイラスが逆に預金口座のお金を引き出して前と同じようにベッドの下に隠したなら，銀行の貸出が減り，貨幣供給量が減少するということだ．そして，これこそまさに1930年代の銀行取り付けで生じたことだったのだ．

表13-2は，1929年から1933年にかけての銀行倒産で人々の銀行に対する信頼がなくなったときに，何が起きたのかを示している．第1列は人々の保有する流通現金の量を示している．多くのアメリカ人が，お金を銀行に預けるよりはベッドの下に隠しておいたほうが安全だと考えたために，流通現金は急激に増えている．第2列は当座預金だ．これが急激に減少したのは，人々が銀行からお金を引き出したときに，今分析したような乗数プロセスが働いたからだ（銀行の貸出も減少した．銀行取り付けの波をくぐり抜けた銀行が，次の波が来るのに備えて過剰準備金を増やしたからだ）．

第3列はM1の値を示している．M1は前に説明した第1の貨幣集計量だ．これも急激に減少した．当座預金やそれに近い預金の減少分が，流通現金の増大分よりもはるかに大きかったからだ．

1963年に出版された有名な『アメリカ金融史：1867～1960』の中で，著者のアンナ・シュワルツとミルトン・フリードマンは，アメリカで発生したこの貨幣供給量の縮小に注目し，それが大恐慌の主要因だったと論じている．また連邦準備制度はそれを防ぐことができたはずだとも主張している（ただし多くの経済学者がこの2つの結論を是認していないことも付け加えておこう）．次の節で，連邦準備制度の性質と役割について説明しよう．

表13-2　1929～33年の銀行取り付けの影響

年	流通現金	当座預金 (10億ドル)	M1
1929	3.90	22.74	26.64
1933	5.09	14.82	19.91
変化率	+31%	-35%	-25%

出所：U.S. Census Bureau（国勢調査局，1975），*Historical Statistics of the United States*．

ちょっと復習

▶ 銀行は貨幣を創出する．流通現金が銀行に預金されると，銀行は過剰準備金を貸し出し，それは銀行部門内での新たな預金を生み，貨幣供給量に乗数効果をもたらす．

▶ 当座預金のみの金融システムでは，貨幣供給量は銀行準備金を支払準備率で割った値に等しくなる．人々が当座預金でなく現金を保有するようになると，貨幣乗数の大きさが小さくなる．

▶ 実際には，マネタリーベースのほとんどは流通現金なので，貨幣乗数の値は銀行準備金を支払準備率で割った値よりもずっと小さくなる．

理解度チェック 13-3

1. 銀行準備金の総額が200ドルで，当座預金は1000ドルだったとしよう．また人々は流通現金をまったく保有していないとする．ここで支払準備率が20%から10%に低下したとする．その結果銀行預金がどのように拡大するかを，順を追って説明しなさい．

2. サイラスが1000ドルの現金をファースト・ストリート銀行に預金するという例を再び考えてみよう．ただし現金準備率は10%と決められていて，銀行からの貸出を受けた者はその資金の半分を現金で保有するとしよう．このときサイラスの1000ドルが貨幣供給量をどのように拡大するか説明しなさい．

解答は本書の巻末にある．

4　連邦準備制度

銀行が十分な準備金を維持するように管理しているのは誰だろう？　またマネタリーベースの量を決めるのは？　アメリカでは，連邦準備制度（FRS，非公式にはフェッド〈the Fed〉）と呼ばれる機構がその役割を担っているというのが答えだ．

4.1　連邦準備制度：アメリカの中央銀行

連邦準備制度は**中央銀行**だ．中央銀行は銀行制度を監督・規制する機関であり，またマネタリーベースの量の調整も行う．他国の中央銀行には，イングランド銀行や日本銀行，欧州中央銀行（ECB）などがある．ECBはアイルランド，イタリア，オーストリア，オランダ，キプロス，ギリシャ，スペイン，スロバキア，スロベニア，ドイツ，フィンランド，フランス，ベルギー，ポルトガル，マルタ，ルクセンブルクのヨーロッパ16カ国の中央銀行だ．ちなみに世界最古の中央銀行はスウェーデン国立銀行で，この銀行はノーベル経済学賞のスポンサーでもある．

連邦準備制度は1913年に設けられたが，その法的立場は独特なものだ．アメリカ

中央銀行は銀行制度を監督・規制する機関で，マネタリーベースの量も調整する．

政府の一部でもないし，民間機関でもない．厳密には，連邦準備制度は2つの組織からなる．連邦準備理事会(FRB，連邦準備制度理事会とも訳される)と12の連邦準備銀行(連銀)だ．

連邦準備理事会はワシントンD.C.にあるオフィスを拠点に連邦準備制度を監督しており，政府機関のようになっている．つまり理事会のメンバー7人は大統領に任命され，また上院に承認されなくてはいけない．ただし直接政府の圧力がかかることのないように，その任期は14年となっている．理事会の議長はもう少し頻繁に，4年ごとに選出されることになっているが，実際は4年を超える任期を務めるのが普通だ．ウィリアム・マチェスニー・マーティンJr.は1951年から1970年にかけて連邦準備理事会の議長を務めたし，アラン・グリーンスパンは1987年に議長に任命され2005年時点でまだその任に就いている(訳注：2006年に退任した)．

12の連邦準備銀行はそれぞれアメリカ国内の各地区(連邦準備区)を担当し，さまざまな銀行業務・監督業務を行っている．例えば，民間銀行の財務諸表を検査して財務上の健全性が保たれるようにしている．各地区の連銀は取締役会によって運営され，その役員は各地区の銀行や経済界から選出される．連銀の中でもニューヨーク連銀は特別な役割を担っている．金融政策の重要な手段である公開市場操作を行っているのだ．図13-5は各連銀の管轄地区と所在都市を表したものだ．

金融政策に関する意思決定は，連邦準備理事会のメンバーと各地区の連銀総裁5人からなる連邦公開市場委員会(FOMC)で行われる．ニューヨーク連銀の総裁は常にこの委員会のメンバーだが，残る4人は他の11の連銀総裁が持ちまわりで担当する．通常，連邦準備理事会の議長が連邦公開市場委員会の議長になる．

このような複雑な構造になっている理由は，究極的には，有権者に対して説明責任を果たしうる機関にするためだ．というのも連邦準備理事会のメンバーは大統領に任

図13-5　連邦準備制度

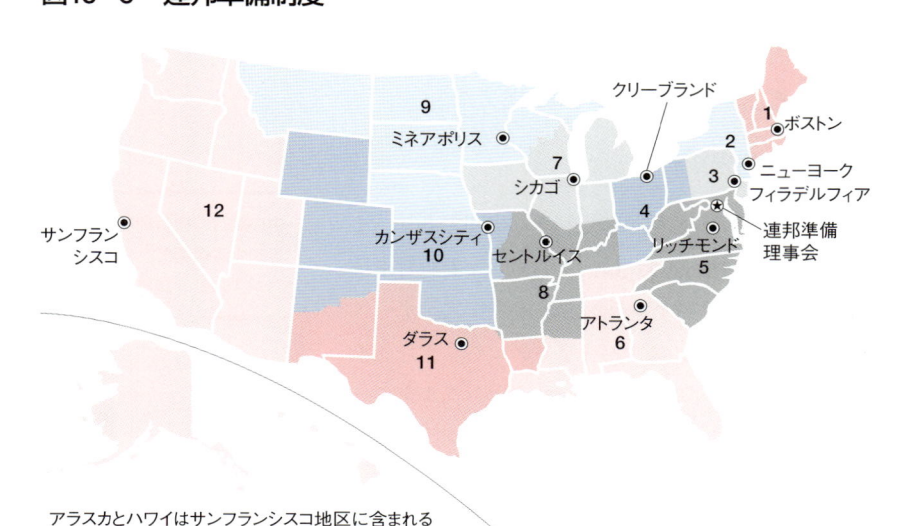

連邦準備制度は，ワシントンD.C.にある連邦準備理事会と，各地区を担当する12の連邦準備銀行から成り立っている．この地図は12の各連銀の担当地区(連邦準備区)を示している．
出所：FRB(連邦準備理事会)．

アラスカとハワイはサンフランシスコ地区に含まれる

命され上院で承認されるが，その大統領も上院議員も有権者の投票によって選ばれているからだ．一方で理事会メンバーの任期が長いことと，また任命過程が間接的であることから，理事会メンバーには短期的な政治圧力がかからないようになっている．

4.2 連邦準備制度の役割：支払準備制度と公定歩合

連邦準備制度には主に3つの政策手段がある．支払準備制度，公定歩合，そして最も重要な公開市場操作だ．

銀行取り付けについて説明したときに，連邦準備制度（以下FRB，訳注を参照）が支払準備率の下限を設定することに言及したね．当座預金の支払準備率の下限は現在10％になっている．平均して2週間以上この支払準備率の下限を維持できなかった場合，その銀行は罰則を適用される．

FRBが設定した現金準備率を守るための銀行準備金が不足している銀行はどうするだろう？ 通常は，他の銀行から資金を借りることになる．銀行は**フェデラル・ファンド市場**(FF市場)で互いに資金を融通しあっている．これは準備金不足の銀行が過剰準備金を持つ銀行から，通常はひと晩の間だけ資金を借りることができる金融市場だ．この市場で成立する利子率は供給と需要で決まるが，ただその供給と需要はFRBの政策の影響を強く受ける．第14章で見るように，フェデラル・ファンド市場で決まる利子率である**フェデラル・ファンド金利**(FF金利，FFレートとも言う)は，現代の金融政策において重要な役割を果たしている．

また銀行には，FRBから準備金を借りるという手段もある．FRBが銀行に資金を貸し出すときに課す利子率を**公定歩合**と言う．公定歩合は現在フェデラル・ファンド金利より1％高く設定されており，銀行がすぐにFRBに頼ることがないようにしてある．

FRBは支払準備率や公定歩合を変えようと思えば変えることができる．どちらの変更も貨幣供給量を変化させる．FRBが支払準備率を引き下げると，銀行は預かっている預金のより多くを貸し出しに回すことができるので，貸出が増えて貨幣乗数効果が働き，貨幣供給量は増える．逆にFRBが支払準備率を引き上げると，銀行は貸出を減らさざるをえなくなり，貨幣乗数効果を通じて貨幣供給量は減少する．またFRBが公定歩合とフェデラル・ファンド金利の間の差（スプレッド）を縮小すると，銀行は貸出を増やす．準備金が不足したときにかかる費用が前ほど高くなくなるからだ．その結果，やはり貨幣供給量が増える．FRBが公定歩合とフェデラル・ファンド金利の差を拡大すると，銀行の貸出は減少して，貨幣供給量も減るだろう．

現実には，今日のFRBが支払準備率や公定歩合を変更して貨幣供給量を管理することはない．支払準備率の大きな変更が行われたのは1992年が最後だ．すでに述べたように，公定歩合はフェデラル・ファンド金利に1％上乗せするかたちで設定してある．これらの政策手段の代わりに，FRBは第3の手段である公開市場操作で金融政策を実行している．

訳注：連邦準備制度(FRS)と連邦準備理事会(FRB)は，すでに述べられているように厳密には異なるものだが，一般には両者を区別せず，ともにFRBと呼ばれることが多い．以下では，厳密に区別する必要のある場合を除き，この慣例に従うことにする．

銀行準備金が不足している銀行は，**フェデラル・ファンド市場**(FF市場)を通じて，過剰準備金を持つ銀行から準備金を借り入れることができる．**フェデラル・ファンド金利**（FF金利，FFレート）はフェデラル・ファンド市場で決まる利子率だ．
公定歩合はFRBが銀行に資金を貸し出すときの利子率だ．

4.3 公開市場操作

　銀行に資産と負債があるように，それを監督するFRBにも資産と負債がある．FRBが保有する資産は政府の負債で，その内容は主に短期国債だ．短期国債とは，満期が1年未満のアメリカ財務省証券(TB)だ．FRBは正確には政府ではないということを思い出してほしい．だからアメリカの短期国債(短期米国債)はアメリカ政府の負債となり，FRBの資産になる．FRBの負債は流通現金と銀行準備金(銀行の金庫にある現金と，FRBに預けてある現金)だ．言い換えると，FRBの負債は，マネタリーベースに等しいということだ．マネタリーベースは流通現金と銀行準備金の総量だからだ．FRBの資産と負債を図13-6のT字型勘定にまとめてある．

公開市場操作とはFRBが国債を売買することだ．

　公開市場操作とは，FRBが発行済みの短期国債を売買することだ．この政策は通常，住宅ローンではなく企業向け貸出を主業務とする市中銀行(商業銀行)との取引を通じて実行される．FRBが連邦政府から直接国債を購入することはけっしてない．それにはきちんとした理由がある．中央銀行が政府に直接資金を貸し出すことは，実質的に財政赤字を紙幣の増刷で埋めることになるからだ．後で見るように，それはとんでもないインフレを引き起こしかねないのだ．

　図13-7にある2つのパネルは，FRBと市中銀行の資産保有状況が公開市場操作でどう変化するかを表している．FRBが短期米国債を購入したときの支払いは，その売り手の銀行がFRBに持つ預金口座に資金を振り込むというやり方で行われる．これはその銀行の準備金を増やすことになる．この様子はパネル(a)に描かれている．FRBが市中銀行から1億ドル分の短期米国債を購入すると，市中銀行の準備金が1億ドル増えるので，マネタリーベースも1億ドル増えることになる．逆にFRBが市中銀行に短期米国債を売却すると，市中銀行がFRBに持つ口座からその代金が差し引かれるので，市中銀行の準備金は減る．パネル(b)は，FRBが1億ドルの短期米国債を売るケースを描いたものだ．この場合，準備金とマネタリーベースは減少する．

　FRBは短期米国債を購入する資金をどこから捻出しているのかと，不思議に思う人がいるかもしれないね．答えは，数字を書き入れるだけ(最近ではマウスをワンクリックするだけ)でいい，というものだ．現代のドルは法定不換紙幣で，何の裏づけもなかったことを思い出してほしい．だからFRBは自分の裁量でマネタリーベースの追加分を創出できるのだ．

　公開市場操作による準備金の増減が直接的に貨幣供給量に影響するわけではない．ただし公開市場操作は貨幣乗数プロセスが発生する引き金になる．パネル(a)にあるように，市中銀行が増えた準備金を貸出に回すと，すぐに貨幣供給量が1億ドル増え

図13-6　FRBの資産と負債

資　産	負　債
政府債務 （短期米国債）	マネタリーベース （流通現金＋銀行準備金）

FRBが保有する資産のほとんどは短期米国債だ．負債はマネタリーベースで，その内訳は流通現金と銀行準備金だ．　web▶

図13-7　FRBによる公開市場操作

(a) 1億ドルの公開市場買い操作(買いオペ)

連邦準備制度

資　産	負　債
短期米国債　＋1億ドル	マネタリーベース　＋1億ドル

市中銀行

資　産	負　債
短期米国債　－1億ドル 銀行準備金　＋1億ドル	変化なし

(b) 1億ドルの公開市場売り操作(売りオペ)

連邦準備制度

資　産	負　債
短期米国債　－1億ドル	マネタリーベース　－1億ドル

市中銀行

資　産	負　債
短期米国債　＋1億ドル 銀行準備金　－1億ドル	変化なし

パネル(a)は，FRBが公開市場操作で市中銀行から短期米国債を買ってマネタリーベースを増やす様子を描いたものだ．この例では，FRBによる1億ドルの短期米国債の購入の支払いは，市中銀行の準備金の1億ドルの増加というかたちで行われているので，マネタリーベースが1億ドル増える．銀行は新たに増加した準備金の一部を貸出に回すので，貨幣乗数効果を通じて最終的に貨幣供給量が増える．パネル(b)は，FRBが公開市場操作で市中銀行に短期米国債を売ってマネタリーベースを減らす様子を描いたものだ．この例では，FRBによる1億ドルの短期米国債の売却により，市中銀行の準備金が1億ドル減少し，マネタリーベースも1億ドル減少する．この準備金の減少に応じて市中銀行が貸出を減らすので，貨幣乗数を通じて最終的に貨幣供給量が減少する．

る．この貸出金の一部は預金として銀行部門に戻り，銀行準備金を増やしてさらに貨幣乗数のプロセスを進行させる．公開市場買い操作(買いオペ)で短期米国債を買うことは，貨幣乗数を作動させて貨幣供給量の増加につながる．公開市場売り操作(売りオペ)は逆の効果を持つ．銀行準備金を減らすことで市中銀行の貸出を減らし，貨幣供給量の減少につながる．

　連邦公開市場委員会(FOMC)は，その名が示すとおり公開市場操作に関する政策を決定する．つまりこの委員会がニューヨーク連銀に対して短期米国債の売買命令を下すのだ．

　経済学者はよく，FRBが貨幣供給量を調節すると言うが，正確にはマネタリーベースを調節しているのだ．マネタリーベースを増減させることでFRBは貨幣供給量と利子率に多大な影響を及ぼすことができる．この影響力こそが金融政策の基礎になっている．次章では金融政策について説明しよう．

経済学を使ってみよう

欧州の連邦準備制度を設立する

　20世紀最後の年までは，中央銀行の中でも連邦準備制度は最大の存在だった．アメリカ経済は他国の経済よりもはるかに大きかったので，他国の中央銀行の影響力は連邦準備制度の影響力とは比べものにならなかった．だが1999年1月にヨーロッパ11カ国が共通通貨としてユーロを導入したことでそうではなくなった．これらの国の共同金融政策は，新設された欧州中央銀行(ECB)の手に委ねられた．

　連邦準備制度と同様にECBも特殊な立場にある．民間機関ではないが，正確には政府機関でもない．実際，政府機関にはなりえない．なぜなら全ヨーロッパ政府というものが存在しないからだ！　これが理解しにくいというアメリカ人にとって幸いなことに，ECBと連邦準備制度はとてもよく似ている．

第1に，ドイツの都市フランクフルトにあるECBは連邦準備制度全体に相当するものではなく，ワシントンD.C.にある連邦準備理事会とちょうど同じようなものだ．また各地区の連邦準備銀行に当たるものとして，フランス銀行やイタリア銀行などのヨーロッパ諸国の中央銀行がある．これら各国の中央銀行は，1999年まではそれぞれが連邦準備制度のような役割を果たしていた．例えばフランス銀行は，フランスのマネタリーベースを調整していた．これらの銀行は現在，アメリカの各地区の連銀のように，それぞれの担当地区で銀行や企業に各種の金融サービスを提供し，公開市場操作を実際に行っている．だからといって，これらの銀行は小さい機関ではない．各国の中央銀行は全体で5万人もの人間を雇っているのだ．一方でECBの行員は1300人に足らない．

　各国とも，自国の中央銀行を運営する人物を選定することができる．ECBは，アメリカの連邦準備理事会に相当する役員会によって運営されている．役員会のメンバーは共通通貨ユーロに参加している各国政府の全員一致の賛成により選ばれる．アメリカの連邦公開市場委員会(FOMC)に相当するものはECBの理事会だ．公開市場委員会が連邦準備理事会に各地区連銀総裁の一部を加えたメンバーで構成されるように，ECBの理事会は役員会に各国中央銀行総裁の一部を加えたメンバーで構成されている．ただしちょっと違いがある．各国の中央銀行総裁が理事会に参加できる頻度は，各国経済の大きさを反映した公式に従って決まっている．別の言い方をすれば，2004年のGDPが2.7兆ドルだったドイツは，GDPが2050億ドルしかないギリシャに比べて理事会に参加する機会がずっと多くあった．

　もちろん，連邦準備制度とECBが細かいところまで同じというわけではない．だが最終的には，連邦準備制度と同様にECBも有権者に説明責任を果たすようになっており，一方で短期的な政治圧力からは高度に遮断されている．■

ちょっと復習

▶連邦準備制度はアメリカの中央銀行であり，銀行を監督し金融政策を策定する．連邦準備制度は法的に複雑な存在で，政府部門でも民間部門でもない．

▶FRBは支払準備率を決める．銀行はフェデラル・ファンド市場で準備金を貸し借りする．この市場で決まる利子率はフェデラル・ファンド金利だ．銀行はFRBから公定歩合と呼ばれる利子率で準備金を借りることもできる．

▶FRBは支払準備率や公定歩合を変更することができるが，実際の金融政策はほとんど公開市場操作によって行われる．

理解度チェック 13-4

1. 銀行が貸し出した資金はすべて当座預金として銀行部門に戻ってくるとする．また支払準備率は10％だとしよう．FRBが公開市場操作で短期米国債を1億ドル購入したとき，それが銀行部門の当座預金残高に与える影響を説明しなさい．

解答は本書の巻末にある．

次に学ぶこと

　ここまで貨幣システムがどのように成り立っているかを見てきた．特にFRBがマネタリーベースの量を決める様子を見た．でもどうしてそれが重要なのだろう？　それは，FRBの行動は貨幣供給量を動かし，利子率に大きな影響を与えるからだ．そして利子率の変更を通じて，FRBはGDPや物価水準に大きな影響を与える．

　次章では金融政策が経済にどんな影響を与えるのか，またFRBは実際にはどんな行動をとるのかを見ることにしよう．

▶公開市場買い操作(買いオペ)で短期米国債を買うとマネタリーベースが増えるので貨幣供給量も増える。公開市場売り操作(売りオペ)は逆にマネタリーベースと貨幣供給量を減らす。

要約

1. 財・サービスの購入にすぐさま使える資産のことを**貨幣**と呼ぶ。**流通現金**と**当座預金**はどちらも**貨幣供給量（貨幣供給，マネーサプライ）**の一部だ。貨幣には3つの役割がある。取引に用いられる**交換媒体**としての役割、時間が経過しても購買力を保持する**価値の貯蔵手段**としての役割、価格設定のための**計算単位**としての役割だ。

2. 金貨や銀貨などの**商品貨幣**は、貨幣としての役割のほかに、それ自身が商品価値を持っている。時代が進むにつれて、商品貨幣の代わりに、金などで担保された紙幣のような**商品担保貨幣**が登場した。現在のドルは純粋な**法定不換貨幣（フィアット・マネー）**だ。その価値は、支払い手段として公式に認められているということだけを元にしている。

3. アメリカにはいくつかの貨幣供給量の指標がある。M1は最も狭い**貨幣集計量**で、流通現金、トラベラーズチェック、当座預金だけを含む。M2とM3は**準貨幣**と呼ばれるもう少し多様な資産を含む。準貨幣は容易に当座預金口座に移せるような預金類だ。

4. 銀行は預金者が自分の資金をすぐに引き出せるようにしているが、一方で同時に預金の大部分を貸し出している。預金者からの現金引出要求に応えるために、銀行は**銀行準備金**を確保している。これは銀行の金庫にある現金と連邦準備制度に預けてある預金だ。**支払準備率**は銀行預金に対する銀行準備金の割合だ。

5. 銀行はこれまでに幾度かの**銀行取り付け**を経験してきた。特に1930年代初の銀行取り付けは特筆に値する。銀行取り付けの危険を回避するために、現在では預金者は**預金保険制度**によって保護されている。また預金者の資金を過度に危険な貸出に回すインセンティブを持たないように、銀行の所有者は自己資本規制を受けている。また銀行は**支払準備制度**を遵守する必要がある。

6. 現金が銀行に預けられると、銀行が**過剰準備金**を貸し出して乗数プロセスが始まり、貨幣供給量が増加する。つまり銀行は貨幣を創出する。貨幣供給量がすべて当座預金で成り立っている場合には、貨幣供給量は銀行準備金を支払準備率で割った値になる。現実には**マネタリーベース**の大部分は流通現金なので、**貨幣乗数**はマネタリーベースに対する貨幣供給量の比率になる。

7. マネタリーベースはアメリカの**中央銀行**である連邦準備制度によって調節されている。連邦準備制度は政府機関と民間機関の両方の側面を持っている。連邦準備制度(FRB)は支払準備率を決める。それを満たすために、銀行は**フェデラル・ファンド市場**でフェデラル・ファンド金利に基づいて準備金を融通しあっている。銀行はFRBから直接**公定歩合**という利子率で準備金を借りることもできる。

8. FRBが行う**公開市場操作**は金融政策の主要手段だ。FRBは短期米国債を市中銀行に売買することでマネタリーベースを調節できる。

キーワード

貨幣…p.374
流通現金…p.374
当座預金…p.374
貨幣供給量
　（貨幣供給，マネーサプライ）…p.374

交換媒体… p.375
価値の貯蔵手段… p.375
計算単位… p.375
商品貨幣… p.376
商品担保貨幣… p.376
法定不換貨幣
　（フィアット・マネー）… p.376
貨幣集計量… p.377
準貨幣… p.377
銀行準備金… p.380
支払準備率… p.380

銀行取り付け… p.381
預金保険制度… p.381
支払準備制度… p.383
過剰準備金… p.386
マネタリーベース… p.387
貨幣乗数… p.388
中央銀行… p.389
フェデラル・ファンド市場… p.391
フェデラル・ファンド金利… p.391
公定歩合… p.391
公開市場操作… p.392

問題

1. 以下に示すそれぞれの取引がM1とM2に及ぼす効果（増大させるか減少させるか）を説明しなさい．
   a. 保有している株式を売却して得た資金を普通預金に預けた．
   b. 保有している株式を売却して得た資金を当座預金に預けた．
   c. 普通預金に入っている資金を当座預金に振り替えた．
   d. 自動車のフロアマットの下にあった0.25ドルを当座預金に預けた．
   e. 自動車のフロアマットの下にあった0.25ドルを普通預金に預けた．

2. 貨幣には3種類ある．商品貨幣，商品担保貨幣，法定不換貨幣だ．次の状況ではどの種類の貨幣が使われていることになるか．
   a. 真珠貝の貝殻が古代中国で財の購入に使われていた．
   b. 多くのヨーロッパ諸国で交換媒体として塩が使われていた．
   c. 短い期間ではあったが，ドイツでは一定のライ麦との交換が保証されている紙幣（ライ麦マルク）が使われた．
   d. ニューヨーク州のイサカの町では，イサカアワーズという町内通貨を発行していて，これで町の財・サービスが購入できる．

3. 下の表は，2005年に発表された「大統領経済報告」に掲載されている1995年から2004年にかけてのM1とM2の内訳を10億ドル単位で表したものだ．「M1」，「M2」，「M1に占める流通現金の割合」，「M2に占める流通現金の割合」を計算して表を完成しなさい．「M1」，「M2」，「M1に占める流通現金の割合」，「M2に占める流通現金の割合」についてどのような傾向とパターンが見られるか．その傾向はどのように説明できるか．

4. 以下のそれぞれの項目について，M1に属するか，M2に属するか，またはどちらにも属さない，のどれかを答えなさい．
   a. 学食の95ドル分の食事カード．
   b. 自動車の小銭入れに入っている0.55ドル．
   c. 定期預金に預けてある1663ドル．
   d. 当座預金に預けてある459ドル
   e. 4000ドルの価値を持つ株式100株．
   f. 1000ドルまで使えるシアーズ百貨店のクレジットカード．

年	流通現金	トラベラーズチェック	当座預金 (10億ドル)	MMF	10万ドル以下の定期預金	普通預金	M1	M2	M1に占める流通現金の割合(%)	M2に占める流通現金の割合(%)
1995	372.1	9.1	745.9	448.8	931.4	1,134.0	?	?	?	?
1996	394.1	8.8	676.5	517.4	946.8	1,273.1	?	?	?	?
1997	424.6	8.5	639.5	592.2	967.9	1,399.1	?	?	?	?
1998	459.9	8.5	627.7	732.7	951.5	1,603.6	?	?	?	?
1999	517.7	8.6	597.7	832.5	954.0	1,738.2	?	?	?	?
2000	531.6	8.3	548.1	924.2	1,044.2	1,876.2	?	?	?	?
2001	582.0	8.0	589.3	987.2	972.8	2,308.9	?	?	?	?
2002	627.4	7.8	582.0	915.5	892.1	2,769.5	?	?	?	?
2003	663.9	7.7	621.8	801.1	809.4	3,158.5	?	?	?	?
2004	699.3	7.6	656.2	714.7	814.0	3,505.9	?	?	?	?

5. トレイシー・ウィリアムズはこれまで靴下入れにしまってあった500ドルを近くの銀行の当座預金口座に預けた．
   a. この預金で，近くの銀行のT字型勘定はまず初めにどう変化するか．そして貨幣供給量はどう変化するか．
   b. 銀行が10％の支払準備率を維持するとして，今受け入れた預金をどうするか．
   c. 銀行が貸出をするたびに，その貸出資金がすべて別の銀行に預金されるとすれば，トレイシーの預金によって経済全体の貨幣供給量はどれだけ増加するか．
   d. 銀行が貸出をするたびに，その貸出資金がすべて別の銀行に預金されるとして，また各銀行が5％の支払準備率を維持するとすれば，当初の500ドルの預金で貨幣供給量はどれだけ増加するか．

6. ライアン・コッツェンは近くの銀行に持っている当座預金口座から400ドルを引き出して，自分の財布に入れた．
   a. この預金引出は，この銀行のT字型勘定と貨幣供給量をどのように変えるか．
   b. 銀行が10％の支払準備率を維持するとすれば，この引出で銀行はどんな対応をとるか．
   c. 銀行が貸出を減らすたびに，その貸出減少額だけ当座預金が減少するとすれば，ライアンの預金引出でこの経済全体の貨幣供給量はどれだけ減るか．
   d. 銀行が貸出を減らすたびに，その貸出減少額だけ当座預金が減少するとし，また銀行が20％の支払準備率を維持するとすれば，400ドルの当座預金の引出でこの経済全体の貨幣供給量はどれだけ減るか．

7. イーストランディア政府はアメリカと同じような貨幣集計量の測定法を採用している．またイーストランディアの中央銀行は市中銀行が10％の支払準備率を維持するように規制している．次の情報をもとに，以下の設問に答えなさい．
   中央銀行が預かっている銀行の預金＝2億ドル
   流通現金＝1億5000万ドル
   銀行の金庫にある現金＝1億ドル
   当座預金＝5億ドル
   トラベラーズチェック＝1000万ドル
   a. M1はいくらか．
   b. マネタリーベースはいくらか．
   c. 市中銀行は過剰準備金を保有しているか．
   d. 市中銀行は当座預金を増やすことができるか．もしできるとするならいくら増やすことができるか．

8. ウエストランディアでは，人々はM1の50％を現金通貨で保有している．銀行が維持すべき支払準備率は20％だとしよう．次の表の数値を埋めることで，500ドルの新規の預金によりどれだけ貨幣供給量が増えるか推定しなさい．

（ヒント：第1行は銀行が500ドルの預金に対して少なくともその20％である100ドルの準備金を保有する必要があることを示している．これで400ドルが貸出可能になる．でも人々は50％を現金で保有するので，貸し出された400ドルの50％すなわち400ドル×0.5＝200ドルを第2ラウンドの預金に充てることになる）．得られた解答は，貸し出された資金がすべて銀行部門に預金として戻り，人々が現金を保有しない場合と比べるとどう違うか．そのことから，人々が現金を保有する欲求と貨幣乗数にはどのような関係があるか．

ラウンド	預金	銀行準備金	過剰準備金（ドル）	貸出	流通現金
1	500.00	100.00	400.00	400.00	200.00
2	200.00	?	?	?	?
3	?	?	?	?	?
4	?	?	?	?	?
5	?	?	?	?	?
6	?	?	?	?	?
7	?	?	?	?	?
8	?	?	?	?	?
9	?	?	?	?	?
10	?	?	?	?	?
全ラウンドの合計	?	?	?	?	?

9. 以下の状況では貨幣供給量はそれぞれどうなるか．
   a. 支払準備率の下限が25％のときに，預金者が当座預金口座から700ドル引き出した．
   b. 支払準備率の下限が5％のときに，預金者が当座預金口座から700ドル引き出した．
   c. 支払準備率の下限が20％のときに，当座預金口座に750ドルの預金があった．
   d. 支払準備率の下限が10％のときに，当座預金口座に600ドルの預金があった．

10. FRBが支払準備率を変えることで貨幣供給量を調整することはないが，アルバーニアの中央銀行はそのような調整をする．アルバーニアの市中銀行には銀行準備金が1億ドル，当座預金残高が10億ドルあるとする．支払準備率の下限は10％だ．市中銀行は過剰準備金を保有しないようにしている．人々は一定額の現金を保有しているので，銀行貸出が行われると，その貸出と同額の預金が生み出される．
    a. 支払準備率の下限が5％に変更されると貨幣供給量はどう変化するか．
    b. 支払準備率の下限が25％に変更されると貨幣供給量はどう変化するか．

11. 図13-5を用いてあなたが住む場所の連邦準備区を見つけなさい．そして，http://www.federalreserve.gov/bios/

pres.htmにアクセスしてあなたの連邦準備区の連銀総裁が誰か調べなさい．さらにhttp://www.federalreserve.gov/fomc/にアクセスしてあなたの連邦準備区の連銀総裁が連邦公開市場委員会(FOMC)の投票権を持った委員のメンバーかどうかを確かめなさい．

12. FRBが5000万ドルほど短期米国債を買うとFRBと市中銀行のT字型勘定はどう変化するか示しなさい．人々が一定量の現金を保有していて(そのため，銀行貸出はその貸出と同額の預金を生み出すとして)，支払準備率の下限は10%，市中銀行は過剰準備金を持たないとする．この場合，市中銀行にある当座預金残高はどれだけ変化するか．また貨幣供給量はどれだけ変化するか．貨幣供給量がそれだけ変化した場合，最終的には市中銀行のT字型勘定がどれだけ変化するかを示しなさい．

13. FRBが3000万ドルほど短期米国債を売却すると，FRBと市中銀行のT字型勘定はどう変化するか示しなさい．人々が一定量の現金を保有していて(そのため，銀行貸出はその貸出と同額の預金を生み出すとして)，支払準備率の下限は5%，市中銀行は過剰準備金を持たないとする．この場合，市中銀行にある当座預金残高はどれだけ変化するか．また貨幣供給量はどれだけ変化するか．貨幣供給量がそれだけ変化した場合，最終的には市中銀行のT字型勘定がどれだけ変化するかを示しなさい．

web▶ 引き続き勉強し，本章の概念を復習したい人は，クルーグマン＝ウェルスのウェブサイトを訪ね，小問題集，動画による教習，有益なリンク集などを参照してください．
www.worthpublishers.com/krugmanwells

第14章
Monetary Policy
金融政策

Chapter 14

年8回

　FOMC(連邦公開市場委員会)が語るとき，人々はそれに耳を傾ける．

　年に8回，世界中のエコノミストと投資家は，FOMCの構成メンバーである12人の男女の発言を心待ちにしている．FOMCはフェデラル・ファンド金利(FF金利)という，支払準備制度を遵守するために銀行同士が互いに融通しあう準備金の利子率を定める権限を持っているからだ．世界が知りたがるのは，FOMCがFF金利を上げるのか，下げるのか，あるいはそのままに据え置くかをどう判断したかだ．金融市場のアナリストたちはまた，同時に発表される委員会の声明を注意深く読み，その3週間後に発表されるFOMCの正式な議事録を待ち焦がれている．

　なぜそんな熟読吟味が必要なのかって？　通常は専門用語を駆使して書かれるFOMCの声明は，将来の金融政策のスタンスを理解する鍵となるからだ．FOMCの声明は言い回しのわずかな違いが大きな意味を持っており，それを注意深く読むことで，金融政策が拡張的になり(緩和され)利子率の低下につながるのか，あるいは緊縮的になり(引き締められ)利子率の上昇につながるのかを予測する助けになるのだ．

　例えば，過去数回の会合を受けて出された2003年12月のFOMCの声明は，「政策対応はかなりの期間維持される可能性がある」と述べている．「政策対応」という言い回しは「利子率を低く保つこと」という意味だ．しかしこの表現は2004年1月には少し異なるものに換えられた．「委員会は政策対応の変更に関して忍耐強くなることができる」となったのだ．この新しい言い回しはFOMCがFF金利をすぐに上げることを示唆していたので，このニュースで株式や債券の価格は大きく下落することになった．

　第13章では連邦準備制度の仕組みについて，また公開市場操作がどのように貨幣供給量に影響を与えるかについて学んだ．この章では，金融政策がどう機能するかについて，つまりFOMCはどうやって景気後退を景気拡張の方向に向かわせられるのか，またその逆ができるのかを見よう．まず家計や企業による貨幣需要を見ることから始めよう．次にFRBは短期的には貨幣供給量を調整することで利子率を上下に変動させられること，そしてそれによって総需要曲線をシフトさせられることを見る．最後に，金融政策は長期には物価水準だけに影響を与え，総産出量には影響しない理由を見る．

この章で学ぶこと

▶**貨幣需要曲線**とは何か．

▶短期利子率を決定する**流動性選好モデル**とは何か．

▶FRBはどうやって利子率を動かすか．

▶金融政策は短期の総産出量にどのように影響するか．

▶貯蓄・投資支出恒等式の背後にある調整プロセスのより深い理解．

▶なぜ経済学者は，金融政策は長期には物価水準だけに影響を与え総産出量には影響しないという**貨幣の中立性**を信じるのか．

1 貨幣需要

第13章で，最もよく使われる貨幣供給量の定義であるＭ１の内訳は流通現金（すなわち現金）と当座預金とトラベラーズチェックだということを見たね．より広い貨幣供給量の定義であるＭ２は，容易に当座預金口座に移せる預金をＭ１に加えたものだ．また第13章では，人々がなぜ貨幣を保有するのかも学んだ．それは財・サービスをより簡単に購入できるからだ．ここではもっと深く，個人や企業がある時点でどれだけの貨幣を保有しようとするかを決める要因について考察しよう．

1.1　貨幣保有の機会費用

個人や企業は，その資産の一部を貨幣というかたちで保有する．買い物をするときに直接使えるのは貨幣だけだからだ．しかし貨幣を保有することには対価が存在する．貨幣は通常，貨幣以外の資産に比べて低い収益しかもたらさないというのがそれだ．多くの個人や企業にとって問題となる選択は，貨幣を保有するか，それとも流動性の面で貨幣よりも劣る短期債券のような資産を保有するかだ．これらの資産は比較的容易に貨幣に交換でき，貨幣よりも高い収益をもたらすものだ．

収益率が低いという貨幣の短所は，現金のことを思い浮かべれば明らかだろう．現金には利子がつかない．ほとんどの当座預金に利子はつくものの，その率は流動性の低い資産の利子率に比べれば低い．

表14-1は，2004年5月と2005年3月の2つの月について，いくつかの平均利子率を集めたものだ．最初の行はFF金利を示している．2行目は1カ月物の短期国債で，これはアメリカ政府が発行して1カ月で償還される債券の利子率（利回り）だ．3行目は利子がつく要求払預金（違約金なしでいつでも資金が引き出せる預金）の利子率を示している．当座預金もこれに含まれる．第4行は現金の利子率で，当然ながらゼロだ．

見てわかるように，どちらの時期も1カ月物の短期米国債のほうが，現金や要求払預金よりも利子率が高い．貨幣の保有には機会費用がある．その機会費用は，貨幣以外の資産（非貨幣資産）の利子率と貨幣とされる資産の利子率の差で測ることができる．表14-1の下から2番目の行は，1カ月物の短期米国債と要求払預金の利子率格差を示している．また最後の行は，1カ月物の短期米国債と現金の利子率格差を示してい

表14-1　代表的な利子率

	2004年5月	2005年3月
フェデラル・ファンド金利（FF金利）	1.00（％）	2.63（％）
1カ月物の短期米国債	0.91	2.36
利子がつく当座預金*	0.54	1.05
現金	0.00	0.00
短期米国債の利子率－預金の利子率	0.37	1.31
短期米国債の利子率－現金の利子率	0.91	2.36

＊　要求払預金（違約金なしでいつでも資金を引き出せる預金）の平均．
出所：Federal Reserve Bank of St. Louis（セントルイス連銀）．

る．2004年5月の要求払預金の利子率は短期米国債に比べて年率で0.37％低い．その差は2005年3月までに1.31％に上昇した．1カ月物の短期米国債と現金ではもっと差がついている．2004年5月に現金を保有することは，年率0.91％の利子を失うことを意味した．2005年3月までに，その差は2.36％にまで広がっている．

この例が示すように，短期米国債のような非貨幣資産ではなく，貨幣というかたちで富を保有することには費用がかかる．ではなぜ人々は貨幣を保有するのだろうか？貨幣は他の資産と違って即座に支出に使えるので利便性が高く，取引費用を削減できるから，というのがその理由だ．

機会費用の負担をいとわないほどの利便性を得られる例として，次の事実を考えてみればいい．クレジットカードやデビットカード，ATM（現金自動預払機）が普及している今日でさえ，人々は利子のつく口座ではなく，財布に現金を入れつづけている．彼らはクレジットカードをまったく受け付けないか，または手数料がかかるので少額の支払いには応じないという店で昼食を買うたびに現金を引き出すために銀行に行くことなど望んではいない．財布の中にお金を入れることの利便性は，その貨幣を銀行に預けたときに得られたはずの利子よりも価値があるのだ．

それではある時点で，富のうちのどれだけを貨幣として保有したら良いのだろうか？保有すべき最適な貨幣量を決めるには，財布の中にお金を入れたときの追加的な利便性と，それを他の金融資産として保有したときに得られる高い収益の間のトレードオフを考慮する必要がある．このトレードオフの内容を左右するのが利子率だ．表14-1をもう一度見てみよう．2004年5月と2005年3月の間で，FF金利は約1.63％上昇している．1カ月物の短期米国債の利子率もほぼ同じだけ上昇している．これは偶然ではない．すべての**短期利子率**は，すなわち6カ月以内に満期になる金融資産の利子率は，同じような動きをする傾向がある．これは短期米国債，1カ月物の債券，3カ月物の債券などが競合関係にあることから生じる．なぜそうなるかって？投資家は，平均以下の利子率しか得られないような短期金融資産からは富を引き揚げるだろう．投資家によるこのような資産の売却は，資産の売り手に対して利子率を上げるよう圧力をかけることになる．投資家はより高い収益を得られる資産でなければ買わないからだ．逆に平均以上の利子率を得られる短期金融資産には，投資家は富を向けるだろう．こうして資産が購入されるのを見て，資産の売り手がその資産からの収益率を下げてもまだ買い手を見つけられることに気づけば，利子率は下がることになるだろう．このように，どの資産も平均よりも高いかまたは低い利子率を継続的に提供しつづけることはできない．よって短期金融資産の利子率はだいたい同じになる傾向にあるのだ．

だが，貨幣の利子率はそのようには上昇していない．現金の利子率はゼロにとどまっているし，要求払預金の利子率は上昇しているとはいえ短期利子率の上昇幅に比べればだいぶ小さい．その結果，貨幣保有の機会費用は増加している．これは，短期利子率が高くなるにつれて貨幣保有の機会費用は高くなる，という一般的な帰結を示すものだ．つまり人々が保有したいと思う貨幣の量すなわち貨幣の需要量は，短期利子

短期利子率は，6カ月以内に満期になる金融資産の利子率だ．

率が上がれば減少するのだ．

表14-1にあるのは短期利子率だけだ．満期まで数年の期間がある金融資産の利子率である**長期利子率**は，どの時点でも，短期利子率とは異なるかもしれない．短期利子率と長期利子率の差は時に重要な現実的問題となる．だがここでの当面の目的に応じて，短期と長期の利子率の差は無視し，利子率はただ1種類だと仮定することが有用だ．

長期利子率は満期まで数年の期間がある金融資産の利子率だ．

1.2 貨幣需要曲線

利子率と人々の貨幣需要量と関係は，図14-1の**貨幣需要曲線**MDで表される．他の条件を一定とすれば，高い利子率は貨幣保有の機会費用を高め，人々の貨幣需要量を減少させるので，この曲線は右下がりになる．利子率が例えば1％と非常に低いときには，貨幣を保有することで失われる利子は相対的に小さい．その結果，人々は相対的に大きな額の貨幣を保有しようとする．買い物をするときに非貨幣資産を貨幣に替える費用と不便さを避けるためだ．逆に，1980年代初頭のアメリカのように利子率が15％と相対的に高いときには，貨幣保有の機会費用は大きい．このような場合人々はわずかな現金と預金しか保有せず，必要なときだけその資金を貨幣に替えるという対応をするだろう．

貨幣需要曲線は貨幣需要量と利子率の関係を示すものだ．

なぜ株式や不動産といった他の資産の収益率ではなく，利子率を縦軸にとって貨幣需要曲線を描くのか，という疑問を抱く人がいるかもしれないね．前に注意したように，どれだけの貨幣を保有するかを判断する際にたいていの人が問題とするのは，短期米国債のように簡単に貨幣に替えられる他の資産に資金を回すかどうかだ．そしてこのような貨幣に「近い」資産──短期米国債のように，比較的良い貨幣の代替財となるような流動性の高い資産──の収益率は，短期利子率と密接に連動しているのだ．

図14-1　貨幣需要曲線

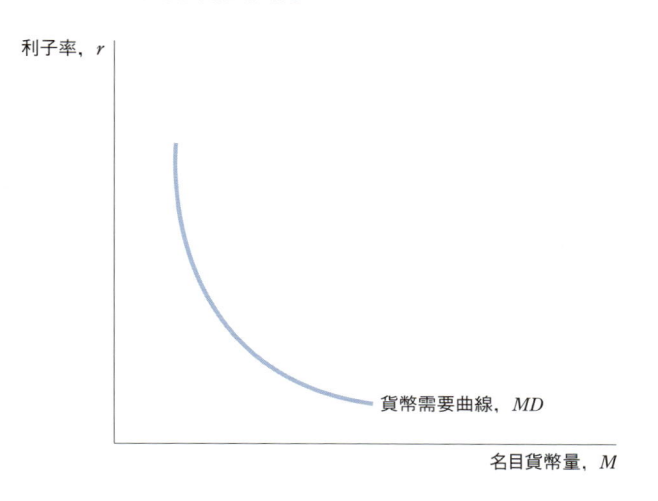

貨幣需要曲線は名目貨幣需要量と利子率の関係を表すものだ．その傾きは右下がりになる．高い利子率は貨幣保有の機会費用を高め，名目貨幣需要量を減らすからだ．

縦軸：利子率，r
横軸：名目貨幣量，M
曲線：貨幣需要曲線，MD

1.3 物価と貨幣需要

図14-1の横軸には名目貨幣量を測っている．つまり貨幣需要曲線はドルの購買力を調整していないときのドルの需要量を示している．だが経済学者は名目貨幣量を物価水準で割った**実質貨幣量**に注目することがある．Mを名目貨幣量，Pを物価水準とすると，実質貨幣量はM/Pとなる．実質貨幣量M/Pは，名目貨幣量Mの購買力を測るものだ．

> **実質貨幣量**は名目貨幣量を物価水準で割ったものだ．

なぜ経済学者が実質貨幣量に注目することがあるのかを見るために，物価水準が2倍になったときに名目貨幣需要がどんな影響を受けるかを考えてみよう．図14-2にそれを示してある．物価水準の上昇は，消費者からすれば，これまでと同じ財・サービスの組合せを購入するためにより多くの貨幣を支出しなければならないことを意味する．このことは，利子率がどの水準にあってもより多くの貨幣を保有しようとすることにつながる．そのため貨幣需要曲線は，物価水準がP_1からP_2へと上昇すると，MD_1からMD_2へと右にシフトする．

だが物価水準が貨幣需要に与える効果を，もっと明確に見ることができる．つまり他の条件を一定とすれば，名目貨幣需要量は物価水準に比例するのだ．例えば物価水準が50%上昇すれば，利子率の水準にかかわらず，名目貨幣需要量は50%増加する．

簡単な計算を使えば，この性質をより直観的に理解することができる．図14-2で，利子率がr_1で一定だとしよう．また物価水準がP_1からP_2へとk倍に上昇し，$P_2=k \times P_1$と表すことができるとしよう．このとき，名目貨幣需要量が物価水準に比例するという事実は，物価変化後の名目貨幣需要量M_2と物価変化前の名目貨幣需要量M_1の間に$M_2=k \times M_1$という関係があることを意味している．その結果，M_2とM_1の比率はP_2とP_1の比率に等しくなる．つまり

$$\frac{M_2}{M_1} = \frac{P_2}{P_1} \tag{14-1}$$

図14-2 物価水準と貨幣需要

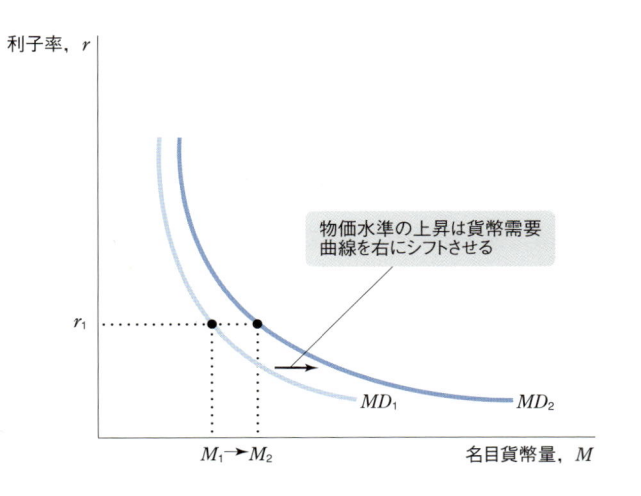

他の条件を一定とすれば，物価水準が上昇したとき名目貨幣需要量も同じ比率で増加する．この場合，物価水準の上昇によって貨幣需要曲線はMD_1からMD_2へ右にシフトする．利子率がr_1のときの名目貨幣需要量はM_1からMD_2へと増加し，それは物価水準の上昇に比例している．

図14-3　実質貨幣需要

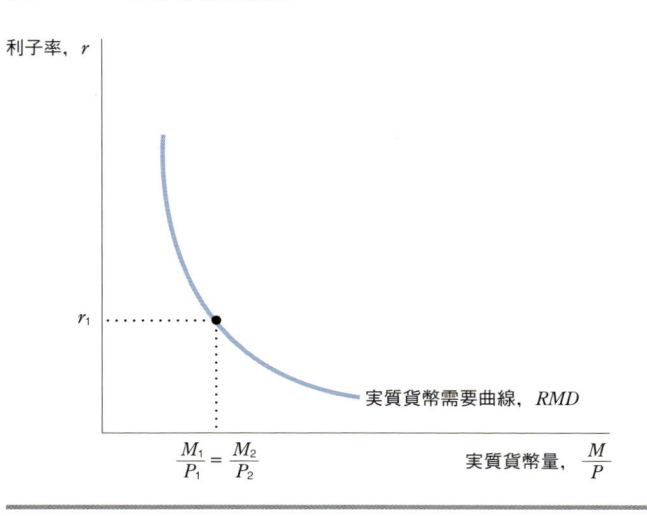

名目貨幣需要量は物価水準に比例するので，貨幣需要を実質貨幣量に対する需要として表すことも可能になる．物価水準が上昇しても実質貨幣需要曲線はシフトしない．r_1という利子率の下で，物価水準がP_2のときの実質貨幣需要量M_2/P_2は，物価水準がP_1のときの実質貨幣需要量M_1/P_1に等しい．

（縦軸：利子率，r／横軸：実質貨幣量，M/P／曲線：実質貨幣需要曲線，RMD／点：r_1，$\frac{M_1}{P_1}=\frac{M_2}{P_2}$）

となる．式14-1の両辺をP_2で割り，かつ両辺にM_1をかけると，以下のように変形できる．

$$\frac{M_2}{P_2}=\frac{M_1}{P_1} \qquad (14\text{-}2)$$

式14-2は，物価変化後の実質貨幣需要量M_2/P_2は，他の条件を一定とすれば，物価変化前の実質貨幣需要量M_1/P_1に等しいことを述べている．この結果を理解する1つの方法は，図14-3にあるような**実質貨幣需要曲線**RMDを描くことだ．この曲線は，実質貨幣需要量と利子率の関係を示している．名目貨幣需要曲線とは違い，実質貨幣需要曲線は自動的に物価水準の名目貨幣需要量に対する効果を考慮していることになる．例えば利子率がr_1のときの実質貨幣需要量はM_1/P_1とM_2/P_2のどちらにも等しく，これは実質貨幣需要曲線上の同一の点として示される．

実質貨幣需要曲線は実質貨幣需要量と利子率の関係を示すものだ．

1.4　実質貨幣需要曲線のシフト

貨幣需要を実質値で表すことで，物価水準の変化が名目貨幣需要に与える効果を考慮することができる．実質貨幣需要曲線や名目貨幣需要曲線は多くの要因によってシフトする．その中で最も重要なのは，実質総支出の水準の変化，技術の変化，および制度の変化だ．

実質総支出の変化　家計と企業は財・サービスの購入を容易にする手段として貨幣を保有する．買いたいと思う財・サービスの数量が大きくなるにつれて，どの利子率の水準でも保有したいと思う実質貨幣量は多くなるだろう．よって実質総支出の増加は実質貨幣需要曲線を右にシフトさせる．実質総支出の減少は，実質貨幣需要曲線を左にシフトさせる．

実質貨幣需要量は，他の条件を一定とすれば，実質総支出に比例すると主張してい

る経済学者もいる．つまり実質総支出が20％上昇すれば，実質貨幣需要量も20％上昇するというのだ．この考え方は，すぐ後に述べる貨幣の流通速度として知られる概念に通じるものだ．

技術の変化　そんなに昔のことではないが，現金を口座から引き出すために銀行の営業時間中に窓口に行かなければならない時代があった．そして多くの人々が昼休みに銀行に行こうとしたので，窓口に行列ができることが多かった．そこで人々は，かなりの現金を手元に置くことで資金を引き出す回数を減らした．驚くにはあたらないが，この傾向は，1970年代にATMが登場したことで急速に減退した．

この出来事が明らかにしているのは，技術の変化が実質貨幣需要にいかに影響を与えるかということだ．一般には，情報技術が進歩すると多額の貨幣を保有しなくとも買い物をすることが容易になるため，実質貨幣需要が減少する傾向がある．ATMは，技術の変化が貨幣需要を変化させることを示す1つの例にすぎない．例えば各店がインターネットを通じてクレジットカード取引を処理できるようになったためにクレジットカードの受入れが拡大したことも，同じように現金の需要を減少させた．

制度の変化　制度の変化も貨幣需要を増加させたり減少させたりする．例えば1980年代初頭まで，アメリカの銀行は当座預金口座に利子をつけることを認められていなかった．その結果，当座預金口座に資金を置くことの機会費用はきわめて高かった．こうした阻害要因は当座預金口座に利子をつけることが合法化されたときに大幅に削減され，実質貨幣需要の増加につながった．

1.5　貨幣需要に対する流通速度アプローチ

ここまで，他の需要曲線を議論するのと同じ枠組みを用いて貨幣需要について議論してきた．最初にこの曲線が右下がりとなる理由を述べ，次にこの曲線を左右にシフトさせる要因を議論した．だが貨幣需要と金融政策に関する議論では，経済学者は異なるアプローチを用いる場合がある．貨幣の流通速度として知られる概念を強調するアプローチだ．

貨幣の流通速度は，名目GDPを名目貨幣量で割ったものとして定義される．つまり次のようになる．

> **貨幣の流通速度**は名目GDPを名目貨幣量で割ったものだ．

$$V = \frac{P \times Y}{M} \qquad (14-3)$$

Vは貨幣の流通速度，Pは物価水準，Yは実質GDPで測った総産出量（よって$P \times Y$は名目GDPだ），そしてMは名目貨幣量だ．この方程式の両辺にMをかけた**数量方程式**のかたちで貨幣の流通速度を定義する場合も多い．

> **数量方程式**によると，名目貨幣量に貨幣の流通速度をかけたものは名目GDPに等しい．

$$M \times V = P \times Y \qquad (14-4)$$

この式は，名目貨幣量に貨幣の流通速度をかけたものは名目GDPに等しいことを示

している．

　流通速度という概念は，直観的には，経済にある貨幣のそれぞれの単位が1年間に数回にわたって支出されうるということだ．例えば誰かが喫茶店で1杯のコーヒーの代金として1ドル札を使ったとしよう．喫茶店はこの1ドル札を，サンドイッチを買った別の誰かにおつりとして渡すかもしれない．そしてその人はその1ドル札を新聞を買うのに使うかもしれない，といった具合だ．こうして，ある1年に特定の1ドル札を使ってなされる支出の額は，その1年の間にそのドル札が何回「回転」したかに依存する．例えばその1ドル札が年に3回支出されたとしたら，その1ドル札は3ドルの価値の支出に使われたことになる．

　このたとえを使って考えると，経済全体の1年間の総支出は，経済の名目貨幣量Mに貨幣単位が支出された平均的な回数である貨幣の流通速度Vをかけたものに等しい．そして名目GDPである$P \times Y$は総支出に等しい．よってドルの回転数で測られた総支出は名目GDPによって測られた総支出に一致し，数量方程式が得られるというわけだ．

　流通速度アプローチを理解する方法の1つは，それが実質貨幣需要曲線のある具体形だということだ．それを見るために，左辺に実質貨幣量がくるように数量方程式を書き直してみよう．

$$\frac{M}{P} = \frac{1}{V} \times Y \tag{14-5}$$

　式14-5が示しているのは，実質貨幣需要M/Pは実質GDP(Y)に比例していて，比例定数は$1/V$だということだ．だが均衡では，実質GDPは実質総支出に等しい．またすでに学んだように，実質貨幣需要は実質総支出と正の関係がある．式14-5は，正の関係があるということだけでなく，その関係が比例的だということを述べている．実質貨幣需要は実質総支出に比例すると信じている経済学者もいると述べた理由がこれだ．もしこれが実際に正しいとしたら，利子率の変化が実質貨幣需要に及ぼす効果は，貨幣の流通速度Vの変化として表れることとなる．例えば利子率の上昇は実質貨幣需要を減少させるので，他の条件を一定とすれば，$1/V$が低下する——同じことだがVが上昇する——ことになる．直観的には，従来より少ない実質貨幣需要M/Pと従来と同額の実質総支出Yが釣り合うことになる．その理由は，貨幣の流通速度Vが上昇したからだ．

　この章では，貨幣需要の流通速度アプローチをこれ以上扱わない．しかし第17章では，マクロ経済政策に関するいくつかの論争で貨幣の流通速度の概念が重要な役割を果たしているのを見るだろう．

経済学を使ってみよう

支払いのための円

　金融の専門家に言わせると，日本はいまだに「現金社会」だ．アメリカやヨーロッパから日本を訪れた人は，日本人がどれほどクレジットカードを使っていないか，またどれほど多くの現金を財布に入れているかに驚くだろう．日本は経済的にも技術的

にも先進国であり，ある尺度によれば，通信と情報技術の利用はアメリカを超えている．強力な経済力を持つ国家の住人たちがいまだに，アメリカ人やヨーロッパ人が1世代前にしていたようなビジネスのやり方をしているのはなぜなのだろう？ その答えを探ると，貨幣需要に影響を与える要因が明らかになる．

日本人が多額の現金を使う理由の1つは，彼らの慣行がプラスチック（クレジットカード）を信頼する方向へと切り替わっていないことにある．日本の小売部門では，さまざまな理由から，いまだに零細なパパママストアが支配的だ．それらの店はクレジットカード技術への投資には消極的だ．また日本の銀行も取引技術を進歩させることに不熱心だ．日本への訪問者たちは，日本のATMが夜間ずっと開いているのではなく，夕方早くに閉まってしまうことにしばしば驚かされる．

日本人が多額の現金を保有する理由はほかにもある．それは機会費用がほとんどないことだ．日本の短期利子率は1990年代の中ごろから1％以下になっている．それに日本では犯罪率が低く，現金をたくさん入れていても財布を盗まれる可能性が低い．だったら現金を持つのもいいんじゃないか？

理解度チェック 14−1

1. 以下の出来事が，名目貨幣需要量および実質貨幣需要量にどんな影響を与えるかを説明しなさい．
   a. 短期利子率が5％から30％へ上昇した．
   b. すべての価格が10％下落した．
   c. 新しい無線技術のおかげで，スーパーで買い物をするとクレジットカードに自動課金されるようになった．そのため，レジに並ぶ必要がなくなった．
   d. 何らかの理由で，給料を小切手ではなく現金で支払うという昔の習慣が復活した．

解答は本書の巻末にある．

2 貨幣と利子率

「FOMCは今日，FF金利の目標値を25ベーシス・ポイント上げて2¾％にすることを決定した」．2005年3月22日のFOMCの会合後の記者発表の最初の一文はこう読める（1ベーシス・ポイントは0.01％ポイントに等しい．つまりこの声明文は，FRBがFF金利の目標値を2.50％から2.75％に上げたと言っているのだ）．第13章で学んだように，FF金利は，支払準備制度を遵守するために銀行が互いに準備金を融通しあうときの金利だ．FOMCは年8回の各会合で，声明文にあるようなFF金利の目標値を設定する．その目標を達成するのがFRB職員の仕事だ．この仕事はニューヨーク連銀の公開市場デスクによって行われ，目標達成のために短期米国債を売買している．

企業向けの銀行貸出金利のような他の短期利子率は，FF金利に連動して変化する．2005年3月にFRBがFF金利の目標値を2.50％から2.75％に引き上げたとき，す

ちょっと復習

▶貨幣の収益率は他の金融資産よりも低い．貨幣の収益率と比較されることが多いのは，長期利子率ではなく短期利子率だ．

▶貨幣を保有すると流動性を得られるが，機会費用が生じる．機会費用は利子率の上昇とともに増えるので，貨幣需要曲線は右下がりになる．

▶名目貨幣需要は物価水準に比例するので，貨幣需要曲線は実質貨幣需要曲線によって表現されることもある．

▶実質総支出の変化，制度の変化，技術の変化によって，実質貨幣需要曲線と名目貨幣需要曲線はシフトする．

▶貨幣需要については，貨幣の流通速度に注目するアプローチがよく使われる．数量方程式は，実質貨幣需要が実質総支出に比例することを意味している．

べての短期利子率は同じように約0.25％上昇した．

FRBはどうやって目標FF金利を達成しようとするのだろうか？　さらに言うと，そもそもFRBはどのように利子率に影響を与えることができるのか？

2.1　均衡利子率

話を簡単にするために，ここまでは，短期であれ長期であれ，貨幣以外の金融資産の利子率は1種類しかないと仮定してきたことを思い出してほしい．利子率がどのように決まるかを理解するために，図14-4に示した**利子率の流動性選好モデル**について考えよう．このモデルは，貨幣市場での貨幣の供給と需要が利子率を決めると主張する．図14-4には名目貨幣需要曲線MDだけでなく，FRBが供給する貨幣量が利子率に応じてどう変化するかを示す**貨幣供給曲線**MSも描かれている（ここからは，MDもMSも名目値を表すものとして，名目という語を省略する）．第13章では，FRBが短期米国債を売買することでどのように貨幣供給量を増減させられるかを学んだ．簡単化のために，FRBは単に，目標利子率を達成しうると考える貨幣供給量を選択すると仮定しよう．すると図14-4にあるように，貨幣供給曲線MSは垂直になる．横軸との切片はFRBが選択した貨幣供給量$\overline{M}$に対応している．貨幣市場の均衡はMSとMDが交わる点Eだ．この点で貨幣需要量は貨幣供給量$\overline{M}$に一致し，均衡での利子率はr_Eになる．

なぜr_Eが均衡利子率なのかを理解するために，貨幣市場が点Lのような，r_Eよりも低い利子率にあるときに何が起きるかを考えよう．利子率がr_Lのとき，人々は実際の貨幣供給量$\overline{M}$よりも多い貨幣量M_Lを保有したいと思う．これは，点Lでは人々は，彼らの富の一部を短期米国債などの利子のつく非貨幣金融資産から貨幣へとシフトさせようとしていることを意味する．これには2つの意味がある．1つは貨幣需要量は貨幣供

> **利子率の流動性選好モデル**によると，利子率は貨幣の供給と需要によって決まる．
> **貨幣供給曲線**は，名目貨幣供給量が利子率に応じてどう変化するかを示すものだ．

図14-4　貨幣市場の均衡

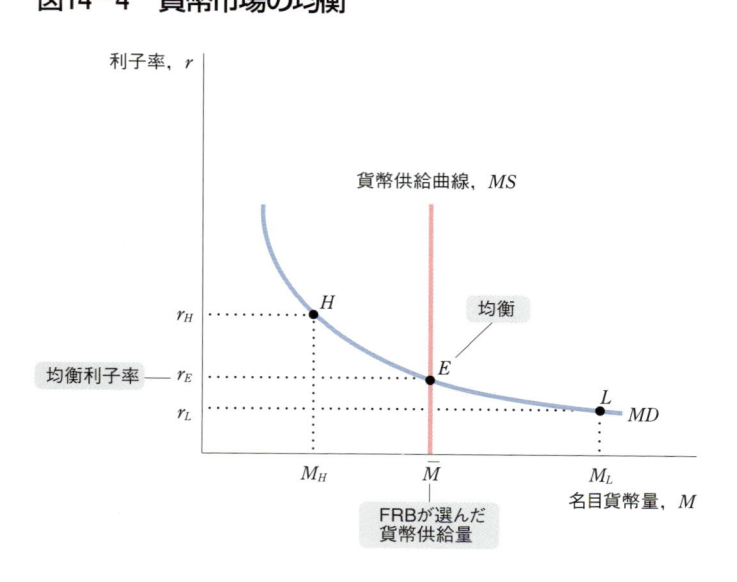

貨幣供給曲線MSは，FRBが選択した貨幣供給量$\overline{M}$で垂直になる．貨幣市場は利子率r_Eで均衡している．人々の貨幣需要量は貨幣供給量$\overline{M}$に等しい．利子率r_Lがr_Eを下回るLのような点では，貨幣需要量M_Lは貨幣供給量$\overline{M}$より大きい．投資家は，利子のつく非貨幣金融資産から富を引き揚げ貨幣保有を増やそうとするので，利子率はr_Eまで引き上げられる．利子率r_Hがr_Eを上回るHのような点では，貨幣需要量M_Hは貨幣供給量$\overline{M}$より小さい．投資家は貨幣から利子のつく非貨幣金融資産へと富を移そうとするので，利子率はr_Eまで引き下げられる．

給量よりも多いということ．もう1つは，利子のつく非貨幣金融資産の需要量は，供給量より少ないということだ．だから利子のつく資産を売ろうとする人々は，買い手を惹きつけるためにより高い利子率を提示しなければならなくなる．その結果として，人々が実際に利用可能な貨幣量である$\overline{M}$を保有しようと思うまで，利子率はr_Lから引き上げられることになる．すなわち利子率はr_Eに等しくなるまで上昇するのだ．

次に図14-4で，貨幣市場が点Hのような，r_Eよりも高い利子率にあるときに何が起こるかを考えよう．利子率がr_Hのとき，貨幣需要量M_Hは貨幣供給量$\overline{M}$より少ない．それに対応して，利子のつく非貨幣金融資産の需要量は供給量よりも多い．つまり利子のつく資産を売ろうとする人々は，より低い利子でもまだ買い手を見つけることができる．そのため利子率はr_Hから低下する．そして人々が実際に利用可能な貨幣量である$\overline{M}$を保有しようと思うまで利子率は下がり続け，r_Eとなるのだ．

2.2　利子率の2つのモデル？

この段階でちょっと混乱があるかもしれない．利子率の決定について論じるのはこれで2度目だ．第9章では利子率の貸付資金モデルを学んだ．このモデルによると，利子率は貸付資金市場で，貸し手による資金供給と借り手による資金需要が一致するように決まる．しかしここではそれとは異なる，利子率は貨幣市場で貨幣の供給と需要が一致するように決まるというモデルを述べた．これらのモデルのどちらが正しいのか？

答えはどちらも正しい，だ．しかしそれを説明するには少し時間がかかるので，この章の後ろのほうで説明することにしよう．当面のところ貸付資金モデルは横に置いておき，利子率の流動性選好モデルに集中することにする．このモデルから得られる最も重要な洞察は，それがFRBのような中央銀行による金融政策の働きを示してくれることだ．

2.3　金融政策と利子率

FRBは貨幣供給量の変更によってどうやって利子率を変化させられるのかを検討しよう．図14-5は，FRBが貨幣供給量を$\overline{M}_1$から$\overline{M}_2$に変更したときに何が起こるかを示したものだ．経済は当初，E_1で均衡しており，均衡利子率はr_1，貨幣供給量は$\overline{M}_1$だ．FRBが貨幣供給量を$\overline{M}_2$に増加させると，貨幣供給曲線がMS_1からMS_2へ右にシフトし，利子率はr_2に低下する．なぜかって？　人々が実際の貨幣供給量である$\overline{M}_2$を保有しても良いと思う唯一の利子率がr_2だからだ．つまり貨幣供給量が増加すると，利子率は下がることになる．逆に貨幣供給量が減少すると，利子率は上がることになる．こうして貨幣供給量を調整することにより，FRBは利子率を設定できるのだ．

現実には，FOMCは各回の会合で次の会合までの6週間の利子率を決めている．FRBは，望ましいFF金利である**目標FF金利**を設定している．ニューヨーク連銀の公開市場デスクは，実際のFF金利が目標FF金利に等しくなるまで，短期米国債の売買を通じて貨幣供給量を調整する．

> **落とし穴**
>
> **目標 対 市場**
>
> FRBは時とともに，金融政策の遂行方法を変更してきた．1970年代の終わりから1980年代の初めの時点では，貨幣供給量の目標を設定し，それを達成するためにマネタリーベースを動かしていた．この政策の下で，FF金利は自由に変動した．今日のFRBはその逆を行っていて，FF金利の目標を設定し，それを達成するために貨幣供給量が変動するのを容認している．
>
> よくある誤解は，こうしたFRBによる操作方法の変化が金融市場の機能を代替してしまうのではないかというものだ．つまりFRBが利子率を設定してしまうので，もはや利子率は貨幣の供給と需要を反映していないのではないか，という意見がある．あなたもそうした意見を耳にしたことがあるかもしれない．
>
> 実際のところ，貨幣市場は常に同じように機能している．利子率は貨幣の供給と需要によって決まっているということだ．唯一違うところは，今ではFRBは目標利子率を達成するために貨幣供給量を調節しているという点だ．FRBの操作手順の変更と，経済の機能の変化を混同しないことが重要なのだ．

目標FF金利はFRBが望ましいと思うFF金利だ．

図14-5　貨幣供給量の増加が利子率に与える影響

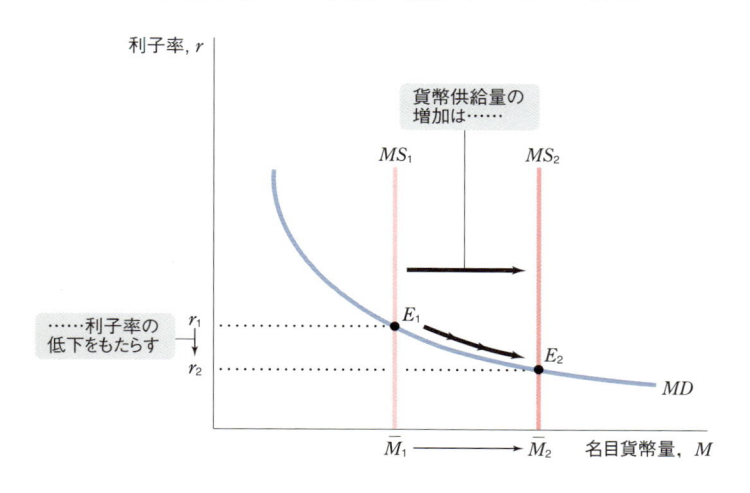

FRBは貨幣供給量を増加させて利子率を下げることができる．貨幣供給量が$\overline{M}_1$から$\overline{M}_2$に増加したことに応じて均衡利子率はr_1からr_2に低下している．人々により多くの貨幣を保有させるためには，利子率はr_1からr_2へ低下しなければならない．

web▶

図14-6は，それがどのように機能するかを示している．どちらのパネルでも目標FF金利はr_Tだ．パネル(a)では，当初の貨幣供給曲線はMS_1，貨幣供給量は$\overline{M}_1$で，均衡利子率r_1は目標FF金利よりも高い．この利子率をr_Tまで下げるために，FRBは短期米国債の公開市場買い操作（買いオペ）を行う．第13章で学んだように，短期米国債の公開市場買い操作は，貨幣乗数を通じて貨幣供給量の増加をもたらす．これはパネル(a)

ちょっと寄り道　長期利子率

　この章の前のほうで，満期まで数年の期間がある債券や貸付の利子率である長期利子率は必ずしも短期利子率とは連動していないと述べた．どうしてそんなことが起こりうるのだろうか？

　ミリーは今後2年間にわたって，1000ドルを譲渡性預金(CD)のかたちで保有しようと決めたとしよう．でも彼女は，4％の利子率がつく1年物のCDにするか，5％の利子率がつく2年物のCDにするかはまだ決めていない．

　2年物のCDのほうが明らかにいいと思うかもしれないが，そうとは限らない．ミリーは，1年物のCDの利子率が来年には大きく上がると予想しているとしよう．もし彼女が資金を1年物のCDとして保有していたなら，翌年には高い率で資金を再投資できるだろう．そうすれば2年間で，資金を2年物のCDとして保有したときよりも高い収益率を手にすることができる．例えば1年物のCDの利子率が今年の4％から来年には8％に上がったとすれば，資金を1年物のCDにしておいたことで2年間で約6％の収益率が得られる．これは2年物のCDの利子率よりも高い．

　同様のことが，短期債券か長期債券かを判断しようとしている投資家にも当てはまる．もし彼らが短期利子率は上がると予想するなら，長期債券の利子率のほうが高かったとしても短期債券を買うだろう．もし彼らが短期利子率は下がると予想するなら，短期債券の利子率のほうが高かったとしても，長期債券を買うだろう．

　実際に，長期利子率は将来の短期利子率に関する市場の平均的な予想を反映している．2003年にそうだったように，長期利子率が短期利子率よりもはるかに高いということは，短期利子率が将来上がると予想しているという合図を市場が送っているのだ．

図14-6　FF金利の設定

(a) 利子率を目標金利まで引き下げる

(b) 利子率を目標金利まで引き上げる

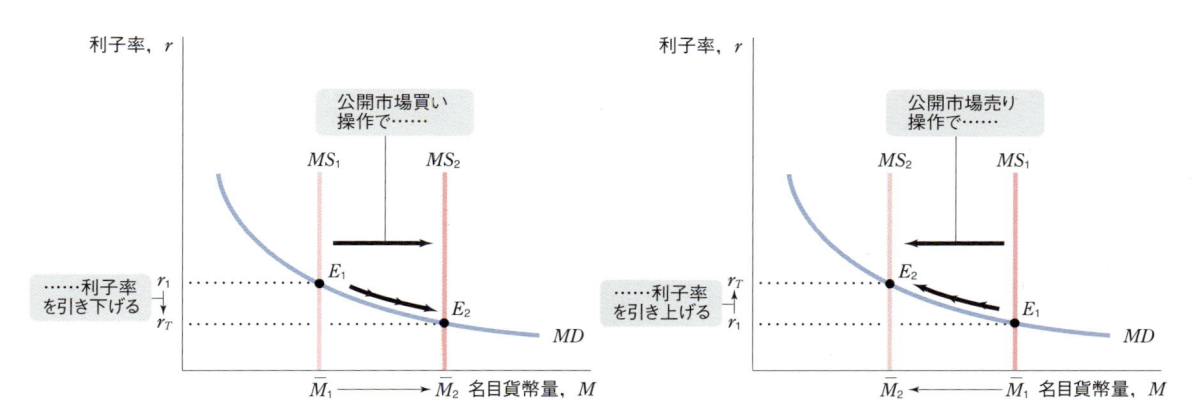

FRBはFF金利の目標値を設定し，その目標を達成するために公開市場操作を用いる．どちらのパネルでも目標FF金利はr_Tだ．パネル(a)では当初の均衡利子率r_1は目標金利よりも高い．FRBは短期米国債の公開市場買い操作によって貨幣供給量を増加させ，貨幣供給曲線をMS_1からMS_2へと右にシフトさせて利子率をr_Tまで引き下げる．パネル(b)では当初の均衡利子率r_1は目標金利よりも低い．FRBは短期米国債の公開市場売り操作によって貨幣供給量を減少させ，貨幣供給曲線をMS_1からMS_2へと左にシフトさせて利子率をr_Tまで引き上げる．

で貨幣供給曲線のMS_1からMS_2への右シフトと貨幣供給量の$\overline{M_2}$への増加で示されている．その結果，均衡利子率は目標FF金利のr_Tまで低下する．

パネル(b)は逆の場合を示している．ここでも当初の貨幣供給曲線はMS_1で貨幣供給量は$\overline{M_1}$だ．しかしここでの均衡利子率r_1は目標FF金利r_Tよりも低い．この場合，FRBは短期米国債の公開市場売り操作(売りオペ)を行い，貨幣乗数を通じて貨幣供給量を$\overline{M_2}$まで減らすだろう．貨幣供給曲線はMS_1からMS_2へと左方へシフトし，均衡利子率は目標FF金利のr_Tまで上昇する．

経済学を使ってみよう

FRBは行動する

FRBは2001年1月に，不況の兆候を認めて目標FF金利を引き下げはじめた．FRBがなぜそれを不況に対する正しい対応だと信じたかは次の節で説明することにして，ここではFRBの利子率を動かす能力に焦点を当てよう．

図14-7は，1999年から2005年までの3つの利子率の動きを示している．実際のFF金利，プライム・レート，そして30年物の住宅ローン金利だ．図からわかるように，FF金利は2001年1月以降何度も引き下げられた．実際FRBは，2001年初頭の6％から2001年終わりの1.75％に至るまで，目標FF金利を10回引き下げた（つまりFOMCの通常会合の合間にも引下げがなされた）．2002年に再びFRBは目標FF金利を1.25％まで引き下げた．2003年にはちょうど1％までさらに引き下げた．2004年には経済成長の兆候が見られたことに対応して，FRBは各会合のたびに0.25％ずつ，徐々に目標金利を引き上げはじめた．

図14-7　FRBは利子率を動かす

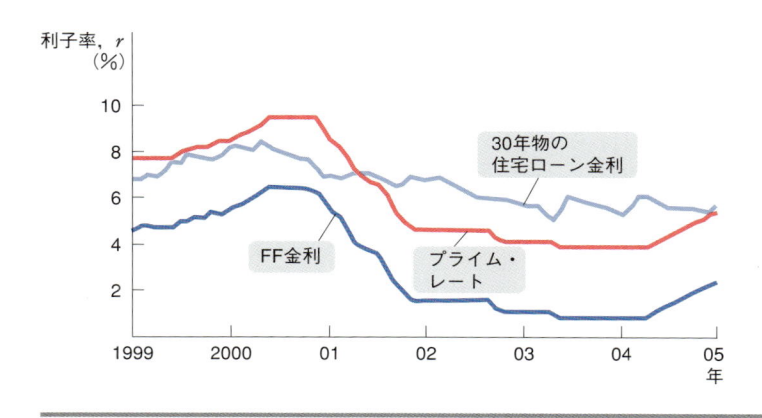

2001年の初頭，経済が弱体化していたことに対応して，FRBはFF金利を引き下げはじめた．最優良顧客に対する短期の銀行貸出金利であるプライム・レートは，それに並行して低下した．多くの消費者が住宅を購入するときに利用する30年物の住宅ローン金利も低下したが，プライム・レートほどではなかった．2004年に，経済成長の高まりを受けて，FRBはFF金利を引き上げはじめた．
出所：Federal Reserve Bank of St. Louis Database.

　図14-7にある2つ目の利子率はプライム・レートという，銀行が最優良顧客に短期の資金を貸し付ける際の利子率だ．これは企業が資金を借りるときにどれだけの費用がかかるかの尺度となっている．プライム・レートは常にFF金利を上回っている．その理由は，顧客企業への貸付には常にある程度の不払いリスクがあるからだ．プライム・レートはほぼ完全にFF金利と並行して動いている．

　図14-7にある3つ目の利子率は30年物の住宅ローン金利だ．住宅を買うときには，多くの人がこのローンを利用する．見てわかるように，プライム・レートとは違って，この金利はFF金利と同じような動きはしない．これはこの章の前のほうで述べた，長期利子率と短期利子率は常に同じような動きをするわけではないということを示している．

　とはいえ住宅ローン金利は，2001年にFRBが目標FF金利を繰り返し引き下げて以降大幅に下がっている．そしてこの住宅ローン金利の低下は，住宅ブームが始まるのを助け，経済に拡張的な影響を与えた．住宅着工件数は，2000年の120万戸から2004年の160万戸まで3分の1も増えたのだ．

ちょっと復習

▶利子率の流動性選好モデルでは，均衡利子率は貨幣需要曲線と貨幣供給曲線によって決まる．

▶FRBは公開市場操作を通じて貨幣供給曲線をシフトさせ，利子率を動かすことができる．実際にはFRBは目標FF金利を設定し，それを達成するために公開市場操作を用いる．

理解度チェック 14-2

1．どの利子率の水準でも貨幣需要が増加したとしよう．貨幣供給量が一定のときに，この増加が均衡利子率にどんな影響を与えるかを図を用いて示しなさい．

2．FRBがFF金利の目標を設定する政策をとったとしよう．問1の状況において，FF金利を一定に保つためにFRBは何をすべきか．図を用いて示しなさい．

解答は本書の巻末にある．

3　金融政策と総需要

　第12章で，経済を安定させるために財政政策をどう活用できるかを学んだね．ここでは貨幣供給量や利子率，あるいはその両方を変化させる金融政策が，財政政策と同

じ役割を果たすことを学ぶことにしよう．

3.1　拡張的金融政策と緊縮的金融政策

今見てきたように，FRBは貨幣供給量を増減させて利子率を上下に動かす．利子率の変化は，総需要の変化を誘発する．他の条件を一定とすれば，利子率の低下は投資支出と消費支出を増加させ，したがって総需要を増加させる．そして他の条件を一定とすれば，利子率の上昇は投資支出と消費支出を減少させ，したがって総需要を減少させる．結果として金融政策は，財政政策と同様に，不況ギャップやインフレギャップをなくすために活用できるのだ．

図14-8は，総産出量が潜在産出量よりも小さい不況ギャップに直面する経済を示したものだ．*SRAS*は短期総供給曲線，*LRAS*は長期総供給曲線，AD_1は当初の総需要曲線だ．当初の短期マクロ経済均衡E_1での総産出量Y_1は，潜在産出量のY_Pよりも小さい．FRBが総需要曲線をAD_2まで右にシフトさせて，総需要を増加させようと試みたとしよう．そうすると総産出量は潜在産出量まで増加するだろう．FRBは貨幣供給量を増加させて利子率を低下させることでこの目標を達成できる．利子率の低下は投資支出と消費支出を増加させ，総需要を増加させるからだ．総需要を増加させる金融政策は**拡張的金融政策**と呼ばれる．評論家は拡張的金融政策を金融「緩和」政策と呼ぶことが多い．拡張的金融政策は貨幣供給量の緩和を伴うからだ．

図14-9はこれとは逆の場合を示している．経済はインフレギャップに直面しており，実際の総産出量は潜在産出量よりも大きい．*SRAS*は短期総供給曲線，*LRAS*は長期総供給曲線，AD_1は当初の総需要曲線だ．当初の短期マクロ経済均衡では総産出量はY_1で，潜在産出量Y_Pよりも大きい．前に述べたように，政策立案者はしばしばインフレギャップを取り除くことによってインフレを回避しようとする．図14-9のよう

拡張的金融政策とは総需要を増加させる政策だ．

図14-8　不況ギャップと闘うための拡張的金融政策

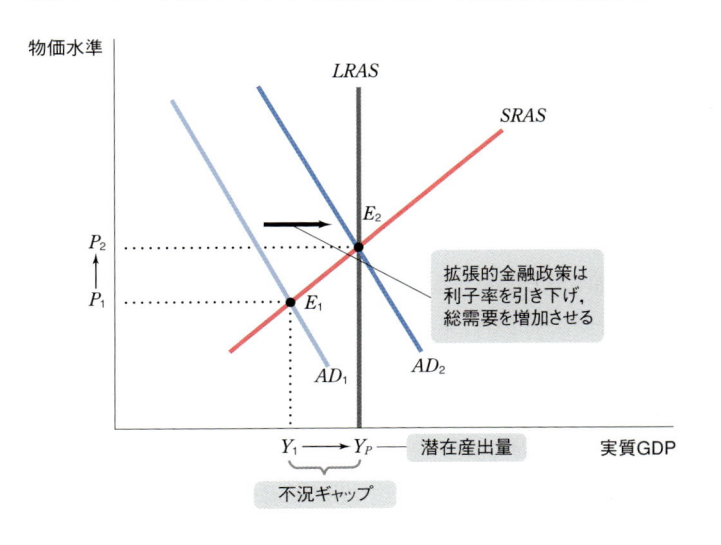

この図では，当初の総産出量Y_1は潜在産出量Y_Pよりも小さい．拡張的金融政策は利子率を引き下げて総需要曲線をAD_1からAD_2へと右にシフトさせ，不況ギャップを取り除く．

図14-9　インフレギャップと闘うための緊縮的金融政策

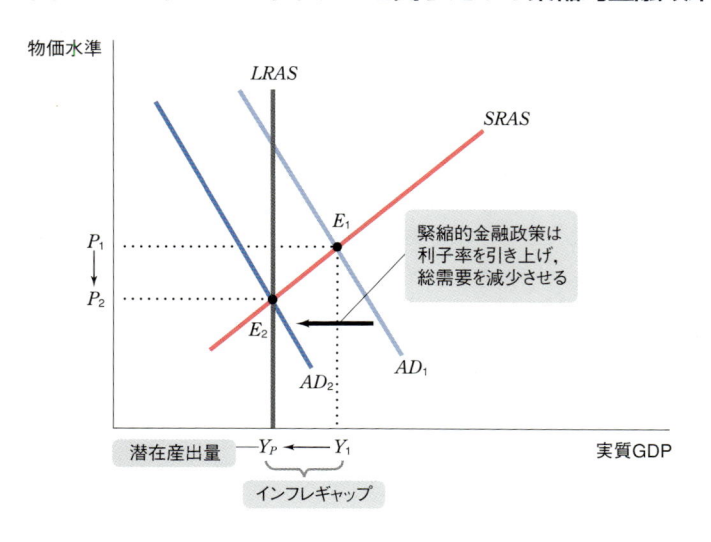

この図では，当初の総産出量Y_1は潜在産出量Y_Pよりも大きい．緊縮的金融政策は利子率を引き上げて総需要曲線をAD_1からAD_2へと左にシフトさせ，インフレギャップを取り除く．

（図中ラベル：物価水準，LRAS，SRAS，E_1，E_2，P_1，P_2，AD_1，AD_2，潜在産出量，Y_P，Y_1，実質GDP，インフレギャップ，緊縮的金融政策は利子率を引き上げ，総需要を減少させる）

緊縮的金融政策とは総需要を減少させる政策だ．

なインフレギャップを取り除くには，総需要を減少させなくてはならない．FRBは，利子率を上昇させることで総需要曲線をAD_1からAD_2まで左にシフトさせ，総需要を減少させることができる．総需要を減少させる金融政策は**緊縮的金融政策**と呼ばれる．評論家は緊縮的金融政策を金融「引締め」政策と呼ぶことが多い．緊縮的金融政策は貨幣供給量の制限を伴うからだ．

金融政策も財政政策のように，総需要に対する乗数効果を持つだろうか．答えはイエスだ．でも何が乗数倍されるかについて明確に理解することが重要だ．

3.2　金融政策と乗数

　FRBが利子率を引き下げ，総需要曲線を右にシフトさせたとしよう．これはどれほど拡張的なのだろうか．つまりAD曲線はどれほど右にシフトするだろうか？　この疑問に答えるために，第10章の乗数分析を活用しよう．特に，金融政策が利子率の変化を通じて総需要にどう影響するかを分析する（この分析目的のために，税や国際貿易の存在を無視し，また物価水準を一定とする）．

　図14-10は，利子率が低下して総需要曲線が右にシフトしたことを示している．見てわかるように，どの物価水準でも総需要は増加している．総需要がどれだけ増加するかを計算するには，物価水準が例えばP^*という所与の水準にあるときに，利子率の低下がどれだけ実質GDPを増加させるかを知る必要がある．話を簡単にするために，利子率の変化が投資支出だけを変化させると見なし，利子率の変化が直接的に消費支出に与える効果は無視することにする．現実には利子率は消費支出にも影響を与えるのだが，それは投資支出に与える影響よりもはるかに小さいと考えられる．

　当初の総需要曲線がAD_1で物価水準がP^*のとき，利子率の低下が投資支出をΔIだけ増加させるとしよう．これは第10章で学んだ，総支出の自律的な増加の例だ．ここ

図14-10　金融政策と乗数

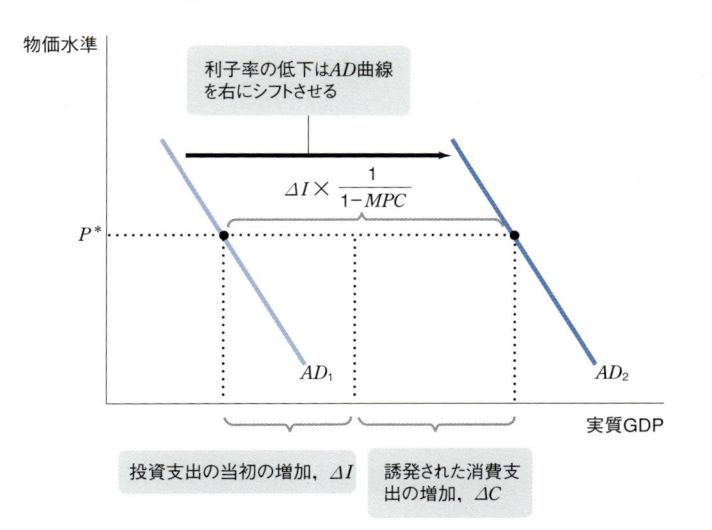

(図：物価水準を縦軸、実質GDPを横軸とし、AD_1からAD_2へ右シフトする図。シフト幅は $\Delta I \times \dfrac{1}{1-MPC}$。内訳は投資支出の当初の増加 ΔI と、誘発された消費支出の増加 ΔC。注記：「利子率の低下はAD曲線を右にシフトさせる」)

拡張的金融政策は利子率を引き下げ，投資支出の当初の増加ΔIを引き起こす．この増加は可処分所得を増加させ，消費支出も増加させる．そしてさらに可処分所得を増加させる，といった具合に続いていく．最終的に，当初のIの増加の乗数倍だけAD曲線は右にシフトする．

から後の分析は，他の自律的な総支出の変化の分析とまったく同じだ．当初の実質GDPの増加によって可処分所得が増加する．これによって消費支出Cが増加し，そして実質GDPの第2ラウンドの増加が生まれる．この実質GDPの第2ラウンドの増加によって消費支出の新たな増加が生まれ，それがさらに続いていく．しかし限界貯蓄性向MPSが正だという事実から，各ラウンドで可処分所得の増加の一部が貯蓄として「漏れて」しまうので，実質GDPの増加は前のラウンドよりも小さくなる．結局AD曲線はAD_2のような新しい位置にシフトする．

つまり利子率rの低下は，投資支出の増加ΔIをもたらす．投資支出の増加は続いて，AD曲線の右へのシフトをもたらす．このシフトは，投資支出のΔIの増加と，それにより誘発された消費支出の増加ΔCの両方を反映したものだ．第12章で見たように，物価水準が固定されていて一定で，税も国際貿易も存在しないと仮定すると，実質GDPの最終的な増加分は投資支出の当初の増加分の乗数倍になる．すなわち，以下のようになる．

$$\Delta Y = \Delta I \times \frac{1}{1-MPC} \tag{14-6}$$

MPCは，可処分所得が1ドル増加したときの消費支出の増加分である限界消費性向だ．

3.3　利子率の2つのモデル再考

この章の前のほうで，利子率の流動性選好モデルを展開した．このモデルでの均衡利子率は，貨幣需要量と貨幣供給量が等しくなる利子率だ．このモデルと第9章で展開した利子率の貸付資金モデルがどう整合的なのかを説明すると，前に約束したね．貸付資金モデルでの均衡利子率は，貯蓄者による貸付資金の供給量と，投資支出のための貸付資金の需要量が一致するような利子率だ．説明を2つのステップに分けよう．

ここではまず，短期に何が起こるかに焦点を当てた，最初のステップについて説明しよう．

今見てきたように，利子率の低下で投資支出Iが増加し，実質GDPと消費支出Cの両方が増加する．だが実質GDPの増加は，消費支出の増加だけをもたらすものではない．前に注意したように，それは貯蓄も増加させるのだ．乗数プロセスの各段階で，可処分所得の増加分の一部は貯蓄に回される．では貯蓄はどのくらい増加するのだろう？第9章で，貯蓄・投資支出恒等式を紹介したね．これは，経済全体では貯蓄と投資支出は常に等しくなるという関係を示したものだ．この関係によると，利子率が低下して投資支出が増加した場合，その結果生じる実質GDPの増加によって，その投資支出の増加分にちょうど見合うだけの追加的な貯蓄が生み出されるということになる．別の言い方をすると，利子率が低下した後，貯蓄の供給量は貯蓄の需要量にちょうど見合うだけ増加することになる．

図14-11は，利子率の変化，実質GDPの変化，貯蓄の変化を結びつけて，短期には，2つの利子率モデルがどう一致するかを示している．パネル(a)は利子率の流動性選好モデルを示したもので，MS_1は当初の貨幣供給曲線，MDは貨幣需要曲線を表している．流動性選好モデルによると，経済の均衡利子率は，貨幣市場で貨幣供給量と貨幣需要量が一致するような利子率だ．パネル(b)は利子率の貸付資金モデルを示したもので，Sは当初の貸付資金の供給曲線，Dは貸付資金の需要曲線を表している．貸付資金モデルによると，経済の均衡利子率は，貸付資金市場で貸付資金の供給量と需要量が一致するような利子率だ．

図14-11では，貨幣市場と貸付資金市場がともに，同一の利子率r_1で均衡している．

図14-11　短期における利子率の決定

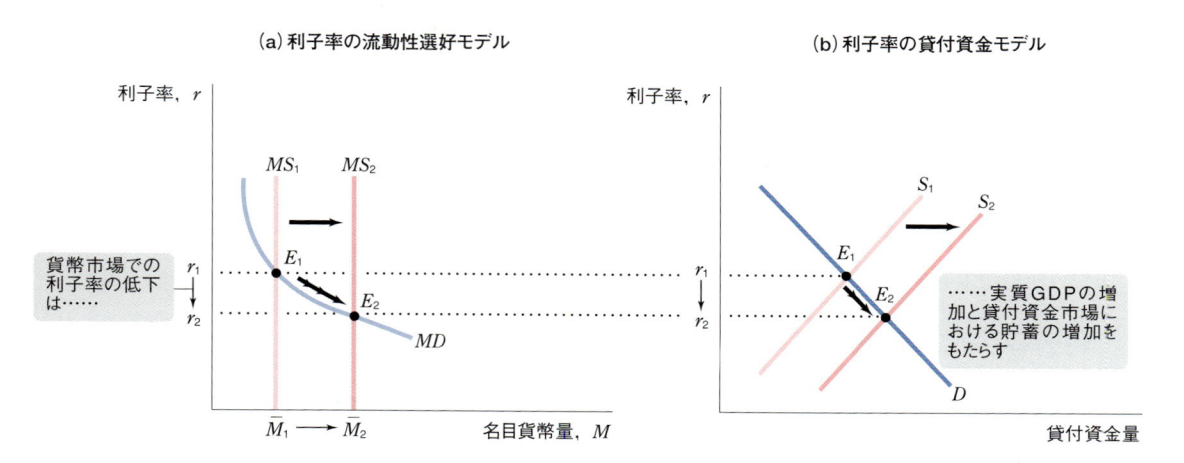

パネル(a)は利子率の流動性選好モデルを示している．均衡利子率で貨幣供給量と貨幣需要量が一致している．短期には，利子率は貨幣市場で決まる．貨幣供給量が$\bar{M}_1$から$\bar{M}_2$に増加すると，利子率はr_1からr_2に低下する．パネル(b)は利子率の貸付資金モデルを示している．貨幣市場で利子率が低下すると，乗数効果を通じて実質GDPと貯蓄が増加し，貸付資金の供給曲線がS_1からS_2へと右にシフトし，利子率はr_1からr_2に低下する．その結果，貸付資金市場の新しい均衡利子率はr_2という水準で貨幣市場の新しい均衡利子率に一致する．

それは偶然だろうと思うかもしれないが，実は常に正しいのだ．それを理解するために，FRBが貨幣供給量を増加させたときに何が起きるかを見てみよう．FRBのこの行動によって貨幣供給曲線はMS_2へと右にシフトし，貨幣市場の均衡利子率はr_2へ低下する．パネル(b)の貸付資金市場では何が起きるだろうか．短期には，利子率が低下すると実質GDPが上昇し，乗数プロセスを通じて貯蓄が上昇する．この貯蓄の上昇によって貸付資金の供給曲線はS_1からS_2へと右にシフトし，貸付資金市場の利子率も低下する．そしてご存じのとおり，貯蓄の増加は投資支出の増加にちょうど見合うだけのものになる．このことは，貸付資金市場の利子率はr_2という，貨幣市場での新しい均衡利子率に等しい水準まで下がることを意味している．

よって短期には，貨幣市場の供給と需要が利子率を決め，貸付資金市場は貨幣市場の動きに従うということになる．貨幣供給量の変化によって利子率が変化するとき，その結果生じる実質GDPの変化が貸付資金の供給量を変化させる．結果として，貸付資金市場の均衡利子率は貨幣市場の均衡利子率と同じになるのだ．

ここで私たちが「短期には」という言葉を用いたことに注意しよう．第10章で学んだ，総需要の変化は短期にのみ総産出量に影響を与えるということを思い出してほしい．長期には総産出量は潜在産出量に等しい．だから利子率の低下が総産出量を増加させそれが貯蓄の上昇につながるという話は，短期にのみ当てはまるものだ．次の節で見るように，長期には2つの市場の役割が逆になる．よって，利子率の決まり方がまったく異なったものになる．長期には貸付資金市場が均衡利子率を決定し，貨幣市場が貸付資金市場の動きに従うのだ．

経済学を使ってみよう

FRBと1985〜2004年の産出量ギャップ

図14-8と図14-9で，金融政策がどれほど有用かを示した．拡張的金融政策は不況ギャップを埋めることができ，緊縮的金融政策はインフレギャップを埋めることができる．1985年から2004年までのアメリカの金融政策を振り返ると，FRBが実際に，経済が不況ギャップにあるときは利子率を下げ，インフレギャップにあるときは利子率を上げていたことがわかる．

図14-12の左軸は，FF金利を示している．「FF金利」と書かれた線は，1985年から2004年の間のFF金利の年平均値を示している．右軸は，議会予算局(CBO)が推計した対潜在産出量比の産出量ギャップだ．この数値は，1999年や2000年のようにインフレギャップがあるときは正になり，2001〜04年のように不況ギャップがあるときは負になる．

見てわかるように，FF金利と産出量ギャップには正の関係がある．FRBは，総産出量が潜在産出量よりも大きいときには利子率を上げようとし，総産出量が潜在産出量よりも小さいときには利子率を下げようとした．言い換えれば，FRBは図14-8と14-9に示された政策をまさに実行したのだ．

この2本の線は完全に同じ動きをしているわけではない．見てわかるように，1998

図14-12 FRBの政策と景気循環

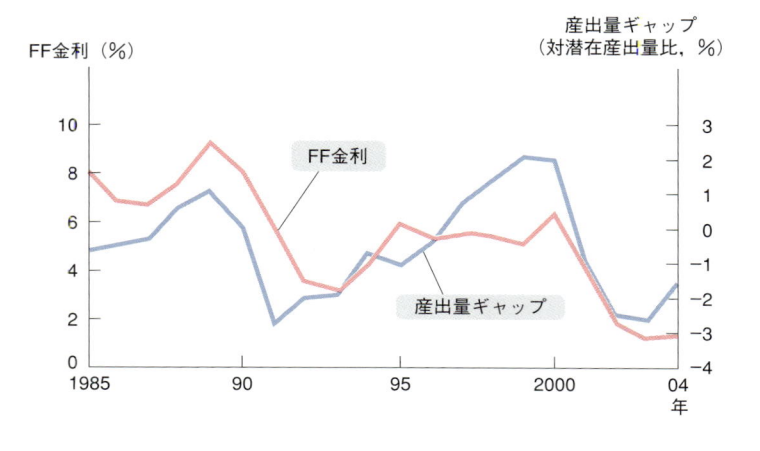

左軸はFF金利，右軸は産出量ギャップを測っている．これは，実際の産出量と潜在産出量の差が潜在産出量の何%に当たるかを計算したものだ．FRBは過去20年以上にわたり，経済が潜在産出量以上にあるときは緊縮的金融政策を行ってきた．つまり経済がインフレギャップの状態にあるときはFF金利を上げた．また経済が潜在産出量以下にあるときは拡張的金融政策を行ってきた．つまり経済が不況ギャップの状態にあるときはFF金利を下げたのだ．

年と1999年にかなりのインフレギャップにあったにもかかわらず，FRBは利子率を上げていない．その主な理由は，そのときのFRBは産出量ギャップの存在について確信が持てなかったから，というものだ．第17章で学ぶように，一部の経済学者はFRBがその期間に利子率を上げるべきだったと信じている．また，1985年以前のデータを見ると，両者はとても異なるように見える．これは1985年以前のFRBがインフレ予想の問題に取り組んでいたためだ．それについては第16章で議論する．

しかし重要な教訓は，FRBの実際の政策は過去20年以上にわたって，金融政策がどうあるべきかという基本的な分析におおむね従っていたということだ．

ちょっと復習

▶ FRBは不況ギャップを埋めるために拡張的金融政策を，インフレギャップを埋めるために緊縮的金融政策を用いることができる．

▶ 財政政策と同様に金融政策も，利子率の変化が総支出と貯蓄に影響を与えることを通じて乗数効果を引き起こす．

▶ 短期の均衡利子率は，流動性選好モデルによって貨幣市場で決まる．利子率の変化は総産出量と貯蓄の変化をもたらし，貨幣市場で決まる均衡利子率に合わせて貸付資金市場でも調整が行われる．

理解度チェック 14-3

1. 経済が現在，不況ギャップで苦しんでおり，FRBがそのギャップを埋めるために拡張的金融政策を用いるとしよう．この政策が以下の項目に与える短期の効果を述べなさい．

    a. 貨幣供給曲線
    b. 均衡利子率
    c. 投資支出
    d. 消費支出
    e. 総産出量
    f. 物価水準
    g. 貯蓄
    h. 貸付資金市場における貸付資金の供給曲線

解答は本書の巻末にある．

4 長期における貨幣・産出量・物価

　拡張的金融政策と緊縮的金融政策を用いて，経済をより迅速に長期マクロ経済均衡へと動かすことができる．だが，経済を長期マクロ経済均衡から遠ざけるような金融上の出来事が存在する場合もある．時に，中央銀行が単に間違いを犯すこともある．例えば潜在産出量が実際よりも高いまたは低いと信じて，誤った金融政策を実行するかもしれない．さらに，中央銀行が経済の安定以外のことに配慮するよう強いられることもある．例えば第16章で見るように，中央銀行が貨幣を印刷して貨幣供給量を増加させ，政府の債務返済を助けるようなこともある．

　貨幣供給量の変化が，経済を均衡に向かわせるのではなく，均衡から遠ざけてしまうときには，何が起きるだろうか．第10章で，経済は長期には自己修正的であり，需要ショックは総産出量に対して短期の効果しか持たないことを学んだね．もしその需要ショックが貨幣供給量の変化の結果だとしたら，もっと強い主張をすることが可能だ．それは，長期には貨幣供給量の変化は物価水準だけに影響を与え，実質総産出量や利子率には影響を与えない，という主張だ．その理由を見るために，貨幣供給量が増加した場合について考えていこう．

4.1 貨幣供給量増加の短期の効果と長期の効果

　貨幣供給量が増加した際の長期の効果を分析するために，短期の総供給曲線と長期の総供給曲線の違いを思い出してほしい．短期総供給曲線は右上がりになる．短期には，物価水準が上昇すると生産量が増加するからだ．一方で長期総供給曲線は潜在産出量のところで垂直になる．長期には，最終財・サービスの価格の上昇分と同じだけ名目賃金が上昇するので，実質GDPは潜在産出量の水準で動かないからだ．

　図14-13は，経済が潜在産出量Y_1にあるときに貨幣供給量が増加すると，短期的・長期的にどんな効果があるかを示している．当初の短期総供給曲線は$SRAS_1$，長期総供給曲線は$LRAS$，総需要曲線はAD_1だ．経済の当初の均衡はE_1で，短期総供給曲線と長期総供給曲線の両方の上にある．よってE_1は短期と長期の両方のマクロ経済均衡になっている．

　ここで貨幣供給量が増加したとしよう．するとAD曲線はAD_2へと右にシフトし，経済は新しい短期マクロ経済均衡E_2へと移動する．物価水準はP_1からP_2に上昇し，実質GDPはY_1からY_2に増加する．すなわち短期には，物価水準と総産出量の両方が上昇する．

　しかし総産出量Y_2は潜在産出量よりも大きい．その結果，名目賃金が時間の経過とともに上昇し，短期総供給曲線が左にシフトする．このプロセスは$SRAS$曲線が$SRAS_2$まで移動したところで終了し，経済は短期と長期のマクロ経済均衡E_3に行き着く．よって貨幣供給量増加の長期の効果は，物価水準をP_1からP_3へ上昇させるが，総産出量は潜在産出量Y_1に戻ってしまうことになる．長期には，拡張的金融政策は物価水準を上昇させるが実質GDPには何の影響も与えない．

図14-13　貨幣供給量増加の短期の効果と長期の効果

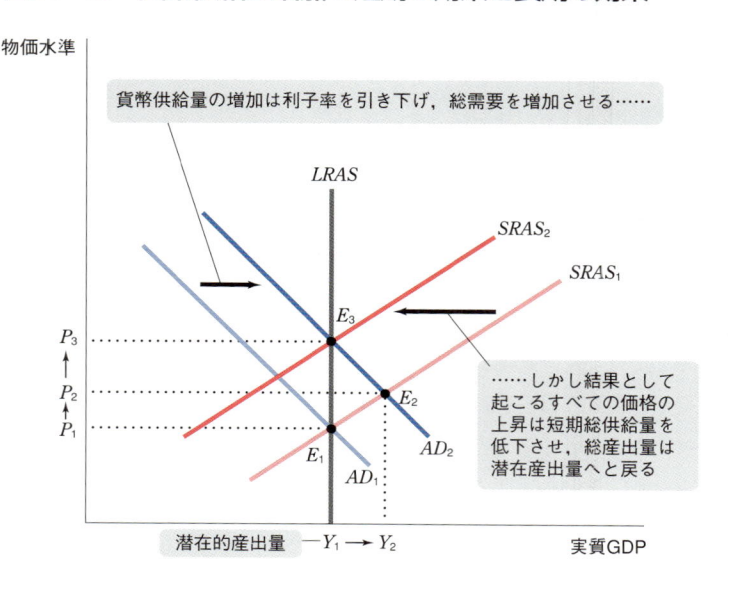

貨幣供給量の増加は，短期には実質GDPに対し正の効果を持つが，長期には効果を持たない．経済は当初，短期と長期の均衡E_1にある．貨幣供給量の増加はADを右にシフトさせ，経済は新しい短期均衡E_2に移動する．新しい実質GDPはY_2だ．だがE_2は長期均衡ではない．Y_2は潜在産出量Y_1を上回っているので，時間の経過とともに名目賃金が上昇する．長期には，名目賃金の上昇は短期総供給曲線を$SRAS_2$まで左にシフトさせる．経済は$LRAS$上にある新しい短期と長期の均衡E_3に到達し，産出量は減少して潜在産出量のY_1に戻る．貨幣供給量増加の唯一の長期効果は，物価水準がP_3に上昇したことだ．web▶

緊縮的金融政策のことは詳述しないが，同じ論理が当てはまる．貨幣供給量が減少すると，短期には，経済が短期総供給曲線に沿って左下に移動するので総産出量が減少する．だが長期には，緊縮的金融政策は物価水準を低下させるだけで，実質GDPは潜在産出量の水準に戻ってしまう．

4.2　貨幣の中立性

では長期には，貨幣供給量の変化は物価水準をどれくらい変化させるのだろうか．長期には，貨幣供給量の変化は，それと比例的な物価水準の変化をもたらす．つまり貨幣供給量が25％減少すれば物価水準も長期には25％低下するし，貨幣供給量が50％増加したら物価水準も長期には50％上昇するということだ．

なぜそうなるのかって？　次のような思考実験をしてみよう．最終財・サービスの価格や名目賃金などの要素価格がすべて倍になったとしよう．そして貨幣供給量も同時に倍になったとしよう．このことで経済に実質的な違いが生じるだろうか？　答えは，何も生じない，だ．経済のすべての実質変数は実質貨幣供給量を含めて変化しないので，誰も行動を変える理由を持たないのだ．

この議論を逆にすることもできる．経済が長期マクロ経済均衡にあるときに名目貨幣供給量が変わったとすると，長期マクロ経済均衡を回復するためには，すべての実質変数が当初の値に回復しなければならない．つまり実質貨幣供給量も当初の水準に戻らなければならない．だから貨幣供給量が25％減少すると物価水準も25％低下しなければならないし，貨幣供給量が50％増加したら物価水準も50％上昇しなければならないのだ．

この分析は**貨幣の中立性**として知られる概念を例示したものだ．この概念によると，貨幣供給量の変化は経済に対する実質的な影響を持たない，つまり貨幣供給量が実質GDPやその構成要素に与える実質的な効果はないということになる．貨幣供給量が増加した際の唯一の効果は，物価水準を同じ比率で上昇させることだ．経済学者の議論によると，貨幣は長期には中立なのだ．

だがここで，ジョン・メイナード・ケインズの次の格言を思い出すべきだろう．「長期的には，われわれはみな死んでしまう」．貨幣供給量の変化は長期には，物価水準を除いて，実質GDP，利子率，その他いかなるものにも何の効果もない．でもだからといって，FRBは無力だと結論づけるのは愚かなことだ．金融政策は短期には経済に対して強力な実質的影響力を持っていて，経済を好況にすることもあれば不況にすることもあるのだ．それは社会の厚生にとって重要な意味を持つことだ．

> 貨幣供給量の変化が経済に何の実質的な影響も持たないとき，**貨幣の中立性**が存在する．

4.3　長期における利子率

短期には，貨幣供給量の増加は利子率を低下させ，貨幣供給量の減少は利子率を上昇させる．だが長期には，貨幣供給量の変化は利子率に影響を与えない．

図14-14はなぜそうなるかを示している．この図は図14-11と似ているが，ここでのパネル(a)は実質貨幣需要曲線 RMD を示している．パネル(b)は図14-11と同じく貸付資金市場の供給と需要を示している．どちらのパネルでも経済は当初点 E にあると仮定している．この点は，名目貨幣供給量 $\overline{M}_1$，物価水準 P_1 の下で潜在産出量が実現して

図14-14　長期における利子率の決定

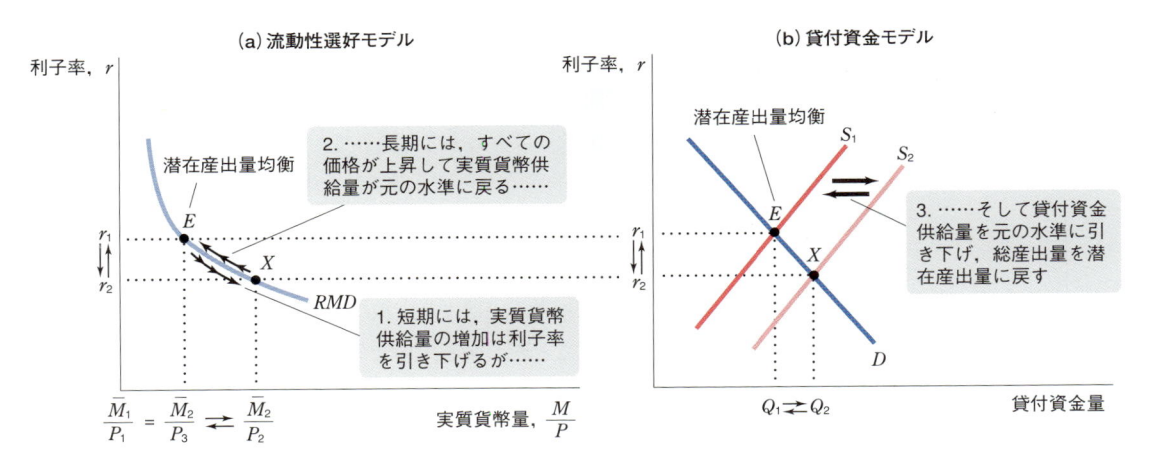

パネル(a)は実質値で示した貨幣市場で，パネル(b)は貸付資金市場だ．各市場は当初点 E にある．これは経済が潜在産出量にある点だ．短期には，貨幣供給量の増加は実質貨幣供給量を $\overline{M}_1/P_1$ から $\overline{M}_2/P_2$ に増加させ，均衡利子率は r_1 から r_2 へと低下する．貨幣市場はこうして点 E から点 X へと移動する．利子率の低下は乗数効果を通じて実質GDPと貯蓄を増加させる．すると貸付資金の供給曲線が S_1 から S_2 へと右にシフトし，貸付資金市場を点 E から点 X へと動かす．だが長期には，貨幣供給量の増加は物価水準を上昇させる．実質貨幣供給量は当初の水準である $\overline{M}_2/P_3 = \overline{M}_1/P_1$ に戻り，貸付資金の供給曲線も当初の位置である S_1 まで戻る．よって長期の均衡利子率は，経済が潜在産出量にあるときに実現する貸付資金の供給と需要で決まる．

いる長期マクロ経済均衡だ．貸付資金の需要曲線はDで，貸付資金の当初の供給曲線はS_1だ．当初の均衡利子率はr_1となっている．

ここで名目貨幣供給量が$\overline{M_1}$から$\overline{M_2}$に上昇したとしよう．私たちはすでに，貨幣の中立性があるために長期には物価水準が貨幣供給量の増加と同じ割合で上昇すること，一方で短期には物価水準はより小さな割合でしか上昇しないことを知っている．だから貨幣供給量の増加による当初の効果は，実質貨幣供給量が$\overline{M_1}/P_1$から$\overline{M_2}/P_2$に上昇することだ．すると実質貨幣需要曲線RMDに沿って均衡利子率がr_1からr_2に低下し，貨幣市場はパネル(a)の点Xに移動する．すると前に見たように，貸付資金の供給と需要がr_2の利子率で等しくなるように貸付資金の供給曲線が右にシフトする．その結果，貸付資金市場はパネル(b)の点Xに移動する．Xは潜在産出量よりも大きい総産出量に対応している．というのも，点Xでの利子率r_2は，潜在産出量のときの利子率r_1よりも低いからだ．

だが長期には，物価水準はP_2からP_3へとさらに上昇する．すでに見たように，そうすると実質貨幣供給量が当初の水準へと戻ることになる．つまり$\overline{M_2}/P_3$は$\overline{M_1}/P_1$に等しい．その結果，均衡利子率はr_1に戻り，それぞれの市場は点Eに戻ることになる．その間に総産出量は潜在産出量まで戻るが，それは貯蓄も当初の水準に戻ることを意味している．パネル(b)では，貸付資金の供給曲線が当初はS_1からS_2へとシフトしたが，またS_1に戻っている．

よって長期には，貨幣供給量の変化は利子率に影響を与えない．それでは長期での利子率の決定要因はなんだろうか？　つまり図14-14で何がr_1を決めるのか．答えは貸付資金の供給と需要だ．より正確には，長期の均衡利子率は経済が潜在産出量にあるときに実現する貸付資金の供給と需要を一致させるものだ．

経済学を使ってみよう

貨幣の中立性の国際的な証拠

今日では，裕福な国々の金融政策はきわめて似通っている．主要な国家(ユーロの場合は国家群)にはそれぞれ，政治的圧力から切り離された中央銀行がある．それらの中央銀行はすべて物価水準をほぼ安定的に保とうとしている．安定的というのは，通常は年率で高くても2〜3％のインフレーションを意味する．

しかしより長い期間について，あるいはより広範な国々について見ると，貨幣供給量の成長には大きな違いがあることがわかる．1970年から現在までの間，スイスやアメリカといった国では貨幣供給量は年率でわずか数％しか上昇しなかったが，ボリビアなどのより貧しい国でははるかに急速に上昇した．こうした違いから，貨幣供給量の増加が本当に長期には同じ割合の物価水準の上昇をもたらすかどうかを見ることができる．

図14-15は，1970年から2000年までの期間におけるサンプル国の貨幣供給量と物価水準の年間上昇率を示したものだ．図の各点はさまざまな国を表している．もし貨幣供給量と物価水準の上昇率の関係が正確なら，図の各点は正確に45度線の上にくるは

図14−15　貨幣とインフレーションの長期の関係

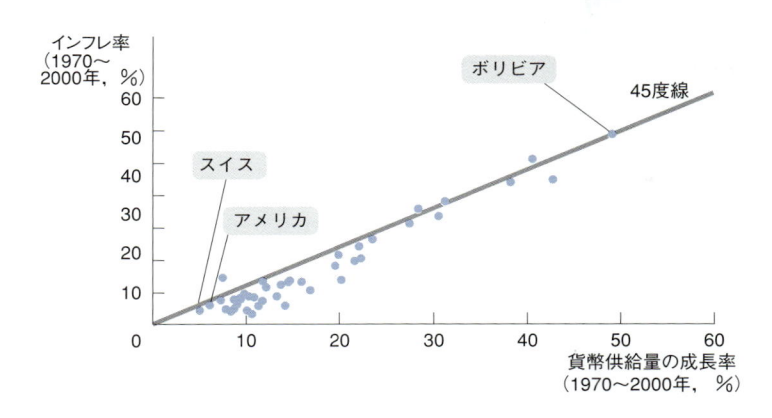

横軸は，1970年から2000年の各国の貨幣供給量の年間上昇率を測っている．縦軸は，同じ期間の各国の物価水準の年間上昇率を測っている．それぞれの点はある特定の国を表している．点は45度線の近くに散らばっていて，長期には貨幣供給量の増加はそれとほぼ同率の物価水準の増加をもたらすことを示している．

出所：United Nations Statistical Database（国連統計データベース）．

ずだ．実際にはこの関係は厳密なものではない．貨幣供給量以外の要因が物価水準に影響を与えるからだ．とはいえ各点は明らかに45度線の近くに散らばっていて，多かれ少なかれ，貨幣供給量と物価水準の比例関係を示している．つまりこのデータは，貨幣は長期的に中立だということを支持しているのだ．

理解度チェック 14−4

1. 経済が短期と長期のマクロ経済的均衡にあるときに，中央銀行が貨幣供給量を25％増加させたとしよう．以下の項目に対する短期と長期の効果を，（可能な場合は数字を挙げて）説明しなさい．
   a. 総産出量
   b. 物価水準
   c. 実質貨幣量
   d. 利子率

解答は本書の巻末にある．

> **ちょっと復習**
> ▶貨幣の中立性によれば，貨幣供給量の変化は実質GDPや利子率には影響を与えず，物価水準だけに影響を与える．経済学者は，長期には貨幣は中立だと信じている．
> ▶長期均衡利子率は，貸付資金市場で決まる．長期均衡利子率は，経済が潜在産出量にあるときに生じる貸付資金の供給と需要を一致させる利子率だ．

次に学ぶこと

金融政策と財政政策はギャップを埋めるのを助けるために用いられる．不況ギャップがあるとき，経済は潜在産出量よりも少ない生産を行っており，インフレギャップがあるとき，経済は潜在産出量よりも多い生産を行っている．でもそのようなギャップを埋めることがなぜそれほど重要かについては，まだ説明していない．

不況ギャップの場合，その答えは不況ギャップが高い失業を伴うから，というものだ．これについての理解を深めるためには，失業の原因とその意味合いをより深く見ていく必要がある．これは第15章の課題だ．

インフレーションの原因と費用はより捉えがたい事柄なので，改めて第16章で扱う．

要約

1. **貨幣需要曲線**は，貨幣保有の機会費用と貨幣がもたらす流動性のトレードオフから生じる．貨幣保有の機会費用は，**長期利子率**ではなく**短期利子率**に依存している．

2. 他の条件が一定のとき，名目貨幣需要量は物価水準に比例する．よって貨幣需要は**実質貨幣需要曲線**を用いて表すこともできる．実質総支出の変化，技術の変化，制度の変化は実質貨幣供給曲線と名目貨幣需要曲線をシフトさせる．**数量方程式**によれば，**実質貨幣量**に対する需要は実質総支出に比例しており，その比例定数は**貨幣の流通速度**の逆数だ．

3. 利子率の流動性選好モデルは，利子率は貨幣市場において，貨幣需要曲線と貨幣供給曲線によって決まると主張する．FRBは短期には，貨幣供給曲線をシフトさせて利子率を変化させられる．実際にFRBは，他の多くの利子率が追随する利子率である**目標FF金利**を達成するために公開市場操作を用いる．

4. **拡張的金融政策**は，貨幣供給量を増加させて利子率を引き下げ，総需要を増加させて不況ギャップを埋めるために用いられる．**緊縮的金融政策**は，貨幣供給量を減少させて利子率を引き上げ，総需要を減少させてインフレギャップを埋めるために用いられる．

5. 利子率の変化は投資支出だけでなく消費支出と貯蓄も変化させるので，金融政策にも，財政政策と同様の乗数効果がある．短期には均衡利子率は貨幣市場で決まる．短期の均衡利子率の変化は，乗数効果を通じて実質GDPと貯蓄を変化させる．貯蓄の変化は，貸付資金市場での貸付資金の供給曲線をシフトさせる．そのシフトは，貸付資金市場が新しい利子率で均衡に達するまで続く．

6. 長期には，貨幣供給量の変化は物価水準だけに影響し，実質GDPや利子率には影響を与えない．実際，**貨幣の中立性**が存在する．つまり貨幣供給量の変化は長期には経済に対して何の実質的効果も持たない．よって長期には金融政策は無効だ．

7. 貸付資金の長期の均衡利子率は，経済が潜在産出量にあるときの貸付資金の供給と需要を一致させる利子率だ．

キーワード

短期利子率…p.401
長期利子率…p.402
貨幣需要曲線…p.402
実質貨幣量…p.403
実質貨幣需要曲線…p.404
貨幣の流通速度…p.405

数量方程式…p.405
利子率の流動性選好モデル…p.408
貨幣供給曲線…p.408
目標FF金利…p.409
拡張的金融政策…p.413
緊縮的金融政策…p.414
貨幣の中立性…p.421

問題

1. FRBのFOMCのページ〈http://www.federalreserve.gov/monetarypolicy/fomc.htm〉に行き，直近のFOMC会合の声明を見なさい（"Meeting calendars, statements, and minutes" をクリックし，さらに "Statement" をクリックする）．
   a. 目標FF金利の水準はいくらか．
   b. その目標FF金利は前回のFOMCの声明のものと異なるか．もしそうならどのくらい異なっているか．
   c. その声明はアメリカのマクロ経済的状況についてコメントしているだろうか．またアメリカ経済の状況をどう描写しているか．

2. 以下の出来事は，M1で定義される名目貨幣需要にどんな影響を与えるだろうか．各出来事について，需要曲線をシフトさせるか，需要曲線に沿った移動か，またどちらの方向への移動かを述べなさい．
   a. 利子率が12％から10％に低下した．
   b. 感謝祭が来て，休暇の買い物シーズンが始まった．
   c. マクドナルドや他のファストフード店がクレジットカードによる支払いを受け入れはじめた．

d. FRBが短期米国債の公開市場買い操作を行った．

3. 次の表は2005年に出された「大統領経済報告」からのもので，1960年から2000年にかけての名目GDP，M1，M2の5年ごとの増加分を10億ドル単位で示したものだ．M1とM2を使って貨幣の流通速度を計算し，表を完成させなさい．貨幣の流通速度にはどんなトレンドまたはパターンが見つかるだろうか．そうしたパターンは何を意味するだろうか．

年	名目GDP	M1 (10億ドル)	M2	M1を用いた流通速度	M2を用いた流通速度
1960	526.4	140.7	312.4	?	?
1965	719.1	167.8	459.2	?	?
1970	1,038.5	214.4	626.5	?	?
1975	1,638.3	287.1	1,016.2	?	?
1980	2,789.5	408.5	1,599.8	?	?
1985	4,220.3	619.8	2,495.7	?	?
1990	5,803.1	824.8	3,279.2	?	?
1995	7,397.7	1,127.0	3,641.2	?	?
2000	9,817.0	1,087.9	4,932.5	?	?

4. 次の表は2000年代初頭の日本のM1と名目GDPの年間成長率を示したものだ．この時期，貨幣の流通速度に何が起こったと言えるだろうか．

年	M1の成長率(%)	名目GDP成長率(%)
2000	8.2	2.9
2001	8.5	0.4
2002	27.6	−0.5
2003	8.2	2.5

5. ある経済が，次の図のような不況ギャップに直面している．このギャップを取り除くために，中央銀行は拡張的金融政策と緊縮的金融政策のどちらの政策を用いるべきか．その金融政策で不況ギャップを埋めようとしたとき，利子率，投資支出，消費支出，実質GDPおよび物価水準はどのように変化するか．

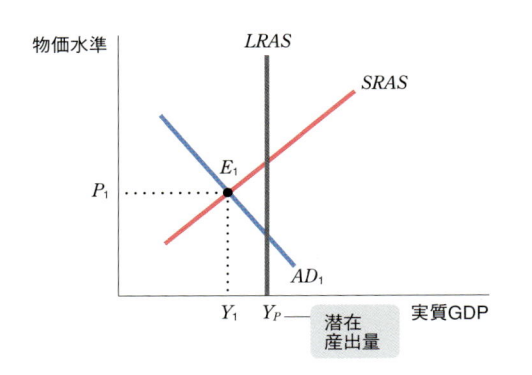

6. ある経済が，次の図のようなインフレギャップに直面している．このギャップを取り除くために，中央銀行は拡張的金融政策と緊縮的金融政策のどちらの政策を用いるべきか．その金融政策でインフレギャップを埋めようとしたとき，利子率，投資支出，消費支出，実質GDPおよび物価水準はどのように変化するか．

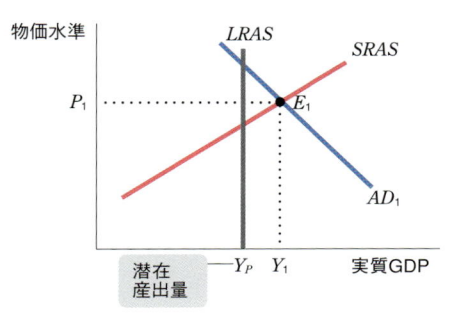

7. イーストランディアの経済が不況へと向かいはじめた当初，貨幣市場は均衡していた．
  a. イーストランディアの中央銀行が貨幣供給量を $\overline{M}_1$ で一定に保つとき，利子率に何が起こるかを次の図を使って説明しなさい．
  b. イーストランディアの中央銀行が目標利子率 r_1 を維持しようとするなら，経済が不況へと向かいはじめたときにどんな手を打つべきか．

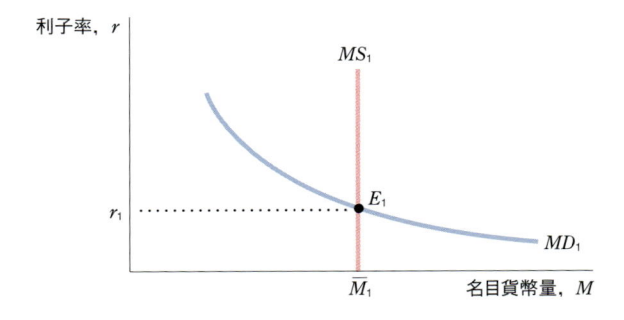

8. 経済が長期マクロ経済均衡にあって失業率が5％だったとき，政府が中央銀行に対して，失業率を3％に引き下げてそれを維持するために金融政策を用いることを求めた法律を成立させたとする．中央銀行はどうすればこの目標を短期的に達成できるか．また長期には何が起こるだろうか．図を用いて示しなさい．

9. 欧州中央銀行（ECB）のウェブサイトによると，欧州連合を成立させた条約は「物価の安定を保証することは，好ましい経済環境と高い雇用水準を達成するために金融政策がな

すことのできる最も重要な貢献であることを明らかにした」そうだ．もし物価の安定が金融政策の唯一の目標だとしたら，不況期にはどのような金融政策がとられるかを説明しなさい．需要ショックによる不況と供給ショックによる不況の両方の場合について分析しなさい．

10. 金融政策の有効性は，貨幣供給量の変化がどれくらい容易に利子率を変化させられるかに依存している．金融政策は，利子率に影響を与えることを通じて投資支出と総需要曲線にも影響を与える．アルバーニアとブリタニカの経済は，次の図にあるように，きわめて異なる貨幣需要曲線を持っている．貨幣供給量の変化は，どちらの経済にとってより有効な政策手段となるだろうか．またその理由はなぜか．

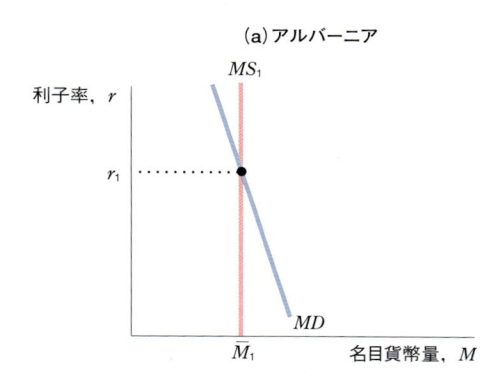

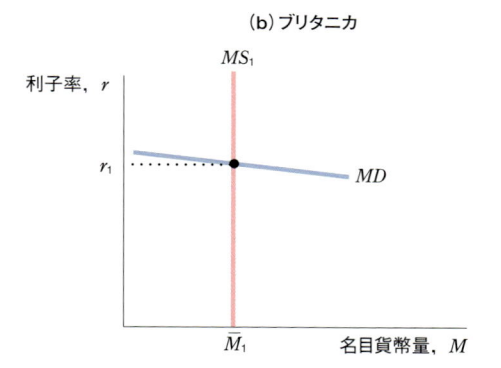

(a) アルバーニア

(b) ブリタニカ

11. 大恐慌の時代，アメリカのビジネスマンたちは経済の将来に対してきわめて悲観的で，利子率が引き下げられてもなお投資支出を増やすことを嫌がった．このことは，恐慌の緩和に寄与しうる金融政策の可能性をどのように制限したか．

12. 図14-11と同様の図を用いて，貨幣市場と貸付資金市場が貨幣供給量の減少に対して短期にはどんな反応を見せるかを説明しなさい．

13. 貨幣供給量の増加が利子率に与える影響について，短期の効果と長期の効果を対比させなさい．短期の利子率を決めるのはどの市場か．また長期の利子率を決めるのはどの市場か．この質問に対するあなたの回答は，実質GDPに対する金融政策の短期と長期の有効性について，どんな含意を持っているか．

web▶ 引き続き勉強し，本章の概念を復習したい人は，クルーグマン＝ウェルスのウェブサイトを訪ね，小問題集，動画による教習，有益なリンク集などを参照してください．
www.worthpublishers.com/krugmanwells

Part-VI　The Supply Side and the Medium Run

第VI部　サプライサイドと中期

Chapter 15

第15章

Labor Markets, Unemployment, and Inflation

労働市場，失業，インフレ

失業への2つの道

コロラドスプリングスのソフトウエア開発者マイケル・ワトソンは，3年の間失業と就業を繰り返している．2002年7月にハイテク業の雇い主が廃業してからワトソンにはずっと定職がなく，臨時契約の仕事を求めてバージニアからジブチまで広く転々とし続けている．これは，彼一人の話ではない．多くのハイテク業労働者にとっての故郷だったコロラドスプリングスでは，2000年から2004年の間にハイテク業関連の職が約20％減少した．職は失ったが再びコロラドスプリングスで次の仕事を見つけられた労働者もいたし，この地域を去った労働者もいた．またワトソンのように，いまだに定職を探し続けている労働者もいる．

繊維業の技術者トミー・パターソンが暮らすノースカロライナの経済は，この国の他の地域と比べれば景気が良い．だがパターソンは，2004年11月にシャーロット繊維工場で職を失って以来，化学産業の作業技師の職を今も探し続けている．履歴書を50通から75通も送っているのに，まだほとんど面接も受けられない．ノースカロライナでは2～3年前よりも仕事は増えているのに，製造や技術関連の仕事はいまだになかなか見つからない．

ワトソンとパターソンはともに，いま職がなく積極的に仕事を探しているのだから，失業していると考えられる．2人とも今いる場所では衰退ないしは停滞しつつある職業にあるが，かといって職探しのために家族を連れて新しい街に移ることにはためらいを感じている．そして彼らは懸命になって，その能力と野心にぴったりの定職を探しつづけているのだ．

常時何百万人ものアメリカ人が懸命に仕事を探しているが，適当な仕事を見つけられないでいる．最近解雇されたという者もいれば，労働力人口の中に新しく入ったばかりでまだ職が見つからない者もいる．こうした「自然な」労働力人口の攪拌（かくはん）は，どの時点においても人口の一定割合の失業があることを意味している．だがその割合は経済の状態に依存する．景気が良いときよりも悪いときのほうが，ワトソンやパターソンのような状況にいる人々が多くなるのだ．

この章では失業の性質や，時間を通じて失業率が変動するのはなぜか，またそれに対して経済政策ができることとできないことは何かを，より詳しく見ていくことにする．

この章で学ぶこと

▶ **自然失業率**の意味．なぜそれはゼロではないのか．

▶ 景気循環とともに**循環的失業**が変動するのはなぜか．

▶ 最低賃金や**効率賃金**はどのように**構造的失業**を引き起こすか．

▶ 失業率が長期の自然失業率より高くなったり低くなったりするのはなぜか．

▶ **短期フィリップス曲線**という，失業率とインフレーションの間の短期的なトレードオフの存在について．このトレードオフは長期的には消える．

▶ **インフレ非加速的失業率（NAIRU）**が政策立案の際の重要な指標となるのはなぜか．

1 失業の性質

　アメリカ政府の統計では，積極的に仕事を探してはいるがまだ職に就けない労働者を失業者と見なしている．第6章を思い出してほしい．失業率とは労働力人口全体に対する失業者数の割合のことで，労働力人口とは現在働いている人たちと仕事を探している人たちの合計だ．もし仕事に就きたい人がみな職を得るとしたら，失業率は0％になるだろう．「完全雇用」と聞くと，仕事を探している人がみな職を得ている状態と思うかもしれないが，アメリカの公共政策では，「完全雇用」での失業率は0％をかなり上回る数値だと考えられている．次の「ちょっと寄り道」で説明するように，ハンフリー＝ホーキンス法案という有名な法律が1978年に議会を通過した．この法律は政府に完全雇用を追求するよう求めたものだったのだが，実際には完全雇用での失業率を4％と定義していた．

　4％なんて大きな数字だなと思うかもしれない．というのもこの場合，「完全雇用」の状態でさえ，何百万人ものアメリカ人が仕事を探しているのにそれを得られないことを意味するからだ．だがハンフリー＝ホーキンス法案が議会を通ったとき，大多数の経済学者はこの目標は現実的でないと考えていた．実際，議会予算局（CBO）は現在，経済が潜在産出量を生み出していて完全雇用にあると仮定したときの財政収支である景気循環調整済み財政収支を計算する際に，完全雇用時の失業率は5.2％だと想定している．

　経済が完全雇用にあると考えられるときでさえ失業者がこれほど多いのはなぜかを理解するには，労働市場の現実を見る必要がある．

ちょっと寄り道　完全雇用：それは法律だ！

　アメリカ政府に完全雇用を保証することを要求する法律はあるかって？　そんなものはないし，過去にもまったくなかった．だが通常ハンフリー＝ホーキンス法案と呼ばれている1978年完全雇用および均衡成長法は，アメリカ政府に対し，マクロ経済政策を使って4％以下の失業率を達成することを要求していた．

　この法案にはその目標を達成できなかったときの政府官僚への罰則が定められていなかったので，政策立案者は初めからこの数値目標を無視した．この法律で拘束力を持った唯一の規定は，連邦準備理事会の議長が2年に一度議会で金融政策について証言することを要求したものだ．この1978年法案は2000年に失効とされたのだが，議長による議会での証言は今日まで続く伝統となっていて，しばしば「ハンフリー＝ホーキンス証言」と呼ばれている．

　ハンフリー＝ホーキンス法案に政策への直接的効果はまったくなかったにもかかわらず，象徴的な重要性を持つようになった．4％という失業率は経済政策上達成不能な目標だと思われるようになったのだ．1998年後半，失業率がついに（しかも簡単に）この達成できそうにない目標値まで低下したとき，コラムニストのウォルター・シャピロはオンラインマガジンの*Slate*（スレート）の中でこんなことを言っていた．「紙吹雪の舞うパレード，愛国心に富んだ演説，赤白青の花火，それにタイムズ・スクエアで笑顔の経済学者たちに抱きついている美女たちの写真は，どこにあるんだい？」

1.1 雇用の創出と破壊

いつどんな時でも，ほとんどのアメリカ人には，最近職を失ったという知り合いがいることだろう．平均すると，良い年でも毎年およそ 7 人に 1 人の労働者が（自発的な場合もあるが）職を失っている．

そのように職を失うことにはたくさんの理由がある．1 つは新技術の出現や消費者の嗜好の変化に伴う産業の浮き沈みだ．例えば電気通信のようなハイテク産業の雇用は1990年代後半に急増したが，2000年以降には深刻な落込みを見せた．これこそ，ソフトウエア開発者のマイケル・ワトソンが2002年に職を失い，その後別の職を見つけるのが難しかった大きな理由だ．さらに，個別の企業が経営の質の問題や単なる運の良し悪しで成功したり失敗したりするということもある．例えば2005年に，トヨタなどの日本企業が北米に新しい工場を開設するという計画を発表したが，一方でゼネラルモーターズ(GM)は多くの自動車工場を閉鎖する計画を発表した．また個々の労働者は，家族の引越し，不満，別の場所でのもっと良い仕事への期待といった個人的な理由から，絶えず職を離れている．

労働力人口を絶えず攪拌するこうした動きは，現代経済に必ず見られる特徴だ．この動きもまた，経済が完全雇用にあるときにも相当量の失業が存在する大きな理由の1つとなっている．

1.2 摩擦的失業

労働者が職を失ったときや若い労働者が初めて労働市場に参入したとき，最初に見つけた新しい仕事には就かないことがよくある．例えば，会社の製品ラインの不振で解雇された熟練プログラマーが，ある店の窓に張られたその店の求人広告を見たとする．彼女はその店に入れば首尾よく仕事に就けるかもしれないが，そんなことをするのは通常はバカなことだ．彼女はそうする代わりに，自分の技能を活かすことができて，それに見合った稼ぎのある仕事を時間をかけて探すはずだ．

経済学者は，就職先を探すことに時間をかけている労働者は**職探し（ジョブサーチ）**をしているという．もしすべての労働者が似たり寄ったりですべての仕事が同じようなものだとしたら，職探しは必要ないだろう．また，仕事に関する情報と労働者に関する情報が完全であれば，職探しはあっという間に終わるはずだ．だが実際には，職を失った労働者（や初めて仕事を探す若い労働者）は通常，少なくとも 2～3 週間かけて仕事を探すものだ．

摩擦的失業は，労働者が職探しに時間をかけることで生じる失業のことだ．ある一定量の摩擦的失業が避けられない理由は 2 つある．1 つは今しがた説明した，雇用創出と雇用破壊という恒常的なプロセスがあることだ．もう 1 つは新しい労働者が常に労働市場に参入してくるという事実だ．例えば2005年 7 月には，失業者とされた780万人のうち88万2000人が新規参入の労働者だった．

摩擦的失業は限られた量なら比較的無害で，良いものですらありうる．もし労働者

就職先を探すことに時間を費やしている労働者は**職探し（ジョブサーチ）**をしている．

摩擦的失業は，労働者が職探しに時間をかけるために生じる失業だ．

たちが時間を割いて自分の技能に適した仕事を見つけており，しかも適職を探すために短期間失業する労働者たちの困難がそれほど大きくないとすれば，経済はより生産的になる．現実に，失業率が低いときには失業期間は極めて短くなる傾向があり，これは失業の多くが摩擦的なものだということを示唆している．図15-1は，失業率がわずか4％だった2000年における失業の内容を表している．失業者の45％は5週間未満の失業で，15週間以上の失業はわずか23％だった．「長期失業者」と考えられる27週間以上の失業はちょうど11％だった．

だが失業率が高い時期には労働者の失業期間が長くなる傾向があり，それは摩擦的失業の割合が小さくなることを示唆している．例えば2003年までに，「長期失業者」と考えられる労働者の割合は22％に跳ね上がった．

1.3 構造的失業

摩擦的失業は，職を探す人の数と提供される職の数が等しいときでも存在する．つまり摩擦的失業は労働力の過剰を示すシグナルではない．しかし時には，特定の労働市場で求職者の持続的な過剰が起きることがある．例えばある特定の技能を持つ労働者の数がその技能に適した職の数より多く存在することがあるかもしれないし，ある特定の地域で提供される職の数がその地域の労働者の数より少ないことがあるかもしれない．**構造的失業**とは，現行賃金率の下で，提供される職の数よりも多くの求職者が労働市場にいる結果生じる失業のことだ．

供給と需要のモデルが教えるところでは，財・サービスや生産要素の価格は，供給量と需要量が等しくなる均衡水準に向かって動く傾向がある．これは概して労働市場にも当てはまる．図15-2は典型的な労働市場を示している．労働需要曲線は，労働の価格である賃金率が上昇すると雇い主が労働需要量を減らすことを表している．労働供給曲線は，労働の価格である賃金率が上昇すると労働を供給しようとする労働者が増えることを表している．ある特定の場所のどんな種類の労働についても，これら2つの力が合わさることで均衡賃金率が成立する．その均衡賃金率がW_Eで示されている．

均衡賃金率W_Eの下でさえ，まだいくらかの摩擦的失業は存在している．提供される職の数と求職者の数が等しくても，職探しをする労働者は常にいるからだ．だがこのとき，この労働市場に構造的失業は存在しないだろう．構造的失業が生じるのは，なんらかの理由で賃金率がW_Eより高いままになっているときだ．賃金率がW_Eを超えるのには複数の要因があるが，なかでも最も重要なのは最低賃金，労働組合，効率賃金，政府の政策の副作用だ．

最低賃金　第4章で学んだように，最低賃金とは政府が賃金率に課す下限のことだ．アメリカでは，2005年の国レベルでの最低賃金は

構造的失業とは，現行賃金率の下で，提供される職の数よりも多くの求職者が労働市場にいる結果生じる失業のことだ．

図15-1　2000年の失業者の失業期間による分布

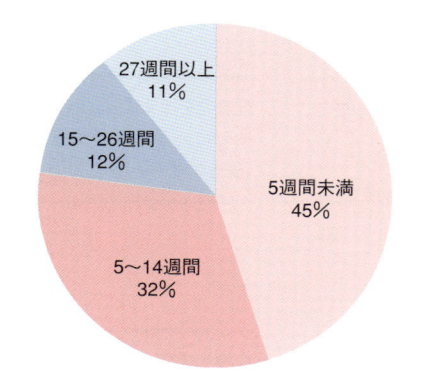

- 27週間以上　11％
- 15～26週間　12％
- 5～14週間　32％
- 5週間未満　45％

失業率の低い時期には，多くの失業者の失業期間は短くなる．失業率の低かった2000年には，失業者の45％は5週間未満の失業で，77％が15週間未満の失業だった．ほとんどの労働者の失業期間が短いということは，2000年の失業の大部分が摩擦的失業だったことを示唆している．

出所：Bureau of Labor Statistics（労働統計局）．

図15-2　最低賃金が労働市場に与える効果

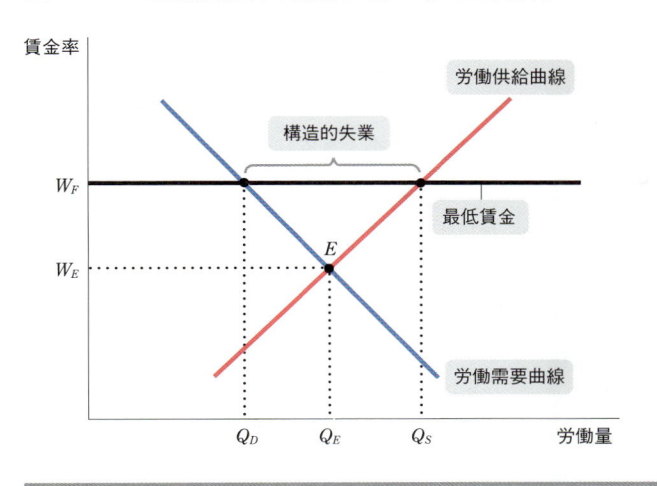

政府が市場均衡賃金率W_Eを超える最低賃金W_Fを設定する場合，その最低賃金で働きたいと思う労働者数Q_Sはその賃金率で需要される労働者数Q_Pを上回る．この労働者の過剰は構造的失業と考えられる．web▶

時給にして5.15ドルだった．多くの種類の労働にとって，最低賃金は縁のないものだ．というのも，市場均衡賃金がこの下限価格より十分に高くなるからだ．だがある種の労働では，最低賃金が拘束力を持つ可能性があり，そのとき最低賃金は実際に支払われる賃金に影響を与える．

図15-2はまさにそうした状況を表したものだ．この市場では賃金率の法定下限W_Fが均衡賃金率W_Eを超える水準にある．そのため労働市場に持続的な供給過剰が生じている．つまり労働供給量Q_Sが労働需要量Q_Dを上回っている．言い換えれば，最低賃金で提供される仕事の量よりも多くの人たちが働きたいと思っており，構造的失業が生じているのだ．

一般的に，拘束力を持つ最低賃金は構造的失業をもたらすものだ．だったらなぜ政府は最低賃金を課すのだろう，と思うかもしれないね．その合理的根拠は，最低賃金は働く人々が最低限の快適な生活様式を維持するだけの所得を得る助けになる，というものだ．だがこれには代価がある．もっと低い賃金で働いてもいいと思っている労働者たちから仕事の機会を奪うことになるのだ．図15-2は，労働の買い手より売り手のほうが多いだけでなく，最低賃金で働く労働者数（Q_D）は，最低賃金がなかった場合に働く労働者数（Q_E）より少ないことを示している．

ここで注意しておくべきことがある．図15-2で示したように，高い最低賃金が雇用削減効果を持つことには経済学者の間で広い合意があるが，それがアメリカで最低賃金がどう作用するかを示すふさわしい説明かどうかには若干の疑問があるということだ．対平均賃金比で見れば，アメリカの最低賃金は国際標準よりも極めて低い（この節の「経済学を使ってみよう」を参照）．対平均賃金比で見た最低賃金が低いときには，その最低賃金を引き上げると実際のところ雇用が増えるという証拠を示した研究者もいる．彼らの主張では，技能の低い労働者を雇っている企業は賃金を低く保つために雇用を制限することがあるので，結果として，職を減らさずに最低賃金を引き上げられることもあるという．だがほとんどの経済学者が，最低賃金を十分に高くす

れば構造的失業が生じるということに同意している．

労働組合　労働組合の活動は，構造的失業を引き起こすという点で，最低賃金と似たような効果を持っている．ある企業の労働者全員が団結して雇い主と交渉すれば，各労働者が個別に交渉した場合に得られる市場賃金よりも高い賃金を勝ち取れることも多い．団体交渉として知られるこのプロセスは，交渉力の比重を雇い主から労働者に移すことを意図したものだ．労働組合は集団的に労働を拒否する労働ストライキで企業に脅しをかけて交渉力を行使する．ストライキに入った労働者を入れ替えることが難しい企業にとって，ストライキの脅威は非常に深刻なものになりうる．そのような場合には，労働者は団体で行動することによって，1人で行動する場合よりも大きな交渉力を行使できるのだ．

　交渉力が大きくなると労働者は昇給を要求し，それを勝ち取る傾向がある．組合はまた，追加的な賃金と見なせる医療費給付や退職金などをめぐっても交渉を行う．実際，組合が賃金にどんな影響を与えるかを研究している経済学者は，組合に加入している労働者は同等の技能を持つ組合非加入の労働者よりも高い賃金と便益を得ていることを見出している．こうした昇給の結果生じることは，最低賃金の結果生じることと同じだ．労働組合は労働者が受け取る賃金を均衡賃金より高い水準まで押し上げるのだ．その結果，その賃金水準で働こうとする人の数が就ける職の数より多くなる．拘束力のある最低賃金と同様に，これは構造的失業を引き起こす．

　労働組合が失業を引き起こすもう1つの経路は，団体交渉の結果結ばれる労働契約にある．労働組合員は2〜3年間の長期契約を得る傾向がある．組合による賃上げとは別に，これらの長期契約もまた構造的失業を引き起こす可能性がある．労働需要が減っているというのに，それ以前に雇い主と従業員が取り決めた高い賃金率が維持されたとすれば，それは最低賃金とまったく同じ効果を持つ．つまり取り決めた賃金率で働きたいという労働者はその賃金率で就くことのできる職の数よりも多くなるのだ．

　もし組合のない企業が公表済みの一定額の賃金をある期間にわたって支払うと約束したなら，たとえ労働組合がなくてもそれと同じ効果が生じるだろう．労働契約交渉のタイムスケジュールが企業によって異なるという事実は，**賃金時差（非同時的賃金）**という現象として知られている．この現象があるため，労働市場はゆっくりと，労働需要の変化に応じてある均衡から他の均衡へと移行することになる．その過程で労働市場が不均衡になっている間に，構造的失業が生じうる．本章の後ろのほうで，労働市場がある均衡から他の均衡へ時間をかけて移行するのはなぜかを詳しく検討するときに，再びこの話題に戻ることにしよう．

> **効率賃金**とは，労働者からより良いパフォーマンスを引き出すためのインセンティブとして，雇い主が均衡賃金率より高く設定する賃金のことだ．

効率賃金　組合や賃金時差が存在しないとしても，企業のとる行動によって構造的失業が生じることもある．企業が**効率賃金**を支払う可能性があるからだ．効率賃金とは，労働者からより良いパフォーマンスを引き出すためのインセンティブとして，雇い主が均衡賃金率より高く設定する賃金のことだ．

雇い主がそうする理由としていくつかのものがある．1つには，労働者は雇い主よりも他の雇用機会をよく知っていることだ．雇い主ができるだけ安い賃金を支払おうとすると，そのせいで優れた労働者を失ったり，他に良い職を得られないような質の低い労働者を多く雇いつづけるという危険にさらされることになる．だが雇い主が均衡賃金よりも高い賃金を支払うなら，こうしたことは起こりにくい．その場合，質の高い労働者は別の雇い主の下へ移ろうとはしないだろう．

また，従業員がどのくらい頑張って働いているかを直接には観察できない場合に，労働者からより高い努力を確実に引き出すために市場均衡賃金より高い賃金を支払う，ということもあるかもしれない．この高い賃金を受け取っている労働者たちは，解雇されて賃金が低下しないように，より高い努力水準を維持すると考えられるからだ．

多くの企業が市場均衡賃金より高い賃金を支払うとしたら，賃金の高い職に就きたいのにそれが見つからないという労働者が増えるという結果になるだろう．そのため企業が効率賃金を使うと構造的失業が生じる．

公共政策の副作用　それに加えて，職を失った労働者を助けるために考案された公共政策が，意図しない副作用として構造的失業を引き起こすことがある．ほとんどの経済的先進国では，新しい仕事を見つけるまでなんとかやっていけるように，解雇された労働者に給付金を与えている．アメリカではこうした給付金は概して所得のほんの一部を埋めるにすぎず，26週間で終了する．他の国々，特にヨーロッパの給付金はより寛大で，より長く給付される．この寛大さの欠点は，新しい職を探そうとする労働者のインセンティブを削ぐことだ．寛大な失業給付金は436ページの「経済学を使ってみよう」で説明する「欧州硬化症」の大きな原因の1つだと広く信じられている．

1.4 自然失業率

さてこれで，国の失業に関する目標がどうしてそれほど控えめなのかという問題に戻ることができる．4％以上の失業率に甘んじるのはなぜなのだろう？

いくらかの摩擦的失業は避けられないものだし，多くの経済が構造的失業に苦しんでもいるのだから，ある程度の失業は正常あるいは「自然」なものだ．ただ，実際の失業率はこの正常な水準の周りを変動する．**自然失業率**とは正常な失業率のことで，実際の失業率はその周りを変動する．自然失業率は，摩擦的失業と構造的失業の効果を合わせた結果として生じる．実際の失業率と自然失業率のギャップは**循環的失業率**と呼ばれる．その名のとおり，循環的失業は景気循環によって生じる失業だ．この章の後ろのほうで，公共政策によってインフレを加速させることなしに失業率を自然失業率より低く保ちつづけることはできないということを見る．さまざまな種類の失業の間にある関係は，以下のようにまとめることができる．

> **自然失業率**とは正常な失業率のことで，実際の失業率はその周りを変動する．
> **循環的失業率**とは実際の失業率と自然失業率とのギャップのことだ．

$$\text{自　然　失　業} = \text{摩擦的失業} + \text{構造的失業} \tag{15-1}$$

$$\text{実際の失業} = \text{自　然　失　業} + \text{循環的失業} \tag{15-2}$$

たぶんその名称のせいで，自然失業率は時間が経過しても変化せず一定であり，政策に影響されることもないとしばしば思われている．だがこの2つはどちらも正しくない．ちょっと立ち止まって，自然失業率が時間の経過とともに変化すること，また経済政策の影響を受けることの2つを強調しておこう．

1.5 自然失業率の変化

民間エコノミストも政府機関も，経済予測や政策分析をするために自然失業率を推定する必要がある．こうした推定のほとんどすべてが，アメリカの自然失業率は時間の経過とともに上下に変動したことを示している．例えば議会予算局(CBO)では，1950年の自然失業率は5.3%だったが，1970年代末までに6.3%に上昇し，1990年代末には5.2%まで低下したと見ている．自然失業率が時間の経過とともに変化するのはアメリカだけではない．現実にヨーロッパは，もっと大きな自然失業率の変動を経験している．

何が自然失業率を変化させるのだろうか．最も重要な要因は，労働力の特性の変化，労働市場制度の変化，政府の政策の変更，そして生産性の変化だ．それぞれの要因を簡単に見ていこう．

労働力の特性の変化　すでに見たように，2000年にはアメリカ全体の失業率は4％だった．だが若い労働者の失業率はこれよりはるかに高く，10代では13%，20歳から24歳までの労働者では7％だった．25歳より上の労働者の失業率はわずか3％だった．

一般的には，経験豊かな労働者のほうが経験のない労働者よりも失業率は低くなりがちだ．経験豊かな労働者は経験のない労働者よりも1つの職に長く就いている傾向があるため，摩擦的失業率は低い．また，年齢の高い労働者は若い労働者とは異なり一家の大黒柱であることが多いため，職を見つけるインセンティブや，継続して働くインセンティブが強い．

1970年代に自然失業率が上昇した理由の1つは，新規労働者数が大きく上昇したことだった．第2次世界大戦後に生まれたベビーブーマーが労働力人口に加わり，また既婚女性の労働力人口に占める割合が増えたのだ．図15-3に示されるように，労働力人口に占める25歳未満の労働者と女性労働者の割合はどちらも1970年代に急激に上昇した．だが1990年代末までに女性の割合は横ばいになり，25歳未満の労働者の割合は急激に落ち込んだ．これは今日の労働力人口全体が1970年代より経験を積んでいることを意味しており，今日の自然失業率が1970年代よりも低い理由の1つと考えられる．

労働市場制度の変化　先ほど指摘したように，均衡水準より高い賃金を求める労働組合は構造的失業の原因となりうる．以下で議論するように，労働組合が強いことがヨーロッパで自然失業率が高い理由の1つだと信じている経済学者もいる．アメリカ

図15-3　アメリカの労働力人口の構成変化

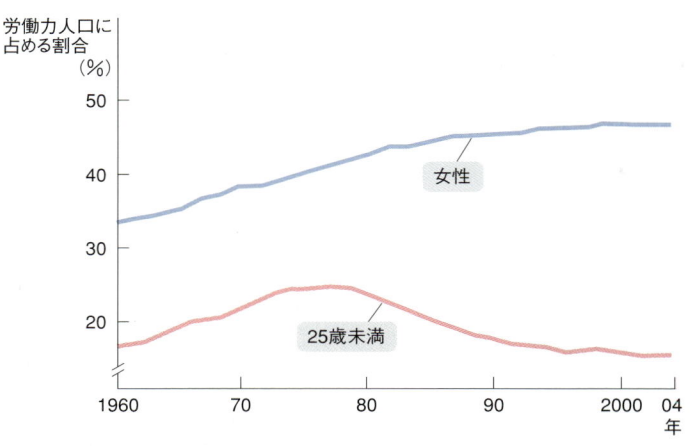

1970年代には，労働力人口に占める女性の割合と25歳未満の労働者の割合が急激に上昇した．これらの変化は，多数の女性が初めて有給の労働力として加わったことと，ベビーブーマーが就労年齢に達したことを反映したものだ．自然失業率が上昇したのは，これら多くの労働者が相対的に経験が浅かったからかもしれない．今日では労働者ははるかに経験を積んでおり，それが1970年代以降の自然失業率低下の理由の1つと考えられる．
出所：Bureau of Labor Statistics.

では1980年以降組合員数が激減したのだが，これが1970年代から1990年代にかけて自然失業率が低下した理由の1つだったのかもしれない．

　他の制度上の変化も影響を与えた可能性がある．例えば，近年増えている人材派遣会社が労働者と最適な仕事とを結びつけることで摩擦的失業を減らしていると考える労働経済学者もいる．

　技術変化も，労働市場制度と結びつくことで自然失業率に影響を与える．技術変化はおそらく，その技術に精通した熟練労働者への需要を増加させる一方で，非熟練労働者への需要を減少させるだろう．経済理論で予測すると，熟練労働者の賃金は上昇し非熟練労働者の賃金は低下するはずだ．だが，例えば最低賃金に抵触するなどの理由で非熟練労働者の賃金を下げられないとしたら，構造的失業が増えて，その結果自然失業率は高くなるだろう．

　政策の変化　最低賃金が高いと構造的失業が生じうる．寛大な失業給付金は構造的失業と摩擦的失業の両方を増加させる可能性がある．労働者を救済する意図で採られた政府の政策は，こうして自然失業率を上昇させるという望ましくない副作用をもたらす可能性がある．

　だが政策によって自然失業率が低下することもありうる．職業訓練と雇用補助金の2つがその例と言える．職業訓練プログラムは失業者に対して，こなせる仕事の範囲を拡大するような技能を提供する．雇用補助金は労働者や雇い主に対して，仕事を受け入れたり，あるいは仕事を提供する金銭的なインセンティブを提供する．

　生産性の変化　時間の経過とともに自然失業率が変化することのもう1つの説明は，労働力の生産性が変化するから，というものだ．生産性の変化は，自然失業率の変動のタイミングと整合的なので，自然失業率の変化の説明としては魅力的なものとなっている．1970年代の自然失業率の上昇は生産性成長の減速と同時に起きたし，1990

年代の自然失業率の低下は生産性成長の加速と同時に起きたのだ．

この説明によると，高い生産性成長が単に実質賃金を上昇させるだけでなく，自然失業率を低下させるのはなぜかが簡単にわかるという．例えば生産性の成長が加速したとしよう．労働者が生産性の急速な上昇を認識するまでに時間がかかるとすれば，労働者からの，その生産性上昇を反映した賃上げ要求は遅れるだろう．すると，賃金が生産性上昇の利益よりも低い間は，雇い主は追加的に労働者を雇うことで利潤を増やせる．そこでしばらくの間は，生産性成長の加速が失業率の低下につながる可能性があるのだ．

今度は逆に生産性成長が減速したとしよう．労働者が生産性の成長は以前ほどではないと認識するまでに時間がかかるとすれば，労働者は以前の高い生産性成長に見合う高い賃上げを要求しつづけるかもしれない．賃上げ要求が収まるまでの間，雇い主は労働者を雇わないか時には解雇することで利益を得られるだろう．結果として，労働が持続的に過剰になるかもしれない．そこでしばらくの間は，生産性成長の減速は失業率の上昇につながる可能性があるのだ．

最後に，過去30年間の自然失業率の変動パターンを説明するために，多くの要因が提示されてきた．それらの説明はどれも合理的に思えるが，時間を通じた自然失業率の変化を単独で説明できるものは1つとしてない．異なる時点では異なる要素が働いており，まだ完全には理解されていない自然失業率の決定要因が他にもきっとあるはずなのだ．

経済学を使ってみよう

欧州硬化症

西ヨーロッパの失業率は通常はアメリカよりも高い．大方の推定によると，今日のアメリカの自然失業率は5％から5.5％の間だが，フランスとドイツの自然失業率は現在8％を超えている．

常にそうだったわけではない．実際1970年代の初頭には，フランスとドイツの自然失業率はアメリカよりも低いように思われた．図15-4からわかるように，フランスの実際の失業率はアメリカよりも低かったが，1980年代には逆転した．今日のヨーロッパで自然失業率がこれほど高いのはなぜなのだろう？

多くの（全員ではない）経済学者の答えは，ヨーロッパの高い自然失業率は政策の意図せざる副作用だというものだ．これはしばしば欧州硬化症（ユーロスクレローシス）と呼ばれている．

欧州硬化症仮説では，ヨーロッパで高い失業率が続いているのは労働者救済を意図した政策の結果だと考えている．その一連の政策の中に，失業した労働者への手厚い給付金がある．多くのヨーロッパ諸国では失業者が給付金を得られる期間に制限がなく，また失業者が得る給付金はどの時点でもアメリカに比べかなり高額だという傾向がある．例えば，フランスの典型的な労働者が受け取る給付金は所得の48％だが，アメリカの典型的な労働者ではわずかに14％だ．

ヨーロッパとアメリカの失業の違いを説明する際に，ヨーロッパ的な「福祉国家」が果たす重要性は，非熟練労働者への需要が低下するにつれてさらに高まってきた．もし非熟練労働者の賃金が下がり続ければ，もらえる失業給付金の額と比べて，彼らが職を得たときの利益も下がる．よって，非熟練労働者が長期の選択肢として失業を選ぶ可能性はますます高まるのだ．

加えて，多くのヨーロッパ諸国では最低賃金が高いということもある．例えば1999年には，フランスの最低賃金は平均賃金率の47％だったが，アメリカでは34％だった．また多くのヨーロッパ諸国ではアメリカに比べて組合加入率も高く，フランスのように組合加入率が比較的低い国々でさえ組合は強い交渉力を持っているようだ．この2つの要因はともにヨーロッパの失業率をアメリカより高くした可能性がある．

もしヨーロッパの高い失業率についての欧州硬化症の説明が正しいなら，失業給付金を減らしたり組合の交渉力を制限したりして「アメリカ的」な方向へ政策を転換したヨーロッパの国では，自然失業率が低下したはずだ．1980年代初頭にヨーロッパで最も失業率が高い国の1つだったイギリスでは，実際にそれが起こったようだ．マーガレット・サッチャー首相の下でイギリスは多くの経済改革を行い，今日の典型的な失業率は約5％となっている．

だが注意すべきは，ヨーロッパで政策の「アメリカ化」を進めるならそれは代価を伴うだろうということだ．失業給付金の削減で個人が低賃金の職に就くようになり，失業率は低下するかもしれない．だが同時に多くの労働者の暮らし向きは悪くなり，ヨーロッパで社会福祉制度を創る動機となった不平等が拡大することになるだろう．

図15-4　フランスとアメリカの失業率の推移

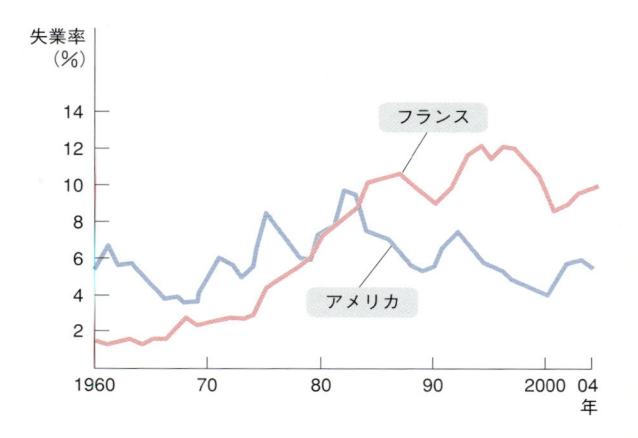

1970年代の中ごろまでは，他の多くのヨーロッパ諸国と同じく，フランスの失業率はアメリカよりも概して低かった．今日のフランスの失業率はアメリカの失業率を大きく上回っている．
出所：OECD(経済協力開発機構)．

理解度チェック　15-1

1. 以下について説明しなさい．
   a. 現代の経済で摩擦的失業が避けられないのはなぜか．
   b. 失業が低いとき摩擦的失業が失業率全体の大部分を占めるのはなぜか．
2. 団体交渉が失業率に対して最低賃金と同じ効果を持つのはなぜか．図を使って示しなさい．
3. アメリカが失業者への給付金を劇的に引き上げたとしよう．このとき自然失業率に何が生じるか説明しなさい．

解答は本書の巻末にある．

ちょっと復習

▶ 職探し(ジョブサーチ)と呼ばれる活動があるので，摩擦的失業と呼ばれる若干の失業は避けることができない．

▶ 最低賃金，労働組合，効率賃金，政策による副作用といったさまざまな要因が構造的失業を引き起こす．

▶ 摩擦的失業と構造的失業の結果，自然失業が生じる．それと対照的に，循環的失業は景気循環に伴って変動する．実際の失業は自然失業(摩擦的失業＋構造的失業)と循環

的失業の合計だ．
▶**自然失業率**は，労働力の特性や労働市場制度の変化，また労働生産性の変化を受けて時間の経過とともに変化する．また政府の政策からも影響を受ける．特に，労働者を救済するために考案された政策は，ヨーロッパの高い自然失業率の一因と信じられている．

2 失業と景気循環

　自然失業率は時間の経過とともに変化しうるが，その変化はゆっくりとしたものでしかない．一方で実際の失業率は，循環的失業の変化を反映して自然失業率の周りを変動する．図15–5のパネル(a)はこれらの変動を示したもので，実際の失業率と，議会予算局(CBO)が推定した1959年から2004年までのアメリカの自然失業率が描かれている（後で，CBOがどのように推定値を導いているかを説明する）．

　実際の失業率が自然失業率の周りを変動するのは，景気循環のプロセスで総産出量が変動するのを反映してのことだ．つまり失業率は通常，景気後退期には上昇し，景気拡大期には低下する．なぜそうなるのか，またこの法則の例外について理解するためには，総産出量の変化と失業率との関連を見る必要がある．

2.1 産出量ギャップと失業率

　第10章で潜在産出量という概念を導入したね．これは，すべての市場価格が伸縮的に調整された後に経済が生産する実質GDP水準のことだった．潜在産出量は概して，長期の成長を反映しながら時間の経過とともに着実に成長する．だがAS–ADモデルで学んだように，実際の総産出量は短期的には潜在産出量の周りを変動する．つまり実際の総産出量が潜在産出量を下回るときには不況ギャップが生じ，実際の総産出量が潜在産出量を上回るときにはインフレギャップが生じる．どちらのケースでも，総産出量(実質GDP)の実際の水準と潜在産出量との違いを比率で表したものを**産出量ギャップ**と呼ぶ．正または負の産出量ギャップが生じるのは，すべての価格が調整されていないために，経済が「期待された」以上のまたは以下の生産を行うときだ．そしてここまで学んできたとおり，賃金とは労働市場での価格のことだ．

実質GDPの実際の水準と潜在産出量との違いを比率で表したものを**産出量ギャップ**という．

　そう認識すれば，失業率と産出量ギャップとの間には直接的な関係があることがわかる．その関係には2つのルールがある．

- 実際の総産出量が潜在産出量に等しいとき，実際の失業率は自然失業率に等しい．
- 産出量ギャップが正(インフレギャップ)のとき，失業率は自然失業率より低い．
　産出量ギャップが負(不況ギャップ)のとき，失業率は自然失業率より高い．

　言い換えれば，潜在産出量の長期トレンドの周りでの総産出量の変動は，自然失業率の周りでの失業率の変動に対応しているのだ．

　これは理に適っている．経済の生産が潜在産出量より少ないとき，つまり産出量ギャップが負のときには，経済は生産的な資源を完全には利用していない．完全に利用されていない資源の中には，経済で最も重要な資源である労働がある．そのため，産出量ギャップが負のときには失業率は通常よりも高いことが予想される．逆に，生産が潜在産出量より多いときには，経済は一時的に通常よりも高い率で資源を使っている．この正の産出量ギャップの下では，通常よりも失業率が低くなることが予想される．

　この法則は，図15–5で確認できる．パネル(a)は実際の失業率と自然失業率を示し

図15-5　循環的失業と産出量ギャップ

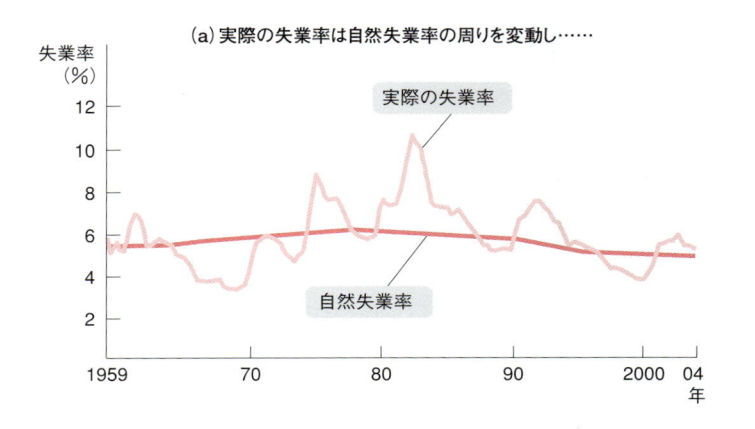

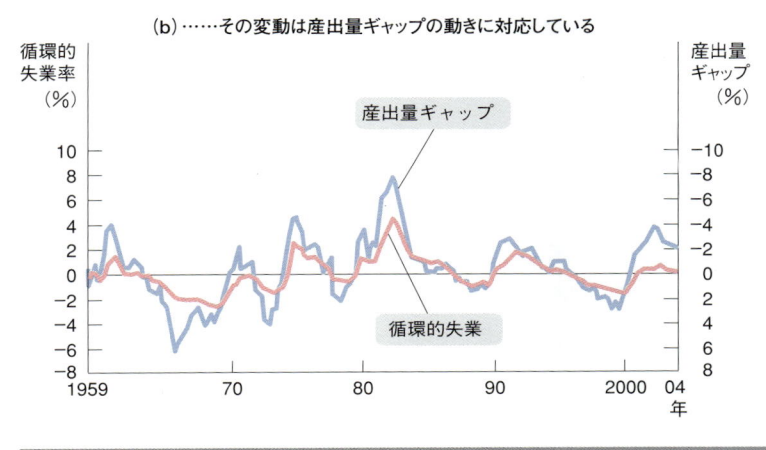

(a) 実際の失業率は自然失業率の周りを変動し……

パネル(a)は1959年から2004年のアメリカの実際の失業率を，議会予算局(CBO)による自然失業率の推定値とともに示したものだ．実際の失業率はしばしば長期にわたって自然失業率の周りを変動する．パネル(b)は実際の失業率と自然失業率との差である循環的失業率と，CBOによる産出量ギャップの推定値を示している．目盛の正負を逆にして示しているので，産出量ギャップは失業率と同じ向きで動いている．つまり産出量ギャップが正のとき実際の失業率は自然失業率より低く，産出量ギャップが負のとき実際の失業率は自然失業率よりも高い． web▶

出所：Congressional Budget Office(連邦議会予算事務局)；Bureau of Labor Statistics.

(b) ……その変動は産出量ギャップの動きに対応している

ている．パネル(b)は2つの数値を示している．1つは循環的失業率だ．これは実際の失業率とCBOが推定した自然失業率との格差のことで，左の目盛で測られている．もう1つはCBOが推定した産出量ギャップで，右の目盛で測られている．両者の関係をよりはっきりさせるために，産出量ギャップの目盛は上下を「逆さま」にしてある．そのため実際の産出量が潜在産出量を上回るときは曲線は下降し，下回るときは曲線は上昇する．ご覧のとおり，この2つの数字は同じように動いている．1982年や1992年のように循環的失業率が高い年は負の産出量ギャップが大きい年でもある．1960年代後半や2000年のように循環的失業率が低い年は，正の産出量ギャップが大きい年だ．

でも，あなたは何か他のことにも気づくかもしれないね．循環的失業率と産出量ギャップは同じように動いてはいるのだが，循環的失業率の動きは産出量ギャップの動きよりも小さいように見えるのだ．例えば1982年には，産出量ギャップはマイナス8％に達したが，循環的失業率は4％に過ぎなかった．この観察事実は，オークンの法則として知られる重要な関係の基礎となるものだ．

2.2 オークンの法則

1960年代初頭，ジョン・F・ケネディ大統領の経済顧問だったアーサー・オークンは，総産出量と失業率の関係について重要な事実を指摘した．失業率の変動は，実質GDPがその長期トレンドの周りを変動するのと密接に対応しているが，通常は，失業率の変動はそれに対応する産出量ギャップの変動よりもはるかに小さいというのだ．オークンの最初の推定によれば，実質GDPが潜在産出量から1％上昇するとき，失業率は1/3％しか下がらないということだった．今日，産出量ギャップと失業率の負の関係である**オークンの法則**を推定すると，大体は産出量ギャップが1％上昇すると失業率は約1/2％低下するという結果が得られる．つまりオークンの法則の現代版では，次の関係が成立する．

$$\text{失業率} = \text{自然失業率} - 0.5 \times \text{産出量ギャップ} \tag{15-3}$$

例えば，いま自然失業率が5.2％で経済が潜在産出量の98％を生産していると仮定する．その場合，産出量ギャップは-2％で，オークンの法則による予測では失業率は$5.2\% - (0.5 \times (-2\%)) = 6.2\%$だ．

オークンの法則の「0.5」という係数は物理的特性ではなく推定値なので，この関係は時間の経過とともに変化しうることに注意してほしい．事実この係数には多くの推定値があって，推定の想定期間や推定を行なう状況によってさまざまに異なるのだ．

だが重要なのは，オークンの法則の係数の推定値はすべて1よりかなり小さいという傾向があることだ．読者は産出量ギャップと失業率の間に1対1の関係を見出して，この係数は1ではないかと予想していたかもしれないね．総産出量を1％上昇させるには雇用を1％増やす必要があるのではないか？　あるいは失業率を1％低下させなくてはいけないのではないかって？　答えはノーだ．

産出量ギャップの変化と失業率の変化との関係が1対1未満になることには，よく知られた2つの理由がある．第1の理由は，企業が需要の変化に対応するために既存の従業員の労働時間を変えることがしばしばあるというものだ．例えば，突然自社製品の需要が増加した企業は，労働者数を増やすよりはむしろ既存の労働者に残業を依頼（または要求）することで対応するかもしれない．逆に，売上げが減少した企業は従業員を解雇する代わりに労働時間を短縮することがよくある．こうした行動は産出量の変動が雇用者数に与える効果を弱める．

第2の理由は，職を探す労働者の数は就ける可能性のある職の数からの影響を受けるというものだ．例えば職の数が100万減ったとする．すると失業中の労働者の中にはやる気を失って積極的に仕事を探すのをあきらめる人たちも出てくるので，失業者数の実際の増加が100万より少なくなるということもしばしばある（第6章で，積極的に仕事を探していない労働者は失業しているとは見なされないとしたことを思い出してほしい）．逆に，職が100万増えたとすると，今まで積極的に職を探していなかった人たちも探しはじめるだろう．その結果，失業者数の実際の減少は100万未満になる

オークンの法則によると，産出量ギャップが1％上がるごとに，失業率は1％未満だけ低下する．

落とし穴

「法則」が法則でなくなるとき

経済学者は一般的に観察され受け入れられている行動パターンを時として「法則」と呼ぶ．法則という用語からは，変わることのない物理的特性や世界の動き方についての型にはまった説明が頭に浮かぶ．経済学の中でも，例えば需要法則のようなものを考えると，経済理論は経験に非常によく合致するので，化学や物理の法則から連想されるような確実な事実に迫っているといえる．

だが経済学は人間の研究であり，人間行動は予測が難しい．ある製品の価格が上がればその需要量が低下することはわかっているかもしれないが，どのくらい需要量が低下するかまでは需要法則は教えてくれない．

オークンの法則でも同じことがいえる．オークンの法則は推定に基づいている．推定値は時間の経過とともに，また設定を変えれば変化しうる．これら推定値の変わることの

だろう．こうした行動は産出量の変動が失業率に与える効果を弱める．

これらのよく知られた要因に加えて，労働生産性の成長率は一般に好況時(実際の総産出量が潜在産出量より速く成長するとき)には加速し，不況時(実際の総産出量が潜在産出量よりもゆっくり成長するとき)には減速するかマイナスになることすらある．こうした現象が起きる理由は経済学者の間で論争の対象となっている．だがその帰結は，好況や不況が失業率に与える効果が弱められるというものだ．

> ない特徴は，産出量ギャップが増えたとき失業率が正確にどれだけ下がるかという点ではなく，産出量ギャップが増えたときの失業率の低下は1：1未満の比率になるということだ．オークンの法則は，この関係が例えば1：3とか1：2になる，ということではなく，その関係は1：1未満になるということを言っているのだ．

■経済学を使ってみよう

ジョブレス・リカバリー

失業率は経済が拡大しているときに低下し，経済が縮小しているときに上昇するという単純な説明に比べると，産出量ギャップと失業率の関係についての説明はちょっと複雑だ．この微妙さを理解するための良い方法は，経済が拡大しているのに失業率が上昇している場面に目を向けることだ．

図15-6は1985年から2004年までのアメリカの失業率を表したものだ．全米経済研究所(NBER)による景気後退期はグレーの部分で示されている．公式には，アメリカ経済が不況に陥ったのは1990年7月で，拡大を始めたのは1991年3月だった．だが労働者サイドのことをいえば，1992年7月まで失業率は上昇しつづけ，低下に転じることはなかった．11年後の次の景気後退期にも同じことが起きた．公式には2001年3月に始まった景気後退は2001年11月に終わったのだが，失業率は2003年7月まで低下に転じなかった．別の言い方をすれば，どちらの景気後退にもジョブレス・リカバリー(雇用なき景気回復)がその後に続いたのだ．

ジョブレス・リカバリーはなぜ生じるのだろう？　失業率は産出量ギャップを反映する．だから失業率が低下するのは産出量ギャップが上昇しているときだけ，すなわち実質GDPが潜在産出量より速く成長しているときだけだ．1991年から1992年までと2001年から2003年までのように，実質GDPが潜在産出量よりもゆっくりと成長しているなら，公式には経済が拡大しつづけているとしても，産出量ギャップは下がり

図15-6　ジョブレス・リカバリー

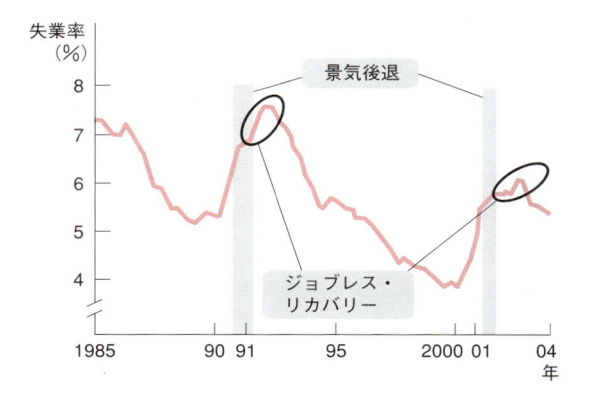

グラフは1985年から2004年のアメリカの失業率を示している．グレーの部分は公式な景気後退期だ．1990年から1991年までと2001年の景気後退では失業率が急速に上がった．どちらの場合も，経済が公式には拡大しているにもかかわらず，失業率はその後しばらく上がり続けた．

出所：Bureau of Labor Statistics；National Bureau of Economic Research(全米経済研究所)．

続ける．そしてこの産出量ギャップの低下は，失業の減少ではなく増加を引き起こすのだ．

> **ちょっと復習**
> ▶総産出量が潜在産出量に等しいとき，失業率は自然失業率に等しい．
> ▶産出量ギャップが正のとき，失業率は自然失業率よりも低い．産出量ギャップが負のとき，失業率は自然失業率よりも高い．
> ▶オーケンの法則によると，産出量ギャップが1％上がるごとに失業率は1％未満だけ低下する．現代の推定値では，産出量ギャップが1％上がるごとに失業率は約1/2％ずつ低下する．

理解度チェック 15-2

1. 図15-5のパネル(a)を使って考察しなさい．大きな正の産出量ギャップが予想されるのはどの期間か．その予想はパネル(b)の現実と比較してどうか．
2. アメリカが従業員の1週間当たりの労働時間数を厳しく制限したと仮定する．この政策は産出量ギャップと失業率の関係にどんな影響を与えるか．

解答は本書の巻末にある．

3 なぜ労働市場はすぐに均衡しないのか

ここまで失業率が自然失業率の周りを変動することを見てきた．図15-5をもう一度見ると，こうした変動が長期間続く可能性のあることがわかる．例えば1980年から1987年までの間，実際の失業率は自然失業率より高かった．

自然失業率の1つの解釈として，それは均衡での失業率だというものがある．つまり，雇い主と労働者の双方に十分な調整時間があった場合に労働市場で達成される失業率だと見るのだ．その場合，自然失業率から乖離している状況は労働市場の不均衡だということになる．図15-5は労働市場がたびたび長期間にわたって不均衡となっていることを示している．

だがほとんどの経済分析は，市場はすぐに均衡に達すると想定している．ではなぜ労働市場はそうならないのだろうか．

説得力のある1つの答えは，賃金は多くの財・サービスの価格とは異なった動きをするから，というものだ．賃金は労働供給が過剰だからすぐに低下するとか，供給が不足しているからすぐに上昇する，というわけではない．ほぼすべてのマクロ経済学者が，労働の過剰や不足に対する賃金の調整には時間がかかることを認めている．

だが，賃金の調整速度がゆっくりとしたものになる理由についてはいくらかの論争がある．大雑把に言えば，*誤認*と*固定的賃金*という2つの主要な理論がある．

誤認 マクロ経済学者の中には，賃金調整が遅い重要な原因は労働者が均衡賃金率の変化に気づくのが遅れるからだと信じる人もいる．例えば，新しい職を探す労働者は昨年の賃金率に基づいた予想をするかもしれない．だが賃金率が昨年より下がっていたとすれば，その労働者は非現実的に高い賃金率の職を探すのに長い時間を費やすことになるだろう．こうして，もはや適切とはいえない賃金を得ようとして労働者たちが職探しを長びかせる場合，賃金調整が遅くなるだけでなく失業率も上昇する．

企業による誤認もまた賃金調整の遅れを引き起こす可能性がある．特にめったに採用を行わない企業は，昔の情報に基づいて賃金を決定するかもしれない．これが賃金の変化を鈍らせる．市場均衡賃金率より低い賃金を設定した企業は労働者を雇うのが

難しくなるが，それを認識して対応するのに時間がかかるかもしれないのだ．市場均衡賃金率より高い賃金を設定すれば，企業は余分な求職者を追い払うことになるだろう．そしてたぶん市場均衡賃金率に関する労働者の誤認を強めることにもなりうる．

企業や労働者が，賃金に関する認識が現実の市場均衡賃金からずれていることにすぐに気づかないのはなぜだろうと思うかもしれないね．他の市場に比べて労働市場が均衡するのに余計に時間がかかる理由の1つは，労働市場がそれだけ複雑だから，というものだ．市場均衡賃金は需要条件の変化を受けて絶えず変動しており，企業や労働者はそうした賃金変動の認識の不断の変化に集団的に対応する．結果として，労働市場の状況が変化したときに，市場が均衡を回復するまでにかなりの時間を要する可能性があるのだ．

固定的賃金　誰もが賃金率が均衡水準にないことを知っていたとしても，労働供給の過剰や不足に直面した雇い主が賃金を変更するのに時間がかかる場合，経済学者は**固定的賃金**が生じているという．賃金が固定的になりうる理由はいくつかある．賃金の中には長期契約で決まっているものもある．そうした契約では1年か，またはそれ以上前に賃金が設定されていて，契約が結ばれた後の労働市場の変化は反映されない．また正式な契約は存在しないものの，労働者と雇い主との間であまり頻繁には賃金率を変えないという暗黙の合意があるケースもある．

労働者と雇い主は，ある労働者グループの賃金と他の労働者グループの賃金を比べた**相対賃金**に関心を持つことが多い．他の企業が支払っている賃金よりも低く賃金を切り下げると，労働者の生産性や勤労意欲が悪化したり，あるいはストライキが起きることさえあると企業は考える．その結果，どの企業も他の企業が賃金を下げるまでは賃金を下げなくなり，賃金全体の調整が遅れることもありうる．

相対賃金への関心は，正式あるいは暗黙の契約に影響を与えて賃金調整を遅らせる可能性がある．雇い主は，ある労働者の契約期限がちょうど切れたからといって，その人の賃金率をまだ過去の契約が切れていない他の労働者よりも低くすることには慎重になるだろう．経済学者は，雇い主が相対賃金に関心を持っていて，また契約期間に時差がある場合には，短期の契約――例えば1年先の賃金を設定するようなもの――でさえ，平均賃金率が均衡水準に到達するまでに長い年数がかかる原因になる可能性があることを示してきた．

均衡賃金が上昇しているときよりは低下しているときのほうが，賃金はより固定的になる傾向がある．賃金が上昇しているときには，現実の新しい賃金を反映させようと労働者は企業に対し賃金再交渉のプレッシャーをかけるかもしれない．ライバル企業たちが賃金を競り上げる中で，このプレッシャーは交渉に加えて，労働者の離職というかたちでもかけられるだろう．だが賃金が低下しているときには，市場環境の趨勢に反応するかたちで企業が賃金を下げることは契約上不可能かもしれない．またたとえ賃金を下げられるとしても，率先してそれを実行しようとはしないだろう．先に述べた，企業は市場均衡賃金より高い賃金を支払うことで労働者により良く働くイン

> **固定的賃金**は，労働供給の過剰や不足に直面した雇い主が賃金を変更するのに時間がかかっているときに生じる．

センティブを与えているという効率賃金の議論を思い出してほしい．

ここでの議論は賃金の調整が遅いことだけに焦点を合わせているが，財・サービスの価格にも調整の遅いものがあるようだ．絶えず新しい価格の組合せを考えるのは時間面でも費用面でも大変なので，市場均衡価格が頻繁に変化するとしても企業はめったなことでは価格を変えないかもしれない．ある有力な経済理論によれば，この価格変化に対応するための小さな費用——**メニューコスト**と呼ばれる——は，供給過剰や供給不足に対する価格の調整を遅らせるうえで驚くほど大きな影響力を持ちうるとされている（メニューコストという用語は，新メニューの印刷に時間と費用がかかるのでレストランがなかなか価格を変えようとしないことに由来する）．固定的な価格は固定的賃金と相まって，経済全体の価格と賃金の調整を遅らせる可能性があるのだ．

ここでの私たちの目的にとって，賃金や価格の調整の遅れに関する理論の違いはあまり重要ではない．重要なのは，賃金は均衡水準に向かって動くのだがゆっくりと動くにすぎないということだ．

> **メニューコスト**とは価格の変更に対応するための小さな費用のことだ．

経済学を使ってみよう

世界恐慌期の固定的賃金

歴史上最も極端な労働市場不均衡の事例は大恐慌期，すなわち1929年から第２次世界大戦までの高失業の時代だ．1933年のピーク時にはアメリカの失業率は25％を超えていた．大恐慌はまた，緩慢な賃金調整の最も明瞭な実例を与えてくれるが，そうした賃金調整は総供給を理解するうえで決定的な役割を果たすものだ．

最近の分析では，1930年代には特に製造業の賃金が固定的だったことが示されている．ドルで測った製造業の１時間当たり賃金，つまり*名目賃金*は大恐慌の初めの２年間ほとんど変化しなかった．大恐慌初期の数年間はほぼすべての財・サービスの価格が下がったので，製造業労働者の*実質賃金*，すなわち名目賃金を価格水準で割った値は，大量の過剰労働が存在していたにもかかわらず，現実には上昇したのだ．■

ちょっと復習

▶長期にわたって自然失業率からの乖離が生じていることは，労働市場が多くの財・サービスの市場と違ってすぐには均衡に到達しないことを示している．

▶大多数の経済学者は，誤認と固定的賃金のために労働供給の過剰や不足に対する賃金の調整が遅れることを認めている．

▶なぜ賃金や他の価格が固定的なのかは，相対賃金への関心，メニューコスト，契約の時差などいくつかの説明がある．

理解度チェック 15-3

1．ウィロヴィア国には３年間の労働契約の慣例があるが，マラヴィア国では１年間の労働契約が慣わしだ．需要状況が変わったときより速く均衡に達するのはどちらの国の労働市場だと考えられるか．あなたの答えを説明しなさい．
2．労働者が市場均衡賃金率の変化を誤認するかもしれないのはなぜか．市場均衡賃金率が上昇しているのに，労働者がそれを認知するまで時間がかかると仮定しよう．この誤認は短期の失業についてどんな含意を持つか．

解答は本書の巻末にある．

4 失業とインフレーション：フィリップス曲線

この章の冒頭で見たように，1978年にハンフリー＝ホーキンス法案で４％の失業率

という目標が設定されたとき，多くの経済学者は心配を募らせた．この目標を達成しようとすることが高率かつ加速的なインフレにつながることを恐れたのだ．この懸念の根拠は何だったのだろう？

その答えの一部はすでに見た．4％という数字は，自然失業率の推定値よりかなり低い値だったからだ．だが失業率を自然失業率より低く保とうとすることが一体なぜ悪いのだろう？　この問いに答えるためには，失業率とインフレとの関係を見る必要がある．

4.1 短期フィリップス曲線

ニュージーランド生まれの経済学者A・W・H・フィリップスは，1958年に発表した有名な論文で，イギリスの歴史データを用いて，失業率が高いときには賃金率は下がり，失業率が低いときには賃金率は上がる傾向があることを発見した．まもなく他の経済学者たちも，イギリス，アメリカその他の国のデータを用いて，失業率とインフレ率の間に類似したパターンがあることを見出した．インフレ率とは，物価水準の変化率のことだ．この失業率とインフレ率の間にある短期的な負の関係は，**短期フィリップス曲線**（*SRPC*）と呼ばれている（短期と長期の違いは少し後で説明する）．図15-7は仮想的な短期フィリップス曲線を示したものだ．

失業率とインフレ率の間に短期的に負の関係があるのはなぜだろう？　これまでの章で議論してきた短期総供給曲線（*SRAS*）を思い出してほしい．*SRAS*曲線が示しているのは，総需要曲線の右へのシフトで物価水準が上昇するときには実質GDPもまた増加するということだ．言い換えれば，物価水準と実質GDPの間には正の関係があるのだ．

だがこれが失業にどのように関係しているのか．実質GDPと失業率の間には負の関係があったことを思い出してほしい．オークンの法則によれば，実質GDP（総産出量）が潜在産出量より高いときのほうが，実質GDPが潜在産出量より低いときよりも失業率は低い．よって物価水準が高いと実質GDPは大きくなり，これにより失業率

> **短期フィリップス曲線**とは失業率とインフレ率の間にある短期的な負の関係のことだ．

図15-7　短期フィリップス曲線

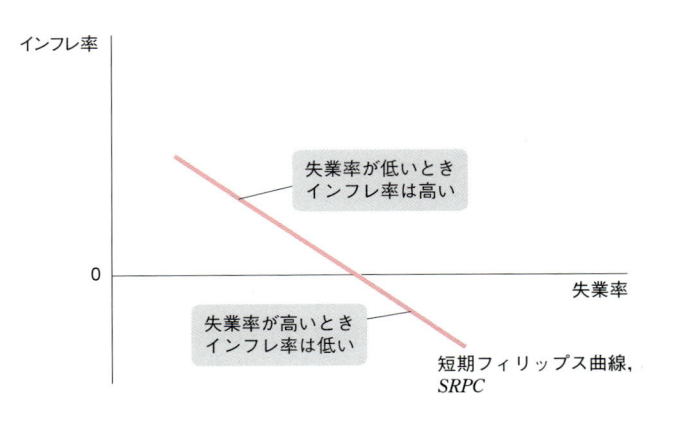

失業率とインフレの関係は負なので，短期フィリップス曲線*SRPC*は右下がりだ．

は低くなる傾向があるのだ．

　短期フィリップス曲線と短期総供給曲線の関係は，ここでの説明よりもう少し注意がいる．具体的には，前述の短期総供給曲線の議論は失業率の変化とインフレの関係を表しているが，短期フィリップス曲線は，失業率の水準とインフレの関係を表しているのだ．次の「ちょっと寄り道」では，この2つの概念の関係をより詳しく説明する．

　だが短期フィリップス曲線の関係自体は非常に直観的なものだ．一般的に言えば，低い失業率は労働その他の資源が不足していて価格上昇が起きている経済に対応している．しかし，失業率が高いときには生産能力に比べて経済は大きく落ち込んでいる．労働や他の資源の供給が過剰なときは，価格は低下するだろう．

　アメリカの短期フィリップス曲線の初期の推定は非常に単純なものだった．失業率とインフレ率の関係を示しただけで，他の変数は何も考慮に入れていなかったの

ちょっと寄り道　総供給曲線と短期フィリップス曲線

　これまでの章ではAS-ADモデルを頻繁に利用してきた．その際，実質GDPと物価水準の関係を示す短期総供給曲線が中心的な役割を果たしていた．そしていま，失業率とインフレ率の関係を示す短期フィリップス曲線の概念を導入した．これら2つの概念にはどんな関係があるのだろう？

　この問題への部分的な答えは，図15-8のパネル(a)から得られる．これは物価水準と産出量ギャップが総需要の変化を受けてどう変わるかを表したものだ．第1年目の総需要曲線をAD_1，長期総供給曲線を$LRAS$，短期総供給曲線を$SRAS$とする．マクロ経済の当初の均衡はE_1で，このとき物価水準は100，実質GDPは10兆ドル．E_1では実質GDPは潜在産出量に等しく，その結果産出量ギャップがゼロであることに注意しよう．

　では，翌年にかけてこの経済が辿りうる2つの経路を考えよう．1つは総需要が変化せず経済がE_1にとどまるというものだ．もう1つは，総需要曲線がAD_2へと右にシフトし，経済がE_2に移動するというものだ．

　E_2では実質GDPは10兆4000億ドルで潜在産出量よりも4000億ドル多く，産出量ギャップは4％だ．一方，E_2では物価水準は102で2％上昇している．つまり，パネル(a)のこの例ではゼロの産出量ギャップはゼロ・インフレに，4％の産出量ギャップは2％のインフレに対応している．

　パネル(b)は，これを失業とインフレの関係でいうとどうなるかを表している．自然失業率を6％と仮定し，さらに産出量ギャップが1％上昇するとオークンの法則により失業率が1/2％低下すると仮定する．パネル(a)に示された総需要が変わらないケースと増えるケースの2つは，パネル(b)内の2点に対応している．E_1では失業率は6％，インフレ率は0％だ．E_2では失業率は4％で，4％の産出量ギャップが失業率を4％×0.5＝2％低下させるのでインフレ率は2％だ．そこで失業率とインフレの間には負の関係があることになる．

　では短期総供給曲線は短期フィリップス曲線とまったく同じことを言っているのだろうか．いや，まったく同じということはない．短期総供給曲線は失業率の変化とインフレ率の関係を表すのだが，短期フィリップス曲線は失業率の水準とインフレ率の関係を表すものだ．これらの見方を完全に調和させることは本書の範囲を超えている．重要な点は，短期フィリップス曲線は短期総供給曲線と同一ではないが密接に関連した概念だということだ．

図15-8 AS-ADモデルと短期フィリップス曲線

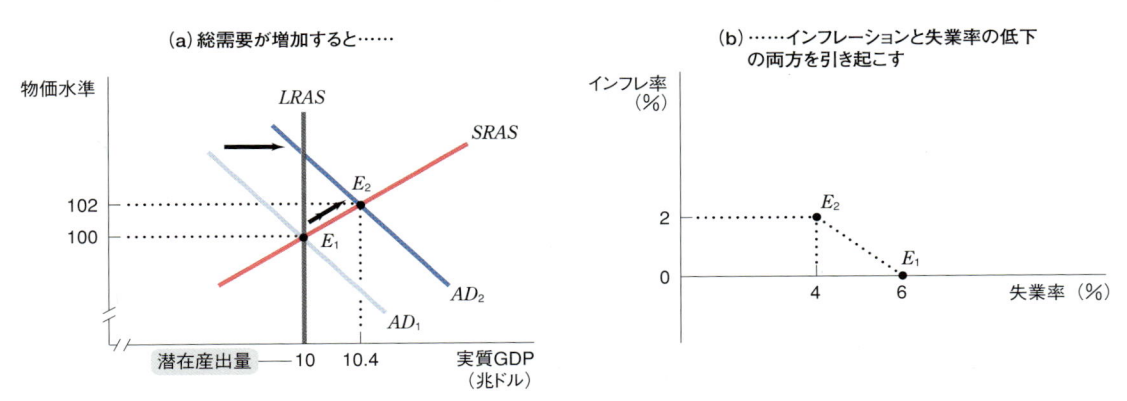

(a) 総需要が増加すると……

(b) ……インフレーションと失業率の低下の両方を引き起こす

短期フィリップス曲線は短期総供給曲線と密接に関係している．パネル(a)で，経済は当初 E_1 という均衡にあり，物価水準は100，総産出量は仮定した潜在産出量と等しい10兆ドルだ．ここで2つの可能性を考える．もし総需要曲線が AD_1 のままだったら，産出量ギャップはゼロでインフレは0％だ．もし総需要曲線が AD_2 へと右にシフトしたら，パネル(b)に示されるように，産出量ギャップは4％，インフレは2％だ．自然失業率が6％だと仮定すると，失業率とインフレについて次のような含意が導かれる．すなわち，もし総需要が増加しなければ結果として6％の失業率と0％のインフレが生じる．もし総需要が実際に増加すれば4％の失業率と2％のインフレが生じる．

図15-9 1960年代の失業率とインフレ

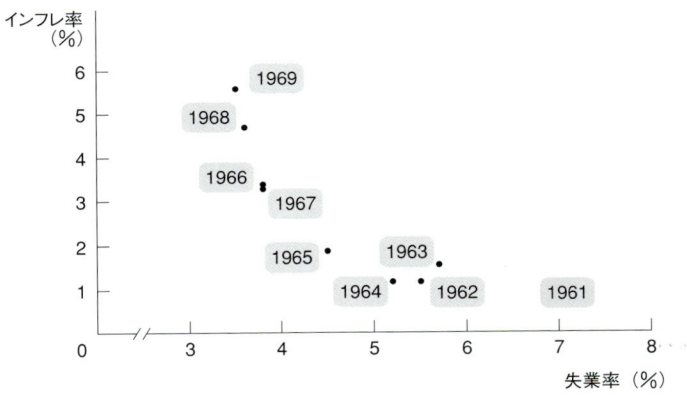

各点は1961年から1969年までのアメリカの1年ごとの失業率とインフレ率の組合せを示している．1960年代には失業率とインフレ率の間に単純な関係があったように見える．それが短期フィリップス曲線に該当するものだ．
出所：Bureau of Labor Statistics(労働統計局)．

だ．1960年代にはこの単純な方法で当面は十分だと思われていた．図15-9は，1961年から1969年までの年平均での失業率とインフレ率を記入したものだ．このデータはまさしく単純な短期フィリップス曲線のように見える．

だが当時ですら，より正確な短期フィリップス曲線は他の要因も含んでいるはずだと主張する経済学者もいた．第10章で，石油価格の突然の変化のような供給ショックの効果を議論したが，これは短期総供給曲線をシフトさせる．こうしたショックはフィリップス曲線もシフトさせる．石油価格の急騰は1970年代のインフレの重要な要因だったが，それは2004年初めのインフレを加速させるうえでも重要な役割を果たした．一般的には，負の供給ショックは *SRPC* を上にシフトさせ，正の供給ショックは *SRPC* を下にシフトさせる．

だが供給ショックがインフレ率を変化させる唯一の要因というわけではない．1960年代初頭には，アメリカ人にはほとんどインフレの経験がなかった．低いインフレ率が何十年にもわたって続いていたからだ．だがインフレ率がある程度の期間にわたりゆっくりと上昇した1960年代後半までには，アメリカ人も将来のインフレを予想しはじめたことだろう．1968年，シカゴ大学のミルトン・フリードマンとコロンビア大学のエドモンド・フェルプスという2人の経済学者がそれぞれ別個に，将来のインフレについての予想が現在のインフレ率に直接影響するという非常に重要な仮説を発表した．今日ではほとんどの経済学者が，雇い主と労働者が予想する近い将来のインフレ率である**予想インフレ率（期待インフレ率）**が，インフレに影響を与える失業率以外の最も重要な要因だということに同意している．

4.2　インフレ予想と短期フィリップス曲線

　予想インフレ率（期待インフレ率）とは雇い主と労働者が予想する近い将来のインフレ率のことだ．現代マクロ経済学における決定的な発見の1つは，予想インフレ率が失業とインフレの短期的なトレードオフ関係に影響を与えるということだ．

　なぜインフレ予想が短期フィリップス曲線に影響するのだろう？　その答えの一部は先に議論した賃金が固定的だという事実にある．来年の賃金を決める契約にサインしようとしている労働者か雇い主の身になってみてほしい．合意される賃金率は，多くの理由から，高いインフレ（賃金の上昇を含む）が予想される場合のほうが，価格が安定的だと予想される場合より高くなるだろう．労働者は所得の購買力が将来低下することを織り込んだ賃金率を望むだろうし，また自分の賃金率が他の労働者たちよりも低くならないことを望むからだ．そして雇い主も，後になってから労働者を雇うのはより高くつきそうだというときには，今のうちに賃金の引上げに同意しようという傾向が強くなる．さらに，価格上昇のおかげで雇い主の売上げは増えるので，雇い主が賃金率を引き上げる余裕は大きくなるだろう．

　これらの理由から，インフレ予想の高まりは短期フィリップス曲線を上にシフトさせる．どの失業率の下でも（失業率の水準にかかわらず），予想インフレ率が高いときには実際のインフレ率も高くなる．事実，マクロ経済学者はインフレ予想と実際のインフレは1対1で対応していると考えている．つまりどの失業率の下でも，予想インフレ率が上昇すると実際のインフレはそれと同じ大きさだけ上昇し，また予想インフレ率が低下すると実際のインフレはそれと同じ大きさだけ低下すると考えている．

　図15-10は予想インフレ率が短期フィリップス曲線にどのように影響を与えるかを示している．はじめに，予想インフレ率が0％だと仮定しよう．これは人々が近い将来のインフレ率は0％だと予想しているということだ．図15-10の$SRPC_0$は，国民がインフレ率は0％だと予想するときの短期フィリップス曲線だ．$SRPC_0$によると，失業率が6％なら実際のインフレ率は0％だ．また失業率が4％なら実際のインフレ率は2％となる．

　そうではない場合として，予想インフレ率が2％だと想定しよう．このケースで

予想インフレ率（期待インフレ率）とは，雇い主と労働者が予想する近い将来のインフレ率のことだ．

図15-10　インフレ予想と短期フィリップス曲線

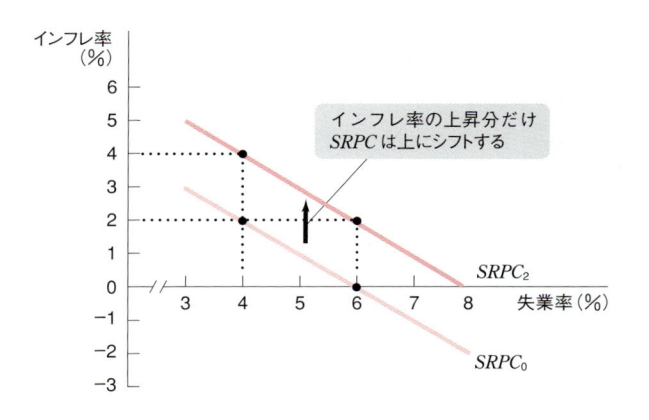

インフレ予想は短期フィリップス曲線を上にシフトさせる．$SRPC_0$は予想インフレ率が0％のときの短期フィリップス曲線，$SRPC_2$は予想インフレ率が2％のときの短期フィリップス曲線だ．どの失業率の下でも，予想インフレ率が1％高まるごとに実際のインフレ率は1％ずつ上昇する．

は雇い主や労働者はこの予想を賃金や価格に織り込む．つまりどの失業率の下でも，実際のインフレ率は人々が0％のインフレを予想する場合より2％だけ高くなる．予想インフレ率が2％のときの短期フィリップス曲線$SRPC_2$は，$SRPC_0$をどの失業率の下でも2％分だけ上に移動させたものだ．$SRPC_2$によると，もし失業率が6％なら実際のインフレ率は2％，失業率が4％なら実際のインフレ率は4％となる．

　予想インフレ率を決めるものは何だろう？　一般に，人々は経験に基づいてインフレ予想を形成する．ここ数年のインフレ率が0％近辺をさまよっているなら，人々は近い将来のインフレ率は約0％だと予想するだろう．だが最近のインフレ率が平均で5％前後だとしたら，人々は近い将来のインフレ率を約5％と予想するだろう．

　インフレ予想は現代の短期フィリップス曲線の議論の重要部分となっているが，ではなぜそれがフィリップス曲線の最初の定式化の中になかったのかとあなたは不思議に思うかもしれない．だが1960年代初めについて述べたことに戻って考えてほしい．その時点では人々は低いインフレ率に慣れていたし，将来のインフレ率もまた穏やかなものだろうと理に適った予想をしていたのだ．1965年以降になって初めて，政府がベトナム戦争のための出費をした結果として持続的なインフレが現実のものとなった．そのため，その時点になって初めて，インフレ予想が価格設定にとって重要な役割を果たすことがはっきりしたのだ．

4.3　長期フィリップス曲線

　これでなぜ経済学者がハンフリー＝ホーキンス法案に含まれる4％という失業率目標に懐疑的で，その目標を達成しようとすると高率かつ加速的なインフレを引き起こすと信じていたかについて説明できる．

　図15-11は，図15-10の2本のフィリップス曲線$SRPC_0$と$SRPC_2$を再現したものだ．さらに4％の予想インフレ率を表す短期フィリップス曲線$SRPC_4$を加えてある．以下すぐに，なぜこれらが短期的な曲線なのかを説明し，次に垂直な長期フィリップス

曲線LRPCの持つ意義を説明しよう．

この経済の過去のインフレ率が0％だったと仮定しよう．その場合には，現在の短期フィリップス曲線は0％の予想インフレ率を反映して$SRPC_0$になる．もし失業率が6％なら実際のインフレ率は0％だ．

さらに，政策立案者がハンフリー＝ホーキンス法案を真剣に受け止めることにして，高いインフレ率と引換えに低い失業率を達成しようとすると仮定しよう．政策担当者は失業率を4％に低下させるために，金融政策，財政政策あるいはその両方を駆使する．それによってこの経済は$SRPC_0$上の点Aに移り，実際のインフレ率は2％になる．

こうして時間が経つにつれ，国民は2％のインフレ率を予想するようになるだろう．それは短期フィリップス曲線を$SRPC_2$へと上にシフトさせる．すると，失業率が6％のとき実際のインフレ率は2％になるだろう．この新しい短期フィリップス曲線を前提にして失業率を4％に維持しようとすれば，実際のインフレ率は2％ではなく$SRPC_2$上の点Bの4％になる．

この4％のインフレも最終的には予想に織り込まれ，短期フィリップス曲線は再び上にシフトして$SRPC_4$となる．失業率を4％に維持するためには，実際のインフレ率が6％（$SRPC_4$上の点C）になることを受け入れる必要がある．要するに，高いインフレと引換えに低い失業率を達成しようとしつづけると，時間の経過とともにインフレが加速するのだ．

時間の経過とともにインフレが加速するのを避けるには，実際のインフレ率と予想インフレ率が一致するのに十分なほど失業率が高くなる必要がある．これは$SRPC_0$上の点E_0の状況だ．つまり予想インフレ率が0％で失業率が6％のとき，実際のインフレ率は0％だ．それはまた$SRPC_2$上の点E_2の状況でもある．予想インフレ率が2％で失業率が6％のとき実際のインフレ率は2％だ．さらにそれは$SRPC_4$上の点E_4

図15-11　NAIRUと長期フィリップス曲線

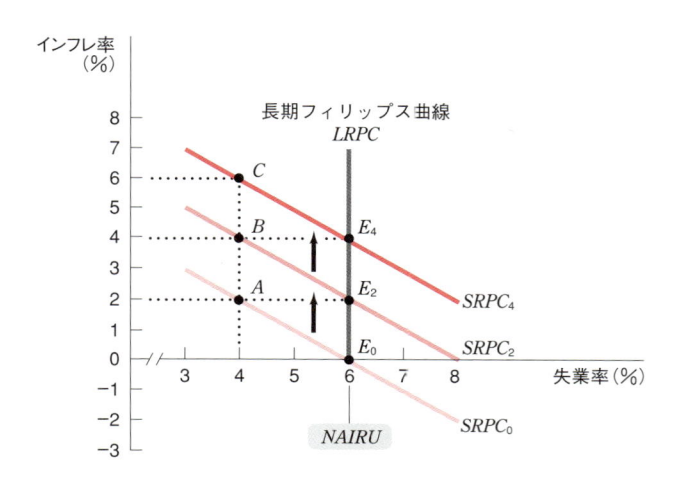

$SRPC_0$は予想インフレ率が0％のときの短期フィリップス曲線だ．失業率が4％のとき，経済は2％のインフレ率の点Aにある．高いインフレ率が予想に織り込まれると$SRPC$は上にシフトして$SRPC_2$となる．もし失業率が4％のままなら経済は点Bに移り，インフレ率は4％に上昇する．インフレ予想は再び改訂され，$SRPC$は上にシフトして$SRPC_4$となる．失業率が4％のとき経済は点Cに移り，インフレ率は6％に上昇する．

ここでは6％がインフレ非加速的失業率（NAIRU）だ．失業率がNAIRUにある限りインフレ率は予想と合致しており，一定のままだ．失業率が6％未満のときは常に加速的なインフレが必要となる．長期フィリップス曲線LRPCはE_0，E_2，E_4を通っていて垂直だ．すなわち，失業率とインフレの間のトレードオフは長期的には存在しない．

の状況でもある．予想インフレ率が4％で失業率が6％のとき実際のインフレ率は4％だ．

時間が経過してもインフレ率が変化しない失業率，例えば図15-11で言うと6％の失業率は，**インフレ非加速的失業率**，略して**NAIRU**として知られている．NAIRU未満の失業率では常にインフレが加速するので，それを維持することはできない．ほとんどの経済学者はNAIRUは存在しており，失業率とインフレの間に長期的なトレードオフは存在しないと考えている．

さて，これで垂直線*LRPC*の意義を説明することができる．垂直線*LRPC*は**長期フィリップス曲線**で，これは十分な時間が経過してインフレ予想が経験的事実に適応するようになった後に成立する失業率とインフレ率の関係を示すものだ．これが垂直になるのは，NAIRU未満の失業率では常にインフレが加速するからだ（まだ強調していないことだが，NAIRUを超える失業率では常にインフレは減速する）．言い換えれば，NAIRU未満の失業率は長期的には維持できないことを示している．

> **インフレ非加速的失業率（NAIRU）**は，時間が経過してもインフレ率が変化しない失業率のことだ．
>
> **長期フィリップス曲線**は，十分な時間が経過してインフレ予想が経験に適応するようになった後で成り立つ失業率とインフレ率との関係を表したものだ．

4.4　自然失業率再考

先に自然失業率の概念を導入したね．これは実際の失業率がその周りを変動する正常な失業率のことだった．今ここでNAIRUの概念を導入したが，これら2つの概念の関係はどうなっているのだろうか．

その答えは，NAIRUは自然失業率の別名だというものだ．インフレの加速を避けるために経済が「必要とする」失業率の水準は，摩擦的失業率と構造的失業率の合計に等しいのだ．

実際，経済学者はNAIRUの数値を求めることで自然失業率を推定している．例えばヨーロッパのインフレは，1980年代後半と1990年代後半に，その主要国の失業率が9％から下がりはじめて8％に近づいたときに加速を始めた．ヨーロッパ諸国はこの不愉快な経験を通じて，自然失業率が残念ながら9％以上だということを学んだのだ．

先に議会予算局（CBO）によるアメリカの自然失業率の推定値を用いて議論したね．CBOには，実際の失業率と自然失業率のギャップに基づいてインフレ率の変化を予測するモデルがある．失業とインフレ率の実際のデータが与えられると，このモデルに基づいて自然失業率の推定値が導かれる．これがCBOの数字の根拠だったのだ．

▶経済学を使ってみよう

恐怖の70年代から素敵な90年代へ

先に見たように，1960年代の経験からは，失業率とインフレの間に短期的なトレードオフ関係があり，アメリカ経済には短期フィリップス曲線が存在しているように思われた．

だが1969年以降その外見上の関係は崩れた．図15-12は1961年から1990年までの失業率とインフレ率を示している．その軌跡は滑らかな曲線というよりむしろ，もつ

図15-12　1961〜90年の失業率とインフレ率

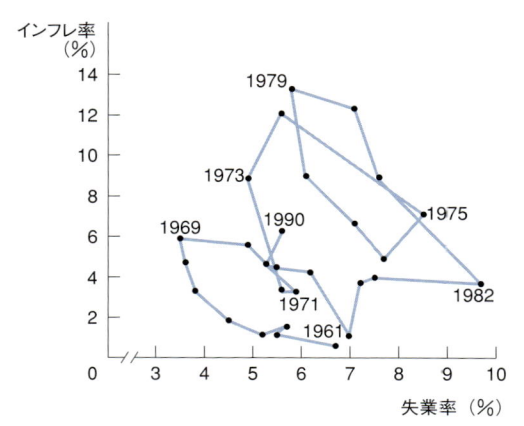

1960年代に機能していると思われた短期フィリップス曲線の関係は，1970年代に高い失業率と高いインフレ率の組合せを経験したことで崩れた．これは負の供給ショックが起きたのとインフレ予想が高まった結果だったと経済学者は考えている．1980年代にはインフレは終息し，1990年代は低い失業率と低いインフレ率の時代となった．
出所：Bureau of Labor Statistics.

れた糸のように見える．

　1970年代の大部分と1980年代初めまでの間，アメリカ経済は平均を上回る失業率に加えて，近代アメリカ史上空前のインフレ率にも苦しめられた．インフレと景気停滞の共存というこの現象は，「スタグフレーション」として知られるようになった．これに対して1990年代後半には，アメリカ経済は低い失業率と低いインフレ率の組合せという幸福な経験をした．この変化はどう説明すればいいのだろう？

　答えの一部は供給ショックの役割にある．1970年代にアメリカ経済は連続する負の供給ショックに苦しんだ．中東での戦争と革命で石油供給が減少したり，石油輸出国が価格引上げをもくろんで意図的に生産を抑制したりしたことで，とりわけ石油価格が急騰した．また労働生産性成長の鈍化もあり，これが経済の実績を思わしくないものにした可能性がある．

　これとは対照的に1990年代の供給ショックは正のショックだった．石油その他の原材料の価格が全般的に下がり，生産性成長が加速したのだ．

　だが同じくらい重要なのはインフレ予想の役割だった．先に触れたとおり，1960年代には好況の結果としてインフレが加速した．1970年代になると人々が高いインフレを予想するようになり，その予想が短期フィリップス曲線に織り込まれた．1980年代にはインフレを終息させるために多大な努力を払い続けなければならなかった．この努力については第16章で述べる．だがその結果1990年代後半までにインフレ予想は非常に低くなり，低い失業率の下でも実際のインフレ率を低くできるようになったのだ．

理解度チェック 15−4

1. 短期フィリップス曲線が循環的失業と予想インフレ率を超える実際のインフレ率の関係を示すと考えられるのはなぜか説明しなさい．
2. 失業率とインフレ率との間に長期的にはトレードオフ関係が存在しないのはなぜか．

解答は本書の巻末にある．

次に学ぶこと

短期の場合を除いて，政府の政策が低い失業率と引換えに高いインフレ率を生じさせうると信じている経済学者は，今はほとんどいない．それでもやはりアメリカや他の経済には相当なインフレの期間があった．時と場所によってはインフレ率が何千％にもなったこともある．それと対照的に，デフレーションという物価の低下を懸念するようになった国々もある．

第16章ではなぜインフレが起こるのか，またインフレがうまく管理されていないときに起きうる弊害を見ていく．そしていったん人々がインフレを予想するようになるとそれを取り除くのが難しくなる可能性があるのはなぜかも見る．さらにコインの裏側であるデフレーションの危険についても考察する．

ちょっと復習

▶ 短期フィリップス曲線は失業率とインフレ率との間の負の関係を表す．
▶ 予想インフレ率の上昇は短期フィリップス曲線を上に押し上げる．予想インフレ率が1％高まるごとに，どの失業率の下でも，実際のインフレ率は1％高くなる．
▶ インフレ非加速的失業率（NAIRU）未満のどの失業率も常にインフレを加速させる．失業率とインフレ率の間に長期的にはトレードオフ関係が存在しないので，長期フィリップス曲線は垂直だ．

要約

1. 経済には常にプラスの量の失業が存在する．**職探し（ジョブサーチ）**が**摩擦的失業**を引き起こすからだ．また，最低賃金，労働組合，**効率賃金**，政府の政策の副作用などいろいろな要因の結果として起きる**構造的失業**もある．

2. 摩擦的失業率に構造的失業率を加えると**自然失業率**が得られる．それは時間の経過とともに変化しうるし，また実際に変化している．景気循環があるので，どの時点でも実際の失業率は自然失業率の周りを変動する．**循環的失業率**と**産出量ギャップ**の間には，産出量ギャップが正のとき循環的失業率は負となり，逆に産出量ギャップが負のとき循環的失業率は正になるという関係がある．だが循環的失業率の変動は産出量ギャップの変動より小さい．この事実は**オークンの法則**によって捉えられている．

3. 労働市場は多くの市場と違ってすぐには均衡に到達しない．これは部分的には，労働者と雇い主が市場の状況を誤認することを反映している．**固定的賃金**も一定の役割を果たすので，誤認がない場合でも賃金の調整には時間がかかる．価格変更の**メニューコスト**を部分的に反映して価格（賃金率を含む）調整が遅くなる場合もある．

4. **短期フィリップス曲線**は失業率とインフレ率の間の負の関係を示すものだ．短期フィリップス曲線は短期総供給曲線と関係しているが，まったく同じものではない．今日，マクロ経済学者は，短期フィリップス曲線は**予想インフレ率**の変化につれてシフトすると考えている．予想は経験とともに変化するので，失業率を継続的に低く保とうとすると，高いインフレにつながるだけでなく，インフレが絶えず加速することにもなる．**インフレ非加速的失業率**，略して**NAIRU**はインフレが安定的になる失業率だ．これは自然失業率に等しい．失業率とインフレ率との間のトレードオフ関係は長期的には存在しないため，**長期フィリップス曲線**は垂直になる．

キーワード

職探し（ジョブサーチ）…p.429
摩擦的失業…p.429
構造的失業…p.430
効率賃金…p.432
自然失業率…p.433
循環的失業率…p.433
産出量ギャップ…p.438

オークンの法則…p.440
固定的賃金…p.443
メニューコスト…p.444
短期フィリップス曲線…p.445
予想インフレ率…p.448
インフレ非加速的失業率（NAIRU）…p.451
長期フィリップス曲線…p.451

問題

1. 以下のそれぞれの状況で，メラニーが直面しているのはどのタイプの失業か．
   a. メラニーは複雑なプログラミングのプロジェクトを完成させた後で解雇された．その技能を活かす新しい職に就ける見通しは十分にあり，プログラマー紹介サービスに登録した．彼女は支払い額の低い職の申し出を断った．
   b. メラニーと彼女の同僚が減給を受け入れなかったところ，雇い主はプログラミングの仕事を国外の労働者へ発注した．この現象はプログラミング業界全体で起きている．
   c. 最近の投資支出が不振で，メラニーはプログラミング職を解雇された．雇い主は景気が良くなったら彼女を再雇用すると約束している．

2. 労働統計局は毎月，通常は第1金曜日に，前月の「雇用概況」(Employment Situation Summary) を公表している．公表情報には，個人がどのくらいの期間失業しているかも含まれている．www.bls.gov に行って最新のレポートを見なさい．労働統計局のホームページの左側にある "UNEMPLOYMENT" から "NATIONAL UNEMPLOYMENT RATE" を選択し，その中の "CPS News Releases" から "Employment Situation" をクリックし，さらにページの下側にある "Unemployed persons by duration of unemployment"（失業期間による失業者）というタイトルの表をクリックしなさい．季節調整済みの数値 ("Seasonally adjusted") を用いて以下の問いに答えなさい．
   a. 5週間以内の失業者数はどれだけか．そうした労働者は失業している全労働者の何％に相当するか．これらの数字は前月のデータと比較してどうか．
   b. 27週間以上の失業者数はどれだけか．そうした労働者は失業している全労働者の何％に相当するか．これらの数字は前月のデータと比較してどうか．
   c. 平均的労働者はどのくらいの期間失業しているか（平均期間は何週間か）．これは前月のデータの平均と比較してどうか．
   d. データのある最近月をその前月と比較して，長期失業の問題は改善されたか，それとも悪化したか．

3. プロファンクティアには労働市場が1つしかない．すべての労働者は同一の技能を持ち，すべての企業はその技能を持った労働者を雇う．労働の供給と需要を表す下の図を用いて，以下の問いに答えなさい．

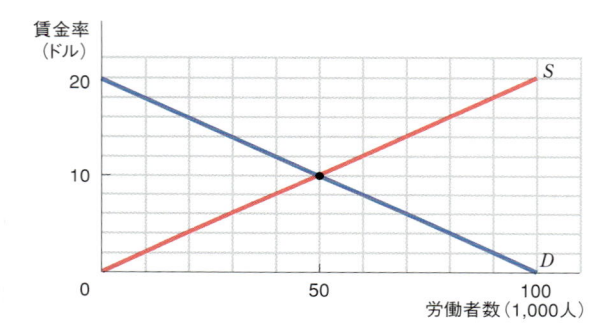

   賃金率（ドル）／労働者数（1,000人）；S と D が交差する均衡点は (50, 10)．S の縦軸切片は約 0，D の縦軸切片は 20．

   a. プロファンクティアの均衡賃金率はいくらか．この賃金率の下で，雇用水準，労働力人口，失業率はどれだけか．
   b. プロファンクティア政府が最低賃金を12ドルに設定したら，雇用水準，労働力人口，失業率はどうなるか．
   c. 労働組合がプロファンクティアの企業と交渉し賃金率を14ドルに設定したら，雇用水準，労働力人口，失業率はどうなるか．
   d. 企業が労働者を雇いつづけることで質の高い仕事を奨励しようと賃金率を16ドルに設定したら，雇用水準，労働力人口，失業率はどうなるか．

4. ノースランディアでは労働契約が存在せず，賃金率はいつでも再交渉が可能だ．サウスランディアでは賃金率は奇数年の初めに設定され，それが2年間続く．両経済で総需要の低下による総産出量の減少幅が同じだとしても，これら2つの経済の失業の規模や失業期間に異なった影響が及ぶのはなぜだろうか．

5. 下記のうち効率賃金が最も存在しそうなのはどのケースか．

それはなぜか.
- **a.** ジェーンと彼女の上司はチームでアイスクリームを売っている.
- **b.** ジェーンは上司に直接監督されずにアイスクリームを売っている.
- **c.** ジェーンは韓国語を話し韓国語が主要言語である地域でアイスクリームを売っている.他に韓国語を話す労働者を見つけるのは難しい.

6. 下記の変化は自然失業率にどのように影響するか.
   - **a.** 失業した労働者の失業給付の受給期間を政府が短縮した.
   - **b.** 勉学に打込み大学卒業まで職探しをしない若者が増えた.
   - **c.** インターネットへのアクセスが増えたおかげで,潜在的な雇い主と労働者がともに求人・求職のためにインターネットを使うようになった.
   - **d.** 労働組合への加入が減少した.

7. かつて日本では多くの労働者が終身雇用だという伝統があったため,アメリカより失業率がはるかに低かった.1960年から1995年までの間,日本の失業率が3%を超えたのはたった一度しかなかった.だが1989年の株式市場での株価下落と1990年代の経済成長の鈍化で終身雇用制は崩壊し,2003年には失業率は5%超まで上昇した.最近の日本で起きたこれらの変化が日本の自然失業率に及ぼすと考えられる効果を説明しなさい.

8. 次の散布図は,1990年から2004年までのアメリカの失業率と産出量ギャップの関係を表している.散らばった点の中を通る直線を図中に描きなさい.この線はオークンの法則を表していると仮定する.

   失業率 = $b - m \times$ 産出量ギャップ
   b は縦軸切片で,m は傾きだ.

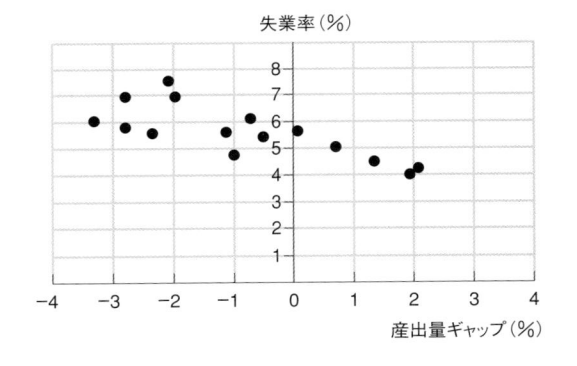

   総産出量が潜在産出量に等しいとき,失業率はいくらか.産出量ギャップが2%なら失業率はいくらか.産出量ギャップが−3%だったらどうか.これらの結果からオークンの法則の係数 m について何がわかるか.

9. 過去2年間にわたって不況を経験したことから,アルバーニアの住民は失業率の低下を待ち望んでいた.だが6カ月間続いた経済成長の後にも失業率は依然として景気後退の末期と同じままだ.経済成長を経験しているのに失業率が下がらないのはなぜかについて,どんな説明ができるだろうか.

10. 実際のインフレ率の変化がインフレ予想にどのくらいの速さで織り込まれるかは,歴史の違いによって国ごとに異なることがよくある.近年インフレの記憶がほとんどない日本のような国では,実際のインフレ率の変化が予想インフレ率の変化に反映されるまでにはより長い時間がかかるだろう.これと対照的に,近年非常に高いインフレのあったアルゼンチンのような国では,実際のインフレ率の変化が予想インフレ率の変化にただちに反映されるだろう.このことは日本のようなタイプの国とアルゼンチンのようなタイプの国の短期および長期のフィリップス曲線についてどんな含意を持つか.またそれは失業率を低下させるための金融・財政政策の有効性についてどんな含意を持つか.

11. 次の表は1995年から2004年までのブリタニカ経済の年平均失業率と年平均インフレ率を表している.これを用いて図15−9と同様の散布図を作成しなさい.

年	失業率(%)	インフレ率(%)
1995	4.0	2.5
1996	2.0	5.0
1997	10.0	1.0
1998	8.0	1.3
1999	5.0	2.0
2000	2.5	4.0
2001	6.0	1.7
2002	1.0	10.0
2003	3.0	3.0
2004	7.0	1.5

このデータは短期フィリップス曲線と整合的だろうか.政府が将来,失業率を自然失業率より低く保ち続けるために拡張的な金融政策を遂行したら,その政策はどのくらい有効か.

> **web ▶** 引き続き勉強し，本章の概念を復習したい人は，クルーグマン＝ウェルスのウェブサイトを訪ね，小問題集，動画による教習，有益なリンク集などを参照してください．
> www.worthpublishers.com/krugmanwells

Chapter 16
第16章
Inflation, Disinflation, and Deflation
インフレ，ディスインフレ，デフレ

時給はいくら？

　現代のアメリカで生活する人々は，物価水準が年々2〜3％ずつ上昇するようなインフレーション（インフレ）に対して不平不満を漏らしている．だが，1970年代の終わりころを生きた人々にとっては，そんな態度はお笑いぐさだ．彼らは物価が年に13％も上昇したことを覚えているからだ．さらに，異なる時代，異なる場所ではインフレがもっと激しいこともあった．1つ例を挙げよう．図は1980年から2004年のブラジルのインフレ率を描いたものだ．見てわかるように，インフレ率は多くの年で3桁を記録している．4桁に到った年もあった．この時期のブラジルの消費者たちの感覚を実感するために，インフレ率が3000％の年に1ガロンのガソリン価格がどうなるかを考えてみよう．3000％というのは1990年のブラジルのインフレ率だ．3000％のインフレ率の下では，年初には3ドルだったガソリン価格が年末には90ドルに値上がりするのだ．

　ブラジルのインフレ率は，短い期間ではあったものの，ひと月に50％という水準を記録したこともある．この数字は経済学者が単なる高率のインフレとハイパーインフレーションとを大まかに線引きする水準に相当する．だがドイツで起きた歴史上最も有名なハイパーインフレの例と比較すると，ブラジルの経験はまだまだ生ぬるい．ドイツのハイパーインフレは1922年から1923年にかけて起きた．それが終結したころ，物価は1日に16％上昇していた．それが積み重なると，5カ月の間におよそ5000億％も物価は上昇することになる．こうなると人々は紙幣を持ち続けることをとても嫌がるようになり，紙幣の価値は1時間単位で失われていった．そして卵や石炭が通貨として流通するようになった．ドイツの企業は従業員に対して1日に何度も賃金を支払った．稼いだカネを，その価値が失われる前に支出できるようにするためだ（時給という言葉に新しい意味を与えることができるね）．こんな伝説もある．人々はバーで席に着いたら一度に2杯のビールを注文したのだそうだ．なぜかって？

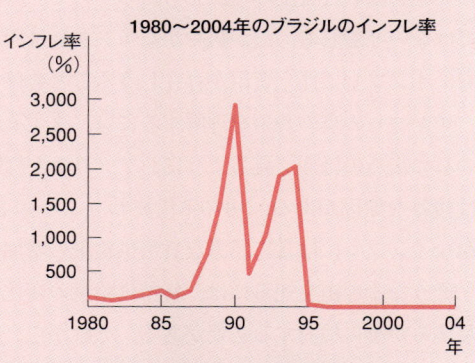

1980〜2004年のブラジルのインフレ率

出所：International Monetary Fund（国際通貨基金，IMF）．

この章で学ぶこと

▶貨幣の増発で**インフレ税**を徴収しようとするとなぜインフレ率が高くなるのか．

▶人々がインフレ税の支払いを避けようとすると，高率のインフレがハイパーインフレになってしまうのはなぜか．

▶インフレと**ディスインフレ**が経済全体にもたらす費用と，最適インフレ率についての論争．

▶なぜ緩やかなインフレでさえも終息させるのが難しいのか．

▶なぜデフレは経済政策にとって問題となり，政策立案者は低率でプラスのインフレ率を好むようになるのか．

> 1杯目のビールを飲み干す前に2杯目のビールの価格が上昇することを恐れたからだ！
>
> 高率のインフレのエピソードを生み出した理由はどんなものだったのだろう．そしてそれはどのように終結したのだろうか．この章ではインフレが起きる基本的な理由を確認する．またインフレの費用についても調べてみよう．これはあなたが想像しているほどには明らかなものではない．さらに，物価水準の下落である**デフレーション**（デフレ）にも特別な問題が存在することを見ていこう．そして，**ディスインフレーション**，つまりインフレ率の低下に関わる論点にも目を向けよう．

1 貨幣とインフレーション

　現在のアメリカのインフレ率は1970年代と比較するとかなり低いし，近年のブラジルの経験とは大違いだ．けれどもアメリカの国民とメディアはインフレに対してかなりの関心を払い続けている．誰でもいいからアメリカ人に，経済が今直面している，もしくはこれから図らずも起こりそうな深刻な問題を挙げてもらったら，**インフレーション**という言葉を聞くことになるだろう．イェール大学の経済学者ロバート・シラーは，1990年代半ばに似たような調査を行った．そして実際に，アメリカ人はインフレを問題と見なしていることを確認した．調査対象者は4人に3人の割合で「インフレは実質購買力を損なう．自分を貧しくするものだ」と考えている．そして調査回答者の半数以上が「高率のインフレを防ぐことは国家の重要な優先事項だ．麻薬の乱用や学校の質の低下を防ぐことと同程度に重要だ」と考えている．

　シラーは一方で，専門的な経済学者がこうした懸念をあまり共有していないことも明らかにした．調査対象の経済学者のうち，インフレは自らを貧しくすると考えている者はたった12％，インフレの防止は国家の重要な優先事項だと見なしている者はたった18％だった．

　経済学者たちと一般の人々との間でインフレについて，少なくともアメリカのような国々で見かける緩やかなインフレについて，これほど印象が異なるのはなぜだろうか．その答えは，インフレが持つ効果を一般の人々がどう認識しているかにある．人々は，インフレによって賃金の上昇が割り引かれると考える．けれども経済学者は，インフレは名目賃金の増加をもたらすので，家計の購買力を自動的に縮小させるものではないと論じる．だが緩やかなインフレは深刻な問題ではないと考える経済学者でも，インフレに伴う費用が存在しうることを確信している．

　インフレの真の費用を理解するには，まずそれが起きる原因を探る必要がある．この章の後ろのほうで見るように，アメリカが経験してきたような緩やかなインフレには複雑な原因がある．1970年代終わりごろの2桁のインフレもそうだ．ただし，急激なインフレには常に急激な貨幣供給量の増加が関係している．

　そうなる理由を知るには，貨幣供給量の変化が経済全体の物価水準にどんな効果を与えるかを再検討する必要がある．それから，政府が時には貨幣供給量を急激に増加させることがある理由を考えてみよう．

1.1 貨幣と価格：再考

第14章で学んだように，貨幣供給量の増加は短期的には実質GDPを増加させる．利子率を低下させ，投資支出と消費支出を刺激するからだ．けれども長期的には名目賃金や他の固定的な価格も上昇するので，実質GDPは元の水準に戻ってしまう．よって長期的には，貨幣供給量がどのような率で増加しても実質GDPは変化しない．他の状況を一定とすれば貨幣供給量の増加はむしろ，それと同率の物価水準の上昇をもたらしてしまう．名目賃金や中間財の価格も含めて，経済に存在するすべての財・サービスの価格の水準が同じ率だけ上昇するのだ．そして，すべての価格の水準が上昇すると，物価水準，つまり最終財・サービスの価格もまた上昇する．よって名目貨幣供給量Mの増加は長期的には物価水準を上昇させ，実質貨幣量M/Pを元の水準にとどめることになる．1つ例を挙げよう．2005年1月，トルコは通貨であるトルコリラから6個のゼロを取り去ったが，トルコの実質GDPは変化しなかった．ただ1つ変わったことは価格に含まれるゼロの数だ．200万リラ支払うべきところが2リラの支払いに変わったのだ．

マクロ経済学者は，物価水準の大きな変化を分析する際には短期と長期を区別しないほうが良いと考えることが多い．そしてマクロ経済学者は，単純化されたモデルを用いて分析を行う．貨幣供給量の変化が物価水準に与える影響が長期的にではなく，瞬間的に起きると考えるのだ．これまでの章では短期と長期の区別を強調してきたので，この仮定を不審に思う人もいるだろう．でもこれからすぐに説明するように，高率のインフレを考える際にはこの仮定は妥当だといえる．

実質貨幣量M/Pが常に長期均衡の水準にあるという単純化されたモデルは**物価水準の古典派モデル**として知られている．というのもこのモデルは，ジョン・メイナード・ケインズよりも前に活躍した「古典派」の経済学者が共有していたモデルだからだ．古典派モデルを理解し，それがここでの議論で役に立つことを示すために，AS–ADモデルについて再考し，AS–ADモデルで貨幣供給量増加の効果がどう語られるかを確認しておこう（特に注意しないかぎり，貨幣供給量の変化は名目貨幣供給量の変化を指している）．

図16-1は，貨幣供給量増加の効果をAS–ADモデルを使って再検討したものだ．経済は当初，短期かつ長期のマクロ経済均衡であるE_1にある．E_1は総需要曲線AD_1と短期総供給曲線$SRAS_1$が交差する点であり，同時に長期総供給曲線$LRAS$上にも位置している．E_1での均衡物価水準はP_1だ．

ここで拡張的金融政策によって貨幣供給量を増加させたとしよう．すると総需要曲線がAD_2まで右にシフトし，経済は新しい短期均衡E_2に移動する．だが時間の経過とともに，名目賃金が物価水準の上昇を反映するかたちで上昇し，$SRAS$曲線は$SRAS_2$まで左にシフトする．新しい長期均衡はE_3となり，実質GDPは当初の水準に戻ってしまう．第14章で学んだように，物価水準のP_1からP_3への長期的な上昇は貨幣供給量の増加に比例する．結果として，長期的には貨幣供給量の変化は実質貨幣量M/P

物価水準の古典派モデルによれば，実質貨幣量はいつも長期均衡の水準にある．

図16-1　物価水準の古典派モデル

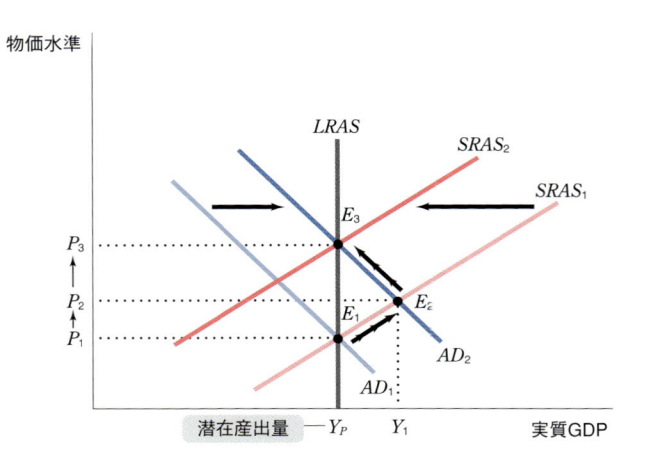

E_1を当初の状態として，AD_1からAD_2へのシフトで示されるように，貨幣供給量の増加は総需要曲線を右にシフトさせる．新しい短期均衡はE_2で，物価水準はP_2へと上昇する．長期的には名目賃金が調整されて上昇するので，$SRAS$曲線は$SRAS_2$まで左にシフトする．物価水準のP_1からP_3への上昇率は，貨幣供給量の増加率と等しい．物価水準の古典派モデルではこうした移行にかかる時間は無視され，物価水準はP_3まですぐさま上昇すると想定される．これは高率のインフレがあるという条件の下では良い想定だ．**web▶**

や実質GDPに影響を与えない．すでにご存じのように，長期的には貨幣は中立的だ．

物価水準の古典派モデルはE_1からE_2への短期の移動を無視し，経済はある長期均衡から別の長期均衡へとじかに移動すると想定している．言い方を換えれば，経済はE_1から直接E_3へと移動し，貨幣供給量が変化してもそれに反応して実質GDPが変化することは決してないと想定しているのだ．実際，古典派モデルは長期総供給曲線だけでなく短期総供給曲線も垂直だと見なして貨幣供給量の変化の効果を分析している．

実は，低率のインフレの場合を考えると，この想定は適当ではない．インフレ率が低いときには，労働者や企業が貨幣供給量の増加に反応して賃金や価格を上昇させるには時間がかかってしまう．このシナリオの下では，短期的には名目賃金の一部，また財の価格の一部は固定的となるだろう．結果として$SRAS$曲線は右上がりとなり，貨幣供給量の変化は短期的には実際に実質GDPを変化させる．

だが高率のインフレのときはどうだろう？ 経済学者は，インフレ率が高いときには名目賃金や価格の短期的な固定性が消え失せてしまう傾向があることを観察してきた．インフレに敏感になった労働者や企業が，貨幣供給量の変化に反応して素早く賃金や価格を上昇させるからだ．つまりインフレ率が高いときはインフレ率が低いときよりも賃金や中間財価格の調整が素早く行われる．よって短期総供給曲線はより速く左にシフトし，インフレ率が低いときよりも速く長期均衡に戻ることになる．よって持続的な高インフレを経験している経済の現実を近似するものとして，物価水準の古典派モデルはより適切だと言えるのだ．次の「ちょっと寄り道」はこの点についてより深く論じている．

高インフレが続いている国では，経済のすべての価格が素早く調整されるので，貨幣供給量の変化がすぐさまインフレ率の変化をもたらすことになる．再びブラジルのケースを検討しよう．図16-2は1980年から2004年までの貨幣供給量（M_1で測られている）の年成長率と消費者物価の年変化率を示したものだ．見てわかるように，1980年代終わりと1990年代初めの貨幣供給量の急増はインフレ率の急騰とほぼ一致して

図16-2　ブラジルの貨幣供給量の成長とインフレ

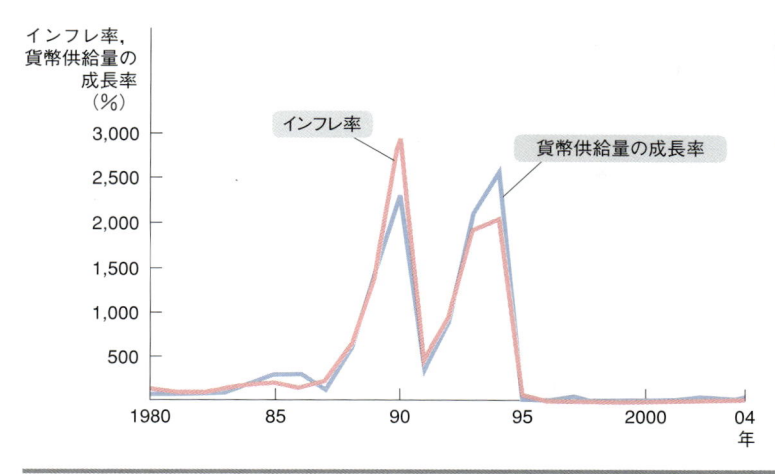

1980年代終わりと1990年代初めのブラジルでは，貨幣供給量の急増はそれとほぼ同一のインフレ率の急騰に反映されている．明白な時間差（ラグ）はほとんどない．
出所：International Monetary Fund（国際通貨基金）．

いる．

　それでは，国家がそれほどまでに貨幣供給量を増加させ，結果として数百％，あるいは数千％というインフレ率をもたらしてしまう理由はどこにあるのだろうか？

ちょっと寄り道　インフレ補正

　経済が毎年のように高率のインフレを味わっているとき，人々は将来のインフレから身を守るために何らかの対抗手段をとる．だがそれらの手段は，短期的にも，貨幣供給量の変化に対する敏感な価格変化を生じさせるという効果を持つことが多い．

　よく見られるインフレ対処法は物価スライド制（インフレ補正）といって，インフレを調整するように契約を書くことだ．例えば賃金契約にはCOLAという生計費調整が含まれることが多い．これは消費者物価指数が上昇すれば自動的に労働者への賃金支払いが増えるというものだ．今日のアメリカで最もよく知られたCOLAは社会保障給付金だろう．毎年の給付金が，前年のインフレ率に合わせて自動的に増える仕組みになっている．消費者物価指数が昨年3％上昇したとすれば，退職者への今年の給付金が3％増加するというわけだ．

　今では，アメリカの賃金契約でCOLAを含むものは少ない．だが今よりもインフレ率が高かった1970年代の終わりには，COLAは広く普及していた．経済学者のスティーブン・ホランドのレポートによれば，アメリカ経済の賃金のインフレ補正率は1970年代を通じて上昇し，インフレ率が下落へと転じた1980年代には減少した．高インフレ経済では，似たような調整が労働契約や賃貸契約，貸付契約などに書かれることが一般的だ．例えば1980年代の終わりと1990年代の初めのブラジルでは，支払いが将来にわたるようなほぼすべての契約でインフレ補正が行われていた．

　物価スライド制には，貨幣供給量の変化に対する物価水準の反応を速める効果がある．物価スライド制がない経済でも，貨幣供給量の増加は，原材料などのある種の財の価格をすぐに押し上げてしまう．物価スライド制が広く普及している経済では，それらの財の価格上昇が消費者物価指数に組み込まれ，すぐに賃金を上昇させる．賃金の上昇は別の価格を上昇させ，それがまた賃金に反映される．このようなプロセスが続くのだ．その結果，貨幣供給量の増加が物価水準を同じ率だけ上昇させるという「長期」がとても速く訪れることになる．たいていは月単位だ．

1.2　インフレ税

　現代の経済では法定不換紙幣（フィアット・マネー）という，それ自体には価値はないが交換媒体として受け入れられている紙切れが貨幣として利用されている．アメリカや他のほとんどの富裕国では，どれだけの枚数の紙幣を発行するかという意思決定は，政治過程とは若干独立した中央銀行の手の中にある．けれども，より多くの紙幣を印刷して貨幣供給量を増やすかどうかについての最終的な意思決定は政治指導者が行う．

　それでは政府が増税や借入ではなく，単に紙幣を印刷することで出費の一部を賄うことを妨げるものはあるのだろうか？　何もないというのが答えだ．現に政府は，アメリカ政府も含めて，常にそれを実行している．では財務省ではなくFRBが貨幣を発行しているという状況で，アメリカ政府はどうやってそれを実行するのだろう？　財務省とFRBが協力して行うというのが答えだ．財務省は財・サービスの政府購入を賄うために債務を生じさせる．そして，FRBは貨幣を創出し，公開市場で短期国債を国民から買い戻すことでその債務を貨幣に転換するのだ．つまりアメリカ政府は紙幣を印刷することで収入を増やすことができ，実際にそれを実行しているのだ．

　例えば2005年7月のアメリカのマネタリーベース，すなわち現金通貨と銀行準備金の合計はその1年前よりも260億ドル大きかった．なぜならその1年の間にFRBが260億ドル相当の貨幣や電子媒体による貨幣を発行し，公開市場操作を通じてそれを流通させたからだ．別の言い方をしてみよう．FRBは無から貨幣を創造し，それを使って民間部門から価値のある国債を購入したのだ．FRBは公的にはアメリカ政府から独立の存在なのに，そうした行動をとることで，政府が課税ではなく単に紙幣を印刷して未払い債務の260億ドルを償還することを可能にしたのだ．

　これを別の視点で見ると，貨幣を発行する権利それ自体が収入の源泉になるということになる．政府は貨幣を発行する排他的な権利を持っていて，政府支出を賄うために貨幣を発行することがよくある．経済学者は，政府の持つ貨幣発行権によって生まれた収入をシニョレッジ（貨幣発行益）と呼ぶ．これは中世に起源がある古い言葉だ．そもそもこの言葉は金や銀から貨幣を鋳造する権利と貨幣鋳造の手数料負担を課す権利を意味しており，その権利は中世の封建領主たち――フランスではシニョールと呼ばれていた――が保有するものだった．

　シニョレッジはアメリカ政府予算の約1.5%というわずかな部分しか占めていない．したがって政府が印刷機に大きく依存して債務を返済しているわけではない．だが歴史を振り返ってみると，政府が印刷機を主要な収入源に変えてしまった局面は数多く存在している．よくあるシナリオは次のようなものだ．政府は巨額の財政赤字を抱えているのだが，増税や支出削減によって赤字を消し去る能力も政治力も持ち合わせていない．さらに政府はその赤字を賄うために借金を重ねることもできない．というのも潜在的な貸し手は，政府の弱体化が続いて債務の返済が滞ることを恐れて，貸付を増やそうとはしないからだ．

こうした状況では政府は財政赤字を賄うための紙幣の印刷に手を染めてしまう．けれども債務を返済するために紙幣を印刷すると，市中の貨幣量が増加することになる．そしてちょうど今見てきたように，貨幣供給量の増加はそれに匹敵する物価水準の上昇に転換される．財政赤字を賄うための貨幣の増発はこうしてインフレをもたらすのだ．

新しく発行された貨幣を元手にした財・サービスの政府購入を最終的に負担するのは誰だろう？　貨幣による支払いを行おうとしているすべての人々だ．なぜかって？　インフレは，人々が保有している貨幣の購買力を損なうからだ．言い方を変えてみよう．財政赤字を賄うために貨幣を増発しインフレを生み出すことで，政府は，国民が保有している貨幣の価値を減少させる**インフレ税**を課すことになるのだ．

この税が何を意味しているかを考えることは有益だ．仮にインフレ率を5％とすれば，1年後の1ドルで購入できる財・サービスの価値は今日の0.95ドルにしかならない．これは国民が保有するすべての貨幣の価値に5％の税を課したことと同等の意味を持つ．よってある期間のインフレ税の大きさは，その期間のインフレ率に貨幣供給量をかけたものだ．

インフレ税とは，インフレによって国民が保有する貨幣価値が減少することだ．

$$\text{インフレ税} = \text{インフレ率} \times (\text{名目})\text{貨幣供給量} \quad (16\text{-}1)$$

けれども，上のように計算したインフレ税は，政府が国民から取り上げた資源の実質量を測る指標として適切ではない．それが名目値だからだ．インフレ税の国民負担の実質値を知りたいのなら，実質インフレ税を計算する必要がある．それはインフレ率に実質貨幣供給量をかけた値だ．

$$\text{実質インフレ税} = \text{インフレ率} \times \text{実質貨幣供給量} \quad (16\text{-}2)$$

物価水準の変化を調整ずみということから，実質インフレ税は，インフレ税によって国民が失った財・サービスの実質価値を測っている．

これから見ていくように，実質インフレ税は高率のインフレが爆発的なハイパーインフレーションへと変貌するプロセスにおいて鍵となる役割を果たしている．

1.3　ハイパーインフレーションの論理

インフレは貨幣を保有する個人に税を課す．そしてあらゆる税と同じように，インフレ税も人々の行動を変えることになる．特にインフレ率が高いとき，人々は貨幣を手元に置くことを避けるようになり，実物の財や，利子を生む資産で貨幣を代替するようになる．この章の「はじまりの物語」で，ドイツのハイパーインフレの時代に人々は卵や石炭を交換媒体として利用しはじめたことを描いた．なぜ人々はそんなことを始めたのだろうか？　石炭は時間が経過しても実質価値を失わないが，貨幣は価値を失ってしまうからだ．実際，ドイツのハイパーインフレのピークでは，木材よりも価値が低いという理由で紙幣が燃やされることがよくあった．さらに人々は名目貨幣の保有額を減らすことに飽き足らず，実質貨幣の保有額をも減少させた．なぜかっ

て？　実質貨幣の保有額が大きければ大きいほど，インフレ税を通じて政府に奪われる資源の実質量が大きくなるからだ．

　これで，国家がどうやって極端なインフレに陥りうるのかを理解する用意ができた．高率のインフレは，政府が巨額の財政赤字をカバーするために巨額のインフレ税を集めなければならないときに生じる．式16-2によると，実質インフレ税はインフレ率に実質貨幣供給量をかけた値に等しい．

　だがたった今説明したように，高率のインフレに直面した国民は実質貨幣保有額を減らす．すると政府は，より高率のインフレを発生させなければならない．そうしないと，人々が貨幣保有額を減らす前に集めていたインフレ税と等しい額の税を手中にすることができないからだ．そして人々はこの新しいより高率のインフレに対して，実質貨幣保有額をさらに減少させることで対応する．このプロセスは自己強化的なので，制御不能なスパイラルに簡単に陥ってしまう．政府が債務を完済するために最終的に集めなければならない実質インフレ税の額は変化しないが，その額を集めるために政府が経済に課さねばならないインフレ率は上昇するのだ．よって政府はより速く貨幣供給量を増加させることを強いられ，それはより高率のインフレにつながり……というプロセスが続くことになる．

　似たような話を使うとわかりやすいだろう．ある自治体政府が，タクシー乗車に特別料金を課すことで多額の貨幣を獲得しようとしているとしよう．この特別料金はタクシーに乗車する費用を増加させるので，人々は徒歩やバスなどのすぐに利用可能な代替手段を伴うようになるだろう．こうしてタクシー利用が減少するにつれて，政府は税収が縮小していることに気づき，以前と同じ額の収入を確保するためにより高い特別料金を課さなければならなくなる．確実に悪循環に陥ることが想像できるだろう．政府がタクシー乗車に特別料金を課すと，それがタクシーの利用数を減らすので，政府は特別料金を引き上げる必要がでてくる．そうするとタクシーの利用数はさらに少なくなり……というプロセスが続くのだ．

　ここでタクシー乗車を実質貨幣供給量に置き換え，タクシーの特別料金をインフレ率に置き換えると，これはハイパーインフレの物語となる．政府の印刷機と国民の間で競争が起きるのだ．政府はより速い速度で印刷機をフル回転させて紙幣を印刷する．国民が減らしてしまった実質貨幣の保有額を補うためだ．あるところでインフレ率は爆発してハイパーインフレとなり，人々はもはや一切貨幣を保有したいとは思わなくなる（そして，ついには卵や石炭で取引するようになるのだ）．それで政府はインフレ税の利用を断念せざるをえなくなり，印刷機を停止させる．

経済学を使ってみよう

1985～95年のブラジルの貨幣と物価

　この章の「はじまりの物語」で述べたように，ブラジルは比較的近年に非常に高いインフレを経験した国の1つだ．図16-2からわかるように，ブラジルの貨幣供給量の大きな波は，それとほとんど同時期のブラジルのインフレ率の大きな波と一致して

図16-3　ブラジルの貨幣供給量と物価水準

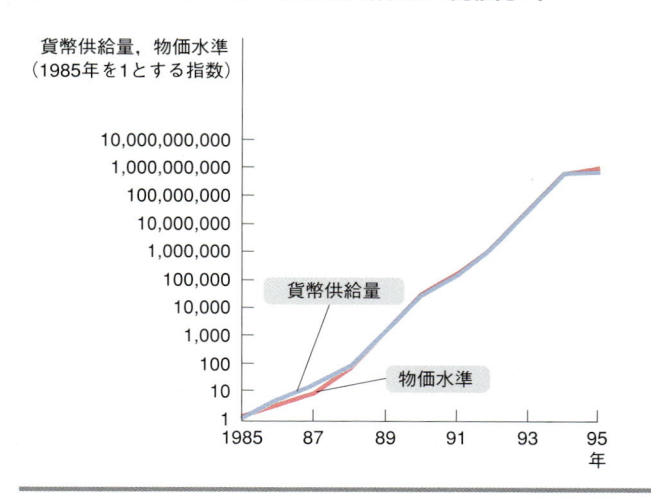

1985年から1995年の間，ブラジルの貨幣供給量と物価水準はぴったりと足並みを揃えて上昇した．しかもその上昇幅は非常に大きい．この図では，どちらの値も1985年を1とする指数によって描かれている．この10年間に貨幣供給量と物価水準はともに1000億％上昇した．
出所：International Monetary Fund.

いる．

図16-3は，1985年から1995年のブラジルの貨幣供給量と物価水準を示したものだ．貨幣供給量と物価水準の両方が1985年を1とする指数によって測られている．また同一のパーセント変化が同じ大きさで表示されるように，比例目盛（対数目盛）を用いている．この10年の間に貨幣供給量と物価水準はともにおよそ1000億％増加した．見てわかるように，物価水準と貨幣供給量は足並みを揃えて上昇している．

なぜブラジル政府はこの10年間に貨幣供給量を法外なほどに増加させたのだろうか．つまるところそれは，政治的対立のせいだった．そのためにブラジル政府は，増税や支出削減で予算を均衡させることができなかったのだ．1980年代の金融不安によりブラジルは世界市場でカネを借りることができなくなった．そしてこれまで多くの国々が行ったように，ブラジル政府は赤字を埋め合わせるために印刷機を回転させた——そして大幅なインフレを引き起こしたのだ．

理解度チェック　16-1

1. これまでインフレ率が低かった経済で貨幣供給量が膨大に増加したとしよう．結果として総産出量は短期的に増加した．このことは物価水準の古典派モデルが適用される状況について，どんな示唆を与えてくれるだろうか．
2. 経済のすべての賃金と価格に物価スライド制が適用されていたとしよう．それでもインフレ税は存在しうるだろうか．

解答は本書の巻末にある．

2　インフレーションの影響

ここまで，財政赤字を賄うために政府が印刷機を利用するとなぜインフレが起きるかを見てきた．また，政府が実質インフレ税を集めようとすると財政が破綻する理由

ちょっと復習

▶物価水準の古典派モデルは短期と長期を区別しない．このモデルは貨幣供給量の増加がどのように直接的にインフレを引き起こすかを説明する．このモデルは高率のインフレやハイパーインフレが起きている国々の経済だけによくあてはまる．

▶政府は財政赤字を賄うために紙幣を印刷することがある．結果として生じる貨幣価値の喪失はインフレ税と呼ばれている．

▶高率のインフレのとき人々は実質貨幣の保有額を減らす．

> その結果，政府がインフレ税を集めるためにより多くの貨幣を印刷する必要が生じ，より高率のインフレがもたらされる．これはハイパーインフレへと通じる自己強化的なスパイラルを引き起こす．

も学んだ．だがそのような破綻が起きなかったとしても，インフレは重大な帰結をもたらしうるものだ．

　インフレは生活費を上昇させるのですべての人にとって良くないものだという広く流布している信念を思い出してほしい．前に論じたように，これは間違った思い込みだ．インフレは消費者が支払う価格だけではなく企業が受け取る価格を上昇させ，それは所得にも影響を与えるという点が見逃されているからだ．実際，AS–AD モデルを思い出してみると，貨幣供給量の増加が物価水準を上昇させたとしても，長期的には実質GDPも実質所得も変化しなかった．

　インフレがすべての人の暮らし向きを悪くするということは正しくないのだが，一方でインフレはAS–AD モデルでは完全には捕らえきれない重要な影響を経済に与える．これからすぐに学ぶように，予想されないインフレは，実質GDPと実質所得を変化させないにしても，一部の人々に損失を与え他の人々に利益をもたらす．そして，予想されたインフレは経済に実質的な費用をもたらす場合があることを学ぶ．予想されたインフレが十分に高いと，そのせいで実質GDPと実質所得が減少することがあるのだ．

2.1　予想されないインフレーションの勝者と敗者

　インフレが一部の人々に損失を与える一方で別の人々に利益をもたらすことには，大きな理由が1つある．貸付契約のような多期間にわたる契約はたいてい名目値で定められている．貸付の場合，借り手は最初にある一定額の資金を受け取り，貸付契約により将来のある時点でどれだけの額を返済するかが定められる．借り手にとって，その返済の実質的な負担は貸付期間中のインフレ率に依存する．貸付期間中のインフレ率によって，返済額の実質値の大きさが左右されるからだ．

　借り手と貸し手が貸付契約を結んだとき，両者は将来のインフレ率について何らかの予想を立てている．実際のインフレ率が予想よりも高ければ，借り手は予想していたよりも低い実質価値の資金で返済を行い，貸し手は予想していたよりも低い実質価値の資金を受け取ることになる．逆にインフレ率が予想よりも低ければ，借り手は予想していたよりも高い実質価値の資金で返済を行い，貸し手は予想していたよりも高い実質価値の資金を受け取る．よって実際のインフレ率が予想よりも高かったり低かったりすると，借り手と貸し手のどちらかが，もう一方の犠牲のもとに利益を得る．実際のインフレ率が予想より高かった場合には借り手が，逆の場合には貸し手が利益を得るのだ．だが実際のインフレ率が予想どおりだったなら，インフレは勝者も敗者も生み出さない．

　このことを具体的に理解するには，名目利子率と実質利子率の違いを思い出す必要がある．両者の違いを理解するいちばんの方法は例を用いることだ．企業のオーナーが1万ドルを10％の利子率で1年間借りたとしよう．1年後には貸付金額に利子を加えた1万1000ドルを返済しなければならない．だがその1年間に物価水準も10％増加したとしよう．すると1万1000ドルの支払いはもともとの1万ドルの貸付金額

と等しい購買力を持つということになる．つまり借り手は，実質値で見れば利子がゼロの貸付を受けたことになるのだ．

この例について経済学者は，**名目利子率**（貨幣で測った利子率）は10％だが**実質利子率**（インフレ調整済みの利子率）は０％だと表現する．この例が示すように，実質利子率は名目利子率からインフレ率を差し引いた値に等しい．

実質利子率＝名目利子率－インフレ率　　　　　　　　　　　　　　（16-3）

これを見ると，インフレは常に借り手に利益をもたらし貸し手に損失を与えるものではないかと言いたくなるかもしれない．でも本当に重要なのは，借り手と貸し手が貸付契約を結んだときに予想していたインフレが，実際のそれとどのように乖離したかだ．例えば借り手と貸し手が７％の名目利子率で１年間の貸付契約に合意したとしよう．そして両者はこれから１年間のインフレ率が５％だと予想しているとしよう．このとき予想インフレ率は契約を結ぶ際に考慮に入れられていることになる．７％の名目利子率は２％の実質利子率に５％のインフレ率を加えたものだ．だが実際のインフレ率が10％だったとしよう．このとき貸し手は，２％の実質利子率で貸し付けたつもりだったのに，実際には負の実質利子率であるマイナス３％を受け取ることになる．つまり７％の名目利子率（２％の実質利子率＋５％の予想インフレ率）で貸し付けたのに，実際のインフレ率が10％となって，貸し手は７％－10％＝－３％という実質利子率を受け取るのだ．借り手は勝利し，貸し手は敗北する．今度は逆に，実際のインフレ率が５％ではなく０％だったとしよう．この場合には２％の実質利子率を支払うつもりだった借り手は実際には７％という実質利子率（７％の名目利子率－０％の実際のインフレ率）を支払うことになる．貸し手は勝利し，借り手は敗北するのだ．

現代のアメリカでインフレが勝者と敗者を生み出す最も重要な事例は住宅ローンだ．標準的な住宅ローンは15年から40年の間の月々の返済額を定めている．もし物価水準全体が上昇すれば，借り手の月々の実質返済額は時間の経過とともに減少することになる．その支払額の減少の速さはインフレ率に依存している．例えば1970年代初めに住宅ローンを申し込んだアメリカ人の場合，予想インフレ率よりも高い率で実質返済額が減少した．1983年の１ドルの購買力は1973年の45％でしかなかったのだ．1990年代の初めに住宅ローンを申し込んだ人はそれほど幸運ではない．その後，インフレ率が予想インフレ率を下回る水準まで下がったからだ．2003年の１ドルの購買力は1993年の78％だった．

よって1970年代初めに住宅ローンを申し込んだ人は貸し手の損失の下に利益を得られた．このときの借り手は，インフレによってローンの実質価値が急速に減っていくことを実感できたのだ．実際のところ，1970年代のインフレの副作用の１つは，伝統的に住宅金融に特化した銀行だった貯蓄貸付組合の多くを破綻に追い込んだことだった．なぜそうなったかというと，それまでの長期貸付の価値がインフレによって大きく損なわれたというのに，預金者を集めるために短期預金の利子率をインフレに

名目利子率は貨幣で測った利子率だ．
実質利子率はインフレを調整した利子率であり，名目利子率からインフレ率を差し引いた値に等しい．

合わせて上昇させたからだ.

2.2 予想されたインフレーションと利子率

これまでの議論から明らかなように,お金を借りるかどうかを決める際には,名目利子率ではなく実質利子率の予想をベースに考えるべきだ.借り手が借入を返済する際に失う実質購買力の大きさは実質利子率で測られる.10%の利子率で借入をすることは,インフレ率が0%ならばとても高くつくが,インフレ率が10%に近ければとても安いものだ.またインフレ率が10%を超えた場合には,実質値で評価すると,タダで借り入れたというのを超えて借り手が得をすることになる.

そして借り手と同じく,貸し手も名目利子率よりも実質利子率を考慮すべきだ.10%の利子率で貸付をするのはインフレ率が0%なら素晴らしい投資になるし,インフレ率が15%で推移しているならお粗末な投資になるからだ.

インフレは借り手が実際に支払う,また貸し手が実際に受け取る実質利子率に影響するので,予想されたインフレ(インフレ予想)は名目利子率に大きな影響を与える.第9章で詳しく説明した利子率の貸付資金モデルを思い出してほしい.そこで,均衡利子率がどのように貸付資金の供給量と需要量を等しくするのかを説明したね.でもその結論は,需要と供給のあらゆるモデルがそうであるように,「他の条件を一定として」という仮定に依存したものだ.予想インフレ率は,貸付資金モデルで一定とされた重要な条件のうちの1つだ.では予想インフレ率が変化したときに,貸付資金モデルの結論はどんな影響を受けるのだろうか?

図16−4でS_0とD_0はそれぞれ予想インフレ率が0%のときの貸付資金の供給と需要を示している.このときの均衡はE_0で均衡名目利子率は4%だ.予想インフレ率が0%なので,均衡での予想実質利子率,つまり借り手と貸し手が貸付契約時に想定

図16−4　フィッシャー効果

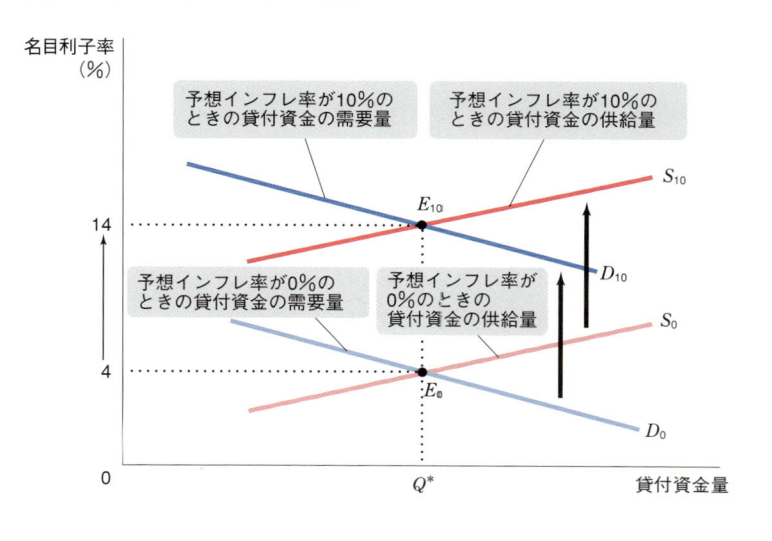

D_0とS_0は予想インフレ率が0%のときの貸付資金の需要曲線と供給曲線だ.0%の予想インフレ率の下で,均衡名目利子率は4%だ.需要曲線と供給曲線は,インフレ予想が1%上がるごとにそれぞれ1%ずつ押し上げられる.D_{10}とS_{10}は予想インフレ率が10%のときの貸付資金の需要曲線と供給曲線だ.予想インフレ率は均衡名目利子率を14%に上昇させる.予想実質利子率は4%のままで,貸付資金の均衡数量も変化しない. web▶

する実質利子率もまた4％だ．

ここで予想インフレ率が10％に上昇したとしよう．すると資金の需要曲線は上方にD_{10}までシフトする．というのも借り手は4％の名目利子率で借りたいと考えていたのと同じ額を，14％の名目利子率で借りても良いと思うからだ．なぜかというと，インフレ率が10％のとき，14％の名目利子率は4％の実質利子率に相当するからだ．同様に資金の供給曲線も上方にS_{10}までシフトする．4％での貸出額と同じ額の貸出を実行するために，貸し手は14％の名目利子率を要求することになるからだ．新しい均衡はE_{10}となる．こうして10％の予想インフレ率は，均衡名目利子率の4％から14％への上昇という結果をもたらす．

ここで描かれた状況は，**フィッシャー効果**として知られる一般原理として要約できる（アメリカの経済学者アーヴィング・フィッシャーにちなんだ名前で，フィッシャーは1930年にこの効果を提唱した）．フィッシャー効果とは，予想実質利子率は予想インフレ率の変化の影響を受けない，というものだ．フィッシャー効果によればインフレ予想は名目利子率を上昇させ，インフレ予想が1％上昇するごとに名目利子率も1％ずつ押し上げられる．重要な点は，貸し手と借り手の双方が意思決定のベースを予想実質利子率に置くということだ．インフレは，それが予想されたものであれば，貸付資金の均衡数量や予想実質利子率に影響を与えることはない．その影響は均衡名目利子率にのみ及ぶのだ．

> **フィッシャー効果**によれば，予想インフレ率の上昇は名目利子率のみを上昇させ，予想実質利子率は変化しない．

2.3 インフレーションの費用

ここまで，予想されないインフレが勝者と敗者を生み出すことを見てきた．次に検討したい問題は，予想されたインフレは経済全体にとっての費用となるのかどうか，また結果として経済全体の所得水準を変化させるのかどうかということだ（ここでは高率のインフレやハイパーインフレが経済にもたらす財政危機の費用ではなく，低率で緩やかなインフレのときにも生じる費用について考えていく）．

この質問の答えはイエスだ．予想されたインフレは経済に実質的な費用を負担させる．経済学者たちはその費用の分類を行っている．中でも最も重要なものは靴底コスト，メニューコスト，計算単位コストだ．それぞれについて論じよう．

靴底コスト 人々が貨幣を保有するのは，それが取引を行う際に便利なものだからだ．だがこれまでに見たように，インフレは人々の貨幣保有意欲に水をさすことになる．その結果，取引がより困難となる．

インフレに対してよく見られる反応の1つは，それまでと同じ量の財・サービスを購入するとしても取引回数を増やすというものだ．1984年から85年にかけて，イスラエルは非常に高いインフレを経験した．イスラエルの人々は貨幣の保有量を可能な限り少なくしようとし，結果として，利子のつく口座から現金を出し入れするために週に何度も銀行やATMを訪れる必要が生じた．ドイツのハイパーインフレの際には商店主たちは走り屋を雇っていた．1日に何度も彼らを銀行に行かせて現金を利子の

つく口座に預金したり，もっと安定的な外貨に両替したりするためだった．インフレ税から逃れようとするこうした努力はどれも，人々の価値ある資源を奪うものだ．イスラエル国民の時間やドイツの走り屋の労働力は，もっと生産的な用途に利用できたはずのものだったのだ．ドイツのハイパーインフレの時期には非常に多くの銀行取引が行われたので，ドイツの銀行に雇用されている人の数はほぼ4倍に増加した．1913年には10万人程度だったのに，1923年には37万5000人に増えた．ブラジルのハイパーインフレの際も同様に，経済の金融部門はGDPの15%を占めるようになった．この数字は，アメリカの金融部門の対GDP比を2倍以上上回るものだ．インフレが引き起こした問題に対処するために必要となった銀行部門の大幅な拡大は，社会の実物資源の喪失を意味している．

インフレが引き起こした取引の費用の増大は**靴底コスト**として知られている．これは，人々が貨幣保有を避けるために余分に走りまわって消耗したことを意味する隠喩だ．ハイパーインフレの中で生活してきた人や，年率100%というようなインフレ環境の中で生活した人ならば誰もが証言するように，靴底コストはインフレ率が非常に高い経済では相当のものになる．一方で大方の推計によると，アメリカで見られるような，平時では決して13%を超えないくらいのインフレ率では，靴底コストは些細なものだ．

メニューコスト 第15章でメニューコストという，文字どおり価格の一覧表を変更するのにかかる費用という概念を紹介したね．この費用があるために，総需要の変化に直面した企業が価格を変更しようとしないことがあるのだ．企業がインフレに直面したときにも，物価が安定しているときと比べると，より頻繁な価格の変更を強いられることになる．これは経済全体にとって費用が高まることを意味している．

ハイパーインフレのときにはメニューコストは甚大なものとなる．例えばブラジルがハイパーインフレだった時期には，報道によると，スーパーの従業員はその勤務時間の半分を価格表示ラベルの貼替えに費やしたと言われている．インフレ率が高いときには，商店は地域通貨で価格を表示することを止め，相対価格を計るために何か人工的なものを利用したり，U.S.ドルのようなより安定した通貨を利用したりするかもしれない．これこそまさにイスラエルの不動産市場で1980年代半ばに始まったことだ．支払いはイスラエルの通貨シェケルで行われたものの，価格はU.S.ドルで定められたのだ．

メニューコストは低インフレ経済にも存在するが，深刻なものではない．低インフレ経済では商人は価格を散発的にしか変更せず，高インフレ経済やハイパーインフレ経済のように，毎日もしくはそれ以上の頻度で変更することはない．また，技術の進展に伴い，メニューコストの重要性はどんどん低下している．価格変更はコンピュータを使って処理されるようになり，商品に価格表示ラベルを貼っている商人はほとんどいなくなったからだ．

インフレの**靴底コスト**は，人々がインフレ税から逃れようとして取引回数を増やすために生じる費用だ．

落とし穴

貨幣需要の利子率ってどっち？

第14章で学んだように，貨幣需要は利子率に依存する．一方でここでは利子率を名目利子率と実質利子率とに区別した．それでは，どちらが貨幣需要に影響を与えるのだろうか？

それは実質利子率だと答えたくなるかもしれないね．結局のところ，貨幣需要は貨幣の実質量への需要だと見なせることを私たちは知っているからだ．だからどう考えても実質値であるべきではないだろうか？

答えはノーだ．現金を保有することの機会費用を考えてみよう．1ドル札もしくはレアル（ブラジルの通貨でrealと表記する）は，0%の利子率——0%の名目利子率——を提供してくれるものだ．別の選択肢に，正の利子率——正の名目利子率——を提供してくれる債券の保有がある．つまり貨幣を需要するときに問題となる利子率は

計算単位コスト アメリカ合衆国憲法第Ⅰ条8節は連邦議会に対し,「度量衡を定める」権限を与えている.建国の父たちは,度量衡の単位の混乱をなくすことで州を超える取引が飛躍的に促進されることを認識していた.マサチューセッツ州の1ポンドとヴァージニア州の1ポンドは同じものであるべきだし,ニューヨーク州の1フィートとサウスカロライナ州の1フィートも同じものであるべきなのだ.

第13章で説明したように,貨幣の役割の1つに計算単位がある.つまり貨幣は,各主体が価格を設定し経済的な計算を行う際の尺度となるのだ.1ポンドが誰にとっても同じ重さを意味するようになれば州間取引が促進されるのとまったく同じように,1ドルの価値が皆の共通認識になれば経済全体の交換が促進される.だがインフレは時間の経過とともにドルの実質価値を変化させてしまう.インフレによって,来年の1ドルは今年の1ドルよりも価値が低くなるのだ.その影響とは,多くの経済学者が指摘するように,経済的意思決定の質が低下することだ.つまり経済全体の資源利用の効率性が低下するのだ.インフレの**計算単位コスト**とは,インフレが貨幣という尺度の信用度を低下させることによる費用だ.

計算単位コストは税制にとっては特に重要なものだろう.アメリカは累進所得税を採用していて,より所得の高い人ほどより高い所得税率を課される.加えてアメリカの所得税率表はインフレと連動している.つまり納税者がより高率の税を負担すべきかどうかの境界となる所得水準は,インフレに伴って毎年上昇するのだ.その理由は,所得がインフレ率相当分しか増えていないのにより高い所得税率が課された,ということがないようにするためだ.だがアメリカをはじめ多くの国々では課税対象となる所得それ自体が名目値で計算されている.例えば課税対象となる利潤は企業の名目収入と名目費用との差額として計算される.もし収入が発生する前に費用の支払いが行われたとすれば,インフレは名目値の利潤を計算する際に歪みを生じさせる.実質値では利潤も損失も計上していないのに,名目値では正の利潤を稼いでいるように見える,ということが生じるのだ.

インフレ率が高い時期には,これは深刻なリスクとなる.ある衣料品店が,夏に600ドルの卸売価格でコートを購入し,その3カ月後にそれを1000ドルの小売価格で販売したとしよう.法律によって,この店がコートを仕入れた価格と販売した価格の差額である400ドルが利潤と見なされ,課税対象となる.だがインフレ率が高いときには,今売れたばかりのコートを仕入れたときと同じ価格で再入荷することはできない.販売時に卸売価格が800ドルに上昇しているとすれば,店主の観点では利潤はたった200ドル(1000ドル-800ドル)で,400ドルではない.けれども内国歳入局(IRS,訳注:日本の国税庁のようなもの)はそのようには見なさない.企業が実際に支払った名目額と実際に受け取った名目額の差額に基づいて課税額を計算するのだ.

1970年代,アメリカのインフレが比較的高かったころ,インフレが税制に与える歪み効果は深刻な問題だった.インフレのせいでIRSが真の利潤を肥大化して評価してしまうので,企業の中には生産性を高める投資を控えるものもあった.逆にインフレは持ち家への過剰な支出を助長する.アメリカの所得税制は住宅ローンの利子支払

名目利子率ということだ.名目利子率こそが,貨幣を保有することであなたがあきらめたものだからだ.

実際のところ,予想されたインフレのせいで人々の貨幣保有が減少する理由はこれだ.実質利子率は上昇しないが名目利子率は上昇するので,人々は貨幣の保有から利子を生む資産の保有へと切り替えるのだ.そして利子を生む資産を保有することで得られるのは名目利子率なので,名目利子率こそが貨幣保有の機会費用だというわけだ.

インフレの**計算単位コスト**とは,インフレが貨幣という尺度の信用度を低下させることによる費用だ.

いの控除を認めている．よって実質ではなく名目での利子率が高いとき，住宅の購入はとても安い買い物となるのだ．だがインフレ(と税率)が1980年代に低下したとき，これらの問題はそれほど重要なものではなくなった．

2.4 最適なインフレ率

　経済にとって最適なインフレ率はどれくらいだろうか？　0％だと言いたくなるかもしれないね．価格が安定的なのは良いことではないだろうか？　それに，インフレが経済に課す実質的な費用をいくつか挙げたばかりではないかって？　でも経済学者の中には，わずかなプラスのインフレ率を維持すべきだと論じる者もいる．一方で，0％のインフレでも高すぎると主張する者もいるのだ．

　シカゴ大学のミルトン・フリードマンは，有名な研究の中で，靴底コストを最小化する方法として安定的なデフレーション(デフレ)を経済政策の目的とすべきだと論じた．次の「ちょっと寄り道」で説明するように，フリードマンは，インフレの靴底コストを真に消滅させる唯一の方法として，貨幣を保有することと保有しないことを無差別にすればいいと提案した．これは，名目利子率を0％近くにしなければならないということを意味している．だが実質利子率が正ならば，名目利子率を0％にするにはインフレ率が負になる必要がある．

　実際のところ，フリードマンのルールを実行しようとした中央銀行はない．ほとんどの中央銀行は**物価の安定**を目標としている．物価の安定は通常，低率でプラスのインフレ率で定義される．例えばFRBはその行動から明らかなように，2〜3％のインフレ率を好んでいる．だがそのような声明を公式に出したことは一度もない．他の中央銀行はそれほど慎重ではない．例えばイングランド銀行はインフレ目標を明示的

> ほとんどの中央銀行が**物価の安定**という，わずかにプラスのインフレ率を目標としている．

ちょっと寄り道　デフレ擁護論？

　ミルトン・フリードマンは1960年に，インフレの靴底コストの分析を用いて過激な結論を得た．最適なインフレ率はマイナスの値だというのだ．つまり持続的なデフレが存在すべきだということだ．

　彼の議論は次のようなものだった．たとえインフレ率が0％でも，利子をもらい損ねるという機会費用を避けるために人々が貨幣の使用を控えようとすると，人々は靴底コストを負担することになる．だが法定不換紙幣を供給することは経済にとって何ら費用とはならない．よってフリードマンは，たとえインフレ率が0％でも，人々が貨幣の保有を減らして利子のつく資産の保有を増やそうとすることは非効率性につながると論じたのだ．

　フリードマンは，この非効率性をなくすために名目利子率を0％近くに押しやるべきだと結論づけた．だが持続可能なかたちでそれを達成できる唯一の方法は，政府がマイナスのインフレ率を押し付ける政策を採用することだ．マイナスの予想インフレ率はフィッシャー効果を通じて名目利子率を引き下げる．そして人々はより大きな実質貨幣量を保有するようになるのだ．

　これは独創的な分析ではあるけれども，政策の基本として採用されたことはない．マイナスのインフレ，つまりデフレは経済政策にとってリスクとなる．多くの経済学者はそのリスクは靴底コストの削減によるどんな利益も凌駕してしまうと信じている．

に2.5％に定めている．

　ほとんどの中央銀行がわずかにプラスのインフレ率を目標とする主な理由は，インフレとは逆方向のデフレという出来事に対処する場合，国民が０％のインフレを予想しているよりも適度なインフレを予想しているほうが，金融政策をより有効に利用できると信じているからだ．その理由はこの章の後ろのほうでデフレを議論する際に説明しよう．

経済学を使ってみよう

アメリカのインフレ率と利子率

　インフレ予想は本当に利子率を押し上げるのだろうか？　過去50年のアメリカの名目利子率とインフレの推移をざっと見てみると，強力な証拠を見つけることができる．

　図16−5は1955年以降のアメリカの短期国債の名目利子率とインフレ率を示している．ともに1980年ごろがピークで，インフレ率も利子率も２桁だった．

　インフレ率と名目利子率の動きはもちろん完全には一致していない．その理由の１つは，インフレ以外の要因が名目利子率に影響を与えているからだ．もう１つの理由は名目利子率が実際のインフレではなく予想されたインフレを反映していることだ．実際のインフレ率が予想インフレ率から乖離する場合には，名目利子率が実際のインフレ率と足並みを揃えて推移することはなくなる．1970年代のほとんどの時期でインフレは人々の予想よりも速く進み，実質利子率はマイナスだった．1980年代にはインフレは人々の予想を下回り，実質利子率は非常に高かった．

　だが実際のインフレ率が最終的には人々の過去のインフレ予想を反映するとすれば，図16−5の主要なメッセージは，インフレが名目利子率を押し上げるというものになる．そしてフィッシャー効果から予測できるように，それはおおよそ１対１対応している．

図16−5　インフレ率と名目利子率

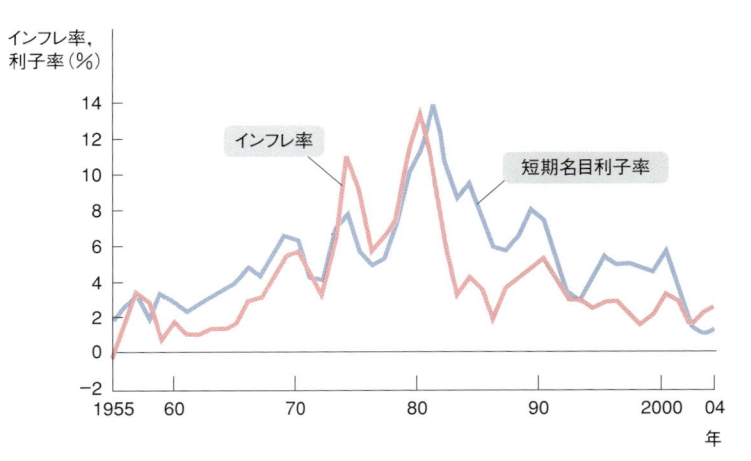

フィッシャー効果によれば，インフレ予想が１％上昇するごとに名目利子率も１％ずつ上昇する．このデータは過去半世紀のアメリカの短期名目利子率とインフレ率を表している．両者はおおまかには足並みを揃えて推移し，1980年ころに２桁のピークを示している．実際のインフレ率が過去のインフレ予想を最終的に反映しているとすれば，このデータはフィッシャー効果の強力な証拠といえる．**web▶**

出所：Bureau of Labor Statistics（労働統計局）；Federal Reserve Bank of St. Louis（セントルイス連銀）．

ちょっと復習

▶ 予想されない高率のインフレは借り手の利益となり貸し手の損失となる．貸付の実質利子率を引き下げるからだ．

▶ 高率の予想インフレ率はフィッシャー効果により名目利子率を上昇させる．

▶ 予想されたインフレにも，靴底コスト，メニューコスト，そして計算単位コストという費用が伴う．

▶ ほとんどの中央銀行は物価の安定を目標としている．

理解度チェック 16-2

1. 次のそれぞれのケースについて，貸付に対する実質利子率を計算し，予想されないインフレにより誰が利益を得て誰が損失をこうむるかを明らかにしなさい．
   a. 名目利子率は8％で，借り手も貸し手も貸付の有効期間内のインフレ率は5％だと予想している．実際のインフレ率は3％だった．
   b. 名目利子率は6％で，借り手も貸し手も貸付の有効期間内のインフレ率は4％だと予想している．実際のインフレ率は7％だった．

2. 技術の普及は銀行業に革命をもたらした．顧客が自分の資産にアクセスして管理することが簡単になったのだ．このことによってインフレの靴底コストは以前よりも高くなるだろうか．それとも低くなるだろうか．

解答は本書の巻末にある．

3 緩やかなインフレーションとディスインフレーション

アメリカやイギリスのように裕福で政治的にも安定した国の政府は，借金を返済するために貨幣の増発(つまりは紙幣の印刷)を強いられるようなことはない．だが過去40年にわたって両国では，他の多くの国々と同じく，インフレにまつわる厄介な出来事を経験してきた．アメリカではインフレ率は1980年代の初めに13％というピークを迎えた．イギリスでは1975年にインフレ率が26％に達した．なぜ政策立案者はこのようなインフレの発生を許したのだろうか？

このような場合のインフレを理解するには，分析の焦点を貨幣と物価の結びつきではなく，政府が直面する政策のトレードオフに移すことが有効だ．

3.1 緩やかなインフレーションの原因

第15章で学んだように，ほとんどの経済学者は短期的には失業とインフレの間にトレードオフが存在すると信じている．短期フィリップス曲線は，政府が失業率を自然失業率よりも低く抑えようとすれば人々が予想するよりも高いインフレが生じることを示唆している．けれども時間の経過とともに人々はこのより高いインフレを予想するようになり，短期フィリップス曲線は上にシフトする．そして，もし政府がそれでもなお失業率を自然失業率よりも低く抑えようとすれば，予想インフレ率はさらに上昇することになる．よってつまり失業率を自然失業率よりも低く維持しつづけるには，より高いインフレ率を必要とするのだ．

この分析から，政策立案者は失業率を自然失業率よりも低く抑えようとするべきではないということがわかる．でも想像してほしい．あなたはこれから1～2年の間に選挙を迎える政治家だとしよう．そして現在のインフレ率はかなり低いとしよう．となれば今すぐインフレギャップを作り出し，失業率を下げたいという誘惑に駆られるのではないだろうか．もちろん有権者を喜ばすためだ．だがそうした利益は必ず将来

に跳ね返ってくる．低い失業率は徐々にインフレ率を上昇させ，将来の政府は，失業を増やすか高率のインフレとともに生きるかというあまり考えたくもない選択を迫られることになるのだ．でもそれは将来の話だ．今は選挙に勝たなければならない．

このシナリオは，経済をインフレへと導く拡張的な金融政策や財政政策に政府が手を染める理由を説明するものだ．現実世界でもこんなことが起きているかって？ 証拠の糸はもつれ合っている．機会主義的な行動の規則的なパターンを見つけることは困難だが，政府が選挙という短期目的のために，長期的には経済にとって費用となる刺激策をとろうとしたことが明らかなケースもある．

ここまで皮肉なものではないが，似たようなシナリオがある．希望的観測（甘い考え）の役割を強調したシナリオだ．自然失業率は時間とともに変化するので，その推定値に関する意見は食い違うことが多い．そこで政府は，自然失業率を大きく下回るような低い失業率を目標にしておけば安全だという確信を安易に抱きがちになる（そうすることが政治的に都合がいいという場合には，特に安直にそうした結論を出すようになる）．その目標が野心的に過ぎたことが明らかになるまでに，人々はかなりのインフレ予想を抱くようになる．

インフレ税を課す必要がない国々で1970年代にインフレが2桁にまで膨らんだ理由は，このような場面から説明できる．そして人々が徐々にインフレ率が高くなっていることに気づいたときには，インフレを抑えることが難しくなっているのだ．

3.2 ディスインフレーションの問題

何らかの理由で，経済が緩やかなインフレの状況になったとしよう．なぜさっと政策を反転させてインフレを終わらせないのだろう？ その答えは，いったん人々がインフレの持続を予想するようになってしまうと，インフレ率の引下げには痛みが伴うから，というものだ．

第15章で，自然失業率を下回る水準に失業率を維持しつづけようとすることがどのようにインフレを加速させるかを説明したのを思い出してほしい．予想の中に組み込まれたインフレを減少させるには，政策立案者はそのプロセスを逆転させて，長期にわたって自然失業率を上回る失業率を維持するような緊縮的政策を実行する必要がある．予想の中に組み込まれたインフレを取り除くプロセスは**ディスインフレーション**（ディスインフレ）として知られている．

ディスインフレはとても高くつく可能性がある．次の「経済学を使ってみよう」で述べるように，1980年代初めにアメリカは高インフレから抜け出したが，それには年間の実質GDPの18％に匹敵する費用を要した．このような費用負担を正当化する理由は，そうすることが恒久的な利益をもたらすから，というものだ．経済はディスインフレによる短期的な生産性の損失を取り戻すことはできないが，持続的な高インフレがもたらす費用に苦しむことはもはやなくなる．実際，1970年代にインフレを経験したアメリカやイギリスなどの裕福な国々は，インフレを抑えることの痛み，つまり実質GDPの短期的な大幅減少は耐えるに値するものだと最終的に判断したのだ

ディスインフレーションは予想に組み込まれたインフレを取り除くプロセスのことだ．

った.

　経済学者の中には，政策立案者がインフレ退治を明言することでディスインフレの費用を減らせると論じる者がいる．その主張によれば，明白に宣言された信憑性のあるディスインフレ政策は将来の予想インフレ率を引き下げ，短期フィリップス曲線を下にシフトさせる．そう述べる経済学者は，1970年代のインフレと戦うというFRBの明確な意思決定には十分な信頼性があり，巨額だったディスインフレの費用を，その決定がなかった場合よりも低めたと信じている．

3.3　供給ショック

　アメリカのインフレ率を1970年代に上昇させて1980年代には下落させたもう1つの要因は，当初は負でその後正に転じた一連の供給ショックだった．

　第10章で負の供給ショックがどのように総産出量の減少と物価水準の上昇をもたらすかを示したね．1970年代には，中東の政治事件のせいで石油価格が上昇し，大きな負の供給ショックが生じた．この供給ショックは直接にインフレを引き起こした．その負のショックは政府が反インフレ政策をとることも困難にした．というのも高いインフレと比較的高い失業率が同時に生じていたからだ．失業率が高いときに，インフレ率を下げるために失業率をさらに上昇させるようなリスクを冒すことは，飲み干すには相当苦い薬だといえる．

　1980年代には，同様のプロセスが逆方向に働いた．特に1985年以降の石油価格の下落により，政策立案者は高い失業率をもたらすという心配をすることなくインフレ抑制に専念できた．

▶経済学を使ってみよう

1980年代の大きなディスインフレーション

　この章でこれまで何度も述べてきたように，アメリカは高いインフレ率とともに1970年代を終えた．その水準は1980年に，少なくとも平時としては歴史的と言える13%にまで上昇した．このインフレは部分的には石油ショックという一度だけの出来事の結果だ．けれども1年当たり10%かそれ以上という将来のインフレ予想が経済の中に強固に組み込まれていたことは明らかだ．

　1980年代半ばまでには，インフレは年率4％程度で推移するようになった．図16-6のパネル(a)はコアインフレ率とも呼ばれる，「コア」消費者物価指数(CPI)の年変化率を示している．エネルギー価格や食料品価格を排除したこの指標は，インフレの基調的なトレンドを示す指標として，全体の物価水準を示すCPIよりも優れていると広く認識されている．この指標によれば，インフレは1970年代終わりの12%から4％まで落ち込んだ．

　このディスインフレはどうやって実現されたのだろうか？　巨額の費用によってだ．1979年の終わりにFRBは強力な緊縮的金融政策をとりはじめ，それは経済を大恐慌以来最悪の不況に落ち込ませた．パネル(b)は議会予算局(CBO)による1979年か

図16-6　大きなディスインフレーション

(a) アメリカのコアインフレ率は 1980年代に低下したが……

(b) ……産出量の大きな減少と高い失業 というコストを伴うものだった

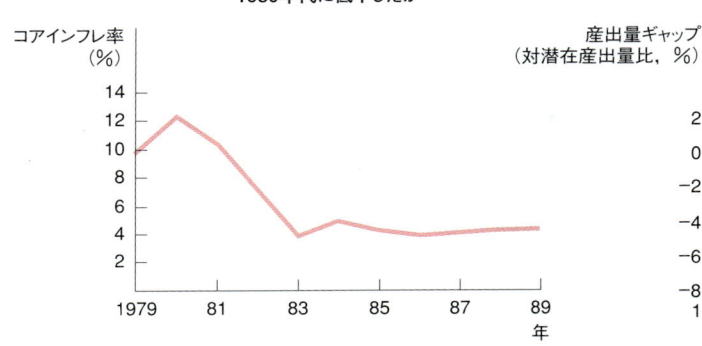

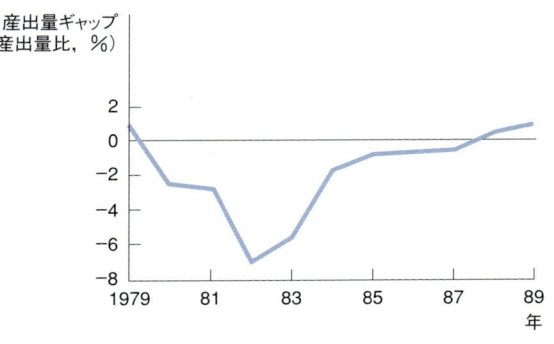

パネル(a)は食料品価格とエネルギー価格を除いたアメリカの「コア」インフレ率を示している．1980年代にインフレ率が急激に下落していることがわかる．パネル(b)はディスインフレが大きな費用を伴うことを示している．経済は巨額の産出量ギャップを生み出し，実際の総産出量は1987年まで潜在産出量に戻らなかった．この期間の産出量ギャップを合計すると，経済は1年間の実質GDPの約18％を犠牲にしたことがわかる．もし現在同じことを実行しなければならないとすれば，それは2兆ドルに匹敵する財・サービスを失うことを意味するのだ．

出所：Bureau of Labor Statistics；Congressional Budget Office（連邦議会予算事務局）．

ら1989年までのアメリカの産出量ギャップの推定値を示したものだ．1982年には実際の産出量は潜在産出量を7％下回っていて，それに対応して失業率は9％を超えていた．総産出量は1987年まで潜在産出量に回復しなかった．

　第15章で行ったフィリップス曲線の分析からわかるように，1980年代のような一時的な失業率の上昇は，インフレ予想のサイクルを壊すために必要なものだ．いったんインフレ予想が減退すれば，経済はより低いインフレ率の下で自然失業率に戻ることができる．これこそまさに起きたことなのだ．

　でもその費用は膨大だった．1980年から1987年までの産出量ギャップを合計すると，この期間の平均的な1年間の産出量のおよそ18％を経済が犠牲にしたことがわかる．もし現在同じことを実行しなければならないとすれば，それは2兆ドルに匹敵する財・サービスを失うことを意味するのだ．■

理解度チェック　16-3

1. イギリスの経済学者は自国の自然失業率が1970年代に急激に上昇し，3％付近から10％程度になったと信じている．その期間，イギリスは急激なインフレの加速を経験し，インフレ率は一時的に20％を超えた．これらの事実はどのように関係しているだろうか．
2. なぜディスインフレは経済に大きな費用をもたらすのか．これらの費用を減らす方法はあるか．

解答は本書の巻末にある．

ちょっと復習

▶政府には政治的な理由から自然失業率を下回る失業率を追求する誘惑があるので，国家は緩やかなインフレの状況になることがある．
▶予想に組み込まれたインフレを取り除くディスインフレは，失業と産出量の面で大きな費用をもたらすことがある．

4 デフレーション

　第2次世界大戦以前には，物価水準が下落する**デフレーション**（デフレ）はインフレと同じくらいよく発生した．実際に第2次世界大戦前夜のアメリカの消費者物価指数は1920年よりも30％低かった．第2次世界大戦後，すべての国々でインフレが当たり前のものとなった．だが1990年代になると日本でデフレが再び現れ，それを反転させるのは難しいことだとわかった．そしてアメリカを含む他の国々は日本と同様の問題に直面するかもしれないと心配するようになった．

　なぜデフレは問題なのだろう？　そして，それを終わらせるのはなぜ困難なのか？

4.1　予想されないデフレーションの効果

　予想されないデフレは予想されないインフレと同じように勝者と敗者を生み出す．ただその方向は逆だ．借り手の実質返済額が増加するので，返済を受け取る貸し手は利益を得る．そして実質的な債務負担が増加するので，借り手は損失をこうむるのだ．

　大恐慌初期の有名な研究で，アーヴィング・フィッシャー（利子率のフィッシャー効果を説明した経済学者だ）は，デフレが借り手と貸し手に与える影響によって不況はさらに深刻化すると述べた．デフレは実際に，借り手から実質の資源を取り上げてそれを貸し手に再分配するものだ．フィッシャーの議論によれば，デフレで損失をこうむる借り手はたいてい現金不足の状態にあるので，債務負担が重くなれば支出を大きく減らすことになる．けれども貸し手は保有する貸付の価値が上昇したからといってそれほど大きく支出を増加させようとはしない．この効果を全体として見ると，デフレは総需要を減少させて不況を深刻化させるとフィッシャーは言う．そして，それがさらなるデフレへとつながるという悪循環に陥る．総需要を減少させるというデフレの効果は**債務デフレ**として知られている．債務デフレはおそらく大恐慌で一定の役割を果たした．

> **債務デフレ**は，デフレによって未払い債務の実質負担が重くなることでもたらされる総需要の減少だ．

4.2　予想されたデフレーションの効果

　想像はついているだろうが，予想されたデフレの効果は予想されたインフレの効果を裏返しにしたものだ．デフレは名目利子率の低下と貨幣需要の増加を引き起こす．けれども予想されたデフレが名目利子率に与える効果には限界がある．図16-4の例に戻ってみよう．インフレ率が0％だとすれば均衡名目利子率は4％だ．予想インフレ率がマイナス3％だとすれば，つまり人々が年率3％のデフレを予想するなら，均衡名目利子率は明らかに1％となるだろう．

　だがもし予想インフレ率がマイナス5％だとすればどうなるだろう？　名目利子率はマイナス1％まで下落するだろうか．そんなことはありえない．マイナスの名目利子率でお金を貸す人はいない．ただ現金を保有するほうが望ましいからだ．経済学者によれば，名目利子率には**ゼロ下限**があるのでゼロを下回ることはできない．

> 名目利子率には**ゼロ下限**があるので，ゼロを下回ることはできない．

　このゼロ下限は金融政策の有効性を制限することがある．経済が不況に陥ってしま

い，産出量が潜在産出量を下回って失業率が自然失業率を上回っているとしよう．中央銀行は通常，利子率を切り下げて総需要を増やすようにこれに対処できる．けれども，もし名目利子率がすでにゼロならば，中央銀行はそれをさらに下げることができない．マネタリーベースをどれだけ拡大しても，銀行の金庫室に入れられるか個人や企業が現金として保有するかのどちらかで，支出されることはない（インフレ率がマイナスで名目利子率が0％のときは，現金を保有することで正の実質利子率を得られるからだ）．

名目利子率がゼロ下限を下回ることができないために金融政策を利用できなくなる状況は，**流動性の罠**として知られている．貸付資金需要が急激に落ち込んだときは常に流動性の罠が起こりうる．アメリカ経済は1930年代のほとんどの時期にゼロ下限の問題に直面していた．とはいえそうした状況が生じやすいのは，人々がインフレよりもデフレを予想するときだ．第2次世界大戦後は世界中でインフレが当たり前のものとなったので，1990年代までは，ゼロ下限は問題としてはほとんど消滅していた．

けれども1990年代になると，日本は自身がゼロ下限の問題に直面していることを知った．そして持続的なデフレも経験した．日本の経験は他国に対する警鐘となった．他の国々は，似たような問題に直面するかもしれないと恐れた．2001年と2002年にはアメリカのインフレ率が2％を割り込み，デフレへの懸念が増した．

第6章で初めて，ほとんどの中央銀行が0％のインフレ率よりも2～3％という低くてプラスのインフレ率を好むことに言及したが，その主な理由は，こうした恐怖があるからだ．FRBやその他の機関に属するエコノミストの研究は，そのような低率のインフレが経済にもたらす費用は非常に小さく，また流動性の罠を起こりにくくすることを示している．

> 名目利子率がゼロ下限を下回ることができないために金融政策が使えなくなる状況を**流動性の罠**という．

経済学を使ってみよう

日本の罠

1980年代終盤の好況の後，1990年代初めに日本は不況を経験した．不況は特に深刻だったというわけではないが，かなり長引きそうだということはわかった．そして持続的な不況ギャップに直面する中で，日本のインフレ率はじわじわと下落した．1990年代半ばには，日本は主要先進国経済としては1930年代以降初めてとなるデフレを経験した．

図16-7は1990年から2004年までの日本のインフレ率とコールレートを示したものだ．コールレートは短期の名目利子率で，アメリカのフェデラルファンド金利に相当する．1996年と1997年という短い例外もあったが，インフレ率は継続的に低下し，1990年代の終わりにはマイナスの値となった．アメリカのFRBに相当する日本銀行はデフレと戦うために利子率を継続的に切り下げた．だが1998年までに，コールレートを行き着くところまで——0％近くまで切り下げてしまった．そしてまだ経済の落ち込みは続いていた．この経験によって，流動性の罠が現代世界の現実問題であることが明らかとなった．

図16-7　日本のデフレ

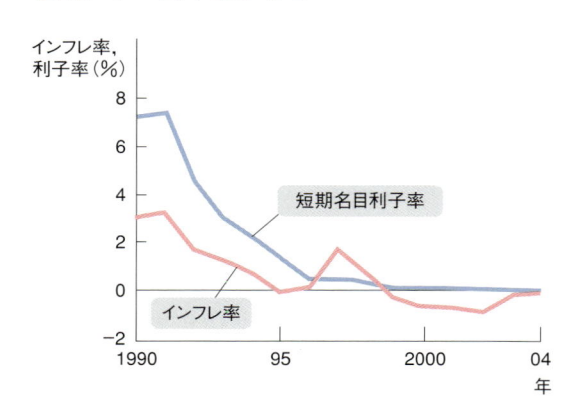

1990年代を通じて日本はデフレに陥っていた．日本銀行はコールレートを引き下げることでデフレと戦おうと試みた．コールレートは短期の名目利子率でアメリカのフェデラルファンド金利に相当するものだ．けれども1998年にはコールレートは0％に近くなり，2004年には実際にゼロ下限となった．日本は流動性の罠に陥ったことを知った．そして貨幣供給量を拡大する余地はなくなった．

出所：International Monetary Fund.

　日本は利子率を切り下げることで経済を刺激することができなかった．それが1990年代に日本が大規模な拡張的財政政策を利用した理由の1つだ．第12章で淡路島と本州を結ぶ「無意味な橋」について述べた．そのような建設プロジェクトは部分的には貨幣供給量拡大の代わりとなるものだったのだ．

ちょっと復習

▶ 予想されないデフレは貸し手の利益となり借り手には損失をもたらす．それは総需要を減少させる効果を持つ債務デフレを生じさせることがある．

▶ デフレは利子率をゼロ下限にさせやすくする．そのとき経済は流動性の罠にはまり，金融政策は効果的ではなくなる．

理解度チェック 16-4

1. 負の名目利子率では誰もお金を貸そうとしないのはなぜか．このことは金融政策にどんな問題を引き起こすだろうか．

解答は本書の巻末にある．

次に学ぶこと

　本書ではマクロ経済学を説明する過程で，何度も歴史に言及してきた．大恐慌のような事実の歴史への言及や，ジョン・メイナード・ケインズのアイデアのような考え方の歴史への言及だ．どちらの歴史もマクロ経済学が現在の姿に至った理由を理解するのに役立つものだ．

　次の章では特定のモデルの詳細から離れて，現代のマクロ経済学の成り立ち，つまり現在信頼されている分析手法が事件とアイデアによってどのように生み出されたのかを見てみよう．

要約

1. 高率のインフレを分析する際に経済学者は**物価水準の古典派モデル**を利用する．物価水準の古典派モデルによれば，貨幣供給量の変化は短期的にも物価水準の比例的な変化をもたらす．

2. 政府は財政赤字を埋め合わせるために貨幣を増発することがある．それを行うとき，政府はインフレ率に貨幣供給量をかけた額に等しい**インフレ税**を貨幣保有者に課すことになる．政府が手に入れる資源の実質価値

は，実質利子率と実質貨幣供給量をかけた実質インフレ税に反映される．インフレ税の支払いを回避するために人々は実質貨幣保有量を減少させるので，政府は同額の実質インフレ税を確保するためにインフレ率を上昇させなければならない．このことが実質貨幣量の縮小とインフレ率の上昇の悪循環を生み出し，ハイパーインフレと財政危機をもたらすことがある．

3. **実質利子率**は**名目利子率**からインフレ率を引いた値に等しい．予想インフレ率は貸付の名目利子率に反映されている．予想よりも高いインフレは借り手に得となり貸し手には損となる．予想よりも低いインフレは貸し手に得となり借り手には損となる．**フィッシャー効果**によると，インフレ予想は名目利子率を1対1の関係で上昇させるので，予想実質利子率は変化しない．

4. インフレには**靴底コスト**，**メニューコスト**，**計算単位コスト**という費用がある．靴底コストは人々が貨幣保有を避けようとして取引回数を増やすという費用だ．メニューコストは価格を変更する費用だ．計算単位コストは貨幣が信頼できる価値尺度ではなくなることから発生する費用だ．マイナスのインフレ（デフレ）に関する議論はあるものの，実際問題として政策立案者は**物価の安定**，つまり低率でプラスのインフレ率を目指す傾向がある．

5. 政府赤字を埋め合わせるために貨幣を増発する必要がないような国々でも，政治的機会主義や希望的観測によって緩やかなインフレに陥ってしまうことがある．これが起きると，インフレを引き下げることは困難となる場合がある．**ディスインフレーション**の費用がとても大きいからだ．大きな総産出量が犠牲となり，失業率は高水準とならざるをえない．だがアメリカや他の裕福な先進諸国の政策立案者は，1970年代の高いインフレを抑えるための対価は支払うに値するものだと考えた．

6. デフレはいくつかの問題を突きつける．デフレは**債務デフレ**をもたらす可能性がある．つまり未払い債務の実質負担が増大し，不況がより深刻化する．またデフレを経験している経済は利子率が**ゼロ下限**に直面する可能性が高い．ゼロ下限に直面した経済は**流動性の罠**に陥り，金融政策は効果的ではなくなってしまう．流動性の罠に対する恐怖こそ，政策立案者が物価の安定を，つまり低率でプラスのインフレを好む主な理由だ．

キーワード

物価水準の古典派モデル…p.459
インフレ税…p.463
名目利子率…p.467
実質利子率…p.467
フィッシャー効果…p.469
靴底コスト…p.470
計算単位コスト…p.471
物価の安定…p.472
ディスインフレーション…p.475
債務デフレ…p.478
ゼロ下限…p.478
流動性の罠…p.479

問題

1. スコットピアの経済では政策立案者が金融政策によって失業率を低下させ実質GDPを上昇させたいと考えている．次の図を用いて，この政策が最終的にはより高い物価水準をもたらすが実質GDPは変化させない理由を説明しなさい．

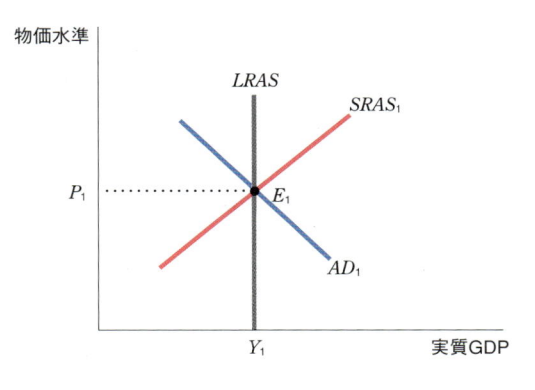

2. 次の例のそれぞれについて物価水準の古典派モデルは適切だろうか．
   a. 経済にはかなりの失業者がいてインフレの歴史はない．
   b. 経済は5年にわたるハイパーインフレを経験したところだ．
   c. 経済は3年前に10〜20％のインフレを経験したが，物価は近年安定していて失業率も自然失業率に近づいてきている．

3. FRBは定期的にアメリカのマネタリーベースのデータを公表している．そのデータには，例えばセントルイス連邦準備銀行などさまざまなウェブサイトからアクセスできる．セントルイス連銀のHP〈http://research.stlouisfed.org/fred2/〉に行って "Reserves and Monetary Base" をクリックし，それからいちばん新しい報告を見るために "Monetary Base"，"BOGAMBSL" と順にクリックしてみよう．
   a. 先月にマネタリーベースはどれだけ成長しただろうか．
   b. これは財政赤字を埋め合わせるという政府の努力に対しどのように寄与するだろうか．
   c. 政府支出を司る部門から独立であることは中央銀行にとってなぜ重要なのだろうか．

4. (実質)インフレ税に関する次の質問に答えなさい．ここで物価水準は1からスタートすると想定しよう．
   a. マリア・マネーバッグはタンスのいちばん下の引出しに1000ドルを1年間しまい込んでいる．その1年間のインフレ率は10％だ．この1年のインフレ税はどれだけか．
   b. マリアはもう1年1000ドルを引き出しにしまいつづけた．2年目の初めに測ったこの1000ドルの実質価値はどれだけか．2年目のインフレ率も10％だった．2年目のインフレ税はどれだけか．
   c. 3年目もマリアは1000ドルを引き出しにしまい込んだままだ．3年目の初めのこの1000ドルの実質価値はどれだけか．3年目のインフレ率も10％だった．3年目のインフレ税はどれだけか．
   d. 3年後，実質インフレ税の合計はどれだけになったか．
   e. インフレ率が25％であると想定してaからdを繰り返してみよう．なぜハイパーインフレは困った問題とされるのだろうか．

5. 政府借入が民間投資支出に与えるクラウディング・アウト効果を考慮して，ある大統領候補がアメリカは財政赤字を埋め合わせるために貨幣を増発するべきだと論じた．このプランの長所と短所は何だろうか．

6. ボリス・ボロワーとリン・レンダーは，リンがボリスに1万ドルを貸してボリスが1年後に利子を付けてそれを返すことに合意した．2人は8％の名目利子率で合意したが，それは3％の実質利子率と，今後1年間のインフレ率の2人の共通予想である5％を反映している．
   a. 今後1年間のインフレ率が実際には4％だったとすれば，予想インフレ率よりも低いこのインフレ率はボリスとリンにどのような影響を与えるだろうか．どちらが得をするのだろうか．
   b. 今後1年間のインフレ率が実際には7％だったとすれば，このインフレ率はボリスとリンにどのような影響を与えるだろうか．どちらが得をするのだろうか．

7. 予想インフレ率が2％下落したとき，貸付資金市場に何が起きるかを次の図を用いて説明しなさい．予想インフレ率の変化は貸付資金の均衡数量にどのような影響を与えるだろうか．

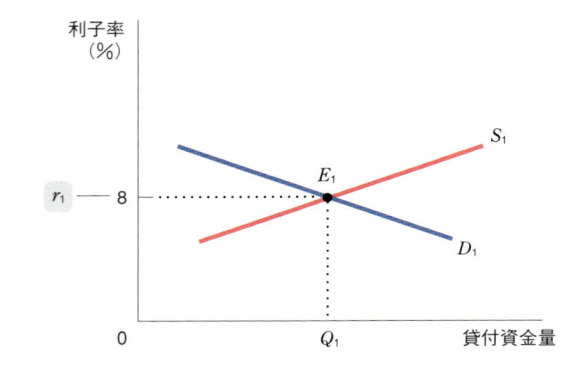

8. 次の例のそれぞれについて，インフレは経済に純費用をもたらすことなく勝者と敗者を生み出すだろうか．それとも経済に純費用をもたらすだろうか．もし純費用をもたらすとすれば，どのタイプの費用だろうか．
   a. インフレ率が高いと予想されるとき，従業員にはより頻繁に賃金が支払われ，従業員が銀行を訪れる回数が増える．
   b. ランウェイの出張旅費は会社から支給される．だが会社が支給するまでに長い時間がかかることがある．よってインフレ率が高いときランウェイは出張したいとはあまり思わない．
   c. ヘクター・ホームオーナーは5年前に住宅ローンを組んだ．その固定名目利子率は6％だ．この5年間にインフレ率は予想外にじわじわと上昇し，現在は7％だ．
   d. 予想外に高いインフレへの対処として，ケープコッドのコージーコテージの経営者は，今季のレンタル価格を訂正するために高価なカラーパンフレットを再度印刷して再送しなければならない．

9. 次の図はアルバーニアの1990年から2005年にかけての住

宅ローン金利とインフレ率を示している．住宅ローンが特に魅力的である時期はいつか．またなぜか．

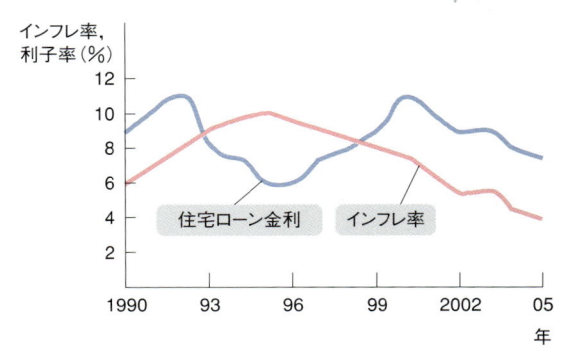

インフレ率，利子率（％）／住宅ローン金利／インフレ率／1990　93　96　99　2002　05　年

10. 次の図は欧州中央銀行によって報告された短期名目利子率（3カ月物）とユーロ圏のインフレ率を1996年から2005年中期まで示したものだ．2つの関係はどのように説明できるだろうか．図16-5のアメリカのそれとどのようにパターンを比較できるだろうか．

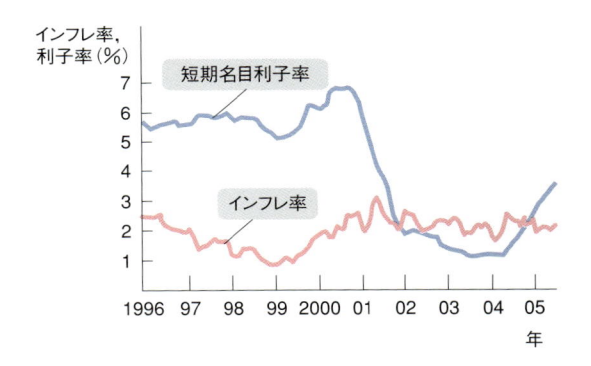

インフレ率，利子率（％）／短期名目利子率／インフレ率／1996　97　98　99　2000　01　02　03　04　05　年

11. ブリタニカ経済は高いインフレ率に苦しんできた．失業率は自然失業率に等しい．政策立案者は経済的費用を可能な限り低く抑えながら経済をインフレから脱却させたいと考えている．経済の現状は負の供給ショックによるものではないと想定しよう．どのようにすればディスインフレによる失業の費用を最小化できるだろうか．ディスインフレの費用をなくすことは可能だろうか．

12. 住宅ローン会社が，10万5000ドルの価値を持つ家の購入費用としてミラー一家に10万ドルを貸し付け，1年目に予期せぬ10％の物価下落があったとしよう．このとき誰が勝者で，誰が敗者になるだろうか．デフレがさらに2～3年続いたときに何が起きると予想できるだろうか．持続的なデフレは経済全体にどのような影響を与えるだろうか．

> web▶ 引き続き勉強し，本章の概念を復習したい人は，クルーグマン＝ウェルスのウェブサイトを訪ね，小問題集，動画による教習，有益なリンク集などを参照してください．
> www.worthpublishers.com/krugmanwells

Part-VII Events and Ideas
第VII部 事件とアイデア

Chapter 17
第17章
The Making of Modern Macroeconomics
現代マクロ経済学の形成

うみを出す？

2004年の「大統領経済報告」は，「金融政策を積極的に使えば不況の底上げをすることが可能だ」と宣言した．現代のマクロ経済学者でこれに反対する人は少ないだろう．マクロ経済政策をめぐる論議の中で，政治的に重要な役割を演じるものは数しれないほど存在する．だがマクロ経済学者の間では，経済がどんなふうに動いているかについて大まかな合意（コンセンサス）がある．拡張的な金融政策は不況の克服に有効だという認識はその1つだ．しかもこの合意は実際の政策に反映されている．図の2つのパネルに見られるように，2001年の不況に対して金融政策は強い攻勢を仕掛けた．

金融政策をめぐる今日のような合意は，過去には必ずしも見られなかったものだ．多数の経済学者がどんな不況対策にも反対した時代があった．大恐慌の初期，ハーバート・フーバー大統領の財務長官だったアンドリュー・メロンは，断固として金融緩和に反対した．後にフーバーが述懐したところによれば，メロンは「不況は体制のうみを出すことになるだろう」と不況を放置することを進言した．これは，当時の多くの一流経済学者の考えでもあった．彼ら

この章で学ぶこと
▶古典派のマクロ経済学者が大恐慌の投げかけた問題に適切に答えられなかったのはなぜか．
▶**ケインズ経済学**の核心．
▶挑戦者たちはケインズ経済学にどんな修正を迫ったか．
▶**新古典派マクロ経済学**の基本概念．
▶現代マクロ経済学の合意となお残る論争点．

積極的金融政策の例

(a) 2001年の景気後退に対応して貨幣供給量は急増し……

(b) ……一方FF金利は急落した．

パネルのグレーの部分に示されているように，FRBは2001年の不況に対して貨幣供給量の急拡大（パネルa）とフェデラル・ファンド（FF）金利の引下げ（パネルb）で対応した．
出所：Federal Reserve Bank of St. Louis（セントルイス連銀）；National Bureau of Economic Research（全米経済研究所）．

> 積極的な金融政策は危険であり，有効性もないと見ていた．フーバーの後を継いでフランクリン・D・ルーズベルトが大統領に就任したとき，彼のアドバイザーたちの間では，拡張的な金融・財政政策を追求すべきか，それとは逆の政策をとるべきかについて熾烈な論争が行われた．この論争で拡張論者が勝利し，アメリカの金本位制からの離脱が決まったとき，ルーズベルトの予算局長は「西洋文明は終わった」と宣言した．だが私たちが知る限り，西洋文明はまだ健在だ．
>
> あの時代から現在までの間に，何がどう変わったのだろうか．現代のマクロ経済学はどのように進化したのか．これまでの諸章で私たちは，経済成長，景気循環，さらにはインフレーションを理解するための分析枠組みを学んだ．この章ではその枠組みがいかに作り出されたかを，つまりさまざまな事件やアイデアがいかにからみあって現代のマクロ経済学が形成されるに至ったかを見ていくことにしよう．

1 古典派のマクロ経済学

マクロ経済学という用語は，1933年にノルウェーの経済学者ラグナー・フリッシュが作り出したもののようだ．この年が大恐慌の最悪の年だったことは偶然ではないだろう．だが大恐慌以前から，私たちが現在もマクロ経済学上の争点と見なしている物価や総産出量の動きを研究していた経済学者がいたのだ．

1.1 貨幣と物価

第16章で物価水準の古典派モデルについて説明したね．このモデルによると，物価の変動は伸縮的で，総供給曲線は短期でも垂直になるとされる．このモデルでは，他の条件を一定とすると，貨幣供給量の増加はそれと比例的な物価水準の上昇をもたらすが，総産出量には何の影響も及ぼさない．その結果，貨幣供給量の増加はインフレーションにつながるだけだ，ということになる．1930年代以前には，この物価水準の古典派モデルが，金融政策の効果をめぐる経済学者の思考を制していた．

古典派の経済学者は本当に，貨幣供給量の変化は物価水準に影響するだけで総産出量には作用しないという確信を持っていたのだろうか？　たぶんそんなことはない．経済思想史の研究者によれば，1930年以前にほとんどの経済学者が，貨幣供給量の変化は短期的には物価水準だけでなく総産出量にも影響することに，現代の用語を使って言えば短期総供給曲線は右上がりであることに気づいていた．だが彼らはそのような短期的効果は重要でないと考え，長期的な効果に注目していたのだ．このような長期に執心する態度こそ，ジョン・メイナード・ケインズが「長期的には，われわれはみな死んでしまう」と揶揄したものだった．

1.2 景気循環

当然のことながら，古典派の経済学者は経済がいつも順調に成長するものではないことを知っていた．景気循環の数量的研究に先鞭をつけたのは，アメリカの経済学者ウェズレー・ミッチェルだ．彼は1920年に全米経済研究所（NBER）を創設した．この非営利組織は今日に至るまで，景気後退と景気拡大の開始時期を公式に宣言するとい

う役割を担っている．ミッチェルの研究によって，景気循環を測定するという仕事は1930年までに大いに進歩した．しかし，広く認められた景気循環の理論は存在しなかった．

明確な理論がない中で，政策立案者は不況にどう立ち向かうべきかという議論は分かれた．拡張的な金融・財政政策を支持する学者がいるかと思えば，そのような政策は不況を悪化させるか，避けられない運命を先延ばしするだけだと説く者もいた．例えば技術革新の重要性を先見した学者として有名なハーバード大学のジョセフ・シュンペーターは，1934年に，拡張的な金融政策によって大恐慌を押さえつけようとする試みは，結局のところそれが救済すべき不況よりももっとひどい経済破綻をもたらすことになると警告した．大恐慌に襲われたとき，こうした見解の不一致によって経済政策はまひ状態に陥った．現在では，このときの経済政策は多くの場合間違った方向に運用されたと考えている経済学者が多い．

だが必要は発明の母だ．すぐ説明するように，大恐慌からの刺激を受けて政策指針として役に立つ理論が作り出された．経済学者は危機に対応したのだ．

経済学を使ってみよう

景気循環はいつ始まったか

全米経済研究所が持っているこれまでの景気循環の記録では，1854年までしかさかのぼれない．これには2つの理由がある．1つは，時間をさらにさかのぼると使える経済データが乏しくなるということだ．もう1つは，現代的な意味での景気循環が1854年以前にはあまり起きていないのではないかと思われることだ．

19世紀前半のアメリカは圧倒的に農業中心の経済だった．図17-1は1840年から1900年までの間に，農業と鉱工業の対GDP比がどう変化したかを示している．これを見ると，1840年には農業が鉱工業を圧倒しており，経済的重要性という点では1880年代に入るまで鉱工業は農業に追いつけなかったことがわかる．

図17-1　19世紀に起きた経済構造の変化

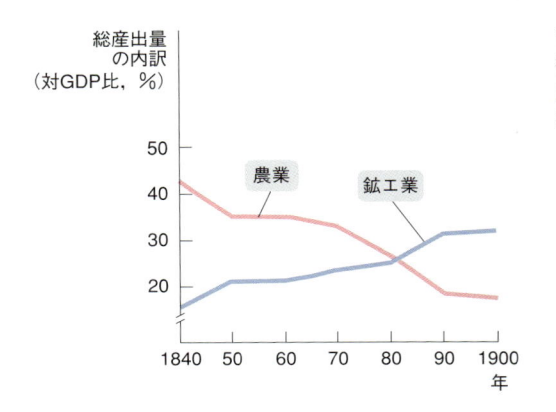

19世紀の前半，アメリカは圧倒的に農業経済の国で，おそらく現代的な景気循環など経験したこともなかったと思われる．それが19世紀末期になると，主として工業国となり，現代的な景気循環が見られるようになった．

出所：Robert E. Gallman, "Economic Growth and Structural Change in the Nineteenth Century," in Stanley L. Engerman and Robert E. Gallman, editors, *The Cambridge Economic History of the United States, Vol. II : The Long Nineteenth Century* (Cambridge, UK : Cambridge University Press, 2000), pp.1-55.

なぜそれが重要なのかって？　農業経済の総産出量の変動は，現在知られているような景気循環とはまったく違ったものだからだ．なぜ違うかというと，農産物の価格は総じて非常に変動しやすいからだ．そのため，主要産業が農業である国の短期総供給曲線はおそらく垂直に近いものとなり，需要側のショックは産出量の変動にはつながらない．経済変動の主要な要因となるのは，主に天候のせいで農業生産が変化して短期総供給曲線がシフトすることだ．現代の景気循環はそれとは対照的に，主として総需要曲線のシフトによるものだ．

現代的な景気循環は，産業革命発祥の地であり，1820年までにすでに都市型の工業国となっていたイギリスで始まったと言えるだろう．とりわけ，1846～47年のイギリスの不況は現代的な性格のものだった．それは，企業が鉄道という新しい技術に大金を使い，後になってやりすぎたことに気づいた，あの「根拠なき熱狂」の時期に発生した．

> **ちょっと復習**
> ▶古典派のマクロ経済学者は金融政策が物価水準に与える長期的な効果に注目したが，総産出量に与える短期的な効果は無視した．
> ▶大恐慌の時期までに景気循環の測定はかなり進んだが，なぜ景気循環が起こるかを解明する理論は存在しなかった．

理解度チェック 17-1

1. 本章冒頭の485ページにある図のパネル(a)は，2001年の不況前後のM1の動きを示している．
    a. このデータは，この章の「はじまりの物語」で引用した「大統領経済報告」と整合的か．
    b. 古典派の経済学者たちはFRBの政策について何と言っただろうか．

解答は本書の巻末にある．

2 大恐慌とケインズ革命

大恐慌によって経済学者は，短期をないがしろにしてはいけないということを肝に銘じることになった．それに伴う経済的な痛みが強烈だっただけでなく，社会・政治システムが揺さぶられたのだ．特筆すべきは，経済の激しい落込みがドイツでヒトラーの政治的台頭を招いたことだ．

どうしてこのような経済破綻が生じたのか？　またどんな対策が講じられるべきか？　全世界がその答えを求めていた．しかし，景気循環の理論が確立されていなかったこともあって，経済学者がこの疑問に与えた答えは，矛盾に満ちた，そして時には今日の観点からすれば有害としか思えないものだった．ある者は，例えば大部分の民間企業の国有化と市場経済から統制経済への再編成のような，経済システムの大変革のみが経済不振を終わらせられると信じていた．他方，経済の落込みは自然なものであり，有益でさえあるとして，どんな対策も講じてはならないと論じる者もいた．

だが，この経済不振は市場経済の基本路線を変えることなく解決できるし，そのように解決すべきだと主張する経済学者が現れた．イギリスの経済学者ジョン・メイナード・ケインズだ．彼は，1930年に，アメリカとイギリスの経済を襲った問題をエンジンが故障した自動車にたとえた．経済を動かすためには，全面的な大修理ではな

く，ちょっとした手直しが必要なだけだというのが彼の主張だった．

すばらしいたとえだが，この経済不振の本質は一体何だったのだろうか？

2.1 ケインズの理論

1936年にケインズは，彼の大恐慌の分析——経済のエンジンのどこが悪いかを説明したもの——をまとめた『雇用・利子および貨幣の一般理論』という本を発表した．アメリカの大経済学者であるポール・サミュエルソンはその本について，1946年に，「この本の書き方は感心しないし，全体の構成も拙い．……洞察と直観のひらめきが退屈な数式と入りまじっている．この本の分析は自明なのに斬新だ．……要するに，天才の作品と言うしかない」と述べている．この『一般理論』はやさしい読み物ではないが，経済学についてこれまで書かれた書物の中で最も影響力ある本の1つとして，アダム・スミスの『国富論』と比肩するものだ．

サミュエルソンの記述が示しているように，ケインズの本はさまざまな新しいアイデアを煮込んだ大鍋料理のようなものだった．だが**ケインズ経済学**と呼ばれるようになった彼の学説には，主として次の2つの革新がある．

第1にケインズは，物価水準が長期的にどう決まるかという点よりも，総需要のシフトが総産出量に与える短期的な効果を強調した．「長期的には，われわれはみな死んでしまう」というケインズの有名な警句が思い出させてくれたように，彼の本が世に出る前には，大多数の経済学者が短期は重要でないと考えていた．ケインズは，短期総供給曲線が右上がりで，総需要曲線のシフトが物価だけでなく総産出量と雇用量に影響することに経済学者の目を向けさせたのだ．

図17-2はケインズのマクロ経済学と古典派のマクロ経済学の違いを示したものだ．この図の両方のパネルには短期総供給曲線 *SRAS* が示されている．また，例えば株式

> ジョン・メイナード・ケインズの仕事から生み出された学説はしばしば**ケインズ経済学**と呼ばれている．

図17-2　古典派とケインズ派のマクロ経済学

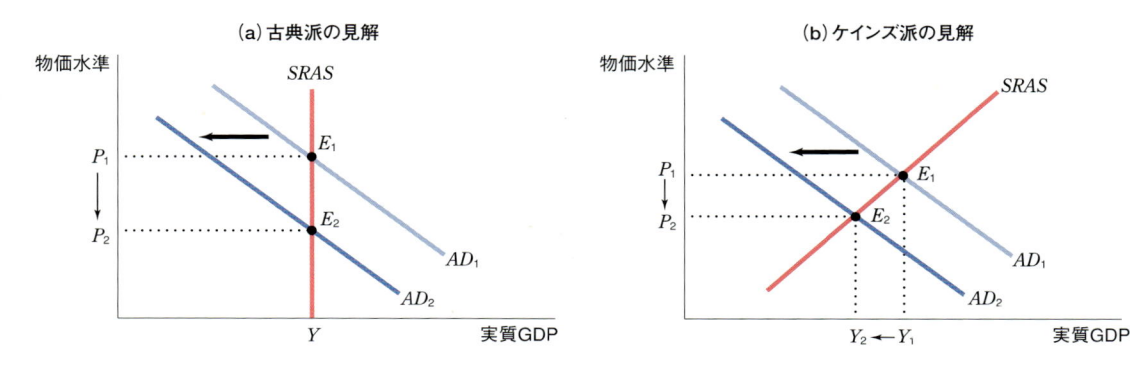

古典派の経済学とケインズ経済学の重要な相違点の1つは，短期総供給曲線に関するものだ．パネル(a)は古典派の見方を示している．ここでは *SRAS* 曲線は垂直になっており，総需要曲線のシフトは物価には影響するが総産出量には影響しない．パネル(b)はケインズ派の見方を示している．短期的には *SRAS* 曲線は右上がりになっており，そのため総需要曲線のシフトは物価だけでなく総産出量にも影響する．

ちょっと寄り道　ケインズの政治学

ケインズ経済学という言葉は，しばしば左翼の経済学と同義に用いられる．一定の積極的活動を行う根拠を政府に与えたという理由で，ケインズがある種の左翼，でなければきっと社会主義者だと信じる論者が存在するようだ．だがことの真相はもっと複雑だ．

本文でも述べたが，ケインズのアイデアは広範囲にわたる政治層の間で受け入れられている．2004年当時には大統領も，その側近ナンバーワンの経済学者N・グレゴリー・マンキューも保守主義者だった．だがマンキューは『新しいケインズ経済学』(New Keynesian Economics)というタイトルの論文集の編集者でもあった．

ケインズ自身は社会主義者どころか，左翼ですらなかった．『一般理論』が刊行された当時，イギリスのインテリ層には，大恐慌が資本主義体制の最後の危機だという思いから，産業の国有化がイギリス経済を救う唯一の政策だと信じる者が多かった．ケインズはそれとは対照的に，体制が必要とするのは部分的補修にすぎないと論じていた．その意味で，彼の思想は資本主義擁護論であり，政治的には保守主義だった．

1940年代，50年代，60年代と続いたケインズ経済学の台頭期に政府の経済的役割が増大し，大きな政府を支持する人たちが熱烈なケインズ主義者となっていったことはまぎれもない事実だ．逆に，1970年代，80年代には振り子が自由市場政策の方向に逆戻りして，ケインズの思想に対する一連の挑戦があった．この点については本章の後半で述べることにしたい．ともあれ，ケインズの貢献に敬意を払いつつ保守的な政治信条を持つことも，またケインズの思想を疑問視しながら自由主義に傾倒することも，等しく完全に可能なのだ．

市場で株価が暴落したなどの要因に反応して家計が消費支出を減らし，総需要曲線がAD_1からAD_2へと左に移動したと仮定している．

パネル(a)は古典派の見方を表している．ここでは短期総供給曲線は垂直になっている．総需要の減少はP_1からP_2への物価の下落をもたらすが，実質GDPには何の影響も与えない．パネル(b)はケインズ派の見解を示している．ここでは短期総供給曲線は右上がりになっていて，総需要の減少はP_1からP_2への物価の下落だけでなく，Y_1からY_2への実質GDPの減少をももたらしている．前に述べたように，たいていの古典派のマクロ経済学者は，短期的にはこのパネル(b)のほうが正確な状況説明になっていることを認めていたと思われる．だがしかし，彼らは短期は重要ではないと考えていた．ケインズはこれに異を唱えた(はっきり言っておくと，ケインズの『一般理論』にはこのパネル(b)のような図はない．だがケインズの概念を現代の用語に翻訳すると，彼が右上がりの総供給曲線を考えていたことは間違いがない)．

第2に，古典派の経済学者は総需要曲線をシフトさせる要因として貨幣供給量の変化を強調したが，他の要因にはほとんど目を向けなかった．しかし，ケインズは他の要因，とりわけアニマル・スピリット——現代の面白みのない表現を用いると景況感(ビジネス・コンフィデンス)なるもの——が景気循環の立役者だと主張した．ケインズ以前には，貨幣供給量が一定に保たれるかぎり，景況感が物価水準や総産出量に影響するはずがないと論じる経済学者が少なくなかった．ケインズは，それとはまったく違った絵を描いて見せたのだ．

ケインズの思想は公衆の意識の奥深くまで浸透している．結果として，ケインズの名前すら聞いたことのない人も，また聞いてはいても彼の理論には反対だと思っている人も，ケインズの考えを日常的に取り入れている．例えば，経済評論家が次のようなことを言ったとしよう．「景況感の悪化によって投資支出が落ち込み，不況を招くことになった」．この評論家がそうと知っていようがいまいが，これは純正ケインズ経済学の主張だ．

ケインズ自身，彼の思想が「誰もが知っている」ことの一部になると予想していたふしがある．『一般理論』の末尾のほうに，もう1つの有名な文章がある．引用すると，「どんな知的な影響からも自由だと思い込んでいる実際家たちもご多分に洩れず，過去のどこかの経済学者の奴隷となっているのだ」．

2.2　不況を克服する政策

ケインズの仕事によって実際に何が起こったのだろうか．その主な帰結は，景気循環を平準化するために金融・財政政策を活用する**マクロ経済政策の積極主義**が公認されたことだ．

マクロ経済政策の積極主義は，目新しいものではまったくなかった．激しい反対論はあったにせよ，ケインズ以前にも経済不振に対して金融政策をとることを提唱する経済学者は多かった．強い異論を唱えた者もいたが，不況期の一時的な財政赤字は良いことだとする者さえいた．実際のところ1930年代には，多くの国の政府が現在ではケインズ政策と呼ばれてもおかしくない政策を採用していた．アメリカでは，フランクリン・D・ルーズベルト政権が雇用創出を目的とした小規模の赤字支出に踏み込んでいた．

だがこうした努力は中途半端なものだった．「はじまりの物語」で述べたように，ルーズベルトのアドバイザーたちは適切な政策は何かをめぐって深刻な対立を見せていた．1937年，経済が依然として不況下にある中で，ルーズベルトは均衡財政と利上げを迫る非ケインズ派の経済学者の要請を受け入れた．その結果，経済は新たな不振に陥ったのだ．

今日ではそれとは対照的に，金融・財政政策が不況と闘ううえで有益な役割を果たしうるという幅広い合意が形成されている．この章の冒頭で引用した2004年の「大統領経済報告」は，政府の経済介入に概して反対する保守的な共和党政権が公表したものだ．だがその不況下の経済政策に対する見解は，1936年以前の大多数の経済学者の見解よりもケインズの見解にはるかに近いものだった．

しかし，ケインズのアイデアが現代の経済学者に完全に受け入れられていると言えば間違いになる．『一般理論』が刊行されて以降何十年にもわたって，ケインズ経済学は一連の挑戦を受けてきた．その中には，マクロ経済学に関する常識を大きく修正したものもある．

> **マクロ経済政策の積極主義**とは，景気循環を平準化するために金融・財政政策を活用することだ．

図17-3 財政政策と大恐慌の終息

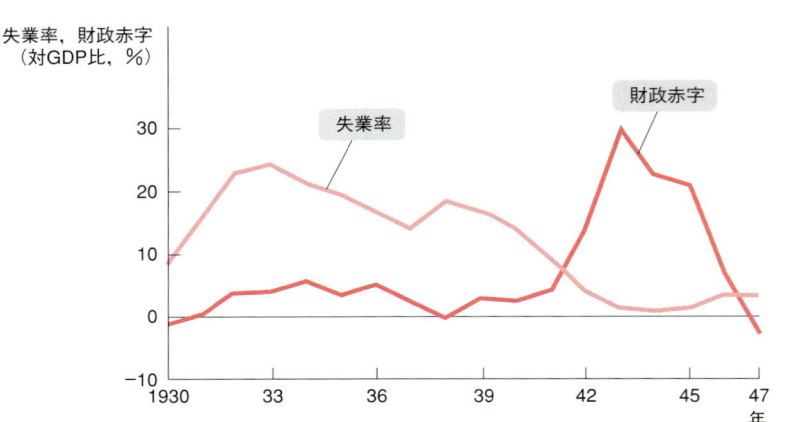

1930年代,アメリカ政府は経済を底上げしようとして赤字支出を始めた.しかし,その赤字幅は対GDP比で見て小さなものだった.政府は1937年には均衡財政を回復させようとしたが,これは新たな失業を生み出す結果に終わった.第2次世界大戦の勃発によって大規模な赤字支出が始まり,大恐慌は終息した.

出所:U.S. Census Bureau(米国勢調査局).

経済学を使ってみよう

大恐慌の終わり

ケインズのアイデアが経済政策を変え,それによって大恐慌が終息したということなら,これほどめでたい話はない.だが残念ながら,事実はそうではなかった.それでも大恐慌の終わり方は,多くの経済学者にケインズは正しかったと確信させるものだった.

1930年代にケインズのアイデアを受け入れた多くの若い経済学者たちが彼の著作から学んだ基本的な教訓は,経済の回復には積極的な財政拡大――雇用創出につながるような大規模な赤字支出――が必要だという1点だった.この教訓は最終的に役に立ったのだが,それは政治家がそう説得されたからということではなかった.代わりに,非常に大きな戦争が起こったのだ.

図17-3は,1930年から1947年までのアメリカの失業率と連邦政府の財政赤字の対GDP比を示している.図からわかるように,1930年代の赤字支出は小規模なものだった.戦争のリスクが増大するにつれてアメリカは軍事力の大増強を始め,財政は大きく赤字化した.1941年12月7日に真珠湾攻撃が行われるや,アメリカは巨額の赤字支出に踏み切った.1942年7月に始まった1943財政年度には,その赤字はGDPの30%にものぼった.これは今日では3.5兆ドルに相当する数字だ.

こうして経済は再生した.第2次世界大戦はケインズ流の財政政策として企図されたものではなかったが,この戦争によって拡張的な財政政策は短期的に雇用を作り出す効果を持つことがわかったのだ. ■

ちょっと復習

▶ジョン・メイナード・ケインズの構想に基づくケインズ経済学は1930年代に生まれた.

理解度チェック 17-2

1. 2004年の「大統領経済報告」は,積極的な金融政策を支持しただけでなく,減税

が税引き後の所得を高め，労働，貯蓄，そして投資のインセンティブを強めることで経済活動が活発化すると述べた．これはケインズ政策と言えるだろうか．なぜそう言えるのか，あるいはなぜそう言えないのか．

解答は本書の巻末にある．

3 ケインズ経済学への挑戦

ケインズのアイデアは景気循環をめぐる経済学者の認識を根本的に変化させた．だがそれは疑問の余地なく鵜呑みにされたわけではない．『一般理論』が刊行されて以降何十年にもわたって，ケインズ経済学は一連の挑戦を受けた．その結果，マクロ経済学の常識は1950年代に支配的だった強力なケインズ主義の教義からは多少なりとも後退した．特に，経済学者はマクロ経済政策の積極主義の限界をもっとよく知るようになった．

▶ケインズ経済学のカギは $SRAS$ 曲線が垂直ではなく右上がりとなる短期を重視したこと，そして貨幣供給量だけでなく他の要因が AD 曲線に影響することを強調したことだ．
▶ケインズ経済学はマクロ経済政策の積極主義に合理的根拠を与えた．
▶ケインズの名前を聞いたことがない人やケインズに異を唱える人も広くケインズのアイデアを利用している．

3.1 金融政策の復活

ケインズの『一般理論』では，金融政策は恐慌下ではあまり有効ではないと考えられていた．現代のマクロ経済学者の多くはこの考えに賛成だろう．第16章で流動性の罠という概念を紹介したが，これは名目利子率がゼロの下限まで低下して金融政策が無力化した状態を指す．実際，ケインズが執筆していた1930年代には，利子率はほとんど０％の水準に下がっていた（流動性の罠という惹句は，イギリスの経済学者ジョン・ヒックスがケインズの考えをまとめた「ケインズ氏と古典派：１つの解釈」と題する論文の中で初めて導入したものだ）．

第２次世界大戦後，０％近辺の低利子率の時代は終わったのだが，多くの経済学者の間には依然として財政政策を重視し金融政策を軽んじる風潮が続いた．しかし，ついに金融政策の重要性を再認識するときがきた．この点で記念碑的な業績となるのは，シカゴ大学のミルトン・フリードマンと全米経済研究所のアンナ・シュワルツが1963年に出版した『アメリカ金融史：1867～1960』だ．フリードマンとシュワルツは，景気循環が歴史的に貨幣供給量の変動と相関していることを明らかにした．特筆すべきは，大恐慌が始まった時期に貨幣供給量が急激に減少していることだ．FRBが貨幣供給量の減少を食い止めるように行動していたなら大恐慌は回避できたかもしれない，とするフリードマンとシュワルツの議論は，全員ではないとしても多くの経済学者を説得するに足るものだった．経済運営に当たって金融政策の役割が重要だという主張は，ほとんどの経済学者が受け入れるところとなった．

金融政策への関心が復活したことは，財政政策が経済運営の重荷を負わなくてすむようになったという点で，つまり経済運営が政治家の手を離れたという点で重要だった．財政政策は税率の変更や政府支出の修正を要するので，必然的に政治的な選択の対象となる．政府が減税によって経済を刺激しようとすれば，誰の税金を下げるべきかが問題になる．また政府支出によって経済を刺激しようとすれば，何にお金を使うかが問題になるのだ．

金融政策は，財政政策とは対照的に，こうした選択に苦慮する必要はない．不況に対抗して中央銀行が利子率を引き下げる場合，すべての人々の利子率を同時に下げることになるのだ．だから，政策の柱が財政政策から金融政策に切り替われば，マクロ経済運営は政治色を薄め，より技術的な性格のものになる．実際，第16章で学んだように，ほとんどの主要国経済で金融政策は政治的プロセスから切り離され，独立した中央銀行によって運営されている．

3.2　マネタリズム

『アメリカ金融史』の出版後，ミルトン・フリードマンは金融政策の重要性は維持しながら一方でマクロ経済政策の積極主義を排除しようという運動を始めた．**マネタリズム**は，貨幣供給量が一定率で着実に成長すればGDPも一定率で着実に成長すると主張する．マネタリストの政策は，中央銀行に例えば年率3％などの一定の貨幣供給量の成長を達成するという目標を立てさせ，経済にいかなる変動が起ころうともそれを貫徹させるというものだ．

マネタリズムがケインズのアイデアから多くのものを受け継いでいることに注意する必要がある．ケインズと同様に，フリードマンは短期が重要であり，総需要の短期的な変化が物価と総産出量の両方に影響を及ぼすと明言した．ケインズと同様に，フリードマンは大恐慌の最中にはもっと拡張的な政策が行われるべきだったと主張した．

だがマネタリストは，政策担当者が経済の浮き沈みを平準化しようとしても，そうした試みの大半は事態を悪化させるだけだと断言する．第12章で論じたように，マクロ経済学者が**裁量的財政政策**——経済の状況に応じて採用する減税や政府支出——の有効性に対して懐疑的なのはそれ相当の理由がある．政府の状況認識は現実から遅れがちだし，財政政策の変更にも，またその効果が経済に浸透するまでにもさらなる遅れがつきまとう．こうしたタイムラグのせいで，景気後退を克服するために企図された裁量的財政政策が結果的に景気の過熱に手を貸してしまったり，また景気過熱の抑制策が不況を招いたりすることが少なくないのだ．

フリードマンはまた，中央銀行が彼のアドバイスどおりに経済の変動に応じて貨幣供給量を調整することをもし拒否した場合には，財政政策はケインズ派が言うよりもはるかに小さな効果しか発揮できないと主張した．第9章で分析したように，財政赤字は利子率を高めて投資支出を押さえ込む**クラウディング・アウト**という現象を引き起こす．フリードマンも他の論者も，貨幣供給量が固定されている状況で政府が拡張的な財政政策を追求しても，それが総需要に与える効果はクラウディング・アウトによって弱められると指摘している．

図17-4は，この主張を示したものだ．パネル(a)は総産出量と物価水準を示している．AD_1は当初の総需要曲線，$SRAS$は総供給曲線だ．当初の均衡点E_1では総産出量の水準はY_1，物価水準はP_1だ．パネル(b)は貨幣市場の状況を示している．MSは貨幣供給曲線，MD_1は当初の貨幣需要曲線，従って当初の利子率はr_1となっている．

ここで，政府が財・サービスの購入を増やしたとしよう．このとき，AD曲線は例

マネタリズムは，貨幣供給量が一定率で増加すればGDPも一定率で成長するという主張だ．

図17-4 貨幣供給量が一定のときの財政政策

(a) 貨幣供給量が一定のとき，拡張的財政政策による総需要の増加は小さい……

(b) ……なぜなら，貨幣需要の増加が利子率を上昇させ，投資支出を一部押しのけるからだ．

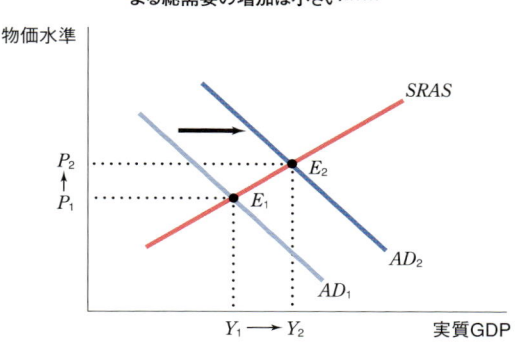

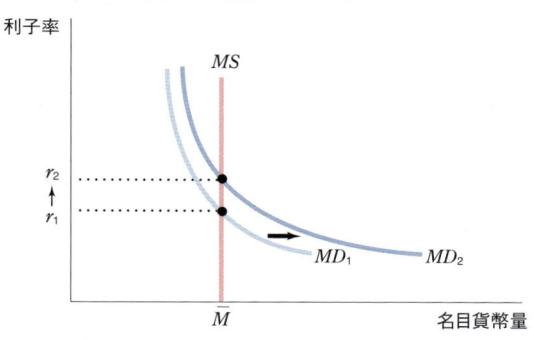

パネル(a)では，拡張的な財政政策はAD曲線を右にシフトさせ，物価水準と総産出量を引き上げる．だがこの変化は貨幣需要の増加をもたらす．このとき貨幣供給量が一定であれば，パネル(b)に示すように貨幣需要の増加は利子率を押し上げ，投資支出を減少させて財政政策の効果を一部相殺する．だからAD曲線のシフト幅は利子率が一定のときに比べると小さくなる．つまり貨幣供給量が固定されている場合には，財政政策の効果は弱められるのだ．

えばAD_1からAD_2へと右にシフトし，総産出量はY_1からY_2に増加し，物価はP_1からP_2に上昇する．総産出量の増加と物価水準の上昇はどちらも貨幣需要の増加をもたらすので，貨幣需要曲線はMD_1からMD_2に右方にシフトする．その結果，均衡利子率はr_2まで上昇する．フリードマンの論点は，この利子率の上昇が投資支出を押し下げてしまい，当初の政府支出の増加を一部相殺するというものだ．だからAD曲線の右へのシフト幅は，第12章の乗数分析で示された幅よりも小さくなる．フリードマンによれば，貨幣供給量が一定とされる限り乗数は極めて小さくなるので，財政政策を使う意味はなくなるというのだ．

だがフリードマンは，積極的金融政策にも難色を示している．裁量的財政政策によって経済の安定化を図る政府の能力に限界があるのと同じ理由で，経済状況を見ながら貨幣供給量や利子率を動かそうとする中央銀行の**裁量的金融政策**にも問題があると言うのだ．

フリードマンが提示した解決策は，金融政策を「自動操縦」させることだった．中央銀行はその行動を決定する公式である**金融政策ルール**に従うべきだと彼は言う．1960年代，70年代に大半の経済学者が最善の金融政策ルールだと考えていたのは，緩やかで着実な貨幣供給量の成長を目標にすることだった．このルールが有効だとされたのは，貨幣の流通速度が短期的には安定していて徐々にしか変わらないという信念による．第14章で定義したように，貨幣の流通速度とは貨幣量と名目GDPの比率のことだ．数量方程式

$$M \times V = P \times Y$$

を思い出してほしい．この方程式で，Mは貨幣量，Vは貨幣の流通速度，Pは物価水

裁量的金融政策とは，中央銀行が経済状況を見ながら利子率や貨幣供給量を変更することを言う．

金融政策ルールとは中央銀行の行動を決める公式のことだ．

図17-5 貨幣の流通速度

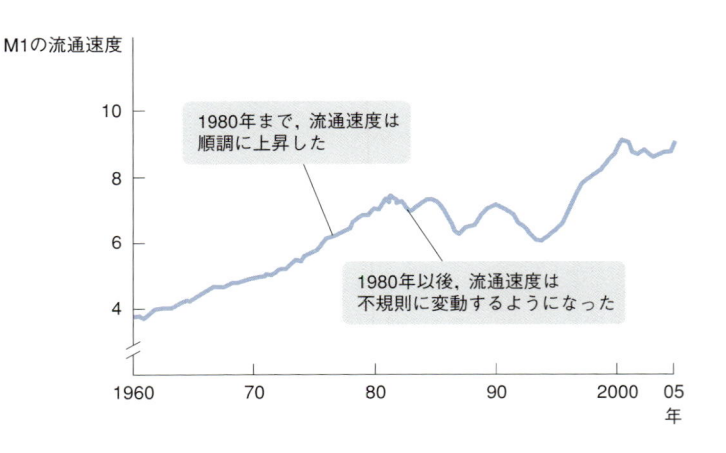

M1の流通速度

1980年まで，流通速度は順調に上昇した

1980年以後，流通速度は不規則に変動するようになった

1960年から1980年までは貨幣の流通速度は安定していた．それを見て，マネタリストは貨幣供給量が着実に一定率で成長することが経済の安定をもたらすと確信した．だが1980年以降流通速度は不規則に変動しはじめ，伝統的なマネタリズムの主張はゆらぐことになった．

出所：Federal Reserve Bank of St. Louis.

準，Yは実質GDP（だから$P \times Y$は名目GDP）だ．マネタリストはVが安定していると信じ，そのことからFRBがMを着実な成長軌道に乗せれば，GDPも着実に成長すると信じたのだ．

この節の「経済学を使ってみよう」で述べているように，マネタリズムは1970年代から80年代初期の金融政策に強い影響を与えた．だが貨幣供給量の着実な増加が経済の着実な成長を保証するものではない，ということがすぐに明らかになった．貨幣の流通速度は十分に安定的なものではなく，こうした単純な政策ルールは有効ではなかった．図17-5は，1960年代，70年代のマネタリストがなぜこの単純な金融政策ルールを信じるに足るものと見なしたのか，またその後の展開で彼らはどのように足元をすくわれたのかを物語っている．この図は，1960年から2005年の初めまでの，M_1と名目GDPの比率で測った貨幣の流通速度を示している．見てとれるように，1980年までは流通速度はまずまずスムーズで，一見予想可能な趨勢に従っていた．だが1980年以降にFRBがマネタリストの提案を採用しはじめるや，貨幣の流通速度はむちゃくちゃに暴れまわるようになった．これはたぶん金融市場のイノベーション（革新）によるものだろう．

今日のマクロ経済学者の中で伝統的なマネタリストを見つけることは難しくなった．だが後で見るように，金融政策の裁量的運用が行き過ぎると経済に有害な影響を及ぼすというマネタリストの考えは，マクロ経済学者の間で広く受け入れられている．

3.3 インフレーションと自然失業率

マクロ経済政策の利用をめぐるケインズ派の見解にマネタリストが挑戦状を突きつけていたころ，他にもマクロ経済政策の積極主義の限界について力説する経済学者たちが現れた．その一部はマネタリストだったが，全員がマネタリストではなかった．

1940年代と50年代には，ケインズ派の経済学者の中には拡張的な財政政策で恒久的に完全雇用を実現できると信じる者が多かった．1960年代になると，多くの経済

学者は拡張的な政策に頼るとインフレという問題が生じることに気づいたが，それでも政策担当者のやり方しだいでは，高いインフレと低い失業という選択が長期的にも可能だと考える者が多かった．

しかし1968年に，ミルトン・フリードマンとコロンビア大学のエドモンド・フェルプスが，この本の第15章で論じた自然失業率の概念を同時に，かつそれぞれ独立に発表して事態は一変した．第15章で示したように，自然失業率はインフレを加速させない失業率，すなわちNAIRU(インフレ非加速的失業率)と呼ばれるものでもあった．インフレは早晩人々の予想に織り込まれてしまうため，失業率を自然失業率よりも低い水準に抑えようとすればインフレがどんどん加速する．これがNAIRUの仮説だ．

自然失業率仮説は，それ以前の学説に比べてマクロ経済政策の積極的役割をより限定するものとなった．政府は失業率を自然失業率以下に抑えることはできない．そうであるなら，政府がなすべき仕事は失業率をそれより低くすることではなく，失業が自然失業率から上下に大きく変動しないように安定化を図ることだ．

フリードマン=フェルプス仮説の重要な点は，強力な経済予測を生み出したことだ．フリードマンとフェルプスによれば，失業とインフレの間に見られるトレードオフは物価上昇が長く続けば崩れ去ってしまう．というのは，インフレがひとたび人々の予想に組み込まれてしまえば，失業率が高くなってもインフレは持続するからだ．実際，1970年代にはまさにそのような事態が生じた．この予測の成功はマクロ経済分析の偉大な勝利だった．その結果，大多数の経済学者が自然失業率仮説の正しさを確信した．証拠資料が蓄積されるにつれて伝統的なマネタリズムの影響力は衰退したが，自然失業率仮説は一部を除くほとんどのマクロ経済学者によって受け入れられた(一部のマクロ経済学者は，インフレ率が低いか負になる場合には，この仮説の妥当性は失われると信じている)．

3.4 政治的景気循環

ケインズ経済学に対する最後の挑戦は，経済分析の妥当性ではなく，その政治的な帰結に焦点を当てるものだった．多くの経済学者や政治学者は，積極的なマクロ経済政策は政治的な操作の対象になると指摘している．

統計的な検証によれば，選挙の結果はその直前数カ月の経済状況によって決まるようだ．アメリカでは，選挙当日から6カ月前までの間に経済が急速に成長して失業率が低下していれば，たとえそれ以前の3年間が不況だったとしても，与党が再選される傾向が認められるようだ．

このことから，積極的なマクロ経済政策をとる誘惑が生み出されることは明らかだ．選挙の年に経済を底上げして，後からインフレ率の上昇や失業の増加という代償を払うという誘惑だ．その結果，経済は不必要な不安定さにさらされる可能性がある．マクロ経済政策を政治的な目的のために利用することから引き起こされる**政治的景気循環**がそれだ．

よく引き合いに出されるのは，1972年の選挙の直前の拡張的な財政政策と金融政

政治的景気循環は，政治家が政治目的のためにマクロ経済政策を使うことによって起こる．

策があいまってアメリカ経済の急速な成長をもたらし，選挙が終わった後に急激なインフレを招いたという事例だ．国際通貨基金(IMF)の主任研究員でマクロ経済学者として名高いケネス・ロゴフは，その当時の大統領だったリチャード・ニクソンを評して「政治的景気循環の永世チャンピオン」と呼んでいる．

第14章で見たように，政治的景気循環を回避する1つの方法は，政治圧力から遮断された独立した中央銀行の手に金融政策を委ねることだ．政治的景気循環は，非常事態を除いて裁量的な財政政策をとらないことの立派な根拠となりうるものだ．

経済学を使ってみよう

FRBがマネタリズムに求愛した

1970年代末から80年代初頭にかけて，FRBはマネタリズムに求愛した．それ以前にはずっと，FRBは利子率を政策目標にしており，経済状況に応じて利子率を調整していた．しかし1970年代末には，貨幣供給量のいくつかの指標の目標値を公然と設定し，利子率を目標とする政策を取りやめた．大方の論者はこの変化をマネタリズムへの強烈な方向転換だと考えた．

しかし1982年にはFRBはマネタリズムに背を向けた．1982年以降，FRBは裁量的金融政策を追求するようになり，結果として貨幣供給量は大きく変動するようになった．1980年代の終わりには，FRBは利子率を目標とする政策に戻った．

なぜFRBはマネタリズムに求愛し，その後変節したのだろう？　マネタリズムへの転向は，伝統的な経済政策の信用を失墜させた急激なインフレという1970年代の出来事を反映したものだった．自然失業率仮説が失業とインフレのトレードオフの悪化を見事に予測したことは，ミルトン・フリードマンとその知的追随者たちの権威を高めた．政策担当者たちはミルトン・フリードマンの政策提言を試してみたいと思ったのだ．

そしてマネタリズムからの離反もまた現実を反映したものだった．図17-5で見たように，1980年以前にはなめらかな趨勢を示していた貨幣の流通速度は1980年以後には不規則な変動に転じた．その結果，マネタリズムの評判は低下したのだ．■

ちょっと復習

▶初期のケインジアンは財政政策に比して金融政策の有効性を軽視したが，後のマクロ経済学者たちは金融政策の有効性に気づいた．

▶マネタリズムは，裁量的金融政策は有害無益だとして，単純な金融政策ルールに従うことこそ経済の安定化をもたらす最善の策だと主張した．この説は一時人気を博したが，その後影響力を失っていった．

▶現在広く受け入れられてい

理解度チェック 17-3

1. 485ページの図のパネル(a)は最近のM1の動きを示している．仮に1996年以降にFRBがマネタリストの政策をとっていたら，この図はどう変わっていただろうか．
2. 次に図17-5を見てみよう．仮にFRBがマネタリストの政策をとっていたら，1996年以後のアメリカ経済にはどんな問題が生じていただろうか．

解答は本書の巻末にある．

4　合理的期待，リアル・ビジネス・サイクル理論，新古典派マクロ経済学

すでに見たように，古典派経済学とケインズ経済学の重要な相違点の1つは，古典

派の経済学者は短期総供給曲線が垂直だと信じていたのに対して，ケインズは総供給曲線が短期には右上がりだと力説したことだった．だからケインズは総需要曲線のシフトを生じさせる需要ショックが総産出量の変化を引き起こすと論じたのだ．

1950年代，60年代に出現したケインズ経済学への挑戦——金融政策への信頼の復活と自然失業率仮説——は，総需要の拡大（縮小）が短期的に総産出量の増加（減少）をもたらすという主張自体に疑いを差しはさむものではなかった．だが1970年代，80年代になると，**新古典派マクロ経済学**として知られる景気循環学説が現れ，総需要曲線のシフトは物価には影響するが総産出量には影響しないとする古典派的見解への回帰を標榜した．この新しいアプローチは2つのステップを踏んで展開された．第1に，合理的期待という概念に基づいて，短期総供給曲線の傾きに関する伝統的議論に挑戦する経済学者が台頭した．第2に，生産性の変化が経済変動を引き起こすとするリアル・ビジネス・サイクル理論を掲げる経済学者が現れた．

4.1　合理的期待

1970年代，合理的期待と呼ばれる概念がマクロ経済学に強い衝撃をもたらした．**合理的期待**とは，もとをただせば1961年にジョン・ムースによって導入された考えで，個人や企業は利用可能な情報をすべて利用して最適な決定を下すとするものだ．

例えば，長期の賃金契約交渉をする労働者と雇い主は，契約期間中のインフレ率を予想する必要がある．合理的期待を形成する者は，将来のインフレを予想する際に，単に過去のインフレ率を見るだけでなく，金融・財政政策に関する利用可能な情報も考慮に入れるだろう．ここで，昨年の物価は上がらなかったが，政策担当者が公表した金融・財政政策を見ると，今後の数年間に相当のインフレが起きることが明らかだとしよう．合理的期待によれば，過去の物価が上がっていないとしても，賃金契約はこのインフレ予想を反映するものとなるだろう．

政府による政策の効果を判断する際にも，合理的期待の考え方を用いるかどうかで大きな差が出る．自然失業率仮説の本来の主張は，インフレの高進という代償と引換えに失業を減らそうとする政府の試みは短期的には有効だが，インフレが人々の予想に織り込まれると結局は失敗に終わるというものだ．合理的期待の立場に立てば，先の文にある結局はという言葉は除去されるべきものとなる．政府がインフレを高めることで失業を減らそうとしていることが明らかだとすれば，人々はそれを理解し，インフレ予想はすぐさま高まるだろう．

1970年代，シカゴ大学のロバート・ルーカスはこの論理を用いた一連の論文を発表し，学界に大きな影響を与えた．ルーカスによれば，金融政策によって失業の水準を変化させられるのは，その政策が人々の予期せぬかたちで行われたときだけだという．彼の分析が正しければ，金融政策は結局のところ経済の安定化には役に立たないということになる．この業績は広く賞賛され，ルーカスは1995年にノーベル経済学賞を獲得した．しかし，現在では多くの——おそらく大半の——マクロ経済学者，特に政策担当者に近い人々は，ルーカスの結論は行き過ぎだと考えるようになってい

る自然失業率仮説は，マクロ経済政策の有効性には厳しい限界があるとしている．

▶政治的景気循環を憂慮する立場から，中央銀行は独立性を保つべきであり，また深刻な不況時以外は裁量的財政政策を避けるべきだとする見解が生み出される．

新古典派マクロ経済学は，総需要曲線のシフトは物価には影響するが総産出量には影響しないという古典派的見解への回帰を主張する景気循環学説だ．

合理的期待とは，個人や企業が利用可能な情報をすべて利用して最適な決定を下すとするものだ．

る．FRBは，自身が経済安定化に有益な役割を果たせると信じていることは間違いない．この章の「はじまりの物語」で示した2004年の「大統領経済報告」からの引用はそれを証拠づけるものだ．だがこの合理的期待という着想は，マクロ経済学者が自分たちの経済管理能力に対して抱いていたあまりに楽観的な過信に対する警鐘として有益だったと言える．

4.2　リアル・ビジネス・サイクル

第8章で導入した**全要素生産性**(TFP)という概念は，要素投入量を一定として生産できる産出量を指すものだ．全要素生産性は時間の経過とともに成長するが，なめらかには成長しない．1980年代，多くの経済学者は生産性成長の低迷は技術進歩の途絶によって起こると考え，それこそが不況の主因だと主張した．**リアル・ビジネス・サイクル理論**は，全要素生産性の成長率の変動が景気循環を引き起こすと言う．リアル・ビジネス・サイクル理論の黎明期には，その唱道者たちは総需要の変化が総産出量に及ぼす効果を否定していた．

この理論は強い影響力を持っていた．その証拠に，リアル・ビジネス・サイクルの創始者であるカーネギー・メロン大学のフィン・キッドランドとミネアポリス連銀の

> **リアル・ビジネス・サイクル理論**によれば，全要素生産性の成長率の変動が景気循環を引き起こす．

ちょっと寄り道　サプライサイドの経済学

1970年代，一群の経済学者たちが後に「サプライサイドの経済学」として知られるようになる経済政策論を提唱しはじめた．この見解の核心は，税率を引き下げ，それによって勤労意欲と投資意欲を高めることが潜在的な成長率に強力なプラスの効果を持つという信念だ．サプライサイダーたちは政府に対し，減税に見合う支出削減などといった心配はしないで，減税を実施するよう提言した．彼らの主張によれば，減税による経済成長は，財政赤字の悪化という負の効果を打ち消してあまりあるというのだ．サプライサイダーの中には，税率の引下げが経済成長に対して奇跡的ともいうべき効果をもたらす結果，税収額はかえって増加すると言う者まで現れた．

1970年代には，サプライサイドの経済学は『ウォールストリート・ジャーナル』の編集者や他のマスメディアの指導者から熱狂的に支持された．政治家の間でも大いに人気を博した．1980年にロナルド・レーガンはサプライサイドの経済学を大統領選挙運動の土台に据えた．

サプライサイドの経済学は需要よりも供給を重視していた．しかもサプライサイダーたちはケインズ経済学に対して厳しい批判を加えた．こう言うと，サプライサイドの理論はここでいう新古典派マクロ経済学の陣営に属すると見られるかもしれない．だが合理的期待やリアル・ビジネス・サイクル理論とは異なり，サプライサイドの経済学は大方の経済学者たちから無視された．

無視された主な理由は，その主張を支持する根拠が乏しいということだった．減税が勤労意欲や投資意欲を高めることについて異論を唱える経済学者は少ない．しかし勤労意欲・投資意欲を推計してみると，現代のアメリカでは，サプライサイダーたちが言うような強い主張を本当に支持するほどのものとはならなかった．特に，サプライサイドの経済学の教義によれば，1980年代にロナルド・レーガンが実施したような大規模な減税が実施されれば潜在産出量は急激に上向くはずだったが，議会予算局(CBO)などが行った推計によれば，レーガン減税の後で経済成長が加速した形跡はなかった．

エドワード・プレスコットは，2004年のノーベル経済学賞を受賞している．しかし，現在のリアル・ビジネス・サイクル理論の状況は合理的期待とどこか似通っている．この理論はわれわれの経済理解に貴重な貢献をしたと広く認められているし，総需要に対する過剰な思い入れを戒める警告として有益な役割を果たした．だが今ではリアル・ビジネス・サイクル理論のほとんどの論者たちがデータとの適合性から右上がりの総供給曲線を認め，したがって総需要が総産出量の決定に影響を与える可能性があることを認めている．しかもこれまで見てきたように，政策担当者たちは不況との闘いの中で総需要政策が重要な役割を果たすことを信じて疑わないのだ．

経済学を使ってみよう

全要素生産性と景気循環

リアル・ビジネス・サイクル理論は，景気循環の主因は全要素生産性の成長率だという．多くのマクロ経済学者はこの主張を認めていないが，この理論は全要素生産性の成長率と景気循環との間には強い相関関係があるという事実への注意を喚起した．図17-6は，労働統計局（BLS）が推計した全要素生産性の1年ごとの成長率を示している．図のグレーの部分は景気後退期を表している．景気後退期は，全要素生産性の成長率が急激に鈍化するかマイナスに転じた時期と明らかに重なっている．この事実に経済学者の目を向けさせたことだけでも，リアル・ビジネス・サイクル理論の論者たちは高い評価を受けるに値する．

だがこの相関関係をどう解釈するかについては論議の余地がある．リアル・ビジネス・サイクル理論の初期に新古典派マクロ経済学の論者たちが主張したのは，生産性の変動はもっぱら不均等な技術進歩の結果だとするものだった．これに対して，その批判者たちが指摘したのは，1974～75年，あるいは1980年代初期のような本当に厳しい景気後退期には全要素生産性は実際に低下するが，その時期に技術が本当に後退したとは信じられない，というものだ．

それでは，全要素生産性が低下したこれらの時期に一体何が起こっているのか？

図17-6 　全要素生産性とリアル・ビジネス・サイクル理論

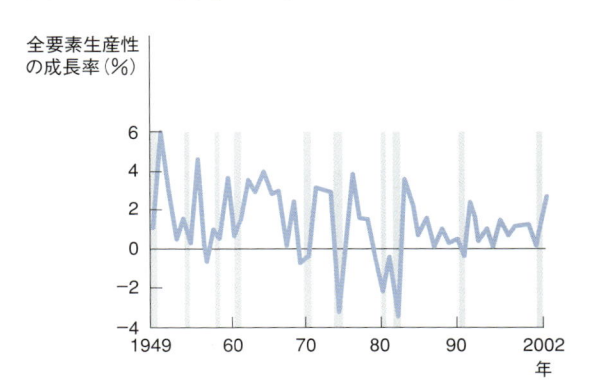

全要素生産性の成長率の減速と景気後退（グレーの部分）との間には明らかな相関関係がある．リアル・ビジネス・サイクル理論によれば，全要素生産性の成長の変動が景気循環の主因だ．だが他の経済学者の中には，景気循環が生産性成長の変動を引き起こすのであってその逆ではないと主張する者もいる．

出所：Bureau of Labor Statistics（労働統計局）；National Bureau of Economic Research.

ある経済学者は，全要素生産性の低下は景気後退の原因ではなく結果だと主張する．例を挙げて説明したほうがわかりやすいだろう．地方郵便局の生産性を測るのに郵便局員1人当たりの郵便物の配達量を用いるとしよう．郵便局が，郵便物の少ないときにはいつでも局員を休業させるということはない．だから郵便が遅い日，つまり郵便配達量が少ない日には，郵便局員の生産性が下がっているように見える．だがそれは郵便物が少ないから郵便配達量が低下しているのであって，その逆ではない．

現在では，全要素生産性と景気循環の相関関係の中には，景気循環の結果生産性の低下が起きていてその逆ではないケースがあることが広く認められている．しかし，これがどの程度正しいかは今後の研究を待たなければならない．

ちょっと復習

▶新古典派マクロ経済学は短期の総供給関数は結局垂直になると主張する．
▶合理的期待によれば，労働者や企業はすべての情報を考慮に入れて行動するので，貨幣供給量の予期せぬ変化だけが産出量に影響を与える．
▶リアル・ビジネス・サイクル理論は，生産性成長率の変動が景気循環を引き起こすと主張する．

理解度チェック 17−4

1. 2001年のはじめ，アメリカの景気後退が明らかになりつつあったとき，FRBは積極的な金融政策によって景気後退と闘うと宣言した．2004年までには，ほとんどの観測者は景気後退が終息したのはこの積極的な金融政策によるものだという結論に達していた．
   a. 合理的期待論者はこの結論についてどう論評するだろうか．
   b. リアル・ビジネス・サイクルの理論家はどう言うだろうか．

解答は本書の巻末にある．

5 現代マクロ経済学の合意

これまで見てきたように，1960年代，70年代，80年代にマクロ経済学をめぐって激しい論争が繰り広げられた．最近になって論争は沈静化しつつあるが，マクロ経済学論争の時代が決してこれで終わったわけではない．だが現在では，決定的に重要ないくつかのマクロ経済問題について，おおまかな合意が存在する．

現代マクロ経済学の合意とはそもそも何か，それはどこから生まれてきたのか，またまだ論争中なのはどんな問題かを理解するために，マクロ経済学者がマクロ経済政策をめぐる5つの基本的問題への解答をどう変更してきたかを見ることにしよう．その5つの問題と，マクロ経済学者が過去70年間に与えてきた解答を表17−1に示してある．古典派マクロ経済学者がどの問題に対しても「いいえ」という解答をしていることに注目しよう．そもそも古典派マクロ経済学者はマクロ経済政策にできることはあまりないという考えなのだ．では5つの問題について，1つずつ見ていこう．

5.1 拡張的金融政策は不況の克服に有効か

すでに指摘したように，古典派のマクロ経済学者は一般に拡張的金融政策は不況の克服に有効でないどころか，有害でさえあるかもしれないと思い込んでいた．初期のケインズ経済学の場合，不況期の金融緩和に異論は唱えなかったものの，その効果については疑問を投げかける者が多かった．ミルトン・フリードマン一派は金融政策が

表17-1 マクロ経済政策をめぐる5つの問題

	古典派 マクロ経済学	ケインズ 経済学	マネタリズム	現代 マクロ経済学
拡張的金融政策は 不況の克服に有効か	いいえ	ほぼいいえ	はい	特別の状況を除き はい
財政政策は 不況の克服に有効か	いいえ	はい	いいえ	はい
金融ないし財政政策は 長期の失業削減に有効か	いいえ	はい	いいえ	いいえ
財政政策は裁量的に 運用すべきものか	いいえ	はい	いいえ	特別の状況を除き いいえ
金融政策は裁量的に 運用すべきものか	いいえ	はい	いいえ	論争中

結局は有効だとして他の経済学者を説得した．

　現在，たいていのマクロ経済学者は金融政策で総需要曲線をシフトさせて経済安定化に資することができると考えている．貨幣供給量の変化は物価に影響するだけで総供給には影響しないという古典派の見解は，今日ではほとんど支持されていない．かつて一部のケインズ経済学者は貨幣供給量を変化させることの効果は小さいと論じたが，この説も今日では同様に支持されていない．唯一の例外は経済が流動性の罠に陥る場合だ．このとき，金融政策は無効になる．

5.2　財政政策は不況の克服に有効か

　古典派のマクロ経済学者は，金融政策以上に財政政策に強く反対した．他方，ケインズ経済学者は財政政策を不況対策の中心に据えた．マネタリストは，貨幣供給量が一定である限り財政政策は何の効果も持たないと主張した．このような強烈な主張もだんだん影を潜めてきた．

　現在たいていのマクロ経済学者は，財政政策も金融政策と同様に総需要曲線をシフトさせることができると考えている．また，たいていのマクロ経済学者は，経済が置かれた状況に配慮せずに財政収支の均衡を求めるべきではないとする点でも一致している．第12章で論じたように，財政が自動安定化装置として経済の安定化に果たす役割を認めているからだ．

5.3　金融ないし財政政策は長期の失業削減に有効か

　古典派のマクロ経済学者は，失業問題について政府に何かできることがあるとは思っていなかった．一部のケインズ経済学者はその対極に走り，多少のインフレを覚悟すれば，拡張的な政策を通じて失業を長期的に低位水準に抑えられると主張した．マネタリストによれば，失業を自然失業率以下に減らすことはできない．

　今日では，たいていのマクロ経済学者が自然失業率仮説を受け入れている．この仮

説から，金融・財政政策にできることには明確な限界があることが認識されるようになった．金融・財政政策を効果的に用いれば実際の失業率を自然失業率の近辺にとどめることは可能だが，自然失業率よりも低い水準に維持しつづけることは不可能なのだ．

5.4 財政政策は裁量的に運用すべきものか

これまでに見たように，財政政策の有効性に関する見方は大きく揺れ動いてきた．古典派のマクロ経済学者は有効性はないといい，ケインズ経済学者は有効だとし，マネタリストは再び効果はないとした．今日では，たいていのマクロ経済学者が減税と支出拡大が総需要の増加に多少とも有効なことを認めている．

しかし全員ではないが多くの学者が，裁量的財政政策は通常人畜無害とは言えないと考えている．第12章で論じたように，財政政策を調整するにはタイムラグがあるため，不況対策として計画された財政政策がかえって景気の過熱を引き起こしてしまうといった事態が頻繁に起こるからだ．

こうして現代マクロ経済学では，一般的合意として，経済安定化の指導的な役割を金融政策に与えるようになった．裁量的財政政策が主導的役割を果たすのは，1990年代に日本が直面したような，金融政策が働かなくなった特別の状況だけなのだ．

5.5 金融政策は裁量的に運用すべきものか

古典派のマクロ経済学者は，不況克服のために金融政策を使うべきだとは思わなかった．ケインズ経済学者は裁量的金融政策に反対はしなかったが，その有効性には懐疑的だった．マネタリストは裁量的金融政策は有害無益だと主張した．現在，私たちはどのような立場をとるべきだろうか．この問題は今も論争中で決着がついていない．

現代のマクロ経済学者の間では，以下の諸点については幅広い合意がある．
- 金融政策は景気安定化政策の中で主要な役割を果たすべきだ．
- 中央銀行は，政治的圧力から遮断された独立の地位を確保し，政治的景気循環を避けるべきだ．
- 政策のタイムラグや政治的景気循環のリスクがある以上，裁量的財政政策を濫用すべきではない．

だが中央銀行がどのようにその政策を設定すべきかについては議論がある．単純で明確に定められた政策目標を与えられるべきか，それとも経済を思いどおりに運営する裁量を許されるべきか．中央銀行が政策目標を与えられるべきだとしたら，それはどのようなものか．それから，最近特に注目されているのは，中央銀行は株価のような資産価格の管理についても責任を持つべきかという問題がある．

中央銀行の政策目標 奇妙に思われるかもしれないが，アメリカの中央銀行である連邦準備制度(FRB)が正確に何をしようとしているのかは明確でない．中央銀行が物価の安定を含む経済の安定を望んでいることは明らかだ．だが経済が正確にどのく

らい安定的であるべきか，すなわちインフレ率はどう設定されるべきかについて，FRBの公式見解を定めた文書は存在しない．

　これは必ずしも悪いことではない．老練なFRBの幹部たちは，ガイドラインがないほうが一般に経済変化に柔軟に対応できると信じている．また，FRBがこの柔軟性をうまく活用してきたことは歴史が証明するところだ．実際，FRBの総裁は長くその職にとどまる傾向がある．ウィリアム・マチェスニー・マーティンJr.は1951年から1970年まで総裁を務めたし，アラン・グリーンスパンは1987年に総裁に任命され，2006年までその職にあった．これら長命だった総裁たちは，FRBの指導力が適切に用いられていることを繰り返し明らかにすることで，信頼を勝ち得た．

　だが他国では中央銀行が公式のガイドラインに従う必要があると信じられているし，またアメリカのFRBのメンバーにもそれに同調する人たちがいる．公式のガイドラインを用いている中央銀行のいちばん有名な例は，イングランド銀行だ．1997年までイングランド銀行はイギリス財務省の片腕にすぎず，独立の権限を持っていなかった．FRBと同様の独立機関となってからも，イングランド銀行にはインフレ率を2.5％に維持するというガイドラインが与えられた．

　現在，中央銀行に対し，インフレ率を前もって決められた水準に維持することを求める**インフレ目標**を推奨するマクロ経済学者が多い．しかし，そのようなルールは株式市場の暴落や世界的な金融危機といった経済の激変に対応する中央銀行の能力を制約する恐れがあると主張する学者もいる．

　実際には，FRBはインフレ率を２％から３％の間に維持するかのような動きを見せている．つまり，FRBの非公式な政策はイングランド銀行の公式政策とあまり違っていないように見える．だがFRBに公式のインフレ目標政策を要求すべきかどうかは，今後数年間の大問題として激しい論議の的になるだろう．

インフレ目標の設定　中央銀行が公式または非公式にインフレ目標を設定する場合，その目標はどんなものであるべきだろうか．イングランド銀行は2.5％のインフレ目標を掲げている．欧州中央銀行(ECB)のルールは「物価の安定」とされているが，それは０～２％のインフレ率ということだ．その違いに意味はあるのだろうか？またどちらの目標がすぐれているのだろう？

　経済を安定化するには，０％に近いインフレ率という厳密な物価安定が望ましいとするマクロ経済学者がいる．その場合にこそ，貨幣が真に安定した価値尺度であることが広く認知されるようになるからだ．しかし第16章で説明したように，インフレ率が低すぎると不況時に利子率が０％まで下がるというリスクが生じ，そのため金融政策が有効性を失ってしまうことを危惧する経済学者もいる．イングランド銀行のルールはまさにこの懸念を反映したものだ．FRBが明示的なインフレ目標政策に踏み切るようなことがあれば，アメリカではこの問題をめぐって激しい論争が巻き起こるだろう．

> **インフレ目標**とは，中央銀行がインフレ率をあらかじめ決められた水準に維持するよう努力することを求める取決めだ．

資産価格 1990年代，多くの経済学者が株式市場は現実感覚を失っていると警告した．アメリカの会社の株式を買っている人たちは，その会社の将来利益の現実的な予想からかけ離れた価格を支払っているというのだ．その中の1人，FRBのアラン・グリーンスパン議長は有名なスピーチでこの「根拠なき熱狂」に対して警鐘を鳴らした．2000年には株式市場は下降に転じた．株式市場に投資していたアメリカ人は突然貧しくなったと感じて支出を切りつめ，経済を不況に向かわせることになった．

こうした出来事は金融政策をめぐる長年の論争に新たな火をつけることになった．中央銀行はその関心をインフレや失業に限定すべきか？　それとも平均株価や平均住宅価格のような資産価格の極端な変動の抑制にも努めるべきだろうか？

1つの見方は，中央銀行は株式や住宅などの資産の価格が常軌を逸していると感じても，人々がいったん下した評価を見直すべきではないというものだ．この見方によれば，一般の消費者物価上昇率が低位にある限り，中央銀行は株価や住宅価格を抑えるために利子率を引き上げるべきではない．高くなりすぎた株式市場が暴落して総需要が減少するようなことがあっても，中央銀行はその事態に利子率を引き下げて対処することができるからだ．

もう1つの見方は，バブルが崩壊した後では，すなわち舞い上がった資産価格が地べたすれすれまで急降下した後では，総需要の落込みを回復させるのは難しいというものだ．実際，バブルが崩壊した後のデフレで日本経済は長年にわたり苦しい闘いを余儀なくされた．この見方を支持する者は，たとえ消費者物価上昇率に問題がないとしても，合理性を欠いた熱狂に対して中央銀行は手綱を引き締める必要があると警告する．

このすぐ後の「経済学を使ってみよう」で説明するように，2001年の景気後退とその余波はこの論争の両陣営に攻撃材料を与えた．論争が終わる兆候はない．

5.6　マクロ経済学のまがうかたない小さな秘密

以上に記してきた論争の経緯をしっかり見定めておくことが重要だ．マクロ経済学はいつの時代にもミクロ経済学よりもはるかに論争の多い分野だった．適切な政策は何かについて，これからも常に議論が闘わされるだろう．だが現在の論争の注目すべき点は，マクロ経済学者の間の違いは実はきわめてわずかだということだ．現代マクロ経済学のまがうかたない小さな秘密とは，この70年間に経済学者が大幅な合意を達成したということだ．

経済学を使ってみよう

バブルの後

1990年代，多くの経済学者は合理性を欠いた株価の高騰に頭を悩ませていた．彼らの悩みは杞憂ではなかった．2002年の末には，主としてハイテク株からなるナスダック指数はその最高値の3分の2を失っていた．そして2001年には，株価の下落によってアメリカ経済は不況に転落した．

FRBはこれに大幅かつ迅速な利下げで対応した．だが，株価のバブルが進行している間にバブルを破裂させる手だてを講じるべきではなかったのだろうか？

多くの経済学者は，1990年代のバブルの余波の中で，中央銀行が資産価格にかかわるべきか否かという問題に最終的な決着がつくと期待した．しかしテストの結果は曖昧であり，この問題の決着はついていない．

もしFRBが景気回復に失敗していたら——もしアメリカ経済が日本経済と同様の流動性の罠にはまっていたら——，FRBの無為無策を批判していた人たちは大いに力を得ただろう．だが景気後退は短期間で終わった．全米経済研究所によれば，景気後退は2001年3月に始まり，2001年11月には終わった．

一方で，もしFRBが急速で力強い景気回復を生み出すことに成功していたら，1990年代の音なしの構えは高く評価されただろう．残念ながら，そのようなことも実際には起こらなかった．アメリカ経済は2001年末に回復しはじめたが，当初のうちそれは弱々しいものにすぎず，雇用は2003年の夏まで減少しつづけた．しかもFRBが利子率をほとんど0％に近い，わずか1％という水準まで引き下げなければならなかったという事実を見れば，アメリカ経済があわや流動性の罠にはまるという危険なところにあったことがわかる．

つまり，2001年から2003年までの出来事は金融政策と資産価格をめぐる論争を解決するどころか，むしろそれに薪を焼べたと言えるだろう．

理解度チェック 17-5

1. アメリカが2001年の不況に入ったとき，インフレ率は約3％だった．もし2001年初頭のインフレ率がもっと低く，例えば0％だったとしたら，金融政策にはどんな問題が生じただろうか．
2. もしFRBが1990年代末の株価の高騰を何とか抑えることができたなら，2001年以降の政策運営はずっと楽になっていただろう．なぜか．

解答は本書の巻末にある．

次に学ぶこと

ここまで，現代マクロ経済学を包括的に概観してきた．だがそれには大きな除外項目があった．国際貿易と国際資本移動だ．現代の世界経済ではこれらの重要性はますます高まっている．次の2つの章で開放マクロ経済学に目を向け，現代経済が世界に「開かれている」ことから生じる諸問題を取り上げよう．

ちょっと復習

▶金融政策は効果があるが，経済の安定化に役立つだけで失業を自然失業率以下に減らすことはできないという大まかな合意がある．

▶裁量的な財政政策についても，例外的な事態を除いて避けたほうが良いという大まかな合意がある．

▶中央銀行は独立であるべきだということについては大まかな合意があるが，公式のインフレ目標を追求すべきかどうか，またその内容はどうあるべきか，さらに資産価格に関与すべきかどうかについては意見が分かれている．

要約

1. 古典派マクロ経済学は，金融政策は物価水準には影響するが総産出量には影響しないと断じ，短期の分析を軽視した．1930年代までに景気循環は研究テーマとして確立していたが，景気循環の理論として広く認めら

れた学説は存在しなかった．
2. **ケインズ経済学**は，景気循環は景況感のゆらぎによる総需要曲線のシフトに起因すると考えた．ケインズ経済学はまた，**マクロ経済政策の積極主義**に理論的根拠を与えた．
3. ケインズの仕事が世に出てからから数十年を経て，一定の条件の下では金融政策も財政政策と同様に有効だと考えられるようになった．**マネタリズム**は，**裁量的金融政策**に反対して**金融政策ルール**の導入を推奨し，貨幣供給量の着実な増加によりGDPも着実に成長すると主張した．この説は一時的に影響力があったが長続きせず，ついには多くのマクロ経済学者から否定された．
4. 自然失業率仮説は，失業率を自然失業率以下に押さえ込もうとする政策を批判し，マクロ経済政策の役割を経済安定化に限定した．この説は大多数のマクロ経済学者の賛同を得ることになった．**政治的景気循環**への警戒から金融政策は政治から切り離されるべきだとする主張が説得力を持ち，幅広い合意を得た．
5. **合理的期待**によると，インフレと失業のトレードオフは短期でさえ成立しないという．政策の変化が予想されると，それを受けて予想インフレ率がただちに変化するからだ．**リアル・ビジネス・サイクル理論**は，景気循環は主として全要素生産性の成長率の変化によって引き起こされると主張した．これらの学説は**新古典派マクロ経済学**の変種だと言えるが，どちらも広く注目され畏敬された．しかし，金融・財政政策が総産出量に何の影響も持たないとする結論を受け入れる政策担当者や経済学者は少なかった．
6. 現代マクロ経済学の合意は，金融政策も財政政策も短期的には有効だが，しかしどちらも長期的には失業を減らすことはできないということだ．また裁量的財政政策は特別な状況を除けば一般に推奨できないと考えられている．
7. 金融政策の適切な役割は何かについては依然として論争が続いている．**インフレ目標**を明示して実施することを推奨する学者がいるが，それに反対する者もいる．金融政策が資産価格の管理に踏み込むべきかどうかについても論争が続いている．

キーワード

ケインズ経済学…p.489
マクロ経済政策の積極主義…p.491
マネタリズム…p.494
裁量的金融政策…p.495
金融政策ルール…p.495

政治的景気循環…p.497
新古典派マクロ経済学…p.499
合理的期待…p.499
リアル・ビジネス・サイクル理論…p.500
インフレ目標…p.505

問題

1. 1989年に株式市場が暴落して以来，日本経済はほとんど成

年	実質GDP成長率（年率，％）	短期利子率（％）	政府債務（対GDP比，％）	財政赤字（対GDP比，％）
1991	3.4	7.38	64.8	−1.81
1995	1.9	1.23	87.1	4.71
1996	3.4	0.59	93.9	5.07
1997	1.9	0.6	100.3	3.79
1998	−1.1	0.72	112.2	5.51
1999	0.1	0.25	125.7	7.23
2000	2.8	0.25	134.1	7.48
2001	0.4	0.12	142.3	6.13
2002	−0.3	0.06	149.3	7.88
2003	2.5	0.04	157.5	7.67

長の兆しを見せず，デフレの様相を呈してきた．経済協力開発機構（OECD）が作成した表は，1991年（正常年）と1995～2003年の日本経済の主要なマクロ経済指標を示している．この期間に日本の政策担当者は経済の成長を促進するどんな施策を試みただろうか．またそれはマクロ経済のケインズモデル，古典派モデルにどのように当てはまるものだったか．

2. 全米経済研究所（NBER）は過去のアメリカの景気循環の日付を公表している．そのウエブサイト〈http://www.nber.org./cycles/cyclesmain.html〉に行き，次の問いに答えなさい．

a. 1945年に第2次世界大戦が終結してからいくつの景気循環が生じたか.
b. 景気循環の持続期間は，ある拡張期の終わり（頂点）から次の拡張期の終わりまでの時間で測定される．1945年から現在まで，景気循環の期間の平均的な長さはどれくらいだったか.
c. 全米経済研究所の景気循環日付委員会の最後の発表はいつで，その内容はどのようなものだったか.

3. 1989年のソ連の崩壊とそれに続くアメリカの軍事支出の削減は，1990年代末の力強い経済成長の時期に生じる恐れのあったインフレ圧力をいくらか軽減する助けとなった．次の「大統領経済報告」からの資料を使って，1990年から99年の期間について，図17-3と同様の図を作成しなさい．ケインズ主義者はこの時期の軍事支出の削減を幸運と考えるだろう．なぜか．

年	財政赤字 (対GDP比，%)	失業率 (%)
1990	3.9	5.6
1991	4.5	6.8
1992	4.7	7.5
1993	3.9	6.9
1994	2.9	6.1
1995	2.2	5.6
1996	1.4	5.4
1997	0.3	4.9
1998	−0.8	4.5
1999	−1.4	4.2
2000	−2.4	4.0

4. 現代の世界では中央銀行は貨幣供給量を自分の判断で自由に増減できる．だが金本位制度の「良き古き」時代を懐古する人々もいる．金本位制度の下では，貨幣供給量を増やせるのは，金の保有量が増えたときだけだった．
a. 金本位制度の下で経済が拡大しているときに貨幣の流通速度が一定だったとしたら，物価を安定させるためには何が必要となるだろうか.
b. ジョン・メイナード・ケインズはかつて，金本位制度は野蛮時代の遺制だとして退けたことがある．ケインズが金本位制度は良くない制度だと考えたのはなぜか.

5. この章で紹介したように，ケネス・ロゴフはリチャード・ニクソンを「政治的景気循環の永世チャンピオン」と呼んだ．「大統領経済報告」からの表（下の大きな表）を使って，ニクソンがこんな称号を頂戴することになった理由を説明しなさい（注意：ニクソンは1969年1月に就任し，1972年11月に再選され，1974年8月に辞職した）.

6. アルバーニアの経済は不況ギャップに直面している．この国の指導者が，古典派，ケインズ派，マネタリスト，現代マクロ経済学の合意のグループを代表する4人の最良の経済学者を招いてマクロ経済をめぐる見解を質した．各グループの経済学者は何をどのような理由で勧告するだろうか．説明しなさい．

7. 以下の政策勧告のうち，古典派，ケインズ派，マネタリスト，現代マクロ経済学の合意と適合するものはどれか.
a. GDPの長期成長率は2%なので貨幣供給量は2%で成長するのが良い.
b. インフレ圧力を軽減するため政府支出を削減すべきだ.
c. 不況ギャップを緩和するため貨幣供給量を増やすべきだ.
d. いついかなるときにも均衡予算を維持すべきだ.
e. 不況ギャップに直面したときには財政赤字の対GDP比を下げるべきだ.

年	政府収入 (10億ドル)	政府支出 (10億ドル)	財政収支 (10億ドル)	M1成長率 (%)	M2成長率 (%)	国債利率 (3カ月もの，%)
1969	186.9	183.6	3.2	3.3	3.7	6.68
1970	192.8	195.6	−2.8	5.1	6.6	6.46
1971	187.1	210.2	−23.0	6.5	13.4	4.35
1972	207.3	230.7	−23.4	9.2	13.0	4.07
1973	230.8	245.7	−14.9	5.5	6.6	7.04

web▶ 引き続き勉強し，本章の概念を復習したい人は，クルーグマン=ウェルスのウェブサイトを訪ね，小問題集，動画による教習，有益なリンク集などを参照してください．
www.worthpublishers.com/krugmanwells

Part-VIII The Open Economy
第VIII部 開放経済

第18章
International Trade
国際貿易

外国産のバラ

バレンタインデーに最愛の人へバラを贈ることは，アメリカでは定着した習慣となっている．だがそれは，かつてはとてつもなく高くついた．というのも北半球では，バレンタインデーの季節はバラが花開く夏ではなく，寒さ厳しい冬の真っ最中だからだ．最近まで，冬に花屋で売られているバラは，高い費用をかけて温室の中で育てられたものだった．ところが最近では，バレンタインデーに売られるバラの多くは，コロンビアをはじめとする南米から空輸されてくる．コロンビアでは2月にバラを育てることになんの支障もないからだ．

冬のバラを外国から購入することは良いことだろうか．大半の経済学者は，イエスと答えるだろう．国が異なる財の生産に特化して貿易すること，すなわち国際貿易は，それに従事する国々に相互に利益をもたらすのだ．第2章で取引利益の基本原理を説明したね．それは個人だけでなく国にも当てはまるのだ．

ところが，政治家や一般の人々にはこれがわからないことがよくあるようだ．1996年の大統領選挙運動の最中のこと，ある候補者がバレンタインデーにニューハンプシャーの花の温室栽培場を訪れ，南米産のバラの輸入を公然と非難した．それが，アメリカ国民の雇用を脅かすという理由からだ．

本書ではここまで，経済がまるで自給自足であるかのように，言い換えれば消費される財やサービスがすべてその経済の中で生産されるかのように取り扱ってきた．この想定は世界経済全体で見れば当然当てはまる．だが個々の国について見ると正しくない．40年前のアメリカでは，生産に占める輸出の割合も，消費に占める輸入の割合もわずかだった．だがそれ以降，アメリカの輸出と輸入は経済全体よりも速いスピードで成長してきた．一方，他の国々の貿易依存度はアメリカよりもはるかに高い．国民経済の全体像をつかむには，国際貿易の理解が不可欠だ．

この章では，国際貿易の経済学を検討しよう．初めに，第2章で学んだ比較優位のモデルを利用して，なぜ国際貿易が利益をもたらすかを説明する．また，一部の人々が国際貿易から損失をこうむる可能性があることや，輸入制限や輸出促進を目的とした貿易政策の効果を理解することもこの章の重要なテーマだ．

この章で学ぶこと

▶比較優位はどのように国際貿易の相互利益を生み出すのか．

▶比較優位の根本的な要因は何か．

▶国際貿易で誰が利益を得て，誰が損失をこうむるのか．国際貿易の利益が損失より大きくなるのはなぜか．

▶**関税**や**輸入割当て**は，どのように非効率を生じさせて総余剰を減少させるのか．

▶輸入から国内産業を保護するために政府が**貿易保護政策**を実施することがよくあるのはなぜか．**国際貿易協定**はそれにどのように歯止めをかけているか．

1 比較優位と国際貿易

> 外国から購入した財・サービスは**輸入**で，外国に販売した財・サービスは**輸出**だ．

アメリカはバラ以外にも多くの財・サービスを外国から購入している．同時に，多くの財・サービスを外国へ販売している．海外から購入した財・サービスは**輸入**で，海外に販売した財・サービスは**輸出**だ．

「はじまりの物語」でも言ったように，アメリカ経済の中で輸出と輸入の重要性はますます高まっている．過去40年の間，アメリカの輸出と輸入は，アメリカ経済よりも早く成長してきた．図18-1のパネル(a)は，国内総生産(GDP)に占める輸入額と輸出額の割合が上昇してきたことを示している．パネル(b)が示すように，国際貿易はアメリカ以上に，他の多くの国々にとっていっそう重要なものだ．

国際貿易はなぜ生じるのか．また，なぜ経済学者は，それが経済にとって利益となると信じているのか．それを理解するために，初めに比較優位の概念を復習しておこう．

1.1 生産可能性と比較優位，再考

バレンタインデーのバラを栽培するには，どこの国でも資源を使う必要がある．労働，エネルギー，資本等々の資源は他の財の生産にも用いることができたはずのものだ．1本のバラを生産するために，その他の財の生産が減らされてしまう．これがバラの機会費用だ．

バレンタインデーのバラは，アメリカよりもコロンビアのほうがずっと生産しやすい．コロンビアの1月と2月の天候は，バラの生産にほぼ理想的なものだからだ．逆

図18-1 高まる国際貿易の重要性

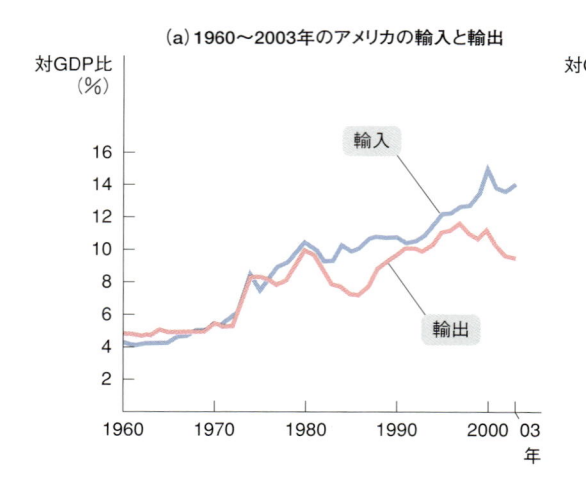

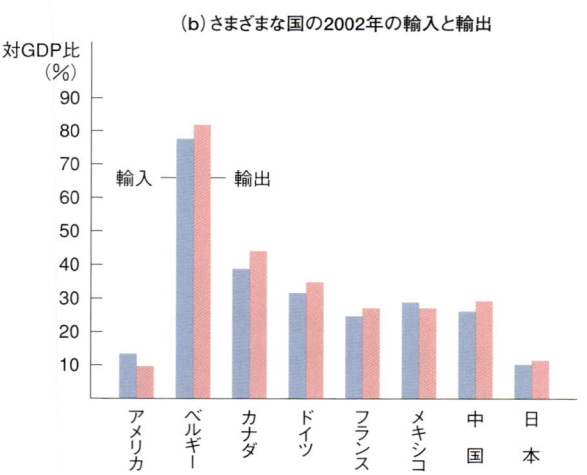

(a) 1960〜2003年のアメリカの輸入と輸出

(b) さまざまな国の2002年の輸入と輸出

パネル(a)は，過去40年間にわたって，アメリカの総生産(国内総生産)に占める輸出の割合と，総消費に占める輸入の割合がともに上昇していることを示している．パネル(b)は，国際貿易はアメリカ以上に，他の多くの国々にとっていっそう重要だということを示している．
出所：パネル(a)：U. S. Department of Commerce(米商務省)，"National Income and Product Accounts"，パネル(b)：United Nations(国際連合)，"Human Development Report 2004"．

に，コロンビアで生産するよりも，アメリカで生産したほうが安上がりになる財もある．例えばアメリカには熟練労働者がいて技術のノウハウがあるので，アメリカはハイテク製品の生産が得意だが，コロンビアではそうはいかない．だから，コンピュータのような財で測ったバレンタインデーのバラの機会費用は，アメリカよりもコロンビアのほうがずっと低くて済むのだ．

その結果，コロンビアはバラの生産に比較優位を持つ．第2章で学んだ比較優位の定義を思い出してほしい．他国よりもある財を生産する機会費用が低い国はその財の生産に比較優位を持つ，というものだ．

図18-2は，国際貿易での比較優位の仮想的な数値例を示したものだ．世界にはバラとコンピュータという2財と，アメリカとコロンビアという2国しかないとしている．バラは1箱100本入りの標準的な冷蔵ボックスで輸送される．図には，アメリカとコロンビアの仮想的な生産可能性フロンティアが示されている．生産可能性フロンティアは，図2-1のような外側に膨らんだ形のほうが現実的だが，第2章同様モデルを単純化するために，ここでは直線で描かれている．直線の場合，コンピュータで測ったバラ1箱の機会費用は一定となる．つまり機会費用の大きさは，生産量とは無関係に一定になるということだ．機会費用を一定とする直線の生産可能性フロンティアを使って国際貿易を分析することは，**国際貿易のリカード・モデル**として知られている．この名前は，19世紀の初めにこの分析を導入したイギリス人経済学者デビッド・リカードにちなんだものだ．

表18-1は，図18-2と同じ内容を表している．アメリカは，コンピュータの生産がゼロのときバラ1000箱を生産できるし，もしバラの生産がゼロなら，コンピュータ2000台を生産できる．パネル(a)の生産可能性フロンティアの傾きは，-2000/1000，

国際貿易のリカード・モデルでは，機会費用が一定という仮定の下で国際貿易を分析する．

図18-2　比較優位と生産可能性フロンティア

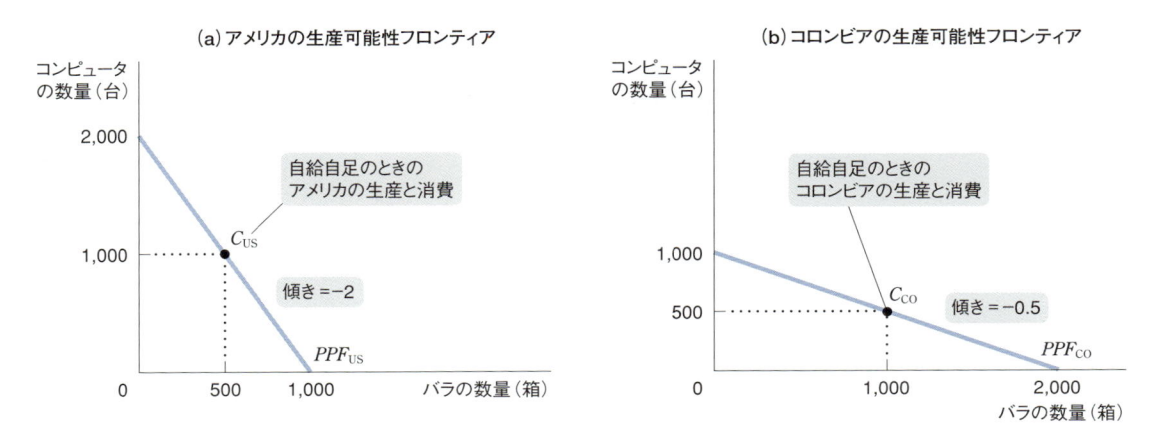

(a) アメリカの生産可能性フロンティア

コンピュータの数量（台）
2,000
自給自足のときのアメリカの生産と消費
1,000　C_{US}
傾き=-2
PPF_{US}
0　500　1,000　バラの数量（箱）

(b) コロンビアの生産可能性フロンティア

コンピュータの数量（台）
1,000
自給自足のときのコロンビアの生産と消費
500　C_{CO}
傾き=-0.5
PPF_{CO}
0　1,000　2,000　バラの数量（箱）

アメリカでは，コンピュータで測ったバラ1箱の機会費用は2だ．バラ1箱を追加的に生産するのに，コンピュータ2台を犠牲にする必要がある．コロンビアでは，コンピュータで測ったバラ1箱の機会費用は0.5だ．わずか0.5台のコンピュータを犠牲にするだけで，バラ1箱を追加的に生産できるのだ．だからコロンビアはバラの生産に比較優位を持ち，アメリカはコンピュータの生産に比較優位を持っている．自給自足のときは，アメリカの生産と消費の組合せは点C_{US}で，コロンビアの生産と消費の組合せは点C_{CO}になる．

表18-1 生産可能性

(a)アメリカ	生産	
	1つの可能性	別の可能性
バラの数量(箱)	1,000	0
コンピュータの数量(台)	0	2,000

(b)コロンビア	生産	
	1つの可能性	別の可能性
バラの数量(箱)	2,000	0
コンピュータの数量(台)	0	1,000

すなわち-2だ．つまり，アメリカでバラの生産を追加的にもう1箱増やすには，コンピュータの生産を2台減らす必要がある．

一方，コロンビアはコンピュータの生産がゼロのとき2000箱のバラを生産でき，バラの生産がゼロときには，1000台のコンピュータを生産できる．パネル(b)の生産可能性フロンティアの傾きは-1000/2000，すなわち-0.5だ．つまり，コロンビアでバラの生産を追加的にもう1箱増やすには，コンピュータの生産を0.5台減らす必要がある．

経済学者は，ある国が他国と貿易できない状況を指して**自給自足**という．自給自足のとき，アメリカは500箱のバラと1000台のコンピュータを生産・消費することを選択しているとしよう．図18-2のパネル(a)では，この消費と生産の組合せは点C_{US}で表されている．コロンビアが自給自足のときには，1000箱のバラと500台のコンピュータを生産・消費することを選択しているとする．それはパネル(b)の点C_{Co}で表されている．表18-2は，自給自足の結果を要約したものだ．アメリカとコロンビアの生産と消費の合計はそれぞれ，世界の生産と消費に等しくなっている．

この両国が互いに貿易をすると，自給自足よりも望ましい状態を実現できる．この例では，コロンビアはバラの生産に比較優位を持つ．バラ生産の機会費用はアメリカよりもコロンビアのほうが低い．コロンビアではバラ1箱につきコンピュータ0.5台

> **自給自足**とは，ある国が外国と貿易できない状況のことだ．

表18-2 自給自足のときの生産と消費

(a)アメリカ

	生産	消費
バラの数量(箱)	500	500
コンピュータの数量(台)	1,000	1,000

(b)コロンビア

	生産	消費
バラの数量(箱)	1,000	1,000
コンピュータの数量(台)	500	500

(c)世界(アメリカとコロンビア)

	生産	消費
バラの数量(箱)	1,500	1,500
コンピュータの数量(台)	1,500	1,500

だが，アメリカではバラ1箱がコンピュータ2台分に相当する．逆にアメリカは，コンピュータの生産に比較優位を持つ．アメリカではコンピュータをもう1台生産するためにバラの生産を0.5箱減らす必要があるが，コロンビアではコンピュータをもう1台生産するためにバラの生産を2箱減らさなくてはならない．国際貿易をすれば，各国は比較優位を持つ財の生産に特化できる．アメリカはコンピュータ，コロンビアはバラだ．そして貿易をすることで，両国が利益を得るのだ．

1.2　国際貿易の利益

図18-3は，2つの国が特化と貿易からどのように利益を得るかを説明したものだ．パネル(a)はアメリカを，パネル(b)はコロンビアを示す．国際貿易の結果，アメリカの生産点はQ_{US}となる．つまりバラの生産をやめ，2000台のコンピュータだけを生産する．一方コロンビアの生産点はQ_{CO}となり，2000箱のバラだけを生産する．この新たに選択された生産は，表18-3の2列目に示されている．

表18-2と表18-3を比較してみよう．特化によってどちらの財も世界生産が拡大している．特化していないときには，コンピュータの世界生産は1500台，バラの世界生産は1500箱だった．特化の結果，コンピュータの世界生産は2000台に，バラの世界生産も2000箱へと増加する．両財の貿易が行われて，アメリカではコロンビア産のバラを消費し，コロンビアではアメリカ製のコンピュータを消費する．その結果，自給自足のときに比べると，両国は両財とも多く消費することができるのだ．

図18-3には，貿易がある場合のアメリカとコロンビアの生産に加えて，消費も示してある．消費の仕方にはいくつかの可能性が考えられるが，ここにあるのはそのうちの1つで，表18-3と同じものだ．自給自足のときには，アメリカは点C_{US}の1000

図18-3　国際貿易の利益

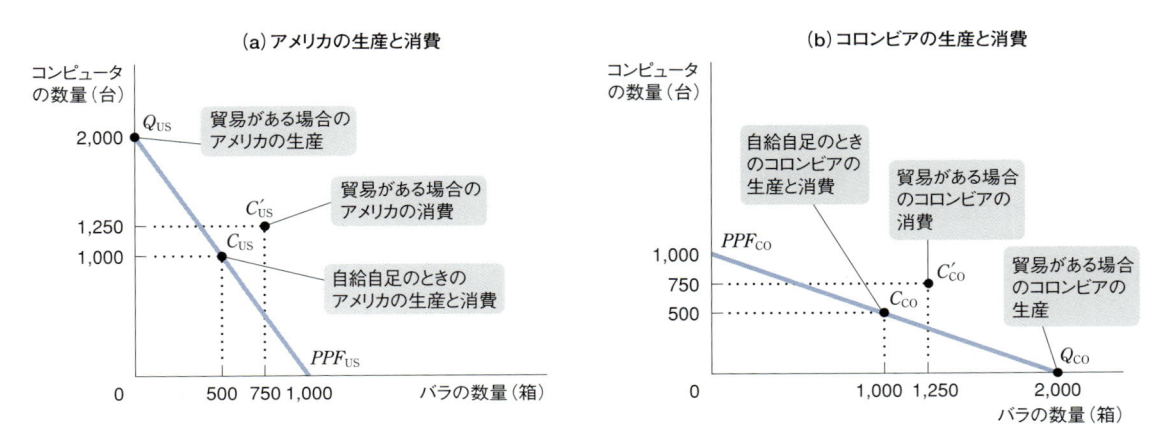

(a) アメリカの生産と消費

(b) コロンビアの生産と消費

貿易で両財の世界生産が増大し，どちらの国の消費量も拡大する．この例では，各国が比較優位を持つ財の生産に特化している．アメリカの生産は点Q_{US}で示され，コロンビアの生産は点Q_{CO}だ．世界全体のコンピュータ生産は1500台から2000台へ増加し，世界全体のバラ生産も1500箱から2000箱へ増加する．アメリカの消費の組合せは点C'_{US}，コロンビアのそれはC'_{CO}となる．そのような消費は，貿易によって実現されるのだ．

表18-3 国際貿易がある場合の生産と消費

(a) アメリカ

	生産	消費
バラの数量(箱)	0	750
コンピュータの数量(台)	2,000	1,250

(b) コロンビア

	生産	消費
バラの数量(箱)	2,000	1,250
コンピュータの数量(台)	0	750

(c) 世界(アメリカとコロンビア)

	生産	消費
バラの数量(箱)	2,000	2,000
コンピュータの数量(台)	2,000	2,000

台のコンピュータと500箱のバラを消費していた．貿易後は，点C'_{US}の1250台のコンピュータと750箱のバラを消費する．コロンビアは自給自足のとき，点C_{Co}の500台のコンピュータと1000箱のバラを消費していたが，貿易後には点C'_{Co}の750台のコンピュータと1250箱のバラを消費することができる．

　国際貿易のおかげで各国は，各財の生産と消費を等しくする必要がなくなるので，こうしたことが可能になる．アメリカは点Q_{US}の生産をし，点C'_{US}の消費をする．コロンビアは点Q_{Co}の生産をし，点C'_{Co}の消費をする．つまり，各国の消費点と生産点とが異なっている．その差が輸出と輸入にほかならない．アメリカが消費する750箱のバラはコロンビアから輸入され，コロンビアが消費する750台のコンピュータはアメリカからの輸入となるのだ．

　この例では，貿易後の各国の消費の組合せは単なる仮定にすぎなかった．だが実際には，個人の消費選択と同様，国々の消費選択も居住者の選好と国際市場の相対価格——両財の交換比率——によって決まる．ここではバラで測ったコンピュータの価格を明示してはいないが，暗黙裡には示されている．コロンビアは750箱のバラを輸出し，その見返りとして750台のコンピュータを受け取るので，バラ1箱とコンピュータ1台が交換されることになる．つまり，世界市場ではコンピュータ1台の価格はバラ1箱の価格に等しい．

　国際貿易で実際に相対価格を決めるものは何か．それは需要と供給だ．次の節では，国際貿易の需要と供給を取り上げる．その前に，生産可能性フロンティアの背後に何があるかを考え，国々の比較優位の決定要因を見ておくことにしよう．

1.3　比較優位の要因

　比較優位は国際貿易の原動力だ．では，比較優位が生じる理由はどこにあるのか？
　国際貿易を研究する経済学者は，比較優位が生じる背景に，次のような3つの要因があることを見出した．それは，国際的な気候の違い，国際的な生産要素賦存量の違い，そして，国際的な技術の違いだ．

落とし穴

貧困労働者に関する誤解

　国際貿易についてよくなされる議論で，次のように展開していくものがある．例えばバングラデシュは，衣類のような財をアメリカよりも安く生産できる．しかし，この費用面での優位は低賃金にのみ基づいている．事実，アメリカはバングラデシュに比べると短い時間でシャツ1枚を生産できる．だから「貧困労働者」(低賃金労働者)が生産した財を輸入すると，アメリカ人の生活水準が低下してしまう，というものだ．

　この議論はなぜ間違っているのだろう？　それは比較優位と絶対優位を混同しているからだ．アメリカはバングラデシュよりも短い労働時間で1枚のシャツを生産できる．だが比較優位を決めているのは，ある財を生産するのに必

気候の違い　バレンタインデーのバラを生産する機会費用は，アメリカよりもコロンビアのほうが低い．その主な理由は，コロンビアではバラは1年を通して屋外でも育つが，アメリカではそうはいかないというものだ．一般に，気候の違いは国際貿易が生じる重要な要因だ．熱帯の国々はコーヒー，砂糖，バナナのような熱帯特有の生産物を輸出する．温帯にある国々は小麦やトウモロコシのような作物を輸出する．北半球と南半球の季節の違いによって生じる貿易もある．アメリカやヨーロッパのスーパーマーケットでは，冬になるといつもチリ産のブドウやニュージーランド産のリンゴが売られている．

生産要素賦存量の違い　カナダはアメリカ向けの木材製品の一大輸出国だ．木材そのものだけでなく，それを加工した製品，例えばパルプや紙などを輸出している．こうした輸出がなされるのは，カナダのきこりが特別な技術を持っているからではない．カナダが木材製品に比較優位を持つのは，労働力に対する森林地帯の比率がアメリカよりもはるかに大きいことによる．

　労働や資本のように，森林地帯も生産要素なのだ．歴史的または地理的な要因のために，利用可能な生産要素の組合せは国々の間で異なっている．それが比較優位の重要な源泉の1つとなる．比較優位と生産要素賦存量との関係は，(20世紀前半のスウェーデン人経済学者，ヘクシャーとオリーンによって開発された)**ヘクシャー＝オリーン・モデル**に見出される．これは国際貿易理論の重要なモデルだ．

　このモデルの鍵となる概念は，**要素集約度**だ．異なる財の生産に利用される生産要素の投入比率は財ごとに異なる．例えば，賃金や資本レンタル料が同じ条件でも，石油精製所は衣服工場に比べると労働者1人当たりで見てより多くの資本を使用するだろう．財の間にあるこの違いを表すために，経済学者は**要素集約度**という言葉を使う．石油精製は，労働に比べると資本を利用する比率が高いので，資本集約的だという．一方の衣類生産は，資本に比べると労働を利用する比率が高いので，労働集約的だ．

　ヘクシャー＝オリーン・モデルによれば，各国は国内に豊富にある生産要素を集約的に利用する財に比較優位を持つ．つまり資本を豊富に保有する国は，石油精製のような資本集約的な産業に比較優位を持ち，労働を豊富に持つ国は，衣類生産のような労働集約的な産業に比較優位を持つ．その直観的な理由は単純で，機会費用の概念に基づいて説明できる．ある生産要素の機会費用とは，その要素が別の用途に利用された際に生み出す価値のことだ．ある生産要素が豊富にある国では，その生産要素の機会費用は低い(例えばアメリカの降雨量が多い地域では，居住者用の水の機会費用は低い．なぜなら農業など別の用途に使える水もまた豊富に供給されるからだ)．だから，ある生産要素を集約的に使って生産される財の機会費用は，その生産要素が豊富にある国ではより低くなるのだ．

　衣類の国際貿易は，ヘクシャー＝オリーン・モデルが説明しうる最高の例だ．衣類の生産は労働集約的だ．つまり物的な資本をあまり必要としないし，高学歴の労働者が持つ人的資本もそれほど使わない．だから豊富な労働力を持つ中国やバングラデシ

要な資源ではなく，その財の機会費用，つまりシャツ1枚を生産するために減らさなくてはいけない他の財の数量だ．

　バングラデシュのような国で賃金が低いのは，全体的に労働の生産性が低いためだ．同国では他の産業の生産性も低いので，シャツ1枚を生産するために多くの労働を使ったとしても，そのせいで他の財の生産が大きく減るようなことはない．アメリカはその逆だ．シャツの生産以外の，ハイテク財のような産業の生産性が高いので，アメリカでシャツ1枚を生産するには，他の財の生産を多く減らす必要がある．バングラデシュでシャツ1枚を生産する機会費用は，アメリカのそれよりも低い．労働生産性が低いにもかかわらず，バングラデシュは衣類の生産に比較優位を持つ．これは，アメリカが衣類の生産に絶対優位を持つにもかかわらず正しい．だからバングラデシュから衣類を輸入することは，アメリカ人の生活水準を高めるのだ．

生産の**要素集約度**とは，各財を生産する際にどの生産要素が相対的に多く利用されるかを示す指標のことだ．

ヘクシャー＝オリーン・モデルによれば，各国は国内に豊富にある生産要素を集約的に使う財に比較優位を持つ．

ュのような国が衣類の生産に比較優位を持つと考えられる．そして，実際にそうなっているのだ．

多くの国際貿易が生産要素賦存量の違いから生じている．このことは国際的な生産の特化がしばしば不完全だという事実の説明にもなる．実際，各国は自国が輸入している財を国内でも生産し続けることが少なくない．その良い例は，アメリカの石油だ．サウジアラビアがアメリカに石油を輸出しているのは，サウジアラビアには他の生産要素に比べて石油が豊富にあるからだ．アメリカがサウジアラビアへ医療機器を輸出しているのは，アメリカには他の生産要素と比べて医療技術についての知識が豊富にあるからだ．ところが石油はアメリカでも生産されている．それは国内石油埋蔵量の規模からして，石油を生産することが経済的に見合うからだ．次節の供給と需要の分析のところで，国々が不完全特化する状態が普通だとされることについて見ていこう．ただし強調したいのは，国々が不完全特化していることが多いからといって，貿易が利益をもたらすという結論はなんら変わらないということだ．

技術の違い　1970年代と80年代に，日本は世界で最大の自動車輸出国になった．大量の自動車を，アメリカをはじめとする世界各地へ販売した．日本が自動車に比較優位を持つのは気候のせいではない．また，生産要素賦存量の違いだと簡単に結論づけることもできない．なぜなら，土地が希少であることを除けば，日本の生産要素賦存量の構成は他の先進国と似通っているからだ．日本が自動車生産で比較優位を持つのは，日本企業が開発した優れた生産技術によるものだ．その技術のおかげで，日本企業は欧米のライバル企業と同じ量の労働と資本を使ったとしても，ライバルたちより多くの自動車を生産することができるのだ．

ちょっと寄り道　貧しい国は貿易で損をするのか

ちょうど今あなたの着ている服が，バングラデシュやスリランカのような労働の豊富な国で生産された可能性は高い．だとすれば，あなたの服を生産した労働者の賃金は，先進国の基準から見るととても低い．最新の2002年のデータによると，スリランカの工場の労働者には，平均で0.33ドルの時給しか支払われていない．この事実は，スリランカの労働者が不当な扱いを受けていることを示しているのだろうか．

経済学者の多くは，そうではないと答えるはずだ．輸出品を生産する貧しい国の労働者に支払われる賃金は，先進国労働者の賃金ではなく，そのような輸出品生産の仕事がないときの賃金と比較されるべきだ．スリランカ人が低賃金でも働くのは，低開発の経済では労働は豊富でも資本のような他の生産要素が希少なので，労働者にとっては働く機会が非常に限られているからだ．国際貿易がスリランカや他の低賃金国を経済的に豊かにし，労働者の賃金を上昇させていることはほぼ確実なのだ．

にもかかわらず，先進国の多くの人々，特に学生たちは，自分たちの消費する商品が低賃金労働者により生産されている事実を心配し，そのような労働者たちはもっと高い賃金とより良い労働条件を得るべきだと考える．だが，仕事が完全になくなって国際貿易の利益も享受できない状況に陥ることなく，高賃金と労働条件の改善を強く要求することは果たして可能なのか，というジレンマがある．

日本が持っている自動車生産の比較優位は，技術の違い，つまり生産に用いられる技量の格差から比較優位が生じる事例だ．

なぜそのような技術格差が生まれるのだろうか．その理由は少し謎めいたものだ．時に技術格差は，経験を通じて蓄積された知識の違いに基づくように見える．例えばスイスが時計の生産に比較優位を持つのは，スイスが持つ時計生産の長い歴史を反映するものだ．だが何らかの理由で技術革新が生じる国と生じない国があるために，それらの国の間で技術格差が発生することもある．技術の優位性は一時的なものであることが多い．アメリカの自動車メーカーは，生産性の面で，日本の自動車メーカーに追いつきつつある．同様に，ヨーロッパの航空機産業もアメリカの航空機産業とのギャップを埋めつつある．しかしある一時点をとれば，技術格差は比較優位の主要な源泉となるのだ．

経済学を使ってみよう

アメリカの比較優位

アメリカは比類なき豊かな国だ．多くの人的資源と天然資源に恵まれ，ほとんどすべてのもので絶対優位を持っている．つまり何もかも，どの国よりもうまく作ることができるのだ．では，アメリカは何に比較優位を持つのだろう？

1953年，経済学者のワシリー・レオンティエフは驚くべき発見をした．多くの経済学者は，アメリカの労働者の資本装備が他の国々よりも明らかに優れていたことから，アメリカの輸出品生産は輸入品生産よりも資本集約的だと考えていた．言い換えれば，アメリカの輸出は輸入よりも資本集約的だと想定していた．ところがレオンティエフの研究は，この想定が間違いであることを明らかにした．実際には，アメリカ

ちょっと寄り道　収穫逓増と国際貿易

国際貿易の分析の多くは，気候，生産要素賦存量，技術の違いなどの各国の違いがどのように国の比較優位を生み出すかに焦点を当ててきた．だが経済学者は，国際貿易の要因がもう1つあることも指摘してきた．それは収穫逓増だ．

ある財の産出量が増加するにつれて労働やその他の生産資源の生産性が上昇する場合，その財の生産は収穫逓増の特徴を持つという．収穫逓増とは，例えば産出量を10％増やすのに労働投入は8％，原材料の利用は9％しか増やさなくていいという状況のことだ．収穫逓増は規模の経済と呼ばれることもある．収穫逓増があると規模の小さな企業よりも大きな企業が優位になるので，独占につながる要因となる．

その収穫逓増が国際貿易の原因となる可能性がある．その理由はこうだ．ある財の生産に収穫逓増が認められる場合，少数の場所に生産を集中して個々の場所で大きな生産量を実現することが合理的だ．しかし，その財の生産が少数の国でなされることになれば，そこから他国へ輸出されることになる．よく知られた例は北米の自動車産業だ．アメリカとカナダはともに自動車とその部品を生産するが，特定のモデル，または特定の部品はどちらか一方の国で生産され，他方の国へ輸出される傾向がある．先進国間の製品貿易が国際貿易に占めるシェアは約25％だが，そのかなりの部分はおそらく収穫逓増によるものだ．

が輸入する財のほうが輸出する財よりもいくらか資本集約的であったのだ．この「レオンティエフの逆説」の結果，アメリカの貿易パターンの謎を解く努力が始まった．

そしてこの逆説を解く主要な鍵が，資本の定義にあることが判明した．アメリカの輸出は機械や建物のような物的資本に関して集約的ではなく，人的資本に関して集約的なのだ．アメリカの輸出産業と輸入産業を比べると，輸出産業のほうが教育水準の高い労働者をそうでない労働者よりも多く雇っている．例えばアメリカ最大の輸出部門である航空機産業では，肉体労働者に比べて相対的に多くの技術者や大卒労働者が雇用されている．逆に，アメリカは大量の衣類を輸入しているが，その多くはわずかな教育しか受けていない労働者によって生産されているのだ．

ちょっと復習

▶アメリカ経済で輸出と輸入が占めるシェアは拡大している．これと同じ現象が，他の国でも生じている．

▶国際貿易は比較優位から生じる．国際貿易のリカード・モデルを用いて，貿易の利益を示すことができる．つまり自給自足と比べて，2国間の貿易は両国に利益をもたらす．

▶比較優位の主要な要因は，気候，生産要素賦存量，国際的な技術の違いだ．

▶ヘクシャー＝オリーン・モデルは，生産要素賦存量の違いから，どのように比較優位が生じるかを説明する．財の要素集約度が異なるとき，各国はその国に豊富にある生産要素を集約的に利用する財を輸出する．

▶先進国間の製品貿易は，生産の収穫逓増でうまく説明できる．

理解度チェック 18-1

1. アメリカでは，トウモロコシ1トンの機会費用が自転車50台，中国では，自転車1台の機会費用が0.01トンのトウモロコシだ．
   a. 比較優位のパターンを決定しなさい．
   b. 自給自足のとき，アメリカはトウモロコシを生産しないと20万台の自転車を生産できる．また，中国は自転車を生産しないと3000トンのトウモロコシを生産できる．機会費用を一定として，それぞれの国の生産可能性フロンティアを描きなさい．縦軸をトウモロコシのトン数，横軸を自転車の台数としなさい．
   c. 貿易によって，それぞれの国はどちらかの財の生産に特化する．アメリカは，1000トンのトウモロコシと20万台の自転車を消費する．中国は3000トンのトウモロコシと10万台の自転車を消費する．図に生産点と消費点を記しなさい．また，図を用いて貿易の利益を説明しなさい．
2. ヘクシャー＝オリーン・モデルを使って，以下の貿易パターンを説明しなさい．
   a. フランスはワインをアメリカに輸出し，アメリカは映画をフランスに輸出する．
   b. ブラジルは靴をアメリカへ輸出し，アメリカは靴製造機械をブラジルへ輸出する．

解答は本書の巻末にある．

2 供給，需要，国際貿易

比較優位の簡単なモデルは，国際貿易が生じる基本的な原因を理解する道具として役に立つものだ．だが，より詳細に国際貿易の効果を分析するには，また貿易政策についての理解を深めるには，供給と需要のモデルに戻ってみることが必要だ．初めに，輸入が国内生産や国内消費に与える効果を見て，次に，輸出の効果を考えてみよう．

2.1 輸入の効果

図18-4は，アメリカのバラ市場を示したものだ．しばらくの間，国際貿易はないものとして話を進めよう．また，いくつかの新しい概念を導入する．国内需要曲線と

国内供給曲線，それから国内価格，もしくは自給自足価格だ．

国内需要曲線は，ある国に住む人々が需要するある財の数量と，その財の価格の関係を示すものだ．「国内」とつけるのは，他の国の人々もその財を需要するからだ．国際貿易を考慮するときには，国内消費者の需要と外国消費者の需要を区別しなくてはいけない．つまり国内需要曲線は，自分たちの国に住む人々の需要を反映している．同様に，**国内供給曲線**はある国の生産者が供給する財の数量と，その財の価格の関係を示すものだ．国際貿易を考慮するときには，国内生産者の供給と外国生産者の供給を区別しなくてはいけない．

自給自足の状態，つまりバラの国際貿易が生じていない状態では，この市場の均衡は国内需要曲線と国内供給曲線の交点 A で決まる．バラの均衡価格は P_A，均衡で生産・消費される数量は Q_A だ．これまでの説明と同様に，消費者と生産者はともに国内市場での取引から利益を得る．図18-4では，青い三角形の面積が消費者余剰，またピンクの三角形の面積が生産者余剰だ．その合計が総余剰になる．

この市場が開放されて，輸入が開始されたとしよう．分析を進めるためには，海外からの供給について仮定を置かなくてはいけない．ここでは，最も単純な仮定を置こう．それは，ある固定された価格水準で，いくらでもバラを輸入できるというものだ．その固定された価格は，**世界価格**と呼ばれる．図18-5は，バラの世界価格 P_W が国内の自給自足価格 P_A よりも低い場合を示している．

バラの世界価格が国内価格より低いときには，海外でバラを買い，国内でそれを売ることで利益を生み出すことができる．バラの輸入で国内のバラ供給量が増えるので，国内価格は低下する．国内価格が世界価格に等しくなるまで，バラは輸入されるだろう．

その結果は図18-5に示されている．輸入があるので，バラの国内価格は P_A から P_W に低下する．国内消費者の需要量は Q_A から C_T に増加し，国内生産者の供給量は Q_A から Q_T に減少する．国内の需要量と供給量の差 $C_T - Q_T$ は，輸入により満たされる．

> **国内需要曲線**は，国内消費者の需要量が，その財の価格に応じてどう変化するかを示している．
>
> **国内供給曲線**は，国内生産者の供給量が，その財の価格に応じてどう変化するかを示している．

> ある財の**世界価格**は，その財が海外で購入または販売されるときの価格だ．

図18-4　自給自足のときの消費者余剰と生産者余剰

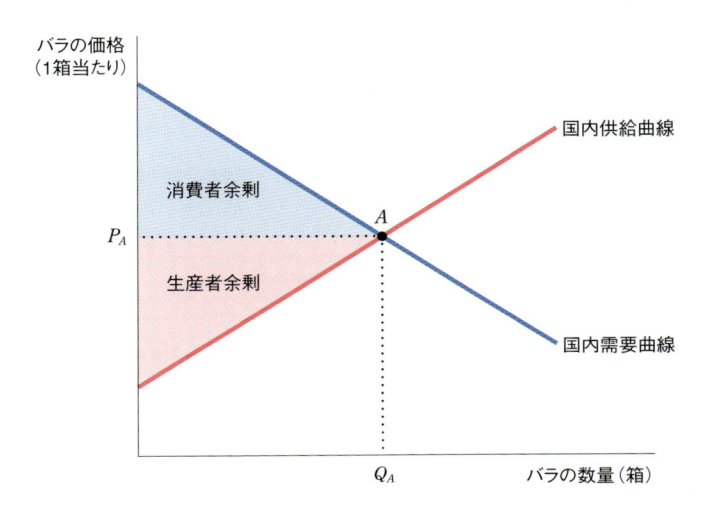

貿易がなければ，国内価格は P_A に決まる．その価格で，国内供給曲線と国内需要曲線が交わっている．国内で生産・消費される財の数量は Q_A だ．青い部分が消費者余剰で，ピンクの部分が生産者余剰だ．**web▶**

図18-5 財の輸入がある場合の国内市場

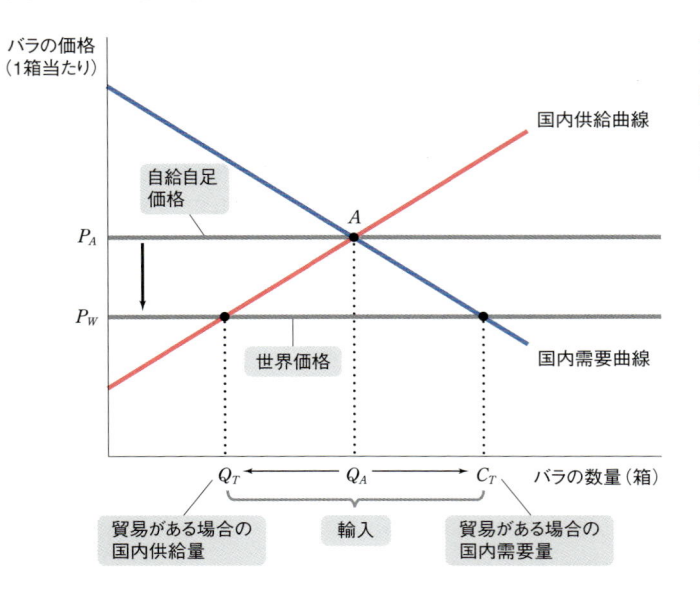

世界価格P_Wは自給自足価格(国内価格)P_Aを下回っている。国際貿易により輸入財が国内市場に供給されると、国内価格P_Aは世界価格P_Wまで低下する。価格が低下すると、国内需要量がQ_AからC_Tに拡大し、国内生産量がQ_AからQ_Tへ減少する。世界価格P_Wでの国内需要量と国内供給量のギャップ$C_T - Q_T$は輸入量に等しい。 web▶

図18-6 輸入が余剰に与える効果

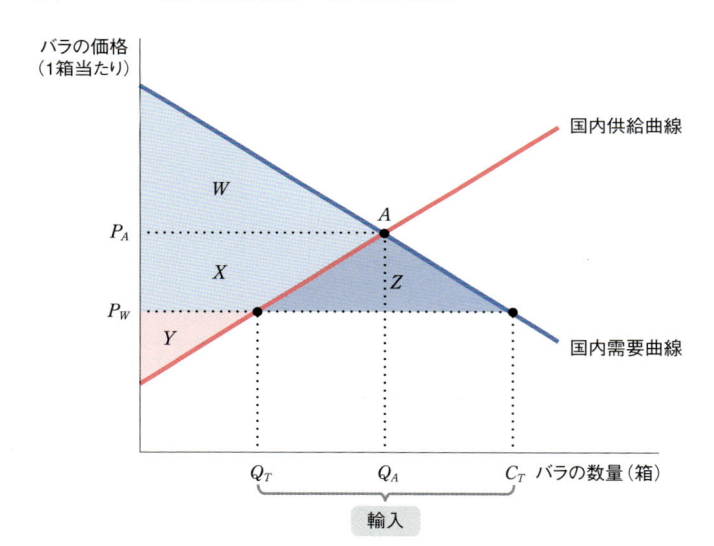

	余剰の変化	
	増加	減少
消費者余剰	$X + Z$	
生産者余剰		$-X$
総余剰の変化	**$+Z$**	

国際貿易により国内価格がP_Wへ低下すると、消費者は追加的な余剰$X + Z$を得るが、生産者は余剰Xを失う。消費者余剰の増加が生産者余剰の減少を上回るので、経済全体の総余剰はZの分だけ増加する。

ここで、輸入が消費者余剰や生産者余剰に与える効果を考えてみよう。バラの輸入は国内価格を低下させるので、消費者余剰は増加するが、生産者余剰は減少する。図18-6は、どのようにしてそうなるかを示したものだ。4つの領域をW, X, Y, Zとしよう。図18-4の自給自足のときの消費者余剰は図18-6ではW、生産者余剰は$X + Y$だ。国内価格が世界価格まで低下し、消費者余剰は$X + Z$だけ増加する。だか

ら消費者余剰は$W+X+Z$となる．また，生産者余剰はXだけ減少するので，貿易後の生産者余剰はYになる．

図18-6にある表は，バラ市場が開放されて輸入が生じたときに，消費者余剰と生産者余剰がどう変化するかを要約したものだ．消費者は$X+Z$だけ新たに余剰を得る．生産者はXだけ余剰を失う．よってバラ市場の総余剰はZだけ増加する．貿易で消費者は利益を得て生産者は損をするが，消費者が得る利益は生産者がこうむる損失を上回るのだ．

これは重要な結果だ．国際貿易により利益が得られるという命題から予測できるとおり，市場が開放されて輸入が生じると総余剰は増加するのだ．だが一方で，国全体では利益を得るにもかかわらず，いくつかのグループ——この例ではバラの国内生産者——が貿易のせいで損失をこうむることもわかった．国際貿易は通常，勝者だけでなく敗者も生み出す．この事実は，貿易政策の政治学を理解する際に重要となる．

では次に，財を輸出するケースを考えてみよう．

2.2 輸出の効果

図18-7はある財の輸出，ここではコンピュータの輸出が輸出国に与える効果を示している．この例では，一定の世界価格P_Wでコンピュータをいくらでも輸出でき，世界価格は自給自足のときの国内価格P_Aよりも高いとしている．

輸出業者は国内でコンピュータを買いそれを外国で販売することで利益を得る．世界価格が高ければ高いほど，利益はより大きくなる．輸出業者が国内でコンピュータを買うと，コンピュータの国内価格が上昇し，やがて，国内価格は世界価格に等しくなる．その結果，国内消費者の需要量はQ_AからC_Tへと減少し，国内生産者の供給量はQ_AからQ_Tに増加する．国内生産量と国内消費量の差Q_T-C_Tは輸出となる．

図18-7　財の輸出がある場合の国内市場

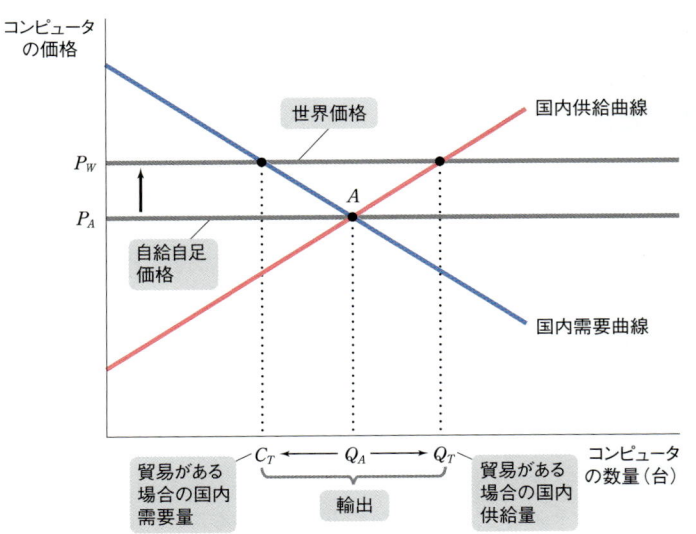

世界価格P_Wは自給自足価格P_Aより高い．国際貿易が始まると，国内供給の一部が輸出され，国内価格P_Aは世界価格P_Wまで上昇する．価格の上昇で国内需要量はQ_AからC_Tに減少し，国内生産量はQ_AからQ_Tに増加する．国内供給量のうち，国内で消費されないQ_T-C_Tは輸出される．web▶

図18-8　輸出が余剰に与える効果

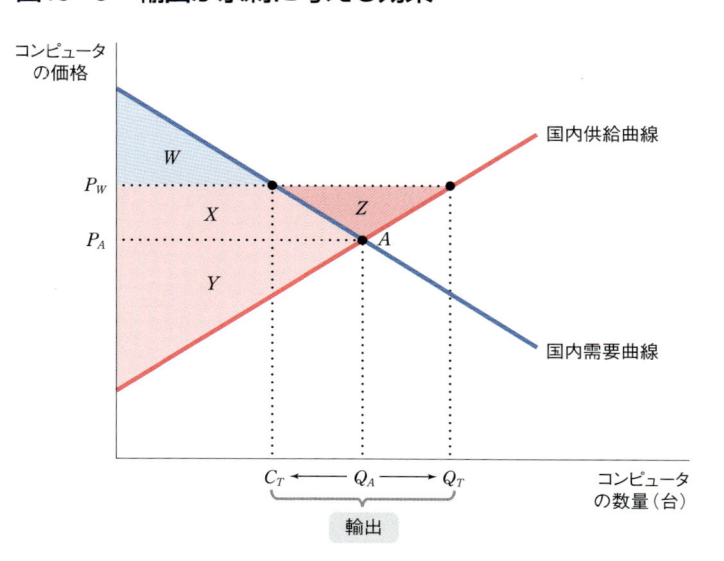

	余剰の変化	
	増加	減少
消費者余剰		$-X$
生産者余剰	$X + Z$	
総余剰の変化	$+Z$	

貿易によって国内価格がP_Wへと上昇すると，生産者は追加的な余剰$X+Z$を得るが，消費者は余剰Xを失う．生産者余剰の増加が消費者余剰の減少を上回るので，経済全体としては総余剰がZの分だけ増加する．

輸入の場合と同様，輸出により輸出国の総余剰は増加するが，同時に敗者と勝者が生まれる．図18-8はコンピュータの輸出で生じる生産者余剰と消費者余剰の変化を示したものだ．貿易が始まる前は，コンピュータの価格はP_Aで，消費者余剰は$W+X$，生産者余剰はYとなる．貿易が始まると価格はP_AからP_Wへ上昇する．その結果，消費者余剰は減少してWとなり，生産者余剰は増加して$Y+X+Z$となる．よって生産者余剰は$X+Z$だけ増加し，消費者余剰はXだけ減少する．結局，総余剰はZだけ増加する．この結果は図18-8の表に示されている．

ある財を輸入すると，国内消費者は得をして，国内生産者は損をする．一方ある財を輸出すると，国内消費者が損失をこうむり，国内生産者が利益を得る．だがどちらのケースでも，利益は損失を上回るのだ．

2.3　国際貿易と生産要素市場

ここまで，国際貿易が特定の産業の生産者と消費者にどんな効果をもたらすかに焦点を当ててきた．この方法は多くの目的にとってとても有効なものだが，国際貿易の長期的な所得分配効果を分析するのにはふさわしくない．というのも，生産要素が産業間を移動するからだ．

この問題を考えるために，マリアの職業について考えよう．マリアは現在，花を栽培するアメリカ企業で働くベテランの会計士だ．もし，経済が開放されて南米からのバラ輸入が開始されれば，国内のバラ製造業は縮小し，その産業での会計士の雇用も減少するだろう．だが会計士は多くの産業で雇用機会のある職業なので，マリアは国際貿易で拡大したコンピュータ産業で，より良い仕事を見つけることができるはずだ．

だからマリアのことを，バラの輸入で損害をこうむったバラの生産者だと見なすのは適切ではないかもしれない．というより，マリアにとって重要なのは，国際貿易が会計士の給料に与える効果だ．つまり，貿易が生産要素価格にどんな効果を与えるかを分析することが重要なのだ．

この章ですでに，ヘクシャー゠オリーンの貿易モデルを説明し，比較優位が生産要素賦存量で決まることを示したね．このモデルを使えば，国際貿易が生産要素価格に与える効果を考察することができる．その結果は，次のようなものだ．自給自足に比べて，貿易はその国に豊富にある生産要素の価格を引き上げ，希少な生産要素の価格を引き下げる．

細かい説明には立ち入らないが，そのアイデアは直観的にわかりやすいものだ．ある国の産業が2つに分類できるとしよう．1つは海外に財やサービスを売る**輸出産業**，もう1つは，海外からの輸入もある財やサービスを生産する**輸入競争産業**だ．自給自足の場合に比べて，国際貿易は輸出産業の生産を拡大し，輸入競争産業の生産を縮小する．その結果，輸出産業で利用されている生産要素への需要が増え，輸入競争産業で利用されている生産要素への需要が減る．また，ヘクシャー゠オリーンの貿易モデルによれば，国は豊富にある生産要素を集約的に利用する財を輸出し，希少な生産要素を集約的に利用する財を輸入する．つまり国際貿易によって，他国よりも豊富な生産要素への需要が増え，希少な生産要素への需要は減る．その結果，豊富な生産要素の価格が上昇し，希少な生産要素の価格は低下するのだ．

519ページの「経済学を使ってみよう」で指摘したように，アメリカの輸出は人的資本集約的で，アメリカの輸入は非熟練労働集約的な傾向を持つ．この結果に従うと，国際貿易でアメリカの高学歴労働者の賃金は上昇し，一方で非熟練労働者の賃金は低下するはずだ．最近になって，この効果が関心の的になっている．高賃金労働者と低賃金労働者の格差，すなわち賃金不平等が過去25年にわたって大きく拡大してきたのだ．経済学者の中には，その要因の1つが国際貿易の拡大だと信じている者もいる．ヘクシャー゠オリーンの貿易モデルが予測するような効果が働いているとすれば，国際貿易によって，すでに高賃金を得ている高学歴労働者の賃金は上昇し，低賃金で働いてきた低学歴労働者の賃金がさらに低下することになる．

この効果はどの程度重要なのか．ある歴史的なエピソードは，国際貿易の生産要素価格効果はとても大きかったこと示している．次の「経済学を使ってみよう」で紹介するように，19世紀後半のヨーロッパでは，大西洋を越えて行われた国際貿易によって地代が低下し，地主が大きな損失を受ける一方で，労働者と資本家には利益がもたらされた．アメリカではここ数年，貿易が賃金に与える影響がかなりの論争となったが，この問題を分析したほとんどの経済学者は，次のような共通の見方を持つに至った．新興工業地域からの労働集約財の輸入と，そうした地域へのハイテク財の輸出は，高学歴労働者とそうでない労働者の賃金格差拡大に貢献した．だが，賃金不平等の拡大を説明する際には，国際貿易だけでなく，その他の要因，とりわけ技術変化がより重要な役割を果たしているはずだ，というものだ．

輸出産業は外国に販売される財やサービスを生産する．
輸入競争産業は輸入もされている財やサービスを生産する．

経済学を使ってみよう

19世紀の貿易，賃金，地代

蒸気エンジンの発明によって，1870年ごろから農産物の世界貿易が爆発的な成長を見せた．帆船に比べて，蒸気船は速く確実に大洋を渡ることができた．1860年ぐらいまでは蒸気船の輸送費用は帆船よりも高かったのだが，その後蒸気船の輸送費用は大きく低下した．同時に，蒸気機関車での鉄道輸送によって，穀物や大型の荷を内陸から港まで安く運べるようになった．その結果，土地の豊富なアメリカ，カナダ，アルゼンチン，オーストラリアから大量の農産物が，人口過密で土地の希少なヨーロッパへ輸送されたのだ．

国際貿易が始まると，輸出国では小麦のような農産物の価格が上昇し，輸入国では逆に低下した．とりわけ，アメリカ中西部とイギリスの間では，小麦の価格差がなくなってしまった．

農産物の価格変化は生産要素価格の調整を引き起こした．その結果，大西洋の両岸で利益を得る人と損失をこうむる人が生まれた．イギリスでは，平均賃金と比較した土地の価格が半減した．地主の購買力は大きく落ち込んだが，一方で労働者は安い穀物を買えるようになった．アメリカではそれと逆のことが起こった．賃金と比較した土地の価格が倍増し，地主は大もうけをしたが，食料の価格が高騰したために労働者の購買力は著しい落ち込みを見せたのだった．

ちょっと復習

▶国内需要曲線と国内供給曲線の交点で，国内価格が決まる．市場が開放されて国際貿易が始まると，国内価格は世界価格に等しくなる．

▶ある財の世界価格が自給自足価格よりも低いと，その財が輸入され，国内価格が世界価格の水準まで低下する．消費者余剰の増加が生産者余剰の減少よりも大きいので，全体としては貿易によって利益を得る．

▶ある財の世界価格が自給自足価格よりも高いと，その財が輸出され，国内価格は世界価格の水準まで上昇する．生産者余剰の増加が消費者余剰の減少よりも大きいので，全体としては貿易によって利益を得る．

▶貿易は，輸出産業を拡大させ，輸入競争産業を縮小させる．輸出産業の拡大は，豊富

理解度チェック 18-2

1. トラックドライバーのストライキによって，アメリカとメキシコの食料貿易が中断してしまった．自給自足では，メキシコ産ブドウは，アメリカ産ブドウよりも安い．アメリカのブドウ市場における国内需要曲線と国内供給曲線の図を使って，貿易の中断が以下の項目に与える効果を説明しなさい．
   a. アメリカのブドウ市場の消費者余剰
   b. アメリカのブドウ市場の生産者余剰
   c. アメリカのブドウ市場の総余剰
2. 貿易の中断がメキシコのブドウ生産者にどんな効果を与えるかを考えなさい．メキシコでブドウ摘みをする労働者やブドウの消費者への効果，また，アメリカでブドウ摘みをする労働者への効果も考えなさい．

解答は本書の巻末にある．

3 貿易保護政策の効果

19世紀の初めに，デビッド・リカードが比較優位の原理をもたらして以来，ほとんどの経済学者が**自由貿易**を支持してきた．つまり，経済学者は次のように主張してきたのだ．輸出や輸入の水準は，需要と供給によって自然に決められるべきであり，政

府は政策でそれを拡大または縮小すべきではない．こうした主張にもかかわらず，多くの政府は輸入を制限するために，税金やその他の手段を用いている．またそれより頻度は少ないが，輸出を促進するために補助金を与えることもある．輸入を制限する政策は，国内の輸入競争産業を外国との競争から守るために実施されることがある．こうした政策は，**貿易保護政策**，または単に**保護政策**として知られている．

関税と輸入割当ては，最も頻繁に利用される貿易保護政策だ．この2つの政策の効果を検討し，政府がなぜこのような政策を実施するのかを考えてみよう．

> な生産要素への需要を増加させ，輸入競争産業の縮小は，希少な生産要素への需要を減少させる．

3.1　関税の効果

関税は物品税の一形態で，輸入された財のみに課されるものだ．例えばアメリカ政府は輸入したバラ1本につき2ドルの関税を課すことができる．この場合，コロンビアからバラを持ち込んだ人は誰もが，バラ1本につき2ドル，バラ100本入りの箱1箱につき200ドルの関税を支払わなくてはならない．かつて，関税は政府の重要な収入源だった．というのも，関税は比較的徴収しやすいからだ．しかし現代では，関税は政府の収入源というよりは，輸入制限をして輸入競争産業の国内生産者を保護するために利用されている．

関税には，国内生産者価格と国内消費者価格の両方を引き上げる効果がある．例えば，ある国がバラを輸入しているとしよう．世界市場では，バラ100本入りの箱が400ドルだ．すでに見たように，自由貿易の下では国内価格は400ドルになる．しかし1箱200ドルの関税が課せられると，国内価格は600ドルになる．輸入業者が関税分の費用をカバーするのに十分なほど国内価格が高くないなら，バラの輸入はもう利益を生まないだろう．

> 政府が輸出・輸入を拡大または縮小するような政策を実施せず，その水準が需要と供給のバランスで自然に決定される状態を**自由貿易**という．輸入を制限する政策が**貿易保護政策**で，単に**保護政策**という場合もある．
> **関税**は輸入に課される税金だ．

図18-9　関税の効果

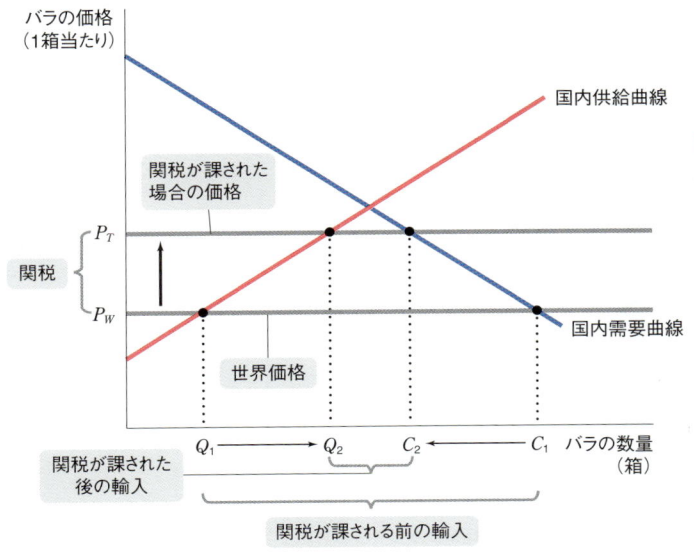

関税のために財の国内価格はP_WからP_Tへと上昇する．国内需要はC_1からC_2に減少し，国内供給はQ_1からQ_2に増加する．その結果，関税が課される前にC_1-Q_1だった輸入は，関税が課されることでC_2-Q_2に削減される．

図18-9には、関税がバラの輸入に与える効果が示されている。前の例と同じように、バラの世界価格はP_Wだとしよう。関税が課される前、輸入によって国内価格はP_Wまで低下する。そして国内生産はQ_1となり、国内消費はC_1、輸入はC_1-Q_1となる。

ここで政府が輸入されるバラ1箱ごとに関税を課したとしよう。その結果、輸入業者の受け取る国内価格が世界価格と関税の合計よりも高くないと、バラの輸入は利益を生まなくなる。そこでバラの国内価格は、世界価格P_Wと関税を合計したP_Tまで上昇する。このとき国内生産はQ_2に拡大し国内消費はC_2に低下するので、輸入はC_2-Q_2まで低下する。

自由貿易のときと比較すると、関税により国内価格は上昇し国内生産は拡大するが、国内消費は低下する。図18-10には、関税が余剰に与える効果が示してある。その効果は3つある。まず、国内価格の上昇で生産者余剰が増加する。それはAで示される。次に、国内価格の上昇で消費者余剰が減少する。その減少は$A+B+C+D$で示される。最後に、関税によって政府収入が生じる。その収入はどれくらいだろうか。関税は輸入されたバラの数量C_2-Q_2にP_T-P_Wだけ課されるので、関税による総収入は、$(P_T-P_W)\times(C_2-Q_2)$となる。これはCで示される。

関税が経済厚生に与える効果は図18-10の表に要約されている。生産者は利益を得るが、消費者は損失をこうむる。また、政府は収入を得る。消費者余剰の減少は生産者余剰と政府収入の増加の合計より大きいので、総余剰は減少する。その減少は$B+D$で示される。

第4章で、物品税の効果を検討したことを思い出してほしい。物品税は、ある財の売り手や買い手に課される税だったね。物品税は相互に利益となる取引を阻むことで非効率を、すなわち死荷重を作り出す。関税についても同じことが当てはまる。社会

図18-10 関税による総余剰の減少

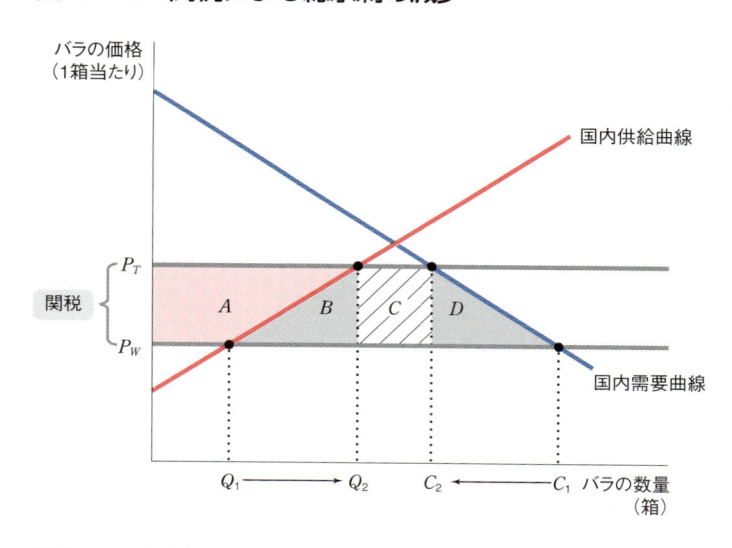

	余剰の変化	
	増加	減少
消費者余剰		$-(A+B+C+D)$
生産者余剰	A	
政府収入	C	
総余剰の変化		$-(B+D)$

関税のために国内価格が上昇すると、生産者は追加的な余剰Aを獲得し、政府は収入Cを得るが、消費者は余剰$A+B+C+D$を失う。消費者余剰の損失は、生産者余剰と政府収入の増加を上回るので、経済全体としては総余剰が$B+D$だけ減少する。

にとっての死荷重は，総余剰の低下分である$B+D$の領域に等しい．関税が非効率を生じさせてその結果死荷重が作り出されるのは，次のような理由による．第1に，相互に利益となる取引が阻まれることだ．関税のせいで，世界価格P_Wより高く支払ってでも購入したいと考えていた消費者の一部は，購入をあきらめてしまう．たとえその財の購入にかかる費用が本当はP_TではなくP_Wだったとしてもだ．この非効率に伴う費用は，図18-10のDで示される．第2に，非効率な生産によって経済の資源が浪費されることだ．関税のせいで，P_Wを超える費用でしか生産できない生産者の一部も生産を行うことになる．外国からもう1単位の財を購入するのにかかる費用はP_Wで済むというのにだ．この非効率により生じる費用は図18-10のBで示される．

3.2 輸入割当ての効果

貿易保護のもう1つの手段として，**輸入割当て**という，輸入される財の数量に課される法的な制限がある．例えばアメリカがコロンビア産のバラに輸入割当てをして，輸入数量が年間で5000万本に制限されるかもしれない．輸入割当ては通常許可証を通じて管理されている．多数の許可証が発行され，許可証所有者は毎年一定の数量を輸入することが許可されている．

第4章で数量割当てについて検討したことを思い出してほしい．そこで見たように，販売量に対する割当てには，物品税と同様の効果がある．ただし唯一の違いは，物品税の場合には政府の税収となったものが，数量割当てでは許可証所有者への割当てレントとなってしまうことだ．同じことが輸入割当てにも当てはまる．輸入割当てには関税と同様の効果があるが，関税の際には政府の税収だったものが，輸入割当てでは許可証所有者への割当てレントとなる．図18-10を再び見てみよう．輸入をC_2-Q_2まで制限する輸入割当ては，前項の関税と同じだけバラの国内価格を引き上げる．すなわち，国内価格はP_WからP_Tまで高くなる．ただし，Cは政府収入ではなく，割当てレントを表している．

輸入許可証を取得して割当てレントを得るのは誰なのか？　アメリカの輸入保護の場合，その答えは驚くべきものだ．最も重要な輸入許可証は――主に衣類と，衣類ほどではないが砂糖に対するものだが――外国の政府に与えられているのだ．

アメリカの輸入の割当てレントは外国人の収入となるので，同じ水準まで輸入を制限する関税と比較すると，割当てのほうが国全体の費用は大きくなる．図18-10では，輸入割当てに伴うアメリカの損失を$B+C+D$で示すことができる．これは，生産者余剰の増加と消費者余剰の損失の差に等しい．

> **経済学を使ってみよう**
>
> **アメリカの貿易保護政策**
>
> 今日，アメリカではおおむね自由貿易政策をとっている．少なくとも他国と比較して，また過去のアメリカと比較してそうだと言えるだろう．大半の製品は関税が課されていないか，課されていたとしても低率だ．ところが，アメリカが輸入を大幅に制

輸入割当ては，輸入される財の数量に課される法的な制限だ．

限している分野が2つある．

1つは農業だ．そこでの典型的なアメリカの政策は「関税割当て」と呼ばれるものだ．ある決められた輸入数量までは，輸入に低率の関税が課される．これは輸入割当てに似ている．ライセンスを持っている場合のみ，輸入業者は低率の関税を支払って輸入できるからだ．割当てを超えた輸入には，高率の関税が課される．アメリカでは，牛肉，乳製品，砂糖，ピーナツ等に関税割当てがある．次の「ちょっと寄り道」では，世界の砂糖政策の文脈のなかで砂糖の割当てについて解説している．

アメリカが輸入を制限しているもう1つの分野は，衣類と織物だ．この分野ではアメリカ政府は，精緻な輸入割当てシステムを適用している．

アメリカの貿易保護政策の特異な点は，たいていの場合に割当てライセンスが外国人，それも外国政府に与えられるということだ．例えばアメリカで衣類を売る権利はさまざまな輸出国に分配され，各国の内部でさらに適当に分配される仕組みになっている．そのため，割当てから生じるレントは外国の収入となり，アメリカが負担する輸入制限のコストを大幅に押し上げている．実際，ある推定によれば，アメリカが負担する輸入制限のコストのうち約70%が，死荷重によるものではなく外国人への割当てレントの移転によって生じるものだとされている．

ちょっと復習

▶多くの経済学者が自由貿易を支持しているが，多くの政府は，輸入競争産業のための貿易保護を行っている．代表的な2つの保護政策は関税と輸入割当だ．まれにではあるが，政府が輸出産業に補助金を出す場合もある．

▶関税は輸入に対する課税だ．それにより，国内価格が世界価格を上回る．また，国内消費と貿易量は低下するが国内生産は拡大する．国内生産者と政府は利益を得るが，消費者は損失をこうむる．消費者の損失は国内生産者と政府の総利益より大きくなり，総余剰の死荷重が発生する．

▶輸入割当では，輸入数量の法的な制限だ．その効果は関税と似ているが，関税とは違って，その収入――割当てレント――は政府ではなく，ライセンス所有者のものとなる．

理解度チェック 18-3

1．バターの世界価格が1ポンド＝0.5ドル，自給自足のときの国内価格が1ポンド＝1ドルだとしよう．図18-9と同様の図を使って，以下のことを示しなさい．
  a. 自由貿易であれば，バター生産者は政府に1ポンドにつき少なくとも0.5ドルの関税を賦課するよう要求する．
  b. 1ポンドにつき0.5ドルより高い関税が賦課されたとき，何が起こるかを示しなさい．
2．政府がバターの輸入に関税でなく割当てを課すとしよう．1ポンド＝0.5ドルの関税と同じ水準まで輸入を制限する割当て数量を求めなさい．

解答は本書の巻末にある．

4 貿易保護政策の政治経済学

国際貿易が国々に相互に利益をもたらすことを見てきた．また，関税や輸入割当ては，敗者だけでなく勝者も生み出すが，総余剰を減らすことも学んだ．それにもかかわらず，多くの国々が関税や輸入割当てを課したり，あるいは他の保護主義的な措置を実施している．

なぜ貿易保護が生じるのかを理解するために，保護主義を正当化するための根拠を見ることから始めよう．次に貿易保護の政治学について考え，最後に，今日の世界で見られる貿易保護の重要な特徴について検討しよう．それは，関税や輸入割当てが国際交渉の議題となり，国際機関によってその使用が規制されているということだ．

4.1 貿易保護政策への支持

関税や輸入割当ての支持者は，たくさんの根拠を主張する．良く知られた３つの議論が，国家安全保障，雇用創出，それに幼稚産業論だ．

国家安全保障の議論は，次のような主張に基づいている．国際紛争があると国交が途絶えることがあるので，財の供給を海外へ依存することは危険だ．よって，国は重要な財の自給自足を目指して国内供給者を保護すべきだ，というものだ．1960年代当時，国内の石油備蓄量が低下したためアメリカは石油の輸入を開始したが，国家安全保障の議論を根拠として，石油に対して輸入割当てが課された．近年になって再び，石油の輸入——とりわけ中東からの輸入——を抑制すべきだと主張する人々もいる．

雇用創出の議論では，貿易保護政策をとることで輸入競争産業では追加的な雇用が生まれるという指摘がなされる．だが経済学者は，その雇用増加は他産業，例えば輸入財を投入物として使っていて，保護政策のためにその価格上昇に直面した産業での雇用減少によって相殺されてしまうと主張する．にもかかわらず，経済学者でない人々は，この主張をかならずしも受け入れようとしない．

最後に，幼稚産業論は，新しい産業を確立するために，その産業を一時的に保護すべきだという主張だ．これは，新興工業国で支持されることが多い．例えば1950年代，ラテンアメリカの多くの国々は，製品輸入に関税や割当てを課した．それは原材料輸出国というそれまでの地位から抜け出し，工業国としての新たな地位を確立しようとする試みだった．

ちょっと寄り道　甘くて苦い話

もし，EUとアメリカのどちらも比較優位を持たない財があるとすれば，そのうちの１つは確実に砂糖だ．砂糖を作る最も安上がりな方法は，サトウキビを栽培することだ．そのためには，熱帯の気候でなければならない．アメリカでは２，３の場所でしか，サトウキビを栽培できない（メキシコ湾岸地域やハワイだ）．それも熱帯気候の国のサトウキビ生産能力にはとうてい及ばない．また，西ヨーロッパではサトウキビを栽培することはほとんど不可能だ．

だがヨーロッパは砂糖の純輸出国で，アメリカが輸入しているのは砂糖消費のごく一部だけにすぎない．なぜこのようなことが可能なのか？

それが可能なのは，砂糖を生産する非効率な方法が他にあるからだ．砂糖大根は寒冷気候でも育つ．大西洋の両側で砂糖の生産者は政府からの莫大な補助金を受け取っている．アメリカでは，輸入割当てによって価格が平均的に世界価格の２倍の水準に維持されている．ヨーロッパでは，輸入制限に加えて巨額の補助金が農家に支払われている．

こうした貿易保護の根拠はどこにあるのか．政府は，言い訳さえ述べようとしない．大西洋の両側には強力な農業ロビーがいる．実際，先進国では消費者と納税者の犠牲の下に農業に手厚い補助金が与えられているのだ．

本当にひどい話だ．もし先進国の輸入割当てや補助金がなければ，保護されている財のいくつか——特に砂糖——は貧しい国々の主要な輸出品（そして，それらの国々の貧しい農家の主要な所得源）になっていたはずなのだ．

4.2　貿易保護政策の政治学

　現実には，上記の議論とは異なる理由で，貿易保護政策が実施されることが多い．それは，輸入競争産業の政治的な影響を反映したものだ．

　関税や輸入割当てが，輸入競争に直面する生産者に利益を与え，消費者に損失をもたらすことを学んだ．通常生産者は，貿易政策の決定に対して消費者よりも大きな影響力を持っている．輸入競争に直面する生産者は，消費者に比べるとその規模は小さいが，より強い結束力を持ったグループなのだ．

　その一例が，さっきの「ちょっと寄り道」で取り上げた砂糖の貿易保護政策だ．アメリカは，砂糖に輸入割当てを課している．その結果，平均して国内価格は世界価格の2倍ほど高い．この割当ては，経済学上のどんな議論でも正当化できないものだ．ところが消費者は，その割当てに関してほとんど不平を口にしない．というのもその存在を知らないからだ．個別の消費者が大量の砂糖を購入することはないので，割当てによる費用は1家族当たり毎年2～3ドルにすぎない．これでは，関心のないのも当然だ．ところが，アメリカの砂糖栽培者は数千しかいない．彼らは割当てからの利益に敏感で，議会に議員を送り込んで自分たちの利益を確保しようとする．

　こうした政治的な現実を踏まえると，現在のように貿易が自由なのは驚くべきことかもしれない．次の「経済学を使ってみよう」で説明するように，アメリカの関税率は低く，輸入割当ては主に衣類といくつかの農産品に限定されている．このように貿易保護政策が大幅に限定されているのはなぜか．経済学者の説得に応じて，政府が自由貿易の価値を確信しているというのであれば，素晴らしいことだ．だが，より重要な理由は，国際貿易協定が果たす役割にある．

4.3　国際貿易協定と世界貿易機関（WTO）

　国が貿易保護政策を実施すると，損失をこうむるグループが2つある．すでに強調したように貿易保護は国内消費者に不利益を与えるが，外国の輸出産業もまた損失をこうむる．そのため，各国は互いの貿易政策に注意を払っている．例えばカナダの木材産業にとって，アメリカの輸入木材製品への関税を低く抑えることは重大な関心事項なのだ．

　各国が**国際貿易協定**を取り決めるのは，お互いの貿易政策に関心があるからだ．協定は，相手国からの輸出に対して，お互いに貿易保護を削減することに同意するもので，世界貿易の大部分がそのような協定の下にある．

　いくつかの国際貿易協定は，わずか2国間で，または少数の国の間で締結されている．1993年，アメリカ議会は，アメリカ，カナダ，メキシコ間の北米自由貿易協定（NAFTA）を承認した．それが完全に実施されれば，将来，3国間ではすべての貿易障壁が取り除かれるだろう．EUに加盟する27カ国間（2009年1月時点）では，すでに自由貿易が実施されている．

　世界の大部分をカバーする，世界規模の貿易協定もある．そのような世界協定を監

> **国際貿易協定**は，協定を結んだ国どうしが，相手国からの輸出に対する貿易保護を削減するのに合意することだ．

督するのが，**世界貿易機関（WTO）**だ．WTOには，2つの役割がある．第1に，主要な国際貿易協定（1994年に承認された最新の主要な協定は，2万4000ページに及ぶ長いものだった）に必要な，大がかりで複雑な国際交渉の枠組みを提供すること．第2に，加盟国間の紛争を解決することだ．こうした紛争が生じるのは，ある国が，他国の政策が協定違反であると主張した場合だ．

WTOの役割を明らかにする2つの例を挙げよう．1999年，WTOはEUによるバナナの輸入制限が国際貿易のルールに違反するという裁定を下した．その理由は，輸入制限がかつての植民地の生産者を優遇し，中米諸国の生産者を不利に扱うというものだった．アメリカは中米諸国を支持したので，このバナナをめぐる紛争がEUとアメリカの間で大きな対立にまで発展する危険性があった．ヨーロッパは現在そのシステムを改正しているところだ．2002年には，WTOの裁定によってアメリカが敗者となった．EUは，アメリカ税法のある条項が，事実上輸出補助金の役割を果たしていると訴えた．輸出補助金は国際協定違反になる．WTOはヨーロッパの訴えを認め，アメリカは現在，税法の修正を強いられている．

WTOは，誇張ではあるが，世界の政府と呼ばれることがある．それは実際に，軍隊や警察，また直接的な強制力を持っているわけではない．それなのにそう呼ばれるのは，WTO加盟国は，その裁定に従うことに同意しているからだ．その裁定は，関税や輸入割当てだけでなく，名前は違っても事実上の貿易保護と見なされれば国内政策にまで適用される．だからWTOへの加盟により，国はその主権のうちわずかな部分を放棄していることになる．

> **世界貿易機関（WTO）**は，国際貿易協定を監督し，また，協定に関する国際紛争に裁定を下す．

経済学を使ってみよう

関税率の低下

アメリカが国際協定に基づいて貿易政策を展開しはじめたのは1930年代だった．また，第2次世界大戦後間もない時期に世界の貿易交渉が開始された．貿易障壁を軽減するこのような協定は成功を収めた．その実績を示しているのが図18-11だ．この図は，アメリカが関税を課している輸入品の平均関税率が1920年代以降どのように変化してきたかを示している．

関税は1930年代初頭にピークに達した．その直前の1930年には，スムート＝ホーレー関税として知られる保護主義的な法案が議会を通過している（スムート＝ホーレー関税が1930年代に起こった大恐慌の原因だったと非難する人もいるが，そう信じている経済学者はごく少数にすぎない）．それ以来，関税率は徐々に低下していった．アメリカの関税率が低下したのを受けて，他の先進国の関税率が低下し，後には多くの途上国でも関税率が引き下げられた．

現時点では，工業製品の世界貿易には低率の関税しか課されていない．また，衣類のような例外はあるものの，輸入割当てもほとんど課されていない．農産物がより多くの制限の下にあるのは先進諸国の農業従事者の政治力を反映するものだ．

図18-11　低下する関税率

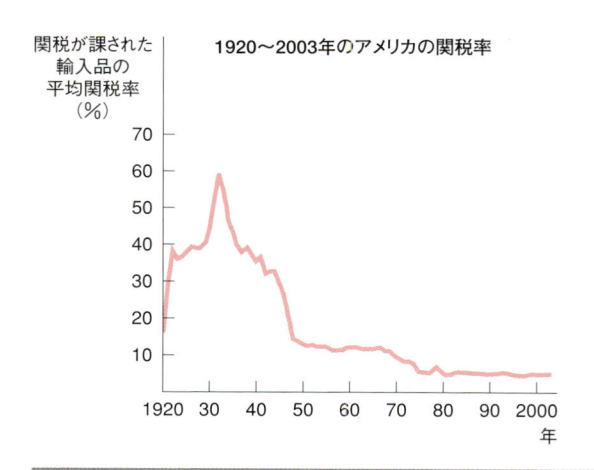

1920～2003年のアメリカの関税率

関税が課された輸入品の平均関税率（％）

1930年代初め，アメリカの関税率は非常に高かったが，その後は，継続的に低下してきた．このような，より自由な貿易に向けた動きは，その大部分が国際貿易協定を通じて達成されてきた．

出所：U.S. International Trade Commission（国際貿易委員会）．

ちょっと復習

▶貿易保護政策を正当化する3つの議論は，国家安全保障，雇用創出，それに幼稚産業論だ．

▶死荷重による損失をもたらすにもかかわらず，輸入保護は頻繁になされる．輸入競争産業を代表する利益団体は，規模は小さいが結束力があるので，消費者団体よりも強い影響力を持つからだ．

▶貿易自由化を進展させるために，各国は国際貿易協定を締結する．北米自由貿易協定のように，いくつかの貿易協定は少数の国の間で結ばれている．世界貿易機関（WTO）は，多数の国々が加盟する組織だ．その役割は，世界規模での貿易協定に向けて交渉を進めるとともに，加盟国間の貿易紛争を裁定することにある．

理解度チェック 18-4

1．2002年に，アメリカは鉄鋼製品の輸入に関税を課した．アメリカでは鉄鋼製品は，多種多様な産業で投入物として利用されている．こうした関税を撤廃するための政治的ロビー活動は，砂糖や衣類のような消費財の関税を撤廃するためのロビー活動よりも，より効果的である可能性が高い．それはなぜか説明しなさい．

2．ここ数年来，関税や割当てに加えて，品質，健康，それに環境への配慮から貿易が制限されるようになった．その結果，WTOもそのような貿易制限にかかわる紛争の裁定を下すことが多くなった．なぜ，このような事態が生じているのか説明しなさい．また，あなたがWTOの職員だとして，品質，健康，それに環境を理由とする制限が自由貿易協定違反かどうかを決める際に，どのような方法を利用できるか，考えなさい．

解答は本書の巻末にある．

次に学ぶこと

新たな話題に移る前に，比較優位や貿易利益の考え方について，ここで学んだことを身につけることが大切だ．そうすれば，世界経済の原動力について，また，各国が経済的に異なっている理由について，より深く理解することができる．それに，国際貿易を学ぶことは，次の点を理解するためにも役に立つ．それは経済政策が，社会全体にとっては利益となる場合でも，どのようにして勝者と敗者の双方を生み出すのかということだ．政策が現実にどのように決定されるのかを学ぶ際に，これは重要なポイントとなる．

要約

1. アメリカでは，国際貿易の重要性が増している．他の多くの国々ではそれ以上に国際貿易が重要となっている．個人間の取引と同様に，国際貿易は比較優位によって生じる．すなわちある国では，ある財を追加的にもう1単位生産する機会費用が，他の国のそれよりも小さい．外国から購入した財やサービスは**輸入**，外国に販売された財やサービスは**輸出**だ．

2. **国際貿易のリカード・モデル**では機会費用が一定と仮定される．このモデルは貿易利益が発生することを示す．つまり，2つの国にとって，**自給自足**の場合より貿易をした状態のほうが望ましい．

3. 実際には，気候，生産要素賦存量，それに技術の国際的な違いを反映して比較優位が決まる．**ヘクシャー＝オリーン・モデル**は，生産要素賦存量の違いによってどのように比較優位が決まるのかを示している．つまり，財の**要素集約度**が国によって異なるので，それぞれの国は自国に豊富にある生産要素を集約的に利用する財を輸出する傾向にある．

4. **国内需要曲線**と**国内供給曲線**によって，自給自足の場合の財の価格が決定される．国際貿易が開始されると，国内価格は**世界価格**と等しくなり，その財は世界価格で輸出もしくは輸入される．

5. 財の世界価格が自給自足価格より低いとき，その財は輸入される．輸入に伴って消費者余剰は増え，生産者余剰は減る．また，総余剰は増える．世界価格が自給自足価格より高ければ，その財は輸出される．輸出に伴って生産者余剰は増え，消費者余剰は減るが，総余剰は増える．

6. 国際貿易が生じると，**輸出産業**が拡大し，**輸入競争産業**が縮小する．それに伴って，豊富にある生産要素への需要が増加し，希少な生産要素への需要は減少する．その結果，生産要素価格が変化する．

7. 多くの経済学者が**自由貿易**を支持しているにもかかわらず，実際には，多くの政府は**貿易保護政策**を実施する．最も一般的な**保護政策**の手段は，関税と割当ての2つだ．まれにではあるが，輸出産業に補助金が出されることもある．

8. **関税**は輸入に課される税金だ．関税により，国内価格が世界価格より高くなる．消費者が損失をこうむり，生産者は得をして，政府収入が生じる．その結果，総余剰は減少する．**輸入割当て**は，輸入される財の数量に課される法的な制限だ．輸入割当てには，関税と同様の効果があるが，関税の場合とは異なって，その収入は政府ではなく，輸入ライセンスの所有者が得る．

9. 貿易保護を支持する議論もいくつかあるが，実際に保護される理由は，おそらく政治的なものだ．輸入競争産業は，強い組織力を持ち，貿易保護から得られる利益をよく認識している．一方で，消費者は，貿易保護がもたらす費用について気づいていない．だが，アメリカでは，貿易はおおむね自由だ．その理由は，**国際貿易協定**にある．この協定の下では国々が互いの輸出に対する貿易保護を削減することに同意している．**世界貿易機関（WTO）**は貿易交渉を監督すると同時に，交渉の結果締結された協定に従うことを強制する．

キーワード

輸入…p.512
輸出…p.512
国際貿易のリカード・モデル…p.513
自給自足…p.514
要素集約度…p.517
ヘクシャー＝オリーン・モデル…p.517
国内需要曲線…p.521
国内供給曲線…p.521
世界価格…p.521
輸出産業…p.525
輸入競争産業…p.525
自由貿易…p.527
貿易保護政策…p.527
保護政策…p.527
関税…p.527

輸入割当て…p.529　　　　　　　　　世界貿易機関（WTO）…p.533
国際貿易協定…p.532

問題

1. サウジアラビアとアメリカでの石油と自動車の生産可能な組合せが，次の表で与えられるとしよう．

サウジアラビア		アメリカ	
石油の数量 (100万バレル)	自動車の数量 (100万台)	石油の数量 (100万バレル)	自動車の数量 (100万台)
0	4	0	10.0
200	3	100	7.5
400	2	200	5.0
600	1	300	2.5
800	0	400	0

　a. サウジアラビアで自動車1台を生産するための機会費用を求めなさい．また，アメリカについても，求めなさい．サウジアラビアで，1バレルの石油を生産するための機会費用を求めなさい．また，アメリカについても求めなさい．

　b. 石油生産に比較優位を持つのはどちらの国か答えなさい．自動車に比較優位を持つのはどちらか答えなさい．

　c. 自給自足の下，サウジアラビアが2億バレルの石油と300万台の自動車を生産するとしよう．また，自給自足の下，アメリカは3億バレルの石油と250万台の自動車を生産するとしよう．貿易がない場合，サウジアラビアは石油と自動車の両方をこれ以上多く生産できるだろうか．また，アメリカは貿易がない場合，石油と自動車の両方をこれ以上多く生産できるだろうか．

2. アメリカとサウジアラビアの生産可能な石油と自動車の組合せが，問題1の表で与えられるとしよう．各国が比較優位を持つ財の生産に特化して貿易するとしよう．また，各国にとって輸入額が輸出額に等しくなるとしよう．

　a. 生産される石油と自動車の総量を求めなさい．

　b. サウジアラビアは4億バレルの石油と500万台の自動車を消費し，アメリカは4億バレルの石油と500万台の自動車を消費することができるだろうか．

　c. 実際に，サウジアラビアが3億バレルの石油と400万台の自動車を消費し，アメリカが5億バレルの石油と600万台の自動車を消費するとしよう．アメリカは何バレルの石油を輸入するか求めなさい．またアメリカは何台の自動車を輸出するか求めなさい．自動車1台の価格が世界市場で1万ドルだとしよう．世界市場で石油1バレルは何ドルかを求めなさい．

3. カナダとアメリカは，木材と音楽CDを一定の機会費用で生産しているとしよう．アメリカはCDの生産がゼロのとき10トンの木材を生産できる．また，木材の生産がゼロのとき1000枚のCDを生産できる．この2つの間であれば，両方の財をあらゆる組合せで生産できる．一方，カナダはCDの生産がゼロのとき8トンの木材を生産でき，木材の生産がゼロのとき400枚のCDを生産できる．また，この2つの間であれば，両方の財をあらゆる組合せで生産できる．

　a. アメリカとカナダの生産可能性フロンティアを別々の図に描きなさい．ただし，横軸をCDの数量，縦軸を木材の数量としなさい．

　b. 自給自足の下，アメリカが500枚のCDを消費したい場合，最大でどれだけの木材を消費できるか，求めなさい．図でその点をAとしなさい．同様に，自給自足でカナダが1トンの木材を消費したい場合，何枚のCDを消費できるか，求めなさい．図でその点をCとしなさい．

　c. どちらの国が木材生産に絶対優位を持つか．

　d. どちらの国が木材生産に比較優位を持つか．

各国が比較優位を持つ財の生産に特化し，貿易が開始されるとしよう．

　e. アメリカはCDを何枚生産するか．カナダは木材を何トン生産するか．

　f. アメリカは500枚のCDと7トンの木材を消費することができるか．図でこの点をBとしなさい．そのとき，カナダは500枚のCDと1トンの木材を消費することができるか．図でその点をDとしなさい．

4. 以下の貿易関係について，各国が輸出財に比較優位を持つのはなぜか，その要因を説明しなさい．

　a. アメリカはベネズエラにソフトウエアを輸出し，ベネズエラはアメリカに石油を輸出する．

　b. アメリカは中国に航空機を輸出し，中国はアメリカに衣類を輸出する．

　c. アメリカはコロンビアに小麦を輸出し，コロンビアはアメリカにコーヒーを輸出する．

5. 靴は労働集約的であり，人工衛星は資本集約的である．アメリカは資本を豊富に保有する国であり，中国は労働を豊富に保有する国である．ヘクシャー＝オリーン・モデルによれば，中国はどちらの財を輸出するだろうか．また，アメリカはどちらの財を輸出するだろうか．アメリカでは，労働の価格である賃金と資本の価格が，どのように

変化するか説明しなさい.

6. 北米自由貿易協定（NAFTA）によって輸入関税が徐々に撤廃される以前は，メキシコでのトマトの自給自足価格は世界価格より低く，アメリカでのそれは世界価格より高かった．同様に，メキシコでの鶏肉の自給自足価格は世界価格より高く，アメリカでのそれは世界価格より低かった．各財について，両国の国内需要曲線，国内供給曲線の図を描きなさい．北米自由貿易協定の結果，アメリカはメキシコからトマトを輸入し，鶏肉をメキシコへ輸出するとしよう．以下のグループが，どのような影響を受けるのか説明しなさい．
   a. メキシコのトマト消費者とアメリカのトマト消費者．図を使って消費者余剰への効果を説明しなさい．
   b. メキシコのトマト生産者とアメリカのトマト生産者．図を使って生産者余剰への効果を説明しなさい．
   c. メキシコとアメリカのそれぞれでトマト生産に従事する労働者．
   d. メキシコの鶏肉の消費者とアメリカの鶏肉の消費者．図を使って消費者余剰への効果を説明しなさい．
   e. メキシコの鶏肉の生産者とアメリカの鶏肉の生産者．図を使って生産者余剰への効果を説明しなさい．
   f. メキシコとアメリカのそれぞれで鶏肉生産に従事する労働者．

7. 以下は，アメリカの商業用ジェット機の国内需要表と国内供給表だ．商業用ジェット機の世界価格は1億ドルであるとしよう．

ジェット機の価格 (100万ドル)	ジェット機の需要量	ジェット機の供給量
120	100	1,000
110	150	900
100	200	800
90	250	700
80	300	600
70	350	500
60	400	400
50	450	300
40	500	200

   a. 自給自足のとき，アメリカが生産する商業用ジェット機の数を求めなさい．また，それが売買される価格を求めなさい．
   b. 貿易があるときの商業用ジェット機の価格を求めなさい．また，アメリカはジェット機を輸入するのか，それとも輸出するのか．その場合，貿易されるジェット機の数を求めなさい．

8. 次の表は，アメリカのオレンジの国内需要表と国内供給表を示している．オレンジの世界価格は1個0.30ドルだ．

オレンジの価格 (ドル)	オレンジの需要量 (1,000個)	オレンジの供給量 (1,000個)
1.00	2	11
0.90	4	10
0.80	6	9
0.70	8	8
0.60	10	7
0.50	12	6
0.40	14	5
0.30	16	4
0.20	18	3

   a. アメリカの国内供給曲線と国内需要曲線を描きなさい．
   b. 自由貿易のとき，アメリカが輸入または輸出するオレンジの数を求めなさい．

   アメリカ政府がオレンジ1個につき0.20ドルの関税を課すとしよう．

   c. 関税が賦課された後，アメリカが輸入または輸出するオレンジの数を求めなさい．
   d. 関税によって経済全体に生じる利益，または損失を図に示しなさい．

9. アメリカでのオレンジの国内需要表と国内供給表が，問題8で与えられているとしよう．オレンジの世界価格は0.30ドルだ．アメリカがオレンジ3000個の輸入割当てを課したとしよう．国内需要曲線と国内供給曲線を描いて以下の問いに答えなさい．
   a. 割当てが課された場合のオレンジの国内価格はいくらか．
   b. オレンジの輸入業者が得る割当てレントの額はいくらか．

10. 以下の図は，アメリカでの牛肉の国内供給曲線と国内需要曲線を示している．

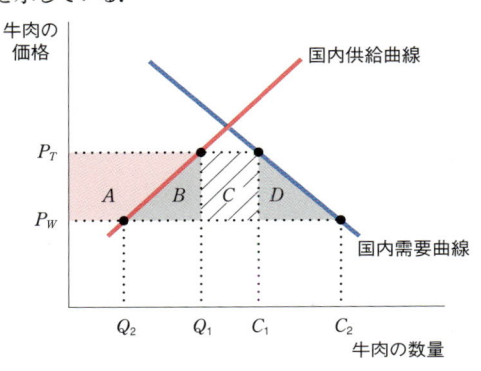

牛肉の世界価格は P_W だ．アメリカは牛肉に輸入関税を課し，その結果，国内価格は P_T となったが，議会はその関税の撤廃を決定した．図の記号を使って，次の問いに答えなさい．
   a. 消費者余剰の増加もしくは減少を示す領域を求めなさ

い．
b. 生産者余剰の増加もしくは減少を示す領域を求めなさい．
c. 政府にとっての収入もしくは損失を示す領域を求めなさい．
d. 経済全体の余剰の増加もしくは減少を示す領域を求めなさい．

11. アメリカでは，市場開放により国際貿易が開始された結果，非熟練労働集約的な製造業では雇用が減少したが，ソフトウエア産業のような熟練労働集約的な産業では，新たな雇用が生まれた．国全体として，アメリカが貿易によって利益を得るのかどうかを説明しなさい．

12. アメリカは農業を手厚く保護している．農産物の輸入には，関税が課され，また，割当てが課される場合もある．この章では，貿易保護を支持する3つの主張が提示された．それぞれが，アメリカの農産物に対する貿易保護を正当化するのに有効であるかどうかを検討しなさい．

13. 世界貿易機関（WTO）の交渉では，ある国が関税や割当てのような貿易障壁を引き下げることに同意すれば，この行為は他国への譲許と呼ばれる．この用語は適切だろうか．

14. 輸入競争産業の生産者は，よく次のような主張をする．「ある財の生産で，外国がアメリカよりも優位に立つのは，労働者の賃金が安いからだ．実際に，アメリカの労働者の生産性は外国の労働者のそれよりも高い．したがって，アメリカの輸入競争産業は，保護されるべきだ」．これは正当な主張なのかどうか．説明しなさい．

---

web▶ 引き続き勉強し，本章の概念を復習したい人は，クルーグマン＝ウェルスのウェブサイトを訪ね，小問題集，動画による教習，有益なリンク集などを参照してください．
www.worthpublishers.com/krugmanwells

第 19 章

Open-Economy Macroeconomics
開放経済のマクロ経済学

Chapter 19

ユーロのジレンマ

　入るべきか，入らぬべきか，それが問題だ．

　しばらく前までフランスのビストロでは，メニュー価格がフランで表示されていた．ドイツのガストハウスではマルクで，イタリアのトラットリアではリラで表示されていた．現在では，これら3国のメニューはすべて前に「€」という，ユーロのシンボルマークが付けられている．

　ユーロは1999年1月1日に導入された．フランス，ドイツ，イタリアはそれぞれの国民通貨を廃してユーロに切り替えた．全部ではないが，大多数の近隣諸国もそれにならった．ユーロを使用する国々で新たに形成された「ユーロ圏」は，全体としてドル圏，別名アメリカとほぼ同規模のGDPを持つことになった．

　だがヨーロッパのすべてがユーロ圏になったわけではない．いちばん目立った不参加国はイギリスで，当分の間ポンドを国民通貨として維持することにした．イギリスはなぜユーロを採用しなかったのだろうか？

　答えの1つは，国家としての誇りだ．イギリスがポンドを放棄することは，同時に，女王の肖像を掲げた通貨を喪失することだからだ．それに，ポンドを捨ててユーロをとることには，他にも深刻な経済的懸念があった．ユーロの採用を支持するイギリスの経済学者は，イギリスが他の諸国と一緒に同一の通貨を採用すれば，イギリスの国際貿易は増加し，経済の生産性が高まると考えた．しかし他の経済学者たちは，ユーロの採用によってイギリスは独立した金融政策を追求できなくなり，マクロ経済上の難問を引き起こす可能性があると指摘したのだ．

　当面，ポンドを維持したいと考える人々が優勢のようだ．だからイギリスが近いうちにユーロを採用することはないだろう．とはいえ，この議論のどちらの側にも一理あるので，論争はたぶんこれから長く続くことになるだろう．なぜそうなるかを理解するためには，開放経済のマクロ経済学に固有の問題について見ておく必要がある．

この章で学ぶこと

▶ **国際収支**の意味とその測定方法．
▶ **国際資本移動**の決定要因．
▶ **外国為替市場**の役割と**為替レート**．
▶ **実質為替レート**の重要性とそれが**経常収支**の決定に果たす役割．
▶ **固定為替レート制度**，**変動為替レート制度**など，さまざまな**為替レート制度**が選択される理由．
▶ **変動為替レート制度**の下で開放経済がマクロ経済政策に影響する理由．

1 資本移動と国際収支

　アメリカに住む人々は2004年に，約3兆ドル相当の品物を外国に住む人々に売り，見返りに約3兆ドル相当の品物を買った．どんな品物かって？　ありとあらゆる品物

だ．アメリカの居住者(アメリカで活動する企業を含む)は，航空機，債券，小麦，その他多くのものを外国の居住者に販売した．またアメリカの居住者は，自動車，株式，石油，その他多くのものを外国の居住者から買ったのだ．

　これらの取引を追跡するにはどうすればいいのだろう？　第7章で私たちは，国内経済の取引は国民所得・生産物計算(国民経済計算)を用いて記録されることを学んだ．国際取引は，これとは異なるがこれに関連する国際収支勘定を使って記録される．

1.1　国際収支

　ある国の**国際収支(勘定)**は，その国が他国と行った取引を要約したものだ．そこでいちばん重要な特徴は，経常勘定と金融勘定の区別だ．

　ついさっき，アメリカが外国に販売したものの例として，航空機，債券，小麦を挙げたね．アメリカの居住者が小麦のような財を外国人に売る場合には，その取引はそれだけで終わる．だが債券のような金融資産の場合には，それで終わりということにはならない．債券は，将来に利子や元本を支払う約束だということを思い出してほしい．アメリカの居住者が債券を外国人に売れば，それは負債を生み出す．アメリカの居住者は将来，債券を買った外国人に対して利子を支払い，元本を償還しなければならないのだ．つまり国際収支(勘定)は，負債を生み出す取引とそうでない取引を区別していると言える．

　経常勘定収支として計上される取引内容のほとんどは，財やサービスの国際的売買だ．例えば小麦や石油のような財，またはコンピュータ・コンサルティングやホテルの部屋のようなサービスだ．**財・サービス収支**というのは，一定期間中の輸出(外国人への財・サービスの販売)と輸入(外国人からの財・サービスの購入)の差額のことだ．ある国の財だけの(サービスを除いた)輸出入の差額は**商品貿易収支**，あるいは単に**貿易収支**と呼ばれる．貿易収支は不完全な尺度ではあるが，経済学者はこれに注目することが多い．というのも，サービスの国際貿易のデータは物的な財の国際貿易のデータほど正確ではないからだ．

　経常勘定収支は単に**経常収支**と呼ばれることが多いが，財・サービス収支よりも若干広い概念だ．経常勘定収支は，財・サービス収支に，他国との間で生じる純移転支出と純要素所得を加えたものだ．ここでの移転支出とは，例えばアメリカにいるメキシコ移民が母国の家族に送るお金のように，ある国の居住者が外国の居住者に送る資金のことだ．またここでの要素所得は，例えば日本の年金基金が保有する米国債への利払いのように，外国で保有される資産が生み出す所得が主たるものだ．要素所得には，他にも例えばアフリカのある国がアメリカ人の石油専門家に支払うコンサルティング料のような労働所得も含まれる．

　表19-1は，2004年のアメリカ経済の経常収支の構成を示したものだ．最も重要な特徴は，6180億ドルという，GDPの5.3％にものぼる財・サービス収支の巨額の赤字にある．わかりやすく言うと，アメリカは2004年に，外国に対して財・サービスを1ドル販売するごとに，1.54ドルの輸入をしたことになる．アメリカの要素所得は少

ある国の**国際収支(勘定)**は，その国が他国と行った取引を要約したものだ．

ある国の**財・サービス収支**は，一定期間中の輸出と輸入の差額だ．
商品貿易収支(貿易収支)は，ある国の財の輸出と輸入の差額だ．

ある国の**経常勘定収支(経常収支)**は，財・サービス収支に他国との間で生じる純移転支出と純要素所得を加えたものだ．

表19-1　2004年のアメリカの経常収支

	外国人からの支払い (10億ドル)	外国人への支払い (10億ドル)	差額 (10億ドル)
財・サービス	財・サービスの輸出：1,151	財・サービスの輸入：1,769	−618
要素所得	所得の受取り：379	所得の支払い：349	30
移転支出	＊	＊	−81
合計(経常収支)	＊	＊	−668

＊　アメリカ政府は，移転支出の流入額・流出額のそれぞれは示さず，純移転額の推計値だけを報告している．
注：差額の合計が正確でないのは四捨五入による．
出所：Bureau of Economic Analysis（経済分析局）．

訳注：日本の国際収支は，日本銀行の「国際収支統計」のページ〈http://www.boj.or.jp/theme/i_finance/bop/index.htm〉から見ることができる．なお本書の「財・サービス収支」は「貿易・サービス収支」に，「要素所得」は「所得収支」に，「移転支出」は「経常移転収支」に，「金融収支」は「資本収支」に対応している．

額の黒字だったが，移転支出の赤字はそれよりも多かったので，経常収支全体の赤字は6680億ドルとなった．

　アメリカはこれほどの輸入に対して，いったいどうやって対価を支払ったのだろうか？　答えはこうだ．外国に多額の資産を輸出して，金融勘定収支で黒字を出すことによって支払ったのだ．ある国の**金融勘定収支**は単に**金融収支**とも呼ばれ，一定期間中の外国人への資産の販売と外国人からの資産の購入の差額を意味している（数年前までは，アメリカでは金融収支〈financial account〉という代わりに**資本収支**〈capital account〉という言葉が使われていた．ここでは現在の用語を使うが，読者はどこかで以前の用語に出くわすことがあるかもしれない）．金融収支は，ある国から他の国への貯蓄の流れである資本移動（キャピタル・フロー）を記録するものだ．

　経常収支と同様に，金融収支もいくつかの小項目に分けられる．この章の後のほうで見るように，いちばん重要な区別は，例えばヨーロッパの民間投資家による米国債の購入と，日本あるいは中国の中央銀行による米国債の購入とを区別するという，民間部門と公的部門の売買の区別だ．表19-2は，2004年のアメリカについてこの区別を示している．見てわかるように，公的部門による2004年のアメリカ資産の購入額は3950億ドルだった．後で為替レート政策について論じるが，その際になぜこのような購入が行われたのかを説明する．表19-2はまた，民間投資家の資本がアメリカに純流入したことを示している．

　2004年のアメリカの経常収支がマイナスで金融収支がプラスだったことは偶然で

ある国の**金融勘定収支**（**金融収支**）は一定期間中の外国人への資産の販売と外国人からの資産の購入の差額だ．

表19-2　2004年のアメリカの金融収支

	外国人への資産売却 (10億ドル)	外国人からの資産購入 (10億ドル)	差額 (10億ドル)
公的部門の売買	395	−4	399
民間部門の売買	1,045	860	185
合計(金融収支)	1,440	856	584

出所：Bureau of Economic Analysis.

はない．これは，どんな国にも共通に適用される，国際収支会計の基本原則を反映するものだ．その原則は，

$$経常収支(CA) + 金融収支(FA) = 0$$

または

$$CA = -FA \tag{19-1}$$

と表される．

　式19-1がなぜ正しいかを理解するには，図19-1を見ればいい．これは国内マクロ経済を考えたときに有益だった循環フロー図と同工異曲のものだ．図19-1は一国経済の中の貨幣の流れを示す代わりに，異なる国々の間の貨幣の流れを描いている．外国からアメリカへの貨幣の流れは，アメリカの財・サービスの輸出や，アメリカが所有する生産要素の使用，さらにはアメリカへの移転支出の結果として生じる．(青い矢印で示される) この流れは，アメリカの経常収支にとってプラスの要素となる．外国からアメリカへの貨幣の流れはまた，(赤い矢印で示される) 外国によるアメリカ資産の購入の結果としても生じ，アメリカの金融収支にとってプラスの要素となる．

　これと同時に，アメリカから外国への貨幣の流れが，アメリカの財・サービスの輸入や，外国が所有する生産要素の使用，さらにはアメリカからの移転支出の結果として生じる．この流れは青い矢印で示され，アメリカの経常収支にとってマイナスの要素となる．アメリカから外国への貨幣の流れはアメリカの外国資産の購入によっても生じる．この流れは赤い矢印で示され，アメリカの金融収支にとってマイナスの要素となる．どんな循環フロー図でもそうだが，あるボックスに入り込む流れの量と，そこから出て行く流れの量は等しい．ということは，アメリカに入り込む青の流れと赤の流れの合計は，アメリカから出て行く青と赤の流れの合計に等しくなっているのだ．

図19-1　国際収支

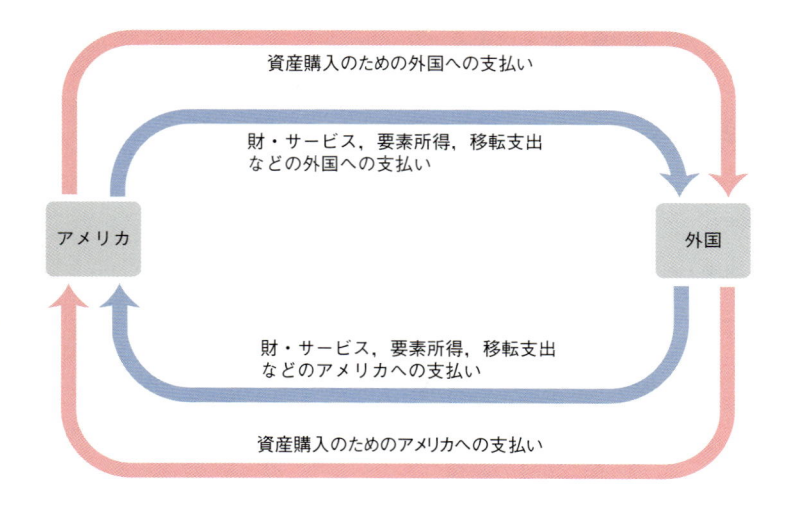

青い矢印は経常収支に計上される支払いを示し，赤い矢印は金融収支に計上される支払いを示す．アメリカへの総流入額はアメリカからの総流出額に等しくなければならないので，経常収支と金融収支の合計額はゼロとなる．

つまり，

  経常収支のプラスの数値＋金融収支のプラスの数値
   ＝経常収支のマイナスの数値＋金融収支のマイナスの数値 (19-2)

となる．この式を移項して再整理すると，次のようになる．

  経常収支のプラスの数値－経常収支のマイナスの数値
   ＋金融収支のプラスの数値
   －金融収支のマイナスの数値＝0 (19-3)

 式19-3は式19-1と同じだ．つまり経常収支と金融収支（どちらもプラスの数値とマイナスの数値の差に等しい）の和はゼロになると言える．会計原則上は経常収支と金融収支を合計すればゼロになるはずだが，表19-1と表19-2を比較してみると，2004年の経常収支の測定値と金融収支の測定値の合計がゼロにならないことがわかる．アメリカの経常赤字6680億ドルは金融黒字5840億ドルで部分的に相殺されてはいるが，840億ドルの不足が生じている．この違いは統計上の誤差脱漏と呼ばれるものだ．つまり測定数値の誤りだ．このような誤りが起きるのは，経済データの収集が完全にはできないからだ．一般に，経常収支のデータは金融収支のデータよりも信頼性が高いと経済学者は考えている．この誤差脱漏は金融収支に関する取引を捕捉

ちょっと寄り道　GDP，GNPと経常収支

 第7章で国民経済計算を説明したとき，GDPと支出の各構成要素を結びつける次のような基本式を導出したね．

$$Y = C + I + G + X - IM$$

 ここでXとIMはそれぞれ輸出と輸入を表している．だがこの章で学んだように，財・サービスの輸出入は経常収支の一項目に過ぎない．では，この国民所得の基本式に経常収支全体が用いられないのはなぜなのか？

 その答えは，経常収支に含まれる2つの所得源である要素所得と移転支出は，一国で生産される財・サービスの価値額である国内総生産(GDP)には含まれないから，というものだ．イギリスにあるフォード・モーターの収益はアメリカのGDPには含まれないし，またラテン・アメリカ移民の母国家族への送金がアメリカのGDPから差し引かれることもない．

 では，これらの所得源を含むより広い国民所得指標を作るべきではないかって？実際，国民総生産(GNP)という指標は要素所得を考慮に入れて作られている．アメリカのGNPの推計値とGDPの推計値には少し乖離がある．というのも，GNPはアメリカの会社が外国で得た収益のような項目を算入し，中国や日本の居住者が所有する米国債への利払いのような項目を除外しているからだ．だが，移転支出をきちんと考慮に入れて作られた指標は存在しない．

 なぜ経済学者はもっと広い国民所得指標を使わずGDPを使うのだろう？　2つの理由がある．第1に，国民経済計算はもともと所得ではなく生産を追跡する目的で始められたものだからだ．第2に，各国間の要素所得や移転支出のデータは一般にいささか信頼性が低いと考えられているためだ．だから，経済変動の追跡を目的とするなら，このような信頼性の低いデータに依拠しないですむGDPを使ったほうが良いのだ．

しきれていないために生じていると想定されることが多い．

1.2　民間資本の国際的な移動をモデル化する

　第18章では，財・サービスの国際貿易が比較優位によって生じることを見た．だがこの章で議論した国際収支の内容を考えると，第18章の説明は少し単純すぎるきらいがある．各国間で貿易されるのは，財・サービスだけではないからだ．各国間では，資産同士の国際取引も行われているし，また資産と財・サービスの交換も行われている．実際，2004年にはアメリカの輸入の3分の1が資本の流入によって賄われた．言い換えれば，アメリカは輸入の少なからぬ部分を輸出ではなく，外国人への資産売却によって賄い，将来償還する必要のある負債をその分だけ増やしたことになる．このような資本の国際的な流れがどうして生じるかを理解しておくことが必要だ．

　だが，そのすべてを今すぐここで説明することはできない．国際的な資本の流れ（資本移動）の中には政府や中央銀行によるものがあるが，政府や中央銀行の行動原理は民間投資家とはしばしばまったく異なるからだ．例えば2004年に外国の個人や民間企業は中国の資産を買ったが，中国政府はそれを相殺しても余るほどの外国，特にアメリカの資産を購入した．政府や中央銀行が外国の資産を売買する理由については，本章の後ろのほうで説明する．しかし，民間部門の意思決定の結果としてなぜ資本移動が生じるかは，第9章で展開した貸付資金モデルを用いて説明できる．このモデルを適用するに当たり，次の2つの単純化の仮定を置こう．

- 国際資本移動はすべて貸付というかたちで行われると仮定する．ただし，現実の国際資本移動には，外国企業の株式や外国の不動産の購入，さらには外国の工場やその他生産設備の取得といった外国直接投資など，さまざまな形態のものがある．
- 為替レートの変化，すなわち異なる通貨間の相対価値の変化に対する予想が及ぼす影響を考慮しない．為替レートの決定要因については，本章の後のほうで分析する．

　図19-2は閉鎖経済の貸付資金モデルを要約したものだ．貸付資金の供給曲線Sが貸付資金の需要曲線Dと利子率4％の水準で交わる点Eが均衡を表している．だが各国間での資本移動が可能だったら，この図は変化し，点Eは均衡ではなくなるかもしれない．図19-3は2つの国の貸付資金市場の図を横に並べたものだ．この図を使って，国際資本移動の原因と効果を分析することができる．

　図19-3は，アメリカとイギリスという2国だけからなる世界を描いている．パネル(a)はアメリカの貸付資金市場だ．国際資本移動がない場合，この市場の均衡は利子率が6％の水準にある点E_{US}となる．パネル(b)はイギリスの貸付資金市場だ．国際資本移動がない場合，この市場の均衡は利子率が2％の水準にある点E_Bとなる．

　ではアメリカの利子率は実際に6％の水準に，またイギリスの利子率は実際に2％の水準に保たれるだろうか？　イギリスの居住者がアメリカの居住者に資本を容易に貸し付けられるとすれば，答えはノーだ．その場合，イギリスの貸し手の中には，ア

図19-2 貸付資金モデル再掲

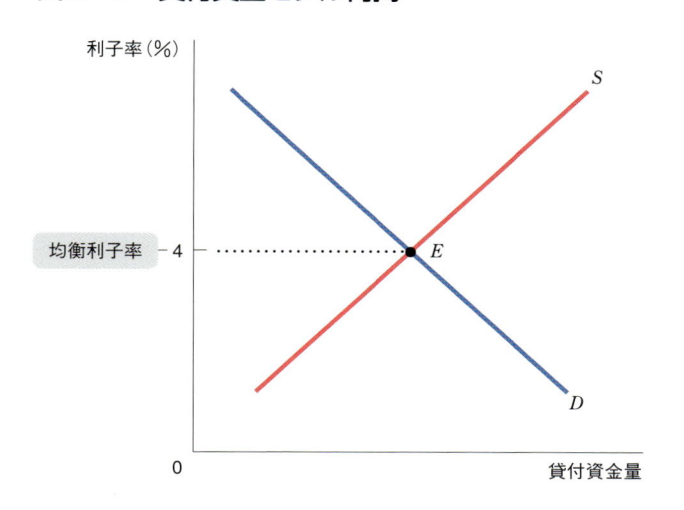

貸付資金モデルによれば，均衡利子率は貸付資金の供給曲線 S と貸付資金の需要曲線 D の交点で決まる．点 E で，均衡利子率は4％となっている．

図19-3 両国の貸付資金市場

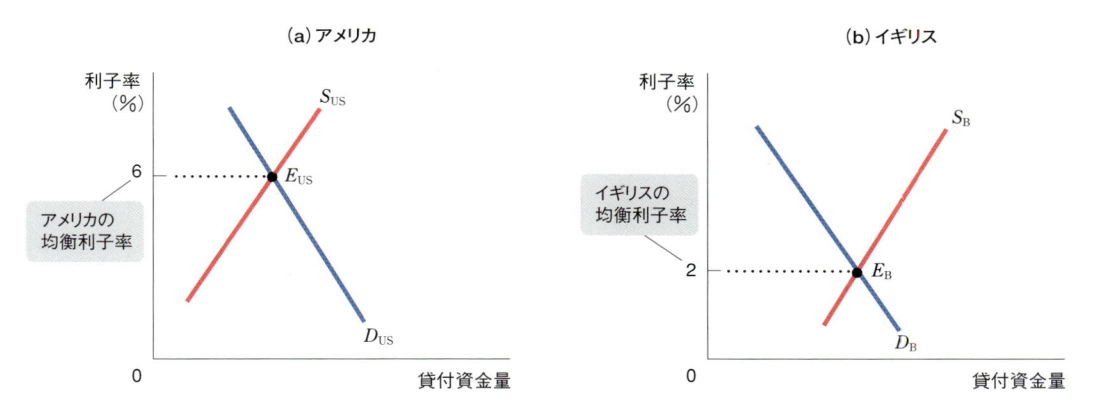

ここではアメリカとイギリスという2つの国の貸付資金市場が描かれている．アメリカでは均衡利子率は6％だが，イギリスではたった2％だ．そのため，イギリスからアメリカへの資本移動が生じるインセンティブがある．

メリカの高金利に誘われてその貸付資金の一部をアメリカに回す者が出るだろう．このアメリカへの資本流入はアメリカでの貸付資金の供給量を増やし，アメリカの利子率を押し下げるに違いない．同時にそれはイギリスでの貸付資金の供給量を減らすので，イギリスの利子率は押し上げられる．国際資本移動はこうして，アメリカとイギリスの利子率格差を縮小するように働くだろう．

　ここでさらに，イギリス人の貸し手にとってアメリカ人への貸付とイギリス人への貸付は同一の利益があり，またアメリカ人の借り手にとってイギリス人からの借入とアメリカ人からの借入の費用は同一だとしよう．この場合イギリスからアメリカへの資本移動は，両国の利子率格差がなくなるまで続くだろう．つまりそれぞれの国の居住者が，外国の資産と自国の資産は同等であり，また自国の負債と外国の負債は同等

図19-4 国際資本移動

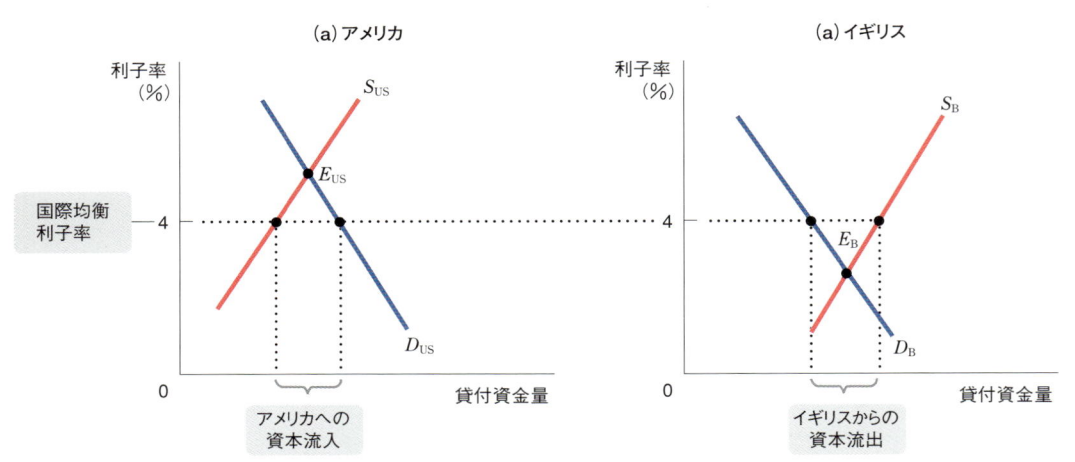

(a) アメリカ

縦軸：利子率（%）、横軸：貸付資金量。供給曲線 S_{US}、需要曲線 D_{US}、均衡点 E_{US}、国際均衡利子率 4%。アメリカへの資本流入。

(a) イギリス

縦軸：利子率（%）、横軸：貸付資金量。供給曲線 S_B、需要曲線 D_B、均衡点 E_B、利子率 4%。イギリスからの資本流出。

イギリスの貸し手がアメリカの借り手に資金を回すことで、両国の利子率は4%の水準で均等化する。この利子率ではアメリカの借入額は同国内の貸付額を上回るが、その差額はアメリカへの資本流入で埋め合わされる。他方、イギリスの貸付額は同国内の借入額を上回るが、その差額はイギリスからの資本流出となる。

だと信じる限り、国際資本移動は両国の利子率を均等化させると言える。図19-4は貸付資金市場の国際均衡を示している。そこでは、アメリカ、イギリス両国の均衡利子率は4%になっている。この利子率では、アメリカの借り手の資金需要額はアメリカの貸し手の資金供給額を上回っている。この差額はイギリスからの資本流入という「輸入」資金で埋められる。同時に、イギリスの貸し手の資金供給額はイギリスの借り手の資金需要額を上回っている。この超過分は、アメリカへの資本流出というかたちで「輸出」されることになる。そして2つの市場は4%という利子率で均衡する。この利子率で、両市場の借り手の資金需要額の合計と、両市場の貸し手の資金供給額の合計は等しくなる。

要するに、国際資本移動は国際的な財・サービスの移動とよく似ている。資本は、資本移動がない状態で安価だったところから高価だったところへと流れていくのだ。

1.3 国際資本移動の決定要因

貸付資金モデルを開放経済に拡張することで、貸付資金の供給と需要という観点から国際資本移動を理解することが可能になる。だが、貸付資金の需要と供給が国ごとに異なる要因はどこにあるのか？ また国際資本移動がないときに内外の利子率が乖離し、資本が移動するインセンティブが生じるのはなぜなのか？

資金需要が国ごとに異なるのは、投資機会が国ごとに異なることによる。他の条件を一定とすれば、経済成長著しい国は成長速度が遅い国よりも多くの投資機会を提供する傾向がある。よって資本移動がない場合、常にというわけではないが通常は、高成長の経済は低成長の経済に比べて投資の収益率が高くなるはずだ。その結果、資本は低成長の経済から高成長の経済に流れる傾向がある。

ちょっと寄り道　双子の赤字？

1980年代，アメリカは巨額の財政赤字と経常赤字を出しはじめた．しばらくの間，これらの赤字はほぼ同じ大きさだった．その赤字はまもなく，「双子の赤字」と呼ばれるようになった．だが，両者の間には何かの関係があったのだろうか？

関係ありとする議論は次のようなものだ．財政赤字は国民貯蓄を減らす効果がある．他の条件を一定とすれば，資本は貯蓄の少ない国に流れ込む傾向がある．そして資本の流入はそれと同額の経常収支の赤字を伴う．このように，財政赤字から経常赤字へとつながる経済的な連鎖が存在するというのだ．

しかしその当時でさえ経済学者は，ほぼ同規模の財政赤字と経常赤字の並存は基本的に偶然に起きたものだと警告していた．財政赤字以外にも，国際資本移動に影響する要因は山ほどあるからだ．だから一国の財政赤字と経常赤字の間に密接な関係あるとは言えないのだ．実際，これら2つの数値は正反対の符号をとることがある．日本は巨額の財政赤字を計上しているが，経常収支では大幅な黒字を出している．1990年代末になると，アメリカは財政黒字を記録したが，経常収支では大幅な赤字だった．

にもかかわらず，双子の赤字という概念は貯蓄と国際資本移動の関連を示すものとして注目された．2000年以後のアメリカには双子の赤字が再登場している．

次の「経済学を使ってみよう」でその古典的な事例を紹介している．1870年から1914年までの間，イギリスから主としてアメリカへと向かった資本移動だ．この時代のアメリカ経済は人口が増加し，西部開拓と工業化の進行があいまって急速に成長していた．その結果，鉄道，工場等々に対する投資支出が盛んに行われた．一方のイギリスでは人口増加率はずっと低かったし，工業化は一巡し，全国の鉄道網はすでにできあがっていた．だからイギリスには貯蓄余力があり，その大部分はアメリカや他の新世界経済へと貸し出されたのだ．

一方，資金供給が国ごとに異なるのは，貯蓄が国ごとに異なることによる．民間貯蓄率は国ごとに大きく異なっている．例えば日本の2002年の民間貯蓄はGDPの33.6%だったが，アメリカのそれはGDPのわずか17.6%に過ぎなかった．政府貯蓄の違いも重要かもしれない．上の「ちょっと寄り道」に書いたように，財政赤字は国民貯蓄の総額を減らし，資本流入をもたらす可能性がある．

経済学を使ってみよう

資本移動の黄金時代

技術は世界を狭くするとよく言われる．ジェット機は世界の諸都市を互いに数時間・十数時間の飛行圏内へと近づけた．現代の電気通信は情報を一瞬のうちに全地球に伝える．だからあなたは，国際資本移動も今やかつてないほどの規模にふくれあがっていると思うかもしれない．

だが世界の貯蓄と投資に占める割合で資本移動を測ると，この予想は正しくない．資本移動の黄金時代は実際，第1次世界大戦以前の1870年から1914年に遡るのだ．

この資本移動は主としてヨーロッパ諸国，特にイギリスから，当時「新しい入植地域」と呼ばれ大量のヨーロッパ移民を惹きつけた国々に向かったものだった．その資

本の主な受入れ国はオーストラリア，アルゼンチン，カナダ，そしてアメリカだった．

当時の巨大な資本移動は投資機会の違いを反映したものだった．天然資源が乏しく，人口成長率が低かったイギリスでは，投資機会は比較的少なかった．これに対して，人口が急速に増加し天然資源が豊富な新しい入植地域は投資家に高い収益率を約束し，資本流入を促した．イギリスはこの期間に，新しい入植地域での鉄道やその他の大規模な投資事業を賄うため，総貯蓄の約40%を外国に輸出したと推計されている．現代にこの記録を超える国は存在しない．

われわれの世代が高祖父（ひいひいおじいちゃん）の世代の資本移動の記録を抜けないのはなぜだろう？ 経済学者が確かな答えを持っているとは言えないが，2つの理由が指摘されている．移民規制と政治的リスクだ．

資本移動の黄金時代には，資本移動は人口移動と補完的に働いた．つまりヨーロッパからの資本流入の大きな受入れ国は同時に多数のヨーロッパ人が移住した場所だった．第1次世界大戦前にこうした大規模な人口移動が可能だったのは，移民に対する法的な規制が少なかったからだ．これと対照的に今日の世界では，アメリカやヨーロッパへの移住を考えたことがある人なら誰でも知っているように，移民に対する広範な法的障壁が存在している．

時代とともに変わったもう1つの要因は，政治的リスクだ．現代の政府は国家の自治権を脅かされることを恐れて外国投資を制限することが少なくない．また，政治上あるいは安全保障上の配慮から，外国人の財産を接収することもある．このリスクがあるために，投資家は自分の財産のほんの一部しか外国には投資しようとしないのだ．19世紀には，国家がそのような行動に出ることは珍しかった．1つには，ヨーロッパの主要な投資先はまだヨーロッパの植民地だったということもあるし，また1つには，当時の列強政府は自国の投資権益を守るためなら軍隊や艦船を送ることを辞さなかったからだ．

ちょっと復習

▶国際収支（勘定）は一国の国際取引を記録するものだ．
▶重要なのは，経常勘定収支（経常収支）と金融勘定収支（金融収支）の区別だ．経常収支の最も重要な要素は財・サービス収支だ．
▶金融収支を構成する資本移動は，貸付資金モデルの国際版を使ってモデル化できる．このモデルによれば，資本は国々の間で利子率を均等化するように移動する．
▶資本移動をもたらす根本的な動機は，貯蓄と投資機会が国ごとに異なることにある．

理解度チェック 19-1

1. 以下の出来事は国際収支のどの部分に影響するか．
   a. アメリカに本社があるボーイング社が中国に新しい航空機を販売する．
   b. 中国の投資家がアメリカ人からボーイング社の株式を購入する．
   c. 中国の会社がアメリカン航空から中古の航空機を購入して中国に出荷する．
   d. アメリカに資産を持つ中国人の投資家がアメリカ国内で旅行に使うためにコーポレート・ジェット（社用機）を購入する．

2. 広く報道された演説の中で，FRBのある理事が「グローバルな貯蓄過剰」が存在する，すなわち外国の貯蓄余力が高く投資収益が低い状態になっていると宣言した．このような貯蓄過剰がアメリカの金融収支と利子率にどんな影響を与えるかを説明しなさい．

解答は本書の巻末にある．

2 為替レートの役割

ここまで，貸付資金の供給と貸付資金の需要が各国で異なることがどのように国際資本移動につながるかを見てきた．また，一国の経常収支と金融収支の合計がゼロになること，言い換えれば純資本流入がある国はそれに見合う経常赤字を出しているはずであること，また純資本流出がある国はそれに見合う経常黒字を出しているはずであることがわかった．

資本の純流入・純流出によって生じる金融収支の動きは国際版の貸付資金市場の均衡を使えば最もうまく説明できる．同時に，経常収支の主要な構成要素である財・サービス収支の動きは財・サービスの国際市場で決定される．金融収支は資本移動を，経常収支は財・サービスの移動を映し出すとすれば，国際収支がバランスする，つまり金融収支と経常収支が互いに相殺しあうことは何によって保証されているのだろうか？

その答えは，外国為替市場で決まる為替レートにある．

2.1 為替レートの解明

一般に，ある国の財・サービスや資産を買うにはその国の通貨で支払う必要がある．アメリカの生産物を買うにはドルでの支払いが必要だ．ヨーロッパの生産物を買うにはユーロでの，日本の生産物を買うには円での支払いが必要になる．売り手が他国の通貨を受け取ってくれることも時にはあるが，そのような場合でもその売り手は後で自国の通貨に両替するだろう．

だとすれば国際取引には，異なる通貨を交換する**外国為替市場**が必要になる．外国為替市場では，異なる通貨が交換される際の価格である**為替レート**が決定される（実際の外国為替市場は特定の地点に存在するものではない．というか，それは通貨を売買するために世界中で使われているグローバルな規模の電子市場なのだ）．

表19-3は，2005年8月22日，東部標準時午後4時25分時点に，世界で最も重要な3つの通貨の為替レートがどうだったかを示すものだ．各欄の数字は，「列」の通貨で表示された「行」の通貨の価格だ．例えばその時点では1 U.S.ドル（以下では単にドルとする）は0.8178ユーロと交換された．つまり，1ドルを手に入れるには0.8178ユーロが必要だった．同様に，1ユーロを買うには，1.2228ドルが必要だった．この2つの数字はユーロとドルの同一の交換レートを示している．1/1.2228＝0.8178だからだ．

為替レートには2通りの表記方法がある．ここでの場合で言うと，1ドル＝0.8178ユーロという表記と，1ユーロ＝1.2228ドルという表記だ．どちらの表記法が正しいのだろうか．決まったルールはないというのが答えだ．たいていの国で為替レートと言えば，自国通貨で表したドルの価格を指すことが多い（訳注参照）．だがこのルールは普遍的なものではない．ドルとユーロの為替レートの場合，両方の表記が用いられている．重要なのは，自分がどちらを用いているかをしっかりわきまえて使うことだ．

通貨は**外国為替市場**で取引される．
通貨の取引価格は**為替レート**と呼ばれる．

訳注：例えば日本では1ドル＝○○円と表示されることが多く，またある国，例えばメキシコでは1ドル＝○○ペソと表記されることが多いということだ．以下で記述されるイギリスのように，1ポンド＝○○ドルという表記が使われることもある．

表19-3　2005年8月22日，東部標準時午後4時25分の為替レート

	ドル	円	ユーロ
1ドルの交換比率	1	109.7050	0.8178
1円の交換比率	0.009115	1	0.007454
1ユーロの交換比率	1.2228	134.1473	1

このページの「落とし穴」を参照してほしい．

　為替レートの変化について論じるとき，経済学者は混乱を避けるために特別な言葉遣いをする．ある通貨の価値が他の通貨と比較して上がったときに，その通貨は**増価した**（上昇した）と言い，逆にある通貨の価値が他の通貨と比較して下がったときに，その通貨は**減価した**（下落した）と言うのだ．例えば1ユーロが1ドルから1.25ドルになる，同じことだが1ドルが1ユーロから0.8ユーロになる（1/1.25＝0.8だから）としよう．この場合，ユーロは増価しドルは減価したと言う．

　為替レートが変化するとき，他の条件を一定とすれば，財・サービスや資産の国際的な相対価格も変化する．例えばアメリカのホテルの室料が100ドルで，フランスのホテルの室料が100ユーロだとしよう．もし1ユーロ＝1ドルだったら，両国のホテルの室料は同じということだ．だが為替レートが1.25ユーロ＝1ドルに動けば，フランスのホテルの室料はアメリカに比べて20％安くなる．もし0.80ユーロ＝1ドルになれば，フランスのホテルの室料はアメリカよりも25％高くなる．

　では，為替レートは何によって決まるのだろうか？　外国為替市場の需要と供給で決まるのだ．

2.2　均衡為替レート

　話を簡単にするため，世界にドルとユーロという2つの通貨しか存在しないと仮定しよう．アメリカの財・サービスや資産を買いたいと思っているヨーロッパの人々は，為替市場でユーロをドルに替えようとする．つまり，ヨーロッパ人は為替市場でユーロを供給し，代わりにドルを需要する．一方ヨーロッパの財・サービスや資産を買いたいと思っているアメリカの人々は，為替市場でドルをユーロに替えようとする．つまり，アメリカ人は為替市場でドルを供給し，代わりにユーロを需要する（為替市場には，移転支出や要素所得なども入ってくるが，ここでは話を簡単にするために無視している）．

　図19-5は為替市場の働きを図解したものだ．各水準のユーロ―ドルの為替レートで供給・需要されるドルの数量が横軸に測られていて，ユーロ―ドルの為替レートが縦軸に測られている．為替レートは，通常の需要・供給図でいう財・サービス価格と同様の役割を果たすと考えられる．

　この図には，ドルの需要曲線と供給曲線という2つの曲線が描かれている．需要曲線は右下がりとされている．つまり，1ドルを買うのに必要なユーロが多くなればヨ

ある通貨の価値が他の通貨に比べて上がったとき，その通貨は**増価した**（上昇した）と言う．

ある通貨の価値が他の通貨に比べて下がったとき，その通貨は**減価した**（下落した）と言う．

落とし穴

上がったのはどっち？

　誰かが「アメリカの為替レートが上がった」と言ったとしよう．この人はいったい何を伝えたいのだろうか？

　実ははっきりしないのだ．為替レートは，あるときは外国通貨で表したドルの価格を意味し，またあるときはドルで表した外国通貨の価格を意味している．だからこの人の言葉は，ドルが増価（上昇）したともとれるし，ドルが減価（下落）したともとれるのだ！

　特に注意を要するのは公式の統計を読むときだ．アメリカ以外のほとんどの国では，為替レートは自国の通貨で表したドルの価値を意味している．例えばメキシコの役所で為替レートが10だと言ったとき，それは1ドルが10メキシコペソ（以下ペソ）に相当することを意味する．だがイギリスでは歴史的な理由から，通常は為替レートをもう一方の

ーロッパの人々が需要するドルの数量は少なくなるとされている．これらの曲線の傾きを理解するかぎは，為替レートの水準が輸出入に及ぼす効果にある．ある国の通貨が増価すると(価値がより高まると)，その国の輸出が減り輸入が増える．ある国の通貨が減価すれば(価値がより下がると)，輸出は増えて輸入が減る．

ドルの需要曲線はなぜ右下がりになるのだろうか？　他の条件が一定のとき，ヨーロッパの財・サービスや資産とアメリカの財・サービスや資産の相対価格は為替レートによって決まることを思い出してほしい．ドルがユーロに対して上昇(増価)すれば，ヨーロッパでは，アメリカの生産物はヨーロッパ製品に比べて高価になる．だからヨーロッパ人はアメリカからの購入を減らし，したがって外国為替市場で買うドルの数量を減らすだろう．こうして，1ドルを買うのに必要なユーロの数量が増えれば，ドルの需要量は減少する．一方，ドルがユーロに対して下落(減価)すれば，ヨーロッパでは，アメリカの生産物はヨーロッパの製品に比べて安価になる．だからヨーロッパ人はアメリカからの購入を増やし，したがって外国為替市場で買うドルの数量を増やすだろう．1ドルを買うのに必要なユーロの数量が減れば，ドルへの需要量は増加する．

同様の推論によって，図19−5のドルの供給曲線が右上がりになる理由を説明できる．1ドルを買うのに必要なユーロの数量が増えれば，アメリカ人のドル供給量は増える．そのわけはここでも，為替レートが財の相対価格に及ぼす効果にある．ドルがユーロに対して高くなれば，ヨーロッパの生産物はアメリカ人の目から見れば安くなり，その需要は増加するだろう．そのため，アメリカ人はもっと多くのドルをユーロに替えようとするのだ．

均衡為替レートとは，外国為替市場で需要されるドルの数量が，そこで供給されるドルの数量に等しくなるような為替レートだ．図19−5では，均衡は点Eで，均衡為替レートは0.95となっている．つまり，為替レートが1ドル＝0.95ユーロという水準にあるとき，外国為替市場で供給されるドルの数量と需要される数量が等しくなると

方法で示している．2005年8月22日の午後4時25分，1ドルは0.5553ポンドで，1ポンドは1.8009ドルだった．この場合イギリスでは，為替レートは1.8009だと言われることが多い．実際には，プロの経済学者やコンサルタントでさえポンド騰落の方向を取り違えて困惑することがある！

ところで，アメリカ人は一般に外国の言い方にならっている．通常は，メキシコに対する為替レートは1ドル＝10ペソだと言い，イギリスに対する為替レートは1ポンド＝1.8ドルと言っている．だがこの原則はあてにならない．ユーロに対する為替レートの場合にはどちらの言い方もよく使われている．

だから為替レートの数字がどちらの意味で言われているのかをあらかじめ確認しておくことが重要だ．

均衡為替レートとは，外国為替市場で需要される通貨の数量がそこで供給される通貨の数量に等しくなる為替レートだ．

図19−5　外国為替市場

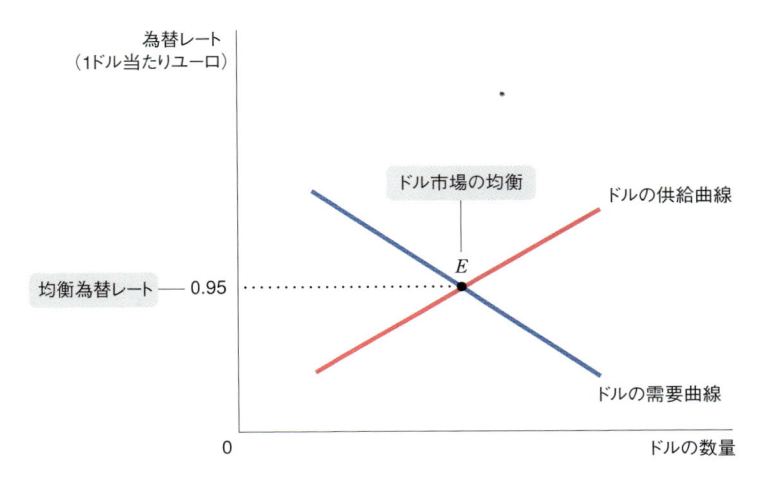

ある国(この例ではアメリカ)の財・サービスや資産を買いたい外国(この例ではヨーロッパ)の居住者の通貨需要と，外国の財・サービスや資産を買いたいある国の居住者の通貨供給が外国為替市場で出会う．この図では，ドル市場の均衡は点Eで達成されている．均衡為替レートは1ドル＝0.95ユーロという水準にある．

表19-4 外国為替市場の均衡：仮想例

ヨーロッパ人の ドル買い(兆ドル)	アメリカの財・サービス用 1.0	アメリカの資産用 1.0	ドル買い総計 2.0
アメリカ人の ドル売り(兆ドル)	ヨーロッパの財・サービス用 1.5	ヨーロッパの資産用 0.5	ドル売り総計 2.0
	アメリカの経常収支 **−0.5**	アメリカの金融収支 **+0.5**	

いうことだ．

　均衡為替レートの重要性を理解するには，外国為替市場の均衡がどうなっているかを数値例で見るのがいい．表19-4にはそのような例が示されている(この表は仮想のもので，実際の数字には対応していない)．第1行には，アメリカの財または資産を購入するつもりのあるヨーロッパ人のドル需要量が記入されている．第2行は，ヨーロッパの財または資産を購入するつもりのあるアメリカ人のドル供給量だ．為替レートが均衡水準にあるとき，ヨーロッパ人が買おうとするドルの総量はアメリカ人が売ろうとするドルの総量に等しくなっている．

　国際収支では国際的な取引を2つのタイプに分けていたことを思い出してほしい．財・サービスの売買は経常収支に計上される(ここでも，単純化のために移転支出と要素所得を無視している)．一方資産の売買は金融収支に計上される．為替レートが均衡水準にある場合には，表19-4に示した状況になる．つまり経常収支と金融収支の合計がゼロになるのだ．

　ここで，ドルへの需要の変化が外国為替市場の均衡にどんな影響を及ぼすかについてちょっと考えてみよう．何かの理由で，例えばヨーロッパの投資家の選好が変わったことで，ヨーロッパからアメリカに向かう資本移動が増加したとしよう．その効果は図19-6に示してある．ヨーロッパの投資家はアメリカでの新しい投資を賄うためにユーロをドルに換えようとするので，外国為替市場でドルに対する需要が増える．これは，需要曲線のD_1からD_2へのシフトとして示される．その結果，ドルは増価する．ドルとユーロの均衡為替レートはXR_1からXR_2へと上昇する．

　この資本流入は国際収支にどんな結果をもたらすだろうか？　外国為替市場に供給されるドルの数量は依然としてその需要量に等しくならなければならない．よってアメリカへの資本流入の増加——金融収支の増加——は経常収支の減少によって相殺される必要がある．それでは，経常収支の減少は何によってもたらされるのだろう？　ドルの増価だ．1ドルで得られるユーロの数量が増えれば，アメリカの人々はヨーロッパの財・サービスをもっと多く買いたいと思うだろうし，ヨーロッパの人々はアメリカの財・サービスを買い控えようとするだろう．

　表19-5はこれがどのような働きをするかを示している．ヨーロッパの人々はアメリカの資産を買い増し，金融収支を0.5から1.0に増やすだろう．これは経常収支の変化によって相殺される．ドルが増価した結果，ヨーロッパの人々はアメリカの財・サ

図19-6　ドルへの需要の増加

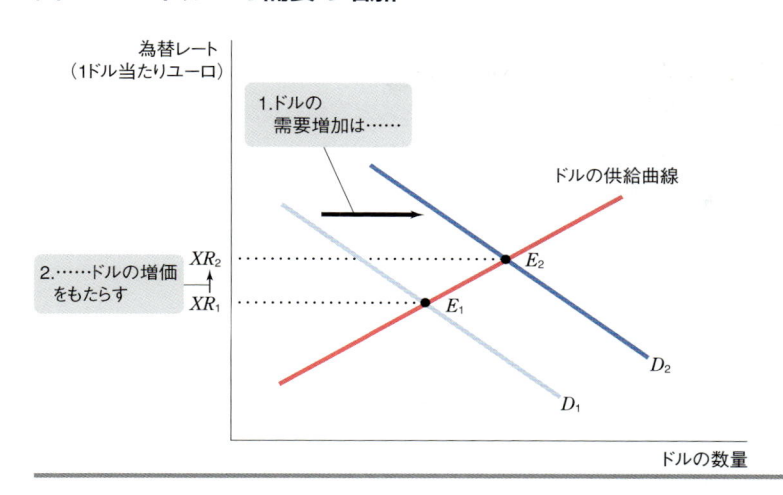

（図：為替レート（1ドル当たりユーロ）を縦軸、ドルの数量を横軸とする図。ドルの需要曲線がD_1からD_2へ右シフトし、均衡点がE_1からE_2へ移動、為替レートがXR_1からXR_2へ上昇。ドルの供給曲線も描かれている。）

1. ドルの需要増加は……
2. ……ドルの増価をもたらす

ヨーロッパの投資家たちの選好が変わったことによってドルへの需要が増加したとしよう．ドルの需要曲線はD_1からD_2にシフトする．こうして，1ドルと交換されるユーロの数量は増加する．言い換えるとドルが増価する．その結果，経常収支が減少し，金融収支が増加する．web▶

表19-5　資本流入の増加の効果

	アメリカの財・サービス用	アメリカの資産用	ドル買い総計
ヨーロッパ人のドル買い(兆ドル)	0.75(0.25減)	1.5(0.5増)	2.25
	ヨーロッパの財・サービス用	ヨーロッパの資産用	ドル売り総計
アメリカ人のドル売り(兆ドル)	1.75(0.25増)	0.5(不変)	2.25
	アメリカの経常収支 −1.0(0.5減)	アメリカの金融収支 +1.0(0.5増)	

ービスを買い控え，アメリカの人々はヨーロッパの財・サービスを買い増すからだ．よって，アメリカの金融収支の変化はそれと同額で反対方向の経常収支の変化をもたらすと言える．為替レートの変化はこうして，金融収支の変化と経常収支の変化が打ち消しあうことを保証するのだ．

このプロセスの順序を逆にして簡単に振り返ってみよう．この場合もヨーロッパの投資家の選好の変化によって，ヨーロッパからアメリカへの資本移動が減少したとしよう．外国為替市場でドルに対する需要が低下し，ドルが減価する．言い換えれば，均衡為替レートの下で1ドルと交換できるユーロの数量が減少する．するとアメリカ人はヨーロッパの生産物の購買量を減らし，ヨーロッパ人はアメリカの生産物の購買量を増やす．その結果，アメリカの経常収支は増加する．このように，アメリカへの資本流入の減少はドルを弱くし，それはアメリカの純輸出の増加をもたらすのだ．

2.3　インフレと実質為替レート

1992年には，1ドルは平均して3.1ペソと交換されていた．ペソは，2003年までにドルに対して3分の2以上も減価し，1ドル当たりのペソの平均為替レートは1ドル＝10.8ペソになった．この11年の間に，メキシコの生産物の価格はアメリカの生産物の価格に比較して大幅に安くなったのだろうか？　ドルで表示したメキシコの生産物

の価格はやはり3分の2以上も下がったのか？　答はノーだ．ペソが減価した理由は，この間のメキシコのインフレ率がアメリカよりもはるかに高かったことにある．実際，1992年から2003年の間に為替レートが大きく変化したにもかかわらず，アメリカの生産物とメキシコの生産物の相対価格はほとんど変わらなかった．

　経済学者はインフレ率の乖離を考慮に入れて，**実質為替レート**という，各国間の物価水準の相違を調整した為替レートを算定している．ドルとペソの為替レートを考えてみよう．アメリカとメキシコの物価水準をそれぞれP_{US}，P_{Mex}と表したとき，ペソとドルの実質為替レートは

$$\text{実質為替レート} = 1\text{ドル当たりペソ} \times \frac{P_{US}}{P_{Mex}} \tag{19-4}$$

と定義される．物価水準の違いを調整していない為替レートは，実質為替レートと区別するため，**名目為替レート**と呼ばれることがある．

　実質為替レートと名目為替レートの違いの重要性を見るために，次のような例を考えてみよう．ペソがドルに対して減価し，為替レートが1ドル=10ペソから1ドル=15ペソへと50％下落したとしよう．だがそれと同時に，メキシコではペソで測られたあらゆるものの価格が50％上がり，メキシコの物価指標が100から150に上昇したとしよう．同時にまた，アメリカの物価は変化せず，物価水準は100のままだったとしよう．当初の実質為替レートは

$$1\text{ドル当たりペソ} \times \frac{P_{US}}{P_{Mex}} = 10 \times \frac{100}{100} = 10$$

となる．ペソが減価しメキシコの物価が上昇した後の実質為替レートは

$$1\text{ドル当たりペソ} \times \frac{P_{US}}{P_{Mex}} = 15 \times \frac{100}{150} = 10$$

となる．

　この例では，1ドル当たりペソは大きく減価したのに，ペソとドルの実質為替レートは少しも変化していない．ペソとドルの実質為替レートが変化していないので，ペソのドルに対する名目上の減価は，メキシコからアメリカに輸出される財・サービスの数量にも，メキシコがアメリカから輸入する財・サービスの数量にもまったく影響を与えないだろう．なぜそう言えるのかを見るために，再度ホテルの室料の例を考えてみよう．当初，この部屋がひと晩1000ペソ，1ドル=10ペソという為替レートの下では100ドルだったとしよう．メキシコの物価とドルに対するペソの交換比率がどちらも50％上昇した後には，その部屋はひと晩1500ペソとなるが，1500ペソを1ドル=15ペソのレートで割ればわかるように，室料は依然として100ドルだ．だから，メキシコへの旅行を考えているアメリカ人観光客が計画を変更しなければならない理由は何もない．

　貿易されるあらゆる財・サービスについて，これと同じことが当てはまる．つまり，経常収支は名目為替レートではなく，実質為替レートの変化にのみ反応するのだ．ある国の生産物が外国人にとって安くなるのは，その国の通貨が実質で減価した場合だ

実質為替レートとは，各国間の物価水準の相違を考慮して調整された為替レートだ．

図19-7　1992～2003年の実質為替レートと名目為替レート

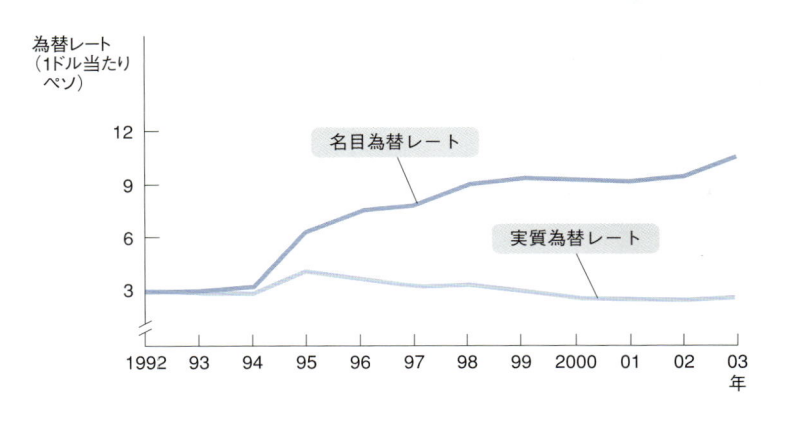

1992年と2003年の間に，ペソに対するドルの価値は3倍になった．だがメキシコのインフレ率がアメリカのインフレ率より高かったので，メキシコの財・サービスの相対価格を測る実質為替レートはほぼ当初の水準に戻っている．
出所：*OECD Factbook 2005*.

けであり，逆に，高くなるのはその通貨が実質で増価したときだけだ．だから経済学者は，財・サービスの輸出入の変化を分析する際には，名目ではなく実質為替レートに注目するのだ．

図19-7は，名目為替レートと実質為替レートの区別がどんなに重要かを例示している．「名目為替レート」線は，1992年から2003年の，1ドルと交換されたペソの数量を示すものだ．見てのとおり，ペソはこの期間に大幅に減価している．これに対して，「実質為替レート」線は，1992年を100とするメキシコとアメリカの物価指標を考慮に入れ，式19-4を使って計算した実質為替レートを示している．1992年から1995年までペソは実質的に減価したが，その程度は名目為替レートほどではなかった．この期間の終わりごろには，ペソとドルの実質為替レートはほぼ当初の状態に戻っている．

2.4　購買力平価

実質為替レートと密接に関連する概念で，為替レートを分析する有用なツールに，購買力平価として知られるものがある．2つの通貨の間の**購買力平価**（**PPP**）とは，財・サービスの一定のバスケットがそれぞれの国で同額になるように計算された名目為替レートのことだ．例えば，ある財・サービスのバスケットを買うのにアメリカでは100ドル，メキシコでは1000ペソかかるとしよう．この場合，購買力平価の名目為替レートは1ドル当たり10ペソとなる．この1000ペソ＝100ドルという為替レートの下で，両国のバスケットの価格が等価になるからだ．

購買力平価は通常，自動車，食料から住宅，通話に至るまで，多くの財・サービスを含む広範囲のバスケットの価格を推計して計算される．だが次の「ちょっと寄り道」にあるように，『エコノミスト』誌は年に1度，たった1つの品目——マクドナルドのビッグマック——だけを含むバスケットに基づく購買力平価のリストを公表している．

名目為替レートは購買力平価のレートからほぼ常に乖離している．この乖離は一貫

> 2つの通貨の間の**購買力平価**（**PPP**）とは，財・サービスの一定のバスケットがそれぞれの国で同額になるように計算された名目為替レートのことだ．

図19-8　1990〜2003年の購買力平価と名目為替レート

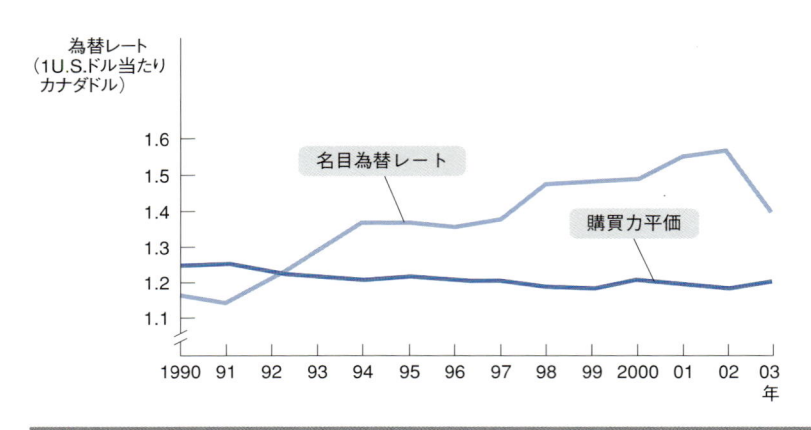

アメリカとカナダの購買力平価——ある一定の財・サービスのバスケットの購入額を等しくする為替レート——は、この期間を通じて1 U.S.ドル当たり1.2カナダドル（1 U.S.ドル＝1.2カナダドル）近辺にとどまり、ほとんど変化していない。だが名目為替レートは大幅に変動している。

出所：OECD Factbook 2005.

して生じる傾向がある。一般に、貧しい国は裕福な国に比べてサービスの価格が安く、一般物価もその分だけ低くなる。だがほぼ同じ発展段階にある国々の間でも、名目為替レートと購買力平価が大きく乖離することがある。図19-8は、1990年から2003年までの期間について、1 U.S.ドル当たりのカナダドルの名目為替レートを、同じ期間の購買力平価の推計値と並べて示したものだ。アメリカとカナダのインフレ率はほぼ同じだったため、購買力平価は全期間を通じてほとんど変化していない。だがこの期間の初めのころは、名目為替レートが購買力平価を下回っていたので、ある一定のバ

ちょっと寄り道　ハンバーガーの経済学

イギリスの『エコノミスト』誌は長い間、世界中で販売されている特別の品目であるマクドナルドのビッグマックの価格を国ごとに調べて比較し、その結果を毎年発表してきた。同誌は各国の現地通貨表示のビッグマックの価格をつきとめて、2つの数値を計算している。1つはその年の為替レートを使ってドルに換算したビッグマックの価格、もう1つは現地通貨表示のビッグマックの価格をアメリカ国内の価格に等しくするような為替レートだ。購買力平価の為替レートをビッグマックに適用したなら、ビッグマックのドル表示の価格は世界中どこでも等しくなるはずだ。そして、もし購買力平価が長期的にも妥当性の高い理論だとすれば、各国のビッグマック価格をアメリカの国内価格に等しくするような為替レートは、将来の為替レート予測に何らかの指針を与えてくれるだろう。

2004年5月のビッグマック指数を見ると、ビッグマックのドル表示価格は国ごとにかなり大きく食いちがっている。アメリカでは2.90ドル、中国では公定レートで換算してたった1.26ドルだが、デンマークでは4.46ドルという具合だ。

ビッグマック指数によると、ユーロはドルに対して長期的には減価するという予測ができる。1ユーロ当たりのドルは実際には1.24ドルだったが、購買力平価は1.06ドルだったからだ。一方、円は割安だったようだ。ハンバーガーで見た購買力平価が1ドル当たり90円30銭だったのに対し、市場での実際の為替レートは108円だった。

経済学の観点から購買力平価を本格的に研究するためには、多数の財・サービスの価格データが必要だ。だがビッグマック指数による購買力平価の予測が、通常は、よりきめの細かい推計と大差がないことも事実だ。ファストフードは手早く、そこそこ良い研究をするのにも役立つのだ。

スケットの市場価値はカナダのほうがアメリカより高かった．2002年になると，名目為替レートは購買力平価レートを大きく上回るようになったので，バスケットの市場価値は，カナダのほうがアメリカよりずっと安くなった．

とはいえ長期的に見ると，購買力平価は実際の名目為替レートの予測としてはかなり良い目安になる．とりわけ，類似した経済発展段階にある国々の間の名目為替レートは，一定のバスケットの市場価値を等しくするような水準を中心に変動する傾向がある．事実，アメリカとカナダの間の名目為替レートは，2005年7月までに1 U.S.ドル当たり1.22カナダドルとなり，ほぼ購買力平価に等しい水準となった．

経済学を使ってみよう

ドルと赤字

すでに見たように，実質為替レートの水準は輸出入に影響を及ぼす．ある国の通貨が実質的に増価すると，その国の輸出は減り輸入が増える．またある国の通貨が実質的に減価すると，その国の輸出は増え輸入が減る．またついさっき述べたように，経常収支は名目為替レートではなく，実質為替レートに反応する．実際，図19-9を見ればわかるように，アメリカの統計データによれば実質為替レートと経常収支との間には明確な関係がある．

図19-9で「実質為替レート」と記された線は，物価水準調整済みの外国通貨のバスケットと比較したドルの値の指数を示すものだ．この指数の値は，1ドル当たり外国通貨で表示され，左側の軸にとられている．ドルが実質的に増価するときにはこの線は上に向かう．つまり，1ドルを買い入れるのに必要な外国通貨の数量が増加する．逆に，ドルが実質的に減価するときにはこの線は下に向かう．つまり，1ドルを買い入れるのに必要な外国通貨の数量は減少する．

「経常収支赤字」と記された線は，アメリカの経常収支赤字の対GDP比を示すもので，その値は右側の軸にとられている．この線は赤字を示しているので，輸出が減っ

図19-9　1973〜2003年のドルと経常収支赤字

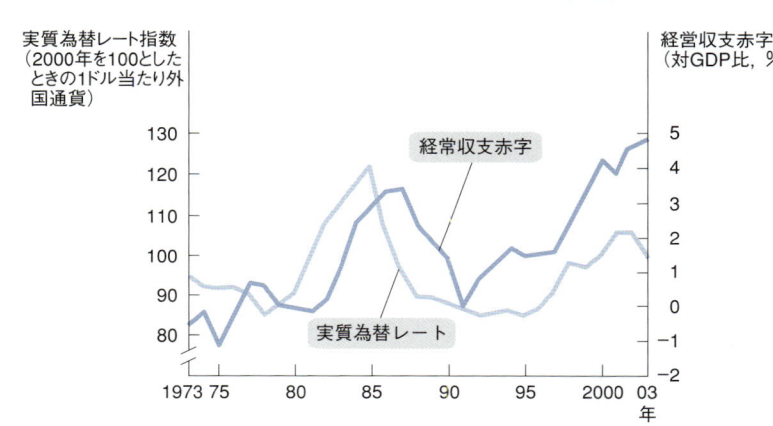

アメリカの経常収支は概して実質為替レートの動きに追随して動いてきた．ここでは，外国通貨のバスケットと比較した場合のドルの実質為替レートと，経常赤字の対GDP比とを比較している．1980年代に生じたドルの大幅な増価と減価の後，多少のタイムラグをもって経常赤字の大規模な増加と減少が生じたことがわかる．
出所：*OECD Economic Outlook*．

て輸入が増えるときに上に向かい，逆に輸出が増えて輸入が減るときに下に向かう．

1980年代には，実質為替レートと経常収支との間には完全にはっきりとした関係があった．1980年代の前半，ドルは実質ベースで劇的に増価した．その結果，多少のタイムラグをもって輸出が落ち込み輸入が上昇し，経常収支は深刻な赤字に陥った（ここまで為替レート変動の効果にはタイムラグがあることを強調してこなかったが，現実には，為替レートの変化に対する輸出入業者の反応は遅れがちだ）．ドルが再び減価したときには，経常収支赤字も減少した．

1990年代終盤にはまたもやドルが増価し，経常収支赤字は拡大した．ドルの実質的増価は1980年代の高騰に比べれば大幅なものではなかったが，経常収支赤字の増加は1980年代以上だった．これはたぶん中国輸出産業の急成長といった別の要因によるものだろう．とはいえ，この図を全体として見ると，実質為替レートの変化が経常収支に強い影響を持つことがわかる．■

ちょっと復習

▶ 通貨は外国為替市場で取引され，この市場で為替レートが決まる．

▶ 為替レートの測定には2通りの方法がある．混乱を避けるため，経済学者はある国の通貨が増価した（上昇した）とか減価した（下落した）という表現を使う．均衡為替レートとは，外国為替市場で通貨の需給を等しくする為替レートのことだ．

▶ 経済学者は，各国間の物価水準の違いを考慮して実質為替レートを算定する．

▶ 購買力平価(PPP)とは，ある一定の市場バスケットの価格を等しくするような名目為替レートのことだ．

理解度チェック 19－2

1. メキシコが大規模な油田を発見しアメリカに石油の輸出を始めた．これが下記の事柄にどんな影響を及ぼすかを論じなさい．
    a. ペソ－ドルの名目為替レート．
    b. メキシコからの他の財・サービスの輸出．
    c. メキシコの財・サービスの輸入．
2. アメリカで100ドルする財・サービスのバスケットがメキシコでは800ペソで，現在の為替レートは1ドル＝10ペソだとする．5年後にはこのバスケットの価格はアメリカで120ドル，メキシコで1200ペソになったが，為替レートは1ドル＝10ペソという水準で変わらないとする．下記を計算しなさい．
    a. 両国の現在の物価指数を100としたときの，現在及び5年後の実質為替レート．
    b. 現在及び5年後の購買力平価．

解答は本書の巻末にある．

3 為替レート政策

名目為替レートも，その他の価格と同様に，需要と供給によって決まる．だが小麦や石油とは違い，為替レートは（他国の貨幣で表した）ある国の貨幣の価格だ．貨幣は民間部門で生産される財・サービスの類ではない．貨幣はその供給量を政府が決めるという資産なのだ．だから政府は，通常の価格に対する以上に名目為替レートに対して強力な影響力を持っている．

名目為替レートは多くの国にとって非常に重要な価格だ．為替レートは輸入物価，輸出物価の決定要因だからだ．輸出や輸入がGDPの大きな割合を占める経済では，為替レートの動きは総産出量や物価水準に重大な影響を及ぼす．この重要な価格に対して影響力を持つ政府は，はたしてどんな行動をとるのだろうか？

その答えは，状況次第で変わる．異なる時点，異なる場所で，政府はさまざまな為替レート制度を利用してきた．以下ではそれらの制度について，どのように実施されてきたのか，そもそも政府がどの制度をいかに選択してきたのかを論じよう（以下では，為替レートとは名目為替レートを指すものとする）．

3.1　為替レート制度

為替レート制度とは，為替レートに対する政府の政策を取り決めるルールのことだ．主要な為替レート制度として2つのものがある．他の通貨に対する為替レートを政府が特定の目標水準，あるいはその周辺に維持するような場合，その国は**固定為替レート制度**（固定レート制）の下にあると言われる．例えば香港は，1 U.S.ドル＝7.4香港ドルという水準に為替レートを設定するという公式の政策をとってきた．政府が為替レートを市場で決まる水準に委ねる場合には，その国は**変動為替レート制度**（変動レート制）の下にあると言われる．これはイギリス，カナダ，アメリカが用いている政策だ．

為替レート制度は，固定レート制と変動レート制に尽きるものではない．いろいろな国がそれぞれの時点で固定レート制と変動レート制の中間に位置する妥協的な政策をとってきた．その中には，ある1時点では為替レートは固定されているが頻繁に調整がなされるという制度，また固定されてはいないが大幅な乱高下を防ぐために政府によって「管理される」制度，あるいは「目標圏」の範囲内では変動制だが圏外への逸脱は防止される制度などがある．本書では，主要な2つの為替レート制度にしぼって考察しよう．

固定レート制についてすぐさま浮かぶ疑問は，為替レートが需要と供給で決まるときに，政府はどうやって固定レートを維持できるのかというものだ．

3.2　どうすれば為替レートを固定できるのか

ある国が為替レートをどうすれば固定できるかについて理解するため，ジェノヴィアという架空の国について考えてみよう．この国は何かの理由で通貨1ジェノの価値を1.50 U.S.ドルに固定することにしたとする．

当然のことながら，1.50ドルは外国為替市場での均衡レートとは限らない．均衡レートはそれより高いかもしれないし，低いかもしれない．図19-10はジェノの外国為替市場を示している．ジェノの需要量と供給量は横軸に，ジェノの為替レートは縦軸にドル表示で測られている．パネル(a)はジェノの均衡値が目標値を下回るケースを，パネル(b)は均衡値が目標値を上回るケースを描いている．

まず，ジェノの均衡値が目標為替レートを下回るケースを考えよう．図19-10のパネル(a)に示したように，目標為替レートの水準では，外国為替市場は供給過剰の状態になっているので，普通ならジェノの価値は下がるはずだ．いったいどうすれば，ジェノヴィアの政府はジェノの価値を望みどおりの水準に維持できるのだろう？　およそ3通りの答えが考えられる．そのどれもが，どこかの政府がある時点で用いていた方法だ．

為替レート制度とは，為替レートに対する政府の政策を取り決めるルールのことだ．政府が他の通貨に対する為替レートを特定の目標水準に維持するような場合，その国は**固定為替レート制度**（固定レート制）の下にあると言われる．政府が為替レートを市場で決まる水準に委ねる場合，その国は**変動為替レート制度**（変動レート制）の下にあると言われる．

図19−10　為替市場介入

(a) 為替レートを均衡値より高い水準に固定

為替レート（1ジェノ当たりドル）

1ジェノ=1.50ドルのレートでの供給過剰

1.50　目標為替レート

0　ジェノの数量

(b) 為替レートを均衡値より低い水準に固定

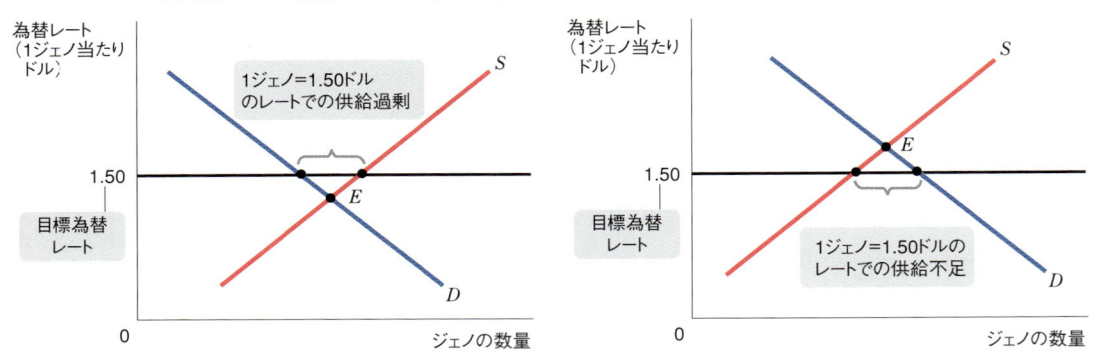

為替レート（1ジェノ当たりドル）

1.50　目標為替レート

1ジェノ=1.50ドルのレートでの供給不足

0　ジェノの数量

どちらのパネルにも，仮想国ジェノヴィアの政府が通貨ジェノの価値を1.50ドルという水準に維持しようとしている姿が描かれている．パネル(a)では，外国為替市場のジェノは供給過剰の状態にある．ジェノの下落を防ぐには，ジェノヴィア政府はジェノを買ってドルを売れば良い．パネル(b)ではジェノは供給不足に陥っている．この場合，ジェノの上昇を食い止めるには，ジェノを売ってドルを買えば良い．

web▶

外国為替市場での政府による通貨の売買は**為替市場介入**と呼ばれる．**外貨準備**は外国為替市場で自国通貨を買い入れるために政府が準備する外国通貨のストックだ．

ジェノヴィアの政府にできる1つの方法は，外国為替市場で自国の通貨を買い上げて余分なジェノを市場から抜き取ることだ．政府が外国為替市場で通貨を売ったり買ったりすることを**為替市場介入**と言う．外国為替市場でジェノを買うには，ジェノヴィア政府はもちろん，ジェノと交換するためのドルを持っていなければならない．現実に，多くの国は**外貨準備**と呼ばれる外国通貨（通常はドルかユーロ）のストックを保有しており，それを自国通貨の価値を維持するために用いている．

この章の初めのほうで，国際資本移動の重要な要素として政府や中央銀行による外国資産の売買があると述べた．政府はなぜ外国資産を売却するのだろうか．ここでその理由を説明することができる．それは，為替市場介入を通じて自国の通貨を支援するためなのだ．これからすぐに見るように，為替市場に介入して自国の通貨価値を低めに保ちたい場合には，外国資産を買う必要がある．だがその前に，政府が為替レートを固定するために講じることができる他の施策について見ておこう．

為替市場介入以外の方法として，ジェノヴィア政府が外国為替市場でジェノの供給曲線と需要曲線を動かすというものがある．通常，それは金融政策を通じて行われる．例えばジェノヴィアの中央銀行は，ジェノを支援するためにジェノヴィアの利子率を引き上げることができる．これはジェノヴィアへの資本移動を誘発し，ジェノに対する需要を増加させる．それと同時にジェノヴィアからの資本流出を抑制し，ジェノの供給を減少させる効果も持つ．だから他の条件が一定なら，ある国の利子率の上昇はその国の通貨価値の上昇をもたらすと言える．

最後に，ジェノヴィアの政府には，外国為替市場へと向かうジェノの供給を削減することによってジェノを支援するという選択肢が残されている．外国通貨（外貨）を買いたい国内居住者に許可の取得を義務づけ，許可された取引（例えばジェノヴィア政府が不可欠と考える輸入品の買い付けなど）に携わる者だけにその許可を与えるとい

うやり方だ．個人による外貨購入を制限する制度は**外国為替管理**と呼ばれる．他の条件が一定なら，外国為替管理はその国の通貨価値を高めるように作用する．

ここまで，ジェノの下落を防ぐには政府はどうすれば良いかという問題を考えてきた．逆に図19-10のパネル(b)に示したように，ジェノの均衡値が目標為替レートを上回り，ジェノが不足するような事態を想定してみよう．目標為替レートを実現するには，ジェノヴィア政府は先述したのと同じ3つの基本的な選択肢を逆方向に適用すれば良い．外国為替市場に介入して今度はジェノを売りドルを買って外貨準備を積み増すというのが1つの方法だ．利子率を引き下げてジェノの供給を増やし需要を減らすこともできる．あるいはまた，外国人のジェノ購入を制限する外国為替管理を行うことも可能だ．他の条件を一定とすれば，これらの行動はどれもジェノの価値を下げる効果を持つだろう．

これら3つの選択肢はすべて固定レート制を運営していくための技法として用いられてきたものだ．だからといって，為替レートを固定することが望ましい政策だとは言えない．実際，為替レート制度の選択は政策立案者に対して悩みの種となってきた．固定レート制と変動レート制はそれぞれ利点と欠点を持っているからだ．

> **外国為替管理**とは，個人による外貨購入を制限する制度だ．

3.3 為替レート制度のジレンマ

固定レート制にすべきか，それとも変動レート制にすべきか．これほどマクロ経済学の論議を呼んできた問題は少ない．なぜそんなに議論が喚起されたかというと，どちらの言い分にももっともな理由があるからだ．

固定レート制が支持される理由を理解するために，アメリカで州境を越えて(州際で)ビジネスをすることがどんなに簡単かということに，ちょっと思いをめぐらせてほしい．州際貿易が問題なく行われる要因は数多くあるが，その1つに，貨幣価値に関する何らの不確実性もないということがある．ニューヨークであれロサンゼルスであれ，1ドルは1ドルだ．

これと対照的に，ニューヨークとトロントとの取引では1ドルは1ドルではない．カナドルとU.S.ドルの為替レートは変動する．時には大幅に変動することもある．アメリカの企業がカナダの企業に対して1年後に一定額のU.S.ドルを支払う約束をしたとしよう．この約束の金額のカナダドルでの価値は10％，あるいはそれ以上も変化するかもしれない．こうした不確実性は両国間の貿易を躊躇させる効果を持つものだ．固定レート制の利点の1つは，通貨の将来価値にこのような不確実性がないことだと言える．

固定レート制を採用することは，場合によってはそれ以上の便益をもたらすこともある．ある国がある固定レートを維持するという約束をすることは，インフレ政策をとらないという約束をすることに等しい．例えば1991年にアルゼンチンは，1アルゼンチンペソ＝1U.S.ドルという固定レート制をとることにした．これは，長年にわたって行ってきた無責任な金融政策と決別し，今後は非インフレ政策をしっかりと守っていくという決意を示すものだった(2001年の末にはアルゼンチンの固定レート

制は無惨に破綻してしまったのだが，それとこれとは別問題だ)．

重要な点は，為替レートの安定性を維持することにはそれなりの経済的な利益があるということだ．以下の「ちょっと寄り道」で説明するように，安定的な為替レートに利点があるということが，第2次世界大戦後に国際的な固定レート制度が創設された際の暗黙の前提だったし，ユーロ導入の主要な理由でもあった．

だが残念なことに，為替レートを固定することにはコストもかかる．介入によって為替レートを安定化させるには，政府は膨大な量の外貨準備を用意しなければならないのだが，通常，その投資の収益率は低い．

さらに，大規模な資本流出が起こるような場合には，その巨額の外貨準備もたちまちのうちに枯渇してしまう可能性がある．ある国の政府が介入によってではなく金融

ちょっと寄り道　ブレトン・ウッズからユーロまで

1944年，第2次世界大戦がまだ熱く続けられている最中，連合国の代表たちがアメリカのニューハンプシャー州ブレトン・ウッズに集まり，主要国通貨の為替レートを固定しようとする戦後の国際通貨制度を創設する相談をした．この制度は当初は大成功をおさめたが，1971年に崩壊した．その後しばらく続いた混乱期に，政策担当者たちは新しい固定レート制度を確立しようと試みたがうまくいかず，1973年になるとほとんどの経済先進国は変動レート制に移行した．

しかし，ヨーロッパの多くの政策担当者は変動レート制に満足していなかった．それがビジネスに及ぼす不確実性が大きすぎると考えたからだ．1970年代の終わりごろから，ヨーロッパでは数回にわたって多少とも固定的な為替レート制度を創設する試みがなされた．その到達点が欧州為替相場メカニズム (ERM) として知られる取決めだった (ERMは，厳密に言えば「目標相場圏」制度，すなわちある狭い範囲内では為替レートの変動を容認するが，その範囲外になるのを認めない制度だ)．そして1991年には，ヨーロッパの政策担当者たちは究極の固定レート制である共通通貨ユーロの導入に合意した．しかも多くの分析者の驚愕をよそに，彼らはそれに成功した．今日ではヨーロッパの大半の国は国民通貨を捨ててユーロに乗り換えている．

図19-11はヨーロッパで為替レートの取決めがどのように変遷したかを示している．1971年以降の，1ドイツマルク当たりのフランスフランの為替レートの推移が見てとれる．当初，為替レートは大幅に変動した．その中で為替レートがわずかしか変動していない「台地」は固定レート制回復への試みが進められていた時期だ．ERMは何度かつまずいたが，1987年に実効的となり，1マルク＝3.4フランというレートで安定した (1992〜93年の揺らぎは2つの通貨危機を反映している．当時，差し迫った切下げ予想が広がり，一時的ではあったが大規模な資本移動が生じた)．

1999年には，為替レートは「固定」された．フランやマルクからユーロへの切替え準備が整い，それ以降の為替レートの変動は認められなくなった．2001年末には，フランとマルクは姿を消した．

ユーロへの移行はコストを伴うものだった．ヨーロッパの大部分が同一通貨を共有することになったので，金融政策も共有しなければならなくなった．だが国が違えば経済の状況も異なりうる．スペインでは景気が良くてもドイツでは不況かもしれない．こうした場合には，スペインは利子率の引上げを望み，ドイツは引下げを願うだろう．ヨーロッパ人は今や，「万人に同じサイズを当てはめる」金融政策に苦情を言うようになった．実際，2005年5月に行われた世論調査によれば，ドイツ人の56％が旧通貨マルクへの復帰を望んでいる．

図19-11 ユーロへの道

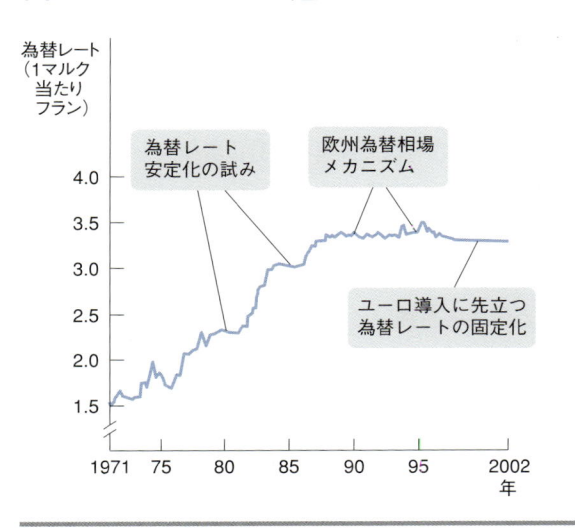

為替レート
(1マルク当たりフラン)

- 為替レート安定化の試み
- 欧州為替相場メカニズム
- ユーロ導入に先立つ為替レートの固定化

1971　75　80　85　90　95　2002年

フランスフランとドイツマルクの為替レートの推移は、ユーロへ向けたヨーロッパの長い道のりを物語るものだ。1970年代と80年代にヨーロッパ諸国は固定レート制に向けた試行を何度も繰り返した。最初の2つの試行は失敗したが、1987年以降はだいたい成功した。1990年代末に為替レートは固定され、2001年末にはフランとマルクはユーロに置き換えられた。

出所：Federal Reserve Bank of St. Louis（セントルイス連銀）.

政策を通じて為替レートの安定化を図る道を選んだとすれば、それ以外の、特に産出量やインフレ率を安定化させるといった金融政策の目標がおろそかにされる。最後に、輸入割当てや関税などと同様に、為替管理政策は輸出と輸入のインセンティブを歪める効果を持つ。官僚支配や腐敗などによるコストも小さくない。

だからジレンマがあるのだ。為替を変動させれば、金融政策をマクロ経済の安定化のために使うことができるが、ビジネスの不安定要因になる。為替を固定すれば、ビジネスの不安定要因を取り除くことができるが、金融政策を放棄するか為替管理政策を採用するか、あるいはその両方を強いられるはめになる。この問題に対する結論は国によって、また時によって異なる。イギリスを除くほとんどのヨーロッパ諸国では、国際貿易のほとんどがその諸国間の貿易であることから、それら主要諸国の為替レートは固定したほうが良いと長い間信じられてきた。だがカナダでは、ほとんどの国際貿易がアメリカとの間で行われているにもかかわらず、変動レート制に対する不満はないようだ。

幸い、このジレンマをここで解決する必要はない。この章の残りの部分では、為替レート制度を所与のものとして、それがマクロ経済政策にどんな影響を与えるかを問題にしよう。

経済学を使ってみよう

中国人民元をペッグする

固定為替レートを維持するために、一国はどれほどの道のりを歩まなければならないのだろうか？ 21世紀初頭の数年間に、中国はその特筆すべき事例を提供してくれた。背景はこうだ。中国は輸出国として目をみはるような成功をおさめ、経常黒字が増加した。それと同時に、民間投資家たちは中国経済の成長を見込んで、その資金を熱心に中国へと向けるようになった。こうした資本移動は外国為替管理によって多少

とも制限されたとはいえ，とにかく継続した．経常黒字と民間資本流入の結果，中国は図19-10のパネル(b)に示したような状況に陥った．つまり，当時の目標為替レートの水準では人民元の需要が供給を上回るようになったのだ．だが中国政府は為替レートを1ドル＝8.28人民元の水準に維持することにこだわった．

この為替レートを維持するために，中国政府は大規模な為替市場介入を行い，人民元を売り他国通貨（主としてドル）を買い，外貨準備を積み上げた．2004年には，中国の為替市場介入は1940億ドルに上り，外貨準備の総額は6550億ドルとなった．

これらの数字の膨大さを感じとるには，中国の名目GDPを現在の為替レートでドルに換算すると1兆6500億ドルになることを知っておく必要がある．2004年に中国は，GDPの12％にものぼる金額をドルや他の主要国通貨の購入に充てていたことになる．これは，アメリカ政府がある単一年度に1兆3000億ドルもの円とユーロを買い入れ，すでに4兆ドルもの外貨準備を抱えこんでいるのにさらに買い続けようとしているようなものだ．経済学者は，中国が2005年にはさらに巨額の外貨を購入するだろうと予測した．

中国はこのペースで今後も外貨準備を積み上げていくのだろうか．2005年7月21日に中国は，ドル単独ではなく，複数通貨からなる通貨バスケットを参照して人民元の価値を決めるという新しい構想を打ち出した．そのうえで，このバスケットに対して人民元の価値を徐々に引き上げていく可能性があることもにおわせている．しかし，当面のところ，この新構想の下で人民元はわずか2％しか増価していない．■

ちょっと復習

▶ 国が違えば，選択される為替レート制度も異なる．その中で主要な2つの制度が，固定為替レート制度と変動為替レート制度だ．

▶ 為替レートは，外貨準備の裏づけの下に行われる為替市場介入によって固定される．また国内政策を用いて外国為替市場の需要や供給をシフトさせるという方法もある．さらには，外国為替管理を導入することもできる．

▶ 為替レート制度の選択にはジレンマがある．安定した為替レートはビジネスには好都合だ．だがそのために巨額の外貨準備を保有するのはコストがかかる．為替レートを固定するために国内政策を使えば，その政策を他の目的に使うことが難しくなる．また外国為替管理は人々の選択を歪める欠点がある．

理解度チェック 19-3

1. 図19-10と同様の図を描いて，2005年初期の，為替レート政策変更前の中国の外国為替市場の状況を表しなさい（ヒント：為替レートは1人民元当たりのドルの値で測る）．以下に述べる政策変更がそれぞれ市場不均衡の解消にどのように役立つかを図によって示しなさい．
   a. 人民元の増価．
   b. 中国への投資を希望する外国人に対する規制の設置．
   c. 外国への投資を希望する中国人に対する規制の実施．
   d. 例えば衣類など，その輸入国で中国に対する政治的な反発を招いている財への課税．

解答は本書の巻末にある．

4 為替レートとマクロ経済政策

過去50年間のイギリスのマクロ経済政策の歴史を振り返ってみると，本書のマクロ経済学の勉強で扱ってきたすべての問題に何らかの関わりを持っていたことがわかる．イギリスの政策担当者たちはインフレと失業の問題に取り組み，どうすれば長期の経済成長を促進できるかに腐心してきた．しかも，ポンドの為替レートを固定すべきか

どうか，もし固定するならどの水準がいいかという問題にも相当の関心を払ってきたことがわかる．この章の「はじまりの物語」で学んだように，為替レートが変動している最中にも将来の為替レート制度変更の可能性が大きな問題として浮かびあがり，金融政策が為替レートと国際収支にどう影響するかが政策分析の大きな焦点となっている．言い換えれば，現代のマクロ経済が国際貿易や資本移動に門戸を開いていることが，マクロ経済政策の分析に新しい問題を突きつけているのだ．そこで，開放マクロ経済学が提起する3つの政策課題を取り上げてみよう．

4.1 固定為替レートの切下げと切上げ

歴史的に見れば，固定為替レートは恒久的な取決めではなかった．固定レート制を敷いていた国が変動レート制に切り替えることがある．2001年のアルゼンチンがそうだった．また，固定レート制を維持しながら目標為替レートを変更する事例もある．562ページの「ちょっと寄り道」で説明したように，ブレトン・ウッズ体制下では，そのような目標為替レートの調整は頻繁に行われた．過去の例を挙げると，1967年にイギリスはドルに対するポンドの為替レートを1ポンド＝2.80ドルから1ポンド＝2.40ドルに変更した．現代の事例としては中国がある．563ページの「経済学を使ってみよう」で説明したように，中国は1994年から2005年まで固定レート制を維持したが，2005年7月に目標レートを変更した．

固定レート制の下で決まっていた通貨価値を減少させることを**平価切下げ**と呼ぶ．すでに述べたように，通貨価値が下がることを為替減価と言う．平価切下げとは，固定為替レートの修正によって生じる通貨価値の減少──減価に他ならない．固定レート制の下で定められていた通貨価値を増加させることを**平価切上げ**と呼ぶ．

為替減価と同様に，平価切下げは外国通貨で表示した自国財価格の低下と輸出の増加をもたらし，同時に自国通貨で表示した外国財価格の上昇と輸入の減少をもたらす．したがって経常収支を増やす効果を持つ．同様に，平価切上げは外国通貨で表示した自国財価格の上昇と輸出の減少をもたらし，同時に自国通貨で表示した外国財価格の下落と輸入の増加をもたらす．したがって経常収支を減らす効果を持つ．

平価切下げと平価切上げは固定レート制の下で2つの役割を果たす．第1は，外国為替市場の供給不足や供給過剰を取り除くという役割だ．例えば2005年の初めころ，外国為替市場で巨額のドルを買い上げなくてもすむように，中国は人民元を切り上げるべきだとする経済学者の声が聞かれた．

第2は，平価切下げと平価切上げはマクロ経済政策のツールとしての役割を果たしうるというものだ．平価切下げは輸出を増やし輸入を減らすので，総需要の増加をもたらす．よって平価切下げは不況ギャップの縮小や除去に用いることができる．平価切上げはそれとは逆の効果，すなわち総需要を減らす効果を持つ．よってインフレギャップの縮小や除去に用いられる．

平価切下げとは，固定レート制の下で定められた通貨価値を減少させることだ．
平価切上げとは，固定レート制の下で定められた通貨価値を増加させることだ．

4.2　変動レート制下の金融政策

　一国の中央銀行は，変動レート制下では独立した金融政策を追求できるようになる．つまり，利子率を引き下げることで総需要を増やし，利子率を引き上げることで総需要を減らすことができる．しかし為替レートは，金融政策の効果にもう1つの側面を付け加える．なぜそうなるかを見るために，再びジェノヴィアという仮想国のことを思い出し，中央銀行が利子率を引き下げたらどんなことが起こるかを考えてみよう．

　利子率の引下げは，閉鎖経済の場合とまったく同じように，投資支出と消費支出を高めるだろう．だがそれは外国為替市場にも影響を及ぼす．貸付の収益率が低下するので，外国人はジェノヴィアへ資金を向けることを控えるだろう．その結果，彼らはドルをジェノに替える必要が少なくなり，ジェノに対する需要は減少する．それと同時に，ジェノヴィアの人々は外国に資金を動かそうとするだろう．自国での貸付の収益率が下がるせいで，外国での投資に魅力を感じるようになるからだ．その結果，彼らがジェノをドルに替える必要が増すので，ジェノの供給は増えることになる．

　図19-12は利子率の引下げが外国為替市場に与える効果を示している．ジェノの需要曲線はD_1からD_2へ左にシフトし，供給曲線はS_1からS_2へ右にシフトする．そして1ジェノ当たりドルで測られる均衡為替レートはXR_1からXR_2へ下落する．すなわち，ジェノヴィアの利子率引下げはジェノの・減・価・をもたらすのだ．

　ジェノの減価は総需要にも影響を与える．私たちはすでに，平価切下げ——定められた固定為替レートを変更したことで生じる為替減価——が輸出を増やし輸入を減らして，総需要を増やす効果を持つことを見た．利子率の低下によって生じる為替減価も，これと同じ効果を持つ．すなわち輸出を増やし輸入を減らして，総需要を増やすのだ．

　要するに，変動レート制下での金融政策は閉鎖経済について見てきた以上の影響力

図19-12　金融政策と為替レート

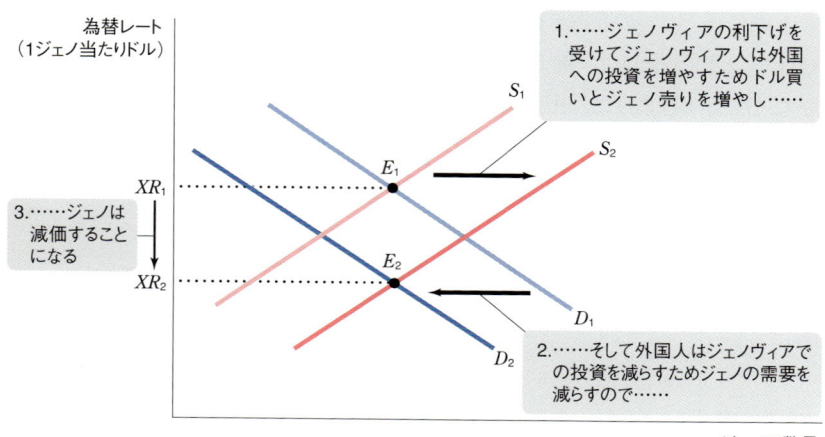

為替レート（1ジェノ当たりドル）

1.……ジェノヴィアの利下げを受けてジェノヴィア人は外国への投資を増やすためドル買いとジェノ売りを増やし……

2.……そして外国人はジェノヴィアでの投資を減らすためジェノの需要を減らすので……

3.……ジェノは減価することになる

ジェノの数量

ここでは，ジェノヴィアが利子率を引き下げると何が起こるかを示している．ジェノヴィアの居住者は国内に資金を置いておくよりも外国で運用しようという気になるだろう．その結果，ジェノの供給はS_1からS_2へと右にシフトする．他方，外国人から見れば，ジェノヴィアに資金を置いておくインセンティブは小さくなるので，ジェノの需要はD_1からD_2へと左にシフトする．したがってジェノは減価する．つまり，均衡為替レートはXR_1からXR_2へ低下する．　web▶

があると言える．閉鎖経済では，利子率の引下げは投資支出と消費支出を通じて総需要の増加をもたらす．変動レート制を採用している開放経済では，利子率の引下げは確かに投資支出と消費支出を増やし，また別の仕方でも総需要の増加に貢献する．為替減価を通じて輸出を増やし輸入を減らすことによって，総需要を拡大するのだ．

4.3　国際的景気循環

　ここまで，開放経済の場合にも，需要側のショックがすべて国内経済から生じるという想定でマクロ経済学を論じてきた．実際には，経済が外国からの衝撃を受けることもある．例えば，アメリカの景気後退がメキシコの景気後退をもたらすのは歴史の常だった．

　肝心なのは，総需要の変化は国内だけでなく，外国で生産される財・サービスの需要にも影響するということだ．他の条件を一定とすれば，景気後退は輸入を減らし，景気拡大は輸入を増やす．そしてある国の輸入は別の国の側から見ると輸出だ．異なる国々の間で景気循環が（常にというわけではないが）しばしば同時化するのは，1つには各国の間にこのような結びつきがあるからだ．いちばん良い例は大恐慌だ．世界中のすべての国々が大恐慌の影響を受けた．

　しかしこの結びつきの強さは，為替レート制度のあり方によって異なる．この点を見るために，外国の景気後退でジェノヴィアの財・サービスへの需要が減った結果何が起こるかを考えてみよう．ジェノヴィアの財・サービスに対する外国からの需要が減少するということは，外国為替市場でジェノへの需要が減少するということだ．もしジェノヴィアが固定レート制をとっていれば，この需要減少に対する為替市場介入が行われるはずだ．だが変動レート制下にあるのなら，ジェノの減価が生じることになる．ジェノヴィアの輸出への需要が減少すると，ジェノヴィアの財・サービスは外国人にとってはより安くなる．よってこの場合，ジェノヴィアの財・サービスへの需要は固定為替レートのときほどは減少しないだろう．同時に，ジェノの減価によってジェノヴィア人の輸入はより高くつくようになるので，ジェノヴィアの輸入は減少する．これらの効果はどちらも，ジェノヴィアの総需要の減少に歯止めをかけるものだ．

　変動レート制の擁護者は，この制度の利点の1つは外国発の景気後退が自国へ波及するのを遮断することだという．2000年代の初頭，この説はかなり当てはまっていたように見える．イギリスは変動レート制のおかげで，大陸ヨーロッパを襲った景気後退を何とか回避することができた．カナダも変動レート制の下でアメリカほど厳しい景気後退に遭わずにすんだ．

経済学を使ってみよう

ポンド切下げの喜び

　562ページの「ちょっと寄り道」で欧州為替相場メカニズム（ERM）について触れたね．これは1999年のユーロ創設への道を切り開いたヨーロッパ限定の固定レート制だった．イギリスは1990年にこの制度に参加したが，1992年には離脱した．イギリ

スのERM離脱までの挿話は，開放経済下のマクロ経済政策の古典的な事例だと言える．

　もともとイギリスは為替レートを固定していた．それはこの章の初めのほうで指摘した2つの理由によるものだった．イギリスの指導者たちは，為替レートの固定が国際貿易を促進すると信じていたし，インフレーションの克服にも役立つと考えていたのだ．だがイギリスは1992年までに高い失業率に苦しむようになった．1992年9月の失業率は10％を超えていた．為替レートを固定している限り，政府ができることはあまりなかった．特に問題だったのは，利子率が下げられないことだった．政府はポンドの価値を維持するために利子率を高めに据え置く必要があったのだ．

　1992年夏，ポンドの投機売りが始まった．ポンドの価値が切り下げられるという予想が広まり，ポンドが売られはじめたのだ．この投機はイギリス政府の手を縛ることになった．1992年9月16日，イギリスは固定レート制を放棄した．ポンドは，当時ヨーロッパで最も重要な通貨とされていたドイツマルクに対してただちに20％減価した．

　当時，ポンドの切下げはイギリス政府の威信を大きく傷つけるものだった．だがイギリスの大蔵大臣（アメリカの財務長官に当たる）は歓迎の意を表していた．彼が報道関係者に語ったところでは，「私が浴室で歌をうたうなんて家内にとって前代未聞のこと」だったそうだ．なぜ彼はそんなにうれしかったのだろうか．それにはいくつかの理由がある．1つは，イギリス政府がポンドの価値を維持するためにひたすら大規模な為替市場介入をしなくてもすむようになったことだ．もう1つは，ポンド切下げをすれば国内総需要が増えて失業が減ると期待されたからだ．最後に，固定レート制をやめたことで何の束縛もなく拡張的な金融政策を追求できるようになったことだ．

　その後の実際の成行きを見ると，大蔵大臣の喜びには根拠があったことがわかる．それからの2年間，フランスとドイツの失業率が上昇する中でイギリスの失業率は下がったのだ．だが失業率低下の恩恵に浴さなかった者が1人いた．大蔵大臣その人だ．彼は浴室で歌をうたったという発言をしてから間もなくクビになってしまった．■

ちょっと復習

▶各国は為替レートを変更することができる．平価切下げないし平価切上げによって外国為替市場の過剰や不足を和らげ，総需要を増やしたり減らしたりすることが可能になる．

▶変動レート制を採用している開放経済では，利子率が為替レートに影響を与える．したがって金融政策は，為替レートを通じて輸出入に作用し，ひいては総需要に影響を及ぼす．

理解度チェック 19-4

1. 図19-11のデータを見てみよう．マルクに対するフランの切下げと切上げはいつ生じているか．
2. 1980年代の終わりころ，カナダの経済学者は，カナダ銀行の高金利政策は高失業率の原因になっただけでなく，アメリカの製造業に対するカナダの製造業の競争力を弱めたとしていた．変動レート制下で金融政策がどう機能するかを示したこの章の分析を使って，この主張について説明しなさい．

解答は本書の巻末にある．

●この章で言及した投機や通貨危機に興味を抱いた読者のために，人々の予想（期

待)が為替レートや国際収支にいかに影響するか，しかも時にはいかに激しく影響するかについて説明したオンラインの補論がある．www.worthpublishers.com/krugmanwellsを参照のこと．

> ある国の輸入はもう一方の国の輸出なので，各国間で景気循環が同時化することがある．だが変動レート制はこの結びつきを弱めうる．

要約

1. ある国の**国際収支(勘定)**は諸外国との取引を要約したものだ．**経常勘定収支(経常収支)**は財・サービス収支と要素所得および移転支出を含んでいる．**商品貿易収支(貿易収支)**は財・サービス収支の中でよく注目される項目だ．**金融勘定収支(金融収支)**は資本移動を記録するものだ．定義から，経常収支と金融収支を合算すればゼロとなる．

2. 資本移動は利子率やその他の収益率の国際的な格差に反応する．その様子は国際版の貸付資金モデルを用いてうまく分析できる．それによれば，貸付資金は資本移動がない状態のときに利子率が低かった国から，資本移動がない状態のときに利子率が高かった国に流れる．資本移動の基本的な決定要因は，貯蓄機会と投資機会の各国間の違いにある．

3. **外国為替市場**では異なる通貨が取引される．その取引価格は**為替レート**と呼ばれる．ある通貨の価値が他の通貨に対して上がることを**増価する**と言い，下がることを**減価する**と言う．**均衡為替レート**は，外国為替市場に供給される通貨の数量と需要される通貨の数量を等しくするレートのことだ．

4. 国々の間でインフレ率が異なる場合，経済学者は**実質為替レート**という修正概念を用いる．これは2国の通貨間の為替レートに両国の物価比率を乗じたものだ．これに関連する概念に**購買力平価(PPP)**がある．これは，一定の財・サービスからなるバスケットの価格を2国間で等しくするような為替レートのことだ．

5. 為替政策が従うべきルールは**為替レート制度**と呼ばれ，各国は異なる為替レート制度を採用している．主なものに，**固定為替レート制度(固定レート制)**と**変動為替レート制度(変動レート制)**がある．前者は為替レートを目標水準に維持するように政府が行動するというもので，後者は為替レートを自由に変動させるものだ．政府は**為替市場介入**を用いて為替レートを固定できるが，そのためには自国通貨の余剰分を買い上げる原資として**外貨準備**を保有しておく必要がある．為替市場介入の代わりに**外国為替管理**を用いることもある．国内政策，とりわけ金融政策を使って一定の目標レートを達成するように為替市場の需要曲線と供給曲線をシフトさせることも可能だ．

6. 為替レート政策にはジレンマがある．為替レートを安定化することには経済的な利益があるが，為替レートを固定する政策には費用がかかる．為替市場介入を行うには莫大な外貨準備が必要だし，外国為替管理は人々の経済的なインセンティブを歪める．為替レートを固定するために金融政策を用いれば，金融政策を他の目的には使えなくなる．

7. 固定レート制は必ずしも恒久不変の約束事ではない．固定レート制を標榜する国でも時には**平価切下げ**や**平価切上げ**に打って出ることがある．平価切下げは外国為替市場で自国通貨の余剰を取り除くだけでなく，総需要の増加をもたらす．同様に，平価切上げは自国通貨の不足を緩和し，総需要の減少をもたらす．

8. 変動レート制の下では，拡張的な金融政策は為替レートを通じて経済に影響を与える．利子率の引下げは為替減価を生じさせ，その結果輸出の増加，輸入の減少，さらには総需要の増加をもたらす．緊縮的な金融政策はそれとは逆の効果をもたらす．

9. ある国の輸入は他方の国の輸出だ．この事実から，異なる国々の景気循環に連関が生まれる．しかし変動レート制下では，この連関は弱まる可能性がある．

キーワード

国際収支（勘定）… p.540
財・サービス収支… p.540
商品貿易収支（貿易収支）… p.540
経常勘定収支（経常収支）… p.540
金融勘定収支（金融収支）… p.541
外国為替市場… p.549
為替レート… p.549
（為替）増価… p.550
（為替）減価… p.550
均衡為替レート… p.551

実質為替レート… p.554
購買力平価（PPP）… p.555
為替レート制度… p.559
固定為替レート制度（固定レート制）… p.559
変動為替レート制度（変動レート制）… p.559
為替市場介入… p.560
外貨準備… p.560
外国為替管理… p.561
平価切下げ… p.565
平価切上げ… p.565

問題

1. アメリカの国際収支で以下の取引はどのように仕分けされるか．（外国人への支払いもしくは外国人からの受取りとして）経常収支に記録されるか，（外国人への資産の売却もしくは外国人からの資産の購入として）金融収支に記録されるか．またその結果，経常収支，金融収支はどのように変化するか．
   a. フランスの輸入業者がカリフォルニアのワインを500ドルで購入した．
   b. フランスの会社に勤めるアメリカ人がパリの銀行口座から引き出した給与をサンフランシスコ銀行の口座に預金した．
   c. アメリカ人が日本企業の債券（社債）を1万ドル購入した．
   d. アメリカの慈善団体が凶作に襲われたアフリカの地方に食糧援助として10万ドルを送った．

2. 2005年のスコットピア国の経済では，財とサービスの輸出がそれぞれ4000億ドルと3000億ドル，財とサービスの輸入がそれぞれ5000億ドルと3500億ドルだった．他方，諸外国は2500億ドル相当のスコットピアの資産を購入した．スコットピアの貿易収支はいくらだったか．経常収支や金融収支はどうか．スコットピアの諸外国からの資産の購入額はいくらだったか．

3. 2005年のポパニア国の経済では，諸外国からの資産の購入額が3000億ドル，諸外国のポパニアからの資産の購入額が4000億ドル，ポパニアの財・サービスの輸出額が3500億ドルだった．2005年のポパニアの金融収支はいくらだったか．経常収支はどうか．輸入額はいくらだったか．

4. 世界の貿易取引がノースランディアとサウスランディアの2国のみで行われており，それぞれの経常収支，金融収支がどちらもゼロであると仮定しよう．しかも，各国の資産は同格，同質だと見なされているとしよう．もし国際資本移動が可能であれば，各国の貸付資金の需要と供給，利子率，さらには経常収支と金融収支はどのように変化するか．次の図を用いて説明しなさい．

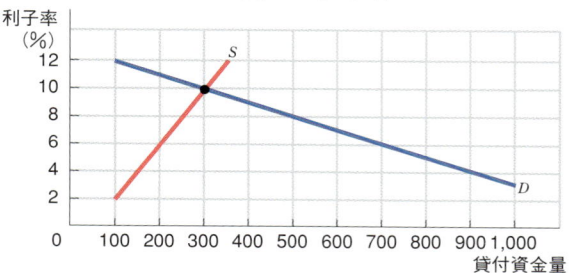

(a) ノースランディア

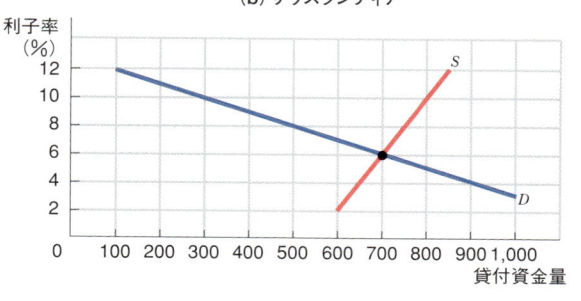

(b) サウスランディア

5. 以下の表には，2004年と2005年の取引開始日の為替レートが示されている．U.S.ドルは2004年中に増価したか減価したか．U.S.ドルの対外価値の変化によって，外国人から見たアメリカの財・サービスの魅力は高くなったか低くなったか．

2004年1月2日	2005年1月3日
1イギリスポンド＝1.79U.S.ドル	1イギリスポンド＝1.91U.S.ドル
1U.S.ドル＝33.98台湾ドル	1U.S.ドル＝31.71台湾ドル
1カナダドル＝0.78U.S.ドル	1カナダドル＝0.83U.S.ドル
1U.S.ドル＝104.27円	1U.S.ドル＝106.95円
1ユーロ＝1.26U.S.ドル	1ユーロ＝1.38U.S.ドル
1U.S.ドル＝1.24スイスフラン	1U.S.ドル＝1.15スイスフラン

6. 世界の貿易取引がアメリカと日本の2国のみで行われていると仮定しよう．このとき，下記のようなことが起こったら，他の条件を一定としてドルの価値はどうなるだろうか．
   a. 日本が輸入制限の一部を緩和する．
   b. アメリカが一部の日本製品に対して輸入関税をかける．
   c. アメリカの利子率が劇的に上がる．
   d. 日本車の耐久年数が特にアメリカ車に比べて従来考えられていたよりもはるかに高いことを示した報告書が出る．

7. 以下の各シナリオに登場する2国が世界でただ2つの貿易取引国だと仮定しよう．そこで示されているインフレ率と名目為替レートの変化によって，どちらの国の財の魅力が増すだろうか．
   a. インフレ率はアメリカで10％，日本で5％．ドルと円の為替レートは不変．
   b. インフレ率はアメリカで3％，メキシコで8％．ドルの価格は12.50ペソから10.25ペソに下落．
   c. インフレ率はアメリカで5％，ヨーロッパで3％．ユーロの価格は1.30ドルから1.20ドルに下落．
   d. インフレ率はアメリカで8％，カナダで4％．カナダドルの価格は0.60U.S.ドルから0.75U.S.ドルに上昇．

8. 固定レート制の下で外国為替市場が当初均衡していたとしよう．この国の財・サービスに対する諸外国からの需要が高まったとして，為替レートをある固定水準に維持するには政府はどのように対応しなければならないか．

9. アルバーニアの中央銀行がその通貨であるバーンの価値を1バーン＝1.50ドルに固定し，その値を動かさないと約束したとしよう．次の図に示したように，バーンの外国為替市場は当初1.50ドルの水準で均衡している．だがアルバーニア人もアメリカ人もアルバーニア資産を保有することには大きなリスクがあると信じるようになって，アメリカの資産よりも高い収益率が得られないかぎりアルバーニアの資産を保有しなくなったとしよう．それによってこの図はどんな影響を受けるだろうか．もしアルバーニアの中央銀行が金融政策を用いて為替レートを当初の水準に固定するとすれば，アルバーニアの経済はそれによってどんな影響を受けるだろうか．

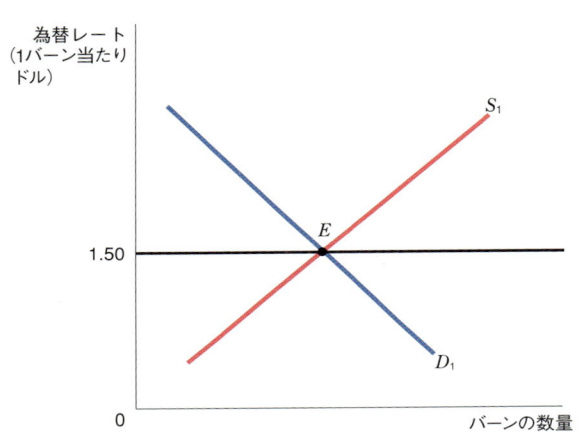

10. 勉強仲間に，「固定レート制の下で中央銀行が裁量的な金融政策を使えなくなるとしたら，固定レート制の採用に国際的な合意が得られるのはなぜだろう？」と聞かれたら，あなたはどう答えますか．

web▶ 引き続き勉強し，本章の概念を復習したい人は，クルーグマン＝ウェルスのウェブサイトを訪ね，小問題集，動画による教習，有益なリンク集などを参照してください．
www.worthpublishers.com/krugmanwells

訳者あとがき

　本書はPaul Krugman and Robin Wells, *Economics*, Worth Publishers, 2006のマクロ経済学関連の章を翻訳したものである．ポール・クルーグマン(Paul Krugman)はプリンストン大学教授，2008年にノーベル経済学賞を受賞した学者で，政治経済の分野で最も人気の高い評論家だ．共著者のロビン・ウェルス(Robin Wells)はプリンストン大学の同僚で，現在のクルーグマン夫人でもある．以下では，主著者のクルーグマンの人となりと業績を紹介するとともに，本書が持つ優れた特徴を説明したい．

クルーグマンとの出会い

　私はこれまで何度か英書の翻訳をしてきたが，2004年に慶應義塾大学を65歳で定年退職してからもう翻訳はやりたくないと考えていた．私に残された時間は少なくなり，何よりも翻訳は「労多くして功少ない仕事」と感じていたからだ．特に，専門書の翻訳はそうだ．専門家ならたいてい原書で読めるし，訳書で読むよりも内容をその人なりに適切に理解することができるはずだ．他人のつたない翻訳から得るものは不満と怒りぐらいのものだ．専門家でない人なら，そもそも訳書を読んでもわけがわからないだろう．東洋経済新報社の村瀬裕己氏から最初に翻訳依頼の電話をいただいたとき，著者名も書名も聞かないでとっさに「原則として翻訳の仕事はお断りしています」と申し上げた．だが主な著者がポール・クルーグマン，書名が『ミクロ(マクロ)経済学』と伝えられて，ふがいなくもあっさり原則を変えることにした．

　クルーグマンの教科書なら話は別だ．私はクルーグマンの論文や一般読者向けの書物を数多く読んできて，彼の経済学的なセンスと文筆の才能を非常に高く買っているからだ．慶應義塾大学経済学部の私のゼミでは，彼の論文，著書をたびたび取り上げた．例えば『為替レートの謎を解く』(伊藤隆敏訳，東洋経済新報社，1990年)，『現代の貿易政策——国際不完全競争の理論』(大山道広訳，東洋経済新報社，1992年)，『脱「国境」の経済学——産業立地と貿易の新理論』(北村行伸ほか訳，東洋経済新報社，1994年)，『クルーグマンの良い経済学　悪い経済学』(山岡洋一訳，日本経済新聞社，1997年)などの原書だ．この中で『現代の貿易政策』はエルハナン・ヘルプマンとの共著による上級の教科書で，学部の学生にはちょっと難しかったようだが，その他の著作に対して学生はほとんど例外なく強く反応した．彼の文章を読みはじめると，学生たちの目の色が変わったといっても過言ではない．そこには読者を刺激し，興味をかき立てる何かがあったのだ．

　1987年にクルーグマンは慶應義塾大学で開かれた国際コンファレンスで論文を発表し，私はたまたま討論者を務めた．コンファレンス後の懇親会でクルーグマンの文章を褒めたところ，彼は「文章には自信がある．文章に関してはたいていの経済学者に比べて絶対優位があると思っている」と率直に語った．そのころから，彼は一般読者向けの執筆に関心を持ち，ひそかに意欲を燃やしていたようだ．

　クルーグマンと私との出会いは1980年にさかのぼる．その夏，イギリスのウォーリック大学にいた若きインド人の学者アビナッシュ・ディキシットが中心になって世界の国際経済理論を専攻する学者に呼びかけ，3週間のワークショップを開催した．ジョン・チップマン，ロナルド・ジョーンズ，ビクター・ノーマン，エルハナン・ヘルプマン，マイケル・マイケリーなどのそうそうたる学者に混じって私も末席に加わった．その中にポール・クルーグマンがいたのだ．当時弱冠27歳だったクルーグマンが，ワークショップでは圧倒的な存在感を発揮していた．アメリカ人にしては小柄で，黙っていると地味でちょっと暗い感じだったが，ひとたび口を開くと印象ががらりと変わった．白い歯を輝かせ，大きな目をきらめかせて甲高い声でしゃべりまくった．その舌鋒は鋭く，論敵を容赦なく撃破した．当時エルハナン・ヘルプマンとともに，すでに「新しい貿易理論」の先鋒として注目されていたが，このワークショップでなみいる論客を驚かせ，一躍スターダムにのし上がった感がある．その後，

私はいろいろなコンファレンスでクルーグマンと同席した．彼自身述懐しているように，若き日のクルーグマンは大のコンファレンス好きで，いつも主役として迎えられていた．年とともに円熟し最近では大家の雰囲気を漂わせているが，この若き日の先鋭な論客ぶりは特筆すべきものがあった．

クルーグマンの仕事

クルーグマンは，1953年，アメリカのベビー・ブームの最中にニューヨーク市の郊外で生まれた．少年時代にアイザック・アシモフの空想科学小説に熱中し，ハリ・セルダンの心理歴史学にあこがれたそうだ．MIT（マサチューセッツ工科大学）では経済学を主専攻にしたが，同時に歴史の科目を多く受講したという．当時から国際経済の重要な政策課題に興味を持ち，1973年春のノルドハウスの学部セミナーで資源問題を研究し，ガソリン需要の弾力性に関する実証研究を発表して注目された．

1970年代半ばは，ミルトン・フリードマンの流れを汲む合理的期待革命，変動為替レート制度の導入などで経済学が大きく揺れていた時期だった．1975年，大学院生だったクルーグマンは，着任早々のルディガー・ドーンブッシュの影響を受け，変動為替レート制度の理論的解明に関心を持ち，通貨危機の理論を着想した．同じころ，ロバート・ソローの独占的競争に関する講義にヒントを得て，それを国際貿易理論に応用することを考えはじめた．大学院修了後，イェール大学に就職したが，間もなくMIT，それからスタンフォード大学に転職し，収穫逓増と不完全競争の要素を取り入れた国際貿易の「新しい理論」を展開した．この業績によって，クルーグマンは1991年にアメリカ経済学会（AEA）のジョンベイツクラーク賞を受賞した．これは，2年に一度40歳未満の最も優秀な経済学者に与えられる賞で，ノーベル賞への跳躍台と言われることがある．その後のクルーグマンの多岐にわたる学術活動の詳細は割愛するが，ドーンブッシュ，ソローというMITの2人の恩師がまいた種子を大きく育て，国際金融論，国際貿易論の両分野で目覚ましい研究業績をあげていった．国際経済学に軸足を置きながら地域分析，経済発展など関連分野のテーマにも研究対象を拡げ，独創的なアイデアと斬新な方法論で時代を画する仕事を生み出している．クルーグマンは何年も前からノーベル経済学賞の候補として下馬評に挙がっていたが，国際貿易の新しい理論を創唱したことを主たる理由として，2008年になってついに単独での授賞という栄誉に浴した．他にも多くの重要な貢献があるため，最近では珍しい単独での授賞も妥当と評価する向きが多かった．

理論的な学術研究に携わるかたわら，クルーグマンは政策分析，経済評論の分野でも素晴らしい才能を発揮した．まず，1982年にはレーガン大統領の経済諮問委員会（CEA）の一員として迎えられ，1983年の「大統領経済報告」の主要な起草者となった．このポストはクルーグマンにとって必ずしも心地よいものではなかったようだが，このときに難しい経済分析を平明な英語でかみ砕き読者を啓蒙する自分の才能を見出したという．1年間でワシントンに見切りをつけたクルーグマンは，内外経済の重要な問題を次々に取り上げながら一般の知識人を対象とする広範な著述活動に乗り出していく．その縦横無尽，快刀乱麻を断つ活躍には目を見張るべきものがあった．

私の印象に残ったほんの数例を挙げると，1980年代前半のアメリカドル独歩高の分析とその反転の予測，後半の日本の貿易産業政策に対する「批判」の批判，1990年代前半の国家間競争力論争（ポップ・インターナショナリズム）の叱正，『東アジアの奇跡』（世界銀行報告書）への懐疑と問題提起，後半の日本経済の長期停滞の分析とインフレターゲット政策の提唱などがある．2000年代に入ると，『ニューヨーク・タイムズ』紙の常任コラムニストとして，強者にタフで弱者に心優しい論陣を張り続けている．こうした評論活動によって，彼は「アメリカで最も重要な政治評論家」（*Washington Monthly*誌）と認められ，2002年には「年度コラムニスト」賞（*Editor and Publisher*誌），2004年にはヨーロッパのピューリッツァー賞とされる「アストゥリアス賞」を獲得した．2008年秋以降，世界経済は1930年代の大恐慌に続く大不況に見舞われている．クルーグマンは以前から深刻な世界不況の到来を警告してきた．最近の記者会見では，大不況の対策として大規模な財政出動の必要性を訴えている．今後とも，大不況をめぐる彼の診断と提言は世界の耳目を集

めるだろう．

本書はどこが素晴らしいか

　本書は経済学の入門書であり，大学教養課程の学生を主な対象としている．だがそれだけでなく，経済や経済学に少しでも関心のある一般人から，大学経済学部の卒業生，ひいては経済学の教育，研究に携わる専門家まで幅広く楽しく読め，しかもそれぞれの目的に応じて経済学を活用できるように周到に工夫されている．

　最大の工夫は，現実に見られる興味深い事例を示して，経済学に対する読者の学習意欲を高めていることだ．著者が「はしがき」で述べているように，本書の各章の冒頭部分は，「第3センテンスまでに読者をひきつけなければ，逃がしてしまう」という信念に従って書かれている．そこには，必ず「はじまりの物語」がある．これは経済学に関する手あかのついたエピソードや漠然とした寓話の類ではなく，その章のテーマや基本的な概念にかかわる現実的で読者の好奇心をそそる物語だ．この物語はその場限りでは終わらず，章の全般を通じて引用され，繰り返し利用されることが多い．つまり，読者の関心をひきつけるだけでなくそれを持続させ，各章のテーマを思い起こさせ，そこに経済学がどのように関わり役立つかを教えてくれるのだ．「はじまりの物語」は，本書が多くの教科書にありがちな現実から遊離した抽象的な記述や堅苦しい説明とはきっぱり決別し，現実経済と経済理論をつなぐ橋渡しを目指していることを明確に宣言するものだ．これと並んで，本書には「経済学を使ってみよう」と「ちょっと寄り道」という魅力的なコラムが随所にちりばめられている．前者は各章の主要節に付され，そこで学んだばかりの概念を使った短いケース・スタディを提供する．後者は各章に少なくとも1つ置かれ，その章の概念や理論の延長線上にある現実的な事例や問題を取り上げる．経済理論と現実経済との関わりを読者に考えさせるという意味で，どちらも「はじまりの物語」を補完する役割を果たしている．

　もう1つの重要な工夫は，読者の理解を助けるためのさまざまな仕掛けが考えられていることだ．何よりもまず，平明でわかりやすい記述が心がけられている．クルーグマンは「専門家ではない読者に向かって書くときに前提と見なせる基本的計算能力は足し算と引き算だけで，それ以上は駄目だ」と言う．これはアルフレッド・マーシャルの時代のイギリスから現代の日本まで当てはまる，基本原則だと言ってよい．本書で数式が極力避けられていて，ほとんどすべての概念がくどいほど丁寧な文章で表現されているのは，この基本原則による．もちろんグラフによる分析は多用されているが，高校卒業者なら誰でも十分理解できる程度のものだ．それでも基礎の基礎から学びたい読者のために，第2章の付録としてグラフのわかりやすい解説が与えられている．

　次に，経済学の森に分け入る者が道に迷わないように親切な標識があちこちに立てられている．すぐ目に付く標識はほとんど毎ページのように欄外に出てくるキーワードの定義で，重要な概念を再掲示している．これによって読者はページごとに学んだことを確認することができる．また，所々に「落とし穴」に注意せよという標識もある．そこには入門者が陥りがちな陥穽を指摘し，そこから抜け出すための親切な解説が書かれている．各章の概要と次章へのつながりを示す指標として，各章の冒頭には「この章で学ぶこと」というリストと，章末には「次に学ぶこと」というメモがあり，章末にはさらにその章の内容を要約した箇条書きがある．これに加えて，各節の末尾には，そこで学んだ内容を再確認するための「ちょっと復習」という覚え書きがあり，理解を深めるための「理解度チェック」というミニ問題集まで用意されている．これはその節で学んだ重要な概念を咀嚼し銘記するために役立つ．「理解度チェック」の解答と解説はその場ではなく，本書の巻末に記されている．これらは，類書にないユニークな試みと言えよう．

　また，本書のはしがきに書いてあるように，原書出版社は本書の内容を補完するさまざまなウェブ上のコンテンツを提供している（もちろん，言語は英語である）．そのうちの一部は日本の読者にもアクセス可能なので，関心をお持ちの方はアクセスしてみてほしい．なお本書を教科書として採用していただいた先生方には，このサイトで提供されるコンテンツを収録した「教員用CD-ROM（英語版）」を配布する予定もあるという．詳しくは，東洋

経済新報社に問い合わせていただきたい．

　クルーグマンは，これまでにも専門的な論文や一般読者向けの著書を通じて，現実の社会経済問題にユニークで先鋭な切り口で挑戦し，多くの俗論や通説をくつがえしてきた．その著作は一方では大きな喝采を博したが，他方では反発と怨嗟を招いたかもしれない．本書は入門的な教科書として構想され，上述したように非常にバランス良く，大きく，丁寧に作られている．独特の問題提起や気の利いた経済分析も随所にあり，切れ味のよい語り口と併せて，読者をひきつけて飽きさせないだろう．本書は，一般の知識人を対象とした彼一流の「アカデミックエンターテインメント」の集大成とも言えるものだ．

　本書の翻訳は，大山道広(はしがき，序章，第1〜3章，17章および19章)，塩澤修平(第4，5章，14章)，蓬田守弘(第6，7章，18章)，大東一郎(第8，15章)，白井義昌(第9，13章)，石橋孝次(第10，11章)，玉田康成(第12，16章)の7名(いずれも慶應義塾大学OB)で行った．このチームに東洋経済新報社の村瀬裕己，佐藤朋保氏らの編集者を加えて，何度も打ち合わせ，読み合わせを重ねた．原著者たちの軽快で歯切れのよいスタイルを伝えるため，訳文は「である・であろう調」ではなく，「だ・だろう調」を採用した．また，堅苦しい直訳を避け，日本文として読みやすく，わかりやすいものにするため，場合によっては意訳・超訳を採用することも辞さなかった．にもかかわらず，あるいはそれゆえに思わざる誤訳や不適切な表現が多々残っているに違いない．大方のご指摘，ご叱正をお願いしたい．

　最後になるが，編集者の村瀬・佐藤両氏には，訳文のまわりくどさや生硬さを取り除き，文体を整える仕事を手伝っていただいた．また足並みが乱れがちな訳者たちに時には鞭を入れ，時には手綱を引き締める練達の御者の役割を果たしていただいた．ここに記して感謝の意を表したい．

2009年1月

訳者を代表して　大山道広

理解度チェックの解答

第 1 章

理解度チェック 1-1

1. a. 機会費用の概念を表している．一度に食べられる量は決まっているので，チョコレート・ケーキをもう一切れとるためには，何か他のもの，例えばココナッツ・クリームパイをもう一切れとることをあきらめることが必要だ．

b. 資源は希少だという概念を表している．世界にもっと資源があったとしても，その総量は限られている．だから，資源の希少性はいずれあらわになる．希少性がなくなるのは（人生の時間も含めて）あらゆるものが無限にあるときだけだ．そんなことは明らかにありえない．

c. 人々は通常，自分が利益を得る機会を見逃さないという概念を表している．学生たちが評判の良い教育助手の指導を求め評判の悪い教育助手を避けるのは，それが自分の利益になるからだ．また，資源は希少だという概念を表しているとも言える．良い教育助手が指導する教室が無限に広ければ，教室がいっぱいになるということもないはずだ．

d. 限界分析の概念を明らかにしている．時間をどう配分するか，すなわち運動と勉強にそれぞれどのくらい時間を割くかという決定は，「どれだけか」の決定だ．あなたは，もう1時間運動をすることで得られる便益と，勉強時間が少なくなることで成績が下がるという費用とを比較して決定を下すのだ．

2. a. 答えはイエスだ．あなたが新しい仕事を引き受けた場合，通勤時間が長くなるのはそれによって生じる費用だ．長くなった通勤時間——同じことだが，その時間を使えばできたはずの別のこと——は新しい仕事の機会費用だ．

b. 答えはイエスだ．新しい仕事から得られる便益の1つは5万ドルを稼げることだ．だが新しい仕事を選ぶなら今の仕事を辞めて現在の給料4万5000ドルを手放さなくてはならない．この4万5000ドルは新しい仕事を選ぶことの機会費用の一部になる．

c. 答えはノーだ．事務室が広くなるのは新しい仕事から得られる便益であって，そのせいで何かが犠牲になっているわけではない．だからそれは機会費用ではない．

理解度チェック 1-2

1. a. 市場は通常は効率性を達成するという概念を表している．少なくとも X ドルで本を売りたい人は誰でも，X ドルで買いたい人に実際に売るだろう．その結果，売り手と買い手の間で中古教科書をどう振り分けたとしても，誰かの満足を損なわずに別の誰かの満足を高めることはできない状態になるのだ．

b. 取引から利益が得られるという概念を表している．学生たちは各科目ごとに異なる能力を持っているので，それに基づいて個人指導サービスを取引しているのだ．

c. 市場が効率性を達成しない場合には，政府の介入が社会的厚生を高める可能性があるという概念を表している．この例では，市場に任せておけばバーやナイトクラブがやかましい音楽という費用を近所の人々に押しつけ，それを一顧にしないという事態になる．これは効率の良くない事態だ．なぜなら，バーやナイトクラブが騒音を抑えるように仕向けることができれば，社会全体の厚生は改善されるからだ．

d. 社会的目標を達成するため，資源はできるだけ効率的に用いられなければならないという概念を表している．近所の診療所を閉鎖して中央病院に資金を移すことで，より低い費用でより良い医療を提供することができるからだ．

e. 市場は均衡に向かうという概念を表している．いたみの度合いが同じ教科書が同じ値段で売られていれば，売り手も買い手も取引をやり直すことで利益をあげることはできない．これは，中古教科書市場が均衡に達していることを意味するものだ．

2. a. 均衡を表していない．行動を変えてレストランで食事をとりたいと思う学生がたくさんいるはずだ．だから，ここに述べられている状況は均衡ではない．均衡が成立するのは，学生たちがレストランで食べても大学の食堂で食べてもどちらでも良いと思うときだ．それには，例えばレストランの料金が大学の食堂の料金よりも高くなることが必要だ．

b. 均衡を表している．行動を変えてバスに乗ることにしても，あなたの生活は良くならないだろう．だから，行動を変えるインセンティブは存在しないのだ．

第 2 章

理解度チェック 2-1

1. a. 誤り．ココナッツと魚の生産に使える資源が増えれば，トムの生産可能性フロンティアは外側にシフトするだろう．今や彼はココナッツと魚を前よりも多く生産できるからだ．図でトムの当初のPPFと書かれた直線は当初の生産可能性フロンティアで，トムの新しいPPFと書かれた直線は資源の増加によって生じた新しい生産可能性フロンティアだ．

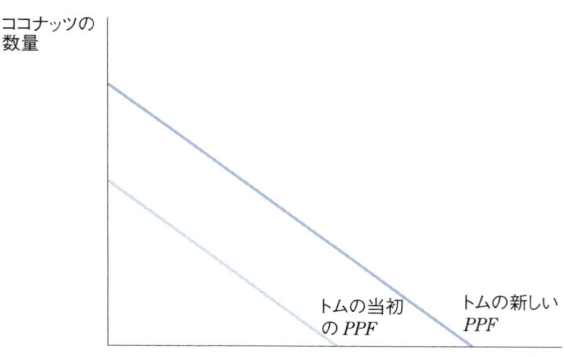

[図：縦軸「ココナッツの数量」，横軸「魚の数量」．「トムの当初のPPF」と「トムの新しいPPF」の2本の直線．]

b. 正しい．トムが収穫する一定量のココナッツに対してより多くの漁獲量を可能にするような技術進歩は，生産可能性フロンティアの変化をもたらす．これは図で次のように示されている．新しい生産可能性フロンティアはトムの新しいPPFと書かれた直線で表され，当初の生産可能性フロンティアはトムの当初のPPFと書かれた直線で示されている．トムが最大限収穫できるココナッツの数量は以前と変わらないので，新しい生産可能性フロンティアは古い生産可能性フロンティアと同じ点で縦軸と交わっている．だが最大限の漁獲量は以前よりも増えているから，新しい生産可能性フロンティアは古いフロンティアよりも右で横軸と交わることになる．

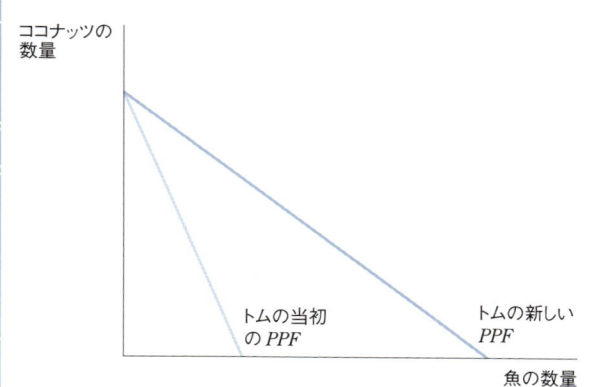

[図：縦軸「ココナッツの数量」，横軸「魚の数量」．「トムの当初のPPF」と「トムの新しいPPF」の2本の直線．]

c. 誤り．生産可能性フロンティアは，資源が効率的に利用されているという前提の下で，一方の財の生産量を増やすために他方の財の生産量をどれだけ減らさなければならないかを表すものだ．もしその経済で生産が効率的に行われていなければ，すなわち生産点がフロンティアの内側にあるときには，一方の財の生産量をもう1単位増やすためにもう一方の財の生産量を減らす必要はない．それどころか，もっと効率的に生産すれば両方の財の生産量を増やせるはずだ．

2. a. アメリカは自動車の生産に絶対優位を持っている．アメリカで1日に1台の自動車を生産するのに必要な労働者数（6人）はイタリアで必要な労働者数（8人）よりも少なくてすむからだ．アメリカは洗濯機の生産でも絶対優位にある．アメリカで1日に1台の洗濯機を生産するのに必要な労働者数（2人）はイタリアで必要な労働者数（3人）より少ないからだ．

b. イタリアでは自動車で測った洗濯機の機会費用は3/8だ．つまり，洗濯機1台を生産するのに必要な労働者数と時間を使って3/8台の自動車が生産できるというわけだ．アメリカでは自動車で測った洗濯機の機会費用は2/6 = 1/3となる．つまり，洗濯機1台の生産に用いられる労働者数と時間を使って1/3台の自動車ができる．1/3 < 3/8だから，アメリカは洗濯機の生産に比較優位を持つと言える．洗濯機1台を増産するのに，アメリカでは自動車1/3台を減産すればすむが，イタリアでは自動車3/8台を減産しなければならない．これはイタリアが自動車に比較優位を持っているということだ．このことは次のようにして確認できる．洗濯機で測ったイタリアの自動車の機会費用は$8/3 = 2\frac{2}{3}$となる．つまり，イタリアでは自動車1台の生産に必要な労働者数と時間で$2\frac{2}{3}$台の洗濯機が生産できる．これに対して，洗濯機で測ったアメリカの自動車の機会費用は6/2 = 3となる．つまり，アメリカでは自動車1台の生産に必要な労働者数と時間で3台の洗濯機が生産できるのだ．

c. 各国がそれぞれ比較優位を持つ財の生産に特化するとき，最大の貿易利益が得られる．だからアメリカは洗濯機に，イタリアは自動車に特化すべきだ．

3. 家計が使う貨幣量が増えれば，家計に向かう財のフローが増える．これは企業の生産要素に対する需要を増加させる．だから経済全体の働き口が増えるのだ．

理解度チェック 2-2

1. a. これは社会がしなくてはならないことを述べているのだから，規範的な命題だ．しかも，「正しい」答えはないかもしれない．果たして人は危険な行動をとることをすべて妨げられるべきだろうか．例えばスカイダイビングのような，楽しまれている行動でもそうだろうか？ 答えは個人の人生観に依存している．

b. これは事実の記述だから，解明的命題だ．

2. a. 正しい．経済学者たちは特定の社会的目標について異なる価値判断を持つことがある．しかし価値判断が違っていても，社会がいったんある目標を追求すると決めたなら，その実現のために最も効率的な手段を用いるべきだとする点では一致することが多い．だから，経済学者たちは政策Bの選択に合意すると言える．

b. 誤り．経済学者たちの意見がわかれるのは，異なるモデルを用いているか，あるいは政策の望ましさについて異なる価値判断を持っているかによることが多い．

c. 誤り．社会がどのような目標の実現を目指すべきかは価値判断の問題であって，経済分析の問題ではない．

第 3 章

理解度チェック 3-1

1. a. 価格がどうであれ，傘の需要量は雨の日のほうが晴れの日よりも多い．どんな価格水準でも需要量が増えるので，需要曲線が右にシフトすることになる．だから，どの数量をとってみてもより高い価格で売れるのだ．

b. 週末の電話利用が増えたのは料金の値下げによるものだ．これは週末の電話サービスに対する需要曲線に沿った移動だ．

c. バレンタインデーの週にはバラの需要が増加する．これは需要曲線の右へのシフトだ．

d. ガソリンの需要が減ったのは価格の上昇によるものだ．これは需要曲線に沿った移動だ．

理解度チェック 3-2

1. a. 住宅の供給量が増えたのは価格の上昇によるものだ．これは供給曲線に沿った移動だ．

b. イチゴの供給量はどんな価格水準でも増加する．これは供給曲線の右へのシフトを意味している．

c. 労働の供給量はどんな賃金水準でも低くなっている．学校が休みのときに比べて，供給曲線が左にシフトしているのだ．だから，ファストフードのチェーン店が労働者を確保しようと思うなら，賃金を上げる必要があるのだ．

d. 労働の供給量が増えるのは賃金の上昇によるものだ．これは供給曲線に沿った移動だ．

e. 客室の供給量はどんな料金の下でも増加する．これは供給曲線の右へのシフトだ．

理解度チェック 3-3

1. a. 供給曲線が右にシフトする．前年の均衡価格では，ブドウの供給量は需要量を上回る．これは供給過剰のケースだ．ブドウの価格は下がるだろう．

b. 需要曲線が左にシフトする．当初の均衡価格では，ホテルの部屋の供給量は需要量を上回る．これは供給過剰のケースだ．宿泊料金は下がるだろう．

c. 中古除雪機の需要曲線が右にシフトする．当初の均衡価格では，中古除雪機の需要量は供給量を上回る．これは供給不足のケースだ．中古除雪機の均衡価格は上がるだろう．

理解度チェック 3-4

1. a. 大型車の市場．ガソリンという補完財の値下げによって需要曲線の右へのシフトが生じる．その結果大型車の均衡価格は上がり，大型車の均衡数量も増えるだろう．

b. リサイクルされた素材から作られる新生紙の市場．これは技術革新によって供給曲線が右にシフトするケースだ．その結果，リサイクルされた素材から作られる新生紙の均衡価格は下がり，均衡数量は増加するだろう．

c. 地域の映画館で上映される映画の市場．ケーブルテレビで放送される有料映画という代替財の値下げによって，需要曲線が左にシフトする．このシフトの結果，映画のチケットの均衡価格は下がり，映画館に行く人たちの数も減るだろう．

2. 新しいチップの発売が公表されると，以前のチップを用いたコンピュータの需要が減少し需要曲線は左にシフトする．また，供給は増加し供給曲線は右にシフトする．

(a) もし需要曲線が供給曲線に比べて大幅にシフトするようであれば，ここに示したように均衡需給量は減少する．

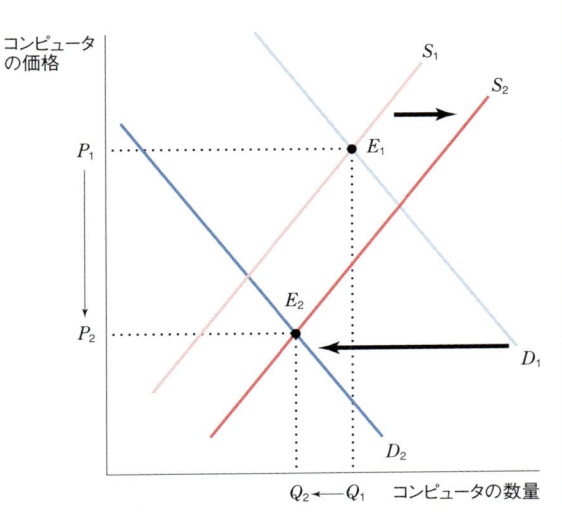

(b) もし供給曲線が需要曲線に比べて大幅にシフトするようであれば，ここに示したように均衡需給量は増加する．

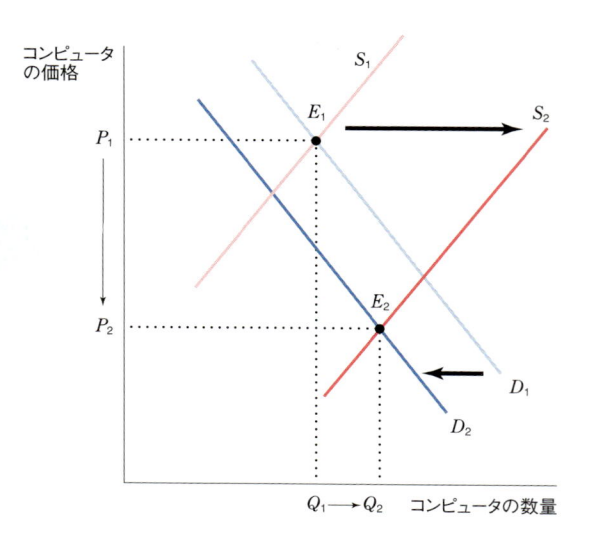

[図：コンピュータの価格と数量。S_1からS_2へシフト，D_1からD_2へシフト，E_1（P_1）からE_2（P_2）へ，$Q_1 \to Q_2$]

どちらの場合にも，均衡価格は下がる．

第4章

理解度チェック 4-1

1. a. 上限価格規制のために住宅所有者が受け取る金額が下がったので，駐車スペースを貸し出そうとする住宅所有者の数は減る．これは価格の低下に伴って供給量も減少するという概念を反映したものだ．それは下の図で，点Eから点Aへの供給曲線に沿った動きで示される．駐車スペースは400台分減少する．

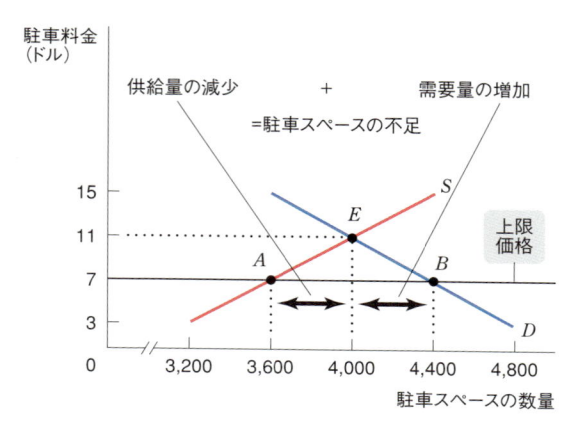

[図：駐車料金（ドル）と駐車スペースの数量。供給量の減少＋需要量の増加＝駐車スペースの不足．価格7（上限価格），均衡11，点E（4,000），点A（3,600），点B（4,400），3,200，4,800の範囲]

b. 需要量は価格の低下に伴って400台分増加する．価格が低くなるほどより多くのファンが車でスタジアムに来て駐車スペースを借りようとする．それは図で，需要曲線に沿った点Eから点Bへの動きで示されている．

c. 上限価格規制の下では需要量が供給量を上回り，その結果供給不足が生じる．この場合には800台分の駐車スペースが不足する．それは図の点Aと点Bの水平距離で示される．

d. 上限価格規制は資源の浪費をもたらす．ファンが駐車スペースを探すのに費やす余分な時間は浪費だ．

e. 上限価格規制は消費者に対する財，ここでは駐車スペースの非効率的な配分をもたらす．

f. 上限価格規制はブラック・マーケットを出現させる．

2. a. 誤り．上限価格規制は生産者が受け取る価格を引き下げ，供給量を減少させる．

b. 正しい．上限価格規制は自由な市場に比べて供給量を少なくさせる．その結果，市場価格を支払っても良いと思っている，つまり自由な市場であれば財を得ていたはずの人々のなかで，財を得ることができない人が出る．

c. 正しい．それでも生産物を売ろうとする生産者はより少ない金額しか受け取れないので，より悪い状態になる．他の生産者は生産物を売ることに全く価値を見出せなくなる．よって彼らの状態もより悪くなる．

理解度チェック 4-2

1. a. ガソリンスタンド所有者の一部は，価格の上昇から利益を得る．点Aはこれらの所有者による売上げ（70万ガロン）を示している．だが損失を被る所有者もいる．それは2ドルの市場価格ではガソリンを売っていたが，4ドルの規制価格では売ることのない人たちだ．この失われた売上げは，図では需要曲線に沿った点Eから点Aへの需要量の減少で示される．全体として，ガソリンスタンド所有者への効果は不確定だ．

b. より高い4ドルという価格でガソリンを買う人は，恐らくよりよいサービスを受けることになる．これは下限価格規制のせいで生じる非効率的に高い品質の例だ．ガソリンスタンドの所有者は価格でなく質で競争するようになるのだ．
だが反対者たちは，消費者は一般により悪い状態になると主張する．すなわち4ドルでも買う人は2ドルで買えればより嬉しいだろうし，2ドルと4ドルの間の価格で買っても良いと思う多くの人は，4ドルではもう買いたいと思わない．これは図で，点Eから点Aへの需要曲線に沿った需要量の減少で示されている．

c. ガソリンスタンド所有者の一部と消費者が下限価格規制から被害を受けるので，賛成者たちは誤っている．下限価格規制は「失われた機会」――ガソリンスタンド所有者と消費者の間の望ましい取引だが，実際には起こらなかった取引――を生じさせる．さらに，消費者が時間とおカネをかけて他の州まで行くので，資源の浪費という非効率性が生じる．また下限価格規制は，人々がブラック・マーケット活動に従事するように仕向ける．4ドルという下限価格規制の下では，売られるガソリンはたった70万ガロンしかない．でも2ドルと4ドルの間の価格では，合計で70万ガロン以上を買い

たいという運転者たちと，それを売っても良いと思うガソリンスタンド所有者がいる．これは，非合法活動に結びつきやすい状況だ．

理解度チェック 4-3

1. a. 乗車1回の価格は，需要量が600万回なので7ドルだ．7ドルは600万回の乗車の需要価格だ．これは下の図の点Aで表されている．

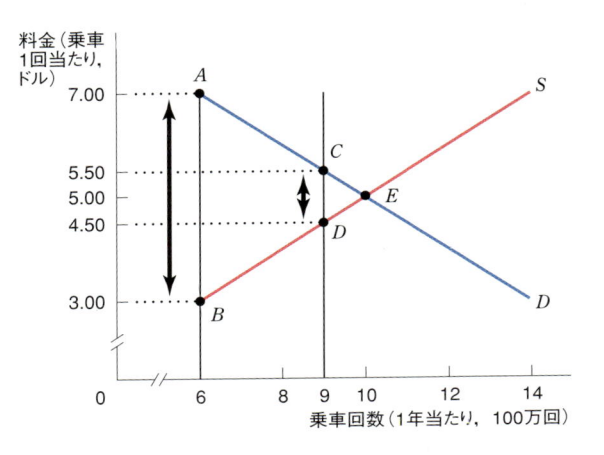

b. 600万回の乗車の供給価格は3ドルで，図の点Bで表されている．需要価格7ドルと供給価格3ドルの間のウェッジは，乗車1回当たりの割当てレントで，4ドルだ．これは図の点Aと点Bの垂直距離で表される．

c. 900万回の乗車では需要価格は図の点Cで示される5.50ドルとなり，供給価格は点Dで示される4.50ドルになる．割当てレントは需要価格と供給価格の差の1ドルだ．

2. 図は，400万回の需要の減少が需要曲線D_1からD_2へのシフトでどのように表されるかを示したものだ．どの価格水準でも需要量は乗車400万回分だけ減っている．このシフトは800万回の乗車という割当て制限の効果を失わせる．新しい市場均衡は点E_2で，均衡数量は割当て制限に等しい．その結果，割当ては市場に何の効果ももたらさない．

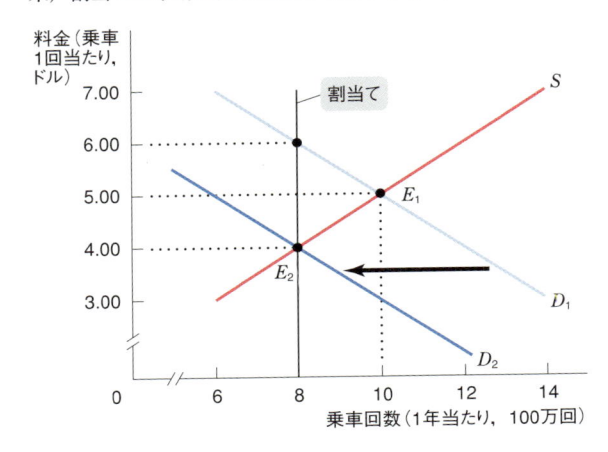

理解度チェック 4-4

1. a. 割当て制限の下では，売買されるバターは900万ポンドしかない．下の図の点Dで示されているように，供給価格を0.90ドルに設定すれば，酪農業者が売りたいと思うバターの量を900万ポンドに制限できる．同様に，点Cで示されているように，需要価格を1.20ドルに設定すれば，消費者が買いたいと思うバターの数量を900万ポンドに制限できる．この価格差の0.30ドルは，売上げを900万ポンドに減らす税に等しい．それは，図の点Cと点Dの垂直距離で示される．このように，1ポンドにつき0.30ドルの税を課すことは，900万ポンドの割当てと同じ非効率性を生じさせる．

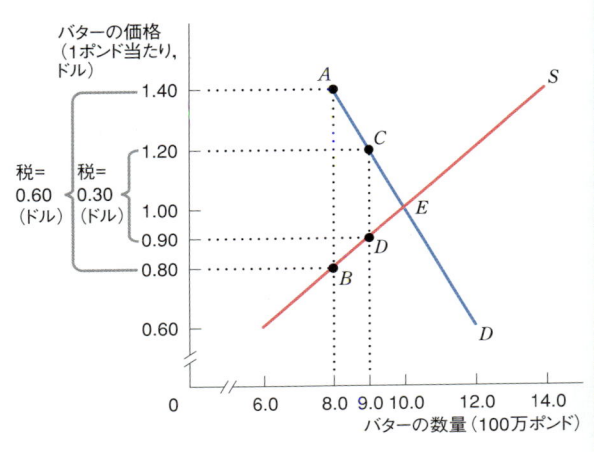

b. この問題に答えるには，同じ数量のところで0.60ドルだけ異なる供給価格と需要価格を見つけなくてはいけない．供給表と需要表を調べると，0.80ドルの供給価格(点B)と1.40ドルの需要価格(点A)がこの条件を満たしているのがわかる．その価格は同じ800万ポンドの取引量をもたらすが，0.60ドルだけ異なっている．したがって800万ポンドという割当ては，0.60ドルの税と同じ非効率性をもたらす(1.20ドルの供給価格と0.60ドルの需要価格も1200万ポンドの数量で0.60ドルだけ異なっている．なぜこの選択がここでの正しい答えではないのか．というのは，1200万ポンドは人々が自由な市場で買いたいと思う量より大きいので，割当て水準として有効ではありえないからだ)．

c. 設問aでは，規制のない市場価格は1ポンド＝1ドルだ．それで消費者は0.30ドルの税のうち0.20ドル(1.20ドル－1.00ドル)を支払い，生産者は0.10ドル(1.00ドル－0.90ドル)を支払う．

第5章

理解度チェック 5-1

1. 消費者は、ハラペーニョの価格が自分の支払い意欲額よりも低い（あるいはちょうど等しい）なら、そのハラペーニョを買う。需要表は、それぞれの価格水準で何個のハラペーニョが需要されるかを調べることで作成される。下の表は需要表を例示したものだ。

ハラペーニョ の価格 （ドル）	ハラペーニョ の需要量	ケーシーの ハラペーニョ の需要量	ジョシーの ハラペーニョ の需要量
0.90	1	1	0
0.80	2	1	1
0.70	3	2	1
0.60	4	2	2
0.50	5	3	2
0.40	6	3	3
0.30	8	4	4
0.20	8	4	4
0.10	8	4	4
0.00	8	4	4

価格が0.40ドルのとき、ケーシーが1個目のハラペーニョから得る消費者余剰は0.50ドル、2個目から得る余剰は0.30ドル、3個目からは0.10ドルだ。彼はそれ以上のハラペーニョは買わない。だから、ケーシーの個別消費者余剰は0.90ドルになる。ジョシーが1個目のハラペーニョから得る消費者余剰は0.40ドル、2個目から得る余剰は0.20ドル、3個目からは0.00ドルになる（彼女にとって買うか買わないかは無差別なので、買うと仮定しよう）。彼女はそれ以上のハラペーニョは買わない。だからジョシーの個別消費者余剰は0.60ドルだ。よって、価格が0.40ドルのときの総消費者余剰は、0.90ドル＋0.60ドル＝1.50ドルになる。

理解度チェック 5-2

1. 生産者は、ハラペーニョの価格がそれを生産する費用よりも大きい（あるいはちょうど等しい）なら、そのハラペーニョを供給する。供給表は、それぞれの価格水準で何個のハラペーニョが供給されるかを調べることで作成される。次の表は供給表を例示したものだ。

ハラペーニョ の価格 （ドル）	ハラペーニョ の供給量	カーラの ハラペーニョ の供給量	ジェイミーの ハラペーニョ の供給量
0.90	8	4	4
0.80	7	4	3
0.70	7	4	3
0.60	6	4	2
0.50	5	3	2
0.40	4	3	1
0.30	3	2	1
0.20	2	2	0
0.10	2	2	0
0.00	0	0	0

価格が0.70ドルのとき、カーラが1個目のハラペーニョから得る生産者余剰は0.60ドル、2個目から得る余剰は0.60ドル、3個目からは0.30ドル、4個目からは0.10ドルだ。彼女はそれ以上のハラペーニョは供給しない。だから、カーラの個別生産者余剰は1.60ドルだ。ジェイミーが1個目のハラペーニョから得る生産者余剰は0.40ドル、2個目から得る余剰は0.20ドル、3個目からは0.00ドルになる（彼にとって供給するかしないかは無差別なので、供給すると仮定しよう）。彼はそれ以上のハラペーニョは供給しない。だからジェイミーの個別生産者余剰は0.60ドルだ。結局価格が0.70ドルのときの総生産者余剰は1.60ドル＋0.60ドル＝2.20ドルになる。

理解度チェック 5-3

1. 需要量と供給量は価格が0.50ドルのところで等しくなる。これが均衡価格だ。この価格では、総計5個のハラペーニョが売買される。ケーシーは3個のハラペーニョを買い、1個目からは0.40ドル、2個目からは0.20ドル、3個目からは0.00ドルの消費者余剰を得る。ジョシーは2個のハラペーニョを買い、1個目からは0.30ドル、2個目からは0.10ドルの消費者余剰を得る。よって総消費者余剰は1.00ドルだ。カーラは3個のハラペーニョを供給し、1個目からは0.40ドル、2個目からは0.40ドル、3個目からは0.10ドルの生産者余剰を得る。ジェイミーは2個のハラペーニョを供給し、1個目からは0.20ドル、2個目からは0.00ドルの生産者余剰を得る。したがって総生産者余剰は1.10ドルだ。よって、この市場の総余剰は1.10ドル＋1.00ドル＝2.10ドルになる。

2. a. ジョシーのハラペーニョの消費が1個減るなら、彼女は0.60ドル（彼女が2個目のハラペーニョに支払っても良いと思う額だ）を失うことになる。ケーシーのハラペーニョの消費が1個増えるなら、彼は0.30ドル（彼が4個目のハラペーニョに支払っても良いと思う額だ）を得る。よって全体として、0.60ドル－0.30ドル＝0.30ドルの消費者余剰の損失をもたらす。

b. カーラが最後のハラペーニョ（3個目のハラペーニョ）を生産するのにかかる費用は0.40ドルで、ジェイミーが1個多く（3個目のハラペーニョ）生産するのにかかる費用は0.70ドルだ。よって総生産者余剰は0.70ドル－0.40ドル＝0.30ドル低下する。

c. ジョシーが2個目のハラペーニョに支払っても良いと思う額は0.60ドルだ。彼女がハラペーニョの消費を1個少なくしたときに、彼女はこの額の余剰を失うことになる。カーラが3個目のハラペーニョを生産するのにかかる費用は0.40ドルだ。彼女は生産を1個少なくすることでこの分を節約できる。よってハラペーニョの量を1個減らすと、0.60ドル－0.40ドル＝0.20ドルの総余剰が失われることになる。

理解度チェック 5-4

1. a. 消費者が0.70ドルの価格を支払うとすれば、ケーシー

が1個目のハラペーニョから得る消費者余剰は0.20ドルになり（市場均衡と比べて，彼は0.20ドル分を失う），2個目からは0.00ドル（同じく彼は0.20ドル失う）で，彼はもう3個目は買わない．ジョシーが1個目のハラペーニョから得る消費者余剰は0.10ドルになり（彼女は0.20ドル失う），彼女はもう2個目は買わない（彼女はそれまで2個目から得ていた0.10ドルの消費者余剰を失う）．結局消費者余剰の損失は0.70ドルになる．

b. 生産者が0.30ドルの価格を受け取るとすれば，カーラが1個目のハラペーニョから得る生産者余剰は0.20ドルになり（市場均衡と比べて，彼女は0.20ドルを失う），2個目からは0.20ドル（同じく彼女は0.20ドルを失う）で，彼女はもう3個目は供給しない（彼女はそれまで3個目から得ていた0.10ドルの生産者余剰を失う）．ジェイミーが1個目のハラペーニョから得る生産者余剰は0.00ドルになり（彼は0.20ドルを失う），彼はもう2個目は供給しない．結局生産者余剰の損失は0.70ドルだ．

c. 3個のハラペーニョが売買され，それぞれに課された税が0.40ドルなので，政府の税収は3×0.40ドル＝1.20ドルとなる．

d. 税を導入することで，0.70ドル＋0.70ドル＝1.40ドルという総余剰の損失をもたらす．その金額のうち1.20ドルは税収という形で政府に回ったが，0.20ドルが失われた．これが税による死荷重だ．

2. a. ガソリンに対する需要は非弾力的だ．ガソリン自体に密接な代替財がなく，ドライバーにとっては公共交通機関を利用するなどの代替財を見つけることが難しいからだ．その結果，次の図に示されているように，ガソリンへの課税で生じる死荷重は比較的小さい．

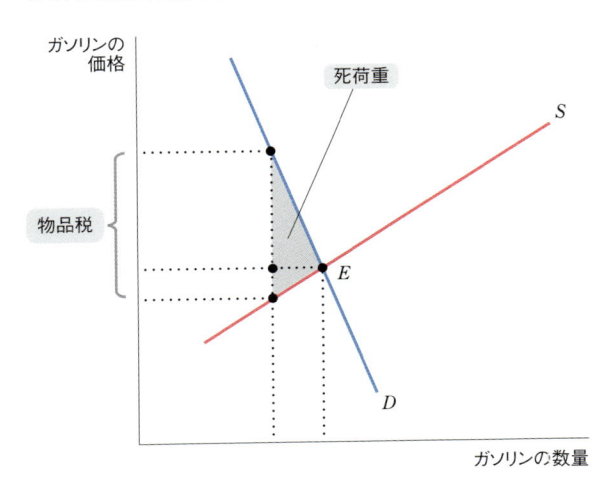

b. ミルクチョコバーには，ダークチョコバー，ミルクキスチョコなどの密接な代替財があるので，ミルクチョコバーの需要は弾力的だ．その結果，下の図に示されているように，ミルクチョコバーへの課税で生じる死荷重は比較的大きい．

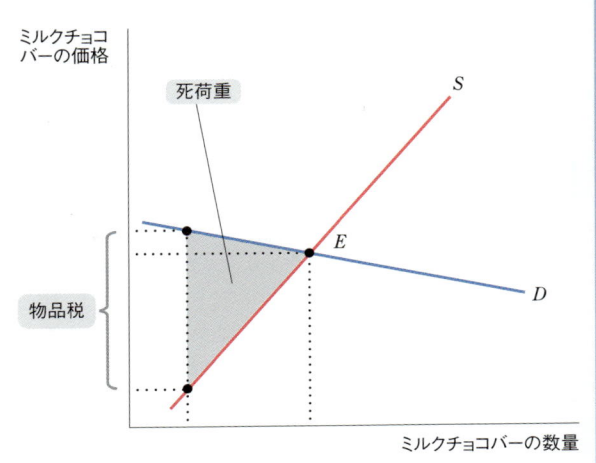

第6章

理解度チェック 6-1

1. a. 個別の企業が直面する経済状況を考察しているので，ミクロ経済学の問題だ．

b. 経済全体の状況が変化するときに，ある活動の水準が全体としてどう変化するかを考察しているので，マクロ経済学の問題だ．

c. 長期成長の要因に関することなので，マクロ経済学の問題だ．

d. 個人の経済的意思決定に関することなので，ミクロ経済学の問題だ．

2. 明確に定められたいくつかの状況を除いて，政府の市場介入は社会の厚生を減少させる．このためミクロ経済学では，政府介入の余地は小さいとされる．一方，政府の介入によって経済変動を抑制したり，長期成長を加速させることができる場合には，社会の厚生は増大する．よって，マクロ経済学では政府介入の余地はより大きくなる．

理解度チェック 6-2

1. 雇用される人が減ると，失業率が上昇する．生産活動で雇用される人が減るので，総産出量は減少する．よって総産出量が減少するとき，失業率は上昇する．雇用される人が増えると，失業率が低下する．生産活動で雇用される人が増えるので，総産出量は増加する．よって総産出量が増加するとき，失業率は低下する．これらの事実をまとめると，景気循環を通じて，失業率と総産出量は逆方向に変化すると言える．

2. 失業率が高いということは，働きたくても仕事がないという人が稼いだはずの賃金が失われたことを意味する．失業率が高いと企業の産出量は減り，消費者が享受できたはずの財・サービスは生産されない．失業率の高さはまた，政治的な不安定さにもつながる．

3. 景気安定化政策がうまく行っている経済では，景気後退が少なく，その程度も浅い．また失業率も低く保たれる．そのような経済では，景気過熱も少なく，インフレ圧力もあまりない．

理解度チェック 6-3

1. 1950年代と60年代には，実質GDP成長率が高かったという特徴があり，この期間にアメリカ人の生活水準は大きく改善した．それと対照的に，1970年代と80年代には，実質GDP成長率がずっと低かった．その結果，1950年代や60年代に比べて，アメリカ人は貧しくなったと感じた．
2. 人口成長率の高い国は，1人当たりの生活水準を改善するために，人口成長率の低い国よりも高い総産出量の成長を達成しなければならない．なぜなら，人口成長率の高い国は，より多くの人々の間で総産出量を分けなければならないからだ．

理解度チェック 6-4

1. a. あなたの賃金は物価よりも5％大きく上昇した（賃金上昇10％−物価上昇5％＝5％）ので，あなたの生活水準は改善した．
   b. 物価はあなたの賃金よりも5％大きく上昇した（賃金上昇10％−物価上昇15％＝−5％）ので，あなたの生活水準は悪化した．
   c. 賃金は物価よりも12％大きく上昇した（賃金上昇10％＋物価下落2％＝12％）ので，あなたの生活水準は改善した．

理解度チェック 6-5

1. a. 1999年に1ユーロ＝1.15ドルだったのが，2001年に0.85ドルになったことで，アメリカ人にとってのヨーロッパの財は安くなった．より少ないドルで1ユーロを買えるようになったからだ．逆に，アメリカの財はヨーロッパ人にとってより高くなった．なぜなら1ドルを買うのにより多くのユーロが必要になったからだ．
   b. アメリカ人が購入したヨーロッパの財の総額は増大しただろうし，ヨーロッパ人が購入したアメリカの財の総額は減少したと考えられる．

第 7 章

理解度チェック 7-1

1. 国内で生産されたすべての最終財・サービスの総付加価値と，それらに対する総支出の関係を考察することから始めよう．両者が等しくなるのは，経済で生産されたあらゆる最終財・サービスは，誰かに購入されるか，もしくは在庫となるからだ．在庫の増加は，企業の支出と見なされる．次に，国内で生産された最終財・サービスへの総支出と総要素所得との関係を考察しよう．最終財・サービスを購入するときに支払われた総支出は企業の収入となる．その収入は生産要素に対して，賃金，利潤，利子，賃貸料というかたちで支払われなければならない．まとめると，GDPを計算する3つの方法はすべて同等なものであることがわかる．
2. 企業は，他の企業，家計，政府，外国に向けて販売をする．家計は企業に生産要素を売り，企業から最終財・サービスを購入し，金融市場で企業に貸付をすることで，企業と結びついている．また家計は政府に税を納め，政府移転支出を受け取り，金融市場で政府借入に対する資金を提供することで，政府と結びついている．最後に，家計は輸入財の購入や金融市場での外国人との取引を通じて外国と結びついている．
3. 二重計算されているのは鋼鉄だ．1度目はアメリカン・スチールからアメリカン・モーターズに販売されたとき，2度目は，アメリカン・モーターズが販売する車の一部としてだ．

理解度チェック 7-2

1. a. 2004年の名目GDPは（100万×0.4ドル＋80万×0.6ドル）＝40万ドル＋48万ドル＝88万ドルだ．2004年から2005年にかけてフライドポテトの価格が25％上昇したので，2005年のフライドポテトの価格は1.25×0.4ドル＝0.5ドルだ．一方販売数が10％減少したので，2005年の販売数は100万×0.9＝90万だ．ここから，2005年のフライドポテトの販売総額は90万×0.5ドル＝45万ドルとなる．2004年から2005年にかけてオニオンリングの価格が15％下落したので，2005年のオニオンリングの価格は0.85×0.6ドル＝0.51ドルだ．一方販売数が5％増加したので，2005年の販売数は80万×1.05＝84万だ．その結果，2005年のオニオンリングの販売総額は84万×0.51ドル＝42万8400ドルとなる．よって2005年の名目GDPは45万ドル＋42万8400ドル＝87万8400ドルだ．2005年の実質GDPを求めるには，2004年の価格を使って2005年の販売額を計算しなければならない．つまり，90万のフライドポテト×0.4ドル＋84万のオニオンリング×0.6ドル＝36万ドル＋50万4000ドル＝86万4000ドルだ．
   b. 2004年と2005年を比較すると，名目GDPは（88万ドル−87万8400ドル）/88万ドル×100＝0.18％の減少だが，実質GDPは（88万ドル−86万4000ドル）/88万ドル×100＝1.8％の減少だ．つまり実質GDPを使った計算では，名目GDPを使った計算よりも減少率が10倍大きくなっている．この例では，名目GDPを使った計算は変化の程度を過小評価していることになる．
2. 1990年の価格を基準にした物価指数は2000年の価格を基準にした物価指数に比べて，電子機器の価格は高く，住宅価格は低くなっている．このことから，2005年の実質GDPを計算する際に1990年の物価指数を使うと，経済における電子機器生産の価値が大きくなり，また2000年の物価指数を使うと，経済における住宅生産の価値が大きくなる．

理解度チェック 7-3

1. ウェブサイトの出現で，求職者がすばやく職探しをできるようになると，失業率は次第に低下するだろう．だが同時に，就職意欲のない労働者たちが職探しを再開しはじめることで，失業率の上昇が起こるかもしれない．

2. aとbはどちらも，図7-6に示されている実質GDPの成長率と失業率の変化との間に見られる関係と整合的だ．実質GDPの成長率と失業率には，実質GDPの成長率が平均より高い期間には失業率が低下し，平均より低い期間には失業率が上昇するという関係がある．aとbはともに，景気回復期に失業率が低下する，あるいは景気後退期に失業率が上昇するということを示しているので，この関係と整合的だ．だがcは整合的でない．というのもcは，景気後退と失業率の低下が関連することを示唆しているからだ．

理解度チェック 7-4

1. このマーケット・バスケットは霜害の前には$(100 \times 0.2$ドル$) + (50 \times 0.6$ドル$) + (200 \times 0.25$ドル$) = 20$ドル$+ 30$ドル$+ 50$ドル$= 100$ドルだった．霜害の後は，$(100 \times 0.4$ドル$) + (50 \times 1$ドル$) + (200 \times 0.45$ドル$) = 40$ドル$+ 50$ドル$+ 90$ドル$= 180$ドルだ．物価指数は，霜害の前は$(100$ドル$/100$ドル$) \times 100 = 100$，霜害後は$(180$ドル$/100$ドル$) \times 100 = 180$となるので，物価指数は80％上昇することになる．この上昇率は，本文で計算した84.2％よりも小さい．その理由は，100個のオレンジ，50個のグレープフルーツ，200個のレモンを含む新たなバスケットには，価格が他の財に比べてあまり上昇していない財(価格上昇率が80％のレモン)の割合が大きく，価格が大きく上昇した財(価格上昇率が100％のオレンジ)の割合が小さくなっているからだ．これは，物価指数がマーケット・バスケットの構成に敏感に反応することを示している．他の財よりも価格上昇率が高い財がマーケット・バスケットの大きな割合を占めているとすれば，物価水準の推定値はより大きくなるだろう．一方で，他の財よりも価格上昇率が低い財がマーケット・バスケットの大きな割合を占めているとすれば，物価水準の推定値はより小さくなるだろう．

2. a. 10年前に決められたマーケット・バスケットは，現在に比べて少ない台数の自動車しか含まれていないはずだ．自動車の平均的な価格が他の財の平均価格よりも急速に上昇したとすれば，このバスケットは物価水準の上昇を過小評価している．というのも，より少ない台数の自動車しか含んでいないからだ．

b. 10年前に決められたマーケット・バスケットにはブロードバンド・インターネット接続が含まれていないはずだ．そのため過去2～3年のインターネット接続料金の低下が反映されていない．その結果，物価水準の上昇は過大評価されるだろう．

3. 本文の式7-3を使うと，2003年から2004年のインフレ率は$(188.9 - 184.0)/184.0 \times 100 = 2.7$％だ．

第8章

理解度チェック 8-1

1. 経済的な進歩とは，一国の平均的居住者の生活水準を向上させることだ．実質GDPの増加は，居住者数の増加を考慮していないので，平均的居住者の生活水準の向上を正確に反映したものではない．例えば実質GDPが10％増加し，人口が20％成長すると，平均的居住者の生活水準は低下する．この変化の後，平均的居住者は，変化前の$(110/120) \times 100 = 91.6$％の実質所得しか得られないからだ．同様に名目GDPの増加は，価格変化を考慮していないので，平均的居住者の生活水準の向上を正確に反映したものではない．例えば価格の5％の上昇を受けて名目GDPが5％増加したとしても，生活水準に変化はない．1人当たり実質GDPは，人口の変化と価格の変化の両方を考慮に入れた唯一の尺度だ．

2. 70の法則を使うと，1人当たり実質GDPが2倍になるまでにかかる時間は，中国は$(70/7.6) = 9.2$年，アイルランドは$(70/5.2) = 13.5$年，アメリカは$(70/2.0) = 35$年，フランスは$(70/1.8) = 38.9$年，アルゼンチンは$(70/0.1) = 700$年だ．もしアイルランドの1人当たり実質GDPがアメリカのそれよりも高い率で成長しつづければ，やがてアメリカのそれを超えるだろう．

理解度チェック 8-2

1. a. たとえ労働者1人当たりの物的資本・人的資本が変化しなくても，実質的な技術進歩が起きれば生産性成長率は上昇する．

b. 生産性成長率は，物的資本の収穫逓減があるために低下する．とはいえ成長率は依然プラスのままだ．

2. 労働者たちが新しいコンピュータ・システムの使い方を学んだり慣例を変えたりするためには一定の時間がかかる．これが，生産性の上昇までに時間がかかる要因だ．また，新しいシステムを学ぶときには，コンピュータ・ファイルをうっかり削除してしまうなどの失敗がつきものなので，マルノミクス社の生産性が一定期間低下することもありうる．

理解度チェック 8-3

1. 外国から借りた資金は最終的には外国人に返済しなければならないので，将来その国が投資支出に使える資金は少なくなる．それと対照的に，国内貯蓄の持ち主に返済される資金はその国の内部にとどまるので，将来の投資支出に回すことができる．そのため，外国投資による成長率のほうが国内貯蓄で同じ金額が賄われた場合の成長率より低くなると考える経済学者もいる．これに賛同しない経済学者は，外国投資は新技術の導入をもたらすので，外国資金を外国人に返済しなければならない場合に生じる資金の減少を相殺して余りあ

るだけの経済成長率の上昇を生じさせると信じている．
2. 民間企業と大学の研究センターがより密接に結びついていると，純粋な研究よりも新薬開発に焦点を合わせるようになるだろう．そのためアメリカのほうが新薬開発のペースが速い可能性が高い．
3. 財産権が欠如しているため，人々は生産能力への投資を行おうとは考えなかっただろう．そのためこれらの出来事は，同国の成長率を低下させた可能性が高い．
4. 通常の場合，外国投資は一国の成長率と生活水準を高めるような新技術をもたらすことを知ったと考えられる．

理解度チェック 8-4

1. 条件付き収束仮説によれば，他の条件を一定とすれば，比較的低い1人当たりGDPからスタートするとその国はより急速に成長する．また，他の条件を一定とすれば，比較的高い1人当たりGDPからスタートするとその国の成長はより遅くなる．このことからいえば，将来のアジアの成長率は低いということになる．だが，他の条件は一定でないかもしれない．もしアジア経済が人的資本投資を継続し，貯蓄率も高いままで，政府がインフラ投資を続けるなどすれば，成長は持続し加速するかもしれない．
2. 図8-8のパネル(b)からわかるように，1人当たりGDPの初期水準が成長率を決定する重要な要因となる（西ヨーロッパ諸国のような）国々もあるが，それは唯一の要因ではない．現在の生活水準が高いことよりも，貯蓄率と投資率が高いことのほうが将来成長が起きると予測できる根拠として有力だ．
3. 実証的証拠によれば，どちらも重要だ．良いインフラがあることは成長にとって重要だし，政治的安定性もそうだ．政策は両方の分野に取り組むべきだ．

第 9 章

理解度チェック 9-1

1. 財政赤字が財政黒字の方向に向かうにつれて，政府が資金を借り入れる必要は少なくなる．そのため貸付資金市場の資金需要は減少していく．次の図の需要曲線D_1は政府と民間の貸付資金需要を足し合わせたものだ．政府の借入がなくなるとD_1はD_2へと左にシフトする．D_2には民間の資金需要しか含まれていない．均衡利子率はr_1からr_2へと下落する．その結果，貸付総額は減るものの，民間部門の貸付資金需要額はQ_1からQ_2へと増える．

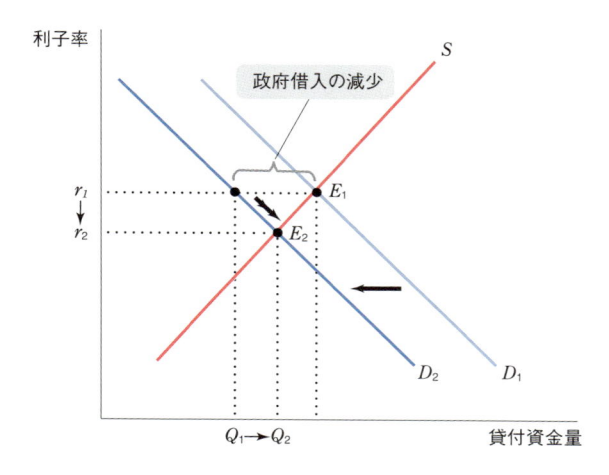

2. a. この国に資本が流入すると貸付資金市場への資金供給が増える．これは図中の供給曲線がS_1からS_2へと右にシフトすることを意味する．均衡点がE_1からE_2へと移動すると，均衡利子率はr_1からr_2に下落し，均衡貸付資金量はQ_1からQ_2へと増加する．

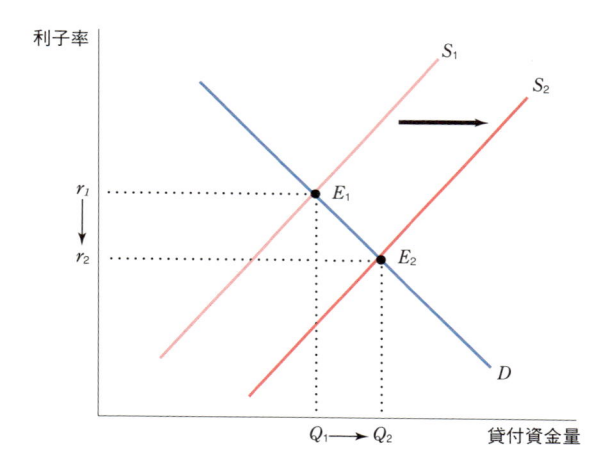

b. 定年退職者の割合が増えたために貯蓄は減少し，貸付資金市場への資金供給は減る．これは図中の供給曲線がS_1からS_2へと左にシフトすることを意味する．均衡点がE_1からE_2へと移動すると，均衡利子率はr_1からr_2に上昇し，均衡貸付資金量はQ_1からQ_2へと減少する．

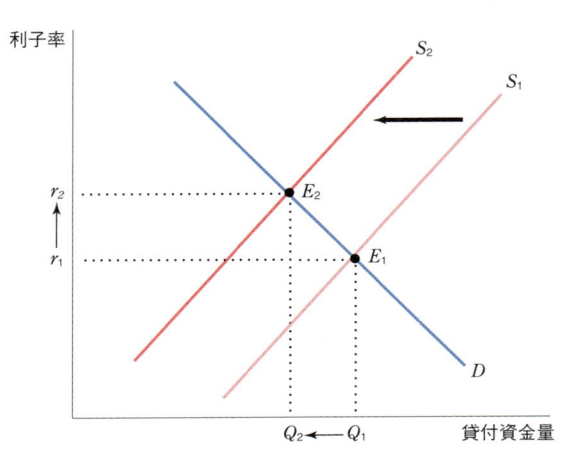

[グラフ: 縦軸 利子率、横軸 貸付資金量。供給曲線 S_1 が S_2 へ左シフトし、需要曲線 D との均衡が $E_1(r_1, Q_1)$ から $E_2(r_2, Q_2)$ へ移動]

3. 貸付資金市場の分析からわかるように，利子率が上昇すると家計部門は貯蓄を拡大し，消費を縮小したがる．利子率が上昇すると，同時に，利子率以上の収益率をもたらす投資プロジェクトの数は減る．「企業の投資支出以上の額を家計は貯蓄したがるようになる」という主張は貸付資金市場の均衡を表現できていない．なぜなら貸付資金市場での資金供給が資金需要を上回っていると主張しているからだ．もしそんなことが起こるなら利子率は必ず下落し，貸付資金市場での資金供給と資金需要は一致することになる．

理解度チェック 9-2

1. a銀行預金とb投資信託の取引費用はほぼ同じだろう．電話かインターネットまたは直接支店に行けばできることだからだ．いちばん取引費用がかかるのはc家族経営の会社の株式だ．株式の購入者を探すには時間と資源を使う必要があるからだ．リスクはおそらくa銀行預金がいちばん小さいだろう．なぜなら米連邦預金保険公社（FDIC）が一口座につき10万ドルまで保証してくれているからだ．これよりいくらかリスクが高いのはb投資信託だ．分散をしているとはいえ，株式保有のリスクが含まれているからだ．いちばんリスクが高いのは家族経営の会社の株式だ．リスクの分散ができないからだ．いちばん流動性が高いのはa銀行預金だ．すぐさま預金を引き出せるからだ．それより少し流動性が低いのがb投資信託だ．投資信託を販売した代金を受け取るまでに数日かかるからだ．いちばん流動性が低いのはc家族経営の会社の株式だ．それを売却するには全家族の同意が必要になるし，買い手を見つけるのに時間がかかるからだ．

2. 経済の発展と成長は，いろいろな要因のなかでも，特に物的資本への投資支出によるものだ．投資支出は貯蓄と等しいので，貯蓄が大きいほど投資支出も大きくなり，経済の発展と成長も促進される．そのため貯蓄を促進する機関の存在は経済の発展と成長の助けになる．貯蓄する人々に取引費用の低減や分散の機会，それに高い流動性をもたらしてくれるような金融システムがある国では，それがない国に比べて経済の発展と成長は急速に進む．

理解度チェック 9-3

1. a. 今日の株価は市場が予測した将来の株価を反映している．効率市場仮説によれば，株価には人々が入手できるすべての情報が反映される．今年の利潤が低水準だということは新しい情報ではないので，すでに株価に反映されている．だが，この会社の利潤が来年は増加することが知れわたると，この新しい情報を反映して株価は今日上昇する．

b. 今年の利潤が高いだろうという予想は株価にすでに織り込まれている．だが予想よりも利潤が少なかったので，この会社の将来の株価に関する市場の予想は低めに修正される．よってこの新しい情報は株価を下げる．

c. この発表はこの会社の将来の株価に関する投資家たちの予想を低めに修正する．この新しい情報は株価を下げる．

d. この発表はこの会社の株価に影響を与えないか，ほんの少しだけ上昇させるかだ．この発表は，利潤の見込みに関する不確実性を少しだけ取り除く以外に，何も新しい情報をもたらさないからだ．よって株価は上昇しないか，上昇したとしてもほんの少しだろう．

2. 効率市場仮説によれば，人々が入手できるすべての情報は今の株価に反映されている．だからダウ・ジョーンズ平均株価が1％上昇した翌日に株を購入しつづけたとしても，ある賢い投資家が同時に株を売るだろう．なぜなら株の需要が，つまり株価が高いからだ．そうすることで利益を得られるとすれば，ついには他の多くの投資家たちも株を売るようになるだろう．よって，ダウが1％上昇した翌日も投資家たちは必ず株を買いつづけるということにはならない．

第10章

理解度チェック 10-1

1. a. これはSRAS曲線に沿った変化を表している．CPIは，GDPデフレーターと同様に物価水準，すなわち最終財・サービスの総体的な価格水準を表す指標だからだ．

b. これはSRAS曲線のシフトを表している．原油は原料なので，原油が安くなると生産費用が低下する．これによりSRAS曲線は右にシフトし，どの物価水準でも総供給量は増加する．

c. これはSRAS曲線のシフトを表している．労働者への退職給付金の増加は名目賃金の増加と同じことだ．生産費用が高くなるためSRAS曲線は左にシフトし，どの物価水準でも総供給量は減少する．

2. 物価水準がどう動くかを知る必要がある．SRAS曲線に沿った移動によって総供給量が増える場合には，総供給量の増加とともに物価水準は上昇する．LRAS曲線の右へのシフトによって総供給量が増える場合には，物価水準はおそらく上昇しない．もう1つの方法に，総供給量の長期の変化を観

察するというものがある．長期で見て，総供給量が元の水準に戻るのであれば，その一時的な増加は SRAS 曲線に沿った移動によるものだ．一方，総供給量が長期にも増加するのであれば，その増加は LRAS 曲線の右へのシフトによる．

理解度チェック 10-2

1. a. 総需要曲線のシフトが生じる．貨幣供給量が減少すると借入が増えて貸出が減るので，利子率が上昇する．利子率が上昇するとどの物価水準でも投資支出と消費支出が減少し，総需要曲線は左にシフトする．

b. 総需要曲線に沿った左上への移動が生じる．物価水準が上昇すれば，保有している貨幣の実質価値が低下する．これは物価変動の利子率効果になる．つまり，貨幣の価値が低下すると人々はより多くの貨幣を持とうとするのだ．それは人々が借入を増やし，貸出を減らすことを意味する．これによって利子率が上昇し，消費支出と投資支出が減少する．よってこれは総需要曲線に沿った移動だ．

c. 総需要曲線のシフトが生じる．労働市場が不活発になる，すなわち平均可処分所得が低下するという予想によって，現在の消費支出はどの物価水準でも減少する．よって総需要曲線は左にシフトする．

d. 総需要曲線のシフトが生じる．税率が低下すれば可処分所得が増加する．するとどの物価水準でも消費支出は増加し，総需要曲線は右にシフトする．

e. 総需要曲線に沿った右下への移動が生じる．物価水準が下落すれば資産の実質価値が増加する．これは物価変動の資産効果になる．つまり資産価値が増加すれば人々は消費計画を拡大するのだ．これによって消費支出が増加し，総需要曲線に沿った移動が起こる．

f. 総需要曲線のシフトが生じる．不動産の価値が急騰して資産の実質価値が増加すれば，どの物価水準でも消費支出が増加する．よって総需要曲線は右にシフトする．

理解度チェック 10-3

1. 投資支出の増加と同様に，投資支出の減少にも実質 GDP に対する乗数効果がある．唯一違うのは，実質 GDP が増加するのではなく減少するということだ．I の低下によって最初の GDP の減少が生まれ，それが可処分所得の低下につながって消費支出が減少し，それがさらに実質 GDP の減少につながる，といった具合だ．だから投資支出が減少すれば，それは間接的に消費支出が減少することにつながるのだ．

理解度チェック 10-4

1. a. 最低賃金の引き上げによって名目賃金が上昇し，短期総供給曲線は左にシフトする．この負の供給ショックによって物価水準は上昇し，総産出量は減少する．

b. 投資支出が増加することによって総需要曲線は右にシフトする．この正の需要ショックによって物価水準は上昇し，総産出量は増加する．

c. 税の増加と政府支出の減少はどちらも負の需要ショックにつながり，総需要曲線は左にシフトする．その結果，物価水準は下落し総産出量は減少する．

d. これは負の供給ショックであり，短期総供給曲線が左にシフトする．その結果，物価水準は上昇し総産出量は減少する．

2. 長期の成長によって潜在産出量が増加するにつれて，長期総供給曲線は右にシフトする．もしそこで短期的に不況ギャップが生まれた（総産出量が潜在産出量よりも小さくなった）としても，名目賃金が低下して短期総供給曲線が右にシフトする．これによって物価水準は下落し，総産出量は増加する．物価水準が下落すれば，物価変動の資産効果と物価変動の利子率効果によって総需要曲線に沿った変化が起こる．最終的には長期マクロ経済均衡が復活し，総産出量は潜在産出量に一致するまで増加する．

理解度チェック 10-5

1. a. 経済が過度に刺激されるというのは，インフレギャップが生じたときだ．経済が長期マクロ経済均衡にあるときに拡張的な金融政策と財政政策を行えば，このような状態になってしまう．総需要曲線は右にシフトし，短期的には物価水準が上昇し総産出量は増加してインフレギャップが生じる．最終的に名目賃金が上昇して短期総供給曲線が左にシフトし，総産出量は潜在産出量の水準に戻る．以上がこの人が考えているシナリオだ．

b. この議論は間違っている．経済が長期マクロ経済均衡にない場合には，拡張的な金融政策と財政政策によって上のような事態にはならない．負の需要ショックによって総需要曲線が左にシフトし，不況ギャップが生じたとしよう．このとき拡張的な金融政策と財政政策によって，総需要曲線が元の長期マクロ経済均衡の位置に戻る可能性がある．このようにして，負の需要ショックによって生じた短期の物価水準の下落と総産出量の減少を解決することができる．だから負の需要ショックに対しては，財政政策と金融政策は有効な手段なのだ．

第11章

理解度チェック 11-1

1. a. アンジェリーナの独立消費支出は 8000 ドルだ．彼女の現在の可処分所得が 1 万ドル増加したとき，総消費支出は 4000 ドル（1 万 2000 ドル－8000 ドル）増加する．だから彼女の MPC は 4000 ドル／1 万ドル＝0.4 で，彼女の消費関数は $c = 8000$ ドル $+ 0.4 \times yd$ だ．

フェリシアの独立消費支出は 6500 ドルだ．彼女の現在の可処分所得が 1 万ドル増加したとき，総消費支出は 8000 ドル（1 万 4500 ドル－6500 ドル）増加する．だから彼女の MPC は

8000ドル／1万ドル＝0.8で，彼女の消費関数は$c=6500$ドル$+0.8\times yd$だ．

マリナの独立消費支出は7250ドルだ．彼女の現在の可処分所得が1万ドル増加したとき，総消費支出は7000ドル（1万4250ドル－7250ドル）増加する．だから彼女のMPCは7000ドル／1万ドル＝0.7で，彼女の消費関数は$c=7250$ドル$+0.7\times yd$だ．

b. この経済の総独立消費支出は8000ドル＋6500ドル＋7250ドル＝2万1750ドルだ．可処分所得が3万ドル（3×1万ドル）増加すれば消費支出は4000ドル＋8000ドル＋7000ドル＝1万9000ドル増加する．だから経済全体でのMPCは1万9000ドル／3万ドル＝0.63で，総消費関数は$c=2$万1750ドル$+0.63\times YD$だ．

2. もし将来の予想可処分所得が減少するなら，将来に備えて今日の可処分所得の一部を貯蓄しようとするだろう．だが貯蓄ができないのでこれは不可能だ．またもし将来の予想可処分所得が増加するなら，将来の高い所得の一部を今日使おうとするだろう．だが借入ができないのでこれも不可能だ．貯蓄や借入ができない場合には，将来の予想可処分所得は今日の消費支出に対して何の効果も持たないことになる．実際のところ，MPCは常に1となる．つまり，現在の可処分所得はすべて今日消費しなければならず，時間を通じて消費をなめらかにすることはできないのだ．

理解度チェック 11−2

1. a. 予期せぬ消費支出の増加によって，生産者は短期的な需要の増加を満たすために在庫から商品を販売する．よって在庫が減少する．これは負の意図しない在庫投資で，生産者の在庫の価値額が減少する．

b. 借入費用の増加は利子率の上昇と同じことだ．投資支出を借入と留保利益のどちらで賄うかに関係なく，利益をあげられる投資プロジェクトが少なくなってしまう．その結果，生産者は意図した投資支出の量を削減する．

c. 実質GDP成長率が急上昇すると，生産者はより大きな需要を満たすために生産設備を増加させるので，加速度原理に従って意図した投資支出は増加する．

d. 販売量が減少すれば在庫が増加するから，正の意図しない在庫投資が生じる．

2. 限界消費性向は1よりも小さいので，現在の可処分所得の変動よりも消費支出の変動のほうが小さい．これはライフサイクル仮説によって説明できる．家計は可処分所得が下がれば将来の所得から借入を行い，可処分所得が上がれば貯蓄を行うことによって「消費の平準化」を行おうとする．この行動によって経済の変動が消費支出に与える効果は小さくなる．これとは対照的に，経済の変動が投資支出に与える効果は加速度原理によって増幅される．

3. 消費者の需要が低迷しているときには，過剰な生産設備を抱えている企業は予想される将来の販売量に対して現在の設備で十分だと考えるため，意図した投資支出を削減しようとする．同様に消費者の需要が低迷して企業が意図しない在庫投資を大量に抱えている場合には，予想される将来の販売量に対して現在の在庫で十分だと考えるため，産出量を削減しようとする．こうして過剰在庫があるために産出量が低下するため，経済活動が不活発になる．

理解度チェック 11−3

1. 意図した投資支出が停滞するとき，予期せぬ在庫の増加によって実質GDPが低下する．実質GDPの低下は家計の可処分所得の低下を意味し，家計は消費支出を削減しようとする．消費支出の減少によって生産者はさらに生産量を減少させ，可処分所得がさらに低下して再び消費支出が削減される．したがって停滞の原因は投資支出にあるのだが，それによって消費支出も低下する．

2. a. 意図した総支出の自律的な低下が起こると，実質GDPのほうが意図した総支出よりも大きくなり，経済はもはや均衡の状態ではなくなる．図のパネル(a)では，意図した総支出の自律的な低下を，総支出曲線のAE_1からAE_2へのシフトとして表現している．このシフトによって予期せぬ在庫の増加が生じ，意図しない在庫投資が正になる．企業は生産を縮小しようとし，経済は最終的に新たな均衡へ向かう．図では，当初の所得・支出均衡E_1から新たな所得・支出均衡E_2への移動として示される．経済が新たな均衡に移動するにつれて，実質GDPは当初の所得・支出均衡の水準Y_1^*からY_2^*へと低下する．パネル(b)に示されているように，一定の物価水準P^*の下で総産出量はY_1^*からY_2^*へ低下し，よって総需要曲線はAD_1からAD_2へ左にシフトする．

パネル(a)

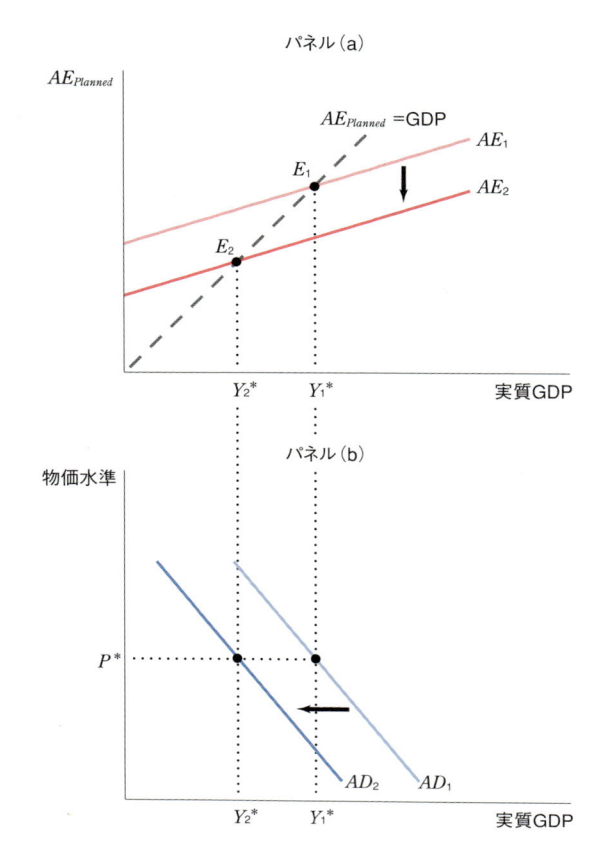

[図: AE_Planned を縦軸、実質GDPを横軸とし、AE_Planned = GDP の45度線、AE_1 から AE_2 へのシフト、均衡点 E_1 (Y_1^*) から E_2 (Y_2^*) への移動]

パネル(b)

[図: 物価水準を縦軸、実質GDPを横軸とし、AD_1 から AD_2 へのシフト、Y_1^* から Y_2^* への移動、P^* 水準]

b. 式11-12から，所得・支出均衡GDPの変化分は $\Delta Y^* =$ 乗数 $\times \Delta AAE_{Planned}$ によって与えられる．ここでは乗数 $= 1/(1-0.5) = 1/0.5 = 2$ だ．したがって意図した総支出の自律的な低下が3億ドルのとき，所得・支出均衡GDPの低下分は 2×3 億ドル $= 6$ 億ドルになる．新たな Y^* は5000億ドル $- 6$ 億ドル $= 4994$ 億ドルとなる．

第12章

理解度チェック 12-1

1. a. 財・サービスの政府購入が減少するので，これは緊縮的財政政策だ．

b. 政府移転支出が増加し可処分所得が増えるので，これは拡張的財政政策だ．

c. 税が重くなり可処分所得が減るので，これは緊縮的財政政策だ．

2. 早急に支払われる政府の特別災害支援が立法措置を必要とする支援より効果的なのは，災害の発生から犠牲者が支援を受け取るまでのタイムラグがとても小さいからだ．よってそのような支援は，災害後の経済を安定化させる．立法措置を必要とする支援は，それとは対照的に，タイムラグを伴いがちになるので，経済の潜在的な不安定要因となりうる．

理解度チェック 12-2

1. 財・サービスの政府購入の5億ドルの増加は，総支出を直接5億ドル増加させる．これにより乗数プロセスが始まる．つまり5億ドル $\times 1/(1-MPC)$ だけ実質GDPを増加させるのだ．政府移転支出の5億ドルの増加も総支出を増やすが，その増加分は，消費支出が増える分でしかない．可処分所得が1ドル増えると消費支出は MPC ドルだけ増えるが，MPC は1より小さい．よって政府移転支出の5億ドルの増加は，総需要曲線を上にシフトさせるが，そのシフト幅は，$MPC \times 5$ 億ドルとなる．これは実質GDPを5億ドル $\times MPC/(1-MPC)$ しか増加させない．

2. これは問題1を逆にしたものだ．財・サービスの政府購入が5億ドル減少したときの総支出の当初の減少分は，それに等しい5億ドルだ．政府移転支出が5億ドル減少したときの総支出の当初の減少分は，$MPC \times 5$ 億ドルでしかない．

理解度チェック 12-3

1. あなたのワークスタディからの収入が少ないときには，あなたの両親は援助によってあなたの可処分所得の変化を和らげてくれている．あなたの可処分所得（と，同じことがあなたの消費支出）は，両親の援助がないときほどには落ち込まないからだ．一方であなたのワークスタディからの収入が多いときには，学費の支払いへの貢献はあなたの可処分所得の伸びを抑える．あなたの可処分所得（つまりあなたの消費支出）は，この取決めがないときほどには大きくならないからだ．つまりこの取決めは，あなたの可処分所得の変動幅を小さくしてくれている．よって，財政の自動安定化装置と同様の役割を果たしていると言える．

2. 不況のとき，実質GDPは下落する．つまり消費者の所得，消費支出，生産者の利潤が低下するということだ．だから不況のときは州の税収（これは消費者の所得，消費支出，生産者の利潤に大きく依存している）が減少する．州財政を均衡させるためには，州政府は支出を抑えるか，増税を実施する必要がある．けれども，それは不況を深刻化させるということだ．一方で財政収支の均衡を要求されていない州では，州政府は不況期の実質GDPの減少を抑えるために拡張的財政政策を用いることができる．好況期も同様だ．もっともこの場合は拡張的財政政策ではなく，緊縮的財政政策を用いるということになる．実質GDPが上昇するにつれて，政府の収入は増加する．州財政を均衡させるためには，州政府は支出を増やすか，減税を実施する必要がある．それは実質GDPをさらに上昇させ，景気の過熱を導くことになる．財政収支の均衡を要求されていない州では，州政府は好況期の実質GDPの上昇を抑えるために緊縮的財政政策を用いることができる．

理解度チェック 12-4

1. a. 実質GDP成長率が高いということは，税収が増えるということだ．財政支出が一定の水準に保たれていて財政が黒字だとすれば，公的債務はGDP成長率が低い場合よりも小さくなる．

b. 退職世代がより長く生きるようになれば，人口の平均年齢が上昇する．結果として，隠れた債務が大きくなる．社会保障やメディケアのような高齢者向けプログラムに対する支出が増大するからだ．

c. 税収の減少は，それに見合う支出の削減がなかったとすれば，公的債務を大きくする．

d. これは公的債務を大きくする．

2. 短期的に経済を刺激するために，政府は財政政策を使って実質GDPを増加させることができる．これは借入を伴うので，公的債務を増加させ，好ましからざる結果を招くかもしれない．極端な場合には，政府はデフォルト（債務不履行）の実行を強いられるかもしれないのだ．それほど極端ではないにせよ，巨額の政府借入は民間の投資支出を賄う借入を「クラウド・アウト」してしまうという点で，やはり好ましいものではない．巨額の政府借入は，投資支出を減少させ，経済が長期にわたり成長するための潜在力を奪ってしまう．

第13章

理解度チェック 13-1

1. 貨幣が持つ際立った特徴はその流動性，つまり容易に財・サービスの購入ができるということにある．商品券は非常に限定された財・サービス（商品券を発行している店にある財・サービス）なら容易に購入できるが，それ以外のものを購入することはできない．すべての財・サービスの購入に使えるわけではないので，商品券は貨幣ではない．

2. 繰り返すが，貨幣の特徴は流動性にある．容易に財・サービスを購入できるということだ．貨幣供給量の定義の中で最も限定的で狭いのがM1だ．M1の内訳は，流通現金とトラベラーズチェックと当座預金だけだ．CDは小切手を発行できないし，小切手を発行できる口座に替えるには費用がかかる．満期前の引出しには違約金が課されるからだ．よってCDはM1に分類される資産よりも流動性が小さいので，M1には含まれない．

理解度チェック 13-2

1. あなたはうわさが真実ではないことをわかっているが，一方で他の預金者たちが銀行から現金を引き出してしまうことを心配している．そしてあなたは，他の預金者のうち，相当数の人々が預金を引き出すと，この銀行がつぶれてしまうこともわかっている．この場合，銀行がつぶれる前に預金を引き出しに行くのは，あなたにとって合理的なことだ．預金者全員がこのように考えるので，うわさが真実ではなかったとしても，預金者たちは合理的に預金引出しをし，銀行倒産を引き起こしてしまう．預金保険は，銀行が倒産するかもしれないという預金者の心配を取り除くことになる．銀行が倒産したとしても，FDIC（連邦預金保険公社）が預金者に対して，1口座につき10万ドルまでの預金を保証してくれるからだ．これがあれば，うわさがたっても預金引出しに走る必要性が少なくなる．他の預金者たちもそう考えるので，銀行取り付けは起きなくなる．

2. この詐欺師の計画の実現を妨げているものは，自己資本規制と支払準備制度だ．自己資本規制とは，銀行が保有する資産（貸出と銀行準備金の合計）から負債（預金）を差し引いた自己資本を一定水準以上に保つ必要があるという決まりだ．銀行は一定以上の自己資本を保有しなくてはいけないので，つまり銀行は預かった預金以上の資産を保有しなくてはいけないので，詐欺師は自分の富を投入せずに銀行を開設することはできない．もし貸出金が戻ってこない場合には，この詐欺師は自分の富を失うリスクにさらされる．

理解度チェック 13-3

1. 銀行が保有すべき銀行準備金が200ドルでなく，100ドルだけでよくなったので，銀行は差額の100ドルを貸出に回す．この100ドルを借りた人はそれを銀行に預けるので，そのうちの100ドル×$(1-rr)$＝100ドル×0.9＝90ドルがまた貸し出される．この90ドルを借りた人がまた銀行に預金し，90ドル×0.9＝81ドルが貸し出される．これが繰り返され，最終的に預金は100ドル／0.1＝1000ドル増えることになる．

2. サイラスは銀行に1000ドルを預け，銀行は1000ドル×$(1-rr)$＝1000ドル×0.9＝900ドルを貸し出す．この900ドルを借りた人は450ドルを手元に残して450ドルを銀行に預金する．これを預かった銀行は450ドル×0.9＝405ドルを貸し出す．この405ドルを借りた人は202.5ドルを手元に残して202.5ドルを銀行に預金する．これを預かった銀行は202.5ドル×0.9＝182.25ドルを貸し出す．この繰返しの結果，預金の増大額は1000ドル＋450ドル＋202.5ドル＋…となる．サイラスが銀行に預けた1000ドル分，流通現金は減少するが，その一部は各借り手の現金保有によって相殺される．つまり流通現金の変化額は－1000ドル＋450ドル＋202.5ドル＋…となる．貨幣供給量は，預金の増加分と流通現金の変化分の合計なので，1000ドル－1000ドル＋450ドル＋450ドル＋202.5ドル＋202.5ドル＋…となる．

理解度チェック 13-4

1. FRBが1億ドルの公開市場買い操作（買いオペ）を行うと，銀行がFRBに持つ口座にその資金が振り込まれ，銀行準備金が1億ドル増える．つまり，この買いオペはマネタリーベース（流通現金と銀行準備金の合計）を1億ドル増やす．銀行はこの1億ドルを貸し出しに回す．借り手はその借入を再

び銀行部門に預金する．銀行は預かった預金のうち，1億ドル×（1－rr）＝1億ドル×0.9＝9000万ドルをまた貸し出す．その資金の借り手は再びそれを銀行に預金する．そして銀行は9000万ドル×0.9＝8100万ドルを貸し出す．この繰り返しの結果，銀行預金の増加量は1億ドル＋9000万ドル＋8100万ドル＋…＝1億ドル/rr＝1億ドル/0.1＝10億ドルになる．単純化されたこの例では銀行が貸し出した資金がすべて預金として銀行部門に戻ってくるので，銀行預金の増加分と貨幣供給量の増加分が同じになる．つまり，貨幣供給量は10億ドル増える．これはマネタリーベースの増加分の10倍も増えていることになる．単純化されたこのモデルでは，貨幣供給量の内訳は銀行預金だけで，銀行部門は余分な銀行準備金を保有しておらず，貨幣乗数は1/rr＝10だ．

第14章

理解度チェック 14-1

1. a. 高い利子率は貨幣保有の機会費用を上げるので，名目貨幣需要量と実質貨幣需要量を減少させる．これは（名目および実質）貨幣需要曲線に沿った動きだ．

b. すべての価格が10％下落すると，他の条件が一定なら，どの利子率の水準でも名目貨幣需要量がちょうど10％減少し，名目貨幣需要曲線が左にシフトする．実質貨幣需要量は変化しないので，実質貨幣需要曲線はシフトしない．

c. この技術的変化は，ごく近い将来にそうなると広く予想されているものだが，貨幣なしで多くの買い物を済ませるようになり，どの利子率の水準でも名目貨幣需要量と実質貨幣需要量を減らすかもしれない．つまり名目貨幣需要曲線と実質貨幣需要曲線を左にシフトさせるだろう．

d. 給料の現金支払いは，企業に対してより多くの貨幣を保有することを要求する．よってどの利子率の水準でも名目貨幣需要量と実質貨幣需要量が増加する．つまり名目貨幣需要曲線と実質貨幣需要曲線を右方へシフトさせるだろう．

理解度チェック 14-2

1. 右の図では，貨幣需要の増加は貨幣需要曲線のMD_1からMD_2への右シフトとして示されている．これにより，均衡利子率はr_1からr_2へと上昇する．

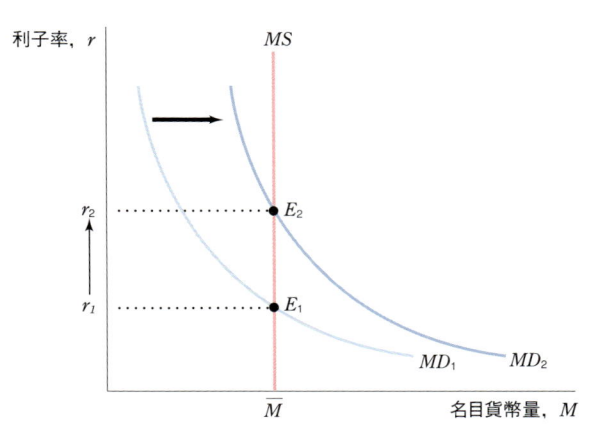

2. 利子率の上昇を抑えるために，FRBは短期米国債の公開市場買い操作（買いオペ）を行い，貨幣供給曲線を右にシフトさせなければならない．このことは下の図で，MS_1からMS_2への動きとして示されている．

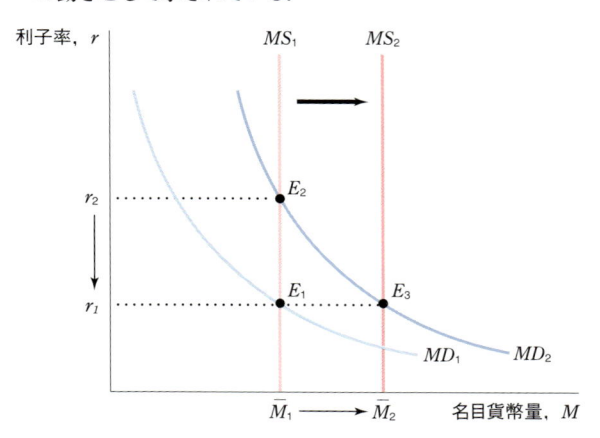

理解度チェック 14-3

1. a. 貨幣供給曲線は右にシフトする．

b. 均衡利子率は低下する．

c. 利子率の低下により投資支出は増加する．

d. 乗数プロセスにより消費支出は増加する．

e. 総需要曲線の右シフトにより総産出量は増加する．

f. 経済が短期総供給曲線に沿って上に動くので，物価水準は上昇する．

g. 可処分所得が増加するので貯蓄も増加する．可処分所得の増加の一部は貯蓄に回る．

h. 貯蓄が上昇するので，貸付資金の供給曲線は右にシフトする．

理解度チェック 14-4

1. a. 総産出量は短期的に増加し，その後長期的には減少して潜在産出量に戻る．

b. 物価水準は短期的に上昇するが，上昇率は25％以下だ．

だが長期的にはさらに上昇して，最終的に25％増加する．

c. 実質貨幣量は短期的に上昇するが，物価水準も上昇するので上昇率は25％以下だ．長期的には実質貨幣量は当初の水準に戻る．

d. 利子率は短期的に低下し，その後長期的には当初の水準に戻る．

第15章

理解度チェック 15-1

1. a. 摩擦的失業は労働者が職探しに時間をかけていることから生じる失業だ．それが避けられないのは，いろいろな理由から労働者が別の職を求めて今の職を辞めるからだ．また，新しく労働力の中に入ってきて初めて仕事を探す人たちが常に存在するということもある．摩擦的失業には，職探しの途上にあるこうした人たちが含まれている．

b. 失業率が低いときに摩擦的失業が失業全体のより大きな部分を占めるのは，他の原因による失業，特に循環的失業が減少するからだ．そのために，摩擦的失業が失業全体に占める割合が高まるのだ．

2. 拘束的な最低賃金は，賃金がそれより下には下がらないという意味の下限価格を表している．その結果，実際の賃金は均衡に向かって動くことができなくなる．だから最低賃金によって労働供給量は労働需要量を上回るようになるのだ．この労働の供給過剰は労働者の失業を反映したものなので，失業率に影響を与える．団体交渉も同じような効果を持っている．つまり労働組合は，賃金を均衡水準より高く引き上げることができるのだ．これは最低賃金と同じように働き，職探しをする人数のほうが企業が雇おうとする人数よりも多くなる．以下の図に示すように，団体交渉はそれがなかった場合よりも失業率を高くする．

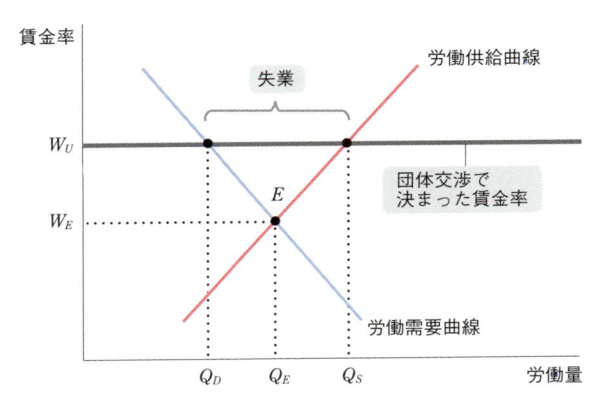

3. 失業給付金の引上げは，各個人にとっての失業の費用を引き下げるので，各人が新しい職を探すのにかける時間を長くする原因となる．そのため，自然失業率は高まるだろう．

理解度チェック 15-2

1. 産出量ギャップが正ということは，実際の産出量が潜在産出量を上回っているということだ．産出量と失業率の関係を所与とすると，自然失業率と現実の失業率との差が最大になるとき正の産出量ギャップも最大になるといえる．要するに，実際の失業率が自然失業率より低いときに，産出量ギャップは正になるのだ．これが起きているのは，1964年から1972年までと，1996年から2001年までだ．他にも短い期間だが，実際の失業率が自然失業率より低い時期が何回かあった（1970年代半ばと1980年代半ばから終りごろまで）．その関係は完全なものではないが，これらの期間は，実際の失業率と自然失業率を調べることで予測される期間とだいたい一致している．

2. そうした政策がとられるなら，産出量ギャップと失業率との関係はより強くなるだろう．一般に，産出量の増加があると，企業はまず労働者を働かせる時間を長くする．これが産出量の変化率と失業率の間に1対1の関係がない理由の1つだ．だがもし労働者を働かせる時間に限界があれば，企業が同じくらい自由に産出量を変えるには雇う労働者の人数を変えるほかはない．つまり労働時間を制限する政策の下では，企業が雇用増加によって産出量の増加に対応する可能性が高くなるだろう．この結果，一定の産出量増加に対応した失業率の低下は大きくなるだろう．

理解度チェック 15-3

1. マクロ経済の条件の変化に対応して労働契約を迅速に調整できるほど，経済が潜在的産出量を回復するのも速い．短期の契約では長期の契約より多くの再交渉が行なわれるため，需要が変化するときの均衡への調整は，短期契約の国（マラヴィア）のほうが速い．

2. 労働者が市場均衡賃金率の変化を誤認する可能性がある理由は，現在の均衡賃金率を知るために古い情報を使っているからだ．より一般的に言えば，労働者は労働市場のある特定領域で需要・供給条件が急速に変化するのを認知できない可能性がある．労働の需要や供給の変化に関する情報が広く知れ渡るまで，労働者は市場均衡賃金を誤認するかもしれない．もし市場均衡賃金が上昇しているのに労働者がこれを認知するのが遅れれば，短期での賃金上昇の程度は小さくなるだろう．労働者に支払われる実際の賃金に対する上昇圧力が小さいので，雇用はそれがなかった場合より大きくなると言える．したがって，失業率はそれがなかった場合より低くなると言える．

理解度チェック 15-4

1. 短期フィリップス曲線は，予想インフレ率（と自然失業率）を一定として，失業率とインフレ率の間にある負の関係を示したものだ．実際のインフレ率と予想インフレ率が等しい

ときのみ，経済はNAIRU（インフレ非加速的失業率）の水準にある．いま需要が増大したために，雇用が増えて失業率が低下し，経済の活動水準が高まったとしよう．産出量が潜在産出量を超えて上昇するので，実際のインフレ率が予想インフレ率を超えて上昇する．それに伴う失業率の低下は，循環的失業の減少を反映している．こうして私たちは予想インフレ率を超える実際のインフレ率の上昇と，循環的失業の減少を観察することができる．

2. インフレ率と失業率の間に長期的にはトレードオフ関係が存在しない理由は，いったんインフレ予想が調整されれば賃金も調整されて雇用と失業率がその均衡（自然）水準に戻るからだ．ということは，もしインフレ予想が実際のインフレの変化に対して完全に調整されるなら，失業率は自然失業率，すなわちNAIRUに戻るということだ．これは長期のフィリップス曲線が垂直だということでもある．

第16章

理解度チェック 16-1

1. 高インフレが続いた経済では，インフレは貨幣供給量の変化に素早く反応する傾向がある．高インフレの期間が続くと，労働者と企業は物価が上昇したときの賃金や中間財価格の上昇に敏感になるからだ．結果として，貨幣供給量が増加しても実質的な産出量は短期的にもわずかしか増えないか，もしくは変化せず，貨幣供給量の増加は単にそれと同率の物価の上昇をもたらすだけということになる．一方，過去のインフレ率が低く，人々が高率のインフレに対してそれほど敏感でない経済では，貨幣供給量の増加は短期的に実質産出量の増加をもたらす可能性がある．以上のことは，物価水準の古典派モデルは高率のインフレを持続的に経験している経済には最もよく当てはまるが，現在インフレ率が高くとも歴史的には高率のインフレを経験していないという国には当てはまらないということを示している．

2. 存在しうる．インフレ税は，貨幣を保有する人々に課される税だからだ．物価スライド制があるかないかにかかわらず，人々が貨幣を保有するかぎり，政府はシニョレッジ（貨幣発行利益）を使って人々から実質的な資源を巻き上げることができるのだ．

理解度チェック 16-2

1. a. 名目利子率が8％で実際のインフレ率が3％ということは，この貸付に対する実質利子率は8％－3％＝5％だ．だが借り手と貸し手はともに，実質利子率を8％－5％＝3％と想定していた．これは実際の実質利子率である5％よりも低いので，この予想されないインフレによって貸し手は利益を得，借り手は損失をこうむることになる．

b. 名目利子率が6％で実際のインフレ率が7％ということは，この貸付に対する実質利子率は6％－7％＝－1％だ．だが借り手と貸し手はともに，実質利子率を6％－4％＝2％と想定していた．これは実際の実質利子率である－1％よりも高いので，この予想されないインフレによって借り手は利益を得，貸し手は損失をこうむることになる．

2. インフレの靴底コストは低くなる．各個人にとって，自分の貨幣保有を効率的に運営するための資産管理を容易に行えるようになったからだ．非貨幣資産を貨幣に換えるのにかかる費用の低下は，靴底コストの低下につながる．

理解度チェック 16-3

1. 2つの説明がありうる．1つは，（例えば石油価格の上昇などの）負の供給ショックが失業の増加とインフレの上昇を引き起こしたというもの．もう1つは，イギリスの政策担当者が失業率を自然失業率を下回る水準に維持しようとしたというものだ．失業率を自然失業率を下回る水準に維持しようとする試みはどれも，インフレの上昇という結果に終わるだろう．

2. ディスインフレが経済に費用をもたらすのは，インフレ率を下げようとすると例によって短期の総産出量が潜在産出量を下回ることになるからだ．これは一方で，失業率が自然失業率を上回るという結果をもたらす．一般的には，実質GDPの減少が見られる．ディスインフレの費用は，まずそもそもインフレを上昇させないことで削減できる．次に，中央銀行が信頼に足る存在であり，その中央銀行がインフレ率を下げる政策をとることを事前に明言するなら，その費用を削減しうる．このときディスインフレ政策への対応が迅速に行われ，総産出量のより小さい喪失ですむ可能性がある．

理解度チェック 16-4

1. 名目利子率が負のとき，各個人にとって良いのは単にお金を保有することだ．そうすることで0％の名目利子率を得られる．お金を貸して負の名目利子率を受け取るか，お金を保有して0％の名目利子率を受け取るか，という選択に直面したなら，各個人は後者を選ぶだろう．流動性の罠はこのようなシナリオで発生する．流動性の罠とは，名目利子率は0％より低い値をとれないために金融政策が効力を失うような状況だ．いったん名目利子率が0％になってしまうと，どんなにマネタリーベースを増やしても，銀行や企業や個人が保有するお金がただ増えるだけという結果に終わってしまう．

第17章

理解度チェック 17-1

1. a. 485ページの図は，FRBが2001年の景気後退を受けて貨幣供給量を増やす強力な政策をとったことを示している．このデータは，引用文のうち「金融政策を積極的に使えば」という最初の部分が正しいことを示している．だが，これが

実際に「景気の底上げ」になったかどうかは別問題だ．図のデータを見ただけではこの問題に答えることはできない．引用文の後半部分を検証するには，FRBが積極的な金融政策をとらなかったときに2001年の不況の規模と深刻さがどうなっていたかを問わなければならない．

　b．古典派経済学者の答えは，貨幣供給量の大幅な拡大は短期的には総産出量には何の影響も持たず，物価水準を比例的に上昇させるだけだ，というものだろう．

理解度チェック　17−2

1．ケインズ政策と言える部分もある．減税は税引き後の所得を高めるので，ケインズ的な観点に立てば経済活動を活性化するからだ．ケインズ派の人たちは通常次のような主張をするだろう．減税は可処分所得を増やし家計の消費支出を増やす．消費支出が増えれば，総需要が増えるので，総供給曲線が右上がりなら，総産出量が増える．だが「大統領経済報告」の後半部分は，ケインズ派の論理に基づくものではない．そこには減税が労働，貯蓄，そして投資のインセンティブを強めることで経済活動が活発化すると述べられているが，このくだりはケインズ派の考えとは関係がなさそうだ．

理解度チェック　17−3

1．マネタリストは，中央銀行が貨幣供給量を一定率で成長させるような政策をとるべきだと主張している．もしFRBがこの期間にマネタリスト的な政策をとっていたら，M1は一定率で増加していたはずだ．だから図に見られるようなM1の減少や，2001年に生じたM1の急速な上昇もなかったはずだ．

2．問題1と同じく，もしマネタリスト的な政策がとられていたなら，M1の成長率は一定に保たれていただろう．1960年からおよそ1981年までの間，M1の流通速度はゆるやかに増加している．1981年以降，M1の流通速度はいくつものショックによって乱高下を経験した．他の条件を一定として，貨幣供給量の成長率が一定水準に維持されていたとすれば，こうしたM1の流通速度の変化は総需要の変動を誘発しただろう．このような状況の下では，マネタリストの政策は貨幣の流通速度の変化を通じて経済活動の変動をもたらしていたはずだ．

理解度チェック　17−4

1．a．合理的期待論者は，貨幣供給量の変化が経済活動に対して短期的な効果を与えるのは，それが予想されなかったときだけだと言う．彼らはまた，貨幣供給量の予想された変化は物価水準に影響するだけで総産出量への短期的効果はまったくないとも主張する．だから，合理的期待論者が，2001年の景気後退を押さえ込むことができたとしてFRBを賞賛することがあるとしたら，それはこの期間中にFRBが人々の予想を超える積極的な貨幣政策を遂行したと認める場合だけだろう．

　b．リアル・ビジネス・サイクルの理論家たちは，FRBの政策は2001年の景気後退を終わらせる効果はなかったと言うだろう．総産出量の変動は何よりも全要素生産性の変化によって生じると信じているからだ．

理解度チェック　17−5

1．もし2001年初頭のインフレ率が実際よりずっと低かったら，名目利子率も低かっただろう．このような状況でインフレ率が0％に近く，利子率もすでに同様に低かったとしたら，経済は流動性の罠にはまっていただろう．このような場合，FRBがさらに利子率を下げることは難しい．つまり総需要を増やして景気後退の衝撃を和らげることはあまりできなかっただろう．

2．株価の大幅な下落はマクロ経済に少なくとも2つの悪影響を及ぼしていたと信じる理由がある．第1に，株価の下落は個人資産の減少を通じて消費支出の減少，したがって総需要の減少をもたらした．第2に，株価の下落は消費者の信頼感を傷つけることでやはり消費支出の減少，総需要の減少につながった可能性がある．いずれにせよ，株価下落が引き起こした総需要の減少の結果，FRBは景気後退の程度を弱めその期間を縮めるために，さらなる拡張的な金融政策を実施することを余儀なくされていただろう．

第18章

理解度チェック　18−1

1．a．比較優位のパターンを決定するには，財の機会費用を2つの国の間で比較する必要がある．自転車で測ったトウモロコシ1トンの機会費用を考えよう．中国では，自転車1台の機会費用は0.01トンのトウモロコシだ．だからトウモロコシ1トンの機会費用は1/0.01＝100台の自転車ということになる．アメリカはトウモロコシに比較優位を持つ．というのは，アメリカでは自転車で測ったトウモロコシの機会費用は50台で，中国のそれよりも小さいからだ．同様に，アメリカではトウモロコシで測った自転車1台の機会費用は1/50＝0.02トンだ．これは，中国の機会費用0.01トンより大きい．だから中国は自転車に比較優位を持つ．

　b．アメリカはトウモロコシを生産しない場合に自転車を20万台生産できるとすれば，自転車を生産しない場合に20万台×0.02トンのトウモロコシ/1台の自転車＝4000トンのトウモロコシを生産できる．同様に，中国は自転車を生産しない場合にトウモロコシを3000トン生産できるとすれば，トウモロコシを生産しない場合に3000トンのトウモロコシ×100台の自転車/1トンのトウモロコシ＝30万台の自転車を生産できる．図で示されているように，これらの値がアメリカと中国の生産可能性フロンティアの縦軸と横軸の切片を決定する．

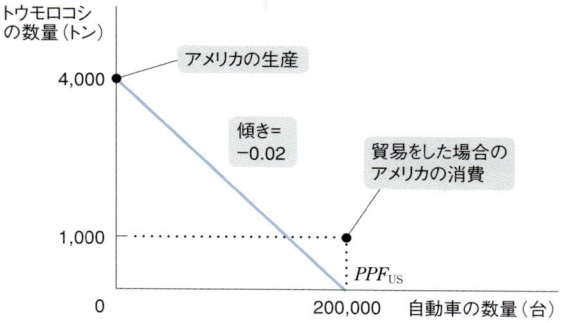

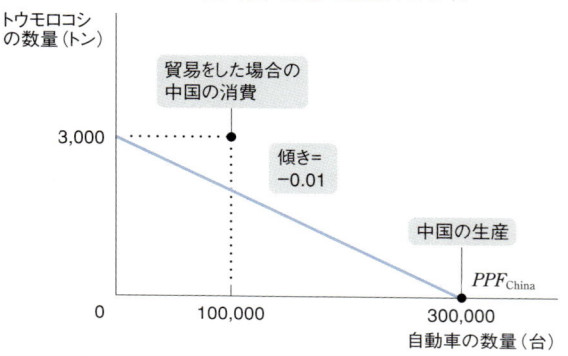

596 | 理解度チェックの解答

(a) アメリカの生産可能性フロンティア

トウモロコシの数量（トン）
- 4,000: アメリカの生産
- 傾き＝ −0.02
- 1,000: 貿易をした場合のアメリカの消費
- PPF_{US}
- 200,000 自動車の数量（台）

(b) 中国の生産可能性フロンティア

トウモロコシの数量（トン）
- 3,000: 貿易をした場合の中国の消費
- 傾き＝ −0.01
- 100,000
- 中国の生産
- PPF_{China}
- 300,000 自動車の数量（台）

c. 図には2つの国の生産点と消費点が示されている．2つの財の消費の組合せは生産可能性フロンティアの外側にあるので，自給自足状態のときには達成されなかったものだ．したがって各国は明らかに，国際貿易からの利益を享受している．

2. a. ヘクシャー＝オリーン・モデルによれば，この貿易パターンが起こるのは，映画制作に適した人的・物的資本などの生産要素をアメリカが相対的に多く保有し，フランスはぶどう園やワイン醸造のための人的資本など，ワイン製造に適した生産要素を相対的に多く保有するからだ．

b. ヘクシャー＝オリーン・モデルによれば，この貿易パターンが起こるのは，機械製造に適した人的・物的資本などの生産要素をアメリカが相対的に多く保有し，ブラジルは労働や革など，靴製造に適した生産要素を相対的に多く保有するからだ．

理解度チェック 18−2

1. 図にはアメリカの自給自足時のぶどう価格が P_A で，また国際貿易の下でのぶどうの世界価格が P_W で示されている．貿易が生じると，アメリカの消費者は P_W の値段で C_T のぶどうを消費する．アメリカのぶどう生産者は Q_T で生産するので，アメリカは消費と生産の差である $C_T − Q_T$ のぶどうを輸入する．トラック運転手のストライキにより輸入が中断した結果，アメリカの消費者が支払う値段は自給自足価格 P_A まで上昇し，消費は自給自足時と同じ Q_A まで落ち込むことになる．

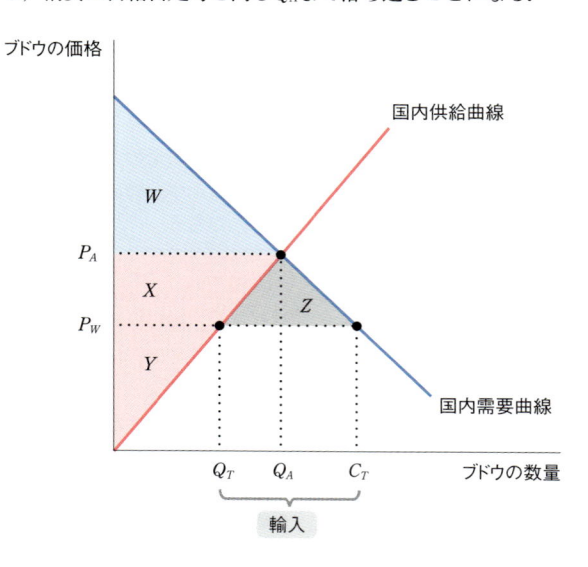

ブドウの価格
- 国内供給曲線
- W
- P_A
- X ， Z
- P_W
- Y
- 国内需要曲線
- Q_T ， Q_A ， C_T ブドウの数量
- 輸入

a. ストライキの前，アメリカの消費者は $W+X+Z$ の領域の消費者余剰を得ているが，ストライキ後，彼らの消費者余剰は領域 W まで縮小する．領域 $X+Z$ で示される消費者余剰を失うことで，アメリカの消費者は損失をこうむる．

b. ストライキの前，アメリカの生産者は Y の領域の生産者余剰を得ているが，ストライキ後，彼らの生産者余剰は領域 $Y+X$ まで拡大する．領域 X で示される生産者余剰を獲得することで，アメリカの生産者は利益を得る．

c. ストライキによってアメリカの総余剰は領域 Z で示される量だけ低下する．それは生産者ではなく，消費者がこうむる余剰の損失だ．

2. メキシコのぶどう生産者は $C_T − Q_T$ 分の売上げを失うので損失をこうむる．メキシコのぶどう摘み労働者は売上げが減少しなければ得られたはずの賃金を失うので損失をこうむる．ストライキによってメキシコ産ぶどうへの需要が減少した結果ぶどうの値段が低下するので，メキシコの消費者は利益を得る．アメリカのブドウの売上げが $Q_A − Q_T$ だけ増加することで賃金が上昇するので，アメリカのぶどう摘み労働者も利益を得る．

理解度チェック 18−3

1. a. 関税が0.5ドルなら，1ポンドの輸入バターに国内消費者が支払う価格は0.5ドル＋0.5ドル＝1ドルとなる．これは国内産バター1ポンドと同じ価格だ．このとき国内産バターと比べて輸入バターの価格優位性がなくなるので，輸入はゼロとなる．国内生産者だけが国内消費者に販売することになり，総販売量は図の Q_A だ．だが関税が0.5ドルより小さければ——例えば0.25ドルにすぎないのであれば，1ポンドの輸入バターに国内消費者が支払う価格は0.5ドル＋0.25ドル＝0.75ドルとなる．これは国内産バター1ポンドよりも0.25ド

ル安い．0.25ドルの関税が課されたとき，アメリカのバター生産者は$Q_2 - Q_1$だけ販売数量を増やすことができる．だが，これは0.5ドルの関税の下で増大した販売数量$Q_A - Q_1$よりも小さい．

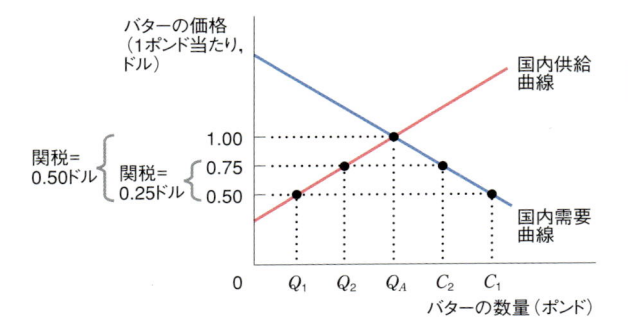

b． 少なくとも0.5ドルの関税が課される限り，それ以上関税を引き上げても何の影響もない．0.5ドルの関税ですべての輸入は実際に阻止されているからだ．

2． 関税が0.5ドルのとき，すべての輸入が阻止されている．だからこれに等しいのは，割当て数量が0の輸入割当てだ．

理解度チェック　18-4

1． 砂糖や衣類を購入する消費者の数に比べて，鉄鋼製品を中間投入財として利用する企業の数は少ない．したがって，そのような企業が関税反対のロビー活動を実行するために互いの意見を調整しあうことは，消費者の場合に比べるととても簡単だ．さらに各企業は，鉄鋼製品に対する関税が利潤を大きく減少させることを認識している．だが個々の消費者は，砂糖や衣類の関税のせいで損失をこうむっていることにあまり気づいていないか，または，ほとんど認識していない．

2． 品質面，健康面，環境面で輸入品が国内消費者の脅威となるという理由で，国は国内産業を頻繁に保護しようとする．WTOの役人は，品質，健康，環境規制が，外国生産者と同程度に厳しく国内生産者にも適用されているかを調査すべきだ．もし両者とも同じ厳しさで規制されているなら，その規制は合法的であり貿易保護ではないだろう．そうでない場合は，その規制は貿易保護の手段である可能性が高い．

第19章

理解度チェック　19-1

1. a． 航空機の中国への販売は中国への財の輸出だから，経常収支に影響する．

b． ボーイング社の株式を中国の投資家に販売することはアメリカ資産の販売だから，金融収支に記録される．

c． 中古であっても，航空機が中国向けに出荷される場合にはアメリカからの輸出となり，経常収支に影響する．

d． その航空機はアメリカ内にあるままで，中国の投資家がそれを購入したのだから，質問bへの答えと同じになる．つまり，このジェット機の販売は金融収支に入るのだ．

2． 外国の貯蓄余力が高く投資収益率が低い状態では，外国からアメリカへの資本流入の増加，つまりアメリカの金融収支の増加が起こるだろう．これはアメリカでの貸付資金の増加をもたらしアメリカの利子率の低下を引き起こすだろう．

理解度チェック　19-2

1. a． アメリカの個人や企業がメキシコからの石油の購入を増やすため，ペソに対する需要は増加する．ペソを手に入れるため，外国為替市場でドルの供給が増え，ドルの供給曲線は右にシフトする．その結果，ドルのペソ表示価格（1ドル当たりペソ）は下がるだろう．こうして，ペソは増価し，ドルは減価する．

b． ペソの増価とは，一定数量のペソを手に入れるのに必要なドルの数量が増加するということだ．メキシコの他の財・サービスの(ペソ表示の)物価水準が一定だと仮定すれば，アメリカの家計や企業にとってそれらの財・サービス価格は従来より高価になるだろう．つまり，ペソが増価するにつれて，メキシコの財・サービスのドル価格は上昇するのだ．だから石油以外の財・サービスのメキシコからの輸出は減少するだろう．

c． アメリカの財・サービスのペソ価格は下がるので，メキシコへの財・サービスの輸出は増加するだろう．

2. a． 実質為替レートは，

$$1\text{ドル当たりペソ} \times \frac{\text{アメリカの物価水準}}{\text{メキシコの物価水準}}$$

と定義される．両国の現在の物価水準をいずれも100だとすると，現在の実質為替レートは$10 \times (100/100) = 10$となる．5年後のアメリカの物価水準は$100 \times (120/100) = 120$で，メキシコの物価水準は$100 \times (1200/800) = 150$となる．名目為替レートが変化しないという仮定の下では，5年後の実質為替レートは$100 \times (120/150) = 8$となる．

b． 現在，100ドル相当の財・サービスのバスケットの価格は800ペソだ．だから，購買力平価は1ドル当たり8ペソだ．5年後には，120ドルのバスケットが1200ペソとなるので，購買力平価は10ペソとなっているだろう．

理解度チェック　19-3

1． 以下の図は，縦軸に人民元のドル表示価格を取って，人民元の需要曲線と供給曲線を示したものだ．人民元切上げ前の2005年には，為替レートは1ドル＝8.28元，あるいは同じことだが1元＝0.121ドルだった．0.121ドルという目標為替レートでは人民元の需要量は供給量を上回り，図に示したような供給不足が生じていた．中国政府が介入しなければ，人民元の1ドル当たり価格は上昇し，人民元の増価を引き起こしていただろう．実際には，中国政府は市場介入を行って人民元の増価を阻止した．

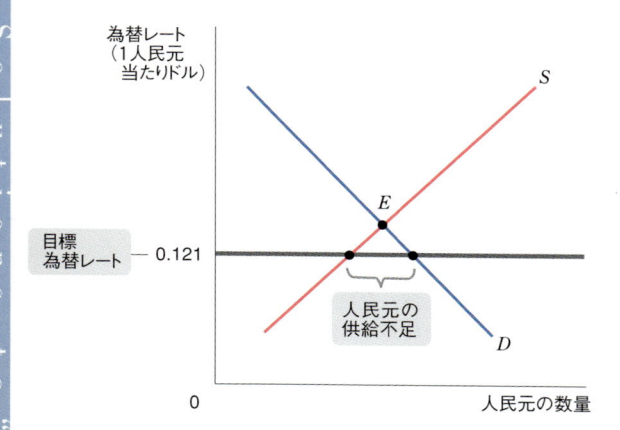

a. 為替レートが自由に変動できていたら，人民元のドル価格は均衡為替レート（図のXR^*）に向かって上昇していただろう．こうした上昇は，人民元が不足していて人民元の買い手がそのドル価格を引き上げるときに生じる．為替レートが増価していくと，人民元の需要量は減り供給量は増えるだろう．為替レートがXR^*の水準に至ると不均衡は完全に取り除かれるだろう．

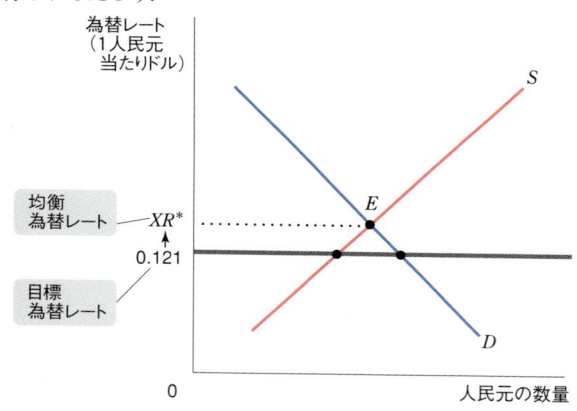

b. 中国に投資しようとする外国人に対する規制を設置すれば，人民元の需要は減り，需要曲線は次の図のD_1からD_2のようなところまでシフトするだろう．人民元の供給不足はこれによって軽減される．もし需要曲線がD_3までシフトしたなら，不均衡は完全に払拭される．

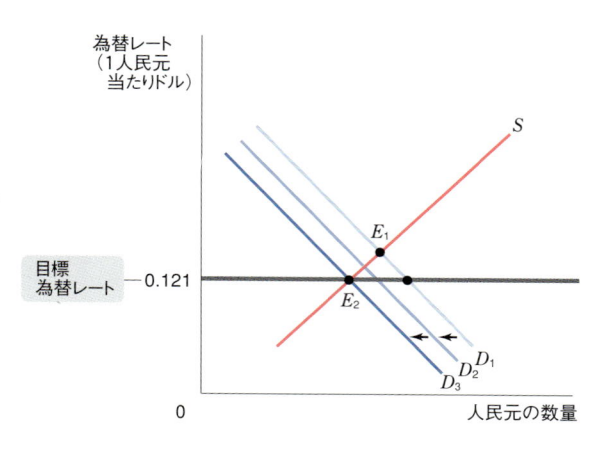

c. 外国に投資しようとする中国人に対する規制を撤廃すれば，人民元の供給は増え，下図のように供給曲線は右にシフトするだろう．人民元の供給不足はこうした供給の増加によっても軽減される．例えば供給曲線がS_1からS_2までシフトすれば，不均衡は完全に払拭される．

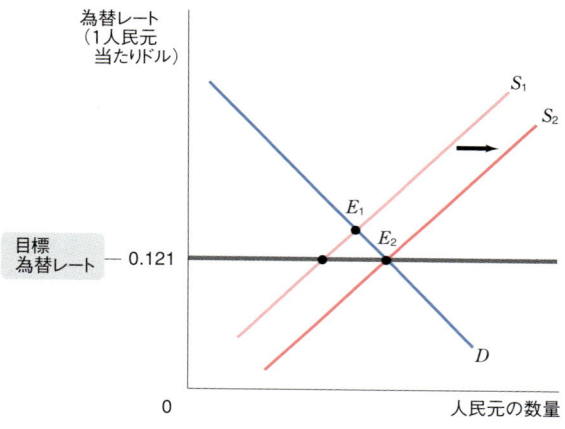

d. 中国からの輸出（すなわち外国人に売られる中国の財）に関税をかければ，価格が上がるので中国の財の販売額は減るだろう．これもまた人民元の需要を減らす要因だ．グラフによる分析は問題bで示した図とほぼ同様のものになる．

理解度チェック 19−4

1. フラン―マルク間の為替レートが急激に変化した時期，すなわち1974年，1976年，1980年代初頭，1986年，そして1993〜94年に切下げや切上げが行われたと見られる．

2. カナダの高金利はたぶんカナダへの資本流入の増加を誘発しただろう．（相対的に高い金利を生み出す）資産を手に入れるためには，投資家はまずカナダドルを確保しなければならない．こうしてカナダドルへの需要が増えたため，カナダドルが増価したと言える．カナダドルの騰貴はカナダの財の外国人への（外貨表示の）販売価格を引き上げる効果を持つ．高金利政策はこのようにしてカナダ企業の外国市場での競争力を弱めたと言えるだろう．

MACROECONOMIC DATA 1929〜2004

1929〜2004年のマクロ経済データ

以下はアメリカのマクロ経済データを示したものだ．
大恐慌と第2次世界大戦後の好況を示すために選んだ年のデータと，
最近の状況を示すための1970〜2004年の毎年のデータを掲載している．

注1：特に断りのないかぎり，単位は現在のドルで10億ドル．
注2：労働力人口と失業者数について，1947年までは14歳以上の労働者を含む．
　　 1948年以後は，16歳以上の労働者を含む．
出所：Bureau of Economic Analysis（経済分析局），Bureau of Labor Statistics
　　 （労働統計局），Federal Reserve Bank of St. Louis（セントルイス連銀）．

1929～2004年のマクロ経済データ[注1]

		1929	1933	1939	1945	1950	1955	1960	1965	1966
名目GDPとその構成要素										
1	＋消費支出（C）	77.4	45.9	67.2	120.0	192.2	258.8	331.7	443.8	480.9
2	＋投資支出（I）	16.5	1.7	9.3	10.8	54.1	69.0	78.9	118.2	131.3
3	＋財・サービスの政府購入（G）	9.4	8.7	14.8	93.0	46.8	86.5	111.6	151.5	171.8
4	＋輸出（X）	5.9	2.0	4.0	6.8	12.4	17.7	27.0	37.1	40.9
5	－輸入（IM）	5.6	1.9	3.1	7.5	11.6	17.2	22.8	31.5	37.1
6	＝国内総生産（GDP）	103.6	56.4	92.2	223.1	293.8	414.8	526.4	719.1	787.8
7	＋アメリカ人が海外で稼いだ所得	1.1	0.4	0.7	0.8	2.2	3.5	4.9	7.9	8.1
8	－外国人へ支払った所得	0.4	0.1	0.3	0.5	0.7	1.1	1.8	2.6	3.0
9	＝国民総生産（GNP）	104.4	56.7	92.5	223.4	295.2	417.2	529.5	724.4	792.9
10	国民所得	94.2	48.9	82.2	198.4	264.4	372.7	474.9	653.4	711.0
11	政府移転支出	1.2	1.7	2.5	5.6	14.0	15.7	25.7	36.2	39.6
12	税	1.7	0.8	1.5	19.4	18.9	32.9	46.1	57.7	66.4
13	可処分所得（YD）	83.4	46.1	71.4	152.2	210.1	283.3	365.4	498.1	537.5
14	民間貯蓄（$S_{private}$）	3.8	−0.7	3.2	31.1	15.1	19.7	26.7	43.0	44.4
実質GDPと成長の尺度										
15	実質GDP（2000年ドル表示で10億ドル）	865.2	635.5	950.7	1,786.3	1,777.3	2,212.8	2,501.8	3,191.1	3,399.1
16	実質GDP成長率（対前年比）	−	−1.3%	8.1%	−1.1%	8.7%	7.1%	2.5%	6.4%	6.5%
17	1人当たり実質GDP（2000年ドル表示）	7,099	5,056	7,256	12,766	11,717	13,389	13,840	16,420	17,290
18	1人当たり実質GDP成長率（対前年比）	−	−1.9%	7.2%	−2.2%	6.9%	5.3%	0.4%	5.1%	5.3%
物価とインフレーション										
19	消費者物価指数（CPI）（1982～84年＝100）	17.1	13.0	13.9	18.0	24.1	26.8	29.6	31.5	32.4
20	CPIインフレ率	−	−5.1%	−1.4%	2.3%	1.3%	−0.4%	1.7%	1.6%	2.9%
21	生産者物価指数（PPI）（全商品、1982年＝100）	16.4	11.4	13.3	18.2	27.3	29.3	31.7	32.3	33.3
22	PPIインフレ率	−	1.8%	−1.5%	1.7%	3.8%	0.0%	0.0%	2.2%	3.1%
23	GDPデフレーター（2000年＝100）	11.9	8.9	9.7	12.5	16.5	18.7	21.0	22.5	23.2
24	GDPデフレーターインフレ率	−	−2.6%	−1.2%	2.6%	0.8%	1.5%	1.4%	1.8%	2.8%
人口と雇用										
25	人口（1,000人）	121,878	125,690	131,028	139,928	151,684	165,275	180,760	194,347	196,599
26	労働力人口（1,000人）[注2]	49,180	51,590	55,230	53,860	62,208	65,023	69,628	74,455	75,770
27	失業者数（1,000人）[注2]	1,550	12,830	9,480	1,040	3,288	2,852	3,852	3,366	2,875
28	失業率	3.2%	24.9%	17.2%	1.9%	5.3%	4.4%	5.5%	4.5%	3.8%
政府財政と貨幣										
29	（連邦・州・地方政府の）財政収支	2.6	−0.5	−0.1	−27.4	6.8	9.2	11.5	9.9	10
30	財政収支の対GDP比	2.5%	−0.9%	−0.1%	−12.3%	2.3%	2.2%	2.2%	1.4%	1.3%
31	M1	−	−	−	−	−	−	140	163	171
32	M2	−	−	−	−	−	−	304	443	471
33	フェデラル・ファンド金利（年平均）	−	−	−	−	−	1.8%	3.2%	4.1%	5.1%
国際貿易										
34	経常収支	−	−	−	−	−	−	2.8	5.4	3.0

MACROECONOMIC DATA 1929~2004

1967	1968	1969	1970	1971	1972	1973	1974	1975	1976	1977	1978	1979	1980
507.8	558.0	605.2	648.5	701.9	770.6	852.4	933.4	1,034.4	1,151.9	1,278.6	1,428.5	1,592.2	1,757.1
128.6	141.2	156.4	152.4	178.2	207.6	244.5	249.4	230.2	292.0	361.3	438.0	492.9	479.3
192.7	209.4	221.5	233.8	246.5	263.5	281.7	317.9	357.7	383.0	414.1	453.6	500.8	566.2
43.5	47.9	51.9	59.7	63.0	70.8	95.3	126.7	138.7	149.5	159.4	186.9	230.1	280.8
39.9	46.6	50.5	55.8	62.3	74.2	91.2	127.5	122.7	151.1	182.4	212.3	252.7	293.8
832.6	910.0	984.6	1,038.5	1,127.1	1,238.3	1,382.7	1,500.0	1,638.3	1,825.3	2,030.9	2,294.7	2,563.3	2,789.5
8.7	10.1	11.8	12.8	14.0	16.3	23.5	29.8	28.0	32.4	37.2	46.3	68.3	79.1
3.3	4.0	5.7	6.4	6.4	7.7	10.9	14.3	15.0	15.5	16.9	24.7	36.4	44.9
838.0	916.1	990.7	1,044.9	1,134.7	1,246.8	1,395.3	1,515.5	1,651.3	1,842.1	2,051.2	2,316.3	2,595.3	283.7
751.9	823.2	889.7	930.9	1,008.1	1,111.2	1,247.4	1,342.1	1,445.9	1,611.8	1,798.9	2,027.4	2,249.1	2,439.3
48.0	56.1	62.3	74.7	88.1	97.9	112.6	133.3	170.0	184.0	194.2	209.6	235.3	279.5
73.0	87.0	104.5	103.1	101.7	123.6	132.4	151.0	147.6	172.3	197.5	229.4	268.7	298.8
575.3	625.0	674.0	735.7	801.8	869.1	978.3	1,071.6	1,187.4	1,302.5	1,435.7	1,608.3	1,793.5	2,009.0
54.4	52.8	52.5	69.5	80.6	77.2	102.7	113.6	125.6	122.3	125.3	142.5	159.1	201.4
3,484.6	3,652.7	3,765.4	3,771.9	3,898.6	4,105.0	4,341.5	4,319.6	4,311.2	4,540.9	4,750.5	5,015.0	5,173.4	5,161.7
2.5%	4.8%	3.1%	0.2%	3.4%	5.3%	5.8%	−0.5%	−0.2%	5.3%	4.6%	5.6%	3.2%	−0.2%
17,533	18,196	18,573	18,391	18,771	19,555	20,484	20,195	19,961	20,822	21,565	22,526	22,982	22,666
1.4%	3.8%	2.1%	−1.0%	2.1%	4.2%	4.8%	−1.4%	−1.2%	4.3%	3.6%	4.5%	2.0%	−1.4%
33.4	34.8	36.7	38.8	40.5	41.8	44.4	49.3	53.8	56.9	60.6	65.2	72.6	82.4
3.1%	4.2%	5.5%	5.7%	4.4%	3.2%	6.2%	11.0%	9.1%	5.8%	6.5%	7.6%	11.3%	13.5%
33.4	34.2	35.6	36.9	38.1	39.8	45	53.5	58.4	61.1	64.9	69.9	78.7	89.8
0.3%	2.4%	4.1%	3.7%	3.3%	4.5%	13.1%	18.9%	9.2%	4.6%	6.2%	7.7%	12.6%	14.1%
23.9	24.9	26.2	27.5	28.9	30.2	31.9	34.7	38.0	40.2	42.8	45.8	49.6	54.1
3.1%	4.3%	5.0%	5.3%	5.0%	4.3%	5.6%	9.0%	9.5%	5.8%	6.4%	7.0%	8.3%	9.1%
198,752	200,745	202,736	205,089	207,692	209,924	211,939	213,898	215,981	218,086	220,289	222,629	225,106	227,726
77,347	78,737	80,734	82,771	84,382	87,034	89,429	91,949	93,775	96,158	99,009	102,251	104,962	106,940
2,975	2,817	2,832	4,093	5,016	4,882	4,365	5,156	7,929	7,406	6,991	6,202	6,137	7,637
3.8%	3.6%	3.5%	4.9%	5.9%	5.6%	4.9%	5.6%	8.5%	7.7%	7.1%	6.1%	5.8%	7.1%
−2.4	5.2	16.7	−8.1	−21.9	−8.8	4.4	−4.4	−66.6	−44.4	−31	−7.8	1.7	−44.8
−0.3%	0.6%	1.7%	−0.8%	−1.9%	−0.7%	0.3%	−0.3%	−4.1%	−2.4%	−1.5%	−0.3%	0.1%	−1.6%
178	190	201	209	223	239	256	269	281	297	320	346	373	396
504	545	579	601	674	758	832	881	964	1,087	1,221	1,322	1,426	1,540
4.2%	5.7%	8.2%	7.2%	4.7%	4.4%	8.7%	10.5%	5.8%	5.0%	5.5%	7.9%	11.2%	13.4%
2.6	0.6	0.4	2.3	−1.4	−5.8	7.1	2.0	18.1	4.3	−14.3	−15.1	−0.3	2.3

1929～2004年のマクロ経済データ[注1]

		1981	1982	1983	1984	1985	1986	1987	1988	1989	1990
名目GDPとその構成要素											
1	＋消費支出（C）	1,941.1	2,077.3	2,290.6	2,503.3	2,720.3	2,899.7	3,100.2	3,353.6	3,598.5	3,839.9
2	＋投資支出（I）	572.4	517.2	564.3	735.6	736.2	746.5	785.0	821.6	874.9	861.0
3	＋財・サービスの政府購入（G）	627.5	680.5	733.5	797.0	879.0	949.3	999.5	1,039.0	1,099.1	1,180.2
4	＋輸出（X）	305.2	283.2	277.0	302.4	302.0	320.5	363.9	444.1	503.3	552.4
5	－輸入（IM）	317.8	303.2	328.6	405.1	417.2	453.3	509.1	554.5	591.5	630.3
6	＝国内総生産（GDP）	3,128.4	3,255.0	3,536.7	3,933.2	4,220.3	4,462.8	4,739.5	5,103.8	5,484.4	5,803.1
7	＋アメリカ人が海外で稼いだ所得	92.0	101.0	101.9	121.9	112.4	111.4	123.2	152.1	177.7	189.1
8	－外国人へ支払った所得	59.1	64.5	64.8	85.6	85.9	93.6	105.1	128.5	151.5	154.3
9	＝国民総生産（GNP）	3,161.4	3,291.5	3,573.8	3,969.5	4,246.8	4,480.6	4,757.4	5,127.4	5,510.6	5,837.9
10	国民所得	2,742.4	2,864.3	3,084.2	3,482.3	3,723.4	3,902.5	4,173.7	4,549.4	4,826.6	5,089.1
11	政府移転支出	318.4	354.8	383.7	400.1	424.9	451.0	467.6	496.6	543.4	595.2
12	税	345.2	354.1	352.3	377.4	417.4	437.3	489.1	505.0	566.1	592.8
13	可処分所得（YD）	2,246.1	2,421.2	2,608.4	2,912.0	3,109.5	3,285.1	3,458.3	3,748.7	4,021.7	4,285.8
14	民間貯蓄（$S_{private}$）	244.3	270.8	233.6	314.8	280.0	268.4	241.4	272.9	287.1	299.4
実質GDPと成長の尺度											
15	実質GDP（2000年ドル表示で10億ドル）	5,291.7	5,189.3	5,423.8	5,813.6	6,053.7	6,263.6	6,475.1	6,742.7	6,981.4	7,112.5
16	実質GDP成長率（対前年比）	2.5%	−1.9%	4.5%	7.2%	4.1%	3.5%	3.4%	4.1%	3.5%	1.9%
17	1人当たり実質GDP（2000年ドル表示）	23,007	22,346	23,146	24,593	25,382	26,024	26,664	27,514	28,221	28,429
18	1人当たり実質GDP成長率（対前年比）	1.5%	−2.9%	3.6%	6.3%	3.2%	2.5%	2.5%	3.2%	2.6%	0.7%
物価とインフレーション											
19	消費者物価指数（CPI）（1982～84年＝100）	90.9	96.5	99.6	103.9	107.6	109.6	113.6	118.3	124.0	130.7
20	CPIインフレ率	10.3%	6.2%	3.2%	4.3%	3.6%	1.9%	3.6%	4.1%	4.8%	5.4%
21	生産者物価指数（PPI）（全商品、1982年＝100）	98	100	101.3	103.7	103.2	100.2	102.8	106.9	112.2	116.3
22	PPIインフレ率	9.1%	2.0%	1.3%	2.4%	−0.5%	−2.9%	2.6%	4.0%	5.0%	3.7%
23	GDPデフレーター（2000年＝100）	59.1	62.7	65.2	67.7	69.7	71.3	73.2	75.7	78.6	81.6
24	GDPデフレーターインフレ率	9.4%	6.1%	3.9%	3.8%	3.0%	2.2%	2.7%	3.4%	3.8%	3.9%
人口と雇用											
25	人口（1,000人）	230,008	232,218	234,333	236,394	238,506	240,683	242,843	245,061	247,387	250,181
26	労働力人口（1,000人）[注2]	108,670	110,204	111,550	113,544	115,461	117,834	119,865	121,669	123,869	125,840
27	失業者数（1,000人）[注2]	8,273	10,678	10,717	8,539	8,312	8,237	7,425	6,701	6,528	7,047
28	失業率	7.6%	9.7%	9.6%	7.5%	7.2%	7.0%	6.2%	5.5%	5.3%	5.6%
政府財政と貨幣											
29	（連邦・州・地方政府の）財政収支	−45.7	−134.1	−168.1	−144.1	−152.6	−169.9	−132.6	−116.6	−109.3	−164.8
30	財政収支の対GDP比	−1.5%	−4.1%	−4.8%	−3.7%	−3.6%	−3.8%	−2.8%	−2.3%	−2.0%	−2.8%
31	M1	425	453	503	539	587	666	743	775	782	811
32	M2	1,680	1,833	2,058	2,222	2,420	2,616	2,787	2,937	3,060	3,228
33	フェデラル・ファンド金利（年平均）	16.4%	12.3%	9.1%	10.2%	8.1%	6.8%	6.7%	7.6%	9.2%	8.1%
国際貿易											
34	経常収支	5.0	−5.5	−38.7	−94.3	−118.2	−147.2	−160.7	−121.2	−99.5	−79.0

MACROECONOMIC DATA 1929~2004

1991	1992	1993	1994	1995	1996	1997	1998	1999	2000	2001	2002	2003	2004
3,986.1	4,235.3	4,477.9	4,743.3	4,975.8	5,256.8	5,547.4	5,879.5	6,282.5	6,739.4	7,055.0	7,376.1	7,760.9	8,229.9
802.9	864.8	953.4	1,097.1	1,144.0	1,240.3	1,389.8	1,509.1	1,625.7	1,735.5	1,614.3	1,579.2	1,665.8	1,927.3
1,234.4	1,271.0	1,291.2	1,325.5	1,369.2	1,416.0	1,468.7	1,518.3	1,620.8	1,721.6	1,825.6	1,956.2	2,075.5	2,183.9
596.8	635.3	655.8	720.9	812.2	868.6	955.3	955.9	991.2	1,096.3	1,032.8	1,005.0	1,046.2	1,175.5
624.3	668.6	720.9	814.5	903.6	964.8	1,056.9	1,115.9	1,251.7	1,475.8	1,399.8	1,429.9	1,544.3	1,781.6
5,995.9	**6,337.7**	**6,657.4**	**7,072.2**	**7,397.7**	**7,816.9**	**8,304.3**	**8,747.0**	**9,268.4**	**9,817.0**	**10,128.0**	**10,487.0**	**11,004.0**	**11,735.0**
168.9	152.7	156.2	186.4	233.9	248.7	286.7	287.1	320.8	382.7	322.4	301.8	329.0	405.6
138.5	123.0	124.3	160.2	198.1	213.7	253.7	265.8	287.0	343.7	278.8	274.7	273.9	361.9
6,026.3	**6,367.4**	**6,689.3**	**7,098.4**	**7,433.4**	**7,851.9**	**8,337.3**	**8,768.3**	**9,302.2**	**9,855.9**	**10,171.6**	**10,514.1**	**11,059.2**	**11,778.9**
5,227.9	5,512.8	5,773.4	6,122.3	6,453.9	6,840.1	7,292.2	7,752.8	8,236.7	8,795.2	8,979.8	9,225.4	9,679.6	10,339.6
666.4	749.4	790.1	827.3	877.4	925.0	951.2	978.6	1,022.1	1,084.0	1,193.9	1,282.5	1,335.4	1,405.4
586.7	610.6	646.6	690.7	744.1	832.1	926.3	1,027.0	1,107.5	1,235.7	1,237.3	1,051.2	1,001.9	1,042.6
4,464.3	4,751.4	4,911.9	5,151.8	5,408.2	5,688.5	5,988.8	6,395.9	6,695.0	7,194.0	7,486.8	7,827.7	8,159.9	8,646.9
324.2	366.0	284.0	249.5	250.9	228.4	218.3	276.8	158.6	168.5	132.3	159.2	110.6	115.0
7,100.5	7,336.6	7,532.7	7,835.5	8,031.7	8,328.9	8,703.5	9,066.9	9,470.3	9,817.0	9,890.7	10,074.8	10,381.3	10,841.9
−0.2%	3.3%	2.7%	4.0%	2.5%	3.7%	4.5%	4.2%	4.5%	3.7%	0.8%	1.9%	3.0%	4.4%
28,007	28,556	28,940	29,741	30,128	30,881	31,886	32,833	33,904	34,759	34,660	34,955	35,666	36,883
−1.5%	2.0%	1.3%	2.8%	1.3%	2.5%	3.3%	3.0%	3.3%	2.5%	−0.3%	0.9%	2.0%	3.4%
136.2	140.3	144.5	148.2	152.4	156.9	160.5	163.0	166.6	172.2	177.1	179.9	184.0	188.9
4.2%	3.0%	3.0%	2.6%	2.8%	3.0%	2.3%	1.6%	2.2%	3.4%	2.8%	1.6%	2.3%	2.7%
116.5	117.2	118.9	120.4	124.7	127.7	127.6	124.4	125.5	132.7	134.2	131.1	138.1	146.7
0.2%	0.6%	1.5%	1.3%	3.6%	2.4%	−0.1%	−2.5%	0.9%	5.7%	1.1%	−2.3%	5.3%	6.2%
84.5	86.4	88.4	90.3	92.1	93.9	95.4	96.5	97.9	100.0	102.4	104.1	106.0	108.3
3.5%	2.3%	2.3%	2.1%	2.0%	1.9%	1.7%	1.1%	1.4%	2.2%	2.4%	1.7%	1.8%	2.2%
253,530	256,922	260,282	263,455	266,588	269,714	272,958	276,154	279,328	282,429	285,366	288,217	291,073	293,951
126,346	128,105	129,200	131,056	132,304	133,943	136,297	137,673	139,368	142,583	143,734	144,863	146,510	147,401
8,628	9,613	8,940	7,996	7,404	7,236	6,739	6,210	5,880	5,692	6,801	8,378	8,774	8,149
6.8%	7.5%	6.9%	6.1%	5.6%	5.4%	4.9%	4.5%	4.2%	4.0%	4.7%	5.8%	6.0%	5.5%
−217.9	−296.7	−272.6	−201.9	−184.9	−116	−16.7	90.8	154	239.4	51.5	−279.5	−367.8	−351.9
−3.6%	−4.7%	−4.1%	−2.9%	−2.5%	−1.5%	−0.2%	1.0%	1.7%	2.4%	0.5%	−2.7%	−3.3%	−3.0%
859	966	1,079	1,145	1,143	1,106	1,069	1,080	1,101	1,104	1,136	1,191	1,267	1,337
3,349	3,412	3,449	3,495	3,566	3,737	3,920	4,206	4,523	4,799	5,216	5,610	5,998	6,270
5.7%	3.5%	3.0%	4.2%	5.8%	5.3%	5.5%	5.4%	5.0%	6.2%	3.9%	1.7%	1.1%	1.3%
2.9	−50.1	−84.8	−121.6	−113.7	−124.9	−140.9	−214.1	−300.1	−416.0	−389.5	−475.2	−519.7	−668.1

用語解説　Glossary

ア 行

安定化政策　stabilization policy：景気後退の深刻さを軽減し，景気拡大の行き過ぎを制御するために行われる政策．金融政策と財政政策という2種類の政策がある．

意図した総支出　planned aggregate spending：経済における意図した支出の総量のことで，消費支出，意図した投資支出，政府支出，純輸出を含む．

意図した投資支出　planned investment spending：ある一定の期間に企業が行おうとした投資支出のこと．意図しない在庫投資が存在するので，意図した投資支出と実際の投資支出は乖離する．

意図しない在庫投資　unplanned inventory investment：実現した販売量が企業の予想と異なり，在庫に意図しない変化が生じるときに発生する．

因果関係　causal relationship：2つの変数のうちの片方の値がもう1つの変数の値に直接影響を与えるか，または直接決定するという関係．

因果関係の逆転　reverse causality：2つの変数の間の因果関係の真の方向を逆転して，独立変数と従属変数を逆に認識したときに生じる誤り．

インセンティブ　incentive：行動を変える人たちに対する利得．

インフラストラクチャー　infrastructure：道路，電力供給ライン，港湾，情報ネットワークなど，経済活動の土台となる物的資本．

インフレギャップ　inflationary gap：総産出量が潜在産出量よりも大きいときに生じる．

インフレーション　inflation：物価水準の上昇のこと．

インフレ税　inflation tax：インフレによって国民が保有する貨幣価値が減少すること．

インフレ非加速的失業（NAIRU）　nonaccelerating inflation rate of unemployment：他の条件を一定としたとき，時間が経過してもインフレ率が変化しないような失業率．

インフレ目標　inflation targeting：金融政策の運営方法の1つで，中央銀行がインフレ率をあらかじめ決められた水準近くに維持するよう努力することを求めるもの．

インフレ率　inflation rate：価格指数——通常は消費者物価指数——の各年の変化率のこと．物価水準が上昇しているとき（インフレのとき），インフレ率は正で，物価水準が下落しているとき（デフレのとき），インフレ率は負になる．

ウェッジ（くさび）　wedge：財の数量が法的に制限されたときの需要価格と供給価格の乖離のこと．割当てや税のせいで生じることが多い．

売り手間での販売機会の非効率的な配分　inefficient allocation of sales among sellers：最も低い価格で財を売ろうとしている人が，実際にそれを売る人になるとは限らないという，非効率性の一種．下限価格規制のせいで生じることが多い．

AS–ADモデル　AS–AD model：総産出量と物価水準の変動を理解するために用いられる基本モデル．このモデルでは，各種のショックや経済政策に反応して経済がどう変化するかを分析するため，総供給曲線と総需要曲線を使う．

x軸　x-axis：x変数の値が測られる図の水平な数直線．横軸ともいう．

円グラフ　pie chart：何かの総計がどのようにその構成要素に分けられるかを示す円形のグラフ．各構成要素の比率は「扇型」の大きさで表される．

オークンの法則　Okun's law：産出量ギャップが1％上がるごとに失業率は1％未満だけ低下するという，産出量ギャップと失業率の間にある関係を示す広く観察される法則．

カ 行

外貨準備　foreign exchange reserves：外国為替市場で自国通貨を買い入れるために政府が準備する外国通貨のストックのこと．

外国為替管理　foreign exchange controls：個人による外貨購入を制限する制度．

外国為替市場　foreign exchange market：通貨が取引される市場．

開放経済　open economy：外国と財・サービスや資産を貿易する経済．

開放マクロ経済学　open-economy macroeconomics：国境を越えて財・サービスや資産の取引が行われるという開放経済がマクロ経済に及ぼす影響を研究する．

解明経済学　positive economics：経済が実際にどうなっているかを説明する経済分析の一分野．

価格統制　price controls：市場価格がどの水準まで上がってよいか，または下がってよいかを定める法的な制限．

下級財　inferior good：所得の増加によって需要が減る財．

拡張的金融政策　expansionary monetary policy：利子率を引き下げることで総需要，すなわち産出量を増加させる金融政策．

拡張的財政政策　expansionary fiscal policy：減税や政府移転支出の増加，財・サービスの政府購入の増加などによって総需要を増加させる財政政策．

隠れた債務 implicit liabilities：通常の債務の統計には含まれないが事実上の債務と考えられる，政府が保証する支出のこと．アメリカでは，隠れた債務の大部分は，現在と将来の退職者への移転支出である社会保障と，高齢者への移転支出であるメディケアから生じている．

家計 household：住居や所得を共有する人の集まりのこと（1人だけの家計もありうる）．

下限価格規制 price floor：買い手がある財に支払わなくてはいけない最低の価格を定める政府の規制．価格統制の一形態．

貸付（ローン） loan：特定の借り手と特定の貸し手の間で取り交わされる貸出合意．貸付は通常，個々の借り手のニーズと支払い能力に応じて設定されるが，その分取引費用は相対的に高くなる．

貸付資金市場 loanable funds market：借り手による資金需要と貸し手による資金供給がどう調整されるかを見るための仮想の市場．貸付資金量とその価格である利子率は，市場均衡で決まる．

過剰準備金 excess reserves：法律や規制で定められた下限を上回る銀行準備金．

（税による）過剰負担 excess burden (from a tax)：税のせいで相互に利益のある取引が阻害されることで生じる非効率性という追加的な費用．死荷重ともいう．

可処分所得 disposable income：所得に政府移転支出を加えて税金を差し引いたもの．家計が消費したり貯蓄に回したりできる所得総額．

加速度原理 accelerator principle：実質GDP成長率が高いと意図した投資支出も大きくなるという命題．なぜそうなるかというと，実質成長率が高いということは売上げの成長も大きいということなので，企業の投資が促進されるからだ．

傾き slope：「上昇」（y軸上の2点間の変化）と「距離」（同じ2点間のx軸上の変化）の比率．曲線の傾斜の程度を測る尺度．

価値の貯蔵手段 store of value：時間が経過しても購買力を保持しつづける手段となる資産．うまく機能している経済では，貨幣はそうした資産の1つとなる．

株式 stock：株主が保有する企業の所有権の一部．

貨幣 money：財・サービスの購入にすぐさま使える資産．

貨幣供給曲線 money supply curve：FRBによる名目貨幣供給量と利子率の関係を図で表現したもの．貨幣供給曲線はFRBが選んだ貨幣供給量のところで垂直になる．

貨幣供給量（貨幣供給，マネーサプライ） money supply：経済の中で貨幣と見なされる金融資産の総価値．貨幣供給量にはいくつかの異なる指標があり，それらは貨幣集計量と呼ばれる．

貨幣集計量 monetary aggregate：貨幣供給量を測る全体的な指標．アメリカで最も一般的な貨幣集計量は，流通現金，トラベラーズチェック，当座預金で構成されるＭ1と，Ｍ1に準貨幣を加えたＭ2だ．

貨幣需要曲線 money demand curve：貨幣需要量と利子率の負の関係を図で表現したもの．貨幣需要曲線の傾きが負になるのは，他の条件を一定とすれば，利子率が高くなると貨幣を保有する機会費用が上昇するからだ．

貨幣乗数 money multiplier：マネタリーベースに対する貨幣供給量の比率．

貨幣の中立性 monetary neutrality：貨幣供給量の変化は長期的には経済に何の実質的な影響も持たず，それと比例的な物価水準の変化をもたらすだけだとする原理．

貨幣の流通速度 velocity of money：名目GDPを名目貨幣量で割ったもの．1単位の貨幣が1年間にどれだけ使われたかを示す尺度．

為替減価 depreciation：ある通貨の価値が他の通貨に比べて下がること．

為替市場介入 exchange market intervention：政府による外国為替市場での通貨の売買．

為替増価 appreciation：ある通貨の価値が他の通貨に比べて上がること．

為替レート exchange rate：他の国の通貨で表示したある国の通貨の価格．外国為替市場で決まる．各国間の物価水準の差異を調整していないものが名目為替レートで，それを調整したものが実質為替レートだ．

為替レート制度 exchange rate regime：為替レートに対する政府の政策を取り決めるルール．

関税 tariff：輸入に課される税金．

機会費用 opportunity cost：あるものを得るためにあきらめなければならない真の費用．

企業 firm：販売を目的として財・サービスを生産する組織．

技術 technology：財・サービスの生産方法のこと．

希少性 scarce：供給が足りず，すべての生産的用途を満たすのに十分なほど資源を利用できないこと．

（税の）帰着 incidence (of a tax)：誰が実際に税を負担しているかを測る尺度．

規範経済学 normative economics：経済がどうあるべきかについての処方箋を書く経済分析の一分野．

供給価格 supply price：生産者がある数量を供給するときの価格のこと．

供給過剰 surplus：供給量が需要量を上回るときに生じる供給の超過分．価格が均衡価格よりも高いときに発生する．

供給曲線 supply curve：供給表を図で表現したもの．財・サービスがそれぞれの価格水準でどれだけ供給されるかを示す．

供給曲線に沿った移動 movement along the supply curve：ある財の価格変化の結果として生じるその財の供給量の変化．

供給曲線のシフト shift of the supply curve：あらゆる価

格水準での供給量の変化．図では，当初の供給曲線が新しい位置に移動することで表される．

供給ショック supply shock：短期総供給曲線をシフトさせる出来事のこと．負の供給ショックは生産費用を増加させ，どの物価水準でも供給を減少させて総供給曲線を左にシフトさせる．正の供給ショックはどの価格水準でも供給を増加させて，総供給曲線を右にシフトさせる．

供給と需要のモデル supply and demand model：競争市場がどう働くかを示すモデル．

供給表 supply schedule：消費者に供給される財・サービスの数量と価格の関係を描いた表．

供給不足 shortage：供給量が需要量を下回るときに生じる供給の不足分．価格が均衡価格よりも低いときに発生する．

供給量 quantity supplied：それぞれの価格水準で，売り手が実際に売っても良いと思う数量．

恐慌 depression：とても深刻で長い経済の下降．

競争市場 competitive market：すべての市場参加者が価格受容者である市場．

許可証 license：政府またはその財の所有者から与えられる，財を供給したり何らかの活動を行っても良いという権利．権利の見返りに対価を支払うことが多い．

曲線 curve：2つの変数の関係をグラフ上に示す線で，まっすぐな線の場合も曲がった線の場合もある．

均衡 equilibrium：何か違うことをしてみても誰も自分の暮らしを改善できなくなった状況．また需要と供給が等しくなった状態．

銀行 bank：資金の貸し手に対し銀行預金という流動的な資産を提供し，そうして得た資金を非流動的な資産に回したり，借り手が投資支出を行うための資金を貸し出したりする金融仲介機関．

均衡価格 equilibrium price：市場が均衡にある，つまり需要量と供給量が等しくなる価格のこと．市場清算価格とも言う．

均衡為替レート equilibrium exchange rate：外国為替市場で需要される通貨の数量がそこで供給される通貨の数量に等しくなる為替レート．

均衡数量 equilibrium quantity：均衡価格（市場清算価格）で売買される財の数量．

銀行準備金 bank reserves：銀行の金庫にある現金と連邦準備制度に預けてある預金のこと．

銀行取り付け bank run：ある銀行が倒産するのを恐れてその銀行の多くの預金者が資金を引き出そうとする現象．

銀行預金 bank deposit：銀行に対する請求権で，銀行は預金者の要求に応じて現金を返却する義務を負う．

緊縮的金融政策 contractionary monetary policy：利子率を引き上げることで総需要，すなわち産出量を減少させる金融政策．

緊縮的財政政策 contractionary fiscal policy：増税や政府移転支出の減少，財・サービスの政府購入の減少などによって総需要を減少させる財政政策．

金融勘定収支（金融収支） balance of payments on financial account (financial account)：ある国の，ある一定期間中の外国人への資産の販売と外国人からの資産の購入の差額．

金融資産 financial asset：それを購入した買い手に対して売り手が将来の収入を保証する請求証書．貸付（ローン），株式，債券，銀行預金など．

金融市場 financial markets：民間貯蓄や外国貸付を投資支出，政府借入，外国借入へと誘導する銀行取引や株式市場，債券市場のこと．

金融政策 monetary policy：貨幣供給量や利子率の変更による景気安定化政策．

金融政策ルール monetary policy rule：中央銀行の行動を決める公式のこと．

金融仲介機関 financial intermediary：投資信託会社（ミューチュアル・ファンド），年金基金，生命保険会社，銀行のように，多数の個人から集めた資金を金融資産に転換する機関のこと．

金融リスク financial risk：将来の結果に関する不確実性で，金銭的な損失や利益をもたらす．

（インフレの）靴底コスト shoe-leather costs (of inflation)：人々がインフレ税から逃れようとして取引回数を増やすために生じる費用．

クラウディング・アウト crowding out：財政赤字が民間の投資支出に与える負の効果のことで，政府の借入れによって利子率が上昇するために生じる．

景気拡大 expansion：産出量と雇用が増加する経済の上昇期．景気回復とも呼ばれる．

景気後退（不況） recession：産出量と雇用が減少する経済の下降期．

景気循環 business cycle：景気後退（不況）として知られる経済の下降期と，景気拡大として知られる経済の上昇期の短期間における繰返し．

景気循環調整済み財政収支 cyclically adjusted budget balance：実質GDPが潜在産出量と完全に等しいと想定したときの財政収支の推定値．

経済 economy：社会の生産活動を調整するシステムのこと．

経済学 economics：個人のレベルと社会全体のレベルの両方で経済について考える学問．

経済集計量 economic aggregates：財，サービス，労働，資産などの多様な市場のデータを要約した経済指標．

経済循環フロー図 circular-flow diagram：経済で行われる取引を，財や労働のようなモノのフローと，それらのモノに対して支払われるカネのフローという円の周りの2

種類のフローで表したモデル．

経済成長 economic growth：より多くの財・サービスを生産できるようになる長期トレンド．

計算単位 unit of account：価格を設定したり，経済計算をする際の尺度．

（インフレの）計算単位コスト unit-of-account costs (of inflation)：インフレが貨幣という尺度の信用度を低下させることによる費用．

経常勘定収支（経常収支） balance of payments on current account (current account)：財・サービス収支に，純移転支出と純要素所得を加えたもの．

ケインズ経済学 Keynesian economics：ジョン・メイナード・ケインズの仕事から生み出された学説で，次の２つの重要な概念を強調する．総需要の変化が短期的に産出量に影響を与えることと，貨幣供給量以外の要因が景気循環を生み出すということだ．

限界消費性向（MPC） marginal propensity to consume：可処分所得が１ドル増加したときの消費支出の増加分のこと．消費者は通常，可処分所得の増分の一部しか支出しないので，MPCは０と１の間の値をとる．

限界貯蓄性向（MPS） marginal propensity to save：可処分所得が１ドル増加したときの家計の貯蓄の増加分のこと．

限界的決定 marginal decision：何かの活動をもうちょっとだけ増やすか，あるいはもうちょっとだけ減らすかに関して「限界」でなされる決定．

限界分析 marginal analysis：わずかな活動の変化から生じる限界的決定に関する研究．

研究開発（R&D） research and development：新しい技術を創造し実用化するための支出．

原点 origin：２変数のグラフで２つの軸が交わる点．

公開市場操作 open-market operation：FRBが国債を売買することで，マネタリーベース，すなわち実際は貨幣供給量を変化させることで行われる．

交換媒体 medium of exchange：消費するためでなく交換に用いるために人々が保有する資産のこと．経済での貨幣の主な役割の１つは，何よりも交換媒体として機能することだ．

構造的失業 structural unemployment：現行賃金率の下で，提供される職の数よりも多くの求職者が労働市場にいる結果生じる失業のこと．

公定歩合 discount rate：支払準備制度を満たせない銀行に対するFRBからの貸付の利子率．

公的債務 public debt：政府以外の個人や機関によって保有される政府債務．

（２国通貨間の）購買力平価（PPP） purchasing power parity (between two countries currencies)：財・サービスのある一定のバスケットがそれぞれの国で同額になるように計算された名目為替レートのこと．

公平性 equity：公正さ．何が「公正」かについては人々の意見が分かれるので，公平性は効率性ほど明確には定義されない．

効率市場仮説 efficient markets hypothesis：公開されているすべての情報は資産価格に反映されるという，資産価格決定に関する理論．この理論によると，株価は予想不可能で，その動きはランダムウォークする．というのも，ファンダメンタルズについての新しい情報が出たときしか変化は生じないからだ．

効率賃金 efficiency wages：労働者からより良いパフォーマンスを引き出すためのインセンティブとして，雇い主が均衡賃金率より高く設定する賃金．

効率的 efficient：他の人々を犠牲にすることなく誰かの暮らし向きを良くするようなあらゆる機会が活用し尽くされているときの市場や経済の状態．

合理的期待 rational expectations：個人や企業は利用可能な情報をすべて利用して最適な決定を下すとする予想形成に関する理論．

国際収支（勘定） balance of payments accounts：ある国が他国と行った取引を要約したもの．主に，経常勘定収支と金融勘定収支という２つの要素からなる．

国際貿易協定 international trade agreements：貿易保護政策を縮小することに同意した国々が結ぶ協定．

国際貿易のリカード・モデル Ricardian model of international trade：生産可能性フロンティアが直線だという仮定を置いて国際貿易を分析するモデル

国内供給曲線 domestic supply curve：国内生産者の供給曲線

国内需要曲線 domestic demand curve：国内消費者の需要曲線．

国内総生産（GDP） gross domestic product：ある年に，ある経済で生産された最終財・サービスの総額．

国民経済計算 national accounts：国民所得・生産物計算を参照．

国民所得・生産物計算 national income and product accounts：消費支出，生産者の売上げ，企業の投資支出や，またそれ以外の経済の異なる部門間での貨幣の流れを記録したもの．国民経済計算とも呼ばれ，経済分析局（BEA）によって算出される．

国民貯蓄 national savings：一国の経済で生み出された貯蓄の総計で，民間貯蓄と政府の財政収支の合計に等しい．

個人の選択 individual choice：個人が何をすべきかを決定することだが，何をすべきでないかの決定も当然含まれる．

固定為替レート制度（固定レート制） fixed exchange rate：他の通貨に対する為替レートを政府が特定の目標水準に維持するという為替レート制度．

固定的賃金 sticky wages：労働供給の過剰や不足に直面

した雇い主が賃金を変更するのに時間がかかっている状況を指す用語.

個別消費者余剰 individual consumer surplus：個々の買い手が財の購入から得る純便益で，その買い手の支払い意欲額と，支払った価格の差に等しい.

個別生産者余剰 individual producer surplus：個々の売り手が財を売ることから得る純便益で，受け取った価格とその売り手の費用の差に等しい.

雇用 employment：経済で現在雇われている人たちの数.

サ 行

債券 bond：企業や政府が発行する，貸付金（ローン）の返済を約束する法的な証書．通常は利子をつけて返済される.

在庫 inventories：将来の販売のために保管される財.

在庫投資 inventory investment：ある一定期間における総在庫の変動額．それ以外の投資支出とは違って，在庫が減れば在庫投資は負になりうる.

財・サービス収支 balance of payments on goods and services：ある国の，一定期間中の財・サービスの輸出と輸入の差額.

財・サービスの市場 markets for goods and services：家計が企業から財・サービスを買う市場.

財・サービスの政府購入 government purchases of goods and services：財・サービスを買うための政府の支出.

最終財・サービス final goods and services：最終需要者（エンド・ユーザー）に販売される財・サービス.

最小点 minimum：非線形曲線上の最低点．この点で曲線の傾きは負から正に変わる.

財政赤字 budget deficit：政府支出が税収を超えるときの，政府支出と税収の差額．財政赤字という政府による負の貯蓄は，国民貯蓄にとって負の貢献となる.

財政黒字 budget surplus：税収が政府支出を超えるときの，税収と政府支出の差額だ．財政黒字という政府による貯蓄は，国民貯蓄にとって正の貢献となる.

財政収支 budget balance：税収から政府支出を差し引いた差額．正の財政収支は財政黒字と呼ばれ，負の財政収支は財政赤字と呼ばれる.

財政政策 fiscal policy：課税や政府移転支出，財・サービスの政府購入の変更による景気安定化政策.

財政年度 fiscal year：ほとんどの政府会計で用いられる時間枠で，10月1日に始まって9月30日に終わる．その終わりの年が年度の名称になる.

最大点 maximum：非線形曲線上の最高点．この点で曲線の傾きは正から負に変わる.

最低賃金 minimum wage：法で定められた賃金率の下限．賃金率は労働の市場価格のこと.

債務／GDP比率 debt-GDP ratio：政府債務の対GDP比で，政府の債務返済能力を示す尺度としてしばしば用いられる.

債務デフレ debt deflation：デフレによって未払い債務の実質負担が重くなることでもたらされる総需要の減少．デフレのために実質的な債務負担が重くなる借り手が支出を急激に減らす一方で，資産の実質価値が上昇した貸し手は支出をそれほど増やさないという理由で生じる.

裁量的金融政策 discretionary monetary policy：中央銀行が経済状況を見ながら利子率や貨幣供給量を変更する政策.

裁量的財政政策 discretionary fiscal policy：ルールによるものではなく，政策立案者の意図的な行動による財政政策.

産出量ギャップ output gap：実際の実質GDPと潜在産出量との違いを比率で表したもの.

散布図 scatter diagram：x変数とy変数の実際の観測値に対応する諸点を示すグラフ．通常，散布点に当てはまる，データの傾向を示す曲線が加えられる.

（税による）死荷重 dead weight loss (from a tax)：税のせいで，相互に利益のある取引が阻害されることで生じる非効率性という追加的な費用．過剰負担ともいう.

自給自足 autarky：ある国が，外国と貿易できない状況を指す.

時系列グラフ time-series graph：2変数のグラフで，横軸に日付をとり，縦軸にそれらの日付に生じた変数の値をとったもの.

資源 resource：土地，労働，資本のように，何か別のものを生産するために使えるすべてのもの．天然資源（自然環境から得られる）や，人的資源（労働力，スキル，知性）を含む.

資源の浪費 wasted resources：上限価格規制で生じる供給不足に対処するため，消費者がお金と労力を費やさなくてはいけないという，非効率性の一種.

自己修正的 self-correcting：需要ショックによって総産出量は短期には変化するが，長期には変化しないという事実を述べたもの.

市場経済 market economy：個々の生産者と消費者がそれぞれ生産や消費の決定を行う経済のこと.

市場清算価格 market-clearing price：市場が均衡にある，つまり需要量と供給量が等しくなる価格のこと．均衡価格ともいう.

市場の失敗 market failure：市場が効率的であることに失敗したときに生じる.

自然失業率 natural rate of unemployment：摩擦的失業と構造的失業から生じる正常な失業率．実際の失業率はその周りを変動する.

失業 unemployment：職を探しているが現在のところ雇われていない人たちの数.

失業率 unemployment rate：労働力人口に占める失業者数の割合．次のように計算される．失業率＝失業／（失業＋

雇用).

実現した投資支出 actual investment spending：意図した投資支出と意図しない在庫投資の合計．

実質（値） real：時間を通じた価格の変化を調整した尺度や数値を指す用語．

実質貨幣需要曲線 real money demand curve：実質貨幣需要量と利子率の負の関係を図で表現したもの．実質貨幣需要曲線の傾きが負になるのは，他の条件を一定とすれば，利子率が高くなると貨幣を保有する機会費用が上昇するからだ．

実質貨幣量 real quantity of money：名目貨幣量を物価水準で割ったもの．ドルの購買力で調整した貨幣量だ．

実質為替レート real exchange rate：各国間の物価水準の相違を考慮して調整された為替レート．

実質GDP real GDP：ある年に国内で生産されたすべての最終財・サービスの総価値を，基準年の価格を使って計算したもの．

実質利子率 real interest rate：インフレを調整した利子率で，名目利子率からインフレ率を差し引いた値に等しい．

GDPデフレーター GDP deflator：ある年の実質GDPに対する名目GDPの比率に100をかけたもの．

自動安定化装置 automatic stabilizers：不況期には拡張的財政政策となり，好況期には緊縮的財政政策となるような政府支出と課税のルール．可処分所得に課される税は，自動安定化装置の最も重要な例だ．

支払い意欲額 willingness to pay：消費者がこの財を買っても良いと思う最高価格．

支払準備制度 reserve requirements：FRBによる，銀行の維持すべき支払準備率の下限を定めるルール．アメリカでは，当座預金口座の支払い準備率の下限は10％だ．

支払準備率 reserve ratio：銀行預金に対する銀行準備金の割合．アメリカでは，支払い準備率の下限はFRBによって定められている．

資本移動 capital flows：金融資産の国際移動のこと．

資本流入 capital inflow：ある国への資金の純流入，すなわち海外資金の自国への流入総額と自国資金の他国への流出総額の差額のこと．純流入が正のとき，国内の投資を賄うために外国から資金を借り入れたということになる．純流入が負のとき，海外の投資を賄うために外国に資金を貸し付けたということになる．

社会保険 social insurance：社会保障，メディケア，失業保険，フードスタンプなどのような，経済的に厳しい状況にある家庭を保護するための政府によるプログラム．

（投資プロジェクトの）収益率 rate of return (of an investment project)：その投資プロジェクトが生む利潤を，費用に対する割合で示したもの．

集計的生産関数 aggregate production function：生産性（1人当たり実質GDP）が，労働者1人当たりの物的資本や人的資本の量，また技術水準にどう依存しているかを表す仮想の関数．一般的に，$Y/L = f(K/L, H/L, T)$というかたちをとる．

就職意欲のない労働者 discouraged workers：能力があるにもかかわらず職探しを断念して働いていない人たち．

収束仮説 convergence hypothesis：1人当たり実質GDPが低い国は一般に経済成長率が高いので，1人当たり実質GDPの国際的な格差は時間が経つと小さくなる傾向があるとする仮説．

従属変数 dependent variable：因果関係において，決定される側の変数．

自由貿易 free trade：政府による関税や他の人為的な貿易がない貿易．このときの輸出と輸入の水準は供給と需要によって自然に決まる．

需要価格 demand price：消費者がある数量を需要するときの価格．

需要曲線 demand curve：需要表を図で表現したもの．消費者がある財・サービスをそれぞれの価格水準でどれだけ買いたいかを示す．

需要曲線に沿った移動 movement along the demand curve：ある財の価格変化の結果として生じるその財の需要量の変化．

需要曲線のシフト shift of the demand curve：あらゆる価格水準での需要量の変化．図では，当初の需要曲線が新しい位置に移動することで表される．

需要ショック demand shock：総需要曲線をシフトさせる出来事のこと．正の需要ショックはどの価格水準でも総産出量に対する需要を増加させ，総需要曲線を右にシフトさせる．負の需要ショックはどの価格水準でも総産出量に対する需要を減少させ，総需要曲線を左にシフトさせる．

需要表 demand schedule：消費者が購入する財・サービスの数量と価格の関係を描いた表．

需要法則 law of demand：ある財の価格が上昇すると，他の条件が一定なら，人々はその財の需要量を減らすという命題．

需要量 quantity demanded：それぞれの価格水準で消費者が実際に買っても良いと思う数量．

準貨幣 near-money：それ自体は交換媒体としては使えないが，すぐさま現金に換えたり当座預金口座に移せる金融資産．

循環的失業率 cyclical unemployment：景気循環のせいで生じる失業で，実際の失業率と自然失業率の差に等しい．

純輸出 net exports：輸出額と輸入額の差．この値が正ということは，その国が財・サービスの純輸出国だということを意味し，この値が負ということは，その国が財・サービスの純輸入国だということを意味する．

上限価格規制 price ceiling：売り手がある財に付けても良い最高の価格を定める政府の規制．価格統制の一形態．

乗数 multiplier：総支出の自律的変化の大きさに対する実質GDPの変化分の比率．

消費関数 consumption function：各家計の消費支出が現在の可処分所得に応じてどう変化するかを示す式のこと．通常，消費と可処分所得は正の関係にある．一般的でかつ単純な消費関数は次のような線形のものになる．$c = a + MPC \times yd$．

消費支出 consumer spending：国内または海外の企業が生産した財・サービスに対する家計の支出．

消費者物価指数（CPI） consumer price index：都市に住む典型的な4人家族のアメリカ人の消費を表すように作られたマーケット・バスケットの価格を示す尺度．アメリカで最もよく使われている尺度だ．

消費者への非効率的な配分 inefficient allocation to consumers：ある財を非常に欲していて，それを得るために高い価格を支払う意欲のある人がそれを得られず，逆に，その財に比較的低い関心しかなく，低い価格を支払う意欲しかない人がそれを得るという非効率的な状態．上限価格規制のせいで生じることが多い．

消費者余剰 consumer surplus：個別消費者余剰と総消費者余剰の両方の意味でよく使われる用語．

商品貨幣 commodity money：交換媒体として使われるが，他にも用途があるという点でそれ自体が価値を持つ財のこと．金貨や銀貨は商品貨幣だ．

商品担保貨幣 commodity-backed money：それ自体には価値はないが，価値ある財と必ず交換できるという約束によって価値が保証された交換媒体．金貨や銀貨と自由に交換することができる紙幣は商品担保貨幣だ．

商品貿易収支 merchandise trade balance：ある国の財の輸出と輸入の差額．

除外された変数 omitted variable：他の諸変数に影響を与えて，それら諸変数の間に直接的な因果関係があるかのような強い見かけ上の効果を作り出す，観察されない変数．

職探し（ジョブサーチ） job search：就職先を探すための活動．

所得・支出均衡 income-expenditure equilibrium：実質GDPで測った総産出量と意図した総支出が等しく，企業が生産量を変更するインセンティブを持たない状態．

所得・支出均衡GDP income-expenditure equilibrium GDP：実質GDPと意図した総支出が一致するときの実質GDPの水準のこと．

新古典派マクロ経済学 new classical macroeconomics：短期においても，総需要曲線のシフトは物価だけに影響し，総産出量には影響しないという古典派的見解への回帰を主張する景気循環学説．

人的資本 human capital：労働者に体化された教育や知識が生み出す労働力の改善のこと．

数量統制 quantity control：政府が設定する，売買可能な財の数量の上限．割当てともいう．

数量方程式 quantity equation：名目貨幣量に貨幣の流通速度をかけたものは名目GDPに等しくなるということを述べた方程式．

スタグフレーション stagflation：インフレの進行と総産出量の減少の組合せ．

生産可能性フロンティア production possibility frontier：2財のみを生産する経済が直面するトレードオフを描き出したもの．一方の財の生産量が任意の水準に与えられているときに，もう一方の財の最大限可能な生産量を示す．

生産者物価指数（PPI） producer price index：生産者が購入する財・サービスの価格の変化を測る尺度．これらの商品価格は需要の変化に敏感に反応するので，PPIは通常インフレ率の変化の先行指標と見なされている．

生産者余剰 producer surplus：個別生産者余剰と総生産者余剰の両方の意味でよく使われる用語．

生産性 productivity：労働生産性を参照．

生産要素 factors of production：財・サービスを生産するのに必要な資源．労働や資本はその例だ．

政治的景気循環 political business cycle：政治家が政治目的のためにマクロ経済政策を使うことによって起こる景気循環．

正常財 normal good：所得の増加によって需要が増えるという，「正常」な財．

成長会計 growth accounting：集計的生産関数に含まれる各主要要因（物的資本，人的資本，労働力人口，技術）の経済成長への貢献度を推定するもの．多くの成長会計が，一国の経済成長の主要因が全要素生産性であることを見出している．

正の関係 positive relationship：2つの変数の関係で，1つの変数の値の増加が他の変数の値の増加と結び付いているというもの．左から右に上向きの傾斜を持つ曲線で図示される．

政府移転支出 government transfers：対価として財・サービスの提供をすることなく，政府から個人に与えられる支払い．

政府借入 government borrowing：金融市場で政府が借り入れる資金．

生命保険会社 life insurance company：保険証書の保有者が死亡したときに，保有者が指定した受益者に保険金を支払うことを約束する保険証書を販売する金融仲介機関．

世界価格 world price：外国で財が売買されるときの価格．

世界貿易機関（WTO） World Trade Organization：貿易上の紛争を裁定し国際貿易協定を監督する，各加盟国から成る国際機関．

接線 tangent line：非線形曲線に特定の点で接する直線．この接線の傾きは，非線形曲線のその点での傾きに等しい．

絶対値 absolute value：正や負の符号を付けずにその値を表したもの．

絶対優位 absolute advantage：ある生産者が他の生産者よりも効率的に――より少ない資源を用いて――生産できるとき，その財に絶対優位を持つと言われる．

ゼロ下限 zero bound：名目利子率の下限のこと．

線形関係 linear relationship：傾きが一定の，つまりグラフ上はまっすぐな曲線として描かれる2つの変数の間の関係．

潜在産出量 potential output：名目賃金を含めたすべての価格が伸縮的になったときに経済が産出する実質GDPの水準．経済の実際の産出量が潜在産出量と一致することはまれだが，潜在産出量によって，実際の産出量が年ごとにその周囲を変動するというトレンドが決まる．

全要素生産性(TFP) total factor productivity：物的資本，人的資本，労働力という要素投入量を一定として生産できる産出量．

総供給曲線 aggregate supply curve：物価水準と総供給量(総産出量)の関係を図で表現したもの．

相互作用 interaction(of choices)：さまざまな人々の意思決定が相互に影響を与えあうこと(その結末は，当初意図したものとは異なることが多い)．

総産出量(総生産) aggregate output：ある一定期間(通常は1年間)に経済で生み出される最終財・サービスの生産総額のこと．経済学者は総産出量の尺度として主に実質GDPを用いる．

総支出 aggregate spending：消費支出，投資支出，財・サービスの政府購入，輸出－輸入を合計したもの．これは，国内で生産された最終財・サービスへの全支出だ．

総支出の自律的変化 autonomous change in aggregate spending：実質GDPが一定のときの，企業，家計，政府の支出の最初の変化のこと．

総需要曲線 aggregate demand curve：物価と，家計・企業・政府・外国による総需要量との関係を図で表現したもの．物価変動の資産効果と物価変動の利子率効果のために，総需要曲線の傾きは負になる．

総消費関数 aggregate consumption function：経済全体での，現在の総可処分所得と総消費支出の関係を表すもの．総消費関数は一般的に $C = A + MPC \times YD$ というかたちをとる．

総消費者余剰 total consumer surplus：財の各買い手の個別消費者余剰を全員分合計したもの．

総生産者余剰 total producer surplus：財の各売り手の個別生産者余剰を全員分合計したもの．

総余剰 total surplus：消費者と生産者が市場で取引することから得る純便益の総計で，消費者余剰と生産者余剰を合計したもの．

タ行

代替財 substitutes：1つの財の価格が下がると，もう1つの財の需要が減るような財の組合せ．

縦軸 vertical axis：y変数の値が測られる図の垂直な数直線．y軸ともいう．

縦軸上の切片 vertical intercept：曲線が縦軸にぶつかる点のこと．x変数の値がゼロのときに，y変数がとる値を示す．

他の条件一定の仮定 other things equal assumption：モデルを作るときに，研究対象の要因以外の他のすべての要因が変化しないとする仮定のこと．

短期均衡総産出量 short-run equilibrium aggregate output：短期マクロ経済均衡での総産出量．

短期均衡物価水準 short-run equilibrium aggregate price level：短期マクロ経済均衡での物価水準．

短期総供給曲線 short-run aggregate supply curve：物価水準と短期の総供給量の関係を図で表現したもの．短期とは，生産に関する各種の費用が固定的だと見なせる期間を指す．短期総供給曲線の傾きは正になる．というのも，生産費用が固定的だとしたときに，物価水準の上昇は利潤を増加させ産出量を増やすからだ．

短期フィリップス曲線 short-run Phillips curve：失業率とインフレ率の負の関係を図で表現したもの．

短期マクロ経済均衡 short-run macroeconomic equilibrium：総供給量と総需要量が一致する状態．

短期利子率 short-term interest rate：6カ月以内に満期になる金融資産の利子率．

中央銀行 central bank：銀行制度を監督・規制する機関で，マネタリーベースの量も調整する．

中間財・サービス intermediate goods and services：ある企業が別の企業から購入する財・サービスで，最終財・サービスを生産する際の投入物となるもの．

長期成長 long-run growth：超長期成長を参照．

長期総供給曲線 long-run aggregate supply curve：名目賃金を含むすべての価格が完全に伸縮的な場合の物価水準と総供給量の関係を図で表したもの．長期には，物価水準は総産出量に何の影響も与えないので，長期総供給曲線は垂直になる．長期には，総産出量はその経済の潜在産出量で決まる．

長期フィリップス曲線 long-run Phillips curve：十分な時間が経過してインフレ予想が経験に適応するようになった後で成り立つ失業率とインフレ率との関係を図で表したもの．自然失業率のところで垂直になる．

長期マクロ経済均衡 long-run macroeconomic equilibrium：短期マクロ経済均衡の点が長期総供給曲線上にもある状況．つまり短期均衡総産出量が潜在産出量に等しい状況だ．

長期利子率 long-term interest rate：満期まで数年の期間がある金融資産の利子率.

超長期成長 secular long-run growth：数十年にわたる総産出量の持続的な上昇トレンド．長期成長とも言われる．

貯蓄・投資支出恒等式 savings-investment spending identity：経済全体では貯蓄と投資支出が常に等しくなるという会計上の事実．閉鎖経済では貯蓄は国民貯蓄に等しいので，国民貯蓄と投資が等しくなる．開放経済では，貯蓄は国民貯蓄と外国貯蓄（いわゆる資本流入）から成るので，国民貯蓄と資本流入の合計と投資が等しくなる．

ディスインフレーション disinflation：自然失業率以上の失業率を長期間にわたって保つことで，予想に組み込まれたインフレを取り除くプロセス．

デフレーション deflation：物価水準の下落のこと．

当座預金(口座) checkable bank deposit：預金者が小切手を利用できる銀行預金(口座)．

投資支出 investment spending：機械や建造物のような生産的な物的資本や，在庫変動に対する支出のこと．

投資信託会社(ミューチュアル・ファンド) mutual fund：株式ポートフォリオを構築してそれを個人投資家に転売する金融仲介機関．

投入物 input：他の財の生産に用いられる財．

独立変数 independent variable：因果関係において，決定する側の変数．

特化 specialization：各人が得意とするものに専念することで生じ，通常はより高い質を実現したり，生産量を増やしたりする．

(家計の)富 wealth (of a household)：貯蓄の蓄積額．

トランケート truncated：省略．つまりトランケートされた軸上では，数値のある範囲が省略される．これは通常スペースを節約するために行われる．

取引 trade：ある財・サービスを別の財・サービスと交換すること．

取引費用 transaction costs：取引交渉や取引を実行するのにかかる費用．

取引利益 gains from trade：人々が取引を通じて得る利益．特化のおかげで，その利益は自給自足のときよりも大きい．

トレードオフ trade-off：何かをすることの便益とそれに伴う機会費用との関係．

ナ・ハ行

70の法則 rule of 70：時とともに成長する変数が2倍になるのにかかる時間は，70をその変数の1年間の成長率で割った値に大体等しいという公式．

年金基金 pension fund：投資信託会社の一種で，その参加者に退職年金を支払うための資産を保有している．

バーター barter：貨幣を用いない，財・サービスの直接交換のこと．

比較優位 comparative advantage：ある個人・国が他の個人・国よりも低い機会費用である財を生産できるとき，その個人・国はその財に比較優位を持つと言う．

非効率的 inefficient：他の人々の状態を悪化させることなくある人の状態を良くできるという，失われた機会が存在している市場や経済の状態を表現したもの．

非効率的に高い品質 inefficiently high quality：買い手が低価格で低品質の財を好んだとしても，売り手は高価格で高品質の財を提供するという非効率性の一種．下限価格規制のせいで生じることが多い．

非効率的に低い品質 inefficiently low quality：買い手が高価格で高品質の財を好んだとしても，売り手は低価格で低品質の財を提供するという非効率性の一種．上限価格規制のせいで生じることが多い．

非線形関係 nonlinear relationship：傾きが一定ではなく，それゆえグラフ上では曲がった線で描かれる2つの変数の間の関係．

非線形曲線 nonlinear curve：傾きが一定でない曲線．

1人当たりGDP GDP per capita：GDPを人口で割ったもので，各個人の平均GDPに等しい．

(潜在的な売り手の)費用 cost (of potential seller)：売り手がその財を売っても良いと思う最低の価格．

非流動的 illiquid：価値をさほど下げずにすぐさま現金化することができない資産を指す用語．

フィッシャー効果 Fisher effect：予想インフレ率の上昇は名目利子率のみを上昇させ，予想実質利子率は変化しないという原理．

フェデラル・ファンド(FF)金利 federal funds rate：準備金不足の銀行が過剰準備金を持つ銀行から資金を借りる際の利子率．フェデラル・ファンド市場で決まる．

フェデラル・ファンド(FF)市場 federal funds market：準備金不足の銀行が過剰準備金を持つ銀行から資金を借りる市場．

(生産者の)付加価値 value added (of a producer)：売上額から投入物の購入額を差し引いたもの．

不完全就業者(数) underemployment：景気後退期でも働いてはいるが，労働時間の短縮や低賃金の仕事のせいで，またはその両方の理由で，景気拡大期に比べると低い賃金しか受け取っていない労働者(の数)．

不況ギャップ recessionary gap：総産出量が潜在産出量よりも小さいときに生じる．

負債 liability：将来の支払い義務．

物価指数 price index：物価水準の尺度．ある年のマーケット・バスケットの価格を測定するもので，基準年の価格の値が100となるよう標準化されたもの．

物価水準 aggregate price level：経済の最終財や最終サービスの価格の全体的な水準のこと．

物価水準の古典派モデル classical model of the price

level：実質貨幣量は常に長期均衡の水準にあるとする物価水準のモデル．このモデルは短期と長期の違いを無視しているが，高率のインフレを分析する際には有用だ．

物価の安定 price stability：ほとんどの中央銀行が目標としている，わずかにプラスのインフレ率．

物価変動の資産効果 wealth effect of a change in the aggregate price level：物価水準の変化によって消費者の資産の購買力が変化するために，消費支出が変化するという効果．物価水準の上昇は消費者の保有する資産の購買力を減らすので，消費者は消費を減らす．物価水準の下落は消費者の保有する資産の購買力を増やすので，消費者は消費を増やす．

物価変動の利子率効果 interest rate effect of a change in the aggregate price level：物価水準の変化によって消費者や企業が保有する貨幣の購買力が変化するために，消費支出や投資支出が変化するという効果．物価水準の上昇（下落）は消費者の保有する貨幣の購買力を減らす（増やす）．それを受けて，消費者は貨幣保有を増やそう（減らそう）とするので，利子率が引き上げ（引き下げ）られ，消費と投資が減る（増える）．

物的資産 physical asset：所有者はそれを望みどおりに使うことができるという，有形のモノに対する請求権．

物的資本 physical capital：生産に使われる建物や機械のような人工の資源のこと．

物的資本に関する収穫逓減 diminishing returns to physical capital：集計的生産関数の性質で，人的資本と技術を一定として，物的資本を増やすごとに生産性の上昇分が小さくなるというもの．

物品税 excise tax：財・サービスの売上げに課される税．

負の関係 negative relationship：2つの変数の関係で，1つの変数の値の増加が他の変数の値の減少と結び付いているというもの．左から右に下向きの傾斜を持つ曲線で図示される．

ブラック・マーケット black market：財・サービスが非合法に売買される市場のこと．その財を売ること自体が非合法な場合もあるし，財につけられた価格が上限価格規制で法的に禁じられている場合もある．

分散 diversification：発生する可能性のある損失が独立事象となるように，複数の資産に投資すること．

平価切上げ revaluation：固定為替レート制度の下で定められた通貨価値を増加させること．

平価切下げ devaluation：固定為替レート制度の下で定められた通貨価値を減少させること．

閉鎖経済 closed economy：財・サービスや資産を外国と貿易しない経済のこと．

ヘクシャー＝オリーン・モデル Hecksher-Olin model：生産要素の供給量がどのように国の比較優位を決定するのかを示す国際貿易のモデル．

変数 variable：2つ以上の値をとる数量．

変動為替レート制度（変動レート制） floating exchange rate：政府が為替レートを市場で決まる水準に委ねるという為替レート制度．

貿易収支 trade balance：外国に売った財・サービスの価値と外国から買った財・サービスの価値の差額．

貿易保護政策 trade protection：輸入を制限する政策．保護政策とも言う．

棒グラフ bar graph：各変数の観測値の相対的な大きさをさまざまな高さ・長さの棒を使って示したグラフ．

法定不換貨幣（フィアット・マネー） fiat money：支払手段として公式に認められているという理由のみによって価値が発生している交換媒体のこと．U.S.ドルは法定不換貨幣だ．

補完財 complements：1つの財の価格が下がると，もう1つの財の需要量が増えるような財の組合せのこと．

保護政策 protection：輸入を制限する政策で，貿易保護政策とも言う．

マ 行

マクロ経済学 macroeconomics：経済全体の浮き沈みを研究対象とする経済学の一分野．

マクロ経済政策の積極主義 macroeconomic policy activism：景気循環を平準化するために金融・財政政策を活用すること．

マーケット・バスケット market basket：消費者が購入する財・サービスの仮想の組合せで，物価水準の変化を測るのに用いられる．

摩擦的失業 frictional unemployment：職探しに時間がかかるという理由から生じる失業．この失業は失業者全員が職を得られる状況でも生じるので，必ずしも労働力の過剰供給のシグナルとはならない．

マネタリズム monetarism：ミルトン・フリードマンと結びつけられる景気循環に関する理論で，貨幣供給量が一定率で増加すればGDPも一定率で成長すると主張する．この理論によれば，景気循環を平準化しようとする政策担当者の試みは非生産的なものということになる．

マネタリーベース monetary base：流通現金と銀行準備金の総量で，金融当局が操作する．

見えない手（見えざる手） invisible hand：個人の自己利益追求が社会全体にとって良い結果をもたらす可能性があることを表す用語．

ミクロ経済学 microeconomics：人々がどのように意思決定をし，そのような意思決定がどう相互作用するかを学ぶ経済学の一分野．

民間貯蓄 private savings：可処分所得から消費支出を差し引いたもの．可処分所得のうち消費に回されない部分．

名目（値） nominal：時間を通じた価格の変化を調整してい

ない数値や尺度を指す用語．

名目GDP nominal GDP：ある年に国内で生産されたすべての最終財・サービスの総価値を，その生産年の価格を使って計算したもの．

名目賃金 nominal wage：ドル表示の賃金のこと．

名目利子率 nominal interest rate：インフレを調整していない利子率．

メニューコスト menu costs：価格の変更に対応するための小さな費用．

目標FF金利 target federal funds rate：FRBが望ましいと思うFF金利．FRBは実際の金利が目標金利と等しくなるまで，国債の売買を通じて貨幣供給量を調整する．

モデル model：データや仮説を使って現実を単純化して表現したもので，現実の生活状況を理解したり予測したりするために用いられる．

ヤ・ラ・ワ行

輸出 exports：外国の居住者に販売される財・サービス．

輸出産業 exporting industries：外国に販売する財・サービスを生産する産業．

輸入 imports：外国の居住者から購入した財・サービス．

輸入競争産業 import-competing industries：輸入もされている財・サービスを生産する産業．

輸入割当て import quota：輸入可能な財の数量を法的に制限すること．

要素市場 factor markets：企業が生産要素を買う市場．

要素集約度 factor intensity：生産に用いられる生産要素の比率の各産業間の違いを指す．例えば石油精製は衣料生産に比べると，労働力よりも資本を用いる比率が高いので，衣料生産よりも資本集約的だ．

預金保険制度 deposit insurance：銀行に預金引出に応じる資金がなくなっても，預金者は一口座につき決められた上限までの預金支払いを保証されるという制度．

横軸 horizontal axis：x変数の値が測られる図の水平な数直線．x軸ともいう．

横軸上の切片 horizontal intercept：曲線が横軸にぶつかる点のこと．y変数の値がゼロのときにx変数がとる値を示す．

予想インフレ率（期待インフレ率） expected rate of inflation：雇い主と労働者が予想する近い将来のインフレ率．

予測 forecast：一定の仮定の下での将来の単純な予想．

45度線図（ケインジアン・クロス） Keynesian cross：意図した総支出を表す直線と45度線との交点として所得・支出均衡を表現した図．

ランダムウォーク random walk：予測不能な変数が時間の経過とともに見せる動き．

リアル・ビジネス・サイクル理論 real business cycle theory：全要素生産性の成長率の変動が景気循環を引き起こすという理論．

利子率 interest rate：借り手が，貸し手の貯蓄を1年間利用する対価として貸し手に支払う価格．借入額に対する割合で表される．

利子率の流動性選好モデル liquidity preference model of the interest rate：利子率は貨幣の供給と需要によって決まるという，貨幣市場のモデル．

流通現金 currency in circulation：人々が保有する紙幣や硬貨などの現金．

流動性の罠 liquidity trap：名目利子率がゼロ下限となり，金融政策が効力を失う状況．

流動的 liquid：価値をさほど下げずにすぐさま現金化することができる資産を指す用語．

労働生産性 labor productivity：労働者1人当たりの産出量．単に生産性と呼ばれることも多い．労働生産性の増加は長期の経済成長をもたらす唯一の源泉だ．

労働力人口 labor force：現在雇われている人と，職探しをしている人．雇用と失業の合計．

y軸 y-axis：y変数の値が測られる図の垂直な数直線．縦軸ともいう．

割当て quota：政府が設定する，売買可能な財の数量の上限．数量統制ともいう．

割当て制限 quota limit：割当てまたは数量統制下で合法的に取引可能な財の数量．

割当てレント quota rent：割当て制限での需要価格と供給価格の差．その差は許可証の所有者が得る収入となる．割当てレントは，許可証が取引されるときの許可証の市場価格に等しい．

索引 Index

数字の太字は，本文欄外で定義されているページを指す．

ア 行

アイルランド　195,222
明石海峡大橋　341
アニマル・スピリット　490
アフリカ　239
『アメリカ金融史：1867〜1960』
　　389,493
アメリカ
　──経済　41
　──政府　45
　──の比較優位　519
アメリカドル→U.S.ドル
『アメリカン・エコノミック・レビュー』
　　45
アルコール　91,125
アルゼンチン　173,236,238,334,365,
　　383
「あれかこれか」の選択　11
アレン，ポール　Paul Allen　263
安定化政策　172,304
イギリス　437
意思決定　7
イタリア　113
意図した総支出　327
　──の自律的変化　331
意図した投資支出　321
意図しない在庫投資　323
eベイ　149,539
イラン　106,303
因果関係　55
因果関係の逆転　66
イングランド銀行　505
インセンティブ(誘因)　13,20,119
インド　218
インフラストラクチャー　233
インフレギャップ　302,345,413,438
インフレーション　176,458
　ハイパー──　463
　緩やかな──　474
　予想された──　469
　予想されない──　466

インフレ税　463
インフレ非加速的失業率(NAIRU)
　　451,497
インフレ補正(物価スライド制)
　　461
インフレ目標　505
インフレ率　177,206
　コア──　476
　最適な──　471
　予想──　448,468
ウェッジ(くさび)　118,150
ヴェラザノ橋　341
『ウォールストリート・ジャーナル』
　　53,268,500
ウォルマート　224
失われた機会　102,118
売りオペ(公開市場売り操作)　411
売り手間での販売機会の再配分
　　145
売り手間での販売機会の非効率的な配
　分　110
英仏海峡トンネル(チュンネル，チャ
　ネル・トンネル)　245
『エコノミスト』　555
エジソン，トマス　Thomas Edison
　　234
エッカウス，リチャード　Richard
　　Eckaus　185
x軸　54
M1　377
M2　377
M3　377
円グラフ　63
欧州為替相場メカニズム(ERM)
　　562
欧州硬化症　436
欧州中央銀行(ECB)　357,393,505
欧州連合(EU)　110,194
オークン，アーサー　Arthur Okun
　　440
オークンの法則　440
汚染　149

愚かな協定　358

カ 行

買いオペ(公開市場買い操作)　410
外貨準備　560
外国為替管理　561
外国為替市場　549
外国投資　232
階段状の供給曲線　141
階段状の需要曲線　132
外部性　149
開放経済　179
開放マクロ経済学　179
解明経済学　43
価格統制　100,177
下級財　75
拡張的金融政策　413
拡張的財政政策　345
隠れた債務　363
家計　39,187
下限価格規制　100
貸付(ローン)　262
貸付資金市場　252
貸付資金モデル　321,409,544
過剰準備金　386
過剰負担(死荷重)　124,152,528
可処分所得　187
　現在の──　314
　将来の予想──　317
加速度原理　323
傾き　56,315
　正の逓減的な──　58
　負の逓増的な──　59
価値の貯蔵手段　375
ガーナ　82,236
カナダ　181
カネのフロー　39
株価大暴落　166
株価変動の原因　267
株価予想の決定要因　269
株式　186,262
株式ポートフォリオ　264

貨幣　27,289,**374**
貨幣供給曲線　408
貨幣供給量（貨幣供給，マネーサプライ）　374,384,409,419,458
貨幣市場　408
貨幣集計量　377
貨幣需要曲線　402
貨幣乗数　388
貨幣創出　384
貨幣の中立性　421
貨幣の流通速度　405
貨幣発行益（シニョレッジ）　462
貨幣保有の機会費用　400
カリフォルニアの電力不足　101
ガレージセール　149
為替市場介入　560
為替レート　179,549
為替レート制度　559
韓国　236,266
関税　527
　　スムート＝ホーレー――　533
関税割当て　530
完全雇用　428
機会費用　9,31,139,253,322
　　貨幣保有の――　400
企業　39,187
気候の違い　517
技術　80,224,405,518
基準化　206
希少　9
帰属価値　191
（税の）帰着　122,150
キッドランド，フィン　Finn Kydland　500
ギッフェン財　72
規範経済学　43
『キャスト・アウェイ』　30
旧ソ連　2
教育　233
供給価格　116
供給過剰　85
供給曲線　77
　　階段状の――　141
　　国内――　521
供給曲線に沿った移動　79
供給曲線のシフト　78
供給ショック　298,476
供給と需要のモデル　70

供給表　77
供給不足　85
供給量　77
恐慌　168
競争市場　70,93,100
　　――の均衡　82
狂騒の20年代　167
共同農業政策（CAP）　110
許可証　114
曲線　55
　　垂直な――　57
　　水平な――　57
　　線形――　57
距離（*x*変数の変化）　57
均衡　17,115,147
　　競争市場の――　82
　　所得・支出――　329
　　短期マクロ経済――　297
　　長期マクロ経済――　300
均衡価格　83
均衡為替レート　551
均衡数量　83
銀行　265
　　――の貨幣創出　114,384
　　――の貨幣的役割　380
　　――の資産　380
　　――の負債　380
銀行準備金　380
銀行取り付け　381
銀行預金　265
緊縮的金融政策　414
緊縮的財政政策　346
禁酒法　91,125
金銭の費用　10,139
金融勘定収支（金融収支）　166,**541**
金融緩和政策　413
金融資産　258
金融市場　188,252,258
金融システム　232
金融政策　165,172,291,413,493
　　――と乗数　414
　　拡張的――　413
　　緊縮的――　414
　　裁量的――　495
金融政策ルール　495
金融仲介機関　263
金融引締め政策　414
金融リスク　259

くさび（ウェッジ）　118,150
クズネッツ，サイモン　Simon Kuznets　195
靴底コスト　470
クラウディング・アウト　255,360,494
グラフ　54
グリーンスパン，アラン　Alan Greenspan　271,390,505
クリントン，ビル　Bill Clinton　313
グリーンバック　378
クルーソー，ロビンソン　Robinson Crusoe　7,29
クレジットカード　374
グレツキー，ウェイン　Wayne Gretzky　69
グローバル・インサイト　28
計画経済　2
景気拡大（景気回復）　168
景気後退（不況）　4,168
景気循環　168,355,487
　　――の平準化　172
景気循環調整済み財政収支　356,428
景況感（ビジネス・コンフィデンス）　490
経済　2
経済学　2
　　開放マクロ――　179
　　解明――　43
　　規範――　43
　　計量――　318
　　ケインズ――　489
　　サプライサイドの――　500
　　新古典派マクロ――　499
　　マクロ――　4,162
　　ミクロ――　3,162
経済学者　45
経済諮問委員会　47
経済集計量　165
経済循環フロー図　39,186
経済成長　4,32,173,246→長期成長も参照
経済的奇跡　236
計算単位　375
計算単位コスト　471
経常勘定収支（経常収支）　166,**540**
ゲイツ，ビル　Bill Gates　263

計量経済学　318
ケインジアン・クロス(45度線図)　330
ケインズ，ジョン・メイナード　John Maynard Keynes　167,196,304,330,421,459,486,488
ケインズ経済学　489
「ケインズ氏と古典派」　493
ケネディ，ジョン・F.　John F. Kennedy　440
減価　550
限界消費性向(MPC)　294,314
限界貯蓄性向(MPS)　294
限界的決定　12
限界分析　12
研究開発(R&D)　234
現金(流通現金)　374,377,400
現在の可処分所得　314
原点　54
倹約のパラドックス　164,333
原料価格　282
コアインフレ率　476
公開市場売り操作(売りオペ)　411
公開市場買い操作(買いオペ)　410
公開市場操作　392
交換媒体　375
公共財　149
公正性　19
構造的失業　430
公定歩合　391
公的債務　359
購買力平価(PPP)　555
公平性　19
効率市場仮説　269
効率性　31
効率賃金　432
効率的　19,148
合理的期待　499
国際収支(勘定)　540
国際収支会計の基本原則　542
国際通貨基金(IMF)　47
国際貿易　37,512
国際貿易協定　532
国際貿易のリカード・モデル　513
国際連合(国連)　199
国内供給曲線　521
国内需要曲線　521
国内総生産→GDP

『国富論』　3,16,168,373,376,489
国防　149
国民売上税　45
国民経済計算　186
　　──の基本式　192,246,288,326,343,543
国民所得・生産物計算　186
『国民所得1929〜35』　195
国民総生産→GNP
国民退職年金制度　210
国民貯蓄　247
誤差脱漏　250,543
個人所得税　343
個人の選択　8
　　──の相互作用の基礎にある5つの原理　16
　　──の4つの基本原理　13
国家安全保障　531
固定為替レート制度(固定レート制)　559
固定的賃金　443
固定的な生産費用　279
古典派モデル→物価水準の古典派モデル
誤認　442
個別消費者余剰　133
個別生産者余剰　140
雇用　169
雇用創出　531
雇用なき景気回復(ジョブレス・リカバリー)　204,324,352,441
『雇用・利子および貨幣の一般理論』　167,196,489
コールレート　479
コロンビア　511
根拠なき熱狂　271,506
混雑課徴金　76
コンファレンス・ボード(全米産業審議会)　290

サ 行

債券　186,262
債券格付会社　262
在庫　251,323
在庫投資　323
財・サービス収支　540
財・サービスの市場　39,187
財・サービスの政府購入　188,343

財産権　235
最終財・サービス　189
最小点　61
財政赤字　247,354
財政安定協定　358
財政黒字　247,354
財政収支　247,354
　　景気循環調整済み──　356,428
財政政策　165,**172**,291,342
　　──と乗数　348
　　──のタイムラグ　346
　　──を判断する「間に合わせの」方法　354
　　拡張的──　345
　　緊縮的──　346
　　裁量的──　352
　　日本の──　341,347
財政年度　359
最大点　61
最低賃金　108,112,430
最適なインフレ率　471
債務→公的債務
債務／GDP比率　361
債務デフレ　478
財務省　462
財務省証券(TB)→短期米国債
裁量的金融政策　495
裁量的財政政策　352
作図の特性　64
サックス，ジェフリー　Jeffrey Sachs　239
サッチャー，マーガレット　Margaret Thatcher　437
砂糖　531
サプライサイドの経済学　500
『サーベイ・オブ・カレント・ビジネス』　196
サミュエルソン，ポール　Paul Samuelson　330,489
産出量ギャップ　438
ザンディ，マーク　Mark Zandi　352
散布図　63
シェケル　470
GNP(国民総生産)　62,195,543
死荷重(過剰負担)　124,152,528
自給自足　514
時系列グラフ　62
資源　8

資源の浪費 **104**,111	実質── 167,**197**,203	シュンペーター，ジョセフ Joseph Schumpeter 487
自己資本規制 382	将来の予想実質── 322	
自己修正的 **303**,419	所得・支出均衡── **329**	純輸出 **193**
自己調整プロセス 330	日本の── 194	上限価格規制 **100**
資産 165	名目── **197**	条件付収束 240
資産価格 506	1人当たり── **199**	上昇（y変数の変化） 57
市場	1人当たり実質── 218	乗数 293,**296**,326,386
──価格 84	GDPデフレーター 176,**208**	──と金融政策 414
──均衡 147	自動安定化装置 **351**	──と財政政策 348
──の機能 147	シニョレッジ（貨幣発行利益） 462	貨幣── 388
──の合理性 270	支払い意欲額 **132**	消費関数 314
──の効率性 16,144	支払準備制度 **383**,391	消費支出 186,**314**
──のタイミング 270	支払準備率 380	消費者間での消費の再配分 145
外国為替── 549	資本 8,39	消費者心理指数 290
貸付資金── 252	資本移動 180,**541**,547	消費者態度指数 290
貨幣── 408	資本収支 541	消費者物価指数（CPI） 176,**207**
競争 70,93,100	資本流入 249	消費者への非効率的な配分 103
財・サービスの── 39,**187**	社会保険 343	消費者余剰 **134**,152,521
中古教科書の── 131	社会保険税 342	商品貨幣 376
ニューヨークのアパート── 101	社会保障 343,363	商品担保貨幣 376
ニューヨークのタクシー乗車── 114	社会保障信託基金 364	商品貿易収支（貿易収支） 180,**540**
フェデラル・ファンド── 391	シャピロ，ウォルター Walter Shapiro 428	情報技術 230
要素── 39,**187**	収益率 252	将来の予想可処分所得 317
労働── 40	収穫逓増 519	将来の予想実質GDP 322
市場経済 2	集計的生産関数 225	除外された変数 66
市場清算価格 83	就職意欲のない労働者 170	職探し（ジョブサーチ） 429
市場の失敗 3,20,**148**	収束仮説 238	所得・支出均衡 **329**
自然失業率 433	従属変数 55	所得・支出均衡GDP 329
自然失業率仮説 497	住宅投資支出 324	所得税 45
失業 169	住宅ローン 467	ジョブレス・リカバリー（雇用なき景気回復） 204,324,352,441
構造的── 430	住宅ローン金利（30年物） 412	
循環的── 433	自由貿易 527	ジョンソン，リンドン Lyndon Johnson 346
摩擦的── 429	需要価格 115	
失業率 170,**201**,428	需要曲線 71,**299**	シラー，ロバート Robert Shiller 271,458
インフレ非加速的── **451**,497	階段状の── **132**	
自然── 433	国内── **521**	「人口動態調査」 201
実現した投資支出 323	需要曲線に沿った移動 73	『人口論』 229
実質 176	需要曲線のシフト 73	新古典派マクロ経済学 499
実質貨幣需要曲線 404	需要ショック **299**,326,351	伸縮的 280
実質貨幣量 403	需要と供給のモデル 70	人的資本 8,39,**224**,520
実質為替レート 554	需要表 71,**132**	人民元 563
実質GDP 167,**197**,203	需要法則 72,**288**	垂直な曲線 57
実質総支出 404	需要量 71	水平な曲線 57
実質利子率 252,**467**	シュワルツ，アンナ Anna Schwartz 389,493	数値グラフ 62
私的情報 149		数量統制（割当て） 114
GDP（国内総生産） **189**	準貨幣 377	数量方程式 405
	循環的失業率 433	「スカンジナビア・サンドイッチ」 111

スコットランド　376
スタグフレーション　**298**,452
スタンダード・アンド・プアーズ（S&P）　268
　S&P500　268
　S&P500インデックス・ファンド　264
スチュワート，ジミー　Jimmy Stewart　383
ステート・ストリート・グローバル・アドバイザーズ　264
『素晴らしき哉，人生！』　383
スペイン　113
スミス，アダム　Adam Smith　3,16,167,373,376,489
スムート＝ホーレー関税　533
スリランカ　518
『スレート』　428
税
　――の帰着　**122**,150
　――の費用　123,150
　――モデル　28
　インフレ――　463
　国民売上――　45
　個人所得――　343
　社会保険――　342
　所得――　45
　付加価値――　45
　物品――　**121**,150,528
　法人所得――　343
　ヨット――　154
生計費調整（COLA）　210,282,461
生産可能性フロンティア　30,199,513
生産者物価指数（PPI）　208
生産者余剰　**140**,521
生産性（労働生産性）　223
生産物1単位当たりの利潤　278
生産要素　39
　――と国際貿易　524
　――賦存量の違い　517
生産要素市場→要素市場
政治的景気循環　497
政治の安定　235
正常財　75
成長会計　227
制度の変化　405
正の関係　55

正の逓減的な傾き　58
税の費用　123,150
政府移転支出　**187**,343
政府借入　**188**
政府の介入　21,100,164,232
政府の債務不履行　360
生命保険会社　265
税モデル　28
世界価格　**521**
世界銀行　47
世界貿易機構（WTO）　**533**
世界保健機関（WHO）　239
石油危機（1973年）　106
石油輸出国機構（OPEC）　303
接線　60
絶対値　59
絶対優位　36
切片　56,315
セラード　235
ゼロ下限　**478**
『1900年の家』　217
線形関係　55
線形曲線　57
選好　75
潜在産出量　**284**,438
全米経済研究所（NBER）　168,487
全米産業審議会（コンファレンス・ボード）　290
全米証券業協会（NASDAQ）　268
全要素生産性（TFP）　**228**,500
増価　550
総供給曲線　278
　短期――　**279**
　長期――　**284**
相互作用　15
総産出量（総生産）　170
　短期均衡――　**297**
　産出量ギャップ　**438**
総支出　190
総支出の自律的変化　**296**
総需要曲線　**287**
総消費関数　316
総消費者余剰　133
総生産者余剰　140
相対価格　516
総余剰　**144**
ソブリン債　366
ソロー，ロバート　Robert Solow　230

タ 行

大恐慌　165,200,291,307,318,444,492
代替財　75
「大統領経済報告」　47,485
大メダル（メダリオン）　99,114
第4次中東戦争　106,303
ダウ・ジョーンズ平均株価　268
ダーク・ファイバー　325
縦軸　54
縦軸上の切片　56
他の条件一定の仮定　28
タバコ　27,125,375,378
短期均衡総産出量　**297**
短期均衡物価水準　**297**
短期総供給曲線　**279**
短期フィリップス曲線　**445**
短期米国債　392,400
短期マクロ経済均衡　**297**
短期利子率　**401**
団体交渉　432
弾力的な供給　150
弾力的な需要　150
チャーチル，ウィンストン　Winston Churchill　313
中央銀行　292,**389**
　――の政策目標　504
中間財　171
中間財・サービス　**189**
中古教科書の市場　131
中国　218
中立性→貨幣の中立性
チュンネル（チャネル・トンネル，英仏海峡トンネル）　245
超過供給　85
超過需要　85
長期　286
長期失業者　430
長期成長　165,**174**→経済成長も参照
長期総供給曲線　**284**
長期フィリップス曲線　**451**
長期マクロ経済均衡　**300**
長期利子率　402,410
超長期成長　174
貯蓄　166,232,246

貯蓄・投資支出恒等式　**246**
賃金　193
　　——の調整速度に関する論争　442
　　効率——　432
　　固定的——　443
　　最低——　108,112,430
　　平均名目——　280
　　名目——　279
賃金時差(非同時的賃金)　432
賃貸料　193
ツーリスト・トラップ　84
ディキシーズ　378
定期預金　377
定孤法　60
T字型勘定　380
ディスインフレーション　**475**
定点法　60
デイビッド，ポール　Paul David　230
デビットカード　374
デフレギャップ　345
デフレーション　**176**,477
　　債務——　478
　　日本の——　478
Δ(デルタ)　57
転嫁　151
天然資源　229
ドイツ　358,436,457,463
当座預金(口座)　**374**
投資支出　166,**188**,232,246,320
　　意図した——　**321**
　　実現した——　**323**
　　住宅——　324
　　非住宅——　324
　　貯蓄・——恒等式　246
投資信託会社(ミューチュアル・ファンド)　**264**
投資税額控除　344
同時多発テロ　313
投資停滞期　324
投入物　**80**
道路のルール　18
独占者　148
独立事象　261
独立消費支出　314
独立変数　**55**
土地　8,39

特化　16,515
富　258,290,318
『トラフィック』　91
トラベラーズチェック　377
トランケート　**65**
取引　16
取引費用　**259**
取引利益　16,33,144
取引量の変更　145
トルコ　459
ドル紙幣　378
「どれだけか」の選択　11
トレードオフ　**11**,30

ナ 行

ナスダック指数　268
70の法則　220
ニクソン，リチャード　Richard Nixon　498
日本　194,406,477
　　——と現金社会　406
　　——の財政政策　341,347
　　——のGDP　194
　　——のデフレ　478
　　——の流動性の罠　479
ニュージャージーのクラム(ハマグリ)　120
『ニューヨーク・タイムズ』　236
ニューヨークのアパート市場　101
ニューヨークのタクシー許可証　99
ニューヨークのタクシー乗車市場　114
ニューヨーク連銀　390,407
人間開発指数(HDI)　199
「人間開発報告書」　199
年金基金　**265**
農業政策　81
農産物価格　81

ハ 行

(CPIの)バイアス　209
配当　193
ハイパーインフレーション　463
バーター(物々交換)　**38**,374
バターの山　109
バーナー，リチャード　Richard Berner　353
バブル経済　347

ハリケーン・アンドリュー　142
バレンタインデー　511
ハンクス，トム　Tom Hanks　29
バンクホリデー　383
バングラデシュ　42,516
半導体　89
『ハンナとその姉妹』　105
ハンフリー＝ホーキンス法　428
比較優位　33,**36**,513
比較劣位　36
東アジアの経済的奇跡　236
非貨幣資産　400
非合法活動　112
　　——へのインセンティブ　119
非効率的　31,**102**
非効率的に高い品質　111
非効率的に低い品質　104
ビジネス・コンフィデンス(景況感)　490
非住宅投資支出　324
非線形関係　55
非弾力的な供給　151
非弾力的な需要　151
ヒックス，ジョン　John Hicks　493
非同時的賃金(賃金時差)　432
ヒトラー，アドルフ　Adolf Hitler　302,488
1人当たり実質GDP　218
1人当たりGDP　**199**
費用　11,**139**
非流動的　**261**
ファイナンス理論　28
ファンダメンタルズ　269
フィアット・マネー(法定不換貨幣)　376,462
フィッシャー，アーヴィング　Irving Fisher　469,478
フィッシャー効果　**469**
フィリップス，A・W・H　A.W.H. Phillips　445
フィリップス曲線　444
フェデラル・ファンド金利(FF金利)　**391**,399,411
フェデラル・ファンド市場(FF市場)　**391**
フェルプス，エドモンド　Edmund Phelps　448,497
付加価値　**191**

付加価値税　45
賦課方式(ペイ・アズ・ユー・ゴー)　363
不完全就業者(数)　170
不況(景気後退)　4,168
不況ギャップ　301,413,438
副作用　21,100,149
負債　258
普通預金　377
物価指数　206
　消費者——(CPI)　176,207
　生産者——(PPI)　208
物価水準　176
　短期均衡——　297
物価水準の古典派モデル　459,486
物価スライド制(インフレ補正)　461
物価の安定　177,472,505
物価変動の資産効果　289
物価変動の利子率効果　289
ブッシュ，ジョージ・W. George W. Bush　313
物的資産　258
物的資本　166,223,520
物的資本に関する収穫逓減　225
物品税　121,150,528
物々交換(バーター)　38,374
負の関係　56
負の逓増的な傾き　59
フーバー，ハーバート Herbert Hoover　485
プライム・レート　292,412
ブラジル　235,457,465
ブラック・マーケット　105,138
フランス　358,436
フリードマン，ミルトン Milton Friedman　389,448,472,493,497
フルトン魚市場　86
プレスコット，エドワード Edward Prescott　501
ブレトン・ウッズ　562
プレーン・バニラ　92
プロペシア　137
フロリダ　142
分業　16
分散　261
ヘアーカット　366

ペイ・アズ・ユー・ゴー(賦課方式)　363
平価切上げ　565
平価切下げ　565
平均名目賃金　280
閉鎖経済　179
ヘクシャー＝オリーン・モデル　517
ベーシス・ポイント　407
ペニシリン　137
ベビーブーム　364
ペルシャ湾危機　277
便益　11
変数　53
変動為替レート制度(変動レート制)　559
貿易収支(商品貿易収支)　180,540
貿易保護政策　527
貿易利益　37
棒グラフ　63
法人所得税　343
法則　440
法定不換貨幣(フィアット・マネー)　376,462
補完財　75
保護政策　527
ボーナス・マーチャーズ　167
ホランド，スティーブン Steven Holland　461
ポルトガル　185
ホワイトハウス　47
ポンド　539
ポンド切下げ　567

マ 行

マクドナルド　178,555
マクロ経済学　4,162
マクロ経済政策　164
マクロ経済政策の積極主義　491
マーケット・バスケット　205
摩擦的失業　429
マーシャル，アルフレッド Alfred Marshall　1,5
マダガスカル　92
マディソン，アンガス Angus Maddison　231
マーティン，ウィリアム・マチェスニー，Jr. William McChesney Martin Jr.　390,505
マネーサプライ→貨幣供給量
マネタリズム　494
マネタリーベース　387
マネー・マーケット・ファンド(MMF)　377
麻薬　91
マルサス，トマス Thomas Malthus　229
マンキュー，グレゴリー N. Gregory Mankiw　490
見えない手(見えざる手)　3,373
ミクロ経済学　3,162
ミッチェル，ウェズレー Wesley Mitchell　486
ミューチュアル・ファンド(投資信託会社)　264
民間貯蓄　188
ムース，ジョン John Muth　499
名目　176
名目貨幣量　403
名目為替レート　554
名目GDP　197
名目賃金　279
名目利子率　252,467
メダリオン(大メダル)　99,114
メディケア　343,363
メディケイド　343
メニューコスト　444,470
メロン，アンドリュー Andrew Mellon　485
メンロパーク研究所　234
目標FF金利　409
目標相場圏制度　562
「もし……なら」型の問題　29,44
モデル　27,46
モノのフロー　39

ヤ 行

やじ馬渋滞　163
家賃統制　44,99
家賃補助　44
やみ労働　112
誘因→インセンティブ
U.S.ドル　179,549
U字型　61
輸出　188,512
輸出産業　525

輸入　188, 512
輸入競争産業　525
輸入割当て　529
緩やかなインフレーション　474
ユーロ　179, 357, 393, 539, 562
要求払預金　400
要素市場　39, 187
要素集約度　517
幼稚産業論　531
預金保険制度　381
欲望の二重の一致　374
横軸　54
横軸上の切片　56
予想インフレ率　448, 468
予想されたインフレ　469
予想されたデフレ　478
予想されないインフレ　466
予想(期待)の変化　76, 81, 290
予測　44
　——の失敗　318
ヨット税　154
45度線図(ケインジアン・クロス)　330

ラ・ワ 行

ライト兄弟　27
ライフサイクル仮説　318
ラテンアメリカ　238
ランダムウォーク　270
リアル・ビジネス・サイクル理論　500
利益団体　45
リカード，デビッド　David Ricardo　513, 526
リカード・モデル→国際貿易のリカード・モデル
利子　187, 193
利潤　187, 193
　生産物1単位当たりの——　278
利子率　252, 321
　実質——　252, 467
　名目——　252, 467
　短期——　401
　長期——　402, 410
　公定歩合　391
　コールレート　479
　住宅ローン金利(30年物)　412

フェデラル・ファンド金利(FF金利)　391, 399, 411
プライム・レート　292, 412
目標FF金利　409
利子率の流動性選好モデル　408
リスク　258
リスク回避者　259
流通現金(現金)　374, 377, 400
流通速度→貨幣の流通速度
流動性の罠　479, 493
流動的　261
　——な資産　374
留保利益　321
ルイジアナ市民銀行　378
ルーカス，ロバート　Robert Lucas　499
ルーズベルト，フランクリン・D.　Franklin D. Roosevelt　378, 383, 486, 491
ルーニー　181
レオンティエフ，ワシリー　Wassily Leontief　519
レオンティエフの逆説　520
レーガン，ロナルド　Ronald Reagan　500
劣等財　75
レモン　149
「連鎖」ドル　198
連邦公開市場委員会(FOMC)　390, 399
連邦準備銀行(連銀)　390
連邦準備区　390
連邦準備制度(FRS, FRB)　292, 380, 389
連邦準備理事会(FRB)　389
連邦保険寄与法(FICA)　125
連邦預金保険公社(FDIC)　266, 381
労働　8, 39
労働組合　432
労働契約　432
労働市場　40
労働ストライキ　432
労働生産性(生産性)　223
労働力人口　40, 169, 428
ロケット・サイエンティスト　28
ロゴフ，ケネス　Kenneth Rogoff　498

『ロゼッタ』　110
ローン(貸付)　262
ロングターム・キャピタルマネジメント(LTCM)　28
y軸　54
割当て(数量統制)　114
　関税——　530
　輸入——　529
割当て制限　114
割当てレント　118

A〜Z

AS-ADモデル　297
CAP(Common Agricultural Policy)→共同農業政策
COLA(cost-of-living adjustment)→生計費調整
CPI(consumer price index)→消費者物価指数
ECB(European Central Bank)→欧州中央銀行
ERM(European exchange rate mechanism)→欧州為替相場メカニズム
EU(European Union)→欧州連合
FDIC(Federal Deposit Insurance Corporation)→連邦預金保険公社
FF(Federal funds)金利→フェデラル・ファンド金利
FF(Federal funds)市場→フェデラル・ファンド市場
FICA(Federal Insurance Contributions Act)→連邦保険寄与法
FOMC(Federal Open Market Committee)→連邦公開市場委員会
FRB(Federal Reserve Board)→連邦準備理事会(連邦準備制度)
FRS(Federal Reserve System)→連邦準備制度
HDI(human development index)→人間開発指数
IMF(International Monetary Fund)→国際通貨基金
LTCM→ロングターム・キャピタルマネジメント

MMF→マネー・マーケット・ファンド
MPC→限界消費性向
MPS→限界貯蓄性向
NAIRU(nonaccelerating inflation rate of unemployment)→インフレ非加速的失業率
NASDAQ(National Association of Securities Dealers Automated Quotation)→全米証券業協会
NBER(National Bureau of Economic Research)→全米経済研究所
OPEC(Organization of Petroleum Exporting Countries)→石油輸出国機構
PPI(producer price index)→生産者物価指数
PPP(purchasing power parity)→購買力平価
R&D(research and development)→研究開発
S&P→スタンダード・アンド・プアーズ
TB(Treasury bills, 財務省証券)→短期米国債
TFP(total factor productivity)→全要素生産性
WHO(World Health Organization)→世界保健機関
WTO(World Trade Organization)→世界貿易機構

訳者紹介

大山道広（おおやま　みちひろ）
1938年東京都生まれ．1961年慶應義塾大学経済学部卒業．1972年ロチェスター大学Ph.D.
現在，東洋大学経済学部教授．

石橋孝次（いしばし　こうじ）
1964年山口県生まれ．1987年慶應義塾大学経済学部卒業．1998年ボストン大学Ph.D.
現在，慶應義塾大学経済学部准教授．

塩澤修平（しおざわ　しゅうへい）
1955年東京都生まれ．1978年慶應義塾大学経済学部卒業．1986年ミネソタ大学Ph.D.
現在，慶應義塾大学経済学部教授．

白井義昌（しらい　よしまさ）
1963年大阪府生まれ．1988年慶應義塾大学経済学部卒業．1999年ノースウエスタン大学Ph.D.
現在，慶應義塾大学経済学部准教授．

大東一郎（だいとう　いちろう）
1964年千葉県生まれ．1995年慶應義塾大学大学院経済学研究科後期博士課程修了．慶應義塾大学博士（経済学）．
現在，東北大学大学院国際文化研究科准教授．

玉田康成（たまだ　やすなり）
1968年兵庫県生まれ．1992年慶應義塾大学経済学部卒業．2002年ウィスコンシン大学マジソン校Ph.D.
現在，慶應義塾大学経済学部准教授．

蓬田守弘（よもぎだ　もりひろ）
1969年神奈川県生まれ．1992年慶應義塾大学経済学部卒業．2003年ロチェスター大学Ph.D.
現在，上智大学経済学部准教授．

クルーグマン　マクロ経済学

2009年4月2日　発行

訳者　大山道広／石橋孝次／塩澤修平／白井義昌
　　　大東一郎／玉田康成／蓬田守弘

〒103-8345　　発行者　柴生田晴四
発行所　東京都中央区日本橋本石町1-2-1　東洋経済新報社
電話　東洋経済コールセンター03(5605)7021　振替00130-5-6518
印刷・製本　東洋経済印刷

本書の全部または一部の複写・複製・転訳載および磁気または光記録媒体への入力等を禁じます．これらの許諾については小社までご照会ください．
〈検印省略〉落丁・乱丁本はお取替えいたします．
Printed in Japan　　ISBN 978-4-492-31397-8　　http://www.toyokeizai.net/